한국지명의 단면과 전망

이 저서는 2017년 대한민국 교육부와 한국연구재단의 지원을 받아 수행된 연구임
(NRF-2017S1A6A4A01019346)

한국지명의 단면과 전망

박병철

역락

서문

내가 지명에 관심을 갖고 연구하게 된 계기는 서원대학에 부임 후 『湖西文化論叢』에 단양지역 관련 논문 집필을 의뢰받으면서부터이다. 당시 설립 초기였던 호서문화연구소에서는 학술지 간행을 멈추지 않기 위하여 관련 분야 신임교수에게 논문 집필을 강제하다시피 하였는데 그 해의 집중 탐구 지역이 단양이었다. 국어학 전공인 나로서는 방언이나 지명을 주제로 논문을 작성하여야 했는데 상대적으로 관심의 정도가 크지 않았던 지명에 주목하게 되었다.

그 후 나는 1997년에 호서문화연구소장을 맡게 되었는데 청주시의 후원을 받아 ≪청주의 지명≫이라는 주제로 호서문화학술대회를 개최하였다. 당시 특정 지역을 대상으로 '지명'이라는 단일 주제로 학술대회를 개최하는 일은 흔치 않았다. 그런데 이 학술대회는 전국의 중견 학자들이 대거 참여하여 성황을 이루었다. 그날(1997.5.23.(금)) 종합토론 시간에 발표자와 토론자를 비롯하여 참석자 대다수가 지명을 보다 과학적이고 학술적으로 연구하기 위해서는 지명언어학회 내지는 지명학회의 창립이 시급하고도 절실한 문제라는 데 인식을 같이하였다.

이러한 공감대 형성을 배경으로 1997년 7월 10일(목) 각 지역별로 지명에 관심을 두고 있는 중견 교수들을 중심으로 한국지명학회 창립준비위원회를 결성하였다. 1997년 8월 8일(금) 창립 준비 회의를 통하여 충남대 도수희 교수를 초대회장으로 추대하기로 하고 9월 5일(금) 충남대학교 문원강당에서 학술대회 및 창립총회를 갖기로 하였다. 이리하여 한국지명학회가 탄생하게 되었고 창립 과정에서 간사 업무를 맡았던 나는 학회 출범과 더불어 총무이사 일을 보게 되었다.

당시도 그랬지만 지금까지도 '지명학'이라는 강좌는 우리나라 대학 어디에도 개설되어 있지 않은 것으로 안다. 또한 체계를 갖춘 '지명학' 개설서조차 없는 것이 현실이다. 대부분의 지명 연구자들은 스스로 국내외 서적이나 논문을 참고하면서 지명 연구 방법을 터득하고 각각 특정한 분야를 정하여 단편적인 글들을 발표해 왔다. 하지만 한국지명학회가 창립되면서 학술대회를 통한 공동 연구와 학자 간 의견 교환이 가능해졌고, 학술지 『지명학』을 통하여 땅이름 연구를 집약할 수 있게 되었다. 한국지명학회가 창립된 지 어언 20년이 넘었다. 당초 내가 초를 잡은 創立趣旨文에서 밝힌 내용들이 흡족할 정도로 성취되지는 않았지만 한국지명학회 회원들을 중심으로 꾸준히 지명에 대한 탐구가 진행되고 있다.

언어학을 비롯한 대부분의 인문학이 이론 탐구에만 몰입해 온 경향은 지명 연구의 경우에도 예외가 아니다. 하지만 지명 연구의 경우 축적된 이론을 바탕으로 실용화를 도모하여야 한다는 것이 내 생각이다. 과거와 현재의 지명도 중요하지만 미래의 지명을 어떻게 설계할 것인가도 매우 중요한 문제이기 때문이다. '과학적으로 연구된 학술적 가치가 있는 이론 확립', '합리적인 실용화', 이것이 내가 추구해 온 지명 연구의 태도이다. 그렇게 해야만 우리 지명의 미래가 보다 긍정적인 방향으로 전개될 수 있을 것이기 때문이다.

여기에 실은 글들은 지난 20여 년 동안 내가 이런 생각을 갖고 작성한 것이다. 그러므로 고대는 물론 중·근세의 지명과 오늘날의 신생 도시명칭, 도로명 그리고 고속철도 역사 명칭에 이르기까지 논의의 대상이 되었다. 이 책은 3부로 구성되어 있는데 제1부에서는 우리나라에서의 지명연구 역사와 지리지 편찬에 대하여 논의하였다. 지명연구사는 歷史文獻資料를 대상으로 한 것과 調査資料를 대상으로 한 것으로 나누어 주로 언어학적 측면에서 논의된 성과를 살펴보았다. 그리고 『三國史記』「地理志」에서부터 현재 진행되고 있는 『한국향토문화전자대전』에 이르기까지 우리나라에서의 지리지 편찬과 각 시기별 지리지에 올라 있는 지명의 특징에 대하여 논의하였다.

제2부에서는 원초형인 고유어지명을 바탕으로 한자 표기가 이루어지는 방식과 이들 대립쌍 간의 경쟁, 변천, 공존 등의 문제를 주로 논의하였다. 이러한 문제를 동리명을 중심으로 살피기도 하고, 특이한 개별 지명을 대상으로 탐구하기도 하였다. 원

초형인 고유어지명의 한자어화는 한국지명이 지닌 가장 중요한 특징이다. 그러므로 이러한 탐구 결과는 옛 지명을 복원하거나 새로운 지명을 명명할 때 이론적인 기초로 삼을 수 있을 것이다.

제3부에서는 지명어가 지니는 가치를 비롯하여 새주소 체계 도입을 위한 도로명 부여 사업과 국어 문제, 행정중심복합도시와 고속철도 역명 제정의 경과와 전망 등을 논의하였다. 지명과 관련된 실용화의 문제를 다룬 것인데, 바람직한 도로명 부여는 관련 부처에서 현재도 고민하고 있는 문제이다. 도로명과 건물번호를 중심으로 한 새주소 제도가 시행되었지만 아직도 완전하게 정착되었다고 보기는 어렵다. 새주소 제도의 완전한 정착을 기원하며 도로명에 대한 분석과 그 명칭 부여와 관련하여 시행 과정에 작성했던 글 몇 편을 수정하지 않고 그대로 실었다. 또한 혁신도시를 비롯한 새로운 도시의 건설과 함께 그 명칭 부여에 대한 합리적인 방안 마련이 매우 필요한 실정이다. 이러한 현실적인 문제를 합리적으로 슬기롭게 대처하도록 앞서 이루어진 사례를 분석하여 그 방안을 모색하였다.

부족한 내용이지만 지명학이 완전하게 정립되는 과정에 이러한 논의도 필요한 것으로 판단되어 이 책을 출판하기로 하였다. 지명학 이론 수립과 그 실용화를 지향하는 과정에 이 저술이 조금이라도 도움이 되면 좋겠다.

2019. 12.
문원재에서 저자

II 지명어의 한자어화와 대립·공존

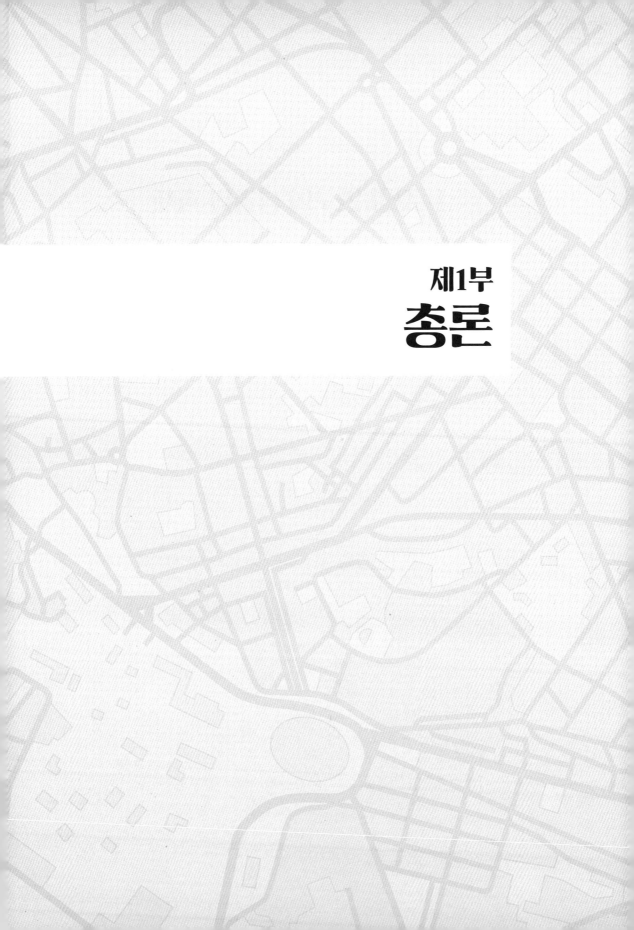

제1부
총론

Ⅰ 지명 연구의 성과와 과제

제1장

歷史文獻資料를 대상으로 한 지명 연구의 성과와 과제

1. 서론

지명 연구는 그 대상이 되는 자료에 따라 문헌 자료의 지명 연구와 조사 자료의 지명 연구로 나눌 수 있다. 본장에서는 『三國史記』「地理志」(이하 『三志』)를 비롯한 역사문헌 자료에 올라 있는 지명에 대한 연구 성과를 조망하고 앞으로의 과제를 제시하고자 한다. 일반적으로 지명에 대한 탐구는 언어학의 이론을 배경으로 이루어지는 것이므로 이 논의 또한 언어학적 성과를 중심으로 논의하고자 한다. 더불어 조사 자료 지명을 대상으로 한 언어학적 연구 성과와 과제는 제2장에서 다루기로 한다.[1]

지명에 대한 연구는 여러 각도에서 접근이 가능하나 언어학의 이론을 배경으로 연구하는 것이 가장 합당하다고 할 수 있다. 그동안 다른 학문 분야에서의 지명에 대한 탐색에 비해 언어학적 연구 성과가 월등하게 많다는 점이 이를 증명한다 하겠다. 명칭 중의 하나인 지명은 언어로 표현된 것이기 때문에 그 언어가 지닌 형식과 내용을 파악하는 것이 무엇보다 중요하다. 다만 지시물인 지형을 고려하면서 지명을 탐색

---

[1] 지명 연구에 관심을 둔 언어학자들이 중심이 되어 1997년 한국지명학회를 창립하였다. 학회 창립을 전후하여 지명 연구 성과 전반에 대하여 허재영(1989), 李敦柱(1992), 姜秉倫(1998) 등에서 정리한 바 있다. 한국지명학회 창립 20주년을 맞이한 현 시점에서 종합적인 정리와 더불어 방향 제시가 필요하다. 이에 저자는 문헌자료의 지명 연구와 조사자료의 지명 연구로 나누어 논의를 전개하고자 한다.

하면 더 큰 성과를 거둘 수 있으므로 지리학적인 탐색도 필요하다 하겠다.

　　문헌에 실려 있는 지명 중 연구 대상이 될 수 있는 가장 이른 시기의 자료는 삼한의 소국명이다. 그리고 일제강점기의 지명자료집에 실려 있는 지명이 가장 늦은 시기의 자료이다. 시간적 순서에 따라 중국의 사서에 실려 있는 三韓의 지명에서부터 『三志』에 실려 있는 지명에 대하여 어떤 연구가 이루어졌는지 살피게 될 것이다. 이어서 조선 전기에 편찬된 『高麗史』와 『世宗實錄』의 「地理志」에 실려 있는 지명, 『龍飛御天歌』(이하 『龍歌』)의 주해 부분에 등장하는 지명 그리고 『(新增)東國輿地勝覽』(이하 『勝覽』)의 지명에 대하여 어떤 논의가 있었는지 살피게 될 것이다. 더불어 『輿地圖書』(이하 『輿圖』)와 『戶口總數』로 대표되는 조선 후기 문헌 자료의 지명에 대한 연구와 『朝鮮地誌資料』(이하 『朝誌』)를 비롯한 일제강점기 문헌자료에 올라 있는 지명에 대한 연구 성과까지 살피고자 한다.

2. 중국 史書와 『三國史記』 「地理志」의 지명에 관한 연구

2.1. 중국 史書의 지명에 관한 연구

　　三韓의 소국명을 비롯한 삼한어는 국어사에서 연구가 가능한 가장 이른 시기의 자료이다. 그동안 우리학계에서는 고구려, 백제, 신라 등 삼국의 언어에 대하여는 비교적 활발한 연구가 진행되었으나 삼한의 언어에 대한 연구는 오랜 침묵 속에 방치되었다. 다만 坪井九馬三(1923-1924), 前間恭作(1925) 등 일본의 역사학자들에 의해 삼한의 지명이 검토되기 시작하였으나 위치 비정이 주된 과제로 여겨졌다. 언어학적인 고려 없이 역사적 관점에서 소극적이고 간헐적으로 연구될 수밖에 없었던 것은 자료의 부족에 기인한 것으로 볼 수 있다.

　　부족한 자료마저 우리나라의 역사서에 기록된 것이 아니고 중국의 자료라는 점 또한 접근을 용이하게 하지 않았다. 이러한 상황 속에서 都守熙는 이를 무한정 방치할 수 없다며 용기 있게 뛰어들어 연구의 단초를 제공함은 물론 상당한 성과를 거둔 연구물을 종합하여 단행본 『三韓語 硏究』를 간행하였다. 언어학적 지식을 우선하여 탐구하기 시작하면서 삼한의 고지명에 대한 연구는 새로운 전기를 맞이하게 되었다.

都守熙(2018)는 이 책의 머리말에서 밝혔듯이 삼한어 연구는 백제어의 접미지명소 '夫里'와 이에 대응되는 마한어 '-卑離'를 확인하면서 마한어 연구의 동기가 되었다고 한다. 이를 발판으로 변한어와 진한어에까지 연구 영역을 넓혀가며 이 분야 연구를 개척하였다. 자료의 부족은 물론 참고할 만한 선행 연구가 없어 주저했던 이 분야의 연구가 丁仲煥(1956), 兪昌均(1982, 1985a, 1985b, 1985c) 등에 의해서도 시도 되었다. 權仁瀚(2011) 또한『三國志』「魏書 東夷傳」의 固有名詞 表記字에 대한 음운학적 접근을 시도하였다.

2.2.『三國史記』「地理志」의 지명에 관한 연구

『三志』는 지명 연구는 물론 고대국어 연구의 중심에 서있는 자료이다. 고대국어 연구에 활용할 수 있는 자료가 많지 않기 때문에『三志』마저 없었다면 과연 우리는 고대국어 연구를 진행할 수 있을까 하는 의문마저 들 정도이다. 그러므로 이른 시기의 언어정보를 가장 많이 간직하고 있는『三志』는 고대국어 연구에 선택의 여지가 없을 정도로 중요한 자료이다. 이 자료가 지닌 이러한 특성상『三志』는 지명연구에만 활용되지 않고 한국어의 계통을 확인하기 위한 자료에서부터 음운, 어휘, 표기법을 밝히기 위한 자료로 널리 활용되었다.

『三志』는 일찍이 白鳥庫吉(1896-1897, 1905-1906), 中田薰(1905), 金澤庄三郎(1912, 1952), 前間恭作(1925), 鮎貝房之進(1937) 등 일본인 학자들과 申采浩(1929), 鄭寅普(1947), 李丙燾(1976) 등 역사학자들 그리고 梁柱東(1942)을 비롯한 국문학자들에 의하여 연구되기 시작하였다. 이분들은『三志』의 지명 탐구를 통하여 상고사 연구와 향가 연구를 위한 보조 자료를 확보함은 물론 일본 지명과의 비교를 통한 합리적인 결론 도출을 추구하였다. 초기의 연구이므로 공과는 있다 할 것이나 언어를 비롯한 역사, 문학 등을 연구함에 있어 고대 국어 자료 활용의 중요성이 강조되고, 연구의 단초를 놓았다는 점에서 그 공은 매우 크다 할 것이다.

李熙昇(1932)에 의해 '地名研究의 必要'가 제기되었고, 池憲英(1942, 1943)[2]에서는 지명 연구에 적극적인 관심을 보였다. 金亨奎(1949)는 『三志』를 총괄적으로 체계를 세워 연구할 것을 역설하였다. 그는 이 연구에서 개칭 이전의 지명과 이후의 지명이 지닌 특징을 지적하였고, -忽, -夫里, -火 등으로 국가에 따라 달리 나타남을 통하여 삼국의 언어가 차이가 있음을 논의하였다. 그리고 李崇寧(1955)에서는 新羅時代의 表記法體系에 관하여 논의하면서 한국한자음의 확립을 배경으로 한 一字一音의 원리를 제창하였다. 하나의 문자가 기호로서의 기능을 하려면 하나의 음으로만 읽혀야 된다는 그의 주장은 후대의 연구자들에게 많은 영향을 주었다. 辛兌鉉(1958)에 와서 『三志』에 나오는 모든 지명을 해독하려는 시도가 있었다. 이 연구는 최초로 518개 지명 모두를 해독하였다는 점에서 의의가 있다. 여기서 나타난 자의적이고 무리한 해석은 송하진 (1993)을 비롯한 후학들에 의해 새로운 방향에서의 모색이 계속되고 있다.

李基文(1968)은 지리지 편찬 과정의 탐색을 통하여 권제 37[지리4]과 권제 34~ 36[지리1~3]의 자료적 차별성을 지적하였다. 더불어 고구려·백제 지명의 기본 자료인 [지리4]의 검토를 통하여 고구려어의 언어적 특징을 제시하였다. 여기서 그는 고구려가 신라·백제어와 언어적 차이를 지닌 별개의 언어로 일본어와 동계일 것임을 논의하였다. 朴炳采(1968)는 언어학적으로 신뢰할 수 있는 156개의 복수 이표기 및 신구대응 표기에 쓰인 借音字만을 골라 삼국의 언어적 특징을 탐구하였다. 그 결과 삼국의 언어가 현저한 차이를 보인다는 점을 지적하면서 삼국의 언어상을 개관하여 국어 형성 과정의 편모를 귀납하였다. 『三志』에 나오는 지명을 근거로 국어의 계통적 접근을 시도한 연구는 姜吉云(1975)[3], 김주원(1981), 김영일(2001) 등에서도 이루어 졌다.

자료를 등질적으로 취급하지 말고 차별성을 부여하여 객관성과 신뢰성을 확보하여야 된다는 지적은 연구자들에게 많은 교훈이 되었다. 이렇듯 연구 대상 자료

---

2 池憲英(1942, 1943)을 비롯한 그의 지명관련 유고들은 2001년 景仁文化社에서 단행본 『韓國地名의 諸問題』로 출판되었다.

3 강길운(1975)은 『三志』에 나오는 지명을 위주로 數詞·季節語·方位語 등 3개 어휘군의 검토를 통하여 황해도 지역까지 포함된 신라와 백제 지역 즉 삼한 지역의 언어가 토이기어와 친족관계에 있다고 하였다.

에 대한 치밀한 검토의 필요성은 新舊地名 간의 유연성 존재 여부를 중심으로 李娟子 (1972)에서도 제기되었다. 또한 김주원(1982)에서는 이런 점을 감안하여 '근·只'는 백 제지명어도 아니고 신지명어 '城'과 대응되는 것도 아니라는 논의를 한 바 있다. 이와 같이 [지리4]와 [지리1~3]의 자료가 차별성을 지니고 있음은 물론 각각의 지명어가 지니는 특성에 주목하여 개별 지명어에 대한 깊이 있는 탐구가 진행되었다. 이강로 (1972, 1973), 都守熙(1975a, 1975b, 1977, 1979, 1980, 1983, 1984, 1985) 등에서 시작되어 김종 택(1998, 2000, 2002), 김무림(2007), 任洪彬(2008, 2012), 최중호(2008), 안병섭(2015, 2017) 등 에까지 지속적인 관심이 이어지고 있다. 이러한 관심은 새로운 자료의 보완과 해석의 관점이 바뀌면서 계속 이어지게 될 것이다.

　　삼국 중 가장 적은 언어자료가 남아 있는 백제어에 대하여는 초기의 관심이 상대 적으로 저조하였다. 이에 都守熙는 일련의 '백제어 연구'를 통하여 백제어 관련 자료를 종합적으로 정리하고 이를 바탕으로 한 백제어의 기원과 시대별 특징을 규명하였다. 백제어와 삼한어 그리고 고대 일본어와의 관계도 논의하였으며 백제어의 단어 재구 는 물론 所夫里, 泗沘, 黃等也山…… 등을 비롯한 여러 개별 어휘에 대한 심도 있는 탐 구가 진행되었다. 특히 [지리4]의 고구려 지명 중 고유지명은 백제전기의 지명일 가능 성이 있다는 점을 주장하며 삼국의 세력 판도에 따른 신중한 자료 해석의 방법을 제 시하였다. 그칠 줄 모르는 그의 연구는 『百濟語 研究(Ⅰ)(Ⅱ)(Ⅲ)(Ⅳ)』(1987, 1989, 1994, 2000) 등으로 정리되었다.

　　『三志』에 나오는 지명을 바탕으로 가장 활발하게 이루어진 연구는 고대국어의 음 운에 대한 연구이다. 지명 표기에 활용된 한자음 연구를 바탕으로 고대국어의 음운체 계를 재구하려는 노력, 한국한자음 체계를 확인하려는 연구, 음운변화를 비롯한 음운 현상을 파악하려는 노력 등이 지속적으로 진행되었다. 『三志』에 나오는 지명만을 대 상으로 한 것은 아니지만 언제나 이들의 연구에서 가장 중심적인 위치에 이 자료가 있었다. 兪昌均(1960)[4]을 필두로 金完鎭(1968), 김영진(1976, 2002), 李炳銑(1982), 조규태

---

4 兪昌均의 연구는 『韓國 古代漢字音의 研究 Ⅰ, Ⅱ』(1980, 1983)와 1991년 民音社에서 출판한 『삼국시대의 漢 字音』에 집성되어 있다.

(1986), 김무림(1992), 엄익상(1990), 최남희(1999), 이장희(2001), 이승재(2013, 2016) 등에 의하여 꾸준히 연구되며 문제가 제기되었다.

『三志』는 문법 자료가 아닌 어휘 자료이므로 음운과 함께 어휘에 대한 관심도 계속되어 왔다. 新舊地名 간의 대응관계 파악을 통하여 지명어의 원초적인 형태를 탐구하고 그 원형의 형태구조와 의미를 파악하는 해독 작업이 진행되었다. 李炳銑은 70년 대초부터 시작한 고대국어 어휘에 대한 일련의 연구를 종합하여 李炳銑(2012)에 집약하였는데 '阿斯達'과 '朝鮮'을 비롯한 국명의 표기, 분포, 유래, 어원 등을 밝혔다. 더불어 『三志』를 중심으로 수집한 자연지명을 네 가지 유형으로 나누어 정리하였다.[5] 천소영(1990) 또한 고대국어 어휘 재구는 물론 차자표기 체계와 관련된 일련의 연구를 종합한 것인데, 이를 통하여 고대국어 어휘 체계 기술을 위한 중요한 디딤돌을 마련하였다. 그리고 송하진(1993)에서는 자료의 성격을 검토하고, 그 傳承性을 살피면서 지명에 대한 정확한 해독을 시도하여 이전의 연구에서 밝히지 못했던 상당량의 지명어를 해석하였다. 김정호(1994)는 『三志』 지명에서 추출한 'kVr-系' 어형에 對하여 그 근원형을 재구하고 변천과정을 탐색하였다. 박사논문으로 제출된 김희지(2004)에서도 삼국의 지명 27개를 선정하여 나름의 해독을 시도하였다.

宋基中(2004)은 남풍현·김영진과 함께 1994년에 출간한 『古代國語語彙集成』에 실린 고대국어 語彙 表記 한자를 字別로 用例를 분석하고 종합하였다. 이 연구는 고대국어 표기에 활용된 한자에 대한 종합적 검토로 볼 수 있는데 『三志』의 어휘를 비롯한 고대국어 표기 한자를 固有語表記字와 漢字語表記字를 분류하고, 고대국어 어휘 표기 한자의 특징을 살핀 후 표기자를 종합적으로 관찰하였다. 또한 한자음을 여러 각도에서 추정하고, 수록 한자 총목록을 작성하였다.

---

5 네 유형은 ①地形에 대한 명칭, ②地形을 수식하는 어휘, ③地形의 생김새 등을 비유한 어휘, ④지명 표기에 차용된 分類別 語彙 등이다. ①은 23개로 ㉠山嶺 등 지형에 대한 어휘, ㉡河海 등 지형물에 대한 어휘, ②는 9개로 地形의 크기, 높이 등을 수식하는 어휘이고, ③은 10개로 ㉠지형을 인체의 부위명에 비유한 지명, ㉡지형의 크기, 규모 등을 母에 비유한 지명, ㉢사회적 통념에 의한 비유 등이다. 그리고 ④는 56개로 상중하, 전후, 동서남북 등 방위 관련 어휘와 四季節名인 춘하추동, 數詞, 天候, 色彩, 植物, 動物, 飛禽, 鑛物, 人體 등이다.

　　한일지명의 비교 연구에서도『三志』에 나오는 자료의 검토는 필수적인 것이었다. 초기의 일본인학자들을 비롯하여 李喆洙(1983), 李炳銑(1987, 1996), 이종철(1995), 沈保京(2000) 등에 오면서 심도 있게 한국과 일본의 지명을 비교, 분석하였다. 특히 李炳銑(1996)은 한국의 옛 지명과 日本의 古代地名을 비교한 연구 성과를 집성하였으며, 지명 연구를 통한 역사바로잡기에 크게 공헌하였다. 한일지명의 비교 연구에 대한 관심은 일본어학을 전공하는 이인영(2000)에 의하여 일본어와 비교를 위한 전제로『三國史記』「地理志」 고구려지명의 연구"가 박사학위 논문으로 제출되었다. 더불어 李寅泳은 일본인 학자 馬淵和夫 등과 더불어 순차적으로『三志』에 記載된 百濟 地名, 高句麗 地名, 新羅 地名 탐구를 통하여 삼국의 언어를 탐색하였다.[6] 또한 中嶋弘美(2011)도 韓·日 地名語 比較를 中心으로 "古代國語 地名語의 國語學的 硏究"를 박사논문으로 제출하였다.

　　『三志』를 대상으로 여러 측면에서 상당한 연구가 진행되었는데 궁극적인 목표는 고대국어의 실상을 파악하고자 하는 것이었다. 그런데 이를 위해서는『三志』뿐만 아니라 고대국어 자료를 비롯한 검토 가능 자료에 대한 탐구가 요구되었다. 각각의 연구자들이 수고롭게 엄청난 시간을 소비하지 않도록 송기중·남풍현·김영진(1994)은『三國史記』를 비롯하여『三國遺事』, 각종 금석문 등 우리나라의 자료와 중국의『二十五史』중 고려 중기 이전에 해당하는 시대의 史書에 나오는 어휘를 추출하여『古代國語語彙集成』을 출판하였다. 이은규(2006) 또한『三國遺事』와『均如傳』의 향가,『三國史記』「地理志」,『鷄林類事』,『朝鮮館譯語』등을 대상으로 借字表記 用字를 정리하여『고대 한국어 차자표기 용자 사전』을 간행하였다.

3. 조선 전기 지리지의 지명에 관한 연구

　　조선의 건국과 함께 효율적인 국가 통치를 위하여 각 지역의 지리를 비롯한 종합

6　馬淵和夫·洪思滿·李寅泳·大橋康子(1978), 馬淵和夫·李寅泳·大橋康子(1979), 馬淵和夫·李寅泳·辛容泰
　　(1980) 등이 일련의 연구이다.

적 정보를 담은 지리지 편찬이 활발하게 이루어졌다. 직접적인 국가 통치를 넘어 문화와 유교이념까지 담아 편찬된 것이 조선 전기 지리지의 결정판 『(新增) 東國輿地勝覽』이다. 이 책이 만들어지기 전까지 조선 최초의 지리지인 『慶尙道地理志』에서부터 『高麗史』「地理志」(이하 『高志』), 『新撰八道地理志』, 『慶尙道續撰地理志』, 『八道地理志』 등이 편찬되었다. 여기서는 이들 지리지에 실려 있는 지명에 대하여 어떤 연구가 있어 왔는지 살피고자 한다.[7]

조선 초기의 이들 지리지는 훈민정음 창제 이후에 편찬된 것이 있음에도 모두 한문으로 작성되었다. 지명표기 또한 한자를 활용하여 표현하였을 뿐 한글로 표기된 예를 전혀 발견할 수 없다. 그런데 훈민정음 표기가 등장하는 최초의 문헌인 『龍飛御天歌』(1445, 세종 27년)의 지명 주석에서 한글로 표기된 지명을 발견할 수 있다. 조선왕조 창업의 정당성을 노래하고 무궁한 발전을 염원한 이 문헌은 지리지는 아니지만 註解 부분에서 175개[8]의 正音 表記例를 보여준다. 正音으로 表記된 어휘를 어종별로 분류하면 국어와 여진어 그리고 몽고어이다. 국어계 어휘는 擊毬 관계 어사와 인명이 몇 개 포함되어 있지만 대부분이 지명이다. 여기에 보이는 정음 표기 지명은 중세국어 시기의 俗地名을 보여주는 것으로 지명 연구에 매우 소중한 자료로 평가되어 왔다. 조선 전기의 지리지에 나오는 지명 연구를 살피기에 앞서 『龍歌』의 정음표기 지명에 대하여 어떤 연구가 있어 왔는지 살피고자 한다.

처음으로 『龍歌』의 정음표기 지명에 대하여 관심을 가진 분은 李相寅(1939)이다. 그는 "지난 겨울 『龍歌』를 읽으면서 주해 가운데 한글로 기록된 지명을 표하여 두었던 것을 참고가 될까 하여 한글지에 제공한다"는 간단한 서문과 함께 출현 순서대로 126개의 지명 주석을 제시하였다. 상권 30쪽에 처음 나오는 '오동'에서부터 하권 44쪽에 마지막으로 나오는 'ᄀ래골'까지 6면 분량으로 출처와 함께 제시한 후 말미에 누락이 있을지도 모른다고 부기하였다.

---

7 조선 전기의 지리지 편찬과 각 지리지에 올라있는 지명어의 특징에 대하여는 제3장에서 논의할 것이다.

8 연구자에 따라 174개, 173개, 또는 175개라 제시하고 있다. 金允經(1959)에서 최초로 제시된 174개를 李基文(1964)에서 173개로 수정한 바 있고, 조규태(2006)에서는 175개로 보아야 한다고 했다.

자료 제시만으로 관심을 보인 李相寅(1939) 이후 金允經(1959)은『龍歌』에 나타난 옛말의 변천에 대하여 탐구한 후, 金允經(1962)에서는 한글 표기 어휘 전 목록을 제시하고 한글전용 정신을 논의하였다. 비슷한 시기에 金鍾塤(1963)과 李基文(1964)이 언어 자료로서 매우 값진 이 자료에 주목하였다. 특히 동아문화연구소에서 1963.9.27.∼29.까지 연린 제2회 동양학심포지움에서 "『龍飛御天歌』의 종합적 검토"가 이루어지면서 李基文과 허웅에 의해 어학적 가치가 조명되었다.[9] 당시 李基文(1964)은 주해 부분의 "정음으로 표기된 지명·인명 자료는 언어자료로 특이한 가치를 가지는 것이다"고 그 진중함을 전제한 후 정음 표기 어휘를 국어계, 여진어계, 몽고어계로 분류한 후 주목의 대상이 될 만한 어휘에 대하여 음운, 형태, 의미, 계통 등의 측면에서 고찰하였다.

유재영(1974)은『龍歌』의 주해에 보이는 정음표기 지명은 지명표기의 漢字化 과정을 살필 수 있어 매우 가치가 있음을 지적한 후, 자료를 제시하고 取音과 取訓 두 유형으로 나누어 분석, 고찰하였다. 그는 한자표기의 경우 "한자 본래 音訓과는 아무런 관계가 없는 한국식 독특한 借用字가 발견되는 것은 흥미로운 일"이라 지적하였다. 3편으로 나누어 작성된 崔範勳(1983a,b,c)의 연구에서 각 항목별로 언어학, 민속학 등 종합적 지식을 동원하여 분석을 시도한 후 한자어지명 대 고유어지명의 대비를 통하여 ㉠釋+釋借 형, ㉡音+釋借 형, ㉢釋+音借 형, ㉣音+音借 형 등 네 유형으로 분류하였다. 이들에 이어 차자표기의 원리와 그 성립과정에 주목한 연구로 강영(1995)이 있다. 그는 훈민정음 초기 자료인『龍歌』에 나타나는 한자어 중에서 정음으로 기록된 표기들을 찾아 借字表記的 요소를 검토하여 그 형성 원리와 발전 과정을 탐구하였다.

김동소(1977)에 의하여 여진 어휘가 탐구되기도 하였으며, 宋基中(1989)은『龍歌』의 해설 내용 중에서 돌궐, 몽고, 여진 등 北方 諸民族의 인명, 지명, 제도명 등을 주음 또는 주석한 부분을 검토하였다. 김영진(1985)은 정음표기가 갖는 의의와 가치 그리고 원칙을 찾아 항목별로 여러 가지 문제들을 살피었다. 都守熙(1990b)는 여러 분야에서 활용될 수 있는 진귀한 이들 자료에 대하여 "주의 깊게 고구하여야 할 특징"이 있음을

---

9 이 심포지움에서 어학적 가치를 비롯한 성립연대와 이본, 문체론적 검토, 문학적 가치, 음악적 검토 등이 종합적으로 이루어지면서『龍歌』연구에 대한 보다 진전된 토대가 마련되었다.

환기하면서, 『龍歌』 지명 주석의 태도, '漢字之難通者'의 문제 등을 심도 있게 논의하였다. 또한 앞으로의 과제로 함경도 지역의 여진 지명에 대하여 적극적인 검토의 필요성을 제기하였다.

한글 표기와 한자 표기와의 대응관계 분석을 통하여 차자표기, 어원탐색 등에 관한 논의는 구경자(1990), 이병운(1991)에 의해서도 이루어졌으며, 조규태(2006)에서는 우리말 어휘만을 골라 가나다순으로 목록을 제시한 후 당시의 표기법, 음운, 문법을 종합적으로 고찰하고 이들을 어원별로 분류하여 정리하였다. 특정한 항목에 대한 종합적인 탐구가 朴秉喆(2011), 조항범(2012)에서 이루어진 바 있다. 또한 변혜원(2004)은 정음 표기 174개 어휘 중 128개가 지명인데, 이를 토박이말 어휘 85개, 외래어 어휘 43개로 분류한 후 이들 어휘를 유형화하여 체계적으로 기술하려 하였다.

그동안 『龍歌』의 註釋에 나오는 지명을 대상으로 한글표기 지명의 발생 사유 즉 '漢字之難通者'의 문제를 비롯하여 차자표기의 형성과 그 원리를 밝히려는 문제, 중세국어의 음운, 형태, 어휘, 의미, 어원 등의 분야에서 다양한 논의가 진행되었다. 여진어를 비롯한 인접 언어에 대한 논의가 있어왔지만 보다 심도 있는 연구가 있어야 할 것이고 각각의 항목에 대하여 다각도로 종합적인 연구가 요구된다.

『(新增)東國輿地勝覽』(1481년(성종 12)/1530년(중종 25)) 이전의 지리지 중 『新撰八道地理志』(1432년(세종 14))와 『八道地理志』(1478년(성종 9))는 印刊되지 않았을 뿐 아니라 그 편집 원본도 전하지 않는다. 다만 그 母本이 되었던 『慶尙道地理志』와 『慶尙道續撰地理志』(1469년(예종 1))를 통하여 그 모습을 추정할 뿐이다. 이런 사정으로 인하여 이들 지리지의 지명에 대하여는 실제적인 연구가 진행되지 않았다. 『世志』(1454년(단종 2))는 『新撰八道地理志』의 내용 중 이후의 변화된 사항만을 보완하여 『世宗實錄』을 편찬할 때 한 편목으로 붙인 것이므로 이들 지리지를 한 부류로 볼 수 있을 것이다. 그러므로 우리는 『世宗實錄』「地理志」(이하 『世志』)에 주목하면서 『高志』(1451년(문종 원년)) 그리고 『勝覽』에 실려 있는 지명에 대하여 어떤 연구가 이루어졌는지 검토하기로 한다.

앞에서 살펴본 바와 같이 『三志』와 『龍歌』의 지명에 대하여는 많은 관심이 있어 왔다. 그러나 상대적으로 조선 전기에 간행된 지리지의 지명에 대하여는 그 관심의 정도가 매우 낮았다. 이는 『三志』의 지명을 검토하다 보면 자연스럽게 후대의 지명도 함께 살펴야만 하는 것이기에 연구의 초점이 앞선 시기에 맞추어졌기 때문에 나타난 현상으로 볼 수 있다. 실제적으로 『三志』의 지명을 논의하면서 조선 전기의 지리지에 나오는 지명도 함께 검토했으므로 이 시기의 자료에 대한 검토가 없었다고는 볼 수 없다.

이러한 사정으로 인하여 조선 전기의 지리지에 나오는 지명에 한정하여 연구된 결과물은 그리 많지 않다. 『高志』와 『世志』를 비롯한 조선의 지리지는 그 편찬 목적에서 확연한 차이가 있다. 전자는 前王朝 고려의 역사를 정리한 『高麗史』의 한 편목으로 지방제도의 구성을 조망하기 위하여 작성된 것이다. 반면에 『世志』를 비롯한 조선의 지리지는 중앙집권화를 공고히 하려는 목적으로 지방통치에 필요한 사항, 나아가 통치이념인 유교를 바탕으로 한 지역문화의 내용을 집대성한 것이다. 그러므로 이들 문헌에 등장하는 지명도 그 편찬 목적에 따라 성격을 달리한다.

『高志』(1451년)는 『世志』(1454년)와 비슷한 시기에 편찬되었지만 편찬목적이 달라 수록된 지명도 성격이 다르다. 당시의 국세조사 성격을 지닌 『新撰八道地理志』, 그리고 이를 보완한 『世志』와 『八道地理志』, 나아가 지역문화의 내용까지 집대성하여 조선 전기 지리지의 완성판이라 할 수 있는 『勝覽』 등에는 각 군현의 연혁은 물론 戶口, 田結, 姓氏, 産物…… 등 지역과 관련된 종합적인 정보가 망라되었다. 그러나 『高志』는 관련 자료를 확보할 수 없었기에 지방제도의 구성을 조망하는 정도에 만족하여 郡縣의 沿革 위주로 작성되었다.

『高志』의 지명은 『三志』의 지명과 같이 군현명 즉 행정지명 위주로 작성되었다. 다만 각 군현의 沿革과 領屬 관계가 보다 상세하게 작성되었다. 군현의 연혁과 영속 관계에 대하여는 언어학자보다 역사학자들이 관심을 갖는 부분이다. 이를 통하여 고려의 지방제도를 연구할 수 있고 나아가 고려라는 국가의 성격을 규명할 수 있기 때문이다. 이런 까닭으로 그동안 『高志』에 대하여는 주로 역사학자들이 관심을 가져왔는데 윤경진(2012)과 박종기(2016)가 그 대표적인 예이다.

박종기는 『高麗史 地理志 譯註』를 비롯한 일련의 연구를 통하여 상당한 성과를 거두었다. 즉, 『高志』의 기술을 바탕으로 고려 태조 23년의 군현 개편, 각 군현의 지리적 범위 등 고려의 지방 사회에 대하여 탐구하였다. 또한 이를 통하여 『高志』의 가치와 사료의 성격을 분명하게 하였다. 윤경진 또한 『高志』에 대한 적극적인 補正을 도모하면서『高志』의 기준 시점과 구성, 고려전기 邑號 變動, 外官 設置 및 영속 관계 분석, 界首官 제도의 연원과 성립 등에 관한 연구를 진행하였다.

　　고려의 지방 사회를 연구하기 위하여『高志』의 지명과 그 연혁에 대하여 역사학자들이 관심을 가져왔지만 언어학자가 관심을 가진 것은 최근에 와서이다. 김양진(2008, 2010, 2013)과 李建植(2015, 2016)에 의하여『高麗史』에 포함된 지명에 대하여 논의가 시작되었다. 김양진(2013)은 앞선 그의 연구를 배경으로『高麗史』에 수록된 지명의 종합적 연구를 위한 출발을 선언하였다. 그리고 李建植(2015, 2016)은 漕運浦口名과『高麗史』소재 22역도 체제 역명의 표기에 관심을 갖고 논의하였다.

　　1432년 완성된 것으로 보이는『新撰八道地理志』의 내용을 근간으로 하고 세종 1년(1419)부터 세종 14년(1432)까지의 고을 변화와, 兩界 즉 압록강과 두만강 유역에 새로 설치한 州와 鎭을 포함하여 작성된 것이『世志』이다. 이 자료에 대하여는 그동안 몇 차례에 걸쳐 색인 작업이 이루어졌다. 조선총독부 중추원(1937)을 필두로 세종대왕기념사업회(1975), 李燦·金九鎭(1976) 등에 의해서도 색인 작업이 이루어졌다. 또한 林承豹 編(1994)에서는 우리나라의 전통지리지를 망라한 색인과 함께 중추원의 색인 성과를 통합, 간행하였다. 교정과 색인 작업이 비교적 활발하게 이루어진 것과는 달리 이 문헌에 올라있는 지명에 대한 연구는 아직도 본격적으로 이루어지지 않았다. 문헌의 성격을 감안한 심도 있는 연구의 필요성이 제기되고 있을 뿐이다.

　　『世志』와 함께『勝覽』에는 지명뿐 아니라 각 지역과 관련된 정치, 문화, 경제, 사회 등 종합적인 정보가 실려 있기 때문에 각 분야의 연구자들이 관심을 가져왔다. 陶器所·産物·戶口·軍丁·墾田·姓氏 등의 조목을 중심으로 박사학위 논문이 제출되는 등 활발한 연구가 진행되었으나 지명에 대하여는 관심을 보이지 않았다.『三國史記』와『高麗史』의 지리지에 올라있는 지명은 대부분 군현명이다. 그러나『世志』의 경우 土産, 陶器所, 烽火 조 등에서 군현의 하위 단위인 동리명과 자연지명인 산천명 등을 확인할 수 있다. 이전의 지리지와는 차별화된 지명 자료가 있음에도 불구하고 연구가 진행되지 않았다.

　　그런데 2016년 가을 제27회 한국지명학회 전국학술대회에서 '문헌에 반영된 지명'을 주제로 삼으면서 오창명(2016)에 의하여 연구의 필요성이 제기되었다. 그는 이 발표에서 『世志』에 실려 있는 지명의 표기 방식을 다른 지리지와 비교하여 그 특징을 설명하고 지명 표기 방법에 대하여 검토한 후 지명 탐구의 방법을 어종별로 제시하였다. 이에 앞서 조성을(2006)과 李建植(2012)에 의하여 부분적으로 『世志』의 지명에 대한 검토가 있었다.

『勝覽』의 지명에 대하여는 조선사학회(1930)를 필두로 朝鮮總督府 中樞院(1937, 1940), 민족문화추진회(1967) 등에서 索引 작업이 이루어졌다. 또한 이들 색인 자료를 편집, 영인하여 보고사, 서경문화사, 경인문화사, 조선민주주의인민공화국 과학원 고전연구소(1986) 등에서 보급한 바 있다. 특히 민족문화추진회(1967)에서는 전편을 번역하여 국역본 6권과 색인 1권 도합 7권으로 『(국역)(신증)동국여지승람』을 고전국역총서 40~46으로 출판하였다.

조선 전기의 기념비적인 편찬사업의 결과물로 평가되는 『勝覽』은 지명을 비롯한 지리적인 내용뿐만이 아니라 문화를 아우르는 각 지역의 종합적인 정보가 담겨 있다. 이런 까닭에 색인과 번역 작업이 활발하게 진행되었고 조선 전기의 사회를 이해하기 위하여 여러 분야에서 관심을 갖고 검토된 자료이다. 이 자료에 대한 書誌的 연구에서부터, 전통, 문학, 사회, 정치, 종교, 경제 등 다양한 연구가 진행되었다. 그러나 색인 작업 등으로 기초적인 연구 자료가 제공되었음에도 불구하고 지명에 대한 관심은 상대적으로 저조하였다.

다른 문헌 자료와 함께 검토되기도 하였지만 『勝覽』의 지명만을 대상으로 한 연구가 많지 않아 이런 느낌이 더 심할 수도 있다. 김순배(2004)가 그런 경우인데 그는 16세기 이후 大田 지방의 漢字 地名을 사례로 地名 變遷의 地域的 要因에 관하여 연구한 바 있다. 석사논문으로 제출된 이 연구에서 1530년 『(新增)東國輿地勝覽』의 지명을 기준으로 1994년 『大田地名誌』까지의 변화를 추적하였다. 이를 통해 그는 原形 存續型, 變形 存續型, 中間 消滅型 등 세 부류로 유형화하였다. 이렇듯 하나의 자료가 아닌 여러 자료를 검토하는 과정에 『勝覽』의 지명도 함께 살피는 것이 일반적이었다.

『勝覽』의 지명을 주자료로 연구한 것으로 김병순(1998), 오창명(2004), 朴秉喆(2012) 등이 있다. 김병순(1998)은 『勝覽』에 나타난 지명의 음절말 차자표기에 대하여 연구하였다. 섬 이름 573개 중 58개를 연구대상으로 선정하여 그 표기 양상과 명칭의 변천을 살피었다. 오창명(2004)은 『勝覽』권38의 제주목 정의현과 대정현의 지명을 해독하였다. 그는 해독에 앞서 국역의 오류를 지적하고 경각심을 일깨운 후 차자표기에 대한 지식의 중요성을 강조하였다. 朴秉喆(2012)은 『勝覽』에 나오는 '遷'계 地名語가 지형의 변화에 따라 명칭이 어떻게 변하였는지를 살핀 것이다.

이상으로 『龍歌』를 포함한 조선 전기의 지리지에 실려 있는 지명에 대하여 어떤 연구가 이루어졌는지 살펴보았다. 이 시기의 자료 중 가장 주목을 받았던 문헌은 『龍歌』이다. 이 문헌에서는 일부 고유명사의 경우 한자표기와 함께 정음표기를 붙여놓았는데 이 자료가 여러 사람의 관심의 대상이 되었다. 최초의 한글 표기 자료이자 '漢字之難通者'에 속하는 것을 한자표기와 함께 제시하였으므로 한국지명의 原初形을 발굴하고 이를 바탕으로 한자차용표기가 어떤 방식으로 이루어졌는지에 대하여 관심을 갖는 것은 자연스런 현상이었다.

『龍歌』의 지명에 대한 깊은 관심과는 달리 조선 전기의 지리지에 올라 있는 지명에 대하여는 상대적으로 관심이 저조하였다. 이들 자료를 대상으로 역사, 정치, 경제, 사회, 문화 등 다른 분야에서 탐구된 결과와 비교할 때 지명에 대한 연구는 초라하기까지 하다. 『世志』에서는 이전의 지리지에서 볼 수 없었던 동리명과 자연지명 자료를 확인할 수 있고, 『勝覽』의 경우 산천명을 비롯한 자연지명과 인문지명이 광범위하게 망라되어 있다. 이러한 특징을 고려하면서 앞으로 이들 지리지의 지명에 대한 탐구가 있어야 할 것이다.

4. 조선 후기 지리지의 지명에 관한 연구

조선 후기 사회는 임진왜란과 병자호란을 겪으며 정신적, 물질적으로 많은 변화를 겪게 된다. 지방 통치를 위한 참고자료로 『勝覽』이 활용되어 왔지만 변화된 사회를 반영한 새로운 지리지의 편찬이 요구되었다. 숙종 25년(1699) 좌의정 崔錫鼎의 건의에 따라 『勝覽』의 개정 작업이 진행되기도 하였고, 영조 33년(1757) 홍문관 수찬 洪良漢의 건의에 따라 또다시 『勝覽』의 개정을 위한 팔도의 邑誌를 수합하였다. 중앙정부의 요구에 따라 각 고을에서 작성된 읍지를 묶어 영조 41년(1765) 하나의 책으로 성책한 것이 『輿地圖書』이다.

영조 35년(1759) 關文에 의해 각 군현에서 읍지를 작성하였을 것이므로 이 책은 대부분 영조 36년(1760)경에 작성된 것으로 보인다. 지역에 따라 작성 연대가 다를 수도 있지만 일단 이 문헌은 18세기 중엽의 사실들이 기록된 것으로 보아야 할 것이다.[10] 그런데 특기할 점은 이전 지리지는 건치연혁을 맨 앞에 배치하였으나 『輿圖』에서는 각 고을의 채색지도를 맨 앞에 붙인 후 坊里와 도로 조를 우선하여 편목하였다는 점이다. 방리 조의 경우 각 면별로 동리명을 제시한 후 그 위치와 편호[家戶數] 그리고 인구수를 남녀로 구분하여 제시하였다. 이는 징세와 군역의 기초자료인 인구수의 파악과 행정의 기초단위인 동리에 대한 파악의 중요성을 시사하는 것이다.

방리에 이어 도로 조를 앞쪽에 배치한 것도 이 시기의 특징을 짐작하게 한다. 당시 사회에서의 상업의 발달과 지역 간 교류가 활발해졌음을 반영한 것이다. 도로 조에 이어 建置沿革, 郡名, 形勝, 城池, 官職, 山川, 姓氏, 風俗, 陵寢, 壇廟, 公廨, 堤堰, 倉庫, 物産, 橋梁, 驛院, 牧場, 烽燧, 樓亭, 寺刹, 古蹟, 人物, 旱田, 水田, 進貢, 糶糴, 田稅, 大同, 均稅, 軍兵[11] 등과 같은 순서로 작성된 기사 속에서 우리는 이전 시기의 지리지에 비해 보다 많은 지명 자료를 확인할 수 있다. 특히 방리 조에는 일부 지역을 제외한 전국의 동리명이 기재되어 있다. 그러므로 『輿圖』는 전국의 동리명이 체계적으로 제시된 최초의 문헌이다.

지명에 대한 관심에 앞서 『輿圖』에 대한 서지적 고찰을 비롯하여 邑地圖의 분석을 통한 郡縣地圖의 발달 등이 연구되었다. 또한 邑城·邑治·物産·進貢·田結·戶口·租稅·還穀·堤堰·漕運·寺刹·姓氏·人物 등의 분석을 통한 연구가 이어져 왔

---

10 1775년(영조51) 『輿圖』를 보완하기 위하여 각 고을로부터 읍지를 수합한 사실을 감안하면 읍지에 따라서는 작성 연대가 후대인 경우도 있을 수 있다. 또한 1759년(영조35) 관문에 의해 새로 작성하지 않고 이미 작성된 읍지를 올려 보낸 경우도 있을 것이므로 보다 이른 시기에 작성된 것도 있을 것이다.

11 이 편목은 『輿圖』上 충청도 청주 편의 경우를 가져온 것이다. 각 지역에 따라 편목에 차이가 있음은 물론이다.

다. 坊里 조의 분석을 통한 연구로 이상식(2006)이 있는데 그는 忠淸道 坊里 조에 나오는 내용을 통해 조선 후기 지방 통치의 기본인 행정 단위와 민호의 관계에 대해 논의하였다.[12] 방리 조에 나오는 면명과 동리명은 현용 행정구역명의 근간이 되는 것이므로 이에 대한 연구가 요구되었으나 오랫동안 무관심 속에 방치되었다.

최근 朴秉喆(2015, 2016a,b, 2017a,b)은 행정구역 명칭에 관심을 가지면서 『輿圖』의 동리명을 기준으로 오늘에 이르기까지 그 변천을 탐구하였다. 이러한 동리명의 변천에 대한 연구는 변화의 양상을 파악한다는 점에서는 물론 앞으로의 지명을 설계하는데 이론적 기초가 될 수 있으므로 실용적인 가치를 지닌다. 『輿圖』의 지명이 보여주는 특징 중의 하나가 전국의 동리명이 체계적으로 망라되어 있다는 것이므로 앞으로 이자료에 대한 적극적인 검토가 요구된다. 그리하여 한자표기 동리명과 俗地名과의 비교를 통한 한국지명의 원초형 탐색, 이를 바탕으로 한 행정지명의 설계 등이 가능할 것이다.

전국의 동리명을 보여주는 자료로 『輿圖』보다 30년쯤 늦게 편찬된 『戶口總數』〈이하 『戶總』〉(1789)가 있다. 이 문헌은 정조가 『海東輿地通載』 편찬과정에서 戶口數를 파악하여 포함시키려 하였으나 여의치 않자 별도의 책으로 묶은 것이다. 호구에 대한 조사 결과를 정리하여 작성한 9책의 필사본 『戶總』은 동리별로 인구수를 기록한 것이므로 여기에 동리명 자료가 온전히 담겨 있다. 『戶總』에 대하여도 사회, 경제적인 연구가 진행되었으나 林學成(2008)은 『輿圖』와의 비교를 통하여 동리의 증가와 '新'里 생성의 문제를 다룬 바 있다. 인구 증가를 비롯한 사회적인 문제와 함께 지명어 생성의 문제를 다룬 것인데 30년 사이에 변화된 전국 156개 군현의 동리와 호구 관련 사항을 논의하였다. 인구의 증가와 함께 새로운 동리가 생겨나면서 지명에 '新' 字를 활용하였는데 18세기 중엽 충청도의 경우 가장 많은 빈도를 보인 명칭은 新垈里(21%)였으며, 그 다음으로는 新里(16%), 新村里(10%), 新基里(7.3%), 新興里(5.2%), 新坪里(4.9%) 등으로

---

12 이 연구에서 그는 행정단위와 호구의 상관관계가 낮다고 하였으며 자연지리를 기반으로 한 공간적 특성과 공동체를 기반으로 구성된 인문지리적 특성이 결합된 전통적인 행정구역 편제를 보인다고 하였다.

나타난다 하였다.

『戶總』의 동리명을 기준으로 지명의 변화를 다룬 연구로 이준우(2006)가 있다. 석사논문으로 제출된 이 연구에서 그는 『戶總』에 기록되어 있는 연구 대상 지역의 46개 동리명 중 현재 사용여부에 따라 존속형, 변동형, 소멸형 등 세 가지 유형으로 분류하여 고찰하였다. 그 결과 존속형 지명은 도시지역이 아닌 곳에서, 변동형 지명은 분동이 이루어진 도시지역에서 흔히 볼 수 있다고 하였다. 그리고 소멸형 지명은 일제 강점기에 일본식 지명의 도입으로 인해 도시지역에서 많이 나타난다 하였다. 김정태(2016)는 대전 유성 지역을 중심으로 『戶總』에 보이는 마을 지명의 특징과 가치를 논의하였다. 그는 이 연구에서 한자표기 지명과 전래 지명과의 대비를 통한 근원적인 형태의 탐색, 이를 바탕으로 한 한자화의 방법 등을 논의하였다.

『輿圖』와 『戶總』에 실려 있는 동리명에 대한 관심이 시작된 것은 고무적인 일이다. 그동안 문헌에 나타난 지명에 대한 탐색은 주로 『三志』와 『龍歌』에 보이는 자료에 집중됐었다. 그 결과 이론적으로 많은 성과를 내기도 하였으나 실용적인 측면에서 아쉬운 점이 있었다. 고대국어 시기의 지명은 물론 근·현대 시기의 지명에 대한 관심을 통하여 미래의 지명을 설계하는 노력이 필요하다. 그러므로 『輿圖』와 『戶總』의 동리명에 대한 깊이 있는 연구를 통하여 한국지명의 근원적인 형태를 탐구하고 이를 바탕으로 한 미래의 설계가 필요하다.

5. 일제강점기 지명 관련 자료집의 지명에 관한 연구

전통적인 우리나라의 지리지는 建置沿革, 形勝, 山川…… 등 해당 지역의 역사와 지리 관련 사항을 기본으로 하고 戶口, 軍丁, 田稅…… 등 통치와 직접적으로 관련된 사항과 古蹟, 人物, 題詠…… 등 문화 관련 조목으로 편성하였다. 그러므로 지리는 물론 각 지역의 실상을 담은 종합적인 정보지의 성격을 지녔다. 이러한 전통적인 지리지의 편찬은 1903년부터 1908년 사이에 勅命으로 편찬, 간행된 『增補文獻備考』의 「輿

地考」에까지 이어졌다.[13] 일제강점기에 접어들면서 이러한 전통적 형식의 지리지는 편찬되지 않았으며 군사, 행정을 비롯한 통치의 목적을 위하여 지명만을 정리한 자료 집이 발간되었다.

효과적인 식민 지배를 위한 행정구역 개편, 군사 작전용 지도의 표기 수단 등 실용적인 목적을 위하여 지명을 수집하고 정비하였다. 그 과정에서 편찬된 것이『朝誌』, 『舊韓國地方行政區域名稱一覽』〈이하『舊韓國』〉 그리고『新舊對照朝鮮全道府郡面里洞名稱一覽』〈이하『新舊對照』〉 등이다. 이들 자료 중 연구자들의 관심을 끌었던 자료는 필사본『朝誌』이다.『舊韓國』과『新舊對照』는 본격적인 面里制의 시행을 위한 행정구역 개편과 관련하여 동리명과 면명만을 지역별로 정리한 것이다. 그러나『朝誌』는 한자로 표기한 동리명과 대응되는 俗地名을 한글로 표기하였을 뿐만 아니라 山名, 谷名, 山岳嶺名, 川名⋯⋯ 등을 비롯한 자연지명과 市場名, 酒幕名, 古碑名, 寺刹名, 古蹟名所名⋯⋯ 등 인문지명까지 포함하였다.

『舊韓國』과『新舊對照』의 동리명은『輿圖』와『戶總』에 올라있는 동리명을 기준으로 현용 동리명에 이르기까지의 변화를 추적할 때 그 중간 점검 용도로 활용되었다.『舊韓國』은 1914년 행정구역 개편 이전의 동리명이 반영되어 있는 반면『新舊對照』는 개편의 결과가 반영된 문헌이다. 행정지명의 변화를 순시적으로 검토할 때 이 두 자료는 매우 요긴하게 활용되는데 이준우(2006), 朴秉喆(2016a,b, 2017a,b) 등의 연구에서 검토되기도 하였다. 행정지명만을 보여주는 두 자료에 비해『朝誌』는 지명 관련 사항이 망라되어 양적으로 풍부할 뿐만 아니라 한자표기에 대응되는 한글표기 俗地名까지 포함하고 있어 질적으로도 우수한 자료이다.

필사본『朝誌』가 임용기(1996)에 의해 소개된 후 각 지역별로 입력한 자료와 원본을 영인한 것을 엮어 한 권의 책으로 출판하기도 하고, 道別 또는 郡別 자료를 대상으로 연구가 진행되었다. 자료 영인과 원본 자료 입력물은 해당 자료와 관련이 있는 지역의 지방자치단체나 문화 관련 기관의 도움을 받아 간행되었다. 또한 해당 자료와

---

13 이후 개인에 의해 전통적인 방식에 따라 작성된 미완의 사찬지리지로『朝鮮寰輿勝覽』이 있다. 이 책은 李秉延이 1910년부터 1937년까지 전국 241개 군 중 129개 군의 인문 지리 현황을 직접 조사하여 작성한 것이다.

관련이 있는 지역에 거주하거나 연고가 있는 연구자들에 의하여 각 도별 또는 군별로
이 자료에 대한 연구가 진행되었다. 주로 국어학자들에 의하여 언어적 측면에서의 연
구가 진행되었으며 일부 지리학자나 민속학자가 관심을 보이기도 하였다.

　　자료의 해제를 비롯하여 각 도별로 원본을 영인하고 데이터베이스 구축을 전
제로 입력한 자료를 묶어 한 권의 책으로 출판한 것으로 신종원 편(2007), 임용기 편
(2008), 경기문화재단·경기문화재연구원 전통문화실 편(2008), 충청북도 문화재연구
원 편(2012) 등이 있다. 이들 자료는 각각 강원도, 황해도, 경기도, 충청북도 편을 하나
의 책으로 묶은 것이다. 다른 지역의 경우도 유사한 형태로 출판이 이루어질 전망이
며, 국립중앙도서관에서 이미지 파일로 제공되고 있는 원본 자료와 함께 이 자료들은
연구자들에게 편리하게 활용될 수 있을 것이다.

　　각 지역의 연구자들에 의하여 해당 지역의 자료만을 대상으로 한 연구가 인천 부
평을 다룬 임용기(1996)에서 시작하여 줄을 이었다. 김순배(2013d)는 충청북도, 김정태
(2013)는 대전, 신종원(2008)과 심보경(2010)은 강원도, 오창명(2011)은 제주군 신좌면, 李
建植(2009)은 경기도 광주군, 이근열(2015)은 부산지명 등을 표기, 형태, 음운, 의미 등
의 측면에서 고찰하였다. 특히 이 자료는 한자표기 지명과 대응되는 한글표기를 보여
주는 바 차자표기를 비롯하여 이와 관련된 연구가 주목을 끌었다.

　　『朝誌』는 전국의 자연지명과 인문지명을 망라한 것이기에 이렇듯 지역별로 접근
할 수밖에 없었던 것으로 보인다. 아직도 이 자료에 대한 종합적인 연구가 부족하여
검토 대상 자료에 따라 편찬 연대를 달리 추정하고 있다. 또한 조사 주체와 필사 주체
사이의 관계를 비롯하여 편찬 동기 등도 명확하게 정리되지 않았다. 비록 落帙本이기
는 하지만 일제강점기에 남겨진 지명 자료 중 충실하게 현실을 반영하여 작성된 것이
므로 보다 종합적이고 깊이 있는 연구가 요구된다.

6. 결론

역사문헌 자료 중 가장 많은 주목을 받아왔던 것은 『三志』였다. 여기에 실려 있는

지명 자료를 바탕으로 고대국어의 음운, 어휘, 표기법 나아가 한국어의 계통을 밝히려는 연구가 국내외 학자들에 의하여 꾸준히 시도되었다. 그 결과 상당한 성과를 거두었지만 아직도 명쾌하게 해결되지 않은 부분이 남아 있다. 이를 극복하기 위하여 국내외 문헌 자료를 비롯한 관련 자료의 발굴을 통한 자료 보강과 이를 합리적으로 분석하고 종합하려는 노력이 요구된다.

조선 전기에 편찬된 지명 관련 자료 중『龍歌』의 주석에 나오는 정음표기 지명은 최초의 한글 표기 지명이라는 점과, 漢字로 표기하여 표현하기에는 어려움이 있어 등장한 지명이라는 점에서 높은 관심의 대상이었다. 이들 지명을 대상으로 한글표기 지명의 발생 사유 즉 '漢字之難通者'의 문제를 비롯하여 차자표기의 형성과 그 원리를 밝히려는 문제, 중세국어의 음운, 형태, 어휘, 의미, 어원 등의 분야에서 다양한 논의가 진행되었다. 반면에『高志』,『世誌』그리고『勝覽』등 조선 전기의 지리지에 나오는 지명에 대하여는 상대적으로 관심이 집중되지 못했다.

『三志』의 지명 또는 후대의 지명을 논의하면서 조선초기의 지리지에 나오는 지명도 함께 검토한 경우가 있다. 그러므로 선초의 지리지에 나오는 지명에 대하여 전혀 연구가 이루어지지 않은 것은 아니지만 상대적으로 소홀히 다룬 것만은 분명하다. 그런데『高志』에는『三志』에서 볼 수 없었던 산천명을 비롯한 자연지명과 郡縣名의 別號가 일부 올라 있고,『世誌』에는 이전의 지리지에서 볼 수 없었던 일부 동리명과 상당수의 자연지명 자료를 확인할 수 있다. 그리고『勝覽』의 경우 산천명을 비롯한 자연지명과 인문지명이 광범위하게 망라되어 있다. 앞으로 이러한 특징을 고려하면서 조선 전기의 지리지에 올라 있는 지명에 대한 적극적인 탐구가 요구된다.

확인이 가능하고 확실히 신뢰할 수 있는 후대의 자료를 바탕으로 앞선 시기의 의문을 해소할 수 있다. 이런 점에서 고대의 지명 해석을 위하여 중세국어 시기의 지명 자료에 대한 탐구는 물론 근 · 현대 시기의 지명에 대한 충실한 검토가 요구된다. 근대 지명 자료인 조선 후기의 대표적인 지리지는 중앙정부의 요구에 따라 각 고을에서 작성된 邑誌를 묶어 영조 41년(1765)에 성책한 것이『輿圖』이다. 이 자료에는 이전의 지리지에서 볼 수 없었던 동리명이 각 면별로 제시되어 있다. 일부 지역을 제외하고 전국의 동리명을 대부분 확보할 수 있다는 점에서 이 자료의 가치는 매우 높다고 할 수 있다.

　　『輿圖』의 동리명에 대응되는 전래 지명 즉 俗地名과의 비교를 통하여 한국지명의
원초적인 형태와 한자표기 동리명의 형성 그리고 그 변천을 탐구할 수 있다. 또한 이
를 참고하여 앞선 시기의 지명 해석을 위한 원리를 찾아내고, 한편으로 미래의 한국
지명을 설계할 수 있다. 이런 점에서 『輿圖』의 동리명에 대한 체계적이고 종합적인 검
토는 매우 중요한 과제이다. 『輿圖』의 동리명 자료를 다루면서 30년 뒤에 편찬된 『戶
總』의 동리명을 참고할 수 있으며, 일제강점기에 편찬된 『朝誌』, 『舊韓國』 그리고 『新舊』
는 그 변천의 양상을 파악할 수 있는 징검다리이다.

　　특히 『朝誌』는 한자로 표기한 동리명과 대응되는 俗地名을 한글로 표기하였을 뿐
만 아니라 기존의 지리지에 포함되었던 자연지명과 인문지명이 모두 포함되어 있으
므로 자료적 가치가 높다. 이 자료가 소개된 후 각 지역별로 입력한 자료와 원본을 영
인하여 출판하기도 하고, 道別 또는 郡別 자료를 대상으로 단편적인 연구가 진행되었
다. 앞으로 이 자료에 대한 종합적이고 체계적인 연구가 요구된다.

　　역사를 公平無私하게 합리적으로 기술한다는 것은 매우 어렵고 힘든 일이다. 각
학문 분야의 연구사 기술 또한 그러하다. 조선왕조 창업과 더불어 前王朝 고려에 대
한 역사를 정리하기 위하여 고려사 편찬에 착수하였다. 당초 鄭道傳을 중심으로 臣權
중심의 고려사가 기술되었지만 王權 중심의 역사관을 가진 사람들에 의해 改修가 이
루어졌다. 그 과정에서 치열한 논란이 거듭되었으며 59년이 지난 후에야 편찬 사업을
마무리할 수 있었다.

　　이를 통하여 역사 기술은 史觀에 따라 그 결과가 상당히 달라질 수 있음을 推斷할
수 있다. 이러한 사정을 감안할 때 본 연구 또한 보는 각도에 따라서는 논란의 여지가
있을 것이다. 각각의 연구자가 기술한 내용을 중심으로 탐구한 본 연구가 후속 논의
에서 도움이 되기를 바란다.

제2장

調査資料를 대상으로 한 지명 연구의 성과와 과제

서론

일반적으로 지명 연구는 문헌자료 연구와 조사자료 연구로 나눈다. 『三國史記』 「地理志」를 비롯한 역사문헌 자료에 올라 있는 지명을 대상으로 고찰하는 것을 문헌 연구라 하며, 자신이 현지에서 직접 조사한 지명이나 조사자료집에 올라 있는 지명을 대상으로 탐구하는 것을 조사연구라 한다. 문헌자료를 대상으로 한 제1장에 이어 본 장에서는 조사자료 지명을 대상으로 한 언어학적 연구 성과를 중심으로 조망하고 그 과제를 제시하고자 한다.

지명 연구에 관심을 둔 언어학자들이 중심이 되어 1997년 한국지명학회를 창립 하였다. 그 후 지명 연구는 새로운 전기를 맞이하였으며, 20년 동안 상당한 성과를 거 두었다. 한국지명학회 창립을 전후하여 지명 연구 성과 전반을 허재영(1989), 李敦柱 (1992), 姜秉倫(1998) 등에서 정리한 바 있다. 또한 최근 국토지리정보원에서 『한국지명 유래집』을 간행하면서 각 지역별 연구 성과가 정리되기도 하였다.[1] 지명학회 창립 20 주년을 맞이한 현 시점에서 綜合的인 整理와 더불어 方向 提示가 필요하다.

역사문헌 자료에 올라 있는 지명에 대한 연구도 그렇지만 조사 자료 지명을 대상

---

[1] 沈保京(2007, 2012), 김순배(2010a), 성희제(2012), 김기혁(2013), 손희하(2013, 2014b) 등에서 각 지역별로 연 구사가 정리되었다.

으로 한 탐구도 언어학에 기초한 것이 대부분이다. 이는 지명이 언어로 표현된 명칭 중 하나이므로 당연한 귀결이다. 특히 지명어는 음운이나 문법 단위가 아닌 고유명 사의 총체 중 지명만을 가려낸 어휘이기 때문에 어휘론적 연구가 지명 연구의 중심에 있다. 그러므로 초기의 연구자들은 주로 어휘론적 접근을 시도하면서 음운, 형태, 표 기 등에도 관심을 두었다. 음운이나 형태만을 집중적으로 다룬 연구보다 어휘 방면의 연구가 많은 것은 지명어가 지닌 언어단위적 특성에 기인하는 것이다. 이런 점을 감 안하면서 그동안 언어학 중 어휘론적 측면에서 이루어진 성과를 중심으로 조망하고 앞으로의 과제를 제시하고자 한다.

지명을 대상으로 한 어휘론적 연구의 하위 분야로 李喆洙(1982)는 ㉠地名語體系 論, ㉡地名語計量論, ㉢地名語對照論, ㉣地名語語源論, ㉤地名語變化論, ㉥地名語構成 論, ㉦地名語位相論, ㉧地名語辭典論 등과 같이 8분야를 제시하였다. 이 중 ㉦地名語位 相論과 관련된 연구는 거의 이루어지지 않은 것으로 보인다.[2] ㉡地名語計量論 또한 지 명어 총량을 대상으로 시도된 바 없으며 한정된 지역이나 자료를 대상으로 다른 분야 의 연구를 진행하면서 부분적으로 수행되었다. 두 분야를 제외하고는 비교적 활발한 논의가 이루어 진 것으로 보인다.

지명의 어휘론적 연구 중 ㉦地名語位相論은 제외하고 ㉠地名語體系論에서부터 ㉧地名語辭典論까지 그동안의 연구 성과를 기술하기로 한다. 우선 지명학 이론 연구 의 동향에 대하여 살필 것이며, 地名語音韻論과 地名政策論에서 이룩한 성과도 기술할

---

2 어휘의 변이 중 지역과 계층에 따라 형태를 달리하여 나타나는 것을 位相的 變異라 하는데 지명어의 경 우 마을명에서 이런 현상이 나타난다. 예컨대 노년층은 자기가 사는 마을을 '샛터'라 하고 청소년층은 '新基'라 한다. 계층에 따라 고유어지명을 활용하기도 하고 한자어지명을 쓰기도 한다. 어휘론에서 位 相的 變異를 거론하면서 話用的 變異에 대하여 언급하는 것이 일반적이다. '누가' '어디서' 말하느냐에 따 라 형태가 달라지는 것을 위상적 변이라 하고 동일화자가 상황에 따라 '어떻게' 말하느냐에 따라 달라 지는 것을 화용적 변이라 한다. 한국지명의 경우 그 특성상 位相論과 함께 話用論도 성립, 가능하다. 예 컨대 동일화자가 口語에서는 '샛터'라 하고 公簿上의 주소를 비롯한 文語에서는 '新基' 하기 때문이다. 또한 같은 마을 사람들과 비공식적인 자리에서 대화할 때는 '샛터'라 하고 공적인 회합에서는 '新基'라 하기 때문이다. 고유어지명과 한자어지명이 공존하는 한국지명의 특성상 地名語位相論 그리고 地名語 話用論과 관련하여 충분한 연구 거리가 제공되고 있으나 그동안 관심을 두지 않았고 對照論的인 접근 이 주로 있어 왔다.

것이다. 또한 최근 새주소 도입과 관련하여 관심을 모았던 道路名에 관한 논의들도 살피기로 한다. 마지막으로 地名傳說을 비롯한 설화 그리고 문학과 관련하여 논의된 연구물들에 대해서도 그 대강을 살피기로 한다.[3]

2. 지명학 이론 연구

초기 단계에서 지명에 관한 연구는 地名學(Toponymy)이라는 독립된 학문분야로 생각하지 않고 언어, 지리, 역사, 풍속, 제도 등 여러 분야 연구의 일환으로 인식하였다. 우리나라에서 지명에 관한 관심과 연구를 촉발시킨 이희승(1932)에서도 이런 태도를 엿볼 수 있으며[4], 한글학회(1966)에서 『한국지명총람』1(서울편)을 간행하면서 머리말[5]을 쓴 최현배의 태도 또한 마찬가지이다. 언어의 역사적 연구를 위하여 "古語를 가장 忠實히 또 豊富히 우리에게 提供하는 것"이 지명이니 이를 채집, 활용하여야 한다는 것이 이희승(1932)의 요지이다. 최현배는 여기서 더 나아가 언어학을 비롯하여 역사, 지리, 풍

---

3 언어학을 중심으로 한 이 논의에 이어 지리, 역사학을 비롯한 다른 분야에서의 연구사 기술이 이루지기를 기대한다.

4 이희승은 『한글』 제2호에 실린 짧은 글 속에서 언어연구의 두 가지 태도 즉 수직적 연구(통시적 연구)와 수평적 연구(공시적 연구)를 거론하며 역사적 연구 자료 중 하나로 지명을 들고 있다. 특히 지명은 고어를 가장 많이 풍부하게 간직한 보수적인 자료임을 아래와 같이 표현하였다.
"古語를 가장 忠實히 또 豊富히 우리에게 提供하는 것이 있으니, 그는 곧 「地名」이다. 地名은 그 土地와의 固着性이 가장 强하야, 容易히 變하는 것이 아니다. 그뿐 아니라, 採集上에도 아무 困難을 感치 않을뿐 아니라, 조금만 注意하면 그닥지 訓練을 要할 것도 없는 것이다."〈이희승, 1932: 48〉

5 최현배는 여기서 다음과 같이 5가지로 지명연구의 의의를 제시하였다.
(1) 우리의 역사, 지리, 풍속, 제도 등 문화 생활의 연구에 도움이 될 것이요.
(2) 우리의 옛말, 말소리의 변천, 말꼴의 뜻과 변천, 배달말의 계통 등 언어과학적 연구에 도움이 될 것이요.
(3) 배달 겨레의 성립 및 이동에 관한 연구에 무슨 기틀을 줄 수 있을 것이요.
(4) 우리와 이웃 겨레와의 겨레스런, 문화스런 관계의 천명에 필요한 자료를 대어줄 것이요.
(5) 뒷날에 우리나라의 땅이름을 순우리말로 되살리는 경우에는, 크게 소용될 것이다.

속, 제도 등 문화생활의 연구에 도움을 주는 것이 지명이며, 우리 민족의 성립과 이동 등의 연구에도 지명이 활용될 수 있다 하였다.

이희승(1932)에 앞서 우리나라 지명에 관심을 가진 일본인 학자들 또한 지명학을 독립된 학문으로 인식하지 않고 역사 연구 또는 언어 연구의 일환으로 지명에 대한 탐색을 진행하였다. 이러한 태도는 초기의 지명 연구자인 김형규, 이숭녕, 신태현, 유창균 등에까지 이어졌다. 최초로 地名學(Toponymy)이라는 용어를 사용하며 지명 연구의 목적과 방법을 제안한 분은 崔範勳(1969)이다. 그는 L. Taylor(1864)의 Name & Place라는 저서와 1923년 구성된 English Place Name Society를 소개하며 '韓國地名學'이라는 용어를 사용했고 그 연구의 영역을 개략적으로 제시하였다. 그 후 李敦柱(1971: 1~2)는 "지명학(Toponymy)은 방언학과 더불어 개별 언어 연구에 산 자료를 대어 줄 뿐 아니라, 보는 각도에 따라서는 지리학, 민속학, 민족학, 역사학, 고고학, 사회학, 정치・경제학, 설화 문학 등에 이르기까지 빼놓을 수 없는 보조 과학이다"라고 하면서 지명학(Toponymy)이라는 용어를 사용하였다. 또한 지명 연구의 동향 중 해외에서 이루어진 내용을 소개하고, 地名類型學(Toponymic Typology)의 가능성을 추구하였다.

李喆洙(1980)에 이르러 地名學(Toponymy)을 지명에 관하여 연구하는 명칭과학(Onomastics)의 한 부문이라 하고, "地名을 言語學的으로 硏究하는 것을 言語學的 地名學"이라 하였다. 그는 여기서 인명학(Anthroponymy)과 더불어 명칭과학(Onomastics)의 주요 부문으로 지명학(Toponymy)이 있음을 거론하며 언어학적 측면에서 체계적인 연구가 필요함을 제기하였다. 이는 명칭과학 중 하나인 지명학의 성격과 과제를 구체화한 것으로 보조과학으로서의 지명학이 아니라 언어학을 기반으로 독자성을 추구하였다는 점에서 의미를 지닌다.

李喆洙(1982)에서는 지명연구의 당면과제와 더불어 명칭과학의 논리를 설명한 후 지명언어학의 연구영역을 구체적으로 제시하였다. 지명을 대상으로 하는 명칭과학의 한 부문인 지명언어학의 영역을 語彙論的 硏究, 意味論的 硏究, 音韻論的 硏究, 形態論的 硏究, 應用言語學的 硏究 등 다섯 가지로 나누었다. 이 중 지명언어학의 중심이 되는 것을 어휘론적 연구라 하였다. 그 이유는 지명은 고유명사의 총체 중 지명만을 가려낸 어휘이기 때문이다. 나아가 어휘론적 연구의 하위 분야로 地名語體系論, 地名語

計量論, 地名語對照論, 地名語語源論, 地名語變化論, 地名語構成論, 地名語位相論, 地名語辭典論 등을 제시하였다. 이 논문에서 그는 語彙論的 硏究 중 地名語體系論과 地名語對照論의 범주에 드는 논의를 진행하였다. 이어서 李喆洙(1983a)에서는 地名語源論을 중심으로 연구 영역을 제시한 후 조사연구의 방법에 의한 탐색의 실제를 보여주었다.

都守熙(1994)에서는 지명의 정의와 특성에 대하여 기술한 후 지명연구의 방법으로 ㉠언어학적 접근, ㉡역사학적 접근 ㉢지리학적 접근 ㉣기타 보조학문 등이 있음을 기술하였다. 또한 도수희(1999)에서는 지명해석의 새로운 인식과 방법을 제안하였다. 여기서 그는 지명을 누구나 쉽게 해석할 수 있다는 낡은 생각부터 버려야 하며 "국어의 어휘사 및 어휘론에 있어서 지명의 가치, 우리 국어 생활에서 점유하고 있는 지명의 위상 등에 대한 인식을 깊게 가져야 한다."고 하였다. 이러한 인식을 바탕으로 지명을 해석함에 있어 비과학적인 함정에 빠지지 않도록 신중할 것을 촉구하였다. 이상의 논의를 비롯한 그의 지명학 이론은 도수희(2003)의 『한국의 지명』에 종합되었다. 10개의 장으로 구성된 이 책에서는 제1장 총설을 비롯하여 지명연구 약사, 지명의 개정과 지리지의 편찬, 지명의 차자표기와 해독법, 지명어 음운론, 지명어 형태론, 지명어 의미론, 지명어 해석론, 지명과 전설, 지명과 지도 등에 대하여 기술하였다.

저자가 머리말에서 밝히고 있듯이 이 책은 지명 연구에서 기본적으로 터득해야 할 학술지식과 기술 방법을 종합하였다. 합리적이고 과학적이며 객관화가 필요한 지명 연구를 위하여 이 저서가 던지는 메시지는 크다고 할 수 있다. 그동안 이렇다 할 지명학 개론서가 없었던 실정에서 지명학에 대한 이론과 연구방법을 습득할 수 있도록 구성된 된 이 책은 연구자들에게 좋은 지침서로서의 역할을 충분히 하고 있는 것으로 평가된다.

이철수, 도수희는 역사문헌 자료에 실려 있는 지명은 물론 현지 조사를 통해 확보된 지명 모두에 대한 지명학 이론을 전개하였다. 그런데 조사 자료의 지명을 중심으로 한 연구 방법을 모색한 분으로 김윤학, 김영태, 박성종 등이 있다. 김윤학(1980)에서 시작된 그의 탐구는 현지조사를 통해 확보된 지명에 대하여 나름의 연구 방법을 활용하여 분석하였다. 그의 땅이름 연구에 관한 이론과 그 적용은 음운과 형태를 중심으로 김윤학(1996) 『땅이름 연구』에 결집되었다. 제1장 땅이름 연구 방법론을 통하여 땅이름 연구의 목적을 기술한 후 자료채집 방법과 연구방법을 제시하였다.[6] 이어서 연구 분야를 ㉠생성과정에서 본 땅이름 연구와 ㉡땅이름의 짜임새 분석으로 나누어 제시하였다. 나아가 ㉠생성과정에서 본 땅이름 연구의 경우 ⓐ유연성에 따라 생성되는 땅이름 ⓑ재생성되는 땅이름 등으로 그 하위 부문을 규정하였으며, ㉡땅이름의 짜임새 분석은 ⓐ계통 분석 ⓑ낱말 만들기 등으로 나누어 기술하였다.

김영태는 경남 방언에 관한 연구를 수행하면서 지명에도 관심을 갖고 일련의 연구를 수행하였다. 김영태(1983)에서 현지 지명 조사 방법과 관련하여 ㉠조사자 ㉡조사시기 ㉢ 도상 계획 ㉣조사 어휘 작성 ㉤협조자 ㉥피조사자(제보자) ㉦조사 어휘의 정리 등의 순으로 그 방법을 간략하게 제시하였다. 그런데 이는 방언 조사에서 고려할 사항과 크게 차이가 나지 않는다. 지명 조사 방법론을 구체적으로 모색한 연구로 박성종(2001)이 있다. 그는 동해문화원에서 발행한 『東海市 地名誌』를 편찬하는 과정에서의 경험과 몇몇 소지역의 지명 조사를 해 본 경험을 바탕으로 비교적 상세하게 지명 조사에 대한 방법론을 피력하였다. ㉠사전 준비 작업 ㉡현지 답사와 면담 ㉢자료 정리 및 집필 등 3단계로 구성된 그의 조사방법론은 다음과 같은 사항들을 포함하고 있어 주목해야 할 부분이 많다.

㉠사전 준비 작업과 관련하여 지명 카드의 활용을 위한 지명조사 카드의 예를 제

---

6 김윤학(1996: 5-6)에 제시된 연구목적 다섯 가지는 앞에서 제시한 한글학회(1966) 최현배가 거론한 내용과 유사하다. 그리고 연구 방법은 김윤학(1996: 8)에서 다음과 같이 제시하였다.

1. 채집한 어휘 항목 하나하나에 대하여 어원, 계통, 뜻과 꼴, 접미형태, 내부적 짜임새 따위를 방언형이나 옛 문헌, 그리고 이제까지 나온 논문들을 바탕으로 연구해 간다.

2. 한편으로는 관련된 글(논문, 저서, 옛 문헌)들을 읽으면서 글을 쓰는데 필요한 이론이나 방법론, 그리고 어휘 항목을 설명해 내는데 필요한 자료를 수집한다. 이때는 카드를 사용하되 출전과 쪽수를 기록해 두어야 한다.

3. 낱말의 어휘 항목에 대한 설명이 어느 정도 완성이 되면, 어휘항목 하나하나를 카드에 담는다.

4. 분명히 밝혀지지 않은 어휘 항목은 다시 정리하여 추가 답사를 통하여 해결할 수 있도록 한다. 끝까지 밝히지 못한 어휘 항목도 버리지 말고 자료로 남겨 둔다. 이러한 항목은 두고두고 연구하여 밝혀야 할 것이다.

5. 글을 써 나가는 이론이나 항목에 맞춰 카드를 분류, 정리, 종합하며, 글을 써 나가면서 규칙이나 가설 또는 새로운 이론을 세워 나간다.

시하였으며, 지명항목의 추출과 선정 그리고 개략도의 작성과 활용 방법을 제시하였다. 이어서 ⓛ현지답사를 통한 면담과 관련하여 수첩, 녹음기, 사진기, 설문지 등 조사 장비 및 준비물을 꼼꼼히 제시하였고, 제보자 선정, 면담 방법, 면담 순서, 질문 방식 등 실제 면담 과정에서 유의해야 할 사항을 기술한 후 확인, 조사까지 단계별로 수행해야 할 일들을 제시하였다. 최종단계인 ⓒ자료 정리 및 집필과 관련하여 원고 집필, 감수 활동, 인쇄와 색인 작업 등의 과정에서 고려해야 할 점도 제시하였다.

지명학 이론 연구와 관련하여 북한에서 이루어진 연구 중 조창선(2002)이 있다. ≪조선어학전서≫ 37로 출판된 『조선지명연구』에서 그는 지명연구에서 지켜야 할 방법론적 문제를 제시하였다. 여기서 그는 ㉠주체적인 지명연구 방법, ㉡역사지리학적인 지명연구 방법, ㉢언어학적인 지명연구 방법 등 세 종류의 방법론을 제시하였는데 ㉠에서는 주체사상을 구현하기 위한 방편으로 지명연구가 수행되어야 함을 역설하였다. 실제적인 방법론은 ㉡과 ㉢에서 제시되었는데 ㉡에서는 지명 연구에서 역사와 지리가 고려되어야 한다는 정도의 기술이므로 지명 연구의 중심을 ㉢으로 보았다. ㉢과 관련하여 ⓐ역사언어학적 지명연구 방법 ⓑ단어조성적 지명연구 방법 ⓒ어휘론적 지명연구 방법 ⓓ어음론적 지명연구 방법 ⓔ명칭론적 연구 방법 등으로 나누어 기술하였다.

이상에서 논의한 바와 같이 지명 연구의 영역과 조사 방법론을 비롯한 지명학 이론 연구가 진행되어 왔다. 그러나 아직까지 '地名學'이 독자 학문으로 성립되었다고 단언하기는 어려운 실정이다.[7] 이는 연구자에 따라 달리 사용하는 지명관련 용어를 통

---

[7] 한편 북한 사회과학원 언어학연구소에서 조선어학 연구 성과를 집대성한 ≪조선어학전서≫(2005, 사회과학출판사)를 바탕으로 북한의 조선어학을 ①언어리론, ②언어정책, ③언어구조, ④언어발전력사, ⑤언어정보론, ⑥언어공학 등으로 분류할 수 있다. 이는 이 전서의 서문에서 "전서는 주체의 방법론에 기초하여 언어리론과 언어정책, 언어구조와 언어발전력사, 언어정보론과 언어공학을 전면적으로 연구체계화하며 언어현실과 언어자료들을 과학적으로 분석 평가, 리용하는데 기여하리라고 믿는다." 라고 한 것을 배경으로 분류한 것이다. 그런데 이상혁(2011: 63-64)은 이를 대분류라 칭하고 나름대로 ①언어리론, ②어학사, ③어휘론, ④의미론, ⑤어음론, ⑥문법론, ⑦문체론, ⑧명칭론, ⑨방언학, ⑩언어공학, ⑪언어규범 등으로 조선어학을 중분류하였다. 조선어학 11개 중분류 중 ⑧명칭론이 있는데 이와 관련된 연구물로 ≪조선어학전서≫ 34~37에 속하는 방린봉의 『조선어명칭론연구』, 박명훈의 『조선지명학』, 정순기의 『조선지명변천에 대한 력사문헌학적 연구』 그리고 조창선의 『조선지명연

해서도 증명되는 사항이다. 천소영(2001)에서 지명연구에 쓰이는 술어의 통일을 위한 노력을 하였으나 성공에 이르지 못하고 있다. 예컨대 지명어를 분석할 때 뒤쪽에 배열된 어사에 대하여 接尾辭/接尾語, 後部要素, 接尾地名素, 後部地名形態素, 後部地名素, 後接要素, 後部語素, 後部辭, 後部語, 後半部, 後置字, 根幹要素, 地名語尾, 分類要素, 屬性地名, 部類稱,[8] 地名普遍素…… 등 다양한 용어를 쓰고 있는 것이 현실이다.[9] 앞으로 용어의 통일을 위한 노력은 물론 보다 완성도 높은 지명학 이론 수립을 위한 연구가 요구된다.

3. 地名語體系論

지명어를 語種, 品詞, 意味 등에 따라 분류하고 종합하는 작업이다. 지명어는 모두 고유명사이므로 품사에 관한 연구에는 주목하지 않았고, 어종과 관련하여서도 고유어지명의 통계와 분석에 대한 시도가 있었을 뿐이다. 하지만 의미에 따라 지명어를 분석하고 종합하는 연구는 활발하게 수행되었다. 지시대상인 지형과 명칭인 지명 사이에 유연성이 존재하므로 초기의 연구에서부터 의미에 따른 지명어의 체계화는 늘 관심의 대상이 되었다. 李敦柱(1966, 1971)에서 본격화된 이 부문의 연구는 지명어의 후부요소에 활용된 어휘를 분석하여 지명의 生成基盤을 파악함으로써 지시물과 그 명칭인 지명 사이의 有緣性을 찾아내고자 하였다.

구』 등이 있다. 이를 통하여 북한에서는 지명학을 비롯한 명칭론이 하나의 학문분야로 자리잡고 있음을 알 수 있다. 북한 조선어학에서의 지명학의 위상과 그 연구에 대해서는 ≪조선어학전서≫ 34~37과 사회과학원 언어학연구소에서 구축, 발행한 ≪언어학연구론문색인사전≫(2006)을 통하여 그 대강을 파악할 수 있다.

8 '部類稱'이라는 표현은 김봉모(1996)에서 사용한 용어이다. 그는 전부요소를 '屬性稱'이라 하였는데 지리학계에서 후부요소를 일반적으로 '屬性地名'이라 칭하는 바 혼란이 없기를 바란다.

9 조창선(2002: 70-71)에서는 북쪽의 경우 단위부, 단위어, 대상부, 종별부 등으로 표현하고 있다고 하면서 '단위부'라는 용어를 채택하였다.

전부요소를 이루는 어사의 의미보다는 후부요소로 활용된 어사의 의미에 따라 山, 골, 재, 岩石, 植物, 물, 들, 지형, 환경, 위치, 동물, 생산, 유물, 인명, 신앙, 기타 등과 같이 16개의 유형(李敦柱, 1971)으로 분류하기도 하고, 연구자에 따라 시설물, 大小, 新舊, 터전, 마을, 사물, 관념, 자연, 모양, 전설, 성질, 豊凶, 자리…… 등의 항목을 추가하여 그 유형을 분류하였다. 그 결과 -山계 지명, -谷계 지명, -嶺계 지명, -巖石계 지명, -水계 지명, -野계 지명[10]…… 등으로 유형화하고 대상이 되는 지형과의 관련성을 논의하기도 하였다.

이러한 지명어 소재의 유연성에 관한 연구는 申敬淳(1973, 1975), 李庸周(1976, 1977)를 거쳐 吉敏子(1976), 趙康奉(1976), 임영희(1977), 裵大溫(1979), 김윤학(1980, 1983), 朴溟淳(1986), 장훈덕(1986), 姜秉倫(1990a)[11], 김옥자(1992), 공문택(1993), 박찬식(1994), 이성규(1998), 류관렬(2001), 김종택(2003), 金眞植(2003), 김평자(2004), 권태진(2006), 김성희(2008), 정진규(2011) 등으로 이어지고 있다.[12] 이렇듯 조사 자료 지명을 대상으로 한 연구의 중심적 과제라고 할 만큼 이 부분에 대한 관심이 많은 것은 지명이 지닌 특성에서 기인한 것으로 보인다. 지명은 지시물 즉 지형의 속성을 반영하여 명명되는 것이므로 연구자의 관심이 집중될 수밖에 없는 것이다.

의미에 따른 지명어의 체계적 분류를 지명어라는 특수한 사정을 고려하여 지시물인 지형과의 유연성 문제를 개입시킨 이 분야의 연구는 체계화 내지는 종합화되지 못하고 답보 상태를 거듭하고 있는 느낌이다. 하지만 양적으로는 일일이 열거할 수

---

10 후부요소의 유형화는 최범훈(1973) 이후 여러 연구자들에 의해 논의되었다. 李喆洙(1982)는 역사문헌 자료에 나오는 지명을 포함하여 -忽型, -火型, -夫里型, -말型, -골型, -모루型, -밭型, -고래型, -실型, -뫼型, -둔지型, -앵이型, -이型, -자리型, -터型, -베기型, -재型, -데기型, -다리型, -개型, -내型, -막型, -구지型, -구미型, -목型, -단(둔・돈)型 등으로 분류할 수 있음을 논의하였다.

11 박사논문으로 제출된 연구물로 忠淸北道의 地名語를 대상으로 언어학적 측면에서 종합적 연구를 수행하였다. 『고유지명어 연구』(1997)로 재출간한 이 책에서 후부요소를 유형화하고 분석한 어휘론적 연구를 중심으로 하면서 잔존 고어에 대한 탐구, 형태론, 음운론, 고유지명과 한자표기의 대응 등을 탐구하였다.

12 여기에 제시된 연구물을 비롯하여 이 분야의 연구는 특정 몇몇 대학의 특수대학원 석사 논문으로 제출된 경우가 허다하다.

없을 정도로 천편일률인 연구가 성행하였다. 아마도 지역을 한정하여 유사한 방법론적 접근이 용이하기에 나타난 현상으로 볼 수 있다. 그동안 의미에 따라 국어 어휘를 분류하여 편찬된 『우리말 분류사전』(남영신, 1989)과 『우리말 갈래사전』(박용수, 1995)이 간행되었다. 이들 사전에서 채택한 분류기준과 Roget의 Thesaurus를 비롯한 체계적 어휘 분류와 관련된 이론들을 수용하여 보다 과학적이고 진전된 접근이 요구된다.

地名語體系論과 관련하여 주목할 수 있는 분야 중 하나로 지명어를 구성하는 語種에 대한 검토이다. 지명은 보수적인 속성을 지니므로 고유어나 한자어로만 구성되어 있다. 오늘날 도로명의 경우 그것도 전부요소에만 아주 미미하게 서구어가 쓰이기도 하지만 다른 부문에 비해 전통성을 유지하고 있다. 지명에 쓰인 고유어와 한자어의 문제를 地名語體系論의 측면에서 다룬 연구로 李敦柱(1966, 1968)와 李庸周(1976, 1977)가 있을 뿐이다. 申敬淳(1975), 成光秀(1980), 金鍾塤(1983), 김윤학(1986), 정 해(1986), 姜秉倫(1990b), 성낙수(1998), 김순배(2004), 申景澈(2004), 김정태(2006), 조규태(2006) 등이 관심을 가졌지만 지명을 구성하는 한자어와 고유어가 지닌 특성에 주목한 앞선 연구와는 달리 고유어와 한자어의 대응관계에 주목하였다.[13]

李敦柱는 全南地方의 地名에 사용된 漢字語를 분석하였으며 이를 바탕으로 韓國의 地名에 활용되는 漢字語를 計量하여 分析하기도 하였다. 이 분야의 주목되는 연구로 李庸周의 연구가 있는데 그는 忠北 소재 산명과 河川名을 대상으로 고유어와 한자어의 분포 양상을 살핀 후 여기서 발견되는 지명어 형성 원리를 밝히고자 하였다. 그 결과 고유어는 고유어끼리 한자어는 한자어끼리 결합하여 명칭을 형성하는 것이 일반적이나 한자어와 고유어가 결합하는 경우도 부분적으로 존재함을 지적하였다.

지명어 체계와 관련하여 총어휘 집합을 구성하는 어종별 분포, 고유어지명 그리고 한자어지명에 활용된 개별어휘의 양상과 특성 등에 관한 연구는 아직도 이루어지지 않고 있다. 기원적으로 한자어에서 출발한 어사가 고유어로 인식될 정도로 개주된 것도 있고, 고유어이지만 한자표기로 말미암아 한자어로 인식하는 경우도 있다. 이러

---

13 한국지명이 지닌 특성상 고유어지명과 한자어지명이 서로 대응관계에 있는 항목을 대상으로 한 연구는 지명의 한자어화와 관련하여 꾸준히 관심의 대상이 되어왔다. 이는 ⓒ地名語對照論과 더 밀접한 관련이 있는 것으로 보아야 할 것이다.

한 각각의 지명어에 대한 기원의 문제를 비롯하여 어종별로 총어휘의 실상을 파악하는 연구가 요구된다.

4. 地名語計量論

지명어의 총량이나 전부요소 또는 후부요소에 사용된 어휘를 계량하여 연어휘, 개별어휘, 빈도수, 누적빈도수, 사용률, 누적사용률, 평균빈도 등을 파악하는 것이다. 이를 바탕으로 지명어의 성격을 찾아내고 나아가 지명어의 통계적 조사이론과 방법에 관한 것까지 탐구하는 것이다. 그동안 국어어휘를 대상으로 한 계량적 연구로 문교부(1956)가 있었고, 국어교육을 위한 학습용 기본어휘 조사와 관련하여 이응백((1978)을 비롯한 일련의 연구가 있었다. 특히 한국어학습용 어휘 선정을 위한 기초 조사로 『현대 국어 사용 빈도 조사』(국립국어연구원, 2002)가 행해진 바 있다. 하지만 지명어만을 대상으로 한 계량적 연구는 李敦柱(1968), 申景澈(2004) 등에서 한자어지명만을 대상으로 시도된 바 있으나 전면적인 연구로 확산되지 못 하였다. 한자어지명을 통계적 방법으로 조사·분석하는 것을 뛰어넘어 지명어 총량을 대상으로 한 계량적 연구가 요구된다. 요즈음 슈퍼컴퓨터의 보급과 함께 어휘의 통계적 처리가 수월하게 이루어질 수 있으므로 지명에 대한 계량적 연구도 시도해 볼 만하다.

5. 地名語對照論

우리나라의 지명과 다른 나라의 지명을 대조 분석하는 것에서부터 국내의 특정 지역 간 대조가 있다. 또한 한국지명의 특성상 원초형인 고유어지명과 한자표기 지명과의 대조도 이 범주에 속한다. 『三國史記』「地理志」를 비롯한 역사 문헌 자료에 올라 있는 지명에 대한 연구는 신구지명의 비교 또는 대조 분석을 통한 고대국어 어휘 재구에 집중됐었다. 예컨대 高句麗 地名에서 대응관계를 보이는 水:買, 山:達, 城:忽 등을 통하여 고구려어 mai, tal, hol 등을 재구하였다. 조사 자료를 대상으로 한 연구에서는 원초형인 속지명과 이를 배경으로 형성된 한자어 내지는 한자표기 지명과의 대응관계 파악에 집중하였다.

俗地名과 공존하는 한자어 내지는 한자표기 지명은 시·군·면명보다는 동리명에 주로 남아 있다. 연구자들은 이들 자료를 대상으로 한자화 내지는 한역화의 방법에 주목하였는데 김윤학((1986), 김정태(2006), 朴秉喆(2003, 2009, 2016a,b) 등의 연구가 있다. 김윤학(1986)은 고유어지명을 배경으로 형성된 한자어지명과 관련하여 전체를 맞옮긴 경우, 부분을 맞옮긴 경우로 나누어 기술한 바 있다. 또한 후부요소를 중심으로 고유어 형태와 이에 대응되는 한자어 형태를 제시하였다. 朴秉喆(2003, 2009, 2016a,b)은 일련의 연구를 통하여 漢譯化의 유형으로 音譯과 義譯이 있으며 音譯을 同一音譯과 類似音譯으로, 義譯을 直譯과 雅譯으로 분류한 바 있다.

우리나라의 국토는 東高西低의 지형적 특성을 지니고 있음은 물론 삼면이 바다로 둘러싸인 반도에 위치하고 있다. 지형의 특성이 지명에 반영되므로 산지와 평야, 해안과 내륙의 지명이 어떤 양상을 보이는지 비교, 분석한 연구가 있다. 위평량(2002), 성희제(2014) 등이 그것인데 위평량은 남해군과 영동군의 마을 이름을 대상으로, 성희제는 태안군과 영동군 지명의 후부요소를 대상으로 고찰하였다. 이들의 연구에서 내륙지역의 경우 -실, -재, -고개 등의 후부요소가, 해안 지역의 경우 -섬, -개 등의 후부요소가 많이 나타나며, 해안지역의 지명에서 상대적으로 다양한 의미범주를 지닌 지명어가 존재함을 밝혀냈다.

한국지명과 알타이계 지명 간의 유사성을 부분적으로 논의한 연구가 있으나, 외국 지명 중 주로 논의 대상으로 삼은 것은 일본의 지명이었다. 『三志』에 나오는 수사 관련 지명을 고대 일본어와 비교한 것을 비롯하여, 李炳銑, 이종철(1995), 李喆洙(1983b), 沈保京(2001) 등의 연구가 있다. 李炳銑의 일련의 연구는 李炳銑(1982, 1996, 2012)에 집약되었는데 고대지명의 연구를 통하여 한일관계사의 재구에까지 영향을 미친 것으로 한일 양국에서 높이 평가되고 있다. 이종철은 일련의 연구에서 일본 지명에 반영된 한국어에 대하여 주로 논의하였는데 그의 연구도 『日本 地名에 反映된 韓系

語源 再考』에 집약되었다.

　　최근 婁建英(2014)은 서울과 북경의 자연지명을 중심으로 韓·中 지명의 후부지명소를 비교하여 연구하였다. 이 연구에서 두 도시의 지리적 배경과 자연지명을 통시적으로 고찰한 후 ㉠서울의 지명에만 나타는 후부요소, ㉡북경의 지명에만 나타나는 후부요소, 그리고 ㉢두 도시의 지명에 공통적으로 나타나는 후부요소로 나누어 고찰하였다. ㉢에 속하는 것은 21개로 '산' 어계 후부지명소(5개, 23.81%), '물' 어계 후부지명소(10개, 47.62%), 기타 어계 후부지명소(6개, 28.57%) 등 3가지 유형이 있음을 논의하였다.

6. 地名語語源論

　　지명을 명명할 때는 지형의 생김새를 비롯하여 대상이 되는 지역의 특징을 배경으로 삼는다. 예컨대 밤나무가 많은 골짜기에 자리 잡은 마을을 '밤실' 또는 '밤골'이라 하고 벌과 들을 가로질러 흐르는 내를 '버드내'라 하는 것이 그것이다. 오늘날 '밤실/밤골'은 '栗谷'으로, '버드내'는 '柳川'으로 한자화하였다. 여기서 '栗谷'은 명명의 배경을 훼손하지 않았으나 '柳川'은 명명 당시의 의도와는 달리 한자화가 이루어졌다. 전부요소 '버드'는 '벌[原]+들[野]'에 바탕을 둔 것인데 이를 망각하고 '버들[柳]'로 인식하여 한자화하였다. 이렇듯 地名語語源論은 命名의 근원을 찾으려는 욕구에서 시작된 분야이다.

　　지명어는 지형이나 장소가 지닌 특징을 반영하여 형성된 어휘 집단이기 때문에 지시물과 언어기호 사이에 유연성이 존재함을 특징으로 한다. 이러한 특징 때문에 지명을 대상으로 그 어원을 탐구하려는 노력은 이른 시기부터 있어 왔으며 또한 지명 연구의 중요분야로 여겨졌다. 예컨대, 여진어를 반영한 강이름 '두만'의 어원에 대하여 여진속어에서 '萬'을 '豆漫[투먼]'이라 하는데 이곳에 이르러 衆水가 合流하므로 강의 이름을 '豆漫[투먼]'이라 하였다[14]고 하는 것을 통하여도 어원에 대한 관심은 오래 전부터

---

14 『龍飛御天歌』(1: 8)에 보면 '豆漫투먼江'의 註에 "女眞俗語, 謂萬爲豆漫, 以衆水至此合流故名之也"가 나온다.

있어왔음을 알 수 있다. 지명어의 어원 탐구를 통하여 근원형을 찾아내고, 그 계통을 밝히기도 하고, 古代語를 再構하며 오늘에 이르기까지 형태와 음운이 어떤 변화를 입었는지 파악할 수 있기 때문에 지명어어원론은 지명 연구에서 중요한 부분으로 여겨졌다.

개별 지명에 대한 깊이 있는 어원 연구에 앞서 지명의 연혁을 통하여 그 어원 연구에 종합적인 기여를 한 업적으로 권상노(1961)가 있다. 그리고 지헌영(2001)을 통하여 1940년대 초부터 1970년대 초까지 '廣津'의 어원을 비롯하여 개별 지명에 대한 심도 있는 지명어원 연구가 이루어졌음을 알 수 있다. 그 후 都守熙는 '金馬渚'와 '所夫里'를 필두로 백제의 지명은 물론 왕칭호, 왕명, 관직명, 인명, 사물명, 방위명 등에 이르기까지 어원을 탐구하였다. 그의 연구는 『百濟語研究(II)(III)』에 집약되었다.[15] 小地名을 대상으로 그 후부요소를 분류하고 종합하여 각각의 형태가 지닌 의미와 어원을 추적한 연구로 金俊榮(1973a, 1977a, 1985, 1986)이 있으며, 이를 바탕으로 '건지산 · 공수골 · 마전 · 금산 · 봉산' 등을 비롯한 소지명어의 어원이 김준영(1990, 2000a, 2000b)에서 탐구되었다.

지명어를 비롯한 국어 어휘의 어원에 대하여 그 연구사[16]를 정리하고, 鷄龍山 '甲寺' 그리고 공주 지명에 나타난 '고마 · 熊 · 懷 · 公 · 錦' 등 연고가 있는 개별 지역 명칭의 어원이 姜憲圭(1991, 1992, 2014)에 의하여 탐구되었다. 연구자들이 자신과 관련이 있는 지역의 지명을 어원론적 측면에서 각각 탐구한 것으로 이강로(1972), 成光秀(1980), 金洪植(1985, 1986), 천소영1996), 김진식(1997), 이근열(2007, 2009), 조항범(2015) 등이 있다. 정 해(1986)는 경기도 구리시와 남양주군의 산이름을 어원적 측면에서 탐구하였다.

5장 地名語對照論에서 살펴보았듯이 인접국가인 일본 지명과의 비교연구가 활발하게 이루어졌는데 일본지명에 반영된 한국계 어휘의 어원을 다룬 것으로 김병욱(1985), 이종철(1993), 이승영(2009), 沈保京(2001) 등이 있다. 그동안 외국의 지명에 대하

---

15 『百濟語研究(II)』는 어휘 · 어원을 중심으로 집성된 것이며, 『百濟語研究(III)』은 왕명 · 국명 등의 어휘론을 중심으로 집성되었다.

16 1970년대 초부터 모아온 자료를 분석, 종합하여 『韓國語 語源研究史』를 출간하였는데 이 책의 한 절 (pp. 261-263) 로 "지명어원연구의 제업적들에 대하여"가 포함되어 있다.

여는 한자표기 또는 로마자 표기 문제가 주로 논의 대상이었다. 그런데 Vincenzo Fraterrigo(2009)는 로마의 지명, 엄홍석(2006)은 파리지역의 지명, 이강국(2014)은 스페인 지명의 일반론과 함께 그 어원을 추적하였다. 김철홍(2000)은 중앙아시아 투르크어계 지명, 김성환(2003)은 세르비아의 지명, 정승희(2009)는 중남미 지명과 국가명 등에 대하여 각각 그 어원을 논의하였다. 박수진·안상우·안상영·이선아(2008)는 한의학적 어원이 남아 있는 지명에 대하여 논의하기도 하였는데, 이를 통하여 지명어어원론은 언어학을 비롯한 여러 분야의 관심거리임을 확인할 수 있다.

지명의 어원에 대하여 꾸준한 관심을 가지면서 일련의 연구를 박사학위 논문으로 집약한 趙康奉(2002)이 있다. 이 연구에서 그는 江·河川의 合流와 分岐處의 地名을 주로 어원론적 측면에서 탐구하였다. 합류처의 지명은 '어울'계, '얼'계, '울'계로 분류하고, 분기처의 지명을 '가르'계, '가지'계, '날'계로 나누어 각각의 어사가 변이, 분화되어 명칭을 형성하는 양상을 고찰하였다. 또한 각각의 명칭들이 다양한 한자로 표기되는 양상까지 제시하였다.

이웃 나라인 일본의 경우 山中襄太(1968)에 의하여 『地名語源辭典』이 출간되었고, 楠原佑介 外(1982)에 의하여 『古代地名語源辭典』이 간행되었다. 우리나라의 경우 각 지역별로 지명유래집 형식의 자료집이 여러 종 간행되었으나 이렇다 할 지명어원사전은 출판되지 않았다. 조항범(2001)에 의하여 "『地名語源辭典』 편찬을 위한 예비적 고찰"이 있었고 조항범·문금현·황경수(2005)에 의해 사전이 편집되었으나 본격적인 보급은 이루어지지 않고 있는 실정이다. 그동안 연구된 결과를 종합한 『地名語源辭典』의 출간을 기대한다.

7. 地名語變化論

우리나라 지명의 형성과 변천에 대한 전반적인 검토는 행정지명을 대상으로 정리되었다. 『三志』를 통하여 경덕왕 16년(757)이전과 이후의 지명 그리고 『三國史記』「地

理志」 편찬 시기(1145년)의 지명을 확인할 수 있다. 그 후 고려와 조선의 건국과 일제강점기 그리고 광복을 거치면서 이루어진 행정구역 개편과 더불어 그 명칭도 변화가 있었는데 이를 정리한 것이 권상로(1961)의 『韓國地名沿革考』이다. 그 후 행정지명의 변화를 통시적으로 쉽게 파악할 수 있도록 편집한 것이 이병운(2004)의 『한국 행정지명 변천사』이다. 이 책에서는 독자들이 쉽게 행정지명의 변화를 파악할 수 있도록 『三志』의 원문과 번역문 뒤에 해당 州·郡·縣의 순서에 따라 번호를 붙여 지명의 변천과정을 현재에 이르기까지 기술하였다.

지방자치단체에서 道誌나 郡誌를 간행하면서 해당 지역의 행정지명 변천에 대하여는 지명편에서 모두 다루고 있다. 이들 지명지의 특징은 명칭 변화의 원인이나 과정에 대한 탐구 없이 단순 나열 방식으로 시대별 지명을 제시하였다. 결국 전국을 대상으로 기술한 권상로(1961), 이병운(2004)의 경우나 각 지역에서 편찬된 지명지 모두 연혁 위주로 행정지명의 변천을 기술하였다. 각 시대별로 지명어가 지닌 특징을 탐구하고 변화의 원인이 무엇이며 그 과정과 결과를 치밀하게 추적하여 한국 지명의 변천을 종합적으로 논의한 연구물은 아직 없는 실정이다.

연혁 위주로 기술된 지명지의 방식에서 벗어나 한정된 지역의 지명어를 대상으로 음운[17]과 어휘의 측면에서 지명변화를 고찰한 연구물이 일부 언어학자들에 의하여 제출되었다. 또한 사회문화적 요인에 의한 지명변천이 주로 지리학자들에 의하여 탐구되었다.[18] 특정지역의 지명 변천을 대상으로 한 연구 중 심혜숙(1992)은 연변, 千素英(1994)은 서울, 朴德裕(2008)는 부천, 김순배(2011c)는 하남 지역의 지명 변천에 대하여 각각 탐구하였다. 이영택(1995)은 북한 행정지명의 변천에 대하여 논의하였으며, 이병운(2007)은 부산의 행정구역 지명 변천을 논의하였다. 송병수(1997)는 순천 지역의 지명 연원과 邑號의 변천에 대하여 논의하였으며, 안귀남(2005)은 '城과 관련된 '성곡동'의 지명 변천을 논의하였다. 황금연(2015)은 전남 신안 지명어를 중심으로 지명접미사

---

17 어휘, 표기의 관점에서 변화를 논의한 것에 비해 음운 변화와 관련된 논의는 많지 않은데 이에 대하여는 음운편에서 언급하기로 한다.

18 그동안 지명 변화에 대한 중심 과제는 『三志』를 비롯한 문헌 지명의 변화였다. 이에 대하여는 제1장에서 논의하였다.

의 설정과 변화를 논의하였다.

한국 소지명의 변천을 논의한 것으로 金俊榮(1973b)이 있으며, 柳在泳(1991)은 지명의 표기와 관련하여 그 변천에 대하여 논의하였다. 金鍾學(2009) 또한 지명어소의 새김 변천과 관련하여 표기 문제를 다루었다. 김승호(1992)는 방언과 지명자료를 중심으로 단어 형성에서의 형태 변화를 탐구하였고, 이근열(1999)은 지명의 변화 유형과 원인에 대하여 탐구하였다. 사회문화적 요인에 따른 지명 변화에 대하여 논의한 것으로 김순배(2004), 김기혁·윤용출(2006), 조성욱(2007), 임선빈(2009) 등이 있다.

현용 지명 속에 화석처럼 존재하는 옛말을 발굴하고 그 변천을 논의한 것으로 崔範勳(1973)이 있다. 그는 지명 속에서 즘게[樹], 미르[龍], 머귀[梧]……… 등의 고어를 발굴하고 그 어휘사적 가치를 논의하였다. 이러한 논의는 吉敏子(1976), 姜秉倫(1990a, 1990c) 등에도 이어졌으며 박용식(2014)은 큰 돗골, 작은 돗골의 '돗골[猪洞]'을 비롯한 진주의 동면 지명에 남아 있는 옛말들을 『晉陽誌』를 통하여 확인하였다.

옛 지명이 의미를 보존하면서 표기의 형태를 달리하며 변화해 온 경우가 있다. 이에 대하여 권재선(2002)은 대구, 경산, 청도의 지명을 대상으로 地名考古學의 방법이라 칭하면서 소위 지명의 지층을 분석하고, 지명의 지리적 분포를 조사하며, 지리적 환경을 고찰하여 역사와 지리의 유기적 관계 속에서 고대의 基層地名을 밝혀낸 후 그 변천을 탐색하였다. 金永萬(2004)은 '幸州'와 '驪州'의 옛 지명 검토를 통하여 그 표기 형태는 바뀌었지만 당초의 의미가 보존되면서 변화되어 온 양상을 고찰하였다. 즉 幸州이전의 지명 "皆伯-王逢-遇王'은 그 뜻은 계속 이어 오면서 언어 자체는 차츰차츰 漢化하여 漢字-漢文式 단어-형태소로 바뀌고, 단어 안에서의 통사적 구조까지도 漢化하고 있음"을 논의하였다. 幸州 또한 '幸'이라는 漢字가 '왕의 행차'라는 뜻을 가졌다는 것을 감안할 때 간접적으로 '皆伯, 王逢, 遇王'의 연장선상에 있다는 것을 논리적으로 증명하였다. 조강봉(2016)은 광주 및 그 진산인 무등산의 옛 이름인 武珍을 비롯하여 馬靈:馬突·馬珍·馬等良, 鎭安:難珍阿·月良, 高山:難等良 그리고 靈巖 및 그 鎭山의 옛 이름 月奈(月生·月出) 등 '돌'(石)을 소재로 한 지명에 대하여 그 변천의 상관성을 논의하였다

8. 地名語構成論

지명어는 지시대상의 유형적 속성을 표현하는 부분과 차별적 성격을 나타내는 부분으로 구성되어 있다. 類型的 屬性을 나타내는 부분을 '後部要素' 또는 '分類要素'라 하며, 해당 지형의 속성이 표현된 보통명사이므로 '屬性地名' 또는 '單位部'라 하기도 한다. 반면에 해당 지시물의 차별적 성격을 표현한 前部要素는 다른 지점과의 구별을 분명하게 하므로 '固有地名' 또는 '標識部'라 한다. 이렇듯 지명어는 전부요소와 후부요소로 구성되어 있음을 대부분의 연구자들은 일찍이 인식하였다.[19]

지명어가 두 부분으로 구성되어 있고 뒤쪽에 위치한 후부요소는 지시물인 지형의 속성을 반영한 보통명사이므로 이를 유형화하는 연구가 초기의 연구자들에 의해 진행되었다. 후부요소의 유형화와 더불어 지시물과 명칭과의 유연성 문제에서 출발하여 그 구성에 관심을 둔 연구로 李敦柱(1965a, 1966a), 申敬淳(1977), 金亨柱(1981), 김봉모(1996) 등이 있다. 김봉모는 지명어는 '속성칭+부류칭'으로 구성되며, '部類稱'은 지형 부류를 결정하는 것으로 제1차 변별기능부라 하였고, '屬性稱'은 동일 부류를 다시 구별하고자 하는 제2차 변별기능부라 하였다. 지명어의 기본적인 구성을 이와 같이 제시한 후 그 유형을 속성칭과 부류칭의 내적 구조를 토대로 나누어 설명하였다.[20]

전부요소와 후부요소가 하나의 형태소로만 구성되어 있지 않고 다양한 구성을 지닌다는 점에 주목하여 이를 IC분석하고 그 구성을 밝히려 한 연구가 계속 시도되었다. 姜秉倫(1990: 148-149)에 의하면 후부요소를 포함한 지명의 형태 구조는 한 개의 형태소로 구성된 [M]형부터 여덟 개의 형태로 구성된 [M1+M2+M3+……M8]까지 다양

---

19 지명어가 두 개의 요소로 구성되어 있다는 사실을 분명하게 인식한 증거로 후부요소에 대한 용어가 다양하게 쓰임을 들 수 있다. 앞에서도 논의하였지만 후부요소에 대한 합의된 명칭은 아직도 도출되지 않은 채 연구자마다 다양한 명칭을 사용하고 있다.

20 이 연구에서 그는 기장 지역의 지명을 대상으로 검토한 결과 지명 구성의 유형을 다음과 같이 6가지로 제시하였다. ⓐ속성칭+부류칭, ⓑ속성칭(=속성칭1+부류칭)+∅ ⓒㄱ.속성칭(=속성칭1+부류칭1)+부류칭2 (부류칭1과 2는 같은 것으로 중복된 것), ⓒㄴ.속성칭(=속성칭1+부류칭1)+부류칭2(부류칭1과 2는 다른 부류), ⓓ부류칭+지명화 접사(애), ⓔㄱ.속성칭(부류칭1+지명화 접사)+부류칭2(부류칭1=부류칭2), ⓔㄴ.속성칭(부류칭1+지명화 접사)+부류칭2(부류명1 부류칭2), ⓕ속성칭(위치)+지명화 접사.

한 유형으로 나타난다고 하였다. 그리고 이들 유형을 하위분류하면 177개의 어구조로 되어 있다고 했다. 이를 통해서 보면 지명어의 구조가 상당히 다양하고 복잡하게 보인 다. 그러나 후부요소는 대부분 하나나 두 개의 형태소로 구성되어 단순하며, 전부요소 또한 후부요소의 직전에 선행하는 실질형태소를 중심으로 구성되어 있다.

지명어의 구성과 관련하여 두 요소의 기능과 범위를 논의한 후 지명어의 구성을 유형화한 연구로 성희제(2006)가 있다. 이 연구에서는 두 요소의 명칭을 '전부지명소'와 '후부지명소'로 할 것을 제안하였으며, 후부지명소의 기능은 "지칭하는 대상의 일반적 인 범위를 나타낸다"고 하였다. 그리고 전부지명소의 기능으로 "일반적 대상을 구체화 하고 특성화는 역할을 한다"고 하였다. 또한 후부지명소와 전부지명소의 범위[21]에 대 해서도 논의한 후 지명어의 구성을 ㉠기본적인 구성, ㉡∅후부지명소가 있는 구성, ㉢ 접미사와 ∅후부지명소가 있는 구성 등으로 설명하였다.[22]

지명어는 전부요소와 후부요소로 구성되어 있다는 것과 각 요소는 다양한 내적 구조를 지닌다는 점에 대하여는 모든 연구자가 인식하는 바이다. 또한 후부요소의 경 우 생략 또는 무표지화가 가능하며 전부요소에 비해 단순하다는 것도 모두가 인지하 는 상황이다. 하지만 전부요소의 내적 구조와 형성 과정의 문제는 아직도 해결해야 할 부분이 남아 있다. 용어의 통일을 위한 노력과 함께 미해결의 과제에 대하여 진전된 논의가 필요한 분야이다.

---

21 두 요소의 범위를 각각 다음과 같이 제시하였다.
　　후부지명소의 범위; 한 지명어에서 지칭의 일반적 대상과 일치하는 실질형태소로서 후부에 위치한다.
　　전부지명소의 범위; 일반적 대상의 후부지명소를 구체화하고 특성화하는 실질형태소 또는 문법형태
　　소로서 전부에 위치한다.

22 '∅후부지명소'란 무표의 후부지명소를 표현한 것이며, ㉠기본적인 구성의 예로 '닭재'; [[닭]N[재]N]NP,
　　㉡∅후부지명소가 있는 구성의 예로 '어둔이'; [[[[어둡]A[ㄴ]D]AP[이]]S]NP[∅]N]NP, ㉢접미사와 ∅후부
　　지명소가 있는 구성의 예로 '웃부링이'; [[[[웃]P[[부링]N[이]]S]NP]NP[∅]N]NP 등을 제시하였다.

9. 地名語辭典論

지명이라는 특수성을 감안하여 지명사전을 어떻게 편찬할 것인지에 대한 이론적인 연구는 활발하게 진행되지 않았다. 오창명(2002)에 의하여 『제주지명사전』 편찬과 관련된 서설적 논의가 있었고, 『地名語源辭典』 편찬을 위한 예비적인 논의가 조항범(2001)에서 있었을 뿐이다. 하지만 일반적인 사전 편찬 이론을 원용하여 실제적인 지명사전 편찬의 성과가 한글학회(1991)에 의하여 이루어졌다. 『한국땅이름큰사전』 상·중·하는 『한국지명총람』에 올라 있는 지명을 가나다…… 순으로 정리하여 편찬한 것으로 다른 곳이면서 같은 땅이름도 모두 표제어로 삼았다. 이 사전은 『한국지명총람』과는 달리 어원란을 두지 않았지만 사전의 체제로 바꾸어 지명의 유래, 변천과정, 주위환경, 그 밖에 땅이름과 관계되는 여러 사항을 자세히 풀이하였다.

『한국지명총람』을 바탕으로 각 자치단체에서는 경쟁적으로 『地名誌』를 편찬하였지만 이를 사전으로 전환, 편찬한 곳은 많지 않다. 다만 서울특별시사편찬위원회(2009)에서 『서울지명사전』을 편찬하였다.[23] 조창선(2002: 13)에 의하면, 북한에서도 1967년에 전국의 지명을 조사하여 작성한 『전국지명조사보고서』를 바탕으로 『고장이름사전』을 편찬하였음을 알 수 있다.[24] 또한 역사적인 지명 자료와 지리자료를 수집하여 묶은 『지명사전』도 편찬하였다고 한다.

일반적으로 '辭典'이란 어떤 범위 안에서 쓰이는 낱말을 모아서 일정한 순서로 배열하여 싣고 그 각각의 발음, 의미, 어원, 용법 따위를 해설한 책이라는 뜻을 지닌다. 지명을 각 지역별로 배열하고 설명한 전통적인 지리지와 지명자료집도 부분적으로 사전의 기능을 갖기도 하지만 활용의 측면에서 사전으로 보기 어렵다. 지명어라는 특

---

23 이 사전은 모든 지명을 통합하여 배열하지 않고 동명, 자연명, 가로명, 시설명 등 4부류로 분류한 후 각 부류별 가나다…… 순으로 명칭을 배열하였다.

24 북한의 과학백과사전출판사에서 2002년에 강원도, 평안북도, 평안남도, 남포시·평양시, 개성시·황해북도, 라선시·함경북도, 량강도, 자강도, 함경남도, 황해남도 등 10개 시도로 묶어 『고장이름사전』을 출판하였다. 또한 『조선지명편람』은 11책으로 묶어 편집하였는데 리성호(황해남도), 장근수(자강도), 조창선(함경북도), 안순남(황해북도), 방린봉외 5명(평양시), 안경상(평안남도), 박명훈(평안북도), 방린봉(함경남도), 강진철(량강도), 서학순(강원도), 장영남(개성시, 남포시) 등이 그것이다.

수한 어휘를 보다 효율적이고 조직적으로 제시하여 지명유래집, 지명지 등과는 분명히 구분되는 사전 편찬을 위하여 그 이론 개발이 요구된다.

10. 地名語音韻論

　　지명어의 음운에 대한 연구는 문헌 자료에 보이는 한자표기 지명의 한자음 연구에 집중되었다. 유창균(1960a,b)과 김완진(1968)에서 비롯된 이 분야의 연구에 대하여는 제1장에서 다루었다. 조사 자료 지명어를 대상으로 한 음운론적 연구가 申敬淳(1977)에서 비롯되었고 윤평원(1983)은 석사논문에서 이 문제를 다루었다. 그 후 강병윤(1990a, 1991), 김진식(1990), 김정태(1996), 정원수(1999) 등이 특정 지역 또는 한정된 분야에서 논의를 진행하였다. 지명어의 음운 전반에 대한 종합적 논의가 정영숙(2000)에서 이루어졌다.

　　박사학위 논문으로 제출된 정영숙(2000)에서 지명어의 음운변화 현상을 기술하고 그 특수성을 논의하였다. 한글학회의 『한국땅이름큰사전』에 실려 있는 지명어를 자료로 하여 지명어의 음운현상을 자음과 모음으로 나누어 검토한 결과 "일반 음운규칙이 지명어에도 동일하게 적용되고 있음을 확인하였고, 일반음운 규칙과는 다르게 지명어의 음운규칙이 적극적으로 적용되는 특성을 발견하였다."고 결론짓고 있다.

　　자음과 관련된 음운현상 중 무엇보다도 t구개음화 현상이 독특함을 밝혔으며, 일반 어휘에 적용된 k구개음화 규칙이 지명어에도 동일하게 적용됨은 물론 방언이나 일반 어휘보다 지명어가 오히려 매우 적극적임을 밝혔다. 자음접변 현상과 관련하여 일반 어휘에서 일어날 수 없는 환경을 뛰어넘어 변자음화, 비음화 등을 비롯한 혼합 변화 현상이 지명어에서는 적극적으로 일어나고 있음을 확인하였다. 모음과 관련된 음운현상으로 일반 어휘에서 일어날 수 없는 모음 혼용변화, 모음 역행동화 등이 지명어에서 적극적으로 나타남을 확인하였다. 지명어에 나타나는 음운현상이 일반 어휘에서 나타나는 그것과 일치함을 확인하는데 그치지 않고 지명어에서만 나타나는 독특한 현상을 파악하려 했다는 데서 이 논문은 의의를 지닌다. 제주 지명어를 음운과 함께 형태론적 측면에서 탐구한 문덕찬(2005)과 구한말 한반도 지형도 지명에 나타난 k구개음화 현상에 대하여 논의한 미즈노 슌페이(2012)에서도 이러한 논의는 이어지고 있다. 지명어에만 나타나는 음운현상을 정확히 파악, 궁극적으로 국어음운사와 국어음운론에서 해결하지 못한 문제들을 푸는데 결정적인 역할을 할 수 있도록 이 분야의 연구도 계속되어야 할 것이다.

11. 地名政策論

지명 관련 자료와 정보를 보유하고 관리하며 보다 바람직한 방향으로 발전할 수 있도록 정책을 개발하고 집행하는 국가기관으로 국토교통부, 행정안전부, 해양수산부 등이 있다. 우리나라의 자연지명은 국토교통부 산하의 국토지리정보원이 사실상 관리주체이며, 도로명을 비롯한 행정지명은 행정안전부가 그리고 해양지명은 해양수산부 산하의 해양조사원이 각각 분담하고 있다. 최근 국토지리정보원은 지명의 조사와 정비 방안, 지명업무의 개선방안, 국제지명활동 강화를 위한 모색 등을 정책 과제로 채택하여 관련 전문가들로 하여금 연구를 수행하도록 하였다.

지명이나 그 표기를 조사한 후 바람직한 방향으로의 정비를 위하여 영남, 강원, 수도권의 일본식 지명을 조사하고 그 정비방안을 마련하기 위한 연구와, 지명의 표기 실태를 조사하고 그 대응 방안을 탐구한 것이 있었다. 이러한 연구를 배경으로 地名 標準化 方案이 연구되었고, 지명 표준화 편람이 작성되었으며, 국가지명표준화를 위한 매뉴얼이 마련되었음을 알 수 있다.

국토지리정보원에 의해 발주된 정책과제 중 비중 있게 다루어진 것 중의 하나는 지명업무 활성화를 위한 업무체계 분석과 개선방안에 관한 것이었다. 그리고 지명 관련 제도개선과 관련하여 지명법 제정에 따른 하위규정 제정(안) 마련 연구 등이 있었다. 또한 국제지명활동 강화를 위한 전략연구와 유엔지명회의 대응방안 마련 연구 등 국제적 활동과 관련된 정책 개발을 위한 노력이 있었다.

　　동해와 독도 그리고 동북아의 역사문제와 관련하여 동북아역사재단을 비롯한 여러 기관에서 역사지명과 관련된 정책 연구가 수행된 바 있다. 이들 연구에 대하여는 별도로 논의해야 할 것으로 보여 기관 단체의 연구 성과에 대하여는 이 정도로 논의하기로 한다. 개인 연구자들에 의해 탐구된 지명 정책 관련 연구물로 앞서 논의한 국토지리정보원의 정책 과제에 참여한 사람들이 학술지를 통하여 유사한 내용을 게재한 경우가 있다. 지명 업무체계 또는 지명관리 현황과 개선 방안, 유엔의 지명 논의 등과 관련된 것이 그것인데 이들 연구를 제외하면 도시명칭 제정, 도로명 부여, 지하철 驛名, 지명분쟁 해결 등의 문제가 논의되었다.

　　행정중심복합도시 명칭 제정을 비롯하여 시군통합에 따른 명칭 제정, 혁신도시 명칭 부여, 고속철도 개통에 따른 역사 명칭 등과 관련된 논의가 도수희(2006), 朴秉喆(2006, 2010), 곽재용(2010) 등에 의하여 진행되었다. 또한 손희하(2014), 김정태(2016)는 도로명과 마을명 부여와 관련하여 논의하였고, 朴德裕(2007, 2010)는 인천시의 학교명과 교회 명칭 부여 실태 분석을 통한 미래 정책 제안을 하였다. 오창명(2014)은 지명제정 법·정책과 관련하여 제주의 자연지명 명명에 문제가 있음을 지적하였다. 그리고 이범관·김봉준(2008)은 지명분쟁의 예방과 해결에 관한 연구를 진행하였다.

　　지명에 관한 이론 연구를 바탕으로 이를 실용화하고 정책화하여 보다 편리하고 바람직한 인간의 삶을 도모하여야 할 것이다. 그런데 그동안 지명을 연구하는 언어학자들은 이론 연구에만 충실하였을 뿐 실용과 정책의 문제에 대하여는 매우 소극적이었다. 그 사이 이론적으로 단련되지 못한 사람들에 의하여 정책이 주도되면서 많은 문제가 생겨나고 있다. 앞으로 이론 연구를 주도했던 언어학자들이 현장 속으로 들어가 실용화와 정책화에 기여해야 할 것이다.

12. 道路名 研究

　　우리나라의 주소체계는 土地 地番에 의한 주소체계에서 道路名과 建物番號에 의해 새로 만들어진 주소로 전면 개편되었다. 김영삼 정부 출범 후 1996년 7월 5일 청와

대 국가경쟁력강화기획단에서는 이 사업의 추진 계획이 발표되었고, 국무총리 훈령 제335호가 제정, 발령되면서 이 사업이 본격적으로 시행되었다. 1997년 시범사업을 거쳐 2007년 4월 5일 새주소 제도의 도입과 2014년 1월1일 도로명주소법에 의한 전면 시행까지 우여곡절도 많았고, 현재도 해결해야 할 문제가 있다는 의견이 제기되고 있다.

　도로명과 관련하여 그 명칭 부여의 방안을 제시한 연구, 도로명 표기에 관한 제안, 명명된 도로명에 대한 분석적 연구, 도로명 주소체계의 문제점과 개선방안에 대한 연구 등이 그동안 수행되었다. 명칭 부여의 방안에 대한 연구는 도로명 주소 사업의 초기 단계에서 姜秉倫(1999)과 朴秉喆(1999, 2008)에 의해 논의되었다. 표기와 관련하여 정경일(2006)은 로마자 표기에 관한 제언을, 권재일(2001)과 채완(2001)은 사이시옷 표기 문제에 대하여 논의하였다. 1차 시범사업으로 진행된 강남구 도로명을 대상으로 김용경(1999)은 의미론적 측면에서 도로명을 분석하였으며, 2차 시범사업으로 진행된 청주시의 도로명을 대상으로 朴秉喆(2001, 2007b)은 언어학적 분석을 시도하였다. 최근 지리학자들에 의하여 명명된 도로명에 대한 분석이 진행되었는데 홍선일·김영훈(2015)과 김순배(2016)가 있다.

　도로명 주소체계의 문제점과 개선방안에 대한 연구는 언어학자는 물론 지적, 행정, 종교학자 등에 의하여 수행되었다. 朴秉喆(2007a)은 새주소 사업 중 핵심은 도로명 부여이며 이를 위하여 국어에 대한 인식의 중요성과 언어학자의 적극적인 참여가 필요함을 논의하였다. 부분적인 문제점을 보완하며 새주소 체계의 정착을 위한 논의가 지종덕(2005), 최승영·정현민(2007), 김옥남·박희주(2007) 등 지적학자들의 연구가 있었으며, 김선일·허용훈(2015), 경기개발연구원(2011), 한형교(2014), 임해규(2016) 등은 행정적 측면에서의 문제점과 개선 방안을 제시하였다.

　도로명에서 불교 관련 지명 배제에 대한 부당성을 지적하고 그 복원에 집중적인 관심을 보인 것으로 임양순(2016)이 있다. 박사논문으로 제출된 이 연구에서 충청북도 청주권역의 고유지명과 도로명주소를 분석하여 도로명주소가 지닌 문제점을 제시한 후 정책적 제언을 하였다. 여기서 제기된 문제점은 ㉠도로명 수가 과다하다는 점, ㉡생소한 도로명이 지나치게 많다는 점, ㉢합성도로명이 너무 많다는 점, ㉣위치예측성이 매우 어렵다는 점, ⑰도로명주소 업무편람의 종교적 명칭 배제 지침으로 인하여 불교에서 유래된 지명이 의도적으로 배제되었다는 점 등이었다, 이러한 문제가 있으니 도로명주소 정책은 전면 재검토되어야 한다면서, ㉮도로명주소 수의 전면축소, ㉯주소 명명시 역사성과 지역성을 도외시한 추상명사 지명을 대폭 배제, ㉰배제된 불교 관련 지명은 주민의 의견수렴을 통해 복원하여야 한다고 주장하였다.

13. 說話 및 文學

지명을 배경으로 설화가 만들어지기도 하고 설화를 배경으로 지명이 생성되기도 한다. 이렇듯 지명은 지형과 유연성을 형성하기도 하지만 설화와도 밀접한 관련을 맺는 경우가 있다. 지명은 증거물이 있음을 특징으로 하는 전설과 연계되어 공존하는 경우가 많은데 전설을 배경으로 지명이 생성되었으면 전설지명, 지명을 바탕으로 전설이 생겨났으면 지명전설이라 이른다.

지명과 관련된 전설에 대한 논의는 최상수(1946a, 1946b, 1947)에서 시작되어 전영진(1988), 신태수(1989), 박상란(2006), 김지현(2001), 이홍숙(2007), 이경우(2015) 등에서 탐구되었다. 특히 이홍숙(2003), 김영순・오세경 (2010), 홍성규・정미영(2013), 윤성원・이광호,(2015) 등은 지명 전설의 생성적 의미와 활용방안을 비롯하여 지역문화교육을 위한 소재로 지명의 유래와 전설을 활용하는 방안을 연구하였다. 이학주(2008), 황인덕(2013)은 지명의 배경이 된 설화를 추적하였다.

지명을 논의함에 있어 전설을 비롯한 설화에만 국한하지 않고 속담, 신화, 시조, 가사, 소설 등 지명과 문학 연구의 접점을 탐색한 논의도 진행되었다. 李喆洙(1998)는 俗談에 들어있는 지명어의 의미와 기능을 탐구하였다. 김병욱(2012)은 신화, 제의와 관련된 지명에 대하여 검토하였으며, 李正龍(2014)은 吐含山이라는 고지명을 차자표기로 상정하고 그 의미를 신화적 관점에서 도출하려 하였다. 그리고 변승구(2015)는 시조에 나타난 지명의 수용양상과 의미를 고찰하였고, 엄경흠(2010)은 부산을 읊은 가사

두 편 속에 등장하는 지명에 대하여 논의하였다. 또한 소설 속에 등장하는 지명과 관련하여 문학적 상상력, 지명정보 활용 방안 등에 관한 연구가 한순미(2008, 2013), 장노현(2008, 2012) 등에 의해 탐구되었다.

　　전설 및 문학과 관련하여 지명을 논의한 연구자들은 대부분 문학 전공자들이다. 그런데 설화나 문학 작품 속에 등장하는 지명을 국어학적 측면에서 연구한 경우도 있다. 高永根(2008)은 희방사 창건설화를 배경으로 '池叱方(ᄒᆞ)'의 해독을 시도하였다. 강헌규(2001, 2005)는 춘향전에 나오는 어사또 이몽룡의 남원행 경유지명과 '츙쳥도 고마수영 보련암'에 대하여 논의하였다. 판소리 춘향전에 나오는 구어적 성격이 반영된 지명 자료를 바탕으로 그 구술성, 구전성, 발음의 편의성, 발음효과의 극대화, 방언적 요소 등에 의한 변화를 추적하였다. 지명 연구의 지평을 확대하고 인접학문과의 종합적 연구를 위하여 전설을 비롯한 설화 그리고 문학과 관련된 연구도 계속되어야 할 것이다.

14. 결론

　　지명은 언어로 표현된 명칭 중 하나이므로 언어학적 연구가 중심을 이룬다. 또한 지명어는 음운이나 문법 단위가 아닌 고유명사의 총체 중 지명만을 가려낸 어휘이기 때문에 어휘론적 연구가 지명 연구의 중심에 있다. 그러므로 우리나라에서의 지명 연구는 언어학 중 어휘론적 관점에서 주로 연구되었으며, 점차 그 영역이 확대되어 음운, 정책, 표기, 문학 등의 측면에서도 연구되었다.

　　지명학을 독립된 하나의 학문분야로 확립하고자 하는 논의가 있어 왔지만 아직도 그 본질과 영역, 연구 방법 등에서 추구해야 할 문제가 남아있다. 용어의 통일을 비롯한 지명학의 성격을 분명하게 규정하고 하위 연구 분야에 대한 논의가 심층적으로 이루어져야 할 것이다. 또한 합리적인 연구 방법을 도출하여 과학적이고 체계적이며 논리적인 이론이 확립될 수 있도록 보다 완성도 높은 지명학 이론 수립을 위한 연구가 요구된다.

地名語體系論과 관련하여 후부요소를 의미에 따라 분류하여 유형화하고 체계화하는 논의가 진행되었지만 답보 상태에 머무르고 있다. 보다 진전된 이론을 바탕으로 과학적 접근이 필요하다. 어종별로 총어휘의 실상을 파악하는 연구도 요구되며, 지명어 총량을 대상으로 한 계량적 연구도 있어야 할 것이다. 우리나라 지명과 계통이 유사한 언어권의 지명, 俗地名과 한자표기 지명 그리고 한자문화권 지명과의 대조 또는 비교를 통하여 한국지명의 원초적인 형태를 찾아내고 상호의 관련성을 파악하여야 할 것이다.

한국지명의 근원형을 탐색함으로써 지명어를 배경으로 한 한국어의 어원 수립에 기여하여야 할 것이다. 그동안 연구된 결과를 종합하여『地名語源辭典』나아가 옛 지명에서 오늘날의 지명까지를 아우르는『歷史地名事典』의 출간이 요구된다. 더불어 원초적인 형태에서 변화를 거듭하며 오늘날의 지명이 이루어지기까지 그 원인과 과정 그리고 결과를 종합적으로 규명할 필요가 있다. 이를 바탕으로 미래 지명을 설계해야 하기 때문이다. 지명어가 지닌 특수한 구성을 고려하면서 전부요소와 후부요소의 내적 구조와 형성 과정의 문제가 보다 심도 있게 논의되어야 할 것이다. 또한 국어음운론에서 해결되지 않는 문제를 해결할 수 있도록 지명어의 음운에 대한 연구도 계속되어야 할 것이다.

이론 연구와 더불어 실용 내지는 응용의 측면에서도 보다 적극적인 관심과 참여가 요구된다. 그동안 언어학자들은 지명 정책을 비롯한 실용적인 연구에 관심을 두지 않았다. 이론 연구에만 몰입하지 말고 연구한 결과가 실제로 활용되어 민생에 도움이 될 수 있도록 정책화, 실용화에 적극 참여하여야 할 것이다. 예컨대 새주소 사업과 관련하여 그 핵심은 도로명 부여에 있음에도 불구하고 정책당국은 그 중요성을 심각하게 인지하지 못하였고 언어학자는 방관하였다. 그 결과 명칭과 관련하여 많은 문제점이 생겨나고 있으며 이를 처리하기 위해 행정력을 낭비하는 등 인적, 물적 손실을 경험하고 있다.

지명은 전설을 비롯한 문학적 내용을 함유하고 있다. 때문에 문학 전공자들이 지명에 관심을 가질 수밖에 없다. 보다 합리적이고 종합적인 연구가 진행될 수 있도록 문학자 나아가 지리·역사학자들이 협업하여 학문의 벽을 뛰어넘는 계기를 마련하여야 할 것이다. 이상으로 논의를 마치려 하며 여기서 다루지 못했던 다른 학문분야에서의 연구사도 정리되기를 기대한다. 또한 명칭론을 조선어학의 하위 분야로 확립하고 지명을 비롯한 명칭에 관한 연구가 상당히 이루어 진 것으로 보이는 북한의 지명 연구에 대하여도 살펴볼 필요가 있다.

Ⅱ 한국의 지리지와 지명

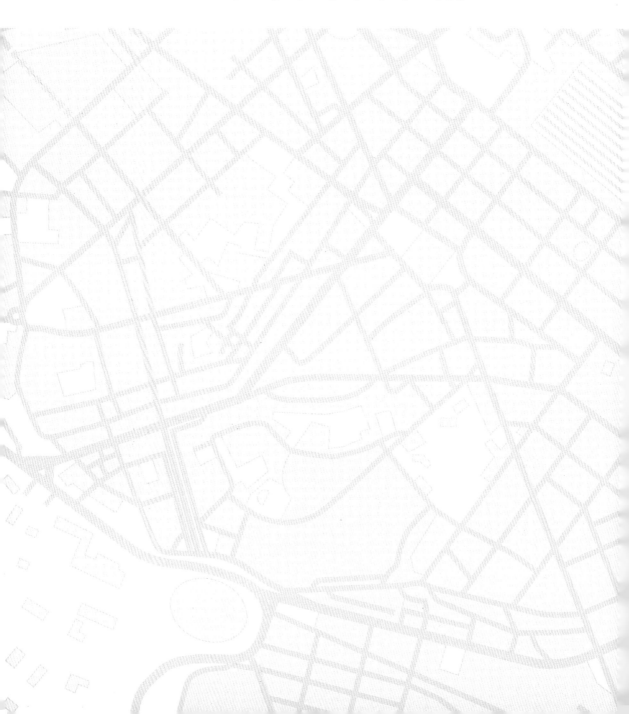

제3장

조선 전기까지의 지리지와 지명

1. 서론

地志 또는 地誌라 부르기도 하는 「地理志」는 넓은 의미로 지리에 관한 서적 모두를 일컫는 말이다. 비전문가가 기술한 여행 안내서에서부터 전문적인 식견을 바탕으로 기술된 것까지 지리적 내용을 담고 있으면 광의의 지리지라 할 수 있다. 반면에 좁은 의미의 지리지는 특정 지역에 대한 종합적이고 총체적이며 체계적인 기록을 뜻한다. 즉 일정한 지역 내에 분포하는 땅과 관련된 제 현상에 대한 체계적이고 종합적인 기록을 의미한다.

좁은 의미의 지리지를 진정한 의미의 지리지라 할 수 있는데 이에 속하는 동양 최초의 지리지는 後漢의 班固가 편찬한 『漢書』「地理志」이다. 이 책은 漢의 지방제도 성립 연혁을 설명하고, 郡國과 그 官下의 縣 邑 都護國의 境域과 沿革 戶口 山川 古蹟 物産…… 등을 기록함은 물론 각지의 지리적 사정, 풍속 등을 역사적으로 서술하였다. 지리지의 효시인 이 책은 지리지 편찬과 관련된 기본 골격을 제시한 것으로 우리나라를 비롯한 동양의 전통적인 지리지 편찬에 영향을 주었다.

고려 인종23년(1145) 김부식이 완성한 『三國史記』는 현존하는 가장 오래된 우리나라의 역사서이다. 50권으로 되어 있는 이 책 중 권제34~권제37(4권)이 지리지인데 이는 우리나라에서 가장 이른 시기에 편찬된 지리지이다. 『三國史記』「地理志」(이하 『三志』) 이후 근대국어 시기까지 편찬된 『高麗史』「地理志」(이하 『高志』), 『(新增)東國輿地勝覽』(이하 『新增』) 그리고 조선시대 관찬지리지의 완성판이라 할 수 있는 『輿地圖書』(이하 『輿圖』) 등이 전통적인 형식의 지리지이다. 이들 지리지는 기본적인 통치 자료를 비롯하여 국가가 지향하는 이념 제시까지 포함하여 계획적으로 편찬한 것이다.

국가 기관의 주도로만 편찬되던 지리지가 조선 후기에 오면서 개인에 의해 편찬되기도 하였다. 지리지 편찬은 조선 중기까지만 해도 국가의 기밀에 속하는 것으로 인식, 개인이 국토 정보와 관련된 사항을 작성하는 행위는 금기시하였을 뿐만 아니라 사회경제적인 여건상 개인의 역량으로는 불가한 일이었다. 조선 후기에 오면서 私撰 지리지가 출현하게 된 배경은 서양 과학문명의 영향을 받은 實事求是의 세계관 확립과 관련이 깊다. 韓百謙의『東國地理志』, 柳馨遠의『東國輿地誌』, 丁若鏞의『我邦疆域考』, 金正浩의『大東地志』등이 그것이다.

이상에서 살펴본 전통적인 지리지의 편찬은 1903년부터 1908년 사이에 勅命으로 편찬, 간행된『增補 文獻備考』의「輿地考」[1]와 李秉延에 의해 작성된『朝鮮寰輿勝覽』[2]까지 이어졌다. 그 후 지명에 대한 수집, 정리는 자료집 작성 형식으로 그 편찬 방식이 전환되었다. 한글학회의『한국지명총람』을 비롯하여 최근 국토지리정보원에서 편찬, 간행한 각 지역별『한국지명유래집』등이 그것이다. 또한 북한에서『전국지명조사보고서』(1967)를 바탕으로 편찬한『고장이름사전』(2000)도 이 부류에 속하는 것이다. 더불어 남북 교류 사업의 일환으로 2004년에 간행된『조선향토대백과』도 빼놓을 수 없는 지명 자료집이다.

전통적인 지리지의 경우 각 지역의 건치연혁, 속현, 진관, 관원, 군명, 성씨, 풍속,

---

1 1770년(영조 46)에 편찬, 간행된『東國文獻備考』의 잘못을 바로 잡고 내용을 보강한 것이『增訂 東國文獻備考』이며, 1903년부터 1908년 사이에 改撰된 것이『增補 文獻備考』이다. 그 내용은 16考 250卷으로 구성되어 있는데 象緯(12권) 輿地(27권) 帝系(14권) 禮(36권) 樂(19권) 兵(10권) 刑(14권) 田賦(13권) 財用(7권) 戶口(2권) 市糴(8권) 交聘(13권) 選擧(18권) 學校(12권) 職官(28권) 藝文(9권) 등이다. 16考 중 [輿地考]는 두 번째로 기술하였는데 권13부터 권39까지 27권이다. [輿地考1~2]에는 歷代國界, [輿地考3~6]에는 郡縣沿革, [輿地考7~12]에는 山川, [輿地考12]에는 道里, [輿地考13~23]에는 關防(城郭, 海防, 海路), [輿地考24]에는 北間島와 西間島의 疆界, [輿地考25~27]에는 宮室 관련 사항이 각각 기술되어 있다.

2 이 책은 李秉延이 1910년부터 1937년까지 전국 241개 군 중 129개 군의 인문 지리 현황을 직접 조사하여 작성한 것이다. 1933년부터 1935년까지 3년 동안 26개 군에 관한 것이 책으로 만들어져 간행 보급되었으나, 나머지는 일본 경찰의 감시와 재정난 등으로 간행되지 못한 상태로 보관되어 오다가 1990년 그 후손이 국사편찬위원회에 기증하면서 알려지게 되었다.

형승, 산천, 토산, 성곽, 봉수, 누정, 학교, 역원, 불우, 사묘, 고적······ 등 필요한 사항을
조목조목 나누어 기술하였다. 그러나 오늘날 간행되는 지명 관련 자료집을 보면 서두
에 해당 지역의 연혁을 간략하게 기술한 후 행정 구역 별로 각각의 지명에 대한 유래
를 설명하는 방식으로 되어 있다.

　　본 연구는 이러한 지리지 편찬의 흐름을 살펴보고 각 시기에 편찬된 지리지는 어
떤 방식으로 어느 정도의 지명이 반영되어 있는지 살피고자 한다. 우선 본장에서는
조선 전기까지 편찬된 지리지를 대상으로 삼고자 한다. 그동안 역사 지명 연구의 중
요한 자료로 다루어졌던 이들 문헌의 검토를 통하여 각 문헌이 지닌 특징을 파악하게
될 것이다. 각 문헌의 편찬 배경은 물론 등재된 지명의 특징을 파악함으로써 이들 문
헌에 실려 있는 지명 자료를 효율적으로 수집할 수 있는 기초를 마련하고자 한다. 더
불어 수집된 지명 어휘를 대상으로 각 문헌의 특징을 고려하면서 합리적인 연구가 진
행될 수 있도록 하고자 한다.

2. 『三國史記』「地理志」와 『高麗史』「地理志」의 편찬과 지명

2.1. 『三國史記』「地理志」의 편찬

　　고려 인종23년(1145) 김부식이 완성한 한국 최고의 紀傳體 사서인 『三國史記』에는
우리나라 고대사에 대한 각종 정보가 실려 있다. 本紀, 表, 志, 列傳 등 50권으로 구성
된 내용 중 네 권(권제34~37)이 「地理志」이다. 앞선 시기의 자료를 바탕으로 작성된 『三
志』는 현전하는 우리나라 최초의 지리지임은 물론 『世宗實錄』「地理志」(이하 『世志』)를 비
롯한 후대의 지지 편찬에 영향을 주었다.

　　신라는 삼국을 통일한 후 신문왕 5년(685년)에 전국의 행정 구역을 9주 5소경으
로 재조직하여 편성하였다. 행정구역 개편은 효율적인 통치를 위한 것이었으나 당시
지명 개정은 시행하지 않았던 것으로 보인다. 그 후 경덕왕 대에 이르러 대대적인 지
명 개정 작업을 추진하였지만 실제 새로운 지명이 전면적으로 통용되지는 않았던 것

으로 보인다. 경덕왕 대의 지명 개정 목록은 고려조에 이르러『三志』편찬 작업의 기초
자료로 유용하게 활용되었던 것으로 보인다.

송영대(2016)에서는『三志』의 편찬과 관련하여 김부식이 중국의 정사 지리지를 참
고하였을 것임을 논의하였다. 그는 중국 정사 지리지의 구조를 그 서술방식에 따라 3
종류로 구분하였는데 '漢書 地理志式 敍述', '宋書 州郡志式 敍述', '新唐書 地理志式 敍述'
등이 그것이다.『三志』의 검토를 통하여 권제34~36은 '宋書 州郡志式 서술'에 가까우며
권제37은 '漢書 地理志式 서술'에 가깝다고 하였다. 이렇듯 기술 방식이 달라진 것은
편찬자의 의도에 의한 것이라기보다는 자료의 성격 때문에 나타난 결과로 보았다.

두루 아는 바와 같이 권제34~36은 신라지이고 권제37은 고구려·백제의 지리지
이다. 신라지 부분(권제34~36)은 통일신라시대의 지방 행정 체계와 지명을 기준으로 삼
국시대 이후의 지명에 대한 연혁을 정리할 수 있었기에 '송서 주군지식 서술'이 가능
하였다. 그러나 권제37의 기술 내용 중에는 통일신라 영역에 포함되지 않은 고구려와
백제의 옛 영토에 해당하는 부분이 있다. 예컨대 명칭은 남아있으되 그 위치가 어디
인지 알 수 없는 소위 '有名未詳地分'에 대하여는 그 연혁을 기술할 수 없어 '송서 주군
지식 서술'이 불가하므로 '한서 지리지식 서술'로 기술될 수밖에 없었던 것이다.

『三志』는 집단적으로 고유어지명 어휘를 보여주므로 그 가치가 높이 평가된다.
비록 한자의 음과 훈을 활용하여 표현하였지만『三國史記』의 다른 부분에서는 볼 수
없는 우리말 어휘가 집단적으로 제시되어 있다. 그러므로『三志』는 고대시기의 언어
를 연구하는데 기본적인 자료가 되어왔다. 특히 권제37에 나오는 복수표기 지명의 검
토를 통하여 당시의 언어 사실을 파악할 수 있다는 점에서 이 부분은 매우 귀중한 자
료적 가치를 지닌다.[3]

『三國史記』권제34[地理1]에는 지명의 연혁을 설명한 前文[4]에 이어 신라 지역을
배경으로 한 尙州, 良州, 康州 등 3개 주에 속하는 州, 郡, 縣 명칭 139개가 실려 있다.

---

3 물론『三國史記』『地理志』는 언어 연구뿐만이 아니라 역사, 지리, 민속, 설화, 정치, 외교…… 등의 연구에
　도 활용될 수 있는 자료를 포함하고 있다.

4 前文에서는 신라와 王都의 沿革을 史籍에 근거하여 기술하고 삼국통일 이후 九州에 대하여 개설하였다.

이어서 권제35[地理2]에는 서문 없이 고구려 지역을 배경으로 성립된 통일신라 3개 주인 漢州, 朔州, 溟州 등의 명칭 152개가 실려 있다. 또한 권제36[地理3]의 경우는 熊州, 全州, 武州 등 백제 지역을 배경으로 한 3개 주의 명칭 146개가 실려 있다.[5] 여기에는 단순히 경덕왕의 개정 지명만 제시한 것이 아니라 개정 이전의 지명과 『三國史記』 저술 당시의 고려 지명까지 제시하였다. 그러므로 우리는 이 자료를 통하여 우리나라 지명 변천의 세 단계를 파악할 수 있다.

『三國史記』 권제37[地理4]는 『三國史記』 편찬자가 지리지를 작성하면서 참고했던 高句麗志와 百濟志를 보전하려는데 편찬 목적이 있었다.[6] 前文에서 史籍에 나오는 기록을 바탕으로 고구려와 백제에 관하여 각각 기술한 후 고구려와 백제의 州, 郡, 縣 명칭을 열거하였다. 지명의 배열은 고구려, 백제 순으로 하였으며 기타 항목을 뒤쪽에 나열하였는데 그 순서가 [地理2], [地理3]과 동일하다.[7] 즉 [地理2]와 [地理4] 고구려 부분의 州·郡·縣 배열순서가 동일하고, [地理3]과 [地理4] 백제 부분도 그것이 동일하다. 순서뿐만이 아니라 지명까지도 거의 동일하나 [地理2]와 [地理3]에는 없는 자료가 [地理4]에만 복수지명의 형식으로 다수 올라있다는 사실이 우리의 눈길을 끌어왔다.[8]

[地理4]의 지명은 신라지 중 [地理2]와 [地理3] 작성의 기초자료로 경덕왕 개정 이

---

5 州, 小京, 郡, 縣 등의 명칭과 함께 州의 경우 그 沿革 領域 領縣을, 小京의 경우 沿革을, 郡에서는 沿革 領縣을 기록하였다. 이 때 州의 경우 그 沿革이 비교적 자세히 기록되어 있으나, 小京의 경우 간략하게 기술되었고, 郡과 領縣의 경우는 '景德王改名'이라는 정형화된 문구만을 활용하였다.

6 이에 대하여 도수희(2014)는 『三國史記』 「地理志」1, 2, 3 작성의 토대가 되었던 자료가 [地理4]인 바 이를 작성한 후 폐기하지 않은 것은 매우 다행스런 일이라 하였다. 또한 "[地理1, 2, 3]을 작성하는데 기본 자료로 이용한 후 뒷전으로 밀려나 [地理4]로 남겨지는 홀대를 받았지만 [地理4]는 오히려 우리에게는 [地理1, 2, 3]보다 중요한 가치를 지닌 자료"로 평가하였다.

7 고구려의 연혁을 전술한 후 고구려의 주, 군, 현 명칭 164개를 가장 먼저 배열한 후 백제의 연혁과 147개의 주, 군, 현 명칭을 제시하였다. 그 다음으로 삼국시대의 지명만 있고 분명치 않은 지역들(三國有名未詳地分)에 해당하는 350여 개의 명칭, 鴨淥水以北未降十一城, 鴨淥水以北已降十一城, 鴨淥以北逃城七, 鴨淥以北打得城三, 都督府一十三縣, 東明州四縣, 支尋州九縣, 魯山州六縣, 古四州 本古沙夫里五縣, 沙泮州 本号尸伊城四縣, 帶方州 本竹軍城六縣, 分嵯州 本波知城四縣 순으로 그 명칭을 제시하였다.

8 여기에 자주 보이는 -忽, -達, -旦, -買 등을 비롯한 지명의 후부요소만으로도 한국지명의 원초적 형태와 지명어의 구성 원리 등을 알 수 있게 해 주는 소중한 자료이다.

전의 명칭이다. 여기서는 명칭만을 열거하였는데 '一云'(또는 或云, 一作)[9]과 같은 방식으로 異稱을 복수로 제시한 경우가 많다. 음독명과 석독명이 함께 제시된 이 자료는 고대 국어에 대한 많은 정보를 품고 있다. 이들 복수지명의 대응관계 검토를 통하여 해당 지명의 원초적인 형태를 파악함은 물론 지명어의 구조, 차자표기의 원리, 한자의 음과 새김에 대한 연구 등을 합리적으로 진행할 수 있다.

2.2. 『高麗史』「地理志」의 편찬

『高麗史』는 『三國史記』와 더불어 우리나라의 二大正史로 조선 초기에 前王朝 고려에 대한 이해체계를 정리한 사료이다. 무신정권기 이후 폐단을 고려 멸망의 원인으로 지적하여 조선 건국의 합리화와 역사를 통한 勸戒를 목적으로 편찬되었다.[10] 하지만 『高麗史』는 사료 선택의 엄정성과 객관적인 서술 태도를 지녔기 때문에 이 시대 연구에 매우 중요한 자료로 활용되고 있다. 이 책은 고려후기에 편찬되었거나 편찬이 시도되었다가 중단된 史書를 비롯하여 『高麗實錄』, 각종 官撰文書, 文集類, 碑文자료 그리고 『元史』와 『宋史』를 비롯한 五代史 이후의 중국 사서를 참조하여 편찬되었다.

조선은 건국과 동시에 새로운 국가 사회의 건설을 위하여 고려 왕조와의 단절을 위한 역사인식이 필요하였다. 이러한 배경 속에서 태조 원년(1392) 10월 이성계는 즉위한 지 3개월 만에 趙浚, 鄭道傳, 鄭摠, 朴宜中, 尹紹宗 등에게 명하여 前朝의 역사를 편찬하도록 하였다.[11] 태조 4년(1395) 37권으로 완성된 이 『高麗國史』는 편년체로 작성되었는데 건국주체세력인 정도전의 臣權 中心 역사 인식이 바탕이 되어 기술된 것으

---

9 '一云 · 或云 · 一作'의 차이에 대하여는 李炳銑(1982)에서 자세히 논의한 바 있다.

10 대체로 『高麗史』 편찬자는 고려의 통치제도가 당나라 제도를 모방했다고 파악하고, 초기로부터 발전해오다가 무신정권을 계기로 통치제도가 붕괴되어 말기에 이른다는 견해를 보이고 있다.

11 태조실록 2권, 태조 1년 10월 13일 신유 1번째 기사를 통하여 '前朝史' 즉 『高麗史』를 수찬케 하였음을 알 수 있다. 그 원문과 번역문을 옮기면 다음과 같다. 命右侍中趙浚, 門下侍郎贊成事鄭道傳, 藝文館學士鄭摠 朴宜中, 兵曹典書尹紹宗, 修撰前朝史.(우시중 조준, 문하시랑찬성사 정도전, 예문관 학사 정총 박의중, 병조전서 윤소종에게 명하여 『高麗史』를 수찬하게 하였다.)

로 보인다.

개국공신의 입장에서 씌어진『高麗國史』를 군주의 입장으로 바꾸려는 태종의 정
치세력에 의해 1차 개수 작업이 태종 14년(1414) 5월 河崙, 卞季良, 李叔蕃 등에 의하여
착수되었다. 그러나 태종 16년(1416) 河崙의 사망과 태종의 퇴위로 중단되었다가 세종
즉위년(1418)에 재개하여 卞季良, 柳寬 등에 의하여 세종 3년(1421) 정월에 완성되었다.
이 1차 개수본 역시 간행되지 못하였으며 세종 5년(1423) 12월 왕명에 따라 柳寬, 尹淮
등에 의해 다시 개수에 착수, 세종 6년(1424) 8월에 완성되었으니 이를『讎校高麗史』라
한다.[12]

『讎校高麗史』역시 直敍 원칙에 대한 卞季良의 강력한 반대로 반포되지 못하였으
며 세종20년(1438) 3월에 申槪, 權踶, 南秀文, 安止 등에 명하여『高麗史 全文』편찬을 착
수하였다. 세종 24년(1442) 8월에 완성된 이 사서는 인쇄까지 하였으나 반포는 중단
되었다. 그 후 세종 31년(1449) 정월에 金宗瑞, 鄭麟趾 등이 다시 개수에 착수하여 문종
원년(1451) 8월에『高麗史』가 완성되었다. 최종 개수본인 이 책을『高麗全史』라 하기도
하는데 編年體가 아닌 紀傳體로 작성되어 단종2년(1454) 10월 鄭麟趾 명으로 인쇄 배
포되었다.

『高麗史』편찬의 착수에서부터 완성에 이르기까지 여러 번의 개수 작업이 있었던
것은 편찬자들이 자신의 가문을 위한 曲筆, 용어의 표현과 관련된 대립, 기전체로 할
것인가 편년체로 할 것인가에 대한 史體論 갈등, 서술 내용의 조잡 등이 그 원인이 되
었다. 그러나 이는 겉으로 드러난 것일 뿐 근본적인 원인을 김의규(1999)는 조선 초기
지배계층의 정치적 이념과 그 지향의 차이에서 기인한 것으로 보았다. 개국공신을 중
심으로 한 臣權 강화의 정치 이념과 王權을 중심에 두려는 집단 간의 갈등이『高麗史』
정리를 어렵게 한 요인이었다. 결국 60년 가까운 짧지 않은 기간의 진통 끝에『高麗
史』는 臣權보다는 王權을 우위에 둔 왕실본위의 역사서로 편찬되었다.

『高麗史』는 世家 46권, 志 39권, 年表 2권, 列傳 50권, 目錄 2권 총 139권으로 구성

---

12 『讎校高麗史』는『高麗實錄』에 따라 사실의 직서에 중점을 두어 개수된 것인데『高麗國史』의 내용과는 큰
차이가 없었고 직서와 개서의 차이에 불과했던 것으로 보인다.

된 기전체의 사서이다. 이 중 志 39권은『元史』와『宋史』를 를 참조하여 설정하였는데 天文志 3권, 曆志 3권, 五行志 3권, 地理志 3권, 禮志 11권, 樂志 2권, 輿服志 1권, 選擧志 3권, 百官志 2권, 食貨志 3권, 兵志 3권, 刑法志 2권 등으로 구성되어 있다. 이 중 地理志 는『高麗史』권56 志 권제10부터 권58 志 권제12에 걸쳐 실려 있는데 梁誠之가 작성하 였다.[13]

『高志』는 고려가 건국된 918년부터 멸망한 1392년까지 약 500년간의 군현 명칭 을 연혁과 함께 나열해 놓은 것으로 지명일람표에 불과하다는 평가를 받아왔다. 이 러한 평가는 같은 시기에 편찬된『慶尙道地理志』나『世志』가 지명의 연혁은 물론 당시 의 정치, 경제, 역사, 사회, 문화, 설화 등 풍부한 내용을 포괄하였기 때문이다.『高志』 의 작성자는 [地理1]의 서문 말미에 "今略據沿革之見於史策者, 作地理志"라 하여 "대략 史策에 나타난 연혁에 근거하여 지리지를 작성하였다."고 했으나 그 내용이 소략한 것 에 대하여 李成茂(1982: 143)는 "고려시대 지리에 관한 기록이 많이 남아 있지 않고 또 고려정부가 지방 향리 세력을 완전히 통제할 수 없었던 실정에서 연유한 것으로 생각 된다."고 하였다.

『高志』의 첫째 권인 [地理1]의 서문을 통하여 태조 23년(940)에 여러 州 府 郡 縣의 이름을 고쳤으며, 성종(981~997) 때 다시 州 府 郡 縣 및 關 驛 江 浦 등의 명칭을 고치고 境內를 10도로 나누고 12주에 각각 節度使를 두었다고 했다. 당시 10도는 關內 中原 河南 江南 嶺南 嶺東 山南 海陽 朔方 浿西 등이며 관할하는 州郡은 모두 580여 개라 하 였다. 그 후 현종(1009~1031) 초에 節度使를 폐지하고 5都護와 75道 安撫使를 두었으나

---

13 『端宗實錄』 8권, 단종 1년 10월 17일 경자 10번째 기사를 보면 세조가 정인지의 추천으로 梁誠之로 하 여금『朝鮮都圖』,『八道各圖』,『州府郡縣各圖』 등을 만드는 일을 관장하게 하였음을 알 수 있다. 이 때 鄭 麟趾가 梁誠之를 추천한 것은 일찍이 그가『高麗史』「地理志」를 편수하였기 때문이었다. 또한『成宗實錄』 138권, 성종 13년 2월 13일 임자 6번째 기사를 보면 梁誠之가 중요한 책과 병서 등을 철저히 보관하도 록 상소한 내용이 있는데 "臣於世宗朝, 撰『高麗史』「地理志」, 世祖朝又受地圖, 地誌之事, 睿宗卽位, 申命畢撰, 戊子冬始撰, 至戊戌正月, 書成以獻(세종대왕 때에『高麗史』「地理志」를 撰修하였었고, 세조대왕 때에도 地圖와 地誌의 일을 명령받았는데, 예종대왕이 즉위하여서는 편찬을 빨리 마치라는 명령이 있었으므로, 무자년 겨울에 편찬하기 시작하여 무 술년 1월에 서책이 완성되어 진상하였습니다."라 하였다.) 이를 통하여 조선 초기 지리지와 지도 편찬 사업에 梁 誠之가 핵심적인 역할을 하였음을 알 수 있다.

얼마 후 폐지하고 4都護와 8牧을 두었다. 그 후 5道 兩界를 정하니 楊廣 慶尙 全羅 交州 西海 東界 北界 등이 그것이며 하부 조직은 4京, 8牧, 15府, 129郡, 335縣, 29鎭으로 구성되어 있다고 하였다. 이를 통하여 『高志』는 현종 당시의 행정구역을 기준으로 작성되었음을 알 수 있다.

　　[地理1]에는 서문에 이어 왕경 개성부와 양광도, [地理2]에는 경상도와 전라도 그리고 [地理3]에는 교주도, 서해도, 동계, 북계 등에 속하는 지명과 그 연혁이 기술되어 있다. [地理1] 왕경 개성부의 경우 그 연혁에 이어 개성현, 우봉군, 정주, 덕수현, 강음현, 장단현, 임강현, 토산현, 임진현, 송림현, 마전현, 적성현, 파평현 순으로 기술되어 있다. 또한 양광도의 경우 그 연혁에 이어 남경유수관 양주, 안남도호부, 인주, 수주, 강화현, 광주목, 충주목, 원주, 청주목, 공주, 홍주, 천안부, 가림현, 부성현 순으로 기술되어 있다. [地理2] 경상도의 경우 동경유수관 경주, 울주, 예주, 금주, 양주, 밀성군, 진주목, 합주, 고성현, 남해현, 거제현, 상주목, 경산부, 안동부 순으로 기술하였다. 이와 같이 大口劃인 五道 兩界와 그 다음 단계의 기술은 [地理2]의 전라도와 [地理3]의 교주도, 서해도, 동계, 북계 등의 경우도 같은 방식으로 기술하였다.

2.3. 『三國史記』「地理志」와 『高麗史』「地理志」의 지명

2.3.1. 『三國史記』「地理志」의 지명

　　우리나라 최초의 지리지인 『三國史記』「地理志」에 앞서 중국에서 편찬된 역사서에서 三韓의 지명을 확인할 수 있다. 兪昌均(1982: 123)은 『史記』「朝鮮列傳」제55에 나오는 '衆國'을 중국의 사서에 기록된 최초의 三韓 지명으로 보았다. 『後漢書』에서는 마한 54국, 진한 12국, 변진 12국, 도합 78국이 있었다고 하였으며 그 구체적인 명칭이 『三國志』「魏書 東夷傳」에 올라있다[14] 卑離國, 監奚卑離國, 內卑離國, 辟卑離國, 牟盧卑離國, 如

---

14 이들 소국명을 비롯한 삼한의 언어자료인 인명, 관직명 등을 兪昌均(1982), 都守熙(1987, 1990) 등에서 정리하여 제시한 바 있다. 더불어 국명 수의 차이, 字形의 相似로 인한 오기나 오각 등에 대해서도 논의하였다.

來卑離國, 楚山塗卑離國 등 '-卑離'를 후부요소로 삼은 마한의 소국명을 비롯한 이들 명칭은 역사와 언어 연구자들의 관심을 끌어왔다. 그러나 우리나라의 문헌도 아니고 표기 또한 중국인이 한자로 표현한 것이어서 여전히 그 해독에 어려움을 겪고 있다.

『三國志』「魏書 東夷傳」에 올라 있는 명칭이 小國名이었다면『三志』에 올라 있는 지명은 군현명이다. 小國名과 군현명이 어떤 특징과 차이가 있는지에 대하여는 보다 세밀한 검토가 필요하며, 그 특징을 고려하면서 三韓의 小國名과 三國의 군현명에 대한 비교 연구가 있어야 할 것이다.『三志』에 올라 있는 각 郡의 지명은 (1)에서 보듯 신라 지인 [地理1~3]의 경우 景德王의 改稱 지명을 먼저 제시한 후 고구려·백제 등 개칭 이전의 지명을, 마지막으로『三國史記』편찬 당시인 고려의 지명을 제시하였다. 이어서 해당 領縣의 지명도 같은 방식으로 기술하였다.

(1)

ㄱ. 醴泉郡 本水酒郡 景德王改名 今甫州. 領縣四 永安縣 本 下枝縣 景德王改名 今豊山縣, 安仁縣 本蘭山縣 景德王改名 今未詳, 嘉猷縣 本近[一作巾]品縣 景德王改名 今山陽縣, 殷正縣 本赤牙縣 景德王改名 今殷豊縣.

〈卷34-志3-地理1-03〉

ㄴ. 槐壤郡 本高句麗 仍斤内郡 景德王改名 今槐州.〈卷35-志4-地理2-03〉

ㄷ. 大麓郡 本百濟 大木岳郡 景德王改名 今木州. 領縣二 馴雉縣 本百濟 甘買縣 景德王改名 今豊歲縣, 金池縣 本百濟 仇知縣 景德王改名 全義縣.

〈卷36-志5-地理3-03〉

(1ㄱ)은 신라, (1ㄴ)은 고구려, (1ㄷ)은 백제 지역의 예인데 동일한 방식으로 제시하였음을 알 수 있다. 이를 통하여 경덕왕의 개칭 지명, 삼국시기의 지명 그리고『三國史記』「地理志」편찬 당시인 고려시기의 지명을 확인할 수 있다. 郡 그리고 그 領縣의 경우 이렇듯 '景德王改名'이라는 정형화된 문구와 함께 지명만을 제시하였다. 그런데 州와 京의 경우 (2)에서 보는 바와 같이 그 연혁을 간략하게나마 기술하였다.

(2)

ㄱ. 熊州本百濟舊都 唐高宗遣蘇定方平之置熊津都督府 新羅文武王取其地有之
　　神文王改爲熊川州置都督 景德王十六年改名熊州 今公州 領縣二 尼山縣本
　　百濟熱也山縣景德王改名 今因之 淸音縣本百濟伐音支縣景德王改名 今新
　　　　　　　　　　　　　　　　　　豐縣〈卷36-志5-地理3-01〉
ㄴ. 西原京神文王五年初置西原小京 景德王改名西原京 今淸州
　　　　　　　　　　　　　　〈卷36-志5-地理3-02〉

(2ㄱ)을 통하여 熊州, 熊津都督府, 熊川州, 公州 등의 지명과 더불어 唐나라의 高宗
이 蘇定方을 보내어 평정하였다는 점, 문무왕이 이 지역을 빼앗아 차지하였다는 점,
신문왕이 熊川州로 고치고 都督을 두었으며, 景德王이 개칭하였다는 역사적 사실을
확인할 수 있다. 이하 領縣의 경우 (1)과 동일한 방식으로 제시하였음을 알 수 있다.
州와 더불어 京의 경우도 간략한 연혁이 기술되었음을 (2ㄴ)을 통하여 확인할 수 있
다. 즉, 西原京은 神文王 五年에 처음으로 西原小京을 설치하였고 景德王 때 西原京으
로 개칭하였음을 기술하였다. 이상에서 살펴본 [지리1~3]의 경우와는 달리 [지리4]의
경우 아래 (3)과 같이 고구려와 백제의 지명에 대하여 그 명칭만을 나열하였다.

(3)

ㄱ. 漢山州 國原城 一云 未乙省 一云 託長城. 南川縣 一云 南買. 駒城 一云 滅
　　烏. 仍斤內郡. 述川郡 一云 省知買. 仍乃斤縣. 楊根縣 一云 去斯斬. 今勿內
　　　　　　　　郡 一云 萬弩.……〈37卷-志6-地理4-03〉
ㄴ. 熊川州 一云 熊津. 熱也山縣. 伐音支縣. 西原 一云 臂城 一云 子谷. 大木岳
　　郡. 其買縣 一云 林川. 仇知縣. 加林郡. 馬山縣. 大山縣……
　　　　　　　　　　　　　　〈卷37-志6-地理4-06〉

(3ㄱ)은 고구려, (3ㄴ)은 백제 지명인데 연혁에 대한 기술은 전혀 없이 명칭만을
나열하였다. 그런데 동일지역을 가리키는 명칭이 복수로 제시된 경우가 상당수 있다.
이칭이 존재함을 '一云'(또는 或云, 一作)이라 하여 "西原 一云 臂城 一云 子谷."과 같은 방식

으로 기술하였다. 여기에는 신라지인 [지리1~3]에서 확인할 수 없는 지명도 실려 있다. 예컨대 권제36[지리3]에서는 西原京, 西原小京, 淸州 등 3개의 명칭을 확인할 수 있다. 그런데 권제37[지리4]에서는 西原, 臂城, 子谷 등 3개의 명칭을 확인할 수 있어 여기에서만 '臂城'과 '子谷'을 확인할 수 있다.

요컨대 『三志』에서 확인할 수 있는 지명은 군현명이다. 산천명을 비롯한 자연지명이나 군현의 하위 단위인 동리촌명을 발견할 수 없을 뿐만 아니라 인문지명도 확인할 수 없다. [지리1~3] 신라지의 경우 군현명과 함께 간략한 연혁이 소개되어 있으나 [지리4]에는 군현명에 해당하는 명칭만이 제시되어 있다. 이런 까닭에 역사나 지리 연구에서는 [지리1~3] 신라지가 주로 활용될 수 있을 것이다. 그러나 동일지역에 대하여 복수의 명칭을 보여주는 [지리4]의 자료는 언어 연구에 소중한 자료이다.

2.3.2. 『高麗史』「地理志」의 지명

2.2.에서 살펴보았듯이 『高麗史』「地理志」는 『高麗史』 권56 志 권제10에서 권58 志 권제12까지 3권으로 구성되었다. [地理1]은 서문과 왕경 개성부 그리고 양광도, [地理2]는 경상도와 전라도, [地理3]은 교주도, 서해도, 동계 그리고 북계 등으로 구성되어 있다. 원칙적으로 군현 이상의 지명과 그 연혁을 (4)와 같은 형식으로 기술하였다.

(4)

ㄱ. 淸州牧本百濟上黨縣 新羅神文王五年 初置西原小京. 景德王 陞西原京. 太祖二十三年 改爲淸州. 成宗二年 初置十二牧 州其一也. 十四年 置十二州節度使 號全節軍 屬中原道. 顯宗三年 廢爲安撫使. 九年 定爲牧 爲八牧之一. 屬郡二 縣七. 領知事府一 知事郡二 縣令官二.

ㄴ. 燕山郡本百濟一牟山郡 新羅景德王 改今名. 至高麗 來屬. 明宗二年 置監務. 高宗四十六年 以衛社功臣朴希實內鄕 陞爲文義縣 置令. 忠烈王時 倂于嘉林 尋復舊.

(4ㄱ)은 淸州牧 기사이고 (4ㄴ)은 淸州牧의 屬郡 중 하나인 燕山郡의 기사이다.

『三志』의 경우 州나 京의 기사에서만 간략한 연혁을 기술하였고 領縣과 각 郡의 경우 '景德王改名'이라는 표현과 함께 지명만을 나열하였다. 그런데 (4)를 통하여 보듯 『高志』는 屬郡을 비롯한 모든 항목에서 지명과 함께 그 연혁을 보다 진전된 방식으로 기술하였다.

앞에서 논의했듯이 『高志』 또한 『三志』와 같이 군현명을 위주로 기술하였으나 일부 항목의 경우 해당 군현의 別號와 山川을 비롯한 자연지명 그리고 동리촌명에 속하는 행정지명을 보여준다. 여기에서는 연혁을 설명하는 과정에 등장하는 군현명 이외의 별호, 자연지명, 동리촌명 그리고 인공지명에 대하여 양광도 지역에 등장하는 것만을 추출하여 그 양상을 살피고자 한다. 아래 〈표 1〉은 『高志』의 [地理1] 중 양광도 지역을 대상으로 군현명 이외의 지명을 추출한 것이다.

〈표 1〉 楊廣道 지역의 군현명 이외의 지명

標題 地名	別號[15]	自然地名[16]	동리촌명 및 군현명	人工地名
南京留守官 楊州	廣陵	三角山[17], 負兒嶽, 漢江[18], 沙平渡, 楊津[19], 北瀆, 漢山河		

---

15 別號는 그 유래에 대한 언급은 없고 忠州牧의 경우 "別號大原[成廟所定]又號藝城"과 같은 방식으로 제시하였다. 이를 통하여 '大原'은 '成廟所定' 즉 성종 때 정한 별호임을 알 수 있으나 '藝城'은 언제 정하였는지 알 수 없다. 洪州의 경우 "別號安平又海豊[皆成廟所定]又號海興"이라 하였는데 여기서도 '成廟所定'이라는 문구를 확인할 수 있다. 일반적으로 성종대 제정한 별호를 소위 '淳化別號'라 하고 그 이외의 것은 '一般別號'라 한다. 별호의 제정은 중앙정부가 지방 勢力地를 인정하고 지방토호세력에 대한 왕실강화책의 일환으로 이루어진 것으로 보고 있으며, 봉작명이나 봉부인명 등으로 활용되었다.

16 자연지명 중 가장 많은 '-島'는 아무런 설명 없이 그 명칭만을 나열하였다. '-山'은 명칭만을 나열한 경우도 있고, 摩利山, 傳燈山, 胎靈山, 元帥山 등은 그 異名, 위치, 유래 등을 기술하기도 하였다. 異名, 위치, 유래 등이 기록된 지명에 대하여는 각주에 그 번역문을 옮기기로 한다.

17 신라에서는 負兒嶽이라 불렀다.

18 곧 沙平渡이다.

19 신라 때의 北瀆인 漢山河로서, 中祀에 올라 있었다.

交河郡	宣城	漢江, 臨津, 洛河渡[20]		烏島城[21]
抱州	清化			
幸州	德陽			
衿州	始興	楊花渡		
仁州		紫燕島, 三木島, 龍流島		
唐城郡		大部島, 小牛島, 仙甘彌島, 靈興島, 召勿島, 承黃島, 仁物島, 伊則島, 雜良串島, 沙也串島, 難知島, 木力島		
水州	漢南, 隋城			
江華縣		摩利山[22], 傳燈山[23], 仇音島, 巴音島, 今音北島, 買仍島		三郎城, 塹星壇
鎭江縣		鞍島, 長峯島		
河陰縣		主乙吒島		
喬桐縣		松家島		
廣州牧	淮安			日長城[24], 晝長城
川寧郡		鎭江渡		

---

20 현의 북쪽에 있다.

21 한강과 臨津의 하류가 여기서 모인다.

22 부의 남쪽에 있으며, 산꼭대기에 塹星壇이 있다. 세상에 전하기를 檀君이 하늘에 제사하던 제단이라 한다.

23 일명 三郎城이다. 세상에 전하기를 단군이 세 아들을 시켜 쌓은 것이라 한다.

24 신라 문무왕이 쌓았는데, 곧 晝長城이다.

	陰平, 延昌			
竹州	陰平, 延昌			
果州	富安, 富林	冠嶽山	龍山處[25], 富原縣	
楊根		龍門山, 龍津渡	迷元莊[26]	小雪庵
忠州牧	大原, 藥城		楊津溟所, 楊津衍所, 多仁鐵所, 翼安縣[27]	
槐州	始安			
淸風縣		月嶽[28], 月兄山, 風穴		
原州	平涼京, 平涼			
堤州	義川, 義原			
平昌縣	魯山			
丹山縣		竹嶺山		
酒泉縣	鶴城			
黃驪縣		驪江		
木州	新定			
鎭州	常山	胎靈山[29]	萬弩郡	

---

25 충렬왕 10년(1284)에 州의 龍山處를 승격시켜 富原縣으로 삼았다.

26 공민왕 5년(1356)에 보우가 迷元莊의 小雪庵에 寓居하므로, 미원장을 縣으로 승격시키고, 監務를 두었다. 얼마 후 땅이 좁고 인구가 적다고 하여, 다시 양근현에 소속시켰다.

27 고종 42년(1255)에 多仁鐵所의 주민들이 몽고군을 방어하는 데 공을 세웠으므로, 所를 翼安縣으로 승격시켰다.

28 신라 때는 月兄山이라 불렀다.

29 신라 때 萬弩郡 太守 金舒玄의 처 萬明이 金庾信을 낳고, 그 태를 현의 남쪽 15 리에 묻었는데, 그것이 신령으로 변하였다고 하여 태령산으로 불렀다. 신라 때부터 祠宇를 설치하고 봄 가을로 향을 내려주어 제사를 지냈으며, 고려에서도 제사를 그대로 계속하였다.

燕岐縣		元帥山[30], 正左山, 熊津, 西瀆, 熊川河		
公州	懷道	鷄龍山[31], 西岳, 錦江	熊津衍所[32], 鳴鶴所, 忠順縣	
懷德郡		雞足山		
扶餘郡		天政臺, 釣龍臺, 落花巖		
連山郡		黃山, 天護(山)[33]		開泰寺[34]
市津縣		市津浦		
洪州	安平, 海豊, 海興			
槽城郡	馬山,海宗			
大興郡		大岑島		
保寧縣		高鸞島		
伊山縣		伽倻山		
天安府	任歡	仙藏島	寧州	
牙州	寧仁			
新昌縣		獐浦, 道高山		
豐歲縣	秔川			
稷山縣			慶陽縣	河陽倉
安城縣			陽良, 甘彌呑, 馬田, 薪谷[35]	

---

30 충렬왕 때 韓希愈·金忻 등이 합단(哈丹, 카다안)의 적을 현의 남쪽 正左山 아래에서 크게 패배시켰는데, 민간에서 그 주둔지를 元帥山으로 불렀다.

31 곧 신라의 西岳으로, 中祀에 올라 있다.

32 상류가 錦江이다.

33 후부요소 '-山'이 생략되었다.

34 태조가 백제를 평정하고 난 뒤, 큰 절을 黃山의 골짜기에 지어, 산 이름을 天護로 고치고, 절 이름을 開泰라고 하였다.

35 수원 관할[任內]인 陽良·甘彌呑·馬田·薪谷의 네 부곡을 떼 내어 안성현에 주었다.

西林郡			熊津溟所	
藍浦縣				鎭城

양광도는 관할하는 京이 1개, 牧이 3개, 府가 2개, 郡이 27개, 縣이 78개이다. 그러므로 [地理1]의 양광도 편에는 111개 京·牧·府·郡·縣의 지명과 연혁이 기술되어 있다. 이 중에서 23개의 京·牧·府·郡·縣이 別號가 있었음을 〈표 1〉를 통하여 확인할 수 있다. 특히 洪州는 3개의 별호가, 水州, 竹州, 果州, 忠州牧, 原州, 堤州, 槥城郡 등은 2개의 별호가 있었음을 알 수 있다. 이들 별호 중에는 德陽, 始興, 寧仁 등과 같이 오늘날 행정지명으로 활용되는 것도 있으며, 常山, 義川, 大原 등과 같이 해당 지역의 기관이나 단체 또는 시설물 명칭으로 활용되는 것도 있다.

산천명을 비롯한 소위 자연지명은 양광도편에 67개가 보인다. 후부요소를 기준으로 정리하면 '-島'가 26개로 가장 많으며 그 다음으로 '-山'이 16개이다. 결국 島와 山을 후부요소로 삼은 지명이 42개로 자연지명 전체의 63%에 달함을 알 수 있다. 島와 山을 제외한 후부요소는 각각 5개 이하인데 渡(5), 江(4), 津(3), 嶽/岳(3), 河(2), 瀆(2), 浦(2), 臺(2), 穴(1), 巖(1) 등이다.

『高志』의 지명은 주로 행정지명 중 군현 단위 이상의 명칭을 연혁과 함께 기술하였다. 그런데 군현의 하위 단위인 동리촌명에 해당하는 것으로 볼 수 있는 지명이 일부 기술되어 있다. 동 리 촌에 머물던 해당 지역을 현으로 승격시켰다는 기사에서 이들 명칭을 확인할 수 있다. 龍山處, 迷元莊, 楊津溟所, 楊津衍所, 多仁鐵所, 熊津衍所, 鳴鶴所, 陽良, 甘彌呑, 馬田, 薪谷 등이 동리촌명에 해당하는 명칭으로 볼 수 있다. 오늘날 행정의 기초단위인 촌락명의 후부요소로 '-洞'이나 '-里'가 사용하는데 여기서는 處, 莊, 所 등이 활용되었음을 알 수 있으며, 자연부락 명칭의 후부요소 -呑, -田, -谷 등도 확인할 수 있다.

시설물을 비롯한 인공물을 표현하는 명칭의 후부요소로 -城, -壇, -庵, -寺, -倉 등을 확인할 수 있다. 烏島城, 三郞城, 日長城, 晝長城, 鎭城 등 城名 5개를 비롯하여 사찰명인 小雪庵과 開泰寺 그리고 塹星壇과 河陽倉을 확인할 수 있다.

요컨대 『高麗史』 권56 志 권제10 [地理1] 양광도 편의 111개 京·牧·府·郡·縣의

검토를 통하여 모든 행정 구역에 대한 기술이 연혁과 함께 지명을 제시하였음을 확인하였다. 연혁 속에 등장하는 지명은 군현 단위 이상의 명칭으로 『三志』의 신라지[지리 1~3]에 올라있는 지명을 수용하면서 고려시기에 개정된 지명을 기술하였다.[36] 다만 111개 행정구역 중 23개 고을에는 별호가 기술되었으며, 37개의 행정구역에서는 자연지명을 확인할 수 있다. 또한 9개의 구역에서 행정지명을 확인할 수 있으나 동리촌 명으로 볼 수 있는 명칭은 6개 행정구역에서만 발견된다. 더불어 7개의 행정구역에서 인공지명을 확인할 수 있다. 결론적으로 『高志』는 군현명 이외의 지명이 일부만 반영되었음을 알 수 있다. 이렇듯 『高志』는 다양하고 풍부한 내용을 담은 인문지리서도 아니고, 군현명과 그 연혁을 제외한 지명을 기술함에 있어서 부족한 일면을 지니고 있다. 그러나 이 자료는 전국을 대상으로 작성된 고려시대 지명에 대한 유일한 기록이므로 지명을 비롯한 고려시대 역사 연구에 매우 귀중한 자료이다.

3. 조선 전기의 지리지와 지명

3.1. 조선 전기의 지리지 편찬

오늘날 전해지는 조선 최초 지리지는 세종 7년(1425) 12월에 편찬된 『慶尙道地理志』이다.[37] 그 다음으로 편찬된 것이 문종 원년(1451) 8월에 완성하여 단종2년(1454) 10

---

36 예컨대 오늘날 청주와 관련된 지명이 신라지인 『三志』 권제36에는 西原京, 西原小京, 淸州 등이 올라있고, 백제지인 『三志』 권제37에는 西原, 臂城, 子谷 등이 올라있다. 그리고 『高志』에 올라있는 지명은 淸州牧, 上黨縣, 西原小京, 西原京, 淸州, 全節軍, 中原道 등이다. 이를 통하여 『三志』 권제37에만 올라있던 臂城과 子谷이 반영되지 않았음을 알 수 있으므로 『高志』는 『三志』의 신라지[지리1~3]을 수용하였음을 알 수 있다.

37 『世宗實錄』에 의하면 세종은 1424년(세종 6) 대제학 卞季良에게 조선 전역에 걸친 지리지를 찬진하라는 명령을 내렸다. 이때 각 도별로 지리지가 편찬되었을 것이며 이를 바탕으로 1432년(세종 14) 孟思誠 權軫 尹淮 申檣 등이 『新撰八道地理志』를 완성하여 세종에게 진헌하였다. 그런데 『新撰八道地理志』는 현전하지 않으며 이 전국 지리지의 저본이 되었던 『慶尙道 地理志』만 남아 있다.

월에 배포된 『高志』이다. 『高志』는 고려왕조와의 단절과 후세에 대한 권계를 목적으로 편찬된 기전체 사서인 『高麗史』의 志 중 하나이다. 그러나 『新撰八道地理志』를 비롯한 조선의 지리지는 당시의 시대 상황을 반영하며 지리, 인구, 풍속, 정치, 군사, 경제, 사회, 문화 등 국가의 이념과 통치에 관한 모든 자료들을 수록하기 위하여 편찬되었다.

시대 상황에 맞게 『新撰八道地理志』의 내용 일부를 보완하여 편년체의 사서인 『世宗實錄』의 부록으로 붙인 것이 『世志』이다. 단종 2년(1454)에 편찬된 이 지리지를 바탕으로 세조에 의해 새로운 지리지의 편찬이 적극 추진되었다. 그 결과 梁誠之에 의하여 성종 8년(1477) 6월에 『八道地理志』가 완성되었으나 인각되지 못하여 현존하지 않는다. 다만 『八道地理志』의 母本중 하나인 『慶尙道續撰地理志』가 유일하게 남아 있다. 성종은 1479년(성종 10)에 『八道地理志』를 토대로 『東文選』 등에 수록된 文士들의 詩文을 첨가하여 각 도의 지리와 풍속 등을 정리하도록 명했고, 이에 따라 1481년에 50권으로 된 『東國輿地勝覽』(이하 『勝覽』)이 완성되었다.

현전하는 조선 전기의 지리지 중 가장 앞선 시기에 편찬된 『慶尙道地理志』는 그 서문을 통하여 세종 6년(1424) 경상감영에 道志를 찬정하라는 호조의 關文에 따라 1년 만에 편찬하여 춘추관에 올린 것이다. 전국의 지리지를 편찬하기 위한 중앙정부의 요청은 각 도에 시달되었을 것이며 편목에 관한 일정한 규식도 요구되었을 것이다. 아쉽게도 다른 도의 지리지가 남아 있지 않아 편목과 규식이 통일되어 편찬되었는지는 알 수가 없다. 『慶尙道地理志』의 편목은 소속 예하 군현의 연혁을 비롯하여 산천, 계역, 교통, 호구, 성씨, 인물, 토산, 행정, 재정, 경제, 토목, 산업, 교육, 군비, 의약, 능묘, 고적, 명승, 누대, 사원 등으로 구성되어 있다.

『慶尙道地理志』를 비롯하여 지방에서 보고된 자료를 바탕으로 중앙에서 작성한 것이 『新撰八道地理志』이다. 각 도에서 올려 보낸 母本의 미진한 점만을 수정, 보완한 것이므로 모본과 중앙에서 통합하여 작성한 것이 크게 다르지 않은 것으로 파악된다. 또한 이 『新撰八道地理志』는 『世宗實錄』을 편찬하면서 그 이후에 변화된 사항만 보완하여 부록으로 첨부되었다. 그러므로 『慶尙道地理志』를 비롯하여 각도에서 작성된 지리지와 이를 중앙정부에서 종합한 『新撰八道地理志』 그리고 『世志』는 한 부류의 지리지로 취급할 수 있을 것이다.

　　계유정난으로 실권을 장악한 수양대군은『新撰八道地理志』가 편찬된 후 21년만
인 단종 1년(1453) 새로운 지리지의 편찬을 梁誠之에게 명하였다.『八道地理志』편찬을
명받은 그는 '地理志 續撰事目'을 작성하고 이에 의거하여 지리지를 속찬할 것을 각도
에 지시하였다. 각도에서는『世志』에 빠진 부분을 보완하여 속찬하였는데 현재 남아
있는 것은『慶尙道續撰地理志』가 유일하다. 각 도에서 올려 보낸 속찬지리지를 모본으
로『八道地理志』작성을 완료한 것은 성종 8년(1477)이었다. 각 도별로 1권씩 8책으로
구성된 이 책 역시 현존하지 않는다. 그러므로『慶尙道續撰地理志』를 통하여『八道地理
志』의 내용을 추정할 수밖에 없다.

　　『慶尙道續撰地理志』의 규식은 앞서 편찬된 지리지에 비해 조목이 세분되었으며
내용도 추가된 것이 많다. 서인원(1999: 74)은 추가된 조목으로 강무장의 현황, 역참 현
황, 각 지역에서 한양까지 거리, 제언과 관개 면적의 현황, 어물 생산 현황, 광산물의
현황과 일년 간 공철 현황, 누대 파악, 절과 원우의 현황, 양계 본영 건치 연혁, 양계에
있는 야인들의 현황 등을 들고 있다.[38] 세분화된 조목을 통하여 40여년 정도의 기간이
었지만 국가 체계의 확립이 진전되었음을 알 수 있다.

　　성종은 梁誠之의『八道地理志』에 우리나라 역대 文士들의 詩文을 모아 첨가할 것
을 명하는데 이에 따라 이루어진 것이『東國輿地勝覽』이다. 성종의 이러한 조치가 내
려지게 된 배경은『世志』편찬 당시의 시대정신과 당시의 그것이 많이 변화하였기 때
문임을 지적할 수 있다. 통치 체제가 확고하게 정비되지 않았던 시기에는 통치 목적
달성을 우선으로 하는 정책을 시행할 수밖에 없었다. 그러나 통치 질서가 확립되면서
성리학적 이념에 바탕을 둔 사회 질서를 강조하기 위한 문화적 측면의 부각이 필요하
였다. 이러한 사실은『勝覽』의 편목에서 戶口, 田結, 生産物, 軍丁 등이 제외된 반면 名
賢, 旌表門閭, 陵墓, 樓臺, 題詠, 僧寺 등의 편목과 내용이 크게 확충되었다는 점을 통하
여 확인할 수 있다.

　　조선 전기 지리지의 결정판『東國輿地勝覽』의 '東國'은 海東, 靑邱, 鷄林, 三韓 등과
더불어 우리나라를 지칭하는 단어이다. 그리고 '輿地'는『易經』說掛에 "坤爲地, 爲大輿"

---

38 서인원(1999)에서는『慶尙道續撰地理志』의 續撰事目,『慶尙道新撰地理志』와『世志』의 편찬 편목,『世志』와『慶
　　尙道續撰地理志』의 편목 상 차이 등을 상세하게 분석하여 표로 제시하였다.

라 한 것을 통하여 '大地'임을 알 수 있다. 그러므로 '東國輿地'란 우리나라의 땅을 뜻하는 것이다. 뒤에 결합된 '勝覽'의 '勝'은 '뛰어나다'는 뜻이고 '覽'은 '경관'이라는 뜻이니 '빼어나게 아름다운 경관'이라는 뜻이다. 결국『東國輿地勝覽』은 빼어나게 아름다운 경치를 지닌 우리나라의 땅에 관한 설명서라는 의미이다. 그러므로 이 명칭은 단순한 지리지가 아니라 이 땅에서 축적된 문화까지 망라된 종합지임을 표방한 것이다.

조선 초기 지리지의 결정판『勝覽』은『八道地理志』가 만들어진 4년 후인 성종 12년(1481)에 편찬되었다. 그런데 1461년 즉 天順 5년 명나라에서 편찬된『大明一統志』의 영향으로 성종 17년 55권으로 재구성 되었다. 이후 연산군과 중종 대에 부분적인 증보가 이루어지면서『(新增)東國輿地勝覽』으로 그 완성을 보게 된 것이다. 전성기 조선의 주역들이 영속적인 지배를 염원하며 유교와 그 문화를 통치 이념으로 담아 편찬한 이 책은 조선 전기의 기념비적인 편찬사업으로 평가된다.

결국 조선초기의 지리지 편찬 의도가 직접적으로 국가를 통치하는데 필요한 사항을 중심으로 삼았던 것에서 문화의식을 표현하려는 방향으로 변모하였음을 알 수 있다.『新撰八道地理志』와『八道地理志』가 전자에 속하는 것이고『新增』이 후자에 속하는 것이라 하겠다. 편찬의 방향이 달라진 것을 확인하기 위하여 서인원(1999: 133)에서는『世志』그리고『勝覽』『新增』의 편찬 조목과 순서를 표로 만들어 비교한 바 있다.[39] 이 비교를 통하여 세 문헌에 조목의 명칭이 동일한 것은 沿革과 土産 둘뿐임을 알 수

---

39 아래 옮겨 온 이 비교표는 연구자가 광주목의 조목을 기준으로 작성하였음을 밝히고 있다. 그러나 각 지역에 따라 기술해야 할 조목에 차이가 있으므로 지역마다 차이가 있다. 후술할 청주목의 경우와도 차이가 있음을 확인할 수 있다.

서명	『世宗實錄』「地理志」	『東國輿地勝覽』序文	『(新增)東國輿地勝覽』本文
항목 순서	官員, 沿革, 別號, 山川, 四鏡, 陵廟, 戶口, 軍丁, 姓氏, 關土, 墾田, 土宜, 土貢, 藥材, 土産, 鹽所, 磁器所, 陶器所, 山城, 驛, 牧場, 烽火, 所領 (23)	沿革, 風俗, 形勝, 名山, 大川, 古城, 大岾, 廟社, 宮室, 五部, 諸司, 陵寢, 祠壇, 學校, 旌門, 寺刹, 祠廟, 土産, 倉庫, 樓臺, 院宇, 關防, 站驛, 人物, 名宦, 題詠(26)	沿革, 屬縣, 鎭管, 官員, 郡名, 姓氏, 風俗, 形勝, 山川, 土産, 城郭, 關防, 烽燧, 宮室, 樓亭, 學校, 驛院, 倉庫, 橋梁, 佛宇, 祠廟, 塚墓, 古跡, 名宦, 人物, 題詠(26)

〈『世宗實錄』「地理志」 그리고『(新增)東國輿地勝覽』의 편찬 조목과 순서 비교표(서인원(1999: 133)〉

있다. 특히 『勝覽』의 경우 이 두 조목의 명칭을 제외하고는 『世志』와 동일어를 명칭으로 삼은 것이 없다. 이는 『勝覽』을 편찬할 때 山川을 名山과 大川으로 분리하기도 하였고, 陵廟를 유사어 陵寢으로 표현하기도 하였지만, 戶口, 軍丁 등과 같은 정치, 군사적인 조목을 삭제하는 한편 樓臺, 院宇, 人物, 名宦, 題詠 등과 같은 문화 관련 조목을 추가했기 때문이다. 이를 통하여 우리는 『勝覽』이 정치, 군사 경제 등을 강조했던 앞선 시기의 지리지와는 달리 문화와 관련된 부분을 강조하였음을 알 수 있다.

최종본이라 할 수 있는 『新增』의 조목과 관련하여, 沿革, 土産과 더불어 官員과 姓氏 등 4조목의 명칭이 『世志』와 동일하며, 『勝覽』과는 沿革과 土産을 비롯하여 風俗, 形勝, 關防, 宮室, 學校, 倉庫, 名宦 등 9조목이 동일어이다. 이는 『勝覽』에서 활용하지 않았던 官員과 姓氏 조목을 부활했다는 점, 증보 과정에서 동일한 조목명을 쓰기도 하였지만 樓臺→樓亭, 陵寢→塚墓, 站驛→驛院 등과 같이 유사한 의미를 지닌 단어로 교체하였음을 알 수 있다. 또한 五部, 諸司 등과 같은 일부 조목을 삭제하고 烽燧, 橋梁, 古跡 등과 같은 새로운 조목이 추가되었음을 알 수 있다.

3.2. 『世宗實錄』「地理志」와 『(新增)東國輿地勝覽』의 지명

조선 초기 지리지의 대부분 조목에서 지명 관련 자료를 확인할 수 있다. 이들 자료에 실려 있는 모든 지역의 지명을 논의하기는 어려우므로 오늘날 충북 청주 지역에 한정하여 각 조목에 올라있는 지명에 대하여 살피기로 한다. 이를 통하여 『世志』와 『新增』에 나오는 지명이 지닌 특징을 파악하게 될 것이다. 이를 바탕으로 각 문헌에 등장하는 지명의 대강을 파악함으로써 추후 이들 자료에 대한 효율적인 수집, 정리와 합리적인 탐구의 기초를 마련하고자 한다.

3.2.1. 『世宗實錄』「地理志」의 지명

『世宗實錄』149권, 「地理志」忠淸道 淸州牧 기사 중 지명만을 추출하여 정리하면 〈표 2〉와 같다.

〈표 2〉『世宗實錄』「地理志」忠淸道 淸州牧의 각 조목에 실려 있는 지명

조목		추출 지명
建置沿革		上黨縣, 西原小京, 西原京, 淸州, 全節軍, 淸州牧.
屬縣		靑川, 淸川, 薩買縣.
鄕		周岸, 朱崖.
所		椒子, 椒子銀所, 背陰, 拜音銀所.
四境		慶尙道, 尙州, 燕岐, 文義, 鎭川.
來姓		開京, 開京, 抱川, 木川, 懷仁, 慶州.
土産		靑川縣, 磻石遷, 周岸鄕, 所屹串里.
陶器所		加左谷, 牛項.
驛		栗峰, 雙樹, 猪山, 長命, 長池驛.
烽火		居次大, 文義, 所伊山, 鎭川, 所伊山 猪山驛, 城山, 燕岐, 龍帥山.
越耕處		德平部曲, 全義, 調豐部曲, 淸安, 周岸, 文義.
所領	郡	天安, 沃川.
	縣	文義, 淸安, 鎭川, 竹山, 稷山, 平澤, 牙山, 新昌, 溫水, 全義, 燕岐, 木川, 懷仁, 靑山, 黃澗, 永同, 報恩.

〈표 2〉에서 보듯 『世志』忠淸道 淸州牧 기사는 21개 조목으로 구성되어 있다.[40] 그런데 官員, 軍丁, 土姓, 人物, 墾田, 土宜, 土貢, 藥材, 邑城 등 9개 조목에서는 지명을 찾

---

40 서인원(1999: 133)에서 제시했던 『世志』광주목의 구성 조목과 본장에서 논의하고 있는 청주목의 조목을 비교해 보면 상당한 차이가 있음을 알 수 있다. 두 지역의 공통 조목은 13개로 官員, 沿革, 四鏡, 軍丁, 墾田, 土宜, 土貢, 藥材, 土産, 陶器所, 驛, 烽火, 所領 등이다. 광주목에서만 볼 수 있는 조목은 別號, 山川, 陵廟, 戶口, 姓氏, 闕土, 鹽所, 磁器所, 山城, 牧場 등 10개 조목이고, 청주목에만 보이는 조목은 屬縣, 鄕, 所, 土姓, 來姓, 越耕處, 人物, 邑城 등 8개 조목이다. 이를 통하여 『世志』의 조목 구성은 각 지역의 사정에 따라 탄력적으로 설정하였음을 알 수 있다.

을 수 없다. 12개 조목에 지명이 실려 있는데 행정지명인 군현명이 다수이다. 四境, 來姓, 烽火, 越耕處, 所領 등에 실려 있는 尙州, 燕歧, 文義, 鎭川, 開京, 抱川, 木川, 懷仁, 慶州, 全義, 淸安, 天安, 沃川, 竹山, 稷山, 平澤, 牙山, 新昌, 溫水, 靑山, 黃澗, 永同, 報恩 등의 군현명을 확인할 수 있다.

建置沿革에 보이는 上黨縣, 西原小京, 西原京. 淸州, 全節軍 등은 『高志』의 그것과 일치한다. 또한 『高志』에서 삭제되었던 '臂城'과 '子谷' 역시 여기서도 확인할 수 없다. 이를 통하여 『世志』의 연혁 기술은 『高志』를 답습하였다고 할 수 있다. 이러한 경우는 속현에서도 볼 수 있으나[41] 다른 여러 조목을 추가하면서 앞선 시기의 지리지에서 볼 수 없었던 명칭, 향·소·부곡명, 산명, 역명 등을 확인할 수 있다.

鄕의 명칭으로 周岸 또는 朱崖, 所의 명칭으로 椒子 또는 椒子銀所, 背陰 또는 拜音銀所 그리고 부곡명으로 德平과 調豊을 확인할 수 있다. 磻石遷, 所屹串里, 加左谷, 牛項 등 마을이름 내지는 특정 지형을 표현한 지명을 土産과 陶器所 조에서 찾을 수 있다. '磻石遷'의 후부요소 '遷'은 '물 언덕 돌길'을 표현하는 것으로 碌磻을 채취한 이곳의 지형을 짐작하게 한다.[42] 그리고 마을이름으로 볼 수 있는 所屹串里, 加左谷, 牛項 등은 각각 고유어지명 솔곶이, 가자골, 쇠목 등을 한자로 표기한 것이다. 오늘날 동리명으로 쓰이는 雙樹[43]와 猪山[44]을 비롯하여 栗峰, 長命, 長池 등과 같은 명칭을 驛 조에서 얻을 수 있으며 居次大[45], 所伊山, 城山, 龍帥山 등과 같은 산명을 烽火 조에서 확인할 수 있다.

---

41 속현 조에서 『高志』와는 달리 표기한 靑川이 있음을 기술하면서 "예전에는 '淸川' 또는 '薩買縣'이라 하였다"고 하였다. 『高志』에는 "淸川縣古薩買縣至高麗稱今名來屬"이라 하여 '淸川'과 '薩買'가 보이나 '淸'을 '靑'으로 교체했을 뿐 내용은 같은 것이다.

42 한자 '遷'은 '물 언덕 돌길'을 뜻하는 ＊'벼루'와 그 변화형 벼로, 벼루, 비루, 비리 등을 漢字化할 때 사용한 글자이다. 『龍飛御天歌』에 나오는 '淵遷:쇠벼·르'가 그 대표적인 것인데 이에 대하여는 제17장에서 자세히 논의할 것이다.

43 충청북도 청주시 상당구 남일면 쌍수리.

44 충청북도 청주시 흥덕구 강내면 저산리.

45 '居次大'는 '巨叱大' 또는 '㞖大'로도 표기되며 속지명 '것대'를 표현한 것이다. 이 산은 충북 청주시 상당구 용정동·산성동에 위치하며 서쪽 해발 403m 산봉우리에 봉수대가 있다. '것대봉수'는 전국 5개 봉수 노선 가운데 경남 남해에서 서울에 이르는 제2노선의 간봉에 속한다. 남쪽의 문의 소이산 봉수에서 신호를 받아 북쪽 진천 소을산(『世志』에는 '所伊山') 봉수에 전달하였다. 이 봉수는 1998.11.20. 충청북도 문화

淸州, 尙州, 開京, 慶州, 天安······ 등을 비롯한 군현명은 원초형인 고유어지명을 배경으로 한역한 경우도 있지만 명명 당시에 한자를 활용하여 생성한 것이 다수이다. 군현명 '淸州'는 물론 이에 앞서 활용되었던 '西原'도 전래지명인 고유어지명을 배경으로 생겨난 것이 아니고 처음부터 한자를 활용하여 명명된 한자어지명이다. 그러므로 한자어 또는 한자표기 지명이 대부분인 『世志』의 군현명은 우리나라 지명의 원초적인 형태를 보존하고 있다고 볼 수 없다. 그런데 마을명칭으로 볼 수 있는 所屹串里, 加左谷, 牛項 등은 한자로 표기되었으나 각각 솔곶이, 가자골, 쇠목 등을 표현한 것으로 우리나라 지명의 원초형을 보존하고 있다.

'所屹串里'는 원초형 '솔곶이'를 음역하여 표기한 것이며, '牛項'은 '쇠목'을 의역한 것이고, '加左谷'의 경우 전부요소는 음역하고 후부요소는 의역하여 '가자골'을 표현한 것이다. '솔곶이'와 '쇠목'은 해당 지형의 생김새가 명명의 배경이 된 것으로 보이며, '가자골'은 그 위치가 명명의 배경이 된 것임을 쉽게 짐작할 수 있다. 즉 중앙에서 벗어난 가장자리에 위치하므로 '곶[邊]'을 배경으로 '가자골'이 생겨났고, 소의 목과 같은 형상을 하고 있어 '쇠목'이라는 명칭이 생성되었다. '솔곶이'는 해당 지형이 곶[串]과 같은 모양임을 추단할 수 있다.

요컨대, 『世志』에서는 군현명이 전면적으로 제시되어 있으나 이들 명칭은 한국지명의 원초형으로 볼 수 있는 형태가 아니다. 우리나라 지명의 원초적인 형태을 보존하고 있는 것은 동리명인데 비록 그 수가 많지 않으나 일부 실려 있다는 점이 이 자료의 가치를 높여준다. 土産 조를 비롯한 해당 조목에서 전래지명 즉 俗地名을 발굴, 수집하고, 이에 대한 精密한 검토가 요구된다. 이러한 탐구는 한국지명의 원형을 파악함은 물론 시대의 변화와 함께 그 변천의 양상을 구체적으로 파악할 수 있다는 점에서 매우 의미 있는 것이라 하겠다.

재자료 제26호로 지정되었다.

3.2.2. 『(新增)東國輿地勝覽』의 지명

『新增』 권지15 청주목 기사에서 추출한 지명은 그 제시된 방식에 따라 두 부류로 나눌 수 있다. 하나는 각 조목에서 해당 지명이 표제어로 제시된 경우이고 다른 하나는 그렇지 아니한 부류이다. 예컨대 『新增』의 산천 조에 "吳根津 在州北二十里卽淸安縣磻灘下流"라 하여 표제어 '吳根津'이 큰 활자로 제시되어 있고 '吳根津'에 대한 설명 "在州北二十里卽淸安縣磻灘下流(고을 북쪽 20리에 있는데, 곧 淸安縣의 磻灘 하류이다.)"는 행을 2칸으로 나누어 작은 글자로 細註하였다. 이 때 '吳根津'은 산천 조에서 표제어로 제시된 지명이고 '淸安縣'과 '磻灘'은 설명과정의 세주에 등장하는 지명이다. 편의상 큰 글자로 표기된 것을 표제어라하고 작은 글자로 표기된 것을 비표제어라 칭하기로 한다. 표제어로 올라있는 지명과 설명 과정에서 제시된 지명을 구분하여 제시하면 〈표 3〉과 같다.

〈표 3〉 『(新增)東國輿地勝覽』 忠淸道 淸州牧의 각 조목에 실려 있는 지명

조목	추출지명	
	표제어	비표제어
四境		淸安縣, 文義縣, 懷仁縣, 報恩縣, 全義縣, 木川縣, 燕岐縣, 全義縣, 鎭川縣, 時化驛.
建置沿革	上黨縣, 西原小京, 西原京.	娘臂城, 娘子谷.
屬縣	靑川縣, 周岸鄕.	薩買縣, 靑川, 朱崖, 文義, 懷仁.
鎭管		天安, 沃川, 稷山, 木川, 文義, 懷仁, 淸安, 鎭川, 報恩, 永同, 黃澗, 靑山.
郡名	上黨, 娘臂城, 西原京, 靑州, 娘城, 全節軍.	
姓氏	周岸, 楸子, 拜音, 間身, 德平, 淸川, 調豐.	開京, 抱川, 木川, 懷仁, 慶州.
山川	唐羨山, 洛迦山, 仙到山, 儉丹山, 猪山, 龍子山, 彌勒山, 謳羅山, 上嶺山, 俗離山, 箕谷山, 葩串山, 吳根津, 眞木灘, 靑川川, 大橋川, 椒水.	靑川縣, 靑川縣, 靑川縣, 全義縣, 周安鄕, 淸安縣, 燕岐縣, 報恩縣, 槐山郡, 公州, 坐龜山, 仇自隱峴, 赤峴, 磻灘, 槐灘, 東津.

土産		靑川縣, 周岸鄕, 謳羅山, 所屹串里 召音里, 磎石遷.
烽燧	巨叱大山.	文義縣, 鎭川縣, 所以山, 所乙山.
樓亭	拱北樓, 望僊樓, 淸讌堂.	福州[安東], 尙州, 聚景樓, 蓬萊山.
學校	鄕校.	
驛院	栗峯驛, 雙樹驛, 猪山驛, 長命驛, 栗餠院, 板橋院, 米院, 德山院, 情盡院, 蒲院, 北院, 長命院, 金院, 調風院, 仁濟院, 鵲院, 場院, 吳根院, 椒井院.	長池驛, 長命驛, 吳根部曲, 椒水.
橋梁	大橋, 新橋, 眞木灘橋, 吳根川橋.	情盡院, 眞木灘.
佛宇	空林寺, 應天寺, 桐林寺, 松泉寺, 東歡喜寺, 菩薩寺, 化林寺, 靈泉寺.	俗離山, 龍子山, 洛迦山.
祠廟	文廟, 社稷壇, 城隍堂, 勵壇.	鄕校, 唐羙山.
古蹟	古上堂城, 父母城, 山城, 猪山城, 彌勒山城, 謳羅山城, 上嶺山城, 吳根部曲, 錫谷部曲, 聞身部曲, 調豐部曲, 德平鄕, 新銀所, 拜音所, 楸子所, 永慕亭, 鴨脚樹.	全義縣, 淸安縣, 淸川縣, 栗峯驛, 拜音, 椒子, 楸洞, 永慕亭, 鐵原, 龍頭寺, 西原.
名宦		西原小京.
人物		龍化池, 濟州, 海州, 鴨綠江, 國淸寺.
孝子		尼山縣.
題詠	錦江, 拱北樓.	錦江.

『新增』권지15 청주목의 기사는 25개 조목으로 구성되어 있다. 이 중 官員, 風俗, 形勝, 城廓, 塚墓 등 5개 조목에서는 지명을 찾을 수 없고 20개 조목에서 표제어 또는 표제항을 설명하는 과정에 나오는 지명을 확인할 수 있다. 표제어로 올라있는 지명 은 청주목 관내의 구역 명칭이거나 특정 지점을 점유하고 있는 시설물의 명칭이다. 반면에 비표제어 항에서 볼 수 있는 지명은 청주목과 직접 관련된 것도 있지만 그렇 지 않은 것도 있다. 청주목과 직접 관련이 없는 명칭으로 인접 지역의 명칭을 비롯하 여 來姓, 烽燧, 樓亭, 名宦, 孝子, 題詠 등을 기술하는 과정에서 가져다 쓴 명칭들이다.

연혁과 관련하여 『高志』 그리고 『世志』와는 달리 삼국시기의 명칭인 娘臂城과 娘子谷이 등재되었다. 이러한 사실은 郡名 조에서도 확인할 수 있다. 앞선 시기의 지리지와 같이 『新增』에서도 행정지명이라 할 수 있는 군현명을 다수 확인할 수 있다. 청주목의 역사 명칭인 上黨縣, 西原小京, 西原京을 비롯하여 관할 군현의 명칭인 天安, 沃川, 稷山, 木川, 文義, 懷仁, 淸安, 鎭川, 報恩, 永同, 黃澗, 靑山 등을 확인할 수 있다. 또한 姓氏 조에서 開京, 抱川, 木川, 懷仁, 慶州 등의 군현명을 확인할 수 있다.

『新增』 청주목의 기사에서 다수 발견할 수 있는 지명은 산천명이다. 『世志』의 경우 烽火 조에서 居次大, 所伊山, 城山, 龍帥山 등 4개의 산명만을 찾을 수 있었으나, 여기서는 山川, 烽燧, 橋梁, 佛宇, 古蹟, 人物, 題詠 등의 조에서 다수의 산명은 물론 -川, -津, -灘, -水, -江, -池, -峴 등을 후부요소로 삼은 자연지명을 찾을 수 있다. 산명으로 猪山(3)[46], 謳羅山(3), 上嶺山(2), 俗離山(2), 洛迦山(2), 龍子山(2), 彌勒山(2), 仙到山, 儉丹山, 箕谷山, 葩串山, 坐龜山, 巨叱大山, 所以山, 所乙山[47], 蓬萊山 등이 있으며 물과 관련된 명칭으로 眞木灘(2), 磻灘, 槐灘, 吳根津, 東津, 靑川川, 大橋川, 椒水(2), 鴨綠江, 錦江, 龍化池 등이 있다. 그리고 고개이름으로 仇自隱峴과 赤峴도 보인다.

『新增』의 樓亭, 驛院, 橋梁, 佛宇, 祠廟, 古蹟 등의 조에는 시설명이 다수 올라 있다.[48] 앞에서 확인하였듯이 『世志』에서는 栗峰, 雙樹, 猪山, 長命, 長池 등 5개의 역명만을 볼 수 있었다. 그런데 여기서는 이를 포함하여 院의 명칭으로 栗餠院, 板橋院, 米院, 德山院, 情盡院, 蒲院, 北院, 長命院, 金院, 調風院, 仁濟院, 鵲院, 場院, 吳根院, 椒井院 등을 확인할 수 있다. 역 그리고 원과 더불어 교통과 관련된 명칭으로 교량명 大橋, 新橋, 眞木灘橋, 吳根川橋 등 4개를 확인할 수 있다.

---

46 ( )안의 숫자는 출현 횟수임.

47 『世志』의 烽火 조에서는 文義 所伊山, 鎭川도 '所伊山'이라 하였는데 『新增』 烽燧 조에는 鎭川의 경우 '所乙山'이라 하였다. 오늘날 이 산의 명칭을 '봉화산'이라 하는데 충청북도 진천군 진천읍 원덕리와 사석리에 걸쳐 있다.

48 시설명을 지명으로 볼 것인가에 대하여는 논의의 여지가 있으나 일반적으로 지명을 포함하여 명명된 경우가 많으므로 지명 속에 넣어 논의하기로 한다. 예컨대, 역과 원 그리고 교량의 명칭인 栗峯驛, 椒井院, 眞木灘橋 등에서 선행하는 요소 栗峯, 椒井, 眞木 등이 지명임을 확인할 수 있다. 이들 명칭을 소위 '인문지명'이라 하여 청주와 같은 행정지명 그리고 속리산과 같은 자연지명과 구분하기도 한다.

　　행정지명을 위주로 하되 약간의 자연지명만을 제시했던 『世志』와는 달리 앞에서 살펴본 驛院과 橋梁의 명칭, 그리고 樓亭, 佛宇, 祠廟, 古蹟 등의 조에서도 인문지명을 다수 확인할 수 있다. 이들 명칭을 통하여 『新增』은 인문지명 그것도 문화와 관련된 명칭을 비중 있게 다루었음을 확인할 수 있다. 특히 조선왕조가 충과 효를 바탕으로 하는 유교 문화 국가를 지향하였음을 樓亭과 祠廟의 명칭에서도 확인할 수 있다.

　　〈표 3〉에 제시된 명칭을 보면 대부분 한자어임을 알 수 있다. 더구나 이들 지명어들은 그 원초적인 형태가 고유어지명이었음을 암시하는 명칭도 별로 없다. 〈표 2〉에서 볼 수 있었던 고유어지명 중 所屹串里, 加左谷, 牛項 중 '所屹串里' 1개만 보이고 2개는 삭제되었다. 한편 고을 동쪽 30리에 있는 '김音里'에서 靑玉石이 난다고 했는데 이때 제시된 '김音'과 古蹟 조의 '拜音所'에서 '拜音'이 고유어지명일 가능성이 있다.

　　요컨대, 『新增』에는 행정지명인 군현명을 비롯하여 산천의 명칭인 자연지명이 다수 제시되었다. 뿐만 아니라 이 책의 편찬 과정에 문화와 관련된 부분이 강조되면서 적극적으로 인문지명이 제시되었다. 앞선 시기의 지리지에 비해 자연지명과 인문지명이 현저히 많이 제시되었으나 우리나라 지명의 원초적인 형태를 간직한 동리명은 거의 제시되지 않았다. 그 결과 대부분의 지명이 한자어임을 알 수 있으며 그 영향은 오늘날까지 이어지고 있다. 여기에 등장하는 각각의 지명에 대하여 언어, 지리, 역사 등의 측면에서 정밀한 검토가 요구된다.

4. 결론

　　「地理志」란 일정한 지역 내에 분포하는 땅과 관련된 제 현상을 체계적이고 종합적으로 기록한 것이다. 현존하는 우리나라 최초의 지리지는 고려 인종 23년(1145년) 김부식이 완성한 『三國史記』「地理志」이다. 중국의 사서인 『史記』「朝鮮列傳」, 『後漢書』 그리고 『三國志』「魏書 東夷傳」 등에서 삼한의 78국명을 비롯한 우리나라의 지명을 단편적으로 확인할 수 있다. 하지만 전국의 군현명을 모두 보여주는 최초의 자료는 『三

國史記』「地理志」이다.

　紀傳體 사서인 『三國史記』는 本紀, 表, 志, 列傳 등 50권으로 구성되어 있는데 권제 34에서 권제37까지 4권이 「地理志」이다. 권제34~권제36은 신라지이고 권제37은 고구려·백제의 지리지이다. 권제34[地理1]에는 지명의 연혁을 설명한 전문에 이어 신라 지역을 배경으로 한 3개 주의 명칭 139개가 실려 있다. 그리고 권제35[地理2]에는 고구려 지역을 배경으로 성립된 3개 주의 명칭 152개, 권제36[地理3]은 백제 지역을 배경으로 한 3개 주의 명칭 146개가 실려 있다. 각각의 지명에 대하여 경덕왕 대의 개정 지명과 그 이전의 지명 그리고 『三國史記』 저술 당시의 고려 지명까지 제시하였다.

　권제37[地理4]는 『三國史記』「地理志」를 작성하면서 참고했던 高句麗志와 百濟志를 保全하려는 목적에서 첨부된 것으로 보인다. [지리1]~[지리3]의 신라지에서는 각 주의 연혁과 지명 변천의 세 단계를 파악할 수 있도록 작성되었다. 그러나 [地理4]는 명칭은 남아있으되 그 위치가 어디인지 알 수 없는 소위 '有名未詳地分' 등 연혁 자체를 기술할 수 없는 경우가 있어 명칭과 이칭만을 나열하였다. 자료의 성격 상 신라지의 경우 '宋書 州郡志式 敍述'이 가능하였으나 [地理4]는 '漢書 地理志式 敍述'로 만족해야 했던 것이다.

　그런데 [地理4]에는 [地理2]와 [地理3]에서 볼 수 없는 자료가 복수지명의 형식으로 다수 올라있다. 음독명과 석독명을 보여주는 이들 자료를 통하여 해당 지명의 원초적인 형태를 파악함은 물론 지명어의 구성, 고대 시기의 한자음과 새김, 차자표기의 원리 등을 연구하는 데 소중하게 활용되어 왔다. 이렇듯 『三國史記』「地理志」는 고대국어 연구의 중요한 자료가 됨은 물론 역사, 지리 민속…… 등의 분야에서도 연구 거리를 제공하였고 후대의 지리지 편찬에도 많은 영향을 주었다.

　『高麗史』는 조선 초기에 前王朝 고려에 대한 이해 체계를 정리한 紀傳體 사서로 단종 2년(1454) 10월 鄭麟趾 명의로 인쇄, 배포되었다. 世家 46권, 志 39권, 年表 2권, 列傳 50권, 目錄 2권 총 139권으로 구성되었는데 이 중 梁誠之가 작성한 「地理志」는 권56 志 권제10부터 권58 志 권제12에 걸쳐 실려 있다. 현종(1009~1031) 당시의 행정구역인 5道·兩界를 기준으로 고려가 건국된 918년부터 멸망한 1392년까지 약 500년간의 군현 명칭과 연혁을 지명일람표식으로 나열해 놓았다. 대구획인 5도 양계와 그 하위 단위인 4京, 8牧, 15府, 129郡, 335縣, 29鎭 등을 3권으로 나누어 기술하였다. 즉 [지리1]에는 서문에 이어 왕경 개성부와 양광도, [지리2]에는 경상도와 전라도 그리고 [지리3]에는 교주도, 서해도, 동계, 북계 등에 속한 지역의 지명과 그 연혁을 기술하였다.

조선의 건국과 함께 중앙집권화가 진전되면서 각 지역의 지리를 비롯한 종합적 정보를 담은 지리지 편찬이 활발하게 진행되었다. 세종 14년『新撰八道地理志』를 필두로 이를 보완한『八道地理志』가 성종 8년에 완성되었다. 더불어『東文選』등에 수록된 詩文이 첨가된『勝覽』이 성종 12년에 완성되었으며 중종 25년(1530)에『新增』을 완성시킴으로써 조선 전기의 지리지 편찬 사업은 일단락되었다.

『世宗實錄』을 편찬하면서『新撰八道地理志』의 내용을 기반으로 하고 그 이후에 변화된 사항만 보완하여 부록으로 삼은 것이『世志』이다. 그리고 그 수정본이『八道地理志』인 바 이들 지리지는 국가를 통치하는데 필요한 사항을 중심으로 편찬되었다. 그러나 전성기 조선의 주역들이 영속적인 지배를 염원하며 유교이념을 바탕으로 문화를 담아 편찬한 것이『新增』이다. 조선 전기 지리지의 결정판『(新增)東國輿地勝覽』은 빼어나게 아름다운 경치를 지닌 우리나라의 땅에 관한 설명서라는 뜻이다. 그러므로 이 명칭은 단순한 지리지가 아니라 이 땅에서 축적된 문화까지 망라된 종합지임을 표방한 것이며 조선 전기의 기념비적인 편찬사업으로 평가된다.

『三志』와『高志』에 실려 있는 지명들은 각 군현의 명칭을 그 연혁과 함께 열거하였다. 특히『三志』권제37의 지명은 연혁도 없이 단순나열식으로 고구려와 백제의 지명을 나열하였다. 그러나 다행히 이 자료에는 음독명과 석독명을 보여주는 복수지명이 제시되어 있어 당시의 언어를 비롯한 지리, 역사, 민속 등을 연구하는데 많은 도움을 준다.『三志』보다 진전된 방식의『高志』에서는 군현명 이외의 지명이 미미하게 반영되었다.『世志』의 지명 또한 군현명 위주의 자료가 대부분이지만 여러 조목이 추가되면서 동리명, 향·소·부곡명, 산명, 역명 등을 확인할 수 있다.

특히『世志』에서는 마을명칭으로 볼 수 있는 所屹串里, 加左谷, 牛項 등의 명칭을 확보할 수 있다. 비록 이들 지명이 한자로 표기되었지만 솔곶이, 가자골, 쇠목 등을 표현한 것으로 우리나라 지명의 원초형을 보존하고 있다. '所屹串里'는 원초형 '솔곶이'를 음역하여 표기한 것이며, '牛項'은 '쇠목'을 의역한 것이고, '加左谷'의 경우 전부요소는 음역하고 후부요소는 의역하여 '가자골'을 표현한 것이다. 이러한 측면에서 우리는 『世志』의 土産 조를 비롯한 해당 조목에서 한국 지명의 원초형인 俗地名을 발굴할 수 있을 것으로 기대한다.

　『新增』에서는 앞선 시기의 자료에 비해 보다 많은 지명을 만날 수 있다. 각 조목의 표제어로 등재된 지명은 물론 표제어를 설명하는 과정에 동원된 명칭도 여럿 보인다. 이른 시기의 지리지가 군현명을 중심으로 한 행정지명만을 보여주었으나 이 자료는 행정지명은 물론 산천명을 비롯한 자연지명을 다수 보여준다. 뿐만 아니라 문화관련 부분이 강조되면서 인문지명까지 망라되었다. 그 결과 대부분의 지명이 한자어이며 그 영향은 오늘날까지 이어지고 있다.

　이상으로 『三志』에서부터 『新增』까지 각 문헌의 편찬 배경과 등재된 지명의 특징을 파악하였다. 이를 바탕으로 각 문헌에 실려 있는 지명 자료를 효율적으로 수집하고, 수집된 지명어를 대상으로 각 문헌의 특징이 고려된 합리적인 연구가 진행되기를 기대한다.

제4장

조선 후기의 지리지와 지명

1. 서론

현전하는 지리지를 중심으로 살펴볼 때 조선 전기 이전에는 국가 기관이 주도하여 지리지를 편찬하였음을 알 수 있다. 조선 왕조 지리지의 결정판 『(新增)東國輿地勝覽』(이하 『勝覽』)을 비롯하여 그 이전에 편찬된 『高麗史』「地理志」, 『世宗實錄』「地理志」, 『慶尙道地理志』, 『慶尙道續撰地理志』 등이 모두 관찬 지리지이다. 이는 조선 중기까지만 해도 개인이 국토 정보와 관련된 사항을 작성하는 행위를 금기시하였고, 사회 · 경제적인 사항을 비롯한 제반 여건이 私撰 지리지의 출현을 가능하게 하지 않았기 때문이다.

임진왜란과 병자호란을 겪으면서 조선 후기 사회는 정신적, 물질적으로 많은 변화를 겪게 된다. 정치 · 경제 · 사회적으로 극심한 혼란을 겪으면서 백성들의 삶이 피폐해지자 安民善俗과 역사자료 보전 등을 목적으로 私撰 지리지가 출현하였다. 개인이나 지역의 유림에 의하여 사실에 바탕을 두고 진리를 탐구하려는 태도 즉 '實事求是'의 정신이 바탕이 되어 읍지의 편찬이 활발하게 이루어졌다. 또한 이를 종합하여 시대의 변화를 반영한 관찬 지리지의 편찬이 시도되었다.

조선 후기의 지리지 편찬과 이 시기의 지리지에 반영된 지명의 특징을 살피기 위하여 각 고을에서 16세기 후반부터 편찬하기 시작, 전국적으로 확산된 사찬읍지를 우선 검토할 것이다. 읍지의 출현 배경을 비롯하여 시대별 · 지역별 편찬 양상 그리고 전국 지리지가 담고 있는 내용과의 비교 등을 중심으로 개략적인 논의를 진행하고자 한다. 이어서 조선조 관찬 지리지의 완성판이라 할 수 있는 『輿地圖書』(이하 『輿圖』)의 편찬에 대하여 살피게 될 것이다.

지리지에는 해당 지역의 지리를 비롯하여 정치, 경제, 사회, 문화 등 다양한 정보가 실려 있다. 그 중에서도 가장 값진 자료중 하나가 지명인 바 본장에서는 『輿圖』의 지명이 지닌 특징과 그 실상을 파악하고자 한다. 『輿圖』는 각 고을에서 편찬된 읍지를 성책한 것이므로 조선 후기 지리지의 면모를 종합적으로 살피기에 적절한 문헌이다. 조선 전기까지의 지리지에서는 대부분의 군현명을 확인할 수 있으나 동리명과 면명은 극히 일부만 단편적으로 확인할 수 있다. 조선 중기 이후 읍지가 편찬되면서 동리명이 중요하게 다루어지고 『輿圖』 또한 이를 반영하였다. 조선 후기 지리지를 대표하는 『輿圖』에 실려 있는 지명의 특징을 파악함으로써 보다 효율적인 문헌 자료의 지명수집과 이를 바탕으로 한 합리적인 지명 연구에 기여하고자 한다.

2. 朝鮮 後期 地理志의 編纂

2.1. 邑誌의 編纂

중종 26년(1531) 조선 전기 지리지의 결정판 『勝覽』이 편찬된 후 16세기 후반으로 가면서 각 지역별로 읍지가 편찬되기 시작하였다. 전국 지리지라 할 수 있는 조선 전기의 관찬 지리지가 바탕이 되어 지역 지리지인 읍지로 편찬 양식이 전환된 것이다. 일반적으로 전국 지리지를 '輿誌'라 하고 지역 지리지를 '邑誌'라 하는 바 여지에서 읍지로 그 편찬 양식이 바뀌면서 해당 지역의 守令이나 士林이 편찬 주체로 등장하였다.

『新撰八道地理志』에서부터 시작된 조선의 지리지 편찬을 위하여 당시의 업무 수행자들은 역대 지리지를 비롯한 수집 가능한 역사 문헌 자료를 수집하였을 것이다. 더불어 각 지역으로 하여금 지리지 작성을 독려하여 그 결과물을 최대한 확보하려 하였을 것이다. 새로운 전국 지리지 작성을 위해서는 기초자료로 삼을 역사문헌 자료의 수집은 물론 각 지역의 변화된 실상을 파악하여야 했기 때문이다. 이러한 사정을 감안할 때 조선초에도 여러 지역에서 어떤 방식으로든 지역 지리지가 편찬되었을 것으로 추정된다. 이러한 추정은 양보경(1983: 54)에서 이미 밝혔듯이 1832년경에 편찬된 것으로 추정되는 『慶尙道邑誌』 중 『榮州郡邑誌』의 기사를 통하여 확인할 수 있다.[1]

현전하는 가장 오래된 읍지로 『咸州誌』를 거론하지만 우리나라에서는 이른 시기부터 읍지 성격의 지리지가 작성되었다. 이른 시기의 한 예로 日本의 東大寺 正倉院에 소장된 經帳[불경의 책갑] 내부의 布心에 덧붙인 촌락 관련 자료를 들 수 있다. 新羅村落文書, 新羅帳籍, 新羅民政文書, 新羅村落帳籍 등으로 불리는 이 문건에는 西原京 지역의 4개 촌에 대한 각 마을의 둘레, 烟戶數, 人口, 田畓, 麻田, 뽕나무, 柏子, 楸子, 牛馬 등과 관련된 사항이 기록되어 있다.

특히 이 문건에는 삼년 동안의 출생과 사망을 고려하여 인구수 증감을 기술함은 물론 남녀를 연령대별로 丁, 助, 追, 小 등 4개 부류로 나누어 상세히 기록하였다. 뿐만 아니라 삼년 동안 牛馬의 변동 사항, 뽕나무, 잣나무, 호두나무의 식재와 관련된 사항까지 기술하여 그 변화를 알 수 있게 하였다. 이는 삼년마다 세밀한 조사를 바탕으로 문건이 작성되었음을 알게 하는 것이며, 오늘날 '인구주택총조사'와 유사한 성격을 지닌 것으로 볼 수 있다.[2]

이 문서는 韓國 古代의 戶口 編制와 戶等制를 비롯하여 村制, 가족의 형태, 조세 수취 기준 등을 연구할 수 있을 정도로 당시의 상황을 상세하게 기록하였다. 현전하는 전국 지리지에서는 동리명조차 찾아보기 어렵고, 읍지의 경우도 동리명과 호구의 수 정도만이 제시되어 있는 경우가 많은데 이 문서는 白永美(2011: 163)에서 제시하였듯

---

1 『榮州郡邑誌』의 古跡 조에 奈小里部曲에 관하여 기술하면서 "鄭從韶가 守令으로 있을 당시 郡誌를 작성하였다"라 하였는데 이 책의 宦跡 조를 보면 鄭從韶가 守令으로 종사한 시기는 세조 때(1457~1464)이다. 이를 감안하면 이미 조선초에 영주군의 읍지가 편찬되었음을 알 수 있다.

2 '인구주택총조사'는 '국세조사' 또는 '센서스(census)'라 불리기도 한 것으로 전국의 인구와 주택의 총수 등 기본적 특성을 파악하기 위해 정기적으로 실시하는 조사이다. 이 조사는 1885년 국제통계협회(ISI)에서 1900년 같은 날을 기준으로 모든 회원국이 공통으로 총조사를 실시할 것을 결의한 이래, 많은 국가들에서 끝자리가 '0'으로 끝나는 해에 10년 주기 총조사, 그 사이 5년째마다 간이총조사를 실시하는 방식으로 정착되었다. 우리나라에서는 1949년 5월 1일 제1회 총인구조사를 실시한 이래 1966년 간이총조사를 거쳐 1970년부터 10년마다 총조사, 그 사이 5년마다 간이총조사라는 패턴이 확립되었다.

이 (A)집계 부분(각 촌의 촌역, 合孔烟, 計烟), (B)호등 구성(9등급; 상상, 상중, 상하, 중상, 중중, 중하, 하상, 하중, 하하), (C)호등 산정 요소(合人, 合馬, 合牛, 合畓), (D)공동재산 부분(合麻田, 植木), (E)감소분(人丁, 馬牛, 植木) 등과 같은 내용까지 기술하였다.[3]

현전하는 읍지보다 남녀 인구의 구분을 세밀하게 하였을 뿐만 아니라 증감까지 반영된 新羅村落文書의 기술 방식이 언제까지 존속되었는지는 알 수가 없다. 고대와 중세 시기의 자료 발굴을 통하여 보다 진전된 논의가 있기를 기대한다. 아무튼 조선 중기 이후부터 활발하게 편찬되었던 읍지 이전에도 이와 유사한 지역 지리지가 편찬 되었을 것임을 확신할 수 있다. 특히 신라촌락문서를 통하여 그 기원은 매우 오래전 이었음을 추단할 수 있다.

---

3 新羅村落文書 중 沙害漸村의 내용을 옮기면 다음과 같다. 독자의 편의를 위하여 의미 단위마다 번호를 매겨 제시하기로 한다.

1) 當縣沙害漸村見內山盖地周五千七百二十五步 合孔烟十一 計烟 四余分三

2) 此中 仲下烟四 下上烟二 下下烟五

3) 合人百四十七人 三年間中産并合人百四十五
   以丁二十九 助子七奴一 追子十二 小子十 三年間中産小子五
   除公一 丁女四十二以婢五 助女子十一以婢一 追女子九 小女子
   八 三年間中産小女子八以婢一 除母二 老母一
   三年間中列加合人二 以追子一 小子一

4) 合馬二十五以古有二十二 三年間中加馬三

5) 合牛二十二以古有十七 三年間加牛五

6) 合畓百二結二負四束以其村官謨畓四結 內視令畓四結
   烟受有畓九十四結二負四束以村主位畓十九結七十負

7) 合田六十二結十負五束竝烟受有之

8) 合麻田一結九負

9) 合桑千四以三年間中加植內九十 古有九百十四
   合栢子木百二十以三年間中加植三十四 古有八十六
   合秋子木百十二以三年間加植內三十八 古有七十四

10) 乙未年烟見賜節公等前及白他郡中妻追移去因教合人五以丁一
    小子一丁女一小女子一除母一 列廻去合人三以丁二小女子一 死合人九
    以丁一 小子三以奴一 丁女一 小女子一 老母三 賣如白貫甲一
    合無去因白馬二竝死之 死白牛四

진정한 의미의 지리지는 전국을 대상으로 작성된 輿誌와 도, 부, 군, 현, 촌, 동, 면 등을 대상으로 한 邑誌로 나누어 볼 수 있다. 輿誌를 작성하기 위해서는 邑誌의 작성이 선행되어야 하나 일단 여지가 작성되면 후대의 읍지 작성에 여지가 도움을 줄 수 있다. 조선초의 전국 지리지 출현은 그 기초 자료인 읍지의 기술이 있었기에 가능한 것이었다. 오늘날 자료의 인멸로 조선 중기 이전의 읍지를 볼 수 없지만 신라촌락문서와 같은 사례를 통하여 이러한 추정이 가능하다. 조선 전기를 대표할 만한 편찬사업 중의 하나인 『東國輿地勝覽』의 新增 이후 진정한 의미의 전국 지리지 편찬은 성취되지 못하였으나 읍지의 편찬은 연면히 이어져 왔다.

읍지는 지방 행정의 기초단위인 郡·縣을 중심으로 편찬되었다. 조선의 건국과 함께 郡·縣 조직의 완성은 전반적으로 郡·縣의 이름을 고치고 등급을 매긴 후 지방관을 파견한 1406년(태종6) 전후로 볼 수 있다. 그 후 세종대에 이르러 안정된 정치적 기반을 배경으로 각 지역의 실상을 파악, 중앙집권화를 공고히 하였다. 정치, 군사, 경제의 문제를 뛰어넘어 문화 관련 내용이 중시된 『勝覽』의 편찬은 공고해진 왕조의 기반을 바탕으로 문화정치를 표방한 것이었다. 시간이 경과되면서 각 郡·縣은 그 나름대로 역사와 전통을 축적하였고 이를 기록한 읍지를 16세기 중엽 이후 작성하기에 이른다.

초기의 읍지 편찬과 관련하여 빼놓을 수 없는 인물은 鄭逑인데 그는 『昌山志』, 『同福志』, 『咸州誌』, 『通川志』, 『臨瀛誌』, 『關東志』, 『忠原誌』, 『福州志』 등 수많은 읍지를 저술하였으며 『永嘉志』, 『春州志』, 『平壤志』, 『淸州志』 등의 편찬에도 간여하였다. 정구는 38세에 창녕현감으로 첫 출사하였는데 1580년 『昌山志』 작성을 시작으로 부임지마다 읍지를 편찬하였다.[4] 고을의 수령으로 반드시 해야 할 일 중의 하나가 읍지 편찬임을 자각하고 실천한 것이다. 그가 작성한 읍지 중 현전하는 것은 함안의 士人들이 베껴놓은 『咸州誌』인데 이를 통하여 우리는 구체적인 읍지의 내용과 편찬 정신을 파악할 수 있다. 이와 관련하여 최원석(2015: 20)은 이상필(1991)의 논의를 참고하여 정구의 지지 저

---

4 최원석(2015: 20)은 김문식(2006)의 논문을 참고하여 정구가 편찬한 지리지 목록을 보완, 작성하였다. 각 읍지의 명칭, 편찬연도, 현재지역, 정구의 재임 관련 사항 등은 이 논문을 참고하기 바란다.

술은 "조식의 治用정신에 뿌리를 둔 것이며, 지지 편찬의 의도와 의의는 수령으로서 고을의 사정을 잘 알아 安民·善俗케 하려는 것이었다."라 하였다.

『勝覽』의 편찬 정신이 그러하듯 읍지의 편찬 또한 유교적 이념에 바탕을 둔 교화에 의한 다스림을 꾀하고자 함이 그 배경이 되었다. 법률적 강제에 의한 직접적인 통치보다 仁義 도덕을 바탕으로 한 교화를 목적으로 읍지가 편찬되었다. 그러므로『咸州誌』를 비롯한 대부분의 읍지들은『勝覽』이후 변화된 사항을 반영하면서 조목을 세분하였다. 특히 해당 지역과 관련된 내용을 비롯하여 성리학적 교화의 덕목을 대폭 추가하였다. 이는 지역의 실상을 분명하게 파악한 객관적인 사실을 바탕으로 유교적 사회 윤리를 강조하여 도학정치의 실현을 추구하고자 함이었다.

최원석(2015: 22-23)은『咸州誌』를 비롯하여 그 이전에 편찬된『世宗實錄』「地理志」, 『勝覽』등과 그 이후에 편찬된『輿誌圖書』,『咸安郡邑誌』등 함안과 관련된 8개의 주요 지리지 편목을 비교하여 표로 제시한 바 있다. 이를 통하여『勝覽』의 편목은 20개[5]이고『咸州誌』는 40개[6]로 구성하였음을 알 수 있다.『咸州誌』에서 세분화된 편목은『永嘉志』(1608)와『晉陽誌』(1632)의 체재가 구성되고 보완되는데 모델이 되었으며(최원석, 2015: 23),『輿地圖書』를 비롯한 후대의 읍지 편목에 영향을 주었다.

편목의 비교를 통하여『咸州誌』에 새롭게 편성된 항목 중 京師相距와 四隣疆界를 앞쪽에 배열하여 함주의 지리적 위치와 그 특징을 분명히 하였다. 또한 各里[7]와 戶口田結도 새로운 항목이 추가되면서 앞쪽에 배치하였는데 그 이유는 이 문헌의 서문에

---

5 『勝覽』의 20개 편목은 建置沿革, 官員, 郡名, 姓氏, 風俗, 山川, 土産, 城郭, 烽燧, 樓亭, 學校, 驛院, 佛宇, 祠廟, 古跡, 名宦, 人物, 寓居, 孝子, 題詠 등이다.

6 『咸州誌』의 40개 편목은 京師相距, 四隣疆界, 建置沿革, 郡名, 形勝, 風俗, 各里, 戶口田結, 山川, 土産, 館宇, 城郭, 壇廟, 學校, 書院, 驛院, 軍器, 烽燧, 堤堰, 灌漑, 亭榭, 橋梁, 佛宇, 古蹟, 名宦, 任官, 姓氏, 人物, 流配, 善行, 閨行, 見行, 文科, 武科, 司馬, 塚墓, 旌表, 冊板, 題詠, 叢談 등이다.

7 各里 조에서는 17개 리와 그 안에 있는 148개 마을에 대하여 위치와 공간적 범위, 경계, 동서와 남북 간 거리 등을 포함한 사항이 기술되었다. 여기서 우리는 이전의 지리지에서 확보할 수 없었던 동리명 또는 마을명 자료를 얻을 수 있다. 비록 한자로 표기된 명칭이지만 현용 속지명과 대응되는 것이 많으므로 이를 통하여 한자어지명의 형성 배경과 그 원초형을 발굴할 수 있다. 이들 자료는 한국지명의 원초적인 형태를 탐구하고 그 발전, 대립의 문제 등을 연구할 수 있는 소중한 자료이다.

잘 표현되어 있다. 무릇 백성은 하늘과 같은 것이므로 그 순서를 뒤로 미룰 수 없다는 취지의 서문을 통하여 백성들의 거주 공간인 各里와 戶口田結이 앞쪽에 배치되었음을 알 수 있다. 또한 任官, 流配, 善行, 閨行, 見行, 塚墓, 旌表, 叢談 등은 새롭게 추가했거나 세분화한 편목인데 유교적 교화와 관련이 있는 항목들이다. 이를 통하여 『咸州誌』는 그 이전에 편찬된 지리지에 비해 함주의 공간적 성격을 분명히 하고, 백성과 그 터전인 마을을 우선하면서 성리학적 교화를 위한 편목이 대폭 보강되었음을 알 수 있다.

교화에 의한 도학정치는 바른 정치가 바탕이 되지 않고는 실현되기 어려운 것이다. 지방 관리의 탐학에 따른 삼정의 문란, 즉 국가 재정의 3대 요소인 田政·軍政·還政의 문란을 그대로 방치하고는 교화에 의한 유교적 정치 이념의 실현이 가능하지 않은 것이다. 삼정의 문란은 조선 말기로 가면서 더욱 극심해지지만 조선 중기에도 부역과 납세의 불공정을 비롯한 정치질서의 문란이 심화되어 가는 중이었다. 이를 시정하여 '安民' 즉 민생을 안정시키고 '善俗'으로 가기 위해서는 호구와 전결을 비롯한 지역의 실태를 정확히 파악한 후 이를 바탕으로 공정하고 공평한 정책을 시행함이 요구되었다.

지방 정부로서는 전국 지리지인 『勝覽』이 참고가 되기도 하였지만 이 자료가 지닌 한계를 인식하고 보완하려 하였다. 서울까지의 거리와 인접지역과의 경계를 기술한 京師相距와 四隣疆界를 우선하여 배치한 것은 지역 중심의 지리지 기술태도를 보여주는 것으로 그 의미가 크다. 또한 전국지에서 볼 수 없는 방리와 호구·전결 조를 앞쪽에 배열하여 사람을 중심으로 한 경제·사회적 문제를 파악하려 하였다. 이에 그치지 않고 도학정치의 구현을 위하여 名臣, 任官, 人物, 善行, 閨行, 旌表, 冊板, 題詠, 叢談 등 윤리·문화 관련 조목의 대폭적인 보강을 특징으로 한다.

16세기말부터 安民과 善俗을 목적으로 한 읍지의 편찬은 寒岡 鄭逑가 부임지의 사족들과 함께 작성한 일련의 지지에서 시작하여 18세기 중엽 이후 전국적으로 확산되었다. 양보경(1997: 210)은 경상도와 전라도를 중심으로 국지적, 산발적으로 편찬되던 읍지가 전국적으로 확산된 시기를 순조 대부터라 하였으며 이 시기에는 道誌도 본격적으로 편찬되기 시작하였다고 하였다. 특히 헌종·철종 대에는 경기도 평안도 등 중부와 북서부에서 읍지 작성 활동이 활발하고, 이후 중·북부 지방이 남부에 비하여 개별 읍지 편찬에 있어서 활발한 경향을 보인다고 지적하였다.

또한 양보경(1997: 211)은 읍지의 시기별 분포와 각도의 시기별 郡·縣誌 분포를 표로 작성하여 제시하였다. 이 표를 통하여 선조 대에서 순종 대까지 총 956개의 郡·縣誌가 작성되었으며 그 중 866개가 현전하고 있음을 알 수 있다. 90개의 읍지가 소실되었는데 대부분 영조 이전에 작성된 것들이다. 초기의 읍지 중 현전하는 것으로『咸州誌』,『永嘉誌』,『東萊誌』,『商山誌』,『一善誌』,『晉陽誌』,『天嶺誌』 등 경상도 지역의 읍지와『昇平誌』,『耽羅誌』,『龍城誌』,『興陽誌』 등 전라도 지역의 읍지가 있다. 또한 이 표를 통하여 고종 대에 가장 많은 읍지가 작성되어 현전하고 있으며 그 다음으로 정조 때 작성된 것이 많음을 알 수 있다. 지역별로는 경상도, 전라도, 경기도, 평안도 등에서 작성된 읍지가 많음을 알 수 있다.

일반적으로 지리지의 내용 구성은 그 조목을 통하여 파악할 수 있다. 편찬자의 태도가 반영되어 편목이 확정되었음을『世宗實錄』「地理志」와『勝覽』의 비교를 통하여 확인한 바 있다.『世宗實錄』「地理志」가 경제, 군사, 행정의 측면이 강조된 반면『勝覽』은 문화적 성격이 부각되었음을 앞에서 논의한 바 있다. 이는 편찬 시기에 따른 시대정신과 편찬자의 의지가 반영된 것으로 이해하여야 할 것이다. 특정 부분이 강조되면서 소홀하게 취급되는 부분이 생겨나기도 하지만 어떤 지리지이건 대체로 자연지리적인 내용과 역사지리적인 내용은 반드시 기술하였다.

직접적인 통치를 위한 정치·행정·군사·경제적인 내용과 능동적인 참여를 위한 교화적인 내용의 비중은 편찬자의 의지에 따라 적절히 배분되었다. 忠·孝·悌·烈 등 유교적 윤리를 강조하기 위하여 忠臣, 孝子, 烈女, 名宦, 任官, 人物, 善行, 閨行, 見行, 學行, 旌表, 冊板, 題詠, 叢談 등을 편목하였다. 반면에 정치·행정·군사적인 내용을 보강하기 위하여 賤案, 上官, 兵船 등을 편목하거나 進貢과 같은 항목을 추가하여 경제적인 내용을 보강하기도 하였다. 이렇듯 시기와 편찬자에 따라 읍지를 비롯한 지지의 내용 구성이 변화되면서 지방행정의 기초 자료로, 각 郡·縣의 역사·문화지리서로 작성되었다.

2.2. 『輿地圖書』의 편찬

조선 전기에 국가의 통치기반을 확보하기 위하여 『新撰八道地理志』, 『世宗實錄』
「地理志」, 『八道地理志』 등을 편찬하였다. 이들 지리지는 정치, 군사, 경제 등의 조목을
중심으로 한 것이었으나 유교적 문화국가를 지향하고자 했던 조선 왕조는 실용을 뛰
어넘어 교화적 측면을 강조한 『勝覽』을 편찬하였다. 이 책은 꾸준히 지방 통치의 기본
자료로 활용되었지만 조선 중기에 들어서면서 당대의 실상을 반영한 새로운 지리지
의 편찬이 요구되었다. 그 과정에서 편찬의 주체가 지방의 관리와 사족으로 바뀌면서
安民善俗을 목적으로 한 읍지가 활발하게 편찬되었음을 앞에서 살펴보았다.

중앙 정부로서도 『勝覽』 이후 변화된 사항이 반영된 전국지의 편찬이 요구되었
다. 즉 인구의 증가와 함께 편성된 동리의 실상을 비롯하여 정치 · 경제 · 군사적인 내
용이 보강된 새로운 지리지가 필요했던 것이다. 이에 따라 『肅宗實錄』 8권, 숙종 5년
(1679년) 3월 28일 계해 1번째 기사[8]를 보면 숙종은 김석주에게 명하여 『勝覽』 增補 改
刊의 일을 주관하도록 하였다. 이 기사에서 밝히고 있듯이 국가에 일이 많아 이 일은
이루어지지 않았으나, 1699년(숙종25) 좌의정 최석정의 건의에 따라 『勝覽』의 개정 작
업이 본격적으로 진행되었다. 이 작업은 비변사[9]가 주축이 되어 중앙 정부의 명에 따
라 각도에서 작성한 해당 지역의 읍지를 纂修廳에서 수합하는 등 순조롭게 진행되었
다. 그러나 최석정의 정치적 浮沈과 함께 이 개정 작업도 결말을 보지 못하였다.

지방행정의 기초자료로 활용할 수 있는 전국 지리지의 편찬은 영조 대에 이르러

---

8 『숙종실록』 8권, 숙종 5년(1679년) 3월 28일 계해 1번째 기사 국역문 "병조 판서 김석주가 강화도 돈대
축조에 승군 증액을 건의하다."를 옮기면 다음과 같다.
병조 판서 金錫胄가 請對하여 청하기를 "강화도의 돈대 구축은, 38개 要害處엔 僧軍을 증액하여 10일 동
안에 힘을 합쳐 완공하도록 하시고, 그 나머지는 기다렸다 서서히 하도록 하소서." 하니, 임금이 그대
로 따랐다. 임금이 김석주에게 명하여 『輿地勝覽』 증보, 개간의 일을 주관하도록 하니, 金錫胄가 청하기
를, "博聞强記한 사람으로 당상관 2, 3인, 郎廳 8인을 뽑아 各道를 分掌하고 함께 纂修하도록 하소서." 하
니, 임금이 그대로 따랐다. 그 뒤에 국가에 일이 많아 이 일은 이루어지지 않았다.

9 이 사업이 의정부를 대신하여 국정 전반을 총괄한 실질적인 최고의 관청인 비변사를 중심으로 수행
된 것에 대하여 裴祐晟(1996: 146~147)은 숙종 자신이 사회 변화에 적극 대응하겠다는 의지의 소산이었
음을 지적하고 있다. 즉 文翰 기구가 주축이 되어 만들어진 '敎化' 지향의 『勝覽』과는 달리 지방통치와
직접적인 관련이 있는 실용적 측면을 강조하고자 함에서 비롯되었다는 것이다.

서도 절실한 시대의 요구였다. (1)을 통하여 당시 홍문관에서 지도 제작의 임무를 수행하고 있었던 홍문관 수찬 홍양한의 건의에 의하여 『勝覽』 개정 작업의 단초가 마련되었음을 알 수 있다.

(1)

上御涵仁亭, 召儒臣講『召誥』. 上曰: "細覽地圖, 果奇矣. 人君欲見, 則無不可得之物矣." 修撰洪良漢曰: "上之所好, 下必甚焉, 人主好惡, 不可不愼. 於此一事, 亦有監戒之道矣." 上曰: "然." 良漢曰: "又有『八道分圖帖』." 命取入覽之, 教曰: "今覽八道分圖, 尤極精該. 亦依全圖摸寫以進, 竝令摸置本館及備局." 良漢曰: "臣於地圖事, 竊有所懷. 夫輿圖者, 有國之所重也, 我國『勝覽』之纂成, 已過數百年. 其後沿革, 更無所考, 不可不續成, 而此則姑難輕議. 至於列邑邑志, 卽輿地之本, 挽近沿革, 可以考徵. 請自本館移文八道, 列邑之有志者, 無論謄本印本, 竝收聚上送, 其無成書者, 卽令修輯編成上送, 以備考據焉." 上曰: "所奏甚善. 卽宜擧行."(임금이 함인정에 나아가 유신을 불러 召誥를 강하게 하였다. 임금이 말하기를, "地圖를 자세히 보니, 과연 기이하였다. 人君이 보고 싶어 하기만 하면 가히 얻지 못할 물건은 없겠다." 하니, 수찬 홍양한이 말하기를, "위에서 좋아하는 바를 아래에서는 더욱 심하게 좋아하는 것이니, 임금의 好惡는 신중하지 않으면 안 됩니다. 이 한 가지 일에서도 역시 경계하여야 할 도리가 있습니다." 하매, 임금이 말하기를, "그러하다." 하였다. 홍양한이 말하기를, "또 八道分圖帖이라는 것이 있습니다." 하니, 가져오라고 명하고는 이를 보고서 하교하기를, "이제 8도 분도를 보니, 더욱 지극히 정밀하다. 역시 全圖에 의거하여 모사하여 들이고 아울러 모사한 것을 本館과 備局에 비치하게 하라." 하매, 홍양한이 말하기를, "신은 지도의 일에 대하여 삼가 所懷가 있습니다. 대개 輿圖라고 하는 것은 나라의 소중한 것인데, 우리나라에서 『輿地勝覽』을 纂成한 것이 이미 수백 년이 지났습니다. 그 뒤의 沿革은 다시 考徵할 수가 없으니 이어서 찬성하지 않을 수 없습니다마는, 이것은 아직 경솔히 의논드리기 어렵습니다. 列邑의 읍지에 이르러서는 곧 輿地의 근본으로서 근래의 연혁을 가히 고징할 수가 있을 것입니다. 청컨대, 본관으로부터 8도에 移文하여 열읍에서 읍지가 있는 것은 등본이나 인본을 막론하고 모두 모아서 올려 보내게 하며, 글로써 이루어진 것이 없거든 곧 修輯해 엮어서 올려 보내게 하여 考據에 대비토록 하소서." 하니, 임금이 말하기를, "아뢴 바가 매우 좋다. 곧 거행하는 것이 마땅하다.")

〈영조실록 90권, 영조 33년 8월 9일 무진 1번째 기사〉

(1)에서 보듯 홍양한은 八道分圖帖을 모사하여 홍문관과 비변사에 비치하라는 영조의 명을 받은 자리에서 수백 년이 지나 효용성이 떨어지는 『勝覽』의 개정을 건의하였다. 이에 영조의 허락을 받아 『輿圖』의 편찬 작업이 시작되었음을 알 수 있다. 또한 『輿圖』 편찬 계기 내지는 목적이 편성된 지 270여 년이 지난 『勝覽』의 改修·續成에 있음을 알 수 있다. 이런 까닭에 『輿圖』는 『勝覽』을 기초로 하고 당시의 시대상황이 반영되어 편찬된 것임을 알 수 있다.

『輿圖』 편찬과 관련된 자료가 많지 않아 그 과정을 구체적으로 알기는 어려우나 승정원일기를 비롯한 몇몇 사료에 기초하여 裴祐晟(1996: 150-151)은 두 차례에 걸쳐 팔도의 읍지가 수합된 것으로 보았다. 첫 번째는 홍양한의 발의에 따라 팔도의 읍지를 수합한 것이고 두 번째는 李澐과 徐命膺에 의해 수합이 다시 이루어졌다는 것이다. 첫 번째 요구에 의해 각 郡·縣에서 올라 온 읍지들을 검토한 결과 전래의 관찬 또는 사찬 읍지가 당대의 현실을 반영, 수정되지 않은 채 보고된 경우가 있었던 것으로 보인다. 또한 중앙정부의 요구가 반영된 실용적인 내용과 통일된 체제를 갖추지 못했던 것으로 보인다. 이에 범례에 따라 수정할 것을 요구 한 것이 李澐과 徐命膺에 의한 두 번째 관문이다.

홍문관의 편찬자로서는 변화된 현실을 반영하면서 통일된 체제를 갖춘 輿誌의 완성을 희망하였을 것이나 각 고을의 이런저런 사정으로 중앙정부의 욕구를 충족시키지는 못하였다. 관심사가 다른 작성자에 의해 각 지역마다 특징적인 일면을 갖춘 읍지가 이미 작성되어 있었으므로 전면적인 재작성이 아닌 한 통일성을 갖추기는 어려운 일이었다. 각 고을에서는 중앙 정부의 요구에 따라 이미 작성된 읍지를 바탕으로 하면서 당시의 변화된 실상을 일부 반영하여 올린 것으로 보인다.

중앙 정부의 요구에 따라 각 고을에서는 지도와 함께 어람용, 홍문관용, 감영보관용 등 3부를 작성하였다. 이 중 어람용으로 작성된 각 고을의 읍지를 하나로 묶어 『輿地圖書』라 이름하여 1765년(영조41)에 왕에게 올려졌다. 『輿地圖書』라는 명칭은 종전의 지리지에 포함되지 않았던 지도를 맨 앞에 부착하였으므로 輿地의 '圖'와 '書'가 결합된 문헌이라는 뜻이다. 이 사업의 주관자는 서명응이며 1759년(영조35)의 關文에 의해 홍문관으로 올라온 각 郡·縣의 읍지를 묶은 것이다. 그러므로 이 자료는 대부분

1760년(영조36년) 경에 작성된 것으로 보인다. 그러나 1775년(영조51) 『輿圖』를 보완하기 위하여 각 고을로부터 읍지를 수합한 사실을 감안하면 읍지에 따라서는 작성 연대가 후대인 경우도 있을 수 있다.

『勝覽』과 같이 전문적인 식견을 갖춘 중앙정부의 관리가 동원되어 일관되게 편찬 작업을 수행하였다면 통일성을 갖춘 전국 지리지가 탄생하였을 것이다. 하지만 전국적인 관찬 지리지를 목표로 편찬 작업에 돌입하였지만 『輿圖』는 중앙정부의 실용적 요구와 향촌사회 지배 계층인 士族의 시각 차이로 완전한 성공을 거두지 못하였다. 그 결과 누락된 고을도 상당수 있으며[10] 지역에 따라 수록 편목과 내용을 달리한 부분도 존재한다. 결국 『輿圖』는 미완의 전국 지리지로 평가할 수밖에 없다. 다만 숙종 대에서부터 시도된 새로운 지리지의 편찬 사업이 일단 마무리된 것으로 보아야 할 것이다.

『輿圖』 이후에도 변화된 현실을 반영한 전국지리지 편찬 시도는 계속되었다. 정조 대에 『輿地考』가 포함되어 있는 『東國文獻備考』를 개정한 후 『海東輿地通載』 편찬 작업을 진행하였다.[11] 실용적 지리관을 지닌 정조의 명에 따라 규장각이 중심이 되어 1788년(정조 12)부터 본격화된 이 사업은 원활하게 진행되는 듯하였다. 그러나 편찬 작업을 주도했던 이서구의 유배로 차질을 빚게 되었고 1800년(정조24) 정조의 급작스런 죽음으로 완성을 보지 못하였다.

『海東輿地通載』가 오늘날 전하지 않으므로 그 편목이 어떤 순서로 되어 있으며 기술 내용의 정도가 어떠한지 정확히 알 수는 없다. 그러나 정조의 문집인 『弘齋全書』를 비롯하여 이 지리지의 편찬 과정에서 일종의 부산물로 산출된 『戶口總數』[12] 등을 통하

---

10 당시의 행정구역을 고려할 때 전라도·경상도·경기도·충청도 등지에서 39개 읍의 읍지가 누락되었다. 역사학자들은 향촌사회의 지배세력인 사족이 힘이 강한 지역일수록 누락의 정도가 심했던 것으로 파악하였다.

11 『海東輿地通載』 편찬과 관련하여 裵祐晟(1996)에서 자세히 논의한 바 있다.

12 『輿圖』의 방리 조에도 각 동리의 편호수와 더불어 남자와 여자로 나누어 인구수를 제시하였다. 30년 전쯤에 작성된 이 자료가 있음에도 불구하고 정조는 『海東輿地通載』 편찬과정에서 호구수를 파악하여 포함시키려 하였으나 여의치 않았다. 결국 호구에 대한 조사 결과는 별도의 책으로 정리되어 9책의 필사본 『戶口總數』로 남아있다. 林學成(2008)은 두 자료의 비교를 통하여 동리의 증가와 '新里' 생성의 문제를 다룬 바 있다. 30년 사이에 변화된 전국 156개 郡·縣의 동리와 호구 관련 사항은 이 논문을 참고하면 될 것이다.

여 그 대강을 파악할 수 있다. 이에 대하여 裴祐晟(1996: 172)은『勝覽』과『輿圖』의 형식이 가진 장점을 모두 취합하여 작성되었음을 논의하였다. 즉,『海東輿地通載』는 경제, 군사 등 실용적인 항목과『輿圖』에서 제외되었던 시문, 제영 등 문화 관련 항목도 포함하여 편집되었다.

전국적인 읍지 편찬 사업은 고종 대에 이르러서도 세 번에 걸쳐 대대적으로 시행되었다. 당시 작성된 읍지들은 외세의 침입에 대응함은 물론 정치, 경제, 사회 등 내부적인 어려움을 극복하기 위한 목적에서 나온 것이었다. 이런 까닭에 이전의 읍지가 각 고을의 연혁을 비롯하여 인물·제영 등 종합적인 인문지리서의 성격이었다면 이 시기의 읍지는 田摠·戶摠·軍摠·進上品目·稅賦·大同米·實田結數 등 경제적인 측면이 강조된 것이었다.

특히 개화의 물결과 함께 지방행정제도를 비롯한 각종 제도의 개편을 위한 기초자료 성격의 읍지가 편찬되었다. 이렇듯 시대의 변화를 수용하면서 정치, 경제, 사회적인 안정을 꾀하기 위하여 실용성을 추구한 읍지의 편찬이 계속되었다. 하지만 전국을 아우르는 독립 책자로 성책되지 못하였을 뿐만 아니라 그 체제와 내용이『輿圖』를 뛰어넘지 못하므로 조선 후기의 대표적인 전국지리지는『輿圖』이다. 이런 점을 감안하여 이성무(1982: 148-149)는『輿圖』를 조선조 관찬 지리지의 완성판이라 하였다.

3.『輿地圖書』의 지명

조선 후기에 각 고을에서 편찬된 읍지에는 이전의 전국 지리지에서 볼 수 없는 동리명과 면명이 중요하게 다루어졌다. 이들 동리명과 면명은『輿圖』에도 반영되었다. 읍지를 집성하여 성책한 것이『輿圖』이므로 대부분 동일한 명칭이 올라있다. 그러므로 각 고을의 읍지에 나오는 동리명이나『輿圖』의 그것은 큰 차이가 나지 않기 때문에 연구 대상을 어떤 것으로 선택하든 그 결과는 크게 다르지 않을 것이다. 하지만『輿圖』는 중앙정부 차원에서 기획, 편찬된 것이므로 여기서는 여기에 실려 있는 자료를 대상으로 논의하고자 한다.

변주승(2006)에서는 『輿圖』 수록 항목의 특성을 분석하면서 대체로 "『勝覽』보다는 『世宗實錄』 「地理志」의 체제에 가깝다"고 하였다. 이는 『勝覽』이 지향했던 교화에 의한 문화적 통치 질서 확립과는 달리 국가 통치에 실질적으로 도움이 되는 경제와 군사 항목을 중요한 조목으로 처리한 『輿圖』의 정신이 『世宗實錄』 「地理志」와 유사하다는 것이다. 또한 이 논문에서는 각 지역별 조목 비교표를 부록에 제시하였는데 모든 지역이 방리 조를 맨 앞에 배치하였음을 알 수 있다. 이전의 지리지와는 달리 건치연혁보다 방리와 도로를 앞에 위치시켰다는 것은 인간 중심의 지리지 기술 태도와 사회·경제적인 내용을 우선하였음을 알게 해 주는 것이다.

이전 시기의 전국 지리지에서는 볼 수 없었던 '坊里' 조가 신설되고 그것도 가장 앞자리에 배열하면서 호구수까지 제시하였다는 것은 매우 큰 의미를 지닌다. 이에 대하여는 2.1.에서 살펴보았듯이 『咸州誌』의 편찬과 관련하여 "무릇 백성은 하늘과 같은 것이므로 그 순서를 뒤로 미룰 수 없다"는 정신이 계승되었음을 확인할 수 있다. 이전의 전국 지리지에서는 물리적으로 郡·縣 이하의 세부적인 사항을 기술하는데 한계가 있었을 수도 있다. 하지만 각 읍지에 편목을 구성하면서 이전의 지리지에 등재되었던 조목을 뒤로 미루고 방리와 도로 조를 우선했다는 것은 그 의미가 작지 않은 것이다.

방리 조가 어디에 기술되어 있든 지명연구자에게는 앞선 시기의 문헌에서 단편적으로 접할 수 있었던 면명과 동리명 자료를 집단적으로 만날 수 있다는 점에서 매우 소중하다 하겠다. 이들 동리명 자료가 소중한 것은 대응되는 俗地名을 통하여 한국 지명의 원형을 발굴할 수 있으며 이를 바탕으로 동리명 형성 배경과 그 변천을 파악할 수 있게 해주는 기본 자료가 되어주기 때문이다. 즉, 이 문헌의 동리명이 비록 한자를 활용하여 표기되었지만 현용 속지명과 대응되는 것이 많으므로 그 비교를 통하여 동리명의 원형을 발굴할 수 있다. 나아가 원초적인 형태의 동리명을 배경으로 한자어 내지는 한자표기 동리명 형성의 방식을 파악할 수 있다. 또한 후대의 문헌에 나오는 동리명을 순시적으로 검토하여 현용 동리명으로 변화, 정착되는 과정을 파악할 수 있다. 이러한 검토 과정에서 근거 없이 명명되었거나 일재의 간섭이 남아 있는 동리명도 찾아낼 수 있다. 이를 근거로 바람직한 방향으로 동리명을 교정함은 물론 미래 지명에 대한 설계를 할 수 있다는 점에서 각 고을의 읍지와 『輿圖』의 동리명 자료는 매우 소중한 것이다.

3.1.『輿地圖書』의 청주 동리명 자료

우리나라 지명의 원초적인 형태를 파악할 수 있게 해주는 방리 조의 동리명과 더불어 그 앞에 붙여놓은 地圖에서도 지명 자료를 확보할 수 있다. 또한 坊里 조에 이어 기술된 道路, 建置沿革, 郡名, 形勝…… 등 대부분의 조목에서 지명 자료를 확인할 수 있다. 여기서는 전국의 지명을 모두 살필 수 없어 청주 지역을 대상으로 그 실상을 파악하고자 한다. 각 지역의 형편에 따라 약간씩 다르게 조목이 구성되었는데 청주는 坊里, 道路, 建置沿革, 郡名, 形勝, 城池, 官職, 山川, 姓氏, 風俗, 陵寢, 壇廟, 公廨, 堤堰, 倉庫, 物産, 橋梁, 驛院, 牧場, 烽燧, 樓亭, 寺刹, 古蹟, 人物, 旱田, 水田, 進貢, 糶糴, 田稅, 大同, 均稅, 軍兵 순으로 편목되어 있다.

대부분의 조목에서 지명을 확인할 수 있는데 청주는 다른 지역에 비해 그 영역이 넓어 각 조에서 찾을 수 있는 지명을 여기서 모두 제시하는 것은 번거롭기도 하려니와 지면 관계상 여의치 않다. 앞에서 논의했듯이『輿圖』의 지명 중 앞선 시기의 자료에서 볼 수 없는 것은 방리 조에 실려 있는 동리명이다. 建置沿革, 郡名, 形勝, 山川, 姓氏, 物産, 橋梁, 驛院, 烽燧, 樓亭, 寺刹 등의 조에 실려 있는 지명들은『勝覽』의 그것과 동일한 경우가 많다. 그러므로 여기서는 각 면별로 동리명을 정리하여 제시한 후 이들 자료를 대상으로 동리명이 지닌 특징에 대하여 그 대강을 논의하고자 한다.

『輿圖』방리조의 마지막 문장[13]에서 밝히고 있듯이 청주는 24개면으로 편성되어 있으며 편호수는 12,749호이며 남자가 21,181명, 여자가 21,729명이었다. 제시된 동리명을 추출, 각 면별로 제시하면 다음과 같다.

---

13 二十四面編戶一萬二千七百四十九戶男二萬一千一百八十一口女二萬一千七百二十九口以己卯帳籍爲率.

〈표 1〉『輿圖』에 나오는 청주의 각 면별 동리명

면명[14]	동리수	동리명
1 東州內面 (시내지역)	8	門內里, 門外里, 校洞里, 有亭里, 穎雲里, 龍巖里, 金川里, 菩薩寺
2 山外一面 (북일면)	24	新基里, 聾巖里, 酒城西里, 陽地里, 菊洞里, 墨防里, 花粧里. 太平里, 馬山里, 鶴坪里, 龍城里, 德巖里, 上楓亭里, 荊谷里, 圓峯里, 官廳巖里, 飛鴻里, 健城里, 梅坪里, 牛山里, 高巖里, 仁本里, 校子里, 靈宗寺
3 山內二上面 (낭성면)	31	桂唐里, 後雲亭里, 牛巖里, 池旺里, 漁巖里, 方旨里, 介洞里, 寬洞里, 龍潭里, 錦解洞里, 松山里, 玉溪里, 防築里, 風呼臺里, 玉華臺里, 甘田里, 馬項坪里, 引風亭里, 窟巖里, 棠溪里, 伴松里, 活山里, 墨井里, 館基里, 歸來洞里, 浩然洞里, 全夏洞里, 梨木亭里, 露積峯里, 竹林里, 玉溪寺
4 山內二下面 (낭성면)	24	竹洞里, 仙洞里, 羅伏洞里, 去之峙里, 安巾里, 無雙洞里, 貽峯里, 新垈里, 蘇巖里, 葛山里, 虎坪里, 新基里, 東門外里, 玄巖里, 倉里, 東門內里, 崒大里, 月午洞里, 閑時洞里, 院洞里, 楸洞里, 店村里, 山城寺, 奉鳥菴
5 山內一面 (미원면)	47	上新峙里, 赤巖里, 上粉峙里, 新垈里, 武才洞里, 孫木浦里, 雲從里, 寺洞里, 龍堂里, 瓦旨里, 栗峙里, 龍洞里, 鷦谷里, 八溪里, 禾洞里, 馬谷里, 松洞里, 五里洞里, 佳巖里, 板橋里, 牟山里, 藥水亭里, 松亭里, 玉溪里, 耳巖里, 龍臺里, 東山里, 大巖里, 德村里, 九溪里, 大谷里, 農所幕里, 巨里峙里, 項洞里, 國仕郎里, 悅峙里, 新峙里, 農谷里, 天動里, 圓峯里, 玉龍菴, 東林菴, 栗峙菴, 岳秀菴, 九龍寺, 栗谷菴, 上雲菴
6 靑川面[15] (괴산군 청천면)	28	倉里, 古縣里, 沙潭里, 上新川里, 月松亭里, 嘉樂洞里, 歸晚里, 五里洞里, 校洞里, 大奉里, 大坪里, 後坪里, 垈旨里, 德居里, 松面里, 華陽洞里, 厚永里, 滿月門里, 釜洞里, 如思旺里, 大田里, 晚翠亭里, 雲橋里, 芝村里, 錦坪里, 桃源里, 大峙里, 白鷺潭里

14 『輿圖』의 면명 아래 ( )안에 제시된 명칭은 현용 면명임.

15 靑川面은 1914년 행정구역 개편으로 괴산군에 이관되기 전까지는 오랫동안 청주의 관할 지역이었다. 『삼국시기』 권제34 잡지 제3 지리에 "淸川縣 本薩買縣 景德王改名 今因之"라 나온다. 오늘날 '靑川'으로 표기하나 당초에는 '淸川'이라 표기하였다. 上黨, 西原을 버리고 고려시기 이후 사용하는 '淸州'도 여기서 유래한 것이 아닌가 한다.

7 山外二面 (북이면)	19	南向里, 書堂里, 城洞里, 大周里, 土城里, 石花里, 雙橋新村里, 紙川里, 達城里, 新村里, 光城里, 定安里, 楚城里, 玉溪里, 釜淵里, 玉水亭里, 靈巖里, 虎鳴里, 栗峙店里
8 南州內面 (시내지역)	11	左邊里, 右邊里, 甕城里, 石橋里, 甫十里, 西林里, 氷庫里, 山直里, 新坪里, 川邊里
9 南一上 (남일면)	22	金仁場里, 黃靑里, 上赤洞里, 臥松里, 儉巖里, 內洞里, 林義谷里, 高隱峙里, 馬巖里, 鰲山里, 鷹巖里, 駕山里, 佳巖里, 館基里, 雙樹里, 閑乞里, 立松里, 南京谷里, 池內里, 方井里, 龍坪里, 店村里
10 南二面 (남이면)	7	駕馬洞里, 蘆川里, 公須洞里, 尺山里, 外川里, 東華山里, 南水院佛堂
11 南次二面 (남이면)	19	山幕里, 杏山里, 山所里, 九尾坪里, 葛院堂里, 石鉢里, 八峯里, 安岱里, 富壽洞里, 石谷里, 西齋洞里, 劍北里, 陵洞里, 竹林里, 石板里, 善佐洞里, 月川里, 農村里, 安心寺
12 周岸面[16] (대전시 동구)	11	土井里, 沙峴里, 沙城里, 塔山里, 甕巖里, 舟村里, 梧桐里, 倉里, 內洞里, 外洞里, 甕店里
13 西州內面 (시내지역)	15	司倉里, 雲泉里, 蓮塘里, 鳳巖里, 虎峴里, 果商里, 龜巖里, 深井里, 內水洞里, 槐亭里, 卜大里, 獨山里, 梨峴里, 鉢山里, 佳景谷里
14 西江內一面(강내면)	28	文巖里, 元尺山里, 善佐里, 松節里, 醮井里, 內松谷里, 外松里, 坪里, 新城里, 防築里, 東園里, 蓮亭里, 池谷里, 飛霞洞, 道洞里, 東陽里, 周峯里, 鳳山里, 蘇亭里, 虎巖里, 加布谷里, 江常里, 薪田里, 井上里, 玄巖里, 泥橋里, 東幕里, 五龍里
15 西江內二面(강내면)	17	華泉里, 蓮亭里, 山竹里, 楮山里, 帶溪里, 登旨里, 浮灘里, 塔淵里, 長坪里, 月松亭里, 鳥山里, 乭所里[17], 石花里, 箭竹里, 鶴泉里, 外巨山里, 龜巖里
16 西江外一面(강외면)	36	君住洞里, 望坪亭里, 虎溪里, 龍山里, 新村里, 老村里, 後谷里, 嚴亭里, 薇山里, 新基里, 松泉里, 狀作洞里, 淇溪里, 拱北里, 富裕里, 槐亭里, 九郎里, 分土上里, 蓮堤里, 顏洞里, 墻內里, 笏山里, 德城里, 聖節里, 日新里, 坪里, 蜂山里, 靑龍里, 松山里, 正尺里, 越境里, 鳳凰里, 鳳川里, 保川里, 玉溪里, 深川里

---

16 周岸面은 충남의 懷德郡 周岸面이 되었다가 1914년 대전군 동면으로 편입되었으며 현재 대전시 동구에 속한다.

17 돌이 많은 지역이므로 '돌쇠' 또는 '돌세'에서 유래된 명칭이다.

17 西江外二面 (옥산면)	18	松山里, 新村里, 魚亭里, 金城倉里, 曲水里, 墻洞西里, 自鳴洞里, 沙汀里, 金城東里, 歡喜城里, 川內里, 光德村里, 鶴峴里, 華亭里, 薪院倉里, 盤松里, 龜山里, 虎溪里
18 修身面[18] (천안시 동남구)	19	鉢山里, 閑身里, 曾子洞里, 齊谷里, 某老里, 豐德里, 嚴亭里, 大海里, 飛鳳里, 松亭里, 陵遇里, 新坪里, 涑溪里, 社倉里, 長命里, 松竹里, 南山里, 福多會里, 新福里
19 德平面[19] (연기군 전의면)	4	重巖里, 新里, 堂里, 三坪里
20 北州內面 (시내지역)	9	東邊里, 西邊里, 院里, 德坪里, 斜川里, 栗峯里, 才洞里, 牧菴, 瑞氣菴
21 北江內一面 (내수읍)	6	井里, 梧竹里, 金川里, 立巖里, 源通里, 秀城里
22 北江內二面 (북이면)	9	屯德里, 花竹里, 大栗里, 如斯巖里, 松望里, 大同里, 楸洞里, 調豐里, 老隱峯里
23 北江外一面 (오창면)	33	乾川里, 華山里, 朴只山里, 連芳里, 冒科里, 山亭里, 牛巖里, 鶴棲臺, 東村里, 鶴洞里, 院洞里, 西村下里, 道村里, 鶴灘里, 道狀里, 陽地西里, 新村里, 觀城里, 松村里, 葛巖里, 福峴里, 朝陽里, 倉里, 主谷里, 陰地城里, 盤松里, 垈里, 上坪里, 新洞里, 富坪里, 佳谷里, 中坪里, 下坪里
24 北江外二面 (오창면)	23	上別目里, 新別目里, 山陰里, 揮永里, 山岱里, 新村里, 松溪里, 上佳佐洞里, 杜門谷里, 獨洞里, 道方洞里, 芳華洞里, 自浦谷里, 磻溪里, 樊川里, 竹溪里, 乾地山里, 九龍里, 回巖里, 陽靑里, 西新坪里, 中薪坪里, 外水洞里
24개 면	468	

---

18 修身面은 충남의 木川郡 修身面이 되었다가 1914년 天安郡 修身面이 되었으며 현재 천안시 동남구에 속한다.

19 德平面은 충남의 全義郡 德平面이 되었다가 1914년 燕岐郡 全義面에 편성되었으며 현재 세종시 전의면에 속한다.

3.2. 『輿地圖書』의 청주 동리명과 면명의 특징

〈표 1〉은 『輿圖』에 나오는 청주의 24개 면명[20]과 그 관할에 있는 452개의 동리명 그리고 16개의 사찰명을 정리한 것이다. 이는 읍지와 더불어 동리명과 면명을 집단적으로 보여주는 자료이다.[21] 청주의 면명은 치소가 위치한 중앙부의 경우 방위에 따라 넷으로 나누어 '청주'가 '州'로 끝나므로 '邑內' 대신 '州內'라는 명칭을 활용하여 동주내면, 서주내면, 남주내면, 북주내면 등으로 명명하였음을 알 수 있다. 그리고 외곽 지역을 명명함에 있어서도 방위와 함께 청주의 주요 지형지물인 무심천과 우암산을 활용하여 명명하였다. 산의 안쪽에 위치하므로 산내면, 바깥쪽에 있으므로 산외면 그리고 강의 안쪽에 있으므로 강내면, 바깥쪽에 있기에 강외면 등으로 명칭을 삼았다.

청주는 다른 지역에 비해 그 영역이 넓으므로 강내면, 강외면, 산내면, 산외면 정도의 단순 명칭으로 가능하지 않았다. 강내일면, 강내이면과 같이 1단계 분할로도 부족하여 서강내일면, 서강내이면, 북강내일면, 북강내이면 등과 같이 2단계까지 분할하여 명칭을 부여하였다. 강과 산 그리고 일련번호와 방위까지 동원하여 면의 명칭을 마련하였음을 알 수 있다. 초기의 면명 부여에서 방위와 일련번호에 바탕을 둔 이러한 방식은 청주뿐만이 아니라 전국적인 경향이었다. 이러한 현상을 오늘날까지 이어져 기초지방자치단체의 면명 중에는 남면, 동면, 군북면, 현서면 등이 허다하고 광역시의 구 명칭 중에서도 동구, 서구, 남구, 북구 등과 같은 명칭을 흔히 접할 수 있다.

방위와 일련번호에 의한 명칭은 치소를 중심으로 한 지배계층의 편의에 의해 마

---

20 〈표 1〉의 24개 면 중 현재 청주시에 속하는 것이 대부분이나 靑川面, 周岸面, 修身面, 德坪面 등 4개 면은 청주시에 속하지 않는다. 반면에 文義縣 지역이었던 賢都面과 文義面 그리고 加德面(문의군 동면, 회인군 북면, 청주군 남일상면 일부 지역으로 편성) 등 3면이 1914년 행정구역 통폐합으로 청주에 편입되었다.

21 행정 단위의 하나인 '면'이라는 용어는 1895년(고종 32) 지방제도를 개혁하면서 통일된 명칭이다. 『輿圖』에서는 面을 지방에 따라 坊 또는 社, 部라고도 하였음을 확인할 수 있다. 황해도와 평안도는 '坊'이라 하였고 함경도 북부 지역에서는 '社'라 하였다. 예컨대 『輿圖 上』, 平安道, 平壤, 坊里 조에서 蛤池坊, 西施院坊, 林原坊, 草里坊, 芿叱次串坊, 斑石坊, 池梁坊, 栗里坊…… 등의 명칭을 확인할 수 있다. 또한 『輿圖 下』 咸鏡道 明川府邑誌 坊里 조에서는 下亐禾社, 上亐禾社, 阿間社, 上加社, 下加社, 下古社 등의 명칭을 확인할 수 있다. 일반적으로 府 아래의 행정단위는 府→部→坊이었으며, 郡·縣 아래의 행정단위는 郡·縣→面→里였는데 그 영향이 남아 있음을 알 수 있다.

련되었다는 비판이 있어 왔다. 각 지역의 특징을 반영한 명칭에 관심을 갖게 되면서 청주의 면명도 변화를 입게 되었다. 오늘날 청주의 읍·면 명칭으로 각 지역의 특징을 반영한 梧倉邑, 五松邑, 內秀邑, 米院面, 琅城面, 玉山面, 加德面 등과 같은 명칭이 있음을 통해서 이를 확인할 수 있다. 하지만 지명은 보수적인 존재라서 南一面, 南二面, 北二面, 江內面, 江外面 등도 여전히 쓰이고 있다. 이런 점을 참고하여 전국의 면명 형성 배경과 그 변천을 종합적으로 탐구할 필요가 있다.

이상에서 살펴본 『輿圖』의 면명은 당시 표기의 주요 수단이었던 한자를 활용하여 한자어로 명명하였다. 근원형인 고유어 명칭이 존재하지 않았으므로 한자어 형식의 명칭 부여는 당연한 귀결이었다. 비록 오래 전에 훈민정음이 창제되었지만 한글은 문자생활의 중심에 있지 않았고 한자가 그 자리를 차지하고 있었기 때문이다. 한글이 문자 생활의 핵심적 도구였다면 이를 배경으로 순우리말식 면명이 창안되었을 것이다. 이미 한자어가 우리 언어 속에 정착되었고 한자를 활용한 조어가 일반화되었기에 면명 또한 한자어로 명명된 것이다. 이렇듯 고유어 명칭을 갖고 있지 않았던 면명은 당초부터 한자어로 명명되었고 그 현상은 오늘날까지 이어지고 있다.

조선의 건국과 더불어 중앙 정부는 지방 지배 효과를 높이기 위하여 면리제를 시행하려 하였다. 하지만 자연촌의 지속적인 성장과 국가의 지방 지배 강화가 맞물리면서 조선 후기에 이르러서야 면제는 정착되었다. 그러므로 동·리·촌을 배경으로 한 면의 구획이 확정되고 이를 바탕으로 면명이 명명될 당시에는 한자, 한자어의 활용이 일상화된 시기였다. 반면에 보다 이른 시기에 형성된 동리명의 경우 고유어가 대부분인데 이 또한 명명 당시의 언어 상황이 반영된 것이다. 한자어 일색인 면명과, 표기는 한자로 하였으되 그 근원형이 고유어인 동리명은 각각 명명 당시의 언어현실이 반영된 대립적인 현상을 보여주는 것이다.

『輿圖』의 방리 조에는 24개 면이 관할하는 452개의 동리명과 16개의 사찰명이 제시되어 있다. 사찰명을 방리조에 동리명과 함께 제시한 것은 이 자료가 동리명만을 제시하지 않고 편호수와 인구수를 제시했기 때문으로 보인다. 사찰을 동리에 포함시키지 않은 것은 당시 종교인과 동리의 일반 주민을 구분할 필요성이 있었기 때문으로 보인다. 사찰에 따라서는 편호수가 작은 규모의 동리보다 큰 경우도 있었으며 인구

구성은 남자로만 되어있거나 소수의 여자가 포함되어 있다.[22]

　예컨대, 24개 면 중 山內一面에 제시된 방리수가 47개로 가장 많은데 동리명 40개와 사찰명 7개로 구성되어 있다. 이중 板橋里는 72호이며 남자 147명, 여자 161명으로 가장 규모가 큰 동리이다. 반면에 天動里는 2호이며 남자 2명, 여자 2명으로 규모가 가장 작은 동리이다.[23] 그리고 사찰은 7개 중 玉龍菴이 가장 큰 규모의 사찰이었는데 29호로 남자 36명, 여자 3명으로 기록되어 있다. 岳秀菴은 3호, 남자 2명, 여자 2명으로 가장 작은 규모였다.[24] 편호와 인구의 측면에서 동리를 능가하는 규모의 사찰이 있었음을 알 수 있다. 규모는 물론 종교인에 대하여는 조세를 비롯한 여러 측면에서 일반인과 구별이 필요했으므로 동리에 포함시키지 않고 별도로 기록한 것으로 보인다.

　452개의 동리명은 한자로 표기되었지만 모두 한자어지명은 아니다. 비록 한자어로 표기되었지만 찬찬히 살펴보면 전래지명의 형태가 보존된 경우가 상당수 있다. 심지어 고유성을 보존하기 위하여 우리나라에서 만든 고유한자로 표기한 경우도 있다. 예컨대 山內二下面의 '岺大里'[25]와 西江內二面의 '㐉所里'[26]에서 첫 번째 음절의 '岺'와 '㐉'은 한국고유한자로 각각 [것]과 [돌]로 읽히는 한자이다. '岺大'와 '㐉所'는 고유어지명 '것대'와 '돌쇠'를 한자로 표기한 것이다. 岺大'의 경우 『世宗實錄』「地理志」烽火 조에는 '居次大' 그리고 『勝覽』의 烽燧 조에서는 '巨叱大'로 표기하였다. 결국 [것]을 '居次', '巨叱', '岺' 등으로 표기하였는데 이는 글쓴이의 편의에 따른 것이다. 이렇듯 원초적인 형태

---

22 당시 관내에서 가장 큰 규모였던 사찰은 東州內面에 소재한 菩薩寺이며 25호, 남자 47명으로 되어 있다. 이 사찰에 여자는 없었으며 검토결과 '寺'에는 일반적으로 남자스님만이 기거했고 '庵'에는 여자도 거주하는 것으로 나타난다.

23 板橋里自官門東距四十里編戶七十二戶男一百四十七口女一百六十一口. 天動里自官門東距四十五里編戶二戶男二口女二口.

24 玉龍菴自官門東距四十里編戶二十九戶男三十六口女三口. 岳秀菴自官門東距四十里編戶三戶男二口女二口

25 이 지역은 현재 충북 청주시 상당구 산성동에 속하는데 '것대봉수'가 있어 '것대리'라 하였다. 것대봉수 유적은 1998.11.20. 충청북도 문화재자료 제26호로 지정되었다.

26 돌이 많으므로 '돌쇠' 또는 '돌세'라 하였다 한다. 1914년 행정구역 개편 때 월송리 일부를 병합하여 石所里라 하여 강내면에 편입되었다가 1983년 2월 청주시 강서1동에 편입되었으며 현재 청주시 흥덕구 석소동이다.

인 고유성을 보존하기 위하여 마땅한 한자가 없을 경우 고유한자를 동원하여 표기하기도 하였다.

　원초형인 고유어지명을 한자화하는 방식으로 음역과 의역이 있다. 음역은 원초형의 음상을 보존하기 위함이고 의역은 원초형의 뜻을 보존하기 위함이었다. 예컨대 西州內面 雲泉里는 의역의 예이고, 卜大里는 음역의 예인데 雲泉[27]과 卜大[28]는 각각 원초형인 고유어지명 '구루물'과 '짐대'를 한역한 것이다. '雲泉:구루물' 그리고 '卜大:짐대' 등과 같은 대응관계가 성립되는데 전자는 원초형의 의미를 보존하려는 의지가 반영된 것이다. 그리고 후자는 음상을 그대로 반영하려 한 것이다. 이렇듯 동리명의 한자화는 아무런 근거도 없이 형성된 것이 아니고 근원형인 고유어를 배경으로 의역과 음역의 방식을 통해 이루어 낸 것이다.

　국어의 어휘사를 한자어 증대사로 정의하는 것에서도 알 수 있듯이 국어 어휘에는 한자어가 꾸준히 증가하였다. 이들 한자어 중에는 중국을 비롯한 인접국가에서 조어된 것도 있지만 우리나라에서 직접 만든 한자어도 있다. 이러한 상황 속에서 행정 또는 법정 지명을 명명할 때에 한자를 직접 활용하여 만드는 경우도 있었음은 당연한 귀결이다. 앞에서 살펴보았듯이 대부분의 면명은 이런 방식에 의존하여 명명되었으며, 동리명의 경우도 원초형인 고유어지명이 존재하지 않은 경우 한자를 활용하여 한자어로 그 명칭이 부여되었다.

---

27 '雲泉洞'은 속지명 '구루물'을 의역하여 만든 한자어지명이다. 예로부터 좋은 물이 나는 우물이나 샘이 있는 곳은 하늘의 덕을 입은 곳이라 하여 복된 땅으로 여겼다. 큰 우물이 있다하여 붙여진 구름우물, 구루물이라는 지명은 하늘에 있는 구름이 물의 근원이라는 뜻에서 생겨난 것으로 보인다. 결국 '雲泉'은 '구름'과 '우물'을 뜻하는 한자 '雲'과 '泉'으로 한역하여 만들어진 명칭이다.

28 '짐대'라는 지명은 옛날에 이곳에 짐대가 있었기 때문에 부여된 명칭이다. 당초에 '짐대'를 한자로 표기할 때 '卜大'라 썼는데 '卜'은 한국고유한자로 그 음이 [짐]이기 때문이다. 한국고유한자 '卜'은 사람(l)이 등에 물건(丶)을 짊어진 형상을 본 떠 만든 글자이다. 오늘날 짐대마루 주변을 福臺洞이라 하는 것은 '卜'을 중국식 한자음 [복]으로만 읽게 되면서부터이다. 더불어 '卜'은 같은 음이면서 보다 긍정적인 뜻을 지닌 '福'으로 '大'는 마루의 뜻을 지닌 '臺'로 바뀌어 쓰고 있다.

4. 결론

조선 전기 이전까지의 지리지는 각 지역의 실상을 파악하여 통치 자료로 활용할
목적으로 중앙정부가 주도하여 편찬되었다. 『三國史記』 「地理志」를 필두로 『(新增)東國
輿地勝覽』까지 편찬 시기의 시대적 상황을 반영하면서 전국 지리지인 '輿地'가 편찬되
었다. 군현명과 그 연혁만을 나열한 초기의 지리지에서 출발하여, 정치, 군사, 경제 등
실용적 목적이 중시된 지리지를 거쳐, 유교적 문화국가 지향을 위한 교화적 측면을
강조한 지리지까지 중앙 정부의 주도로 편찬되었다.

조선 중기를 지나면서 지리지 편찬의 주체가 지방의 관리와 士族으로 바뀌면서
安民善俗과 역사 자료 보존을 목적으로 읍지가 활발하게 편찬되었다. 新羅村落文書를
통하여 읍지 편찬의 역사가 상당히 이른 시기로 소급될 수 있을 것이다. 하지만 현전
하는 자료를 중심으로 살펴보면 郡·縣 조직의 완성과 더불어 각 郡·縣의 역사와 전
통이 축적되면서 본격적인 읍지가 출현하였다. 읍지의 편찬은 寒岡 鄭逑가 부임지의
사족들과 함께 작성한 일련의 지지에서 시작하여 18세기 중엽 이후 전국적으로 확산
되었다.

경상도와 전라도를 중심으로 국지적, 산발적으로 편찬되던 읍지가 전국화한 시
기는 순조 대부터이다. 下三道에서 시작된 읍지 편찬은 후대로 오면서 경기도 평안도
등 중부와 북서부에서 그 편찬 활동이 활발한 경향을 보였다. 현전하는 읍지 중 비교
적 이른 시기의 것으로 『咸州誌』, 『永嘉誌』, 『東萊誌』, 『商山誌』, 『一善誌』, 『晉陽誌』, 『天嶺
誌』 등 경상도 지역의 읍지와 『昇平誌』, 『耽羅誌』, 『龍城誌』, 『興陽誌』 등 전라도 지역의
읍지가 있다. 고종 대에 가장 많은 읍지가 작성되어 현전하고 있으며, 경상도, 전라도,
경기도, 평안도 순으로 읍지가 많이 작성되었다.

『勝覽』 편찬 이후 상당한 기간이 경과하자 중앙 정부도 지방행정의 기초자료로
활용할 수 있는 전국지의 편찬을 필요로 하였다. 홍문관 수찬 홍양한의 건의에 의하
여 『勝覽』 개정 작업의 단초가 마련되었고, 두 번에 걸친 각도의 읍지 수합 과정을 거
쳐 전국지 편찬이 진행되었다. 1759년(영조35) 관문에 따라 각 고을에서 작성한 읍지
를 하나로 묶어 『輿地圖書』라 명명하여 1765년(영조41)에 왕에게 올려졌다. 전국 고을

의 읍지를 집성하여 그 명칭을 『輿地圖書』라 한 것은 종전의 지리지에 포함되지 않았던 지도를 맨 앞에 부착하였으므로 輿地의 '圖'와 '書'가 결합된 문헌이라는 뜻이다.

　『輿圖』는 전문적인 식견을 갖춘 중앙정부의 관리가 집단적으로 동원되어 일관되게 편찬된 것이 아니다. 각 고을에서 작성한 읍지를 성책한 것이므로 일관성을 갖춘 전국 지리지가 되지 못하였다. 그 결과 『輿圖』는 중앙정부의 실용적 요구와 작성에 참여한 향촌사회 지배 계층인 士族의 시각 차이로 미완의 전국 지리지라는 평가를 받고 있다. 정조 때에도 통일성과 실용성을 갖춘 전국 지리지의 편찬이 시도되었으나 성공을 거두지 못하였다. 전국을 아우르는 독립 책자로 성책된 것은 『輿圖』이므로 이 책을 조선조 관찬 지리지의 완성판이라 할 수밖에 없다.

　각 고을의 읍지와 『輿圖』의 편목은 지역에 따라 다소의 차이는 있지만 대체로 유사하다. 편찬자의 의도에 따라 정치·경제·사회적인 부분이 강조된 경우도 있고 孝·悌·忠·信을 비롯한 문화적인 항목을 부각시킨 경우도 있다. 조선 후기 지리지의 편목 중 특징적인 것은 이전 시기의 전국 지리지에서는 볼 수 없었던 '坊里' 조가 신설되어 앞쪽에 배열되었다는 점이다. '坊里' 조에서는 이전의 지리지에서 확인할 수 없었던 면명과 동리명을 집단적으로 보여준다. 이들 면명과 동리명은 전래지명인 속지명과의 비교를 통하여 한국지명의 원초적인 형태를 밝혀내고 그 변화와 정착 과정을 탐구하는데 소중한 자료로 활용될 수 있다. 더불어 원초형인 고유어지명이 한자화한 방식의 탐구를 통하여 한자차용표기의 원리를 찾아낼 수 있다. 또한 이를 탐구하는 과정에서 밝혀낸 사실들은 한국지명의 미래를 설계하는 데 이론적 기초가 될 수 있다.

　여기서는 『輿圖』에 반영된 면명과 동리명의 실태를 개략적으로 파악하기 위하여 청주의 면명과 동리명을 자료화하고 그 특징을 살피었다. 면명의 경우 治所를 중심으로 중앙에 위치한 지역을 방위에 따라 사분하여 동·서·남·북주내면으로 명명하였고, 외곽지역은 청주의 중요한 지형지물인 우암산을 기준으로 산내면과 산외면, 그리고 무심천을 기준으로 강내면과 강외면 등으로 명명하였다. 청주의 외곽 지역은 그 영역이 넓은 관계로 강내면을 강내1면, 강내2면으로 분할함에 그치지 않고 서강내1면, 서강내2면, 북강내1면, 북강내2면 등으로 2차 분할하였다. 여기서 볼 수 있는 모든 면명은 治所와 地形地物을 기준으로 방위와 일련번호를 활용하여 한자어로 명명하였다는 점이다.

한자, 한자어의 활용이 일반화되었던 시기에 부여된 면명과는 달리 동리명의 경우 원초형인 고유어를 배경으로 형성되었다. 비교적 이른 시기에 형성된 명칭으로 볼 수 있는 고유어지명을 배경으로 한자화한 경우가 허다하다. 특히 속지명 '것대'와 '돌쇠'를 표현하기 위하여 한국고유한자라 할 수 있는 '岾'와 '乭'을 동원하여 '岾大', '乭所'라 표현하기도 하였다. 동리명 중에는 명명 당시에 한자를 활용하여 한자어로 그 명칭을 부여한 것도 있지만 이렇듯 고유어지명을 바탕으로 한역한 지명이 많다. 한역의 방식으로는 音譯과 義譯이 있으며 '구루물→雲泉'은 의역한 것이고, '짐대→卜大'는 음역한 것이다.

지금까지 우리는 조선 후기를 중심으로 편찬된 지리지의 특징과 이들 지리지에 반영된 지명에 대하여 살펴보았다. 각 시기에 편찬된 지리지에 나오는 모든 지명을 탐구하기에 앞서 그 대강을 살핀 이 연구가 효과적이고 합리적인 지명 자료 수집과 후속 연구에 도움이 되기를 기대한다.

제5장

일제강점기 이후의 지명 관련 자료집 편찬과 지명

1. 서론

『(新增)東國輿地勝覽』을 비롯한 우리나라의 전통적인 지리지는 建置沿革, 屬縣, 形勝, 山川…… 등 해당지역의 역사와 지리 관련 사항을 기본으로 하고, 戶口, 軍丁, 田稅, 城郭, 烽燧…… 등 통치와 직접적으로 관련된 사항과 古蹟, 人物, 佛宇, 題詠…… 등 문화 관련 조목으로 편성하였다. 그러므로 지리를 비롯한 해당 지역의 정보가 망라된 종합지의 성격을 지녔다. 이러한 전통적인 지리지의 편찬은 1903년부터 1908년 사이에 勅命으로 편찬, 간행된 『增補文獻備考』의 「輿地考」와 李秉延에 의해 1910년부터 1937년까지 전국 241개 군 중 129개 군의 인문 지리 현황을 직접 조사하여 작성한 『朝鮮寰輿勝覽』에까지 이어졌다.

중앙 정부나 지방 관서가 주도하여 편찬하였던 지리지가 조선 중기에 오면서 개인이 편찬하기도 하였다. 이러한 전통적 형식의 지리지 편찬은 일제강점기에 접어들면서 방식의 전환이 이루어졌다. 해당 지역의 정보가 망라된 종합지의 성격에서 군사, 행정을 비롯한 통치의 목적을 위하여 지명만을 정리한 자료집 발간으로 그 편찬 방식이 전환되었다.

일제강점기에는 효과적인 식민 지배를 위한 행정구역 개편, 군사 작전용 지도의 표기 수단 등 직접적이고 실용적인 목적을 위하여 지명을 수집하고 정비하였다. 그

과정에서 편찬된 것이『朝鮮地誌資料』(이하『朝誌』),『舊韓國地方行政區域名稱一覽』(이하
『舊韓國』) 그리고『新舊對照朝鮮全道府郡面里洞名稱一覽』(이하『新舊對照』) 등이다.

광복 이후 한글학회의『한국 지명 총람』을 비롯하여 각 지방자치단체의『지명지』
에서 우리말 보존과 국어의 역사적 연구, 나아가 한국문화 창달을 목적으로 지명을
조사하고 정리하였다. 한편 북한에서도 이러한 작업이 진행되었는데 1967년『전국지
명조사보고서』가 작성되었고 이를 바탕으로『고장이름사전』(2000)이 편찬되었다. 더
불어 이를 토대로 평화문제연구소가 주관하여 2004년에 남과 북이 교류 사업의 일환
으로『조선향토대백과』를 편찬하였다.

오늘에 이르면서 단순히 지명을 조사하고 정리하는 작업에 그치지 않고 이를 연
구 자료로 활용할 수 있도록 하는 노력과 정보화 시대에 걸맞게 지명 자료를 총체적
으로 수집 · 분석하여 디지털화하는 작업이 진행되고 있다.『한국 지명 총람』을 편리
하게 자료로 활용할 수 있도록 가나다순으로 정리한『한국 땅이름 큰사전』(1991) 편찬
과 이 사전을 전산화하여 시디-롬으로 제작한『한국 땅이름 전자사전』의 간행, 그리고
지명을 포함하여 향토문화 자료를 디지털화하고 있는『한국향토문화전자대전』 등이
그것이다.

지명과 관련된 편찬 작업은 시대별로 각각의 상황을 반영하면서 연면히 이어져
왔다. 본장에서는 이상에서 거론한 사항을 중심으로 일제강점기 이후 오늘에 이르기
까지 이루어진 주요 지명 자료집의 편찬과 각각의 자료집에 반영된 지명의 특징에 대
하여 살피고자 한다.

2. 일제강점기의 지명자료집과 지명

朝鮮總督府 中樞院 編(1938)『朝鮮舊慣制度調査事業概要』(이하『事業槪要』) 제3장 제14
절(pp. 161~174)에 '朝鮮歷史地理調査' 관련 사항이 기술되어 있다. 제14절의 제1항은 조
선역사지리의 편찬, 제2항에는 조선지지의 편찬과 관련된 사항이 각각 기술되어 있

고, 제3항부터 제5항까지는 조선역사지리조사 사업과 관련하여 이룩한 사업 성과로 1937년(昭和 12)『新增東國輿地勝覽索引』(제3항)과『世宗實錄地理志及索引』(제4항) 그리고 1938년(昭和 13)『(校訂)慶尙道地理志』와『(校訂)慶尙道續纂地理志』(제5항) 등이 있음을 소개하였다.

제1항과 제2항의 기술을 통하여 일제는 1910년『朝鮮地名辭書』편찬을 계획했던 사실을 확인할 수 있다. 이를 위하여 전국의 동리명을 비롯한 산천, 제언, 역, 계곡, 주막, 명승, 고적⋯⋯ 등의 지명을 조사하여 28책 10,238매 분량의 원고를 작성하였고 이 원고는 조선어사전편찬 자료로 활용되기도 하였다. 또한 1923년(大正 12)『東國輿地勝覽』을 기본으로 하고 현재의 자료를 더하여 새로운 지지를 빠른 시간 내에 편찬하기로 하였다.

2년 내에 이 사업을 완료하기 위하여 편찬항목을 정하고 조사에 들어갔으나 1925년 중추원 자체의 사정, 편찬 범위의 廣漠, 자료수집의 어려움 등으로 계획을 수정하였다. 새로운 편찬 방향에 따라 조사항목을 정하고 사업을 재개하였으나 이 또한 성공을 거두지 못하고 1928년 다시 편찬 목적을 변경하였다. 일반인들의 수요를 충족시키면서 중등정도 교과서의 참고서로 활용하게 한다는 목적으로 편찬 조목이 바뀌었는데 이들 변경된 조목들은 모두『事業槪要』에 제시되어 있다. 우여곡절 끝에 1932년 원고가 완성되었으나 출판에 이르지는 못하였다.

이상을 통하여 우리는 일제강점기에도 地誌의 편찬이 시도되었음을 알 수 있다. 행정구역 개편과 관련하여 효과적인 식민 지배를 위한 지명조사, 군사 작전용 지도의 표기 수단으로의 지명 수집 및 정리 등과 관련하여 실용적 필요에 의한 관심이 이어졌다. 여기서는 이 시기에 편찬된『朝誌』,『舊韓國』그리고『新舊對照』를 중심으로 논의하고자 한다.

2.1. 『朝鮮地誌資料』

『朝誌』의 편찬 과정에 대하여는 이미 임용기(1995: 150~158)에서 논의한 바 있다.

편찬 동기는『事業槪要』를 통하여『朝鮮地名辭書』편찬을 위한 기초자료 수집의 결과 이루어진 것으로 보았다. 명치 44년(1910) 내무장관 宇佐美는 각도 장관에게 의뢰하여 조선 지명 자료를 수집하고 이 자료를 엮어서『朝鮮地名辭書』라는 제목으로 소화 5년 (1930)에 인쇄할 것을 계획하였다고 한다. 이를 통하여 1910년 경 각 지역에서 집중적 으로 지명에 대한 조사가 있었던 것으로 추정할 수 있다.

『朝誌』의 편찬 시기를 임용기(1995)에서는 자료에 등장하는 행정구역 명칭이 1896년 개편된 것이라는 점, 부평, 소사 등 경인철도 역 이름이 등장하는 점을 들어 1910년에서 1914년 이전 사이에 간행된 것으로 추정하였다. 그리고 신종원(2007: 5)은 1912년 1월의『舊名』과의 비교와 헌병·경찰제도 설립 이후의 사정을 반영하고 있다 는 점을 들어 간행시기를 1910년 10월 이후에서 1911년 12월 사이로 보았다. 이러한 견해는 임용기(1995)의 경우 경기도, 신종원(2007)의 경우 강원도 자료 검토를 통하여 나온 것이다. 한편 김순배(2013d: 34)에서는 충북편 자료 검토를 통하여, 일부 군의 경 우 1914년의 행정구역 개편 결과가 반영됨은 물론 경우에 따라서는 1917년 개편 결 과까지 반영되었음을 지적하고 있다.[1]

이러한 여러 가지 사항을 감안할 때 각 지역에서 지명 조사가 동시다발로 이루어 지지 않았을 수도 있음을 지적할 수 있다. 지역에 따라 1910년에서부터 1917년 이후 까지의 실상이 반영된 결과를 보여주기 때문이다. 각 지역에서 조사된 결과가 필사의 단계에서 수정되지 않았음을 전제한다면 이러한 추정이 가능하다. 조선시대의 지리 지 편찬 과정에서도 볼 수 있듯이 중앙의 의도와는 달리 각 지역의 협조가 원활하지 않아 지연된 사례를『輿地圖書』의 편찬 과정에서도 볼 수 있기 때문이다.

국립중앙도서관에 소장(도서번호 古2703)되어 있는 필사본『朝鮮地誌資料』는 각 부·군의 면별로 조사된 지명 관련 항목을 정해진 양식에 기록한 것이다. 지명 조사 는 중앙 관서의 요구에 의하여 각 지역별로 행해진 것으로 보이며 이를 수합한 후 필

---

1 이근열(2015: 126)은 이 자료가 "1914년 행정구역 개편의 기초자료"라 표현하였는데 이미 개편 결과가 반영된 부분이 있고, 행정지명인 동리명과 면명 이외의 각종 지명이 망라되어 있는 점으로 미루어 그 리 보기는 어려워 보인다.

경사를 동원하여 일정한 양식²에 따라 필사한 것이다.³ 이 자료는 함경남도와 함경북도 편이 빠져 있고 전라북도 편도 1책만 남아있는 등 낙질본으로 각 도별로 분책되어 있다.

국립중앙도서관에는 현재 54책이 소장되어 있는데 경기도 7책(1~7), 충청북도 4책(8~11), 충청남도 4책(12~15), 전라북도 1책(16), 전라남도 7책(17~23), 경상북도 8책(24~31), 경상남도 7책(32~38), 강원도 4책(39~42), 황해도 4책(43~46), 평안남도 4책(47~50), 평안북도 4책(51~54) 등이다. 남아 있는 전라북도 편 1책 표제지의 권차 표시가 二~⁴一로 되어 있는 것을 감안할 때 작성 당시 전라북도 편 모두가 존재했던 것으로 보인다. '二~一'이 있다는 것은 一~一·二·三…… 등이 있었을 것임을 함의하고 있으며 뒤를 이은 권차 또한 존재함을 뜻하기 때문이다. 이를 미루어 임용기(1995: 147)에서도 함경남·북도 편 또한 작성되었으나 분실된 것으로 보았다.

결본은 전라북도 편만 아니라 경기도 편에서도 확인할 수 있다. 당초 경기도 편은 7책이 아니라 8책이었던 것으로 보인다. 현전하는 경기도 편 7책의 표제지를 살펴보면 1책(一之一), 2책(一~三), 3책(一~四), 4책(一~五), 5책(二~一), 6책(二~二), 7책(二~三) 등과

---

2 닥종이에 사주쌍변, 반곽이 가로 16.5cm, 세로 20.9cm인 원고의 양식은 갑용지와 을용지 두 종류로 되어 있다. 갑용지는 세로쓰기 형식으로 일면 12행이며 우측 첫 행은 도, 군, 면을 기록할 수 있는 행으로 '道'를 써야할 공간을 비워 둔 후 '郡'과 '面' 자가 인쇄되어 있다. 두 번째 행은 위로부터 種別, 地名, 諺文, 備考 등과 같이 4칸으로 구분하여 인쇄되어 있다. 이하 3~12행은 공란으로 해당 사항을 기록하도록 만들어 졌다. 을용지는 갑용지에 조사 내용을 다 기록하지 못할 경우 이어서 적을 수 있도록 갑용지의 1~2행의 내용을 삭제하고 12행 모두 공란으로 만든 양식이다.

3 갑용지 첫 칸에 스템프로 충청북도를 찍은 후 군과 면명은 필사하였으므로 용지는 중앙에서 제작한 것으로 보인다. 서문이나 발문이 붙어있지 않은 이 자료의 성격 상 필사의 주체를 확인하기는 쉽지 않다. 그런데 종별 란의 용어가 통일되어 있지 않은 것으로 보아 지방의 도나 군에서 작성한 것이 아닌가 한다. 필사자는 한 사람이 아니고 몇 명이 분담한 것으로 보인다. 충청북도 편 4책의 필체를 통하여 살펴보면 1책과 2책의 필체가 유사하고 3책과 4책의 그것이 유사하다. 그러므로 충북 편은 최소한 두 사람 이상이 분담했던 것으로 보인다. 더불어 각 군의 경우는 동일 필체인 것으로 보아 한사람이 담당했던 것으로 보인다.

4 경기도 편 1책의 경우 권차 번호를 '一之一'이라 하였으나 2책부터는 '之'를 쓰지 않고 'ㅣ' 또는 삐침['丿']과 같이 표현하였다. 'ㅣ' 또는 삐침['丿']과 같이 표현한 것을 여기서는 편의상 '~'로 표현하기로 한다.

같이 권차를 표시하였다. 2책이 '一~二'여야 하나 '一~三'으로 되어 있다. '一~二'는 누락되었거나 분실된 것으로 보이는데 누락본에 권차를 메겼을 리 없으므로 분실된 것으로 보는 것이 타당하다.[5] 검토 결과 경기도 38개 부·군 중 경성부와 양주군 편이 보이지 않는다. 아마 '一~二'에는 이들 두 개 府·郡의 지명이 실려 있었을 것으로 보인다.

『朝誌』에서는 종별 즉 유형에 따라 한자표기 지명을 앞 칸에 제시하고 이에 대응되는 속지명을 한글표기로 언문 칸에 기재하였다. 그리고 비고란에는 해당 지명과 관련하여 참고할 사항을 기록하였다. 그러므로 우리는 맨 앞 칸인 종별의 목록을 종합하면 이 자료에 올라 있는 지명의 양상을 파악할 수 있다. 종별 란의 조목은 모든 부·군이 동일한 순서로 되어있지 않고 부·군에 따라 순서가 다르게 되어있는데 이는 지역적 특성이 반영된 것이다. 더구나 각 부·군의 면을 단위로 작성하였기 때문에 지역에 따라 종별의 조목이 달라질 수밖에 없었던 것이다.

종별 칸에 제시된 조목의 용어를 보면 마을 이름의 경우 동리명, 洞里村名, 洞名, 里名, 村名, 部落名, 町名, 里洞名, 部落部曲名 등과 같이 지역에 따라 다양한 용어를 동원, 표현하였다. 작성 주체가 용어를 통일하지 않은 것으로 미루어 볼 때 지역에서 직접 작성하였거나 각 군 또는 면의 조사결과가 반영된 것으로 보아야 할 것이다. 각 조목에 활용된 용어를 종합하여 정리하면 흔히 지명어의 유형을 분류할 때 활용되는 대부분의 명칭이 이 자료에 들어 있음을 알 수 있다. 山名, 谷名, 山岳嶺名, 坪名, 川名, 溪名, 渡津名…… 등을 비롯한 자연지명과 동리명을 비롯한 市場名, 酒幕名, 古碑名, 寺刹名, 古蹟名所名, 池名, 洑名, 堤堰名…… 등 시설명을 포함한 인문지명까지 망라되어 있다.

비록 2개 도와 몇 개 군의 결본이 있기는 하지만 각 면별로 작성된 『朝誌』에는 여러 유형의 지명이 기록되어 있다. 그러므로 풍부하고 다양한 지명을 대상으로 지명어의 형태를 각 유형별로 파악하는데 도움이 되는 자료이다. 특히 한자어 또는 한자표기 지명과 이에 대응되는 각각의 고유어지명이 언문 칸에 제시되어 있어 이 자료의 가치

---

5 54책으로 성책하기 전 다른 방식으로 성책되었을 가능성도 있다. 각 도의 자료를 몇 개 의 부·군으로 묶어 권차를 메기면서 단일 방식인 1, 2, 3, 4……와 같이 하지 않고 一之一·二·三…… 그리고 二~一·二·三……과 같이 복수 형식으로 권차를 부여했다는 점이 의문을 갖게 한다.

를 더욱 높여주고 있다. 즉, 언문 칸에 한글로 제시되어 있는 속지명과 지명 칸에 제시된 한자표기 지명과의 대응관계를 살핌으로써 여러 측면에서 성과를 기대할 수 있다. 한국지명의 원형과 이를 배경으로 형성된 한자지명의 비교를 통하여 두 유형 간의 대립, 발전, 정착의 원리를 파악함은 물론 차자표기 원리를 밝히는데도 기초자료가 될 수 있기 때문이다.

『朝誌』 충청북도 편 4책 중 1책에는 영동군을 필두로 진천군, 단양군, 황간군 등 4개 군의 지명이 실려 있다. 영동군 편은 군내면, 군동면, 북일면, 북이면, 서일면, 서이면, 남이면, 양내면, 양남일소면, 양남이소면, 용화면, 남일면 순으로 12개 면의 지명이 제시되어 있다. 이 중 군내면의 지명 중 언문란에 한글표기가 제시된 항목이 29개인데 이들 지명을 예로 보이면 〈표 1〉과 같다.

〈표 1〉 충북 영동군 군내면 지명 중 언문란에 한글표기가 제시된 지명

種別	地名	諺文	種別	地名	諺文	種別	地名	諺文
山名	錦里後山	금리뒤산	동리명	鳥心	시심이	酒幕名	場垈酒幕	장터쥬막
	乙谷後山	을곡뒤산		碑立巨里	비션거리		陽佳洞酒幕	양지기골쥬막
	梅川案山	미스늬안산		新基	시터		驛里酒幕	
	桃葉山	도립이산		釜谷	가마실			쇼당곳쥬막
	龍頭峰			目赤里	눈어치		碑立巨里酒幕	비션거리쥬막
		덤바위산[6]		驛里	역말		目赤里酒幕	눈어치쥬막
	釜谷山	가마실산		昨谷	어셔실	堤堰名	釜谷堤堰	가마실재은

---

6 한글표기 '덤바위산'을 '龍頭峰'의 언문란에 표기하지 않고 행을 바꾸어 표기하였다. 이런 경우는 '쇼당곳쥬막'에서도 볼 수 있다.

		소당곳산		陽佳洞	양지기 골	嶺峙峴名		쑥고기[7]
	栢田谷	잣밧 골산		梅川	미스닉	城堡名	城峙	셩지
	舊校洞山	구향골산		磻谷	반두골			
河名	前溪水	압닉골	酒幕名	市街里 酒幕	제즈거 리쥬막			

〈표 1〉의 내용을 통하여 확인할 수 있듯이 이 자료가 지닌 가치 중에서 으뜸은 地名 칸에 제시된 한자표기 지명과 이에 대응되는 諺文 칸의 속지명이다. 諺文 칸에 제시된 속지명은 한국지명의 원초적인 형태이다. 반면에 地名 칸에 제시된 한자표기 지명은 속지명을 기반으로 형성된 2차적인 지명이다. 즉 '시터'를 기반으로 '新基'가 도출되었고 '가마실'에서 '釜谷'이 '비션거리'에서 '碑立巨里'가 나온 것이다. 이들 세 항목의 한자어화 방식을 살펴보면 음역에 의한 것도 있고 의역한 것도 있으며 두 가지 방식을 함께 취한 것도 있다. 이렇듯 우리는 이 자료를 활용하여 한국지명의 원형과 그 변화 과정을 살펴볼 수 있다.

2.2. 『舊韓國地方行政區域名稱一覽』

『舊名』은 조선총독부에서 1912년 5월 25일에 간행한 책이다. 이 책에는 1912년 1월 1일 현재 우리나라의 道·府·郡·面 및 洞·里의 지명이 실려 있다. 1914년 일제에 의해 대대적인 행정구역 개편이 이루어졌는데 그 이전의 행정구역 명칭을 볼 수 있는 자료이다. 또한 2.3.에서 후술하겠지만 이 자료는 『新舊對照』 작성의 기초자료로 활용되었음은 물론 행정구역 통폐합을 위한 조사 자료의 성격을 지닌다.

이 책에는 경기도·충청북도·충청남도·전라북도·전라남도·경상북도·경상남도·황해도·평안남도·평안북도·강원도·함경남도·함경북도 순으로 지명이 수록되어 있다. 각 행정구역의 위치, 면적, 편호, 인구수 등은 전혀 기록하지 않아 전통

---

7 언문란에만 제시되어 있고 지명란에 한자표기 지명이 없는 경우이다.

적인 읍지와는 성격이 다르며, 행정구역인 도 · 부 · 군 · 면의 명칭과 동리명만을 제시하였다. 이런 사실을 바탕으로 이 문헌의 성격을 행정구역 개편을 위한 현황 파악 결과물이라 규정할 수 있을 것이다.

기술 방식을 보면 각 도의 첫 부분에는 도명 아래 괄호를 치고 군의 개수를 작은 글자로 적은 후 도청 소재지를 적어 놓았다. 충청북도의 경우 "忠淸北道(十八郡) 淸州郡北州內面西里"와 같이 기술하였다. 각 군의 경우는 군명 아래에 괄호를 치고 '○○面○○洞里'라 하여 각각의 군에 포함되어 있는 면과 동리의 수를 기록하였다. 그리고 그 아래에 '○○面○○里'라 하여 읍치 즉 군청이 위치한 面里를 표시하였다. 청주군의 경우 "淸州郡(二十七面八百三十六洞里) 北州內面西里"와 같이 기술하였다. 군명을 비롯한 이상의 사항을 한 줄로 기록한 후 각 면별로 칸을 나누어 면명을 상단에 큰 글자로 제시하고 아래 칸에는 작은 글자로 각 면에 속한 동리명을 기록한 후 마지막에 괄호를 치고 동리의 수를 기록한 것이 전부이다. 충청북도 청주군과 함경북도 청진부의 앞부분을 옮기면 〈사진 1〉과 같다.

〈사진 1〉 충청북도 청주군과 함경북도 청진부의 앞부분 자료

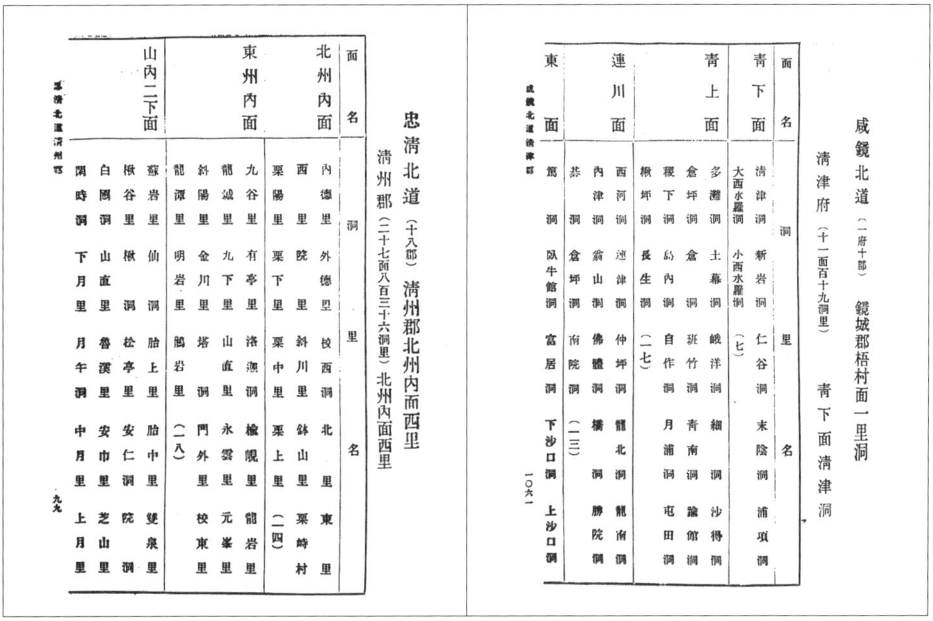

忠淸北道 (十八郡) 淸州郡北州內面西里

淸州郡 (二十七面八百三十六洞里) 北州內面西里

面名	洞里名
北州內面	內德里 西里 栗陽里 外德里 院里 栗下里 校西洞 斜川里 栗中里 北里 鉢山里 栗上里 東里 栗峙村 (一四)
東州內面	九谷里 龍城里 斜陽里 龍潭里 有亭里 九下里 金川里 明岩里 洛源洞 山直里 塔洞 鶴岩里 楡峴里 永雲里 門外里 (一八) 龍岩里 元峯里 校東里
山內二下面	蘇岩里 楸谷里 白圓洞 閑時洞 仙洞 楸洞 山直里 下月里 胎上里 松亭里 魯溪里 月午洞 胎中里 安仁洞 安市里 中月里 雙泉里 院洞 芝山里 上月里

忠淸北道淸州郡

九九

咸鏡北道 (一府十郡) 鏡城郡梧村面一里洞

淸津府 (十一面百十九洞里) 青下面淸津洞

面名	洞里名
青下面	淸津洞 大西水羅洞 新岩洞 小西水羅洞 仁谷洞 (七) 末陰洞 浦項洞
青上面	多灘洞 倉坪洞 稷下洞 楸坪洞 土幕洞 倉洞 島內洞 長生洞 峨洋洞 班竹洞 自作洞 (一七) 細洞 青南洞 月浦洞 沙得洞 論館洞 屯田洞
連川面	西河洞 內津洞 恭洞 連津洞 翁山洞 倉坪洞 仲坪洞 佛體洞 南院洞 龍北洞 橫洞 (一三) 龍南洞 勝院洞
東面	篤洞 臥牛館洞 富居洞 下沙口洞 上沙口洞

咸鏡北道淸津府

一〇六一

이 책에 기록된 동리명을 보면 그 후부요소가 '-洞' 또는 '-里'인 것이 많으나 지역에 따라 다른 명칭을 사용한 경우도 있다. 1914년 행정구역 통폐합 이후 '-町'과 '-里'로 단순화되었고 오늘날 '-洞'과 '-里'로 정착되기 이전의 전래지명을 볼 수 있다는 점에서 자료적 가치를 지닌다. 참고로 경기도 이천군의 15면 126개의 동리명을 살펴보면 '-洞'과 '-里'가 각각 28개와 24개로 나타나 41%에 그친다. 하지만 다른 지역의 경우와 달리 -村(10), -谷(8), -川(6), -巖(5), -坪(4), -垈(3), -峴(3), -梁(3), -橋(3), -內(3), -山(4), -幕(2) 등이 2개 이상 나타나며, -葛, -面, -培, -北, -非, -沙, -石, -色, -藪, -旺, -隅, -越, -日, -前, -田, -亭, -之, -尺, -峙, -浦, -河 등도 각각 1개가 보인다.

'-洞'과 '-里'로 단순화되지 않은 동리명을 볼 수 있다는 것은 해당 지역의 지형적 특성을 비롯한 각각의 특징이 반영된 어휘를 발굴할 수 있다는 점에서 매우 소중한 자료이다. 또한 마을의 형성과 동리라는 행정 단위로의 발전을 연구하는 데도 유용한 자료이다. 지형과 지명의 관계뿐만이 아니라 후부요소의 종별에 따라 행정구역의 형성과 발전 과정에서 어떤 변화가 있었는지 살필 수 있는 자료이다.

두루 아는 바와 같이 1914년 일제에 의해 행정구역 통폐합이 이루어지면서 면명이 가장 많은 변화를 입었으며, 동리명도 상당한 변화가 있었다. '면'이 본격적인 면제의 시행과 함께 행정의 단위로 정착하면서 치소를 중심으로 방위에 따라 지칭하던 면의 명칭을 경우에 따라서는 새로이 명명하는 수준으로 변화를 꾀하기도 하였다. 이러한 사실은 『舊名』에 보이는 면명과 『新舊』의 그것을 대비해 보면 명확히 드러나는데 현재 제천시에 속하는 면명의 대비표(〈표 2〉)를 바탕으로 확인하기로 하자.

〈표 2〉 『舊名』과 『新舊』의 제천 면명 대비표

『舊名』	『新舊』	『舊名』	『新舊』
《提》 東面	《提》 邑內面	《淸》 邑內面	《提》 飛鳳面
《提》 南面	《提》 城山面	《淸》 遠南面	《提》 水山面
《提》 北面	《提》 松鶴面	《淸》 近南面	
《提》 近右面	《提》 近右面	《淸》 遠西面	《提》 寒水面
《提》 近左面	《提》 近左面		《提》 德山面

《提》 西面	《提》 白雲面	《清》 近西面	《提》 飛鳳面
《提》 縣右面	《提》 邑內面	《清》 北面	《提》 錦繡面
《提》 縣左面			
《清》 水下面	《提》 水下面	《忠》 德山面	《提》 德山面
			《提》 寒水面

〈표 2〉에서 보듯『舊名』의 면명칭에는 1914년 행정구역 개편 이후 제천군으로 편입된 충주군 덕산면을 제외하고 모두 東·西·南·北·左·右·內 등의 방위 관련 어휘가 포함되어 있다. 그러나『新舊』의 면명칭에서는 邑內面·近右面·近左面 등 3개에만 방위관련 어휘가 남아있을 뿐이다. 이 또한 邑內面의 경우 이 지역이 시로 승격하면서 '-동'체제로 전환되어 그 명칭을 쓰지 않게 되었고, 近右·近左는 '鳳陽'으로 명칭이 변경되었다. 이러한 사실을 감안할 때 행정의 단위로 자리 잡기 이전과 이후의 면명칭 연구에『舊名』의 지명은 반드시 검토되어야 할 소중한 자료이다. 또한 이 자료는 전통적인 면명칭의 명명과 활용을 검토할 경우도 소용이 됨은 물론이다.

『舊名』의 동리명은 행정구역 개편 이전의 자료로 일제의 간섭이 개입되지 않았던 명칭이므로 나름대로 가치를 지닌다.『舊名』만을 대상으로 한 탐구를 통하여 전통적인 방식의 동리명 명명 방식을 찾아낼 수 있기 때문이다. 또한 일제에 의한 행정 구역 개편 후의 동리명과 비교를 통하여 그 공통점과 차이점을 밝혀내는 데에도 활용된다 할 것이다. 나아가 일제에 의해 전통적인 방식이 훼손된 명명이 있었다면 이를 바로 잡아 수정하는 데에도 이론적 기초를 제공할 것이다.

『舊名』의 지명은 행정의 기초 단위인 동리명의 경우 그 후부요소가 다양한 형태로 나타난다. 하지만 그 상위 단위인 面은『輿地圖書』에서 坊, 社, 部 등으로도 표현되었지만 모두 面으로 통일되었다. 1894년 갑오개혁의 일환으로 1895년 5월 26일 도제 폐지, 지방제도 개정과 지방관 관제가 공포, 시행되었다. 이 때 府·牧·郡·縣 등의 불균등한 지방구획을 폐합, 개편하여 전국의 행정구역을 23부 336개 군으로 개편하였다. 또한 점진적인 면제 시행을 위하여 그 명칭을 단일화하고 오늘날 면장이라는 호칭을 執綱[8]으로 통일하였다. 이러한 상황과 맞물려 후부요소가 '면'으로 단일화되면서『舊名』에 반영되어 오늘에 이르고 있다.

2.3.『新舊對照朝鮮全道府郡面里洞名稱一覽』

1914년 일제에 의한 郡·面·洞·里 통폐합은 조선 총독부령 제111호(1913년 12월 29일 공포)에 의거하여 단행되었다. 본격적인 面制를 시행할 목적으로 4方里, 800戶를 기준으로 통폐합 작업을 실시하였다. 각 면의 면적과 인구의 均質化를 도모하기 위하여 단행한 행정단위 개편 결과 317개였던 군이 200개로 줄었고 면의 수는 4,337개에서 2,522개로 줄어들었다.

1914년 군·면·동·리를 통폐합한 후 3년이 지나서『新舊』가 편찬되었다. 편찬자 越智唯七은『舊名』에 올라있는 동리명을 바탕으로 하고『조선 총독부 관보』,『조선휘보』그리고 각종 지도 및 자료를 참조함은 물론 관계 당국자의 협조를 얻어 이 책을 편찬하였다. 행정의 편의를 도모하기 위하여 구한국 시기의 옛 군·면·동리명과 새로운 군·면·동리명을 일목요연하게 정리한 것이다.

이 책의 목차를 보면 〈사진 2〉의 좌측 사진에서 볼 수 있듯이 앞쪽에 조선총독부령 제111호에 의한 도부군의 명칭, 위치, 관할구역 등을 각 도별로 제시한 후 조선전도의 연혁을 간략하게 기술하였다. 그 다음에『舊名』과 같이 경기도·충청북도·충청남도·전라북도·전라남도·경상북도·경상남도·황해도·평안남도·평안북도·강원도·함경남도·함경북도 순으로 각 도별 연혁을 고시 사항에 의거하여 간략하게 제시한 후 부군별로 面里洞의 名稱을 일람할 수 있도록 제시하였다.

경기도에 이어 편성된 충청북도 편을 보면 약 4쪽에 걸쳐 도의 연혁을 제시한 후 영동군, 옥천군, 보은군, 청주군, 괴산군, 제천군, 단양군, 음성군, 진천군, 충주군 순으

---

8 오늘날 面長과 유사한 역할을 담당했던 사람을 지칭하여 조선시대에 執綱·風憲·約正·面任·社長·檢督·坊長·坊首·都平 등이라 일컬었다. 이들은 州縣의 행정 명령을 백성들에게 알리고 조세 납부를 지휘하는 역할을 했었다.

로 각 면별 동리명을 제시하였다. 충북편 중 가장 먼저 제시된 영동군 편을 보면 〈사진 2〉의 우측 사진에서 확인할 수 있듯이 큰 글자로 인쇄한 군명 아래에 작은 글자로 괄호 안에 면수와 리동수가 각각 11개와 131개임을 밝혀 놓았다. 더불어 그 아래에 군청소재지가 영동면 계산리임도 표기하였다.

행을 바꾸어 새로이 확정, 명명한 각 면의 리명을 상단에, 각 리에 속하는 개편 이전의 촌락명을 하단에 작은 글자로 제시하였다. 하단에 제시한 촌락명은 『舊名』의 동리명이고 상단에 큰 글자로 제시한 명칭은 개정된 명칭이므로 행정구역 개편에 따른 구역 조정의 상황까지도 쉽게 파악할 수 있도록 작성하였다. 예컨대 영동군 영동면 '설계리'는 개편 이전의 영동군 군내면의 '구수동'과 '목적동' 일부를 묶어 편성한 것임을 알 수 있다. 그러므로 우리는 이 자료를 통하여 행정구역의 변화와 그에 따른 동리명의 상호관계를 한눈에 파악할 수 있다.

〈사진 2〉『新舊』의 자료

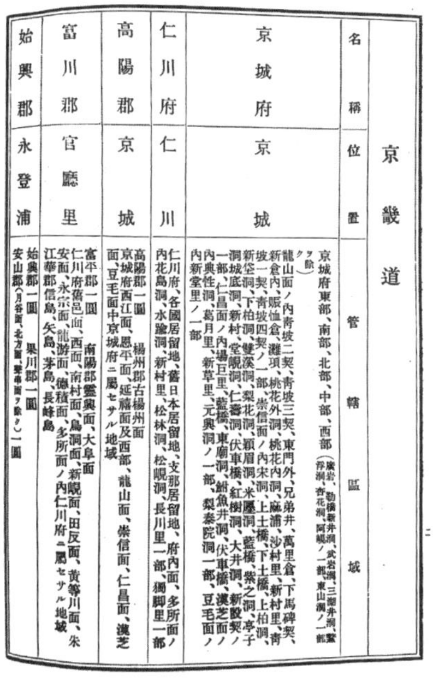

京畿道

名稱 位置 管轄區域

京城府 京城 京城府東部、南部、北部、中部、西部

仁川府 仁川

高陽郡 京城

富川郡 官廳里

始興郡 永登浦

각도의 명칭, 위치, 관할구역(경기도의 예)

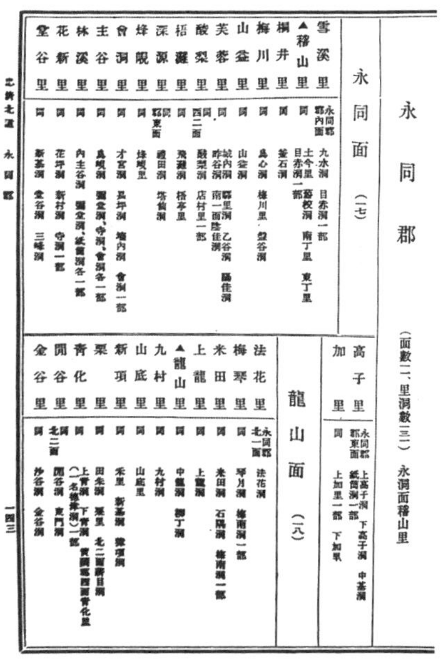

永同郡 (面數一一、里洞數一三一) 永同面稽山里

永同面 (一七)

雪溪里 稽山里 桐井里 梅川里 山益里 芙蓉里 酸梨里 梧灘里 深源里 烽峴里 會洞里 主谷里 林溪里 花新里 堂谷里

龍山面 (一八)

高子里 加里 法花里 梅琴里 米田里 上龍里 龍山里 九村里 山底里 新項里 栗里 靑化里 開谷里 金谷里

영동군 앞부분

3. 광복 이후 지명자료집과 지명

3.1. 『한국 지명 총람』과 『한국땅이름큰사전』

한국의 지명을 조사·수록한 『한국 지명 총람』은 『큰사전』과 더불어 한글학회의 2대 편찬사업으로 평가된다. 1960년 '한국지명 조사 사업' 착수 후 1966년부터 간행 작업을 시작하여 1986년 완간되었다. 착수 당시 국방부의 '중앙 지명 제정 위원회'에서 확보하고 있는 지명 자료를 얻어다가 필사하여 기초자료를 작성하고, 14년 동안 북한 지역을 제외한 현지조사가 가능한 11개 광역시·도, 30개 시, 20개 구, 139개 군, 91개 읍, 1,382개 면, 18,528개 리를 대상으로 수집한 지명은 700,000여 개에 달한다. 이들 지명을 정리하여 1966년 2월 28일 280쪽으로 '서울편'부터 간행이 시작되었다. 1986년 8월 20일 574쪽으로 '경기편 하·인천편' 간행을 마지막으로 편찬사업이 완성되었는데 그 기획과 경과에 대하여는 『한글학회 100년사』에 자세히 기술되어 있다.[9]

우리나라의 지명을 조사하고 정리하여 『한국 지명 총람』을 완성하게 된 것은 "한국 고유의 땅이름이 점차 없어져 가고 있음을 안타까이 여기고, 그것을 찾아 보전해야 할 필요성을 절실히 느낀 때문이다." 특히 지명어휘는 언어 연구를 비롯한 여러 방면의 연구에 크게 소용될 수 있으므로 그 수집과 정리가 시급하고도 절실한 과제였다. 이에 대하여 한글학회 이사장 최현배는 『한국 지명 총람』 제1권(1966.02.)의 머리말을 통하여 (1)과 같은 측면에서 한국 지명의 조사와 정리가 필요함을 기술하였다.

> (1)
> ① 우리의 역사·지리·풍속·제도 들, 문화 생활의 연구에 도움이 될 것이요,
> ② 우리의 옛말, 말소리의 변천, 말의 꼴과 뜻의 변천, 배달말의 계통 들, 언어과학적 연구에 다방면으로 소용될 것이요,

---

9 1960년 지명조사 작업의 시작에서부터 1986년 『한국 지명 총람』 완간까지의 경과에 대하여 『한글학회 100년사』 → VIII. 각종 간행물의 편찬 및 출판 → 3. 1960~2008의 편찬 및 출판 → 3.1. 땅이름 관련 저작물의 편찬 및 간행' 부분에 그 대강이 정리되어 있다. 여기서는 이를 바탕으로 정리하여 『한국 지명 총람』과 관련된 사항을 기술하기로 한다.

③ 배달 겨레의 성립 및 이동에 관한 연구에 무슨 기틀을 줄 것이오,

④ 우리와 이웃겨레와의 겨레스런, 문화스런 관계의 천명에 필요한 자료
 를 대어 줄 것이오,

⑤ 뒷날에 우리 나라의 땅이름을 순우리말로 되살리게 될 경우에는 크게
 소용될 것이다.

이상에 제시된 필요에 의하여 미국 하버드대학의 원조로 연세대학교 동방문화연
구소에서 계획한 '한국지명 조사 사업'의 실무를 한글학회가 맡아 대행하기로 하였다.
1960년 8월 17일 한글학회 이사회는 이사장 최현배와 연세대학교 총장 백낙준 사이
에 합의한 위 사항을 승인하고 지명 조사 작업의 실무책임자로 최상덕을 선임하였다.
더불어 9월 1일부터 최상덕과 장영운에게 지명 조사의 작업을 맡겼다. 이를 통하여
한글학회 이사장 최현배의 총괄 기획에 따른 실제적인 지명 조사 작업의 돌입은 1960
년 9월 1일부터 시작되었음을 알 수 있다.

현지 조사에 앞서 기초자료로 활용하기 위하여 국방부 '중앙 지명 제정 위원회'에
서 확보하고 있는 지명 자료를 얻어다가 베끼기 시작하였다. 이 작업은 동방문화연구
소의 부득이한 형편 때문에 하버드대학 원조를 받지 못하게 되면서 1963년에야 비로
소 기초자료 베끼는 일을 끝내게 되었다. 이사장 최현배는 기어이 그 일을 완성하기
로 작정하고, 1964년 7월에 '한국 지명 조사 사업'이란 이름의 5개년 계획으로 국고 보
조 신청서를 문교부에 제출하였다. 그 5개년 계획은 (2)와 같았음을 『한글학회 100년
사』 p.596에서 밝히고 있으며, 1964년부터 국고보조를 받게 되어 본격적인 지명 조사
작업이 시행되었다.

(2)

1. 5개년 계획

 1964년~1965년도: 경기도, 서울특별시

 1966년도: 강원도, 충청북도, 충청남도

 1967년도: 전라북도, 전라남도, 제주도

 1968년도: 경상북도, 경상남도, 부산직할시

2. 방법

    (1) 시는 '동' 단위로, 군·읍·면은 '리' 단위로 현지 출장 답사한다.

    (2) 예비 자료와 5만 분의 1 지도에서 필요한 지명을 뽑고, 실지 답사
        할 곳을 선정한다.

    (3) 현지 행정기관의 알선 등에 따라, 촌로층에게 그 지명의 유래 및 어
        원을 캐어 묻는다.

    (4) 각지의 행정 상 공칭 지명과 순한국어 속칭 지명을 대조·조사한다.

    (5) 고금(古今)의 지명 조사 문헌에서 옛지명을 찾아서 역사적 유래 따
        위를 밝힌다.

    (6) 수집한 모든 지명을 최종 카드에 올려 배열·정리한다.

3. 조사 대상 지명의 종류

    (1) 행정구열별: 시, 도, 군, 구, 읍, 면, 동, 리.

    (2) 자연 지명: 강, 산, 골짜기, 고개, 바위, 내, 들, 곶, 논, 더미, 못, 밭,
        벼랑, 섬, 소, 숲, 여울, 물탕, 웅덩이, 터, 폭포, 항구, 후미.

    (3) 인공지명: 고적, 공원, 광산, 굴, 길, 놀이터, 농장, 능, 묘, 다리, 당,
        동상, 뚝, 마을, 문, 미륵, 보, 비, 사당, 어장, 역, 염밭, 온천, 우물, 시
        장, 저수지, 절, 정자, 탑, 특수지역, 폐현.

    본격적인 지명조사 작업은 위에서 보인 방법과 절차에 따라 1964년에 경기도 남부의 8개 군인 광주, 용인, 안성, 이천, 여주, 시흥, 화성, 평택 등을 시작으로 시행되었다. 1965년에는 경기도의 3개 시와 11개 군, 그리고 서울특별시를 대상으로 현지답사를 통하여 조사하였다. 그런데 정부보조를 놓고 지명 조사의 필요성을 인식하지 못한 부처에서 서울특별시에 대한 작업의 결과를 평가하여 추후 지원의 가부를 결정하겠다는 등 우여곡절도 있었지만 상상 밖의 좋은 자료임을 인정받아 국고보조를 계속 받게 되었다.

    1966년에는 국고보조가 순조로워 3개 도를 답사하였지만 해가 갈수록 국고보조가 줄어들어 당초 계획대로 진척되지 못하였다. 그 결과 현지답사를 통한 지명조사는 착수한 지 13년 만인 1977년에야 끝을 맺게 되었다. 연도별 조사 상황을 『한글학회

100년사』p.598에서는 (3)과 같이 밝히었다.

(3)
1964년: 경기도(8개 군)	971년: 경상남도.
1965년: 경기도(14 개 시군), 서울특별시.	972년: 부산직할시, 전라남도.
1966년: 강원도, 충청북도, 충청남도.	1973년: 전라남도
1967년: 전라북도	974년: 전라남도
1968년: 경상북도	1975년: 전라남도
1969년: 경상북도	1976년: 제주도, 경기도(2개 군).
1970년: 경상남도	1977년: 경기도(5개 군)

당초 계획이었던 5년에서 14년으로 늘어났지만 한국의 지명을 전면적으로 조사했다는 것은 매우 의미 있는 일이다. 북한 지역에 대한 조사는 한글학회가 시행하지 못하였지만 비슷한 시기에 북한 당국에 의하여 대대적인 조사가 이루어졌다.[10] 14년 동안 조사한 지역은 11개 광역시·도, 30개 시, 20개 구, 139개 군, 91개 읍, 1,382 면, 18,528개 리였으며, 땅이름 700,000여 개가 수집되었다.

유제한(주간)을 비롯한 12명의 조사원과 13명의 정리원이 동원되어 수집한 지명을 편찬실에서는 광역시·도-구·시·군-동·읍·면-리 단위로, 가나다순으로 원고를 작성하여『한국 지명 총람』을 편찬·간행하였다. 1966년 정리가 끝난 원고를 인쇄에 부쳐『한국 지명 총람』'서울편'을 간행하였으며 1967년에는 '강원편', 1970년에는 '충북편'을 간행하였다. 편찬·간행 중에 행정구역의 개편이 있으면 그 결과에 따라 체제를 수정하여 간행하였으며 1986년 8월에 '경기편 하'를 간행함으로써, 마침내 모두 20권으로 된『한국 지명 총람』의 출판 사업을 끝맺게 되었다.

편찬과 간행에만 20년이 걸렸으며, 지명 조사 사업에 착수한 때로부터 치면 26년 만의 일이었다.『한글학회 100년사』p.599~600에는『한국 지명 총람』20책 전체의 간행 기록을〈표 3〉과 같이 제시하였다.

---

10 이에 대하여는 3.2.에서 언급하게 될 것이다.

<표 3> 『한국 지명 총람』 20책 전체의 간행 기록

권 이름	간행한 때	쪽수	권 이름	간행한 때	쪽수
서울편	1966.02.28.	280	경남편 2	1980.10.28.	546
강원편	1967.12.20.	630	경남편 3 · 부산편	1980.12.28.	566
충북편	1970.11.25.	662	전북편 상	1981.12.23.	472
충남편 상	1974.05.15.	502	전북편 하	1981.12.28.	528
충남편 하	1974.11.30.	466	전남편 1	1982.09.30.	478
경북편 1	1978.12.28.	496	전남편 2	1982.12.20	578
경북편 2	1978.12.28.	494	전남편 3	1983.08.15.	576
경북편 3	1979.11.28.	428	전남편 4 · 제주편	1984.10.20.	550
경북편 4	1979.10.31.	548	경기편 상	1985.11.28.	558
경남편 1	1979.10.28.	366	경기편 하 · 인천편	1986.08.20.	574

　　『한국 지명 총람』 20책의 쪽수를 모두 합하면 10,298쪽이 된다. 이 책은 지명을 행정단위별로 편집하였으므로 연구 자료로 활용하기에 불편한 점이 많아 가나다순으로 정리하여 『한국 땅이름 큰사전』을 간행하였다. 1991년 12월에 간행된 이 사전은 상중하 3책으로 4*6배판, 6,206쪽에 이른다. 더불어 1998년 12월에는 이를 전산화하여 시디–롬으로 제작한 『한국땅이름 전자사전』(1.0판, 윈도 95/98/NT용)을 출간하였다. 이렇듯 『한국 지명 총람』의 사전화 작업이 이루어지면서 연구자들의 편의를 도모하게 되었다.

3.2. 『조선향토대백과』

　　한글학회의 지명 조사가 시행되던 시기에 북한에서는 김일성 주석의 지시에 따라 1966년 5월 '내각명령' 제55호에 의거, '조선고장이름사전편찬위원회'를 구성하였다. 북한 최고의 학자들이 참여한 이 위원회를 중심으로 중앙 및 지방의 학자, 행정간부 등 연인원 1천여 명을 동원, 30여 년간 북한 전역의 지명을 조사하였다. 이를 바탕으로 북한의 과학백과사전출판사에서는 2002년에 강원도, 평안북도, 평안남도, 남포시·평양시, 개성시·황해북도, 라선시·함경북도, 량강도, 자강도, 함경남도, 황해남도 등 10개 시도로 묶어 『고장이름사전』을 출판하였다. 또한 『조선지명편람』을 11책으로 묶어 편찬하였다.[11]

『고장이름사전』으로 대표되는 북한의 이 자료는 '노동당시대의 기념비적 작품', '국보적 가치가 있는 대작'으로 북한학계에서 평가하고 있다. 이 자료가 기본이 되어 남한의 평화문제연구소[12]와 북한의 과학백과사전출판사가 공동 편찬 사업으로 『조선향토대백과』를 편찬하였다. 이 공동 편찬 사업은 1999년 중국 '조선민족문화연구소'의 주선으로 북측 사업 주체인 '과학백과사전출판사'와 수차에 걸쳐 협의한 결과, 남북화해협력시대에 부응하는 실질적인 사업이라는 데 인식을 같이 하여 추진되었다.

2003년 10월 편찬 사업이 완료된 『조선향토대백과』는 원고지 20만여 매, 사진·삽화 2만여 컷, 지도 300여 점 등 총 35만여 개의 표제어로 구성되었다. 총 20권[13]으로 구성된 이 책을 권별로 살펴보면, 1권부터 16권까지는 '지역편'으로, 현행 행정구역을 기준으로 기초행정단위까지 포함한 행정체계, 지도, 지명유래, 옛이름, 유물·유적 등을 비롯하여 자연, 경제, 교통, 주요업체, 야생특산식물, 민요, 천연기념물, 특산물, 자연보건자원, 희귀동물, 자연보호구 등에 이르기까지 다양한 지역정보를 담고 있

11 각 시·도별로 편찬하였는데 리성호(황해남도), 장근수(자강도), 조창선(함경북도), 안순남(황해북도), 방린봉외 5명(평양시), 안경상(평안남도), 박명훈(평안북도), 방린봉(함경남도), 강진철(량강도), 서학순(강원도), 장영남(개성시, 남포시) 등이 그것이다.

12 사단법인 평화문제연구소(http://www.ipa.re.kr)는 통일, 북한문제에 대하여 실사구시에 입각한 다양한 연구와 홍보활동을 통해 한반도 통일전망을 구체화하고, 국내외 기관과의 교류, 협력을 통해 사업의 효과를 증대시킴으로써 동북아 및 세계평화에 기여함을 목적으로 1983년 3월 통일원 산하단체로 설립되었다. 이 연구소에서는 시사교양지 월간 『통일한국』과 학술지 『統一問題硏究』를 발행하고 있다. 『통일한국』은 1983.11. 창간호 발행 후 2019년 2월 현재 제422호를 발행하였고, 『統一問題硏究』는 1989년 봄 제1권1호 창간 후 2018년 말 현재 통권 70호를 발행하였다.

13 20권을 다음과 같은 순서로 편성하였다. 1권 평양시, 2권 남포·개성·라선시, 3권 평안남도Ⅰ, 4권 평안남도②, 5권 평안북도Ⅰ, 6권 평안북도②, 7권 자강도, 8권 황해남도Ⅰ, 9권 황해남도②, 10권 황해북도, 11권 강원도, 12권 함경남도Ⅰ, 13권 함경남도②, 14권 함경북도Ⅰ, 15권 함경북도②, 16권 량강도, 17권 인물, 18권 민속, 19권 색인, 20권 색인.

다. 그밖에 각각 한 권으로 구성된 '민속편'에서는 북한의 의식주 문화와 생활풍습들을 일목요연하게 보여주고 있으며, '인물편'에서는 5,000여 명에 이르는 북한의 정치·경제·군사·사회·문화·예술·체육계의 근·현대 주요 인물들을 소개하고 있다.

『조선향토대백과』가 다양한 지역정보를 담고 있다고 하지만 1권부터 16권까지인 '지역편'의 검토를 통하여 지명과 관련된 사항이 중심임을 알 수 있다. '지역편' 중 한 권인 4권(평안남도 ②)에 첫 번째로 실려 있는 북창군을 대상으로 검토해 보면 맨 앞쪽에 북창군의 지도가 제시되어 있고 북창군의 지명유래, 력사, 옛이름, 자연, 산과 내, 경제, 교통, 주요업체, 문화, 유물유적, 민요, 행정구역 순으로 기술하였다.[14] 이 중 지명과 직접적으로 관련이 없는 부분을 기술한 것은 경제, 교통, 주요업체, 문화 등 불과 3쪽 정도이다. 66쪽 중 63쪽이 지명과 관련된 내용으로 채워져 있고 5%가 안 되는 지면만이 지명 이외의 내용으로 구성되어 있다.

지도에서 민요까지 북창군과 관련하여 7.5쪽 정도를 기술한 후 행정구역 편에서는 북창군의 1읍 9구 20리에 대한 지명을 구역별로 기술하였다. 북창군에는 북창읍과 갈골로동지구, 관하로동지구, 득장로동지구, 명학로동지구, 보업로동지구, 북창로동지구, 송남로동지구, 인포로동지구, 풍곡로동지구 등이 있다. 그리고 그 산하에 가평리, 광로리, 남상리, 남양리, 대평리, 룡산리, 매현리, 봉창리, 삼리, 상하리, 소창리, 송림리, 송사리, 수옥리, 신복리, 신석리, 신평리, 연류리, 잠상리, 회안리 등 20개 리가 있다.

이들 1읍 9구 20리 중 가평리에 대하여 기술한 내용을 검토하면 가평리의 위치, 연혁, 산천, 수목, 작물, 산업, 교통 등에 대하여 기술한 후 이 지역 안의 자연지명과 인문지명을 망라하여 제시하였다. 제시방법은 유형별로 분류하여 제시하지 아니하고 '가라지고개'에서부터 '후천골'까지 196개의 명칭을 가나다순으로 기술하였다. 실제 기술한 지명 몇 개를 옮기면 ⑷와 같다.

---

14 지역에 따라서는 야생특산식물, 천연기념물, 특산물, 자연보건자원, 희귀동물 등도 기술하였으나 북창군의 경우 이 부분에 대한 기술은 보이지 않는다.

(4)

가라지고개 고개 평안남도 북창군 가평리 동쪽에 있는 고개. 고개 주변에
　　　　가라지풀이 많이 자라고 있다.

가하동(加下洞) 옛지명 평안남도 북창군 가평리 령역에 있던 폐동. 본래 순
　　　　천군 학천방의 지역으로서 가라지고개 아래쪽 마을이라 하여 가
　　　　하동이라 하였는데, 1896년에 학천면 가동으로 개편되면서 폐지
　　　　되었다.

각지봉 산 평안남도 북창군 가평리 방계골에 솟아 있는 봉우리. 깍지처럼
　　　　생겼다.

거리마을 마을 평안남도 북창군 가평리 소재지에 딸린 큰 마을

빨지굴등 등 평안남도 북창군 가평리 동쪽에 있는 등성이. 새리고개 입구
　　　　에 위치해 있다.

(4)와 같은 형식으로 표제어를 큰 글자로 진하게 처리하였다. 이 때 고유어지명인 경우 '가하동(加下洞)'과 같이 ( )안에 한자표기를 하였다. 표제어 다음에 한 포인트 작은 글자로 해당 지명의 유형을 제시한 후 관련 사항을 약술하였다.

3.3. 『한국향토문화전자대전』

조선시대에는 중앙정부 즉 국가가 주도하여 전국 규모의 향토문화 편찬사업인 지리지를 편찬하였다. 그 대표적인 것이 조선 전기의 기념비적 편찬사업인 『(新增)東國輿地勝覽』이며, 조선 후기에 각 군의 읍지를 모아 성책한 『輿地圖書』도 중앙 정부가 의도적으로 향토문화를 집대성하려는 노력의 소산이었다. 21세기 문화의 시대를 맞아 이와 맥을 같이하는 향토문화 자료의 디지털화를 위해 『한국향토문화전자대전』 구축이 추진되고 있다.

『한국향토문화전자대전』(http://www.grandculture.net/) 홈페이지를 통하여 이 사업의 추진 배경, 사업 목적, 추진 조직, 사업기간 및 소요재원, 기대효과 및 활용방안 등을 알 수 있다. 또한 현재까지의 구축현황을 파악할 수 있으며 구축된 자료를 열람,

검색할 수도 있다. 그러므로 여기서는 이 홈페이지에 올라 있는 사항을 참고하여 기술하기로 한다.

1980년부터 1991년까지 한국정신문화연구원(현 한국학중앙연구원) 주관으로 『한국민족문화대백과사전』 편찬사업을 추진하였다. 이는 중앙 중심적 시각에서 18세기 후반 이후 맥이 끊겼던 대규모 민족문화 집대성 사업으로 이루어진 것이며, 이 성과와 함께 지방적 시각의 체계적이고 종합적인 지방문화 정리 사업의 필요성이 대두되었다. 즉, 급속히 소멸되어 가는 향토문화 자료를 보존·계승하기 위하여 이들 자료의 디지털화가 절실히 요구되므로 『한국향토문화전자대전』 편찬 사업이 출범하였다.

이 편찬 사업의 기틀을 마련하기 위하여 1995년부터 2년에 걸친 조사를 통해 '가칭 『민국여지승람』 편찬을 위한 연구'를 진행하였으며 전국 향토문화 자원의 보존과 발굴의 중요성을 홍보하였다. 1997년부터 2002년까지는 향토문화 연구자 및 관계자 총 1,200여 명을 대상으로 향토문화 연찬을 실시하여 『향토문화전자대전』 편찬의 공감대를 형성하였다. 더불어 2001년 9월 전국문화원연합회와 공동으로 『향토문화전자대전』 편찬을 위한 기초조사연구' 편찬 시안을 CD-ROM으로 발간하고 『한국향토문화전자대전』 표준 분류체계 정립을 위한 워크숍을 개최하였다.

2002년에는 '전라남도의 향토문화' 2권을 발간하여 이 사업 추진의 초석을 다졌으며, 2002년 10월, 국회 교육위원회에서 사업의 타당성을 심의하여 2003년 예산 배정 결의가 이루어졌다. 2003년 1월 전국 지자체장과 문화관광 담당자를 대상으로 한 사업설명회 및 의향조사를 실시하여 사업의 타당성 자료를 확보하였고, 2003년 7월 23일, 제4차 인적자원개발회의에서 2004년부터 10년 간 국책사업으로 추진하기로 의결하였다. 이러한 과정 속에서 현재 진행되고 있는 것이 이 사업이다.

이 사업의 목적은 ①향토문화 관련 인적자원을 교육하고 조직하여, 전국의 향토문화 자료를 총체적으로 수집·분석하여 디지털화, ②향토문화 자료의 수집, 분석, 분류, 집필을 통한 문화콘텐츠 산업 기반 마련 및 주체적으로 21세기 문화시대에 대비, ③시·군·구별 『한국향토문화전자대전』을 통합·구축하여 향토문화에 대한 총체적인 정보를 제공, ④21세기 문화시대를 맞이하여 새로운 민족문화 공동체 형성을 위해 주체적인 향토문화 집대성, ⑤지식기반 사회의 토대를 마련하고, 문화콘텐츠 산업의 중간재로 활용하여 지역 균형발전과 지역경제 활성화에 기여 등이라고 밝히고 있다.

『한국향토문화전자대전』 사업 관리 및 연구 개발을 위하여 한국학중앙연구원의 한국학지식정보센터 소장이 사업 책임자이며 문화콘텐츠편찬실장이 편수 책임을 맡도록 되어 있다. 또한 한국학지식정보센터가 편찬을 주관하며, 문화콘텐츠편찬실에서 기획, 항목, 원고, 멀티미디어 자료 수집·제작, 편찬시스템 구축 및 운영, 서비스 시스템 구축 등의 업무를 수행하도록 하고 있다. 여기서는 항목선정위원회[15]를 두어 지역의 향토문화 자원을 조사·분석·연구하는 "기초조사연구" 수행 시 항목을 심의 조정하는 역할을 수행하게 하였다. 더불어 콘텐츠검토위원회[16]에서는 최종 완성된 콘텐츠의 내용을 검토하고 감수하는 역할을 수행하도록 하였다.

사업기간은 시범사업으로 2003년 ~ 2004년 (『디지털성남문화대전』편찬), 본사업(1단계): 2004년 ~ 2013년 (67개 지역 편찬 완료), 본사업(2단계): 2014년 ~ 2023년 (167개 지역 편찬 예정)으로 되어있다. 그리고 추정 소요재원 규모는 961억 원인데 지역별 선행조사 연구, 향토문화 지식자원 아카이브 구축, 원고 집필, 차세대 편찬시스템 개발 등 인프라 구축 부분은 정부지원 예산으로 수행하고, 지역별 향토문화대전 편찬 업무는 정부와 지방자치단체의 매칭 펀드로 조성하도록 하였다.

『한국향토문화전자대전』(http://www.grandculture.net) 홈페이지를 통하여 현재까지의 구축현황과 구축이 완료된 지방자치단체의 콘텐츠를 열람, 검색할 수 있는데 2019.4.10. 현재 사이트 구축 현황을 보면 구축항목 126,688 항목, 시청각항목 244,828 항목임을 알 수 있다. 콘텐츠 목차는 향토문화백과, 특별한 이야기, 마을이야기 등 3개의 대분류 아래 향토문화백과의 경우 삶의 터전(지리), 삶의 내력(역사), 삶의 자취(문화유산), 삶의 주체(성씨와 인물), 삶의 틀(정치·경제·사회), 삶의 내용1(종교), 삶의 내용2(문화·교육), 삶의 방식(생활·민속), 삶의 이야기(구비전승·언어·문학) 등으로 구성하였다.

지명은 삶의 터전(지리) 편에 등재되어 있는데 시범사업으로 구축된 『디지털성남

---

15 해당 지자체와 한국학중앙연구원이 공동으로 해당 지역의 분야별 전문 연구자를 협의하여 위촉.

16 지자체 관계자, 문화원장, 향토연구회장, 향토지편찬책임자, 학계전문가 등 5~7인으로 구성.

문화대전』을 통하여 삶의 터전(지리)〉자연지리〉지질·지형에서 산, 고개, 습지, 하천, 평야 등의 명칭을 확인할 수 있다. 그리고 삶의 터전(지리)〉인문지리〉행정구역에서 법정동과 행정동의 명칭을 확인할 수 있으며 삶의 터전(지리)〉인문지리〉지명·마을에서 촌락명을 확인할 수 있다. '마을이야기' 편은 지명보다는 각 동별로 지역의 상세정보, 개인사, 가족사, 마을사, 의생활, 식생활, 주생활, 노래, 이야기, 언어, 평생의례, 마을신앙, 세시풍속 등이 그림 또는 영상자료와 함께 마을지 형식으로 편찬되었다. 그러므로 지명 관련 자료는 주로 삶의 터전(지리)에 실려 있어 전체 구성 속에서 지명이 차지하는 부분은 많지 않다.

삶의 터전(지리)〉인문지리〉지명·마을에서 가장 먼저 기술된 '갈현리'를 보면 상단의 표에 한자, 분야, 유형, 지역, 집필자를 제시[17]한 후 (5)와 같은 내용으로 기술하였다.

(5)

[정의]
경기도 성남시 중원구 하대원동 관할에 있는 옛 지명.

[개설]
갈마터널이 있는 3번국도와 갈마치고개를 지나는 389번 지방도를 통해 광주(廣州)시와 연결되어 있는 중원구 최동단에 자리 잡고 있다. 동쪽은 광주시 300컨트리클럽이 있는 광남동과, 서쪽과 남쪽은 하대원동 관할 법정동인 도촌동, 북쪽은 중원구 상대원동과 각각 접하고 있다. 총 4.5㎢의 면적으로 독점마을을 중심으로 새터말(과거에는 샘터말, 현재 신기동으로도 칭하고 있음), 아랫말, 웃말의 4개 마을로 이루어져 있다.

---

17 상단에 제시한 표는 다음과 같다.

한자	葛峴里
분야	지리/인문 지리
유형	지명/고지명
지역	경기도 성남시 중원구 갈현동
집필자	김성환

[지명유래]

1553년까지 인가가 없던 곳으로서 밀양박씨(密陽朴氏)에 의하여 형성된 마을이다.

갈현동의 지명은 389번 지방도에 있는 광주로 넘어가는 고개인 '갈마치'에서 유래하여 고개 아래에 있는 지역, 즉 '갈마치' 또는 '갈현'이라고 불렀지만 '갈마치' 고개의 정확한 유래는 전해오지 않고 있다.

현재 이에 대해 두 가지 설이 전해오고 있는데 하나는 옛날부터 칡이 많이 나는 고개라 '갈현'이라 하였다는 설과 선비들이 한양으로 과거보러 갈 때 말에게 물을 먹여 갈증을 풀어주고 떠났다고 하여 '갈마치(渴馬治)' 또는 '갈현(渴峴)'이라는 설이 있다. 평택임씨(平澤林氏) 족보에는 갈현(渴峴)으로 기록되어 있다.

[연혁]

조선시대 광주군 돌마면의 한 지역으로 갈현리라 불리우다 1914년 행정구역 폐합에 따라 독점, 새터말 등 마을을 병합하여 갈현리로 부르게 되었다.

1973년 7월 법정동으로 성남시에 편입되었으며 1973년 7월 여수동사무소 관할이 되었다. 1988년 7월 1일 성남시 중원출장소가 설치되고 돌마출장소가 폐지됨에 따라 중원출장소에 편입되었으며, 1989년 5월 1일 중원출장소가 수정출장소와 함께 각각 중원구와 수정구로 승격되면서 중원구 관할이 되었다. 2001년 1월에는 여수동이 하대원동으로 행정동 명칭이 변경되어 현재에 이르고 있다.

[취락과 세거성씨]

갈현리의 마을은 독점을 중심으로 새터말, 아랫말, 웃말 등이 있는데, 독점말은 갈마치 동쪽에 있는 마을로 현 153번지에 옛날 옹기점이 있었다고 하며, 새터말(新基洞)은 샘터말이라고도 하였다.

그리고 갈현리에는 김해김씨, 밀양박씨, 평택임씨와 함께 집성촌을 이루고 있다.

[참고문헌]

경기도, 『지명유래집』 (경기도, 1987)

경원공업전문대학, 『성남의 뿌리』 (경원공업전문대학 경원학보사, 1989)

성남시사편찬위원회, 『성남시사』(성남시사편찬위원회, 1993)

한국토지공사·토지박물관·성남시, 『성남시의 역사와 문화유적』(한국토지

공사 토지박물관, 성남시, 2001)

성남문화원, 『성남의 역사와 문화유산』(성남문화원, 2001)

(5)에서 보듯 해당 지명에 대한 요약과 정의 그리고 개설과 유래·연혁은 물론 취락과 세거성씨까지 기술하여 기존의 지명지와는 차별화를 꾀하였음을 알 수 있다. 명칭에 대한 정의와 유래 정도에 그쳤던 이전의 지명관련 자료에 비해 보다 풍부한 내용이 들어간 것은 긍정적으로 평가할 만하다. 다만 현지 조사를 바탕으로 한 지명 수집과 이에 대한 심도 있는 연구와 검토가 생략된 점은 문제라 하지 않을 수 없다. 앞서 간행된 문헌을 참고하여 무비판적으로 수용, 전재함으로서 이 자료의 가치를 의심하게 한 부분은 극복해야 할 문제이다.

4. 결론

우리나라에서 地理志 내지 地誌 편찬은 시대정신을 반영하며 연면히 이어져 내려왔다. 『三國史記』「地理志」(1145년) 이후 조선 전기의 기념비적 편찬사업으로 평가되는 『(新增)東國輿地勝覽』은 지리를 뛰어넘어 이 땅에서 축적된 문화까지 망라한 종합지이다. 중앙정부가 주도하여 편찬하던 지리지가 조선 후기에 오면서 安民善俗과 역사자료 보존을 목적으로 지방 관리와 士族이 주체가 되어 邑誌가 작성되었다. 중앙정부에서는 시대 상황을 감안, 이들 읍지를 성책하여 통치자료 확보 차원에서 『輿地圖書』를 편찬하였다.

일제강점기에 들어오면서 직접적이고 실용적인 목적을 위하여 지명을 수집하고 정리하였는데 『朝鮮舊慣制度調査事業槪要』를 통하여 『朝鮮地名辭書』 편찬을 계획했음을 알 수 있다. 행정구역 개편을 통한 효과적인 식민 지배, 군사 작전용 지도의 표기 수단 등을 위하여 지명을 수집하고 정비하는 과정에서 전통적인 지리지와는 성격이

다른 지명자료집 형태의 문헌이 출현하였다. 『朝誌』, 『舊韓國』 그리고 『新舊對照』 등이 그것이다.

단언하기는 어려우나 『朝誌』는 『朝鮮地名辭書』 편찬을 위한 준비 과정에서 작성된 것으로 보인다. 함경남도와 함경북도 편이 모두 빠져 있고 경기도 편도 1책이 빠져 있으며 전라북도 편은 1책만 남아있다. 낙질본이기는 하지만 1910년대에 작성된 것으로 보이는 이 책에는 山名, 谷名, 山岳嶺名, 坪名, 川名, 溪名, 渡津名…… 등을 비롯한 자연지명과 동리명을 비롯한 市場名, 酒幕名, 古碑名, 寺刹名, 古蹟名所名, 池名, 洑名, 堤堰名…… 등 인문지명까지 망라되어 있다. 특히 언문 칸에 한자어 또는 한자표기 지명과 대응되는 각각의 俗地名이 제시되어 있다.

이 자료는 언문 지명 즉 속지명을 바탕으로 한국지명의 원초적인 형태를 추정할 수 있다는 점에서 매우 소중한 가치를 지닌다. 더불어 원초형인 고유어지명과 한자표기 지명의 대비를 통하여 지명의 한자화 원리가 무엇인지 알게 해주는 좋은 자료이다. 한국 지명의 원형과 이를 배경으로 형성된 2차지명의 비교를 통하여 두 유형 간 대립, 발전, 정착의 원리를 파악할 수 있다. 나아가 이를 바탕으로 차자표기의 원리 규명과 미래 지명에 대한 설계에 참고할 수 있다는 점에서도 매우 유용하게 쓰일 수 있다.

『舊名』은 조선총독부에서 행정구역 개편을 위한 기초자료로 우리나라의 道·府·郡·面 및 洞·里의 현황을 조사, 정리한 것이다. 1912년 1월 1일 현재 상황이 반영되어 있으며 1912년 5월 25일에 간행한 책이다. 1914년 대대적인 행정구역 개편 이전의 명칭을 볼 수 있는 자료로 전통적인 읍지와는 달리 도·부·군·면의 명칭과 동리명만을 볼 수 있는 자료이다. 이 책에 실린 행정지명들은 일제의 간섭이 개입되지 않았던 명칭으로 전통적인 방식에 의해 명명되어 전승된 것으로 볼 수 있다. 특히 동리명 후부요소의 경우 '-洞'과 '-里'로 단순화되기 이전의 모습을 보여주는데 해당 지역의 지형적 특성을 비롯하여 여러 가지 특징이 반영된 것이다.

『新舊對照朝鮮全道府郡面里洞名稱一覽』은 越智唯七이 『舊名』에 올라있는 동리명을 바탕으로 하고 『조선 총독부 관보』를 비롯한 각종 자료를 참고함은 물론 관계 당국자의 협조를 얻어 편찬하였다. 이 책에는 1914년 일제에 의해 단행된 郡·面·洞·里 통폐합 결과와 이에 대응되는 구한국 시기의 옛 행정지명이 일목요연하게 정리되어 있다. 이 자료를 통하여 道·府·郡의 명칭은 크게 달라지지 않았으나 면명과 동리명은 많은 변화가 있었음을 알 수 있다. 특히 면명의 경우 치소를 중심으로 방위에 따라 지칭하던 명칭을 버리고 경우에 따라서는 전면적으로 새롭게 명명하였음을 확인할 수 있다. 또한 다양했던 동리명의 후부요소도 대부분 洞과 里로 정리되었다.

광복 이후 각 지방자치단체가 경쟁적으로 지명지를 편찬하였으나 한글학회의 『한국 지명 총람』과 이를 사전화한 『한국땅이름큰사전』이 대표적인 지명 관련 편찬물이다. 『큰사전』과 더불어 한글학회의 2대 편찬사업으로 꼽히는 『한국 지명 총람』은 1960년 '한국지명 조사 사업' 착수 후 14년 동안의 현지조사를 통하여 남한 전역의 지명 700,000여 개를 수집하였다. 더불어 이들 지명을 정리하여 1966년 '서울편' 간행을 시작으로 1986년 '경기편 하·인천편' 간행을 마지막으로 편찬사업을 완료하였다.

사라져가는 고유의 지명을 보존하기 위함은 물론 언어 연구를 비롯한 여러 방면의 연구에 크게 소용될 수 있는 지명의 수집과 정리는 시급하고도 절실한 과제였다. 이러한 인식은 북한도 마찬가지여서 1966년 '고장이름사전편찬위원회'를 구성하여 중앙 및 지방의 학자, 행정간부 등 연인원 1천여 명을 동원, 30여 년간 북한 전역의 지명을 조사하였다. 결국 남과 북이 비슷한 시기에 대대적인 지명조사와 정리를 하였음은 시대적 요청에 의한 당연한 귀결이었다.

『한국 지명 총람』에는 시, 도, 군, 구, 읍, 면, 동, 리 등 행정구역의 명칭과 강, 산, 골짜기, 고개, 바위, 내, 들, 곶, 논, 더미, 못, 밭, 벼랑, 섬, 소, 숲, 여울, 물탕, 웅덩이, 터, 폭포, 항구, 후미 등 자연 지명 그리고 고적, 공원, 광산, 굴, 길, 놀이터, 농장, 능, 묘, 다리, 당, 동상, 뚝, 마을, 문, 미륵, 보, 비, 사당, 어장, 역, 염밭, 온천, 우물, 시장, 저수지, 절, 정자, 탑, 특수지역, 폐현 등 인공지명이 망라되어 있다. 시도별로 1책 또는 2~4책으로 묶어 모두 20책으로 되어 있다. 행정구역별로 편집된 『한국 지명 총람』을 연구 자료로 손쉽게 활용하도록 하기 위하여 이들 지명을 가나다순으로 정리하여 『한국 땅이름 큰사전』을 간행하였다. 또한 이를 전산화하여 시디-롬으로 제작한 『한국땅이름 전자사전』도 발행하였다. 이들 자료들은 각 지방자치단체의 지명지 편찬에 중요한 지침서로 활용되고 있을 뿐 아니라 지명 연구자들이 가장 많이 참고하는 훌륭한 자료이다.

'노동당시대의 기념비적 작품', '국보적 가치가 있는 대작'으로 북한학계에서 평가하고 있는 『고장이름사전』을 바탕으로 남한의 평화문제연구소와 북한의 과학백과사전출판사가 공동으로 『조선향토대백과』를 편찬하였다. 남북 화해 시대의 실질적인 성과물인 『조선향토대백과』는 북한의 다양한 지역정보를 담고 있다. 하지만 지명과 관련된 사항이 중심임을 알 수 있는데 해당 지역의 위치, 연혁, 산천, 수목, 작물, 산업, 교통 등에 대하여 약술한 후 이 지역 안의 자연지명과 인문지명을 망라하여 제시하였다. 제시방법은 유형별로 분류하여 제시하지 아니하고 가나다순으로 기술하였다.

21세기 문화의 시대를 맞아 향토문화 자료의 디지털화를 위해 『한국향토문화전자대전』 구축이 추진되고 있다. 급속히 소멸되어 가는 향토문화 자료의 보존·계승을 위해 한국학중앙연구원 주관으로 시범사업(2003년~2004년)과 본사업 1단계(2004년~2013년)에 이어 2단계 사업(2014년~2023년)이 추진 중에 있다. 『한국향토문화전자대전』(http://www.grandculture.net) 홈페이지를 통하여 현재까지의 구축현황과 구축이 완료된 지방자치단체의 콘텐츠를 열람, 검색할 수 있다. 2019.4.10. 현재 사이트 구축 현황을 보면 구축항목 126,688 항목, 시청각항목 244,828 항목임을 알 수 있다. 지명은 삶의 터전(지리) 편에 등재되어 있는데 산, 고개, 습지, 하천, 평야 등 자연지명과 행정동의 명칭을 비롯한 인문지명을 확인할 수 있다. 이전의 지명 관련 자료에 비해 보다 풍부한 내용을 담고 있으나 앞서 간행된 문헌을 무비판적으로 수용, 전재한 것은 극복해야 할 과제이다.

제2부
한국지명의 단면

Ⅰ 동리명의 형성과 변천

제6장

堤川 농촌지역 동리명의 형성과 변천

1. 서론

1.1. 연구의 의의 및 범위

우리나라 동리명의 형성과 변천을 탐구하는 작업은 한국지명이 지닌 특성을 알아냄은 물론 미래 지명 설계의 기초를 마련한다는 점에서 매우 의미 있는 일이다. 『三國史記』「地理志」를 비롯한 현전하는 지명관련 자료에서 우리는 삼국시대 이후 전국의 군현명을 확인할 수 있다. 그러나 전국의 동리명 대부분을 보여주는 가장 이른 시기의 문헌은 영조 때인 1757년~1765년 사이에 간행된 『與地圖書』(이하 『與圖』)이다. 그러므로 고대 그리고 중세국어 자료에서는 부분적이고 단편적인 동리명을 확인할 수 있으나 그 전면적인 파악은 어려운 상황이다.[1]

고대나 중세지명이 아닌 근대지명에서 확보된 동리명을 바탕으로 그 형성과 변천을 탐구하는 일은 여러 가지 의미를 지닌다. 무엇보다도 문헌에 제시된 명칭과 대응되는 傳來地名 즉 俗地名과의 관계 파악을 통하여 동리명 나아가 한국지명의 형성

---

[1] 『與圖』이전의 자료에서도 단편적이고 부분적으로 洞里村名을 확인할 수 있다. 고대국어 시기의 자료인 『新羅村落文書』에 보이는 沙害漸村, 薩下知村 등이 단편적인 자료이며, 16세기 후반부터 본격적으로 편찬되기 시작한 각 군의 읍지에서 동리명을 부분적으로 확인할 수 있다. 그러나 전국의 동리명을 대부분 확인할 수 있는 가장 이른 시기의 문헌은 『與圖』이다. 그후 『戶口總數』, 『朝鮮地誌資料』 등에서 전국의 동리명을 확인할 수 있다.

원리를 찾아낼 수 있다. 또한 동리명 형성 이후 그 변천을 살피는 과정에서 사회·문화적 시대상황이 명칭에 어떻게 반영되었는지 파악할 수 있다.

그동안 우리 학계는 지나치리만큼 고대지명의 탐구에 힘을 기울여 왔다. 그 결과 상당한 성과를 거두기도 하였으나 문제만을 제기한 채 명쾌하게 해결하지 못한 부분이 허다하다. 이는 확실하고 분명한 자료의 부족에 기인한 것이다. 이런 점을 감안할 때 모든 분야의 연구가 그러하듯이 믿을 만한 자료 즉 객관적이고 타당성이 있는 자료를 바탕으로 한 연구에서부터 우리의 관심은 출발하여야 한다. 동리명은 문헌자료와 이에 대응하는 구전자료를 확보할 수 있는 엄격한 자료이다. 믿기 어려운 느슨한 자료가 아니라 검증된 자료의 성격을 지닌 근대지명 자료 즉, 동리명 검토를 통한 객관적인 이론 도출, 이를 바탕으로 한 중세 그리고 고대지명 연구로의 확대를 위해서도 본 연구는 중요한 의미를 지닌다.

본장에서는 『輿圖』의 제천현 편에 수록된 동리명 중 南面, 北面, 近右面, 近左面, 遠西面 등 5개 면의 동리명 형성과 변천을 다루기로 한다. 이들 5개면은 현재 堤川市 시내지역인 江諸洞, 明芝洞, 山谷洞, 大郎洞과 金城面(←南面), 松鶴面(←北面), 鳳陽邑(←近右面, 近左面), 白雲面(←遠西面) 등의 지역에 속한다.

1.2. 堤川의 郡縣名과 面名 沿革

제천은 월악산, 소백산 그리고 치악산에 둘러싸인 분지 형태의 지역으로 충청북도 북부에 위치한다. 『新增東國輿地勝覽』(이하 『新增』)의 〈建置沿革〉조에서는 "本高句麗奈吐郡 新羅改奈堤 高麗初改堤州 成宗十四年置刺史 穆宗八年罷之 顯宗九年屬原州 睿宗元年置監務 本朝太宗十三年例改今名爲縣監"[2]과 같이 그 연혁을 설명하였다. 또한 奈吐·奈堤·義川·義原 등을 그 군명으로 제시하였다.

---

2 "본래 고구려의 奈吐郡인데 신라에서 奈堤로 고쳤고, 고려 초에 堤州로 고쳤다. 성종 14년(995)에 刺史를 두었다가 목종 8년(1005)에 파하였고, 현종 9년(1018)에 원주에 붙였고, 예종 원년에 감무(監務)를 두었다. 本朝 태종 13년(1413)에 규례에 따라 지금 이름으로 고치어 현감을 만들었다."

『新增』을 통하여 우리가 알 수 있는 행정지명은 군현명이다. 군이나 현 아래에 위치하는 행정지명이 면명이고 그 아래에 존재하는 것이 동리명이다. 이들 지명을 중세 국어 자료에서는 단편적으로 접할 수 있으나 전면적이고 체계적으로 제시된 자료는 근대국어 시기의 지명 자료이다. 현전하는 자료 중 전국 각 군현의 동리명을 전면적으로 보여주는 최초의 문헌이 『與圖』라 했는데 면명 또한 그러하다. 이 자료에서는 제천의 경우 맨 앞에 제천현 疆域을 표현한 채색지도를 제시하였는데 이 부분이 『與地圖』이다. 그리고 『與地書』에서는 坊里를 필두로 道路, 建置沿革, 縣名, 形勝, 官職, 山川, 堤堰, 倉庫, 驛院, 關阨, 樓亭, 寺刹, 古蹟, 人物 등의 순으로 기술되어 있다. 지역에 따라 제시되기도 했던 城池, 姓氏, 風俗, 陵寢, 壇廟, 公廨, 物産, 橋梁, 牧場, 烽燧, 塚墓, 鎭堡, 名宦, 旱田, 水田, 進貢, 糶糴, 田稅, 大同, 俸廩, 軍兵 등은 생략되었다.

본 연구가 지향하는 바는 소위 行政 내지는 法定 동리명에 대한 역사적 검토이다. 그러므로 행정 내지는 법정 동리명만을 제시한 자료가 검토 대상이다. 『與圖』 (1757~1765) 이후 간행된 자료 중 검토 대상 문헌은 『忠淸道邑誌』(이하 『邑誌』)(1835~1849(제천현지 편찬연대)), 『舊韓國地方行政區域名稱一覽』(이하 『舊名』)(1912), 『新舊對照朝鮮全道府郡面里洞名稱一覽』(이하 『新舊』)(1917) 등이다. 이들 자료에는 행정을 위한 동리명만이 제시되어 있어 『朝鮮地誌資料』(이하 『朝誌』)에 등재된 지명과는 성격이 다르다.

『朝誌』를 살펴보면 각 면별로 지명의 종별을 나누었는데, 제천군 金城面의 경우 里洞名, 部落名, 部曲名, 酒幕名, 古驛名, 寺刹名, 廟名, 山岳名, 峙名, 谿谷名, 河川名, 渡津名, 洑名, 名所名, 城址名 등으로 분류하였다. 지명의 종별은 각 면마다 특성을 감안하여 분류하였다. 堤川市 淸風面의 경우 金城面에서 볼 수 없는 市場名, 嶺名, 原坪名, 池沼名, 古蹟名 등이 보인다. 어떤 지역이든 지명의 종별 중 가장 먼저 제시된 것이 행정지명이라 할 수 있는 里洞名이며 그 다음에 마을이름인 部落名을 제시하였다. 이 자료는 한자표기 지명과 대응되는 언문표기 지명을 함께 제시하였다는 점이 특징이다.

『朝誌』의 里洞名은 『新舊』의 동리명과 사실상 일치한다. 1914년 일제에 의해 대대적인 행정구역 통폐합이 이루어졌는데 이를 반영한 것이 『新舊』이다. 그 후 부분적인 행정구역 개편과 행정지명 변경이 이루어졌는데 1917년 錦繡面과 城山面을 통합하여 金城面이라 한 것과 飛鳳面을 淸風面이라 한 것이 그 예이다. 『新舊』에는 제천군의 면

명칭이 12개[3]가 제시되어 있으나 『朝誌』에는 10개[4]가 제시되어 있다. 이는 近左面과 近右面을 통합하여 鳳陽面으로 城山面과 錦繡面을 통합하여 金城面으로 개편한 결과가 반영된 것이다. 또한 邑內面을 제천면으로, 飛鳳面을 淸風面으로 명칭을 변경한 것도 반영되었다. 면 명칭에는 변동이 있었지만 그 하위 행정단위인 동리명은 정확히 일치한다.[5] 이런 점을 감안하면 『朝誌』의 동리명은 1914년의 개편 결과를, 면명은 1917년의 개편 결과를 반영한 것이다.[6]

『朝誌』의 동리명 자료와 『新舊』의 그것이 정확히 일치하므로 여기서는 간명하게 동리명만이 제시된 『新舊』의 그것을 기초자료로 삼고자 한다. 하지만 『朝誌』에는 里洞名과 部落名을 한자로 표기한 후 각각에 대응되는 속지명을 '諺文'이라는 칸을 활용하여 제시하였다. 언문 칸에 제시된 속지명은 동리명의 근원형에 해당하는 것으로 고유어지명이 한자어지명으로 전환하는 과정을 파악할 수 있게 해주는 소중한 자료이다. 그러므로 본 연구의 논의 과정에서 이들 자료는 중요하게 다루어질 것이다.

본 연구에서 기초자료로 삼은 『輿圖』와 『忠誌』에는 각 군현의 지도가 맨 앞에 부착되어 있다. 이 지도에는 면의 위치도 사각형 모양을 한 동그라미 안에 제시되었다. 그리고 방리조에는 면명을 제시한 후 그 아래에 동리명을 적어 놓았다. 『輿圖』의 경우 동

---

3 邑內面, 白雲面, 城山面, 松鶴面, 近左面, 近右面, 飛鳳面, 水山面, 錦繡面, 寒水面, 德山面, 水下面 (12개 면)

4 堤川面, 金城面, 淸風面, 水山面, 德山面, 寒水面, 水下面, 白雲面, 鳳陽面, 松鶴面(10개 면)

5 『新舊』에 제시된 12개 면의 동리명 수는 邑內面 12개, 白雲面 8개, 城山面 8개, 松鶴面 8개, 近左面 6개, 近右面 13개, 飛鳳面 15개, 水山面 16개, 錦繡面 18개, 寒水面 10개, 德山面 8개, 水下面 15개 도합 137개이다. 이들 동리명은 『朝誌』의 里洞名에 그대로 반영되었다. 통합이 이루어진 金城面 26개는 城山面 8개와 錦繡面 18개가, 鳳陽面 19개는 近左面 6개와 近右面 13개가 합쳐져 그대로 이동된 것이다. 다만 배열순서는 약간의 차이가 있다.

6 『朝誌』 제천군 편은 1917년 개편 결과를 반영한 것이므로 그 작성 연대는 1917년 이후로 보아야 할 것이다. 그동안 『朝誌』의 필사, 작성 연대에 대하여 임용기(1995: 156~157), 신종원(2010, 5~6) 등은 1911년 봄부터 1911년 12월 사이에 편찬된 것으로 보았다. 이는 특정 지역 자료만을 대상으로 검토한 결과이다. 충청북도 자료를 대상으로 검토한 김순배(2013d: 33~34)에서는 1917년 지정면제 실시의 내용을 담고 있다는 점을 고려하여 추후 심도 있는 연구가 필요하다고 지적한 바 있다. 필사, 작성 시기에 따라 이 자료의 편찬 목적이 다를 수 있으므로 전편을 대상으로 한 정밀한 논의가 필요함을 제5장에서도 밝힌 바 있다.

리명과 함께 關門부터의 거리, 戶數와 남녀 인구수를 구분하여 제시하였다. 그리고『忠誌』에서는 면명을 큰 글씨로 제시한 후 그 아래에 행을 분할하여 해당 면의 위치와 특징을 동서남북의 접경과 지형지물을 활용하여 설명한 후 각 里의 명칭을 제시하였다. 아래에 제시된『與圖』의 지도를 통하여 제천현의 면명과 그 위치를 확인할 수 있다.

〈그림1〉『與圖』의 堤川縣 지도

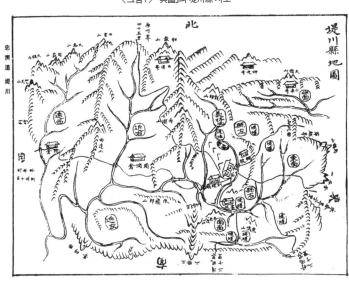

위 지도에서 보듯 제천에는 縣左面, 縣右面, 東面, 南面, 近左面, 近右面, 遠西面, 北面 등 8개면이 있었음을 알 수 있다. 『與圖』의 면명은 『忠誌』에 그대로 이어졌으며 『舊名』에서는 遠西面이 西面으로 고쳐졌을 뿐 다름이 없다. 이들 면 명칭이 대폭 변경된 것은 『新舊』에 와서인데 縣左面, 縣右面 그리고 東面을 통합하여 邑內面이라 하였고 西面을 白雲面, 南面을 城山面, 北面을 松鶴面이라 하였다. 다만 近左面과 近右面은 그 명칭이 유지되다가 1920년 9월 행정구역 조정과 함께 통합, 鳳陽面으로 변경되었다.

1914년 제천군에 병합된 청풍군[7]의 면 명칭도 水下面을 제외하고 모두 변경되었

---

7 청풍군은 원래 고구려 때의 沙熱伊縣을 신라 경덕왕 때 淸風으로 고쳐 제천군의 領縣이 되었다. 1018년 (고려 현종 9)에는 忠州에 예속되었고 후에 監務를 두었는데, 1317년(충숙왕 4)에 郡知事가 되었다. 1660년

다. 邑內面이 飛鳳面으로, 近南面과 遠南面이 통합되어 水山面으로, 北面과 東面이 통합되어 錦繡面으로, 遠西面에 忠州郡 德山面 일부를 병합하여 寒水面으로, 遠西面의 일부를 忠州郡 德山面 대부분에 병합하여 堤川郡 德山面으로 변경하였다. 堤川市의 면 명칭 연혁을 한눈에 볼 수 있도록 표로 정리하면 다음과 같다.

<표 1> 堤川市의 면 명칭 연혁

『與圖』	『忠誌』	『舊名』	『新舊』	현재[8]
[提][9] 東面	[提] 東面	《提》 東面	《提》 邑內面	<提> 시내 동 지역
[提] 南面	[提] 南面	《提》 南面	《提》 城山面	<提> 金城面
[提] 北面	[提] 北面	《提》 北面	《提》 松鶴面	<提> 松鶴面
[提] 近右面	[提] 近右面	《提》 近右面	《提》 近右面	<提> 鳳陽邑
[提] 近左面	[提] 近左面	《提》 近左面	《提》 近左面	
[提] 遠西面	[提] 遠西面	《提》 西面	《提》 白雲面	<提> 白雲面
[提] 縣右面	[提] 縣右面	《提》 縣右面	《提》 邑內面	<提> 시내 동 지역
[提] 縣左面	[提] 縣左面	《提》 縣左面		
【淸】 邑內面	[淸] 邑內面	《淸》 邑內面	《提》 飛鳳面	<提> 淸風面
【淸】 遠南面	[淸] 遠南面	《淸》 遠南面	《提》 水山面	<提> 水山面
【淸】 近南面	[淸] 近南面	《淸》 近南面		
【淸】 遠西面	[淸] 遠西面	《淸》 遠西面	《提》 寒水面	<提> 寒水面
			《提》 德山面	<提> 德山面
【淸】 近西面	[淸] 近西面	《淸》 近西面	《提》 飛鳳面	<提> 淸風面
				<提> 水山面

에 府로 승격, 1895년(고종 32)에 郡이 되었다가 1914년 제천군에 병합되었다.

8 도농복합 지방자치단체인 堤川市는 縣左面, 縣右面 그리고 東面이 도시지역으로 발전하였고 다른 지역은 대부분 농촌지역으로 남아 있다.

9 각 면명 앞에 제시된 약호는 각각 【淸】 청풍부, [淸] 청풍현, 《淸》 청풍군, [提] 제천현, 《提》 제천군, <提> 堤川市, 《忠》 충주군, 《忠》 충주목 <忠> 忠州市 등을 표현한 것이다.

【清】 北面	[清] 北面	《清》 北面	《提》 錦繡面	<提> 金城面
				<提> 水山面
【清】 水下面	[清] 水下面	《清》 水下面	《提》 水下面	<提> 清風面
				<忠> 東良面[10]
《忠》 德山面	(忠) 德山面	《忠》 德山面	《提》 寒水面	<提> 寒水面
			《提》 德山面	<提> 德山面

2. 南面의 동리명 형성과 변천

2.1. 南面의 동리명 자료

『忠誌』를 비롯한 제천의 읍지에서 南面의 위치에 대하여 "동쪽으로 永春의 金山에 접하고 서쪽으로 近右面과 접하며 남쪽으로 청풍의 九論과 접하고 북쪽으로 縣右面과 접한다. 동서간 거리가 20리이며 남북간 거리는 15리이다. 未應達山[명달산]의 좌우전후가 되며 虎鳴山의 좌우가 되며 齊飛郞이 그 서쪽에 있으며 沙溪가 그 북쪽에 있다."[11]라 하였다.

〈사진 1〉『輿圖』의 제천현 지도에 보듯 南面은 동쪽으로 치우친 남쪽에 위치하였다. 南面은 1914년 행정구역 개편 당시 城山面이라 하였다가 1917년 錦繡面과 통합하여 金城面이 되었다. 그 후 제천의 중심부인 시내지역과 근접한 지역은 제천읍 또는 堤川市에 편입되면서 당초 南面 지역의 일부만 金城面 관할지역으로 남아있다. 『輿圖』에는 7개, 『忠誌』에는 10개, 『舊名』에는 13개, 『新舊』에는 8개의 동리명이 제시되어 있다. 이들 동리명과 함께 관련 사항을 정리하면 〈표 2〉와 같다.

---

10 水下面 지역 중 沙器里, 鳴梧里, 咸巖里, 瑞雲里, 浦灘里, 好雲里 등 6개 里는 행정구역 개편으로 1929년에 제천군 寒水面에 편입되었다가 1987년에는 中原郡 東良面에 이관되었다. 그 후 1995년 시군통합에 의해 현재 忠州市 東良面 관할지역이 되었다.

11 "東接永春之金山 西接近右 南接淸風之九論 北接縣右 東西二十里 南北十五里 未應達山之左右前後也 虎鳴山左右 齊飛郞山在其西 沙溪在其北"

〈표 2〉 南面의 동리명 자료

輿圖(7)[12]	忠誌(10)	舊名(13)	新舊(8)	현용 동리명	관할시군면	전래지명[13]
古池洞里 42/55/67[14]	古池洞			堤川市 江諸洞	南面→城山 面(1914)>→ 金城面 (1917)→ 堤川市	고지골
沙田里 18/53/51	沙田	沙田里		堤川市 泉南洞		사리골
明池洞 64/105/111		明芝洞	明芝里	堤川市 明芝洞		명지 - 골 (明芝 - 골) 멍달 - 산 → 미응달산 (未應達山)
月林里 26/62/68	月林	月林里	月林里	金城面 月林里	南面→城山 面(1914)>→ 金城面(1917)	달밭
沙里方里 60/119/158	沙里方	沙里方里		金城面 陽花里		사리배이/ 사린뱅이
東幕里 101/250/250	東幕	東幕里	東幕里	金城面 東幕里	南面→城山 面(1914)>→ 金城面(1917)	동막골
大郞洞里 26/43/71	大郞洞	大郞洞	大郞里	堤川市 大郞동	南面→城山 面(1914)>→ 金城面 (1917)→ 堤川市	대랑골
	務智洞			堤川市 明芝洞		뭇조 - 골 → 무지 - 골
	山谷	山谷里	山谷里	재천시 山谷洞		산의실/ 산능실

---

12 문헌명 뒤 ( ) 안의 숫자는 해당 문헌에 올라 있는 동리명 수를 제시한 것이다.

13 여기에 제시할 전래지명은 『朝誌』(1911), 한글학회의 『한국지명총람』(1971), 충청북도의 『地名誌』(1987), 제천문화원의 『義林文化』 제6집(제천 지명편)(1991)과 『堤川 마을誌』(1999) 등의 검토와 여러 차례의 현지답사를 통하여 수집한 것이다. 대부분의 항목은 한역지명과 직접적으로 대응되는 것이지만, 논의의 필요에 따라 해당 지역의 속지명도 일부 제시하고자 한다.

14 『輿圖』의 각 동리명 아래에 제시된 '42/55/67'은 해당 동리의 編戶數/인구수(男)/인구수(女)를 표현한 것이다. 인구의 증감과 이동에 따라 동리의 형성과 폐쇄가 가능할 것이므로 동리명 연구에 인구와 편호는 중요한 고려사항이 될 것으로 판단되어 동리명과 함께 제시하기로 한다.

大峙	大峙里		金城面 月林里	南面→城山 面(1914)>→ 金城面(1917)	한티재
大壯	大壯里	大壯里	金城面 大壯里		대쟁이
	里仁里		재천시 山谷洞	南面→城山 面(1914)>→ 金城面 (1917)→ 堤川市	
	江諸洞	江諸里	堤川市 江諸洞		저실
	進友洞		堤川市 江諸洞		진흙골→ 진우골
	獐井里		堤川市 江諸洞		노루물
		陽花里	金城面 陽花里	南面→城山 面(1914)>→ 金城面(1917)	

2.2. 南面 동리명의 형성과 변천

『與圖』에 등재된 7개의 동리명 중 현재까지 활용되는 것은 明池/明芝, 月林, 東幕, 大郎 등 4개이다. 이중 '명지'만『忠誌』에 등재되지 않았을 뿐 다른 동리명은『忠誌』,『舊名』,『新舊』에 모두 등재되어 있다. '명지' 대신『忠誌』에는 '務智'가 동리명으로 등재되었으나『舊名』에서 다시 '명지'로 복귀하였고 한자표기가 '池→芝'로 바뀌었다. 현재 동리명으로 쓰이지 않는 3개의 동리명 중 '古池洞'은『忠誌』까지, '沙田'과 '沙里方'은『忠誌』에 이어『舊名』까지 등재되었다.

『與圖』에서 볼 수 있는 동리명과 전래지명은 '古池洞:고지골, 沙田里:사리골[15], 明池洞:명지골, 月林:달밭, 沙里方:사리배이/사린뱅이, 東幕里:동막골, 大郎洞:대랑골' 등의 대응관계가 있음을 알 수 있다. 전부요소의 경우 7개 중 '月林'만이 속지명 '달밭'을

---

15 사리골은 현재 泉南洞 지역으로 장평천 건너에 위치한 마을이다. '沙里谷'이라 표기하기도 하였으나 동리명에서는 '沙田里'라 하였다. 이는 '沙里里'라 하면 전부요소의 말음과 후부요소 즉 속성지명이 동음이 되므로 이를 피하고자 '沙田里'라 한 것으로 보인다.

의역하였고 6개는 음역의 방식으로 동리명 한자표기가 형성되었음을 알 수 있다. 이 지역의 마을들은 지형적 특성상 골짜기에 자리 잡았기에 속성지명을 '골'로 삼은 것이 많다. 두루 알고 있듯이 후부요소 '골'은 규칙적으로 洞으로 의역되었다.

전래지명 즉 속지명 중 '고지골'은 명명의 근거를 분명하게 알 수 있는 것이다. '고지골'은 하소천과 장평천이 합류하는 지점에 위치한 마을이다. 이곳은 의림지에서 발원한 고암천(하소천이라고도 함) 물줄기가 하소동과 서부동의 경계를 이루면서 남쪽으로 흘러내리다가 장평천과 합류하는 지점이다. 동쪽에서 흘러온 장평천이 큰 물줄기이므로 하소천은 곡류를 형성하게 되었고 이를 하소동 쪽에서 바라보면 '곶' 모양이다. '곶'과 같은 형상을 지닌 지점에 위치한 마을이므로 '고지골'이라 하였다. 지형의 생김새가 배경이 되어 속지명 '고지골'이 생겨났고 이를 바탕으로 한자표기 동리명 古池洞이 형성되었다. 고지:古池는 음역의 방식으로, 골:洞은 의역의 방식을 취하였음을 알 수 있다. 古池洞은 현용 동리명으로는 쓰이지 않으며 南面 관할이었던 이곳은 도시지역에 편입되어 현재 江諸洞의 서북부에 위치한다.

『忠誌』에서부터 등장하는 동리명은 '務智洞, 山谷, 大峙, 大壯' 등 4개이다. 이 중 '山谷'과 '大壯'은 현재까지 동리명으로 쓰이고 있고, '務智洞'은 『忠誌』에만, '大峙'는 『舊名』까지 등재되었다. '務智洞'은 현재 堤川市 明芝洞에 속해 있으며 '大峙'는 金城面 月林里에 속한다. 한자표기 동리명과 속지명의 대응관계를 보면 '務智洞:무지골/뭇조-골[16], 山谷:산의실/산능실, 大峙:한티(재), 大壯:대쟁이' 등과 같다. 지명어의 후부요소 洞:골, 谷:실, 峙:티(재) 등의 대응을 확인할 수 있으며, 전부요소 '務智:무지, 大壯:대쟁이, 山:산' 등은 음역, '大:한'은 의역하였음을 알 수 있다.

『舊名』에 새로 등장하는 동리명은 4개이다. 이 중 『新舊』에 이어진 후 현용 동리명으로 쓰이는 것은 '江諸' 하나이며 '里仁, 進友, 獐井' 등은 『舊名』에만 보인다. '江諸洞:져실, 進友洞:진우골(←진흙골), 獐井:노루물' 등의 대응을 확인할 수 있다.

8개의 동리명이 등재된 『新舊』에 새롭게 등재된 것은 '陽花里'이다. 『輿圖』 이후 『忠

---

16 조씨가 묻혀 살던 골짜기라는 데서 '묻/뭇[←묻히다]+조[←조씨]+골'이라는 지명이 생겨났다 한다. 한자표기 '務智洞'과 더불어 '衆趙谷'도 있다.

誌』, 『舊名』에까지 등재되었던 '沙里方里'가 삭제되고 그 자리를 '陽花里'가 차지하였다. 상스럽지 못한 일이 자주 일어남을 동리명 '沙里方里:사리배이/사린뱅이' 탓으로 돌려 1910년 당시 이장이었던 이현길 씨가 '양화리'로 고쳤다 한다.[17] 이는 전래 지명을 고려하지 않고 사회문화적 욕구를 배경으로 창안된 한자어지명이다.

3. 北面의 동리명 형성과 변천

3.1. 北面의 동리명 자료

『忠誌』에서 北面의 위치에 대하여 "동쪽으로 영월의 舡丘[18]에 접하며 서쪽으로 近右面에 접하고 남쪽으로 縣左面에 접하며 북쪽으로 원주의 金花屯[19]에 접한다. 남북 간 거리는 23리이고 동서 간 거리는 20리이다. 大德山이 북쪽에 있으며 梨峴이 남쪽에 있고 紺岩山이 서쪽에 있고 觀瀾亭이 동쪽에 있다.[20]"와 같이 기술하였다.

〈사진 1〉『與圖』의 제천현 지도에서 보듯 北面은 제천현의 동북쪽에 위치한다. 1914년 행정구역 개편 당시 이 지역의 대표적인 지형지물인 '松鶴山'[21]의 명칭을 활용

---

17 제천문화원(1999: 54-55)에서는 '사리배이/사린뱅이'의 유래에 대하여 金城面 구룡리 박남수씨와 양화리 강성옥씨의 다음과 같은 제보를 제시하였다. "지금의 선녀골이 있는 곳에 주막거리가 있었는데, 사람들이 술을 마시고 시비가 일어 싸움이 자주 일어나고, 살인이 잦아 '사리배이'라 했다."〈제보자 박남수〉. "옛날부터 각자의 마을이 아니면 텃세를 자주 받게 되는데, 시비를 많이 걸어 싸움이 자주 일어나고 살인이 잦아 '사리배이'라 했다."〈제보자 강성옥〉

18 전래지명은 '배두둑'이라 하며 현재 영월군 北面 문곡리에 속한다.

19 현재 강원도 영월군 주천면 금마리이다.

20 東接寧越之舡丘 西接近右 南接縣左 北接原州之金花屯 南北二十三里 東西二十里 大德山在其北 梨峴在其南 紺岩山在其西 觀瀾亭在其東

21 '松鶴山'은 〈사진 1〉『與圖』에 '大德山'으로 되어 있고 '小岳寺'가 있음도 그려져 있다. '松鶴山'의 원명은 '大德山'임을 『新增』을 통하여도 알 수 있다. 이 문헌에서는 "大德山 在縣北二十一里(현 북쪽 21리에 있다.)"고 하였으며, 『與圖』에는 "大德山 在縣北二十一里 龍頭之東枝也 今称小岳 東迆而爲沙瑟峙(관아의 북쪽 21리에 있다. 용두산의 동쪽 가지이다. 지금은 소악산이라고 부른다. 동쪽으로 비스듬히 뻗어 사슬치가 된다.)"고 하였다. 이 산의 8부 능선쯤에 있었던 사찰의 명칭을 활용하여 '小岳山'이라 칭하기도 하였음을 알 수 있다. 소나무와 학을 명

하여 '松鶴面'이라 하였다. 당초 北面 지역 중 桃花里(『舊名』의 新潭里) 일부가 도시지역인 茅山洞에 편입되었고, 東面의 송치리 일부가 편입되었을 뿐 대부분은 松鶴面 관할이 되었다. 『輿圖』와 『忠誌』에 각각 16개, 『舊名』에는 19개, 『新舊』에는 8개의 동리명이 제시되어 있다. 이들 동리명과 함께 관련 사항을 정리하면 〈표 3〉과 같다.

〈표 3〉 北面의 동리명 자료

輿圖(16)	忠誌(16)	舊名(19)	新舊(8)	현용 동리명	관할시군면	전래지명
薪門里 20/65/66	薪門	薪門里		務道里		서문니/ 서무니
晩谷里 46/136/141	晩谷			務道里		만지실 [晩芝谷]
務道尉里 24/59/59	務道尉		務道里	務道里		뭇두/뭇도/ 무도/뭇도위/ 무뒤이
金谷里 20/55/57	金谷	金谷里		柴谷里		쇳골
蕃滋里 72/178/170	番自里	番自里		長谷里		번자리
立石里 36/40/42	立石	立石里	立石里	立石里	北面→松鶴面(1914)	선돌/ 선돌배기
漆宗里 31/41/42	七宗	漆宗里		柴谷里		옻마루/온마루/원마루
柴谷里 27/40/41	柴谷	柴谷里	柴谷里	柴谷里		
浦田里 20/35/44	浦田	浦田里	浦田里	浦田里		갯밭/개앗
屈巖里 20/39/41	屈巖	屈岩里		松寒里		굴바우
松寒里 41/73/65	松寒	松寒里	松寒里	松寒里		소난이/솔안이/솔안

명의 소재로 삼아 '松鶴山'이라 한 것은 그 역사가 오래지 않다.

五味里 24/45/46	五味	五味里	五味里	五味里	北面→松鶴面(1914)	
芦[22]洞里 12/29/30	蘆洞	蘆洞里		浦田里		갈골
芝谷里 40/64/65	芝谷	芝谷里		桃花里		지실
桃[23]花洞里 4/10/11	桃花洞	桃花洞	桃花里	桃花里		
東幕里 9/27/30	東幕	東幕里		桃花里		
		日谷里		長谷里		
		堂谷里		立石里		당골
		務堂里		務道里		
		晩田里		務道里		
		新潭里		桃花里		
				모산동	北面→邑內面(1914)→堤川市(茅山洞)	
			長谷里	長谷里	北面→松鶴面(1914)	

3.2. 北面 동리명의 형성과 변천

『輿圖』에 등재된 동리명 16개는 『忠誌』에까지 그대로 나타난다. 다만 蕃滋/番自, 漆宗/七宗, 芦洞/蘆洞, 桃花 등 4개의 경우 동음의 다른 한자나 이체자로 표기되었을 뿐이다. 이들 16개의 동리명 중 오늘날까지 쓰이고 있는 것은 務道(←務道尉), 立石, 柴谷, 浦田, 松寒, 五味, 桃花 등 7개이다. 결국 薪門, 晩谷, 金谷, 蕃滋/番自, 漆宗/七宗, 屈

---

22 蘆의 俗子

23 한자 '桃'의 자형이 '木'과 '兆'를 세로로 배열한 모양임.

巖, 芦洞/蘆洞, 芝谷, 東幕 등 9개의 동리는 인접 동리에 통합되어 자연부락으로 남아있다. 농촌지역이지만 비교적 통합이 활발하게 추진된 지역임을 알 수 있다.

『與圖』와 『忠誌』에 등재된 동리명과 전래지명의 대응관계를 살펴보면 '薪門:서문니/서무니[24], 晩谷:만지실[25], 務道尉:뭇두/뭇도/무도/뭇도위/무뒤이, 金谷:쇳골, 立石:선돌/선돌배기[26], 漆宗/七宗:옻마루/온마루/원마루[27], 浦田:갯밭/개앗[28] 屈巖:굴바우[29], 松寒:소난이[30]/솔안이/솔안, 芦洞/蘆洞:갈골, 芝谷:지실' 등으로 파악된다. 蕃滋/番自, 柴谷, 五味, 桃花, 東幕 등은 대응되는 전래지명을 찾을 수 없다. 桃花[31]에서 볼 수 있듯이 이런 유형의 동리명 대부분은 고유어지명을 배경으로 하지 않고 당초부터 한자어지명으로 창안한 것이다.

지명어의 후부요소로 흔히 쓰이는 속성지명 '谷:실, 石:돌, 田:밭/앗, 巖:바우, 洞:골' 등을 확인할 수 있다. 이들 항목은 모두 의역에 의한 한자화가 이루어졌다. 그리고 성격요소라고 할 수 있는 전부요소의 경우도 의역에 의한 한자어화가 이루어졌음을 '薪:섶(←섬), 金:쇠, 立:선, 漆:옻, 浦:개, 松:솔(←쇠), 芦/蘆:갈' 등에서 확인할 수 있다. 그러나 '晩:만, 務道尉:뭇두/뭇도/무도/뭇도위/무뒤이, 屈:굴' 등에서는 음역의 방식이 활용되

---

24 마을 입구 길 양쪽에 큰 돌이 문처럼 서 있었다 하여 유래된 명칭이라 함.

25 전래지명 '만지실'을 '晩芝谷'으로 한자 표기하였으나 동리명으로 활용하면서 음절을 줄여 '晩谷'이라 한 것으로 보인다.

26 입석 서남쪽에 서 있는 돌, 3단으로 자리 잡고 있는데 맨 아래에는 높이 66cm의 낮고 폭이 넓은 3매석이 흡사 지대석처럼 놓인 위에 높이 96cm 폭97cm와 116cm의 밑높이 40cm에 폭 140cm 둘레 654cm의 3매석이 중대석처럼 얹혀 있고, 맨 위에 높이 245cm 폭 258cm 둘레 654cm 1석이 올려져 있어 전체가 7매석으로 이루어져 있으며 2001년 문화재로 지정됨.

27 시곡 동쪽에 있는 마을로 옻나무가 많았다 함. 일설에 의하면 원급 이상 벼슬아치가 살았다고 하여 원마루가 되었다고도 함.

28 개울가에 있는 밭에 자리 잡은 마을.

29 밑에 굴이 뚫려 있는 바위가 있는 마을.

30 쇠[鐵]가 났으므로 '소난이'라 하였다 함. 인근에 '풀뭇골'이 있는 것으로 보아 '소난이'를 '솔안이/솔안'의 근원형으로 볼 수 있음.

31 수석이 매우 아름답기에 부사 李啓遠이 바위 면에 '桃花洞天第一江山'이라 새긴 데에서 '桃花'라는 동리명이 유래함.

었음을 알 수 있다.

『舊名』에 등재된 동리명은 19개인데『與圖』와『忠誌』의 동리명 중 晩谷과 務道尉가 삭제되고 新潭, 日谷, 堂谷, 務堂, 晩田 등 5개가 새롭게 등재되었다. 이중 '晩田'은 '晩谷' 또는 '晩芝谷'과 함께 전래지명 '만지실'을 달리 표현한 것이고 '務堂'은 '務道尉'를 달리 표기한 것이다. '堂谷'에 대응되는 전래지명 '당골'이 있다. 『舊名』에 새롭게 등재된 이들 5개 동리명은 하나도 현용 동리명으로 활용되지 않는다.

1914년에 단행된 행정구역 통폐합의 결과가 반영된 『新舊』에는 務道里, 立石里, 柴谷里, 浦田里, 松寒里, 五味里, 桃花里, 長谷里 등 8개의 동리명이 등재되어 있으며 이들 명칭은 현재까지 활용되고 있다. 이 중 '長谷'만이 처음 등장하는 명칭이고 '務道尉'는 음절을 줄여 '務道'라 하였다. 그리고 다른 6개의 동리명은『與圖』이후 계속 활용되었던 것이다. 새로 등장한 '長谷'은 번자리와 일곡리를 병합하여, 긴 골짜기 안이 되므로 지형이 지닌 특성을 감안, 한자어로 명명한 것이다.

4. 近右面의 동리명 형성과 변천

4.1. 近右面의 동리명 자료

『忠誌』에서 近右面의 위치와 관련하여 "동쪽으로 縣左面에 접하고 서쪽으로 原州의 社林에 접하며 남쪽으로 南面에 접하고 북쪽으로 원주의 才四論에 접한다. 동서 간 거리는 15리이고 남북 간 거리는 27리이다. 舟遊山이 서쪽에 있고 大王堂이 동쪽에 있다. 紺岩山이 북쪽에 있으며 豆毛山[32]이 남쪽에 있다.[33]"고 하였다.

현재 鳳陽邑의 북부 지역으로 제천에서 서울로 가는 옛 관행길의 오른쪽이 되므로 近右面이라 하였다. 近右面 지역 중 泉南里, 新里, 旺岩里 등 도시지역에 인접한 동

---

32 『新增』에 '豆毛谷山'이라 나오며 "在縣西十五里 與舟遊山相對"라 기록되어 있다.

33 東接縣左 西接原州之社林 南接南面 北接原州之才四論 東西十五里 南北二十七里 舟遊山在其西 大王堂在其東 紺岩山在其北 豆毛山在其南

쪽 지역이 堤川市에 편입되었고 대부분 鳳陽邑 관할로 남아있다.

『與圖』에는 17개, 『忠誌』에는 16개, 『舊名』에는 26개, 『新舊』에는 13개의 동리명이 제시되어 있다. 이들 近右面 동리명과 함께 관련 사항을 정리하면 〈표 4〉와 같다.

〈표 4〉 近右面 동리명 자료

輿圖(17)	忠誌(16)	舊名(26)	신구(13)	현용 동리명	관할시군면	전래지명
泉南里 63/93/95	泉南	泉南里	泉南里	泉南洞	近右面 →鳳陽面 (1920) →堤川市 (1983)	저남/즈남
新里 21/79/84	新里	新里	新里	新洞		새말
墨只里 22/61/63		墨只里		旺岩洞		먹지리
長坪里 33/75/78	長坪	長坪里	長坪里	長坪里		장뜰
翁堂里 74/100/102	翁堂	翁堂里		美堂里		옹댕이
明道里 37/65/69	明道	明道里	明道里	明道里		명둔이
小堂里 19/29/30	少堂			鳳陽里	近右面→鳳陽面(1920)→鳳陽邑(1995)	
外小堂里 15/38/39				鳳陽里		
孤山里 22/48/49	孤山	孤山里[34]	鳳陽里			
周浦倉里 16/35/37	周浦	周浦里	周浦里	周浦里		
上八松亭里 30/87/89				八松里		

---

34 『與圖』, 『忠誌』, 『舊名』 등에 孤山으로 되어 있으나 『新舊』에는 '梧山'으로 교체되어 있다. 즉 봉양리는 제천 군 近右面의 外少里, 內少里, 梧山里를 합병하여 鳳陽里로 개편한 것으로 되어 있다.

下八松亭里 6/20/21			八松里	
銅店里 11/23/26		銅店里	九鶴里	통점/퉁점
老木里 10/25/26	老木	老木里	玉田里	노쟁이
山尺里 24/53/55	山尺	山尺里	鶴山里	못재/묘재/묏재
廣巖里 24/50/31	廣岩	光³⁵岩里	鶴山里	너른바위
稷峙里 4/16/17	稷峙	稷峙里	明岩里	피재
	墨溪		旺岩洞	
	少沙	素沙里	旺岩里	소새
	八松	八松里	八松里	八松里
	舟論		九鶴里	배론
		古之洞	泉南里	고지골
		沙里谷里	泉南里	사리골
		九鶴洞	九鶴里	九鶴里
		鶴田里	鶴山里	
		玉田里	玉田里	玉田里
		橫峙里	明岩里	비끼재
		道非³⁶洞	明道里	도비골/되비골
		外少里	鳳陽里	
		內少里	鳳陽里	

---

35 『新舊』에는 '廣'으로 표기되어 있음.

36 『新舊』에는 '道斐'로 표기되어 있음.

		大美³⁷里	美堂里		대미론이
		閑儀洞	旺岩里		하루골
		旺岩里	旺岩里	近右面→鳳陽面(1920)→鳳陽邑(1995)	왕바우/큰바위
		美堂里	美堂里		
		明岩里	明岩里		
		鶴山里	鶴山里		
		鳳陽里	鳳陽里		

4.2. 近右面 동리명의 형성과 변천

『輿圖』에 등재된 17개의 동리명 중 현재까지 활용되고 있는 명칭은 泉南, 新, 長坪, 明道 그리고 周浦(←周浦倉)를 포함하여 5개에 불과하다. 墨只, 翁堂, 小堂, 外小堂, 孤山, 上八松亭, 下八松亭, 銅店, 老木, 山尺, 廣巖, 稷峙 등 12개의 명칭은 『輿圖』 또는 『忠誌』와 『舊名』까지만 쓰였다. 이들 명칭 중 泉南:저남/즈남, 新:새, 長坪:장뜰, 墨只:먹, 翁堂:옹댕이, 明道:명둔이, 銅店:통점/퉁점, 老木:노쟁이, 山尺:못재/묘재/뫳재, 廣巖:너른바위, 稷峙:피재 등의 대응관계를 찾을 수 있다. 이들 중 고유어지명을 바탕으로 음역하여 한자 표기 지명을 만들었는지 아니면 한자어지명이 배경이 되어 음운변이에 의해 속지명이 형성되었는지 단정하기 어려운 경우가 있다. 즉 고유어지명 '泉南'을 배경으로 음운변 이형 '저남/즈남'이 형성된 것인지 아니면 어원을 분명히 밝히기 어려우나 '저남/즈남' 을 바탕으로 '泉南'이 형성되었는지 알기가 어렵다.[38] 翁堂:옹댕이, 明道:명둔이, 老木:노 쟁이 등도 이러한 예에 속한다.

---

37 『新舊』에는 '大美論'으로 표기되어 있음.

38 단정하기는 어려우나 '저남/즈남'은 '泉南'의 음운 변이형으로 보인다. '泉'은 의림지를 뜻하는 것으로 그 남쪽에 위치한 마을이기에 한자어지명 '泉南'이 형성된 후 그 변이형 '저남/즈남'이 생겨난 것으로 보인 다. 이 지역에 '저남/즈남'을 활용한 명칭으로 저남들/즈남들:塔坪, 저남다리/즈남다리:泉南橋 등이 있다.

의역의 예로 新:새, 坪:뜰, 山:뫼/모/묘, 尺:재(〈자이〈자히), 廣:너른, 巖:바위, 稷:피, 峙:재 등이 확인된다. 그리고 '墨只'는 '먹'의 차자표기로 볼 수 있는데 이 때 '只'는 末音添記 字로 'ㄱ'을 표현한 것이다. '銅店:통점/퉁점'에서 '통/퉁'은 銅의 속음이 표현된 것이다.

『忠誌』에 보이는 16개의 동리명 중 새로 등장한 명칭은 5개이다. 이 중 '周浦'는 '周浦倉'에서 한 음절을 생략한 것이고, '八松'은 '上八松亭'과 '下八松亭'의 통합에 따라 부여된 명칭이며, '墨溪'는 '墨只'의 교체형이다. 그리고 '少沙'와 '舟論'은 새로 등장한 동리명인데 후자는 전래지명 '배론'을 선행요소는 의역하고 후행요소는 음역하여 만든 명칭이다. 少沙는 素沙, 所沙로도 표기하였으며 전래지명은 '소새'라 한다. 이들 5개의 명칭 중 현용 동리명으로 이어진 것은 '周浦'와 '八松'이다.

『舊名』에는 26개의 동리명이 보이는데 이는 『輿圖』에 비해 9개, 『忠誌』보다 10개가 늘어난 것이다. 古之洞, 沙里谷里, 九鶴洞, 鶴田里, 玉田里, 橫峙里, 道非洞, 外少里, 內少里, 大美里, 閑儀洞 등 10개의 동리명이 앞선 시기의 문헌에는 올라 있지 않은 것이다. 이 중 '九鶴'과 '玉田' 두 개만 현용 동리명으로 쓰이고 있다. 대응관계를 정리하면 古之洞:고지골, 沙里谷:사리골, 橫峙:비끼재[39], 道非洞:도비골/되비골, 閑儀洞:하루골 등과 같다. '橫峙:비끼재'만 의역에 의해 한자표기 지명을 도출해 낸 경우이고 다른 4개의 경우는 음역의 방식으로 이루어졌음을 알 수 있다.

『新舊』에는 13개의 동리명이 보이는데 8개는 앞선 시기의 문헌에서 확인되는 것이나 5개는 새로 명명된 것이다. 旺岩, 美堂, 明岩, 鶴山, 鳳陽 등 5개가 새로 명명된 동리명이며 현재까지도 사용하고 있는 명칭이다. 이 중 '旺岩'과 '鳳陽'은 각 지역에 존재하는 지형지물을 배경으로 명명된 동리명이다. '旺岩'은 큰 바위인 '왕바우'가 명명의 배경이 되었으며 '鳳陽[40]'은 鳳凰山이 배경이 되었다.

『新舊』의 동리명은 1914년 행정구역 통합의 결과가 반영된 자료이다. 통합된 동리의 명칭 중에는 각 지역의 명칭을 절취하여 조어한 예가 흔히 발견된다. 美堂과 鶴山이 이 부류에 속하는 것이다. 美堂은 大美論里와 翁堂里를 합병하면서 각각의 두 번째

---

39 한자표기 대응 지명으로 '斜峙'라 표기되기도 하였다.

40 1914년 행정 구역 폐합 당시 內少里, 外少里, 楮山里를 통합하여, 鳳凰山 남쪽이 되므로 봉양리라 하였다.

음절을 취하여 만든 명칭이다. 鶴山 또한 廣岩里, 鶴田里, 山尺里를 통합하면서 鶴田과 山尺의 첫음절을 취한 것이다. 새로운 명칭 중 '明岩'은 특이한 상상력을 발휘하여 만들어 낸 동리명[41]으로 보인다. 결국『新舊』의 동리명은 '旺岩'의 경우만 전래지명을 배경으로 하였고 다른 경우는 모두 기존의 한자어지명을 배경으로 하였거나 직접 한자어로 명명한 동리명이다.

5. 近左面의 동리명 형성과 변천

5.1. 近左面의 동리명 자료

近左面의 위치와 관련하여『忠誌』에는 "동쪽은 南面과 접하며, 서쪽으로는 遠西面과 접하고, 남쪽은 淸風의 九論과 접하며, 북쪽으로는 近右面과 접한다. 동서간의 거리는 25리이고 남북간의 거리는 10리이다. 齊飛郞山이 동쪽에 있고 朴達山이 서쪽에 있으며, 國師峰이 남쪽에 있고 德嶺山이 북쪽에 있다.[42]"와 같이 기술하였다.

近左面은 近右面과 통합하여 鳳陽面(1995년 鳳陽邑으로 승격)이 되었는데 제천에서 서울로 가는 옛 관행길의 왼쪽이 되므로 近左面이라 하였다. 近左面 전 지역은 현재 鳳陽邑 관할이며 남부에 위치한다.『與圖』에는 13개,『忠誌』에는 12개,『舊名』에는 17개,『新舊』에는 6개의 동리명이 제시되어 있다. 이들 近左面 동리명과 함께 관련 사항을 정리하면 〈표 5〉와 같다.

---

41 1914년 행정 구역 폐합에 따라, 橫峙里와 直峙里를 병합하여, 바위로 된 日出峰과 月出峰의 '日'자와 '月'자를 합자하여 '明岩'이라 하였다.

42 東接南面 西接遠西 南接淸風之九論 北接近右 東西二十五里 南北十里 齊飛郞山在其東 朴達山在其西 國師峰在其南 德嶺山在其北.

〈표 5〉 近左面 동리명 자료

輿圖(13)	忠誌(12)	舊名(17)	신구(6)	현용 동리명	관할시군면	전래지명
畓洞里 15/20/23	畓洞	畓洞		三巨里		논골
三巨里 32/60/71	三巨里	三巨里	三巨里	三巨里		세거리
松峙里 5/15/20	松峙	松峙里		三巨里		솔티
馬谷里 24/42/44	馬谷		馬谷里	馬谷里		마실
下屈洞里 32/70/80	下屈谷			九曲里		아래굴골
上屈洞里 15/29/24	上屈谷			九曲里	近左面→ 鳳陽面 (1920)→ 鳳陽邑(1995)	상굴골
屈灘里 10/14/21	屈坦	屈坦里		九曲里		굴탄이
公田里 81/116/155	公田	公田里	公田里	公田里		공전, 창골
小始朗里 2/6/9	小侍朗	小侍朗里		公田里		소시랑/ 소시랑이
院朴達里 37/80/105	院朴	院朴里	院朴里	院朴里		
硯朴達里 33/70/82	硯朴	硯朴里	硯朴里	硯朴里		벼루박달
五錢里 5/9/15	五戔	五錢里		硯朴里		닷돈/닷돈이

5.2. 近左面 동리명의 형성과 변천

『與圖』의 동리명 중 '五里洞' 하나를 제외하면 『忠誌』와 같다. 동음이의자로 교체된 경우가 있고 院朴達과 硯朴達에서 말음 '達'을 생략하여 간략화한 것이 있지만 『與圖』의 동리명과 『忠誌』의 그것은 사실상 일치하는 것으로 보아야 할 것이다. 두 문헌에 등재된 동리명을 정리하면 畓洞, 三巨里, 松峙, 馬谷, 下屈洞, 上屈洞, 屈灘/屈坦, 公田, 小始朗/小侍朗, 院朴達/院朴, 硯朴達/硯朴, 五錢/五戔, 五里洞 등이다.

전래지명과의 대응관계를 정리하면 畓洞:논골, 三巨里:세거리[43], 松峙:솔티, 馬谷: 마실, 下屈洞:아래굴골, 上屈洞:상굴골, 屈灘/屈坦:굴탄이, 小始朗/小侍朗:소시랑/소시랑이, 硯朴達/硯朴:벼루박달[44], 五錢/五戔:닷돈/닷돈이, 五里洞:오리골 등이다. 여기서도 지명어의 후부요소로 흔히 쓰이는 속성지명 洞:골, 峙:티, 谷:실 등의 대응을 확인할 수 있다. 그리고 성격요소에서 의역의 예로 '畓:논, 三:세, 松:솔, 下:아래, 五錢/五戔: 닷돈/닷돈이' 등을, 음역의 예로 '屈灘/屈坦:굴탄이, 小始朗/小侍朗:소시랑/소시랑이, 五里:오리' 등을 확인할 수 있다. '硯朴達/硯朴:벼루박달'의 경우 선행요소는 의역, 후행요소는 음역의 방식에 의해 한자표기 지명이 생성되었다. 이를 통하여 『與圖』와 『忠誌』의 한자표기 동리명 대부분은 전래지명을 바탕으로 형성되었음을 알 수 있다.

『舊名』에는 17개의 동리명이 등재되어 있는데 『忠誌』의 '馬谷'이 陰馬谷과 陽馬谷으로 분할되었고 上屈洞과 下屈洞은 각각 上九曲과 下九曲으로 명칭이 변경되었다. 결국 새로 등장한 동리명은 長潭, 三星, 薪垈 등이다. 이들 3개의 명칭은 오직 『舊名』에서만 볼 수 있으며 '薪垈:숲담'에서 '薪:숲'과 '垈:담'의 대응을 확인할 수 있다. 마을 뜻하는 속성지명 '담'이 '垈'와 대응됨을 확인할 수 있다.

『新舊』에는 6개의 동리명이 등재되어 있는데 三巨里, 馬谷里, 公田里, 院朴里, 硯朴里 등 5개는 앞선 시기의 문헌에 보이는 동리명이다. 새로 등장한 '九曲'은 '上九曲'과

---

43 청풍, 제천, 박달재로 가는 세 갈림길이 되므로 세거리 또는 삼거리라 하였다.

44 박달재로 가는 벼랑길에 위치하므로 '벼루박달'이라는 속지명이 형성되었다. 이를 배경으로 한자표기 지명 '硯朴達'이 형성되었고 말음을 생략한 '硯朴'이 도출되었다. '硯朴:벼루박달'에서 '硯:벼루'의 대응관계를 볼 수 있다. '벼루'는 '벼랑'을 뜻하는 단어이나 의미와는 상관없이 '硯'을 취한 것은 차자표기의 원리 중 訓假에 속하는 것이다.

'下九曲'의 통합에 의해 형성된 명칭이다. 이들 명칭은 오늘날까지 변화 없이 사용되는 명칭이다. 『新舊』의 동리명이 오늘날까지 이어지는 현상을 近左面 동리명에서도 확인할 수 있다.

6. 遠西面의 동리명 형성과 변천

6.1. 遠西面의 동리명 자료

『忠誌』에는 遠西面의 위치에 대하여 "동쪽으로 近左面에 접하며 서쪽으로 原州의 拜峙[45]에 접하고 남쪽으로 忠州의 柯亭子에 접하며 북쪽으로 原州의 社林에 접한다. 남북 간 거리는 50리이며 동서 간 거리는 15리이다. 舟遊山이 동쪽에 있으며, 空梓所가 서쪽에 있다. 白雲山이 북쪽에 있으며 天登山이 남쪽에 있다.[46]"고 하였다.

제천의 서쪽에 남북으로 길게 펼쳐져 있는 이 지역을 『與圖』와 『忠誌』에서는 遠西面이라 하였고 『舊名』에는 西面이라 하였으며, 1914년 행정구역 개편 당시 이 지역의 북쪽에 위치한 白雲山의 명칭을 활용하여 白雲面이라 하였다. 『與圖』와 『忠誌』에는 각각 21개, 『舊名』에는 23개, 『新舊』에는 8개의 동리명이 제시되어 있다. 이들 遠西面 동리명과 함께 관련 사항을 정리하면 〈표 6〉과 같다.

---

45 '뱃재' 또는 '梨峴'이라고도 하며 堤川市 白雲面 화당리 호두나무배기에서 원주시 귀래면 운남리로 넘어가는 고개임. 신라 경순왕이 조석으로 이 재에 올라 절을 했다하여 '拜峙'라 하였다 함.

46 東接近左面 西接原州之拜峙 南接忠州之柯亭子 北接原州之社林 南北五十里 東西十五里 舟遊山在其東 空梓所在其西 白雲山在北 天登山在其南.

〈표 6〉 遠西面 동리명 자료

輿圖(21)	忠誌(21)	舊名(23)	신구(8)	현용 동리명	관할시군면	전래지명
大峙里 25/31/32	大峙	大峙里		愛連里		한티
藏金垈里 13/26/27	長琴垈	長琴里		愛連里		장금터
戛然里 8/11/19	戛然			愛連里		알연
垤古介里 27/31/32	垤古介			愛連里		질고개/ 지루고개
周論里 11/19/20	酒論	酒論里		茅亭里		수론/술론
葛山里 77/177/171	葛山			平洞里		갈뫼/갈미
王堂里 22/52/56	旺堂	旺堂里		茅亭里	遠西面→西面→白雲面 (1914)	왕당
宮坪里 4/7/10				放鶴里		궁뜰
富壽洞里 7/15/16	富壽洞	夫水里		放鶴里		부수골
放鶴橋里 26/25/27	放鶴橋			放鶴里		방아다리
牛音谷里 9/21/24	遇音谷	牛[47]音里		放鶴里		움실
遇慶里 26/40/42	遇慶	牛耕里		道谷里		우경
花山里 34/80/95	花山	花山里		도곡리		꽃뫼

---

47 『新舊』에는 '牸'로 표기되어 있음.

汗杉浦里 2/5/9	漢三浦	汗三浦里		道谷里	한삼재
空梓 3/9/10	空梓	公才里		道谷里	공재 궁뜰
花堂里 1/3/4	花堂	花塘里	花塘里	花塘里	꽃당이/ 꽃댕이
德洞里 3/6/8	德洞	德洞	德洞里	德洞里	
竹串里 2/3/4	竹串	竹串里		花塘里	대꼬지
屈破里 7/13/15	屈坡			雲鶴里	굴바위
龍山洞里 8/16/18	龍山	龍山里		雲鶴里	용산골
次道里 15/21/23	釵道里	次道里		雲鶴里	찻대/차도리
	倉里	倉里		平洞里	창말
		茅亭里	茅亭里	茅亭里	
		吉峴里		愛連里	
		愛連里	愛連里	愛連里	
		小浦里		花塘里	작은개
		方下里	放鶴里	放鶴里	
		道谷里	道谷里	道谷里	
		雲鶴洞	雲鶴里	雲鶴里	
			牛洞里	平洞里	

6.2. 遠西面 동리명의 형성과 변천

『輿圖』와 『忠誌』에는 각각 21개의 동리명이 등재되어 있는데 한 항목만 다른 명칭이고 20개 항목은 동일명칭이다. 『輿圖』에 등재되었던 '宮坪'이 삭제되고 '倉里'가 『忠誌』에 새롭게 등재되었다. 동일한 명칭으로 볼 수 있는 20개 동리명 중 두 문헌에 동일한 한자 표기로 등재된 것은 大峙, 夏然, 埃古介, 葛山, 富壽洞, 放鶴橋, 遇慶, 花山, 空梓, 花堂, 德洞, 竹串, 龍山(洞) 등 13개이다. 그리고 한자 표기를 달리한 것은 藏金垈/長琴垈, 周論/酒論, 王堂/旺堂, 牛音谷/遇音谷, 汗杉浦/漢三浦, 屈破/屈坡, 次道/釵道 등 7개 동리명이다. 고유명사 표기에서 동음자로의 교체는 흔히 볼 수 있는 현상인데 遠西面의 동리명에서도 확인할 수 있다. 『輿圖』에서 표기했던 한자를 버리고 『忠誌』에서 동음의 다른 한자로 교체한 것 중 藏金垈→長琴垈[48]와 周論→酒論[49]의 경우 동리명의 배경이 된 설화나 어원의식이 작용한 것으로 보인다. 그러나 대부분은 뚜렷한 근거를 찾을 수 없는 경우가 많다.

『輿圖』와 『忠誌』에 보이는 대부분의 동리명은 원초형인 전래지명을 한역하여 형성된 것이다. 대응 관계를 보면 大峙:한티, 夏然:우연이, 埃古介[50]:질고개/지루고개, 葛山:갈뫼/갈미, 富壽洞:부수골, 放鶴橋:방아다리, 花山:꽃뫼, 花堂:꽃당이/꽃댕이, 竹串:대꼬지, 藏金垈/長琴垈:장금터, 周論/酒論:수론/술론, 王堂/旺堂:왕당(←서왕당←성황당), 牛音谷/遇音谷:움실, 汗杉浦/漢三浦:한삼재, 屈破/屈坡:굴바위, 次道/釵道:찻대/차도리, 宮坪:궁뜰, 倉里:창말 등과 같다.

遠西面의 동리명 중 원초형인 전래지명을 바탕으로 음역의 방식을 활용한 경우는 夏然:우연이, 埃古介:질고개/지루고개, 藏金垈/長琴垈:장금터, 王堂/旺堂:왕당(←서왕당←성황당), 牛音谷/遇音谷:움실, 屈破/屈坡:굴바위, 次道/釵道:찻대/차도리 등이다. 그

---

48 장금-터【마을】애련 동남쪽에 있는 마을. 신라 때 우륵(于勒)이 제자들을 이곳에 데리고 와서 춤, 노래, 가야금을 가르쳤다 함.

49 '수론/술론'은 왕당이 동북쪽에 있는 마을인데 '술론'에서 '술:酒'의 대응을 연상하고 '周→酒'로 교체한 것으로 보인다.

50 '질고개/지루고개'는 긴 고개이므로 선행요소는 음역, 후행요소는 의역하여 '吉峴'으로 표현하기도 하였음..

리고 의역의 방식을 활용한 경우는 大峙:한티 花山:꽃뫼 등이며, 음역과 의역을 동시에 활용한 경우가 가장 많은데 葛山:갈뫼/갈미, 富壽洞:부수골, 放鶴橋:방아다리, 花堂:꽃당이/꽃댕이, 竹串:대꼬지, 周論/酒論:수론/술론, 汗杉浦/漢三浦:한삼재, 宮坪:궁뜰, 倉里:창말 등이다.

음역과 의역을 동시에 활용한 예 중 지명어의 후부요소로 흔히 쓰이는 뫼/미, 골, 다리, 들, 등은 의역하여 각각 山, 洞, 橋, 坪, 里 등으로 옮겼음을 알 수 있다. 이런 점을 감안하면 遠西面 동리명의 경우 의역의 방식보다 음역한 경우가 우세함을 알 수 있다. 또한 초기의 동리명을 확인할 수 있는 이들 자료를 통하여 동리명을 명명할 때 전래지명인 속지명의 음상을 존중하였음을 알 수 있다.

『舊名』에는 23개의 동리명이 등재되어 있는데 16개는 『忠誌』와 일치하는 명칭이고 7개는 새로운 명칭이다. 『忠誌』와 일치하는 동리명 중 한자 표기를 달리한 것이 7개, 동일한 것이 9개이다. 후자에 속하는 것은 大峙, 長琴[51], 酒論, 旺堂, 花山, 德洞, 竹串, 龍山, 倉 등이며 전자에 속하는 것은 富壽洞→夫水里, 遇音谷→牛[52]音里, 遇慶→牛耕, 漢三浦→汗三浦, 空梓→公才, 花堂→花塘, 釵道→次道 등이다. 이중 漢三浦→汗三浦와 釵道→次道는 『與圖』의 표기로 복귀한 것이며 다른 항목들은 비교적 획수가 적은 한자로 교체되었다. 『忠誌』에는 등재되었으나 『舊名』에 삭제된 동리명은 戛然, 垤古介, 葛山, 放鶴橋, 屈坡 등이다.

『舊名』에 새롭게 등재된 동리명은 茅亭, 吉峴, 愛連, 小浦, 方下, 道谷, 雲鶴 등 7개이다. 이 중 '吉峴'은 '질고개/지루고개'를 음역하여 '垤古介'라 하던 것이 교체된 것이며, '愛連'은 '戛然'을 달리 표현한 것이다. 그리고 '方下'는 '放鶴橋'의 '放鶴'이 유사음으로 교체된 것이다. 그리고 '小浦'는 전래지명 '작은개'를 배경으로 의역한 것이다. 한편 茅亭[53], 道谷, 雲鶴[54] 등은 전래지명을 배경으로 삼지 않고 직접 한자로 조어한 한자어지명이다. '戛然'을 발전시킨 '愛連'과 전래지명에 바탕을 두지 않고 형성된 이들 3개의 동

---

51 3음절 '長琴垈'에서 말음이 생략됨.

52 신구에는 '㹳'로 표기되어 있음.

53 이 지역에 '茅亭閣'이 있었기에 이를 바탕으로 명명함.

54 白雲山과 九鶴山 아래에 위치하므로 白雲과 九鶴의 말음을 절취하여 '雲鶴'이라 함.

리명은 현용되는 명칭이다. 『輿圖』와 『忠誌』에 등재된 22개의 동리명 중 花塘(←花堂)과 德洞 2개만이 현용된다는 점과 비교된다. 이는 전래지명을 주로 음역하여 만든 한자 표기 동리명이 폐기되고 한자를 활용, 직접 조어한 한자어 동리명이 주로 쓰이고 있음을 알게 한다. 이러한 과정 속에서 전래지명 즉 속지명은 소멸의 운명을 맞게 되고 새롭게 형성된 한자어지명이 그 자리를 차지하게 되었다.

『新舊』를 통하여 1914년 행정구역 개편 결과 제천군 西面은 그 명칭이 白雲面으로 변경되고 23개의 동리가 8개로 통합, 편성되었음을 알 수 있다. 8개의 명칭 중 『輿圖』 이후 계속 사용된 花塘(←花堂)과 德洞, 『舊名』에서 등장한 茅亭, 愛連, 道谷, 雲鶴 그리고 '方下'에서 복귀한 '放鶴' 등 7개는 앞선 시기의 문헌에서 확인되는 것이다. 『新舊』에 새롭게 등장하는 동리명은 '牛洞'[55]이나 후에 '平洞'으로 교체되어 현용되고 있다. 현재 白雲面은 이들 8개 리에 1989. 1. 1. 충주시 山尺面에서 편입된 院月里를 포함하여 9개 리를 관할하고 있다.

7. 결론

우리나라 행정지명 중 '서울'을 제외한 광역자치단체 명칭은 모두 한자어지명이다. 군현명이라 할 수 있는 시군명 즉 기초자치단체 명칭 또한 대부분 한자어지명이다. 이들 명칭들은 한국지명의 원초적인 형태를 보존하고 있다고 할 수 없다. 기초자치단체의 하위 행정 단위인 읍면과 동리의 명칭 또한 한자어지명이 대부분이나, 상당수의 동리명에서는 이에 대응되는 고유어지명이 존재한다. 속지명 또는 전래지명이라 일컬어지는 이들 고유어지명이 한국지명의 원초적인 형태인 것이다.

한국지명의 근원적인 형태와 그 변천을 파악하는 일은 우리나라 지명이 지닌 속성과 특징을 구명함은 물론 미래의 지명을 설계한다는 측면에서도 매우 의미 있는 일

---

55 『新舊』에 제천군 白雲面 牛洞里는 白雲面사무소 소재지이고 제천군 西面 平洞里였음을 표현하였다. '平洞'과 '牛洞'은 『輿圖』, 『忠誌』, 『舊名』 등에서 확인할 수 없는 명칭이다.

이다. 이를 위하여 본 장에서는 제천현 5개면의 동리명을 대상으로 그 형성 배경과 그 변천을 탐구하였다. 특히 원초형인 전래지명과 한자표기 또는 한자어 동리명과의 대응관계를 분석하여 고유어지명이 한자화하는 방식을 고찰하였다. 그리고 『輿圖』에서부터 현용 동리명까지의 검토를 통하여 그 변화의 양상을 탐구하였다. 그 결과 다음과 같은 사항을 확인할 수 있었다.

본장에서 검토한 제천현 5개면의 동리명 수는 『輿圖』에 74개, 『忠誌』에 75개, 『舊名』에 98개 그리고 『新舊』에 43개가 등재되어 있다. 『輿圖』의 74개 동리명 중 현용되는 것은 明芝(←明池), 月林, 東幕, 大郎(이상 남면), 務道(←務道尉), 立石, 柴谷, 浦田, 松寒, 五味, 桃花 (이상 북면), 泉南, 新, 長坪, 明道, 周浦(←周浦倉)(이상 近右面), 三巨, 馬谷, 公田, 院朴(←院朴達), 硯朴(←硯朴達)(이상 近左面), 花塘(←花堂), 德(이상 遠西面) 등 22개이다. 『輿圖』의 동리명 중 51.2%가 『忠誌』, 『舊名』, 『新舊』를 거쳐 현재까지 이어지고 있음을 알 수 있다. 그러므로 현용 동리명의 근간은 『輿圖』 이전 시기에 이루어졌다고 보아야 할 것이다.

『忠誌』에 새로 등장하여 현용되는 것은 山谷, 大壯(이상 남면), 周浦, 八松(이상 近右面) 등 4개에 불과하다. 이는 『忠誌』의 경우 전체 동리명 수에 있어서도 『輿圖』와 비슷하듯 이를 답습하였음을 알 수 있다. 『舊名』에는 현저히 동리명 수가 증가하는데 이 문헌에 새로 등장하여 현용되는 동리명은 江諸(남면), 九鶴, 玉田(이상 近右面), 茅亭, 愛連, 道谷, 雲鶴(이상 遠西面) 등 7개이다. 7개의 동리명 증가는 『輿圖』와 『忠誌』에 비해 20개 이상의 동리명 증가가 있었다는 점과 『舊名』의 전체 동리명 수 대비 7%에 해당하는 것이므로 큰 의미를 지니지 않는다.

그런데 『新舊』에 새로 등장한 10개는 특별한 의미를 지닌다. 전체 동리명 수 43개 중 10개가 새로 등장했다는 것은 23%에 속하는 동리명이 새로운 명칭으로 교체되었음을 의미하기 때문이다. 이들 43개의 동리명은 遠西面의 牛洞이 平洞으로 교체되었을 뿐 변화 없이 그대로 현재까지 이어지고 있다. 새로 등장한 동리명 10개는 陽花(南面), 長谷(北面), 旺岩, 美堂, 明岩, 鶴山, 鳳陽(이상 近右面), 九曲(近左面), 放鶴, 牛洞(遠西面) 등이다.

전래지명 즉 속지명과 한자표기 동리명 사이에 대응관계가 분명하게 파악되는 것이 대부분이지만, 일부는 전혀 대응이 되지 않거나 확신하기 어려운 경우가 있다.

명명의 근거를 분명하게 파악할 수 있는 전래지명 즉, 근원형인 고유어지명과 한자표기 동리명 사이에 분명하게 대응관계가 형성되는 것으로 고지골:古池洞, 선돌:立石, 개밭/개앗:浦田, 갈골:蘆洞, 새말:新里, 피재:稷峙, 비끼재:橫峙, 논골:畓洞, 마실:馬谷, 벼루박달:硯朴, 질고개/지루고개:埄古介, 방아다리:放鶴橋, 꽃뫼:花山, 대꼬지:竹串…… 등을 들 수 있다. 고유어지명을 한자화하면서 음역한 경우도 있고 의역한 경우도 있는데 지명어의 후부요소 즉 속성지명은 대부분 의역하였다. 골:洞, 돌:石, 밭/앗:田, 말:里, 재:峙, 실:谷, 다리:橋, 미/뫼:山, 바위/바우:巖, 마루:宗, 들/뜰:坪, 터:垈…… 등이 그것이다. 그러나 고유지명이라 할 수 있는 성격요소 즉 전부요소의 경우『輿圖』를 비롯한 이른 시기의 문헌일수록 음역하였다. 고지:古池, 질고개/지루고개:埄古介, 방아:放鶴, 대쟁이:大壯, 사리배이/사린뱅이:沙里方, 옹댕이:翁堂, 도비골/되비:道非, 오리:五里, 소시랑/소시랑이:小始朗/小侍朗, 움:牛音/遇音, 굴바위:屈破/屈坡…… 등이 그것이다.

성격요소를 음역하는 것은 전래지명의 음상이 유지되기 때문에 그 원초적인 형태를 보존하고자 하는 욕구에 바탕을 둔 것이라 할 수 있다. 한자를 훈독하지 않고 음독하는 상황에서 고유어지명을 음역하여 옮기면 원형이 보존되지만 의역하면 원형의 음상이 훼손되어 버린다. 원형을 보존하고자 하는 욕구로 인하여 초기에 동리명의 한자화는 음역을 선호했던 것으로 보인다. 그러나 점진적으로 한자어 활용이 증대되면서 의역에 의한 동리명의 한자어화가 진행되었다. 나아가 전래지명을 배경으로 삼지 않고 직접 한자로 동리명을 조어하여 명명하는 상황으로까지 발전하였다.『新舊』는 물론『舊名』이후 새로 등장한 동리명을 살펴보면 이런 현상이 두드러짐을 확인할 수 있다.

제7장

堤川 시내지역 동리명의 형성과 변천

1. 서론

지명은 대상이 되는 땅의 자연지리적인 특성이나 사회문화적인 가치 부여에 의하여 命名되는 것이 일반적이다. 예컨대 '노루목'이라는 지명은 대상 지형의 특성이 노루의 목처럼 생겼기에 붙여진 명칭이다. 그리고 민주화를 갈망하던 민중의 투쟁이 이루어진 곳을 '민주광장'이라 한 것은 사회문화적인 가치가 반영되어 명명된 것이다. 이러한 방식으로 명명되어 언중의 호응을 얻은 지명은 좀처럼 변화되지 않고 끈질긴 생명력을 지닌다.

지명의 保守性과 관련하여 미국의 주 명칭 중 상당수가 원주민의 언어라는 점을 예로 들곤 한다. 유럽인들이 정착하기 이전에 부여된 미시간(큰 물), 미시시피(물의 제왕), 아칸소(赤人), 테네시(큰 굴곡의 덩굴), 아이오와(졸린 사람들), 켄사스(그라운드 부근의 산들바람), 일리노이(완벽한 인간), 켄터키(암흑과 유혈의 땅)…… 등이 동리명도 아닌 주의 명칭으로 쓰이고 있다. 이러한 현상은 뉴질랜드의 행정구역 명칭에서도 발견된다고 한다.[1]

---

1 윤홍기(2006)에 의하면 뉴질랜드의 행정구역 명칭 중 광역자치단체에 해당하는 명칭에서는 유럽식 지명이 절대적으로 우세하나 기초자치단체라 할 수 있는 county(군) 명칭에서는 마오리식 지명이 상대적으로 우세하다는 논의를 전개한 바 있다. 우리나라의 도에 해당하는 10개의 행정구역 명칭 중 타라나키와 오타고가 원주민의 언어인 마오리어 지명이며, 군에 해당하는 121개 county의 명칭 중 마오리어 지명이 68개로 56.2%, 유럽식 지명은 53개로 43.8%라 하였다.

그런데 우리나라의 행정지명은 어떠한가? 광역자치단체의 명칭 중 고유어지명은 '서울'밖에 없고 기초자치단체의 명칭인 시·군명은 한자어지명 일색이다. 조선시대까지 동면, 서면, 남면, 북면 등과 같이 治所를 중심으로 부여했던 면 명칭이 오늘날 지형지물의 특성을 반영하여 명명된 경우가 많아지기는 하였지만 대부분 한자어지명이다. 행정지명으로 활용하는 동리명 또한 한자어지명이 다수임을 부인할 수 없다.

그런데 동리명의 경우 행정용으로 文語에서 사용할 때와는 달리 노인층의 口語에서는 그 원초형인 고유어지명이 활용되고 있다. '釜谷'에 산다고 하지 않고 '가마실'에 산다고 하거나 '古巖洞'을 '고래미'라고 하는 것이 그것이다. 행정지명에서 지명의 원초형을 어떤 식으로든 보존하고 있는 것은 도·시·군명도 면명도 아닌 동리명이다. 동리명의 탐구야말로 우리나라 지명의 근원적 형태를 찾아낼 수 있는 아주 중요한 부분이다.

현전하는 지명관련 자료 중 전국의 동리명을 전면적으로 보여주는 가장 오래된 문헌은 『輿地圖書』(영조 때인 1757년~1765년 사이에 간행됨)이다.[2] 본 연구는 이 문헌에 등재된 동리명을 기준으로 하고 헌종 때인 1835~1849에 간행된 것으로 보이는 『忠淸道邑誌』, 그리고 『舊韓國地方行政區域名稱一覽』(1912)에 보이는 동리명을 추적하여 그 변화를 살피고자 한다. 일제에 의하여 대대적인 행정구역 통폐합이 이루어진 1914년 이전의 동리명에 주목하면서 『新舊對照朝鮮全道府郡面里洞名稱一覽』(1917)에 등재된 동리명과 현용 동명을 고려하면서 역사적인 탐구를 진행하고자 한다.

본장에서는 『輿地圖書』 제천현 편에 수록된 3개 면의 동리명을 기준으로 그 역사적인 변화를 탐구하고자 한다.[3] 도농복합지역 중 제6장에서 검토한 농촌지역에 비해

---

2 뒤에서 구체적으로 논의하겠지만, 『輿地圖書』에는 일부 邑誌가 누락되었고, 일부 읍의 경우 방리조의 기술에서 면의 명칭만 제시하고 동리명을 제시하지 않은 경우도 있다. 그러나 대부분의 읍지에서는 建置沿革이나 郡名보다 '坊里'를 우선 배열하면서 面名과 함께 동리명을 제시하였다. 이러한 점을 고려할 때 이 문헌이 지향했던 바는 행정의 최소 단위 명칭인 동리명을 전면적으로 제시하고자 했던 것으로 평가할 수 있다.

3 본장의 논의 대상인 3개 면은 제천현의 치소가 있었던 縣右面과 縣左面, 東面이다. 이들 3개 면은 1914년 행정구역 개편 때 읍내면으로 편입되었으며 1917년 제천면, 1940년 제천읍, 1980년 제천시로 개편된 지역이다. 1995년 시·군 통합에 따라 제천시는 1시 1읍 7면으로 구성되어 있는데 본장의 논의

비교적 변화가 심한 도시지역에 속하는 부분이다. 제6장에서와 같이 행정지명인 동리명의 변화와 더불어 이들 지명 형성의 근원이 된 원초형 즉 고유어지명과의 대응관계에 대하여도 논의하고자 한다. 본 연구가 지향하는 바는 소위 行政 내지는 法定 동리명에 대한 역사적 검토이다. 그러므로 행정 내지는 법정 동리명을 기본 자료로 삼아 탐구하겠지만 대상 지역에 존재하는 여러 가지 지명도 참고할 것이다. 예컨대 주막명, 시장명, 사찰명, 서원명, 산악령명, 계곡명, 하천명, 도진명, 지소명, 제언보명, 명소 등까지도 제시된『朝鮮地誌資料』의 지명을 비롯한 관련 문헌도 논의 과정에서 충분히 검토하게 될 것이다.

이를 통하여 동리명 형성의 방식과 변화, 그리고 그 원초형인 고유어지명의 잔존 실태를 파악하고자 한다. 결국 이 연구는 사라져가는 고유어지명의 발굴을 통한 國語語彙史 자료 확보라는 측면에서 의의를 지닌다. 또한 동리명 부여의 원칙을 설정하는 데 이론적 기초를 제공하게 될 것이다. 더불어 동리명 속에 남아 있는 日帝殘滓를 찾아내어 이를 시정하는 데도 기여하게 될 것이다.

2. 檢討 對象 자료의 性格

2.1.『輿地圖書』의 지명

『輿地圖書』(이하『輿圖』)는 영조 때인 1757년~1765년에 각 읍에서 편찬한 읍지를 모아 55책으로 엮은 전국 읍지이다. 이 책에는 295개의 읍지와 17개의 영지(營誌: 監營誌 6, 兵營誌 7, 水營誌 3, 統營誌 1) 및 1개의 鎭誌 등 총 313개의 地誌가 수록되어 있다. 이 책의 편찬은 1757년(영조 33년) 洪良漢이 임금에게 아뢴 것이 계기가 되었으며, 왕명에 따라 홍문관에서 팔도 감사에게 명을 내려 각 읍에서 읍지를 올려 보내도록 하였다.

대상 지역은 읍·면지역과 읍·면에서 편입된 시 지역을 제외한 지역이다.

『輿圖』편찬 계기 내지는 목적이 편성된 지 270여 년이 지난 『(신증)동국여지승람』의 改修·續成에 있음을 알 수 있다.[4] 이런 까닭에 『輿圖』는 『동국여지승람』을 기초로 하고 당시의 시대상황을 반영하여 편찬되었다. 사회·경제적인 내용이 강화되었으며 특히 건치연혁보다 방리와 도로를 앞에 위치시켰다. 방리조에서 면과 리의 명칭과 위치를 기록하는 것에 그치지 않고 편호수와 남녀 인구수를 상세히 기록하였다.

항목 첨가와 그 배열 순서를 기존의 지지와 달리하였다는 것은 당시의 관심 우선순위를 짐작하게 하는 중요한 사항이다. 방리와 도로는 첨가되면서 맨 앞쪽에 제시되었고 堤堰, 전결(田結:旱田·水田), 부세(賦稅:進貢·糴糶·田稅·大同·均稅), 軍兵 등의 항목이 적절한 위치에 첨가되었다.[5] 『輿圖』의 이러한 체제는 당시의 시대상을 반영한 새로운 읍지 편찬의 경향이 반영된 것으로 볼 수 있다.

각 도와 지역에 따라 읍지가 누락된 경우도 있고 본장에서 논의하고자 하는 방리조의 작성이 세밀하지 않은 경우도 있다. 전국의 읍지를 모아 성책하였다고 하나 현전 『輿圖』의 경우 당시의 행정구역을 고려할 때 경기도·충청도·전라도·경상도 등지의 39개 읍의 읍지가 누락되어 있다. 또한 방리조의 기술에서 면의 명칭만 제시되어 있고 동리의 명칭이 제시되지 않은 경우도 있다. 그런데 본 연구의 대상이 되는 제천현 읍지에는 동리명을 제시한 후 관문에서의 거리, 편호, 남녀 인구수가 제시되어 있다.[6]

제천현과 인접해 위치하며 오늘날 시군통합에 따라 제천시로 편입된 청풍부 읍

---

4 『輿圖』의 편찬 배경에 대하여는 제4장에서 자세히 다룬 바 있다.

5 각 읍지의 내용 구성은 각 읍의 첫머리에 해당 지역의 疆域을 표현한 채색지도가 부착되어 있다. 이는 '輿地圖'에 해당하는 부분이고, 이어 '輿地書'에 해당하는 부분으로 疆域, 坊里, 道路, 建置沿革, 郡名, 形勝, 城池, 官職, 山川, 姓氏, 風俗, 陵寢, 壇廟, 公廨, 堤堰, 倉庫, 物産, 橋梁, 驛院, 牧場, 關阨, 烽燧, 樓亭, 寺刹, 古蹟, 塚墓, 鎭堡, 名宦, 人物, 旱田, 水田, 進貢, 糴糶, 田稅, 大同, 俸廩, 軍兵 등으로 되어 있다.

6 방리조 맨 앞에 나오는 제천현 東面의 기사를 보이면 다음과 같다.
東面松峙里距官門十里編戶二十六戶男五十九口女五十九口○黑石里距官門十五里編戶三十六戶男五十九女五十口○誦山里距官門五里編戶二十四戶男二十九女二十八口○白楊洞里距官門十里編戶二十六戶男三十五口女三十六口○松峴里距官門十五里編戶十六戶男三十二口女三十五口○曾溪里距官門十三里編戶三十八戶男九十五口女一百一口○鷹洞里距官門十里編戶十一戶男二十七口女三十一口○風吹里距官門十五里編戶四十五戶男九十九口女一百七口○金谷里距官門二十里編戶十八戶男二十九口女二十八口〈제천현 동면 기사〉

지의 경우도 제천현 읍지와 유사한 방식으로 기술되어 있으나 약간의 차이가 있다. 동리명, 편호, 남녀 인구수 등의 항목은 동일하나 관문에서 동리까지의 거리는 제시되지 않았고 반면에 각 면의 위치를 기술하였다.[7] 이렇듯 『輿圖』의 방리조 기술 방식은 통일된 형식이 아니고 각 부·군·현마다 약간씩 다른 방식으로 기술되었다.

또한 『輿圖』에서는 面을 지방에 따라 坊 또는 使, 部라고도 하였음을 확인할 수 있다. 황해도와 평안도는 坊이라 하였고 함경도 북부 지역에서는 使라 하였다. 예컨대 〈輿圖 上〉, 平安道, 平壤, 坊里 조에서 蛤池坊, 西施院坊, 林原坊, 草里坊, 芿叱次串坊, 斑石坊, 池梁坊, 栗里坊…… 등의 명칭을 확인할 수 있다. 또한 〈輿圖 下〉 咸鏡道 明川府邑誌 坊里 조에서는 下亐禾社, 上亐禾社, 阿間社, 上加社, 下加社, 下古社 등의 명칭을 확인할 수 있다. 이들 명칭들은 1895년(고종 32) 지방제도를 개혁하면서 면으로 통일되었다.

2.2. 『忠淸道邑誌』의 지명

『忠淸道邑誌』(이하 『忠誌』)는 조선 영조 때부터 헌종 연간에 편찬된 것으로 현전하는 충청도의 가장 오래된 道誌이다. 각 읍에서 작성한 읍지를 모아서 만들었기 때문에 작성 시기와 책의 체재 등이 각각 상이하며, 충청도 54개 읍 중 단양·대흥·은진·평택 등 4개 읍의 읍지가 누락되어 있다. 이 책은 편찬 시기나 체재 면에서 균질적이지 못하지만 해서체의 정자로 정연하게 필사되어 있어 자료로 활용하는데 매우 편리하고 효율적이다.

본 연구에서 『忠誌』의 지명 자료를 활용하고자 하는 또 다른 이유는 다른 읍지에 비해 이른 시기에 편찬되었다는 점이다.[8] 『忠誌』에 들어있는 제천현지는 헌종대

---

7 청풍부 읍내면의 방리조 기사를 보이면 다음과 같다.
   邑內面在江之南卽府治所坐之地南有勿台坊里編戶二十六戶男五十一口女六十三口○上里編戶六十戶男五十七口女九十一口○下里編戶一百三十三戶男一百十口女一百七十口○廣儀洞里編戶四十三戶男七十口女四十一口〈청풍부 읍내면 기사〉

8 편찬 시기를 비교적 분명히 알 수 있는 읍지들은 1845년(헌종 11)을 하한선으로 하고 있다. 이런 점을 감안할 때 헌종 말년 경에 읍지를 수거하였던 것으로 보인다.

(1835~1849)에 편찬된 읍지로『湖西邑誌』와『忠淸北道各郡邑誌』보다 이른 시기에 이루어
졌다.『湖西邑誌』는 1871년(고종8년)에 편찬되었으며 충청도가 남북으로 분리된 1898
년을 전후한 시기에『忠淸北道各郡邑誌』가 편찬되었을 것이기 때문이다.

　　『제천현지』에는 현의 지도가 맨 앞에 제시되어 있으며 건치연혁, 관직, 군명, 강
계, 도리, 산천, 방리, 제언, 형승, 풍속, 토산, 관우, 향교, 서원, 향현사, 역원, 단묘, 누
정, 불우, 교량, 허시, 고적, 성씨, 인물, 효열, 호총, 군총, 환총, 결총, 부세…… 등의 순
으로 기술하였다. 방리조에서는 면의 명칭과 동서남북의 접경, 위치, 각 면의 동서간
남북간 거리 그리고 동리명이 기록되어 있다.[9]『輿圖』의 제천현지에서는 기술하지 않
았던 면의 위치와 접경 등이 추가된 반면 동리의 경우 편호와 인구수가 빠지고 그 명
칭만 제시하였다. 이를 통하여『輿圖』는 동·리 관련 사항을 자세히 기술한 반면『忠誌』
는 면과 관련된 사항을 세밀하게 기술하였음을 알 수 있다.

　　『청풍부읍지』에는 청풍지도를 맨 앞에 제시하고 건치연혁, 군명, 관직, 성씨, 산
천, 풍속에 이어 방리조를 기술하였다. 방리조의 면에 대한 기술이『제천현지』의 그것
에 비해 소략하여 면명을 제시하고 경계 한 곳만을 제시하였다. 반면에 동리명만을 제
시한 제천현지와는 달리 각 동의 명칭과 관문에서의 거리까지 제시하였다.[10]『輿圖』에
서는 각 동리의 편호와 남녀 인구수가 기술되었는데『忠誌』에서는 관문으로부터의 거
리만을 기술하였다.『忠誌』역시『輿圖』와 마찬가지로 각 군에서 작성한 읍지를 모아
編成한 것이므로 전반적으로 포함하여야 할 내용은 갖추었으되 세부사항의 기술에서
는 각 읍지마다 차이가 있음을 알 수 있다.

9　제천현지 방리 조 맨 앞에 제시된 縣右面의 예를 옮기면 다음과 같다.

　　第一 縣右面 官坐地 東接東面 西接近右 南接南面 北接縣左 東西十里 南北七里 伐乙山之左右也 里有九 曰寒寺 曰渴
　　馬洞 曰書堂洞 曰花山 曰館前 曰白夜 曰東門外 曰 靑田 曰素近.

10　청풍부읍지 방리조 맨 앞에 제시된 邑內面의 예를 옮기면 다음과 같다.

　　邑內面 近南界 勿怠坊里 距官門三里 上里 距官門二里 下里 距官門二里 廣儀洞 距官門三里.

2.3. 『舊韓國地方行政區域名稱一覽』의 지명

『舊韓國地方行政區域名稱一覽』(이하 『舊名』)은 조선총독부에서 1912년 5월 25일에 간행한 책이다.[11] 이 책에는 1912년 1월 1일 현재 우리나라의 道·府·郡·面 및 洞·里의 지명이 실려 있다. 1914년 3월과 4월, 일제에 의하여 대대적인 행정구역 통폐합이 이루어졌는데 그 이전의 지명을 볼 수 있는 자료이다. 경기도·충청북도·충청남도·전라북도·전라남도·경상북도·경상남도·황해도·평안남도·평안북도·강원도·함경남도·함경북도 순으로 지명이 수록되어 있다.

이 책에서는 전통적인 읍지와는 달리 단순히 도·부·군·면의 명칭과 동리명만을 제시하였다. 각 행정구역의 위치, 면적, 편호, 인구수 등은 전혀 기록하지 않았다. 군명 아래에 괄호를 치고 '○○面○○洞里'라 하여 각각의 군에 포함되어 있는 면과 동리의 수를 기록하였다.[12] 그리고 그 아래에 '○○面○○里'라 하여 읍치가 위치한 面里를 표시하였다. 군명을 비롯한 이상의 사항을 한 줄로 기록한 후 면명을 상단에 큰 글자로 제시하고 아래 칸에는 작은 글자로 각 면에 속한 동리명을 기록한 후 마지막에 괄호를 치고 동리의 수를 기록한 것이 전부이다.

이 책에 기록된 동리명을 보면 그 후부요소가 '-洞' 또는 '-里'인 것이 많으나 지역에 따라 다른 명칭을 사용한 경우도 있다. 1914년 행정구역 통폐합 이후 '-町'과 '-里'로 단순화되었고 오늘날 '-洞'과 '-里'로 정착되기 이전의 전래지명을 볼 수 있다는 점에서 자료적 가치를 지닌다. 참고로 경기도 이천군의 15면 126개의 동리명을 살펴보면 '-洞'과 '-里'가 각각 28개와 24개로 나타나 41%에 그친다. 하지만 다른 지역의 경우와 달리 -村(10), -谷(8), -川(6), -巖(5), -坪(4), -垈(3), -峴(3), -梁(3), -橋(3), -內(3), -山(4), -幕(2) 등이 2개 이상 나타나며, -葛, -面, -培, -北, -非, -沙, -石, -色, -藪, -旺, -隅, -越, -日, -前, -田, -亭, -之, -尺, -峙, -浦, -河 등도 각각 1개가 보인다.

'-洞'과 '-里'로 단순화되지 않은 동리명을 볼 수 있다는 것은 해당 지역의 지형적

---

11 『舊名』의 편찬 배경과 이 문헌에 나오는 지명의 특징에 대하여는 제5장에서 자세히 논의하였다.

12 제천군과 청풍군의 군명 제시란을 보이면 다음과 같다.

　　堤川郡(八面百三十洞里) 縣右面邑部里, 淸風郡(八面七十六洞里) 邑內面中里.

특성을 비롯한 각각의 특징이 반영된 어휘를 발굴할 수 있다는 점에서 매우 중요한 부분이다. 또한 마을의 형성과 동리라는 행정 단위로의 발전을 연구하는 데도 유용한 자료이다. 1914년 일제에 의해 행정구역 통폐합이 이루어지면서 동리명에도 많은 변화가 있었다. 『舊名』의 동리명은 이러한 사건이 일어나기 전에 활용되었던 명칭이므로 나름대로 가치를 지닌다 하겠다. 『舊名』 이전과 그 이후의 동리명 비교를 통하여 현용 동리명과의 연관성을 파악하는 일도 중요한 과제 중의 하나이다. 전통적인 동리명과 일제의 간섭에 의해 부여된 동리명의 실태를 파악할 수 있기 때문이다.

동리명의 후부요소가 다양한 형태로 나타나는 것과는 달리 『輿圖』에서 面, 坊, 社, 部 등으로 표현되었던 것은 모두 面으로 통일되었다. 1894년 갑오개혁의 일환으로 1895년 5월 26일 도제 폐지, 지방제도 개정과 지방관 관제가 공포, 시행되었다. 이 때 府·牧·郡·縣 등의 불균등한 지방구획을 폐합, 개편하여 전국의 행정구역을 23부, 336개 군으로 개편하였다. 또한 점진적인 면제 시행을 위하여 그 명칭을 단일화하고 오늘날 면장이라는 호칭을 執綱[13]으로 통일하였다. 더불어 오늘날 법정동리라 할 수 있는 동리가 확립되고 그 명칭이 부여됐던 것으로 보인다. 이 때 확립된 동리명이 『舊名』에 반영된 것으로 볼 수 있다.

2.4. 『新舊對照朝鮮全道府郡面里洞名稱一覽』의 지명

1914년 일제에 의한 郡·面·洞·里 통폐합은 조선 총독부령 제111호(1913년 12월 29일 공포)에 의거하여 단행되었다. 본격적인 面制를 시행할 목적으로 4方里, 800戶를 기준으로 통폐합 작업을 실시하였다. 각 면의 면적과 인구의 均質化를 도모하기 위하여 단행한 행정단위 개편 결과 면의 수가 4,337개에서 2,522개로 줄어들었다.

1914년 군·면·동·리를 통폐합한 후 3년이 지나서 『新舊對照朝鮮全道府郡面里

---

13 오늘날 面長과 유사한 역할을 담당했던 사람을 지칭하여 조선시대에 執綱·風憲·約正·面任·社長·檢督·坊長·坊首·都平 등이라 하였다. 이들은 州縣의 행정 명령을 백성들에게 알리고 조세 납부를 지휘하는 역할을 했었다.

洞名稱一覽』(이하『新舊』)이 편찬되었다. 편찬자 越智唯七은『舊名』에 올라있는 동리명을 바탕으로 하고『조선 총독부 관보』,『조선 휘보』그리고 각종 지도 및 자료를 참조함은 물론 관계 당국자의 협조를 얻어 이 책을 편찬하였다. 행정의 편의를 도모하기 위하여 구한국 시기의 옛 군·면·동리명과 새로운 군·면·동리명을 일목요연하게 정리한 것이다.

이 책에서는 경기도, 충청북도, 충청남도, 전라북도, 전라남도, 경상북도, 경상남도, 황해도, 평안남도, 평안북도, 강원도, 함경남도, 함경북도 순으로 13개도의 각 도에 속하는 부·군명과 위치를 제시하고 아래쪽에 작은 글자로 관할구역을 표시하였다. 그리고 각 군별로 면명을 제시한 후 그 관할에 있는 동리명을 상단에 적었는데 이것이 1914년에 부여된 동리명이다. 하단에는 상단의 동리명과 대응되는 개편 이전의 동리명 즉『舊名』의 그것을 밝혀놓았다. 그러므로 이 자료를 통하여 우리는 일목요연하게 행정구역의 변화와 그에 따른 동리명의 상호관계를 파악할 수 있다.

동리명 후부요소의 경우 경성부를 비롯한 도시지역은 -洞, -町, -通, -丁目 등이 주로 쓰였지만 군 지역의 각 면에 속한 동리명 후부요소는 -里로 통일하였다. 앞에서 살펴보았듯이『舊名』의 경우 -里, -洞, -村, -垈…… 등을 비롯한 다양한 후부요소가 쓰였으나『新舊』에서는 -里 하나로 통일한 것이다. 후부요소는 속성지명이므로 전부요소에 비해 지칭하는 대상의 특징을 반영하지 않는다. -里, -洞, -村 등은 마을 또는 촌락이라는 부류에 속하는 지명임을 나타내는 것이다. 반면에 전부요소는 해당 지형이 지닌 특징을 나타낸다.『新舊』는 1914년 4월 1일 행정구역의 폐합과 더불어 단행된 동리의 통폐합 결과를 반영한 것이다. 이 문헌에 올라있는 동리명의 전부요소와『舊名』이전의 그것이 어떤 차이가 있는지 살피는 것은 매우 흥미로운 일이다. 이를 통하여 일제의 간섭을 파악할 수 있기 때문이다.

3. 縣右面의 동리명과 그 변천

3.1. 縣右面의 동리명 자료

『忠誌』를 비롯한 제천의 읍지에서 縣右面의 위치에 대하여 제천현의 治所가 위치한 지역이며 동쪽으로 東面과 접하고 서쪽으로 近右面과 접하며 남쪽으로 남면과 접하고 북쪽으로 縣左面과 접한다고 하였다. 동서간 거리가 10 리이며 남북간 거리는 7 리라 하였고 伐乙山의 좌우가 된다고 하였다. 현재 南泉洞, 花山洞, 東峴洞, 靑田洞, 下所洞, 新百洞, 榮川洞 지역으로 제천의 중심부와 그 우측에 속한다. 각 문헌에 보이는 縣右面의 동리명과 전래지명 그리고 현재의 동명을 정리하여 보이면 〈표 1〉과 같다.[14]

〈표 1〉 縣右面 관련 동리명

	輿圖(9)	忠誌(9)	舊名(10)	전래지명[15]	현용 동명
大寺洞里	○1			한사/한절, 절산[사산]	南泉洞
渴馬洞里	○2	○2		갈마골 갈매	花山洞
書堂洞里	○3	○3		남당	花山洞
花山里	○4	○4	○3	곳매, 곰배산, 갈매	花山洞
百畝里	○5			백배미	東峴洞
東門外里	○6	○7		동문밖 동문거리	東峴洞

---

14 자료를 제시하는 방법은 왼쪽 칸에 문헌에 나오는 모든 동리명을 제시하기로 한다. 우측으로 나아가면서 『輿圖』, 『忠誌』, 『舊名』 순으로 제시한 후 한자어지명인 동리명의 근원형이라 할 수 있는 전래지명과 현재 해당 지역이 속해 있는 동명을 제시하기로 한다. 해당 문헌에 출현하는 동리명에만 ○를 하고 그 옆에는 각 문헌에 제시된 순서를 숫자로 표기하기로 한다.

15 여기에 제시할 전래지명은 『朝鮮地誌資料』(1910년대), 한글학회의 『한국지명총람』(1971), 충청북도의 『地名誌』(1987), 제천문화원 『義林文化』 제6집(제천 지명편)(1991)과 『堤川 마을誌』(1999) 등의 검토와 여러 차례의 현지답사를 통하여 수집한 것이다. 대부분의 항목은 한역지명과 직접적으로 대응되는 것이지만, 논의의 필요에 따라 해당 지역의 속지명도 일부 제시하기로 한다.

青田里	○7	○8	○8	뒷들, 청전들	青田洞
坪里	○8			뒷들, 청구평	青田洞
所近里	○9	○9		소근이, 고른이, 고운이, 소리	下所洞
寒寺里		○1		한사/한절, 절산[사산]	南泉洞
官前里		○5	○2	유실 구렁넘어	新百洞
百夜里		○6		백배미, 본백	東峴洞 新百洞
越百里			○1	백배미, 신백, 월백	新百洞
書堂里			○4		花山洞
沙川里			○5	모라내, 모랏내, 모란	花山洞→ 榮川洞
下所里			○6	바깥고른이	下所洞
上所里			○7	웃고른이	青田洞
邑部里			○9		東峴洞
本百里			○10	백배미	東峴洞

3.2. 縣右面 동리명에 대한 고찰

『輿圖』와 『忠誌』에는 9개 동리명이 등재되어 있고 『舊名』에는 10개가 보인다. 세 문헌에 모두 나오는 것은 花山里와 青田里 2개이며 '花山'과 '青田'은 현용 동명의 전부요소로도 쓰이고 있다. 현재의 법정동명인 南泉洞, 東峴洞, 新百洞, 榮川洞 등의 전부요소 南泉, 東峴, 新百, 榮川 등은 『輿圖』, 『忠誌』, 『舊名』에서 찾을 수 없다. 이들 동명은 1914년 이후 부여된 명칭이다. 다만 下所洞의 전부요소 '下所'는 『舊名』에 보이므로 그 이전에 부여된 명칭이다.

『輿圖』와 『忠誌』에는 里名이 9개로 동수인데 『輿圖』의 大寺洞里와 百畝里가 『忠誌』

에서는 각각 寒寺里와 百夜里로 교체되었다. 그리고『輿圖』의 坪里가 제외된 반면『忠誌』에 官前里가 등재되었다. 大寺洞里→寒寺里의 경우는 大寺洞里에서 중복된 후부요소 洞을 제거하면 大寺里:寒寺里로 대응된다. 결국 大:寒의 대응관계로 '크다'의 뜻을 지닌 '하다'의 관형사형 '한'을『忠誌』에서 음역하여 '寒'으로 옮긴 것이다. 차자표기의 원리에서 보면 '寒'은 음가자에 속하는 것으로 볼 수 있고 '大'는 훈독자로 볼 수 있다. '大田'의 원초지명 즉 전래지명이 '한밭'이었듯이 큰 절이 있었기에 이 지역을 '한절골'이라 하였을 가능성이 크며 후대로 오면서 한사리, 한사동, 대사동, 대사동리 등으로 불린 것으로 볼 수 있다.

　『輿圖』의 '百畝里'와『忠誌』의 '百夜里'는 모두 전래지명 '백배미'를 배경으로 형성된 한자어지명이다. 예전에 이곳에 백 배미의 논이 있어 붙여진 명칭이며 관련 명칭으로 '백배미다리[白夜橋]'가 있다. '배미'는 수량을 나타내는 말 뒤에 쓰여 구획지은 논을 세는 단위명사이다. '배미'를 표현함에 있어 '夜'를 활용한 것은 그 새김이 '밤'이기 때문이다. '밤'에 '-이'를 붙여 '바미→배미'를 형성해 낼 수 있기 때문에 '畝'보다는 '夜'가 근원형의 발음 '배미'를 표현하는 데 적절했기에 교체된 것으로 볼 수 있다.

　'百夜里'는『忠誌』에만 보이며『舊名』에 와서 越百里와 本百里로 분리되었음을 알 수 있다. 本百里리는 본래의 백배미[百夜里] 지역을, 越百里는 백배미[百夜里] 너머에 있는 지역을 가리키는 것임을 쉽게 알 수 있다. 本百里는 오늘날 東峴洞 지역이며 월백리는 新百洞 지역이다. 新百이라는 전부요소는 越百을 달리 표현한 것으로 볼 수 있는데 本百인 '백배미[百夜]'가 먼저 있었고 후대에 형성된 동리의 명칭이 그 너머에 있는 越百이기 때문이다.

　『輿圖』와『忠誌』의 渴馬洞里와 東門外里는『舊名』에서 제외되었다. 東門外里는『舊名』시기에 邑部里로 편성되었다가 현재 東峴洞에 속해 있다. 渴馬洞里는 현재 花山洞에 속하는 지역으로 고유지명어 '갈매'를 배경으로 '渴馬'가 형성된 것으로 보인다. 후행요소 '매'는 '뫼[山]'의 변이형인데 음역하여 '馬'로 옮겼다. 선행요소 '갈' 역시 음역하였음을 알 수 있다.『輿圖』와『忠誌』의 '所近里'는『舊名』의 시기에 하소리와 상소리로 분할되었다. 상소리는 오늘날 靑田洞, 하소리는 下所洞에 속한다.

　오랜 생명력을 지니며 쓰이고 있는 花山洞의 전부요소 '花山'은 이 지역에 있는 산이름 "곶매, 갈매, 곰배산"을 배경으로 형성된 명칭이다. 산의 형상이 곰배와 같이 생겨 곰배산이라 명명한 것으로 보이는데 곰배란 고무래의 제천방언으로 『표준국어대사전』에서는 "곡식을 그러모으고 펴거나, 밭의 흙을 고르거나 아궁이의 재를 긁어모으는 데에 쓰는 '丁' 자 모양의 기구. 장방형이나 반달형 또는 사다리꼴의 널조각에 긴 자루를 박아 만든다." 와 같이 풀이하였다. '丁'자를 아래쪽에서 보면 끝이 가늘게 튀어나온 모양인데 이를 일컬어 '곶(串)'이라 하는데 화산의 전래지명 중 '곶산'에 주목하지 않을 수 없다.

육지가 바다를 향해 돌출한 지형을 '곶'이라 함은 두루 아는 사실이다. '곶'은 고지, 꼬지, 꼬치, 코지, 꼬챙이…… 등으로 변이, 확장되어 쓰이는 어사로 장산곶, 호박고지, 꼬치백반, 섭지코지…… 등에서 그 쓰임을 확인할 수 있다. 화산의 근원형 '곶매'의 '곶'도 '串'으로 추정된다.[16] 한역과정에서 '곶'은 '串' 또는 '岬'으로 옮기기도 하지만 '花'로 옮기는 경우가 허다하다. '花'의 새김이 '곶'이기 때문이며 이는 의역 중 雅譯[17]에 해당하는 것으로 볼 수 있다.

花山洞과 더불어 『輿圖』 이후 오늘날까지 쓰이는 명칭 靑田洞의 '靑田'은 해당 지역에 들이 넓게 펼쳐져 있어 생겨난 지명이다. 『輿圖』에만 보이는 坪里도 靑丘坪, 後坪[←뒷들]등을 배경으로 형성된 지명이다. 그러나 청전의 근원형인 고유어지명을 찾을 수 없어 어떤 특징을 지닌 들이었기에 청전이라 하였는지 알기가 어렵다. 현재의 靑田洞 지역은 縣右面에 속했었는데 1914년 행정구역 폐합에 따라 상소리를 병합하여 읍내면에 편입되었다.

현재의 榮川洞은 제천역이 자리 잡은 제천 시내의 중앙 남쪽에 위치한다. 마을 앞쪽에 흐르는 내에 모래가 많아 모래내, 모라내, 모랏내, 모란내, 모란 등의 명칭이 생겨난 것으로 볼 수 있다. 전래지명 '모래내'를 배경으로 형성된 한자어지명 '沙川'이

---

16 오늘날 화산은 이 지역이 도시화되면서 그 원형을 보존하지 못하고 크게 훼손되었다. 하지만 제천 향교 뒷산인 애뒤산(324.5미터)의 산줄기가 남쪽을 향하여 복천사가 위치한 산으로 그 줄기가 이어지고 제천시교육지원청 뒷산으로 이어지면서 '곶'을 연상께 하는 흔적이 남아있다.

17 고유어지명의 한역화 유형에 대하여는 제12장에서 자세히 논의하게 될 것이다. 雅譯이란 고유지명어과 동음 또는 유사음을 보다 肯定的인 뜻과 대응되는 한자로 옮긴 것을 말한다.

『舊名』에 보이며 오늘날 강저지구대 앞에 놓여있는 다리의 명칭도 沙川橋이다. 모라내, 모라내다리 등이 각각 사천, 사천교 등의 한자어지명으로 바꾸었지만 모라내 또는 모랏내의 변이형인 '모란내'의 '모란'이 현용 마을명칭으로 쓰이고 있으며 모란마을회관도 있다. 이 지역의 동명을 榮川洞이라 한 것은 1949년인데 그 이전인 1940년에 부여된 명칭 '榮町'에서 그 원인을 찾을 수 있다. 결국 榮川洞은 근거 없이 등장한 榮町의 '榮'이 전래지명 모라내를 배경으로 형성된 沙川의 '沙' 자리에 끼어들어 생겨난 명칭이다.

下所洞은 제천 시내의 중앙에서 서쪽에 위치한다. 인접하여 북동 방향에 위치한 현재의 靑田洞 지역과 더불어 『輿圖』와 『忠誌』에서는 所近里라 하였으나 『舊名』에서는 上所里와 下所里로 분리되었다. 전래지명 소근이, 소리, 고른이, 고운이 등으로 불리던 남서쪽 지역이 下所洞이다. 1914년 행정 구역 개편 당시 일부 지역을 제외하고 읍내면에 편입되어 하소리라 하였으며 1980년 시 승격과 함께 下所洞으로 후부요소를 개칭하였다.

현재 南泉洞은 제천시내 중앙의 동쪽에 위치하는 지역이다. 본래 縣右面에 속했던 지역으로 큰 절이 있었으므로 한사, 한사리, 한사동, 大寺 등으로 불렸던 지역이다. 1914년 행정구역 개편 당시 읍내면 화산리로 폐합되었다가 1949년 동제 실시에 따라 南泉洞으로 분리되었다. 분리 당시 부여된 전부요소 '南泉'은 그 근거를 찾을 수 없다.

현재의 東峴洞은 1914년 행정구역 개편에 따라 東門外里, 立泣峴, 白夜里를 병합하여 읍내면 읍부리라 칭했던 지역이다. '邑部'라는 명칭을 통하여 제천의 중앙에 위치하는 지역임을 알 수 있다. '東峴'이라는 명칭은 1946년 동제 실시에 따라 東門外에서 '東'을 立泣峴에서 '峴'을 가져다 만든 것이다.

현재의 新百洞은 東峴洞의 동쪽에 위치한 지역으로 앞에서 논의하였듯이 越百里 지역을 중심으로 하고 官前里를 포함하는 지역이다. '新百'이라는 명칭은 1914년 행정구역 개편과 함께 읍내면으로 편입되면서 부여된 명칭이다.

4. 縣左面의 동리명과 그 변천

4.1. 縣左面 동리명 자료

『忠誌』를 비롯한 제천의 읍지에서 縣左面의 위치에 대하여 동쪽으로 東面에 접하고 서쪽으로 近右面에 접하며 남쪽으로 縣右面과 접하고 북쪽으로 북면에 접한다고 하였다. 동서 간 거리는 17리, 남북 간 거리는 10 리이며 道峙의 좌우에 위치한다고 하였다. 현재 長樂洞, 古巖洞, 新月洞, 牟山洞 등의 지역으로 제천의 중심부에서 북쪽에 위치한다.[18] 각 문헌에 보이는 縣左面의 동리명과 전래지명 그리고 현재의 동명을 정리하여 보이면 〈표 2〉와 같다.

〈표 2〉縣左面 관련 동리명

	輿圖(8)	忠誌(8)	舊名(10)	전래지명	현용 동명
土九之里	○1	○1	○5	두구매, 두구맷둑, 두고산	長樂洞
長樂里	○2	○2	○4	정거랭이, 정거룬, 정거여, 장락, 창락	長樂洞
洞巖里	○3			고라미, 고래미	古巖洞
雲田洞里	○4			둔전골, 둥전말	古巖洞
道峙里	○5	○4	○1	도티, 되티	古巖洞
新月里	○6	○5	○8	새월이	新月洞
陳衣里	○7	○6		묵은배미	新月洞
新坪里	○8			벌말	古巖洞

---

18 『輿圖』에서 縣左面의 위치를 동북간이라 하였듯이 현재 이 지역은 제천시내의 중심부에서 북쪽으로 동서 간에 위치하나 동쪽으로 더 치우쳐 있다.

			둔전골, 둥전말	古巖洞
雲田里		○2	둔전골, 둥전말	古巖洞
屯田里	○7		둔전골, 둥전말	古巖洞
古巖里	○3	○3	고라미, 고래미	古巖洞
下陳里		○6	아랫묵은배미	新月洞
上陳里		○7	웃묵은배미	新月洞
馬川里		○9	마랏골, 마락골,	新月洞
牟山里	○8	○10	모산	牟山洞

4.2. 縣左面의 동리명에 대한 고찰

『輿圖』와 『忠誌』에는 9개 동리명이 등재되어 있고 『舊名』에는 10개가 보인다. 세 문헌에 모두 나오는 것은 4개로 土九之里, 長樂里, 道峙里, 新月里 등이나 현용 동명의 전부요소로 쓰이고 있는 것은 長樂과 新月이다. 현용 동명의 전부요소 古巖과 牟山은 『忠誌』에서부터 보이는데 古巖里는 『輿圖』에서 洞巖里로 기록하였다. 牟山里는 『忠誌』 시기에 동리로 편입된 것으로 보인다.

『輿圖』의 雲田洞里는 『忠誌』에 屯田里로 다시 『舊名』에서는 雲田里로 되었다. 『輿圖』와 『忠誌』에 보이는 陳衣里는 『舊名』에 下陳里와 上陳里로 분리되었다. 『輿圖』에만 보이는 新坪里는 "距官門五里 編戶三戶 男七口 女八口"라 한 것으로 보아 관문에서 7리에 위치한 洞巖里[19]와 인접한 지역으로 보인다. 불과 15명, 3가구가 있었으나 『忠誌』 시기에 古巖里로 편입된 것으로 보인다. 고라미[古巖里] 서남쪽 벌판에 있는 마을을 벌말[坪村]이라 하였다는 점에서도 이러한 추정이 가능하다. 『舊名』에만 보이는 馬川里는 『忠誌』 이전의 시기에는 동리로 취급되지 않았던 것으로 볼 수 있으며, 1914년

---

19 『輿圖』에서 동암리에 대하여 "洞巖里距官門七里編戶二十一戶男三十二口女四十口"라 기록하였다.

행정구역 개편 때 古巖里에 폐합되었다.

『興圖』,『忠誌』,『舊名』 등 3개의 문헌에 보이는 전부요소 중 현용 동명의 전부요로 쓰이지 않는 것으로 '土九之'와 '道峙'가 있다. '土九之'의 '土九'는 전래지명 '두구매'의 '두구'를 음역한 것이고, 道峙 또한 도티 또는 되티를 음역한 것이다. 도티/되티[道峙]는 『忠誌』를 비롯한 제천의 읍지에서 縣左面의 위치에 대하여 설명할 때 "道峙之左右也"라는 설명을 할 정도로 이 지역의 현저한 지형지물이다. 각종 지명지에서 이 고개에 대한 명명의 근거로 병자호란(1636.12.~1637.1.) 때 오랑캐가 진을 쳤던 곳이라 하여 '되티' 또는 그 변이형 '도티'라 하였으나 믿기 어렵다.

동리명 '土九之里'는 이 지역에 위치한 산의 이름 '두구매'에서 비롯된 것이다. 각종 지명지에 두구맷둑, 두고산 등의 명칭이 보이며 현재 장락동의 남동쪽 지역이다. 산의 모양이 '투구(<두구) 모양을 하고 있어 '두구매'라 하였을 가능성이 있으나 단정할 수는 없다.

'새월이'를 원초형 지명으로 본다면 新月里는 선행요소 '새'를 '新'으로 의역한 것이고 '월'은 음역하여 '月'이라 한 것으로 볼 수 있다. 그러나 각종 지명지의 설명대로 이 지역이 반달 형국으로 된 산 밑이기 때문에 '月'을 사용했다면 '月'을 음역으로 볼 수 없다. 원초형 '새월이'는 혼종어로 고유어 '새'와 한자어 '月'을 결합하여 부여된 명칭으로 볼 수밖에 없다. 이는 산 아래에 연한 신월동의 북쪽 즉, 현재 세명대학교 북서쪽에 접한 산자락이 반달모양을 하고 있다는 점을 고려할 때 이런 추정이 가능하다.

고라미/고래미는『興圖』에서 '洞巖'으로 한역되었으나『忠誌』이후『舊名』을 거쳐 현재까지 '古巖'이라는 한역지명을 활용하고 있다. '洞巖'은 고라미/고래미를 '골+아/애+미'로 보아 한역한 것이고 '古巖'은 '고+라/래+미'로 본 결과 생겨난 한자어지명이다. 고라미/고래미는 현재 고암교차로를 중심으로 동남쪽 방향의 산자락에 위치하여 있다. 이를 통하여 볼 때 앞선 시기에 한역된『興圖』의 '골:洞'은 매우 적절한 한역으로 보인다. 후행요소 '미'는 [山]으로도 볼 수 있고 [水·川·泉·井]으로도 볼 수 있는데 지형을 고려할 때 [山]으로 보인다. 바위가 많음을 특징으로 하는 산이기에 '미'를 '山' 대신에 '巖'으로 옮긴 것으로 이해된다.

모산동의 '牟山'은 '못[의림지]+안'의 연철형 '모산'을 음역한 것이다. 경기도 안산시 단원구 고잔동과 인천광역시 남동구 고잔동의 전부요소 '고잔'이 '곶(串)' 안에 위치하므로 부여된 명칭이듯 '모산' 역시 유사한 과정을 거쳐 형성된 지명이다. 현재 우리나라에는 경기도 안성시 대덕면 모산리를 비롯하여 8개의 里名에서 '모산'을 확인할 수 있는데 이들 지역의 위치가 못의 안쪽에 있는지에 대하여는 추후 검토해 볼 일이다. 다만 제천의 의림지는 김제의 벽골제, 밀양의 수산제와 함께 삼한 시대 삼대 수리시설의 하나로 널리 알려져 있는 지형지물이다. 그러므로 이를 배경으로 '못+안'이라는 명칭이 생겨나고 발전하여 '모산'이 되었음은 의심의 여지가 없어 보인다. 또한 이를 음역하여 '牟山'이라 하였지만 원초적인 고유어지명의 형태가 온전하게 보전되고 있다.

제천시내 중앙의 북동쪽에 위치한 長樂洞은 1914년 행정구역 개편 때 土九之里를 병합하여 읍내면 長樂里가 되었다. 제천면, 제천읍 시기를 거쳐 1980년 시 승격과 함께 후부요소가 동으로 교체되었다. 전부요소 '長樂'은 각종 지명관련 문헌에서 이곳에 있었던 창락사(蒼樂寺/昌樂寺)에 바탕을 둔 것으로 보고 있다. 현재는 논밭으로 변해버렸지만 이곳에는 예전에 제법 큰 규모의 사찰이 있었음을 7층 모전석탑이 증언하고 있다.

박홍국(2007)에서는 보물 제459호로 지정된 장락동 7층 모전석탑의 창건시기를 8세기 후반으로 추정하면서 7세기 후반까지 소급될 가능성이 결코 낮지 않음을 강조하였다. 이는 충청대학교 박물관이 실시한 시굴 및 발굴조사에서 6세기대로 추정되는 기와들이 출토되었다는 사실을 바탕으로 한 것이다. 그렇다면 탑이 건립되기 이전에 절이 들어섰을 것이므로 사찰의 건립연대는 더 앞선 시기로 추정할 수 있을 것이다. 사찰의 명칭이 '창락'이었음을 단정할 수 있는 자료는 없으나 정거랭이, 정거룬, 정거여, 장락 등의 어두음절 초성에서 유사성을 보인다. 현재로서는 장락과 창락을 동일어의 변이형으로 보고자하며 추후 더 검토해야할 여지가 있다 하겠다.

5. 東面의 동리명과 그 변천

5.1. 東面의 동리명

『忠誌』를 비롯한 제천의 읍지에서 東面의 위치에 대하여 동쪽으로 永春의 蛾洋河 之와 金山에 접하고 서쪽으로는 縣右面에 접하며 남쪽으로는 영춘의 금산에 접하고 북쪽으로는 북면에 접한다 하였다. 동서간 거리는 13리이고 남북간 거리는 10리이며 虎鳴山이 남쪽의 고개에 접하여 있고 그 북쪽에 釜谷山이 있으며 鳥鵲山이 동쪽에 있고 橋谷峴이 그 서쪽에 있다고 하였다. 현재 제천의 중심, 동쪽에 위치한 頭鶴洞, 黑石洞, 高明洞 지역이다. 각 문헌에 보이는 동리명과 전래지명 그리고 현재의 동명을 정리하여 보이면 〈표 3〉과 같다.

〈표 3〉 東面 관련 동리명

	輿圖(9)	忠誌(10)	舊名(12)	전래지명	현용 동명
松峙里	○1	○2	○12	솔티	頭鶴洞
黑石里	○2	○3	○11	검은돌	黑石洞
謁山里	○3			알뫼/알미	頭鶴洞
白楊洞里	○4			뱅골	高明洞
松峴里	○5	○1	○7	소재	高明洞
曾溪里	○6	○6	○5	증계/징계	高明洞
鷹洞里	○7	○8		매골	頭鶴洞
風吹里	○8	○9		바람부리	頭鶴洞
釜谷里	○9	○10	○1	가맛골/가마실	頭鶴洞
上風里			○2	웃바람부리	頭鶴洞
下風里			○3	아랫바람부리	頭鶴洞
鷹洞			○4	매골/맛골	頭鶴洞
寒泉里		○7	○6	찬우물/차나물	高明洞
白楊洞			○8	뱅골	高明洞

三距里			○9	세거리	高明洞
酉谷里		○4	○10	알뫼/알미	頭鶴洞
白巖洞里		○5		뱅골	高明洞

5.2. 東面의 동리명에 대한 고찰

『輿圖』에 제시된 동리명은 9개이며『忠誌』에는 10개,『舊名』에는 12개가 등재되어 있다. 松峙里, 黑石里, 松峴里, 曾溪里, 釜谷里 등 5개리는 3개의 문헌에 모두 보이는 지명이다. 謁山里는『忠誌』이후 酉谷里로 바뀌었음을 알 수 있는데 이는 전래지명 '알뫼'를 '謁山'으로 한역하였다가 '酉谷'으로 교체하였기 때문에 생겨난 현상이다. '謁'은 '알뫼'의 선행요소 '알'을 음역한 것이고 '酉'는 '알과 연상되는 것이 '닭'이므로 닭을 새김으로 하는 한자 '酉'를 가져다 쓴 것이다. 후행요소 '뫼'는 지명어에서 '메' 또는 '미'라는 변이형으로도 자주 나타나는 것으로 '山'을 뜻하는 고유어이다. '谷'은 '山'의 일부이자 산중에서 촌락이 자리하는 위치이기 '알뫼'를 '酉谷'이라 한 것으로 볼 수 있다.

白楊洞里는 白巖洞里로 표현하기도 하고 이중으로 부여된 후부요소 '-里'를 생략하고 白楊洞으로 쓰기도 하였다. 모두 근원형인 전래지명 '뱅골'을 한역하는 과정에서 생겨난 지명이다. '매골'을 근원형으로 하는 鷹洞里 역시『舊名』에 와서 이중으로 부여된 후부요소 '-里'를 생략하고 鷹洞으로 간략화하였다. 風吹里는『忠誌』까지 쓰였음을 알 수 있는데『舊名』에서 上風里와 下風里로 분리되어 나타난다. 전래지명 '바람부리'를 의역하여 '風吹'라 하였다가 뒤에 해당 지역을 상하로 분리하면서 上風과 下風으로 명명한 것이다.

寒泉里와 三距里는『輿圖』에서 보이지 않던 지명이다. 후대로 오면서 증가된 동리 실태를 반영한 것으로 볼 수 있다. 三距里는 세 개의 거리가 만나는 지점을 중심으로 형성된 동리이기에 부여된 명칭으로 보인다. 한자어지명 '寒泉'의 전래지명은 '찬우물/차나물'이며 인간의 생활과 밀접한 관련이 있는 샘 또는 우물은 해당 지역의 중요 지형지물이므로 명명의 소재가 된 것이다.

東面은 1914년 행정구역 통폐합 당시 읍내면으로 편입된 지역이다. 현재 제천시 頭鶴洞, 黑石洞, 高明洞 등으로 동명이 정착되었다. 『輿圖』에서 『舊名』 시기까지 연면히 쓰였던 5개 지명 松峙里, 黑石里, 松峴里, 曾溪里, 釜谷里 중 오늘날 동명으로 쓰이고 있는 것은 '黑石'뿐이다. 근원형인 전래지명 '검은돌'의 흔적이 '黑石'에 담겨 있는 것이다. 솔티, 소재, 증계, 가막골, 알뫼, 바람부리, 뱅골, 찬우물 등 이 지역 지명의 근원형이 흔적도 남기지 않고 사라져 가는 운명에 처해 있다. 또한 이들 지명을 배경으로 형성된 한자어지명조차 대부분 폐기되었음을 알 수 있다.

『輿圖』 이후 『舊名』까지 쓰였던 동리명 중 '黑石'만이 현재의 동명 '黑石洞[20]'으로 쓰이고 있고 '頭鶴'과 '高明'은 1914년 행정구역 통폐합에 따라 등장한 명칭이다. 당시 '고명리'라는 명칭은 삼거리, 증계리, 한천리, 송현리와 백양동의 일부 지역을 병합하여 부여한 것이다. 동리뿐만 아니라 東面, 縣右面, 縣左面이 통폐합되어 읍내면이 되었으며, 1917년 제천면 고명리, 1940년 제천읍 고명리 그리고 1980년 시 승격에 따라 법정동인 고명동이 되었다. 전부요소 '高明'은 '찬우물/차나물[寒泉]' 뒤쪽에 있는 '高明山'에서 가져온 것이다.

'頭鶴' 또한 1914년 등장한 동리명의 전부요소이다. 이 지역이 학들의 머리 쪽에 해당하므로 '頭鶴'이라 명명하였다고 한다. 1914년 당시 상풍리, 하풍리, 응동, 유곡리, 부곡리를 병합하고, 단양군 어상천면의 자작리 일부 지역을 편입하여 두학리라 하였다. 어상천면에서 편입되었던 自作里는 1940년 제천면이 읍으로 승격되면서 분리되었고 시 승격 이후 자작동이 되었다.

6. 결론

1914년 행구정구역 개편 이전의 동리명을 보여주는 자료 『輿圖』, 『忠誌』 그리고

---

20 黑石洞은 1914년 통합 당시 송티리 일부 지역을 병합하여 읍내면에 편입되었다. 검은 빛깔의 돌이 많다는 것이 명명의 근거가 되었다.

『舊名』에 등재되어 있는 동리명은 모두 51개이다. 『輿圖』에는 26개, 『忠誌』에는 27개 그리고 『舊名』에는 32개의 동리명이 실려 있다. 늦은 시기로 오면서 동리수가 증가하였음을 알 수 있다. 이 지역은 도시화가 이루어지면서 면에서 읍으로 그리고 시로 승격되었으며 논의 대상 지역은 14개 동으로 개편, 정착되었다.

　『舊名』 이전 시기의 문헌에 보이는 동리명 51개 중 현용 동명의 전부요소로 쓰이고 있는 것은 花山, 靑田, 下所, 長樂, 古巖, 新月, 牟山, 黑石 등 8개이다. 이 중 花山, 靑田, 長樂, 新月, 黑石 등 5개는 『輿圖』에서부터, 古巖, 牟山은 『忠誌』에서부터, 下所는 『舊名』에서부터 쓰였던 명칭이다. 이들 한역지명의 경우 명명의 근거가 분명하고 근원형인 고유어지명의 형태 구조가 적절히 고려되어 부여되었음을 알 수 있다. 花山[←곳뫼], 下所[←아랫소근이], 古巖[←고라미/고래미], 新月[←새월이], 牟山[←모산〈못안], 黑石[←거문돌] 등에서 보듯 음역의 경우든 의역의 경우든 구성요소의 어순이 잘 지켜졌음을 알 수 있다.

　반면에 1914년 이후에 부여된 명칭 南泉, 東峴, 新百, 榮川, 頭鶴, 高明 등 6개는 명명의 근거를 찾기 어려운 것도 있고 우리말 문법 구조에 어긋나는 것도 있다. 南泉은 1949년 화산동을 분동하면서 예전의 한사리/한사동[大寺洞里] 지역에 붙여진 명칭으로 명명의 근거를 찾을 수 없다. 東峴은 東門外里의 '東'과 立泣峴의 '峴'을 취하여 만든 것이고, 新百은 越百을 달리 표현한 것이며, 榮川은 沙川의 선행요소 '沙' 자리에 근거 없이 명명했던 '榮町'이라는 왜식 지명의 '榮'을 가져다 넣은 것이다. 頭鶴과 高明은 해당 지역의 지형지물 명칭을 가져다 썼다고 하나 頭鶴의 경우 '학의 머리'를 배경으로 하였다면 '鶴頭'라 함이 우리말 문법 구조와 어울리는 것이 아닌가 한다.

　근원형인 고유어지명을 한역하여 한자어지명을 만들면서 원초형의 음상을 보전하는 노력도 있었고 의미를 중시하였던 관점도 있었음을 확인할 수 있다. 전자를 音譯이라 하고 후자를 義譯이라 하는데 구성요소 전체를 음역이나 의역한 경우도 있고 각 요소별로 방식을 달리한 경우도 있다. 원초형의 뜻을 중시하여 의역한 경우가 우세한데 한절:大寺, 곳매:花山, 고라미/고래미:洞巖/古巖, 솔티:松峙, 검은돌:黑石, 소재:松峴, 매골:鷹洞, 바람부리:風吹, 가맛골/가마실:釜谷, 찬우물/차나물:寒泉, 알뫼/알미:酉谷 등이 그 예이다.

원초형의 음상을 중시하여 음역한 예로 현용 동명으로 자리 잡은 '牟山[←못+안]'이 대표적인 예이다. 의림지라는 못 안에 위치한 고을이기에 '못+안'이 발전하여 '모산'이 되었고 이를 음역하여 '牟山'이라 한 것이다. 이러한 예는 하소동의 근원이 된 소근이:所近里를 비롯하여 갈메:渴馬, 두구:土九, 曾溪:증계/징계, 뱅골:白楊洞/白巖洞 등에서도 확인할 수 있다. 다수의 예가 발견되지는 않지만 백배미:百夜와 新月:새월이의 경우 음과 뜻을 혼합하여 2차 지명어를 만든 예라 할 수 있다.

제8장

淸風府 北面·東面·遠南面·近南面·遠西面 동리명의 형성과 변천

1. 서론

1.1. 연구의 의의 및 범위

오늘날 신분증을 비롯한 각종 公簿의 주소로 사용되는 동리명은 茅山洞, 釜谷里, 蘆灘里, 甑山里, 栗峴里…… 등과 같은 한자어지명이다. 그런데 다행스럽게도 이들 동리명의 원초적 형태인 못안, 가마실, 갈여울, 시루미, 밤고개…… 등이 口語에서 부분적으로 쓰이고 있다. 고유어를 바탕으로 형성된 이들 한국지명의 원초적인 형태는 이미 소멸의 단계에 들어섰고 그 자리를 한자어지명이 차지하고 있다. 지명의 한자화는 경덕왕의 지명 개정 이후 줄기차게 진행되어 왔다. 군현명에서 시작된 지명의 한자화는 동리명에까지 진행되었으며 새로운 지명의 命名 시 전래지명에 대한 고려 없이 한자를 직접 활용하는 경우까지 발전하였다. 이들 한자표기 내지는 한자어지명은 행정지명의 지위를 확보하면서 탄탄한 입지를 구축하였다.

'서울'을 제외한 현용 광역자치단체의 명칭은 물론 군현명에 해당하는 시군명은 대부분 한자어 일색이다. 그런데 이들 단위의 한자어지명은 동리명과는 달리 대응되는 고유어지명을 찾기 어렵다. 그러므로 우리는 한국지명의 원초적인 형태를 바탕으로 그 변천을 탐구하기 위해서는 동리명 자료를 활용할 수밖에 없다. 본 연구에서는 한국지명의 원초적인 형태인 '못안, 가마실, 갈여울, 시루미, 밤고개' 등이 어떤 방식에 의해 '茅山, 釜谷, 蘆灘, 甑山, 栗峴' 등으로 발전하였는지 살피게 될 것이다. 또한 이렇게 형성된 한자어 동리명이 시대적 상황을 반영하면서 어떻게 변화했는지 탐구하고자 한다.

본 연구는 전국의 동리명 형성 배경과 그 변천을 탐구함으로써 한국지명의 미래를 설계하는 데 보탬이 되고자 기획된 것이다. 한국지명의 원초형을 발굴, 보존, 활용하게 하여 국어 어휘 자원을 풍부하게 하고 그 창달에 기여하고자 한다. 본장에서는 淸風의 동리명 중 北面, 東面, 遠南面, 近南面, 遠西面 등 5개 면의 동리명에 대하여 논의하고자 한다.

1.2. 淸風의 郡縣名과 面名 沿革

『新增東國輿地勝覽』(이하 『新增』) 제14권에 淸風郡의 위치에 대하여 동쪽으로 丹陽郡, 남쪽으로 慶尙道 聞慶縣, 서쪽으로 忠州, 북쪽으로 堤川縣과 경계를 이룬다고 하였다. 그리고 【建置沿革】조에 "본래 高句麗의 沙熱伊縣인데, 신라에서 지금 이름으로 고쳐 奈堤郡의 領縣을 삼았다. 고려 顯宗 9년에 忠州에 붙였다가 뒤에 監務를 두었고, 忠肅王 4년에 縣의 중 淸恭이 王師가 되었으므로 知郡事로 승격시켰는데 本朝에서 인습하였다."[1]와 같이 기술하였다. 그리고 『輿地圖書』(이하 『輿圖』)에서는 "고구려 때 沙熱伊縣인데 신라에서 지금의 이름으로 고쳤다. 고려 忠肅王 때 군으로 승격되었으며 本朝에서 인습하였다. 충원진에 속했으며 顯宗大王 즉위 시 明聖王后 성씨의 本貫이므로 府로 승격하였다. 沙熱伊縣의 옛터는 지금의 水下面에 있다."[2]와 같이 기술하였다.

이상의 기술을 통하여 '淸風'은 경덕왕 때 개칭된 이후 현재까지 쓰이고 있는 명칭임을 알 수 있다. 또한 '淸風' 이전에 사용된 명칭 즉 고구려 때 지명은 '沙熱伊'임을

---

[1] 本高句麗時爲沙熱伊縣 新羅改今名爲奈堤郡領縣 高麗顯宗九年屬忠州後置監務 忠肅王四年以顯僧淸恭爲王師 陞知郡事 本朝因之.

[2] 高句麗時爲沙熱縣新羅改今名 高麗忠肅王時陞爲郡 本朝因之 屬忠原鎭 顯宗大王卽位以明聖王后姓貫陞爲府 沙熱縣古址在今水下面.

알 수 있으며 그 중심인 縣廳의 소재지가 水下面에 있었음을 알 수 있다.[3] 군현의 명칭으로는 '沙熱伊'와 '淸風'만이 있어 비교적 단순하다. 그런데 그 행정 단위는 縣→ 領縣→ 郡→ 府→ 郡→ 面 등으로 변화하였다. 고구려의 沙熱伊縣이 신라 때 奈堤郡(지금의 제천시)의 領縣이 되었으며 고려 顯宗 9년에 忠州牧에 귀속되었다가 忠肅王 4년에 이곳 출신 淸恭이 王師가 되자 郡으로 승격되었다. 조선 현종 때에는 명성왕후 성씨의 本貫이 淸風이므로 都護府로 승격하였다. 1895년(고종 32) 乙未改革으로 郡이 되었으며 1914년 行政區域 統廢合으로 堤川郡에 倂合된 후 面이 되었다. 이렇듯 청풍은 행정단위의 측면에서는 비교적 복잡한 변화를 겪었음을 알 수 있다.

〈그림 1〉『輿圖』의 淸風 地圖

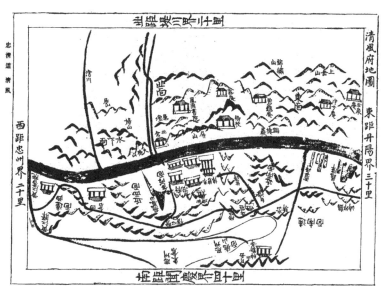

본 연구에서 검토 대상으로 채택한 문헌은 소위 行政 내지는 法定 동리명을 보여주는 자료이다. 『輿圖』(1757~1765), 『忠淸道邑誌』(이하 『忠誌』) (1835~1849(堤川縣誌 編纂年代)),

---

3 沙熱伊縣의 중심이 水下面 瑞雲里였음을 제9장에서 자세히 논의하게 될 것이다.

『舊韓國地方行政區域名稱一覽』(이하 『舊名』)(1912), 『新舊對照朝鮮全道府郡面里洞名稱一覽』(이하 『新舊』)(1917) 등이 그것이다.[4] 검토 대상 자료 중 『輿圖』와 『忠誌』에는 각 郡縣의 지도가 맨 앞에 부착되어 있다. 이 지도에는 좌에서 우로 중간에 청풍강을 그려 넣은 후 각 면의 위치를 표현하였다. 輿地圖에 이어 輿地書 부분에서는 坊里 조를 맨 앞에 배열하였는데 面名 아래에 동리명을 제시하였다. 우선 『輿圖』의 지도를 옮겨 제시하면 〈그림 1〉과 같다.

　　『輿圖』를 비롯한 본장의 검토 대상 문헌에 나오는 청풍의 면 명칭 沿革을 한눈에 볼 수 있도록 정리하면 〈표 1〉과 같다.

〈표 1〉 淸風의 面 名稱 沿革

『輿圖』	『忠誌』	『舊名』	『新舊』	현재
【淸】 邑內面[5]	[淸] 邑內面	『淸』 邑內面	『堤』 飛鳳面	〈提〉 淸風面
【淸】 遠南面	[淸] 遠南面	『淸』 遠南面	『堤』 水山面	〈提〉 水山面
【淸】 近南面	[淸] 近南面	『淸』 近南面		
【淸】 遠西面	[淸] 遠西面	『淸』 遠西面	『堤』 寒水面	〈提〉 寒水面
			『堤』 德山面	〈提〉 德山面
【淸】 近西面	[淸] 近西面	『淸』 近西面	『堤』 飛鳳面	〈提〉 淸風面
				〈提〉 水山面
【淸】 北面	[淸] 北面	『淸』 北面	『堤』 錦繡面	〈提〉 金城面
				〈提〉 水山面
【淸】 水下面	[淸] 水下面	『淸』 水下面	『堤』 水下面	〈提〉 淸風面
				〈忠〉 東良面[6]

---

4 이들 자료에는 행정을 위한 동리명만이 제시되어 있어 동리명은 물론 주막명, 시장명, 사찰명, 서원명, 산악령명, 계곡명, 하천명, 도진명, 지소명, 제언보명, 명소 등까지도 제시된 『朝鮮地誌資料』의 지명과는 성격이 다르다.

5 각 面名 앞에 제시된 略號는 각각 【淸】←청풍부, [淸]←청풍현, 『淸』←청풍군, 『堤』←제천군, 〈提〉←제천시, 『忠』←충주군, (忠)←충주목, 〈忠〉←忠州市 등을 표현한 것이다.

6 水下面 지역 중 沙器里, 鳴梧里, 咸巖里, 瑞雲里, 浦灘里, 好雲里 등 6개 里는 행정구역 개편으로 1929년에

『忠』德山面	(忠) 德山面	『忠』德山面	『堤』寒水面	<提> 寒水面
			『堤』德山面	<提> 德山面

2. 北面의 동리명 형성과 변천

2.1. 北面의 동리명 자료

청풍의 북면은 1914년 행정구역 통폐합 당시 제천군에 병합되면서 동면과 통합하여 錦繡面이 되었다. '錦繡'는 이 지역에 위치한 錦繡山에서 가져온 것이다. 그 후 1917년에 城山面과 통합하여 錦城面이 되었으며 1947년 행정구역 조정에 따라 北津里가 청풍면으로 이관되었다. 〈그림 1〉『輿圖』의 지도를 통하여 북면은 청풍부의 동북부에 위치한 지역임을 알 수 있으나 제천에 병합된 현재는 제천의 중앙부에 위치한다.

『輿圖』의 坊里 조에 보면 北面의 위치에 대하여 "北面在江之北"이라 하여 간략하게 표현한 후 7개의 동리에 대하여 治所로부터의 거리, 編戶數 그리고 남녀 인구수[7]를 제시하였다.[8] 『忠誌』의 坊里 조에서는 "北面堤川界"라 한 후 관문에서 각 동리까지의 거리만을 제시하였다.[9] 두 문헌에 제시된 동리의 수와 순서도 일치하나 거리의 경우 약간의 차이를 보이는 경우도 있다. 『舊名』과 『新舊』에는 동리의 명칭만 기록되어 있는데 이들 자료와 더불어 관련 사항을 정리하여 제시하면 〈표 2〉와 같다.

제천군 寒水面에 편입되었다가 1987년에는 中原郡 東良面에 편입되었다. 그 후 1995년 시군통합에 의해 현재 忠州市 東良面 관할지역이 되었다.

7 『輿圖』의 각 동리명 아래에 '編戶/男子/女子'의 수를 제시하기로 한다. 예컨대 동리 北津 아래에 제시된 '14/31/62'는 편호수가 14, 남자가 31명, 여자가 62명이라는 뜻이다.

8 北面在江之北 北津距府越江三里編戶十四戶男三十一口女六十二口○酒浦里距府三里編戶二十一戶男十八口女二十九口○城內里距府五里編戶五十三戶男三十二口女六十三口○月窟里距府六里編戶四十五戶男二十九口女四十七口○白石洞里距府十五里編戶七十戶男四十一口女八十九口○九龍里距府十五里編戶一百戶男一百七十一口女一百九十五口○居山里距府二十里編戶五十一戶男三十口女一百二十口.

9 北面堤川界 北津里距官門三里 酒浦里距官門四里 城內里距官門五里 月窟里距官門十里 白石洞距官門十五里 九龍里距官門十五里 居山里距官門二十五里.

〈표 2〉北面의 동리명 자료

輿圖(7)	忠誌(7)	舊名(10(15))[10]	新舊(11)	現用 동리명	관할 시·군, 면	傳來地名
北津 14/31/62	北津里	(北津里)	北津里	北津里	北面→ 錦繡面(1914)→ 錦城面(1917) →淸風面(1947)	북진나드리
酒浦里 21/18/29	酒浦里	酒浦里	城內里	城內里		반개, 속개
城內里 53/32/63	城內里	城內里				성안, 성두둑/석두둑
月窟里 45/29/47	月窟里	月窟里	月窟里	月窟里		월굴이
九龍里 100/171/195	九龍里	(九龍里)	九龍里	九龍里		구론 구곡
居山里	居山里	活山里	活山里	活山里		살뫼/살미
白石洞里 70/41/89	白石洞里			浦田里	北面 →錦繡面(1914) →錦城面(1917)	흰돌배기
		浦前里	浦前里	浦田里		개앗/개밭, 개앞,
		中里	中田里	中田里		중말
		漆田里				옻밭골
		赤德里	積德里	積德里		불근덕
		大社里	社谷里	社谷里		사창골
		小社里				
		(榛洞)	榛里	榛里		갬골/갱골
		(渭谷里)	渭林里	渭林里		우실
		(月林里)				

---

10 舊名(10(15))에서 '10'은 『舊名』에 올라있는 동리명 수이고 '15'는 누락된 것을 포함한 수이다. 누락된 동리명 5개는 ( )안에 제시하였다.

2.2. 北面의 동리명 형성과 변천

『輿圖』에 실려 있는 北面의 동리명은 7개이다. 가장 큰 동리인 九龍里를 비롯하여 北津, 酒浦, 城內, 月窟, 居山, 白石洞 등이 그것이다. 이들 7개 동리명은 증감 없이 『忠誌』에 그대로 등재되었다. 이들 동리명 중 현재까지 활용되는 것은 4개로 北津, 城內, 月窟, 九龍 등이다. 『舊名』에는 10개의 동리명이 등재되어 있으나 『新舊』의 자료 검토를 통하여 살피면 北津, 九龍, 榛洞, 渭谷, 月林 등 5개가 누락된 것으로 보인다.[11]

누락된 동리명까지 포함하면 『舊名』의 시기 北面의 동리명은 15개로 보인다. 새롭게 등장한 명칭은 浦前, 中里, 漆田, 赤德, 大社, 小社, 榛洞, 渭谷, 月林 등 9개이다. 『輿圖』와 『忠誌』의 '居山'은 '活山'으로 교체되었고 '白石洞'은 삭제되었다. 『新舊』에 등재된 동리명은 11개인데 北津, 城內, 月窟, 九龍, 活山, 浦前, 中田, 積德, 社谷, 榛, 渭林, 등이 그것이다.[12] 『舊名』과 달라진 것은 '酒浦'가 삭제된 점, '赤德'을 '積德'으로 표기한 점, '中'과 '漆田', '大社'와 '小社', '渭谷'과 '月林' 등을 각각 합병하여 '中田', '社谷', '渭林'이라 한 것이다.

'居山'과 '活山'은 원초형인 傳來地名 '살미'를 漢譯[13]한 것이다. '살미'는 '箭山', '矢山' 등으로도 漢譯되었으며 이에 대하여는 제15장에서 자세히 논의하게 될 것이다. '居山'이 '活山'으로 교체된 것에 대하여는 제천문화원(1999: 102)의 조사 자료를 참고할 수 있다.[14] 이는 한자 '活'이 다른 한자에 비하여 肯定的이고 積極的인 의미를 지니기 때문에 선택된 것으로 볼 수 있다. '赤德'을 '積德'으로 표현한 것 또한 후자가 지닌 긍정적인

---

11 『新舊』는 1914년 일제에 의하여 행정구역 통폐합이 대대적으로 단행되었던 결과를 반영한 문헌이다. 이 문헌에는 통폐합 이전의 동리명과 이후의 동리명을 대조해 놓았기 때문에 그 상관관계를 한눈에 볼 수 있다. 이를 통하여 이들 4개의 동리명은 『舊名』에는 등재되지 않았으나 『新舊』에서는 볼 수 있다. 다른 문헌의 검토와 現用 동리명에서의 활용 등을 통하여 볼 때 『舊名』에 누락된 것으로 보이므로 이들 명칭들을 포함하여 논의하기로 한다.

12 『新舊』에 등재된 동리명 11개는 '浦前'이 '浦田'으로 교체되었을 뿐 增減 없이 現用되고 있다.

13 여기서 '漢譯'이란 원초형인 고유어지명을 한자화한 것을 일컫는 개념이다. 고유어지명의 음상을 배경으로 한자화한 音譯과 뜻을 바탕으로 한자화한 義譯을 아우르는 개념이다.

14 이 조사 자료에서는 이 지역에 살고 일부 촌로들이 '거산'의 '거'를 간다는 뜻의 '去'로 인식, 마을이 불길해진다고 하여 살릴 '活' 자로 바꿨다는 증언을 싣고 있다.

의미가 작용한 것으로 볼 수 있다. 이는 원초형인 傳來地名 '불근덕'의 의미는 고려하지 않고 보다 긍정적인 의미를 지닌 同音의 漢字로 교체한 예이다. 그리고 '大社'와 '小社'를 합병하면서 '社谷'이라 한 것은 傳來地名 '사창골'에 바탕을 둔 것이다. 또한 '中+漆田→中田' '渭谷+月林→渭林' 등은 두 지역을 합병할 때 흔히 활용하는 切取의 방식에 의한 合成名稱이다.

한자표기 또는 한자어 동리명은 명명 당시에 직접 한자를 활용한 것과 傳來地名 즉 俗地名을 배경으로 삼은 것이 있다. 원초형인 俗地名은 고유어인 경우가 대부분이며 북면의 동리명에서도 이 부류에 속하는 것이 있다. 대응관계를 보이는 동리명과 그 근원형인 俗地名으로 반개/속개/방우리[15]:酒浦, 살뫼/살미:居山/活山, 흰돌배기:白石, 개앗/개밭/개앞:浦前/浦田, 옻밭:漆田, 불근덕:赤德, 갬골/갱골:榛洞, 우실:渭谷 등이 있다. 후부요소의 경우 개:浦, 뫼/미:山, 앞:前, 밭:田, 골:洞, 실:谷 등을 통하여 義譯의 방식이 일반적임을 확인할 수 있다. 전부요소의 경우도 살:居/活, 흰:白, 개:浦, 옻:漆, 불근:赤, 갬/갱:榛洞 등에서 보듯 義譯한 경우가 대부분이다. 그러나 후부요소에서 덕:德, 전부요소에서 우:渭 등의 경우 音譯에 의한 방식이 활용되었음을 알 수 있다.

3. 東面의 동리명 형성과 변천

3.1. 東面의 동리명 자료

청풍의 동면은 1914년 행정구역 통폐합 당시 북면과 합하여 錦繡面이라 하고 제천에 병합되었다. 1917년 錦繡面과 城山面을 합병하여 金城面이라 하였는데 그 동남부에 위치한 지역이다. 금성면에 속했던 청풍의 동면 지역은 1929년 행정구역 조정 당시 校里와 鶴峴里를 제외하고 분리되어 남부 지역은 청풍면에, 동남부 지역은 수산면에 각각 이관되었다. 1947년 행정구역 조정 시 校里와 鶴峴里도 청풍면에 이관되었으므로 동면 지역은 오늘날 청풍면과 수산면에 속하게 되었다.

---

15 안암이 서쪽 개울인 동강내 건너에 있는 마을이었으나 수몰됨.

　『輿圖』의 坊里 조에 東面의 위치에 대하여 "東面在江之北"이라 하여 北面과 동일하
게 기술하였으며 5개의 동리에 대하여 관문으로부터의 거리, 編戶數 그리고 남녀 인구
수를 제시하였다.[16] 『忠誌』의 坊里 조에서는 "東面丹陽界"라 한 후 관문에서 각 동리까
지의 거리만을 제시하였다.[17] 『輿圖』와 『忠誌』에 각각 등재된 동리의 수는 5개로 同數
이다. 그런데 川上里, 凌江洞, 桃花洞 등 3개의 명칭은 일치하고 2개는 일치하지 않는
다. 『舊名』과 『新舊』에 등재된 동리명을 포함하여 관련 사항을 제시하면 〈표 3〉과 같다.

〈표 3〉 東面의 동리명 자료

輿圖(5)	忠誌(5)	舊名(6)	新舊(7)	現用 동리명	관할 시·군, 면	傳來地名
川上里 77/51/60	川上里	川上里		上川里	東面 →錦繡面(1914)	
				下川里		
凌江洞里 31/48/47	凌江洞	綾江洞	凌江里	綾江里	→錦城面(1917) →水山面(1929)	
桃花洞里 38/71/60	桃花洞	桃花洞	桃花里	桃花里		
木洞里 35/23/40					東面 →錦繡面(1914) →錦城面(1917) →淸風面(1929)	
東津里 15/14/12				北津里		
	北倉里					
	校洞	校洞	校里	校里	東面→ 錦繡面(1914)	향곳말
		鶴峴里	鶴峴里	鶴峴里	→錦城面(1917) →淸風面(1947)	학고개

---

16 東面在江之北川上里距官門二十里編戶七十七戶男五十一口女六十口○凌江洞里距官門十五里編戶三十一口男四十八
口女四十七口○桃花洞里距官門十里編戶三十八戶男七十一口女六十口○木洞里東津距府三里編戶三十五戶男
二十三口女四十口○東津里距府越江四里編戶十五戶男十四口女十二口.

17 東面丹陽界 川上里距官門三十里 凌江洞距官門十五里 桃花洞距官門十里 校洞距官門隔江三里 北倉里距官門三里.

		城洞	城里	城里	東面 →錦繡面(1914) →錦城面(1917) →水山面(1929)	성골
			上川里	上川里		
			下川里	下川里		

3.2. 東面의 동리명 형성과 변천

『輿圖』와『忠誌』에는 각각 5개,『舊名』에는 6개,『新舊』에는 7개의 동리명이 등재되어 있다. 다른 지역에 비해 그 수가 많지 않으며『舊名』에서의 동리 수 증가, 그리고 통폐합에 의한『新舊』에서의 감소도 보이지 않는다.『輿圖』에 등재된 5개의 명칭 중 오늘날까지 쓰이고 있는 것은 '凌江'과 '桃花'이며 '木洞'과 '東津'은 후대의 문헌에서 찾을 수 없다. 그리고 '川上'은『舊名』에까지 이어지다가『新舊』에서 '上川'과 '下川'으로 분할되어 오늘날까지 쓰이고 있다. '川上'이 '上川'과 '下川'으로 분할된 것은 면적이 넓음은 물론 가구의 수와 인구수가 다른 동리에 비해 많았기 때문으로 보인다. 이러한 사실은『輿圖』를 통하여도 編戶數가 77가구로 다른 동리에 비해 많았음을 확인할 수 있다.

『忠誌』에 새로 등장한 동리명은 '北倉'과 '校'이다. 이중 '校'는 청풍면 '校里'로 現用되고 있으나 '北倉'은 동리명으로 쓰이지 않는다. 다른 면의 경우『舊名』에서 동리명의 현저한 증가 현상을 확인할 수 있으나 동면의 경우『輿圖』와『忠誌』에 비해 1개가 증가했을 뿐이다.『舊名』에 새로 등장한 명칭은 '鶴峴'과 '城'이며 오늘날 청풍면 '鶴峴里'와 수산면 '城里'로 이어졌다.『舊名』의 동리명 6개 중 凌江, 桃花, 校, 鶴峴, 城 등 5개는 그대로『新舊』에 이어져 現用되고 있다. 다만 이미 지적하였듯이 '川上'이 '上川'과 '下川'으로 분할되어 현재까지 활용된다.

동면의 경우 한자표기 또는 한자어 동리명의 근원형이라 할 수 있는 傳來地名을 찾기 어렵다. 학고개:鶴峴과 성골:城洞/城里의 경우 전부요소가 동일하여 그 대응을 논의하기 어려우며 후부요소의 경우 넓게 확인되는 예일 뿐이다. 이들 동리명은 한자어 구성 원리에 대체로 부합하므로 傳來地名을 기반으로 하지 않고 직접 한자를 활용하여 命名한 것으로 볼 수밖에 없다.

4. 遠南面 동리명의 형성과 변천

4.1. 遠南面의 동리명 자료

청풍의 遠南面은 1914년 행정구역 통폐합 당시 近南面과 합하여 水山面이라 하고 제천에 병합되었다. '水山'이라는 명칭은 면사무소의 소재지가 위치한 水山里에서 가져온 것이다. 수산면의 남부에 속하는 이 지역은 행정구역 통합 이후 현재까지 아무런 변화 없이 수산면 관할이다. 현재 水山面은 22개 법정리로 구성되어 있는데 청풍군 遠南面 지역이었던 水山, 內, 赤谷, 水, 大田, 鷄卵, 槐谷, 院垈, 吾峙 등 9개 리와 近南面 지역이었던 多佛, 前谷, 九谷, 道田, 栗枝, 池谷, 鋤谷 등 7개 리가 근간이 되었다. 여기에 동면 지역이었던 城, 上川, 下川, 綾江 등 4개 리와 德山面 관할이었던 水谷[18]과 近西面 지역이었던 高明[19]을 편입하여 22개 리가 되었다.

『輿圖』의 坊里 조에 遠南面의 위치에 대하여 "遠南在江之南"이라 하고 槐谷里, 大田里, 水村里, 赤谷里, 水山里, 吾峙里 등 6개 리에 대하여 관문으로부터의 거리, 編戶數 그리고 남녀 인구수를 제시하였다.[20] 이들 동리는 『忠誌』의 坊里 조에도 동일한 순서로 등재되어 있으며[21] 『舊名』과 『新舊』에서는 이들 동리명을 포함하여 몇 개의 증가된

---

18 본래 忠州郡 德山面 지역이었으나 1914년 행정 구역 통폐합에 따라 水村里와 赤谷里를 통합, 水谷里라 하여 제천군 덕산면에 편입되었다가 1973년 수산면에 편입되었다.

19 본래 淸風郡 近西面 지역으로 지대가 높은 곳에 위치한다 하여 高明이라 하였다. 1914년 행정 구역 폐합에 따라 제천군 읍내면에 편입되었다가 다시 수산면에 편입되었다.

20 遠南面在江之南槐谷里距府三十里編戶二十六戶男二十六口女四十二口○大田里距府四十里編戶三十九戶男三十七口女四十八口○水村里距府五十里編戶六戶男十三口女十七口○赤谷里距府四十里編戶三十戶男六十一口女七十一口○水山里距府三十里編戶四十八戶男一百十五口女一百二十一口○吾峙里距府二十五里編戶一百十三戶男一百五十口女一百六十一口.

21 遠南面醴泉界 槐谷里距官門三十里 大田里距官門四十里 水村里距官門四十里 赤谷里距官門三十五 水山里距官門三十里 吾峙里距官門二十里.

동리명이 실려 있다. 관련 자료를 정리하여 제시하면 〈표 4〉와 같다.

〈표 4〉 遠南面의 동리명 자료

輿圖(6)	忠誌(6)	舊名(8(9))	新舊(9)	現用 동리명	관할 시·군, 면	傳來地名
槐谷里 26/26/42	槐谷里	槐谷里	槐谷里	槐谷里		괴실
大田里 39/37/48	大田里	大田里	大田里	大田里		한밭, 한밭들
水村里 6/13/17	水村里	水村里	水里	水里		물촌이/ 물춘이
赤谷里 30/61/71	赤谷里	赤谷里	赤谷里	赤谷里	遠南面→ 水山面(1914)	붉은실
水山里 48/115/121	水山里	水山里	水山里	水山里		
吾峙里 113/150/161	吾峙里	吾峙里	吾峙里	吾峙里		의티/오티
		內洞	內里	內里		안골, 안말
		院垈里	院垈里	院垈里		원터
			鷄卵里	鷄卵里		

4.2. 遠南面의 동리명 형성과 변천

『輿圖』에 등재된 槐谷, 大田, 水村, 赤谷, 水山, 吾峙 등 6개의 동리명은 변화 없이 『忠誌』,『舊名』 그리고 『新舊』에까지 이어졌고 현재도 활용되고 있는 명칭이다. 『舊名』에 새롭게 등재된 명칭 '內'와 '院垈'는 『新舊』로 이어져 現用되고 있으며,『新舊』에 새로 등장한 '鷄卵'[22]도 現用되고 있다. 『輿圖』에서 6개로 출발한 遠南面의 동리는 『舊名』에

---

22 鷄卵里는 『舊名』에는 보이지 않으나 『新舊對照』에서 원남면에 계란리가 있었던 것으로 표현되어 있다. 『舊名』에서 누락된 것으로 보인다.

서 2개 그리고 『新舊』에서 1개가 각각 추가 되어 오늘날 9개로 발전하였음을 알 수 있다. 일반적으로 『舊名』의 시기에 확대되었다가 『新舊』의 시기에 통폐합으로 인하여 동리수가 축소된 경우가 많은데 遠南面의 경우 그러하지 않음을 알 수 있다.

　한자표기 또는 한자어 동리명의 근원형이라 할 수 있는 傳來地名들이 보인다. 괴실:槐谷, 한밭:大田, 물촌이/물춘이:水村, 붉은실:赤谷, 안골/안말:內洞/內里, 원터:院垈 등과 같이 대응됨을 확인할 수 있다. 지명어의 후보요소로 흔히 쓰이는 실:谷, 밭:田, 골:洞, 말:里, 터:垈 등의 예를 여기서도 확인할 수 있다. 이미 논의하였듯이 후부요소의 경우 義譯의 방식이 일반적임을 거듭 확인할 수 있다. 전부요소의 경우도 한:大, 물:水, 붉은:赤, 안:內 등을 통하여 義譯의 경우가 우세함을 알 수 있다. 音譯의 예로 '괴:槐'가 있음을 확인할 수 있다.

5. 近南面 동리명의 形成과 變遷

5.1. 近南面의 동리명 資料

　近南面은 1914년 행정구역 통폐합 당시 遠南面과 합하여 水山面이라 하고 제천에 병합되었다. 청풍호의 남쪽으로 수산면의 북부지역에 해당한다. 이 지역은 행정구역 통합 이후 지금까지 아무런 변화 없이 수산면 관할이다. 현재 수산면의 22개 법정리 중 多佛, 前谷, 九谷, 道田, 栗枝, 池谷, 鋤谷 등 7개 리가 近南面 관할이었다. 4.1.에서 밝혔듯이 近南面과 遠南面은 水山面의 근간이 되었다.

　『興圖』의 坊里 조에 近南面의 위치에 대하여 "近南在江之南"이라 하여 遠南面과 동일하게 기술하였다. 이 지역의 특별한 地形地物이 淸風江[23]이었으므로 강을 중심으

23　1985년 충주댐 준공과 함께 청풍호에 잠겨버렸지만 남한강 줄기인 이 강은 '巴江'이라고도 하였다. 그 이유는 寒碧樓 아래로 흐르는 강물의 굽이가 '巴'자의 형세를 이루었기 때문이라 한다. 寒碧樓를 중심으로 아름답고 기이한 풍광이 펼쳐 있었기 때문에 『新增』【형승】조에서는 "산천이 기이하고 빼어나서 남도의 으뜸이 된다."라고 기술하였다.

로 面界를 삼고 이를 활용하여 위치를 표현하였다. 근남면의 간략한 위치 기술과 함께 6개 동리에 대하여 관문으로부터의 거리, 編戶數 그리고 남녀 인구수를 제시하였다.[24] 이들 동리는 『忠誌』의 坊里 조에도 변화 없이 같은 순서로 등재되어 있다.[25] 『舊名』과 『新舊』에는 각각 7개의 동리명이 등재되어 있는데 이들 자료를 정리하여 제시하면 〈표 5〉와 같다.

〈표 5〉 近南面의 동리명 자료

輿圖(6)	忠誌(6)	舊名(7)	新舊(7)	現用 동리명	관할 시·군, 면	傳來地名
栗枝洞里 22/30/29	栗枝洞里	栗枝里	栗枝里	栗枝里	近南面→ 水山面(1914)	방갓골
板谷里 40/47/40	板谷里			道田里		느실, 너실, 널실
前谷里 40/60/81	前谷里	前谷里	前谷里	前谷里		앞실, 앞실천
鋤谷里 30/25/40	鋤谷里	鉏谷里	鋤谷里	鋤谷里		호미실/ 호무실
池谷里 41/87/150	池谷里	池谷里	池谷里	池谷里		웃못, 아랫못, 늪실, 늪실나루
多佛山里 28/28/53	多佛山里	多佛里	多佛里	多佛里		다불미
		九谷里	九谷里	九谷里		구실
		道田里	道田里	道田里		

---

24 近南面在江之南栗枝洞里距府二十里編戶二十二戶男三十口女二十九口○板谷里距府二十里編戶四十戶男四十七口女四十口○前谷里距府二十五里編戶四十戶男六十口女八十一口○鋤谷里距府二十里編戶三十戶男二十五口女四十口○池谷里距府十五里編戶四十一戶男八十七口女一百五十口○多佛山里距府二十五里編戶二十八戶男二十八口女五十三口.

25 遠南界 栗枝洞里距官門二十里 板谷里距官門十五里 前谷里距官門二十里 鋤谷里距官門十五里 池谷里距官門二十里 多佛山里距官門二十五里.

5.2. 近南面의 동리명 형성과 변천

『輿圖』와 『忠誌』에는 6개의 동일한 동리명이 같은 순서로 제시되어 있다. 栗枝洞, 板谷, 前谷, 鋤谷, 池谷, 多佛山 등이 그것이며 '板谷'을 제외한 5개 동리명은 『舊名』과 『新舊』에서도 그대로 이어진 후 오늘날까지 쓰이고 있다.[26] 『舊名』에 새로 등재된 동리명은 九谷과 道田인데 후자는 '板谷'이 교체된 것이다. 이들 두 개의 동리명은 『新舊』에도 그대로 등재되었고 오늘날까지 쓰이고 있는 명칭이다. 近南面 지역의 동리명은 『輿圖』 이후 오늘날까지 큰 변화가 없었음을 알 수 있다.

한자어 또는 한자 표기 동리명과 대응되는 傳來地名을 살펴보면 방갓골:栗枝洞, 느실/너실/널실[27]:板谷, 앞실:前谷, 호미실/호무실[28]:鋤谷, 늪실:池谷, 다불미:多佛山, 구실:九谷 등이 있다. 近南面 지역의 동리는 골짜기에 위치한 경우가 대부분임을 그 후부요소를 통하여도 알 수 있다. 유독 '실:谷'의 대응을 보이는 명칭이 많기 때문이다. 이것 외에도 골:洞, 미:山 등의 대응을 확인할 수 있다. 전부요소에서 義譯의 방식을 선택한 예로 방갓:栗枝, 느/너/널:板, 앞:前, 호미/호무:鋤, 늪:池 등의 예를 확인할 수 있다. 다불:多佛, 구:九 등은 音譯의 예로 볼 수 있다.

대응을 보이는 항목 중 '방갓'을 '栗枝'로 漢譯한 것은 특이한 방식이다. 각종 지명지에서 '방갓골'은 '방갓' 모양의 산 아래에 위치한 마을이기에 명명된 것으로 본다. 그런데 '방갓'을 '栗枝'로 漢譯한 것은 '방←밤:栗'과 '가지←갓/갖:枝'의 과정을 통하여 이루어진 것으로 보인다. 여기서 원초형 '방갓[29]'의 의미는 고려하지 않았음을 알 수 있다. '늪:池'의 경우도 정밀한 대응으로 보기 어렵다. 늪과 대응되는 한자는 '沼'이기 때문이다. 다만 이 지역에 존재하는 지명어 웃못, 아랫못, 늪실, 늪실나루 등을 통하여 '못'이

---

26 『舊名』에서부터 전부요소가 3음절어인 栗枝洞과 多佛山은 각각 栗枝과 多佛로 2음절화하여 활용되고 있다.

27 널나무가 많았으므로 '널실, 너실, 느실'이라 하였다 함.

28 지형의 생김새가 호미와 비슷함을 배경으로 명명됨.

29 『표준국어대사전』에 '방갓'을 다음과 같이 풀이하였다.
방갓[명사] 예전에, 주로 상제가 밖에 나갈 때 쓰던 갓. 가는 대오리를 걸어서 큰 삿갓 모양으로 만들되 네 귀를 우묵하게 패고 그 밖은 둥그스름하게 만들었다. 늑방립(方笠).

존재했음을 알 수 있고 이를 배경으로 '池谷'이 형성되었음을 추정할 수 있다.

6. 遠西面 동리명의 형성과 변천

6.1. 遠西面의 동리명 자료

청풍의 遠西面은 1914년 행정구역 통폐합 당시 제천군에 병합되면서 面 名稱이 寒水面으로 변경되었다. '寒水'라는 명칭은 황강리에 소재한 '寒水齋[30]'에서 가져온 것이다. 寒水面은 遠西面 지역을 기반으로 출범하였으나 1929년 10월 14일 水下面 지역의 好雲, 咸岩, 鳴梧, 沙器, 瑞雲, 浦灘 등 6개 리를 편입하여 관할하기도 하였다. 이들 6개 리는 1987년과 1995년 두 번에 걸쳐 이루어진 행정구역 조정으로 현재는 忠州市 東良面으로 이관되었다. 결국 한수면은 月岳里와 壽山里를 덕산면에 이관하고 松界里를 편입하였을 뿐 당초 遠西面 지역을 기반으로 하고 있다.

현재 한수면은 제천의 서쪽 최남단에 위치한 지역으로 동쪽은 덕산면과 청풍면, 서쪽은 충주시 살미면, 남쪽은 충주시 상모면, 북쪽은 청풍면과 충주시 동량면에 접하고 있다. 狀坪, 上老, 北老, 驛, 德谷, 西倉, 炭枝, 寒泉, 黃江, 松界 등 10개의 법정리로 편성되어 있다.

『輿圖』의 坊里 조에 遠西面의 위치에 대하여 "遠西面在江之南"이라 하여 近南面 그리고 遠南面과 동일하게 표현하였다. 7개의 동리에 대하여도 다른 지역과 동일한 방식으로 기술하였다.[31] 『忠誌』의 坊里 조에는 『輿圖』보다 사실상 1개가 늘어난 동리명을

---

30 조선 후기의 학자인 權尙夏(1641~1721)를 모신 사당 또는 그의 호.

31 遠西面在江之南 月岳里距府五十里編戶四十七戶男五十一口女六十口○伏坪里距府四十里編戶三十九戶男四十七口女五十一口○露呑里距府三十五里編戶三十九戶男九十七口女一百八十口○驛里距府三十里編戶五十戶男八十三口女一百十二口○水里距府三十里編戶六十五戶男一百十一口女一百六十一口○院里距府二十五里編戶一百一戶男一百二十口女一百三口○德谷里距府二十五里編戶二十五戶男二十口女三十口.

보여준다.[32] 『舊名』과 『新舊』에는 각각 11개와 10개의 동리명이 등재되어 있는데 이들
자료를 정리하여 제시하면 〈표 6〉과 같다.

〈표 6〉 遠西面의 동리명 자료

興圖(7)	忠誌(8)	舊名(11)	新舊(12)	現用 동리명	관할 시·군, 면	傳來地名
月岳里 47/51/60	月岳里	月岳里		月岳里	遠西面 →德山面(1914)	
伏坪里 39/47/50	㳌坪里		㳌坪里	㳌坪里	遠西面 →德山面(?) →遠西面(1914)	봇두들기/ 보뜨들기
露呑里 39/97/80	露呑里	上老里	上老里	上老里		갈여울 [蘆灘, 老灘, 露呑]
		中老里	北老里	北老里		
		下老里				
驛里 50/83/112	黃江驛里	驛里	驛里	驛里		역말
德谷里 25/20/30	德谷里	德谷里	德谷里	德谷里		덕실
院里 101/120/103	西倉里	西倉里	西倉里	西倉里	遠西面 →寒水面(1914)	
水里 65/11/161	水里					
	麻谷里					
		炭枝里	炭枝里	炭枝里		숫갓
		寒泉里	寒泉里	寒泉里		찬수깨
		黃江里	黃江里	黃江里		
		甑山里		壽山里	遠西面→ 德山面(1914)	시루미/ 시리미

---

32 遠西面忠州界 月岳里距官門五十里 伏坪里距官門三十里 露呑里距官門三十五里 黃江驛里距官門三十里 水里距官門
三十里 西倉里距官門二十五里 麻谷里距官門二十五里 德谷里距官門二十五里.

			松界里	松界里	德山面→ 寒水面(1914)	

6.2. 遠西面 동리명의 형성과 변천

『輿圖』에 등재된 동리명 7개 중 '月岳 伏坪, 驛, 德谷' 등 4개는 『忠誌』, 『舊名』 그리고 『新舊』를 거쳐 오늘날까지 쓰이는 명칭이다. 다만 표기 한자가 '伏坪'의 경우 '洑坪'으로 교체되었으며 '驛'의 경우 『忠誌』에서만 '黃江驛'이라 하였다. 후자의 경우 3음절로 경제성이 없으므로 잠시 활용했던 명칭이다. '伏'이 획수가 많은 '洑'로 교체 된 것은 어원을 중시한 결과이다.[33] '露呑'은 『忠誌』에 이어졌으나 『舊名』에서는 3개로 분할하여 '上老, 中老, 下老'라 하였다. 『新舊』에서는 '中老'와 '下老'를 통합하여 '北老'라 하였으며 현재 '上老'와 '北老'가 쓰이고 있다. 이 때 한자 '露'를 동음의 한자 '老'로 교체하였다. '露'를 '老'로 교체한 것은 '露'가 傳來地名 '갈[蘆]'의 의미와 멀어졌을 뿐만 아니라 한자 자체가 지닌 의미와 획수도 긍정적이지 않기 때문으로 보인다.[34] '院'은 論陽院이 있었으므로 '院里'라 하였으나 이 지역에 西倉도 있었으므로 『忠誌』 이후 '西倉'으로 교체한 후 현재까지 활용되는 명칭이다. '水'는 『忠誌』까지만 보이고 그 후의 문헌에서는 찾을 수 없다.

『忠誌』에 새로 등장한 명칭은 '麻谷'이나 후대의 문헌에서 찾을 수 없다. 『舊名』에는 『輿圖』와 『忠誌』에 실려있던 '伏坪/洑坪'이 보이지 않는다. 이는 이 시기에 '伏坪/洑坪'의 관할 구역이 충주군 덕산면이었음을 『新舊』를 통하여 확인할 수 있다.[35] 『舊名』에 새로 등장한 동리명은 앞에서 논의한 '上老, 中老, 下老' 등을 비롯하여 '炭枝, 寒泉, 黃江, 甑山' 등이다. 이 중 '炭枝, 寒泉, 黃江' 등 3개의 명칭은 『新舊』로 이어진 후 現用되는

---

33 '伏坪/洑坪'의 근원형인 傳來地名은 '봇두둑이/보뜨들기'이다. 이는 보(洑)가 설치된 두둑의 들판이라는 뜻이다.

34 '露呑'과 대응되는 傳來地名은 '갈여울'이다 그러므로 고유지명어가 지닌 본래의 뜻을 반영하여 '蘆灘'이라 하기도 하였다. 그 후 동음의 한자 '露呑'과 '老灘'으로 교체하여 활용하기도 하였다.

35 『新舊』에 제천군 한수면 편에 보면 충주군 덕산면의 洑坪里와 松界洞을 편입하였음을 밝혀 놓았다.

명칭이다. '甑山' 지역은 1914년 행정구역 조정에 따라 충주의 덕산면 '壽加里'와 통합하여 '壽山里'라 하고 제천군 덕산면에 이관하였다.

　『新舊』에 새로 등장한 동리명은 '中老'와 '下老'를 통합한 '北老'와 德山面에서 편입된 '松界'이다. 당초 露呑里를 분할하면서 지대가 높은 등곡산 쪽을 '上老'로 남한강에 인접한 지역을 '下老' 그리고 그 중간 지대를 '中老'라 하였다. '中老'와 '下老'를 통합하여 '北老'라 한 것은 방위상 위치가 북쪽이므로 부여된 명칭이다. 德山面에서 편입된 '松界'는 현재 면사무소가 위치한 지역으로 한수면의 중심으로 부상하였다. 이는 면소재지였던 '黃江' 지역이 충주호 건설과 함께 대부분 수몰되었기에 초래된 결과이다.

　月岳里, 驛里, 西倉里 등의 전부요소 '月岳, 驛, 西倉' 등은 각각 月岳山, 黃江驛, 西倉 등에서 가져온 것이다. 한자를 활용하여 명명된 기존의 명칭을 가져다 쓴 것이므로 이와 대응되는 俗地名을 찾을 수 없다. 이러한 경우에 속하는 것을 제외하고 傳來地名과 대응을 이루는 것으로 '봇두들기/보뜨들기:洑坪(伏坪), 갈여울:蘆灘(老灘, 露呑), 덕실:德谷, 숫갓:炭枝, 찬수깨:寒泉, 시루미/시리미:甑山' 등이 있다. 봇두들기/보뜨들기는 '보[洑]+둑+들[坪]'로 그 어원을 추정할 수 있어 원초형인 傳來地名의 의미를 반영하여 漢譯한 것이다. 이러한 義譯의 예로 갈:蘆, 여울:灘, 실:谷, 숫(←숯):炭, 갓(←갖):枝, 찬:寒, 시루/시리 甑, 미:山 등이 있다. 한수면 동리명의 경우 대부분 義譯에 의한 방식으로 한자어 동리명이 형성되었음을 알 수 있다.

7. 결론

　한국지명의 原初的인 形態는 指示對象인 地形이 지닌 特徵을 순우리말로 표현한 것이었다. 그러나 이들 고유어지명은 景德王의 漢字化 政策 이후 소멸의 길을 걸어왔음을 現用 市郡名을 통하여 확인할 수 있다. '서울'을 제외한 廣域自治團體 명칭은 물론 地方自治團體의 명칭 대부분이 한자어지명이기 때문이다. 이들 한자어지명은 行政地名이라는 법적 지위를 확보하면서 그 위치를 확고히 하였다.

다행히 우리는 하위 행정 단위 명칭인 동리명에 대응되는 고유어지명 즉 俗地名을 통하여 우리나라 지명의 原初的인 形態를 만날 수 있다. 이들 傳來地名도 口語에서만 부분적으로 활용될 뿐 이미 상당한 정도의 소멸 단계에 접어들었다. 본 연구는 한자어 내지는 한자표기 동리명의 시대적 변천과 이에 대응되는 俗地名의 관계를 통하여 그 형성을 밝힌 것이다. 앞선 논의에 이어 淸風府 5개 면의 동리명을 대상으로 고찰한 결과 다음과 같은 사항을 확인하였다.

본장의 논의 대상이 된 동리명은 『興圖』에 31개, 『忠誌』에 32개, 『舊名』에 48개[36] 그리고 『新舊』에 46개 등이다. 『興圖』의 31개 동리명 중 現用되는 것은 北津, 城內, 月窟, 九龍(이상 北面), 凌江, 桃花(이상 東面), 槐谷, 大田, 水村, 赤谷, 水山, 吾峙(이상 遠南), 栗枝(←栗枝洞), 前谷, 鋤谷, 池谷, 多佛(←多佛山)(이상 近南) 등 17개이다. 54.8%가 『忠誌』, 『舊名』, 『新舊』를 거쳐 현재까지 이어지고 있음을 알 수 있다. 그러므로 現用 동리명의 근간이 『興圖』 이전 시기에 이루어졌음을 알 수 있다.

『忠誌』에 새로 등장하여 現用되는 것은 校洞(東面) 하나이다. 이는 동리명의 수도 거의 증감이 없다는 점을 감안할 때 『興圖』의 그것과 크게 다르지 않음을 알게 하는 것이다. 다른 지역의 경우에서도 확인하였듯이 『舊名』에서는 새로운 동리명이 현저히 증가하였다. 본장의 검토 대상 지역도 마찬가지이며 『舊名』에 새로 등장하여 現用되는 동리명은 浦前, 赤德, 榛(이상 北面), 鶴峴, 城(이상 東面), 內, 院垈(이상 遠南), 九谷, 道田(이상 近南), 炭枝, 寒泉, 黃江(이상 遠西) 등 12개이다. 『新舊』에 새로 등장하여 現用되는 것으로 中田, 社谷, 渭林(이상 北面), 上川, 下川(이상 東面), 鷄卵(遠南), 松界(遠西) 등 7개이다. 『新舊』의 경우 두 지역을 합병하면서 기존의 명칭을 切取, 合成하여 부여되는 동리명이 다수인데 여기서는 中田과 渭林이 이에 속한다. 中田은 中과 漆田, 渭林은 渭谷과 月林에 각각 바탕을 둔 것이다. 이 지역은 동리의 통합을 비롯한 행정구역의 변화가 크지 않은 지역이었기에 동리명의 변화가 심하지 않았음을 알 수 있다. 또한 대부분의 동리명이 기존의 명칭에 바탕을 두고 변화하였음을 확인할 수 있었다.

---

36 『舊名』에 실제로 등재된 동리명은 42개이나 『新舊』를 비롯한 자료 검토를 통하여 6개가 누락되었음을 밝힌 바 있다. 누락된 동리명을 포함한 수이다.

　　동리명 중에는 한자를 활용하여 명명된 기존의 명칭을 가져다 쓴 것이 있다. 月岳里, 驛里, 西倉里 등의 전부요소 '月岳, 驛, 西倉' 등은 각각 月岳山, 黃江驛, 西倉 등에서 가져온 것이다. 또한 대응되는 俗地名이 없는 것으로 보아 처음부터 한자를 활용하여 부여된 명칭으로 보이는 것이 있다. 綾江, 桃花, 水山, 鷄卵, 道田…… 등이 그것이다. 그러나 傳來地名과 대응되는 것들도 많은데 살뫼/살미:居山/活山, 개앗/개밭/개앞:浦前/浦田, 옻밭:漆田, 불근덕:赤德, 갬골/갱골:榛洞, 우실:渭谷, 갈여울:蘆灘(老灘, 露呑), 덕실:德谷, 숯갓:炭枝, 찬수깨:寒泉, 시루미/시리미:甑山, 괴실:槐谷, 한밭:大田, 물춘이/물춘이:水村, 붉은실:赤谷, 안골/안말:內洞/內里, 원터:院垈, 방갓골:栗枝洞, 느실/너실/널실[37]:板谷, 앞실:前谷, 호미실/호무실[38]:鋤谷, 늪실:池谷, 다불미:多佛山…… 등이 그것이다.

　　원초형인 俗地名을 바탕으로 漢譯하여 동리명을 형성할 때 후부요소의 경우 대부분 義譯하였다. 뫼/미:山, 앞:前, 밭:田, 골:洞, 실:谷 여울:灘, 갓:枝, 말:里, 터:垈…… 등을 통하여 확인할 수 있다. 간혹 불근덕:赤德의 경우와 같이 '덕:德'으로 音譯한 예가 있다. 본장의 논의 대상 자료에서는 전부요소의 경우도 義譯한 예가 절대적으로 우세하다. 살:居/活, 개:浦, 옻:漆, 불근:赤, 갬/갱:榛, 갈:蘆, 숯:炭, 찬:寒, 시루:甑山, 한:大, 물:水, 붉은:赤, 안:內, 느/너/널:板, 앞:前, 호미/호무:鋤, 늪:池…… 등에서 그 예를 볼 수 있다. 반면에 우:渭, 덕:德, 다불:多佛…… 등에서는 音譯의 경우도 있음을 확인할 수 있다.

37　널나무가 많았으므로 '널실, 너실, 느실'이라 하였다 함.

38　지형의 생김새가 호미와 비슷함을 배경으로 명명됨.

제9장

淸風府 邑內面·近西面·水下面
동리명의 형성과 변천

1. 서론

　　全羅南道 求禮郡 土旨面 金內里에는 5개의 자연마을이 있다. 垣內, 龍井, 沙灘, 新基, 鳳巢 등이 그것이며 沙灘과 新基의 전래지명은 각각 모래울, 새터이다. 垣內, 龍井 그리고 鳳巢는 대응되는 전래지명이 없는 것으로 보아 당초부터 한자어로 명명된 촌락명으로 보인다. 우리나라의 촌락명 중에는 이렇듯 원초형인 전래지명을 바탕으로 한역 과정을 거쳐 생성된 것도 있고 처음부터 한자어로 명명된 것도 있다.

　　일반적으로 행정구역의 설정은 해당 지역의 자연지리적 특성과 인문지리적 특성을 고려하여 이루어진다. 산과 강 그리고 도로와 인구 등이 고려되어 행정구역이 설정되는데 하나의 법정동리 내에는 몇 개의 자연마을이 존재한다. 金內里는 섬진강과 19번 국도 사이에 위치하는 법정리인데 앞에서 거론한 5개의 촌락이 속해있다. 법정동리명은 해당 지역의 촌락 중 크기가 가장 크다거나 위치상 중심이 되는 마을의 명칭을 활용하는 경우가 일반적이다. 그러나 금내리 5개 마을 중 가장 큰 마을은 垣內이고 중앙에 위치한 마을은 沙灘이나 이를 취하지 않고 金環落地의 땅이라는 풍수지리적 특성을 활용하여 금내리[1]라 하였다.

---

[1]　村山智順이 지은 『朝鮮의 風水』를 비롯한 여러 풍수지리서에 金內里는 금가락지가 떨어진 땅이라 하여 양택의 길지로 소개되어 있다.

金內里는 5개 마을 주민들의 신분증, 신용카드 및 재산권과 관련된 각종 公簿의 주소에 사용되는 법정동리명이다. 법정동리는 행정구역단위의 기초가 되는 것으로 道(전라남도)→郡(구례군)→面(토지면)의 하부에 위치한다.『三國史記』 지리지를 비롯한 역사문헌자료에 등장하는 지명은 群縣名으로 오늘날 군이나 면에 해당하는 명칭이 대부분이다. 그러므로 삼국시대를 비롯한 이른 시기의 동리명을 문헌에서 확인할 길이 없다. 조선 영조 때에 이르러『輿地圖書』(이하『輿圖』)가 편찬되었는데 이 문헌이 우리나라 전국의 동리명을 확인할 수 있는 가장 오래된 자료이다.[2]

『輿圖』에는 자연마을의 명칭 즉 촌락명이 모두 올라있지 않고 행정과 관련된 동리명만이 수록되어 있으므로 오늘날 법정동리명 또는 행정동리명과 유사한 성격의 지명이라 할 수 있다. 1757~1765년 사이에 편찬된『輿圖』이후 각 군 邑誌를 비롯한 지명지에는 당시의 사정을 반영한 동리명이 등재되어 있다. 여기에 올라있는 동리명 또한 법정동리명으로 볼 수 있는데 이들 명칭을 역사적으로 탐구하는 일은 매우 중요한 일이다.

우리나라 동리명의 형성과 발전 그리고 그 미래를 설계하기 위하여 문헌에서 확인할 수 있는 동리명에 대한 검토가 반드시 필요하다. 특히 1914년 일제강점기에 郡·面·洞里의 통폐합과 더불어 단행된 동리명을 그 이전 시기의 그것과 비교, 분석하는 일도 중요한 작업 중의 하나이다. 1914년 이전의 전통적인 동리명 생성 방식과 그 이후 일제의 간섭으로 인한 생성 방식에 차이가 있었다면 이를 시정하는 조치가 있어야하기 때문이다.

전국의 동리명에 대한 전반적인 검토를 바탕으로 우리나라 법정동리명의 생성과 그 발전 양상을 파악하기 위하여 본장에서는 청풍부 동리명을 역사적으로 검토하고자 한다. 청풍부 또는 청풍군은 1914년 제천군과 통합하여 현재 도농복합시인 제천시

---

2 통일신라 시기의 동리명으로 볼 수 있는 沙害漸村과 薩下知村이 일본 東大寺의 正倉院에 보관되어 있는 『新羅村落文書』에 보인다. 이러한 단편적인 동리촌명 자료가 금석문을 비롯한 역사문헌자료에 보이나 전국의 동리명을 확인할 수 있는 가장 이른 시기의 문헌은『輿圖』이다. 그후『戶口總數』(1789),『朝鮮地誌資料』(1910년대) 등에서 전국의 동리명을 확인할 수 있다. 이에 대하여는 제4장 2.1.에서 자세히 논의하였다.

관할이 되었다. 본장에서는 농촌지역인 청풍부 동리명 중 현재 청풍면으로 편성된 邑
內面, 近西面, 水下面 등 3개 면지역의 동리명이 『輿圖』, 『忠淸道邑誌』(이하 『忠誌』), 『舊韓
國地方行政區域名稱一覽』[3](이하 『舊名』) 그리고 『新舊對照朝鮮全道府郡面里洞名稱一覽』(이
하 『新舊』)에 이르기까지 어떤 변화를 보이는지 파악하고자 한다. 또한 이를 바탕으로
현용 동리명과의 관련성을 고찰하게 될 것이다. 더불어 한자어화된 동리명의 기반이
되었던 전래지명과의 연관 관계를 탐구하여 한자어 동리명 형성 방식에 대하여도 논
의하고자 한다.

이러한 연구는 법정동리명 변천의 실태를 분명하게 파악한다는 점에서 일차적인
의의가 있다. 더불어 대부분 한자어지명인 법정동리명의 근원형인 고유어지명을 발
굴함으로써 국어어휘사 자료 확보라는 목적을 달성하게 될 것이다. 특히 오늘날 동리
명에 주로 구어로 존재하는 전래지명은 한국지명의 원형을 보존하고 있는 것이기 때
문에 그 발굴과 활용은 민족어의 보전과 관련하여 매우 의미있는 일이라 할 수 있다.
그러므로 이 연구는 미래의 동리명 설계를 비롯한 지명정책 수립에 이론적 기초를 제
공하게 될 것이다. 한편으로 동리명 속에 남아 있는 일제잔재를 찾아내어 이를 시정
하는데도 기여하게 될 것이다.

---

3 검토 대상 역사문헌자료 중 『舊名』(1912)은 갑오개혁의 일환으로 1895년(고종 32)에 시행된 지방제도 개
혁이 반영된 동리명이 등재되어 있다. 당시 전국의 행정구역을 23부, 336개 군으로 개편하면서 면을
지방에 따라 坊 또는 使, 部라고도 하던 것을 面으로 통일하였다. 『輿圖』에서는 황해도와 평안도는 坊이
라 하였고 함경도 북부 지역에서는 使라 하였으나 『舊名』에서는 모두 面으로 나온다. 이런 점을 감안할
때 두 문헌은 각각 해당 시기의 사실이 반영된 동리명을 보여준다 하겠다. 또한 『新舊』(1917)는 1914년
4월 1일 道府郡面의 폐합과 더불어 단행된 동리의 통폐합 결과가 반영된 것이다. 지명과 관련하여 이
들 검토 대상 문헌들이 보여주는 특징에 대하여는 제5장에서 자세히 논의하였다.

2. 邑內面의 동리명과 그 변천

2.1. 자료 제시

전국의 동리명을 보여주는 가장 이른 시기의 역사문헌은 『興圖』이다. 이 문헌은 영조 때인 1757~1765년에 각 읍에서 편찬한 읍지를 모아 55책으로 엮은 것인데 충청도 청풍부 편에도 동리명이 제시되어 있다. 맨 앞에 청풍부 관내 지도가 나오고 坊里를 필두로 하여 道路, 建置沿革, 形勝, 官職, 山川, 姓氏, 風俗, 壇廟……등의 순으로 관련 사항이 기술되어 있다.

坊里 조의 맨 처음에는 治所가 위치한 읍내면의 방리명이 編戶數 그리고 남녀 人口數와 더불어 제시되어 있다. [4] 이 기록을 통하여 18세기 중엽인 『興圖』 편찬시기에 청풍부의 치소가 위치한 읍내면에는 4개의 동리가 있었음을 알 수 있다. 勿台坊里, 上里, 下里, 廣儀洞里 등이 그것이다. 이들 4개의 동리명은 증감 없이 『忠誌』에까지 그대로 이어졌으나 『舊名』에 올라 있는 동리명은 9개로 배가 넘게 증가했음을 알 수 있다. [5] 『舊名』의 동리명은 1914년 행정구역 개편 시에도 큰 변화 없이 계승되어 오늘에 이르고 있다. 변화의 과정을 한 눈에 볼 수 있도록 제시하면 〈표 1〉과 같다.

---

4 『興圖』坊里 조에 동리명과 더불어 제시된 사항은 다음과 같다.
邑內面在江之南卽府治所坐之地南有勿台坊里編戶二十六戶男五十一口女六十三口○上里編戶六十戶男五十七口女九十一口○下里編戶一百三十三戶男一百十口女一百七十口○廣儀洞里編戶四十三戶男七十口女四十一口.

5 1896년(고종 33년) 을미개혁 때 〈지방 제도와 관제 개정에 관한 안건〉이 칙령으로 반포되어 8월 5일부터 시행되었다. 그 내용 중 지방 행정 조직 개편과 관련된 중요한 사항은 팔도 중 다섯 개의 도를 남·북도로 나누고 전국의 23개 부를 13개 도로 개정하는 것이다. 이 체계는 대한제국 및 일제 강점기 동안 변동 없이 유지되었고, 현재 지방행정체계의 모태가 되었다. 이러한 일련의 변화와 더불어 각 군이 관할하는 면과 동리가 행정의 편의를 위하여 정비되면서 동리명이 부여됐던 것으로 보인다. 당시 이미 한자어지명이 정착된 동리명은 그대로 활용했을 것이나 원초적인 형태인 고유어지명은 의역 또는 음역의 방식을 통하여 한자어지명으로 전환한 것으로 보인다. 대체로 『興圖』의 동리명이 증감 없이 『忠誌』에 계승되었으나 『舊名』에서는 거의 배 정도 증가된 동리명을 볼 수 있다. 이들 동리명은 을미개혁 이후 이러한 일련의 과정 속에서 형성된 것으로 볼 수 있다.

〈표 1〉 邑內面 동리명의 변화

輿圖(4)[6]	忠誌(4)	舊名(9)	新舊(7)	現用 동리명(7)	관할 시·군, 면	전래지명[7]
勿台坊里 26/51/63[8]	勿怠坊里	勿台里	勿台里	勿台里		매룬, 물태
上里 60/57/91	上里	上里	邑里	邑里		웃마을
下里 133/110/170	下里	下里				아랫마을
廣儀洞里 43/70/41	廣儀洞里	廣儀洞	廣儀里	廣儀里	邑內面→ 飛鳳面(1914)→ 淸風面 (1918)	강아동, 솔무정 [松茂亭][9]
		中里	邑里	邑里		도툰, 배턱/ 배턱이[津頭], 쇠뚜리 방골
		道村里	道里	道里		
		實利谷	實利 谷里	實利谷里		너실고개, 호무실고개
		淵谷里	淵谷里	淵谷里		모단[池內]
		鷄山洞	鷄山里	鷄山里		계장골, 계장곡, 제장골

6　문헌의 약호 뒤 ( ) 안에 해당 문헌에 올라 있는 동리명 수를 제시하기로 한다.

7　여기에 제시할 전래지명은 『朝鮮地誌資料』(1910년대), 한글학회의 『한국지명총람』(1971), 충청북도의 『地名誌』(1987), 제천문화원 『義林文化』 제6집(제천 지명편) (1991)과 『堤川 마을誌』(1999) 등의 검토와 여러 차례의 현지답사를 통하여 수집한 것이다. 대부분의 항목은 한역지명과 직접적으로 대응되는 것이지만, 논의의 필요에 따라 해당 지역의 속지명도 일부 제시하고자 한다.

8　43/70/41은 編戶數/인구수(男)/인구수(女)를 표현한 것이다. 인구의 증감과 이동에 따라 동리의 형성과 폐쇄가 가능할 것이므로 동리명 연구에 인구와 편호는 중요한 고려사항이 될 것으로 판단되어 동리명과 함께 제시하기로 한다.

9　광의동 동북쪽에 있는 마을. 전에 소나무가 울창하였음.

2.2.『舊名』이전의 동리명에 대한 검토

『舊名』의 동리명을 살펴보면 앞선 시기 4개의 동리명을 계승하면서 上里와 下里 사이의 中里와 道村里, 實利谷, 淵谷里, 鷄山洞 등이 새로운 동리명으로 등재되었음을 알 수 있다. 인구의 증가와 함께 새로운 마을이 생겨나고 해당 지역의 전래지명을 배경으로 동리명이 생성되는 것은 자연스러운 현상이다. 전래지명 즉 속지명은 오늘날까지도 노년층을 중심으로 구어에서 보존되고 있는 경우가 허다하다. 예컨대 주소를 작성할 때는 大柳里, 新里라 쓰지만 말을 할 때는 '한버들', '새말'이라 하는 것이 일반적이기 때문이다. 문어나 행정을 비롯한 공적인 영역에서는 한자어지명이 활용되고 있으나 그 근원이 되었던 원초적인 형태인 속지명은 구어에서 그 생명을 유지하고 있다.

勿台里는『輿圖』와『忠誌』에서는 勿怠坊里라 하였는데 坊이나 里는 모두 동네 또는 마을을 뜻하는 것이므로 동의중복을 피하면서 언어경제도 도모하기 위하여 坊을 삭제한 것으로 볼 수 있다. 勿台는 勿怠로도 표기하였음을 알 수 있으며 속지명 '물태[10]'를 음역한 것으로 볼 수 있다. '물태'는 수원이 좋아 물이 많이 나기 때문에 붙여진 명칭임을 고려할 때 물[水]+터[基]로 볼 수 있다.[11] 그런데 '물태'와 더불어 '매룬'이라는 전래지명이 존재함이 주목을 끈다. 이 지역은 삼국 시기 고구려 지역이었는데 부여계 언어에서 [水]를 '買'라 하였음을『三國史記』지리지에서 확인할 수 있다.[12] '매룬'의 '매'는 '買忽'의 '買'와 같은 것으로 보아야 할 것이며 고구려어의 잔재가 '매룬'에 남아 있음을 확인할 수 있다.

廣儀洞은 지형이 편편하고 넓으므로 부여된 명칭이라고 한다. 이는 한자 '廣'에 이

---

10 각종 지명관련 문헌에서 이 지역은 수원이 좋아 물이 많이 나므로 '매룬' 또는 '물태'라 하였다고 소개하고 있다.

11 터[基]를 활용한 동리명으로 '새터'가 무수히 존재한다.『조선시대전자문화지도』사이트에서 '새터'를 검색하면 무려 1,671개나 나온다. 지역에 따라서는 '새터'를 '새태'라고도 발음하는데 이 또한『한국지명총람』에서만 187회 검색된다. 비어두음절의 '터'가 어두음절의 '새'에 이끌려 '태'로 변한 것으로 볼 수 있다.

12 『三國史記』卷第三十七 雜志 第六 한산주의 주·군·현·성 조에서 "買忽一云水城, 水谷城縣一云買旦忽, 南川縣一云南買, 泉井口縣一云於乙買串" 등과 같은 기사를 확인할 수 있다. 여기서 買:水·川·井의 대응을 확인할 수 있다. 즉 '買'는 [水]를 비롯하여 이를 바탕으로 하는 [川]·[井]을 뜻하는 고구려어임을 알 수 있다.

끌려 해석된 것으로 보이며 전래지명 강아동과 관련이 있다 하겠다. 그런데 강아동을 바탕으로 廣儀洞이 생성된 것인지 廣儀洞에서 강아동이 도출된 것인지 알기가 어렵다.

道村里의 道村은 전래지명 '도툰'을 음역하여 생성된 지명으로 보인다. 현재는 수몰되었지만 도툰의 동남쪽에 있었던 나루터를 '배턱' 또는 '배턱이'라 하였고 인근에 쇠뚜리방골이라는 마을도 있었다. 배턱의 한역지명은 津頭인데 뱃머리를 대는 나루라는 뜻이 반영되어 생성된 것이다. 道村의 근원이 된 전래지명 '도툰'의 의미에 대하여는 알기가 어렵다.

實利谷은 도전리 너실로 넘어가는 너실고개, 서곡리로 가는 뒷고개 그리고 호무실로 넘어가는 홈실고개 사이에 위치한 마을이다. 고개와 고개 사이 즉 골짜기에 위치하므로 전부요소에 '實'이 온 것으로 보인다. 골짜기[谷]를 '골'이라 하지만 '실'이라고도 하기 때문이다. 각종 지명지를 통하여 淵谷里의 전래지명으로 '모단'이 있음을 확인할 수 있다. 못 안의 비봉산 골짜기에 자리 잡은 마을이므로 한자어지명 淵谷이 생성된 것으로 보인다.

鷄山洞은 닭의 모양과 비슷하게 생긴 비봉산(531m) 기슭에 자리 잡은 마을이기에 계장골이라 부른다고 한다. 어두음 '계'가 '제'로 변하여 제장골이라고도 하는데 모두 '鷄'를 배경으로 형성된 것으로 보인다. 鷄山과 관련지을 만한 전래지명은 찾을 수 없다.

2.3. 『新舊』 이후의 동리명에 대한 검토

우리는 『新舊』를 통하여 1914년에 이루어진 행정구역 통폐합의 결과를 일목요연하게 확인할 수 있다. 이 자료는 1912년에 간행된 『舊名』과 대조하면서 동리명을 비롯한 행정구역명을 제시하였기 때문이다. 필자는 여기서 이 자료를 활용하여 舊韓國 시기의 동리명이 보존 또는 변화된 양상을 살펴봄은 물론 현재의 동리명과 어떤 관련성이 있는지 검토하고자 한다.

1914년 郡面洞里 통폐합은 조선 총독부령 제111호(1913년 12월 29일 공포)에 의거하여 1917년 본격적인 面制를 시행할 목적으로 단행되었다. 면적과 인구의 측면에서 均質化를 도모하기 위하여 4方里, 800戶를 기준으로 통폐합 작업을 실시하였다. 그 결과 면의 수가 4,337개에서 2,522개로 줄어들었다. 청풍군 8개 면도 舊韓國 시기에는 8개 였으나 5개로 통합되었다. 〈표 1〉에서 밝혔듯이 邑內面은 모두 飛鳳面 관할 지역이 되었다. 비봉산의 명칭을 활용하여 비봉이라 명명했다가 1918년에 청풍으로 고쳤고 그 관할에는 근서면 전역도 포함되었다. 당시 두 개 면이 하나의 면으로 통합되었음을 알 수 있는데 1929년에는 수하면이 해체되면서 15개의 동리 중 9개 동리(後山里, 長善里, 査五里, 婦山里, 黃石里, 丹頓里, 伍山里, 芳興里, 眞木里)가 청풍면에 편입되었다. 또한 東面 지역이었던 桃花里가 1929년에, 校里와 鶴峴里 그리고 북면 지역이었던 北津里가 1947년에 청풍면에 편입된 것을 고려하면 대략 3개 면 지역이 청풍면으로 편성되었다고 할 수 있다.

『舊名』과 『新舊』의 동리명을 대비해 보면 上里, 中里, 下里 등 3개 里가 邑里로 통합되었음을 알 수 있다. 그 외의 모든 동리명은 『舊名』와 『新舊』가 거의 일치함을 알 수 있다. 다만 후부요소의 경우 『舊名』에는 里, 洞, 谷 등으로 다양한 형태였으나 里로 단일화되었다는 점, 道村里의 경우 村을 삭제하였다는 점이 눈에 띈다. 유사한 의미를 지닌 후부요소 村과 里를 거듭 사용하는 것은 同意重複으로 언어 경제의 원리에 어긋나는 것이기에 村을 삭제한 것으로 보인다.

요컨대 『興圖』의 4개 동리명은 『忠誌』의 시기까지 그대로 계승되었으며 『舊名』에서는 5개의 동리명이 새로 등장하였다. 『舊名』의 9개 동리명 중 上里, 中里, 下里만 邑里로 변화되었고 5개의 동리명 전부요소는 변화 없이 현재까지 이어지고 있다. 道村里의 道村은 전래지명 '도툰'을 음역한 것이었으나 村을 里와 유사한 의미를 지닌 후부요소로 인식하여 삭제하였다.

3. 近西面의 동리명과 그 변천

3.1. 자료 제시

『輿圖』에 근서면에 대하여 "近西面在江之南"이라 하여 그 위치만을 표현하였다. 近西面뿐만 아니라 읍내면을 제외한 각 면에 대한 기술에 "在江之南"과 "在江之北"이라는 표현만이 활용되었다.[13] 『輿圖』에 실려 있는 청풍부 지도를 보면 그 中段에 江을 크게 그려놓고 강북과 강남에 각 면의 위치를 표시하였다. 1985년 충주댐 준공과 함께 청풍호에 잠겨버린 이 강이 중요한 지형지물로 각 면의 경계를 형성하였음을 알 수 있다. 이 강의 명칭은 남한강 이전에 淸風江 또는 巴江이라 불렸는데, 파강이라 한 것은 한벽루 아래로 흐르는 강물의 굽이가 '巴'자의 형세를 이루었기 때문이다.

청풍강의 남쪽 중앙에 읍내면이 위치하고 그 서쪽에 자리 잡은 마을들이 近西面 관할이었다. 읍내면과 近西面의 경계에는 비봉산이 위치하였음을 『輿圖』의 지도에서도 분명히 확인할 수 있다. 1914년 행정구역 개편 당시 비봉산을 중심에 두고 동서로 펼쳐진 두 면을 통합하면서 비봉면이라 명명한 이유도 여기에 있다 할 것이다. 1918년 비봉면을 청풍면으로 개칭하였고 읍내면과 근서면의 모든 동리가 그 관할 지역으로 편성되어 오늘에 이르고 있다. 다만 1947년 행정구역 조정 당시 高明里가 水山面에 移管되었다.[14]

近西面에는 영조 때 편찬된 『輿圖』에 高明洞里, 龍伏里, 陶谷里 등 3개의 동리가 있었음을 알 수 있다. 헌종 시기에 편찬된 『忠誌』에는 連論里와 眞谷里가 추가되어 5개 리의 명칭이 보인다. 1912년에 간행된 『舊名』에 보면 10개의 동리명이 보이는데 龍伏里가 上龍里와 下龍里로 분할되었으며 新村里, 丹村里, 陽坪里, 大柳里 등 새로운 4개 리의 명칭을 확인할 수 있다. 『舊名』에서는 『忠誌』에 비해 배로 늘어난 동리명을 확인할 수 있는데 이들 동리명은 1914년 행정구역 개편 시에도 큰 변화 없이 계승되어 오

---

13 읍내면의 경우 "邑內面在江之南卽府治所坐之地"라 하여 청풍부의 치소가 위치한 곳이라는 표현을 덧붙였다.

14 이 때 校里, 鶴峴里 그리고 北津里를 청풍면에 편입시키면서 高明里는 水山面에 이관하였다.

늘에 이르고 있다. 변화의 과정을 한 눈에 볼 수 있도록 제시하면 〈표 2〉와 같다.

〈표 2〉 近西面 동리명의 변화

輿圖(3)	忠誌(5)	舊名(10)	新舊(8)	現用 동리명(8)	관할 시·군, 면	전래지명
高明洞里 117/163/ 166	高明洞里	高明洞	高明里	高明里	近西面→ 飛鳳面(1914)→ 淸風面(1918)→ 水山面(1947)	웃말, 양지 말, 본말, 골 말, 망다리, 매실
龍伏里 31/79/108	龍伏里	上龍里	龍谷里	龍谷里	近西面→ 飛鳳面(1914)→ 淸風面(1918)	세골, 제피 골, 질매재,
		下龍里				
陶谷里 164/132/ 181	陶谷里	陶谷里	陶谷里	陶谷里		질골, 새점, 지프실
	連論里	連論里	連論里	連論里		갱기터, 호 미실, 미사 리재, 용구 미, 제비골
	眞谷里	眞谷里	龍谷里	龍谷里		참실
		新村里	新里	新里		새말
		丹村里	丹里	丹里		황토마을
		陽坪里	陽坪里	陽坪里		양지편, 양 지말, 뒷들, 노가리
		大柳里	大柳里	大柳里		한버들, 한 벌골, 배밋 골

3.2. 『舊名』이전의 동리명에 대한 검토

高明洞里 또는 高明洞의 高明은 지대가 높은 곳에 위치한다 하여 붙여진 명칭이
라 한다. 고명리 내에는 웃말, 양지말, 본말, 골말, 망다리, 매실 등의 전래지명이 보이

나 高明과 연관될 만한 명칭은 찾을 수 없다.

『輿圖』와 『忠誌』의 시기에 龍伏里라 하던 것이 『舊名』의 시기에 上下로 분리되어 上龍里와 下龍里가 되었다. 마을 뒤쪽에 있는 관봉 아래의 안골과 제피골에서 흘러내리는 계곡의 형상이 용이 누워있는 모습이라 하여 龍伏이라는 명칭이 부여되었다고 한다. 『忠誌』의 上龍과 下龍은 上龍伏과 下龍伏을 뜻하는 것으로 볼 수 있다. 이 지역에서는 세골, 제피골, 질매재, 참실 등의 고유어지명이 보이나 龍과 관련지을 만한 것은 없다. 용의 순우리말이 '미르'이므로 龍과 미르가 공존하는 경우가 있다. 龍頭와 그 전래지명 '밀머리'[←미르+머리]와 같은 것이 그 예라 할 수 있는데 이 지역에서는 이러한 예를 확인할 수 없다.

陶谷里는 『輿圖』 이후 오늘날까지 활용되고 있는 동리명이다. 이 지역에는 도자기를 만드는데 쓰는 질흙이 많았기에 '질골'이라 하였다. 이를 의역하여 '陶谷'이라는 한역지명을 생성하였음을 알 수 있다. 이러한 지역적 특성에 따라 도기점이 새로이 생겨났으므로 새점이라는 지명도 존재한다. 새점은 전부요소를 한역하여 新店이라 하기도 하였다. 連論里는 『忠誌』 이후 등장하여 오늘날까지 법정동리명으로 활용되는 명칭이다. 이 지역에는 갱기터, 호미실, 미사리재, 용구미, 제비골 등의 전래지명이 존재하나 連論과 관련지을 만한 것은 보이지 않는다. 제비골에서 제비를 뜻하는 한자 '燕'이 連論 '連'과 관련성이 있다고 하더라도 論을 설명할 근거가 없다. '연론'이라는 고유어도 없고 합성이나 파생에 의해 형성된 단어로 볼 수 있는 근거를 들기도 어렵다. 그러므로 連論을 음역어로 보기도 어렵다.

지금은 수몰되었지만 연론리 중심에 위치한 마을이 안말이다. 그리고 이 마을의 논 한복판에 매우 차가운 물이 솟아나는 우물이 있었다고 한다. 각종 지명지에서는 이 우물을 일컬어 '용구미'라 하였다하며 '용'은 솟다를 뜻하는 '聳'으로 풀이하였다. 그런데 용구미의 말음 '미'에 대하여는 설명이 없는데 물을 뜻하는 고구려어 '買'가 아닌가 한다. 청주의 지명에서도 墨井의 근원형이 '머구미'이고 金川의 그것은 '쇠미'임을 이미 朴秉喆(1997)에서 확인한 바 있다.

眞谷里는 『忠誌』와 『舊名』에만 보이는 동리명이다. 『新舊』 이후 龍谷里에 통합되었는데 그 원초형은 '참실'이다. 지금은 수몰되었지만 상룡복 동북쪽에 있는 마을로 고명천변에 위치했던 마을이다. 참실 아래 고명천에 보를 막았는데 이 보의 이름이 '청룡보'이다. 수심이 깊고 푸른 물이 넘실거렸으므로 '청룡보'라 하였다고 한다. 이곳의 이러한 지리적 특성을 감안할 때 길을 가다가 잠시 쉬어 묵거나 밥을 먹을 만한 곳으로 보인다. 각종 지명지에서 "옛날에 역로에서 거쳐 가며 쉬던 참이 있었다"고 한 점을 고려할 때 '참'과 대응되는 '眞'은 직역이 아님을 알 수 있다. '참'의 원뜻[15]과는 상관없이 '참'을 새김으로 하는 한자 '眞'을 가져다 쓴 것이다.

이상은 『忠誌』이전의 문헌에 등장하는 동리명이고 新村里, 丹村里, 陽坪里, 大柳里 등은 『舊名』에서부터 볼 수 있는 동리명이다. 新村里는 새로 형성된 마을이기에 부여된 명칭으로 고유어지명 새말을 근원형으로 볼 수 있다. 丹村里는 이 마을의 논밭이 붉은 색을 띠므로 황토마을이라 불리기도 한다. 한자어지명은 근원형인 고유어지명을 배경으로 한역하여 생성된 경우가 대부분이다. 하지만 한자, 한문의 사용이 일상화되면서 한자를 직접 활용하여 명명이 이루어진 경우도 있다. 丹村의 근원형으로 볼 수 있는 전래지명을 찾을 수 없다는 점을 고려할 때 이는 한자를 활용하여 바로 만들어진 한자어지명으로 보인다.

陽坪里는 양지편 또는 양지말이라는 전래지명의 어두음 '양과 뒷들을 한역한 後坪의 후부요소 '坪'을 결합시켜 생성한 동리명으로 보인다. 大柳里의 원초형인 전래지명은 한버들, 또는 한벌골이었음을 알 수 있다. 한버들은 한[大]+벌[原]+들[坪]로 분석할 수 있다. 그리고 한벌골은 한[大]+벌[原]+골[洞]로 분석할 수 있다. 비교적 큰 벌판에 자리 잡은 마을이기에 한버들 또는 한벌골로 불렸던 것으로 보인다. 고유어지명 한버들을 한역하면서 '한'은 직역하여 '大'라 하였지만 버들[←벌+들]은 직역하지 않고 '柳'라 하였다. 이러한 예는 대전의 '버드내[벌+들+내]'를 한역할 때 '버드'를 柳로 한역하여 '柳川'으로 한 것과 같은 방식이다.

---

15 '참'을 『표준국어대사전』에서는 다음과 같이 풀이하고 있다.

「1」 일을 하다가 일정하게 잠시 쉬는 동안. 한자를 빌려 '站'으로 적기도 한다.

「2」 일을 시작하여서 일정하게 쉬는 때까지의 사이.

「3」 일을 하다가 잠시 쉬는 동안이나 끼니때가 되었을 때에 먹는 음식.

「4」 길을 가다가 잠시 쉬어 묵거나 밥을 먹는 곳.

3.3. 『新舊』이후의 동리명에 대한 검토

1914년에 이루어진 행정구역 통폐합의 결과를 반영한 『新舊』의 동리명은 그 이전의 그것을 어느 정도 수용하였으며 오늘날의 동리명과 어떤 연관이 있는지 살피고자 한다. 이러한 관련성을 살핌으로써 우리나라 동리명에 대한 일제의 간섭이 어떠했는지 그 실상을 실증적으로 파악할 수 있을 것이다.

『舊名』과 『新舊』의 동리명을 대비해 보면 후부요소가 洞 또는 里였던 것을 里로 통일하였음을 알 수 있다. 그리고 『舊名』에 10개였던 동리가 8개로 되었는데 이는 上龍里와 下龍里 그리고 眞木里를 통합하여 龍谷里라 하였기 때문이다. 본래 上龍里와 下龍里는 『輿圖』와 『忠誌』에서는 龍伏里였으나 『舊名』에 와서 上下로 분리된 것이었다. 분리되었던 것을 통합하면서 그 명칭을 용복에서 용곡으로 바꾸었음을 알 수 있다. 이는 이 마을 뒤 안골과 제피골에서 흘러내리는 계곡의 형상이 용이 누워있는 모습이라하여 명명하였던 사실을 고려하지 않은 것이다.

『舊名』에서 新村里와 丹村里를 『新舊』에서는 두 번째 음절의 村을 삭제하여 新里와 丹里라 하였다. 村과 里는 모두 사람들이 거주하는 마을을 뜻하는 속성지명이다. 동의중복을 피하기 위하여 村을 삭제한 것으로 볼 수 있다. 이러한 방식은 2.3에서 이미 확인한 바 있는데 道村里를 道里라 한 것이 그것이다.

4. 水下面의 동리명과 그 변천

4.1. 자료제시

淸風縣을 고구려 때에는 沙熱伊縣이라 하였다. 沙熱伊縣의 현청 소재지가 瑞雲里였음을 감안할 때 이를 중심으로 한 옛 수하면 지역이 沙熱伊縣의 중심이었음을 추정할 수 있다. 이러한 사실을 반영하듯 가장 이른 시기에 편찬된 『輿圖』에서 수하면의 동리명이 가장 많음을 알 수 있다. 청풍부의 8개 면 중 水下面의 동리명 수가 가장 많은

9개이다. 반면에 邑內面은 4개, 東面 5개, 遠南面 6개, 近南面 6개, 遠西面 7개, 近西面 3개 北面 7개 등이었다.

『輿圖』를 통하여 수하면 9개 동리 중 가장 많은 가구수와 인구수를 보여주는 곳이 沙熱伊縣의 현청이 있었다고 하는 瑞雲里이다. 수하면의 면소재지가 일제강점기에는 眞木里에 있었고 그 이전에는 芳興里에 있었다고 한다. 『輿圖』편찬 시기인 영조대에 방흥리는 동리명으로 인정받지 못하여 가구수와 인구수를 알 수 없으나 진목리의 경우 35가구에 남자 40명, 여자 50명이었던 것으로 『輿圖』에 기록되어 있다. 이에 비해 瑞雲里는 현저히 많은 85가구에 남자 101명, 여자 133명의 인구가 있었음을 알 수 있다. 이를 통하여 고구려 시기 이후 瑞雲里가 沙熱伊縣의 중심이었을 것으로 추정된다.

고구려 시기에 가장 번성했던 지역으로 볼 수 있으나 수하면은 1929년에 해체되어 동북부 지역은 청풍면에 편입되었고 서남부 지역은 한수면 관할이 되었다. 이에 그치지 않고 한수면 관할 지역은 1987년 中原郡 東良面에 편입되었다. 충주호 설치와 더불어 생활권이 달라지는 등 이런저런 사정이 고려되어 청풍부 8개 면 중 수하면은 폐지와 더불어 분할되는 등 행정구역의 변화가 심했던 지역이다.

水下面에는 영조 때 편찬된 『輿圖』에 長善里, 査五倫里, 丹頓里, 黃道里, 眞木亭里, 沙器幕里, 鳴梧里, 咸巖里, 瑞雲里 등 9개 동리명이 보인다. 『忠誌』에는 咸巖里가 烏椒田里로 바뀌어 올라있고 浦灘里가 추가되어 10개 동리명이 보인다. 1912년에 간행된 『舊名』에서는 15개로 늘어난 동리명을 확인할 수 있으며 이들 동리명이 『新舊』를 거쳐 현재까지 그대로 이어지고 있음을 알 수 있다. 변화의 과정을 쉽게 파악할 수 있도록 〈표 3〉으로 제시하기로 한다.

〈표 3〉 水下面 동리명의 변화

輿圖(9)	忠誌(10)	舊名(15)	新舊(15)	現用 동리명(15)	관할 시·군, 면	전래지명
長善里 15/39/61	長善里	長善里	長善里	長善里	水下面→ 水下面(1914)→ 淸風面(1929)	어리실, 뽕나무골, 달랑고개, 줄바위

査五倫里 35/81/82	査俉倫里	査俉里	査俉里	査俉里	水下面→ 水下面(1914)→ 淸風面(1929)	사호룬, 사오, 새오리
丹頓里 30/81/40	丹屯里	丹頓里	丹頓里	丹頓里		단돈
黃道里 66/71/89	黃道里	黃石里	黃石里	黃石里		한돌, 한똘, 황뜰
眞木亭里 35/40/50	眞木亭里	眞木里	眞木里	眞木里		참나뭇골
沙器幕里 32/40/50	沙器幕里	沙器里	沙器里	沙器里	水下面→ 水下面(1914)→ 寒水面(1929)→ 東良面(中原郡/忠州市)(1987/1995)	사기막, 사그막
鳴梧里 7/18/20	鳴梧里	鳴梧里	鳴梧里	鳴梧里		매우재, 명오, 명오재
咸巖里 65/73/122	烏椒田里	咸巖里	咸巖里	咸巖里		오초앗, 한바우, 함바우
瑞雲里 85/101/133	瑞雲里	瑞雲里	瑞雲里	瑞雲里		서른, 서룬, 서운, 능골
	浦灘里	浦灘里	浦灘里	浦灘里		개여울
		好雲里	好雲里	好雲里	水下面→ 水下面(1914)→ 淸風面(1929)	
		後山洞	後山里	後山里		
		芳興洞	芳興里	芳興里		살여울
		婦山里	婦山里	婦山里		며뉘산, 며누리산, 면산
		伍山里	伍山里	伍山里		오미, 오매

4.2. 『舊名』이전의 동리명에 대한 검토

영조대에 편찬된 『輿圖』에는 9개, 헌종대에 편찬된 『忠誌』에는 10개의 동리명이 올라있다. 『忠誌』에 추가된 동리명은 浦灘里이다. 두 문헌에서 완전하게 일치되는 동리명은 長善里, 黃道里, 眞木亭里, 沙器幕里, 鳴梧里, 瑞雲里 등 6개이며, 동일한 음이지만 다른 한자로 표기된 것은 査五倫里/査倍倫里와 丹頓里/丹屯里이다. 모두 둘째 음절의 한자가 五/倍, 頓/屯과 같이 동음이자로 표기되었다. 후대에 오면서 사오륜리의 '오'는 『忠誌』의 '倍'를, 단돈리의 '돈'은 『輿圖』의 '頓'이 쓰이고 있다.

　『輿圖』에 올라있던 咸巖里는 『忠誌』에서 烏椒田里로 대체되었다. 咸巖과 烏椒田은 행정동리명을 두고 경합했던 명칭이다. 『忠誌』에서만 烏椒田으로 나올 뿐 전후의 모든 문헌에서는 咸巖으로 되어있다. 오늘날까지도 咸巖과 烏椒田은 각각 전래지명 오초앗과 한바우로도 쓰이고 있다. 그러나 공공의 행정동명으로는 咸巖만 쓰이고 있다. 咸巖이 烏椒田을 누르고 법정동리명으로 자리 잡게 된 것은 마을의 면적, 인구수 등의 요인이 작용하여 결정된 것이다. 또한 발음경제 원리와 의미경쟁도 고려되어 咸巖으로 정해진 것이다. 咸巖이 烏椒田에 비해 음절이 짧아 발음경제의 원리에서 우위에 있다 할 것이며 巖이 뜻하는 묵직함에서 오는 믿음 등이 작용되었을 것으로 보인다.

　『忠誌』에 새로 등장한 동리명으로 浦灘里 1개가 있다. 전부요소 浦灘은 전래지명 '개여울'을 한역하여 생성된 한자어지명이다. 개여울이라는 고유어지명은 이 마을 앞에 흐르는 개울에 여울이 있어 붙여진 명칭이다. 낱말 개울과 개[16]는 다른 의미를 지니고 있으나 개울의 축약형 '개'를 '浦'로 '여울'을 '灘'으로 옮겨 한자어지명 浦灘을 만든 것이다. 浦灘里는 『舊名』그리고 『新舊』를 거쳐 현재까지 활용되는 법정동리명이다.

　『忠誌』의 동리명이 『舊名』에 계승된 10개 중 완전하게 일치를 보이는 것은 長善里, 鳴梧里, 瑞雲里 浦灘里 등 4개이다. 査倍倫里, 眞木亭里, 沙器幕里 등 전부요소가 3음절이었던 것은 모두 2음절어로 단순화되었다. 앞에서 밝혔지만 丹屯里는 丹頓里로, 烏椒田里는 咸巖里로 복귀하였다.

　『輿圖』와 『忠誌』의 黃道里가 『舊名』에 黃石里로 교체된 것은 흥미로운 예이다. 한자어지명 黃道 또는 黃石의 근원형은 '한돌'이다.[17] 전래지명 '한돌'은 한[大]+돌[石]로

---

16 개울; 골짜기나 들에 흐르는 작은 물줄기.
　개; 강이나 내에 바닷물이 드나드는 곳.

17 지명어 해석을 위하여 근원형을 추정하는 것은 매우 중요한 부분이다. 黃石의 원초적인 형태를 한[大]+돌[石]로 보지 않고 제천문화원(1999: 202)에서는 황씨들이 세운 돌이라 하여 황(黃)+돌[石]로 설명

분석할 수 있다. 이 명칭은 이 지역에는 큰 돌이 있었기 때문에 생겨난 것이다. 근원형 한돌은 한똘, 황돌[18], 황똘 등으로 변이되었고 '돌'은 말음을 탈락시킨 '도'로 발전하여 '황도'가 형성되었다. 이를 음역하여 『興圖』와 『忠誌』에서 黃道라 하였다가 『舊名』에서 는 둘째 음절의 근원형 돌을 의역하여 黃石이라 한 것이다. 黃道는 음역의 방식만 적 용되어 형성된 한자어지명이나 황석은 음역과 의역이 모두 활용된 것이다. 결과적으로 根源形 '한돌'이 '黃石'으로 정착된 것은 전부요소 '한'이 유사음 '黃'으로 음역되고 후 부요소 '돌'은 의역에 의해 '石'으로 한역화가 이루어진 것이다.

『舊名』에 새로 등장한 동리명은 好雲里, 後山洞, 芳興洞, 婦山里, 伍山里 등 5개가 있다. 마을의 위치가 산과 산 사이의 골짜기에 자리 잡은 경우 洞으로, 그렇지 않은 경 우 里를 후부요소로 삼았다. 이들 5개 동리명은 『新舊』를 거쳐 현재까지 법정동리명으 로 활용되고 있다.

이제 한자어지명인 법정동리명의 근원이 되었던 고유어지명 즉 전래지명에 대 하여 논의하기로 한다. 이미 앞에서 논의한 한돌:黃石/黃道와 개여울:浦灘은 제외하고 연관성이 파악되는 명칭에 대하여 살피고자 한다.

각종 지명 관련 문헌에 長善里는 긴 골짜기 안에 자리 잡은 마을이기에 붙여진 명 칭이라고 소개되어 있다. 長은 길다와 대응되나 善은 이 지역의 전래지명 어리실, 뽕 나무골, 달랑고개, 줄바위 등과의 관련성을 찾기 어렵다. 査俉里의 査俉는 전래지명 사호룬을 음역하여 査五倫 또는 査俉倫이라 하던 것을 간략화한 형태이다. 사호룬, 사 오, 새오리가 무슨 뜻을 지니는지 알 수 없으나 음역에 의한 한자어화가 이루어진 예 라 할 수 있다. 丹屯 또는 丹頓으로 표기된 단돈리는 이 지역에서 붉은 흙을 캤으므로 부여된 명칭이다. 赤土라고도 하는 이 흙은 집을 지을 때 기둥이나 마루에 칠하여 붉 은 색이 나게 하는 용도로 활용되었다. 붉다는 뜻을 지닌 '丹'에 촌락을 뜻하는 후부요 소 '돈'[19]이 결합되어 혼종어지명 '단돈'이 형성된 것으로 보인다.

한 경우가 있다. 이는 황석을 바탕으로 생겨난 지명전설로 보인다.

18　한[大]이 '황'으로 변한 것은 한쇼(←한[大]+쇼[牛])〉황소, 한새(←한[大]+새[鳥])〉황새 등을 통하여 확인할 수 있다.

19　전래지명에서 '돈' 또는 '돔/듬·똠·뜸'은 촌락을 뜻하는 후부요소로 활발하게 쓰이는 어사이다. 새말을

眞木里를 眞木亭里라 한 것은 嚴城遷과 딱지소를 조망할 수 있는 옥녀봉 능선 끝자락에 정자가 있었기 때문에 붙여진 명칭이다. 수몰 이전에 진목리를 비롯한 그 일대에 흐르는 강을 격강이라 했는데 엄성벼루[嚴城遷][20]는 가장 풍광이 좋은 곳이어서 "격강의 제일강산"이라 하였다. 이런 연유로 수려한 강산을 조망할 목적으로 정자를 세웠던 것으로 볼 수 있다. 이 정자는 『輿圖』가 편찬된 정조 시기에도 있었으므로 당시의 동리명이 眞木亭里였다. 『舊名』이후 단순화된 형태 眞木을 전부요소로 삼았는데 이는 전래지명 참나무골의 '참나무'를 한역한 것이다.

鳴梧里는 오동나무가 많았고 그래서 새들이 많이 날아와 울던 곳이라 하여 붙여진 명칭이라 한다. 鳴梧에서 전래지명으로 매우재가 있는데 鳴梧에서 발전된 형태인지 매우를 배경으로 음역어 鳴梧가 생성된 것인지 알기 어렵다.

咸巖里의 전래지명은 한바우 또는 함바우이다. 마을 앞 강가에 너럭바위를 비롯한 큰 바위들이 잇대어 있어서 붙여진 명칭이다. 한[大]은 변이형 '함'을 음역하여 '咸'으로 '바위'는 의역하여 '巖'으로 한역하여 '咸巖'이라는 한자어지명을 생성하였다. 함암리에 속한 마을로 '오초앗'이 있다. 이를 바탕으로 한자어지명 '烏椒田'이 생성되었는데 '오초'는 음역, '앗'[21]은 의역하였다.

瑞雲里는 삼국시대 고구려의 沙熱伊縣, 통일신라의 淸風縣 현청이 있었던 곳이었으므로 긴 역사를 지닌 동리로 보아야 할 것이다. 그 전래지명은 서른, 서룬, 서운인데 그 의미가 무엇인지 알 수가 없다. 瑞雲을 배경으로 서른, 서룬 등이 생겨난 것인지 아니면 瑞雲이 음역어인지 알기 어렵다.

마을 뒤에 큰 산이 있으므로 後山洞, 며느리산 아래에 있는 마을이므로 婦山里라

신돈〈음성군 맹동면 신돈리〉, 가운데말을 중돈〈음성군 맹동면 본성리〉이라 하는 것을 비롯하여 갓돈, 내돈, 외돈, 본돈…… 등과 같은 예가 있다. '돈'의 변이형으로 볼 수 있는 '돔/듬' 또는 '똠/뜸'도 양지돔, 음짓돔, 아랫돔, 윗돔, 큰돔, 작은돔, 새듬, 너매듬, 평듬, 생이듬, 건네똠, 큰똠, 감나무안똠, 안뜸, 새뜸, 갓뜸, 잿뜸, 골뜸…… 등의 예에서 보듯 그 쓰임이 활발하다.

20 벼루는 『용비어천가』에 '벼로'로 나오는데 '淵遷 ·쇠벼 ·루〈龍歌 3: 13〉'가 그 예이다. 벼루에 대응되는 한자는 '遷'이다. '벼로〉벼루[遷]'는 물 언덕 돌길로 낭떠러지 아래에 물이 흐르는 강이나 내가 있고 그 위에 놓인 험난한 돌길을 뜻한다.

21 '앗'은 '밭'이 변화된 형태로 피밭골〉피밧골〉피앗골을 통하여 '밭〉밧〉앗'의 변천을 확인할 수 있다.

하였다. 後山洞에 대응되는 전래지명은 찾을 수 없으나 '婦山'에 대응되는 고유어지명으로 며느리산, 며뉘산, 면산 등이 있다. 伍山里는 다섯 봉우리가 둘러 있는 안이 되므로 오미 또는 오매[22]라 하였다. 전래지명 오미는 혼종어이므로 '미'만을 '山'으로 옮겨 오산이라는 명칭을 만들었다.

4.3. 『新舊』이후의 동리명에 대한 검토

『新舊』의 동리명은 1914년에 이루어진 행정구역 통폐합의 결과를 반영한 것이다. 수하면 동리명의 경우 『舊名』에 제시되었던 15개 모두가 『新舊』에 계승되었다. 통폐합이 전혀 없이 완전하게 그대로 계승되었는데 『舊名』에서 후부요소가 洞이었던 것은 모두 里로 명칭을 통일하였다. 後山洞과 芳興洞이 後山里와 芳興里로 된 것이 그것인데 이는 농어촌 지역의 동리명 후부요소를 하나로 통일한 결과 나타난 것이다.[23]

행정구역의 변화도 없었으며, 『舊名』의 15개 동리명이 『新舊』에 그대로 계승되었고 이들 15개 동리명은 오늘날까지 그대로 保全되고 있다. 그러나 1929년 수하면이 해체되면서 長善里, 査倍里, 丹頓里, 黃石里, 眞木里, 後山里, 芳興里, 婦山里, 伍山里 등 9개리는 청풍면에 편입되었다. 그리고 나머지 6개리인 沙器里, 鳴梧里, 咸巖里, 瑞雲里, 浦灘里, 好雲里 등은 한수면 관할이 되었다.

청풍면에 편입되었던 9개리는 현재까지 그 관할이 바뀌지 않았으나 한수면에 편입되었던 6개리는 1987년 행정구역 개편 때 中原郡 東良面에 편성되었다. 그 후 1995.1.1. 충주시와 중원군이 통합되어 현재는 忠州市 東良面 관할이 되었다. 특히 沙熱伊縣의 현청이 있었다고 하는 瑞雲里도 청풍면에 속하지 못하고 충주시 관할이 되었다. 현재 東良面의 법정동리가 13개임을 감안할 때 청풍부 수하면 지역이었던 6개

---

22 산을 뜻하는 고유어 '뫼'의 변이형 미, 매, 메 등이 지명의 후부요소로 흔히 쓰였다.

23 『舊名』에는 後山洞으로 표기되어 있으나 『新舊』에는 『舊名』의 後山里가 後山里로 되었다고 표현하였다. 이는 『新舊』의 착오가 아닌가 한다. 芳興里의 경우 『舊名』의 芳興洞이 芳興里로 되었다고 표현하여 착오가 없다.

리가 차지하는 비중은 거의 절반에 이른다 하겠다.

5. 결론

본장에서 논의한 청풍부(후에 청풍군) 3개 면 중 邑內面과 近西面 지역은 高明里를 제외하고 오늘날 도농복합시인 제천시 청풍면에 속해있다. 水下面의 경우 15개 리 중 1929년 한수면에 편입되었던 6개 里를 제외한 9개 里가 청풍면 관할에 있다. 영조 대에 편찬된 『輿圖』에는 3개 면의 동리명 16개가 올라있는데 헌종 대에 편찬된 『忠誌』에는 3개가 늘어나 19개이다. 면제가 본격적으로 시행되지 않았던 시기이므로 80년 정도의 간격을 두고 편찬된 두 문헌에서의 동리명은 크게 차이가 없다.

갑오개혁의 일환으로 1895년(고종 32)에 단행된 행정구역 개편 결과를 반영한 것이 『舊名』이다. 이 문헌에서는 34개의 동리명이 올라 있는데 『輿圖』에 비해서는 18개, 『忠誌』에 비해서는 15개나 많은 것이다. 이는 지방에 따라 面, 坊, 使, 部 등으로 불리던 명칭을 面으로 통합하고, 점진적으로 면제를 시행하기 위하여 기초단위 행정구역을 정비한 결과가 반영된 것으로 볼 수 있다. 『舊名』의 동리명 34개 중 邑內面의 上里, 下里, 中里가 통합되어 邑里로 近西面의 上龍里, 下龍里 그리고 眞谷里가 통합되어 龍谷里로 된 것을 제외한 28개 里는 변화 없이 『新舊』에 계승되었다.

1914년 일제에 의하여 단행된 행정구역 통폐합 당시 농촌지역인 청풍군의 3개 면 동리명은 크게 변화가 없었음을 알 수 있다. 다만 龍伏을 龍谷으로 고친 것과 후부요소 洞, 谷, 里를 里로 통일한 것이 있을 뿐이다. 근원형 龍伏里를 분리하여 上龍里와 下龍里라 하였던 것을 다시 통합하면서 龍伏里라 하지 않고 龍谷里라 하였다. 그리고 道村里, 新村里, 丹村里 등을 각각 道里, 新里, 丹里 등으로 고쳤다. 이는 동의중복이라 할 수 있는 후부요소 -村里를 -里로 바꾼 것이다. 『新舊』에 올라 있는 이들 28개 동리명은 관할청이 바뀐 경우가 있음에도 불구하고 오늘날까지 그대로 사용되고 있다.

법정지명이라 할 수 있는 한자어 동리명은 한자 · 한문의 일상적 사용과 더불어 당초부터 한자를 활용하여 명명된 것이 있다. 그러나 상당수는 전래지명 즉 근원형인 고유어 촌락명을 바탕으로 한역하여 생성된 것이다. 한역의 방식으로 의역과 음역의 방식이 있는데 의미 보존을 위해 의역하는 경우가 우세하다. 질골→陶谷, 참나무골→眞木, 개여울→浦灘 등이 의역의 예이다.

음역의 예로 물태→勿台/勿怠를 들고자 하며 물태는 물[水]+터[基]로 볼 수 있을 것이다. '물태'는 '매룬'이라는 속지명과 공존하는데 여기서 '매'는 '買忽'의 '買'와 같은 것으로 보인다. 이를 통하여 고구려어에서 [水]를 뜻하는 '買'를 확인할 수 있다. 음역과 의역이 혼합된 경우도 있는데 한돌→黃石, 한바우→咸巖 등이 그것이다. 여기서 전부요소 '한[大]'은 각각 유사음 '黃'과 '咸'으로, 후부요소 '돌'과 '바위'는 의역하여 각각 '石'과 '巖'으로 옮긴 것이다.

이상에서 논의된 사항은 우리나라 동리명 중 현재의 제천시에 속하는 일부 지역에 대한 연구 결과이다. 이 결과를 통해 볼 때 『舊名』의 시기에 확립된 동리명이 『新舊』에서 전혀 변화됨이 없이 오늘까지 보존되고 있다고 할 수 있다. 그러나 제천시의 도시지역인 예전 제천읍 지역의 경우 『新舊』에서 근거 없이 명명한 동리명과 우리말의 문법구조를 무시하고 명명한 동리명이 보인다. 榮川洞과 頭鶴洞이 그것인데 본장에서 논의 대상으로 삼은 농촌지역 동리명과는 다른 양상을 보인다. 앞으로 전국의 동리명 검토를 통하여 각 지역별로 나타나는 현상을 구체적으로 파악하고 지명 정책을 수립하는데 기초자료로 삼아야 할 것이다.

제10장

淸州의 행정구역 명칭 형성과 변천

1. 서론

오늘날 동경 127°16′~127°50′, 북위 36°25′~36°47′에 위치한 청주는 동쪽으로 보은·괴산군과, 서쪽으로 세종특별자치시와, 남쪽으로 대전광역시 그리고 북쪽으로는 증평·진천군과 접하고 있다. 청주의 영역은 각 시기의 행정구역 개편에 따라 부분적으로 달라지기도 하였다. 예컨대 현재 괴산군 관할인 청천면[薩買縣, 靑川縣]은 1914년 행정구역 개편 이전까지는 청주에 속했었다. 또한 본래 문의현에 속했었던 부강면은 2012년 7월 1일 세종특별자치시의 출범과 함께 청주에서 세종특별자치시로 移管되었다. 이렇듯 廢合을 비롯한 행정구역의 개편에 따라 청주의 영역은 시대에 따라 다소 차이가 있다. 1946년 6월 1일 청주와 청원이 분리되었다가 2012.6. 통합이 확정되고 2014년 7월 1일 통합 청주시가 출범하였는데 그 영역은 대체로 예전의 淸州牧과 文義縣 관할 지역이었던 것으로 볼 수 있다.

'淸州'라는 명칭은 최근 청원군과의 통합 과정에서 그 명칭 사용을 놓고 이견이 제시되기도 하였다. 청원군 지역 주민을 중심으로 '淸原' 또는 '五松'을 통합시 명칭으로 삼자는 의견이 제시된 바 있었다. 그리고 우리나라가 자랑하는 현전 최고의 금속활자와 관련하여 '直指'로 하자는 의견이 나오기도 했다. 하지만 고려 태조 이후 사용하여 온 역사성이 반영되어 통합시의 명칭으로 '淸州'가 채택되었다.[1] 통합 청주시는

---

1 청주시와 청원군의 통합이 확정된 2012.6. 이후 통합시 명칭을 확정하기 위한 여론조사에서 '청주'를

출범과 더불어 하위 단위로 상당구, 서원구, 청원구, 흥덕구 등 4개구를 설치하였고 각 구에는 통합 이전 청주시의 洞과 청원군의 邑·面이 고르게 배속되었다.

본장에서는 지방자치단체 명칭인 '청주'를 비롯하여 청주시가 관할하는 읍·면의 명칭 그리고 동·리의 명칭을 역사적으로 살피고자 한다. 郡·縣名 또는 牧·縣名이라 할 수 있는 '淸州'가 시대에 따라 어떤 명칭으로 불렸는지 먼저 탐구하게 될 것이다. 그리고 순차적으로 하위 행정구역 명칭인 읍면명 그리고 동리명의 변화에 대하여 개략적인 검토를 진행하고자 한다. 각각의 지명에 대한 미시적인 접근에 앞서 거시적인 측면에서 명칭의 변화를 탐구함으로서 청주 지역 지명 변천의 대강을 파악하고자 한다.

2. 牧·郡·縣·市名

'淸州'라는 이름은 고려 태조 23년(940년)에 붙여진 명칭이고, 고려 성종 2년(983년)에 12목을 설치할 때 淸州牧은 그 중의 하나였음을 『高麗史』「地理志」는 밝히고 있다. '淸州'라는 명칭 이전에 "上黨, 娘臂城, 娘子谷, 娘城, 西原小京, 西原京" 등으로 불렸음을 『(신증)동국여지승람』을 통하여 알 수 있다. 한편 『三國史記』「地理志」를 통해서는 熊川州(지금의 公州)에 속해 있는 '西原'을 '臂城' 또는 '子谷'이라 하였음을 알 수 있다. 이러한 역사문헌을 통하여 삼한 시대 마한에 속했던 청주의 이름이 백제 때에는 "上黨, 娘臂城, 娘子谷, 娘城, 臂城, 子谷" 등이었으며 통일신라 시기에는 "西原小京, 西原京"이라 하였음을 알 수 있다. 고려 이후 주로 '淸州'라는 명칭이 사용되었지만 조선시대 연산조 이후 고종조에 이르기까지 8회에 걸쳐 목에서 현으로 강등되었을 때에는 '西原'이라는 명칭으로 불리기도 하였다.

선호하는 경우가 압도적임을 당시 언론 보도를 통하여 확인할 수 있다. 4,000명을 대상으로 한 당시 여론 조사 결과 '청주'가 65.3%(1306명)로 가장 많았으며, '청원' 16.6%(332명), '직지' 14.5%(290명), '오송' 3.6%(72명) 등으로 나타났다. 청원군 지역 주민들도 '청주'를 가장 많이 선호했다는 것은 이 명칭이 지닌 역사성에 바탕을 둔 것으로 해석할 수 있다.

신라는 통일 과정에서 백제의 服屬地域에 지배층을 遷徙시키고 소경을 설치하였다. 지배층을 이주시켜 신라에 반항하는 세력이 형성될 수 없게 하고, 복속민을 회유하기 위하여 설치한 것이 소경이었다. 두루 아는 바와 같이 서원소경을 비롯하여 북원소경 · 금관소경 · 남원소경 · 중원소경 등이 5소경인데 금관소경을 제외하고 모두 방향성을 뜻하는 어휘로 전부요소를 삼았다. 전부요소 '西原'은 통치자가 위치한 首府의 서쪽에 위치함을 근거로 삼아 명명된 것이다. '서원'은 신라 시기에는 물론 '청주목'이 현으로 강등되었을 때 '西原縣'이라 하여 조선시대에도 사용했던 명칭이다. 또한 통합 청주시 출범과 함께 4개 구가 설치되었는데 그 중 하나의 구명이 '西原區'이다. 이를 통하여 일단 명명된 지명이 대중성을 확보하게 되면 끈질기게 그 명맥을 유지한다는 사실을 확인할 수 있다.

'淸州'라는 명칭은 등장 이후 가장 강력한 생명력을 지니며 지금까지 활용되고 있다. 그런데 어떤 역사서에도 무슨 까닭으로 고려 태조 때 그 명칭을 '청주'라고 하였는지에 대하여는 언급이 없다. 오늘날 우리는 '淸州'를 새겨서 '맑은 고을'이라고 하기도 하지만, 여기서는 순우리말 지명 '절골'이 '寺洞'이 된 것과 같은 논리를 발견할 수 없다. 분명하지는 않으나 청주의 屬縣 '靑川'에서 '淸州'가 도출되지 않았나 생각해 본다. 현재 괴산군에 속해 있는 청천면은 1914년 행정 구역 개편 이전까지 청주에 속했고 백제 때 '薩買縣'이라 하던 것을 경덕왕 때 '靑川縣'이라 개칭하였다. '靑川'이라는 명칭은 경덕왕 개칭 지명이므로 그 쓰임이 매우 오래된 것이다. 또한 고대국어 시기에 쓰였던 '薩買'[2]라는 순우리말을 배경으로 고유어지명 '靑川'이 생성된 것이므로 확실한 생성의 근거를 지닌 지명이다. 좀 더 연구가 필요하겠으나 현재 필자는 '淸州'라는 지명의 생성 배경으로 신라 시기부터 쓰여 온 '靑川' 이외에 다른 근거를 발견하지 못하였다.

---

2 薩買=靑川에서 薩買는 음독명이고 靑川은 석독명인 바 이는 [살미] 또는 [살미] 정도로 읽을 수 있을 것으로 보인다. 薩과 淸의 대응은 淸川江을 고구려 때 薩水라 하였음에서도 확인할 수 있다. 건설부 국립지리원(1987: 135)에서 薩水→淸川江과 관련하여 "살은 물살의 살과 통하는 말로서 맑은 물살이라 하였던 것 같다. 그리하여 '맑은 강'이었을 것인데 한자로 淸川江이라 고쳐 부르게 되었을 것이다"와 같이 풀이하였다. 후부요소 買와 川의 대응은 『三國史記』 「地理志」의 고구려 지명 "南川縣—云南買"를 비롯하여 川 또는 水와 대응됨을 확인할 수 있다. [미] 또는 [미] 정도로 읽을 수 있는 買의 잔영은 청주의 하천명인 쇠미[金川]와 우물의 명칭인 머구미[墨井] 등에서도 확인할 수 있다.

　　'淸州'와 '西原'이라는 명칭이 사용되기 이전, 즉 고대시기에 上黨, 臂城, 子谷, 娘臂城, 娘子谷, 娘城 등의 명칭이 사용되었다. 이중『三國史記』「地理志」에 '서원'과 함께 등재되어 있는 명칭은 臂城과 子谷이다.『三國史記』「地理志」권제37 잡지 제6은 통일신라의 지명과 함께 고구려와 백제의 옛 지명을 제시하고 있는데 "西原 一云 臂城, 一云 子谷(서원, 한편 비성이라고도 이르며, 한편 자곡이라고도 이른다)"라고 하였다. 臂城과 子谷은『三國史記』「地理志」에서만 볼 수 있는 명칭이고『三國史記』新羅本紀를 비롯한 백제본기, 고구려본기, 열전 등에서는 娘子谷城, 娘臂城, 娘城 등으로 나온다. 이들 명칭도 그 쓰임이 분명하게 구분되었는데 백제와 관련된 기사에서는 娘子谷城, 고구려와 관련된 기사에서는 娘臂城이라 하였다. 한편 娘城은 신라본기 제4 진흥왕 조에 우륵과 관련된 기사가 2번 나오는데 여기서만 사용되었다. 娘子谷城, 娘臂城 그리고 娘城이 보이는 기사 하나씩만 예를 보이면 다음과 같다.

　　(1)
娘子谷城; 七年冬十月百濟王拓地至娘子谷城遣使請會王不行(7년 겨울 10월에 백
　　　　제왕이 땅을 개척하여 낭자곡성에 이르렀다. 그리고 사신을 보내 회동을 청했
　　　　으나, 왕은 나아가지 않았다).〈新羅本紀 脫解 尼師今〉

娘臂城; 十二年秋八月新羅将軍金庾信來侵東过破娘臂城(12년(629) 가을 8월에 신
　　　　라 장군 김유신이 동쪽 변경을 침범해 와서 낭비성을 쳐부수었다.)
　　　　　　　　　　　　　　　　　　　　　　　　　〈高句麗本紀 榮留王〉

娘城; 三月王巡守次娘城聞于勒及其弟子尼文知音樂特唤之(3월에 왕이 순행(巡幸)
　　　　을 하다가 낭성에 이르러서 우륵과 그의 제자 이문이 음악을 잘한다는 것을 듣고
　　　　[그들을] 특별히 불렀다.)〈新羅本紀 眞興王〉

　　娘子谷城, 娘臂城 그리고 娘城은 "西原 一云 臂城, 一云 子谷"에 나오는 臂城 그리고 子谷과 일치하는 지명이 아닐 수 있다는 견해도 있다. 그러나『(신증)동국여지승람』권15 淸州牧의 建置沿革에 '이곳은 본래 백제의 上黨縣이었는데 娘臂城 또는 娘子谷이라

고도 했다'는 기록이 있다. 또한 군명에서 上黨·娘臂城·西原京·淸州·全節軍·琅城 등이 보이고 있어 청주를 가리키는 고대지명으로 보고자 한다.

『三國史記』「地理志」에 '子谷' 또는 '臂城'이라 한 것은 각각 '娘子谷城'과 '娘臂城'을 그렇게 표현한 것으로 보인다. 모두 2음절로 표현하였는데 그 정확한 근거를 찾기는 어렵다. '子谷'의 경우 선행요소 '娘'과 후부요소 '城'을 생략한 반면 '臂城'은 후부요소 '城'을 그대로 두고 선행요소 '娘'을 생략하였기 때문이다. 일반적인 언어 행위에서 지명어의 속성을 표현하는 후부요소는 생략하고 변별적인 기능을 하는 전부요소만으로 특정 지역을 일컫는 경우가 많다, 예컨대 "청주시'에 간다."고 하지 않고 "청주'에 간다."고 한다. 이 때 후부요소 '시'를 생략하고 전부요소 '청주'만으로 표현하여도 충분히 그 목적을 달성할 수 있다. 그런데 '娘臂城'에서 후부요소 '城'을 생략하여 음절 경제성을 확보하지 않고 전부요소의 하나인 '娘'을 생략한 이유를 알기 어렵다.

『고려사』를 비롯하여 『(신증)동국여지승람』 등의 지리지에 '청주'는 본래 백제의 '上黨縣'이었다고 기록하였다. 『三國史記』「地理志」에서 전혀 찾을 수 없는 '上黨'이라는 지명이 『고려사』 권56 청주목의 연혁에 출현한 이후 대부분의 지명지가 이를 답습하고 있다. 1995년 1월 1일 청주시에 2개구가 개청될 때 무심천 동쪽 지역의 구 명칭이 '상당'이었으며 이 명칭은 현재 통합 청주시의 구 명칭으로도 쓰이고 있다. 청주를 가리키는 고대 시기의 명칭 중 '娘城'이 면 명칭으로 1914년 행정구역 개편 때부터 쓰이고 있지만 '上黨'이 가장 일반적인 명칭이었다. 고려시대 이후 '上黨'은 청주와 관련 있는 인물에게 주던 爵號로도 수 없이 쓰였음이 이를 증명한다.[3]

3. 읍면명

子谷, 臂城, 娘子谷城, 娘臂城, 娘城, 西原, 上黨, 淸州 등이 고래로 청주를 지칭하는

---

3 韓氏는 청주의 大姓이었기에 한악(1274~1342), 한명회(1415~1487) 등 청주와 관련된 인물에게 상당부원군이라는 칭호가 부여되었다.

명칭이었다. 이 중 '西原'만이 그 명명의 근거를 분명하게 알 수 있을 뿐 다른 명칭들은 그 유래를 분명하게 설명하기 어렵다. 그 영역 또한 시대에 따라 달라져왔는데 청주에 속한 행정단위의 명칭 즉 坊里名을 보여주는 가장 오래된 자료는 조선 영조 때 편찬된 『輿地圖書』(이하 『輿圖』)이다. 『세종실록 지리지』나 『동국여지승람』 등 전국적인 관찬지지의 편찬을 위해서는 각 군·읍지가 1차 자료로서 작성되었을 것이다. 이 때 방리명도 수집되었을 것으로 보이나 『輿圖』 이전에 청주는 물론 전국의 어떤 군현도 그에 속한 행정단위 명칭을 완전하게 보여주는 자료는 없다.

『輿圖』의 각 군·읍지는 해당 군·읍의 현황을 비교적 자세히 기술한 것으로 건치연혁, 방리, 조세, 제언, 읍치, 호구, 결총, 능원, 창고, 장시…… 등을 기록하였다. 이 중 방리 편에 보면 군현에 속한 하위 행정 단위인 면의 명칭과 각 면에 속한 동리명이 기록되어 있고 각 동·리의 위치, 호수, 인구가 작성되어 있다. 『輿圖』 청주목 방리조에 보면 24개의 면 명칭이 나오는데 〈표 1〉에 다른 문헌에서의 출현 예와 함께 제시하기로 한다.

『輿圖』는 1757년(영조 33년)에서 1765년(영조 41년) 사이에 편찬되었는데 이와 비슷한 시기인 1750년대 초에 군현지도인 『해동지도』가 만들어졌다. 이 지도의 청주목 도면을 보면 23개의 면 위치에 명칭이 표기되어 있다. 면 명칭을 『輿圖』와 비교해 보면 南一上面을 南一面이라 하였고, 山內二上面과 山內二下面이 山內二面으로 된 것만 차이가 있다. 山內二上面과 山內二下面이 합해졌으므로 24면이 23면으로 되었음을 알 수 있다. 그리고 1898년을 전후하여 편찬된 것으로 보이는 『청주읍지』에서는 南一上面을 南一面으로 한 것만 다를 뿐 23개의 면 명칭은 『輿圖』의 그것과 일치한다.

『舊韓國地方行政區域名稱一覽』은 1912년에 작성된 것으로 보인다. 이 책에 제시된 면 명칭은 1914년 지방 행정 구역 개편 이전의 상태를 반영한 것이다. 이 책의 청주군편을 보면 주안면, 수신면, 덕평면 등이 제외되었으나 5개 면이 분할되어 27개의 면 명칭이 제시되어 있다. 이는 고종 32년(1895년)에 이어 순종 1년(1907년)에 이루어진 지방관제의 개편이 반영된 것이다. 분할된 5개면은 西江內一面, 西江內二面, 西江外一面, 西江外二面, 北江外一面 등이며 상하로 분할되어 모두 27개면으로 편성되었음을

보여주고 있다.[4]

〈표 1〉 각 문헌별 청주의 면명

문헌명 / 면명	여지도서 (1757~1765)	해동지도 (1750년대초)	청주군읍지 (1898년 전후)	구한국지방행정구역 명칭일람 (1912년)
1 東州內面	1○	1○	1○	2○
2 山外一面	2○	2○	2○	5○
3 山內二上面	3○		5○	8○
4 山內二下面	4○		6○	3○
5 山內一面	5○	4○	4○	4○
6 靑川面	6○	6○	7○	7○
7 山外二面	7○	3○	3○	6○
8 南州內面	8○	7○	8○	27○
9 南一上面	9○			9○
10 南二面	10○	9○	10○	12○
11 南次二面	11○	10○	11○	12○
12 周岸面	12○	11○	12○	
13 西州內面	13○	12○	13○	26○
14 西江內一面	14○	13○	14○	
15 西江內二面	15○	14○	15○	
16 西江外一面	16○	15○	16○	
17 西江外二面	17○	16○	17○	
18 修身面	18○	23○	24○	
19 德平面	19○	17○	18○	
20 北州內面	20○	18○	19○	1○
21 北江內一面	21○	19○	20○	25○

---

4   ○앞의 번호는 각 문헌에 해당 면 명칭이 제시된 순번이다.

22 北江內二面	22○	20○	21○	24○
23 北江外一面	23○	21○	22○	23○
24 北江外二面	24○	22○	23○	21○
25 南一下面				10○
26 西江內一下面				13○
27 西江內一上面				14○
28 西江內二下面				15○
29 西江內二上面				16○
30 西江外一下面				17○
31 西江外一上面				18○
32 西江外二下面				19○
33 西江外二上面				20○
34 北江外一下面				22○
35 北江外一上面				23○
36 南一面		8○	9○	
37 山內二面		5○		
	24개 면	23개 면	24개 면	27개 면

　　면 명칭을 구체적으로 확인할 수 있는 18세기 중엽의 『輿圖』에서부터 1914년 지방 행정 구역 통폐합 이전까지 청주목 또는 청주군의 면 명칭을 위에서 제시하였다. 이들 면 명칭 중 청천, 수신, 덕평 등 3개를 제외하고는 모두 방위를 표현하는 어휘가 활용되었다. 동, 서, 남, 북, 상, 하, 내, 외 등과 더불어 지형지물을 표현하는 '산'과 '강' 그리고 숫자 '1'과 '2'가 전부이다. 일반적으로 치소에 가까이 위치한 지역을 읍내라고 하는데 '청주'가 '州'로 끝나므로 '邑內' 대신 '州內'라는 명칭을 활용하였다. 그런 후 동서 남북을 분할요소로 하여 동주내면, 서주내면, 남주내면, 북주내면 등의 면 명칭을 부여하였다. 읍내면, 읍내리 등과 같은 명칭에 비해 '주내면'은 자연스럽지 못하나 같은 구조를 지니므로 '읍내면'과 더불어 '주내면' 또한 그 조어가 잘못된 것이라 할 수는 없다. 또한 분할요소를 '주내' 앞에 놓아 '동주내면'과 같은 형식으로 한 것도 잘못이라 할

수는 없을 것이다. 더불어 산외일면, 산외이면, 강내일면, 강내이면, 강외일면, 강외이면, 남일상면 등에서 보면 일, 이, 상 등의 분할요소가 뒤에 놓여 있다. 이들 지명이 일산외면, 이산외면, 일강내면, 이강외면, 상남일면 등보다는 자연스럽게 느껴진다.

치소에 가까이 위치한 지역의 경우 동주내면, 서주내면 등과 같이 분할요소 동서남북을 앞쪽에 배열하였고 치소에서 먼 곳에 위치한 면의 명칭에서는 분할요소를 뒤에 배치하였다. 이는 명칭부여 시 일관된 원칙이 적용되지 않은 것으로 볼 수 있다. 『輿圖』의 면 명칭 중 남주내면 외곽의 면 명칭을 보면 남일상면, 남이면, 남차이면 등이 보이는데 이 또한 일관성이 결여되어 있다. 남일상면이 있으면 남일하면이 있어야 할 것이나 보이지 않고 남이면과 남차이면의 경우도 그 명명의 근거가 무엇인지 가늠하기 어렵다. 남일상면은 『해동지도』 청주목 군현지도와 『청주군읍지』에서 남일면으로 수정되어 오늘날까지 활용되는 명칭이다. 아마도 『輿圖』 이전의 시기에 현재의 남일면이 남일상면과 남일하면으로 편제되었을 가능성을 암시하는 명칭으로 보아야 할 것이다.

각 지역의 특징을 전혀 고려하지 않고 통치자의 편의에 따라 치소 중심의 방향성을 배경으로 명명된 이들 명칭은 서강내일상면, 서강내이상면, 서강외일상면, 서강외이상면, 북강외일상면, 서강내일하면, 서강내이하면, 서강외일하면, 서강외이하면, 북강외일하면 등과 같은 복잡하고 이해하기 힘든 형태로까지 발전하였다. 일반적으로 지명어는 그 속성을 표현하는 후부요소와 고유성을 표현하는 전부요소로 구성되어 있다. 서강내일상면에서 '면'은 후부요소이고 '서강내일상'은 전부요소인데 전부요소 중 핵심요소인 '강내'를 중심으로 앞쪽에 '서' 뒤쪽에 '일상'이 분할요소로 결합되어 있어 그 의미를 파악하기가 매우 어렵고 산만하다.

이렇듯 복잡하고 이해하기 힘든 명칭이 생겨나기 이전에 활용되었던 원초적인 명칭은 치소에 가까이 위치했던 동·서·남·북주내면과 산외면, 산내면, 남면, 강내면, 강외면 정도였을 것으로 추정할 수 있다. 이들 명칭은 전부요소 중 분할요소를 제거한 형태로 18세기 중엽 이전의 어느 시기엔가 활용되었던 청주의 면 명칭으로 추정할 수 있다.

1914년 전국적으로 이루어진 행정구역 개편과 함께 청주의 영역에도 상당한 변화가 있었고 그 명칭 또한 큰 변화가 있었다. 영역변화와 관련하여 특기할 것은 문의가 청주에 통합된 것이고, 치소를 중심으로 한 방위 중심의 면 명칭이 각 지역의 특성을 반영한 명칭으로 교체된 경우가 많아졌다는 것이다. 문의는 본래 백제의 一牟山郡인데 신라 경덕왕 때 燕山郡으로 개칭되었으며, 고려 이후 청주에 속하기도 하고 현으로 복귀하기도 하였으며, 1895년(고종32년)에 군으로 승격되었다가 1914년 행정 구역 개편으로 청주에 편입되었다. 1914년 행정 구역 개편이 반영된 『신구대조 조선 전도 부군면리동 명칭 일람』에 보면 청주군의 면명칭 18개와 동리명 343개가 기록되어 있다. 면 명칭 18개 중 용흥면, 부용면, 현도면, 양성면 등 4개 면은 문의군 지역을 배경으로 한 명칭이며, 그 외 14개면 명칭은 청주 지역을 배경으로 한 명칭이다. 이들 면 명칭은 다음과 같다.

(2)
淸州面, 四州面, 北一面, 北二面, 米院面, 琅城面,
南一面, 南二面, 江西面, 江內面, 江外面, 玉山面,
梧倉面, 加德面, 龍興面, 芙蓉面, 賢都面, 養性面.

청주면과 사주면은 예전의 동·서·남·북주내면을 배경으로 형성된 지역이다. 이 중 청주면은 서주내면을 제외한 3개 주내면 지역 중 청주의 중앙에 위치한 지역으로 편성하였다. 북일면, 북이면, 남일면, 남이면 등은 치소를 중심으로 방위를 명명의 기반으로 삼았던 이전 시기의 방식을 답습한 명칭이다. 두루 아는 바와 같이 북쪽과 남쪽에 위치한 지역을 각각 2개씩 분할하여 북일, 북이, 남일, 남이 등으로 명명한 것이다.

미원면의 미원은 米院場[←쌀안장터]에서 유래한 것으로 본다. 미원면은 산내일면과 산내이면에 속했던 지역인데 상당산 안쪽이 되므로 '산안'이라 하였는데, '산안'이 '쌀안'이 되었고, 조선 시대 율봉역에 딸린 원이 있었으므로 '쌀원' 또는 '미원'으로 불렸다고 전한다. 낭성면은 산내이면에 속했던 지역인데 이곳에 낭성산이 있다. 낭성면의 낭성은 낭성산의 명칭을 가져다 쓴 것이다. 강서, 강내, 강외 등의 '강'은 미호천을 뜻하는 것으로 강의 서쪽을 강서, 안쪽을 강내, 바깥쪽을 강외라 하였다.

옥산면은 서강외이상면 지역으로 이 지역에 위치한 '烏山'을 아름답게 표현하여 '玉山'이라 하였다. 가덕면의 '가덕'은 '더덕산'의 '더덕'에서 유래한 것으로 본다. '더덕'을 한자로 표기하여 '加德'이라 하였다. 오창면은 북강외일면과 북강외이면에 속했던 지역인데 '오근부곡'과 '창리'의 이름을 따서 '오창'이라 명명하였다.

용흥면, 부용면, 현도면, 양성면 등 4개면은 문의군 지역이었다. 용흥면은 본래 문의군 남면 지역으로 이 지역의 한 동리명인 '九龍' 또는 '五龍'이 면 명칭의 배경이 되었다. 부용면은 본래 문의군 삼도면과 이도면 일부 지역에 속했던 곳으로 이 지역을 흐르는 부용강에서 면 명칭이 유래하였다. 현도면과 양성면은 각각 일도면과 이도면 그리고 읍내면과 북면 지역에 속했던 지역이었다. 모두 해당 지역에 위치한 현도산과 양성산에서 면 명칭이 유래하였다. 용흥면과 양성면은 1930년에 문의면으로 통합되었는데, '문의'라는 명칭과 관련하여 다음과 같은 내용의 전설이 여러 문헌에 제시되어 있다.

> (3)
> 고려 초기의 고승 일륜선사가 부처님의 도장을 세울만한 명당을 찾아 서원의 남쪽을 지나다가 일우산(현 양성산)에 올라 천지간의 산야를 관망하던 차에 문의 지형을 보고 크게 감탄하였다. 산야 어느 곳을 보아도 정기와 온후한 덕성이 안개와 무지개처럼 퍼져 나가고 있었던 것이다. 이에 일륜 대사는 제자들을 보고 "사방의 정기는 영명하다. 장차 문과 의가 크게 일어나 숭상될 것이다. 육로와 수로가 사통팔달했으니 부락과 인물이 번성하리라. 그러나 어이하랴. 향후 천 년 뒤의 운세가 물밑에 잠겼음을, 그때 이르러 새 터전을 마련케 되리라."라고 말하였다 하는데, 이때부터 문의 혹은 문산이라는 이름이 생겼다는 것이다.

이상에서 검토한 명칭들을 보면 방위를 중심으로 한 명칭과 더불어 해당 지역의 지형지물이 명명의 기반이 되었음을 알 수 있다. 특히 산명이 면 명칭의 배경으로 작용한 예가 많음을 알 수 있는데 낭성, 옥산, 가덕, 현도, 양성 등이 그것이다. 이들 면

명칭은 대부분 오늘날까지 쓰이고 있다. 다만 용흥면과 양성면이 병합되어 문의면이 되면서 그 명칭이 소멸되었고, 북일면과 강외면이 읍으로 승격되면서 각각 읍치의 동리명을 배경으로 한 내수읍, 오송읍으로 명칭이 변경되었다. 2000년에 읍 명칭으로 등장한 '내수'는 秀城 안쪽이 되기에 붙여진 명칭이며, 2012년 읍으로 승격된 '오송'은 큰 소나무 다섯 주가 서 있었음을 배경으로 명명된 지명이다.

4. 동리명

백제시기를 비롯한 이른 시기 청주의 동리명이 어떠하였는지 구체적으로 알 수가 없다. 다만 『新羅村落文書』를 통하여 통일신라 시기 서원경 부근의 촌락명 2개를 알 수 있다. 『신라촌락문서』는 『新羅帳籍』, 『新羅民政文書』라고도 불려왔던 것으로 일본 東大寺의 正倉院에 보관되어 있는 통일신라시대의 문서 2매이다. 이 문서에는 서원경 부근의 當縣 沙害漸村, 當縣 薩下知村, 失名村, 西原京 失名村 등 4개 촌락에 대해 촌락의 범위, 孔烟과 計烟의 수, 9등호제에 의한 각 등급의 烟의 수, 연령별·남여별 인구수와 3년 동안의 증감, 牛馬의 수와 田·畓·麻田의 면적, 뽕나무와 잣나무 등의 그루 수에 이르기까지 자세한 기록을 남기고 있다.

여기서 우리의 관심을 끄는 것은 동리명에 해당하는 촌명인데 서원경 가까이에 위치한 현으로 보이는 沙害漸村과 薩下知村을 확인할 수 있다. 아쉽게도 서원경의 촌명과 또 하나의 촌명은 망실의 정도가 심하여 분명하게 확인이 어렵다. 서원경의 촌명을 '□楸子村' 또는 '敎楸子村'으로 판독하고 오늘날 초정리로 추정하는 견해[5]와 청주의 도심에서 가까운 남쪽의 남들, 또는 북쪽으로 토성이 있었던 무심천변의 정북동으

---

5 兼若逸之(1984: 23~25)를 비롯하여 李仁哲(1996: 108~116) 등에서는 『세종실록 지리지』에 椒子와 背陰이라는 두 개의 所가 청주 관내에 있었다는 점을 고려하여 □楸子村의 위치를 현재 청주시 청원구 내수읍 초정리로 추정하였다.

로 보는 견해[6]가 있다.

　沙害漸村과 薩下知村은 지금의 괴산군 청천면 관내에 있었던 촌으로 보기도 하고, 연기군 남면과 전의면 일대로 보기도 한다[7]. 沙害漸과 薩下知를 음독하였는지 훈독하였는지 단정하기는 어려우나 한자어지명이 아닌 고유어지명으로 볼 수 있다. 沙害漸村을 '모래가 들어와서 해를 끼치고 물이 들어오는 촌'으로 해석하여 한자어지명으로 보기도 하나 단정하기 어렵다. 오늘날 시군명을 비롯한 지방자치단체 명칭은 한자어 일색이다. 하지만 동리명에는 감나무골, 느릅실, 새터, 나박실, 벌말, 말미⋯⋯등에서 보듯 고유어지명이 보존되고 있다. 이런 점을 감안할 때 동리명 沙害漸과 薩下知는 고유어를 한자로 표기한 것으로 보인다.

　『신라촌락문서』를 비롯한 역사문헌에 동리명이 단편적으로 보이나 전국의 동리명을 전면적으로 보여주는 초기의 문헌은 『輿圖』이다. 이 문헌의 청주목 방리조에는 면명 아래에 동리명과 함께 위치와 호구수를 제시하였다. 동리명의 마지막 부분에는 菩薩寺, 奉鳥菴, 南水院佛堂 등 사찰명과 함께 그 위치와 호구수도 제시하였다. 그런데 이 문헌을 비롯하여 후대에 간행된 대부분의 지리지와 고지도에 표기된 지명은 원초형인 고유어지명이 아니고 한자어지명이다. 고유어지명을 한자로 표기한 일부의 예가 있기는 하지만 대부분 고유어지명을 한역하여 만들었거나 당초부터 한자를 활용하여 창안한 한자어지명이 제시되었다.

　『輿圖』에는 東州內面의 동리명으로 門內里, 門外里, 校洞里, 有亭里, 穎雲里, 龍巖里, 金川里 등과 같이 7개의 동리명과 사찰명 菩薩寺가 제시되어 있다. 그리고 산외일면

6　이우태(1993: 13~15)는 초정리로 추정했던 견해에 대하여 여러 가지 사항을 들어 의문을 제시하면서 ① 치소에서 가까운 곳이었을 것이라는 점, ②산이 없고 평탄한 지역이었을 것이라는 점 등을 고려하여 현재의 청주시 서원구 수곡동 미평동 분평동에 걸쳐 있는 평야지대로 속칭 남들이라 불리는 곳이거나, 무심천과 미호천이 합류하는 평야 지대에 위치하며 토성이 있었던 현재의 청주시 청원구 정북동이었을 것으로 추정하였다.

7　野村忠夫(1953: 60)는 三年山郡의 薩買縣에 속하는 것으로 보았고, 武田幸南(1976: 231~232)은 熊州의 領縣인 尼山 혹은 淸陰縣에 속하는 것으로 추정하였다. 李仁哲(1996: 108~116)은 沙害漸村을 "모래가 들어와서 해를 끼치고 물이 들어오는 촌"이라 해석하고 현재의 세종시 남면 일대로 추정하였다. 또한 薩下知村은 현재의 세종시 전의면 일대가 될 것으로 추정하였다.

에 동리명 23개와 사찰명 1개, 산내이상면에 동리명 30개와 사찰명 1개, 산내이하면에 동리명 22개와 사찰명 2개, 산내일면에 동리명 40개와 사찰명 7개, 청천면에 동리명 28개…… 등을 비롯하며 24개 면의 동리명 453개와 사찰명 15개가 제시되어 있다. 가장 많은 동리명이 제시된 면은 동리명 40개와 사찰명 7개가 제시된 산내일면이고 덕평면은 4개로 가장 적은 동리명이 제시되어 있다. 여기에 제시된 모든 동리명은 한자어지명으로 이런 태도는 『조선지지자료』 이전의 지리지나 고지도에까지 이어졌다. 참고로 산내일면과 덕평면의 동리명을 제시하면 다음과 같다.

> (4) 산내일면의 동리명
> 上新峙里, 赤巖里, 上粉峙里, 新垈里, 武才洞里, 孫木浦里, 雲從里, 寺洞里, 龍堂里, 瓦旨里, 栗峙里, 龍洞里, 鶴谷里, 八溪里, 禾洞里, 馬谷里, 松洞里, 五里洞, 佳巖里, 板橋里, 牟山里, 藥水亭里, 松亭里, 玉溪里, 耳巖里, 龍臺里, 東山里, 大巖里, 德村里, 九溪里, 大谷里, 農所幕里, 巨里峙里, 項洞里, 國仕郞里, 悅峙里, 新峙里, 農谷里, 天動里, 圓峯里.

> (5) 덕평면의 동리명
> 重巖里, 新里, 堂里, 三坪里.

(4)와 (5)는 『輿圖』의 청주목 방리조에 실려 있는 산내일면과 덕평면의 동리명이다. 가장 많은 동리명을 보여주는 산내일면과 가장 적은 동리명을 보여주는 덕평면의 예만을 가져온 것이다. 덕평면은 청주 관할의 부곡이었는 바 조선 고종 32년(1895), 지방관제 개정에 의하여 충청남도 전의군에 편입되었다가, 1914년 행정구역 개편에 따라 연기군 전의면에 편입되었다. 오늘날 세종시 전의면의 북부에 위치한다. 산내일면은 오늘날 청주의 동쪽에 위치한 미원면 지역이다.

(4)와 (5)에 제시된 동리명의 대부분은 2음절로 된 전부요소에 후부요소 리가 결합된 한자어지명이다. 전부요소가 1음절인 경우는 (5)의 新里와 堂里에서만 볼 수 있으며 3음절인 경우는 (4)의 上新峙里, 上粉峙里, 武才洞里, 孫木浦里, 藥水亭里, 農所幕里, 巨里峙里, 國仕郞里 등 8개에서만 볼 수 있다. 이들 지명의 경우 國仕郞을 제외하고

전부요소의 말음절이 지명어의 후부요소로 쓰이는 峙, 洞, 浦, 亭, 幕 등임을 알 수 있다. '五里洞'만 후부요소가 '洞'인데 이는 선행하는 '五里'에 다시 '里'를 덧붙일 수 없기 때문에 생겨난 현상이고 마을명을 '里'로 통일하였음을 알 수 있다. 전부요소가 2음절인 경우도 마을명을 '里'로 통일하기 위하여 지명어의 후부요소로 흔히 쓰이는 巖, 垈, 洞, 堂, 谷, 溪, 橋, 山, 亭, 臺, 村, 峙, 峯 등 다음에 '리'를 붙였음을 알 수 있다.

栗峙里, 禾洞里, 寺洞里 등은 각각 밤틔, 숫골, 절골이라는 고유지명어를 배경으로 형성된 한자어지명이다. 여기서 밤:栗, 절:寺, 골:洞 등의 대응은 쉽게 파악할 수 있고, 수:禾의 경우는 禾의 새김이 '쉬'였음을 통하여 '숫골'의 연원을 파악할 수 있다. 일반적으로 동리명의 경우 한자어지명 대부분은 고유어지명을 바탕으로 한역의 과정을 거쳐 형성된 것이다. 『輿圖』는 동리명을 비롯한 모든 지명을 한자로만 표기하였으므로 그 원초적인 형태인 고유어지명을 확인할 수 없다.

한자어지명에 대응되는 고유어지명을 집단적으로 제시한 문헌으로 『조선지지자료』가 있다. 이 자료는 1910년경의 조선지명을 정리하여 편찬한 것으로 추정되는데 동리명 부분을 살펴보면 한자어지명 아래에 이와 대응되는 고유어지명을 제시하였다. 예컨대 內德里:안덕벌, 外德里:박갓덕벌, 米坪里:사리뜰, 玄巖里:거문바위, 墨井酒幕:먹으미쥬막…… 등과 같은 방식으로 한자어지명에 대응되는 고유어지명을 제시하였다. 이를 통하여 우리는 원초형 '안덕벌'을 배경으로 오늘의 '內德洞'인 '내덕리'라는 지명이 생겨났음을 알 수 있다. 또한 한자어지명 '墨井'은 고유어지명 '먹으미'가 배경이 되었음을 알 수 있다.

자연마을 명칭인 순우리말 지명 '안덕벌'을 한역하여 '內德'이라는 한자어지명으로 만들어 행정지명으로 활용하였다. 청주군 시절에는 '내덕리' 그리고 청주시로 승격되면서 '내덕동'이라는 한자어지명이 일반화 되면서 그 원초형 '안덕벌'은 소멸의 길을 걷고 있다. 口語에서는 '안덕벌'이라 하였지만 文語로는 '내덕동'이 활용되어 고유어지명과 한자어지명이 공존하기도 하였지만 행정용 지명으로 한자어지명이 채택되면서 고유어지명은 급속하게 소멸되고 있다. 오늘날 청주의 동리명으로 사용되는 한자어지명의 형성 배경을 모두 설명하기는 어렵다. 여기서는 구루물→雲泉洞, 쇠내개울→金川洞, 집대마루→福臺洞, 쑥골→秀谷洞 등의 경우만을 이들 지명의 유래와 함께 제시하기로 한다.

(5)

- **구루물[→雲泉洞]**

  예로부터 좋은 물이 나는 우물이나 샘이 있는 곳은 하늘의 덕을 입은 곳이라 하여 복된 땅으로 여겼다. 큰 우물이 있다하여 붙여진 구름우물, 구루물이라는 지명은 하늘에 있는 구름이 물의 근원이라는 뜻에서 생겨난 것으로 보인다. 오늘날 雲泉洞의 雲泉은 '구름'과 '우물'에 해당하는 한자 '雲'과 '泉'을 빌어 만들어진 것이다.

- **쇠내개울[→金川洞]**

  '쇠내' 또는 '쇠미'로도 불리는 이 개울은 청주의 동쪽에 자리 잡은 내이기에 붙여진 이름으로 이곳에서 사금을 캤다고 한다. 상당산성에서 발원하여 무심천에 이르는 쇠내를 따라 형성된 마을이 금천동이다. 金川은 쇠내를 한자로 표현한 것이다. 옛 정취를 간직하고 있던 쇠내개울 주변이 1980년대에 들어 집단주거지로 변모되면서 개울위에 도로가 놓였다.

- **짐대마루[→福臺洞]**

  이곳의 지형이 배 모양이라 배가 떠내려가지 않게 하기 위하여 쇠때배기(솟대박이)에 쇠로 만든 짐대[솟대]를 세웠다. '짐대'란 기의 일종인 幢을 달아 세우는 '대'를 뜻한다. '짐대마루'라는 지명은 옛날에 이곳에 짐대가 있었기 때문이다. 당초에 짐대를 한자로 쓸 때는 '卜大'라 썼는데 '卜'을 한국식으로 새겨 읽으면 '복'이 아니라 '짐'이었기 때문이다. 오늘날 짐대마루 주변을 福臺洞이라 하는 것은 '卜'을 중국식 한자음 '복'으로만 읽게 되면서부터이다. 더불어 '卜'은 같은 음이면서 좋은 뜻을 지닌 '福'으로 '大'는 마루의 뜻을 지닌 '臺'로 바뀌어 쓰이고 있다. 이곳은 임진왜란 당시 의병장이었던 박춘무, 아우 박춘번, 아들 박동명이 의병을 모아 훈련시켰던 곳이기도 하다.

- **쑥골[→秀谷洞]**

  누에의 머리와 같은 모양을 한 蠶頭峰이 미평동의 쌀애들을 향해 쑥 내민 골짜기에 자리 잡은 마을이어서 숙골, 수골, 쑥골이라는 이름이 유

래되었다. '숙골'을 한자로 '秀谷'이라 표기하는데 '秀'는 그 뜻과는 관계
없이 '숙'과 소리가 같기 때문에 가져다 쓴 것이다. 그리고 '谷'은 '골'을
뜻하는 한자이므로 채택된 것이다.

5. 결론

이상에서 지방자치단체 명칭인 '淸州'와 그 하위 구역의 명칭인 읍면명 그리고 동
리명에 대하여 역사적인 변천 양상을 탐구하였다. 각각의 지명어에 대한 미시적인 접
근에 앞서 군현명에서부터 동리명에 이르기까지 청주 지역 지명 변천의 대강을 파악
한 것이다.

'淸州'라는 명칭은 고려 태조 23년(940년)에 붙여진 것인데 그 명명의 근거를 분명
하게 알 수 없다. 다만 청주에 속했던 靑川縣[←薩買縣]과 관련이 있는 것으로 보인다.
2014.7.1. 통합시 출범을 계기로 일부에서 청원, 오송, 직지 등의 새로운 이름이 제안
되었지만 '청주'가 지닌 역사성으로 인하여 새로운 명칭은 채택되지 않았다. 앞으로도
'淸州'라는 명칭은 특별한 사정이 발생하지 않는 한 소멸되지 않을 것이다.

'淸州'라는 명칭을 사용하기 이전에 통일신라 시기에는 '西原'이라 하였으며 삼국
시대에는 上黨, 臂城, 子谷, 娘臂城, 娘子谷, 娘城 등으로 불렀다. 『三國史記』 권제37 잡
지 제6에서는 "西原 一云 臂城, 一云 子谷"이라 하여 臂城과 子谷이 나온다. 그리고 다
른 명칭들은 백제본기, 고구려본기, 열전 등에 나오는데 백제와 관련된 기사에서는 娘
子谷城, 고구려와 관련된 기사에서는 娘臂城이라 하였다. 오늘날 '上黨'은 청주의 4개
구 중 한 구의 명칭으로 琅城[←娘城][8]은 상당구에 속하는 일개 면의 명칭으로 활용되
고 있다.

면 명칭을 구체적으로 확인할 수 있는 이른 시기의 문헌은 『輿圖』이다. 이 문헌에

---

8 娘城의 첫음절 글자를 '娘'이 아닌 '琅'으로 교체한 것은 남성에게 부여된 爵號 낭성부원군을 표기할 때
여자를 뜻하는 '娘'이 적절하지 않아 '琅'으로 교체하여 琅城府院이라 표기하면서 정착된 것으로 보인다.

서 24개의 면 명칭을 확인할 수 있으며 뒤에 간행된 군현 지도나 읍지의 경우에서도 한두 개 차이가 있을 뿐 동일한 명칭이 제시되어 있다. 1912년 간행된『舊韓國地方行政區域名稱一覽』에서 27개 면 명칭을 확인할 수 있는데 이는 일부 면이 분할된 결과를 반영한 것이다. 1914년 행정 구역 개편 이전까지의 면 명칭을 검토해 보면 치소를 중심으로 하면서 지형지물을 표현하는 山[우암산]과 江[무심천]을 기준으로 동, 서, 남, 북, 상, 하, 내, 외 등과 더불어 1과 2 등을 활용하여 명칭을 부여하였다.

1914년 행정 구역 개편에 따라 18개면으로 편성되면서 치소를 중심으로 한 방위가 명명의 기반이었던 종전의 방식이 유지되었지만, 해당 지역의 지형지물을 명명에 활용하는 방식도 도입되었다. 米院面, 琅城面, 玉山面, 梧倉面, 加德面, 龍興面, 芙蓉面, 賢都面, 養性面 등이 후자의 예이며 北一面, 北二面, 南一面, 南二面 등은 전자의 예이다. 이들 명칭은 龍興面과 養性面이 통합되어 文義面으로 된 것과, 북일면과 강외면이 읍으로 승격되면서 내수읍과 오송읍으로 명칭이 변경된 것을 제외하고는 모두 현용되고 있다.

청주의 동리명 중 가장 이른 시기의 것으로 볼 수 있는 것은 沙害漸村, 薩下知村과 함께 제시된『신라촌락문서』의 서원경 촌명이 아닌가 한다. 이 촌명을 '□楸子村' 또는 '敎楸子村'으로 판독하고 오늘날 초정리로 추정하기도 하고 남들 또는 정북동으로 보는 견해가 있으나 단정하기 어렵다. 청주의 동리명을 완전하게 보여주는 최초의 문헌은『輿圖』인데 이 책에는 동리명 453개와 사찰명 15개가 제시되어 있다.

『輿圖』에 제시된 동리명은 대부분 한자어지명인데 대부분 원초형인 고유어지명을 바탕으로 한역하여 만들어진 것이다. 한자어지명에 대응되는 고유어지명을 집단적으로 제시한『조선지지자료』와 현재도 활용되는 속지명을 통하여 이러한 사실을 파악할 수 있다. 예컨대 栗峙里, 禾洞里, 寺洞里 등은 각각 고유어지명 밤티, 숫골, 절골 등을 배경으로 형성된 것이다. 이들은 모두 뜻을 존중하여 한역한 것이다. 반면에 福臺洞의 근원이 된 '짐대'는 음역하여 '卜大[짐대]'라 하였다. '卜大'는 [짐대]라 읽었던 것이나 '卜'을 국음자 [짐]이 아닌 [복]으로 읽게 되고 나아가 긍정적인 의미를 지닌 한자 福으로 교체되면서 오늘날 福臺洞이 되었다.

Ⅱ 지명어의 한자어화와 대립·공존

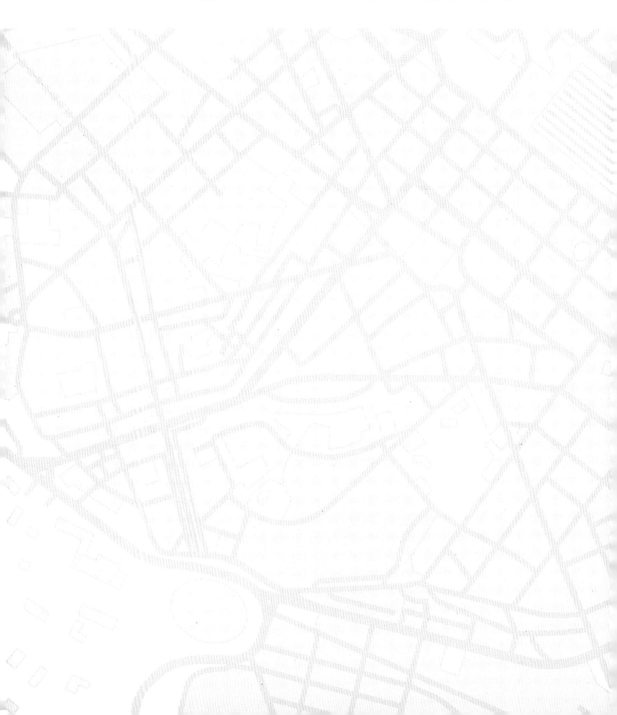

제11장

고유어지명과 한자어지명의 대립

1. 서론

우리는 흔히 지명 어휘의 본질 내지는 특징을 固着性과 保守性에 있다고 한다. 즉, 현재 사용되고 있는 지명 중에는 아주 먼 옛날에 명명되어 오늘날까지 이어져 오는 것이 많다. 특히 현실 언어에서 거의 죽어버린 어휘가 오직 지명어에서만 쓰이는 경우를 종종 볼 수 있다. 이런 사실 때문에 우리는 지명어의 탐구를 통하여 이른 시기의 국어 어휘를 再構할 수 있다.

우리는 보수적인 어휘를 간직한 국어자료로 지명의 후부요소가 있음을 두루 아는 바다. 때문에 지명의 후부요소로 쓰이는 어휘 중에는 이른 시기의 국어 어휘로 소급되어질 수 있는 것이 많다. 그런데, 지명어 중 후부요소 외에도 고어의 잔존을 쉽게 파악할 수 있는 부분이 있다. 그것은 다른 것이 아니고 복수지명어로 존재하는 고유어지명들이다. 복수지명어에 보이는 고유어지명 자료는 이른 시기의 국어를 재구하는 데 효과적으로 활용할 수 있을 것임에도 그동안 이 방면의 연구자들이 관심을 두지 않았던 분야이다.

본장에서는 제천지역 지명에 나타난 복수지명어를 대상으로 원초형인 고유지명어와 대응관계에 있는 한자어 내지는 한자표기 지명어의 대응 양상을 중심으로 탐구하고자 한다. 이 논의를 통하여 천착하고자 하는 사항은 첫째, 현용 지명어 중 복수지명어의 존재 양상을 밝혀내는 것이다. 비록 제천 지역에 국한하여 진행되는 연구이기는 하나 본 논의를 통하여 복수지명어로 존재하는 한국지명의 핵심적인 특징 중의 하나를 밝혀내고자 한다.

둘째는 앞에서 밝혀진 복수지명어의 존재 양상을 유형별로 정리할 것이다. 그리고 각 유형에 속하는 항목들을 형성하고 있는 어휘의 구조와 의미를 탐구하게 될 것이다. 그리하여 복수지명어의 대립 쌍 사이에 존재하는 의미상의 관계를 천착하게 될 것이다. 이런 탐구가 진행되는 과정 속에서 복수지명어의 생성 원리와 그 존재 양상이 상당 부분 밝혀질 것이다.

셋째, 복수지명어의 존재 유형으로는 몇 가지가 있으나 필자의 주된 관심 유형은 고유어 대 한자어로 대립·공존하는 지명어들이다. 이 유형의 탐구를 통하여 지명에 남아 있는 이른 시기의 고유어를 발견할 수 있을 것이다. 또한 고유어지명을 한자로 표기하는 방식 즉 지명의 한자차용표기 방식과 한역 방식도 알게 될 것이다.

마지막으로 위에서 언급했듯이 이 지역에 잔존하고 있는 고어가 어떤 것인지 본 연구가 진행되는 과정에서 부분적으로 밝혀지게 될 것이다. 이는 아마 이른 시기의 국어 어휘 연구에 다소의 보탬이 될 것이며 이 방면의 탐구를 위한 기초자료 제공에도 상당 부분 기여하게 될 것이다.

제천 지역 지명 자료는 1987년에 충청북도에서 펴낸 「地名誌」의 제천시, 제원군 편과 1966년 한글학회에서 펴낸 「한국지명총람」에서 비교, 수집하였고 몇 차례에 걸친 현지조사로 보완된 것이다. 이렇게 수집한 자료 중 복수지명어만을 선별하여 본 연구의 자료로 삼았다. 복수지명어의 존재 양상은 크게 두 종류로 나누어 볼 수 있다. 하나는 단순대응 관계에 있는 것이고 또 하나는 복합대응 관계에 있는 것이다. 본 연구에서는 이들 두 종류의 존재 양상을 유형별로 분류하여 구체적인 논의를 진행하고자 한다.

2. 複數地名語의 존재 양상

지표상에 존재하는 특정 대상이 하나의 이름으로 불리지 아니하고 두 개 이상으

로 일컬어지거나 표기되는 것을 복수지명어라 한다. 복수지명어 중에는 두 개만이 상
호 대응관계에 있는 것이 있고 세 개 이상이 대응관계를 형성하는 경우도 있다. 예컨
대, 제천시 교동의 '대밑'과 '竹下'는 같은 곳에 대하여 상황에 따라 달리 불리는 복수지
명이다. 이때 고유어지명인 '대밑'과 한자어지명인 '竹下'는 서로 대응관계에 놓여 있
다. 이 경우는 두 개의 낱말이 대응관계를 형성하고 있다. 반면에 제천시 남천동의 '절
산, 寺山, 水道山, 伐乙山, 官安山'은 5개의 낱말이 동일 대상을 지칭하는데 쓰이고 있
다. 이런 부류를 포함하여 3개 이상의 낱말들이 대응관계를 형성하는 것을 '복합대응'
이라 부르고자 한다. 반면에 위에서 말한 '대밑, 竹下'와 같이 2개의 낱말이 대응관계
를 형성하고 있는 것을 단순대응이라 부르기로 한다.

본 연구를 위하여 수집, 정리한 제천지역의 복수지명어 항목은 685쌍에 이른다.
본 장에서는 이들 복수지명어를 단순대응의 관계에 있는 것과 복합대응의 관계에 있
는 것으로 분류하고자 한다. 그런 후 이들 자료를 어종별로 유형화하여 복수지명의
존재 양상을 탐구하고자 한다.

2.1. 단순대응 관계에 있는 지명어

단순대응 관계에 있는 항목은 모두 460쌍이다. 결국 이에 해당하는 지명어는
920개임을 알 수 있다. 여기에 해당하는 항목들을 어종의 측면에서 다음과 같이 유형
화할 수 있을 것이다.

(1)
고유어 대 한자어로 대응되는 지명어 [A-1형]
고유어 대 혼종어로 대응되는 지명어 [A-2형]
고유어 대 고유어로 대응되는 지명어 [A-3형]
한자어 대 한자어로 대응되는 지명어 [A-4형]
한자어 대 혼종어로 대응되는 지명어 [A-5형]
혼종어 대 혼종어로 대응되는 지명어 [A-6형]
어종을 분명하게 알 수 없는 지명어 [A-7형]

우선 위에 제시한 유형에 속하는 항목들의 분포를 행정단위별로 정리하여 제시하면 다음과 같다.

〈표 1〉 단순대응 관계에 있는 지명어의 유형별 분포

유형 \ 행정단위명	1	2	3	4	5	6	7	8	9[1]	계
A - 1	38	23	14	34	16	17	16	24	20	202
A - 2	6	5	2	7	3	3	4	9	2	41
A - 3	5	2	4	5	1	1	4	7	4	33
A - 4	15	3	11	6	1	2	2	8	6	54
A - 5	19	11	5	13	3	14	7	11	16	99
A - 6	6	4	3	0	0	3	1	3	3	23
A - 7	1	3	0	2	1	0	0	0	1	8
계	90	51	39	67	25	40	34	62	52	460

위의 표는 단순대응 관계에 있는 제천지역의 지명을 유형화하여 개략적으로 제시한 것이다. 이들 각 유형에 속하는 항목들에 관한 구체적인 논의는 다음 장에서 전개하고자 한다. 다음 장 3.1.~3.6.에서는 각 유형을 형성하는 항목들의 구체적인 예를 들면서 그 특징을 파악하게 될 것이다. 그 과정 속에서 복수지명어의 생성 원리, 존재 양상 등의 문제를 밝히고자 한다.

2.2. 복합대응관계에 있는 지명어

복합대응 관계를 형성하고 있는 지명어 중 가장 많은 대응 쌍을 가지고 있는 것

---

[1] 각 숫자가 나타내는 행정단위는 1=제천시, 2=금성면, 3=청풍면, 4=수산면, 5= 덕산면, 6=한수면, 7= 백운면, 8=봉양면, 9=송학면이다. 이후 각 행정단위의 표시에도 이 숫자를 쓰기로 한다.

은 칠중대응형으로 2항목이 발견된다. 육중대응형이 5항목, 오중대응형이 15항목, 사
중대응형이 65항목 그리고 삼중대응형이 138항목이다. 이를 통하여 볼 때 주류를 이
루는 것은 삼중대응과 사중대응이며 그 이상의 대응은 흔한 것이 아님을 알 수 있다.

　　삼중대응 관계에 있는 지명어를 어종에 따라 유형화하면 다음과 같이 10개의 경
우가 있을 수 있다.

　　(2)
　　고유어:고유어:고유어 [B-1형]　　　　고유어:고유어:혼종어 [B-2형]
　　고유어:고유어:한자어 [B-3형]　　　　고유어:혼종어:혼종어 [B-4형]
　　고유어:혼종어:한자어 [B-5형]　　　　고유어:한자어:한자어 [B-6형]
　　혼종어:혼종어:혼종어 [B-7형]　　　　혼종어:혼종어:한자어 [B-8형]
　　혼종어:한자어:한자어 [B-9형]　　　　한자어:한자어:한자어 [B-10형]

　　위에 제시한 10가지의 경우 중 가장 많은 예가 발견되는 것은 [B-6형]으로 42항
목이 여기에 속한다. 그리고 [B-3형], [B-9형], [B-10형]이 각각 22항목, 22항목, 14항
목으로 상당수 나타난다. 그러나 [B-1형], [B-2형], [B-4형], [B-5형], [B-7형], [B-8형]
등은 각각 2, 3, 6, 6, 2, 2 항목으로 미미하게 나타난다.

　　사중대응형의 경우도 '고유어:고유어:한자어:한자어'로 대응 쌍을 형성하고 있는
경우를 비롯하여 다양한 유형이 있을 수 있다. 그러나 이미 단순대응의 경우와 삼중
대응의 경우를 통하여 이러한 유형화가 이루어졌으므로 더 이상의 유형적 분류는 하
지 않기로 한다. 사중대응형을 [C형], 오중대응형을 [D형], 육중대응형을 [E형], 칠중
대응형을 [F형]으로 부르고자 한다.

　　각 유형에 속하는 항목들의 빈도수를 표로 보이면 다음과 같다.

〈표 2〉 복합대응 관계에 있는 지명어의 유형별 분포

유형＼행정구역	1	2	3	4	5	6	7	8	9	계
B - 1	1							1		2
B - 2					1		1	1		3
B - 3	4	2	4	3	2		2	4	1	22
B - 4	2				1			1	2	6
B - 5	3				1			2		6
B - 6	10	5	1	4	4	4	2	9	3	42
B - 7	1				1					2
B - 8					1			1		2
B - 9	6	4	5	2		1	2	2		22
B - 10	3			3		3	2	3		14
C	7	9	12	7	5	5	4	13	3	65
D	5	2	1	4			1		2	15
E	1	1	2						1	5
F	1								1	2
계	44	23	25	23	16	13	14	37	13	208[2]

이상의 복합대응 관계에 있는 항목들에 관한 구체적인 논의는 4.에서 이루어질 것이다.

3. 단순대응 관계에 있는 지명어의 대응 구조

우리나라 지명의 원초적인 형태는 의심의 여지없이 고유어로 되어 있었을 것이

---

2 복합대응 관계에 있는 것은 모두 225쌍이다. 그런데 〈표 2〉의 총계가 208쌍으로 나타나는 것은 [B]형 중 어원이 불분명한 대응 쌍 17개가 포함되지 않았기 때문이다.

다. 그런데 주변국가인 중국과의 접촉이 이루어지면서 한자·한문을 받아들이게 되고 급기야는 한자를 이용한 지명의 명명이 이루어지게 되었다. 우리는 이미 오래 전에 우리의 선조들이 한자를 이용하여 중국식으로 명명한 지명 자료를 『三國史記』「地理志」을 통하여 보아왔다. 신라 경덕왕(서기 757년)때 인위적으로 개명된 이들 2음절형의 한자 지명은 형식이나 명명의 방식에서 오늘날까지도 그 전통이 이어지고 있다. 이런 역사적인 연유로 인하여 복수지명어의 대응관계에서 가장 광범위한 분포를 보여주는 유형은 고유어 대 한자어지명이다.

그런데, 한자 유입 이후 오랜 세월이 지나면서 순우리말과 구분하지 못할 정도로 한자어 중 일부는 우리말과 같이 되어 버렸다. 이런 국어 어휘의 변천과 함께 지명어에도 단순히 고유어 대 한자어로 대응되어 나타나던 것에서 발전하여 다양한 대응관계가 성립되었다. 이미 2.1.에서 보았듯이 단순대응 관계에 있는 항목들은 다양한 대응 양상을 보여주고 있다. 본 장에서는 단순대응 관계에 있는 이들 지명어들을 형태·의미적 측면에서 유형별로 고찰하고자 한다.

3.1. 고유어 대 한자어로 대응되는 지명어 [A-1형]

연구 대상으로 삼은 복수지명 중 단순대립 관계에 있는 것은 460항목이다. 그 중에서 202항목을 [A-1]형이 점하고 있는데 이를 백분율로 환산하면 44%에 이른다. 이를 통하여 볼 때 고유어와 한자어가 이중구조를 이루고 있는 것이 가장 일반적인 복수지명어의 존재 양상으로 보인다. 대체로 이 유형에 속하는 고유어지명은 주민의 생활어로 쓰이고 있으며 한자어지명은 행정 등의 공무에 쓰이고 있는 것이 현실이다. 이제 각 항목들의 고유어항과 한자어항들이 의미상으로 어떤 대응관계를 형성하고 있는지 고찰하고자 한다.

[A-1]형의 각 항목에서는 동일한 의미를 지닌 고유어와 한자어가 대응되는 경우를 흔히 발견할 수 있다. 즉, 형식만 고유어와 한자어로 다를 뿐 의미를 같이 하는 어사가 복수지명어로 공존하는 것이다. 이는 앞서 사용하던 하나의 지명을 바탕으로 다른 형식의 지명을 창안할 때 그 의미를 명명의 토대로 삼은 데서 기인한 것으로 볼 수

있다. 예컨대 한자어지명 '後坪'은 고유어지명 '뒷들'을 바탕으로 형성된 것이다. 이 때 전부요소 '뒤'는 어종을 달리하는 유사한 개념 '後'의 명명의 기반이 되었고 후부요소 '들'은 '坪'의 토대가 되었다. 만약 한자어지명이 먼저 형성되었고 이를 바탕으로 고유 어지명이 생겨난 경우라면 명명의 토대는 위의 설명과 역으로 하면 될 것이다.

지명의 개명에 있어서는 기존의 것을 바탕으로 이루어지는 것임을 주지하는 바 다. 기존 지명의 의미나 음성에 기초하여 개명이 이루어지는데 본 절에서 고찰하고 있는 [A-1]형의 경우는 의미에 기초한 경우가 대부분임을 알 수 있다. 즉, 고유어가 원 초적인 형태의 지명어였다면 그에 유사한 의미를 지닌 한자어를 동원하여 이차형인 한자어지명이 형성되었다. 반면에 일차형이 한자어지명이었다면 고유어지명도 이런 방법으로 형성된 것으로 볼 수 있다.

하나의 지명어는 일반적으로 두 개의 요소로 구성되어 있다. 전부요소와 후부요 소가 그것이다. 즉, 지명어는 대체로 '전부요소 + 후부요소'로 그 직접구성성분을 분 석할 수 있다. 성격요소인 전부요소는 지명어 명명의 유연성과 관계가 깊은 요소이며 후부요소는 분류요소로 볼 수 있는 것이다. 예컨대 '뒷들:後谷⟨1-76⟩[3]에서 '뒷:後'는 전 부요소이며 '들:谷'은 후부요소이다. 이러한 지명어의 구조적 특징 때문에 복수지명의 대응관계를 파악함에 있어서 전부요소는 전부요소끼리 그리고 후부요소는 후부요소 끼리 살펴보는 것이 효과적이다.

고유어 대 한자어로 이루어진 복수지명어의 경우 전부요소와 후부요소가 모두 유의어로 대응되는 경우가 일반적이다. 그러나 후부요소만이 유의대응을 이루는 경 우, 또는 전부요소만이 유의대응을 이루는 경우가 있다. 부분만이 유의대응을 형성하 고 있는 경우라고 볼 수 있는데 '고른이:所里⟨1-21⟩, 다릿거리:橋洞⟨9-39⟩와 같은 것 이 그 예라 할 수 있을 것이다. 전자는 후부요소만이, 후자는 전부요소만이 유의대응 을 형성하고 있다.

---

3 ⟨1-76⟩은 '뒷들:後坪'의 출처를 나타내는 것이다. 즉 주1)에서 제시했듯이 '1'은 제천시 소재 지명을 의 미하며 76은 필자가 본 연구를 위해 수집 정리한 자료의 순번이다. 이하 각 지명의 출처도 같은 방식 으로 제시하기로 한다.

　　[A-1]형 202개 항목 중 전부요소와 후부요소 모두에서 유의대응 관계가 이루어
진 예는 132항목이다. 이는 고유어 대 한자어로 이루어진 복수지명어는 대체로 유의
대응 구조를 이루고 있음을 말해주는 것이다. 이 부류에 속하는 것 중 일부만을 각 지
역별로 제시하기로 한다.

　　(3)

모래내:沙溪〈1-2〉	묵은배미:陳夜〈1-25〉
수리바위:鷲巖〈1-29〉	새터:新垈〈1-32〉
서울고개:立泣峴〈1-42〉	소재:松峴〈1-47〉
바람부리:風吹〈1-60〉	거믄돌들:黑石坪〈1-71〉
모라내다리:沙川橋〈1-119〉	돌모루:石隅里〈1-129〉
너부내:廣川〈2-1〉	높은다리내:高橋川〈2-2〉
살미:矢山〈2-23〉	높은다리:高橋〈2-26〉
배나무들:梨坪〈2-27〉	벌말:坪村〈2-28〉
지프실:深谷〈2-60〉	다락골:月谷〈2-65〉
새터말:新垈〈3-17〉	범여울:虎灘〈3-22〉
살여울:箭灘〈3-32〉	뒷들:後坪〈3-40〉
뒷들나루:後坪津〈3-41〉	호미실:조谷〈3-51〉
물굴:水穴〈3-63〉	바람굴:風穴〈3-64〉
가마티:釜峙〈4-8〉	가래골:楸谷〈4-20〉
새말:新村〈4-24〉	새터말:新垈村〈4-25〉
고지벼랑:花遷〈4-34〉	아랫말:下里〈4-42〉
웃말:上里〈4-43〉	앞실:前谷里〈4-46〉
쇠실:金谷〈4-47〉	새터:新垈〈4-51〉
논꼴:畓洞〈4-76〉	어름구멍:氷穴〈4-78〉
바깥말:外村〈4-84〉	안말:內村〈4-85〉
들돌:擧石〈4-87〉	매실:鷹谷〈4-92〉
고분재:曲峴〈5-18〉	새터:新基〈5-19〉
못골:池谷〈5-37〉	배재:梨峴〈5-42〉
팽개바우:投岩〈5-43〉	큰말:大洞〈5-44〉

덧말:加村里〈6-5〉	밤나무골:栗洞〈6-6〉
새터:新基〈6-7〉	골안:谷內〈6-12〉
딱밭골:楮谷〈6-13〉	머우골:梧谷〈6-14〉
새말:新垈〈6-33〉	범바웃골:虎岩谷〈7-14〉
웃말:上村〈7-16〉	큰골:大谷〈7-17〉
꽃미:花山〈7-21〉	새터말:新垈村〈7-27〉
작은개:小浦〈7-29〉	밤나뭇골:栗木洞〈8-29〉
피재:稷峙〈8-38〉	갈골:蘆洞〈8-51〉
새둑:新皐洞〈8-69〉	북바위:皷岩〈8-82〉
절텃골:寺垈洞〈8-86〉	논골:畓洞〈8-97〉
선돌들:立石坪〈9-21〉	잣들:栢坪〈9-22〉
가랫골:楸洞〈9-24〉	옻마루:漆宗〈9-31〉
느릅재:楡峙〈9-32〉	호랑바위:虎岩〈9-33〉
다릿거리:橋洞〈9-39〉	기픈골:深谷洞〈9-26〉
돌매기:石項〈9-50〉	못재:池峙〈9-64〉

위에 제시된 항목들을 살펴보면 '모래내:沙溪〈1-2〉'의 경우와 '물굴:水穴〈3-63〉'의 경우는 고유어와 한자어의 대응에서 차이가 있음을 발견할 수 있다. 전자의 경우는 전부요소와 후부요소를 구분해서 볼 때나 전체로 볼 때나 분명한 유의관계가 형성된다. 그러나 후자의 경우는 '물' 대 '水' 그리고 '굴' 대 '穴'은 유의관계가 형성되나 '물굴'은 원래 '물골'에서 온 것으로 본다면 '水穴'보다는 '水谷'으로 되어야 자연스러워 보인다. 이는 소위 한자차용에서 訓假의 원리가 작용한 것으로 보인다.[4]

이렇듯 訓假의 원리에 의해 대립쌍을 형성하는 경우를 위에 제시한 예 중에서 찾

---

4 '訓假'란 용어는 漢字借用表記 方式 중 훈으로 읽되 표음부호로만 쓰는 경우를 일컫는 것이다. 남풍현 (1981)에서 사용한 이와 관련된 용어를 참고를 보이면 다음과 같다.

ㄱ 音讀; 음으로 읽고 한자의 원뜻도 살림.

ㄴ 音假; 음으로 읽되 표음부호로만 씀.

ㄷ 訓讀; 훈으로 읽고 원뜻도 살림.

ㄹ 訓假; 훈으로 읽되 표음부호로만 씀.

으면 '묵은배미:陳夜, 서울고개:立泣峴, 바람부리:風吹, 다락골:月谷, 바람굴:風穴, 고지 벼랑:花遷, 팽개바우:投岩, 돌매기:石項,' 등이 있다. 여기서 '배미:夜, 서울:立泣, 부리: 吹, 다락:月, 굴:穴, 고지:花, 팽개:投, 매기:項 등이 각각 訓假의 원리에 의해 형성된 대 립쌍으로 볼 수 있을 것이다.

이상에서 우리는 전부요소와 후부요소가 모두 유의대응을 형성하고 있는 경우에 대하여 살펴보았다. 이제 두 요소 중 한 부분에서만 유의대응을 형성하고 있는 경우 를 살펴보기로 하자. 부분대응을 형성하고 있는 경우 중 전부요소의 경우보다는 후부 요소가 유의대응을 이루고 있는 것이 일반적인데 그 예를 일부 보이기로 한다.

(4)

소챗둑:蔡坪堤〈1-6〉	고른이:所里〈1-21〉
알미:酉谷〈1-62〉	한내:寒泉〈1-66, 2-11〉
금바우:儉岩〈1-97〉	저남다리:泉南橋〈1-124〉
잘개밋골:自甘洞〈2-10〉	갯골:白石洞〈2-46〉
우실:渭谷里〈2-50〉	막대골:莫大洞〈2-70〉
행골:行谷〈3-15〉	방꼴:芳谷〈4-4〉
삼막골:蔘幕洞〈4-9〉	놋골:雷谷〈4-13〉
갈문이:葛門洞〈4-21〉	도둑바위:道德岩〈4-40〉
방골:芳谷〈4-61〉	하너물:寒泉〈4-89〉
성내:星川〈5-9〉	뱃골:白谷〈5-26〉
툇골:退谷〈5-39〉	한바우:咸岩〈6-29〉
작골:作谷〈6-38〉	승주골:聖主谷〈6-42〉
원섯다리:屯知川橋〈7-8〉	장뜰:長坪〈8-12〉
오미:梧山〈8-25〉	궁꼴:弓洞〈8-52〉
잔달미:紫堂山〈8-87〉	

후부요소만이 유의관계를 형성하는 이상의 예에서 앞의 5개 항목을 제외하고는 고유어지명과 한자어지명의 전접요소가 같거나 유사한 음을 띠고 있다. 즉 '한:寒, 금: 儉, 저남:泉南, 잘개밋:自甘, 우:渭, 막대:莫大……' 등에서 보듯 동음 내지는 유사음 대

응이 이루어지고 있다. 일차지명이 고유어였고 이를 바탕으로 한자어지명이 형성된 경우는 의미를 고려하지 아니하고 유사한 음을 가진 한자를 가져다 쓴 결과로 보인다. 예컨대 '한내:寒泉, 잘개밋골:自甘洞'의 경우 '한'과 '잘개미'의 일차적인 의미 [大·多], [小]와는 관계없이 유사한 음을 지닌 '寒'과 '自甘'을 가져다 쓴 것이다. 이는 한자차용표기 원리 중의 하나인 '音假'에 기댄 것으로 볼 수 있다.

전부요소에서 유의관계를 형성하는 항목은 비교적 많지 않은데 그 예를 제시하면 다음과 같다.

(5)
버들만:柳池〈1-83〉   아랫말:下三田〈5-10〉
웃말:上三田〈5-11〉   말모기:馬牧〈6-24〉
소리개:鳶里〈7-2〉   안골:內少里〈8-24〉
다릿거리:橋洞〈9-39〉   나랭이:日吾谷〈9-59〉

고유어와 한자어지명 사이에 의미상의 관련성이 존재하지 않은 경우로 '안말:元長樂〈 1-11〉, 새터:上所里〈1-73〉, 방우리:酒浦〈2-36〉, 국화실:外小里〈8-22〉, 도래미:東山底〈8-62〉, 숲담:新垈里〈8-71〉 등이 있다. 이들 복수지명은 상호 관련성 없이 별개의 방식으로 명명이 이루어진 것으로 보이는데 그 예가 많지 않다.

3.2. 고유어 대 혼종어로 대응되는 지명어 [A-2형]

국어 어휘의 한 부분을 차지하는 혼종어의 구성성분은 '고유어+한자어'인 것을 비롯하여 '고유어+서구어', '고유어+일본어', '한자어+서구어'…… 등등이 있다. 그러나 제천 지역 지명에 나타나는 혼종어는 고유어와 한자어의 결합에 의한 것이 전부이다. 이 부류에 속하는 항목은 41개로 그 비율이 다른 부류에 비해 높지 않다.

混種語項의 구조는 전부요소가 고유어이고 후부요소가 한자어로 되어있는 것과 전부요소가 한자어이고 후부요소가 고유어인 것의 두 부류가 있다. 예컨대 '어리실:於

里谷〈3-36〉에서 혼종어항인 '於里谷'의 경우 전부요소 '어리'는 고유어이고 후부요소 '谷'은 한자어이다. 반면에 '세거리:三巨里'〈1-46〉에서 혼종어항인 '三巨里'는 전부요소가 한자어이고 후부요소는 고유어이다. 혼종어항의 전부요소가 고유어인 부류를 제시하면 다음과 같다.

(6)

왕바우:旺岩〈1-31〉	한잇골:閑儀洞〈1-37〉
대가리못뚝:大葛也池堤〈1-51〉	송내:松川〈3-32〉
절맷재:結梅嶺〈2-48〉	어리실:於里谷〈3-36〉
앵아재:嬰兒峙〈3-60〉	수랫골:水羅谷〈4-16〉
단지실:丹芝谷〈4-22〉	사작재:四作峙〈4-27〉
고숫골:高水洞〈4-55〉	매차골:梅次谷〈4-83〉
발남실:八南谷〈5-7〉	더운절:德隱寺〈5-35〉
죽방재:竹方峴〈6-19〉	능꼴:陵谷〈6-21〉
웇추앗:烏椒田里〈6-28〉	평장골:平章谷〈7-4〉
구럭재:求祿峙〈7-41〉	능골:陵谷〈8-11〉
되비골:道斐洞〈8-18〉	소당이들:少堂坪〈8-26〉
서기바위:石茸岩〈8-58〉	도장골:道藏谷〈8-68〉
다랑고개:多郎峙〈8-74〉	소시랑이:小侍郎里〈8-84〉
방아다리:放鶴橋〈9-8〉	가실골:加實谷〈9-46〉

이상의 예는 후부요소가 한자어로 되어있는 것인데 '岩, 洞, 谷, 峙, 里, 坪, 橋' 등 우리에게 익숙한 지명어의 분류요소들이다. 각 항목의 고유어항과 혼종어항의 前部要素를 보면 동일하거나 유사한 형식을 한글과 한자로 표기하여 사용하고 있음을 알 수 있다. 즉, '대가리:大葛也, 절맷:結梅, 앵아:嬰兒, 수랫:水羅, 발남:八南, 더운:德隱, 웇추:烏椒, 구럭:求祿, 되비:道斐, 소당이:少堂, 방아:放鶴' 등의 예에서는 유사음의 대립을 보인 경우이다. 그리고 다른 예들은 동음의 한자를 이용하여 표기한 경우이다. 결국

이 부류에 속하는 혼종어항의 전부요소는 한자어로 표기했다 하더라도 고유어로 처리할 수밖에 없을 것이다.

혼종어항의 전부요소가 한자어로 되어있는 부류는 앞에서 논의한 부류에 비해 적은 항목이 발견된다. 이 부류의 경우도 고유어항 중 전부요소에 사용된 낱말의 의미와 유사한 한자를 이용하여 혼종어항이 형성되었음을 알 수 있다. 다만 '다불재:水山재, 슬미기:紙所거리, 황나절터:黃山寺터, 거릿담:酒幕거리'의 경우는 의미상 전혀 관련성이 없는 낱말들로 되어있다. 이 부류에 속하는 예를 제시하면 다음과 같다.

(7)

아랫소새:下所沙〈1-34〉	세거리:三巨里〈1-46〉
땅고개:堂고개〈2-24〉	한두실:一二室〈2-42〉
다불재:水山재〈4-45〉	슬미기:紙所거리〈4-73〉
매두막:鷹頭幕〈5-1〉	대꼬지:竹串里〈7-25〉
황나절터:黃山寺터〈7-31〉	배론:舟論〈8-53〉
거릿담:酒幕거리〈8-65〉	

3.3. 고유어 대 고유어로 대응되는 지명어 [A-3형]

고유어끼리 복수지명을 형성하는 경우가 있다. 이 부류도 후부요소를 교체함으로써 형성된 것과 전부요소를 교체함으로써 형성된 것으로 나누어 볼 수 있다. 후부요소를 다른 어사로 교체하여 형성된 항목으로는 다음의 예들이 있다.

(8)

새동네:새마실〈1-14〉	구억담:구레기말〈1-105〉
선녀골:선녓쪽〈2-55〉	웃오미:웃오매〈3-29〉
늪실나루:늪실배터〈4-59〉	아랫섬:배나굼치〈6-10〉
한삼포:한삼재〈7-23〉	구수아:구수애〈7-33〉
모정들:돌태미〈7-44〉	움댕이:옹당〈8-16〉

장구머기:장구목〈8-81〉	갈경지:갈경이〈8-96〉
사실고개:사슬티〈9-20〉	웃담:웃말〈9-42〉

이상의 예를 통하여 고유어 복수지명어를 형성하는 방법에는 세 종류가 있음을 알 수 있다. 첫째는 유사한 개념을 지닌 어사와 교체되면서 복수지명어를 형성한 것이다. '새동네:새마실, 구억담:구레기말, 늪실나루:늪실배터, 사실고개:사슬티, 웃담:웃말' 등에 보이는 '동네:마실, 나루:배터, 고개:티, 담:말'이 이에 속하는 것이다.

둘째로는 기존의 어사에 접사가 결합되어 확장된 형태의 후부요소가 생겨나면서 복수지명어를 형성한 경우이다. '웃오미:웃오매, 구수아:구수애, 움댕이:옹당, 장구머기:장구목' 등이 이 부류에 속하는 것이다. 그리고 또 하나의 부류는 의미상 전혀 관련 없는 후부요소의 교체에 의하여 형성된 복수지명어들이다. '선녀골:선녓쪽, 아랫섬:배나굼치, 한삼포:한삼재, 모정들:돌태미' 등이 여기에 속하는 것들이다.

전부요소가 교체되면서 복수지명어의 쌍이 고유어만으로 되어있는 것은 음운변화에 의한 것이 대부분인데 그 예를 몇 개만 들면 다음과 같다.

(9)

거천이:건천이〈1-22〉	넉고개:역고개〈1-75〉
신터리봉:신떠리봉〈1-81〉	기르매재:지르매재〈2-61〉
복수재:복두재〈4-48〉	술모기:슷모기〈4-77〉
왕잇재:왱잇재〈5-28〉	비수리:비소리〈8-2〉
개무덤:가무덤〈9-25〉	

3.4. 한자어 대 한자어로 대응되는 지명어 [A-4형]

복수지명어 중에는 한자어만으로 그 쌍을 이루고 있는 것도 있다. 일차적인 지명이 고유어였을 수도 있으나 그 흔적을 찾을 수 없고 한자어로만 불리는 유형이다. 이 유형에 속하는 것도 우선 두 부류로 분류할 수 있는데 기존의 지명어에 한 부분이 첨가된 경우와 일정 부분의 교체가 그것이다. 기존의 지명에 한 형태의 첨가가 이루어지는 경우는 후부요소가 첨가되는 경우와 전부요소가 첨가되는 경우가 있다. 전부요소에 첨가가 이루어지는 경우보다는 후부요소에 첨가가 이루어지는 경우가 더 흔한 현상임을 알 수 있다. 이 부류에 해당하는 예 중 후부요소가 첨가되어 복수지명어를 이루는 경우는 다음과 같다.

(10)

下所:下所洞〈1-21〉	旺岩:旺岩洞〈1-30〉
東峴:東峴洞〈1-39〉	高明:高明洞〈1-44〉
新百:新百洞〈1-53〉	頭鶴:頭鶴洞〈1-58〉
靑田:靑田里〈1-72〉	月窟:月窟里〈2-25〉
東幕:東幕里〈2-68〉	長善:長善里〈3-33〉
連論:連論里〈3-49〉	水谷:水谷里〈4-12〉
龍下:龍下水〈5-31〉	道谷:道谷里〈7-19〉
德洞:德洞里〈7-32〉	美堂:美堂里〈8-14〉
鳳陽:鳳陽里〈8-21〉	明岩:明岩里〈8-27〉
公田:公田里〈8-83〉	紫谷:紫谷里〈9-23〉
五味:五味里〈9-58〉	

위의 예에서 보듯 첨가된 후부요소는 '龍下:龍下水'의 '水'를 제외하고는 洞, 里가 전부이다. 일반적으로 이들 복수지명어는 생활어인 구어로 쓰일 때는 '洞, 里가 생략된 형태가 사용되며 문서에 사용되는 행정용어로는 下所洞, 東峴洞, 靑田里, 東幕里 등의 형식이 쓰인다.

전부요소가 첨가되어 복수지명을 이루는 경우는 '林池:義林池〈1-3〉, 上里:邑上里〈3-5〉, 下里:邑下里〈3-7〉, 雲瀑:臥雲瀑〈4-79〉, 東幕:北東幕〈9-35〉 등이 있다.

부분의 교체에 의해 형성된 복수지명어의 경우 후부요소의 교체가 가장 흔한 방법이다. 즉, 유사한 의미를 지닌 '里'와 '洞', '亭'과 '樓', '寺'와 '庵' 등의 교체에 의한 예가 발견된다. 그 예를 일부 보이면 다음과 같다.

(11)

桃花里:桃花洞〈3-56〉　　　　松界里:松溪洞〈6-47〉

映湖亭:映湖樓〈1-84〉　　　　淨芳寺:淨芳庵〈4-80〉

이상에서 논의한 항목들 외에도 이 유형에 속하는 것으로 義林洞:大和町〈1-20〉, 姜氏書堂:博約齋〈1-67〉, 西門里:薪門〈1-69〉, 南塘:書堂洞〈1-135〉, 大德山:三方山〈2-3〉, 錦屏山:屏風山〈3-1〉, 淸風場:邑場〈3-14〉 등을 비롯하여 몇 개의 예가 더 있다.

3.5. 한자어 대 혼종어로 대응되는 지명어 [A-5형]

하나의 지표상에 붙은 이름이 한자어와 혼종어로 불리는 것이 이 유형에 속하는 것이다. 결국 이 유형에 속하는 지명어는 혼종어항의 한 부분만이 고유어로 되어있다. 그러므로 혼종어항의 후부요소가 고유어인 부류와 전부요소가 고유어인 부류로 나누어 볼 수 있다.

혼종어 지명의 하위분류에 대하여는 [A-2형](고유어 대 혼종어로 대응되는 지명어)의 논의에서 보았듯이 후부요소가 고유어로 되어 있는 것이 상대적으로 많음을 보았다. 이 유형[A-5]의 경우도 혼종어항에서 후부요소가 고유어로 된 것이 전부요소의 경우보다 절대적으로 많음을 확인할 수 있다. 99개 항목 중 11개 항목을 제외한 88개 항목(89%)이 고유어 후부요소로 되어 있다.

한자어항과 혼종어항의 후부요소 대립관계를 살펴보면 대부분 유의관계를 형성하고 있음을 알 수 있다. 즉, '골:谷·洞, 들:坪, 바위:岩, 다리:橋, 둑:堤, 고개:峴, 밖:外, 말:村·里, 거리:街, 재:峙, 나루:津' 등의 대응을 확인할 수 있다. 이 부류에 속하는 항목 중 일부를 예로 들면 다음과 같다.

(12)

백골:百谷〈1-28〉　　　　동문밖:東門外里〈1-40〉

학들:鶴坪〈1-65〉　　　　鎭寓골:鎭寓洞〈1-95〉

소가리뚝:小葛也堤〈1-103〉	陰地말:陰地村〈1-107〉
법고개:法峴〈1-110〉	안간이:安間里〈2-20〉
중말:中里〈2-41〉	陽地말:陽地村〈2-57〉
中고개:中峴〈3-61〉	屛風바위:錦屛岩〈3-65〉
北倉여울:北倉灘〈3-67〉	鷄卵재:鷄卵峙〈4-30〉
陰地말:陰地村〈4-58〉	양지말:陽地村〈5-15〉
黃江나루:黃江津〈6-3〉	長子골:長子洞〈6-8〉
上仙재:上仙峴〈6-25〉	德州골:德州谷〈6-53〉
松골:松谷〈7-28〉	堂고개:堂峴〈7-46〉
白골:百谷〈8-15〉	門바우:門岩洞〈8-28〉
九鶴다리:九鶴橋〈8-57〉	松樹골:松樹洞〈8-70〉
오릿골:五里洞〈8-72〉	揷屯고개:揷峴〈9-16〉

이상의 예에서 보듯 지명어의 후부요소로 흔히 쓰이는 "골, 들, 바위/바우, 다리, 말, 고개, 재, 실, 거리" 등이 한자어 전부요소와 결합하여 자연스럽게 지명어를 형성하고 있다. 또한 전접요소로 쓰인 "향교, 염불, 동학, 역, 음지, 동문, 계란, 용……" 등의 한자어는 고유어 후부요소와 거리낌 없이 융화되어 지명어를 형성하고 있다. 이로 볼 때 언중들은 이미 이들 어휘에 대하여 어종의 다름을 인식하지 못하고 있는 상태로 보인다.

전부요소가 고유어로 되어있는 경우는 10개 항목에 불과하다. 앞에서 지적했듯이 이는 [A-2형]에서보다 현저하게 비율이 낮은 것이다. 아래에 제시한 항목들이 이 부류에 속하는 것으로 '태미산:城山'을 제외하면 대응 쌍이 모두 유의어로 되어있다.

(13)

태미산:城山〈2-7〉	까치성:鵲城〈2-49〉
물촌리:水村〈4-14〉	매봉:鷹峰〈4-96〉
도적암:道德庵〈7-6〉	웃한치:上大峙〈7-47〉
늘木:於木〈8-39〉	아랫開花:下開花〈9-40〉
웃開花:上開花〈9-41〉	다랫陽地:多陽地〈9-48〉

혼종어 대 한자어의 대응을 보이는 항목으로 이상에서 논의한 두 유형에 포함시킬 수 없는 것으로 웃山뒤:上山後〈9-54〉, 아랫陽地말:下陽地村〈2-56〉, 웃陽地말:上陽地村〈2-58〉, 아랫驛말:下驛〈6-36〉 등이 있다. 이들 항목들의 혼종어항은 후부요소가 고유어이며 전부요소 중 분할요소가 고유어로 되어 있다.

3.6. 혼종어 대 혼종어로 대응되는 지명어 [A-6형]

복수지명어 중에는 양항이 혼종어로 되어있는 것들도 있다. 이 유형에 속하는 항목들의 대부분은 후부요소가 고유어이고 전부요소는 한자어인 것이 많다. 즉, 먹자리:墨只里〈1-35〉, 멍달산:未應達山〈1-102〉, 생긴양지:西近陽地〈2-19〉 등의 세 항목과 番自里:陽地편〈9-12〉의 '番自里' 항을 제외하고는 후부요소가 모두 고유어로 되어 있다.

앞에 제시한 세 항목의 전부요소를 보면 고유어를 한자로 표기하는 과정에서 음가의 원리가 작용되었음을 알 수 있다. 즉, '먹자:墨只, 멍달:未應達, 생긴:西近'의 경우 한자어로 표기한 항 '墨只, 未應達, 西近' 등은 대립쌍인 '먹자, 멍달, 생긴'을 한자로 표기하는 과정에서 형성된 것이다.

요컨대, 동일한 낱말의 표기를 한글로 하느냐 한자로 하느냐의 과정에서 표기형태가 달라진 것이다. 그런데 달라진 표기형태가 결국에는 음성형태를 지배하여 복수지명이 형성된 것으로 보인다.

서로 다른 고유어를 후부요소 삼고 있는 항목들을 두 가지 부류로 나누어 볼 수 있다. 하나의 부류는 양항의 전부요소가 동일한 한자어로 되어 있는 것이다. 그리고 또 하나의 부류는 양항의 전부요소 중 일부가 동일한 한자어로 되어있는 것이다. 우선 후자의 경우를 예로 들면 다음과 같다.

(14)
後仙亭터:後仙閣터〈1-89〉　　　　中安골:中央골〈2-22〉
느릅院터:楡院터〈2-76〉　　　　　觀水軒터:觀水堂터〈3-9〉
성열城터:沙熱伊山城터〈3-12〉　　西倉터:倉집터〈6-9〉

음달말:음진말〈6-22〉　　　　倉터:遠西倉터〈7-9〉

倉터:周浦倉터〈8-4〉　　　　高山절터:高山寺터〈8-10〉

上松한:上솔한〈9-52〉

　　전부요소가 동일한 한자어로 되어 있는 부류는 위의 예보다는 현저히 적어서 3
항목으로 '유실구랭이:有實골〈1-113〉, 浦灘나루터:浦灘배터〈6-31〉, 店말:店골〈8-54〉'
등이다. 이들 항목의 후부요소 사이에는 모두 유의대립의 관계에 있음을 알 수 있다.

4. 複合對應 關係에 있는 地名語의 對應 構造

　　3개 이상의 대응 쌍을 가진 복수지명어를 복합대응 관계에 있는 것으로 분류하
였다. 이미 2.2.에서 밝혔듯이 가장 많은 대응 쌍을 형성하고 있는 것은 칠중대응형이
었다. 칠중대응형은 2항목에 불과하며 육중대응형이 5항목 그리고 오중대응형이 15
항목으로 적은 비중을 차지하고 있다. 그러나 사중대응형과 삼중대응형은 각각 65항
목, 138항목으로 활발한 분포를 보이고 있다.

　　이제 삼중대응형에 관하여 집중적으로 그 대응관계를 탐구하기로 한다. 그리고
사중대응 이상을 형성하는 경우는 개략적으로 살피기로 하겠다.

4.1. 삼중대응 관계에 있는 지명어의 대응 구조

　　삼중대응형을 [B형]이라 칭하기로 하고 10가지 유형으로 분류하였다. 어원이 불
분명하여 분류가 쉽지 않은 것은 [B-11형]으로 처리하고 논의의 대상에서 제외하였
다. [B-1형]부터 각 유형에 해당하는 항목들 중 일부를 제시하면서 각각 발견되는 특
징을 고찰하기로 한다.

　　[B-1형] 즉, '고유어:고유어:고유어'로 대응 쌍을 보이는 것은 2개 항목에 불과하

다. 톳고개:달봉재:돌봉재〈1-7〉, 제비랑이:재비랑:재비래이〈8-100〉 등이 그 예인데 후자의 경우는 동일 형태가 음운변화에 의해 생성된 것으로 보인다.

[B-2형]은 '고유어:고유어:혼종어'의 대응 쌍인데 '거리미:거림:酒幕거리〈5-14〉, 한치:한틧재:大峙재〈7-50〉, 재비골:재비랑이:성안〈8-102〉' 등 3개의 예가 보인다.

[B-3형]은 '고유어:고유어:한자어'로 대립쌍을 형성한 경우인데 비교적 그 예가 많이 나타난다. 22개 항목에 이르며 고유어쌍의 경우 1) 전부요소가 같고 후부요소가 다른 것, 2) 후부요소가 같고 전부요소가 다른 것, 3) 전부요소와 후부요소가 모두 다른 것 등으로 나누어 볼 수 있다. 1)에 해당하는 것은 9항목, 2)에 속하는 것은 10항목, 3)에 속하는 것은 3항목인데 그 예를 보이면 다음과 같다.

(15)

가마실:가맛골:釜谷里〈1-64〉 석동골:석동거리:三洞谷〈2-30〉
거리골:거리담:街谷〈2-63〉 뽕나무거리:뽕나뭇골:桑街〈3-35〉
모래고개:모래재:砂峴〈3-59〉 뱃재:배티:梨峴〈7-26〉
피재:피방터:稷峙里〈8-31〉 벌말:벌담:平村〈8-60〉
다리목:다리마을:橋谷洞〈8-66〉

맛골:매골:鷹谷〈1-59〉 갈마골:갈매골:葛馬洞〈1-115〉
지프실:지부실:深谷〈3-6〉 달랑고개:달령고개:月嶺〈3-34〉
새터:새텃말:新垈〈4-5〉 불구실:붉실:赤谷里〈4-15〉
고목:곰의목:熊項〈5-40〉 하녀물재:한내물재:寒泉峙〈4-97〉
질고개:지두고개:吉峴里〈7-49〉 고산적골:고산잣골:高山洞〈8-6〉

서문이:솔티:松峙里〈1-118〉 숫갓:수가리:炭枝〈5-24〉
갈골:앞말:蘆洞〈9-38〉

[B-4형]은 여섯 항목이 발견되며 '고유어:혼종어:혼종어'로 이루어진 것이다. 혼종어항의 경우 고유어항을 한자로 차용하여 표기하는 과정에서 생성된 것으로 보인다. 예컨대, '고지골:古芝洞:串洞〈1-121〉'의 경우 고유어항 '고지골' 중 전부요소는 음차

하여 '古芝'와 '串'으로, 후부요소 '골'은 훈차하여 '洞'으로 표기한 것이다. 이 부류에 속하는 항목은 다음과 같은 예가 더 있다.

(16)
웃소새:上素沙:上所沙〈1-36〉   더운절터:德隱절터:德隱寺터〈5-41〉
두무실:杜舞谷:豆毛谷〈8-98〉   조리재:鳥乙峙:曹兀峙〈9-10〉
가두둑:가둑:음달편〈9-11〉

　　[B-5형] 즉, '고유어:혼종어:한자어'로 되어 있는 것은 '두구매:土九之里:頭高山〈1-10〉'을 비롯하여 6항목이다.

　　'고유어:한자어:한자어'로 대응 쌍을 형성하는 [B-6형]은 42개 항목으로 가장 많은 예가 발견된다. 이 유형의 경우 행정단위명으로 정착된 '洞'과 '里'가 결합된 것과 제거된 것이 한자어쌍을 이루고 있는 경우가 흔히 발견된다. 예컨대 '새월이:新月洞:新月〈1-23〉, 거믄들:黑石洞:黑石〈1-68〉, 호무실:鋤谷里:鋤谷〈4-60〉 한바우:咸岩里:咸岩〈6-27〉' 등을 비롯하여 상당수가 이에 해당한다.

　　'거믄돌:玄岩:鳴石〈1-70〉, 고지여울:串灘:花灘〈4-35〉' 등은 고유어 전부요소를 바탕으로 서로 다른 의미상의 관점에서 차자함으로 생겨난 복수지명들이다. 더구나 '비끼재:斜峴:橫峙〈8-30〉'의 경우는 전부요소와 후부요소 모두에서 이런 현상이 나타난 것이다. 한편 '저실:楮谷:笛谷〈2-72〉, 욧골:要谷:饒谷〈8-90〉' 등의 경우는 전부요소의 차자에서 동음이의어를 가져다 씀으로써 생성된 복수지명어들이다. 또한 고유어 항을 바탕으로 음차에 의한 방식과 훈차에 의한 방식이 각각 적용되면서 생성된 복수지명어도 있는데 '곰의목:古木里:熊項〈5-33〉, 댓골:垈谷:竹洞〈8-46〉, 헌텃골:舊垈洞:憲德洞〈8-32〉' 등이 그것이다.

　　위에서 논의한 항목외에 이 유형[B-6형]에 속하는 예를 일부만 제시하면 다음과 같다.

(17)
돌봉:石峰:秀峰〈1-80〉   새말:新洞:新里〈1-127〉

구론:九龍里:九谷〈2-8〉	불근덕:積德里:赤德〈2-13〉
숫갓:炭枝里:炭枝〈6-43〉	봇두들기:복坪里:복坪〈6-45〉
궁뜰:宮坪:宮野〈7-12〉	음실:羽音谷:寓音谷〈7-15〉
요붓골:要富洞:饒富洞〈8-31〉	노쟁이:老長:老亭〈8-45〉
마실:馬谷里:馬谷〈8-92〉	만지실:晩田里:晩谷〈9-2〉
서무니:薪門里:薪門〈9-4〉	솔안:松寒里:松寒〈9-45〉

　[B-7형]은 '혼종어:혼종어:혼종어'로 대응 쌍이 구성되어 있는 것인데 '애뒤산:아뒤산:아후산〈1-16〉, 봉의재:봉의티:봉티〈5-22〉'등 2항목이 있다. '혼종어:혼종어:한자어'로 되어있는 [B-8형]도 '新村말:신축말:新村〈5-21〉,白岩골:白陽골:陪向대〈8-35〉' 등 두 항목이 있다.

　[B-9형]은 '혼종어:한자어:한자어'로 대응 쌍이 구성되어 있는 것인데 비교적 많은 분포를 보여 22항목의 예가 발견된다. 이 부류에 속하는 항목들 중 일부는 동일한 형태의 한자어 전접요소에 서로 다른 후부요소가 결합되어 형성된 것이다. 예컨대 '江諸골:江諸洞:江諸里〈1-91〉'의 경우 한자어 전접요소 '江諸'에 후부요소 '골, 洞, 里'가 결합하여 대응 쌍을 형성한 것이다. 이런 방식에 의해 형성된 예를 몇 개 더 보이면 다음과 같다.

(18)

明芝골:明芝洞:明芝里〈1-96〉	중터:中基:中垈〈1-109〉
중말:中里:中村〈3-31〉	괴실:槐谷里:槐谷〈4-31〉
덕실:德谷里:德谷〈6-11〉	龍山골:龍山谷:龍山里〈7-39〉
옥밭:玉田里:玉田〈8-44〉	

　이상의 예 외에 [B-9형]에 속하는 예를 몇 개만 들어 보이면 다음과 같다.

(19)

防築골:防築洞:沙田里〈1-100〉	陽地말:陽地村:陽垈洞〈1-106〉

봉의재:烽峙:吾峴烽燧〈2-5〉   성내:城川:德山川〈2-6〉

사창골:社谷里:社谷〈2-16〉   봉바우:鳳飛岩:鳳鳴岩〈2-38〉

陽坪말:陽坪里:양지편〈3-38〉   학고개:鶴峴里:鶴峴〈3-58〉

원터:院垈里:院垈〈4-38〉   長琴터:長琴:長琴垈〈7-48〉

    삼중대립에 속하는 유형 중 마지막으로 '한자어:한자어:한자어 [B-10형]'이 있다. 이 유형에 속하는 항목은 14개인데 그 중 일부의 예를 보이면 다음과 같다.

(20)

西部洞:西部:西町〈1-19〉   花山洞:花山里:花山〈1-90〉

水山里:壽山:水山〈4-2〉   綾江洞:綾江里:綾江〈4-75〉

老灘里:蘆灘里:露呑里〈6-41〉   雲鶴里:雲鶴:雲鶴洞〈7-35〉

茅亭里:茅亭:茅亭閣〈7-42〉   九鶴里:九鶴:九鶴洞〈8-50〉

4.2. 사중대응 이상의 관계에 있는 지명어

    지명어중 가장 많은 대응 쌍을 형성하고 있는 것은 칠중대응형으로 2항목이 발견된다. '저남:즈남:泉南:泉南洞:泉南驛:역말:驛村〈1-120〉, 뭇두:뭇도:뭇도위:무도위리:務道里:務道:務道尉〈9-1〉' 등이 그 예이다. '저남' 쌍의 경우 '義泉' 즉 의림지의 남쪽에 있어 '泉南'이라 붙여진 이름이 음운변화에 의해 여러 가지 형태의 이름을 생성했다. 또한 이곳에는 조선시대에 역이 있었으므로 '泉南驛:역말:驛村'이라는 이름까지 붙게 되면서 다양한 대응 쌍을 형성하게 되었다. '뭇두' 쌍의 경우 이 지역은 중국의 '武陵桃源' 같다 하여 '武桃里'라고 하였던 것인데 일제 때 '務道里'로 고쳐진 후 다양한 이름으로 불리고 있다.

    육중대응형은 5항목이다. 그 중 필자의 관심을 끄는 것은 '살미:活山里:活山:矢山:居山:箭山〈2-18〉과 '뱃재:배고개:팻재:梨峙:梨峴:敗峴〈9-9〉 두 항목이다. '살미' 쌍의 경우 후부요소 '미'는 정연하게 '山'으로 대응된다. 그런데 전부요소 '살'은 각각 '活:活:矢:

居:箭 등과 대응된다. 이때 '活:矢:居:箭' 등의 한자는 모두 그 훈이 '살'임을 알 수 있다. '뱃재' 쌍의 경우는 후부요소 '재:고개'가 상황에 따라 '峙:峴'과 대응되며 전부요소는 '梨'의 훈 '배'가 유사음 '패'로 전이되면서 '패:敗'를 생성하였다.

오중대응형과 사중대응형이 각각 15항목과 65항목이 발견된다. 복합대응 관계에 있는 항목들에 관한 논의가 위에서 상당히 이루어졌기에 여기서는 그 예를 몇 개만 보이기로 한다.

오중대응형

(21)

절산:寺山:伐乙山:官安山:水道山〈1-18〉

곰배산:갈매:곳매:南山:花山〈1-114〉

모라내:모랏내:榮川洞:沙川里:榮町〈1-117〉

개앞:개앗:개밭:浦前里:浦前〈2-44〉

안골:안말:內里:內谷:內洞〈4-6〉

봉의재:봉화재:吾峙:衣峙:吾峴〈4-88〉

사중대응형

(22)

山谷洞:산의실:사느실:山谷〈1-104〉

한투재:한치재:閑峙재:大峙〈1-111〉

城內里:성안:성내:성두둑〈2-34〉

갓고개:冠峙:冠재:笠峙〈3-8〉

오미:오매:伍山里:伍山〈3-27〉

성골:城里:城谷:城洞〈4-37〉

吾峙里:吾峙:吾峴:衣峙〈4-81〉

바미산:배모산:배무산:夜味山〈5-2〉

나실:羅谷:森田:三田〈5-3〉

개여울:가여울:浦灘里:浦灘〈6-30〉

탑골:탑거리:塔洞:塔坪〈8-48〉

점골:점말:店洞:店村〈9-62〉

5. 결론 및 요약

지명어 가운데 보수적인 어휘는 후부요소와 복수지명에 나타나는 고유어항 중 일부에서 찾을 수 있다. 본 연구는 제천지역 복수지명어를 탐구하여 다음과 같은 사항을 확인할 수 있었다.

1) 필자가 수집, 정리한 제천지역의 복수지명어쌍은 685항목에 이른다. 이 중에서 단순대응 관계에 있는 항목은 460개이다. 그리고 복합대응 관계에 있는 것은 225항목이다.

2) 단순대응 관계에 있는 지명어를 어종을 고려하여 7가지로 유형화할 수 있다. 즉, 고유어 대 한자어로 대응되는 지명어 [A-1형], 고유어 대 혼종어로 대응되는 지명어 [A-2형], 고유어 대 고유어로 대응되는 지명어 [A-3형], 한자어 대 한자어로 대응되는 지명어 [A-4형], 한자어 대 혼종어로 대응되는 지명어 [A-5형], 혼종어 대 혼종어로 대응되는 지명어 [A-6형], 어종을 분명하게 알 수 없는 지명어 [A-7형] 등이 그것이다.

3) 단순대립 관계에 있는 항목 중 202항목이 고유어와 한자어로 대응되어 있다. 이는 44%에 이르는 것으로 가장 일반적인 복수지명어의 존재 양상이 이 유형임을 알게 해 준다.

4) 고유어 대 한자어로 대응되는 지명어 중 전부요소와 후부요소 모두에서 유의대응 관계가 이루어진 예는 132항목(65%)이다. 이는 고유어 대 한자어로 이루어진 복수지명어는 대체로 유의대응 구조를 이루고 있음을 말해주는 것이다. 또한 한자어지명을 명명할 때 기존의 고유지명어가 지닌 의미를 일차적인 배경으로 삼고 있음을 알 수 있다.

5) 고유어 대 한자어로 대응되는 지명 중 전부요소나 후부요소 한 부분만이 유의대응을 형성하고 있는 경우가 있다. 이 경우 전부요소의 경우보다는 후부요소가 유의대응을 이루고 있는 경우가 일반적이다. 이때 유의대응 관계에 있지 않은 부분은 고유어지명 요소와 한자어지명 요소가 같거나 유사한 음으로 되어 있는 경우가 흔하다.

6) 혼종어 지명은 전부요소와 후부요소 중 한 부분이 각각 한자어와 고유어로 되어 있는 것이다. 전부요소가 한자어로 되어 있는 혼종어항보다는 후부요소가 한자어로 되어 있는 것이 더 많이 나타난다.

7) 고유어끼리 복수지명어를 형성하는 방법으로는 후부요소가 교체되면서 이루어진 것과 전부요소가 교체되면서 생성된 것으로 나누어 볼 수 있다. 후부요소가 교체되면서 생성된 경우는 ㄱ)유사한 개념을 지닌 어사와 교체되면서 복수지명어를 형성한 경우, ㄴ)기존의 어사에 접사가 결합되어 확장된 형태의 후부요소가 생겨나면서 복수지명어를 형성한 경우, ㄷ)의미상 전혀 관련 없는 후부요소의 교체에 의하여 형성된 경우가 있다. 전부요소가 교체되면서 복수지명어쌍이 고유어만으로 되어있는 것은 음운변화에 의한 것이 대부분이다.

8) 복수지명어 중 한자어만으로 그 쌍을 이루고 있는 것은 두 부류로 기존의 한자어지명에 한 부분이 첨가된 경우와 일정 부분의 교체에 의한 것이 있다. 기존의 지명에 한 형태의 첨가가 이루어지는 경우는 후부요소의 첨가에 의한 것이 일반적이다.

9) 한자어지명과 혼종어 지명을 대응 쌍으로 하고 있는 유형은 혼종어항에서 후부요소가 고유어로 된 것이 절대적으로 많이 분포되어 있다. 상호 대립관계에 있는 후부요소들은 유의관계를 형성하고 있는 것이 대부분이다.

10) 양항이 혼종어로 되어있는 복수지명어들은 대부분 후부요소가 고유어이고 전부요소는 한자어인 것이 많다.

11) 복합대응 관계에 있는 지명어 항목 225쌍 중 사중대응형이 65항목 그리고 삼중대응형이 138항목이다. 이를 통하여 볼 때 복합대응의 주류를 이루는 것은 삼중대응과 사중대응이며 그 이상의 대응은 흔한 것이 아님을 알 수 있다.

12) 삼중대응 관계에 있는 지명어를 어종에 따라 유형화하면 10가지의 경우가 있을 수 있다. 이중 [B-6형] 즉, '고유어:한자어:한자어'로 대응되는 것이 42항목으로 가장 많이 분포되어 있다. 이 유형 중 특이한 것은 고유어지명을 바탕으로 서로 다른 의미상의 관점에서 借字함으로 한자어 복수지명어를 생성해 냈다는 것이다. '고지여울:串灘:花灘〈4-35〉, 비끼재:斜峴:橫峙〈8-30〉, 저실:

楮谷:笛谷〈2-72〉' 등이 그 예이다. 그리고 [B-3형], [B-9형], [B-10형]이 각각 22항목, 22항목, 14항목으로 상당수 나타난다. 그러나 [B-1형], [B-2형], [B-4 형], [B-5형], [B-7형], [B-8형] 등은 각각 2, 3, 6, 6, 2, 2 항목으로 미미하게 나타난다.

13) 삼중대응형 [B-3형]은 '고유어:고유어:한자어'로 대립쌍을 형성한 경우인데 이 중 고유어쌍의 경우 전부요소나 후부 요소 중 한 부분이 같거나 유사한 경우로 되어 있다.

14) 지명어 중 가장 많은 대응 쌍을 형성하고 있는 것은 칠중대응형으로 2항목이 발견된다. '저남:즈남:泉南:泉南洞:泉南驛:역말:驛村〈1-120〉, 뭇두:뭇도:뭇도위:무도위리:務道里:務道:務道尉〈9-1〉' 등이 그 예이다. '저남' 쌍의 경우 '義泉' 즉 의림지의 남쪽에 있어 '泉南'이라 붙여진 이름이 음운변화에 의해 여러 가지 형태의 이름을 생성했다. 또한 이곳에는 이조때 역이 있었으므로 '泉南驛:역말:驛村'이라는 이름까지 붙게 되면서 다양한 대응 쌍을 형성하게 되었다.

15) 육중대응형은 5항목이다. 그 중 필자의 관심을 끄는 것은 '살미:活山里:活山:矢山:居山:箭山〈2-18〉와 같은 것들이다. 이런 부류의 경우 후부요소 '미'는 정연하게 '山'으로 대응되나 전부요소 '살'은 각각 '活:活:矢:居:箭' 등과 대응된다. 이 때 한자 '活:矢:居:箭' 등의 새김이 모두 '살'임을 알 수 있다.

제12장

의역과 음역에 의한 지명의 한자어화

1. 서론

복수지명어에 대한 연구는 그 대응양상을 파악함은 물론 원초형인 고유지명어가 한자지명어 등으로 전환하는 과정을 추적하여 이차 지명어 생성원리를 파악하는 데 있다. 나아가 여기서 밝혀낸 원리를 바탕으로 새로운 지명의 명명에 활용할 수 있는 정보를 찾고자 하는 데 그 궁극적인 목적이 있다. 제11장에서는 한국 지명의 특징 중의 하나인 복수지명어의 대응 양상에 대하여 논의하였다.

복수지명어에서 대부분의 한자어지명은 고유어지명을 바탕으로 生成된 것으로 보인다. 그러나 일부 한자어지명은 음운변화나 어원 상실 등으로 인하여 고유어 같이 보이는 경우도 있다. 그리고 고유어지명이 한자어와 고유어가 결합된 혼종어 지명으로 변화를 입은 경우도 일부 발견된다. 본 장에서는 고유어지명이 바탕이 되어 한자어지명으로 바뀐 것만을 대상으로 삼았다.

연구 대상 자료에 대하여 고유지명어와 한자지명어의 대응 관계를 정밀하게 비교, 분석함으로써 지명어가 한자어화하는 과정에서 어떤 원리가 적용되었는지 탐구하게 될 것이다. 그리고 한자어지명 형성에 활용된 한자에 대한 특징도 탐구하게 될 것이다.

복수지명어의 존재 양상을 살펴보면 근원형인 고유지명어가 한자지명어와 음상이 유사하거나 아니면 공통적인 의미 기반 위에 있는 것으로 나누어 볼 수 있다. 후자 즉 공통적인 의미 기반 위에 있다는 것은 근원형인 고유지명어가 가지고 있는 의미를 중시하여 이에 해당하는 한자를 활용, 한자지명어로 전환된 것이다. 그러나 고유지명어와 한자지명어가 음상이 유사한 경우는 고유지명어가 지닌 의미와는 관계없이 같거나 비슷한 음을 지닌 한자를 활용하여 한자어지명이 생성된 경우이다.

'노루물 → 獐井'의 경우 고유지명어의 전부요소 '노루'가 의미하는 한자 '獐'과 후부요소 '물(우물)'이 뜻하는 한자 '井'을 가져다가 '獐井'이라는 한자어지명을 생성해 낸 것이다. 그리고 '모산(←못+안) → 茅山'의 경우는 의림지라는 못, 안 쪽에 위치한 마을이라는 의미와는 상관없이 '모산'과 같은 음을 지닌 한자 '茅'와 '山'을 활용하여 한자어지명 '茅山'을 생성해 내었다. 獐井과 茅山은 고유어지명을 한역화하여 생성해 낸 두 유형인데 이런 방식은 오랜 전통을 지닌 지명어 표기 방식이다. 근원형의 의미를 존중하여 한역화가 이루진 것을 義譯, 음상을 채택하여 한역한 것을 音譯이라 한다. 그러므로 獐井은 의역에 의해 생성된 것이고 茅山은 음역에 의해 생성된 것이다.

고유지명어에 대응되는 한자지명어를 분석, 고찰함에 있어서 단순히 문헌에만 의존하지 않고 수시로 현지답사를 통하여 자료를 확보하였다. 현지답사 때에는 실제 지형을 관찰함은 물론 적절한 제보자를 통해 그 지역에 전승되고 있는 지명의 유래, 전설 등을 광범위하게 수집하여 지형과 지명의 연관성을 탐구하였다. 최근 몇 년간 국책사업으로 시행 중인 도로명 및 건물번호 부여 사업에서 바람직한 도로명 부여와 관련한 이론적인 연구가 거의 없었다고 생각된다. 앞으로 새로이 건설될 신도시의 가로명, 건물명 등의 명명을 비롯한 새로운 지명의 창안을 위하여 그 이론적 기초를 마련하기 위한 연구는 지명학자들에게 부여된 임무라고 생각한다.

본 연구는 이러한 사명에 부응하기 위하여 고유어지명이 한자어지명으로 전환되는 과정을 추적함으로써 한자어지명의 생성 원리를 파악하게 될 것이다. 또한 그 원형인 고유어 지명의 보존과 활용 문제는 물론 불합리한 지명의 개정 등에 관하여도 이론적 기초를 제공하게 될 것이다.

2. 고유어지명의 한자어화

고유어지명과 한자어지명이 공존하는 소위 복수지명어의 원형이 대체로 고유어임은 주지하는 바다. 예컨대, 한자지명어 '장정/장정동(獐井/獐井洞)'은 고유지명어 '노루-물'에 그 근원을 두고 있는 것이다. 물론 한자어지명에서 고유어지명이 생성되는 경우가 전혀 없는 것은 아니지만,[1] 복수지명어의 대부분은 고유어지명을 모태로 생성, 발달하였다.

언제부터인지는 정확하게 알 수 없지만 우리의 선조들은 한반도를 배경으로 터를 잡았고, 살고 있는 터전에 적절한 명칭을 부여하였다. 초기 단계에서 부여된 지명이 한국어 즉 고유어였음은 의심할 필요가 없을 것이다. 그런데 이 지명을 입말로만 사용하던 단계를 지나 문자화 즉 글말로의 활용 단계에 이르면서 여러 가지 문제가 발생하게 된다. 우리말을 직접적으로 표기할 수 있는 문자가 존재하였다면 음성언어를 문자언어로 옮기는 데 크게 어려움이 없었을 것이다.

시간과 공간의 제약을 받는 음성언어의 문자화는 인간 생활의 초기 단계에서부터 필요로 했던 것이다. 이런 이유 때문에 고유한 문자를 가지지 못했던 우리 선조들은 한자를 이용하여 우리말을 표기하려는 노력을 계속하게 된다. 지명어를 비롯한 어휘의 문자화에 그치지 않고 문장 단위까지의 확대를 위하여 기울인 선조들의 노력에 대하여는 지명언어학자 이외에도 이두, 구결 등 한자차용표기 연구자들에 의해 정리되었다.[2]

고유지명어가 한자지명어로 전환되는 과정에서 채택된 방식은 한자의 음과 뜻을 활용하는 것에서 벗어날 수 없다. 한자가 지니고 있는 세 요소 즉 形, 音, 義 중 초기

---

1 근원형이 한자어였던 것이 음운 변화를 입어 고유어지명으로 정착된 경우는 泉南 → 저남/즈남[마을], 泉南橋 → 저남-다리[다리], 泉南坪 → 저남-들[들]과 같은 예에서 찾을 수 있다. 제천시 천남동과 관련된 이들 지명 어휘 속에 보이는 '저남/즈남'은 한자어 '泉南'이 변화하여 생겨난 어형으로 보인다. 즉, '천남>저남>즈남'의 변화를 거친 것으로 보이며 '저남/즈남'은 '泉南'으로의 원형복귀가 힘들 정도로 개주되어 막연히 고유어로 인식되고 있다.

2 이에 대한 논의 중 이 연구와 관련하여 관심을 끄는 것으로 이숭녕(1955), 남풍현(1975, 1981), 이승재(1992), 천소영(1995, 2001), 도수희(1998), 송기중(1999) 등이 있다.

단계에서 국어 어휘를 표기하는 데 借音의 방법이 동원된다. 하지만 차음의 방법만으로는 문장의 단위도 아닌 어휘마저도 만족스럽게 표기할 수 없었다. 그래서 동원되기 시작한 것이 한자가 지닌 뜻의 측면을 활용하는 借訓의 방식인 것이다.

한자의 음과 훈을 빌어 지명을 표기했던 초기 단계에서는 고유어지명을 편의에 따라 借音 또는 借訓의 방식을 활용하여 표기했지만 읽을 때는 동일한 음성 모형으로 실현되었다. 예컨대 '買忽' 또는 '水城'이라 달리 적었지만 전자는 音讀하여 [미홀]이라 하였을 것이고 후자는 訓讀[3]하여 [미홀]이라 했을 것이기 때문이다.

한자, 한문을 訓讀하던 전통이 없어지면서 '水城'은 [수성]이 되고 급기야 고유어지명 '미홀'이 아닌 한자어지명으로 변해 버린 것이다. 현재 제천시 흑석동에 살고 있는 사람들이 고유어지명 '거믄돌'이라는 말을 사용하고 있지만 문자화된 행정지명 '黑石洞'을 [거믄돌]이라고 읽는 사람은 아무도 없다. '黑石洞'의 모태가 되었던 것은 고유어지명 '거믄돌'이지만 '흑석동'이라는 한자어지명이 생성, 정착된 것이다. 즉, '黑石'을 그 바탕이 되었던 [거믄돌]로 읽지 않고 [흑석]으로 읽는 것이 현실이기 때문에 訓讀 또는 借訓이라는 용어보다는 義譯에 의한 漢譯化라는 말을 사용하는 것이 적절하게 여겨진다.

거믄돌에 대응하는 黑石洞과 더불어 釜谷(←가마-실/가마-골), 新垈(←새-말) 등 의역에 의해 생성된 지명은 쉽게 한자어지명으로 처리할 수 있다. 그러나 음역 방식에 의해 생성되어 한자로 표기된 지명 閑儀洞(←하누-골), 安陰/安城(←안암이), 素沙/所沙(←소새)에 이르면 이들 지명을 한자어로 처리하는 데 주저하지 않을 수 없게 된다. 이들 부류에 대해서는 보는 각도에 따라 한자어로 처리하는 데 문제를 제기할 수도 있겠으나

---

3   訓讀이라는 용어는 그동안 학계에서 釋讀, 새김 등으로도 불려 왔다. 필자는 엄격한 의미에서 釋과 訓의 개념이 차이가 있다고 본다. 釋은 一字數意에 대응되는 개념으로 상황에 따라 표제 한자의 字意와 聯合하여 나타나는 한국어 단어나 구절을 의미하는 개념이고, 訓은 상황과는 관계없이 특정 한자를 제시하면 그 한자와 일차적으로 연합되는 우리말 단어이다(박병철 1989 제2장 참조). 예를 들어 '上'이라는 한자를 제시하면 일차적으로 '위'라는 한국어 단어와 연합한다. '上'이 한자차용표기 문자로서의 기능을 원활하게 수행하려면 어떤 상황에서든지 '위'와 연합되어야지 '오르다, 임금, 꼭대기……' 등의 뜻이 있다고 해서 이들 단어와 상황에 따라 연합해서는 안 되기 때문이다. 이런 이유로 필자는 한자차용표기와 관련하여서는 訓讀이라는 용어를 사용하고자 한다.

한자로 표기된 '閑儀洞, 安陰/安城, 素沙/所沙' 등은 한자어지명으로 처리하는 것이 합리적으로 보인다.

3. 의역에 의한 고유어지명의 한자어화

전부요소와 더불어 후부요소까지 포함한 단일 지명어가 의역의 방식에 의해 한자어화한 경우는 음역에 의한 방법보다 월등하게 많이 나타난다. 고유어지명이 의역에 의해 한자어화한 항목들을 살펴보면 고유지명어의 원뜻을 살린 것과 본래의 뜻을 살리지 않은 것으로 분류된다. '노루 - 물 → 獐井/獐井洞'은 원뜻을 살리면서 한자어화한 경우이고 '묵은 - 배미 → 陳夜'는 원뜻과는 상관없이 이루어진 것이다. 후자 즉, '묵은 - 배미 → 陳夜'는 漢字借用表記體系와 관련하여 말한다면 이른바 訓假에 해당하는 것이며, '노루 - 물 → 獐井/獐井洞'은 訓讀에 해당하는 것으로 보아야 할 것이다.[4]

오늘날과 같이 한자를 오로지 음으로만 읽지 아니하고 훈으로도 읽던 시절에는 '獐井'과 '陳夜'를 '노루물' 그리고 '묵은배미'라 읽었을 것이다. 이 경우는 '獐井'과 '陳夜'가 고유어 '노루물'과 '묵은배미'를 표기했던 문자로 보아야 할 것이다. 그러나 현대로 오면서 한자를 음으로만 읽게 되자 '獐井'과 '陳夜'는 고유어가 아닌 한자어 '장정'과 '진야'가 되었고 또한 行政 洞里名으로 확정되면서 고유지명어를 더욱 위축시키는 결과까지 초래하게 되었다.

훈민정음 창제 후 오늘날로 오면서 불편하고 비효율적인 한자차용표기가 쇠퇴하자 고유어지명을 배경으로 한자어지명을 생성, 산출해 내는 한역화가 진행된 것으로 보인다. 이때에도 고유어가 지닌 본 뜻과 직접적으로 관련이 있는 한자를 쓰기도 하고 그렇지 않은 경우도 있다. 앞에서 예로 든 '노루 - 물 → 獐井'은 直譯이라 할 수 있고

---

4 借字表記法의 體系를 南豊鉉(1981: 15)에서 "漢字의 音을 빈 경우 音讀, 音假, 그리고 訓을 빈 경우 訓讀, 訓假"로 분류하였다. 고유어지명의 漢譯化와 관련하여서는 音譯, 義譯으로 양분한 후 義譯의 種槪念語로 直譯과 雅譯이라는 용어를 사용하고자 한다.

'묵은 - 배미 → 陳夜'는 雅譯이라 할 수 있을 것이다.

3.1. 直譯에 의한 고유어지명의 한자어화

의역에 의한 고유어지명의 한자어화는 소위 直譯의 경우와 雅譯의 경우로 나누어 볼 수 있다. 본 절에서는 직역에 의한 한자어화에 대하여 논의하고자 한다. 그런데 고유어지명과 한자어지명을 대비하기 전에 고유어의 의미를 정확하게 추정해내지 못하면 직역에 의한 것인지 아역에 의한 것인지 결론을 내리기가 매우 어려운 경우가 있다. 고유지명어의 정확한 의미를 파악하기 위해서는 해당 지명에 대하여 명명의 배경을 알아야 한다. 그 배경을 알기 위해서는 문헌을 통한 고증은 물론 현지답사 등 거쳐야 할 일이 많다. 필자는 여건이 허락하는 범위 내에서 문헌 연구와 현지답사를 통한 지형 관찰, 현지인의 증언 등을 토대로 각 지명이 지닌 명명의 배경을 탐구한 후 고유지명어의 의미를 파악하고자 하였다. 이에 기초하여 한역화 과정에서 직역의 방법이 동원되었는지 아니면 아역을 이용하였는지 결론을 내리게 되었다. 이제 지명의 한자어화가 직역에 의하여 이루어졌다고 보이는 것을 후부요소의 유형에 따라 논의하기로 한다.

1) 谷系 지명

谷系 지명에 속하는 후부요소 중 고유어 형태는 '-골/-골짜기, -실'이 나타나고 이에 대응하는 한자어 형태로는 '-谷'만이 나타난다.

(1)
피재-골 → 직치(稷峙)【골】〈6-1〉[5]

---

[5] 〈6-1〉은 해당 지명이 송학면 도화리에 있음을 뜻하는 것이다. 일련번호가 나타내는 각 시·읍·면의 동·리는 다음과 같다.
   1. 제천시(堤川市)

큰—골짜기 → 대곡(大谷)【골】〈8-19〉

〈1-1〉 강제동(江諸洞), 〈1-2〉 고명동(高明洞), 〈1-3〉 고암동(古岩洞), 〈1-4〉 교동(校洞), 〈1-5〉 남천동(南川洞), 〈1-6〉 대랑동(大郞洞), 〈1-7〉 동현동(東峴洞), 〈1-8〉 두학동(頭鶴洞), 〈1-9〉 명동(明洞), 〈1-10〉 명서동(明西洞), 〈1-11〉 명지동(明芝洞), 〈1-12〉 모산동(茅山洞), 〈1-13〉 산곡동(山谷洞), 〈1-14〉 서부동(西部洞), 〈1-15〉 신동(新洞), 〈1-16〉 신백동(新百洞), 〈1-17〉 신월동(新月洞), 〈1-18〉 영천동(榮川洞), 〈1-19〉 왕암동(旺岩洞), 〈1-20〉 용두동(龍頭洞), 〈1-21〉 의림동(義林洞), 〈1-22〉 자작동(自作洞), 〈1-23〉 장락동(長樂洞), 〈1-24〉 중앙동(中央洞), 〈1-25〉 천남동(泉南洞), 〈1-26〉 청전동(青田洞), 〈1-27〉 하소동(下所洞), 〈1-28〉 화산동(花山洞), 〈1-29〉 흑석동(黑石洞).

2. 봉양읍(鳳陽邑)

〈2-1〉 공전리(公田里), 〈2-2〉 구곡리(九曲里), 〈2-3〉 구학리(九鶴里), 〈2-4〉 마곡리(馬谷里), 〈2-5〉 명도리(明道里), 〈2-6〉 명암리(明岩里), 〈2-7〉 미당리(美堂里), 〈2-8〉 봉양리(鳳陽里), 〈2-9〉 삼거리(三巨里), 〈2-10〉 연박리(硯朴里), 〈2-11〉 옥전리(玉田里), 〈2-12〉 원박리(院朴里), 〈2-13〉 장평리(長坪里), 〈2-14〉 주포리(周浦里), 〈2-15〉 팔송리(八松里), 〈2-16〉 학산리(鶴山里).

3. 금성면(錦城面)

〈3-1〉 구룡리(九龍里), 〈3-2〉 대장리(大壯里), 〈3-3〉 동막리(東幕里), 〈3-4〉 사곡리(社谷里), 〈3-5〉 성내리(城內里) 〈3-6〉 양화리(陽化里), 〈3-7〉 월굴리(月窟里), 〈3-8〉 월림리(月林里), 〈3-9〉 위림리(渭林里), 〈3-10〉 적덕리(積德里), 〈3-11〉 중전리(中田里), 〈3-12〉 진리(榛里), 〈3-13〉 포전리(浦前里) 〈3-14〉 활산리(活山里).

4. 덕산면(德山面)

〈4-1〉 도기리(道基里), 〈4-2〉 도전리(道田里), 〈4-3〉 선고리(仙古里), 〈4-4〉 성암리(城岩里), 〈4-5〉 수산리(壽山里), 〈4-6〉 신현리(新峴里), 〈4-7〉 월악리(月岳里).

5. 백운면(白雲面)

〈5-1〉 덕동리(德洞里), 〈5-2〉 도곡리(道谷里), 〈5-3〉 모정리(茅亭里), 〈5-4〉 방학리(放鶴里), 〈5-5〉 애련리(愛蓮里), 〈5-6〉 운학리(雲鶴里), 〈5-7〉 원월리(院月里), 5-8 평동리(平洞里), 〈5-9〉 화당리(花塘里).

6. 송학면(松鶴面)

〈6-1〉 도화리(桃花里), 〈6-2〉 무도리(務道里), 〈6-3〉 송한리(松寒里), 〈6-4〉 시곡리(柴谷里), 〈6-5〉 오미리(五味里), 〈6-6〉 입석리(立石里), 〈6-7〉 장곡리(長谷里), 〈6-8〉 포전리(浦田里),

7. 수산면(水山面)

〈7-1〉 계란리(鷄卵里), 〈7-2〉 고명리(高明里), 〈7-3〉 괴곡리(槐谷里), 〈7-4〉 구곡리(九谷里), 〈7-5〉 내리(內里), 〈7-6〉 능강리(綾江里), 〈7-7〉 다불리(多佛里), 〈7-8〉 대전리(大田里), 〈7-9〉 도전리(道田里), 〈7-10〉 상천리(上川里), 〈7-11〉 서곡리(鋤谷里), 〈7-12〉 성리(城里), 〈7-13〉 수곡리(水谷里), 〈7-14〉 수리(水里), 〈7-15〉 수산리(水山里), 〈7-16〉 오티리(吾峙里), 〈7-17〉 원대리(院垈里), 〈7-18〉 율지리(栗枝里), 〈7-19〉 적곡리(赤谷里), 〈7-20〉 전곡리(全谷里), 〈7-21〉 지곡리(池谷里), 〈7-22〉 하천리(下川里).

8. 청풍면(清風面)

〈8-1〉 계산리(鷄山里), 〈8-2〉 광의리(廣儀里), 〈8-3〉 교리(校里), 〈8-4〉 단돈리(丹頓里), 〈8-5〉 단리(丹里). 〈8-6〉 대류리(大柳里), 〈8-7〉 도곡리(陶谷里), 〈8-8〉 도리(道里), 〈8-9〉 도화리(桃花里), 〈8-10〉 물태리(勿台里), 〈8-11〉 방흥리(芳興里), 〈8-12〉 부산리(婦山里), 〈8-13〉 북진리(北津里), 〈8-14〉 사오리(査伍里), 〈8-15〉 신리(新里), 〈8-16〉 실리곡리(實利谷里), 〈8-17〉 양평리(陽坪里), 〈8-18〉 연곡리(淵谷里), 〈8-19〉 연론리(連論里), 〈8-20〉 오산

세-골 → 삼곡(三谷)【골】〈8-21〉

삽작-골 → 비곡(扉谷)【골】〈8-26〉

새-골 → 조형곡(鳥形谷)【골】〈8-27〉

(2)

가마-실/가마-골 → 부곡(釜谷)【마을】〈1-8〉

지프-실 → 심곡(深谷)【마을】〈3-6〉

가느-실 → 세곡(細谷)【마을】〈7-1〉

널-실/너-실/느-실 → 판곡/판곡리(板谷/板谷里)【마을】〈7-9〉

호무-실 → 서곡/서곡리(鋤谷/鋤谷里)【마을】〈7-11〉

불구-실 → 적곡리(赤谷里)【마을】〈7-19〉

쇠-실 → 금곡(金谷)【마을】〈7-19〉

앞-실 → 전곡/전곡리(前谷/前谷里)【마을】〈7-19〉

골무-실 → 동산곡(洞山谷)【마을】〈7-22〉

호미-실 → 서곡(鋤谷)【마을】〈8-19〉

참-실 → 진곡리(眞谷里)【마을】〈8-21〉

　(1)에서 고유어지명의 구조를 보면 '피재-골'을 제외하고는 모두 후부요소와 전부요소가 하나의 어기로 되어 있다. 후부요소 '-골'이 예외 없이 '-谷'과 대응되어 나타남을 알 수 있으나 '피재-골 → 직치(禝峙)'에서는 '-골'에 대응하는 '-谷'이 생략되었다. 이는 지명어의 후부요소로 흔히 쓰이는 '-峙'가 앞서 나타났기 때문으로 보인다. 고유어지명에서는 分類要素의 기능을 하는 '재'와 '골'이 중첩되어 나타나지만 이에 대응하는 '峙谷'은 그렇게 되지 않음이 자연스러운 것이라 하겠다.

리(伍山里), 〈8-21〉 용곡리(龍谷里), 〈8-22〉 읍리(邑里), 〈8-23〉 장선리(長善里), 〈8-24〉 진목리(眞木里), 〈8-25〉 학현리(鶴峴里), 〈8-26〉 황석리(黃石里), 〈8-27〉 후산리(後山里).

9. 한수면(寒水面)

〈9-1〉 덕곡리(德谷里), 〈9-2〉 명오리(鳴梧里), 〈9-3〉 복평리(㐲坪里), 〈9-4〉 북노리(北老里), 〈9-5〉 사기리(沙器里), 〈9-6〉 상노리(上老里), 〈9-7〉 서운리(瑞雲里), 〈9-8〉 서창리(西倉里) 〈9-9〉 송계리(松界里), 〈9-10〉 역리(驛里), 〈9-11〉 탄지리(炭枝里), 〈9-12〉 포탄리(浦灘里), 〈9-13〉 한천리(寒泉里), 〈9-14〉 함암리(咸岩里), 〈9-15〉 호운리(好雲里), 〈9-16〉 황강리(黃江里).

(2)에서 '-실'은 예외 없이 '-谷'과 대응됨을 알 수 있다. 이는 아래에서 살펴보겠지만 '-골'이 村系 지명일 경우에는 반드시 '-谷'과 대응되지 않는다는 점과 비교할 때 흥미로운 것이라 할 수 있다.

2) 村系 지명

村系 지명에 속하는 고유어 후부요소는 -골[6], -말/마을, -터, -거리, -담 등 다양하게 나타나고 한자어 후부요소도 -谷 -洞, -里, -村, -垈, -坪, -基, -街 등으로 다양하게 나타난다.

(3)
절-골 → 사곡(寺谷)【마을】〈1-1〉, 〈6-3〉
가마-골/가마-실 → 부곡(釜谷)【마을】〈1-8〉
절텃-골 → 사대동(寺垈洞)【마을】〈2-1〉
갈-골 → 노동(蘆洞)【마을】〈2-3〉
헌텃-골 → 구대동(舊垈洞)/헌덕동(憲德洞)[7]【마을】〈2-6〉
밤나뭇-골 → 율목동(栗木洞)【마을】〈2-6〉
논-꼴 → 답동(沓洞)【마을】〈2-9〉, 〈7-6〉
댓-골 → 죽동(竹洞)/대곡(垈谷)【마을】〈2-11〉
뒷-골 → 후동(後洞)【마을】〈2-16〉
거리-골/거리-담 → 가곡(街谷)【마을】〈3-2〉

---

6 '-골'은 고구려 지명 沙伏忽(赤城), 買忽(水城), 買召忽(邵城), 多比忽(開城)…… 등에서 흔히 볼 수 있는 것으로 '-忽'에서 유래한 것임을 알 수 있다. 峽谷 내지는 山峽에 발달된 村落을 의미하던 지명의 후부요소로 볼 때 이 경우는 분명 '-谷系 지명이다. 그러나 '-골'의 발달을 중세문헌에 보이는 'ᄀᆞ볼(村)'에서 찾을 수도 있다. 'ᄀᆞ볼>ᄀᆞ올>고올>고을>골'로 발전하여 '-골'이 형성되었다고 볼 때 山峽을 배경으로 형성되지 않은 촌락까지 모두 '谷'계 지명으로 처리하는 것은 문제가 있다고 본다. 이런 점을 고려하여 본 연구에서는 마을을 나타내는 지명은 일단 '村'계 지명으로 처리하기로 한다.
7 고유지명어 '헌텃-골'은 의역에 의해 '舊垈洞'으로 한자어화함은 물론 음역에 의해 '헌터'가 '憲德'으로 再構造化하였음을 알 수 있다. 여기서는 전자만을 탐구의 대상으로 하지만 후자의 예도 함께 제시하기로 한다.

텃-골 → 기동(基洞)/대동(垈洞)【마을】⟨3-3⟩

옻밭-골/옷방골 → 칠전(漆田)【마을】⟨3-11⟩

갬-골/개암-골/갱-골 → 진리(榛里)/진동리(榛洞里)【마을】⟨3-12⟩

뒷-골 → 후곡(後谷)【마을】⟨3-13⟩

못-골 → 지곡(池谷)【마을】⟨4-3⟩

큰-골 → 대곡(大谷)【마을】⟨5-4⟩

범바우-골 → 호암곡(虎岩谷)【마을】⟨5-4⟩

텃-골/턱-골 → 기동(基洞)【마을】⟨6-2⟩

가랫-골 → 추동(楸洞)【마을】⟨6-4⟩

쇳-골 → 금곡/금곡리(金谷/金谷里)【마을】⟨6-4⟩

기픈-골 → 심곡동(深谷洞)【마을】⟨6-4⟩

갈-골 → 노동(蘆洞)【마을】⟨6-8⟩

안-골/안-말 → 내곡(內谷)/내동(內洞)【마을】⟨7-5⟩

가래-골 → 추곡(楸谷)【마을】⟨7-8⟩

뒤싯-골 → 후동(後洞)【마을】⟨7-8⟩

한벌-골/한버들 → 대류리(大柳里)/대류수리(大柳樹里)【마을】⟨8-6⟩

질-골 → 도곡/도곡리(陶谷/陶谷里)【마을】⟨8-7⟩

뒷-골 → 후곡(後谷)【마을】⟨8-26⟩

논-골 → 답동(畓洞)【마을】⟨8-27⟩

딱밭-골 → 저곡(楮谷)【마을】⟨9-1⟩

머우-골 → 오곡(梧谷)【마을】⟨9-1⟩

밤나뭇-골 → 율동(栗洞)【마을】⟨9-8⟩

절-골 → 사동(寺洞)【마을】⟨9-9⟩

(1)의 谷系 지명에서는 '-골'과 '-실'이 예외 없이 '-谷'과 대응하였으나 (3) 村系 지명의 경우는 위에서 보듯 사정이 다르다. 34개의 목록 중에서 18개가 '-洞'과 대응되며 2개는 '-里', 하나는 생략된 형태로 나타난다. 이는 '-골'의 근원이 고구려어 '-忽'에서 온 것이 아니고 中世文獻에 흔히 보이는 'ᄀᆞᄫᆞᆯ/ᄀᆞ올'에 있음을 암시하는 것이 아닌가 한다.

'옻밭-골 → 漆田'에서 '-골'에 대응하는 후부요소가 나타나지 않음을 알 수 있다. 이는 '-谷' 또는 '-洞'이 생략된 것으로 (1)의 '피재-골 → 襟峙'와 같은 것이다. 그런데 절텃-골 → 寺垈洞, 헌텃-골 → 舊垈洞, 갬-골/개암-골/갱-골 → 榛洞里, 질-골 → 陶谷里, 쇳-골 → 金谷里 등에서 보면 후부요소로 쓰이는 -垈, -洞, -谷, -里 등이 중첩되어 垈洞, 洞里 그리고 谷里와 같은 형식으로 나타난다. 이는 행정 동리명에 일괄적으로 부여한 '-洞'과 '-里'가 다른 한자어 후부요소 뒤쪽에 결합될 수 있음을 알게 해 준다. 그러나 이러한 방식은 그다지 바람직한 현상이라고 보기는 어렵다.

(4)

벌-말 → 평촌(坪村)【마을】⟨1-3⟩, ⟨3-3⟩, ⟨3-7⟩

새-말 → 신대(新垈)【마을】⟨1-11⟩, ⟨9-13⟩

새-말 → 신동(新洞)/신리(新里)【마을】⟨1-15⟩

안-마을 → 내동(內洞)【마을】⟨1-15⟩

다리-마을/다리-목 → 교곡동(橋谷洞)【마을】⟨2-10⟩

벌-말/벌-담 → 평촌(平村)【마을】⟨2-15⟩

골-말 → 곡촌(谷村)【마을】⟨3-10⟩

큰-말 → 대리(大里)【마을】⟨3-13⟩

큰-말 → 대동(大洞)【마을】⟨4-1⟩

뒷-말 → 후촌/후촌리(後村/後村里)【마을】⟨4-2⟩

새텃-말 → 중신대(中新垈)【마을】⟨4-6⟩

웃-말 → 상촌(上村)【마을】⟨5-4⟩, ⟨7-2⟩, ⟨8-27⟩

새터-말 → 신대촌(新垈村)【마을】⟨5-9⟩

새-말 → 신촌(新村)【마을】⟨6-4⟩, ⟨7-8⟩

중텃-말 → 중촌(中村)【마을】⟨7-2⟩

가운뎃-말 → 중동(中洞)【마을】⟨7-3⟩

들-말/벌-말/덧-말 → 벌평(伐坪)/외동(外洞)【마을】⟨7-3⟩

안-말/안-골 → 내곡(內谷)/내동(內洞)【마을】⟨7-5⟩

웃-말 → 상리(上里)【마을】⟨7-7⟩

아랫-말 → 하리(下里)【마을】⟨7-7⟩

새텃-말/새-터 → 신대/신대촌(新垈/新垈村)【마을】⟨7-8⟩

안-말 → 내촌(內村)【마을】⟨7-16⟩

바깥-말 → 외촌(外村)【마을】⟨7-16⟩

새터-말 → 신대(新垈)【마을】〈8-18〉

아랫-말 → 하촌(下村)【마을】〈8-27〉

덧-말 → 가촌리(加村里)【마을】〈9-8〉

'-말'과 대응되는 한자어 후부요소는 '-村, -洞, -里, -村里' 등으로 다양하게 나타난다. '새텃-말 → 中新垈'의 경우 '-말'에 대응하는 후부요소를 한자어지명에서는 찾을 수 없고 어두에 '中'이 첨가되었다. 이는 같은 지역의 용바우 서쪽에 '새-터 → 新基/新村【마을】〈3-6〉'라는 마을이 있기 때문에 이와 구별을 위해서 그리 된 것으로 볼 수 있다. '다리-마을/다리-목 → 橋谷洞, 중텃-말 → 中村'의 경우 고유어와 한자어 사이에 대응관계가 일치하지 않을 뿐 다른 항목들은 모두 일치한다.

(5)

새-터/새터-말 → 신대(新垈)【마을】〈1-15〉, 〈7-15〉

노픈터 → 고대(高垈)【마을】〈2-10〉

새-터 → 신대(新垈)【마을】〈2-13〉, 〈3-8〉, 〈7-9〉, 〈7-21〉

새-터 → 신기(新基)/신촌(新村)【마을】〈4-6〉

새-터 → 신기(新基)【마을】〈9-3〉

'-터'는 '새-터 → 新基/新村【마을】〈4-6〉'에서 '新村'을 제외하고는 '-垈' 또는 '-基'와 대응되는데 '-垈'가 절대적으로 우세하다. '-말'과 '-터'를 후부요소로 하고 있는 村系 지명의 전부요소를 보면 '안, 바깥, 큰, 작은, 위, 아래, 중, 새' 등이 대부분으로 內外, 大小, 上下 그리고 新舊 중 新 등과 관련된 어휘가 주로 쓰이고 있음을 알 수 있다.

村系 지명에 속하는 지명어로 '-거리'와 '-담'을 후부요소로 하는 항목이 각각 2개씩 발견되는데 예를 보이면 (6)과 같다.

(6)

다릿-거리 → 교동(橋洞)【마을】〈6-8〉

뽕나무-거리/뽕나뭇-골 → 상가(桑街)【마을】〈8-23〉

　　벌-담/벌-말 → 평촌(坪村)【마을】〈2-15〉

　　거리-담/거리-골 → 가곡(街谷)【마을】〈3-2〉

3) 山系와 嶺系 지명

　　(7)

　　시루-미/시리-미 → 증산/증산리(甑山/甑山里)【산】【마을】〈4-5〉

　　봉우리가 시루를 엎어놓은 것처럼 생겼다 하여 명명된 '시루-미/시리-미'가 바탕이 되어 '甑山'을 생성해 내고 그 아래에 마을이 형성되면서 '甑山里'라는 명칭이 생겨났다. 행정 동리명 '-리'는 자연스럽게 한자어 후부요소 다음에 덧붙여진다.

　　(8)

　　솔-재/소-재 → 송현(松峴)【고개】【마을】〈1-2〉

　　피-재 → 직티(稷峙)【고개】〈1-12〉

　　비끼-재 → 사티(斜峙)/횡티(橫峙)【고개】〈2-6〉

　　피-재 → 직티/직티리(稷峙/稷峙里)【고개】【마을】〈2-6〉

　　뱃-재/배-재 → 이현(梨峴)【고개】〈4-2〉, 〈4-3〉

　　고분-재 → 곡현(曲峴)【고개】【마을】〈4-6〉

　　뱃-재/팻-재/배-고개 → 이티(梨峙)/이현(梨峴)/패현(敗峴)【고개】〈6-2〉

　　느릅-재 → 유현(楡峴)【고개】〈6-4〉

　　못-재 → 지티(池峙)【마을】〈6-5〉

　　하너물-재/한내물-재 → 한천티(寒泉峙)【고개】〈7-2〉

　　흰뜰-재/힌-티/흰티-재 → 백티(白峙)【고개】〈7-16〉

　　모래-재/모래-고개 → 사현(砂峴)【고개】〈8-25〉

　　큰-재 → 대구치(大邱峙)【고개】〈8-26〉

　　마당-재 → 장티(場峙)【산】〈8-27〉

　　새목-재 → 조항(鳥項)【고개】〈9-7〉

(9)

서울-고개 → 입읍현(立泣峴)【고개】〈1-7〉

질-고개 → 도현(陶峴)【마을】〈2-7〉

배-고개/뱃-재/팻-재 → 이현(梨峴)/이티(梨峙)/패현(敗峴)【고개】〈6-2〉

갓-고개 → 관티(冠峙)/입티(笠峙)/관재(冠-)【고개】【마을】〈8-10〉

모래-고개/모래-재 → 사현(砂峴)【고개】〈8-25〉

'-재'에 대응되는 한자어 후부요소는 '-峙' 또는 '-峴'으로 나타난다. 위 목록의 검토에서는 '-峙'와 '-峴'이 비슷하게 나타난다. '흰티-재 → 白峙'의 경우 고유어지명에서 '티-재'가 중첩되어 나타나며 '새목-재 → 鳥項'의 경우는 한자어 후부요소가 생략되어 있다. 고유어 후부요소 '-고개'는 '갓-고개 → 冠峙'를 제외하고 '-峴'과 대응된다.

4) 水系 지명

(10)

모라-내/모랏-내/모란 → 사계(沙溪)/사천리(沙川里)【마을】〈1-18〉

너부-내 → 광천(廣川)【마을】【내】〈4-2〉, 〈4-7〉

(11)

가-여울/개-여울 → 포탄/포탄리(浦灘/浦灘里)【마을】〈9-12〉

살-여울 → 전탄(箭灘)/살탄(-灘)【여울】〈8-11〉

살개-여울 → 전탄(箭灘)【여울】〈8-26〉

범-여울 → 호탄(虎灘)【여울】〈8-26〉

(12)

뒷들-나루 → 후평진(後坪津)【나루】〈8-17〉

(13)

노루-물 → 장정/장정동(獐井/獐井洞)【마을】〈1-1〉

(14)

찬-우물/차나물 → 한천(寒泉)【우물】【마을】〈1-2〉

(15)

작은-개 → 소포(小浦)【마을】〈5-9〉

水系 지명에 속하는 것으로 -내, -여울, -나루, -물, -우물, -개 등이 보인다. '-내'는 '-川' 또는 '-溪' '-여울'은 모두 '-灘', '-나루'는 '津', '-물'은 '-井', '-우물'은 '-泉', '-개'는 '-浦'와 대응된다. 고유어지명을 구성하고 있는 형태가 모두 한자어 형태로 전환되어 나타난다.

5) 野系 지명

고유어 후부요소 '-들'은 모두 '-坪'으로 '-밭'은 '-田'으로 나타난다.

(16)

뒷-들 → 후평(後坪)【들】【마을】〈1-26〉, 〈8-17〉

배나뭇-들 → 이평(梨坪)【수몰들】【수몰마을】〈3-7〉

잣-들 → 백평(栢坪)【마을】【들】〈6-6〉

선돌-들 → 입석평(立石坪)【들】〈6-6〉

(17)

섶-밭 → 신전(薪田)【마을】〈2-12〉

개-밭/개앗 → 포전/포전리(浦田/浦田里)【마을】〈6-8〉

한-밭 → 대전/대전리(大田/大田里)【마을】〈7-8〉

밤나무-밭 → 율전(栗田)【밭】〈8-26〉

6) 巖石系 지명

(18)

제비-바우 → 연암/연자암(燕岩/燕子岩)【바위】〈1-12〉

수리-바우 → 취암(鷲岩)【바위】〈1-17〉

북-바우 → 고암(鼓岩)【바위】〈2-12〉

범-바우 → 호암(虎岩)【바위】〈3-4〉, 〈5-4〉

곰-바우 → 웅암(熊岩)【바위】【마을】〈3-5〉

너럭-바우/너럭-바위 → 광암(廣岩)【바위】【마을】〈6-1〉

굴-바우 → 굴암(屈岩)【바위】〈6-3〉

선-바우 → 입석/입석동(立石/立石洞)【바위】【마을】〈6-5〉

소-바우 → 우암(牛岩)【바위】【마을】〈6-5〉

호랑-바우 → 호암(虎岩)【바위】〈7-10〉

부처-바위 → 불암(佛岩)【바위】〈8-26〉

새-바위 → 조암(鳥岩)【바위】〈8-27〉

자라-바위 → 별암(鼈岩)【바위】〈8-26〉

(19)

거믄-돌 → 흑석/흑석리(黑石/黑石里)【마을】〈1-8〉

거문-돌 → 현암(玄岩)/오석(烏石)【바위】〈1-8〉

거믄-돌 → 흑석/흑석리(黑石/黑石里)/오석(烏石)【바위】【마을】〈1-29〉

선-돌/선돌-배기 → 입석/입석리(立石/立石里)【마을】〈6-6〉

들-돌 → 거석(擧石)【바위】〈7-16〉

고인-돌 → 지석묘(支石墓)【고적】〈8-26〉

‘선-바우 → 立石/立石洞’을 제외하고 바우/바위는 ‘-岩’으로 나타나며, ‘-돌’은 ‘거문-돌 → 玄岩/烏石'의 경우 ‘-岩'과 ‘-石'이 공존할 뿐 ‘-石'으로 나타난다.

7) 人工物系 지명

인공물 명칭이 후부요소로 나타나는 것으로 ‘-다리’와 ‘-둑’이 있는데 각각 ‘-橋’, ‘-

皐'와 대응된다.

> (20)
> 모라내-다리 → 사천교(沙川橋)【다리】〈1-18〉
> 높은-다리 → 고교(高橋)【다리】【수몰마을】〈3-7〉
> 널-다리/너-다리/너-더리 → 판교(板橋)【마을】〈6-4〉
> 돌다리 → 석교(石橋)【다리】〈8-26〉
>
> (21)
> 새-둑 → 신고동(新皐洞)【마을】〈2-10〉

이상에서 다루지 못한 지명 중에는 -구멍/-굴/-구대이(穴), -안(內), -목(項), -부리 (吹)⋯⋯ 등을 후부요소로 삼고 있는 지명들이 있다.

3.2. 雅譯에 의한 고유어지명의 한자어화

한자의 의미와 관련하여 한역화가 이루어지는 경우 중 아역에 의한 한자어화가 있다. '고지-여울 → 花灘'을 예로 들어 설명하면 후부요소 '고지(← 곶+이)'는 '串'을 의미하므로 '串灘'으로 漢譯化하는 것이 고유지명어의 본뜻을 충실하게 반영하는 것이다. 그러나 '곶'을 뜻하는 한자로 '串'보다 의미상 우아한 느낌을 주는 '花'를 활용하여 '花灘'으로 한역화하였다. 이런 예는 같은 값이면 보다 긍정적이고 우아하며 밝은 뜻을 지닌 한자를 자기들이 살고 있는 지명에 사용하고자 하는 희망적인 욕구에서 생겨난 것이다. 고유지명어가 지닌 낱말의 원뜻보다 저급한 뜻을 지닌 한자를 가져다 쓰는 경우는 거의 없고 우아하고 긍정적인 의미를 지닌 한자를 가져다 쓰는 경우가 일반적이므로 이런 경우 아역이라 한다.

앞에서 필자의 논의는 고유지명어에 대응되는 한자지명어의 후부요소에 상대적으로 초점이 맞추어졌다. 왜냐하면 후부요소의 경우 해당 고유어가 지닌 본래의 뜻과 연합되는 한자가 선택되어 한자지명어를 생성해 낸 경우이기 때문에 구체적인 논의의 필요성이 크지 않기 때문이다. 이제부터 다룰 자료는 고유지명어와 음상은 같되 의미가 다른 한자를 선택하여 한자어지명이 생성된 예들이기 때문에 전부요소에 초점을 맞춰 논의하고자 한다. 후부요소의 경우 이미 앞에서 논의한 것만으로도 그 대강의 윤곽이 파악되었다고 믿기 때문이다. 각 부류에 속하는 항목이 많지 않기 때문에 각 계 지명을 몇 개씩 묶어 논의하기로 한다.

1) 谷系와 村系 지명

'-골'을 후부요소로 삼고 있는 지명은 모두 마을과 관련 있는 것들이기 때문에 이 부류에는 谷系 地名이 '매-실[8] → 응곡(鷹谷)【마을】〈7-2〉' 한 예에 불과하다. 村系 지명의 경우도 3.1.에서 논의한 것에 비해 그 항목이 많지 않으나 고유어 후부요소 '-골, -터, -이' 등에서 예를 찾을 수 있다.

(22)
맜-골[9] → 맛-골 → 매-골 → 응곡(鷹谷)【마을】〈1-8〉
다락-골[10] → 월곡(月谷)【마을】〈3-2〉
거문-골 → 금곡(琴谷)【마을】〈5-6〉
방갓-골 → 율지리/율지동리(栗枝里/栗枝洞里)【마을】〈7-18〉
바미-골/배밋-골/마미-골[11] → 야미동(夜美洞/夜味洞)【마을】〈8-6〉
참나뭇골 → 진목리(眞木里)【마을】〈8-24〉
활마루-터 → 사터(射터) → 새터/새태 → 신대(新垈)【마을】〈1-19〉
새월이 → 신월리/신월동(新月里/新月洞)【마을】〈1-17〉

---

8 중터말 동쪽에 있는 마을로 매화나무가 많다고 붙여진 이름으로 보인다.

9 전에 이곳에서 말을 길렀다는 데서 유래된 지명으로 보인다.

10 '다락'은 달+악으로 분석할 수 있다. 여기서 '달'은 '山' 또는 '高'와 대응되는 것으로 고구려 지명에서 흔히 볼 수 있다.

11 한버들 동쪽에 있는 마을로 지형이 논배미처럼 생긴 데서 유래한 것이다.

맕골에서 [馬]을 뜻하는 '맕'의 변화형 '맛/매'에 대응되는 '鷹', '다락'을 뜻하는 '山, 高' 대신 '月', '검다'의 원뜻에 해당하는 '玄' 또는 '黑' 대신에 '琴' 등을 활용하여 고유어지명을 한자어화하였다. 또한 '夜美洞/夜味洞'은 '바미-골/배밋-골'을 訓假의 방법에 의해 표기한 예라 하겠다. '사터'가 '새터'로 변화한 후 어원 의식이 희박해지면서 '新垈'로 한자어화된 것도 흥미롭다 하겠다.

2) 山系와 嶺系 지명

(23)
알-미 → 유곡(酉谷)【마을】〈1-8〉
곳-매 → 화산(花山)【산】〈1-28〉
살-미 → 활산/활산리(活山/活山里)/시산(矢山)/거산(居山)/전산(箭山)
　　　　【산】【마을】〈3-14〉
꽃-미 → 화산(花山)【산】【마을】〈5-2〉
골-미 → 동산(東山/洞山)【마을】〈9-9〉
묘-재 → 산척/산척소(山尺/山尺所)【마을】〈2-16〉
거무-재 → 흑성산(黑城山)【산】〈8-15〉

山系 지명으로는 산을 뜻하는 고유어 '미' 또는 '매'가 몇 개 나타날 뿐이다. '알-미 → 酉谷'은 '알'과 관련성이 있는 것으로 닭을 상정하고 닭과 관련된 한자 '酉'를 활용하여 한자어화하였다. 〈1-28〉에 보이는 '곳매'와 〈5-2〉 '꽃미'의 전부요소 '곳/꽃'은 '串'으로 보인다. 왜냐하면 들판 쪽으로 돌출해 나온 산과 들이 어우러져 이 지역의 지형을 형성하고 있기 때문이다.

'살-미'에 대응되는 한자어지명이 여러 가지로 나타나는데 이곳에는 고려 때 箭山所가 있었으므로 '살미'라는 지명이 유래되었다고 한다. 그 후 고유어지명 '살미'에 대응되는 한자어지명이 다양하게 나타나다가 오늘날에는 '活山/活山里'로 정착되었다. '살미'가 '箭山, 矢山, 居山, 活山' 등과 대응될 수 있었던 것은 전부요소로 쓰인 한자 '箭/矢/居/活' 등의 訓이 모두 '살'이기 때문이다. 이렇게 다양하게 한자어지명이 나타나는 경우는 그리 흔하지 않은 것으로 보인다. 또한 고유지명어의 한자화가 얼마나 다양하게 이루어질 수 있는가를 보게 하는 예이다. 이 경우 본래의 뜻인 箭山 또는 矢山을 居山, 活山이라 하다가 活山으로 정착한 것은 이 한자가 지니는 肯定的인 意味 때문이 아닌가 한다.

嶺系 지명에 속하는 것으로 '묘-재 → 山尺/山尺所'는 후부요소 '재'까지도 訓假字 '尺'을 사용하고 있다. '거무-재 → 黑城山'은 '거미[蛛]'의 방언형 '거무'를 '蛛, 또는 '蜘'로 표현하지 않고 '黑'을 사용하고 있다.

3) 水系와 野系 지명

(24)
고지-여울 → 화탄(花灘)【여울】⟨7-3⟩
배-턱/배-턱이 → 진두(津頭)/진도【나루】⟨8-8⟩
개-밭/개앗/개앞 → 포전/포전리(浦田/浦前里)【마을】⟨3-13⟩
묵은-배미[12] → 진야(陳夜)【마을】⟨1-17⟩

'고지여울'에 대응되는 한자 지명 '花灘'은 '관탄(串灘)'이라고 하기도 한다. 전자를 아역, 후자는 직역의 방식에 의해 한자어화한 것이다. 나루터 이름인 '배턱/배-턱이'가 아역되어 '津頭'로 정착된 예도 발견할 수 있다.

오늘날 금성면 포전리는 본래 청풍군 북면 지역으로 개암나무 밭이 있었기에 유래된 지명이다. 개암나무 밭 즉 '갬밭'이 개밭, 개앗을 거쳐 '개앞'으로 변화하고 마침내 '浦前'으로까지 변화를 입은 것은 매우 흥미로운 일이다. 개밭에서 개앗으로의 변화 과정은 '개밭(榛+田)＞개밭＞개왇＞개앗'으로 정리할 수 있다. 이 때까지만 해도 '개앗'에서 '앗'의 어원이 '밭'에 있음을 의식하여 '浦田'이라는 지명이 쓰였던 것으로 확인된다. 그후 '-앗'이 '-앞'으로 변화를 입으면서 '개'라는 뜻을 지닌 한자 '浦'와 '앞'이라는 뜻을

---

12 위치에 따라 위와 아래로 구분한 웃묵은-배미 → 상진(上陳)【마을】⟨1-17⟩, 아랫묵은-배미 → 하진(下陳) 【마을】⟨1-17⟩이 있다.

지닌 한자 '前'이 합하여 '浦前'으로 한자어화하였다. 당초의 '개밭/개앗'의 의미는 '榛田'이었으나 음상의 유사에 의한 변화와 한자어화가 순차적으로 이루어지면서 '浦前/浦前里'라는 현재의 지명이 형성되었다.

4) 기타

(25)
돌-모루[13] → 석우/석우리(石隅/石隅里)【모롱이】【마을】〈1-15〉
돌-매기/돌-무기[14] → 석항(石項)【고개】【마을】〈6-3〉
고지벼루/고지벼랑 → 화천(花遷)【벼랑】〈7-3〉
숫-갓 → 탄지/탄지리(炭枝/炭枝里)【마을】〈9-11〉
흑-벼루 → 토현(土峴)【벼랑】【마을】〈9-13〉

4. 음역에 의한 고유어지명의 한자어화

고유지명어와 음상이 같거나 비슷한 음을 가진 한자를 이용하여 전부요소는 물론 후부요소까지도 漢譯化가 이루어진 경우에 대하여 살피기로 한다. 이 부류에 속하는 항목들은 고유어를 한자로 표기했을 뿐 각 낱말은 원초적으로 고유어이다. 그러나 오랜 세월이 흐르면서 한자 표기어가 행정지명으로 굳어져 감은 물론 근원형이었던 고유어와 의미, 발음상으로도 괴리감이 생겨나면서 이들 지명은 한자어로 인식되기에 이른다.

제천시의 한 동명이기도 한 '茅山洞'을 통하여 이런 사실을 확인할 수 있다. '茅山洞'은 그 위치가 본래 제천군 현좌면 지역으로 의림지 안 쪽이 되므로 '못안'이라 하였

---

13 돌아가는 모퉁이를 '石隅'로 한자화하였다.

14 돌이 많아 돌무더기 즉, 돌무기라 하던 것을 '石項'으로 한자어화한 것으로 보인다. '무더기'를 뜻하는 후부요소 '-매기/무기'를 '堆'로 하지 아니하고 '項'으로 한역화한 것은 아역의 원리가 적용된 것이다.

다. '못안'이 형태소 경계를 무시하고 음절 경계를 우선하면서 '모산'으로 불리게 되면서 그 표기도 음상이 같은 한자 '茅'와 '山'을 활용하기에 이른 것이다. 그 후 '못안'은 읍내면 '茅山里'를 거쳐 제천시 '茅山洞'으로 공식 행정동리명이 되면서 오늘날 '茅山里' 또는 '茅山洞'이라는 지명어는 한자어로 인식되고 있는 것이 아닌가 한다.

한자차용표기를 통한 초기 단계에서의 고유명사 표기가 訓을 이용한 방식보다 音을 이용한 표기가 먼저 이루어졌다는 것은 두루 아는 바이다. 한자를 이용한 우리말 표기의 첫 시도는 문장이 아니라 어휘에서부터 출발한 것이고 대상이 된 어휘를 음상이 같거나 유사한 한자로 표기하였을 것임을 쉽게 짐작할 수 있다.

오늘날까지 전해지고 있는 한자차용표기 어휘 자료 중 借音表記 목록과 借訓表記 목록을 비교해 볼 때 그 양의 면에서 어떤 자료가 많은지 정확한 통계 자료를 본 적은 없다. 그러나 대체로 借音 자료가 借訓 자료보다 적지 않으리라 생각된다. 왜냐하면 고유명사를 표기할 때 일단 차음의 방식을 채택하려 하였고 이 방식이 곤란하면 차훈 방식을 활용한 예를 볼 수 있기 때문이다.[15]

이상과 같은 생각 때문에 필자가 본 연구를 착수하면서 막연히 생각했던 것은 제천지역 지명의 경우도 차음 표기에 의한 목록이 많을 것으로 기대했었다. 그러나 자료를 수집하고 정리하여 분류해 본 결과 의외로 이 부류의 자료가 많지 않음을 알게 되었다. 지명어를 이루는 두 요소 즉 전부요소와 후부요소를 분리하여 접근했으면 차음 자료가 차훈 자료에 비해 그 양적인 면에서 절대적으로 적게 나타나지는 않았을 것이다. 그러나 전부요소와 후부요소를 분리하지 않고 하나의 지명어 단위로 묶어 분류해 보면 借訓 자료에 비해 借音 자료가 아주 적게 나타난다.

한자를 이용하여 우리말을 표기하는 첫 단계에서 사용했던 방법이 한자의 음을 활용하는 것이었는데 현대국어의 복수지명어에서 소위 借音의 방식과 유사한 음역이

---

15 이러한 예는 崔世珍의 『訓蒙字會』에서 자모의 명칭을 표기한 경우에서도 확인할 수 있다. 初聲終聲通用八字의 경우 '디귿'과 '시옷'을 '池末', '時衣'라 표기하여 '末'과 '衣'만을 차훈 표기하였고 다른 음절들은 모두 차음 표기하였다. 특히 '기윽'의 '윽'을 표기하기에 마땅한 한자가 없기에 '윽'과 유사한 한자음을 가진 '役'으로 대신하였다. 이런 점을 감안 할 때 한자차용표기는 일단 차음의 방법으로 접근하고 여의치 않을 때는 차선책으로 차훈의 방법을 택하였던 것으로 보여 진다.

의역에 비해 생산적이지 못한 이유는 무엇일까? 이는 한글이라는 우리의 문자가 엄연히 존재하기 때문에 한자차용표기와는 달리 한역화의 과정에서 굳이 음역의 방식이 절실하지 않은 것이 가장 큰 이유로 보인다. 반면에 의역의 방식에 의한 한역화가 생산적으로 진행된 것은 근원형인 고유지명어의 意味 情報를 保存하면서 지명의 한자어화를 이룩하려는 노력의 소산이라고 할 수 있다.

음역에 의한 고유지명어의 한자어화는 전부요소 또는 후부요소에서만 나타나는 경우도 함께 논의해야만 그 실상을 파악할 수 있을 것으로 여겨진다. 우선 여기서는 자료가 풍부하지 않지만 전부요소와 후부요소가 모두 음역 방식에 의해 한자어지명으로 전환, 生成된 예들을 두 부류로 나누어 논의하고자 한다. 그리고 한 요소만 음역이 이루어진 항목들에 대하여는 다음 절에서 고찰하도록 하겠다.

4.1. 고유어지명과 同一한 音을 가진 한자를 빌어 표기한 경우

동일한 음을 지닌 한자를 이용하여 고유어지명을 한자로 전환, 표기한 경우는 그 예가 많지 않다. 6개 항목에 불과한데 그 예를 보이면 다음과 같다.

(26)
소근-이/소근이골/소근이구렁 → 소근(素近/蘇近)/소근이(素近이/蘇近이)/
【마을】⟨1-26⟩[16]
소시랑-이 → 소시랑리(小侍郎里)【마을】⟨2-1⟩
재비랑-이/재비래-이/재비-골 → 재비랑(齋非郎)【골】【마을】⟨2-9⟩

---

[16] 고유어지명이 다양한 형태로 나타날 경우 근원형으로 보이는 것을 먼저 제시하고 뒤에 다른 형태를 모두 제시하기로 한다. 이 항목의 경우 '소근이'를 근원형으로 보아 '소근이/소근이골/소근이구렁'과 같이 제시한다.
한자어지명은 國漢竝用表記를 하기로 한다. 때때로 해당 한자의 음이 하나로만 실현되지 아니하고 두 가지로 나타나는 경우가 있기 때문이다. 예를 든다면 한자 '串'이 [관] 또는 國音 [곶]으로 다르게 읽히는 경우라든가, 고개나 재를 뜻하는 한자 '峙'를 정음 [치]라 하지 않고 속음 [티]라 하는 경우 등이 있기 때문이다.

안간-이 → 안간리(安間里)【마을】〈3-14〉

무도/뭇도/뭇두 → 무도(務道)/무도리(務道里)/무도위리(務道尉里)【마을】〈6-2〉

임간-이 → 임간리/인간리(林間里/寅艮里)【마을】〈7-8〉

⒃에 제시된 고유어지명들은 分類要素라 할 수 있는 후부요소가 명확하지 않거나 갖추지 않고 있는 것이 대부분이다. 소시랑-이, 안간-이, 임간-이 등에서 소위 村系지명의 후부요소 '-이'를 가지고 있는데 한자어지명에서는 오늘날 행정구역 명칭의 후부요소에 일률적으로 부여하는 '-리'로 대체되었다. '務道'의 경우도 후에 '-里'가 첨부되어 '務道里'가 되었음을 알 수 있다.

4.2 고유어지명과 類似한 音을 가진 한자를 빌어 표기한 경우

동일한 음을 지닌 한자를 이용하는 경우보다 고유어지명과 類似한 음을 가진 것으로 표기된 경우가 훨씬 많다. 22개 항목에 이르는데 아래와 같다.

(27)

징계 → 증계(曾溪)【마을】〈1-2〉

고라미/고래미 → 고암리/고암동(古岩里/古岩洞)【마을】〈1-3〉

도티/도치/되티 → 툰치(屯峙)【고개】【마을】〈1-3〉

못안 → 모산/모산리/모산동(茅山/茅山里/茅山洞)【마을】〈1-12〉

가리찬/가리찬-이 → 가리창(加里倉)【마을】〈1-15〉

소새 → 소사/소사리(素沙/所沙, 素沙里/所沙里)【마을】〈1-19〉

정거랭-이/정거룬 → 정거여(停居閭)【마을】〈1-23〉

명둔-이/큰명둔-이 → 명도/명도리(明道/明道里)【마을】〈2-5〉

황가덕-이 → 황계덕(黃鷄德)【마을】〈2-6〉

옹댕-이 → 옹당(翁堂)【마을】〈2-7〉

닷돈/닷돈-이 → 답둔(畓屯)/오전(五錢)【마을】〈2-10〉**17**

노쟁-이 → 노정(老亭)/노장(老長)【마을】〈2-11〉

안암-이 → 안음(安陰) → 안성(安城)【수몰마을】〈3-5〉

사린뱅-이 → 사리방리(沙里防里)【마을】〈3-6〉

자자기/자재기 → 자작리/자장리/자장리(自作里/慈藏里/自藏里)【마을】〈3-14〉

숯깔/숯갓 → 수가리(壽加里)/탄지리(炭枝里)【마을】〈4-5〉

소난이**18**/솔안 → 송한/송한리(松寒/松寒里)【마을】〈6-3〉

좁필 → 조포-리(釣浦里)【마을】〈7-10〉

서튼 → 서둔(西屯)/서촌(西村)【마을】〈7-18〉

도툰 → 도촌리(道村里)/도리(道里)【마을】〈8-8〉

한-똘(← 한-돌)/황-뜰/황두 → 황도/황도리(黃道/黃道里)/황석/황석리 ((黃石/黃
石里)**19**【마을】〈8-26〉

(매우-재 → 명오/명오리(鳴梧/鳴梧里)【마을】〈9-2〉)

   (27)의 고유어지명에서 후부요소를 명확하게 구별해 낼 수 있는 항목은 '한-똘'과
'매우-재'이다.**20** 정거랭이, 명둔이, 황가덕이, 옹댕이, 노쟁이, 안암이, 사린뱅이, 소난
이 등의 末音節에 나타나는 '-이'를 논자에 따라서는 村系 지명의 후부요소로 처리하기
도 한다. 그러나 이는 자음으로 끝나는 음절 다음에 어형의 안정을 위하여 특별한 의미
없이 첨가되는 것으로 보이기도 한다.

---

17 '닷돈'이 답둔(畓屯)으로 된 것은 음역 방식에 의한 것이고 오전(五錢)으로 된 것은 의역에 의한 것이다. 동
   일한 고유어지명에서 상이한 두 가지 방식이 적용되어 생성된 이와 같은 예는 음역어 답둔(畓屯)을 앞에
   제시하고 의역어 '오전(五錢)'을 뒤에 제시하기로 한다.

18 본래 제천군 북면(北面) 지역으로서 쇠가 났으므로 '소난이'라는 명칭이 유래한 것으로 보인다. 현재 제
   천시 송학면 송한리이 이 지역의 미고개 아래에는 쇠를 다루었음을 알 수 있게 하는 '풀뭇골'이 있으며
   굴바우(屈岩)와 굴암리(屈岩里)라는 통합된 지명을 통해서도 鐵鑛石과 관련된 명칭임을 알게 해 준다.

19 오늘날 제천시 청풍면 황석리 지명의 근원형은 '한-돌'이었다. 왜냐하면 본래 청풍군 수하면 지역이었
   던 이곳에는 고인돌을 비롯한 큰 돌이 많이 있었기 때문에 이러한 지명이 유래한 것이다. '한돌'이 黃石
   里로 변화하기까지는 여러 가지 지명형이 나타났는데 '한돌/한똘/항돌/황도 → 황도(黃道)'는 차음에 의
   한 표기이고 '한돌〉항돌/황돌 → 황석(黃石)은 음역과 의역을 함께 활용한 혼합표기로 보아야 할 것이다.

20 '매우-재'의 경우 후부요소를 제외한 '매우'가 '명오(鳴梧)'로 된 후 '명오리(鳴梧里)'로 자리를 잡은 것으로 보
   아 이 부류에 포함시킨 것이다.

(26)의 경우에서도 확인했듯이 借音에 의해 한자어화가 이루어지는 고유어지명의 구조는 전부요소와 후부요소가 뚜렷하게 구별되지 않는 경우가 대부분이다. 사실상 위의 예들도 전부요소만을 가지고 있는 경우가 대부분이라 할 수 있겠다.

5. 音譯과 義譯을 함께 활용한 고유어지명의 한자어화

지명어의 구조는 일반적으로 性格要素인 전부요소와 分類要素인 후부요소로 되어있다. 옛 지명의 경우 전부요소와 후부요소로 분석하기 어려운 것이 발견되나, 오늘날 지명에서는 두 요소를 갖추고 있는 것이 대부분이다. 본 연구의 논의 대상인 제천 지역의 소지명어들도 고유어지명이건 한자어지명이건 대부분이 전부요소와 후부요소로 구성되어 있다. 여기서는 두 요소 중 한 부분이 음역의 방법, 다른 부분이 의역의 방법에 의해 한자어화가 이루어진 경우에 대하여 탐구하기로 한다.

5.1 전부요소는 音譯, 후부요소는 義譯의 방식에 의해 한자어화가 이루어진 지명

고유어 후부요소인 골, 실, 미, 말, 고개…… 등은 자동적으로 谷/洞, 谷, 山, 村/洞, 峴…… 등의 한자로 대체되어 한자어화가 進行된다. 그러므로 후부요소에서는 음역의 방식을 활용한 경우보다 의역의 방식이 일반적이다. 한자차용표기의 출발이 차음에서 시작되었고 그 일차적인 방식이 차음의 원리에 따른 것임에도 한자어지명의 경우 차음과 유사한 방식으로 볼 수 있는 음역에 의한 것보다 차훈의 원리와 비슷한 방식인 의역에 의한 것이 상대적으로 많음은 이런 연유 때문이다.

전부요소와 후부요소를 갖춘 지명어를 하나의 단위로 놓고 볼 때 의역에 의한 후부요소의 상투적인 교체로 인하여 개별 지명어가 음역의 방식에 의해 한자어화한 경우가 많지 않음을 이미 앞에서 논의하였다. 그러나 전부요소와 후부요소를 분리하여

관찰해 보면 전부요소의 경우 상당수 지명이 음역의 방식을 선택하고 있음을 알 수
있다. 이제 본 절에서는 전부요소는 음역의 방식, 후부요소는 의역의 방식에 따라 생
성된 지명어에 대해 검토하기로 하겠다.

1) 谷系 지명

谷系 지명에 속하는 고유어 후부요소로는 '-골'과 '-실'이 보인다. 마을 명칭의 '골'
은 村系 지명에서 논의하게 될 것이므로 谷系 지명에 속하는 것은 4개 항목에 불과하
다. '-실'을 후부요소로 가진 지명은 상대적으로 많은 수를 차지하고 있다.

(28)
툇-골 → 퇴곡(退谷)【골】【마을】〈4-3〉
뱃-골[21] → 백곡(白谷)【골】〈4-5〉
고양텃-골 → 공양대곡(恭讓垈谷)【골】〈5-5〉
넷-골 → 뇌곡(雷谷)【골】【마을】〈7-13〉

(29)
무덤-실 → 무곡(茂谷)【마을】〈1-3〉
두무-실 → 두무곡(豆舞谷)/두모곡(豆毛谷)【마을】〈2-9〉
저-실 → 저곡(楮谷)/적곡(笛谷)【마을】〈3-3〉
우-실 → 위곡리(渭谷里)【마을】〈3-9〉
나-실 → 나곡(羅谷)【마을】〈4-2〉
발남-실 → 팔남곡(八南谷)【마을】〈4-2〉
움실 → 우음곡(羽音谷/愚音谷)【마을】〈5-4〉
지-실 → 지곡(芝谷)【마을】〈6-1〉
만지-실 → 만곡(晚谷)/만전리(晚田里)【마을】〈6-2〉
단지-실[22] → 단지곡(丹芝谷)【마을】〈7-8〉

---

21 다랑산 남쪽에 있는 골짜기로 지형이 배처럼 생긴 데서 유래되었다.
22 넷골 동남쪽에 있는 마을로 지형이 단지처럼 생긴 데서 유래하였다.

어리-실 → 어리곡(於里谷)【마을】〈8-23〉
덕-실 → 덕곡(德谷)【마을】〈9-1〉

후부요소의 경우 '-골'과 '-실' 모두 谷系 지명이기에 규칙적으로 '-谷'과 대응하고 있다. 전부요소의 경우 고유어지명과 동일한 한자음을 사용한 경우와 유사한 것을 사용한 것이 비슷하게 나타난다. 유사한 음을 가진 한자를 사용한 경우는 배 → 白, 고양 → 恭讓, 무덤 → 茂, 저 → 笛, 우 → 渭, 발남 → 八南, 움 → 羽音/愚音, 만지 → 晚/晚田 등이 있다. 대부분 같은 수의 음절로 한자어화하였으나 '무덤 → 茂'는 한자어 음절이 줄어든 경우이고 '움 → 羽音/愚音'에서는 한자어가 음절이 늘어난 경우이다. 물론 '움 → 羽音/愚音'의 경우 '音'이 '움'의 말음 'ㅁ'을 표기한 것으로 보면 실제로 羽音/愚音은 '움'으로 읽혔을 것이나 오늘날에는 '우음'으로 읽히기에 이렇게 처리하였다. '만지 → 晚/晚田'의 경우 '만지 → 晚'은 음절수를 줄인 경우이나 '만지 → 晚田'에서는 행정동리 명 '-里'가 결합되면서 형태의 안정을 도모하기 위하여 같은 음절수로 복귀하였다.

2) 村系 지명

村系 지명에 속하는 것으로 -골, -터, -이 등이 나타난다. '-골' 중에서 마을 명칭에 속하는 것을 모두 村系 지명으로 처리한 결과 상당히 많은 항목이 여기에 배정되어 논의하게 되었다.

(30)
진흙-골/진우-골[23] → 진우동(進友洞/鎭寓洞)【마을】〈1-1〉
뱅-골 → 백암동(白岩洞)/백양동(白楊洞)【마을】〈1-2〉
대랑-골 → 대랑곡(大郎谷)/대랑리(大郎里)/대랑동(大郎洞)【마을】〈1-6〉
뭇조-골[24]/무지-골 → 무지동(務智洞)/중조동(衆趙洞)【마을】〈1-11〉
말하-골/마랏-골 → 마하촌(馬下村)【마을】〈1-17〉

---

23 진흙이 진우로 변화를 입은 후 한자어지명이 생성된 것으로 보인다.
24 조씨가 묻혀 살던 골짜기라는 데서 묻/뭇(묻히다)+조(조씨)+골이라는 지명이 생겨났다고 한다.

하누-골 → 한의골(閑儀골) → 한의동(閑儀洞)【마을】〈1-19〉

고지-골 → 고지동(古芝洞)/곶동(串洞)【마을】〈1-25〉

사리-골 → 사리곡(沙里谷)【마을】〈1-25〉

갈마-골/갈매-골 → 갈마동(渴馬洞)【마을】〈1-28〉

굴-골[25] → 굴곡(屈谷/屈曲)/구곡(九谷/九谷里)【마을】〈2-2〉

욧골 → 요-곡(要谷/饒谷)【마을】〈2-2〉

굴꼴/궁꼴[26] → 궁동(弓洞)【마을】〈2-3〉

되비-골 → 도비동(道斐洞)【마을】〈2-5〉

매-골/매꼴 → 매곡동(梅谷洞)【마을】〈2-5〉

헌텃-골[27] → 헌덕동(惠德洞)/구대동(舊垈洞)【마을】〈2-6〉

도장-골[28] → 도장곡(道藏谷)【마을】〈2-10〉

댓-골 → 대곡(垈谷)/죽동(竹洞)【마을】〈2-11〉

구모-골/구못-골 → 고모-동(顧母洞/古母洞)【마을】〈2-13〉

잘개밋-골 → 자감동(自甘洞)【마을】〈3-1〉

막대-골[29] → 막대동(莫大洞)【마을】〈3-3〉

내맹-골 → 내명곡(來命谷)【마을】〈4-3〉

구레-골[30] → 구례곡(求禮谷)【마을】〈5-6〉

송골 → 송곡(松谷)【마을】〈5-9〉

가실-골 → 가실곡(加實谷)【마을】〈6-3〉

놋-골 → 뇌곡(雷谷)【마을】〈7-8〉

호안-골 → 호암동(虎岩洞)【골】【마을】〈7-10〉

수랏-골/수랫-골 → 수라곡(水羅谷)/수라리(水羅里)【마을】〈7-14〉

매차-골 → 매차곡(梅次谷)【마을】〈7-16〉

---

25 꾸불꾸불한 골짜기 사이에 위치하고 있는 마을이기 때문에 '굴골'이라는 명칭이 생겨났다. '屈谷/屈曲'으로 표기하던 것을 '九谷'으로 표기하고 있으며 구곡리에는 상굴곡[上九曲]과 하굴곡[下九曲]이 있다.

26 갈골 북쪽 구렁에 있는 마을이다.

27 감악산성 밑에 있는 마을로 옛 집터가 있어서 유래된 지명이다.

28 닷돈이 동남쪽 골짜기에 있는 마을로 도장처럼 깊숙하고 아늑한 곳에 자리잡아 명명된 지명이다.

29 동막 동쪽 막바지 산골짜기 안에 있는 마을이다.

30 구름산 밑에 있는 마을로 사방이 산으로 둘러 쌓여있다. '구레'는 굴 또는 구렁과 관련되는 단어로 보인다.

고숫-골 → 고수동(高水洞)【마을】〈7-21〉
갈골 → 갈곡(葛谷)【마을】〈8-24〉
승주-골 → 성주곡(聖主谷)【마을】〈9-6〉

(31)
양구-터 → 양구대(楊舊垈)【마을】〈1-3〉
갈문이 → 갈문동(葛門洞)【마을】〈7-8〉
노가리 → 노곡(蘆谷)【마을】〈8-17〉

(30)에서 '-골'은 村系 지명임을 알게 하듯 -洞, -里, -村 등과 대응되는 것이 '-谷'과 대응되는 것보다 많이 나타난다. 고유어지명과 동일한 음을 가진 한자로 전환된 경우가 15개 항목으로 유사한 음을 가진 한자로 전환된 경우와 비슷하게 나타난다. 이에 해당하는 것은 대랑 → 大郎, 고지 → 古芝/串[31], 사리 → 沙里, 갈마 → 渴馬, 요 → 要/饒, 매 → 梅, 도장 → 道藏, 대 → 垈, 막대 → 莫大, 송 → 松, 가실 → 加實, 뇌 → 雷, 매차 → 梅次, 고수 → 高水, 갈 → 葛 등이다.

유사한 음을 가진 한자로 대체된 것은 '뱅 → 白岩/白楊, 말하/마랏 → 馬下, 굴 → 九, 되비 → 道斐, 헌터 → 憲德, 구모 → 顧母/古母, 잘개미 → 自甘, 내맹 → 來命, 구레 → 求禮, 호안 → 虎岩, 승주 → 聖主' 등이다. '진흙/진우 → 進友/鎭寓, 뭇조/무지 → 務智, 굴/궁 → 弓'의 경우는 변화된 형태와 동일한 한자음이 선택된 경우이다.

(31)에서 '양구'와 '갈문'은 두 음절이 동일한 한자음을 가진 '楊舊'와 '葛門'으로 대체되었고 '노가리'는 노갈+이로 분석 가능한데 첫 음절의 '노'만 '蘆'로 대체되었다.

---

31 '串'은 국음자로 '곶'이다.

3) 山系와 嶺系 지명

山系 지명으로는 '-山'에 대응되는 '-미' 또는 '-매'를 후부요소로 삼은 것 5 항목이
보인다. 嶺系 지명으로 '-고개'와 '-재'가 보이는데 '-峴, -峙, -嶺'과 대응된다. '-고개'를
후부요소 삼은 것이 5개, '-재'로 한 것이 6개 그리고 '-재/고개'로 나오는 것이 1개이다.

(32)
두구-매 → 두고산(頭高山)/토구지리(土九之里)【산】【마을】〈1-23〉
잔달-미 → 자당산(紫堂山)【산】〈2-1〉
오-미 → 오산(梧山)【산】【마을】〈2-8〉
도래-미³² → 동산(東山)/동산저(東山底)【산】〈2-15〉
갈-미³³ → 갈산(葛山)【산】【마을】〈5-8〉

(33)
벗고개 → 법고개 → 법현(法峴)【고개】〈1-13〉
다랑-고개³⁴ → 다랑티(多郎峙)【고개】〈2-10〉
질-고개/지루-고개 → 길현리(吉峴里)【고개】【마을】〈5-5〉
미-고개 → 미티(美峙)/미현/미현동(美峴/美峴洞)【마을】〈6-3〉
삽둔-고개 → 삽현(揷峴)【고개】〈6-7〉
뱃-재/팻-재 → 패현(敗峴)【고개】〈1-3〉
박달-재 → 박달령(朴達嶺)/박달현(朴達峴)【고개】〈2-12〉
구럭-재 → 구록-티(求祿峙)【고개】〈5-6〉
뱃-재 → 배티(拜峙)/이현(梨峴)【고개】【마을】〈5-9〉
조리-재³⁵ → 조올티(曹兀峙)/조을티(曹乙峙)【고개】〈6-2〉
앵이-재 → 영아티(嬰兒峙)【고개】〈8-25〉

---

32 팔송 남쪽 들 가운데에 있는 산으로 봉우리가 동그랗고 낮게 펼쳐져 있다.

33 평동 서북쪽에 있는 산으로 봉우리가 갈모처럼 생겼다.

34 오리동 남쪽에서 구곡리로 가는 고개로 굽이가 많은 것이 특징이다. '다랑'은 [山] 또는 [高]의 뜻을 지닌
고구려어 '達'과 관련되는 어사로 보인다.

35 서무니 동쪽에서 강원도 영월군 남면 토교리로 가는 재. 지형이 조리처럼 생겼다 하여 유래된 지명이다.

죽방-재³⁶ → 죽방치(竹坊峙)/죽방현(竹坊峴)【고개】⟨9-2⟩

배-고개/뱃-재/팻-재 → 패현(敗峴)/이현(梨峴)/이티(梨峙)【고개】⟨6-2⟩

(32)에서 두구 → 頭高/土九之, 잔달 → 紫堂, 도래 → 東 등은 고유어와 유사한 음을 지닌 한자로 대체된 경우이고 오 → 梧, 갈 → 葛 등은 동일한 한자음이 선택된 것이다.

(33)에서는 다랑 → 多郎, 미 → 美, 박달 → 朴達, 배 → 拜 등의 경우 동일한 한자음이 선택되었고, 질/지루 → 吉, 삽둔 → 揷, 구럭 → 求祿, 조리 → 曹兀/曹乙, 앵이 → 嬰兒 등은 유사한 음을 지닌 한자가 선택되었다. 그리고 원형이 변화를 입은 후 동일한 음을 지닌 한자가 선택된 것으로 벚/법 → 法, 배/패 → 敗 등이 있다.

4) 水系와 野系 지명

水系 지명으로 -내, -미, -못, -물 등을 후부요소로 지닌 항목 4개가 있는데 한자어 '-泉, -池'와 각각 대응된다. 일반적으로 '-내'는 '-川'과 대응되는데 여기서 볼 수 있는 것은 '-泉'이다.

野系 지명으로 '-들/뜰'을 후부요소로 가진 것들이 나타나며 모두 '-坪'과 대응된다.

(34)

한-내 → 한천(寒泉)【우물】【마을】⟨1-8⟩

한-내³⁷ → 한천(寒泉)【우물】【마을】⟨3-1⟩

미기-미³⁸/미겨-미/미겸-지 → 미기지(美機池)【못】⟨1-2⟩

하너-물 → 한천(寒泉)【우물】⟨7-16⟩

---

36 풀무골 북쪽에 있는 고개로 옛날 황강리에서 청풍현과 제천현으로 질러가는 길이다. 고개가 높고 가팔라서 죽을 먹고는 넘을 수 없었다는 데서 유래한 지명이다.

37 큰 말 서북쪽에 있는 마을로 차고 맛이 좋은 물이 나는 샘이 있어 '한내'라는 지명이 유래하였다.

38 '미기-미'의 후부요소 '-미'는 고구려어에서 [水]를 뜻하는 말로 '買'로 표기되어 나타난다. 오늘날 청주의 지명 쇠미[金川], 머구미[墨井]에서도 '-미'를 발견할 수 있다.

(35)

학-들 → 학평(鶴坪)【마을】〈1-8〉

모산-들 → 모산평(茅山坪)【들】〈1-12〉

소당이-들 → 소당평(少堂坪)【들】〈2-8〉

마-뜰 → 마평(馬坪)【들】【마을】〈4-3〉

(34)와 (35)에서는 '한'이 '寒'으로 '소당이'가 '少堂'으로 표기된 것을 제외하고는 모두 동일한 음을 지닌 한자로 전환되었다.

5) 巖石系와 人工物 지명

巖石系 지명으로 '-바우'만이 4항목 보이며, 모두 '-岩'과 대응된다. 人工物系 지명으로는 '-못, -둑, -다리'가 보이며 '-池, -堤, -橋'와 각각 대응된다. 다만 마을 명칭 '방아-다리 → 方下里/放鶴里〈5-4〉'의 경우 동리명 후부요소 '-里'가 결합되면서 '-다리'의 대응형 '-橋'가 쓰이지 않았다.

(36)

검-바우/금-바우³⁹ → 검암(儉岩)【바위】【마을】〈1-11〉

정-바우 → 정암(正岩)【마을】【바위】〈6-4〉

한-바우/함-바우⁴⁰ → 함암/함암리(咸岩/咸岩里)【바위】【마을】〈9-14〉

(37)

대가리-못 → 대갈야지(大葛也池)【못】〈1-2〉

대가리못-둑 → 대갈야지제(大葛也池堤)【둑】〈1-2〉

소챗-둑 → 서채평제(鋤蔡坪堤)【둑】〈1-3〉

---

39 바위의 색깔이 검다는 것에서 유래되었다.

40 강가에 너럭바위들이 잇대어 있어서 많은 사람들이 앉아 놀기에 적당하다고 한다. 많은 바위가 있다. 또는 큰 바위가 있다는 뜻에서 '한바우'라는 지명이 유래된 것으로 보이며 음운변화형 함바우가 일상적으로 사용된다.

소갈이-뚝 → 소갈야제(小葛也堤)【둑】【못】〈1-11〉

두구맷-둑 → 두고산제(頭高山堤)【둑】〈1-23〉

학-다리 → 학교(鶴橋)【다리】〈1-4〉

방아-다리 → 방학교(放鶴橋)【다리】〈5-4〉

방아-다리 → 방하리(方下里)/방학리(放鶴里)【마을】〈5-4〉

방아-다리 → 방학교(放鶴橋)【다리】〈6-2〉

방아-다리 → 방학교(放鶴橋)【다리】〈6-4〉

(37)에서 '대가리 → 大葛也, 소갈이 → 小葛也'로 '이'를 '也'로 대체한 것을 발견할 수 있으며 '방아'는 '放鶴' 또는 '方下'로 전환되었음을 알 수 있다.

5.2 후부요소는 音譯, 전부요소는 義譯의 방식에 의해 漢字語化가 이루어진 地名

후부요소가 음역에 의하여 한자화하는 경우는 그리 많지 않음을 이미 앞에서 지적하였다. 전부요소가 의역, 후부요소는 음역의 방식에 의해 한자지명어가 생겨난 것은 아래에서 보겠지만 아주 미미하다.

(38)

늘-목 → 어목(於木)【고개】【마을】〈2-16〉

말-모기 → 마목(馬牧)【고개】〈9-7〉

불근-덕 → 적덕(赤德) → 적덕리(積德里)【마을】〈3-10〉

작은-등 → 소등산(小登山)【산】〈8-26〉

서무니(←섶+문) → 신문/신문리(薪門/薪門里)【마을】〈6-2〉

(39)

달롱-실 → 월롱실(月弄室) → 월롱곡(月弄谷)【골】【마을】〈4-2〉

웃길리/웃끼리 → 상길리(上吉里)【마을】〈8-19〉

(40)

살패 → 시포(矢浦)【마을】〈4-2〉

술론/수-론 → 주론(酒論)【마을】〈5-3〉

(38)은 전부요소와 후부요소를 뚜렷하게 구분할 수 있는 것으로 앞부분은 의역, 뒷부분은 음역에 의해 한자화가 이루어진 예이다. '-목/모기'는 한자어 '-項'에 대응되는 것인데 '-木' 또는 '-牧'으로 한자차용표기에서 사용하는 용어로는 소위 音假字를 사용하여 한자화하였다. 그리고 '-덕'은 '언덕'의 '덕'이 아닌가 하며 고유어지명 '불근덕'은 붉은 언덕으로 되었으므로 불근덕(←붉은+언덕)이라 명명했던 것으로 보인다. 그후 한자어화하면서 처음에는 원 뜻에 충실하여 '赤德'이라 하였으나 의미상 좋은 느낌을 주는 '積德'으로 변화하였다.

(39)에서는 전부요소로 볼 수 있는 '달롱'과 '웃길'이 '月弄'과 '上吉'로 된 것은 앞부분의 경우 의역, 뒷부분의 경우 음역에 의하였음을 알 수 있다.

(40)의 경우는 두 요소를 구분하기 어려운 경우이나 앞 부분이 의역에 의하여 漢字化한 경우이다.[41]

6. 요약 및 결론

본 연구는 제천 지역 지명에 나타나는 복수지명어를 대상으로 고유지명어가 한자지명어로 전환, 공존하는 경우를 대상으로 삼았다. 고유어와 한자어가 공존하는 복수지명어를 살펴보면 대체로 근원형인 고유어를 바탕으로 한자어지명이 생성된다. 음역과 의역으로 나누어 볼 수 있는 지명의 한역화는 의역에 의한 방식에 크게 의존한다.

---

41 '소새 → 소사(素沙)'의 경우는 4.2.에서 다루었으나 '웃소새 → 상소사(上素沙/上所沙)【마을】〈1-19〉'의 경우는 앞부분이 차훈, 뒷부분이 차음의 방식에 의하여 한자어화한 경우이다.

　　한자차용표기의 어휘 자료 중 借音에 의한 표기 자료가 借訓에 의한 자료보다 적지 않으리라 생각된다. 그러나 고유지명어가 한자지명어로 전환된 자료를 살펴보니 차음과 유사한 방식으로 볼 수 있는 音譯에 의한 한자지명어 자료는 의역에 의한 자료보다 월등하게 적게 나타난다. 이는 한글이라는 우리의 문자가 엄연히 존재하기 때문에 한글이 없던 시기의 한자차용표기와는 달리 굳이 음역의 방식이 한역화의 과정에서 절실하지 않았기 때문으로 보인다. 반면에 의역의 방식에 의한 한역화가 생산적으로 진행된 것은 근원형인 고유지명어의 의미 정보를 보존하면서 한자어화를 이룩하려는 강한 의식 때문으로 보인다.

　　음역에 의한 한자어지명의 생성보다 의역에 의한 방법이 더 활발하게 적용되는 이유는 원초적으로 지명의 명명이 대상 지형 내지는 지점의 특징을 바탕으로 이루어지기 때문이다. 고유어지명이 한자어화하더라도 해당 지점에 대한 의미 정보를 보존하려는 심리가 크게 작용하여 類義의 한자가 활용되는 것이다. 이는 아역에 의한 방법보다도 직역에 의한 한역화가 상대적으로 많음에서도 확인되는 것이다.

　　고유어지명을 한자어지명으로 전환할 때 일반적으로 고유어지명이 가지고 있던 형태소를 모두 반영한다. 그리고 행정 동리명으로 쓰이는 '-里' 또는 '-洞'이 자동적으로 결합되는 경우가 흔하다. 반면에 고유어지명에서 겹쳐서 나타나던 후부요소가 한자어화하는 과정에서는 후행하는 형태가 생략되는 것이 일반적이다.

　　고유어지명이나 한자어지명이나 음절구조는 대체로 2음절이나 3음절로 이루어져 있다. 음역의 방식을 선택하여 한자어화하는 경우는 고유어의 음절수가 그대로 반영되나 의역의 경우는 한자어지명의 음절이 축소되는 경향이 있다. 이는 뜻글자인 한자를 이용하여 뚜렷한 유연성을 확보함과 동시에 언어 경제 원리와도 부합되기 때문에 생겨나는 현상이다.

　　직역에 의해 형성된 복수 지명어의 후부요소가 고유어와 한자어에서 대응되는 양상을 살펴보면 골/골짜기:谷, 실:谷, 골/꼴:洞, 골:里, 말:洞, 말:村, 말:垈, 말:里, 담:村, 말:坪, 터:垈, 거리:洞, 거리:街, 담:谷, 미/매:山, 재:峴, 재:峙, 재:山, 고개:峴, 고개:峙, 내:溪, 내:川, 여울:灘, 나루:坪, 물:井, 우물:泉, 개:浦, 들:坪, 밭:田, 바우/바위:岩, 돌:岩, 돌:石, 다리:橋, 둑:皇, 구멍/굴/구대이:穴, 안:內, 목:項, 섬:島, 미:谷 등으로 정리할 수 있다.

전부요소의 경우 고유어와 대응되는 한자어는 체언류인 것이 절대 우세하나 용
언류도 상당수 보인다. 용언류에 해당하는 어휘로는 거믄/거문:黑/烏/玄, 고분:曲, 기
픈/지프:深, 너부/너럭:廣, 노픈:高, 덧:外, 덧:加, 들:擧, 불구:赤, 비끼:斜/橫, 새:新, 서울:
立泣, 선:立, 작은:小, 찬:寒/冷, 큰:大, 헌:舊, 흰:白, 한:大 등이 있다. 그리고 체언류에 속
하는 것으로 동물, 식물, 자연물, 인공물 그리고 위치와 관련된 어휘로 분류할 수 있다.

아역의 원리가 적용된 고유지명어의 한자어화에 속하는 것으로 매(←말):鷹, 다락:
月, 거문:琴, 바미/배미/마미:夜美/夜味, 참나무:眞木, 새(←사←활마루):新, 새월:新月, 알:
酉, 곶/꽃:花, 살:活/矢/居:箭, 골:東/洞, 묘:山, 재:尺, 거무:黑, 고지:花, 배:津, 개:浦, 묵은:
陳, 모루:隅, 매기/무기:項, 숫:炭, 벼루:峴 등이 있다.

음역에 의한 한자어화와 관련하여 전부요소와 후부요소 모두를 동일한 음을 지
닌 한자로 한역화한 예는 6개 항목에 불과하다. 그러나 고유어지명과 유사한 음을 가
진 한자를 빌어 표기한 경우는 22개 항목으로 전자에 비해 훨씬 많이 나타난다. 유사
한 음을 음역자로 채택한 것은 실용성과 긍정적인 의미 부여에 바탕을 둔 것으로 파악
된다.

후부요소는 음역, 전부요소는 의역의 방식에 의해 한자어화가 이루어진 지명의
예는 9개 항목에 불과하다. 그러나 전부요소는 음역, 후부요소는 의역의 방식에 의해
한자어화가 이루어진 지명이 가장 많이 나타난다. 이는 고유어 후부요소인 골, 실, 미
등은 각각 谷/洞, 谷, 山 등으로 상투적으로 전환되기 때문에 나타나는 현상이다.

여기서도 고유어지명과 동일한 한자음을 사용한 경우와 유사한 것을 사용한 것
이 있는데 그 분포는 비슷하게 나타난다. 그리고 고유어지명과 한자어지명의 음절수
는 대부분 같게 나타난다. 다만 '무덤 → 茂'와 같은 예는 한자어 음절이 줄어든 경우이
고 '움 → 羽音/愚音'에서는 한자어가 음절이 늘어난 경우도 부분적으로 나타난다. 이
러한 음절의 변화가 생기는 것은 해당되는 음을 표기할 적절한 한자가 없는 경우이거
나 인접한 음이나 형태소와의 조화를 이루게 하기 위해서이다.

제13장

지명어의 한역화 유형

1. 서론

고유어지명의 한자어화는 우리나라에 한자가 유입되면서 꾸준히 진행되어 온 현상이다. 그러나 특정 지명이 고유어로 일컬어지면서 단순히 표기만을 한자로 한 경우는 고유어였던 지명이 한자어화했다고 말할 수 없다. 한자를 바탕으로 한 표기는 물론 구어에서도 한자어로 바뀌어야만 진정한 의미의 한자어지명이라고 말할 수 있을 것이다.

고유어지명이 한자어지명으로 전환하는 과정을 탐색하여 그 원리와 방식을 찾아내는 목적은 여러 가지가 있을 수 있다. 즉, 국어 어휘에 관한 역사적 연구는 물론 차자표기의 발전과 적용 등 접근하는 방식에 따라 다양한 목표를 추구할 수 있다. 지명언어학자들이 고유어지명이 한자어지명으로 전환하는 과정을 추적하는 중요한 목적은 지명어 명명의 원리를 찾아내어 새로운 지명을 부여할 때 그 원리를 활용하도록 하는 데 있다.

본 장에서는 앞 장에서 논의한 사항을 바탕으로 지명어의 借字表記와 漢譯化의 관계를 분명하게 정의하고 어떤 방식으로 한역화가 이루어졌는지 그 유형을 정밀하게 탐구하고자 한다. 그리하여 앞으로 새로이 건설될 신도시의 명칭을 비롯하여 가로명, 건물명 등 새로운 지명어 창안에 필요한 이론적 기초를 마련하는데 기여하고자 한다.

2. 지명의 借字表記와 漢譯化

한국어는 우리민족의 기원과 함께 해온 언어이다. 한민족과 한국어는 분리해서 생각할 수 없는 존재이다. 한국어는 표기의 문제를 떠나 훈민정음 창제 이전이나 이후를 막론하고 우리 민족의 의사소통을 위한 언어이다. 그런데 우리말을 표기하는 수단인 문자는 시대에 따라 달라져 왔다. 즉 훈민정음 창제 이전에는 한자를 이용하여 우리말을 표기하였다. 구결, 이두, 향찰 등 한자차용표기는 우리나라 사람들이 한자 · 한문을 수용하는 과정에서 생겨난 것이다. 만약 우리나라가 유럽 대륙 어디엔가 위치하고 있었다면 한자가 아닌 다른 문자를 표기에 활용하였을 것이다. 어떻든 지리적으로 인접한 선진 중국의 한자 · 한문을 수용하면서 생겨나게 된 한자차용표기는 그 첫 단계에서 어휘표기가 이루어진다. 인명, 지명, 관명 등의 어휘 중에서도 지명을 한자로 표기한 예가 『三國史記』「地理志」에서 집단적으로 발견된다.

우리나라에서 지명을 한자로 표기함에 있어서 그 음을 활용하는 것과 훈을 활용하는 것에서 벗어날 수 없었다. 한자가 지니고 있는 삼요소 즉 形, 音, 意 중 초기단계에서 지명을 표기하는데 借音의 방법이 동원되었다. 하지만 음을 빌어 표기하는 방법만으로는 문장의 단위도 아닌 어휘의 일종인 지명어를 표기하는 데 있어서도 전혀 만족스런 결과를 얻을 수 없었다. 그래서 함께 동원되기 시작하는 것이 한자가 지닌 뜻의 측면을 활용하는 借訓의 방식이다. 그런데 한자의 音과 訓을 모두 동원하여 우리말을 표기하려고 했지만 국어가 지닌 음절 구조의 복잡성으로 말미암아 역시 불안한 문자 체계였고 또한 비능률적인 것임은 두루 아는 바이다.

한자의 음과 훈을 빌어 지명 어휘를 표기했던 초기 단계에서는 고유어지명을 편의에 따라서 借音 또는 借訓의 방식을 활용하여 표기해 놓고도 읽을 때는 동일한 음성모형으로 실현시켰을 것이다. 예컨대 '買忽' 또는 '水城'이라 달리 적었지만 전자는 音讀하여 '미홀'이라 하였을 것이고 후자는 訓讀하여 '미홀'이라 했을 것이기 때문이다. 한자 · 한문을 음으로만 읽는 오늘날과는 달리 훈독도 일반적이었던 우리 선조들에게 있어서는 '買忽' 또는 '水城'을 동일한 지명어 '미홀'로 읽는 것은 전혀 어색한 일이 아니었을 것이다.

훈민정음의 창제와 더불어 한자·한문을 새김으로 읽던 전통이 점점 쇠퇴하면서 '水城'은 음으로만 읽어 '수성'이 되고 급기야 고유어지명 '믹홀'이 아닌 한자어지명으로 정착해 버린 것이다. 현재 제천 지역 흑석동에 살고 있는 사람들이 고유어지명 '거믄돌'을 사용하고 있지만 문자화된 행정지명 '黑石洞'을 '거믄돌'이라고 읽는 사람은 아무도 없다. '黑石洞'의 모태가 되었던 것은 고유어지명 '거믄돌'이지만 '흑석동'이라는 한자어지명이 생성, 정착된 것이다.

여기서 우리는 '믹홀'을 '買忽' 또는 '水城'이라 표기한 것과 '거믄돌'을 '黑石'이라 표기한 것을 어떻게 보아야 할 것인가라는 문제에 봉착하게 된다. 필자의 생각으로는 '믹홀'을 '買忽' 또는 '水城'이라 한 것에 대하여는 借音과 借訓 즉 借字表記와 관련지어 설명되어야 하며, '거믄돌'을 '黑石'이라 표기한 것은 근원형인 '거믄돌'의 의미에 기반을 둔 漢譯化로 보는 것이 타당한 것으로 여겨진다. 왜냐하면 '黑石'을 '거믄돌'이라 읽는 사람은 아무도 없으나 '水城'은 새김으로 읽어 '믹홀'이라 하였기 때문이다.

한자차용표기법의 체계와 한역화의 체계는 고유어를 한자로 표기했다는 점에서 매우 유사한 것이다. 그러나 한역화의 경우는 音譯은 물론 義譯의 경우라 할지라도 해당 한자를 음으로만 읽는다는 점이 한자차용표기와 다르다고 할 수 있다. 앞으로의 논의에서 혼란이 없도록 하기 위하여 한자차용표기법의 체계와 한역화의 방식을 정리하기로 하자.

借字表記法의 體系를 南豊鉉(1981:15)에서는 다음과 같이 제시하였다.

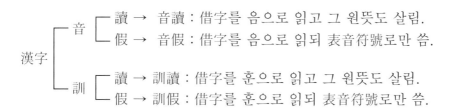

위에서 보인 南豊鉉의 체계를 참고하면서 필자는 지명에서의 漢譯化 유형을 다음과 같이 정리하고자 한다.

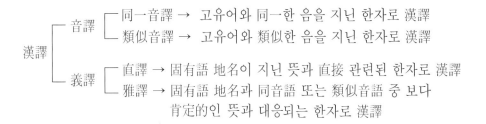

3. 제천 지역 지명어를 통해 본 漢譯化의 유형

고유어지명과 한자어지명이 공존하는 소위 복수지명어를 살펴보면 그 근원형이 고유어인 경우가 대부분이다. 봉양읍 碯朴里에 위치한 고유어지명 '닷돈/닷돈-이'와 공존하고 있는 한자어지명 '답둔(沓屯)/오전(五錢)'을 놓고 보면 그 근원형이 고유어지명 '닷돈/닷돈-이'임을 알 수 있다. 고유어지명 '닷돈'이 음역되어 '답둔(沓屯)', 그리고 의역되어 '오전(五錢)'으로 한역화가 이루어진 것이다.

제천 지역의 지명 중 고유어지명과 한자어지명이 공존하는 복수지명어로 본 연구에서 다루고자 하는 항목은 336개이다. 고유어지명과 한자어지명이 함께 나타나는 항목 중 이 논의의 대상이 되지 못한 것은 서로 다른 기초 위에서 명명이 이루어진 경우, 전부요소가 두 개 이상의 형태소로 구성되어 있으면서 音譯과 義譯의 방식이 뒤섞여 있어서 처리가 곤란한 것 등이다. 비교적 논의가 자유로운 이들 336개 항목의 고유어지명이 어떤 방식으로 한역화하여 한자어지명으로 정착하였는지 유형 별로 알아보기로 하자.

3.1. 音譯에 의한 고유어지명의 漢譯化

훈민정음 창제와 더불어 한자·한문을 훈독하던 방식이 언해로 바뀌면서 한자 차용표기는 훈을 이용한 표기보다 음을 이용한 표기가 우선하였던 것으로 보인다. 음을 이용한 표기가 여의치 않을 경우 훈을 차선책으로 활용하였던 것이 아닌가 한다. 이런 예는 崔世珍의 『訓蒙字會』에서 자모의 명칭을 표기한 것에서 분명하게 확인할 수 있다. 初聲終聲通用八字의 경우 '디귿'과 '시옷'을 '池末', '時衣'라 표기하여 '末'과 '衣'만을 차훈 표기하였고 다른 음절들은 모두 借音 표기하였다. 특히 '기윽'의 '윽'을 표기하기에 마땅한 한자가 없자 '윽'과 유사한 한자음을 가진 '役'으로 대신하였다. 이런 점을 감안할 때 한자차용표기는 일단 차음의 방법으로 접근하고 여의치 않을 때는 부득이 차훈의 방법을 택하였던 것이 아닌가 한다.[1]

　　한자의 음과 훈을 빌어 우리말을 전면적으로 표기하는 것이 어렵기 때문에 훈민정음이 창제되었던 것이다. 이를 계기로 한자차용표기는 쇠퇴하게 되었고 한글로 어떤 말이든 자유롭고 쉽게 표기하기에 이른다. 우리말은 한글로 표기하면 되기 때문에 굳이 한자의 음과 훈을 활용하여 우리말을 표기하려는 노력은 하지 않게 된 것이다. 특히 한글 사용이 일반화되면서 이런 현상은 급속히 파급되기에 이른다. 즉 '雲'을 의미하는 우리말을 한글로 '구름'이라 표기하면 됐지 『鷄林類事』에서 보듯 굳이 한자를 이용하여 '屈林'이라 표기할 아무런 이유가 없기 때문이다.

　　이런 현상은 지명의 한역화에서도 그대로 적용되어 동일한 한자음이나 유사한 한자음을 활용하여 한자어지명을 생성해 내는 예가 소극적으로 나타난다. 특히 후부요소에서는 전부요소에 비해 이런 현상이 아주 심함을 알 수 있다. 그나마 전부요소의 경우에는 音譯語가 상당수 존재하는데 이는 후부요소에 비해 어원이 명확하지 않은 것이 많기에 그리 된 것으로 보인다. 즉 후부요소 -골, -말, -터…… 등은 그 어원이 분명함으로 말미암아 규칙적으로 -谷, -村, -垈/基…… 등으로 전환되기 때문이다. 여기서는 전/후부요소 모두가 음역에 의해 한자어지명으로 전환된 것들에 대하여 살피기로 한다.

1　한자차용표기에서 借音의 방식이 借訓의 방식보다 우선하였다는 것에 대하여는 신중한 논의가 필요하다. 釋讀口訣이 소멸한 뒤에 간행된 『訓蒙字會』에서는 분명 借音의 방식이 우선하였던 것으로 보인다. 그러나 釋讀口訣이 쓰이던 시절을 비롯하여 이른 시기로 올라갈수록 訓을 이용한 표기가 많았을 수도 있기 때문에 이에 대한 논의는 앞으로 더 이루어져야 할 것으로 본다.

3.1.1. 同一音譯

근원형인 고유어지명과 동일한 음을 지닌 한자를 이용하여 한역화한 경우는 그 예가 많지 않다. 7개 항목에 불과한데 모산:茅山/茅山里/茅山洞, 무도:務道/務道里, 소근:素近/蘇近, 소시랑-이:小侍郞里, 안간-이:安間里, 임간-이/인간-이:林間里/寅艮里, 재비랑:齋非郞 등이 그것이다.

이들 지명들의 고유어항은 분류요소라 할 수 있는 후부요소가 명확하지 않거나 갖추지 않고 있는 것이 대부분이다. 또한 소시랑-이, 안간-이, 임간-이 등에서는 소위 村系 지명의 후부요소 '-이'를 가지고 있는데 한자어지명에서는 오늘날 행정구역 명칭의 후부요소에 일률적으로 부여하는 '-리'로 대체되었다. '務道'의 경우도 후에 '-里'가 첨부되어 '務道里'가 되었음을 알 수 있다.

'모산:茅山/茅山里/茅山洞'의 경우 語源을 의식하면 類似音譯으로 분류하기 쉽다. 즉 堤川市 茅山洞은 의림지라는 '못의 안쪽'에 위치한 마을이기 때문에 생겨난 지명이다. 그러므로 고유어지명 '모산'을 어원에 따라 적으면 '못안'이 될 것이다. 그러나 이 어원에 대한 인식이 언중들에게 남아있지 않다. 만약 어원 의식이 남아있다면 그 발음은 [mosan]이 아니라 [motan]이 되어야 할 것이다. 하지만 언중들은 이를 의식하지 못하고 [mosan]으로 발음하고 있기 때문에 고유어지명의 형태를 '모산'으로 하고 동일음역에 속하는 것으로 분류한 것이다.

3.1.2. 類似音譯

동일한 음을 지닌 한자를 이용하는 경우보다 고유어지명과 유사한 음을 가진 것으로 한역화가 이루어진 경우가 훨씬 많다. 21개 항목에 이르는데 고유어항과 한자어항을 대비하여 보이면 다음과 같다.

(1)
가리찬/가리찬-이:加里倉, 고라미/고래미:古岩里/古岩洞, 노쟁-이:老亭/老長, 닷돈/닷돈-이:沓屯, 도툰:道村里/道里, 도티/도치/되티:屯峙, 매우-재:鳴

梧/鳴梧里, 명둔-이:明道/明道里, 사린뱅-이:沙里防里, 서튼:西屯/西村, 소난
이/솔안:松寒/松寒里, 소새:素沙/所沙/素沙里/所沙里, 숱갈:壽加里, 안
암-이:安陰, 옹댕-이:翁堂, 자자기/자재기:自作里/慈藏里/自藏里, 정거랭-
이/정거룬:停居閭, 좁필:釣浦里, 징계:曾溪, 한-똘(← 한-돌))/황-뜰/황두:黃道
/黃道里/黃石/黃石里, 황가덕-이:黃鷄德.

위에 제시한 경우도 고유어항이 전부요소와 후부요소로 명확히 구별되는 것은
'한-뜰'과 '매우-재' 정도이다. 사실상 위의 예들도 전부요소만을 가지고 있는 경우가
대부분이라 할 수 있겠다. 동일음역에서와 마찬가지로 음역의 경우 고유어지명의 구
조는 전부요소와 후부요소가 뚜렷하게 구별되지 않는 경우가 대부분이다.

고유어항과 한자어항의 음절을 비교해 보면 말음절이 '-이'로 되어있는 '정거랭
이, 명둔이, 황가덕이, 옹댕이, 노쟁이, 안암이' 등의 경우는 한자어항에 '-이'와 대응하
는 요소가 없으나 다른 항목들은 모두 고유어항과 한자어항이 일대일의 대응을 이루
고 있다. 대응에 있어서는 모든 음절이 유사음으로 대응하는 경우와 일부만이 유사음
으로 대응하는 경우로 나누어 볼 수 있다. 일부만이 유사음으로 대응되는 경우는 징
계:曾溪, 고라미/고래미:古岩里/古岩洞, 가리찬/가리찬-이:加里倉, 소새:素沙/所沙, 素沙
里/所沙里, 정거랭-이/정거룬:停居閭, 명둔-이:明道/明道里, 황가덕-이:黃鷄德, 옹댕-이:
翁堂, 노쟁-이:老亭/老長, 안암-이:安陰, 사린뱅-이:沙里防里, 자자기/자재기:自作里/慈
藏里/自藏里, 서튼:西屯/西村 등이 있다.

고유어항과 한자어항의 모든 음절이 유사음으로 대응하는 경우는 도티/도치/되
티:屯峙, 닷돈/닷돈-이:沓屯, 숱갈/숫갓:壽加里, 소난이/솔안:松寒/松寒里, 좁필:釣浦里,
도툰:道村里/道里, 매우-재:鳴梧/鳴梧里 등이 있다. 그리고 '한똘(← 한-돌) 〉황-뜰/황두:
黃道/黃道里/黃石/黃石里'의 경우는 '한똘(← 한-돌):黃道/黃道里' 만을 놓고 보면 모든 음
절이 유사음으로 대응하는 것을 알 수 있다. 그러나 현재 쓰이는 지명 '황석리'가 도출
되기까지의 과정이 좀 복잡하다. 오늘날 제천시 청풍면 황석리 지명의 근원형은 '한-
돌'이었다. 왜냐하면 본래 청풍군 수하면 지역이었던 이곳에는 고인돌을 비롯한 큰 돌
이 많이 있었기 때문에 '한돌'이라는 지명이 유래한 것이다. '한돌'이 '黃道/黃道里/(黃石

/黃石里)로 변화하기까지는 여러 가지 地名形이 나타났는데 '한돌〉한똘〉항돌〉황도:黃道/黃道里'의 과정을 거친 것과 '한돌〉항돌/황돌:黃石/黃石里'의 과정을 거친 것으로 나누어 생각할 수 있다. 여기서 전자는 음역에 의하여 '黃道/黃道里'가 출현하였고 후자는 음역과 의역의 혼합에 의하여 '黃石/黃石里'가 나타난 것으로 보인다.

　　이상에서 살펴본 음역에 의한 지명의 한자어화는 고유어항의 어원이 분명하지 않은 경우가 대부분임을 알 수 있다. 분명한 어원을 갖고 있는 경우는 고유어의 의미를 기반으로 의역이 이루어지나 그렇지 않은 경우는 음역의 방법이 동원되는 것으로 보인다. 음절수 또한 같은 수의 음절로 전환하여 원형을 보존하려 한다는 것을 알 수 있다.

3.2. 義譯에 의한 고유어지명의 漢譯化

　　고유어지명이 의역의 방식으로 한자어화한 경우는 음역에 의한 방법보다 월등하게 많이 나타난다. 이 부류에 속하는 한자어항의 한자를 살펴보면 고유지명어가 지닌 낱말의 원뜻에 대응되는 한자로 대역한 것과 고유어항의 낱말과 동음 또는 유사음을 지닌 낱말이면서 보다 긍정적이거나 고상한 느낌을 주는 것과 대응되는 한자로 한역화가 이루어지는 경우가 있다. 전자는 소위 直譯에 의한 한역화라 할 수 있으며 후자는 雅譯에 의한 것으로 볼 수 있다. 예컨대 '노루-물:獐井/獐井洞'에서 '노루':獐은 원뜻을 살리면서 한역화한 직역의 경우이고 '곶-매:花山'에서 '곶:花'[2]는 아역에 의한 것이다.

3.2.1. 直譯

　　고유어지명이 직역의 방식에 의해 한자어지명으로 전환되었는지 아니면 아역에 의한 것인지를 판별하는 것은 그리 쉬운 일이 아니다. 고유어지명이 지닌 구성요소의

---

2 '곶'은 그 지형의 모양으로 볼 때 '串'으로 보는 것이 타당하다. 그런데 '串'보다는 유사음 '꽃'과 대응되는 한자 '花'로 한역화하였다. 이는 '串'보다 '花'가 긍정적이며 고상한 의미를 지닌 한자이므로 이를 바탕으로 형성된 한자어지명이 더 아름답다고 느꼈기에 선택된 방식이다.

의미를 정확하게 파악해내지 못하면 직역인지 아닌지를 결론 내리기가 매우 어렵기 때문이다.

고유어지명의 정확한 의미를 파악하기 위해서는 해당 지명에 대하여 명명의 배경을 알아야 한다. 그 배경을 알기 위해서는 문헌을 통한 고증은 물론 현지답사 등 거쳐야 할 일들이 많다. 필자는 여건이 허락하는 범위 내에서 문헌 연구와 현지답사를 통한 지형 관찰, 현지인의 증언 등을 토대로 각 지명의 명명의 배경을 탐구한 후 고유어지명이 지닌 의미를 파악하려고 노력하였다. 이에 기초하여 한자어화가 직역에 의한 것인지 아니면 아역에 의하여 이루어진 것인지 판별하려고 노력을 하였다. 이제 고유어지명의 한자어화가 직역에 의하여 이루어졌다고 보이는 것을 후부요소와 전부요소로 나누어 고찰하기로 한다.

3.2.1.1. 後部要素

후부요소 유형별로 고유어지명에 대응하는 한자어지명을 살펴보게 될 것이다. 후부요소의 유형은 대체로 谷系 지명, 村系 지명, 山系 지명, 嶺系 지명, 水系 지명, 野系 지명, 巖石系 지명, 人工物系 지명, 기타 지명 등으로 나누는 것이 일반적이다.

谷系 지명에 속하는 후부요소로 가장 많이 나타나는 고유어 형태는 '-실'과 '-골'이며 '-골짜기'도 나타난다. 이에 대응하는 한자어 형태로는 '-谷'만이 나타난다. 이에 속하는 예로는 가느-실:細谷, 가마-실/가마-골:釜谷, 골무-실:洞山谷, 삽작-골:扉谷, 새-골:鳥形谷, 세-골:三谷, 피재-골:稷峙, 큰-골짜기:大谷…… 등을 비롯하여 16개의 예가 있다.[3]

村系 지명에 속하는 고유어 후부요소는 '-골[4], -말/마을, -터, -거리, -담' 등 다양하게 나타나고 한자어 후부요소도 '-谷 -洞, -里, -村, -垈, -坪, -基, -街' 등으로 다양하게 나타난다. 谷系 지명에서는 '-골'과 '-실'이 예외 없이 '-谷'과 대응하였으나 村系 지명의

---

3 여기서 각 항목을 모두 드는 것은 번거로울 뿐만 아니라 전부요소의 고찰에서 그 용례가 대부분 제시될 것이므로 村系 지명부터는 생략하기로 한다.

4 '-村'계 지명으로 볼수 있는 '-골'은 중세문헌에 보이는 'フ볼(村)'에서 그 기원을 찾을 수 있다. 'フ볼 〉フ올 〉고올 〉고을 〉골'로 발전하여 '-골'이 형성된 것으로 보인다.

경우는 사정이 다르다. 34개의 목록 중에서 18개가 '-洞'과 대응되며 2개는 '-里', 하나는 생략된 형태로 나타난다. 이는 '-골'의 근원이 고구려어 '-忽'에서 온 것이 아니고 중세문헌에 흔히 보이는 'ᄀ·'ᄫᆞᆯ' 또는 'ᄀ·ᄋᆞᆯ'에 있음을 암시하는 것이 아닌가 한다.

'-말'과 대응되는 한자어 후부요소는 '-村, -洞, -里, -村里' 등으로 다양하게 나타난다. '-터'는 '새-터:新基/新村'에서 '新村'을 제외하고는 '-垈' 또는 '-基'와 대응되는데 '-垈'가 절대적으로 優勢하다. '-거리'와 '-담'을 후부요소로 하는 항목이 각각 2개씩 발견되는데 '-거리'는 '-街'와 '-洞' 그리고 '-담'은 '-村'과 '-谷'으로 전환되었음을 알 수 있다.

山系 지명의 예로는 '시루-미/시리-미:甑山/甑山里'만이 보이는데 고유어 후부요소 '-미'가 '-山'으로 전환되었음을 알 수 있다. 嶺系 지명 '-재'에 대응되는 한자어 후부요소는 '-峙' 또는 '-峴'이 비슷한 비율로 나타난다. 그리고 고유어 후부요소 '-고개'는 '갓-고개:冠峙'를 제외하고 '-峴'과 대응된다.

水系 지명에 속하는 것으로 -내, -여울, -나루, -물, -우물, -개 등이 보인다. '-내'는 '-川' 또는 '-溪' '-여울'은 모두 '-灘', '-나루'는 '-津', '-물'은 '-井', '-우물'은 '-泉', '-개'는 '-浦'와 대응된다.

野系 지명의 고유어 후부요소 '-들'은 모두 '-坪'으로 '-밭'은 '-田'으로 나타난다. 巖石系 지명 '바우/바위'는 '-岩'으로 나타나나 '선-바우'의 경우만 '立石/立石洞'에서 보듯 '-石'을 취하고 있다. '-돌'은 '거문-돌:玄岩/烏石'의 경우 '-岩'과 '-石'이 공존할 뿐 나머지 모두는 '-石'으로 나타난다. 그리고 인공물 명칭이 후부요소로 나타나는 것으로 '-다리'와 '-둑'이 있는데 각각 '-橋', '-皐'와 대응된다.

기타 지명으로 '-구멍/굴/구대이:-穴, -안:-內, -목:-項, -꼬지:-串里, -섬:島, -밑:-下, -마루:-宗⋯⋯ 등이 있다

3.2.1.2. 前部要素

후부요소의 유형과 형태별로 그 앞에 놓인 전부요소를 고찰하고자 한다. 고유어항과 대응되는 한자어항의 요소를 제시한 후 그 특징을 검토하게 될 것이다. 고유어항의 형태는 각 지명어에 나타나는 이형태를 비롯하여 활용형 등 실현된 그대로를 제시하고자 한다.

(2)
'-골'; 삽작:扉, 새:鳥形, 세:三, 피재:稷峙.
'-골짜기'; 큰:大.
'-실'; 가느:細, 가마:釜, 골무:洞山, 널/너//느:板, 불구:赤, 쇠:金, 앞:前, 지프:
　　深, 참:眞, 호무:鋤, 호미:鋤.

　　谷系 지명에 속하는 것은 모두 16개인데 고유어의 구조를 보면 체언류의 경우
'피재골'의 '피재'와 '골무실'의 '골무'를 제외하고는 단일형태소로 되어 있다. '골무실'의
'무'는 산을 뜻하는 '미'의 변이된 형태임을 한자어지명 '洞山谷'을 통하여도 알 수 있다.
용언류의 경우 어미나 후부요소와의 원활한 결합을 위하여 삽입된 형태가 개입되었
지만 모두 단일어이다. '새골:鳥形谷'에서 '새'가 '鳥形'으로 전환되었을 뿐 고유어항에
쓰인 어휘와 유의관계에 있는 한자가 정확하게 전환하여 한자어항을 형성하고 있다.

(3)
'-골'; 가래/가랫:楸(2회), 가마:釜, 갈:簾(2회), 개암/갬/갱:榛, 거리:街, 기픈:
　　深, 논:沓(3회), 댓:竹, 뒷:後(3회), 뒤싯:後, 딱밭:楮, 머우:梧, 못:池, 밤나
　　뭇:栗, 밤나뭇:栗木, 범바우:虎巖, 쇳:金, 안:內, 옻밭/웃방:漆田, 절:寺(3
　　회), 절텃:寺垈, 질:陶, 큰:大, 텃:基/垈, 텃/틱:基, 한버들/한벌:大柳/大柳
　　樹, 헌텃:舊垈.
'-말/마을'; 가운뎃:中, 골:谷, 다리:橋, 덧:加, 뒷:後, 덧:外, 바깥:外, 벌:坪,(3
　　회), 새:新(5회), 새터:新垈(3회), 새텃:中新垈, 아랫:下(2회), 안:內(3
　　회), 웃:上(4회), 가운데:中, 큰:大(2회).
'-터'; 노픈:高, 새:新,(7회).
'-거리'; 다릿:橋, 뽕나무:桑.
'-담'; 벌:坪, 거리:街.

　　村系 지명의 전부요소를 보면 '안, 바깥, 큰, 작은, 위, 아래, 뒤, 중, 새' 등으로 內
外, 大小, 上下 그리고 新舊 중 新 등과 관련된 어휘가 많이 나타남을 알 수 있다. 그리
고 식물명인 '가래, 개암, 대, 닥, 머우(〈머귀), 밤나무, 옻, 버들, 뽕나무' 등도 그 출현이

적극적임을 알 수 있다.

村系 지명 중 고유어항이 '-골'을 후부요소로 삼고 있는 항목들이다. 고유어항이 단일어인 경우는 예외 없이 유의의 한자로 전환되었다. 복합어인 경우 밤나뭇:栗木, 범바우:虎岩, 옻밭/옷방:漆田, 절텃:寺垈, 헌텃:舊垈 등은 고유어항의 구성요소에 해당하는 한자가 동원되어 직접적인 한역이 이루어졌다. 그러나 뒤싯:後, 딱밭:楮, 밤나뭇:栗 등은 고유어항의 앞부분에 놓인 것만이 한역되었음을 알 수 있다.

'-말'을 후부요소로 삼고 있는 것 중 한역화의 과정에서 특이한 모양을 보여주는 것은 '새텃-말:中新垈'의 경우 '-말'에 대응하는 후부요소를 한자어지명에서는 찾을 수 없고 어두에 '中'이 첨가되었다. 이는 같은 지역의 용바우 서쪽에 '새-터:新基/新村'이라는 마을이 있기 때문에 뚜렷한 구별을 위해서 그리 된 것으로 볼 수 있다. '덧말:外村'에서 '덧'이 '外'로 한역된 것도 특이한 예라 할 수 있겠다.

'-터, -거리, -담' 등을 고유어 후부요소로 삼고 있는 항목들은 모두 의미상 직접적인 관련이 있는 한자로 전환되었음을 알 수 있다.

(4)
'-미'; 시루/시리:甑.
'-재'; 고분:曲, 느릅:楡, 마당:場, 모래:砂, 못:池, 뱃:梨(3회), 비끼:斜/, 새목:鳥項, 솔/소:松, 큰:大邱, 피:稷(2회), 하녀물/한내물:寒泉, 흰:白.
'-고개'; 갓:冠/笠, 모래:砂, 배:梨, 서울:立泣, 질:陶.

山系와 嶺系에 속하는 항목들도 대부분 고유어항의 要素들과 직접적으로 연관되는 한자로 전환되었다. 다만 '큰재:大邱峙'에서 큰 언덕이라는 의미를 구체화하기 위하여 한자어항에 '邱'가 삽입되었다.

(5)
'-내'; 너부:廣(2회), 모라/모랏:沙.
'-여울'; 개/가:浦, 범:虎, 살:箭, 살개:箭.
'-나루'; 뒷들:後坪.

'-물/우물'; 노루:獐, 찬:寒.

'-개'; 작은:小.

'-들'; 뒷:後(2회), 배나뭇:梨, 선돌:立石, 잣:栢(2회).

'-밭'; 개:浦, 밤나무:栗, 섶:薪, 한:大.

水系와 野系 지명에 속하는 것으로 '살개-여울:箭灘'에서만 '살개'를 하나의 한자 '箭'으로 전환했을 뿐 모두 일대일 대응이 이루어졌다.

(6)

'-바우'; 곰:熊, 굴:屈, 너럭:廣, 범:虎(2회), 부처:佛, 북:鼓, 새:鳥, 선:立, 소:牛, 수리:鷲, 자라:鼈, 제비:燕, 호랑:虎.

'-돌'; 거믄:黑, 거문:玄/烏, 거믄:黑/烏, 고인:支石, 들:擧, 선:立.

'-다리'; 널/너:板, 높은:高, 돌:石, 모라내:沙川.

'-둑'; 새:新.

巖石系 지명은 해당 지역에 존재하는 바위나 돌의 형상에 따라 전부요소를 命名하였음을 알 수 있다. '거믄돌'을 黑石(洞/里)이라고만 한 경우와 玄石 또는 烏石, 黑石 또는 烏石이라고 부르는 경우도 있음을 알 수 있다.

人工物系 지명은 '-다리'와 '-둑'을 후부요소로 삼고 있는 5개 항목만이 발견되며 고유어항과 한자어항이 직접적으로 연관된 어사로 대응되어 있다.

이상에서 다루지 못한 지명 중 -구멍/굴/구대이, -안, -목, -부리, -벼루/벼랑, -머리…… 등을 후부요소 삼고 있는 지명들이 있는데 전부요소의 대응관계만을 제시하면 다음과 같다. '까치'를 '烏鵲'으로 漢譯한 것만이 특이하다.

(7)

어름:氷, 물:水, 바람:風(2회), 돼지:猪, 숲:藪/林, 골:谷, 못:池, 다리:橋, 곰:熊, 웃바람:上, 아래바람:下風, 까치:烏鵲, 선:立, 대:竹(2회), 옻:漆, 버들:柳, 큰길:大路, 찬샘:冷泉.

3.2.2. 雅譯

지명의 분류요소에 해당하는 후부요소가 한자어화할 때 자동적으로 '골 → 谷/洞, 말 → 村/洞/里' 등과 같은 형식으로 교체되는 것이 일반적이다. 그러므로 후부요소에서는 직역의 방식이 일반적이고 아역의 예는 흔하지 않다. 아역의 방식에 의해 한역화가 이루어지는 부분은 전부요소에서 생산적으로 나타난다.

이러한 이유로 인하여 본 절에서 주로 다루게 될 항목들은 전부요소에서 사용된 고유어가 본뜻과 직접적인 관련이 없는 한자어로 전환된 경우이다. 하지만 한자어항의 한자들은 고유어항의 단어와 간접적으로 연관되면서 긍정적인 의미의 낱말들로 구성되어 있음은 물론이다. 직접적인 관계는 아니지만 우회적이면서 보다 향상된 의미의 한자로 전환되어 한자어지명을 형성한 경우이다. 이 부류에 속하는 항목들을 谷系와 村系 지명에서부터 검토하기로 한다.

(8)
맗-골[5] 〉맛-골 〉매-골:鷹谷, 다락-골[6]:月谷, 거문-골:琴谷, 방갓-골:栗枝里/
栗枝洞里, 바미-골/배밋-골/마미-골:夜美洞/夜味洞, 참나뭇골:眞木里.
벌-말/벌-담:平村.
활마루-터 〉사터(射터) 〉새터/새태:新垈.
새월이:新月里/新月洞.

'-골'을 후부요소로 삼고 있는 지명은 모두 마을과 관련 있는 것들이기 때문에 이 부류에는 谷系 地名이 '매-실:鷹谷' 한 예에 불과하다. 村系 지명의 경우도 직역의 경우에 비해 그 목록이 많지 않으나 고유어 후부요소 '-골, -터, -이' 등에서 예를 찾을 수 있다.

맗골에서 '馬'를 뜻하는 '맗'의 변화형 '맛/매'에 대응되는 '鷹', '다락'을 뜻하는 '山, 高' 대신 '月', '검다'의 원뜻에 해당하는 '玄' 또는 '黑' 대신에 '琴' 등을 활용하여 고유어

---

5 말을 길렀다는 데서 유래된 지명으로 '말+ㅅ+골'을 근원형으로 보았다.

6 고구려어 지명에서 흔히 볼 수 '達'과 관련이 있는 것으로 '다락'은 '달+악'으로 분석할 수 있다.

지명을 한자어화하였다. '夜美洞/夜味洞' 또한 '바미-골/배밋-골'을 아역의 방법에 의해 표기한 예라 하겠다. '사터'가 '새터'로 변화한 후 어원 의식이 희박해지면서 '新垈'로 한자어화된 것도 흥미롭다.

(9)
알-미:酉谷, 곳-매:花山, 살-미:活山/活山里/矢山/居山/箭山, 꽃-미:花山,
골-미:東山/洞山. 묘-재:山尺/山尺所, 거무-재:黑城山.

山系 지명으로는 산을 뜻하는 고유어 '미' 또는 '매'가 몇 개 나타날 뿐이다. 알-미:酉谷은 알과 관련성이 있는 것으로 닭을 상정하고 닭과 관련된 한자 '酉'를 활용하여 한자어화하였다. '곳-매'와 '꽃-미'의 전부요소 '곳/꽃'은 '串'으로 보인다. 왜냐하면 들판 쪽으로 돌출해 나온 산과 들이 어우러져 이 지역의 지형을 형성하고 있기 때문이다.

'살-미'에 대응되는 한자어지명이 여러 가지로 나타나는데 이곳에는 고려 때 箭山所가 있었으므로 '살미'라는 지명이 유래된 것으로 본다. 그 후 고유어지명 '살미'에 대응되는 한자어지명이 다양하게 나타나다가 오늘날에는 活山/活山里로 정착되었다. '살미'가 箭山, 矢山, 居山, 活山 등과 대응될 수 있었던 것은 전부요소로 쓰인 한자 箭/矢/居/活 등의 訓이 모두 '살'이기 때문이다. 이렇게 다양하게 한자어지명이 나타나는 경우는 그리 흔하지 않은 것으로 보인다. 또한 고유지명어의 한자어화가 얼마나 多樣하게 이루어질 수 있는가를 보게 하는 예이다. 이 경우 본래의 뜻인 箭山 또는 矢山을 居山, 活山이라 하다가 活山으로 정착한 것은 이 한자가 지니는 긍정적인 의미 때문이 아닌가 한다.

嶺系 지명에 속하는 것으로 '묘-재:山尺/山尺所'는 '峙/嶺'을 뜻하는 후부요소 '재'까지도 '尺'을 사용하고 있다. '거무-재:黑城山'은 '거미[蛛]'의 방언형 '거무'를 '蛛, 또는 '蜘'로 표현하지 않고 '黑'을 사용하고 있다.

(10)
고지-여울:花灘, 배-턱/배-턱이:津頭, 개-밭/개앗/개앞:浦田/浦前里, 묵은-

배미:陳夜.

고지-여울에 대응되는 한자지명 花灘은 관탄(串灘)이라고 하기도 한다. 전자는 아역, 후자는 직역에 의한 것으로 볼 수 있다. 나루터 이름인 '배-턱/배-턱이'가 아역되어 '津頭'로 정착된 예도 발견할 수 있다.

오늘날 금성면 포전리는 본래 청풍군 북면 지역으로 개암나무 밭이 있었기에 유래된 지명이다. 개암나무밭 즉 '갬밭'이 '개밭'과 '개앗'을 거쳐 '개앞'으로 변화하고 마침내 '浦前'으로까지 변화를 입은 것은 매우 흥미로운 일이다. '개밭'에서 '개앗'으로의 변화 과정은 '개밭(榛+田) 〉 개밫 〉 개왓 〉 개앗'으로 정리할 수 있다. 이 때까지만 해도 '개앗'에서 '앗'의 어원이 '밭'에 있음을 의식하여 '浦田'이라는 지명이 쓰였던 것으로 확인된다. 그후 '-앗'이 '-앞'으로 변화를 입으면서 '개'라는 훈을 가진 한자 '浦'와 '앞'이라는 뜻을 지닌 한자 '前'으로 한자어화하였다. 당초의 '개밭/개앗'의 의미는 '榛田'이었으나 음상의 유사에 의한 변화와 한자어화가 순차적으로 이루어지면서 '浦前/浦前里'라는 현재의 지명이 형성되었다.

(11)
고지-벼루/고지-벼랑:花遷, 돌-모루:石隅/石隅里, 돌-매기/돌-무기:石項, 숫
-갓:炭枝/炭枝里, 흑-벼루:土峴.

위의 예들은 후부요소에 따라 그 유형을 분류하기가 여의치 않은 항목들이다. '石隅'는 돌아가는 모퉁이라는 뜻을 지닌 고유어지명이 전부요소에서 아역된 것이다. 그리고 돌이 많아 돌무더기 즉, '돌-무기'라 하던 것을 '石項'으로 한 것은 후부요소 부분에서 아역이 이루어진 것이다.

3.3. 音譯과 義譯을 함께 활용한 고유어지명의 漢譯化

지명어의 구조는 일반적으로 성격요소인 전부요소와 분류요소인 후부요소로 되

어있다. 고지명의 경우 전부요소와 후부요소로 분석하기 어려운 것이 발견되나, 오늘날 지명에서는 두 요소를 갖추고 있는 것이 대부분이다. 본 연구의 논의 대상인 제천 지역의 소지명어들도 고유어지명이건 한자어지명이건 대부분이 전부요소와 후부요소로 구성되어 있다. 본 장에서는 두 요소 중 한 부분이 音譯의 방법, 다른 부분이 義譯 방법에 의해 한자어화가 이루어진 경우를 탐구하기로 한다.

3.3.1. 전부요소는 音譯, 후부요소는 義譯의 방식에 의해 漢譯化가 이루어진 지명

고유어 후부요소인 골, 실, 미, 말, 고개…… 등은 자동적으로 谷/洞, 谷, 山, 村/洞, 峴…… 등으로 대체되어 한자어화가 進行된다. 그러므로 후부요소에서는 音譯의 방식을 활용한 경우보다 義譯의 방식이 일반적이다. 고유어지명의 한역화에 있어서 음역에 의한 것보다 의역에 의한 것이 상대적으로 많음은 이런 연유 때문이다. 이는 한자 차용표기의 출발이 借音에서 시작되었고 그 일차적인 방식이 차음의 원리에 따른 것이기에 음을 활용한 표기가 훈을 이용한 것에 비해 절대적으로 소극적이지 않음과 대비되는 현상이라 할 수 있을 것이다.

지명어를 하나의 단위로 놓고 볼 때 의역에 의한 후부요소의 기계적인 교체로 인하여 개별 지명어가 음역의 방식에 의해 한자어화한 경우가 많지 않음을 이미 앞에서 논의하였다. 그러나 전부요소와 후부요소를 분리하여 관찰해 보면 전부요소의 경우 상당수 지명이 음역의 방식을 택하고 있음을 알 수 있다. 이제 본 절에서는 전부요소는 음역의 방식, 후부요소는 의역의 방식에 따라 생성된 지명어에 대해 검토하기로 하겠다.

(12)
고양텃-골:恭讓垈谷, 놋-골:雷谷, 뱃-골:白谷, 툇-골:退谷.
나-실:羅谷, 단지-실:丹芝谷, 덕-실:德谷, 두무-실:豆舞谷/豆毛谷, 만지-실:晚谷/晚田里, 무덤-실:茂谷, 발남-실:八南谷, 어리-실:於里谷, 움실:羽音谷/愚音谷, 우-실:渭谷里, 저-실:楮谷/笛谷, 지-실:芝谷.

위에서 예로 든 谷系 지명어의 고유어 후부요소로는 '-골'과 '-실'이 보인다. 마을 명칭의 '-골'은 村系 지명에서 논의하기로 하였으므로 4개 항목에 불과하여 '-실'을 후부요소로 가진 지명이 상대적으로 많은 수를 차지하고 있다.

후부요소의 경우 '-골'과 '-실' 모두 谷系 지명이기에 규칙적으로 '-谷'과 대응하고 있다. 전부요소의 경우 고유어지명과 동일한 한자음을 사용한 경우와 유사한 것을 사용한 것이 비슷하게 나타난다. 유사한 음을 가진 한자를 사용한 경우는 배:白, 고양:恭讓, 무덤:茂, 저:笛, 우:渭, 발남:八南, 움:羽音/愚音, 만지:晚/晚田 등이 있다. 대부분 같은 수의 音節로 한자어화하였으나 '무덤:茂'는 한자어항의 음절이 줄어든 경우이고 '움:羽音/愚音'에서는 한자어항의 음절이 늘어난 경우이다. 물론 '움:羽音/愚音'의 경우 '音'이 '움'의 말음 'ㅁ'을 표기한 것으로 보면 실제로 羽音/愚音은 '움'으로 읽혔을 것이나 오늘날에는 '우음'으로 읽히기에 이렇게 처리하였다. '만지:晚/晚田'의 경우 '만지:晚'은 음절수를 줄인 경우이나 '만지:晚田'에서는 행정동리명 '-里'가 결합되면서 형태의 안정을 위하여 같은 음절수로 복귀하였다.

(13)
가실-골:加實谷, 갈골:葛谷, 갈마-골/갈매-골:渴馬洞, 갈문이:葛門洞, 고숫-골:高水洞, 고지-골:古芝洞/串洞, 구레-골:求禮谷, 구모-골/구못-골:顧母洞/古母洞, 굴-골[7]:屈谷/屈曲/九谷/九谷里, 굴꼴/궁꼴:弓洞, 내맹-골:來命洞, 노가리:蘆谷, 놋-골:雷谷, 대랑-골:大郞谷/大郞里/大郞洞, 댓-골:垈谷/竹洞, 도장-골:道藏谷, 되비-골:道斐洞, 막대-골:莫大洞, 말하-골/마랏-골:馬下村, 매-골/매꼴:梅谷洞, 매차-골:梅次谷, 뭇조-골/무지-골:務智洞/衆趙洞, 뱅-골:白岩洞/白楊洞, 사리-골:沙里谷, 송골:松谷, 수랏-골/수랫-골:水羅谷/水羅里, 승주-골:聖主谷, 옷골:要谷/饒谷, 잘개밋-골:自甘洞, 진흙-골/진우-골[8]:進友洞/鎭寓洞, 하누-골:閑儀골/閑儀洞, 헌텃-골:憲德洞/舊垈洞, 호안-골:虎岩洞.
양구-터:楊舊垈.

---

7 '굴골'이라는 명칭은 꾸불꾸불한 골짜기 사이에 위치하고 있는 마을이기 때문에 생겨났다. '九谷'으로 표기하기 이전에 '屈谷/屈曲'으로 표기하기도 하였다.

8 '進友' 또는 '鎭寓'는 고유어지명 '진흙'을 근원형으로 보고자 한다.

(13)은 村系 지명에 속하는 것인데 후부요소로는 '-골, -터, -이' 등이 보인다. 특히 여기서 보이는 '-골'이 村系 지명임은 그 대응되는 한자 '-洞, -里, -村' 등을 통하여 알 수 있다.

전부요소에서 고유어지명과 동일한 음을 가진 한자로 대체된 경우가 15개 항목으로 유사한 음을 가진 한자로 대체된 경우와 비슷하게 나타난다. 이에 해당하는 것은 가실:加實, 갈:葛, 갈마:渴馬, 고수:高水, 고지:古芝/串, 뇌:雷, 대:垈, 대랑:大郞, 도장:道藏, 막대:莫大, 매:梅, 매차:梅次, 사리:沙里, 송:松, 요:要/饒 등이다.

유사한 음을 가진 한자로 대체된 것은 구레:求禮, 구모:顧母/古母, 굴:九, 내맹:來命, 되비:道斐, 말하/마랏:馬下, 뱅:白岩/白楊, 승주:聖主, 잘개미:自甘, 헌터:憲德, 호안:虎岩 등이다. 굴/궁:弓, 뭇조/무지:務智, 진흙/진우:進友/鎭寓 등의 경우는 변화된 형태와 동일한 한자음이 선택된 경우이다

(14)
갈-미:葛山, 도래-미:東山/東山底, 두구-매:頭高山/土九之里, 오-미:梧山, 잔달-미:紫堂山.
다랑-고개:多郞峙, 미-고개:美峴/美峴/美峴洞, 벗고개/법고개:法峴, 삽둔-고개:揷峴, 질-고개/지루-고개:吉峴里, 구럭-재:求祿峙, 박달-재:朴達嶺/朴達峴, 뱃-재/팻-재:敗峴, 뱃-재:拜峙/梨峴, 앵이-재:嬰兒峙, 조리-재:曹兀峙/曹乙峙, 죽방-재:竹坊峙/竹坊峴, 팻-재/배-고개/뱃-재:敗峴/梨峴/梨峙.

山系 지명으로는 '-山'에 대응되는 '-미' 또는 '-매'를 후부요소로 삼은 것 5개 항목이 보인다. 嶺系 지명으로 '-고개'와 '-재'가 보이는데 '-峴, -峙, -嶺'과 대응된다. '-고개'를 후부요소 삼은 것이 5개, '-재'로 한 것이 6개 그리고 '-재/고개'로 나오는 것이 1개이다.

전부요소에서 구럭:求祿, 도래:東, 두구:頭高/土九之, 삽둔:揷, 앵이:嬰兒, 잔달:紫堂, 조리:曹兀/曹乙, 질/지루:吉 등은 고유어와 유사한 음을 지닌 한자로 대체된 경우이고 갈:葛, 다랑:多郞, 미:美, 박달:朴達, 배:拜, 오:梧 등은 동일한 한자음이 선택된 것이다. 그리고 원형이 변화를 입은 후 동일한 음을 지닌 한자가 선택된 것으로 '벗/법:法,

배/패:敗가 있다.

(15)
한-내:寒泉(2회).
미기-미[9]/미겨-미/미겸-지:美機池.
하너-물:寒泉.
학-들:鶴坪, 모산-들:茅山坪, 소당이-들:少堂坪, 마-뜰:馬坪.

水系 지명으로 '-내, -미, -못, -물'을 후부요소로 지닌 항목 4개가 있는데 한자어 '-泉, -池'와 각각 대응된다. 일반적으로 '-내'는 '-川'과 대응되는데 여기서 볼 수 있는 것은 '-泉'이다. 野系 지명으로 '-들/뜰'을 후부요소로 가진 것들이 나타나며 모두 '-坪'과 대응된다.

전부요소의 경우 '하너'가 '寒'으로 '소당이'가 '少堂'으로 표기된 것을 제외하고는 모두 동일한 음을 지닌 한자로 대체되었다.

(16)
검-바우/금-바우:儉岩, 정-바우:正岩, 한-바우/함-바우:咸岩/咸岩里.
대가리-못:大葛也池.
대가리못-둑:大葛也池堤, 두구맷-둑:頭高山堤. 소갈이-뚝:小葛也堤, 소챗-
둑:鋤蔡坪堤.
방아-다리:放鶴橋(3회), 방아-다리:方下里/放鶴里, 학-다리:鶴橋.

巖石系 지명으로 '-바우'만이 네 항목 보이며, 모두 '-岩'과 대응된다. 人工物系 지명으로는 '-못, -둑, -다리가 보이며 '-池, -堤, -橋'와 각각 대응된다. 다만 마을 명칭 '방아-다리 → 方下里/放鶴里'의 경우 동리명 후부요소 '-里'가 결합되면서 '-다리'의 대응형 '-橋'가 쓰이지 않았다.

---

9 '미기미'의 '-미'는 쇠미[金川], 머구미[墨井] 등 청주 지역의 지명에도 나타난다. 이는 고구려어에서 [水]를 뜻하는 말 '買'와 같은 것으로 보인다.

전부요소에서 '대가리:大葛也, 소갈이:小葛也'로 '이'를 '也'로 대체한 것을 발견할
수 있으며 '방아'는 '放鶴' 또는 '方下'로 전환되었음을 알 수 있다.

3.3.2. 후부요소는 音譯, 전부요소는 義譯의 방식에 의해 漢譯化가 이루어진 지명

후부요소가 차음에 의하여 한자화하는 경우는 그리 많지 않음을 이미 앞에서 지
적하였다. 전부요소가 의역, 후부요소가 음역의 방식에 의해 한자지명어가 생겨난 것
은 아래에서 보겠지만 아주 미미하다.

　　(17)
　　늘-목:於木, 말-모기:馬牧, 불근-덕:赤德/積德里, 서무니(←섶+문):薪門/薪門
　　里, 작은-등:小登山.

　　(18)
　　달롱-실:月弄室/月弄谷, 웃길리/웃끼리:上吉里.

　　(19)
　　살패:矢浦, 술론/수-론:酒論.

(17)은 전부요소와 후부요소를 뚜렷하게 구분할 수 있는 것으로 앞부분은 의역,
뒷부분은 음역에 의해 한자화가 이루어진 예이다. '-목/모기'의 본래 의미는 '項'과 관
련되는 것인데 '-木' 또는 '-牧'으로 아역하여 한자어화하였다. 그리고 '-덕'은 '언덕'의
'덕'이 아닌가 하며 고유어지명 '불근덕'은 붉은 언덕으로 되었으므로 불근덕(←붉은+언
덕)이라 명명했던 것으로 보인다. 그후 한자어화하면서 처음에는 원 뜻에 충실하여 '赤
德'이라 하였으나 의미상 좋은 느낌을 주는 '積德'으로 변화하였다.

(18)에서는 전부요소로 볼 수 있는 '달롱'과 '웃길'이 '月弄'과 '上吉'로 된 것은 앞부
분의 경우 의역, 뒷부분의 경우 음역에 의하였음을 알 수 있다.

(19)의 경우는 두 요소를 구분하기 어려운 경우이나 앞 부분이 의역에 의하여 한
자화한 경우이다.

4. 결론

훈민정음 창제 이전에 한자의 音과 訓을 빌어 우리말을 표기했던 漢字借用表記와 우리의 고유 문자인 한글 표기가 일반화된 시기에 고유어지명을 한자어지명으로 전환, 표기한 漢譯化는 엄격히 구분되어야 한다. 왜냐하면 한자차용표기의 경우 표기만 한자로 했을 뿐 고유어라는 단어의 속성을 유지하고 있으나 한역화의 경우 고유어였던 지명어가 한자어로 전환되었기 때문이다.

한자차용표기법의 體系는 音讀, 音假, 訓讀, 訓假로 분류하고 있다. 그러나 한역화는 고유어지명의 음상을 보존하고자 하는 측면에서 이루어진 음역과 뜻을 중시한 측면에서 이루어진 의역으로 나누어진다. 音譯의 경우는 同一音譯과 類似音譯으로 義譯의 경우는 直譯과 雅譯으로 구분할 수 있다.

제천 지역의 지명어 중 고유어지명과 한자어지명이 공존하는 복수지명어 중 본 연구 대상이 된 것은 336 항목이었다. 우선 여기서 다룬 복수지명어를 후부요소의 유형에 따라 종합하여 그 분포를 표로 보이면 다음과 같다.

〈표 1〉 후부요소 별 한역화 유형

유형 \ 후부요소	谷	村	山	嶺	水	野	岩	人工物	其他	계
同一音譯	1	6								7
類似音譯		20		1						21
直譯	16	80	1	21	11	10	20	5	20	184
雅譯	1	9	5	2	2	2			5	26
前音後義	16	34	5	13	4	4	3	10		89
前義後音	1	5	1	2						9
계	35	154	12	39	17	16	23	15	25	336

한자어지명 생성 방법 중 가장 활발하게 나타나는 것은 의역 중 직역의 방식이라 할 수 있다(184항목). 그 다음으로 전부요소는 音譯, 후부요소는 義譯의 방식에 의해

한자어화가 이루어지는 경우라 할 수 있겠다(89항목). 후부요소의 경우 분명한 것만도 300항목 이상이나 되어 대부분이 의역에 의해 한자화가 이루어짐을 알 수 있었다. 이는 후부요소에서 음역은 극히 제한적인 방법임을 알게 해 준다. 반면에 전부요소에서는 100여개 항목에서 음역에 의한 한자어화가 이루어졌음을 알 수 있다. 이를 통하여 볼 때 전부요소의 경우는 음역의 방식도 한자어지명 생성의 한 축을 담당하고 있다고 할 수 있을 것이다.

전부요소와 후부요소를 통틀어 제천 지역 지명 자료를 분석하여 연구한 결과 고유어지명의 한자어화는 의역에 의한 방법이 우세함을 알 수 있었다. 음역에 의한 것은 전부요소에 주로 적용되는 원리이지 후부요소에서는 거의 활용되지 못함을 알 수 있다. 의역에 의한 방식이 애용되는 것은 지명의 명명에 있어서 그 대상이 되는 지형이 지니고 있는 특성이 매우 중시된다는 점 때문이다. 고유어를 활용하여 처음에 지명을 명명할 때나 한역화 과정에서 근원형의 의미를 손상시키지 않는 것은 지형과 지명을 연관시키는 데에 있어서 무엇보다 우선해야 할 점이다. 이런 이유로 지명어의 한역화 과정에서도 근원형인 고유어지명이 지니고 있던 의미를 보존하고자 하는 심리가 강하게 작용하는 것이다.

고유어지명을 한역화할 때 일반적으로 근원형인 고유어지명이 가지고 있던 형태소를 모두 반영한다. 이는 근원형의 의미나 형태를 어떤 방식으로든 보존하려는 의식의 반영이라 할 수 있다. 지명어의 음절 구조는 대체로 이음절이나 삼음절로 이루어져 있다. 그런데 한자어지명은 이음절화하는 경향이 강하다. 이는 음절을 줄이는 경제 원리와 뜻글자인 한자가 가지고 있는 특성에 바탕을 둔 것으로 보인다.

제14장

고유어지명의 한자어화 과정과
한자어지명의 정착

1. 서론

지명이란 지표상에 붙은 모든 이름이다. 즉, 자연 지리적 실체인 산이나 강을 비롯한 고개, 골짜기. 들판, 호수 등과 인문 지리적 실체인 마을, 도로, 건물 등을 다른 지역과 구분하기 위하여 사람들이 약정한 고유명사이다. 이들 지명은 다른 고유명사와는 달리 명명의 대상이 되는 지리적 실체가 소멸되거나 이동시키기 어려운 속성을 지니고 있어 한 번 부여되면 영속성을 지니는 특징을 가지고 있다[1]. 그러므로 지명어는 국어 어휘 중 매우 보수적인 특징을 지닌다.

국토지리정보원을 비롯한 우리나라의 지명 관련 업무 부서에서는 지명을 자연지명, 행정지명, 해양지명으로 구분하여 관리하고 있다. 일반적으로 오늘날의 행정지명과 해양지명은 한자로 표기가 가능한 한자어지명이 대부분이다. 우리는 俗地名이라 일컬어지는 자연지명에서 원초적인 지명의 형태인 고유어를 만날 수 있다. 그런데 이

---

1 인명이나 관직명은 대상이 되는 인물의 사망, 시대 상황과 제도의 변화 등에 따른 직제 개편 등에 따라 쉽게 소멸될 수 있다. 고대국어 시기의 금석문에 등장하는 인명과 역사 속에 등장하는 관직명 등을 오늘날의 언어학적 지식으로 쉽게 이해할 수 없는 이유가 여기에 있다. 지명의 경우도 자연을 변형시키거나 훼손하지 않았던 농경시대까지는 지명의 보수성이 확고하게 담보되었다. 그러나 오늘날 대형 댐 건설을 비롯한 간척지 조성, 도로 개설, 신도시 건설 등과 같은 인위적인 자연 경관의 변형에 따라 지명어의 보수성이 때때로 위협받기도 한다.

들 고유어지명도 한자어지명과 대립, 경쟁하며 공존하고 있다.

감골과 柿洞, 밤나무골과 栗村/栗谷, 새터와 新基/新村/新垈, 살미와 活山/矢山/居山/箭山 등이 고유어지명과 한자어지명이 대립, 공존하는 예인데 이러한 현상은 우리나라의 자연지명인 小地名語에서 흔히 볼 수 있는 것이다. 앞에서 보듯 고유어지명과 한자어지명이 一對一로 대립, 공존하는 경우도 있지만 경우에 따라서는 一對多 대응 구조를 지니고 있는 것도 있다. 우리나라 소지명어의 대립, 공존은 고유어와 한자어에서만 나타나는 것이 아니고 고유어:고유어, 고유어:혼종어 등의 대립 관계도 있다. 지명어가 지닌 보수적인 특성상 아직까지는 일반화 되지 않았으나 신도시의 명칭을 시발로 한 서구어와의 대립, 공존도 예견할 수 있다.

시대의 변화에 따른 문화·정치적인 간섭과 침투는 다른 부문에서는 물론 지명에서도 일어남을 알 수 있다. 지난날 한자문화권에서의 지명 변개를 이제 세계화 시대의 도래와 더불어 서구어에 바탕을 둔 명칭의 침투도 예견할 수 있다. 이러한 추측이 가능한 것은 최근 진행되고 있는 혁신도시의 명칭 부여에서 어그리컨 밸리(전북), 팔공 이노밸리(대구), 울산 그린벨리(울산), 비타민 시티(강원), 경북 드림밸리(경북) 등 서구어에 바탕을 둔 명칭 부여가 빛가람 도시(광주)와 남가람 신도시(경남)의 고유어나 한자어에 기반을 둔 명칭보다 선호되고 있음을 통하여 알 수 있다. 또한 세종(시)로 확정된 행정중심복합도시의 명칭 공모 과정에서 서구어에 바탕을 둔 명칭이 다수 제안되었으며 심지어 표기까지 로마자로 제안된 명칭이 많았음을 통해서도 알 수 있다.[2]

우리나라의 지명이 지니고 있는 고유어와 한자어의 복수성은 문화·정치적으로

---

2 행정중심복합도시 명칭 제정을 위한 국민 공모 과정에서 서구어에 바탕을 두고 제안되었던 명칭을 일부 제시하면 다음과 같다.

해피타운, 해피아, 해피스미트, 하르모니아, 하모니, 하우드, 파라다이스, 파라곤, 코리아허브시티, 코아, 코레스, 유토피아시티, 유니시티, 유니온, 에시타운, 엠퍼스, 스타, 매트로피아, 라온폴리스, 랜드피아, 러브원, 뉴센트럴시티, 뉴밀레니엄, 뉴드림시, 뉴코리아, 굿모닝시티, 행정허브, 행정드림, 행정델타, 한국허브시티, 하나로카운티, 충청환타스틱밸리, 충청멀티메트로폴리스, 원수토피아, 원수테크노밸리, 새서울행정뉴시티, 금강퍼브릭가든시티, 가온메트로, 가온누리센텀시티, 코레울, Aprosia, Asolutely Ideal, Center Ring, BS, CL, Color City, Felicity, Grand-Open, Harmony, H-city, Heart-city, K-Calm, WARM, Mega도시, N-멀티시티, NS이룸도시, 호람GC

이질적인 요소의 침투와 간섭 그리고 이에 대항하는 고유성의 충돌이 빚어낸 현상이다. 본 연구에서는 원초형인 고유어지명이 제2차 형태인 한자어지명으로 전환되는 과정과 그 양상을 살피기로 한다. 이를 통하여 우리나라 지명이 지닌 고유어와 한자어의 복수성이라는 특징을 구체적으로 파악할 수 있을 것이다. 더불어 미래의 한국지명을 어떻게 가꾸어 나갈 것인가라는 문제에 대하여 탐구할 수 있는 기초를 마련하게 될 것이다.

2. 고유어지명의 한자어화

오늘날 우리나라에서 사용되고 있는 문자는 한글이지만 한자와 로마자도 보조적인 표기 수단으로 사용되고 있다. 개별언어인 한국어의 표기에 한글을 쓰는 것이 원칙이기는 하지만 귀화어의 일종인 한자어를 표기할 때는 한자가 동원되기도 한다. 또한 서구어에 기반을 둔 어휘를 비롯하여 외국인의 편의를 도모하기 위하여 로마자도 쓰고 있다.

문자는 언어의 제한점을 보완하기 위하여 인류가 만들어 낸 이차적인 언어이기 때문에 문자언어라고도 한다. 우리나라에서 사용되고 있는 한국어는 우리민족의 기원과 함께 해온 언어이다. 한민족과 한국어는 분리해서 생각할 수 없는 존재이다. 그러므로 민족의 기원과 함께 형성된 음성언어인 한국어는 문자 이전의 시기에도 우리 조상들에 의하여 사용되었다. 공간과 시간을 초월하여 정보를 기억하고 전달하기 위하여 인류가 고안해 낸 것이 이차적인 언어인 문자인데 우리나라에서 고유한 문자를 갖게 된 것은 주지하듯이 조선의 세종 시기에 와서이다.

세종의 훈민정음 창제 이후 우리나라에서는 음성언어인 한국어를 전면적으로 표기할 수 있는 고유한 문자를 갖게 되었다. 그러나 훈민정음 창제 이전에도 우리 조상들은 상류층을 비롯하여 부분적으로 문자생활을 하였다. 한자 · 한문을 활용하여 문자생활을 하기도 하였으며 경우에 따라서는 한자를 활용한 한국식 한문인 吏讀, 鄕札,

口訣 등으로 불안정하고 비능률적이나마 음성언어의 한계를 극복하려 하였다. 지명 표기 또한 한자를 활용하여 이루어졌는데 각 한자가 지니고 있는 음과 훈을 빌어 표 기하였다. 이러한 방식을 한자차용표기라 하는데 지명을 비롯한 어휘 표기는 물론 문 장 표기에까지 확대되었다.

지명을 한자로 표기하는 일은 훈민정음 창제 이전에만 있었던 것이 아니다. 한글 표기가 가능했지만 갑오경장 이전 조선시대의 모든 공문서는 한자를 활용한 한문이 나 이두로 작성되었다. 법적인 효력을 갖고 있는 문자가 한자였기 때문에 지명 표기 에도 한자를 활용해야 했던 것이다. 그 결과 고유어지명을 한자로 표기하는 과정에서 漢譯이 이루어진다. 한역의 방식으로는 고유어지명이 지닌 음을 바탕으로 하는 경우 와 뜻을 기반으로 하는 경우가 있는데 전자를 音譯 후자를 義譯라 하기로 한다.

요컨대 우리나라의 지명이 고유지명어와 한자지명어로 공존, 대립하고 있는 것 은 그 표기과정에서 한자가 개입된 것이 가장 큰 요인으로 지적할 수 있다. 한자·한 문 그리고 문화적으로 우위에 있었던 중국의 간섭이 없었다면 어종을 달리하는 복수 지명어의 생성은 그리 많지 않았을 것이다. 이제 우리나라 지명어의 한자 표기 과정 에서 나타나는 두 가지 방식, 한자차용표기와 한역표기에 대하여 그 실제적인 양상을 살피기로 한다.

2.1. 한자차용표기에 의한 지명어의 문자화

우리말을 표기하기 위하여 훈민정음 창제 이전에 사용됐던 문자 체계 즉 한자차 용표기는 우리나라 사람들이 중국의 문화를 습득, 모방하면서 발전하였다. 이는 문 화·정치적으로 우위에 있었던 중국 문자의 침투와 간섭에 의하여 이루어진 한국어 문사의 중요한 단면으로 이해할 수 있을 것이다. 만약 우리나라가 유럽 대륙에 위치 하고 있었다면 한자가 아닌 다른 문자를 표기에 활용하였을 것이다. 어떻든 지리적으 로 인접한 선진 중국의 한자·한문을 습득하고 수용하면서 생겨나게 된 한자차용표 기는 그 첫 단계에서 어휘표기가 이루어진다. 인명, 지명, 관명 등의 어휘 중에서도 지명을 한자로 표기한 예가 『三國史記』「地理志」(이하 『三地』)에서 집단적으로 발견된다.

　　우리의 지명을 한자로 표기하는데 있어서는 한자의 음을 활용하는 것과 훈을 활용하는 것이 있다. 漢字가 지니고 있는 三要素 즉 形, 音, 意 중 초기단계에서 지명을 표기하는데 借音의 방법이 동원된 것으로 보인다. 만약 한자의 음만으로 고유어를 표기하는데 지장이 없었다면 借訓의 방식은 동원되지 않았을 수도 있다. 그러나 차음의 방법만으로는 문장의 단위도 아닌 어휘의 일종인 지명어를 표기하는데 있어서도 전혀 만족스런 결과를 얻을 수 없었다. 그래서 동원되기 시작하는 것이 한자가 지닌 뜻의 측면을 활용하는 차훈의 방식인 것이다.

　　한자차용표기에서 借音의 방식으로 해결할 수 없을 때 次善策으로 借訓의 방식을 동원하였을 것이라는 것은 崔世珍이 엮은 『訓蒙字會』 범례의 언문자모 명칭 제시에서도 확인할 수 있다. 한글 자음의 명칭 제시에서 '初聲終聲通用八字'는 이음절로, '初聲獨用八字'는 일음절로 그 명칭을 제시하였다. 한글 자음의 명칭을 한자를 차용하여 ㄱ:其役, ㄴ:尼隱, ㄷ:池末[3], ㄹ:梨乙, ㅁ:眉音, ㅂ:非邑, ㅅ:時衣, ㅇ:異凝 그리고 ㅋ:箕, ㅌ:治, ㅍ:皮, ㅈ:之, ㅊ:齒, ㅿ:而, ㅇ:伊, ㅎ:屎 등과 같이 제시하였다.

　　'니은, 리을, 미음, 비읍, 이응, 티, 피, 지, 치, ᅀᅵ, 이, 히' 등은 한자의 음을 빌어 능히 표기할 수 있기에 借訓의 방법을 채택하지 않았다. 그러나 '읃, 읏, 키' 등은 우리나라 한자음에서 찾을 수 없는 것이기에 어쩔 수 없이 '末, 衣, 箕' 등을 가져다 쓰고 새겨서 읽으라는 표시로 해당 한자에 동그라미를 둘러놓았다. 그 결과 오늘날에도 자음의 명칭이 '디읃'과 '시읏'이 아닌 '디귿'과 '시옷'으로 정착되는 결과를 낳았다. 이는 문자에 의한 음성언어 간섭의 예로도 활용할 수 있는 자료이다.

　　가능하면 차음의 방식을 활용하고 어쩔 수 없는 경우에만 차훈의 방식을 동원한 증거는 'ㄱ:其役'을 통해서도 분명하게 알 수 있다. '기윽'을 표기함에 있어 '기'는 '其'로 가능하나 '윽'은 가능한 한자가 없다. 우리나라 한자음에 '윽'이 없기 때문이다. '윽'을 새김으로 표현할 방법도 마땅하지 않아서 그리하였을 수도 있으나 '윽'과 유사한 음상

---

3 '末, 衣, 箕'에 밑줄을 그은 것은 『訓蒙字會』에서 새김으로 읽어야 할 글자의 경우 원을 둘러놓았는데 여기서는 편의상 이를 대신한 것이다.

을 지닌 '役'을 활용하였다는 것은 가능하면 차음의 방식으로 해결하려 했다는 증거로 보인다.

한자차용표기에서 차음의 방식만으로 우리말을 표기할 수 없었던 것은 음절 구조가 복잡한 국어의 특성상 당연한 귀결이었다. 차훈의 방식이 고안되면서 한자차용표기가 안정을 찾을 수 있을 것으로 기대하였을지도 모른다. 그러나 중국어를 표기하기 위하여 마련된 문자인 한자로 음절 구조를 비롯한 문법 체계가 다른 한국어를 온전하게 표기한다는 것은 애초부터 거의 불가능에 가까운 일이다. 만약 한자차용표기가 불편하지 않고 능률적이어서 우리말을 표기함에 매우 적합했다면 우리는 오늘날까지도 이 문자를 사용하고 있을 것이다.

차음의 방식으로 표기한 지명을 음독지명, 차훈의 방식으로 표기한 것을 훈독지명이라고 한다면 음독지명의 예가 많을 것임을 이상의 논의를 통하여 짐작할 수 있다. 이는『三地』의 지명 중 권37의 백제지명을 검토하면 쉽게 알 수 있다. 주지하듯이『三地』권37은 권 34, 35, 36의 補遺編으로 景德王 改稱 명칭이나 고려 당시의 명칭을 제시하지 않고 통일 이전의 고구려와 백제의 지명을 제시한 것이다. 여기에 나오는 복수표기 지명들을 검토해 보면 고구려 지명의 경우 音讀表記와 訓讀表記를 倂記한 경우도 있으나 백제 지명의 경우 대부분 음독표기만으로 복수지명의 표기가 나온다. 이는 지명을 비롯한 고유명사의 초기 단계 표기에서 借音의 방식이 주로 동원되었음을 알게 해주는 것이다.[4]

『三地』권37에서는 借音表記에 이어 발달된 借訓表記 지명을 확인할 수 있다. 오늘의 水原에 해당하는 지역의 명칭을 '買忽 一云 水城'이라 표현하였는데 '買忽'은 音讀名이고 '水城'은 訓讀名이다. 결국 '買忽'과 '水城'은 모두 고유어 '*믜홀'을 표현한 것으로 한자차용표기 지명인 것이다. 한자차용표기 지명은 고유어지명을 한자라는 표기수단을 활용하여 표현한 것이다. 그러므로 이른 시기의 지명들은 고유성을 지닌 순우리말

---

4 고구려 지명에 훈독명 복수표기 지명이 비교적 많은 것을 박병채(1968:172)에서는 특기할 만한 사실로 지적하였다. 그리고 그 이유에 대하여는 삼국 중 한자 · 한문의 수용과정에서 가장 먼저 중국적인 요소가 침투하였을 것이라는 점, 북방 고대 국가로서 광활한 판도를 확보하는 과정에 언어의 이중 구조를 가졌을 것이라는 점을 들고 있다.

임에 주목할 필요가 있다.

표기만 한자로 했을 뿐이지 고유성을 유지하였다는 것은 아직은 한자어지명이 일반화되지 않았다는 것을 의미하는 것이다. '買忽' 또는 '水城'과 같이 다른 한자를 활용하였지만 이는 모두 고유어지명 "*믹홀'을 표현한 것이기 때문이다. 아마도 당시의 사람들은 지금의 '水原'을 모두 "*믹홀'이라 하였을 것이며 아무도 '수성'이라 하지는 않았던 것으로 보인다. 이는 문장 표기에서 "吾隱去內如辭叱都"가 "오은거내여사질도"를 표현한 것이 아니고 우리말 문장 "나ᄂᆞᆫ 가ᄂᆞ다 맗도"를 표현한 것과 같은 것이다.

초기 단계에서 고유지명어의 한자차용표기는 상당 기간 우리말의 순수성을 유지하였던 것으로 보인다. 그러나 문화·정치적으로 우월한 중국의 영향으로 한자·한문의 사용이 확대되고 보편화되면서 훈독 지명을 고려한 한자어지명이 생성되기에 이른다. 지금의 '수원'을 "*믹홀'이라 하는 사람도 있지만 '수성'이라 하는 사람도 생겨나게 된 것이다. 결국 문자가 언어를 간섭하게 되고 2차적인 형태인 한자어지명과 근원형인 고유어지명이 복수의 양태로 존재하기 시작한 것이다.

경제적이지 못하고 비능률적일 뿐만 아니라 완벽에 가깝게 우리말을 표기할 수 없었던 한자차용표기의 쇠퇴는 한자어지명을 양산하는 결과를 낳았던 것으로도 보인다. 한자를 새김으로도 읽는 전통이 점점 사라지고 음으로만 읽게 된 것은 중국식 한문의 보편화와 관련이 있는 것으로 보인다. 불편하고 효율적이지 못한 한자차용표기에 의한 문자 생활보다 중국식 한문이 경쟁력을 확보하면서 이러한 현상은 더욱 확대되었던 것으로 보인다. 이와 궤를 같이하여 고유어를 기반으로 한 지명의 漢譯化와 더불어 중국식 지명의 차용이 이루어진 것으로 보인다.

2.2. 漢譯에 의한 지명어의 한자어화

국어 어휘사를 한자어 증대사로 규정하기도 한다. 이는 이른 시기에 순우리말이 주류를 이루었던 국어 어휘가 오늘날로 오면서 한자어로 대체되었음을 말하는 것이다. 지명어도 국어 어휘의 한 부류이기 때문에 고유어였던 것이 한자어로 대체된 예를 우리는 흔히 확인할 수 있다. 표기는 한자로 하였으되 고유성을 잃지 않았던 지명어가 중국 문화의 영향으로 점차 한자어화하였다. 한자어화의 원인으로 중국 문화의 위세와 더불어 한자가 지닌 강점을 들지 않을 수 없다.

한자가 지닌 강점으로 造語力과 縮約力을 들 수 있다. 고유지명어를 배경으로 중국식 조어가 용이하지 않았다면 한자어지명 생성은 원활하게 이루어지지 않았을 수도 있다. 또한 중국식 조어가 이루어졌다 하더라도 고유어지명보다 競爭力이 없는 형태였다면 그 사용은 제한적이었을 것이다. 한자가 지닌 축약력으로 인하여 음절수를 줄일 수 있었던 것이 경쟁력에 힘을 보탠 것으로 보인다. 일반적으로 한자어는 고유어에 비해 동일한 대상을 짧은 음절로 표현 할 수 있는 강점을 지니고 있다.

제천군 금성면 지명 중 하천명에 '너부내'와 '높은다리내'가 있다. 이들 고유지명어에 대응되는 한자어지명은 각각 '廣川'과 '高橋川'이다. 고유어와 한자어의 음절수를 비교해 보면 3:2와 5:3이다. 최소의 노력으로 최대의 효과를 노리는 경제 원리는 언어에도 적용되는데 어휘보다 작은 단위인 음운에서도 흔히 나타난다.[5] 하물며 단어에서의 경제성 모색은 당연한 것이다. 동일한 대상을 표현하는 단어의 음절수가 짧으면 짧을수록 경제적인 것이므로 한자가 지닌 縮約力은 국어 어휘 속에 한자어를 증가시키는 동력으로 작용하였으며 지명어에서도 예외가 아님을 알 수 있다.

중국의 문화ㆍ정치적 위세와 함께 한자가 지닌 강점으로 인하여 고유어를 배경으로 한 한자어지명의 생성을 漢譯이라 표현하고자 한다. 漢字借用表記는 고유어를 한자의 음이나 새김을 빌어 표현한 것이고 漢譯은 근원형인 고유어지명을 중국식으로 조어하여 한자어지명을 만드는 것이다. 한자어지명 즉 漢譯地名의 출현 시기를 정확히 밝혀낼 수는 없지만 한자차용표기 지명보다는 후대에 이루어진 것으로 보인다. 이러한 추정은 앞에서도 논의하였듯이 삼국 통일 이전의 고구려와 백제 지명을 기록한 『三地』 권37의 지명이 대부분 漢字借用表記地名이라는 점에서 확인할 수 있다.

漢譯地名으로 볼 수 있는 예는 통일 신라의 지방행정 조직과 단위 지명을 기록한

5　음운에서 나타나는 노력경제의 예 중 하나로 모음의 高舌化를 들 수 있다. 開口度가 비교적 작은 모음으로 변동이 일어나는 예를 '없다 → 읎다, 아기 → 애기, 나도 → 나두' 등의 예에서 확인할 수 있다.

『三地』권34, 35, 36에서 찾을 수 있다. 경덕왕 16년(757년) 개칭 지명이 漢譯地名에 속하는 것으로 삼국의 지명을 2자로 된 한자로 통일한 것이 그것이다. 삼국의 통일과 더불어 효과적인 통치를 위하여 지명의 정비가 필요하였을 것이다. 그리고 당시에 참고할 수 있는 것이 중국식 지명 명명법이었기 때문에 고유어지명을 배경으로 한 정형화된 형식의 한역지명 출현은 당연한 귀결이었던 것이다.[6]

지금까지의 논의를 『三地』권35와 권37에 나오는 오늘날 수원에 해당하는 예를 통하여 살피기로 하자.

(1)
買忽 一云 水城〈권37〉

水城郡 本 高句麗 買忽郡 景德王改名 今水州〈권35〉

권37의 買忽 一云 水城에서 '買忽'과 '水城'은 한자차용표기 지명이다. '買忽'은 借音表記이며 '水城'은 借訓表記이다. 표기만 달랐지 모두 고유어 '*미홀'을 표현한 것이다. 반면에 권35에 보이는 '水城'은 경덕왕이 개칭한 漢譯地名이며 『三國史記』가 편찬된 시기인 고려의 지명은 '水州'이다. 경덕왕 때의 지명 '水城'이 삼국통일 이전의 지명이었던 '*미홀'을 借訓表記한 것과 같은 것은 漢譯 과정에서 참고하였기 때문으로 보인다. 그러나 권37의 '水城'은 고유어 '*미홀'이고 권35의 '水城'은 한자어 '수성'이다. 고려 시기의 지명 '水州'는 물론 한자어지명 '수주'이다.

고유어지명을 배경으로 한 漢譯化는 경덕왕의 지명 개정에서 분명하게 확인할 수 있으며 이러한 방식은 현대에 이르기까지 연면히 계승되었다. 現用 行政地名은 대부분 한자어지명이지만, 그 근원형인 자연지명에 잔존하고 있는 고유어지명과 대응되는 복수지명의 예를 통하여 이런 현상을 쉽게 파악할 수 있다. 예컨대 현재 충북 청

---

6 경덕왕 개칭 한자어지명 중 근원형인 고유어지명에 바탕을 두고 한역한 예가 다수 발견된다. 하지만 지금까지의 국어학적 연구 결과로도 해결되지 않은 지명어 항목 또한 존재한다. 개칭 지명어 중 고유어지명에 바탕을 두지 않고 명명한 것을 창작지명이라 표현할 수도 있으나 지명이 지닌 보수성과 전승성을 고려하여 이 모두를 포괄하는 개념으로 漢譯地名이라는 용어를 사용하고자 한다.

주시 금천동의 한자어지명 '金川'은 '쇠내' 또는 '쇠미'[7]라는 고유어지명을 배경으로 한역된 지명이다. 지금도 '쇠내' 또는 '쇠내개울'이라 불리는 이 내 주변에 형성된 마을이 금천동이다. 1차 지명어라 할 수 있는 고유어지명 '쇠내/쇠미'와 이를 배경으로 형성된 2차 지명어인 한자어지명 '金川'이 공존하고 있는 예이다.

행정지명은 물론 자연지명에 이르기까지 한역화가 심화된 것은 중국의 정치·문화적 위세와 더불어 한자가 지닌 강점 즉, 조어력과 축약력이 동력이 되었음을 앞에서 지적하였다. 한역화가 일반화되면서 그 방식이 크게 두 가지 방법으로 전개된다. 한자차용표기나 한역화나 한자가 지닌 삼요소 形, 音, 義를 배경으로 이루어지는 것이므로 1차 지명어를 바탕으로 그 음성모형 또는 뜻을 보존하는 방식으로 진행된다. 근원형인 고유어지명의 음성모형을 보존하는 방식으로 이루어진 한역화를 音譯이라고 한다. 반면에 뜻을 배경으로 이루어지는 한역화를 義譯이라 한다. 일반적으로 지명어의 한역화는 義譯의 방식이 주류를 이룬다. 그러나 한자 사용의 증대와 더불어 고유어와 구분하기 어려울 정도로 귀화어가 되어 버린 한자어 사용의 일반화에 따라 音譯의 방식도 무시할 수 없는 정도로 진행되어 왔다.

漢字借用表記法의 體系와 漢譯化의 體系는 모두 표기에 동원된 문자가 한자라는 점에서 공통점을 갖는다. 다만 한자차용표기는 고유어지명을 한자로 표기한 것이고 한역은 고유어지명을 바탕으로 한자어로 전환시킨 것이다. 그러므로 한역 지명의 경우는 음역은 물론 의역의 경우라 할지라도 해당 한자를 음으로만 읽는다는 점이 한자차용표기와 다르다고 할 수 있다.

---

7 '쇠내'와 '쇠미'는 전부요소 '쇠'와 후부요소 '내' 또는 '미'로 분석 된다. '내'와 '미'는 '川' 또는 '水'를 뜻한다. 특히 '미'는 『三地』의 고구려 지명에 보이는 '買'와 관련이 있는 것으로 보이며 인근에 위치한 청원군 낭성면 묵정리의 '머구미:墨井'에서도 확인된다. 전부요소 '쇠'가 지닌 뜻을 '金'으로 보기도 하나 필자의 관견으로는 '東'으로 보인다. '쇠내'를 '東川'으로 직역하지 않고 '金川'으로 한 것은 동쪽을 의미하는 '싴〉새가 자립성을 확보하지 못하고 있고 그 쓰임 또한 활발하지 않기 때문으로 보인다.

3. 고유지명어와 한자지명어의 대립과 정착

漢字借用表記 고유어지명이나 고유어를 바탕으로 漢譯한 한자어지명이나 한글표기가 일반화되기 전까지는 모두 그 표기 수단을 한자로 하였다. 문자란 음성언어의 제한점을 극복하고자 인류가 창안해 낸 2차적인 것이나 때로는 文字가 音聲言語를 간섭하고 영향을 끼치기도 한다. 우리나라의 지명이 고유성을 보존하고 있으면서도 한자어지명이 漸增하게 된 것은 당초 그 표기를 한자에 의존하였기 때문으로 보인다.

지명어는 가장 보수적인 어휘의 일종이므로 중국의 문화·정치적인 위세와 한자가 지닌 강점으로 인하여 생성된 한자어지명과 함께 그 근원형인 고유어지명이 공존, 대립하고 있다. 동일한 지점을 일컫는 지명어로 고유어와 한자어가 복수의 형태로 존재하고 있는 것이다. 이런 현상은 고대 삼국의 지명에서부터 현용 지명에 이르기까지 나타나고 있다. 여기서는 『三地』에 보이는 고유어지명과 한자어지명의 대응 양상을 비롯하여 『龍飛御天歌』(이하 『龍歌』) 그리고 현용 충북 제천 지역의 小地名語에 보이는 複數地名을 통하여 그 실상을 파악하기로 한다.

3.1. 『三國史記』 「地理志」를 통하여 본 대립 양상

『三地』 권34에는 옛 신라지역의 통일신라 행정 지명이 실려 있다. 그리고 권35에는 옛 고구려 지역, 권36에는 옛 백제 지역의 통일신라 행정 지명이 실려 있다. 권34 앞부분에 나오는 항목 尙州를 통하여 이 책에 제시된 지명의 예를 살피기로 하자.

(2)
〈尙州〉, 〈沾解王〉時取〈沙伐國〉爲州, 〈法興王〉十一年, 〈梁〉〈晉通〉六年, 初置軍主, 爲〈上州〉. 〈眞興王〉十八年, 州廢, 〈神文王〉七年, 〈唐〉〈垂拱〉三年, 復置, 築城周一千一百九步, 〈景德王〉十六年, 改名〈尙州〉, 今因之. 領縣三:〈靑驍縣〉, 本〈昔里火縣〉, 〈景德王〉改名, 今〈靑理縣〉. 〈多仁縣〉, 本〈達已縣〉(或云〈多已〉), 〈景德王〉改名, 今因之. 〈化昌縣〉, 本〈知乃彌知縣〉, 〈景德王〉改名,

今未詳.[8](尙州는 沾解王 때에 沙伐國을 빼앗아 주로 만들었는 바 法興王 11년 梁 晉通 6년
에 처음으로 軍主를 배치하여 上州라 하였다. 眞興王 18년에 주가 폐지되었다가 神文王 7년
당나라 垂拱 3년에 다시 주를 설치하고 성을 쌓았는데 둘레가 1천 1백 9보였으며 경덕왕
16년에 尙州로 개칭하였는데 지금 그대로 부른다. 이 주에 속하는 현이 셋인데 靑驍縣은 본
래 昔里火縣을 경덕왕이 개칭하였는데 지금의 靑理縣이며 多仁縣은 본래 達已縣(혹은 多已
라고도 한다.)을 경덕왕이 개칭한 것인데 지금 그대로 부르며 化昌縣은 본래 知乃彌知縣을
景德王이 개칭한 것인데 지금은 미상이다.)

위에서 보듯 상주와 그 영현의 경덕왕 개칭명, 개칭 이전의 지명 그리고 삼국사
기 간행시기 즉 고려의 지명을 비롯하여 간략한 건치연혁을 기술하였다. 우리는 여기
서 尙州:沙伐國:上州, 靑驍縣:昔里火縣:靑理縣, 多仁縣:達已縣(多已), 化昌縣:知乃彌知縣 등
의 지명 자료를 확보할 수 있다. 이들 지명 중 신라, 통일신라(경덕왕 개칭 지명), 고려의
지명(『三國史記』 편찬 당시 지명)이 相異한 '靑驍縣:昔里火縣:靑理縣'을 자료로 하여 정리하
면 (4)와 같다.

(3)
靑驍縣; 경덕왕 개칭 통일신라의 행정 지명
昔里火縣; 신라의 지명
靑理縣; 고려의 지명

위의 세 가지 명칭 중 가장 이른 시기의 것은 신라의 지명인 昔里火縣으로 한자
차용표기 고유어지명으로 볼 수 있다. 그리고 靑驍縣과 靑理縣은 각각 통일신라와 고
려의 지명으로 한자어지명이다. 고유어지명 '昔里火'와 한자어지명 '靑驍'가 동일 지역
에 대한 복수지명으로 존재했을 가능성을 고려의 지명 '靑理'에서 찾을 수 있다. 고려
에 와서 통일신라의 지명 '靑驍'를 그대로 쓰지 않고 개칭하면서 둘째 음절의 '驍'를 버
리고 '理'로 한 것은 '昔里火'의 둘째 음절에 보이는 '里'를 참고한 것으로 보이기 때문이

---

8 원문의 내용은 『三國史記』 正德本에 나오는 것인데 편의상 고유명사에 〈 〉를 치고 문맥의 이해를 돕기
위하여 띄어쓰기와 문장부호를 사용하였다.

다. 이를 통하여 우리는 경덕왕이 효과적인 통치 기반 마련을 위하여 2자로 된 중국식 한자어지명으로 개정하였지만 그 둘이 대립, 공존하였을 것임을 추정할 수 있다. 이는 지명어가 지닌 보수성과 전승성으로 인하여 필연적으로 나타난 현상으로 보인다.

『三地』권34, 35, 36에서 볼 수 있는 경덕왕 개칭 지명은 모두 한자어지명이다. 그리고 개칭 이전의 지명은 한자차용표기 지명으로 고유어지명으로 볼 수 있으나 일부는 이미 한자어화한 것도 있다. 현재 경상북도의 서북부 지역에 위치했던 '金山'을 통하여 이러한 추정이 가능하다. 金山縣은 그 명칭이 신라, 통일신라, 고려에서 변함이 없음을 권34의 "金山縣 景德王 改州縣名, 及今並因之."에서 알 수 있다. 신라에서는 '金山'을 훈독하여 고유성을 보존했고 경덕왕 개칭 후 음독하여 한자어화했다고 볼 수도 있으나 지금으로서는 그 정확한 실상을 파악하기는 어렵다. 그러므로 삼국의 지명 중 일부는 이미 한자어화한 것이 아닌가 하는 생각을 해볼 수 있다. 아울러 행정을 비롯한 공적 분야에서는 한자어지명이 정착단계로 접어들었음을 보여주는 예로 볼 수 있다.

경덕왕 개칭 지명 즉 한자어지명과 三國 시기에 쓰였던 고유어지명의 대응 양상을 각 권별로 20개씩 정리하여 보이기로 한다. 송하진(2000)의 부록을 비롯하여 여러 논저에서 이미 『三地』의 지명을 일람표로 작성하여 제시한 바 있는데 여기에서는 삼국의 지명이 분명하게 고유어로 보이는 항목을 위주로 하여 그 대체적인 윤곽을 파악할 수 있도록 하고자 한다.

〈표 1〉 신라 지역 지명의 대응 양상

신라지명		통일 신라 지명	고려 지명	해당 지역	신라지명		통일 신라 지명	고려 지명	해당 지역
일차지명	一云, 或云				일차 지명	一云, 或云			
熱兮縣	泥兮	日谿縣	未詳	安東	荅達匕郡	沓達	化寧郡	化寧郡	尙州
柒巴火縣		眞寶縣	甫城	眞寶	推火郡		密城郡	密城郡	密陽
阿火屋縣	幷屋	比屋縣	比屋縣	比安	率已山縣		蘇山縣	清道郡	清道
阿尸兮縣	阿乙兮	安賢縣	安定縣	安定	達句火縣		大丘縣	大丘縣	大邱
武多彌知	曷多彌知	單密縣	單密縣	丹密	多斯只縣	沓只	河濱縣	河濱縣	河濱

芼兮縣		孝靈縣	孝靈縣	軍威	奴斯火縣		慈仁縣	慈仁縣	慶山
奴同覓縣	如豆縣	軍威縣	軍威縣	軍威	切也火郡		臨皐郡	永州	永州
今勿縣	陰達	禦侮縣	禦侮縣	金泉	居漆山郡		東萊郡	東萊郡	東萊
古尸山郡		管城郡	管城郡	沃川	退火君		義昌郡	興海郡	興海
薩買縣		淸川縣	淸川縣	淸川	斤烏支縣		臨汀縣	迎日縣	迎日

　　『三地』 권34에는 〈표 1〉에 보인 예를 비롯하여 통일신라의 행정 지명 즉 경덕왕 개칭 지명 138개와 이와 대응되는 개칭 이전의 지명 그리고 『三國史記』 편찬 당시의 고려지명이 나란히 제시되어 있다. 통일 이전 신라에 해당하는 지역의 지명이 보여주는 특징을 개칭 이전의 지명에서 확인할 수 있다. 그 대표적인 것이 고유어지명의 후부요소 '-火'인데 이는 훈독하여 '*-블' 또는 '*-벌' 정도로 읽었을 것이고 그 의미는 '벌판' 즉 '平原'을 뜻하는 것이다.

〈표 2〉 고구려 지역 지명의 대응 양상

고구려지명		통일신라지명	고려지명	해당지역	고구려지명		통일신라지명	고려지명	해당지역
일차지명	一云, 或云				일차지명	一云, 或云			
仍斤內郡		槐壤郡	槐州	槐山	內乙買縣		沙川縣	沙川縣	(미상)
仍忽縣		陰城縣	陰城縣	陰城	所邑豆縣		朔邑縣	朔寧縣	朔寧
皆次山郡		介山郡	竹州	竹山	冬比忽		開城郡	開城府	開城
奈兮忽		白城郡	安城郡	安城	內米忽郡		瀑池郡	海州	海州
沙伏忽		赤城縣	陽城縣	安城	沙熱伊縣		淸風縣	淸風縣	淸風
仍伐奴縣		穀壤縣	黔州	衿川	及伐山郡		岋山郡	興州	豊基
主夫吐郡		長堤郡	樹州	富平	斤平郡		嘉平郡	嘉平郡	加平
骨衣奴縣		荒壤縣	豐壤縣	楊州	冬斯忽郡		岐城郡	岐城郡	楊口
皆伯縣		遇王縣	幸州	幸州	加支達縣		菁山縣	汶山縣	安邊
泉井口縣		交河郡	交河郡	交河	也尸忽郡		野城郡	盈德郡	盈德
述尒忽縣		峯城縣	峯城縣	波州	于尸郡		有鄰郡	禮州	寧海

『三地』권35에는 삼국통일 이전 고구려 지역의 지명이 실려 있다. 〈표 2〉의 예를 비롯하여 권34와 같은 방식으로 경덕왕 개칭 지명, 고구려 지명, 고려의 지명 순으로 154개 항목이 제시되어 있다. 고유어지명으로 볼 수 있는 고구려 지명과 한자어지명인 개칭 지명의 대비를 통하여 공용문서를 비롯한 국가의 공식 행위에서는 후자를 사용했을 것으로 보인다. 그러나 지명이 지닌 保守性을 고려할 때 비공식적인, 즉 사적인 언어 행위에서는 개칭 이전의 고유어지명이 더 활발하게 사용되었을 것이다. 이런 현상은 오늘날 '-里' 단위 명칭 사용과 관련하여 공문서를 비롯한 행정지명에서는 한자어지명이 쓰이지만 토착인들의 언어생활에서는 고유어 속지명을 더욱 즐겨 쓰고 있다는 점을 통해서도 알 수 있다.

고구려어의 지명어 후부요소 중 특이한 것은 '-忽'이다. '忽'은 '城'과 대응되는데 奈兮忽:白城, 沙伏忽:赤城, 買忽:水城, 買召忽:邵城 등을 비롯하여 다수의 예가 발견된다. 지형적 특성상 들판 즉 평원보다는 산이 많은 지역 즉 골짜기를 배경으로 생겨난 지명이 주류를 이루기 때문에 '忽'을 후부요소로 삼은 지명이 많음을 알 수 있다. 이는 馬韓과 辰韓의 언어를 기층으로 발전한 신라와 백제의 지명어에 '-火' 또는 '-夫里'가 쓰인 것과 대조되는 현상이다.

〈표 3〉 백제 지역 지명의 대응 양상

백제지명		통일신라지명	고려지명	해당지역	백제지명		통일신라지명	고려지명	해당지역
일차지명	一云, 或云				일차지명	一云, 或云			
甘買縣		馴雉縣	豐歲縣	豐歲	加知奈縣		市津縣	市津縣	恩津
仇知縣		金池縣	全義縣	全義	只良肖縣		礪良縣	礪良縣	礪山
伐首只縣		唐津縣	唐津縣	唐津	甘勿阿縣		咸悅縣	咸悅縣	咸悅
珍惡山縣		石山縣	石城縣	石城	豆乃山縣		萬頃縣	萬頃縣	萬頃
古良夫里縣		靑正縣	靑陽縣	靑陽	所力只縣		沃野縣	沃野縣	全州
奴斯只縣		儒城縣	儒城縣	儒城	居斯勿縣		靑雄縣	巨寧縣	南原
豆仍只縣		燕岐縣	燕岐縣	燕岐	未冬夫里縣		玄雄縣	南平郡	南平

也西伊縣		野西縣	巨野縣	金溝	伏忽郡		寶城郡	寶城郡	寶城
古眇夫里郡		古阜郡	古阜郡	井邑	古尸伊縣		岬城郡	長城郡	長城
豆尸伊縣		伊城縣	富利縣	錦山	勿阿兮郡		務安郡	務安郡	務安

〈표 3〉을 비롯하여 『三地』 권36 백제 지역의 지명을 통해서도 개칭 이전의 고유어 지명과 이후의 한자어지명이 공존, 대립했음을 확인할 수 있다. 여기에서는 146 항목에 걸쳐 경덕왕 개칭 지명을 앞세운 후 백제의 지명과 고려의 지명을 제시하였다. 백제 지명의 특징은 어말모음을 유지하는 소위 開音節性을 지니고 있다는 것이다. 신라 지명의 후부요소 '-火'에 대응되는 백제 지명어의 후부요소는 '-夫里'인데 'PVRV 〉PVR'의 과정으로 진행되었다면 백제 지명어가 신라 지명어에 비해 古形을 유지한 것으로 볼 수 있다. 백제 지명어가 어말 모음을 유지한 예는 『龍歌』 3:15에 나오는 熊津:고마ᄂᆞ르의 '熊:고마'에서도 찾을 수 있다.

3.2. 『龍飛御天歌』에 나오는 복수표기 지명을 통하여 본 대립 양상

1447년(세종 29년)에 간행된 『龍歌』는 국어 문장을 한글로 표기한 최초의 문헌이다. 우리말 어휘 94개를 한글로 표기한 예가 『訓民正音』 用字例에 등장하지만 『訓民正音』 해례본에 문장을 한글로 표기한 예는 보이지 않았다. 결국 우리말 어휘를 비롯한 문장 표기를 전면적으로 시도하여 그 결과를 최초로 보여주는 문헌이 『龍歌』이다. 그러므로 국어 어휘의 일종인 지명의 한글표기를 보여주는 최초의 문헌도 『龍歌』이다.

『龍歌』의 각 장은 국문가사와 한시 그리고 한문으로 이루어진 註解 등 세 부분으로 구성되어 있다. 국문가사 표기 방식을 보면 고유어는 한글로 한자어는 한자로 적은 국한혼용문인데 이 글 속에서 40여 개의 지명이 발견된다.[9] 그런데 이들 지명 중

9　국문가사에 보이는 국명을 포함한 지명은 다음과 같다.

海東〈1〉 圈谷, 慶興〈3〉 岐山, 德源〈4〉 漆沮, 赤島〈5〉 西水, 東海〈6〉 洛陽, 漢陽〈14〉 揚子江南, 公州, 江南〈15〉 江都, 朔方〈17〉 驪山, 셔블〈18〉 四海, 三韓〈20〉 海東〈21〉 六合, 雙城〈24〉 東都, 北道〈26〉 兩漢, 三韓〈28〉 行宮,

'셔블'과 '죨애山'을 제외하고는 모두 한자어지명이다. 漢文 註解 속에서 우리는 다수 지명을 접할 수 있는데 이 역시 대부분의 지명은 한자만으로 표기되어 있으나 일부 지명의 경우 한자표기 뒤에 한글표기를 덧붙였다.

'셔블'과 함께 『龍歌』의 국문가사에 등장하는 '죨애山'은 엄격하게 말하면 고유어 지명이 아니고 혼종어 지명이다. 전부요소는 고유어이나 후부요소는 고유어 '뫼'가 아닌 한자어 '山'으로 되어 있기 때문이다. 그런데 이와 관련된 한문 주해를 보면 다음과 같이 풀이하고 있다.

(4)
太祖嘗獵于洪原之照浦죨애山(照浦山在洪原縣北十五里)有三麕爲群而出(태조가 일찍이 홍원의 照浦(죨애)山에 사냥을 나갔는데〈조포산은 홍원현 북쪽 15리에 있다.〉노루 세 마리가 무리를 이루어 나왔다)

(4)에서 '죨애山'을 '照浦山'이라 표기한 것을 볼 수 있다. 고유어 '죨애'를 한역하여 '照浦'라 했음을 알 수 있다. 이 때 '죨:照', '애:浦'의 대응관계를 확인할 수 있는데 '애'는 '개'의 ㄱ탈락형으로 인식하여 '개'를 새김으로 하는 '浦'로 한역된 것이다. 한역지명 '照浦山'이 있지만 그 사용이 제한적이었고 실제의 언어행위에서는 '죨애산'이 훨씬 우세하였기 때문에 '照浦' 다음에 한글표기 '죨애'를 병기한 것이다. 그러나 이 산 위치를 설명한 割註에서는 "照浦山 在洪原縣北十五里"라하여 '죨애'는 버리고 '照浦'만을 표기하고 있다. 여기서 우리는 고유어 전부요소 '죨애'와 공존, 대응하는 한자어 '照浦'를 확인할 수 있으며 한자어지명이 정착해 가는 과정을 볼 수 있다.

『龍歌』의 지명 표기에서 한자표기만으로는 실제적으로 해당 지명을 정확하게 표현할 수 없을 때 한글 표기가 동원되었는데 이러한 병기의 예가 처음 등장하는 것은 3장의 '移居斡東오동之地'이다.[10] 같은 장의 국문가사와 한문 주해에 나오는 지명 慶

京都〈33〉 셔블〈35〉 셔블〈37〉 楚國, 鴨江〈39〉 玄武門, 죨애山〈43〉 셔블〈49〉 後宮, 長湍〈50〉 四海, 四境〈53〉 東都, 東海〈59〉 候國〈66〉 洙泗〈124〉 漢水〈125〉

10 『龍歌』에 나오는 지명을 비롯한 인명, 관직명 중 한자로 써서 알기 어려운 것(漢字之難通者)은 한글표기를

源, 孔州, 匡州, 楸城, 慶興都護部, 咸吉道, 岐山…… 등에는 한글표기를 병기하지 않았
다. 이는 이미 이들 지명의 경우 한자어지명이 자연스럽게 유통되었음을 뜻하는 것이
다. 『龍歌』의 한문 주해 부분에서 한글표기가 병기된 고유명사는 김영진(2002: 92)에 의
하면 173개인데 여기에 포함된 복수표기 지명을 통하여 우리는 고유어지명과 한자어
지명이 공존, 대립하는 양상을 파악할 수 있다. 이들 지명 중에는 오늘날까지도 고유
어지명과 한자어지명이 대립하면서 공존하는 경우도 있고, 고유어지명은 소멸되고 한
자어지명만 남아있는 경우, 고유어지명이 월등하게 강한 세력을 보이는 경우 등이 있
다.[11]

　　한글 표기를 병기한 『龍歌』의 지명은 한역지명과의 관계에서 크게 3가지 부류로
나누어 볼 수 있다. 근원형인 고유 지명어의 의미에 기반을 두고 한역한 것, 음상에 바
탕을 두고 한역한 것 그리고 전부요소와 후부요소에서 한 부분은 의역하고 다른 부분
은 음역한 것 등이 그것이다. 각 부류에 속하는 예를 보이면 다음과 같다.

(5)
가린여·흘 岐灘 〈9章, 一, 44〉[12]　　거츨:뫼 荒山 〈50章, 七, 8〉
고·마ᄂᆞ르 熊津 〈15章, 三, 15〉　　구무바·회 孔巖 〈14章, 三, 13〉
·대밭 竹田 〈33章, 五, 26〉　　돝여·흘 猪灘 〈12章, 三, 22〉
:돌·개 石浦 〈9章, 一, 38〉　　:뒷:심·꼴 北泉洞 〈12章, 三, 32〉
마·근·담·꼴 防墻洞 〈33章, 五, 27〉　　ᄆᆞᆯ:뫼 馬山 〈37章, 五, 42〉
몰·애오·개 沙峴 〈9章, 一, 49〉　　ᄇᆞ얌·개 蛇浦 〈14章, 三, 13〉

하였음을 〈용가 1: 6ㄴ〉 '斡東'과 관련된 다음의 割註를 통하여 알 수 있다.

　斡。烏括切。斡東。在今慶興府東三十里。凡書地名。漢字之難通者。又卽以正音之字書之。人名職名。亦皆放此〈용가1: 6
ㄴ〉 (斡은 烏括切 이다. 斡東은 지금 경흥부 동쪽 30리에 있다. 대체로 지명을 쓰는데 있어서 한자로 써서 알기 어려운 것은 정
음의 글자를 쓴다. 사람의 이름이나 관직도 모두 이와 같다.)

11　『龍歌』의 한글표기 병기 지명에 대한 이러한 분류는 문헌조사와 현지답사 등을 통하여 보다 정밀한 검
　　토를 거친 후 본격적인 논의가 가능할 것이다.

12　각 유형 분류는 『龍歌』의 한문 주해 부분에서 한글표기가 병기된 고유명사 중 지명어를 대상으로 저자
　　의 직관에 의해 이루어진 것이다. 좀 더 검토가 필요한 항목을 제외하고 본 연구의 대상이 된 항목은
　　73개이다.

비느로 梨津〈33章, 五, 27〉　　　비·애 梨浦〈14章, 三, 13〉

비얌·골 蛇洞〈6章, 一, 43〉　　　·블·근·못 赤池〈53章, 七, 25〉

블·근·셤 赤島〈4章, 一, 8〉　　　·살여·흘 箭灘〈12章, 二, 22〉

·션·돌 立石〈14章, 三, 13〉　　　·소두·듥 松原〈35章, 五, 36〉

:손돌 窄梁〈49章, 六, 59〉　　　손·뫼 鼎山〈50章, 七, 8〉

·쇠벼·르 淵遷〈14章, 三, 13〉　　　·쇠·잣 金城〈50章, 七, 7〉

쇠:재 鐵峴〈9章, 一, 50〉　　　·쇼·재 牛峴〈9章, 一, 31〉

·술위나·미 車踰〈35章, 五, 33〉　　　숫고·개 炭峴〈33章, 五, 29〉

싄·믈 酸水〈28章, 五, 4〉　　　·외·셤 孤島〈37章, 五, 42〉

·잣·뫼 城山〈9章, 一, 52〉　　　조ᄏ·ᄫᆞᆯ 栗村〈12章, 二, 22〉

·피모·로 椴山〈24章, 四, 21〉　　　·한여·흘 大灘〈14章, 三, 13〉

·한여·흘 大灘〈33章, 五, 27〉　　　흙고·개 泥峴〈9章, 一, 44〉

흙셩 泥城〈9章, 一, 44〉　　　·흰바·회 白巖〈50章, 七, 7〉

(5)에서 보인 37항목은 원초형인 고유어지명의 뜻을 배경으로 한자어지명이 생성된 경우이다. 아래 (6)에서 보게 될 음역의 예 11항목보다 월등하게 많음을 알 수 있다. 이는 고유어지명을 배경으로 한자어지명을 창안할 때 음역의 방식보다는 의역의 방식을 선호했음을 알게 해주는 것이다.

(6)

가·큰·동 加斤洞〈9章, 三, 13〉　　　갈·두 加乙頭〈9章, 一, 38〉

·가쥬 甲州〈53章, 七, 22〉　　　남·돌 南突〈53章, 七, 24〉

·두미 渡迷〈14章, 三, 13〉　　　등산·곶 登山串〈9章, 一, 31〉

·수쥬 隨州〈4章, 一, 8〉　　　:암림·곶 暗林串〈9章, 一, 36〉

운·뎐 雲田〈35章, 五, 36〉　　　투·먼 豆漫〈4章, 一, 8〉

투·문 土門〈53章, 七, 23〉

아래 (7)에 보인 항목들은 음역과 의역이 함께 이루어진 예이다. 일반적으로 전부요소는 음역하고 후부요소는 의역하는 방식을 취하고 있다. 25개 항목 중 23개가 이러한 방식을 취하고 있으며 2개의 항목에서만 전부요소를 의역하고 후부요소를 음역하였다.

(7)

가막·골 加莫洞 〈9章, 一, 39〉　　　　　김·곡·개 金谷浦 〈12章, 二, 22〉

·달:내 達川 〈14章, 三, 13〉　　　　　　·달:내 㺖川 〈37章, 五, 42〉

:광ㄴ르 廣津 〈14章, 三, 13〉　　　　　답샹·골 答相谷 〈35章, 五, 34〉

당·뫼 堂山 〈24章, 四, 21〉　　　　　　덕물 德積 〈49章, 六, 58〉

동·량:뒤 東良北 〈4章, 一, 8〉　　　　　듬바·되 澄波渡 〈33章, 五, 27〉

·딘·개 鎭浦 〈15章, 三, 15〉　　　　　　·로양·재 綠楊峴 〈53章, 七, 23〉

머·튼ㄴ르 麻屯津 〈9章, 一, 39〉　　　　삼받·개 三田渡 〈14章, 三, 13〉

:션·째 善竹 〈9章, 一, 47〉　　　　　　·안반여·흘 按板灘 〈14章, 三, 13〉

잇·뵈 伊布 〈14章, 三, 13〉　　　　　　주릅·개 助邑浦 〈12章, 二, 22〉

오·도·잣 烏島城 〈14章, 三, 13〉　　　　지·벽:골 滓甓洞 〈9章, 一, 49〉

죠·콜:셤 召忽島 〈49章, 六, 38〉　　　　·학두리 鶴橋 〈9章, 一, 46〉

합·개 合浦 〈9章, 一, 49〉

바·횟방 巖房 〈9章, 一, 47〉　　　　　　·잣·곳 城串 〈24章, 四, 21〉

3.3. 現用 俗地名에서의 대립 양상

한자어지명은 우리나라의 현용 행정지명으로 정착하였다. 그러나 촌락명을 비롯한 자연지명에서는 원초적인 형태라 할 수 있는 고유어지명이 다수 보존되어 있다. 소위 俗地名이라 하기도 하는 이들 소지명어가 우리말의 순수성을 보존하는 훌륭한 역할을 해온 것이다. 그런데 이들 속지명어들도 단수의 형태만 존재하는 것이 아니라 한자어 또는 혼종어와 대립하면서 공존하고 있다. 한자를 비롯한 중국 문화가 국어에 끼친 영향은 지명어 검토를 통하여도 그 실상을 분명하게 파악할 수 있다.

여기서는 소지명어에서 찾을 수 있는 고유어지명과 한자어지명의 대립과 공존

양상을 살필 수 있도록 충북 제천 지역 소지명어에 보이는 예를 일부 제시하고자 한다. (8)은 근원형인 고유어지명과 이를 배경으로 의역된 한자어지명이 대립, 공존하는 예이다.

(8)

삽작-골:비곡(扉谷)	지프-실:심곡(深谷)
논-꼴:답동(沓洞)	벌-말:평촌(坪村)
새-터:신기(新基)/신촌(新村)	시루-미/시리-미:증산/증산리(甑山/甑山里)
피-재:직티/직티리(稷峙/稷峙里)	질-고개:도현(陶峴)
살-여울:전탄(箭灘)/살탄(-灘))	노루-물:장정/장정동(獐井/獐井洞)
뒷-들:후평(後坪)	한-밭:대전/대전리(大田/大田里)

꽃-미:화산(花山)   고지-여울:화탄(花灘)
개-밭/개앗/개앞:포전/포전리(浦田/浦前里)
살-미:활산/활산리(活山/活山里)/시산(矢山)/거산(居山)/전산(箭山)

의역의 방식에는 直譯과 雅譯이 있는데 대부분 직역의 방식에 의해 한역화가 이루어진다. (8)에서 한-밭:대전/대전리(大田/大田里)까지는 직역의 예이다. 雅譯의 예에 속하는 '꽃-미:화산(花山)'과 '고지-여울:화탄(花灘)'의 경우 고유어지명의 전부 요소 '꽃/곶'은 '串'으로 보인다. 왜냐하면 들판 쪽으로 돌출해 나온 산과 들이 어우러져 이 지역의 地形을 형성하고 있거나 여울의 모습이 '곶(串)'과 같기 때문이다.

고유어지명과 한자어지명이 1대1로만 대응되지 않고 '살-미:활산/활산리(活山/活山里)/시산(矢山)/거산(居山)/전산(箭山)'과 같이 一對多 대응을 이루고 있는 것도 있다. 이곳에는 고려 때 箭山所가 있었으므로 '살미'라는 지명이 유래된 것으로 보인다. 그 후 고유어지명 '살미'에 대응되는 한자어지명이 다양하게 나타나다가 오늘날에는 '活山/活山里'로 정착되었다. '살미'가 '箭山, 矢山, 居山, 活山' 등과 대응될 수 있었던 것은 전부 요소로 쓰인 한자 '箭/矢/居/活' 등의 訓이 모두 '살'이기 때문이다. 이렇게 다양하게 한자어지명이 나타나는 경우는 그리 흔하지 않은 것으로 보인다. 또한 고유 지명어의 한자화가 얼마나 다양하게 이루어질 수 있는가를 보게 하는 예이다. 이 경우 본래의 뜻인 箭山 또는 矢山을 居山, 活山이라 하다가 活山으로 정착한 것은 이 한자가 지니는 긍정적인 의미 때문으로 보인다.

『龍歌』에서와 같이 현용 속지명의 한역화에서도 의역에 의한 방식이 음역에 의한 경우보다 활발하게 나타난다. 그 이유는 원초적으로 지명의 명명은 대상 지형 내지는 지점의 특징을 바탕으로 이루어지기 때문으로 보인다. 즉, 고유어지명이 한자어화하더라도 해당 지점에 대한 意味情報를 保存하려는 심리가 크게 작용하기 때문으로 볼 수 있다.

의역에 의한 방식이 우세하기는 하지만 음역에 의한 한자어화도 간간이 보이는데 전부요소와 후부요소 모두를 동일한 음을 지닌 한자로 漢譯化한 예는 그리 많지 않다. 고유어지명과 類似한 音을 가진 한자를 빌어 표기한 경우와 전부요소는 音譯, 후부요소는 義譯의 방식에 의해 한자어화가 이루어진 경우가 상대적으로 많이 나타난다. 이에 속하는 예를 몇 개 제시하면 (9)와 같다.

(9)
소시랑-이 → 소시랑리(小侍郞里)　　안간-이 → 안간리(安間里)

못안 → 모산/모산리/모산동　　황가덕-이 → 황계덕(黃鷄德)
(茅山/茅山里/茅山洞)

옹댕-이 →옹당(翁堂)　　두무-실 → 두무곡(豆舞谷)/두모곡(豆毛谷)

나-실 → 나곡(羅谷)　　어리-실 → 어리곡(於里谷)

고지-골 → 고지동(古芝洞)/곶동(串洞)　　사리-골 → 사리곡(沙里谷)

4. 결론

우리나라 지명어의 원초적인 형태는 고유어를 기반으로 한 것이었다. 그러나 동리명을 포함한 현용 행정 지명은 대부분 한자어이다. '서울'을 제외한 광역자치단체의

명칭은 물론 시·군명, 읍면명, 심지어 동리명도 대부분 한자지명어이다. 이들 한자어
지명들은 고유어지명을 바탕으로 한역된 것도 있고 중국에서 사용해온 명칭을 그대
로 가져다 붙이거나 약간 변형하여 명명한 것도 있다.

『三地』에 나오는 삼국의 지명 즉 경덕왕 개칭 이전의 지명을 보면 대부분 고유어
이다. 그런데 이들 지명어의 표기에 활용되었던 것은 한자였다. 한자를 표기 수단으로
삼았다는 점과 중국의 문화·정치적인 간섭 그리고 한자가 갖고 있는 造語力과 縮約力
이란 강점이 상승작용을 일으켜 고유지명어의 한자어화를 촉진시킨 것으로 보인다.
물론 이 과정에서 한자를 새김으로도 읽던 전통이 사라지면서 지명의 한자어화는 급
속하게 진행되었다.

행정지명에서 고유어와 한자어가 대립, 공존하는 예는 고대 삼국의 지명과 『龍歌』
의 지명에서 흔히 확인할 수 있었다. 그러나 오늘날 이러한 예는 자연지명이라 일컬어
지는 소지명어 즉 俗地名에 주로 남아있다. 지명어의 고유성이 법적 지위가 인정되는
행정지명에서는 거의 소멸되어 버리고 비공식적인 지명에서만 명맥을 유지하고 있는
것이다. 결국 행정을 비롯한 공적 분야에서는 한자어지명이 오래전에 정착하였다.

일반적으로 지명어는 보수성과 전승성을 지닌다고 한다. 한역지명의 경우 형태
는 한자어화하였지만 내용은 그 바탕이 되었던 고유지명어의 의미를 잃지 않았다고
할 수도 있다. 그러나 선사시대부터 한민족이 정착 지배하여 온 이 땅의 행정지명이
완벽에 가까울 정도로 한자어화하였다는 것은 많은 의문을 가지게 한다. 한자문화권
의 영역 속에 포함된 연대가 오래이기는 하지만 테네시, 하와이, 아이오와, 미시간, 텍
사스, 시카고 등을 비롯한 미국의 여러 주와 대도시 명칭에 지배족의 언어가 아닌 원
주민의 언어가 쓰이고 있다는 점과 대조해 볼 필요가 있다.

제15장

고유어지명 '개앗·살미'와 한자어지명 '浦前·活山'

1. 序論

앞에서 저자는 고유어지명이 한자어지명으로 전환, 정착되는 과정과 유형 그리고 그 존재 양상에 대하여 논의하였다. 논의의 대상은 도나 시·군을 나타내는 지방자치단체의 명칭이 아니라 동·리를 비롯한 자연부락명 등 비교적 좁은 지역을 가리키는 지명어였다. 넓은 지역을 포괄하는 지명어에 대한 관심 못지않게 좁은 지역을 표현하는 명칭 또한 정밀한 탐구가 필요하다.

지명을 연구함에 있어 중요시해야 할 것 중의 하나는 미래 지명에 대한 설계 즉, 새로이 부여할 지명을 어떤 방식으로 해야 할 것인가이다. 신도시 등의 건설과 함께 부여될 지명은 시·군 단위 이상의 넓은 지역을 대상으로 하는 것보다는 동·리 단위의 명칭을 비롯하여 그보다 좁은 지역에 집중된다. 이 때 우리는 전통적인 방식과 원리에 충실하면서 보다 바람직한 지명어를 창안하여 부여해야 한다. 이러한 지명어 창안의 원리를 찾아내기 위하여 고유어지명에 대한 검토는 물론 이를 바탕으로 재생성된 한자어지명에 대한 연구가 필요한 것이다.

본장에서는 궁극적으로 이러한 목적을 달성하기 위하여 고유어지명 '개앗'과 '살미'가 어떤 과정을 거쳐 한자어지명 '浦前'과 '活山'으로 정착하였는지 살펴보게 될 것이다. 근원형인 고유어지명의 구조와 의미는 물론 그 변천을 탐구할 것이고 이를 바탕으로 한자어지명으로 전환되는 과정과 한자어지명 사이의 충돌 및 안정화의 방향 등이 정밀하게 탐구될 것이다.

본장에서 다룰 두 개의 지명어는 다음 장에서 논의할 '벼루박달:硯朴' 그리고 '한돌:黃石'과 더불어 한역화의 과정이 단순하지 않은 것들이다. 이런 지명어에 대한 탐구는 그동안 미해독 지명으로 남겨 놓았던 역대 지명어의 해독에도 실마리를 제공하는 계기가 될 수 있을 것이다. 또한 국어 어휘의 소멸과 변천의 양상을 탐구하는 데에도 참고가 될 수 있을 것이다.

2. '개앗'과 '浦前'

제천시 금성면에는 14개의 행정리가 있다. 그 중 하나가 '浦前里'인데 이에 대응하는 고유어지명은 '개앗'이다. 포전리의 '포전'을 최근 들어 '浦田'으로 적기도 하지만 오래전부터 '浦前'이었음을 상기할 필요가 있다. 한자어지명 '浦前'을 설명하기 위해서는 그 기반이 되었던 고유어지명 '개앗'에 대한 탐구가 선행되어야 한다. '개앗'에 대한 논의를 거친 후 '浦前' 그리고 '浦田'과의 관계를 밝히기로 하며 우선 제천시청 홈페이지(http://www.okjc.net)의 제천지명사에 실려 있는 포전리 지명과 관련된 자료를 옮기면 다음과 같다.[1]

> (1) 포전리(浦田里)
> [포전, 개앞, 개앗, 개밭] 【리】 본래 청풍군(淸風郡) 북면(北面)의 지역으로서, 개암나무 밭이 있었으므로 개앗. 개밭, 또는 포전(浦田), 변하여 개앞이라 하였는데, 1914년 행정 구역 폐합에 따라 후곡(後谷)과 백석동(白石洞)을 병합하여 포전리라 해서 제천군 금수면(錦繡面)에 편입되었다가, 1917년 제천군 금성면(錦城面)에 편입됨. 1980년 4월 1일 제천시 시 승격으로 제원군 금성면 포전리가 되었다가 1995년 1월 1일 시군 통합으로 제천시 금성면 포전리가 됨.

---

1 이 홈페이지에 실려 있는 지명에 대한 설명은 대부분 한글학회(1970) 자료를 바탕으로 하고 있다. 다만 행정구역의 조정 등과 관련된 사항이 첨가되어 있다.

2.1. 고유어지명 '개앗'

'개앗'이라는 지명의 명명 배경은 두 가지 측면에서 추정이 가능하다. 첫째는 이 마을이 개울[浦]의 앞[前]에 위치하고 있기 때문에 '개앞'이라 하였는데 후대에 오면서 '개앗'으로 변화를 입었다고 본 것이다. 그리고 다른 하나는 개암나무[榛]가 많아 밭 [田]을 이루고 있었기에 생겨난 지명으로 본 것이다. 즉 후자는 "개암밭 〉 갬밭 〉 갬밧 〉 갯밧 〉 개앗"으로, 전자는 "개앞 〉 개압 → 개앗"으로 변화를 거치면서 '개앗'이 형성된 것으로 추정할 수 있다. 필자의 관견으로는 개암나무 밭을 바탕으로 '개앗'이 형성된 것으로 보인다. 이는 제천지명사를 비롯하여 기존에 간행된 지명지 등에서 설명하고 있는 것과 의견을 같이 하는 것이다.

한역지명 '浦前'에 쓰인 한자에 집착하면 '개앗'을 '개울 앞'이 변화된 형태로 추정하기 쉬우나 이 지역의 위치상 '개울의 앞'이 명명의 배경이 되었다고 보는 것은 타당하지 않은 것으로 판단된다. 이곳 주민들의 전통적인 생활권은 교통이 발달되고 행정구역의 개편이 이루어진 오늘날과는 사정이 달랐던 것으로 여겨진다. 예전에 청풍군 주민들의 생활권은 공해를 비롯하여 한벽루, 읍창 등이 있었으며 3일과 8일에 장시가 열렸던 읍내면을 중심으로 형성되었던 것으로 여겨진다. 특히 교통과 관련하여 육로보다 수로가 중시되었던 예전의 청풍군 중심부는 당연히 남한강 기슭에 위치한 읍내였다. 그런데 포전리는 읍내를 중심으로 할 때 개울 앞 쪽에 위치한 마을이 아니다. 오히려 읍내에서 뒤쪽 즉, 북쪽에 자리 잡고 있으며 개울보다는 마당재산과 작성산 아래에 위치한 산골마을이다. 청풍군 지역 분류에도 近南面이나 遠南面에 속하지 않으며 北面[2] 지역에 속해 있었다. 이는 방위를 고려하여 지명을 명명할 때 생활권의 중심을 기점으로 이루어지는 것이 일반적임으로 청풍군의 중심에서 북쪽에 있는 산 아래 마을을 '개앗(개앞)'이라 이름 짓지 않았을 것으로 여겨진다. '개앗'이 개울의 앞에서 온 것이 아니라면 역대 지명지에서 소개하고 있는 바와 같이 개암나무가 밭을 이루고 있

---

2 한자 '南'과 '北'은 오늘날 그 訓·音이 각각 '남녘 남', '북녘 북'이지만 『訓蒙字會』 叡山本을 비롯하여 『千字文』의 여러 판본에서 '앏 남', '뒤 북'으로 나온다. 또한 어느 고을이든지 앞에 있는 산을 '南山'이라 일컬은 것을 보아도 南과 北은 앞과 뒤라는 의미로 쓰였음을 알 수 있다. 이를 통하여 볼 때 近南面과 遠南面은 淸風郡 廳舍가 위치한 지점에서 앞쪽인 남쪽에, 北面은 뒤쪽에 위치한 지역임을 알 수 있다.

던 지역이기 때문에 생겨난 지명으로 보아야 할 것이다. 개앗[浦前里]와 더불어 필자의 관심을 끄는 인근의 지명으로 갬골[榛里]가 있다. 포전리와 같이 예전에 청풍군 북면 지역이었고 현재도 제천시 금성면에 속할 정도로 지리적으로 인접한 지역이다. 제천시청 홈페이지에서는 갬골[榛里]를 (2)와 같이 소개하고 있다.

> (2) 진리(榛里)
> [갬골, 갱골, 진동리【리】본래 청풍군(淸風郡) 북면(北面)의 지역으로서, 개금나무(개암나무)가 많았으므로 갬골, 갱골 또는 진동리(榛洞里)라 하였는데, 1914년 행정 구역 폐합에 따라 진리라 하여 제천군 금수면(錦繡面)에 편입되었다가, 1917년 제천군 금성면(錦城面)에 편입됨. 1980년 4월 1일 제천시 시승격으로 제원군 금성면 진리가 되었다가 1995년 1월 1일 시군 통합으로 제천시 금성면 진리가 됨.

(2)에서 보듯 榛里는 원래 '갬골' 또는 '갱골'이라 하였음에서 보듯 개암나무가 많았기에 붙여진 명칭이다. 이는 예전에 청풍군에 속했었고 현재 행정구역상 제천시 금성면으로 묶여있는 이 지역에 개암나무가 다수 서식하고 있었음을 짐작하게 해 주는 것이다. 그러므로 갬골[榛里]과 더불어 개앗[浦前]도 개암나무와 관련하여 명명이 이루어진 지명이라 볼 수 있다. 다만 두 지역의 차별성을 나타내기 위하여 한 곳은 '갬골' 다른 한 곳은 '개앗(《갬밭)'이라 명명하였을 것으로 추정된다.

개암나무는 가을철에 열매를 맺는데 그 모양은 도토리와 유사하며 맛은 고소하여 밤 맛과 비슷하다. 열매가 식용이나 약용으로 쓰이기 때문에 가을철에 산을 찾는 사람들에게 관심을 끌었던 나무 중의 하나이다. 孝와 관련된 민담이나 속담에도 간혹 등장하는 이 나무는 산록의 양지에서 잘 자라는 특징을 가지고 있다. 포전리와 진리는 뒤쪽에 있는 산을 배경으로 자리 잡은 마을이다. 우리나라의 전통적인 촌락이 그렇듯 남쪽을 향해 집을 짓는 것이 일반적이기 때문에 이 마을의 뒤쪽이 바로 북쪽이 되는 것이다. 그러므로 뒤쪽에 있는 산의 앞면은 남쪽으로 향해 있어 햇빛을 충분히 받을 수 있으므로 개암나무가 서식하기에 최적의 위치인 것으로 보인다. 이렇듯 방위와 개암나무의 서식 환경 등을 통하여 살펴보아도 이 지역의 명칭 '개앗'은 어그러짐

이 없어 보인다.

개암나무의 열매를 뜻하는 '개암'은 고문헌에서 개얌, 개염, 개옴, 개욤, 개옴, 개음 등으로도 나타나며 오늘날 제천 지역 방언에서는 '깨금'이라 한다. 고문헌에 나타나는 예와 한국정신문화연구원 어문연구실 편(1987), 『한국방언자료집』III에 실려 있는 방언형들을 보이면 다음과 같다.

(3)
개암 ᄑᆞᄂᆞᆫ 이아 이바 : 賣榛子的你來〈朴解下 28〉
공히 뎌 개암을 어더 먹으니〈朴解下 28〉

(4)
개얌과 잣과 ᄆᆞᄅᆞᆫ 포도와〈朴解中 4〉
개얌남기며 플ᄃᆞ리 ᄀᆞ장 씨었거늘〈三綱 義婦〉

(5)
개염남글 헤혀고〈東三綱 孝1〉

(6)
개옴을 시버 머그라〈救簡 2:83〉
개옴 진 : 榛〈訓蒙上 11, 類合上 9〉

(7)
개욤나모 헤오 효ᄌᆞ막애 오니〈三綱孝 32〉

(8)
개옴 진 : 榛〈倭解下 7〉

(9)
개음 진 : 榛〈七類 6〉

(10)
개감〈진천〉, 깨금〈음성, 중원, 제원, 단양, 청원, 괴산, 보은, 옥천, 영동〉,
개금〈괴산〉

위의 예문 (3)~(10)에서 보듯 옛 문헌과 현용 방언형에서 확인할 수 있는 첫음절의 형태는 '개' 또는 '깨'로 나타난다. 이는 다른 지역의 방언형[3]에서도 마찬가지인데 '개암'의 근원형이 첫음절의 경우 '개'임을 알게 해주는 것이라 할 수 있겠다. 그런데 두 번째 음절에서는 그 출현 형태가 옛 문헌의 경우 "암, 얌, 염, 옴, 욤, 읍, 음" 등으로 다양하다. 옛 문헌에서 두 번째 음절의 표준형을 단정하기는 어렵지만 가장 일반적인 형태는 '암'인 것으로 보인다. 그리고 현대 국어 방언형에서는 'ㄱ'이 첨가된 형태인 '감'과 '금'으로 나타난다. 다른 방언형에서 볼 수 있는 것으로 "양, 암, 얌, 검, 곰, 굼" 등이 있기는 하지만 가장 일반적인 형태는 '금'으로 보인다. 요컨대, 옛 문헌을 통해 설정할 수 있는 기본형태는 '개암'이며 현대국어 방언형으로 가장 광범위하게 분포하는 형태는 '깨금'으로 보인다.

'개암'과 '깨금'의 거리가 멀게 느껴지지만 '개'가 '깨'로 변한 것은 어두음절의 강음화로 볼 수 있다. 두 번째 음절의 '-am'은 'k'이 添入되면서 가장 일반적인 체언 형태인 '-ɨm'에 유추되어 생성된 것으로 볼 수 있다. 이렇게 보면 '개암'이 '깨금'으로 변한 것을 쉽게 이해할 수 있으리라 생각된다. 현대국어에서도 '개암'을 표준형으로 설정하고 있듯이 한자 '榛'에 대응하는 우리말의 표준 형태는 예전에도 '개암'이었던 것으로 판단된다.

고유어지명 형태인 '개앗' 이전에 '갬밧'을 상정할 수 있다. 이는 '개암'이 '밭'과 더불어 복합어를 형성하면서 두 음절이 한 음절로 축약되어 '갬'을 형성하고 소위 칠종

---

3 다른 지역의 방언형을 제시하면 다음과 같다.
개금, 깨금, 개양, 개암, 개감〈충남〉
개얌, 갬, 개금, 개검, 개굼, 깨금, 깨꿈〈강원〉
개암, 가얌, 개검, 깨검, 깨굼, 깨금, 깨곰, 깨양, 깸묵, 곰〈경북〉
개금, 깨금, 깨곰〈전북〉
개금, 깨금, 물개금〈전남〉

성법에 의한 표기 형태 '밧'이 합해진 형태이다. 그 후 유성음 사이에 위치한 'ㅂ'은 유성음화를 일으켜 'ㅸ'으로 그리고 다시 'ㅇ'으로 변화하여 "밧 〉 밨 〉 앗"의 과정을 거치게 된다. 그리하여 결국 "개암[榛] + 밭[田]"은 '개앗'으로 발전, 정착하기에 이른다. '밭'이 '받' 그리고 '밧'을 거쳐 '앗'으로 변화한 예는 피앗골[稷田](←파밭골), 늘앗골[於田](←늘밭골) 등에서 쉽게 확인된다.

2.2. '개앗'의 漢譯

조선 후기 영조 대에 작성되어 헌종 대(1835~1841)에 편찬된 것으로 보이는 『忠淸道 邑誌』의 淸風郡 편과 고종32년(1895년)에 작성된 『湖西邑誌』의 淸風郡 편에 '浦前'이라는 표기가 분명히 나타나 있다. 그리고 1898년을 기준으로 엮은 것으로 보이는 『忠淸北道 各郡邑誌』의 淸風郡邑誌 편에도 '浦前'으로 되어있다.[4] 또한 한글학회(1970)를 비롯하여 충청북도(1987) 등 각종 地名誌에 '浦前'으로 되어 있으며 현용 제천시 홈페이지에 실려 있는 관내지도에도 '浦前'으로 표기하고 있다. 그런데 제천시청 홈페이지 제천 지명사 편에 보면(예문 (1) 참조) 표제어에 倂記된 한자가 '浦田'으로 되어 있음을 알 수 있었다.

'浦前'으로 되어 있던 한자어지명을 최근에 와서 '浦田'으로 바꿔 적게 된 것에 대한 논의는 뒤로 미루고 고유어지명 '개앗'을 배경으로 '浦前'이 생겨난 것에 대하여 먼저 논의하기로 하자. 고유어지명 '개앗'은 '개암'과 '밭'이 결합하여 '갬밭'을 형성하고 뒤에 음운변화를 거쳐 "개암밭 〉 갬밭 〉 갬밫 〉 개밫 〉 개앗"으로 변화한 것으로 보았다. 고유어지명 '개앗'이 지닌 본래의 뜻에 충실하여 한자어지명을 만든다면 '榛田'이라 하였을 것이다.

고유어지명의 한역화는 반드시 직역에 의한 방법만을 활용하지 않고 때때로 아

---

4 『忠淸北道 各郡邑誌』 중 淸風郡 邑誌에는 浦前里가 坊里 편에 "浦前里 距官門二十里"라고 올라 있다. 그러나 이보다 먼저 편찬된 『忠淸 邑誌』와 『湖西邑誌』 淸風郡 편에는 坊里 편에 들어 있지 않으나 두 읍지의 앞쪽에 게재되어 있는 『淸風地圖』에는 '浦前里' 또는 '浦前'으로 기록된 명칭이 보인다.

역에 의한 방법도 사용된다. '개'라는 고유어와 대응하는 한자가 '浦' 말고도 다른 것이 있을 수 있으나 지명어에서는 비교적 '浦'가 활발하게 대응되는 것으로 볼 수 있다. '개'와 대응되는 한자로 '犬'과 '狗' 같은 한자도 있다. 그러나 이런 한자들은 그 의미상 지명어로 사용하기 위하여 채택하기에는 바람직하지 않은 것이기에 '浦'를 '개'의 한역자로 채택하는 경향이 일반적임을 알 수 있다. '앗'을 '앞'과 관련된 한자 '前'으로 한역한 것도 흥미로운 일이다. '밭'에서 온 '앗'을 '田'이라 하면 '浦田'이 되는데 한역 당시 이미 '앗'이 '밭'에서 온 것임을 의식하지 못하게 형태변화가 일어 '前'으로 전환한 것으로 보인다.

결국 한자어지명 '浦前'은 근원형인 고유어지명 '개앗'이 지니고 있던 뜻을 직접적으로 반영하지 않고 한역한 것으로 볼 수 있다. 특히 앞부분의 '개'는 '개암' 또는 '갬'이라는 원형이 부분적으로만 보존되어 '榛'으로 한역하기에는 이미 그 형태의 변형이 심했음도 직역을 불가능하게 한 원인이 된 것으로 보인다. '앗' 또한 '밭'으로 의식하기 힘들 정도로 원형의 변화가 있었으며 '앞'과의 유음성으로 말미암아 '前'으로 한역되기에 이른 것으로 결론지을 수 있다.

최근에 와서 '浦前'으로 되어 있던 한자어지명을 '浦田'으로 바꿔 쓰고 있는 경우가 발견된다. 앞에서 살펴보았듯이 아직은 완전하게 모든 문헌에서 바꿔 쓴 예가 확인되는 것이 아니고 일부 예에서 찾아 볼 수 있다. 특히 한글만 쓰기의 영향에 따라 한자어도 한글로만 표기하는 경우가 일반화되면서 한자 표기에 대한 관념이 사라져 가는 것도 이러한 문제를 유발시킨 원인으로 보인다. '浦田'이라는 표기의 출현은 '앗'을 '밭'으로 인식한 것에 바탕을 둔 것으로 이해 할 수 있다. 또한 동일 기초자치단체 행정구역인 송학면에도 포전리가 있는데 그곳의 한자표기가 '浦田里'이다. 이에 견인되어 '浦前'을 '浦田'으로 전환하여 쓰게 된 것이 아닌가 한다.[5]

---

5 참고로 堤川市 松鶴面 浦田里에 대한 설명을 보면 다음과 같다.
　[개앗, 포전, 개밭, 개화【리】본래 제천군 북면(北面)의 지역으로서, 개울가에 있었으므로 개밭, 개앗 또는 포전(浦田)이라 하였는데, 1914년 행정 구역 폐합에 따라 노동리(蘆洞里)를 병합하여 포전리라 해서 송학면에 편입됨. 1980년 4월 1일 제천시 시 승격에 따라 제원군 송학면 포전리가 되었다가 1995년 1월 1일 시군 통합으로 제천시 송학면 포전리가 됨.

3. '살미'와 '活山'

고유어지명과 대응되는 한자어지명은 대부분 하나이거나 둘 정도이다. 일반적으로 고유어지명 대 한자어지명은 一對一의 대응관계를 형성한다. 그런데 제천 지역 지명 중 고유어지명에 대응되는 한자어지명이 4개나 되는 경우가 있는데 바로 여기서 다루고자 하는 "살미:活山/矢山/居山/箭山"이 그것이다. 현재의 행정 지명은 '活山里'인데 이 지명에 대한 설명이 제천시청 홈페이지에 게재된 제천지명사를 비롯하여 대부분의 문헌에 다음과 같이 정리되어 있다.

> (11) 활산리(活山里)
> 살미[活山, 矢山, 居山, 箭山]【리】본래 청풍군(淸風郡) 북면(北面)의 지역으로서, 국사봉(國思峰) 밑이 되므로 살미 또는 거산(居山), 활산(活山)이라 하였으며, 누서가 있으므로 살미, 전산(箭山), 시산(矢山)이라 하였는데, 1914년 행정 구역 폐합에 따라 조왕곡(朝王谷), 자장리(慈藏里), 안간리(安間里)를 병합하여 활산리라 해서 제천군 금수면(錦繡面)에 편입되었다가, 1917년 제천군 금성면(錦城面)에 편입됨. 1980년 4월 1일 제천시 시승격으로 제원군 금성면 활산리가 되었다가 1995년 시군 통합으로 제천시 금성면 활산리가 됨. 고려 때 전산소(箭山所)가 있었다고 함.

하나의 고유어지명이 어떤 연유로 여러 개의 한자어지명으로 전환되었는가를 알아보기 전에 우선 원초형 '살미'에 대하여 탐구하기로 한다. 그리고 이를 바탕으로 一對多 대응을 보이는 고유어지명과 한자어지명의 관계, 한자어지명끼리의 충돌과 안정화 등에 대하여 논의하기로 한다.

3.1. 고유어지명 '살미'

한자어지명 活山, 矢山, 居山, 箭山 등의 근원형은 '살미'이다. 고유어지명 '살미'는 전부요소 '살'과 후부요소 '미'로 분석된다. 후부요소 '미'는 [山]을 뜻하는 '뫼' 또는 '메'가 발전된 형태이거나 [水]를 뜻하는 북방계어인 '미'가 변화된 형태로 볼 수 있다.[6] 活山里의 위치상 '미'가 '水'를 의미하는 것으로 보기는 어렵고 '山'을 뜻하는 말로 보는 것이 타당하다. 그런데 인근 지역인 충주시의 한 행정구역명으로 '살미면(乷味面)'이 있다. 活山里의 근원형 '살미'와 똑같은 형태가 존재하는데 이 때 '살미'의 '미'는 [水]의 뜻으로 풀어야 할 것으로 보인다. 왜냐하면 충주호 인근에 위치한 이 지역은 가파른 산골짜기로 인하여 생성된 급한 물살이 남한강의 지류로 흘러드는 곳이기 때문이다.

[山]을 뜻하는 고유어로 이른 시기의 문헌에서 발견되는 형태는 『訓民正音』解例의 用字例에 보이는 "뫼爲山"의 '뫼'와 『龍歌』 4:21의 "其山鎭曰椵山피모로"에 보이는 '모로'이다. 이음절어 '모로'와 이중모음을 지닌 단음절어 '뫼'의 관련성에 대하여는 별도의 연구가 필요하겠으나 후대로 오면서 그 쓰임이 '뫼'로 정착되었다. 『杜詩諺解』초·중간본을 비롯하여 일부 문헌에 '모'가 쓰였으나 대부분의 문헌에서 '뫼'가 쓰였음을 알 수 있다.

(12)
모히 쁘린 디 가시야 노픈디 올오라〈杜解 11:28〉
먼 모히 다토아 도왓고〈重杜解 1:27〉
구룸 낀 모히 안잣논 모해셔 소사 나ᄂ다〈重杜解 2:23〉
모히 프르며〈百聯 5〉

(13)
뫼 爲 山〈訓 解 用字〉
솓뫼:鼎山〈龍歌 7:9〉
뫼해 살이 박거늘〈月印上 15〉

---

6 [水]를 뜻하는 '미'는 『三國史記』 권제 35에 보이는 "水城郡 本 高句麗 買忽郡 景德王 改名 今水州"의 水:買를 비롯하여 수 개의 예가 『三國史記』에 보인다. 이 '미'는 현대국어에서 "매/메/미"로 발전하여 미끄럽다/매끄럽다, 미숫가루, 미꾸리, 미나리 등은 물론 지명어에서 머구미[墨井], 쇠미[金川] 등의 형태로도 나타난다.

世間 보리고 뫼해 드러〈釋譜 6:12〉

나모와 뫼콰 내콰〈楞解 2:34〉

뫼콰 그르므로 처엄과 무츠믈 盟誓ᄒ시놋다〈杜解 5:42〉

뫼 어둠 말라〈金三 2:23〉

뎌 조흔 묏 암ᄌ 골히여 가〈飜朴上 36〉

노픈 뫼와 기픈 고ᄅ셔〈野雲 51〉

제 아비조차 뫼해 가〈東新續 孝 6〉

ᄯ 뫼히며 믈의 形勢ᄅᆯ 골히여〈家禮 7:15〉

계룡산 놉흔 뫼을 눈결을 지나거다〈萬言詞〉

(12)와 (13)의 예에서 확인할 수 있듯이 '모'와 '뫼'는 모두 말음에 'ㅎ'이 존재했던 체언임을 알 수 있다. 또한 모두 [山]을 뜻하는 말인데 '모'는 일부 문헌에서 한정된 시기에 나타나며 파생이나 복합에서 어기로 사용된 예가 발견되지 않는다. 그러나 '뫼'는 오늘날까지도 유의의 한자어 '山'과 더불어 연면히 사용되고 있을 뿐 아니라 뫼골, 뫼기장/메기장, 뫼무ᄅ, 뫼밤, 뫼벼/메벼, 묏봉, 묏등, 묏봉오리, 묏부리, 묏비탈, 묏허리…… 등 합성어의 어기로도 활발하게 쓰이고 있다.

'뫼'가 '미'로 변화된 형태는 지명어에 광범위하게 분포한다. 전국적인 분포를 보이는데 제천지역 지명에서 확인할 수 있는 것만도 (14)와 같은 예가 있다.

(14)

알-미:유곡(酉谷)【마을】〈제천시 두학동〉

곶-매:화산(花山)【산】〈제천시 화산동〉

꽃-미:화산(花山)【산】【마을】〈백운면 도곡리〉

골-미:동산(東山/洞山)【마을】〈한수면 송계리〉

시루-미/시리-미:증산/증산리(甑山/甑山里)【산】【마을】〈덕산면 수산리〉

'뫼'의 변화형 '미'는 문화체육관광부·국립국어연구원(2007)에서 만든 한국방언검색 프로그램을 통하여 보면〈강원〉〈경남〉〈경북〉〈충북〉〈황해〉 등지의 방언형에서도 나타나는 것으로 보고되어 있다. 표준어이자 기본형으로 볼 수 있는 '뫼'의 이형태로

미, 매, 메 등이 있는데 이들 형태들은 모음 'ㅚ'가 이중모임이 아닌 단모음으로 변화된 후 자연스럽게 생겨난 것으로 추정된다. 아직도 '뫼'의 방언형 중에는 '모이'가 있는데 '모이'에서 조음위치가 상이한 '미/매/메'로의 발전은 쉽지 않기 때문이다. '뫼'가 이중 모음이 아닌 단모음으로 변한 후 조음위치가 가까운 '미/매/매'로의 이동이 자연스럽게 일어날 수 있기에 특히 지명어의 후부요소에서 '뫼'는 대부분 '미'로 발전하였다. 그러므로 한자어지명 '活山'의 근원형인 고유어지명 '살미'의 후부요소 '미'는 이중모음이었던 '뫼'가 단모음화한 후 다시 발음 편의를 위해 고모음화한 형태이다.

　　이상에서 살펴본 후부요소 '미'는 한역지명에서도 '山'과 대응하고 있어 '뫼'의 변화형임을 쉽게 추정할 수 있다. 그런데 전부요소 '살'에 대응하는 한자는 '活'을 비롯하여 '居, 矢, 箭' 등으로 나타나고 있어 그 의미 추정이 쉽지 않다. 대응되는 한자와의 관련성을 접어두고 음성모형 '살'과 관련된 어휘군에 대한 검토를 먼저 하고자 한다.

(15)
　　또 살 미틀로뼈 가슴을 뻬텨 피 흘너 몸의 오로 므드니〈東新烈 4:8〉
　　코 우희 살이 왕 즈 굿투면 나흘 오십을 살고〈馬經 上10〉

(16)
　　黑龍이 흔 사래 주거〈龍歌 22장〉
　　짜해 살이 뻬여늘〈月印 上16〉
　　살와 살와 놀히 맛두르면:箭箭柱鋒〈蒙法 19〉
　　살 젼:箭, 살 시:矢〈訓蒙中 29, 類合上28〉
　　어즈러온 살로 쏘아 죽이다〈女四解 4:27〉

(17)
　　살:魚梁〈柳氏物名二水族〉
　　압내히 살도 미며 울 밋틔 욋씨도 쩌코〈古時調. 李鼎輔, 山家에 봄. 海謠〉

(18)
　　金輪寶노 술위뼈 일천 사리니〈月釋 1:26〉

輻은 술윗 사리오〈月釋 2:38〉
살돌 가져오라〈老解 下32〉

(19)
빈곡에 사르샤〈龍歌 3장〉
개야미 이에서 사더니〈釋譜 6:37〉
산 사르미 엇게 우희 엱고〈救簡 1:65〉
길게 살기롤 願홀 씨니〈女四解 2:22〉

위에서 보듯 '살' 관련 어휘군에는 체언류 4개와 용언류에 속하는 1개의 어휘가 있다. (15)는 동물의 뼈를 싸고 있는 물렁물렁한 물질 즉 [肌]를 뜻하며, (16)은 [箭] 또는 [矢]를 의미하는 것으로 오늘날 흔히 화살이라 부르는 단어이다. (17)은 물이 한 군데로만 흐르도록 물살을 돌려놓고 그곳에 통발을 놓아 물고기를 잡는 장치로 魚梁이라 하는 것이다. (18)은 창문이나 부채 또는 수레바퀴의 뼈대가 되는 대오리로 [輻]을 뜻한다. 그리고 동사류인 (19)는 [活] 또는 [居]를 의미하는 단어이다.

이상의 5개 어휘 중 (16), (17), (18)은 의미상 관련이 있는 것으로 보아야 할 것이다. (17)과 (18)은 화살을 의미하는 (16)의 '살'과 형태의 유사에 의해 의미의 전이가 일어난 어휘라 할 수 있다. 결국 '살'관련 어휘군에 속하는 말들은 그 의미상 3개의 부류가 있다고 하겠다. 그런데 『한국땅이름큰사전』 등을 통하여 살펴보면 이들 어휘 중 [肌]와 [活] 또는 [居]를 의미하는 '살'은 지명어에서 그 쓰임을 거의 찾아볼 수 없다. 결국 [箭] 또는 [矢]를 뜻하는 '살'과 이를 바탕으로 전이된 [魚梁]과 [輻]을 뜻하는 '살'이 지명어로 쓰였음을 확인할 수 있다[7].

(20)
살기미: 어살을 치고 물고기를 잡던 곳임〈전남-신안-하의-대〉
살꾸미: 덕새기고랑 남쪽 후미에 있는 논으로 옛날에 어살을 맸다함
〈전북-부안-변산-격포〉

---

7 이 부류의 어휘 중에서도 [輻]을 의미하는 '살'이 지명어로 쓰인 예는 발견되지 않는다.

　살구지: 당산 동쪽 곳 밑에 있는 곳으로 어살을 치고 고기를 잡았음

〈전남-신안-비금-지당〉

　살여울: 요강여울 서쪽에 있는 여울. 살을 놓던 곳임 〈전북-남원-대강-사석〉

(21)
　살고지: 도리섬 남쪽에 있는 마을로 지형이 살처럼 생겼음

〈충남-당진-호지-도리〉

　살구지: 도둑골 서쪽에 있는 들로 화살처럼 생긴 곳〈전남-신안-지도-내양〉
　살꼬지: 둠벙이 동북쪽에 있는 곳으로 모양이 살촉처럼 생겼음

〈충남-태안-이원-당산〉.

　(20)은 어살 즉 魚梁과 관련하여 생성된 지명어이고, ⑵은 [箭] 또는 [矢]와 관련이 있는 지명어이다. [箭] 또는 [矢]와 관련이 있는 '살'을 지명어로 활용한 경우는 그 예가 상당히 많이 발견된다. 위에 든 예는 화살의 모양과 관련된 것만을 들었으나 그 특성 중에 하나인 [빠름]과 관련하여 생성된 지명도 있다.

(22)
　살미등: 진등 남쪽에 있는 등성이로 매우 가팔라서 나무꾼들이 나뭇짐을

지고 내려올 수 없었다하여 붙여진 이름 〈경북-경산-용성-곡신〉

　살여울: 살띄 남동쪽에 있는 한강의 여울. 물이 흐르는 살처럼 빠름

〈경기-여주-금사-전북〉

　살여울: 개울물이 살처럼 빠르게 흐름 〈강원-원주-소초-흥양〉

　물의 흐름이 화살처럼 빠르기 때문에 생겨난 지명어 '살여울'은 10여개의 예가 보고되어 있다. 시냇물을 비롯하여 물의 속성 중 하나가 흐르는 것이기에 '살'이 지닌 특성과 관련하여 소위 水系 지명어의 경우 '살'을 전부요소로 사용할 수 있다고 본다. 앞에서도 거론했지만 인근에 위치한 충주시 살미면의 '살미'에서 '미'를 물로 볼 때 '살'이 바로 이런 예일 것이다. 그런데 움직임과는 거리가 먼 [-動]의 속성을 지닌 山系 지명어의 전부요소에 빠름의 의미로 전이된 '살'의 결합은 언뜻 상상하기 어렵다. 하지만

매우 가파른 산과 관련하여 '살'이 쓰일 수 있음을 '살미등'에서 확인할 수 있다.

　매우 가파르기 때문에 오르고 내리기가 힘든 산을 멀리서 바라보면 빠른 물살과 같이 산등성이로부터 아래쪽으로 흘러 내려오는 산의 형상을 볼 수 있다. 살미의 뒤쪽에 자리 잡고 있는 국사봉은 금성면 활산리와 청풍면 장선리 그리고 봉양읍 구곡리의 3개 면 경계지점을 이루는 비교적 높은 산으로 높이가 632미터나 된다. 이 산의 정상에 서면 주변의 풍광이 한 눈에 들어오며 충주호는 물론 멀리 충주까지도 살필 수 있는 봉우리로 예전에 봉화를 올렸던 곳이다. 그런데 이 산을 활산리 쪽에서 오르려면 무척 가팔라서 매우 힘들다고 한다. 당연히 이 산을 활산리 방향에서 관찰하면 산등성이에서 빠른 물살이 흘러내리는 형상을 띠고 있다.

　제천시청 홈페이지에 게재된 제천지명사를 비롯하여 각종 지명지에서 고려 때 箭山所가 있었기에 '살미'라 하였다는 풀이가 나온다. 전산소가 활 또는 화살과 관련되는 기관이라고 한다면 이러한 지명의 유래도 가능한 것이다. 그러나 오늘날 이에 대한 기록을 찾아볼 수 없기에 이를 그대로 믿기는 어렵다. 또한 저자가 현지를 답사하면서도 이 지역에 전산소를 비롯한 어떤 기관이 있었을 수도 있겠다는 생각은 전혀 들지 않았다. 왜냐하면 이 마을은 국사봉 앞의 산과 산 사이에 형성된 좁은 골짜기에 형성되어 있기 때문이다. 접근성도 좋지 않고 비교적 골짜기가 가파르고 터가 좁기 때문에 어떤 기관이 위치하기에는 부적합하게 보였다. 자재기 방향에서 충주호 방향 그러니까 남서쪽으로 비교적 가파르게 형성된 좁은 골짜기에 '살미' 마을이 위치하고 있다. 골짜기의 형상은 둥근 타원형으로 활의 형상을 닮았다고 할 수 있다. 그런데 가파른 골짜기가 화살이 내리 꽂히듯 보였던 모양이다. 아마 이런 점 때문에 이곳의 지명을 '살미'라 하였을 수도 있다.

　요컨대, '살미'의 전부요소 '살'은 [箭] 또는 [矢]와 직간접적으로 관련이 있을 것으로 추정된다. 필자는 잠정적으로 이 마을의 뒤쪽에 위치한 國思峰[8]의 형상이 빠른 물살이

8　國思峰이라는 명칭은 조선 단종의 충신 유안례로 인하여 부여된 명칭이라고 한다. 이곳에 강릉 유씨의 중시조 유안례 이하 누대를 모시는 慈藏齋가 말해 주듯이 나라를 걱정한다는 신하의 뜻을 기려 생성된 한자어지명이 國思峰인 것이다. 이 지명어로 인하여 오늘날에는 이 산을 가리키는 고유어지명이 소멸하고 말았으나 분명 그 근원형인 고유어지명도 존재하였을 것으로 본다.

흘러내리듯 가파르기 때문에 '살'의 의미가 전이되어 형성된 지명으로 보고자 한다. 또한 이 마을이 위치한 골짜기가 좁으면서 비교적 가파르므로 화살이 내리꽂히는 형상을 하고 있어 부여된 명칭으로도 볼 수 있지 않은가 한다.

3.2. '살미'의 漢譯

1898년을 기준으로 작성된 것으로 보이는 『忠淸北道 各郡邑誌』의 淸風郡 邑誌에는 坊里 편에 "活山里 距官門二十五里"라는 표현이 보인다. 즉 '살미'의 한역 지명 '活山'이 보인다. 그러나 그 이전에 작성된 것으로 보이는 문헌에는 사정이 다르다. 영조대에 작성되어 헌종대(1835~1841)에 편찬된 것으로 보이는 『忠淸道 邑誌』와 고종32년(1895년)에 작성된 『湖西邑誌』 淸風郡의 坊里 편에는 "居山里 距官門二十五里"로 되어 있다. 이 두 읍지에는 '活山'이 아닌 '居山'이 나타남을 확인할 수 있다. 그런데 두 읍지의 앞쪽에 실려 있는 『淸風地圖』를 살펴보면 두 문헌에 차이가 있음을 알 수 있다. 『忠淸道 邑誌』에는 '居山里'라 되어 있고 『湖西邑誌』에는 '活山'이라 되어 있다.

가장 먼저 작성된 것으로 보이는 『충청도 읍지』에서는 '居山'을 坊里名과 지도에서 모두 확인할 수 있으며 연대차가 그리 심하지는 않지만 가장 늦게 작성된 것으로 보이는 문헌 『忠淸北道 各郡邑誌』에서는 '活山'만을 확인할 수 있다. 그런데 두 문헌의 중간에 작성된 것으로 보이는 『湖西邑誌』에서는 坊里名에서 '活山', 지도에 기재된 명칭에서는 '居山'을 확인할 수 있다. 이는 '살미'의 한역 지명 '居山'이 '活山'에 앞선 것임을 알게 해주는 소중한 자료이다. 또한 坊里名의 개신이 있었으나 새 지명을 지도에 반영하는 것은 때때로 시간을 요하는 일임을 여기서도 확인할 수 있다.[9]

---

9 지도에서 보수적인 형태의 어휘가 남아있게 되는 배경에 대해서는 여러 가지 추정이 가능하다. 그 대표적인 예로 그림의 일종인 지도를 새롭게 작성하는 것이 어려우므로 손쉽게 옛 지도를 끼워 넣은 경우가 있을 수 있다. 그러나 두 문헌의 지도를 관찰해 보면 전혀 작성 방법이 같지 않음을 알 수 있다. 이는 지도에서의 지명 표기가 보수적임을 입증하는 자료라 하겠다. 오늘날의 경우도 이런 예를 앞에서 살펴보았던 '포전리'의 한자 표기에서 찾을 수 있다. '浦前里'가 지명 설명 편에서는 '浦田里'로 바뀌었음에도 현용 제천시청 홈페이지에 올라 있는 지도에는 역대 문헌에서 사용됐던 '浦前'을 쓰고 있다.

이상의 검토를 통하여 오늘날 행정지명으로 쓰이고 있는 '活山'이 본격적으로 출현하는 것은 1898년에 편찬된 것으로 보이는 『忠淸北道 各郡邑誌』의 淸風郡 邑誌에서부터이다. 1895년에 작성된 『湖西邑誌』에서부터로 볼 수 있으나 이 책에서 坊里名은 '活山'으로 적고 있으나 앞쪽에 실어 놓은 『淸風地圖』에는 '居山'이라 되어 있기 때문이다. 19세기 초중반으로 볼 수 있는 1830년대와 40년대의 문헌에 '居山'만이 보이는 것을 보면 '活山'이라는 지명은 19세기말엽에 정착되어 오늘에 이르는 것으로 볼 수 있다.

'居山'이라 하던 것을 '活山'이라 한 것은 그 근원형인 고유어지명 '살미'의 전부요소 '살이' '居'의 훈이기도 하지만 '活'의 훈도 되기 때문이다. '居'와 '活'은 모두 기초한자에 속하며 그 획수 또한 비슷하여 특별히 어느 한 글자가 쓰기에 편하다고 볼 수 없다. 또한 모두 동사류로 훈을 삼고 있기에 특별히 의미의 독립성이 확보된다거나 상대적으로 기억에 도움을 주는 기능에서 우열을 가리기도 어렵다. 아마도 '居'가 '活'로 대체된 것은 후자가 전자에 비해 긍정적이고 적극적인 의미를 지니고 있기 때문으로 보인다. 단순히 '살다'라는 것보다는 '활기차고 힘차게 살아간다'는 뜻이 느껴지는 '活'이 보다 긍정적인 느낌을 주는 것으로 보인다. 이는 단순히 두 글자의 대비에서만 느껴지는 것이 아니고 완성된 지명형 '居山'과 '活山'을 견주어 보면 더욱 이러한 느낌을 강하게 받을 수 있다.[10]

비교적 최근의 문헌에서만 확인되는 '箭山'과 '矢山'은 오늘날 현지인에게서조차 잊혀진 지명어이다. '살미'가 지닌 본래의 의미에 충실하여 한역된 지명어 '箭山' 또는 '矢山'임이 분명하나 자연부락 명칭이기 때문에 오래된 문헌에서 확인할 수 없음이 유감이다. 아마도 최초의 한역 지명어 '箭山'과 '矢山'을 '箭'이나 '矢'가 지닌 부정적 의미 때문에 '居山'으로 바꾸었고 다시 '活山'으로 安定化의 方向을 찾은 것으로 볼 수 있다. 오늘날 '箭山'과 '矢山'은 물론 '居山'조차도 노년층 일부만이 기억하고 있을 뿐 '活山'만이 활발하게 쓰이고 있다.

---

10 제천문화원(1999: 102)에서는 이 지역에 살고 일부 촌로들이 '거산'의 '거'를 간다는 뜻의 '去'로 인식, 마을이 불길해진다고 하여 살릴 '活' 자로 바꿨다는 증언을 싣고 있다.

4. 結論

제천시 금성면의 동리명 중 浦前里와 活山里라는 한자어지명이 생성되는 과정에 대하여 논의하였다. 대부분의 한자어지명은 고유어지명을 배경으로 만들어진 이차적인 지명어이다. 그러나 급속한 사회, 문물의 변천과 함께 근원형인 고유어지명이 사라져가고 있고 행정지명으로 채택된 한자어지명이 그 쓰임에서 우위를 점하고 있다. 앞으로도 이런 현상은 가속화될 것으로 보이며 어쩌면 고유어지명과 한자어지명의 공존이 깨지고 한자어지명만이 사용될지도 모른다.

고유어지명의 소멸은 단순히 지명어가 소멸된다는 것을 넘어서 해당 지역의 명칭 부여가 진행된 과정까지 망각된다는 것을 의미한다. 왜냐하면 고유어지명을 한역할 때 반드시 유사한 의미를 지닌 한자만으로 옮기지 않기 때문이다. 즉, 한자어지명을 직역에 의해서 만들 때에는 고유어지명이 지닌 명명의 배경을 그 속에 담을 수 있으나 아역이나 음역에 의해 만들 경우는 그렇게 할 수 없기 때문이다.

앞에서 논의한 '개앗:浦前'과 '살미:活山'은 직역에 의해 만들어진 한자어지명이 아니다. 고유어지명 '개앗'은 '개암'과 '밭'이 결합하여 '갬밭'을 형성하고 뒤에 형태변화를 거쳐 "개암밭 〉 갬밭 〉 갬밫 〉 개밧 〉 개앗"으로 변화한 것이다. 고유어지명 '개앗'이 지닌 본래의 뜻에 충실하여 한자어지명을 만든다면 '榛田'이라 하였을 것이다. 그러나 '개앗'의 '개'를 훈으로 삼고 있는 한자 중 지명어에서 흔히 사용했던 '浦'를 선택하였고 후부요소의 경우 '앗'과 '앞'의 유음성에 기인하여 '前'을 채택한 것이다.

'살미'에 대응하는 한자어지명은 4개나 된다. '活山'을 비롯하여 "居山, 箭山, 矢山" 등이 있는데 비교적 오래된 문헌에서 발견되는 것은 '居山'과 '活山'이다. 아마도 '살미'를 '箭山' 또는 '矢山'으로 한역한 것은 직역으로 보이며 '居山'과 '活山'으로 한역한 것은 전부요소의 경우 雅譯, 후부요소는 直譯한 것으로 보인다. 19세기말 이후 결과적으로 '活山'이 채택되어 오늘날까지 활발하게 쓰이고 있는 것은 한자 '活'이 지닌 긍정적이고 적극적인 의미 때문으로 보인다.

특정 지역에 지명을 부여할 때 그 지형이 지닌 특징을 고려하는 것은 매우 흔한 일이다. 그런데 이에 충실하다 보면 음절이 길어진다거나 발음하기 어려운 형태가 될

수 있다. 이때 이를 극복하는 전통적인 방법은 음절을 줄이거나 부르기 쉬운 형태로
전환하는 것이다. 한자어지명을 창안할 때는 해당 지역의 특성을 반영하는 것도 중요
하지만 때로는 보다 긍정적이며 적극적이고 고상함이 느껴지는 한자를 채택해야 한
다는 것을 염두해야 한다.

제16장

고유어지명 '벼루박달·한돌'과 한자어지명 '硯朴·黃石'

1. 序論

漢譯 地名語란 근원형이 고유어였던 지명어가 한자어화한 것이다. 즉, 고유어지명이 지닌 의미나 음성이 바탕이 되어 한자로 전환된 이차적인 지명어이다. 한역 지명어는 한자·한문이 우리나라 사람들의 문자생활은 물론 언어생활에 깊숙이 침투한 이후에 생겨난 현상이다. 다시 말해 한자·한자어가 외래적인 것이기는 하나 완전히 국어 내에 동화되어 귀화어가 되면서 나타난 현상이라 할 수 있다.

한역 지명어는 근원형인 고유어지명을 배경으로 한자를 활용하여 생성해 낸 것이다. 한자를 활용하는 방식 즉, 한역화의 유형으로는 크게 의역과 음역의 방식이 있으며 근원형이 지닌 의미의 보존을 위하여 의역의 방식이 일반적임을 앞에서 살핀 바 있다. 그러나 전부요소를 한역화하는 데 있어서는 음역의 방식도 상당수 채택되고 있다. 대부분의 한역 지명어가 단순한 음역과 의역의 방법에 의해 이루어졌으나 여기서 살피고자 하는 '硯朴'과 '黃石'은 그 방식이 특이하여 근원형 즉 고유 지명어와 한역 지명어의 관련성을 쉽게 파악하기 힘든 것이다. 이런 예는 고대 이후 오늘날에 이르기까지 지명어의 개신이 꾸준히 진행되어 오면서 오늘날 미해독 지명으로 남아있는 것들에서도 적용될 수 있는 과정이 아닌가 한다.

고유어지명이 한역될 때 그 방식과 과정이 매우 복잡하고 다양함을 살피는 것은 의미가 큰 작업이다. 이를 통하여 지명학에서 지명의 변천 과정을 추적하는 데 여러 가지로 도움이 될 수 있는 이론을 수립할 수 있기 때문이다. 더불어 국어 어휘의 변천 양상을 탐구하는 데에도 보탬이 될 수 있는 작업이다. 제15장에 이어 본장의 논의도 이러한 취지에서 행해지는 연구이다. 이들 한역 지명어가 도출되는 과정을 탐구하다 보면 그동안 미해독 지명으로 남겨 놓았던 역대 지명어 해독에 실마리를 제공하는 계기가 될 수 있을 것으로 기대한다. 한편 근원형인 고유어지명에 남아 있는 어휘를 통하여 지명어의 보수성을 확인하는 동시에 국어 어휘의 소멸과 생성의 일단을 파악하게 될 것이다.

2. 固有語地名 '벼루박달'과 漢譯 地名語 '硯朴'

행정 지명어로 쓰이는 '硯朴(里)'는 제천시 봉양읍에 속해 있는 16개 리의 명칭 중 하나이다. 봉양읍 소재지에서 박달재로 가는 벼랑길에 위치한 마을이므로 '벼루박달'이라 하던 것을 한역하여 '硯朴'이라 하게 된 것이다. 여기서 우리는 고유어지명 '벼루'와 '박달'이 한자어지명 '硯'과 '朴'에 각각 대응됨을 알 수 있다.

'벼루'를 '硯'으로 한역한 것은 의역의 방식을 따른 것이고 '박달'을 '朴'이라 한 것은 전체가 아닌 부분만을 음역한 것이다. 그러므로 한역 지명어 '硯朴'은 의역과 음역이 함께 활용되어 형성된 지명어이다. 의역과 음역의 방식이 함께 활용되어 한자어지명을 형성하는 유형이 많지는 않지만 이런 방식도 상당수 존재함을 앞에서도 논의한 바 있다.[1]

'벼루박달:硯朴'에서 필자가 주목하는 것은 의역과 음역이 혼합된 한역 지명어라는 데에도 있지만, 고유어 '벼루'와 의미상 전혀 관련이 없는 한자 '硯'이 쓰였다는 점과

---

[1] 의역과 음역의 방식이 함께 활용되어 한역 지명어를 생성하는 경우를 두 유형으로 나누어 볼 수 있다. '고지-골:古芝洞, 헌텃-골:憲德洞' 등과 같이 전부요소는 음역, 후부요소는 의역의 방식에 의해 한역화가 이루어진 경우와 '늘-목:於木, 말-모기:馬牧' 등과 같이 후부요소는 음역, 전부요소는 의역의 방식에 의해 한역화가 이루어진 지명이 그것이다. 일반적으로 전자의 경우가 활발하게 나타난다.

'박달'의 음역에서 앞에 놓인 글자 '박'만이 선택되고 그 음역자로 '朴'을 썼다는 것이다.

2.1. 根源形인 固有語地名 '벼루박달'에 대한 고찰

2.1.1. 전부요소 '벼루'

근원형인 고유어지명 '벼루박달'에서 우선 관심의 대상이 되는 것은 '벼루'이다. '벼루'는 "낭떠러지의 아래가 강이나 바다로 통한 위태한 벼랑"을 의미하는 것으로 현대 국어사전에도 등재되어 있다. 이는 벼랑 중에서도 강이나 바다의 낭떠러지를 뜻하는 말로 벼랑의 하위어에 '벼루'가 있음을 인정하는 것이다. 그런데 한국정신문화연구원 편『한국방언자료집』에 수록된 현대국어 방언형에서는 '벼루'를 찾을 수 없으며 '벼랑, 베랑, 배랑, 배람, 비냥, 비랑, 비리, 빈달……' 등이 보인다. 그리고 그 유의어로 낭, 절벽, 낭떠러지, 깔끄막 등이 있음을 알 수 있다. 다만 문화관광부·국립국어연구원 (2007)를 통하여 '벼루'가 경남 김해 방언에 나타나며 그 이형태인 '베루'가 전남 방언에도 있음을 알 수 있다.

'벼루'를 비롯한 방언형 '벼랑, 베랑, 비랑……'등과 관련이 있는 어휘군을 중·근세국어 문헌에서 찾아보면 '별ㅎ, 벼루, 벼로, 비러, 비레, 비례, 빙애, 빙이, 빙에 빙애' 등이 있다.

(1)   六月ㅅ 보로메 아으 별해 ᄇ룐 빗 다호라〈樂範 動動〉
     삭삭기 셰몰애 별헤 나ᄂ 구은 밤 닷 되를 심고이다〈樂詞 鄭石歌〉

(2)   淵遷 ·쇠벼·루〈龍歌 3:13〉

(3)   地灘 빙애 或云 벼로〈譯解 上7〉
     峭崖 벼로……懸崖 두절ᄒ 벼로〈漢淸 1:39〉
     東俗謂 벼로길 曰 遷〈柳氏物語 5:11〉
     棧道 벼로ㅅ 길〈方言類, 서부방언 17〉

(4) 비러옛 싀른 소나못 고지 닉고 뫼햇 숤잔은 댓닙 보미로다(崖蜜松花老
山杯竹葉春)〈初杜解 21:34〉

(5) 프른 뫼ᄒᆞ로 百里ᄅᆞᆯ 드러오니 비레 그츠니 방핫고와 호왁과 ᄀᆞᆮ도다
(蒼山入百里 崖斷如杵臼)〈初杜解 6:2〉
머므러 브터 쇼미 다 비렛 이피언마른 東西에 돌불휘 다ᄅᆞ도다(淹薄俱
崖口 東西異石根)〈初杜解 8:12〉
비레예 ᄃᆞ라 집 지서 쇼미 굳도다(懸崖置室牢)〈初杜解 9:38〉
어득ᄒᆞᆫ 비레ᄂᆞᆫ 도ᄅᆞ혀 서리와 누넷 읏듬 남골 바댓ᄂᆞ니(陰崖却承霜雪
幹)〈初杜解 16:32〉
두 비레 시스니 가시야 프르도다(雙崖洗更淸)〈杜解 3:41〉
두 비렛 이 門이 健壯ᄒᆞ도다(雙崖壯此門)〈杜解 13:12〉
즈믄 비레 조ᄇᆞ니(千崖窄)〈杜解 21:19〉

(6) ᄇᆡ ᄠᅴ워 漢西에 올아 머리 도ᄅᆞ혀 두 비례ᄅᆞᆯ ᄇᆞ라노라(泛舟登漢西 回首望
兩崖)〈杜解 6:46〉

(7) 地灘 빙애 或云 벼로〈譯解上7〉

(8) 빙이에 ᄶᅥ러져 죽으니〈女四解 4:21〉

(9) ᄆᆞᆯ고 아ᄎᆞᄆᆡ 노ᄑᆞᆫ 믌겨를 ᄇᆞ라고 忽然히 어드운 빙에 업더디ᄂᆞᆫ가 너
교라(淸晨望高浪 忽謂陰崖蹋)〈杜解 13:7〉

(10) 노ᄑᆞᆫ 빙애 ᄇᆞᆯ오ᄆᆞᆯ ᄉᆞ랑ᄒᆞ면(思蹋懸崖)〈楞解 2:115〉
노ᄑᆞᆫ 빙앳 想올 지서(作懸崖之想)〈牧牛訣 11〉
그츤 빙애ᄂᆞᆫ 白鹽올 當ᄒᆞ얫도다(斷崖當白鹽)〈初杜解 7:11〉
노ᄑᆞᆫ 빙애예 소놀 펴 ᄇᆞ려ᅀᅡ(懸崖撒手)〈金三 2:36〉
즉재 빙애 아래 ᄠᅥ디여 죽거ᄂᆞᆯ(卽投崖下而死)〈번소 9:66〉
노ᄑᆞᆫ 빙애예 ᄂᆞ려뎌 주그니라(墜絶崖而死)〈東新續三綱, 烈3:6〉

위에 제시된 모든 어형들이 어두에 'ㅂ'을 지니고 있으며 세 가지 유형 즉, '별-, 빌
-, 빙-' 형으로 정리할 수 있다. (1)부터 (3)까지는 '별-'형이며 (4)부터 (6)까지는 '빌-'
형이고 (7)부터 (10)은 '빙-'형이다. '빌-'형은 '비레' '빙-'형은 '빙애'가 가장 일반적인 형
태이다. 이들 세 유형 사이의 상호 관련성과 현용 지명에서의 분포 등은 별도로 논의
하기로 하며 '벼루박달'의 '벼루'와 직접 관련이 있는 형태인 '별-'형에 대하여 살피고
자 한다. '별-'형에 속하는 어휘군으로는 '별ㅎ, 벼루, 벼로'가 있다. 이 중에서 단음절어
'별ㅎ'이 근원형으로 보이며 '벼루'와 '벼로'는 형태의 안정화를 위하여 후대에 발전된
것으로 보인다.

'벼루'와 '벼로'의 관계에 있어서는 비록 한 예이기는 하나 '벼루'의 이형태 '·벼루'가
이른 시기의 문헌인 『龍歌』에 출현하는 것으로 보아 '벼로'는 '벼루'가 발전된 형태일 것
으로 추정된다. '·'의 소실과 더불어 비어두음절에서 '·'가 'ㅡ'는 물론 'ㅗ'나 'ㅜ'로 변
화한 예를 다수 볼 수 있기 때문이다. 더구나 오늘날의 국어사전류에서 '벼루'를 '강 또
는 바다에 연한 낭떠러지' 정도로 풀이하고 있는 것으로 볼 때 의미상으로도 '벼루'와
'벼로'는 깊은 관련이 있는 것으로 보이기 때문이다.

'벼루'의 이형태 '벼루'는 『龍歌』 제14장 후절 "聖子ㅣ 三讓이시나 五百年 나라히 漢
陽애 올ᄆᆞ니이다" 와 관련, 太祖遷都漢陽의 註釋 부분에 이 지명어가 '·쇠벼·루'라는 형
태로 나타난다. '·쇠벼·루'는 오늘날 충청북도 충주시 가금면 누암리 강가의 다락바위[2]

---

[2] 누바우 또는 樓巖里라는 지명도 이 바위에서 기인한 것이다. 可金面 소재지인 塔坪里에서 남쪽으로
2Km 지점에 있으며 다락처럼 여러 층으로 되어 있었는데 도로공사로 부수어져 지금은 일부 흔적만
볼 수 있게 되었다. 이 지역은 달천과 남한강이 합류하는 지점으로 넓은 들이 펼쳐져 있어 오래 전부
터 사람들이 정착하여 삶의 터전을 이루었던 것으로 보인다. 이는 누암리 고분군을 비롯한 선사유적
과 인근의 국보 제6호 탑평리칠층석탑, 국보 제205호 중원고구려비 등을 비롯한 유적·유물 등을 통
하여 알 수 있다. 또한 『龍歌』에서도 '漢江'을 설명하면서 이 지점을 포함시킨 것은 달천이 남한강에 유
입되는 지점이기도 하지만 농경과 수운을 위주로 하던 전통 사회에서 중요시된 지역이었기 때문으로
보인다.
고유어지명 '·쇠벼·루'를 설명하기 위해서는 1914년 군·면 폐합 이전에 사용했던 이곳의 행정 지명 '金
遷面'을 상기할 필요가 있다. 이곳의 면명칭이 현재의 '중앙탑면'으로 바뀌기 이전의 행정 지명 '可金面'
은 1914년 군·면 폐합에 따라 행정 구역을 조정할 때 可興面과 金遷面에서 각각 첫 음절을 취하여 만
든 지명이다. 전문가의 입장에서도 언뜻 보아서는 '可金'과 '·쇠벼·루'의 관련성을 전혀 찾기 어렵다. 그

를 중심으로 한 벼랑길이 배경이 되어 생성된 지명으로 보인다.

(11)

…… 漢江 古稱沙平渡 俗號沙里津 其一源 出自江原道五臺山 至寧越郡西 合衆
流爲加斤洞가근동津 至忠淸道忠州 與達川달내合 爲淵遷·쇠벼·루 西流又與安
昌水合 至驪興府爲驪江 川寧縣爲梨浦비애 楊根郡爲大灘한여흘 爲蛇浦ᄇ얌개,
一源 出自江原道麟蹄縣伊布잇뵈所…… 〈龍歌 3:13〉

위의 예문 (11)에 '淵遷·쇠벼·루'가 보이는데 '淵'은 '소'와 '遷'은 '벼루/벼루'와 대응된
다.[3] '淵'이나 '소'는 모두 여울을 의미하는 한자 '灘'과는 의미상 대립적인 관계에 있는
어휘이다.[4] 즉, '여울'은 물이 얕고 빨리 흐른 곳을 의미하며 '소'는 물의 흐름이 느리고
깊게 고여 있어 못과 같은 곳을 뜻한다. 이런 점을 감안하여 보면 '쇠벼·루'는 물이 깊게
고인 소가 있는 곳에 놓여있는 절벽을 의미한다. 또한 이를 배경으로 이 지역의 지명이
명명되었음을 알 수 있다. 그러므로 '벼루/벼루'는 물과 관련된 곳에 위치함을 알 수 있

러나 이곳의 옛 지명이 '金遷'이라는 것을 알고 나면 『龍歌』에 나오는 '淵遷·쇠벼·루'의 '淵'이 '金'으로 바뀌
어 '金遷'이 되었음을 알 수 있다. '·쇠벼·루'는 '소[淵]'의 속격형 '쇠'와 '벼루[遷]'가 결합된 형태인데 후대에
오면서 '쇠'의 어원을 고려하지 않고 편리하게 '金'으로 대체하여 사용한 것으로 볼 수 있다. 지금은 예전
의 金遷面이라는 행정 지명이 불행하게도 없어진 상태이므로 '·쇠벼·루'와 연관시킬 수 있는 지명이 '樓巖'
뿐이다. '·쇠벼·루'와 '樓巖' 그리고 '·쇠벼·루'에 대응되는 淵遷·金遷에 대하여는 제17장 고유어지명 '·쇠벼·
루'와 한자어지명 淵遷·金遷에서 자세히 논의할 것이다. 또한 한강과 관련하여 『龍歌』에서 예로 든 이들
몇 개의 지점을 답사하면서 오늘날 변화된 지명과의 관련성을 탐구하는 것도 흥미 있는 과제가 될 것
으로 여겨진다.

3 '淵'과 '소'의 관련성은 쉽게 이해가 간다. 그러나 '遷'은 국내에서 간행된 歷代 字典類를 비롯하여 중국과
일본에서 간행된 漢字 字典類에서 ① 옮기다; 올라간다, 움직인다, 변한다, 물러선다, 도망간다, 떠난다,
흩어지다, 떨어지다 ② 변경시키다; 바꾸다, 다시하다, 대체하다, 물러서다, 놓다, ③ 천도하다 ④비방
하다 등 동사류로 풀이하고 있다. 이 중에서 ①의 '떨어지다'가 '벼랑'과 연상될 수 있는 말이기는 하나
설득력이 부족하며 이 한자를 어떤 연유로 '벼랑 길'을 의미하는 우리말을 표현할 때 가져다 썼는지 추
후 연구과제로 남겨둘 수밖에 없다.

4 '淵'은 字典類에서 '止水'라 하여 못과 같이 물이 고여 있는 곳을 의미하므로 고유어 '소'와 비슷한 뜻을 지
닌 한자임을 알 수 있다. '淵'은 『千字文』,『訓蒙字會』,『新增類合』에 모두 출현하는 한자로 상용성이 비교적
높은 글자이다. 고유어 '소'에 대응되는 한자 潭·湫·淵에 대하여는 제18장에서 자세히 논의할 것이다.

고 '벼루'와 의미상 밀접한 관련이 있음도 파악할 수 있다.

　이상의 논의를 바탕으로 '벼루'의 생성 과정을 정리하면 다음과 같다. 그 근원형은 단음절어 '별ㅎ'로 보이며 여기에 형태를 안정화하기 위한 접사 '-ᄋ'가 결합하여 '벼ᄅ'가 생겨난 것으로 보인다. 이러한 방향으로의 형태 변화는 국어 어휘사에서 흔히 나타나는 현상임으로 전혀 이상할 것이 없다. 그 후 '벼ᄅ'는 음소 'ᆞ'의 소멸과 함께 '벼로'로 발전하였으며 다시 '벼루'로 변화한다. '벼로 〉 벼루'에서 '로 〉 루'의 과정은 발음경제 원칙에서 기인한 모음 상승으로 음운변화에서 보편적으로 발견되는 현상이다.

　'벼루'가 현대국어에서 전남과 경남의 일부지역을 제외하고는 단독체로 거의 쓰이지 않고 있지만 지명어에서는 활발하게 나타난다. 이는 한글학회 편(1991) 『한국땅이름 큰사전』 p2400.에서 확인할 수 있는데 벼랑을 배경으로 형성된 고개, 골짜기, 모롱이, 마을, 산, 바위 등의 지명에서 40여 개가 확인된다. 그 구체적인 예는 벼루-고개, 벼루-골, 벼루-구석, 벼루-들, 벼루-말, 벼루-모롱이, 벼루-바위, 벼루-산, 벼루-재…… 등이다. 또한 '벼루'의 이형태로 볼 수 있는 '벼리, 벼룸, 벼룽, 벼로' 등도 나타남을 확인할 수 있는데 벼리-끝, 벼리-고개, 벼룸-골, 벼룽-골, 벼로-골 등이 그 예이다.

　현대국어에서는 단독체로 쓰임이 소극적인 '벼루'가 지명어의 한 요소로 광범위하게 남아 있는 반면 '벼랑'은 단독체에서 그 쓰임이 활발한 것임에도 지명어에서는 '벼랑고개'라는 낱말만이 3번 나타나는 것으로 보고되어 있다. 여기서 필자는 현대국어에서 '벼랑'이라는 친숙한 낱말이 지명어에서는 아주 제한적인 분포를 보이고 일상어에서 흔히 쓰이지 않는 '벼루'가 적극적으로 분포함에서 지명어의 보수성을 지적할 수 있다고 본다.

　지명어의 한 요소 그것도 전부요소에 '벼루'가 '벼랑'보다 생명력을 갖는 이유는 몇 가지로 정리할 수 있을 것 같다. 근원형 '별ㅎ'을 바탕으로 형태의 안정화를 기하기 위하여 형성된 '벼루'와 '벼랑' 중 '벼루'가 보다 오래 전에 형성되어 사용된 단어라는 점을 그 하나로 들 수 있다. 이는 고문헌에서 '벼루'는 17세기 이후 문헌에 보이나 '벼랑'은 19세기 이후 문헌에서 확인할 수 있기 때문이다.

　접미사 '-앙'이 결합되어 형성된 '벼랑'은 '-우'가 결합되어 형성된 '벼루'에 비해 단어 확장에서 선행요소로 쓰임이 자연스럽지 못하다는 점을 들 수 있다. 접사 '-오/우'는

'조조(數), 도로(廻), 조초(隨), 세우(强), 닝우(連)' 등의 예에서 보듯 부사화 접사 형태로도 쓰인다. '-오/우'가 결합되어 형성된 이들 부사들은 후행요소를 한정하는 기능을 하는 것으로 통사적 구성에서 자연스럽다. 이런 영향으로 '-고개, -골, -구석, -들, -말, -모롱이, -바위, -산, -재' 등에 '벼루'가 선행하여 후행하는 요소와 자연스럽게 조화를 이루는 것이 아닌가 한다.

2.1.2. 후부요소 '박달'

'박달'은 '박달재'가 있는 산이며 이 산은 제천시 봉양읍과 백운면을 갈라놓는 경계이기도 하다. '박달재'를 '박달'이라는 도령과 '금봉'이라는 처녀 사이에 얽힌 사랑의 전설에서 유래된 지명으로 보는 것이 민간에 일반화되어 있다.[5] 그러나 필자는 지명

---

5 '박달재'와 관련하여 정설이 되다시피 잘 알려져 있는 전설의 내용이 제천시 홈페이지(http://www.okjc. net)에 정리되어 있다. 다음은 이를 요약하여 제시한 것이다.

　　조선조 중엽 경상도의 젊은 선비 박달은 과거를 보기 위해 한양으로 가던 도중 백운면 평동리에 이르렀다. 마침 해가 저물어 박달은 어떤 농가에 찾아 들어 하룻밤을 묵게 되었다. 그런데 이 집에는 금봉이라는 과년한 딸이 있었다. 사립문을 들어서며 박달과 눈길이 마주쳤다.

　　박달은 금봉의 청초하고 아름다운 모습에 넋을 잃을 정도로 놀랐고, 금봉은 금봉대로 선비 박달의 의젓함에 마음이 크게 움직였다. 그날 밤 삼경이 지나도록 잠을 이루지 못해 밖에 나가 서성이던 박달도 역시 잠을 못 이뤄 밖에 나온 금봉을 보았다. 아무리 보아도 싫증이 나지 않는 선녀와 같아 박달은 스스로의 눈을 몇 번이고 의심하였다.

　　박달과 금봉은 금새 가까워 졌고 이튿날이면 곧 떠나려던 박달은 더 묵었다. 밤마다 두 사람은 만났다. 그러면서 박달이 과거에 급제한 후에 함께 살기를 굳게 약속했다. 그리고 박달은 고갯길을 오르며 한양으로 떠났다. 금봉은 박달의 뒷모습이 사라질 때까지 싸리문 앞을 떠나지 않았다. 서울에 온 박달은 자나 깨나 금봉의 생각으로 다른 일을 할 겨를이 없었다. 과장에서 나가서도 마찬가지였던 박달은 결국 낙방을 하고 말았다. 박달은 금봉을 볼 낯이 없어 평동에 가지 않았다. 금봉은 박달을 떠내 보내고는 날마다 성황당에서 박달의 장원급제를 빌었으나, 박달은 돌아오지 않았다.

　　금봉은 그래도 서낭에게 빌기를 그치지 않았다. 마침내 박달이 떠나간 고갯길을 박달을 부르며 오르내리던 금봉은 상사병으로 한을 품은 채 숨을 거두고 말았다. 금봉의 장례를 치르고 난 사흘 후에 낙방거사 박달은 풀이 죽어 평동에 돌아와 고개 아래서 금봉이 죽었다는 소식을 듣고 땅을 치며 목 놓아 울었다. 울다 얼핏 고갯길을 처다본 박달은 금봉이 고갯마루를 향해 너울너울 춤을 추며 달려가는 모습이 보였다. 박달은 벌떡 일어나 금봉의 뒤를 좇아 금봉의 이름을 부르며 뛰었다. 고갯마루에서

어 '박달'이 먼저이고 후에 이를 바탕으로 유명한 박달재 전설이 생겨난 것으로 본다. 즉 '박달재'를 지명전설[6]로 보아야지 전설지명으로 보는 것은 타당하지 않다고 생각한다. 그러므로 '박달'을 사람의 이름으로 풀이하는 것은 잘못으로 생각하며 그 의미는 '붉(赫)'의 '돌(山)'로 보고자 한다. 즉 '밝은 산' 정도의 의미를 지닌 지명어로 보고자 한다.

'박달'이라는 지명은 우리나라의 이곳저곳에 분포되어 있다. '山'을 뜻하는 지명으로 '박달'은 물론 '박달-산, 박달-미, 박달-봉, 박달-이' 등이 보이며 '嶺'을 뜻하는 명칭으로 '박달-고개, 박달-고지, 박달-령, 박달-재, 박달-현' 등이 있다. 또한 '谷' 또는 '村'을 뜻하는 것으로 '박달-골, 박달-곡, 박달-구지, 박달-리, 박달-미' 등이 확인된다. 이들 지명에 나오는 '박달'을 여러 地名資料集에서 박달나무와 관련하여 풀이하고 있음을 흔히 본다. 즉 "박달나무가 많은 곳이기에 '박달-산'이라고 한다"라는 식의 풀이가 대종을 이루고 있다.

'박달'은 사람의 이름도 아니고 그렇다고 박달나무와 관련이 있는 것도 아니며 '밝은 산' 정도의 의미를 지닌 것으로 보고자 한다. 이렇게 추정하는 것은 고대국어 지명 자료에서 '산'을 '達'이라 하였으며 '붉'을 '赫' 또는 '光明'이라 한 것이 보이기 때문이다. '붉:赫/光明'과 관련하여 『三國遺事』 권1에 赫居世王蓋鄕言弗矩內王言光明理世라는 구절을 검토할 수 있다. '赫居世'와 '弗矩內'는 光明理世 즉 '밝게 누리[世上]을 다스릴/리는 임금'이라는 뜻을 지닌 말이다. 여기서 우리는 '弗矩內'의 '弗(矩)'에서 '赫' 또는 '光明'을 의미하는 '붉'을 찾아낼 수 있다.

고구려어에서 '山' 또는 '高'를 뜻하는 말이 '達'이었음은 『三國史記』「地理志」의 여러 예에서 확인할 수 있다. '山:達'과 관련하여 松山縣本高句麗夫斯達縣, 土山縣本高句麗息達, 菁山縣本高句麗加支達縣 등을 비롯하여 몇 개의 예가 더 있다. 이는 '山'을 의미하는 순우리말로 '뫼'도 있었지만 북방계 언어에서 '달(達)'도 있었음을 알게 해주는 것이다.

'山'의 속성은 높은 것이기에 '달(達)'이 '高'라는 뜻으로 의미가 전이되었음도 알 수

겨우 금봉은 잡을 수 있었다. 와락 금봉을 끌어안았으나 박달은 천길 낭떠러지로 떨어져 버렸다. 이런 일이 있는 뒤부터 사람들은 박달이 죽은 고개를 박달재라 부르게 되었다.

6 지명을 바탕으로 전설이 생겨난 것을 地名傳說, 이와는 달리 전설을 바탕으로 지명이 생성된 것은 傳說 地名이라 한다.

있다. 『三國史記』「地理志」의 지명에서 "高峰縣本高句麗達省縣, 高城縣本高句麗達忽, 高木根縣本高句麗達乙斬" 등의 예가 보이기 때문이다. 여기서 우리는 '高:達'의 대응을 확인할 수 있다. 또한 現代國語에서도 '高'와 관련된 의미를 지니고 있는 '달'의 형태로 '달다[懸]'와 '다락[樓]'이 있음을 주목할 필요가 있다. '다는 것'은 일반적으로 높은 곳에 할 수 있는 행위이며 '다락방'은 집에서 가장 높은 곳에 위치한 것이기 때문이다.

2.2. '벼루박달'의 漢譯 '硯朴'

'벼루박달'에서 '벼루'가 지닌 뜻은 '崖' 또는 '遷'이다.[7] 벼루를 한역할 때 본래의 뜻을 존중한다면 '벼루'는 '崖'나 '遷'으로 전환하여야 할 것이다. 여기서 우선 전국적으로 분포하는 '벼루' 관련 고유 지명어가 한역될 때 어떤 한자로 전환되었는지 살펴보기로 하자.

(12)
벼루-구석:硯隅〈전북-무주-설천-기곡〉
벼루-쏘:硯沼〈전북-완주-동상-사봉〉
벼루-재:硯峴〈충북-괴산-도안-연촌리
벼루-재:硯峙〈강원-홍천-남-화전〉

위의 예에서 보듯 '벼루'가 한역될 때는 한결같이 '硯'으로 전환된다. 이런 현상은 고유어지명의 한자어화에서 상당수 발견되는 것인데 필자는 이를 한역화의 유형 중 雅譯이라 칭한 바 있다. '벼루'가 유의의 뜻을 지닌 한자 '崖/遷'으로 전환되지 않고 원뜻과는 관련이 없되 그 의미가 보다 고상한 한자로 전환된 것이다. 물론 채택된 한자

---

7 '벼랑'을 뜻하는 어휘군 벼로, 비레, 빙애…… 등은 중세나 근대국어 언해문에서 모두 '崖'와 대응된다. 앞에서도 논의했지만 '遷'은 자전류에서 '벼랑'의 뜻으로 풀이한 예를 발견할 수 없다. 다만 예문 (2)와 (3)의 '·쇠벼·로'와 '벼로길'에서 '벼·로'와 '벼로'가 '遷'과 대응되는 예를 볼 수 있으므로 '崖'와 더불어 '벼랑' 관련 어휘군의 의미를 지닌 한자로 처리한다.

는 고유어지명과 의미상 직접적인 관련은 없으나 그 새김의 음성 모형이 고유어지명과 같거나 유사해야 한다.

　'硯'을 의미하는 '벼루'가 오늘날에는 문화의 변화와 함께 그 사용이 활발하지 않게 된 것이지만 예전에는 중요한 문방구 중에 하나였다. 즉, 붓, 먹, 종이와 더불어 문방사우라 칭할 정도로 없어서는 안 될 생활필수품이었다. 그러므로 '벼루'라는 낱말의 자극에 일차적으로 연상됐던 것은 '硯'이었던 것이다. 더불어 '硯'이 가지고 있는 느낌 또한 전혀 부정적이지 않고 긍정적이어서 어떤 이름을 짓기 위하여 사용하기에 매우 적절했을 것으로 여겨진다. 그러므로 고유어지명이 지닌 의미를 보존하는 데에 다소 문제가 발생하더라도 보다 긍정적인 느낌을 주는 한자를 채택한 것으로 보인다.

　'밝다'라는 뜻과 '산'이라는 뜻을 나타내는 '붉'과 '달'이 結合되어 형성된 '박달'이라는 지명어를 한자어화하는 데는 의역의 방식이 아닌 음역의 방식이 동원되었다. '붉'을 한자로 표기할 때 고대국어 자료에서 훈독자 '赫' 또는 음가자 '弗'로 하였음을 앞에서 살핀 바 있다. 그런데 신라의 시조 성씨를 '朴'으로 삼은 것도 이와 무관하지 않다고 본다.[8] 그러므로 '붉'을 '朴'으로 표현한 것은 그 연원이 매우 오랜 것으로 볼 수 있다.

　한자차용표기에서 '달'을 음가자 '達'로 적은 것은 고대국어 지명 표기에서 이미 확인된 것이다. "松山縣本高句麗夫斯達縣"을 비롯하여 '山/高'를 뜻하는 고구려어 [tal]을 한결같이 '達'로 표기하였다. 이를 통하여 볼 때 차자표기 지명에서는 물론 한역 지명에서도 '달'을 '達'이라는 한자로 전환한 것은 그 전통이 매우 오래임을 알 수 있다. 결국 '박달'을 음역하여 '朴達'이라 한 것은 전혀 생소한 것이 아니며 전통성의 바탕 위에서 이루어진 것이라 할 수 있겠다.

　요컨대 한역 지명어 '硯朴'은 근원형인 고유어지명 '벼루박달'을 배경으로 앞부분에서는 의역 중 雅譯의 방식과 뒷부분에서는 음역 중 부분음역의 방식에 의해 생성된 것이다. '벼루'라는 자극어에 일차적으로 반응하는 한자 '硯'은 그 의미도 긍정적이어서

8　『三國史記』卷第一 新羅本紀 第一에 朴赫居世의 誕生 및 姓氏 由來와 관련하여 "辰人謂瓠爲朴 以初大卵如瓠 故以朴爲姓"이라 하여 박혁거세가 '박과 같이 큰 알에서 탄생'하였기 때문에 姓을 '朴'이라 하였다고도 하나 '세상을 밝게 다스릴 사람'이라는 데에서 '朴'이 유래하였다고 보는 것이 보다 타당한 것으로 여겨진다.

'벼루'를 포함하고 있는 지명어 대부분이 이 글자로 한역됨을 알 수 있다. '박달'의 음역어는 '朴達'이지만 한자어지명에서 가장 일반적인 음절 형태인 이음절화의 경향에 의하여 선행자 '朴'만이 채택되어 삼음절어 '硯朴達'이 아닌 '硯朴'이 형성되었다.

3. 固有語地名 '한돌'과 漢譯 地名語 '黃石'

본래 청풍군 수하면 지역이었던 '한돌'은 현재 堤川市 淸風面 黃石里라는 행정 지명으로 정착되어 쓰이고 있다. 이 지역은 南方式 支石墓가 120여 개나 있음이 확인된 바 있다. 또한 1962년 3월 국립 박물관이 주관하여 20기를 발굴, 조사하여 金石竝用期의 것으로 보이는 돌칼, 돌살촉, 맷돌 등의 유물을 수습한 바 있다. 1985년 충주 댐 건설과 더불어 현재는 수몰되었지만 이곳의 지명 '한돌'은 큰 돌 또는 많은 돌이 있었기에 유래된 것이다. 이러한 사실을 입증할 수 있는 자료로 제천시 홈페이지에 게재되어 있는 제천의 지명사 황석리 편 중 '돌'과 관련 있는 부분 두 가지만 전재하면 다음과 같다.

(13)
① 황석리(黃石里)고인돌【고적】1961년 류강열씨가 마제석검, 석촉, 단도마연토기를 국립박물관에 제출하여 전국 최초로 발굴 계획을 세웠다. 강안(103m)에 고인돌은 약 1,300m의 범위에 46기가 2줄로 분포되었다. 국립박물관에서 1962년 3월, 9월에 2차에 걸쳐 18기의 고인돌을 발굴하였고, 충북대박물관에서 1982년, 1983년 2차에 걸쳐 8기의 고인돌을 발굴하였다. 특히 고인돌 13호에서 완전한 인골과 부장품으로 석검을 발굴하였다. 수몰.

② 황석리 선돌【고적】본동의 서쪽 느티나무거리에 위치했었다. 강을 향한 여성선돌(180×80×25㎝)과 뒤에 남성선돌(139×65×28㎝)은 황석리 초막골 부처바위에서 떼 온 것으로 선돌 위를 부처라 한다. 현재 황석리 선돌

은 충북대학교박물관 교정으로 이전하여 복원하였다

근원형 '한돌'이라는 고유어지명이 한역되어 '黃石'으로 발전되는 과정을 보면 그렇게 단순하지 않다. '한돌'이 '黃石'으로 정착되는 과정에 '한뜰, 황돌/황뜰, 黃道 黃頭' 등의 지명이 공존했기 때문이다. 근원형인 '한돌'과 '黃石'의 관계는 앞에서 논의한 '벼루박달'과 '硯朴'과는 상당한 차이가 발견된다. 전부요소에서 '한:黃'은 음역임에 반해 '벼루:硯'은 의역이고 후부요소에서 '돌:石'은 의역이나 '박달:朴'은 음역이기 때문이다. 아무튼 한돌 또는 한뜰, 황돌, 황두로 불리던 이 지역은 오늘날 黃石으로 정착되었다.

3.1. 根源形인 고유어지명 '한돌'에 대한 考察

3.1.1. 전부요소 '한'

'한'의 기본형 '하다'는 [多] 또는 [大]의 뜻으로 [爲]를 의미하는 'ᄒᆞ다'와 중세국어에서 분명하게 구별되면서 매우 활발하게 쓰였던 단어이다. 그런데 비어두음절에서부터 消失되기 시작한 'ᆞ'가 18세기말에 어두음절에서도 消滅되어 'ㅏ'로 변화를 입으면서 동음충돌 현상이 생겨나게 된다. 그 후 '하다'가 [爲]의 뜻으로 쓰이게 되면서 [多]를 뜻하는 말은 '많다'로 [大]를 의미하는 말은 '크다'로 정착하였다. 그러나 현대국어에서 [大] 또는 [多]의 뜻으로 '하다'가 단독체로 쓰이는 경우는 거의 없지만 복합어나 파생어의 구성요소로 쓰이는 예는 흔히 볼 수 있다.

'한'은 고대국어 지명에까지 소급되는데 『三國史記』卷第36 雜志 第5 地理2에 보면 "翰山縣本百濟大山縣景德王改名今鴻山縣"이라는 구절이 나온다. 오늘날 충청남도 서천군 한산면에 해당하는 지역의 명칭으로 백제의 '大山縣'이었던 것을 경덕왕이 개칭하여 '翰山縣'이라 하였으며 그 후 '鴻山縣'을 거쳐 오늘날 韓山面으로 발전하였음을 알 수 있다. 우리는 翰山, 大山, 鴻山, 韓山 등의 명칭이 서로 연관성을 지니고 있음을 쉽게 파악할 수 있다. 즉, 翰山, 鴻山, 韓山 등의 전부요소 '翰, 鴻, 韓' 등이 大山의 전부요소 '大'와 대응관계를 이루고 있어 '한'이라는 순우리말의 뜻은 '大'임을 알 수 있다.

'하다'가 중세국어와 근대국어에서 [大] 또는 [多]의 뜻으로 쓰였지만 [大]라는 뜻
보다는 [多]의 의미로 쓰인 경우가 훨씬 많음을 확인할 수 있다. 이런 까닭은 [大]를 의
미하는 단어 '크다'는 중세 국어에서도 활발하게 쓰였던 낱말임에 비해 [多]를 뜻하는
'많다'는 후대에 와서 완전한 형태를 갖추었기 때문인 것으로 보인다. 중세국어에서는
'만ᄒ다'가 부분적으로 '많다'와 유사한 의미로 쓰였기 때문이다. 참고로 이들 어휘의
사용 양상을 살펴보기로 하자.

우선 '크다'는 언해문을 비롯한 운문과 산문에서는 물론 한자초학서의 훈석 어휘
로도 활발하게 쓰였음을 알 수 있다. 『千字文』을 비롯한 『訓蒙字會』와 『新增類合』 등 한
자입문서에 보면 大, 德, 巨, 仁, 義, 弘, 碩, 皇, 奕, 宏 등의 한자에 새김이 '클'로 달려 있
다. 또한 조선초에 간행된 문헌에서부터 근대국어 문헌에 이르기까지 줄곧 쓰였던 낱
말이다. 몇 개만 예로 들면 (14)와 같다.

(14)
큰 화리 常例 아니샤:大弧匪常〈龍歌 27章〉
威嚴과 德괘 커 天人이 重히 너길씨〈釋譜 6:12〉
이 모미 크녀 아니녀 須菩提ㅣ 솔오디 甚히 크이다〈金剛 61〉
그 싸히 두 峯과 큰 내쾌 잇더니〈南明 上2〉

'많다'의 예는 남광우(1997)을 비롯하여 홍윤표 외 3인(1995) 의 고어사전류를 통하
여 확인해 보면 17세기 국어에 와서 활발하게 쓰이게 되었음을 알 수 있다. 15세기 문
헌에서는 전차형으로 볼 수 있는 '만ᄒ다'와 이 낱말에서 파생된 부사 '만히'가 등재되
어 있는데 몇 개의 예를 제시하면 다음과 같다.

(15)
글도 만히 알며 가ᄉ며러 布施도 만히 ᄒ더니〈釋譜 6:12〉
貴ᄒᆫ 차반 우 업슨 됴ᄒᆫ 마슬 만히 노쏩고:廣設珍羞無上妙味〈楞解 1:31〉
讒口ㅣ 만ᄒ야:讒口旣噂沓〈龍歌 123장〉
세 하ᄂᆞ론 煩惱ㅣ 만ᄒ고〈釋譜 6:36〉

그 사루미 子息이 만호야〈月釋 17:16〉

(15)의 앞에 제시된 두 예문은 '만호-'에 부사화접사 '-이'가 결합되어 파생된 부사의 예이고, 뒤의 세 예문은 '많다'로 정착하기 이전의 형태인 '만호다'의 활용형들이다. '만호다'는 그 구조상 '만-'에 접사 '-호다'가 결합하여 형성된 단어로 보인다. '만-'이 뜻하는 바를 정확하게 추정해내기는 힘들지만 한자초학서에 한자 '多'를 비롯 '殷, 稠, 黎, 振, 阜, 庶, 蒸' 등의 새김이 '만홀'로 되어 있다. 이는 '만호다'의 의미 영역이 현대국어 '많다'와 정확히 일치하지 않는 것으로 보인다. 오히려 옛말에서 사용되었던 '하다'가 현대국어 '많다'와 의미상 더 가까웠던 것으로 보인다. 이런 이유 때문에 '하다'는 [多]의 뜻으로 쓰이는 환경에서 보다 적극적으로 쓰인 것으로 여겨진다. 반면에 [大]의 뜻으로 쓰인 경우에는 이미 이에 대응하는 순우리말 단어 '크다'가 있었기에 '하다'가 소극적으로 쓰인 것으로 보인다. 이는 고어사전류에 등재된 예문의 수를 통해서도 확인할 수 있는데 [多]의 뜻으로 쓰인 '하다'는 남광우(1997)에 『龍歌』의 4개를 비롯하여 38개의 예문이 제시되어 있다. 그러나 [大]의 뜻으로 쓰인 '하다'의 예는 『龍歌』의 2개를 비롯하여 모두 5개의 예에 불과하다. 이들 예를 몇 개씩만 보이면 다음과 같다. (16)은 [多]의 뜻으로, (17)는 [大]의 의미로 쓰인 '하다'의 예이다.

(16)
곶 됴코 여름 하느니〈龍歌 2장〉
쁘디 한 젼추로〈釋譜 6:2〉
사룸 살오미 가장 하니:活人甚多〈救簡 1:66〉
최고 한 밤이 오고 밤마다 잠 못 들어〈萬言詞〉

(17)
한 비룰 아니 그치샤:不止霖雨〈龍歌 68章〉
功德이 하녀 져그녀〈釋譜 9:14〉

원문인 한문에 쓰인 한자가 언해문에서 어떠한 어휘로 대역되었는지 살펴보면 이 문제는 보다 명쾌하게 설명될 수 있을 것이다. 박재연(2002)에 실려 있는 '多'와 '大'의 대역 용례를 살펴보면 '大'는 대부분 '크다'와 대응됨을 알 수 있다. '하다'로 대역된 경우는 'ㄱ장'이나 '키'로 대역된 경우보다 적으며 '굵다'로 대역된 경우와 더불어 소수의 예에 불과하다. 그러나 '多'는 '만ㅎ다'나 '만하다'로 대역된 경우보다 '하다'로 된 경우가 절대적으로 많다. 또한 임진왜란 이전의 판본으로 보이는 『光千』에 달려있는 訓에서도 '大'는 '큰', '多'는 '할'이라 하였음을 확인할 수 있다.

이상에서 필자는 오늘날 사어가 된 '하다'라는 낱말에 대하여 살펴보았다. 요약하면 '하다'는 [多]와 [大]라는 뜻을 지닌 순우리말이며 옛말에서 [大]라는 뜻보다는 [多]라는 의미로 쓰이는 환경에서 보다 적극적으로 사용되었다. 그 이유는 [大]를 뜻하는 순우리말 '크다'가 중세국어에서도 존재했기 때문으로 보인다. 본고의 논의 대상인 '한돌'에서 '한'의 의미를 옛말에서 '한'이 [多]의 뜻으로 적극적으로 사용되었다고 해서 [多]로 확정할 수는 없다. 오히려 '한쇼 > 황소, 한새 > 황새' 등에서 보면 '한'은 [多]의 뜻을 지녔다기보다 [大]의 의미로 봄이 타당하기 때문이다. 여기서 필자는 '한돌'의 명명 배경에 대하여 이 지역에 '큰 돌이 있었기 때문에' 또는 '많은 돌이 있었기 때문에'가 모두 타당하다고 보아 어느 한 쪽으로 단정하는 것을 피하려 한다.

3.1.2. 후부요소 '돌'

'돌'은 중세국어에서 ㅎ말음을 가진 단어로 소위 ㅎ종성체언에 속하는 낱말이다. 동음이의어로 지명어에서 자주 쓰이는 [梁]을 뜻하는 '돌ㅎ'도 있다. 현대국어에서 이 '돌'은 '도랑'(← 돌+앙)으로 이음절화하였다. 물과 관련 있는 지역에서 찾을 수 있는 고유어지명 '노돌, 거믄돌, 울돌' 등의 한자차용표기 또는 한역 지명어로 '鷺梁, 黑石, 鳴梁' 등이 있다. 그러나 '한돌'의 '돌'은 [梁]과는 의미상 관련이 없는 단어이며 의심할 바 없이 [石]을 뜻하는 말이다.

자연물 중에 바위와 함께 흔히 볼 수 있는 것 중의 하나가 돌이기 때문에 지명어의 분류요소인 후부요소에서는 물론 성격요소인 전부요소로도 '돌'은 예나 지금이나 자주 쓰이는 낱말이다. 『三國史記』 권제36 雜志 제5 地理3에 "石山縣本百濟珍惡山縣景

德王改名今石城縣"이 나온다. 이는 현재 충청남도 부여군 석성면에 대한 설명으로 백제의 *돍산현[9]이었던 것이 石山縣으로 경덕왕 때 개칭되었으며 그 후 石城縣을 거쳐 石城面으로 정착되었음을 알 수 있게 해주는 것이다. 여기서 우리는 '石'과 '珍惡'이 대응됨을 알 수 있으며 백제어에서도 [石]을 뜻하는 낱말이 '돌'과 유사한 음성 모형을 가지고 있었음을 짐작할 수 있다. 『三國史記』 「地理志」에는 '石山縣/石城縣' 말고도 '石'을 한 요소로 삼고 있는 지명으로 '石頭城, 石磯山, 石川, 石吐城, 石峴城' 등의 지명이 보인다.

지명어를 분류하는 방식 중의 하나로 후부요소의 형태와 意味에 따라 나누는 방법이 있다. 이 때 巖石系 지명이라고 하여 후부요소의 형태가 '-돌, -바위, -石, -巖' 등인 것을 하나의 부류로 묶는 경우가 있다. 이를 통하여 볼 때 '-돌' 또는 '-石'은 하나의 부류로 분류될 정도로 비중 있는 후부요소 어휘군이라 할 수 있다. 이에 해당하는 지명으로는 선돌, 검은돌, 들돌, 고인돌, 큰돌, 立石, 黑石, 烏石, 巨石, 支石, 巨石…… 등이 있음을 지적할 수 있다.

요컨대, 순우리말 '돌'은 고래로 지명어에 흔히 사용되는 단어이며 '한돌'에서 '돌'이 뜻하는 바는 의심의 여지없이 [石]임을 확인할 수 있다. 그러므로 堤川市 淸風面 黃石里의 고유어지명 '한돌'은 이 지역에 '큰 돌이 있었기 때문에' 또는 '많은 돌이 있었기 때문에' 命名된 것으로 판단된다.

3.2. '한돌'의 한역 '黃石'

오늘날 행정 지명으로 쓰이는 黃石(里)라는 지명은 그 지역에 누런색의 돌이 많기 때문에 부여된 명칭이 아니다. 원래 이 지역을 가리키는 말로 한돌, 한똘, 황돌, 황똘 황두 등이 있었는데 아마도 그 근원형은 '한돌'이었을 것으로 보인다. 고유어지명 '한돌'이 한역되어 '黃石'으로 발전되는 과정을 보면 그렇게 단순하지는 않다. '한돌'이 '黃石'으로 정착되는 과정에 '한똘, 황돌, 황똘, 黃道 黃頭' 등의 지명이 공존했기 때문이다.

---

9   '珍惡山'의 '珍惡'은 '돌악' 또는 '돍' 정도로 읽었을 것으로 보인다.

　　전부요소 '한'은 '많다' 또는 '크다'라는 의미를 지닌 '하다'의 관형사형이며 후부요소 '돌'은 '石'을 비롯하여 '磚, 礎, 碣, 磊' 등의 뜻을 지닌 말이다. 그러므로 '한돌'은 '큰돌' 또는 '많은 돌'이라는 의미를 지닌다 하겠다. 또한 이 '한돌'이 지니고 있는 의미에 충실하여 한역하면 '多石' 또는 '大石'이라 하여야 할 것이다. 그런데 한역 지명은 '黃石'으로 되어 있어 우리의 관심을 끈다.

　　후부요소 '돌'과 '石'의 관계는 의역에 의한 한역화로 쉽게 이해할 수 있는 부분이다. 왜냐하면 '돌'과 관련이 있는 뜻을 지닌 한자 중 가장 보편적이며 일차적으로 연상되는 한자가 '石'이기 때문이다. 그런데 전부요소 '한'이 '黃'으로 음역되기까지는 몇 가지 특이한 점이 발견된다. '한'이 '돌'과 결합하여 쓰일 때나 '쇼/소' 또는 '새'와 결합하여 쓰일 때 자연스러운 발음은 '한'보다 '황'인 것으로 보인다. 왜냐하면 '한쇼'가 '황쇼/황소'로 '한새'가 '황새'로 각각 발전하였음을 볼 수 있기 때문이다. 그러므로 '한돌'도 '황돌' 그리고 '황똘'로 발전하였음을 충분히 짐작할 수 있다.

　　'황돌' 또는 '황똘'에서 전부요소 '황'을 한역하면서 그 근원형인 '한'이 가지고 있는 의미를 고려했다면 '大'나 '多'로 옮겼을 것이다. 그러나 이미 '한'을 의식하기 어려울 정도로 '황'이 쓰이고 있고 '하다'라는 단어 자체도 소멸되어 버렸기 때문에 이를 살려 한역한다는 것은 이미 어려웠을 것으로 보인다. 그렇다고 음성 모형 '황'과 의미상 직·간접적으로 연관되는 한자를 찾기도 쉽지 않기에 지명의 한역에서 가장 일반적인 방식인 의역의 방법을 버리고 음역한 것으로 보인다.

　　'황돌'을 배경으로 생성된 한역 지명 '黃石'의 경우에 전부요소는 음역, 후부요소는 의역의 방법이 활용되었다. 그런데 현용 행정 지명으로 채택되지는 않았지만 한역 지명 '黃道'와 '黃頭'가 있다. 이는 전부요소만 음역한 것이 아니고 후부요소까지도 '돌'을 '道' 또는 '頭'로 음역한 것이다. 결국 '한돌'에서 출발한 이곳의 지명은 음운변화를 거치면서 '황돌' 그리고 '황똘'로 불리게 되고 이를 배경으로 음역과 의역이 혼합된 한역 지명어 '黃石'이 만들어진 것이다. 또한 다른 한 방법으로 전·후부요소에서 모두 음역의 방식에 의해 '黃道' 또는 '黃頭'라는 지명의 생성이 있었음을 알 수 있다.

4. 結論

오늘날 행정 지명어로 쓰이고 있는 어휘는 대부분 한자어지명이다. 그런데 이들 한자어지명은 일반적으로 근원형인 고유어지명을 바탕으로 한자를 활용하여 생성해 낸 것이다. 한자를 활용하는 방식 즉, 漢譯化의 유형으로는 크게 義譯과 音譯의 방식이 있다. 한자어지명에 대응하는 고유어지명을 보면 대체로 그 한역의 방식을 쉽게 짐작할 수 있다. 그러나 여기서 논의한 '硯朴'과 '黃石'은 그 방식이 특이하여 근원형 즉 고유어지명과 한역 지명어의 관련성을 쉽게 파악하기 힘든 것이다. 왜냐하면 전·후부요소가 의역과 음역의 단순한 방법에 의해 한역화가 진행되지 않고 각 요소 별로 하나는 음역, 다른 하나는 의역의 방식이 활용되었기 때문이다. 더구나 의역된 경우 直譯의 방식이 아닌 雅譯의 방법을 활용하고 있으며 음역의 경우도 동일한 음성형을 선택하지 않고 유사음을 가져다 썼다.

고유어지명 '벼루박달'은 전부요소 [崖] 또는 [遷]을 뜻하는 '벼루'에 '밝은 산' 정도의 의미를 지닌 '박달'이 결합하여 형성된 지명어이다. 그런데 전부요소 '벼루'를 한역하면서 원뜻을 살리지 아니하고 '硯'으로 한 것은 '벼루'라는 자극어에 일차적으로 반응하는 한자가 '硯'이기 때문이며 그 의미 또한 긍정적인 데서 기인한 것이다. 그리고 후부요소 '박달'은 음역의 방식을 활용하였는데 한자어지명의 가장 일반적인 음절 형태인 이음절어의 경향에 의하여 선행자 '朴'만이 채택되었다. 결과적으로 전부요소에서는 의역 중 아역의 방식을 후부요소에서는 음역 중 부분음역의 방식에 의해 한자어지명 '硯朴'이 생겨나게 되었다.

고유어지명 '한돌'은 이 지역에 '큰 돌이 있었기 때문에' 또는 '많은 돌이 있었기 때문에' 부여된 명칭이다. '한돌'을 배경으로 한자어지명 '黃石'이 생성되기까지 '한똘, 황돌, 황똘, 황도, 황두' 등 발음이 유사한 명칭이 사용되기도 하였다. 여기서 우리는 전부요소 '한'이 '황'으로 변화를 입고 후부요소 '돌'이 '똘, 도, 두'로 변화된 것을 확인할 수 있다. 결국 근원형 '한돌'이 '黃石'으로 정착된 것은 전부요소 '한'이 유사음 '黃'으로 음역되고 후부요소 '돌'은 의역에 의해 '石'으로 한역화가 이루어진 것이다. 즉 전부요소에서는 유사음역이 후부요소에서는 직역의 방식이 채택되어 '黃石'이라는 한자어지명이 생성되었다.

이상에서 고유어지명을 바탕으로 한자어지명이 생성되는 과정을 검토하면서 현용 속지명에 남아있는 고어휘들을 부분적으로 검토하였다. 이를 통하여 지명어의 보수성을 다시 확인할 수 있었다. 또한 근원형인 고유어지명이 한자어화 하더라도 어딘가에는 그 흔적을 남기고 있음을 확인할 수 있었다. 이를 바탕으로 여러 번에 걸친 지명의 개신과 관련하여 현재 미해독 지명으로 남아있는 어휘 탐구에 본 연구가 다소의 보탬이 되기를 바란다.

제17장

고유어지명 '·쇠벼·르'와 한자어지명 淵遷·金遷

1. 서론

한국어의 기원은 우리 민족, 한민족의 기원과 함께한다. 우리 민족의 언어인 한국어는 매우 이른 시기부터 존재하였으나 이를 표기하는 문자인 한글은 세종대에 이르러 창제되었다. 그러므로 훈민정음 창제 이전의 한국어는 한글로 표기되지 못하였고 중국의 문자인 한자를 활용하였다. 지명 표기의 경우도 한글 창제 이전에는 한자를 활용하였는데 이러한 사실을 『三國史記』「地理志」를 비롯한 여러 문헌에 나오는 지명에서 확인할 수 있다.

지명을 표기함에 있어 한글을 활용한 최초의 예는 『龍飛御天歌』(이하 『龍歌』)에서 찾을 수 있다. 이 문헌은 훈민정음 창제 후 가장 먼저 편찬된 것이므로 지명을 비롯한 최초의 한글 표기 어휘와 문장을 여기서 확인할 수 있다. 『龍歌』의 각 장은 국문가사와 漢譯詩 그리고 한문으로 이루어진 註解 등 세 부분으로 구성되어 있는데, 한문 주해 속에서 하나의 지명에 대하여 한자와 한글로 병기한 예를 접할 수 있다. 한문 주해 속에 나오는 대부분의 지명은 한자로만 표기되어 있으나 일부 지명의 경우 한자 표기 뒤에 한글 표기를 덧붙였다.

특정 지명의 경우 한자 표기만으로는 해당 지명을 정확하게 표현할 수 없을 때 한글 표기가 동원된 것이다. 『龍歌』 중 倂記의 예가 처음 등장하는 3장의 지명 검토를 통하여 이를 확인하기로 하자. 『龍歌』 3장 한문 주해 앞부분에는 慶源, 孔州, 匡州, 楸城, 慶興都護部, 咸吉道, 岐山…… 등 다양한 지명이 문장 속에 등장한다. 이들 지명에는 한글 표기가 병기되지 않았다. 그런데 뒷부분에 나오는 '移居斡東오동之地'에서 한자와 한글이 병기된 지명을 접할 수 있다. 『龍歌』에 한글표기가 병기된 고유명사는 김영진 (2002: 92)에 의하면 173개인데 '斡東오동'이 최초로 나오는 예이다. '慶源'을 비롯한 대부분의 지명에 한글을 병기하지 않았는데 '移居斡東오동之地'에서만 한글이 병기된 이유를 그 夾註에서 확인할 수 있다.

(1) 斡。烏括切。斡東。在今慶興府東三十里。凡書地名。漢字之難通者。又卽以正音之 字書之。人名職名。亦皆放此〈용가1: 6ㄴ〉 (斡은 烏括切이다. 斡東은 지금 경흥부 동쪽 30 리에 있다. 대체로 지명을 쓰는데 있어서 한자로 써서 알기 어려운 것은 정음 의 글자를 쓴다. 사람의 이름이나 관직도 모두 이와 같다.)

(1)을 통하여 『龍歌』에 나오는 지명을 비롯한 인명, 관직명 중 한자로 써서 알기 어려운 것(漢字之難通者)은 한글표기도 함께 하였음을 알 수 있다. 즉 한자로만 써도 소통에 문제가 없는 경우는 한글 표기를 덧붙이지 않았고 일반적인 원칙이나 발음 등에 차이가 있을 때는 정음표기를 하여 예외적인 현상을 정확하게 전달하려고 했던 것이다.

여기서 『龍歌』에 나오는 지명 중 한글이 병기된 지명에 대하여 관심을 갖는 것은 俗地名이라고 할 수 있는 고유지명어와 이를 바탕으로 형성된 한자지명어의 관계를 파악하고자 함에 있다. 더불어 1차지명이라 할 수 있는 고유지명어와 2차지명인 한자지명어 간의 共存, 對立, 競爭, 定着, 消滅의 문제를 파악하기 위함이다. 이를 통하여 지명어 변천의 모습을 파악하고 나아가 국어 어휘 변천의 일단을 추적하고자 한다. 더불어 지명은 물론 우리말 어휘에서 고유어와 한자어 사이에 나타나는 이러한 현상을 파악하여 지명 정책 나아가 국어 정책 수립에 이론적 기초를 제공하고자 한다. 본장에서는 '·쇠벼·루: 淵遷·金遷에 대하여 논의하고자 한다.

2. 고유지명어 '·쇠벼·루'

달천이 남한강과 합류하여 형성된 지점의 강변을 따라 북서쪽 塔坪里까지 이어지는 길의 일부가 '·쇠벼·루'이다. 탑평리 일대는 통일신라의 國原小京(中原京) 추정지역이며 이 지역은 한강 유역과 낙동강 유역을 연결하는 남북 교통의 요충지였다. 그러므로 漕運이 중요시되었던 시기에 이 지점을 가리키는 '·쇠벼·루'는 위치 정보를 알려주는 중요한 명칭 중의 하나였을 것으로 보인다.

고유지명어 '·쇠벼·루'는『龍歌』제14장 후절 "聖子ㅣ 三讓이시나 五百年 나라히 漢陽애 올ᄆ니이다"의 '漢陽'과 관련된 한문 주해 "太祖遷都漢陽"의 夾註에 보인다. 여기에는 漢陽과 漢江의 주석이 나오는데 참고로 이 중 일부를 옮기고 풀이하면 다음과 같다.

(2) 漢陽。本高句麗南平壤城。一名北漢山郡。百濟近肖古王。自南漢山來都。歷一白五年。文周王避高句麗之難。移都熊津。高麗初。改爲楊州。肅宗時。陞爲南京留守官。忠烈王改爲漢陽府。置府尹·判官。本朝太祖三年。定都于此。以其在漢江之北。故名曰漢陽。漢江。古稱沙平渡。俗呼沙里津。其一源。出自江原道五臺山。至寧越郡西。合衆流爲加斤洞가·큰·동津。至忠淸道忠州。與達川·달:내合。爲淵遷·쇠벼·루。西流又與安昌水合。至驪興府爲驪江。川寧縣爲梨浦비·애。楊根郡爲大灘·한여·흘。爲蛇浦·ᄇ얌·개。一源。江原道麟蹄縣伊布잇·뵈所。至春川府爲昭陽江……後略……〈龍歌 3: 13〉 (한양은 본래 고구려의 남평양성으로 일명 북한산군이라고도 한다. 백제 근초고왕이 남한산으로부터 도읍을 옮겨와 105년을 지냈고 문주왕은 고구려의 난을 피해 웅진으로 도읍을 옮겼다. 고려초에 이름을 고쳐 양주라 하였다. 숙종 때 승격시켜 남경유수관이 되었다. 충렬왕은 한양부로 고치고 부윤과 판관을 두었다. 본조 태조 삼년에 이곳으로 도읍을 정하였는데 한강의 북쪽에 있으므로 이름을 한양이라 하였다. 한강은 옛날에는 사평도라 하였는데 속칭 사리진이라 불렀다. 이 강의 한 근원은 강원도 오대산으로부터 나와 영월군 서쪽에 이르러 여러 물줄기와 합쳐 加斤洞(가·큰·동)나루가 되고 충청도 충주에 이르러 達川(·달:내)와 합쳐 淵遷(·쇠벼·루)가 되고 서쪽으로 흘러 안창수와 합하여 여흥부에 이르러 여강이 되고 천녕현에서는 梨浦(비·애)가 되고 양근군에 이르러 大灘(·한여·흘)이 되고 蛇浦(·ᄇ얌·개)가 된다. 또 한 근원은 강원도 인제현 伊布(잇·뵈) 쯤에서 나와 춘천부에 이르러 소양강이 되고……後略……)

(2)에서 보듯 '·쇠벼·르'는 한자표기 지명 '淵遷'과 병기되어 나오는데 한강의 두 지류 중 남한강을 설명하는 과정에 등장한다. 오늘날의 충청북도 충주시 可金面[1]에 위치한 이 지점을 '淵遷'으로만 표기해서는 당시의 俗地名 '·쇠벼·르'를 정확히 표현할 수 없었기에 한자표기와 함께 한글표기를 덧붙인 것이다. 이는 당시의 지명이 고유어 '·쇠벼·르'이며 이를 한자로 표기할 때 '淵遷'으로 할 뿐이지 한자어지명 '淵遷'은 아니라는 점을 분명히 하고 있는 것이다.

남한강의 발원지인 五臺山에서 蛇浦(·ㅂ얌·개)에 이르는 몇 지점을 설명한 (2)에서 五臺山, 寧越, 忠州, 驪興, 驪江, 川寧, 楊根 등에는 한글 표기를 병기하지 않았다. 그러나 加斤洞(가·큰·동), 達川(·달:내), 淵遷(·쇠벼·르), 梨浦(비·애), 大灘(·한여·흘), 蛇浦(·ㅂ얌·개) 등에는 한자표기 다음에 한글 표기를 덧붙여 놓았다. 이는 오대산을 비롯한 전자의 경우 해당 지명이 한자어지명임을 보여주는 것이고 후자의 경우 표기는 한자로 하더라도 해당 지명이 '가·큰·동, ·달:내, ·쇠벼·르, 비·애, ·한여·흘, ·ㅂ얌·개' 등과 같이 고유어임을 표현한 것이다.

이를 통하여 우리는 달천이 합류하여 형성된 남한강의 한 지점인 이곳의 지명이 『龍歌』가 편찬된 조선 초기에는 '·쇠벼·르'였음을 알 수 있다. 원초형인 이 명칭은 고유어임을 의심할 여지가 없으며 전부요소 '·쇠'와 후부요소 '벼·르'로 분석된다. '·쇠'는 '·소'에 '-ㅣ'가 결합된 형태이며 '벼·르'는 *벼·르'의 음운변이형이다.

2.1. 前部要素 '·쇠'

전부요소 '·쇠'는 순우리말 '·소'에 '-ㅣ'가 결합된 형태이다. '-ㅣ'를 대명사의 속격형 내, 네, 제, 뉘, 아뫼 등에 보이는 속격표지[2]와 같은 것으로 단정하기는 어려우나 다

---

1 '가금면' 명칭은 2014. 2. 1. 충주시 행정구역 명칭변경에 따라 '중앙탑면'으로 개칭되었다. 본 연구는 개칭 이전에 이루어 진 것으로 당시의 명칭을 사용하기로 한다.

2 '내'는 '나'의 주격형으로도 쓰였지만 속격형으로도 쓰였다. 다만 전자의 경우 거성이고 후자의 경우 평성이었다. '네'의 경우 주격형일 때는 상성, 속격형일 때는 평성이었으며 상성 '제'는 주격이었고 속격형은 평성이었다. '누'의 주격형은 거성의 '뉘'였으며 속격형은 상성이었다. 성조는 달랐으나 "내, 네,

른 형태로 보기도 어렵다. '-ㅣ'가 속격표지로 쓰인 예는 명사 '쇼[牛]'의 속격형 ':쇠'에서도 확인할 수 있는데 ":쇠·거:름, :쇠고·기, :쇠·귀, :쇠둥, :쇠머·리, :쇠똥, :쇠·뿔, :쇠·젖, :쇠·힘……" 등이 그것이다. 속격표지 '-ㅣ'를 '-의/의'가 변이된 형태로 본다면 유정물이며 존대의 대상이 아닌 '나'를 비롯한 일련의 대명사와 '쇼[牛]'에 결합된 것은 이해할 수 있다. 그러나 무정체언인 '소[淵]'에는 '-ㅅ'이 결합하여야 한다. 이러한 일반적인 현상을 고려할 때 ':쇠'의 '-ㅣ'와 '내'의 '-ㅣ'를 동일한 표지로 처리하는 데에는 어려움이 있다.

'쇠벼·르'의 '쇠'를 '소'와 '-ㅣ'가 결합된 형태가 아니고 단일어 '쇠[金]'으로 볼 수도 있을 것이다. 그러나 원문의 병기 '淵遷·쇠벼·르'를 존중한다면 '소[淵]'+'-ㅣ'로 보는 것이 합당한 처리로 보인다. 그렇다면 '-ㅣ'를 주격이나 속격 표지로 볼 수밖에 없는데 주격으로 볼 수는 없는 것이다. 그렇다면 속격으로 보아야 하는데 성조의 이동과 관련해서는 문제가 없는 것으로 보인다. '소'의 성조가 거성이고 속격의 성조도 거성이므로 '쇠' 또한 그 성조의 변화 없이 거성임을 확인할 수 있기 때문이다. 또한 이와 동일한 예를 ':쇠:새[翡, 翠]에서 찾을 수 있다.

오늘날 물총새라 불리는 ':쇠:새'의 '쇠'는 '소'에 속격조사 '-ㅣ'가 결합된 형태로 보인다. ':쇠:새 :비(翡), ·쇠:새 :취(翠)가 『訓蒙比叡 上: 9b』를 비롯하여 쇠새[魚狗] 『東醫 1: 40a』, 쇠새[翠雀]『譯語 下27b』, 『方言類釋 4: 11b』, 『蒙喩 上: 16b』 등에 나온다. 쇠새, 翡翠, 魚狗, 魚虎, 靑羽雀, 翠鳥 등으로 불리는 물총새에 대하여 『표준국어대사전』에서는 (3)과 같이 풀이하였다.

(3)
물총–새(-銃-)「명사」『동물』
물총샛과의 새. 몸의 길이는 17cm 정도이며, 등은 어두운 녹색을 띤 하늘색, 목은 흰색이고 배는 밤색이며 부리는 흑색, 다리는 진홍색이다. 물가에 사는 여름새로 강물 가까운 벼랑에 굴을 파고 사는데 민물고기, 개구리 따위를 잡아먹는다. 아시아, 북아프리카, 유럽 등지에 분포한다. 늑

제, 뉘, 아뫼" 등이 주격의 형태는 물론 속격의 형태로도 쓰였음을 알 수 있다.

물새01「2」·비취02(翡翠)「1」·쇠새·어구02(魚狗)·어호01(魚虎)·청우작(青羽雀)· 취조02(翠鳥). (Alcedo atthis)

(3)에서 눈길을 끄는 것은 "강물 가까운 벼랑에 굴을 파고 사는" 새라는 것이다. 뒤에서 논의하겠지만 물에 임한 벼랑에 놓인 길을 *'벼루'라 하는데 이 새가 서식하는 곳과 유사하다는 점이 흥미롭다. 또한 쇠새라 하던 것을 언제부터 물총새라 하였는지 정확히 알 수 없으나 어두음절의 '쇠'와 '물'은 관련이 있는 것으로 보인다. 그러므로 물이 깊은 곳을 뜻하는 '소'에 속격조사 '- ㅣ '가 결합하여 '쇠'를 형성한 것이 아닌가 한다.

'소'를 現用 국어사전에서는 한자 '沼'에서 기원한 것으로 풀이하고 있으나 의미상 '여울'과 부분적으로 대립관계에 있는 고유어이다. 이에 대하여는 제19장에서 자세히 논의할 것이다. 또한 '소'가 고유어이며 이에 대응하는 한자는 '沼'가 아니고 '潭·湫·淵'임에 대하여도 제18장에서 자세히 다루게 될 것이다. '潭·湫·淵'은 각각 고유의 의미영역을 지니고 있으나 '소'가 뜻하는 '물이 깊은 곳'이라는 의미를 공유한다. 역사 문헌에 나오는 자료를 제시하며 편찬된 특수사전인 고어사전류에서는 '소'를 정확히 고유어로 기술하였으나, 문세영의 『조선어사전』 이후 모든 국어사전에서는 동음의 한자 '沼'에 이끌려 한자어로 처리한 것을 답습하고 있다.

『訓蒙字會 上5』 한 쪽만을 면밀히 검토해도 '소'는 '沼'가 아니라 고유어임을 알 수 있다. 이 책에서 '沼'의 새김과 한문 주석은 "·못:쇼 圓曰池曲曰~"로 되어 있으며 '潭'에 대하여 "·소담 水深處爲~", '湫'에 대하여 "·소츄 龍所居"라 하였다. 한자 '沼'의 성조는 上聲이며 그 음 또한 [소]가 아니고 [쇼]임을 알 수 있다. '潭' 또는 '湫'의 새김 '소'는 거성이며 단모음이므로 '·쇼(沼)'와는 다른 것이다. 그 의미 또한 '沼'는 '못' 또는 '굽은 못'을 뜻하므로 다르다 할 것이다.

역사문헌자료에 보이는 '소'는 주로 '潭·湫·淵'의 새김으로 나타난다. 한자학습서와 字典類에서 볼 수 있는 단독체 '소'는 '潭'의 자석으로 『訓蒙比叡 上3a』, 『訓蒙東大·尊經·東國 上5b』, 『兒學 上4a』, 『釋要 上83a』, 『新字典 二54b』 등에서 확인할 수 있다. '소'가 '湫'의 자석으로 나오는 것은 『訓蒙比叡 上3a』, 『訓蒙東大·尊經·東國 上5b』, 『新字 二51a』 등에서 볼 수 있으며 『字類 上17b』에서는 '룡쇼'로 나온다. '淵'의 자석에

서 볼 수 있는 '소'는 『千字文 육자본』, 『新增類合 上5b』 등이며 『正蒙類語 5』에서는 경음
화된 형태 '쏘'로 나온다.

한자학습서와 자전류에서 '潭·湫·淵'의 새김으로 확인할 수 있는 '소'는 언해문
헌에서도 확인할 수 있다. 이 때 나타나는 '소'는 한자의 새김으로 제시된 경우와는 달
리 문장에서 곡용의 형태로 나타난다. 가장 많은 용례를 보이는 곡용형은 처격조사가
결합된 형태인데 17세기 자료인 『東國新續三綱行實圖』 烈女編에 집단적으로 출현하
는 '소'의 처격형 '소히', '소해', '소희' '소의' 등이 그것이다. 이들 4개의 처격형 중 가장
많이 나타나는 형태는 소위 특이처격형인 '-이'가 결합된 '소히'이며 '소해', '소희', '소의'
순으로 많이 나타난다. 가장 적게 나타나는 '소의'를 제외하고는 곡용시 'ㅎ'이 첨입된
것으로 보아 '소'는 ㅎ곡용체언으로 보아야 할 것이다.

'ㅎ'이 첨입되는 현상은 주격과 서술격 '-이' 또는 '-이다'와 결합한 형태 '소히', '소
히라'를 비롯하여 향격형 '소흐로', 단독의 보조사 '-곳'과 결합된 형태 '소콧' 등에서도
확인할 수 있다. 'ㅎ'첨입을 볼 수 없는 '소'의 곡용형은 앞에서 논의한 처격형 '소의'와
『關東別曲』에 나오는 "그 알픠 너러 바회 火龍쇠 되엿세라"에서 '火龍쇠'의 '쇠'이다. 이
는 가사문학 작품인 이 문헌의 특성상 3·4조의 율격을 맞추기 위하여 '火龍소히'가 아
닌 '火龍쇠'로 표현한 것일 수 있다. 또한 이 시기에 'ㅎ곡용체언'의 동요가 있었음을 추
정하게 하는 자료로도 볼 수 있을 것이다.

'물이 깊은 곳'을 뜻하는 낱말 '소'는 곡용시 'ㅎ'이 첨입되는 체언으로 그 성조는 거
성이었다. 역사문헌에서 단독체일 때에는 '·소'로 나타나며 곡용형일 때는 '·소ㅎ'로 출
현함을 알 수 있다. 성조가 상성이면서 모음이 이중모임인 ':쇼'를 한자음으로 삼았던 '沼'
와는 다른 것으로 '·소ㅎ'는 순우리말이다. 또한 이 단어는 본고의 논의 대상인 한글로
표기된 최초의 문헌인 『龍歌』의 '·쇠벼·루'와 『新增東國輿地勝覽』 등에 보이는 한자표기
지명 牛頭淵, 長淵湖, 置音淵浦, 父子淵‥‥‥ 등을 통하여 이른 시기부터 우리말의 어휘
체계 속에 존재했던 기초어휘 중 하나로 추정된다. 또한 '소'는 한자 '潭·湫·淵' 등과
대립관계에 있으면서도 소멸되지 않고 현용 지명어로 활발하게 쓰이고 있다.[3]

---

3 지명어에서 '-소'를 후부요소 삼고 있는 것은 『한국지명총람』에 2,035개가 등재되어 있다.

　　고유지명어 '·쇠벼·르'는 『龍歌』에서만 볼 수 있을 뿐 후대의 어떤 문헌에서도 찾을
수 없다. 역대 지리지나 고지도에서 모든 지명을 한자로 표기했을 뿐 아니라 자연지
명이나 동리명 같은 소지명어는 문헌에 반영하지 않았기 때문이다. 오늘날 이 지역에
서 '·쇠벼·르'와 관련 있는 지명은 자연지명 쇠꼬지, 쇠여울, 소일 정도가 아닌가 한다.
'쇠꼬지'는 한자로 '金串'으로 표기하는 것인데 달천과 남한강이 합류한 지점에 위치한
다. 이 지점의 지형은 두 강이 합해진 지점으로 작은 산봉우리가 돌출되어 있다. 물로
이루어진 소를 향해 육지인 산이 꿰뚫고 들어간 형상을 하고 있어 '쇠꼬지'라는 명칭
이 부여된 것으로 보인다.

　　'쇠여울'은 "누암리에 있는 한강의 여울"로 『한국지명총람』에 등재되어 있으나 현
재는 水中狀를 설치하는 등 인위적인 한강 개발로 물살이 빠른 여울은 사라져버렸다.
'소일'은 자연마을 명칭인데 樓巖里의 중심이 되는 마을이다. '·쇠벼·르'는 다락바위를
중심으로 남한강의 상류 쪽 즉 남쪽 방향으로는 달천과 합해지는 부근까지 그리고 북
쪽 방향인 하류 쪽으로는 현재의 신촌마을 전까지 놓여있던 좁고 옹색한 길로 보인
다. '소일'이 다락바위가 위치한 지점에서 북쪽에 있으므로 '·쇠벼·르'의 북단에 자리한
마을이다. 위치 문제와 '소일'의 음상이 '쇠'와 유사하다는 사실에 미루어 단정하기는
어려우나 관련이 있는 명칭으로 보고자 한다. 이러한 추정의 근거는 '소일 뒷구렁'과
'소일 서낭당' 등이 모두 두 강의 합류지점에서 중앙탑에 이르는 강변에 위치한다는
점이다.

2.2. 후부요소 '벼·르'

　　'·쇠벼·르'의 후부요소 '벼·르'는 *벼·르로 소급되며 음절부음 'ㅣ'와 모음 사이에서
'ㅂ'이 'ㅸ'으로 바뀐 것이다.[4] 단독체 *벼·르는 문헌에서 쓰인 예를 찾을 수 없으며 그

---

4 유성음과 유성음 사이에 놓인 'ㅂ'이 'ㅸ'으로 변하는 예는 15세기 문헌에서 광범위하게 확인할 수 있
　　다. 특히 『龍歌』에서는 이러한 변이가 규칙적으로 일어남을 셔블(京) 스ㄱ볼(鄕), ᄒᆞᄫᅡᅀᅡ(獨), 대범(虎), 열
　　븐(薄), 웃ᄫᅳ-(笑)…… 등에서 확인할 수 있다.

변이형 '벼·르'도 본고의 논의 대상인 '·쇠벼·르' 뿐이다. 그런데 '*벼·르'의 소급형으로 볼
수 있는 '별'[5]이 『악학궤범』과 『악장가사』에 실려 있는 고려가요 『動動』과 『鄭石歌』에 보
인다.

(4)
六月ㅅ 보로매 아으 별해 ㅂ룐 빗 다호라〈樂範 動動〉
삭삭기 셰 몰애 별헤 나눈 구은 밤 닷 되를 심고이다〈樂詞 鄭石歌〉

(4)에서 볼 수 있는 '별'이 '*벼르'의 말음 'ㆍ'가 탈락하여 형성된 형태인가에 대하
여도 논의의 여지는 있으나 여기서는 '별'을 근원형으로 보기로 한다.[6] '*벼·르'는 어기
'별'에 형태를 안정화하는 접사 '-ᄋ'가 결합하여 형성된 단어로 볼 수 있다. 16세기 이
후 'ㆍ'의 소멸과 함께 '*벼·르'는 '벼로'로 형태 변화를 입었으며 오늘날 일부 지명에 남
아있는 '벼루'는 '벼로'가 음성모음화한 형태이다. 오늘날 보수적인 어휘군으로 볼 수
있는 지명어에서 '벼로' 또는 '벼루'가 남아있지만 '낭떠러지의 험하고 가파른 언덕'이
라는 뜻으로 '벼랑'이라는 단어가 정착되었다.

'벼랑'은 근원형 '별'에 접사 '-앙'이 결합되어 형성된 것인데 이 형태는 19세기 이
후 문헌에서 확인된다. 또한 '별'에 '-악'이 결합된 '벼락'이 '담벼락'의 형태로 '벼랑'과 같
은 시기의 문헌에 나타난다. 그런데 근원형 '별'에 'ᄋ'가 결합하여 형성된 '*벼·르'에서

---

5 '별'의 처격형태인 '별해'와 '별헤'가 보이는 바 소위 ㅎ종성체언 '별ㅎ'에 처격조사 '-애/에'가 결합된 것
으로 보기도 하나 'ㅎ'이 체언의 일부가 아니고 곡용할 때 모음 또는 유성자음 아래에 개입되는 삽입음
으로 보아 체언의 단독체를 '별'로 보기로 한다.

6 'ㆍ'나 'ㅡ'를 말음으로 삼은 체언으로 "ᄀ ·루(粉), 누·루(津), 시르(甑), 주·루(柄), 쟈·루(袋)……"등이 있다. 이들
어휘에 처격이 결합된 곡용형을 보면 "ᄀ로이, 노로이, 실의, 줄이, 쟐이/쟐의/쟐에……" 등으로 나타난다. 2
음절인 체언의 단독체에 처격조사가 결합된 곡용형 "ᄀ로이, 누루이, 시르의, 주로이, 쟈루이……" 등으
로 나타나지 않고 어말의 모음 'ㆍ' 또는 'ㅡ'가 제거된 'ㄹ'을 말음으로 하는 1음절어에 처격조사가 결합
된 형태로 나온다. 이는 파생이나 합성과 더불어 곡용이나 활용의 형태에서 이른 시기의 화석형이
존재한다는 사실에 미루어 "ᄀ ᆯ, 놀, 실, 줄, 쟐……" 등이 근원형이며 형태안정을 위한 접사 'ㆍ'나 'ㅡ'가
결합된 "ᄀ루, 누루, 시르, 주루, 쟈루……"등을 개신형으로 보아야 할 것이다. 이런 점을 고려하여 '별'
을 '*벼르'의 근원형으로 보고자 한다.

발전된 형태 '벼로/벼루'와 '-앙/악'이 결합하여 형성된 '벼랑/벼락'은 그 쓰인 시기는 물론 의미가 완전하게 일치하지 않은 것으로 보인다. 21세기 세종계획 최종성과물 『한민족 언어 정보화 통합 검색 프로그램』 국어어휘의 역사 편에서 표제항 '벼랑'을 다음과 같이 설명하고 있다.

(5)

'벼랑'은 "절벽"의 뜻으로, 19세기에 나타나는 '벼로'에 접미사 '-앙'이 붙어서 형성된 말이다. 19세기의 '벼로'는 15세기의 '*벼루'에 소급하는데, 이 '벼루'는 단독형으로는 나타나지 않고, '쇠벼·루'라는 지명에서 나타난다. 이 지명은 '소[淵]+ㅣ+벼루[崖]'로 분석되는데, 음절부음 'ㅣ' 뒤에서 'ㅂ'이 'ㅸ'으로 바뀐 것이다. 이 '*벼루'는 17세기부터 19세기까지는 제2음절의 모음이 'ㅗ'로 바뀐 '벼로'로 나타난다. 한편, '벼랑'의 뜻을 가지고 있는 또 다른 말로는 15세기부터 17세기까지 나타나는 '비레'와 16세기부터 18세기까지 나타나는 '빙애'가 있다.

(5)에서 '벼루'의 소급형 '*벼루'를 한자 '崖'와 대응하는 것으로 보고 '벼랑'과 같은 뜻을 지닌 낱말로 설명하였다. 또한 '벼랑'을 벼로(<*벼루)에 접미사 '-앙'이 붙어서 형성된 말로 설명하였다. 더불어 이 낱말의 유의어로 '비레'와 '빙애'가 있다고 하였다. 그러나 *벼루〉벼로는 길 중에서 '물 언덕 돌길'[7]로 '遷'과 대응되므로 '崖'와 대응되는 벼랑, 비레, 빙에, 낭, 낭떠러지, 절벽(絶壁) 등과는 의미상 상당한 거리가 있는 것으로 보인다. 이를 동의어로 처리한 것은 길 중의 하나인 *벼루〉벼로가 주로 벼랑 위에 놓인 경우가 많고 음상도 유사하기 때문에 생겨난 확대 해석으로 보인다.[8]

---

7 『新增東國輿地勝覽』 제6권 京畿 廣州牧 산천조에 '渡迷津'을 설명하면서 그 북쪽 언덕을 '渡迷遷'이라 하였다. 渡迷遷은 "동쪽으로 봉안역을 향하여 돌길이 7~8리나 빙빙 둘렀는데, 신라 방언에 흔히 물 언덕 돌길을 '遷'이라 불렀다."라고 설명하였다. 이를 통하여 '遷' 즉 '*벼루(벼로)'는 "내나 강에 임한 벼랑 같은 언덕에 위치한 좁고 험한 돌길" 정도로 그 의미를 정리하고자 한다. 보다 정밀한 의미 규명은 '遷'을 후부요소로 삼은 지명어들의 검토를 통하여 가능할 것이다. 이에 대하여는 제19장에서 자세히 논의할 것이다.

8 南廣祐(1997), 劉昌惇(1964) 등의 고어사전에서도 표제항 '벼로'를 '벼랑'으로 풀이하였다.

'벼로'의 두 번째 음절이 음성모음화하여 발전된 형태가 '벼루'인 바 *벼루〉벼로〉
벼루는 시기에 따라 약간의 의미차가 있기는 하지만 "내나 강변에 있는 벼랑 같은 언
덕에 위치한 좁고 험한 돌길"이다. 그러므로 이 낱말의 의미를 분석할 때 빠뜨리지 말
아야 할 항목은 [+路]이다. [+斷崖]를 대표적인 의미성분으로 보아야 하는 벼랑, 비레,
빙에, 낭, 낭떠러지, 絶壁 등과는 그 의미 성분이 다른 것이다.

'벼랑' 관련 어휘에 대한 전반적인 연구는 별고로 다루기로 하며 여기서는 벼로
(〈*벼루)에 한정하여 논의하기로 한다. *벼루(벼루)는 이미 설명하였듯이 15세기 문헌인
『龍歌 三13a』에 단 한 번 나오며, '벼로'는 16세기부터 19세기 문헌에서 몇 예가 보인
다. 그리고 『海東地圖』를 비롯한 군현지도에서 '벼로'를 한자로 표기한 '別路'가 보이는
데 (4)에서 벼루, 벼로, 別路의 예를 보기로 한다.

(6)
淵遷 ·쇠벼·루〈龍歌 3:13ㄴ〉
地灘 빙애 或云 벼로〈譯解 上7ㄴ〉
峭崖 벼로……懸崖 두절혼 벼로〈漢淸 1:39ㄱ〉
東俗謂 벼로길 曰 遷〈柳氏物語 5:11〉
棧道 벼로ㅅ 길〈方言類釋 2:17ㄴ〉

蹹別路〈해동지도, 함경도 삼수〉
甫俠別路〈해동지도, 함경도 삼수〉
芺別路〈해동지도, 함경도 삼수〉
九尊別路〈해동지도, 함경도 함흥〉
狂生別路〈해동지도, 함경도 갑산〉
劒銀別路〈해동지도, 함경도 삼수〉
甘長別路〈해동지도, 함경도 삼수〉
狗蹲別路〈해동지도, 경상도 삼가〉
兎別路〈청구도, 함경도 후주〉
南峽別路〈동여도, 대동여지도, 함경도 장진〉

　　15세기 문헌에 보이는 '*벼루(벼ㄹ)'를 16세기 문헌에서는 확인할 수 없으며 17세기에서 19세기까지 문헌에서는 '벼로' 또는 이를 한자로 표기한 '別路'를 확인할 수 있다. 그런데 『柳氏物語』와 『方言類釋』에서는 '벼로'가 單獨體로 나오지 않고 합성어 '벼로길' 또는 '벼로ㅅ길'로 나타남을 볼 수 있다. 근원적으로는 '벼로' 자체에 '길'이라는 뜻이 내포되어 있음에도 불구하고 속성지명이라고 할 수 있는 '길'을 '벼로' 뒤에 결합하였다. 이런 표기를 보여주는 것은 이미 그 당시에 '벼로'가 지니고 있었던 의미성분 [+路]가 상당히 퇴색되었기 때문으로 볼 수 있다. 이러한 경향은 현대 국어로도 이어져 '벼로'를 '벼랑'만으로 인식한 태도가 고어사전을 비롯한 사전류에 반영되었다.

　　고지도에서 '벼로'를 한자 '別路'로 표기한 것은 음상을 반영하면서도 그 의미까지 고려한 절묘한 표현이다. 한자 '路'를 활용함으로써 이 지명의 속성이 [+길]임을 암시하고 있기 때문이다. 근원적으로 벼로(〈*벼루(벼ㄹ))에 [+길]의 개념이 포함되어 있다는 것은 이와 대응되는 한자 '遷'과 공존하는 속지명의 검토를 통하여 확인할 수 있다. 이건식(2009b: 235)에서는 『新增東國輿地勝覽』에 '遷'이 17곳의 지명에 나타난다고 하였다. 이 중 경상도 합천의 '犬遷'과 이에 대응하는 속지명을 검토함으로써 '벼로(〈*벼루(벼ㄹ))'가 길의 개념을 포함하고 있음을 살피기로 하겠다.

(7)

『원문』 犬遷: 在郡東十三里 緣崖開棧道 上負絶璧下臨深淵 緊紆屈曲二三里許 俗傳郡之犬與草溪郡犬相通而行 因此成路[9]〈新增東國輿地勝覽 第三十卷 慶尙道 陜川郡 山川〉

『번역문』 견천(犬遷 개벽루): 군 동쪽 13리에 있다. 벼랑을 따라 잔도(棧道)를 내었는데, 위에는 절벽이고 아래에는 깊은 못이며 꼬불꼬불한 것이 2~3리쯤 된다. 항간에 전해 오는 말에, "이 고을 개가 초계군 개와 서로 통해 다녀서 길이 되었다." 한다. 〈국역 신증동국여지승람 Ⅳ218〉

---

9 『輿地圖書』 慶尙道 陜川 山川條에도 뒷 부분에 '主脈來自草溪臺巖山'이 첨가된 다음과 같은 내용이 나온다. 犬遷 在郡東十三里 緣崖開棧道 上負絶璧下臨深淵 緊紆屈曲二三里許 俗傳郡之犬與草溪郡犬相通而行 因此成路 主脈來自草溪臺巖山〈輿地圖書 下卷 0380-2~3〉

(7)은『新增東國輿地勝覽』제30권 慶尙道 陝川郡 산천조에 나오는 犬遷 관련 기사이다. 原文과 민족문화추진회(1967)에서 펴낸 국역본의 번역문을 보인 것인데 犬遷의 후부요소 '遷'은 절벽과 깊은 소가 위치한 곳의 벼랑에 낸 잔도임을 알 수 있다. 그리고 성격요소인 전부요소 '犬'은 이 고을의 개가 초계군의 개와 서로 통해 다녔기 때문에 가져다 쓴 것이다. 한자표기 지명 '犬遷'은 원초형이 아니며 고유어지명을 배경으로 형성된 2차적인 것이다. 일반적으로 한자표기 지명의 근원형은 속지명을 통하여 찾아낼 수 있는데 '犬遷'과 대응되는 고유지명어가 '개비리'임을 확인할 수 있다. 그러므로 전부요소 '犬'은 근원형 '개'가 배경이 되었으며 후부요소 '遷'은 '비리'를 바탕으로 형성된 것이다,

'遷'이 길의 일종임을 표현한 것이므로 '비리' 또한 [+길]의 개념을 포함하고 있다고 보아야 할 것이다. 그런데 (7)의 번역문에 보면 표제어 '犬遷'을 제시하면서 괄호 안에 고유어지명 '개벽루'를 적어 넣은 것이 눈길을 끈다. 번역자 이익성(교열 성락훈)이 이 부분을 번역하면서 한자표기 지명 '犬遷'에 대응되는 고유어지명 '개벽루'를 들어 주었다. 어떤 자료를 참고하였는지는 알 수 없지만 '개비리'와 함께 '개벽루'가 '犬遷'의 근원형이 되었음을 알 수 있다. 그러므로 '비리' 또는 '벽루'는 '遷'과 대응되는 것으로 [+길]의 개념을 지니고 있는 것이다.

'개비리'의 후부요소 '비리'는 발음의 편의에 따라 상당한 변화를 입은 형태로 *벼루'와 비교할 때 자음은 앞선 형태를 보존하고 있으나 모음은 모두 전설고모음으로 변화하였다. 이런 현상은 발음경제의 측면에서 볼 때 충분히 일어날 수 있는 것이므로 크게 문제 될 것은 없다. 반면에 '개벽루'의 '벽루'를 '벼루'의 강세형으로 본다면 *벼루(벼ᄅ)〉벼로〉벼루의 변천이 자연스러운 것이므로 어두음절의 말음에 'ㄱ'이 개입되었을 뿐 모음의 형태도 보존되었다. 둘째 음절의 경우 'ㆍ'의 소멸로 'ㅗ' 또는 'ㅜ'가 되었지만 '비리'에서 음절말 모음을 탈락시켜 '빌'이 된 것과 같은 음절축약 현상은 일어나지 않았다. 이는 '비리'에 비해 '벽루'가 비교적 보수적인 형태를 유지하고 있는 것으로 볼 수 있다. '개비리'는『한국땅이름큰사전』에 '개빌'로도 나오며 1931년 2월 3일자 동아일보 기사에서도 확인할 수 있는데 그 내용을 보면 (8)과 같다.

(8)

> 개빌[犬遷] [벼랑]: 경남-합천-율곡-문림- 땀띠 동쪽에 있는 벼랑, 밑에 황
> 강이 흘러서 깊은 소가 되어 있는데, 합천읍내의 개와 초계군의 개
> 가 서로 통해 다니어서 길이 되었다 함.〈한국땅이름사전 230〉
> 개빌밑 [들]: 경남-합천-율곡-문림- 개빌 밑에 있는 들.
> 〈한국땅이름사전 230〉
> 개비리[촌락] [마을] 경남-창녕-남지-고곡-아지- 영아지 남쪽에 있는 마
> 을.〈한국땅이름사전 230〉
> 犬遷道路擴張 [합천] 경남합천군(陝川)당국자의말에의하면 거창창령선(居昌
> 昌寧線), 2등도로중간에잇는 률곡면문림리견천도로(栗谷面文林里犬遷
> (개비리)道路)가 넘우협착(狹窄)하야 자동차가서로피하기에위험이
> 만흠으로 일반은그확장공사에 갈망하고잇든바 마츰내도당국으로
> 부터 창녕토목관구(昌寧土木管區)에 질정의통첩이잇슴으로공사에착
> 수키로한다고한다.〈동아일보 1931(소화6). 2. 3.자 제3628호 5면
> 11단〉

　『동국여지승람』에 나오는 '犬遷'이 '개비리' 또는 '개벽루'를 한자로 표기한 것이므로 '비리' 또는 '벽루'의 소급형인 *벼루〉벼로'는 벼랑을 따라 낸 棧道임을 알 수 있었다. [+路], [+崖]의 속성을 포괄하였던 *벼루〉벼로'의 개념이 (8)에서는 그 형태가 '비리〉빌'로 변하면서 [+崖]의 속성만을 지닌 것으로 파악된다. '犬遷道路擴張'이라는『동아일보』기사의 제목에서 보면 '犬遷' 다음에 '道路'를 덧붙여 표현하였고 그 내용 중에도 '률곡면문림리견천도로(栗谷面文林里犬遷(개비리)道路)'에서 '犬遷(개비리)道路'라는 표현이 나온다. 결국 오늘날로 오면서 원초적인 형태로 볼 수 있는 *벼루'가 음운변화를 입었음은 물론 의미변화도 있었음을 알 수 있다. *벼루(벼루)'는 본래 그 의미영역이 [+路]와 [+崖]의 개념을 포괄했었다. 그러나 (8)을 통하여 *벼루(벼루)'의 음운변화형 '비리' 또는 '빌'은 [+崖]의 개념만으로 쓰이고 있음을 확인할 수 있다. 그러나 합천군 홈페이지 합천의 전설에 실려 있는 '개비리'에 대하여 설명한 내용을 보면 '비리'가 천 길이 넘는 절벽이라고 하면서도 뒷부분의 기술에서 [+路]의 개념이 있음을 은연중에 표현하고 있

다.[10]

요컨대 ‘·쇠벼·루’의 ‘벼·루’는 *벼루’에 소급되며 *벼루〉벼로〉벼루의 변화를 입었으
며 한자 표기 지명에서는 일관되게 ‘遷’과 대응된다. *벼루〉벼로의 원초적인 의미는 [+
路]와 [+崖]의 속성도 포함하고 있었으나 『柳氏物語』의 ‘벼로길’『方言類釋』의 ‘벼로ㅅ 길’
이후 [+崖]의 개념으로 의미 영역이 축소되었다. 오늘날 ‘遷’과 대응되는 속지명의 형태
로 ‘벼루’를 비롯하여 ‘벽루’, ‘비리’ 등이 확인되는데 이 또한 [+路]의 개념보다는 [+崖]의
속성을 표현하는 것이 일반적이다.

3. 한자지명어 淵遷과 金遷

『龍歌』에서 지명을 비롯하여 고유명사를 표기함에 있어 한자만으로 표기해도 소
통에 문제가 되지 않을 때는 한글표기를 倂記하지 않았다. “漢字之難通者” 즉 한자로 써
서 통하기 어려운 것에만 한글을 병기하였는데 ‘淵遷(·쇠벼·루)’도 그 중의 하나이다. 江
原道 五臺山에서 나와 寧越, ‘加斤洞(가·큰·동)’을 거쳐 忠淸道 忠州에 이르러 ‘達川(·달:내)’와
합해진 남한강의 지점에 ‘淵遷(·쇠벼·루)’가 위치한다. 여기에 등장하는 지명 중 江原道,
五臺山, 寧越, 忠淸道, 忠州 등은 한자로만 표기해도 소통에 문제가 없어 한글표기를 병
기하지 않았다. 그런데 加斤洞, 達川, 淵遷 등은 한자로만 표기하면 가근동, 달천, 연천
등으로 읽을 수도 있으므로 실제로 불리는 명칭 ‘가·큰·동, ·달:내,·쇠벼·루’ 등을 각각 병
기한 것이다.

『龍歌』의 표기에서는 한자지명어 ‘淵遷’을 앞에 배치하고 고유지명어 ‘·쇠벼·루’를
뒤에 두었다. 이렇게 배열한 것은 이 책의 주해 부분이 한글로 표기한 것이 아니고 한
문으로 기술한 것이므로 한자어 ‘淵遷’에 대하여 순우리말 ‘·쇠벼·루’는 보조적인 역할에

---

10 합천군 홈페이지(http://www.hc.go.kr) 수려한 합천 → 합천군 소개 → 합천의 전설에 실려 있는 ‘개비리’
　　설화에 “개비리는 옛날 천길이 넘는 절벽이기 때문에 길이 없었는데 합천개와 초계개가 상교하기 위하
　　여 왔다 갔다 하면서 길을 트였기 때문에 개비리하고 한다.” 라는 기술이 있다.

불과한 것이기 때문으로 보인다. 그러나 원초적인 형태이면서 당시까지도 이 지역의
명칭은 '쇠벼·루'로 불렸던 것으로 보이며 이를 기반으로 2차적인 지명어로 볼 수 있는
한자어지명 '淵遷'이 생성된 것이다. 그런데 한자어지명 '淵遷'은 '金遷'으로도 표기되었
으며 오늘날까지도 이 지역을 포괄하는 면 명칭인 '可金面'에 '金'이 남아있다. '쇠벼·루'
를 배경으로 형성된 한자어지명 '淵遷'과 '金遷'에 대하여 살피기로 한다.

3.1. 淵遷

한자지명어 '淵遷'의 '淵'은 고유지명어 '쇠벼·루'의 '쇠'가 지닌 뜻을 충실하게 반영
하여 만들어진 2차적인 지명어이다. 한자를 빌어 우리말을 표기할 때 한자의 음을 활
용하기도 하고 새김을 활용하기도 하는데 전자를 音借라 하고 후자를 訓借라 한다. 또
한 한자가 지닌 의미를 반영하느냐 그러하지 않느냐에 따라 義字와 假字로 구분한다.
'淵遷'이 '쇠벼·루'의 한자차용표기라고 단정할 수는 없으나[11] 이런 관점에서 본다면 '
쇠'를 '淵'으로 옮긴 것은 訓借 중 義字의 원리에 속하는 것이다. 이는 원초적인 형태인
고유지명어가 지닌 의미를 충실히 반영하여 한자화한 것으로 한역지명에서도 가장 많
이 나타나는 유형이다.[12]

고유지명어의 의미를 보존하면서 한자화를 도모하는 이유는 지명어가 지닌 특징
에서 그 원인을 찾을 수 있다. 지명어는 지형을 비롯한 땅에 부여된 명칭이므로 그 명
명에 있어 지형이 지닌 특성을 반영하여 형성된 어휘이다. 명명 대상의 위치, 모양, 속
성 등을 비롯한 각각의 특징에 따라 독특한 이름을 갖게 되는 것이다. 다른 어휘에 비
해 지시물과의 유연성이 중요시되는 것이 지명어이기 때문에 한역화의 과정에서도 이
에 대한 고려가 크게 작용한 것으로 보인다. 그 결과 고유지명어가 지니고 있던 뜻을

---

11 漢字借用表記와 漢譯表記는 엄밀하게 구분되어야 하기 때문에 '쇠벼·루' → '淵遷'을 한자차용표기라고 단
정할 수는 없다. '淵遷'이 한자차용표기였다면 표기는 '淵遷'으로 하되 읽는 것은 '쇠벼·루'라 하였을 것이
다. 반면에 '淵遷'으로 표기하고 '연천'으로 읽었다면 한역표기인 것이다.

12 제13장에서 고유지명어의 漢譯化 類型에 대하여 논의한 바 있는데 音譯의 예는 매우 적으며 대부분 意譯
에 의해 漢譯化가 진행되었음을 지적한 바 있다.

표현할 수 있는 한자가 한역화의 과정에서 우선적으로 채택되는 것이다. 이런 점을 통하여 볼 때 '·쇠벼·르'의 '소'를 淵으로 표현한 것은 매우 적절한 조치로 볼 수 있다.

물이 깊은 곳을 뜻하는 '소'는 한자 '沼'에서 기원한 것이 아닌 순우리말이다. '소'는 한자 '潭·湫·淵' 등과 대응되며 淵은 '소' 중의 하나로 개방적인 공간인 내나 강에 존재한다. 폐쇄적인 공간에 깊게 괸 물을 '潭'이라 하며, 폭포수가 떨어지는 바로 밑에 있는 깊은 웅덩이를 '湫'라 한다. 내나 강의 특정 지점 중 흐르던 물이 멈추어 있는 듯 빙빙 돌며 깊게 된 곳이 '淵'이므로 달천과 합류된 남한강의 한 지점에 위치한 '·쇠벼·르'의 '소'는 淵과 대응되는 것이다. '·쇠벼·르'를 潭遷 또는 湫遷이라 하지 않고 淵遷이라 한 것은 개방적 공간에 존재하는 '소'가 '淵'이기 때문이다. 이를 통하여 고유지명어가 지닌 뜻이 정확히 한자지명어에 반영되었음을 알 수 있다.

'·쇠벼·르'에 대응되는 한자어지명 '淵遷'은『朝鮮王朝實錄』중『太祖實錄』에 1회,『世宗實錄』에 4회 출현한다.『龍歌』에 1회를 비롯하여 검색이 가능한 모든 자료에 도합 6회 출현함을 확인할 수 있다.『朝鮮王朝實錄』의 예들 중『世宗實錄』에 나오는 것은 모두 地理志 편에 들어있으며 일반 기사에 등장하는 것은 태조 4년(1395) 1월 11일(병오)의 1번째 기사뿐이다.『新增東國輿地勝覽』에서도 '淵遷'은 찾을 수 없으며『世宗實錄』에서도 地理志에만 '淵遷'으로 하였고 다른 기사에서는 모두 '金遷'이라 하였다.[13] 地理志가 아닌 일반 기사에 '淵遷'이 나오는 것은 태조 4년(1395) 1월 11일(병오) 1번째 기사가 유일하다. 그리고『世宗實錄』地理志에 나오는 것은 경기, 충청도, 강원도의 큰 강을 설명하는 대목과 충주목의 慶原倉을 소개하는 부분에 나온다.『太祖實錄』에는 '淵遷'만 1회 보이고 '金遷'이 보이지 않으므로 고유지명어 '·쇠벼·르'에 대응되는 최초의 한자지명어를 '淵遷'으로 오해할 수 있다.

『高麗史』제79권 志 제33 食貨 2 漕運에 보면 '淵遷'은 보이지 않고 '金遷'이 보인다. 관련 기사를 살펴보면 고려 건국 초기에 남방 각도의 수군(水郡; 수운이 가능한 하천 또는 바다를 끼고 있는 고을)들에 12개의 창고를 설치하였는데 忠州의 德興倉도 그 하나이다. 성종 11년에 조선(漕船; 조세 운반선)으로 서울까지 운반하는 비용의 액수를 제정하였는

13『世宗實錄』의 일반 기사에는 '金遷'만 10회나 나온다.

데 6섬의 운반비가 1섬인 곳 중의 하나가 麗水浦이다. 그런데 이곳의 명칭이 예전에는 金遷浦이며 大原郡에 있다고 하였다. 여기서 우리는 德興倉이 설치됐던 곳이 麗水浦임을 알 수 있으며, 麗水浦의 옛 이름이 金遷浦라는 것이다. '金遷浦'를 麗水浦로 바꾼 이유에 대하여는 柳馨遠의 『磻溪隨錄 卷之三 田制後錄上』漕運 條에 "州郡의 關驛江浦의 명칭이 우아하지 않은 것은 모두 고쳤다"라는 표현을 통하여 알 수 있다.[14]

『新增東國輿地勝覽』제14권 忠淸道 忠州牧 倉庫 條에 보면 可興倉만이 나오는데 조선 세조 때 경상도의 여러 고을과 충청 좌도의 田稅를 보관하기 위하여 설치한 可興倉의 옛 이름이 德興倉 또는 慶原倉이라는 설명이 나온다. 또한 이 창고가 당초에는 金遷 서쪽 언덕에 있었다고 설명하고 있다. 이상의 기록을 통하여 조선 시대 이전에 '쇠벼·르'에 대응되는 한자어지명은 '金遷'이었음을 알 수 있다. 또한 『太宗實錄』의 11개 기사를 비롯하여 세종(10회), 문종(2회), 세조(3회), 성종(9회), 연산군(2회), 중종(1회), 숙종(1회)에 이르기까지 39개의 기사에서 '金遷'을 확인할 수 있다.[15]

'淵遷'이 순우리말지명 '쇠벼·르'를 바탕으로 만들어진 한자어지명이나 그 활용은 조선의 태조와 세종대에 국한되었으며 고려와 조선에 걸쳐 광범위하게 일반적으로 통용되었던 명칭은 '金遷'이었음을 알 수 있다. 원초형이라고 할 수 있는 고유어지명 '쇠벼·르'의 '소' 또는 '쇠'를 배경으로 형성된 '淵'은 본래의 뜻에 충실하여 선택된 한자이다. 반면에 '金'은 이 한자의 새김 '쇠'가 물이 깊은 곳을 뜻하는 '소'의 속격형과 형태상으로 일치할 뿐 의미상으로는 관련이 없다. 한자차용표기에서 후자를 假字라 하고 전자를 義字라 하는데 고유지명어를 漢譯함에 있어 일반적으로 채택하는 것이 義字이다. 또한 이런 방식에 의해 생성된 한자지명어가 생명력을 지닌다. 그렇다면 '쇠벼·르'를 바탕으로 형성된 '淵遷'과 '金遷' 중 의미에 기반한 '淵遷'이 생명력을 지녀야 하나 그렇지 못했다는 것은 특이한 현상으로 보인다.

조선 초기에 문득 '淵遷'이 출현한 것은 '金遷'이 원초형 '쇠벼·르'의 뜻을 충실히 반영하여 형성된 한자지명어가 아니기 때문에 생겨난 현상으로 풀이할 수 있을 것이

---

14 高麗漕倉高麗至成宗朝。凡州郡關驛江浦之號不雅者皆改之。故並著前號以識之。

15 이들 기사에서 '金遷'을 비롯하여 金遷川, 金遷倉, 金遷站 등을 확인할 수 있다.

다. 이는 고유어를 바탕으로 한자어지명을 만들 때 가장 우선하는 것이 원초형의 의미를 충실히 반영한다는 원리에 바탕을 둔 것이다. 이런 현상이 작용하여 '淵遷'을 생성해 내기는 하였으나 그 활용은 극히 제한적이었다. 이는 '金遷'이 매우 오래 전부터 통용되었다는 점, '쇠'를 언중이 '소'의 속격형으로 인식하지 않고 단일어로 인식하였다는 점 등을 그 이유로 들 수 있을 것이다.

3.2. 金遷

달천과 남한강이 만나 비교적 큰 강을 형성하는 지점에 소가 있었고 그 위의 벼랑과 같은 언덕에 놓인 좁고 옹색한 길을 일컬어 '·쇠벼·르'라 하였다. 고유지명어 '·쇠벼·르'가 지닌 의미를 충실히 반영한 '淵遷'이 『龍歌』와 『太宗實錄』 그리고 『世宗實錄』 중 地理志에서만 제한적으로 나타남을 3.1.에서 살펴보았다. 반면에 『高麗史』, 『朝鮮王朝實錄』 등을 비롯하여 각종 지리지에서 연속적으로 검색되는 한자어지명은 '金遷'이다. 고유지명어 '·쇠벼·르'에 대응되는 한자지명어는 조선초에 한시적으로 '淵遷'이 쓰이기도 하였지만 이른 시기부터 통용되었던 것은 '金遷'임을 알 수 있다.

『高麗史』 제79권 志 제33 食貨 2 漕運 條에 나오는 기사를 통하여 大原郡 즉 충주의 德興倉이 위치한 곳이 麗水浦이며 麗水浦의 옛 이름이 金遷浦임을 확인할 수 있다. 『高麗史』가 조선 초기에 완성된 역사서이지만 고려시기의 역사적 사실을 기술한 것이므로 '·쇠벼·르'를 '金遷'이라 하였음은 의심할 필요가 없어 보인다. 『朝鮮王朝實錄』에서 '金遷'은 태종 11년(1411) 9월 15일 2번째 기사[16]에 처음 등장한다. 이 기사는 "경상도의 租를 조운하기 위해 충주 금천에 창고를 짓도록 하다"는 것이다. 金遷倉으로 명명된 이 창고는 태종 11년(1411) 11월 8일 2번째 기사를 통하여 2백여 간 규모로 지어졌음

---

16 ○命營倉庫於忠州金遷。議政府上言: "國家畜積有餘, 倉廩狹隘, 請於忠州水邊作庫, 納慶尙之租, 如有緩急, 則漕轉甚便." 從之.(충주(忠州)·금천(金遷)에 창고를 지으라고 명하였다. 의정부(議政府)에서 상언하였다. "국가의 축적(蓄積)은 남고 창고는 좁으니, 청컨대, 충주 물가에 창고를 지어 경상도의 조(租)를 수납하게 하소서. 만일 급한 일이 있으면 조운(漕運)하기가 아주 편리할 것입니다." 임금이 그대로 따랐다)

을 알 수 있다. 한양으로 漕運이 편리한 장소인 금천에 지어진 金遷倉에서는 충청 좌도는 물론 경상도 全地域의 租稅를 수납하였다. 조선시대는 오늘날과는 달리 漕運이 운송의 중요 수단이었으므로 이와 관련하여 39번이나 '金遷'이 검색된다.[17] '金遷'을 비롯하여 金遷江, 金遷倉, 金遷站 등도 검색되는데 巨濟縣과 南海縣 등 경상도 지역에서 매우 먼 거리에 있는 충주까지 수송하는 폐단을 없애달라는 내용에도 이 지명이 등장한다. 또한 金遷倉의 收稅差使員이 綿布, 종이 등을 濫徵, 사사로이 스스로 盜用한 것과 관련된 기사도 있다.

『新增東國輿地勝覽』에도 '淵遷'은 보이지 않으며 '金遷'만 6회 나타난다. 제14권 忠淸道 忠州牧에 "金遷은 주 서쪽 10리에 있는데, 바로 북진(北津)의 하류이다."를 비롯하여 忠淸道 淸風郡, 丹陽郡, 永春縣, 報恩縣 그리고 江原道 原州牧 편에도 나온다. 달천과 합해져 비교적 큰 강을 이루는 이 지점은 지리적인 측면에서는 물론 사회경제적인 관점에서도 빼놓을 수 없는 곳이므로 후대의 지리지에 빠짐없이 등재되었다. 또한 漕運의 거점이 되면서 金遷倉, 金遷站, 金遷江와 더불어 '金遷'이라는 지명이 널리 알려졌음은 물론 활용도도 비교적 높은 명칭이었을 것으로 보인다.

위에서 살펴 본 사실을 바탕으로 고유지명어 '쇠벼·ㄹ'와 대응되는 최초의 한자 지명어는 '金遷'이었음을 알 수 있다. 다만 조선초에 '쇠벼·ㄹ'의 의미에 충실한 '淵遷'이 등장하기도 하였으나 그 활용이 적극적이지 못했던 것으로 보이며 세종 이후 소멸된 것으로 보인다. 고유지명어가 지닌 의미를 충실히 반영한 '淵遷'이 한시적, 소극적인 쓰임에 머문 것은 競爭語라고 할 수 있는 '金遷'의 지위가 튼튼했기 때문일 것이다. '金遷'을 비롯하여 이 단어를 구성요소로 한 어휘군인 金遷江, 金遷倉, 金遷站, 金遷津 등의 어휘가 '淵遷'을 용납하지 않은 것으로 보인다.

고지도에서도 '金遷'만을 볼 수 있는데 숙종8년(1682년)에 제작된 것으로 보이는 지도책 『東輿備攷』에서 2개의 예를 확인할 수 있다. 高麗嶺南嶺東山南等道合爲慶尙道圖(今 慶尙道全圖)라는 도엽에 보면 達川의 '月落灘' 하류와 남한강이 '北津' 아래에서 합류

---

17 '金遷'으로 검색되는 41개의 기사 중 『世祖實錄』 1개(인명)와 『正祖實錄』 1개(송도 부근의 다른 지역 지명)는 이와 무관한 기사이다.

되는 지점에 '金迁'[18]을 적어놓았다. 또한 이 지도책의 忠清道 鳥竹領以北諸州郡圖에서도 동일지점에서 '金迁'을 확인할 수 있다. 그리고 편찬 당시(19세기 후반)까지의 고지도를 집대성한 『大東輿地圖』의 동일지점에서도 '金迁'을 확인할 수 있다.

『新增東國輿地勝覽』이 간행된 후 270여 년이 지난 뒤 1757년(영조 33)부터 1765년(영조 41) 사이에 각 읍에서 편찬한 邑誌를 모아 책으로 엮은 것이 『輿地圖書』이다. 이 책은 『新增東國輿地勝覽』을 바탕으로 그동안 달라진 내용을 싣기 위해서 편찬되었는데 여기서도 '淵遷'은 확인할 수 없으며 '金遷'만이 등장한다. 이 책에서 忠清道 忠原의 坊里 條에 金遷面을 비롯하여 山川 條에 金遷津, 金遷江, 金遷下流, 人物 條에 金遷里, 壇廟 條에 金遷面 등이 등장한다. 여기서 우리는 '金遷'이 자연지명어로 쓰였음은 물론 행정지명의 일종인 坊里名과 面名으로 쓰였음을 알 수 있다.

특히 坊里 條의 기사를 통하여 금천면에는 上洞里와 下洞里가 있었으며 인구는 2,910명이고 家口數는 422호였음을 알 수 있다.[19] 上洞과 下洞으로만 나누어진 金遷面의 坊里名은 1871년(고종8년)에 간행된 것으로 보이는 『湖西邑誌』에서도 확인할 수 있다. 그런데 1898년에 작성된 것으로 보이는 『忠州郡邑誌』를 보면 金遷面 산하에 倉洞, 樓巖, 光大, 仁潭, 塔坪, 盤川, 葛洞, 七谷 등이 있다고 기술하였다. 이는 1895년에 설치된 충주군의 금천면 동리 현황을 기술한 것이다. 金遷面은 1914년 행정구역 통폐합 이전까지 독자적인 행정구역으로 유지되었는데 1912년에 간행된 『舊韓國地方行政區域名稱一覽』에는 23개의 리가 있음을 기술하였다.[20]

행정구역 명칭으로 사용되던 '金遷'이 사라진 것은 1914년 4월 1일 행정구역 폐합으로 可興面과 金遷面을 통합하여 충주군 可金面으로 개편하면서부터이다. 可金面의 '金'에 '金遷'의 일부가 남아있지만 온전한 형태는 훼손된 것이다. 可金面은 현재 8개

---

18 '迁'은 '遷'의 약체자이며 고지도에서는 주로 이 글자를 사용하였다.

19 西金遷面 上洞里自官門西距十里編戶二百六十二戶男八百三十六口女九百二十八口○下洞里自官門西距十五里編戶一百六十戶男四百九十五口女六百五十一口合編戶四百二十二戶男一千三百三十一口女一千五百七十九口〈輿地圖書 忠清道 忠原 坊里』

20 23개의 里名은 구만리, 갈마동, 금정리, 창동, 미노리, 노대리, 조리, 칠곡리, 두련리, 신촌, 행정리, 탑정리, 탑평리, 반천리, 율목리, 내리, 입석리, 하구암리, 상구암리, 점촌, 신평리, 갈동, 법현리 등이다.

리로 편성되어 있으며 이 중 하구암리, 용전리, 탑평리, 창동리 등 4개 리가 금천면 지역이었다. 현용 행정구역명칭인 중앙탑면 이전에 사용했던 '可金面'에 '金遷'의 명칭이 일부 잔존하여 있을 뿐 이 지역의 자연지명에서도 완전한 형태의 '金遷'은 찾을 수 없다. 다만 가금면 관내의 업소명으로 520번 지방도변 용전리에 금천주유소가 있는데 여기에서 '金遷'이 명맥을 유지하고 있다.[21]

4. 結論

'쇠벼·ㄹ'가 위치한 지역은 충주 시내를 휘감아 흐르는 남한강과 달천이 합류하여 북서쪽 여주 방면으로 꺾여 흘러 나가는 물길의 길목이다. 한강 유역으로 통하는 주변의 육로까지 효과적으로 통제할 수 있는 지역이며 낙동강 유역을 연결하는 남북 교통의 요충지이다. 이러한 지정학적 환경으로 인하여 삼국시대에는 이 지역을 두고 치열한 각축이 벌어졌다.[22] 고려시대 이후 漕運을 위하여 金遷倉이 설치되었던 이 지역은 육로를 통한 물류운반이 일반화되기 이전인 근대까지 지리적 좌표와 같은 역할을 했던 곳이다.

고유지명어 '쇠벼·ㄹ'는 樓巖里의 다락바위를 중심으로 남한강을 따라 상류 쪽 즉 남쪽 방향으로는 달천과 합해지는 부근까지 그리고 북쪽 방향인 하류 쪽으로는 현재의 신촌마을 전까지 놓여있던 물 언덕 돌길로 보인다. 험하고 옹색했던 이 길은 확장되고 포장되어 오늘날 520번 지방도의 한 구간으로 옛 자취가 대부분 사라져 버렸다. 하지만 전부요소 '쇠' 그리고 '金'이라는 명칭과 함께 부분적으로 그 흔적이 남아 있다.

---

21 금천주유소 경영인 백선숙씨(45세)에 따르면 이 주유소는 1990년 개업당시 작고한 조부 백하현 옹이 '금천'이라 명명하였다고 한다. 이 지역은 白氏의 集姓村이며 世居地였기에 옛 지명에 밝은 故人이 이를 근거로 명명하였으나 오늘날 그 명칭의 유래를 아는 사람은 흔하지 않다고 한다.

22 고대 삼국의 치열한 각축장이었던 이 지역 일대에는 중원탑평리칠층석탑을 비롯하여, 중원고구려비, 누암리와 하구암리의 고분군, 장미산성, 봉황리 마애불상군, 탄금대 등 많은 문화유적이 분포되어 있다.

'·쇠벼·루'는 전부요소 '·쇠'와 후부요소 '벼·루'로 분석되며 '·쇠'는 물이 깊은 곳을 뜻하는 '·소'에 속격 '-ㅣ'가 결합된 형태로 보인다. 후부요소 '벼·루'는 *벼루에 소급되며 물 언덕 돌길을 뜻한다. 그러므로 '·쇠벼·루'는 물이 깊게 고인 소를 따라 벼랑 위에 놓인 험하고 옹색한 길 정도로 그 의미를 추정할 수 있다. 전부요소 '·쇠'의 '·소'는 한자 '沼'에서 온 것이 아니고 潭·湫·淵과 대응되는 순우리말이다. '·소'는 곡용시 'ㅎ'이 添入되는 체언으로 그 성조는 거성이나 한자 '沼'는 성조가 상성이고 모음이 이중모음인 ':쇼'를 한자음으로 삼았기 때문이다.

후부유소 '벼·루'는 *벼루에 소급되는 것으로 *벼루〉벼로〉벼루의 변화를 입었으며 한자 표기 지명에서는 일관되게 '遷'과 대응된다. '벼·루(*벼루)'의 원초적인 의미는 [+路]와 [+崖]의 속성도 포함하고 있었으나 '벼로〉벼루'로 형태의 변화를 입으면서 의미 영역 또한 [+崖]만을 뜻하는 것으로 그 개념이 축소되었다. 오늘날 '遷'과 대응되는 속지명의 형태로 '벼루'를 비롯하여 '벽루', '비리' 등이 확인되는데 이 또한 [+路]의 개념보다는 [+崖]의 속성을 표현하는 것이 일반적이다.

고유지명어 '·쇠벼·루'를 배경으로 만들어진 한자지명어로 '淵遷'과 '金遷'이 있다. '淵遷'의 '淵'은 원초형인 고유지명어가 지닌 의미를 충실히 반영하여 선택된 한자이다. 반면에 '金遷'의 '金'은 한자차용표기의 원리에서 보면 假字에 속하는 것이다. 원초형인 고유지명어의 의미를 충실히 반영한 '淵遷'은『龍歌』와『太宗實錄』그리고『世宗實錄』중 地理志에서만 제한적으로 나타난다. 반면에 '金遷'은『高麗史』를 비롯하여『朝鮮王朝實錄』, 각종『地理志』,『古地圖』등에 연속적으로 등장한다.

다른 어휘와는 달리 地名은 대상물의 특성을 반영하여 명명된 것이기 때문에 고유지명어를 배경으로 2차적인 형태인 한역지명을 생성할 때도 원초적인 의미에 충실한 것이 일반적이다. '·쇠벼·루'를 바탕으로 형성된 초기의 한자지명어 '金遷'은 이러한 원리와 거리가 멀었기 때문에 '淵遷'이 생겨난 것으로 보인다. 그러나 이미 '金遷'이 확장된 형태인 金遷江, 金遷倉, 金遷站, 金遷津 등으로 일반화되어 쓰였기 때문에 '淵遷'은 한시적으로 쓰이다 소멸한 것으로 보인다.

고유지명어 '·쇠벼·루'는『龍歌』에서만 볼 수 있을 뿐 후대의 어떤 문헌에서도 찾을 수 없다. 반면에 '·쇠벼·루'를 바탕으로 형성된 '金遷'은 자연지명은 물론 행정지명으로

도 확대되어 오랜 기간 사용되었다. 오늘날 이 지역에서 확인되는 '·쇠볘·루' 관련 지명
으로 자연지명 쇠꼬지, 쇠여울, 소일 등이 있다. 그리고 한자지명어 '金遷'과 관련된 것
으로 행정구역명인 '可金面'이 있으며 업소명으로 '金遷注油所'가 있다.

제18장

고유어 '소'와 대응되는 한자 '潭·湫·淵'

1. 序論

"강이나 바다의 바닥이 얕거나 폭이 좁아 물살이 세게 흐르는 곳"을 뜻하는 '여울'이라는 단어는 순우리말이다. 또한 意味上 이 단어와 부분적으로 대립관계에 있는 단어 '소' 또한 고유어이다. 일반적으로 국어 어휘 체계에서 고유어와 한자어는 一對多 대응관계를 형성하고 있는데 '소' 또한 潭·湫·淵 등과 대응된다. 이는 순우리말 '소'의 의미영역이 넓어 潭·湫·淵의 그것을 모두 포괄하나 한자 潭·湫·淵은 각각 독특하고 구체적인 의미영역을 지니고 있음을 뜻하는 것이다. 우리는 潭·湫·淵을 포괄하는 개념을 지닌 '소'를 유개념어 또는 상위어라고 한다. 반면에 潭·湫·淵을 종개념어 또는 하위어라고 한다.

언어가 지시하는 대상 즉 지시물은 다양한 모습으로 존재한다. 그러므로 우리의 언어세계는 각각의 사실세계를 명확하게 표현하지 못하는 경우가 허다하다. '소'의 경우도 그것이 존재하는 양상에 따라 다양한 모습을 띠고 있다. 사람들의 지문이 각각 다르듯 똑같은 모습으로 존재하는 '소'는 지구상에 단 한 쌍도 없을 것이다. 그렇지만 우리는 물이 깊은 곳을 일컬어 '소'라 한다. 그런데 '소' 중에는 한자 潭에 해당하는 것도 있고 湫 또는 淵으로 분류되는 것이 있다. 물론 潭을 비롯한 湫와 淵도 여러 가지 하위 유형으로 나눌 수 있을 것이나 그 대상을 가리키는 어휘는 분화되지 않았다.

여기서는 [+물이 깊은 곳]이라는 의미자질을 갖고 있는 '소'에 대응하는 한자 "潭·湫·淵"을 탐구하여 어떤 특징을 가진 '소'를 각각 潭, 湫 또는 淵이라 하는지 알아보고자 한다. 이를 통하여 '소'의 의미영역을 구체화함은 물론 유개념어 '소'와 종개념어 '潭·湫·淵'의 관계를 분명히 하고자 한다. 이러한 연구는 국어사전 편찬에 있어서 각각의 표제어에 대한 풀이 항목 설정에 이론적 기초를 제공하게 될 것이며, 지명어의 후부요소 분류에 있어서도 참고가 될 것으로 기대한다. 또한 보다 분명하고 정확한 어휘 사용의 지침을 마련하는 데에도 도움을 줄 것이다.

한자학습서와 한자자전에서 새김을 '소'로 삼은 한자와 언해문에서 '소'로 대역된 한자는 '潭·湫·淵'이다. '소'의 하위어 '潭'을 비롯하여 '湫'와 '淵'의 의미를 구체적으로 파악하기 위하여 역대문헌에 보이는 용례를 최대한 수집, 검토하게 될 것이다. 또한 중국의 한자 字典에서 이들 한자에 대해 어떻게 풀이하였는지 살핌으로써 이들 한자가 지닌 본래의 의미를 파악하고 후대로 오면서 의미를 확장해가는 양상도 살피게 될 것이다.

2. '소'와 '潭'

2.1. '소'가 '潭'의 새김이나 대역어로 쓰인 경우

순우리말 '소'에 대응되는 한자 중 하나인 '潭'이 우리나라에서 간행된 한자학습서를 비롯한 자전류에 나타나는 예를 보이면 다음과 같다. 이들 예는 독립적으로 제시된 표제 한자 潭에 대한 우리말 새김으로 자석에 속하는 것들로 볼 수 있는 부류이다. 전후 문맥의 고려 없이 潭에 대한 의미를 객관적으로 표현한 우리말이 어떤 것인지 알게 될 것이다.

(1) 潭
[땀]深水曰~ 今俗語 龍~ 룡의 소〈四解 下76ㄱ〉

·소담 水深處爲~〈訓蒙比叡 上3ㄱ〉〈訓蒙東大·尊經·東國 上5ㄴ〉

소담〈倭解 上9ㄱ〉

[담]水深處(覃)〈全玉 上63ㄱ〉

몯담 深水又武陵水〈字類 上17ㄱ〉

소담〈兒學 上4ㄱ〉

못담〈國漢文新玉篇 1〉

[담]深水소담〈釋要 上83ㄱ〉

[담]水深處소。소질 ○深也깁흘(깊을)[漢書] 潭思渾天 ○武陵水名(覃)

〈新字典 2:54ㄴ〉

못담〈初學要選 6〉

[一] 담 覃 [平]【廣韻】徒含切 tán ①깊은 못, 심연(深淵). ②깊다. ③의성어. ④담타(潭沲). ⑤물이름. ⑥주(州)이름. ⑦성(姓). [二] 심 侵 [平]【集韻】徐心切 xún 물가, 또는 물가의 깊은 곳. 潯과 같다. [三] 임 寢 [上]【廣韻】以荏切 yǐn 물이 출렁이는 모양. [四] 담 勘 [去]【集韻】徒紺切 물을 치는 소리.

〈漢韓大辭典 8:870-871〉

'潭'의 한자음은 [담]을 비롯하여 [심], [임]도 있음을 알 수 있다. 이는 중국의 운서에 기초한 것이며『新字典』이전까지 우리나라의 한자학습서와 자전에는 [담]만이 보인다. [담]을 음으로 한 한자 '潭'이 뜻하는 바는 '水深處' 또는 '深水'로 풀이하였다. 최근에 간행된『漢韓大辭典』과『新字典』을 제외하고는 하나의 풀이항이 제시되어 있는데 '소'와 '몯/못'을 새김으로 제시하였다. 비교적 이른 시기의 문헌에서 '소'를 새김으로 삼았으나『漢韓大辭典』에서는 첫 번째 풀이항에서 "깊은 못, 심연(深淵)"을 제시하고 있다. 후대에 오면서 '潭'의 새김에서 '못'이 우세함을 알 수 있다.

'못'에 대한『표준국어대사전』의 풀이를 보면 "넓고 오목하게 팬 땅에 물이 괴어 있는 곳. 늪보다 작다."로 나온다. 이는 '내'나 '강'이 [+흐르는 물]로 형성된 것이라면 '못'은 [+괸 물]을 특징으로 함을 알 수 있다. 이를 통하여 '소' 중에서 '潭'에 속하는 것의 특징 중 하나로 [+괸 물]의 意味資質을 갖고 있는 것으로 추정한다. 이러한 추정이 가능한 것은 한라산 정상에 깊게 괸 물을 '백록담'이라 하는데, 깊은 물이 火口壁에 둘러싸인 것을 '淵'이나 '湫'라고 하지 않고 '潭'이라 하기 때문이다. 그렇다고 '潭'이 반드시 폐쇄적인 공간에 물이 깊게 괸 것만을 뜻하는 것은 아니다. 선녀와 나무꾼의 설화가 얽혀 있다는 금강산의 '上八潭'은 물이 위에서 아래로 흐르는 계곡에 위치하므로 폐쇄적인 공간이라고 할 수는 없다. 그러나 만약 위쪽에서 물이 보충되지 않으면 둑 안에 물이 갇히게 되어 폐쇄성을 확보하게 된다. 그러므로 '潭'은 상황에 따라 개방성을 지니는 경우도 있지만 폐쇄성이 확보될 수 있는 경우에 사용됨을 특징으로 한다.

필자는 독립된 하나의 한자에 대하여 그 의미를 표현한 우리말 단어나 구를 字釋이라 하여 문석과 구분하고 있다. 文釋은 한문을 우리말로 번역한 문장을 언해문이라고 할 때 원문 즉 한문의 특정 한자에 대응되는 언해문 속의 우리말 단어나 구를 뜻하는 개념이다. 문맥을 반영한 '潭'의 문석 즉 원문에 쓰인 '潭'이 언해문에서 어떻게 나타나는지 보기로 한다.

> (2)
> 훈쁴 비타 혼 기픈 소해 다드라(一時乘船得至一深潭)〈觀音經 12ㄴ〉
> 기픈 소ᄋ의 안잣더니(坐深潭邊)〈東新烈 3:72ㄴ〉
> 두 ᄌ식을 안고 기픈 소히 싸뎌 주그니라(抱兩兒投深潭而死)〈東新烈 5:6ㄴ〉
> 기픈 소히 다드라 스스로 싸뎌 주그니라(至深潭自投而死)〈東新烈 6:25ㄴ〉
> 두 사름이 눈을 떠 혼 번 보니 깁흔 소히 업고(二人開眼 沒有深潭)
> 〈孫龐演義 3:115〉
> 이째 셩밧 삼십니 조운을 통ᄒᆞ는 곳의 혼 낫 소히 이셔(彼時離城三十里通漕運
> 處 地名碧油潭)〈包公演義 金鯉 6:2〉
> 이날 밤의 또 변ᄒᆞ야 녀지 되여 소흐로 나와(那夕正脫形出潭)
> 〈包公演義 金鯉 6:3〉
> 비취여 어둡디 아니ᄒᆞ니 고기 못 ᄉ랑ᄒᆞ논 ᄠᅳ디 이시며(照而匪昏 魚有慕潭之情)
> 〈永 上64ㄴ〉
> 고기 자블 사ᄅᆞ미 그므른 몰곤 못 아래 모댯고(漁人網集澄潭下)〈杜初 7:3ㄱ〉

검색이 가능한 역대 문헌에서 찾을 수 있는 예문은 (2)에 제시된 9개이다. 이 중 7개의 예문에서는 원문의 한자 '潭'이 '소'로 언해되었으며 2개의 경우 '못'으로 대역되었음을 알 수 있다. 앞에서 살펴본 자석의 경우와 같이 문석의 경우도 '소'와 '못'이 나타나나 '소'가 우세함을 알 수 있다.

'潭'의 새김이 자석은 물론 문석에서 '소'와 '못'으로 나타남은 이 두 단어가 의미상 유의관계에 있음을 뜻하는 것이다. 『增修無寃錄諺解』卷之三 2ㄴ과 3ㄱ에 江河와 陂潭과 池塘이 나오는데 '陂潭'에 대하여 "陂논 웅더리오, 潭은 소히라"라는 夾註를 달아놓았다. 江河와 池塘 사이에 존재하는 것이 '陂潭'임을 알 수 있는데 3ㄱ의 뒤쪽에 보면 '河'와 '池'에 대하여 "흘너 가는 거슬 河ㅣ라 ㅎ고 흘너 가지 못ㅎ는 거슬 池라 ㅎᄂ니라"라고 풀이하였다.[1] 그러므로 '江河'는 흘러가는 물로 이루어진 것이고 '池塘'은 흘러가지 않는 물 즉, 괸 물로 형성된 것이다. 이는 '江河'가 자연적으로 형성된 것임에 반하여 '池塘'은 인공적으로 형성된 것임을 알게 해준다.

'江河'와 '池塘' 사이에 '陂潭'을 배열한 것을 보면 흐르는 물과 괸 물 모두에 '陂潭'이 존재함을 뜻하는 것이다. 이 문헌에 보이는 '陂'의 협주가 '웅더리' 즉 '웅덩이'고 '潭'은 '소ㅎ'이므로 이 두 단어는 [+깊다]라는 意味資質을 공유하고 있음을 알 수 있다. 깊이가 깊은 물로 형성된 것이 '陂'와 '潭'이므로 '陂潭'은 類意結合에 의해 형성된 단어로 보아야 할 것이다. 그런데 웅덩이는 일반적으로 [+개방성]보다는 [+폐쇄성]을 지니고 있는 속성이 있으므로 '潭' 또한 '소' 중에서 [+폐쇄성]을 지닌 부류에 속하는 것으로 보아야 할 것이다.

---

1 『增修無寃錄諺解』卷之三의 앞 부분에 나오는 관련 예문을 제시하면 다음과 같다.

물에 ᄲᅡ뎌 죽은 거시라 물 깁희 八尺 以上이면 실로 이 生前에 ᄲᅡ뎌 죽은 거시니라 初春과 雪寒은 數日이 디나사 보야ᄒᆞ로 ᄯᅳ느니 春末과 夏初로 다못 굿디 아니ᄒᆞ니라 만일 江河와 陂潭과 [note] 陂논 웅더리오 潭은 소히라 [/note] 池塘 즈음에 이셔 ᄲᅥ 四至롤 자히기 어렵거든 다만 屍 어니 곳에 ᄶᅥ 이셔심을 보고 만일 ᄯᅳ디 못ᄒᆞ야 건뎌 보야ᄒᆞ로 나왓거든 聲說ᄒᆞ디 어니 곳에서 건뎌 屍롤 보앗다 ᄒᆞ라 池塘이나 或 坎 [note] 坎은 陂에셔 져근 거시라 [/note] 井 물 잇는 곳 可히 ᄲᅥ 致命홀 者는 모롬이 淺深의 丈尺을 자혀 보고 만일 坎井이어든 四至롤 자히라 믈읫 河와 池에 [note] 흘너 가는 거슬 河ㅣ라 ᄒᆞ고 흘너 가지 못ᄒᆞ는 거슬 池라 ᄒᆞᄂ니라 [/note] ᄲᅡ딘 거슬 檢驗홀 째에 몬져 元申人ᄃᆞ려 무로ᄃᆡ 어ᄂ 째예 屍 물 속의 이심을 보아시며 볼 째예 [note] 처엄 볼 째라 [/note] 믄득 다만 이 터히 잇던가.

2.2. 중국의 한자 자전에서의 '潭'

『說文解字注』十一編 上一30에 '潭'에 대하여 "水。出武陵鐔成玉山,東入鬱林。从水覃聲。"이라 하였다. 이는 특정한 지역 즉 武陵鐔成玉山의 물로 동쪽 鬱林으로 들어 들어가는 것을 '潭'이라 하였음을 알 수 있다. 이른 시기에 단순한 의미를 지녔던 한자가 후대에 오면서 다양한 의미로 발전하게 되고 경우에 따라서는 한자음이 분기되기도 하는데『康熙字典』의 내용이 이를 잘 반영하고 있다. 아래의 (3)은 http://tool.httpcn.com에서 가져온『康熙字典』의 해석이다.

(3) 潭
【巳集上】【水字部】潭; 康熙笔画:16; 页码:页650第13(点击查看原图)
【唐韻】【正韻】徒含切【集韻】【韻會】徒南切,丛音覃。水名。【說文】水出武陵鐔成玉山。又深也。【前漢·揚雄傳】潭思渾天。又州名。【廣輿記】長沙府,隋唐曰潭州。又【集韻】【正韻】丛徐心切,音尋。旁深也。與潯同。【揚雄·解嘲】或橫江潭而漁。又【集韻】【正韻】丛夷針切,音淫。浸潭,與浸淫同。【司馬相如·上林賦】浸潭促節。【漢書】作浸淫。又【廣韻】【集韻】丛以荏切,音栖。潭灤,水動搖貌。或作薄藫。又【集韻】忍甚切,音荏。義同。
考證:【說文】水出武陵潭成玉山。)謹照原文潭改鐔。
◎ 英文翻译 deep pool, lake; deep, profound

(3)에서 보인『康熙字典』의 내용을 보면 '潭'의 한자음이 徒含切이나 徒南切 또는 徐心切 그리고 夷針切, 以荏切, 忍甚切 등으로 표기되었음을 알 수 있으며 이는 오늘날 [tán]과 [xún]그리고 [yǐn]의 근원이기도 하다. 의미 또한 [tán]을 음으로 삼을 경우 '물이름[水名]'에서 '깊다[深也]'로 발전하였고, [xún]이라 할 경우 '물가[水邊]', 그리고 [yǐn]을 음으로 삼을 경우에는 '물이 출렁이는 모양[水動搖貌]'을 뜻하게 되었다.

商務印書館 編輯部編에서 1915년에 초판을 낸 후 1981년에 간행한 수정판『辭源』1882쪽에서는 표제한자 '潭'에 대하여 ①水深之處, ②深邃 ③浸潭 ④水邊 등으로 풀이하였다. 이상의 검토를 통하여 이른 시기에 '潭'은 특정 지역의 '물이름'을 뜻하는 것이었으나 오늘날로 오면서 '水深之處' 즉 '물이 깊은 곳'을 일차적인 의미로 삼게 되었음

을 알 수 있다.

3. '소'와 '湫'

3.1. '소'가 '湫'의 새김이나 대역어로 쓰인 경우

'소'에 대응되는 한자 중 우리나라에서 고래로 상용성이 가장 낮은 글자가 '湫'인 것으로 보인다. '淵'은 現用 漢文敎育用 基礎漢字 1,800자에 속하지 않은 글자이나 한자 입문서인 『千字文』을 비롯하여 『新增類合』 그리고 『訓蒙字會』에 모두 실려 있다. 그리고 '潭'은 한문교육용 기초한자 중 고등학교용으로 선정된 글자이며, (1)에서 확인할 수 있듯이 『訓蒙字會』에만 나온다. 이를 통하여 보면 '淵'은 중·근세국어 시기에, '潭'은 현대국어 시기에 상대적으로 상용성이 높은 글자로 추정할 수 있다. 오늘날 한문교육용 기초한자에도 속하지 않으며 『千字文』이나 『新增類合』에도 올라있지 않아 비교적 상용성이 낮은 글자로 볼 수 있는 '湫'의 자석을 보여주는 예를 (4)에서 보기로 하자.

(4) 湫
[질]水名又北人呼~泉龍所居〈四聲通解 下68ㄴ〉
·소츄龍所居〈訓蒙比叡 上3ㄱ〉〈訓蒙東大·尊經·東國 上5ㄴ〉
[쵸]隘河(篠) [츄]池也懸爆龍~悲愁~涼貌(尤)〈全玉 上61ㄱ〉
룡쇼츄懸爆龍下〈字類 上17ㄴ〉
[츄]懸爆龍~又隘龍~룡추추涼意ㅇ스스할추涼意(尤)〈釋要 上80ㄴ〉
[츄]水池늡。소ㅇ龍~瀑也폭포슈ㅇ~~憂愁狀짜불일ㅇ涼貌서늘할[高唐賦]~
兮如風(尤) [쵸]隘下 웅덩이(篠)〈新字 二51ㄱ〉
쇼츄 좁을쵸〈國漢文新玉篇 1〉
[一] 초 篠 [上]【廣韻】子了切 [劋] jiǎo ①낮다. 지대가 낮다. 저습하다. ②구부러진 모양. ③춘추시대 초(楚)나라의 땅이름. ④ 호북성(湖北省) 종상현(種祥縣)의 북쪽에 있었다. [二] 추 尤 [平]【廣韻】卽由切 [啾] jiū ①맑고 고요하다. 청정(淸靜)하다. ②서늘한 모양. ③다하다. 끝나다. ④강이름. ⑤호수이

름. [三] 추 尤 [平]【廣韻】七由切 qiū ①동굴. ②깊은 못. ③모이다. 엉겨서
뭉치다. ④근심하다. ⑤물이름. ⑥성. [四] 초 有 [上]【廣韻】在九切 [愀] jiù
①도랑. 배수로. [五] 초 宵 [平]【集韻】玆消切 [焦] jiāo ①땅이름에 쓰인 글
자〈漢韓大辭典 8:686〉

　‘湫’의 한자음은 [츄〉추]와 [쵸〉초]가 있음을 알 수 있으며 『四聲通解』의 [질]는
그 근원을 알기 어렵다. 이 중 ‘소’를 뜻하는 ‘湫’의 한자음은 [츄〉추]임을 알 수 있으
며, [쵸〉초]를 음으로 삼을 때는 웅덩이나 도랑 또는 땅이름에 쓰이는 경우이다. ‘소’
를 자석으로 삼은 예를 『訓蒙字會』, 『新字典』 그리고 『國漢文新玉篇』에서 볼 수 있으며
『字類註釋』에서 ‘룡쇼’, 『字典釋要』에서 ‘룡추’를 발견할 수 있다. 더불어 『新字典』에서 ‘폭
포슈’를 발견할 수 있다.

　전통적인 한자학습서와 자전에서 한결같이 ‘소’나 ‘룡쇼’ 또는 ‘룡추/龍湫’를 새김
으로 삼고 있음을 알 수 있다. 그런데 최근에 간행된 『漢韓大辭典』의 풀이항에서는 ‘소’
나 ‘용소’가 보이지 않는다. ‘湫’를 풀이함에 있어 [三] ②에서 ‘깊은 못’이라 했는데 이 항
목이 ‘소’와 관련이 있는 것으로 볼 수 있다. 전통적인 한자학습서와 자전류에서 볼 수
있었던 것과는 많이 달라진 모습을 확인할 수 있다.

　풀이항의 한자어 주석에서 龍所居, 龍湫, 懸瀑龍下, 龍湫瀑也 등이 ‘湫’와 관련하
여 등장함을 알 수 있는데 우리나라 地名에 광범위하게 분포하는 ‘용추’ 또는 ‘용추폭
포’와 무관하지 않은 것으로 보인다. 조선시대전자문화지도(http://www.atlaskorea.org/
historymap) 지명편에서 全國 各處 121곳에 ‘龍湫’가 있음을 확인할 수 있다. 또한 ‘용추
폭포’가 10곳에 있음을 확인할 수 있으며 용추벌골, 용추동, 용추제, 용추산성, 용추사,
용추봉, 용추정, 용추곡…… 등과 같은 확장된 형태의 지명이 있음을 확인할 수 있다.

　地理志類의 歷史文獻에서도 ‘龍湫’를 확인할 수 있는데 『東國輿地勝覽』에 平安道 寧
邊大都護府 서문 밖에 ‘龍湫’가 있음을 비롯하여 全羅道 興德縣 半登山과 慶尙道 聞慶縣
새재[草岾] 밑의 桐華院 서북쪽 1리에도 있음을 기록하였다. 또한 『輿地圖書』에서도 지
명 ‘龍湫’는 忠淸道 淸風府를 비롯하여 11곳에 있음을 확인할 수 있다. 특히 擴張形으로
볼 수 있는 천살곳용추(天沙乙串龍湫)가 全羅道 光陽縣 黃龍寺 북쪽 10리 業窟峯 아래에

있음을 확인할 수 있다. 또한 佛宇名으로 慶尙道 安義縣 長水寺 위에 '龍湫菴'이 있음도 확인할 수 있다.

조선시대전자문화지도 지명편에서 '추'를 포함하고 있는 지명은 232개이다. 이 중 '龍'을 전부요소로 하고 '湫'를 후부요소로 삼은 '龍湫'가 절반이 넘는 121개이다. 그리고 '용추'의 확장형을 두 가지 유형으로 분류할 수 있는데 [용추+X]형과 [X+용추]형이 그것이다. [용추+X]형은 용추제, 용추산성, 용추사, 용추봉, 용추정, 용추곡…… 등 '용추' 뒤에 분류요소가 붙어 확장된 것이고, [X+용추]형은 하용추, 상용추, 희방용추, 쌍용추…… 등과 같이 용추 앞에 분할요소가 붙어 확장된 것이다. '추'를 포함한 지명은 '용추'이거나 '용추'가 확장된 형태를 지니는 것이 대부분이다.

湫가 龍과 결합하지 않은 것을 두 가지 유형으로 분류하면 [◎+湫]형과 [湫+◎]형이 있다. [◎+湫]형으로 검색되는 예는 石末湫〈부산 영도구〉, 開湫山〈경북 울진〉, 青湫洞〈경기 파주〉, 松湫, 松湫瀑布, 松湫遊園地, 松湫洞, 松湫驛〈경기 양주〉, 長兀湫〈전라 제주〉, 甘湫〈강원 삼척〉, 衍我湫〈경상 함양〉 등이 전부이다. 그리고 [湫+◎]형에 속하는 것으로 湫巖〈평안 평원〉, 湫峴〈경상 안동〉, 湫澤〈경기 음죽〉, 湫峙〈전라 장수〉, 湫洞〈강원 인제〉, 湫灘〈평안 강동〉, 湫子島〈평안〉 등이 전부이다. 湫와 결합하여 형성된 地名語는 앞에서 살펴본 두 가지 유형을 모두 합해도 20개에 미치지 못 함을 알 수 있다. 이는 湫가 後部要素로 쓰일 때 일반적으로 호응하는 前部要素가 龍임을 알 수 있다.

'龍湫'를 〈譯語上7ㄱ〉에서는 '龍 소손 디'라 하였고 『方言類釋』의 〈申部方言10ㄴ〉에서도 '뇽소슨 디'라 하였다. 일반적으로 '용소'라고도 하는 '龍湫'가 『新增東國輿地勝覽』에 10번 등장한다. 이 중 慶尙道 安陰縣의 佛宇條에 보면 "長水寺는 智雨山에 있다. 절 앞에 폭포가 있고, 그 밑에 龍湫가 있다."라는 설명이 나온다. 여기서 우리는 龍湫의 특성을 분명하게 알 수 있는데 '폭포 아래'에 있다는 것이다. 일반적으로 '龍湫'가 위치하는 곳은 강이나 큰 내가 아니고 산골짜기의 계곡이다. 『표준국어사전』에서 설명하고 있듯이 '용소' 또는 '용추'는 "폭포수가 떨어지는 바로 밑에 있는 깊은 웅덩이"이다. 그러므로 '소'의 일종인 '湫'는 '潭' 또는 '淵'과는 달리 계곡 같은 데서 흘러 내려오던 물이 낙차로 인하여 위에서 아래로 떨어지며 패어 고여 있게 된 물웅덩이이다.

漢文에 쓰인 '湫'가 언해문에서 어떻게 대역되었는지 알아보기로 한다. 이 경우의 예는 '潭'이나 '淵'에 비하여 그 용례가 많지 않다. 『新增東國三綱行實圖』 烈女篇에 스스로 소에 빠져 죽어 貞烈을 지킨 사례가 여러 번 나오는데 '소'에 대응되는 原文의 漢字에서도 '湫'는 발견되지 않는다. 아래 (5)에서 볼 수 있듯이 '湫'가 '깊은 물'을 뜻하는 경우는 『杜詩諺解』 初刊本에서 찾을 수 있다. 그리고 '서늘하다'는 뜻으로 쓰인 경우 『金剛經三家解』에서 한 개의 예를 찾을 수 있다.

> (5)
> 嵯峨白帝城東西 南有龍湫北胡溪(노픈 뒷 白帝城 東西에 南애는 龍모시 잇고 北에는 胡溪잇도다.)〈杜初 8:33ㄴ〉
>
> 鳥驚出死樹 龍怒拔老湫(새 놀라 주근 남긔셔 느라나고 龍이 怒ᄒᆞ야 오란 모새셔 ᄲᅢ혀 나놋다.)〈杜初 22:38ㄴ〉
>
> 南有龍兮在山湫 古木朧嵸枝相樛(南녀긧 龍이 묏모새 잇ᄂᆞ니 늘근 남기 놉고 가지 서로 굽도다.)〈杜初 25:28ㄴ〉
>
> 此事寒威威冷湫湫 滴水滴凍江河絶流(이 이른 서늘ᄒᆞ야 싁싁ᄒᆞ며 ᄎᆞ호미 서늘 서늘ᄒᆞ야 쩌딘 므리 쩌딘 다마다 어러 江河ㅣ 흘로미 그처)〈金三 42ㄴ〉

『杜詩諺解』 初刊本에서 볼 수 있는 3개의 예에서 원문의 '湫'는 언해문에서 모두 '못'으로 대역되었다. 원문의 '龍湫'도 '용소'로 언해하지 않고 '용못'으로 번역하였다. 이를 통하여 '못'은 '소'와 유의관계에 있음을 재확인할 수 있다. 또한 이들 3개의 문장이 모두 '龍'과 관련이 있는 것임을 알 수 있는데 이를 통하여 '못' 중에서 '龍'이 있다고 여기거나 솟아오른 곳을 '湫'라 함을 알 수 있다.

『金剛經三家解』에 나오는 '湫'는 '서늘하다'라는 뜻으로 쓰인 예이다. 이 때 '湫'의 한자음은 『廣韻』의 '卽由切'을 계승한 것이며 성조는 平聲이다. '湫'를 한 번만 쓰지 않고 겹쳐서 사용하여 '서늘하고 서늘하다'라는 의미로 쓰였다.

3.2. 중국의 한자 자전에서의 '湫'

『說文解字注』十一編 上二29에 보면 '湫'에 대하여 "隘。下也。一曰有湫水,在周地。《春秋傳》曰:"晏子之宅湫隘。"安定朝那有湫泉。从水秋聲。"으로 풀이하였다. 意符는 '水'이고 音符는 '秋'이며 '낮고 좁은 지대'를 뜻하는 것이 이 한자의 本義였으며 땅이름으로도 쓰였음을 알 수 있다. 2.2.에서 살펴본 '潭'과 같이 이 한자도 초기에는 물이 깊은 곳을 뜻하지 않았으나 후대로 오면서 龍과 관련된 물이 깊은 곳을 뜻하게 되었다. ⑥은 중국의 歷代 字典을 참고하고 종합하여 엮은 『康熙字典』의 내용을 http://tool. httpcn.com 에서 가져온 것이다.

⑥ 湫

【巳集上】【水字部】湫; 康熙笔画:13; 页码:页638第10(点击查看原图)

【唐韻】【韻會】【正韻】卽由切【集韻】將由切,丛音啾。北人呼水池爲湫。又水名【說文】有湫水,在周地。【史記·封禪書】湫淵祠朝那。【註】湫淵,在安定朝那縣。又懸瀑水曰龍湫。又憂愁貌。【春秋·繁露陽尊陰卑篇】湫湫者,悲愁之狀也。又涼貌。【宋玉·高唐賦】湫兮如風。又【唐韻】子了切【集韻】子小切,丛音剿。湫,隘也。【左傳·昭元年】壅閼湫底。【註】湫謂氣聚,底謂氣止,皆停滯不散之意。又【昭二年】湫隘囂塵。【註】湫,下也。又地名。【左傳·莊十九年】楚子伐黃,還及湫。又【集韻】雌由切,音秋。義同。又【廣韻】【集韻】丛在九切,音愀。義同。一曰洩水瀆也。又【集韻】玆消切,音焦。夫湫,亦地名。又宗蘇切,音租。人名。【左傳】魯有子服湫。

◎ 英文翻译 a small pond; a damp and narrow place

⑥의 내용을 살펴보면 한자 '湫'의 本意之釋인 '隘也' 또는 '下也'가 유지되면서 땅이름이나 물이름으로 그 의미가 확장되면서 쓰이게 되었음을 알 수 있다. 北人이 '水池'를 일컬어 '湫'라 하였다는 것과 특히 '瀑水' 즉 폭포수에 달려있는 것을 '龍湫'라 한 것은 주목할 만한 대목이다. 중국에서 이미 오래 전부터 '湫'가 용소의 '소'를 뜻하는 한자로 쓰였음을 알게 해주는 것이기 때문이다.

'湫'가 이상과 같이 명사로 쓰임은 물론 형용사 근심하다, 슬퍼하다를 뜻하는 '憂愁貌', '悲愁之狀' 그리고 서늘하다를 의미하는 '涼貌'의 개념을 획득하였음을 알 수 있다. 本意之釋을 바탕으로 제2, 제3의 의미로 확장되면서 한자음 또한 상성의 子了切 [jiǎo]과 在九切 [jiù], 平聲의 卽由切[jiū]과 七由切[qiū]로 分化하였음을 알 수 있다. 이렇듯 '湫'가 문맥에서 여러 가지 의미로 쓰이지만 오늘날 우리나라에서 이 한자의 常用之釋은 '소' 또는 '용소'로 보아야 할 것이다.

4. '소'와 '淵'

훈민정음 창제 이전은 물론 이후에도 우리나라의 역사 문헌에서 지명을 표기할 때 한글로 표기하는 것보다 한자로 표기하는 것이 일반적이었다. 그런데 한글표기 지명을 보여주는 최초의 문헌은 『龍飛御天歌』인데 국문가사와 漢譯詩 사이에 배열된 한문으로 이루어진 註解文에서이다. 漢文 註解 속에서 하나의 지명에 대하여 한자와 한글로 병기한 예들이 나오는데 이를 통하여 우리는 동일지명을 표현한 한자표기와 한글표기를 함께 볼 수 있다.[2]

지명을 비롯하여 한글표기가 병기된 고유명사는 김영진(2002: 92)에 의하면 173개인데 그 중 '소'와 관련된 지명이 있어 관심을 갖게 한다. 〈龍歌 三23〉에 한강 중 남한강을 설명하는 과정에 나오는 '淵遷·쇠벼·르'가 그것이다.[3] '쇠'는 '·소'의 속격형으로 '淵'과 대응되며 '벼·르'는 '遷'에 대응된다. 이를 통하여 순우리말 '소'에 대응되는 한자 중 하나가 '淵'임을 알 수 있을 뿐만 아니라 '淵'의 특징을 짐작하게 한다.

---

2 『龍飛御天歌』 註解 부분은 한문으로 기술한 것이므로 지명을 비롯한 고유명사 또한 한자로 표기하는 것이 원칙이었다. 그러나 한자 표기만으로는 해당 지명을 비롯한 固有名詞를 정확하게 표현할 수 없을 때 한글 표기를 倂記하였다.

3 '淵遷·쇠벼·르'에 대하여는 제17장을 참조하기 바란다.

4.1. '소'가 '淵'의 새김이나 대역어로 쓰인 경우

'淵'은 현용 한문교육용 기초한자에 속하지 않은 글자이나『千字文』을 비롯한 전통적인 한자학습서인『訓蒙字會』와『新增類合』에 모두 나오는 글자로 그 쓰임이 활발했던 글자이다. 이런 사실은 '淵'이 인명을 비롯한 고유명사 표기에 활발하게 쓰였음을 통하여도 알 수 있다. 주지하듯이 고구려 보장왕 때의 재상이자 장군이었던 莫離支淵蓋蘇文의 姓에 표기된 한자이며 淵谷書院, 淵岳書院, 淵達部曲, 淵菴, 淵齋, 淵泉……등 고유명사 표기에 활발하게 쓰였다. 이 한자에 대한 字釋이 '소' 또는 '못'으로 나타나는 경우를 (7)에서 볼 수 있다.

(7) 淵
못연〈光千·大千·石千 12ㄴ〉 못연回水 (又)기플연濚也止水 (古)困〈註千〉
소연〈千字文 육자본〉
·못연止水而深曰~〈訓蒙比叡 上2ㄴ〉〈訓蒙東大·尊經·東國 上4ㄴ〉
소연〈新增類合 上5ㄴ〉
쏘연〈正蒙類語 5〉
[연]止水濚也鼓聲~~(先)〈全玉 上60ㄴ〉
몯연困古止水濚也鼓聲~~〈字類 上17ㄱ〉
못연〈國漢文新玉篇 1〉
[연]止水못연濚也깁흘연鼓聲~~붓소래연(先)〈釋要 上79ㄴ〉
[연]止水못〇深也깁흘(깊을)[詩]秉心塞~〇~~鼓聲북소리둥둥할[詩]伐鼓
~~(先)〈新字二.49〉
못연〈初學要選 6〉
연 先 [平]【唐韻】烏玄切 yuān ①빙빙도는 물. ②깊은 못. ③사람이나 물건
이 모이는 곳. ④깊다. 깊숙하다. ⑤근원 ⑥활고자와 줌통 사이. 활의 오
금. ⑦북소리. ⑧성(姓).〈漢韓大辭典 8:654〉

(7)을 통하여 '淵'의 상용지석이 '소' 또는 '못'이었음을 알 수 있다. 대부분의『千字文』異本에서는 '못'이 새김으로 제시되었으나 19세기에 간행된 것으로 보이는『千字文』육자본에 '소'가 보인다. '소' 또는 경음화형 '쏘'가 새김으로 제시된 예를『新增類合』

과 『正蒙類語』에서 볼 수 있다. 비교적 후대에 간행된 문헌에서 '못'이 우세함을 알 수 있는데 '소'와 '못'은 분명히 구분되는 것이기는 하나 유의관계에 있는 단어이기 때문에 혼용된 것으로 보인다.

『註千』을 비롯하여 표제한자 '淵'에 대하여 한문으로 주석한 것을 보면 그 古字는 '困'이며 '止水' 또는 '回水'를 뜻하는 글자였음을 알 수 있다. 멈추어 있는 물 또는 빙빙 도는 물을 '淵'이라 할 수 있는데 이는 보는 관점에 따라 동일한 대상을 달리 파악한 결과이다. 내나 강 같은 데에서 흐르던 물이 깊게 고이면서 멈추었을 때 '止水'라 할 수 있다. 또한 이 물을 자세히 관찰하면 위에서 아래로 흐르지 않고 한 지점에서 원을 그리며 감돌고 있으므로 '回水'라 할 수도 있다. 그러므로 '淵'은 멈추어 있는 듯 빙빙 도는 깊은 물을 뜻하는 것이다.

'潭'의 자석에서도 그러했듯이 '淵'의 자석에 '못'이 등장함을 통하여 '소'와 '못'이 지니는 의미가 유사함을 추정할 수 있다. 그런데 沼, 塘, 澤, 池 등의 자석은 대부분의 한자학습서와 字典에서 '못'으로 나온다.[4] 반면에 潭과 淵의 새김에는 부분적으로 '못'이 달려있다. 이는 '못'만을 새김으로 하는 沼, 塘, 澤, 池의 의미와 '소'도 새김으로 삼은 潭, 淵의 의미가 엄격히 구분되는 것임을 뜻한다. 한문을 번역한 언해문에서 '淵'과 대응되는 우리말 새김에서도 '소'와 '못'이 있음을 (8)을 통하여 알 수 있다.

(8)
뒤헤는 모딘 즁싱 알픠는 기픈 모새(後有猛獸前有深淵)〈龍歌 5:10ㄱ〉
닐온 밧 平等은 엇뎨 이 뫼홀 平케 ㅎ야 모슬 몌우며(所謂平等 豈是夷岳實淵)

〈金三 4:45ㄴ〉

깁흔 모슬 디늘어심 ㄷ티 ㅎ며 열운 어름을 볼옴 ㄷ티ㅎ라 ㅎ니(如臨深淵 如

履薄氷)〈宣小 4:23ㄴ〉

기픈 못과 열운 어르믈 볼오디 뻐딜가 저홈 ㄱ티 ㅎ노니(深淵與薄氷 踏之有恐墜)

〈飜小 6:26ㄴ〉

---

4 『古今漢韓字典』에 올라있는 것을 살펴보면 '沼'의 자석은 '못'(『釋要』에만 '굽은못), '塘'의 자석은 '못'(『釋要』에만 '방주), '池'의 자석은 모두 '못/몯', '澤'의 자석은 못/몯(『新增類合』에는 '웅덩이', 『釋要』에는 '늡') 등으로 나온다. 이는 이들 한자의 常用之釋이 정연하게 '못'임을 알게 하는 것이다.

기픈 못과 다못 열운 어르믈 붋옴애 오직 뼈러딜가 두려ᄒ노니(深淵與薄氷

踏之有恐墜)〈宣小 5:25ㄱ〉

촌촌이 버혀놀 처지 ᄯ 소히 ᄲ녀 주그니라(寸斬之處子亦投淵而死)

〈東新烈 3:87ㄴ〉

져졔ᄌ식을 업고 소해 ᄲ디니 도적이 칼ᄒ로 베히다(乳子投淵賊劒斬之)

〈東新烈 4:22ㄴ〉

스스로 기픈 소히 ᄲ디니 도적기 주기니라(自投深淵賊殺之)〈東新烈 4:62ㄴ〉

도적기 자바 더러이고져 ᄒ거놀 소히 ᄲ녀 주그니(賊執欲汚之投淵而死)

〈東新烈 6:22ㄴ〉

과연 이젼 언약대로 소희 ᄲ녀 죽다(果如前約投淵而死)〈東新烈 6:75ㄴ〉

주검을 도팟 소의 가 어드라(求屍於道波之淵)〈東新烈 6:75ㄴ〉

계모 박시 아들과 ᄯ을 ᄃ리고 소해 드러 죽거늘(朴氏率子女投淵而死)

〈東新孝 6:82ㄴ〉

스스노 깁픈 소의 ᄲ녀 죽다(自投深淵而死)〈東新烈 6:86ㄴ〉

ᄃ라가 깁픈 소희 드러 죽다(走入深淵而死)〈東新烈 7:69ㄴ〉

박시 아들 ᄯ 둘흘 ᄃ리고 소해 ᄲ녀 주그니라(朴氏率子女二人投淵而死)

〈東新烈 8:72ㄴ〉

왜적을 피ᄒ다가 적의 자핀 배 되여 소해 ᄲ녀 죽다(避倭賊爲的所擒投淵而死)

〈東新烈 7:76ㄴ〉

면티 몯홀가 ᄒ여 홈ᄭ 소히 ᄲ녀 주그니라(不得免俱沈淵而死)〈東新烈 8:25ㄴ〉

도적이 과연 믄득 니르매 뎡시 소히 ᄲ녀 주그니라(賊果猝至丁氏投淵而死)

〈東新烈 8:70ㄴ〉

ᄆ인 새는 녜 수플을 싱각ᄒ고 모시 고기는 녜 소홀 싱각ᄒᄂᄯ다(羈鳥戀舊

林 池魚思故淵)〈古文 3:65〉

(8)은 필자가 가능한 범위 내에서 수집한 언해자료들이다. 이들 자료 중 앞부분의 5개는 '淵'이 '못'과 대응되는 예이고 뒷부분의 14개는 '소'와 對應되는 예이다. 단순 계산하여 '소'와 대응되는 예가 상대적으로 많으므로 문석에서 '淵'의 常用之釋은 '소'라 할 수 있을 것이다. 그러나 각 문장에서 '淵'이 쓰인 문맥적 환경을 살펴보면 '못' 또는 '소'로 언해한 이유를 알 수 있다.

뒷부분에서 '소'로 언해한 예들은 맨 마지막의 것을 제외하고 모두 『東國新續三綱行實圖』의 열녀에 나오는 예문들이다. 원문을 보면 '投淵而死'를 비롯하여 '深淵而死'가 문장 속에서 구를 이루고 있는 경우가 대부분이다. 몸을 더럽히지 않으려고 물에 몸을 던져 죽었다는 것인데 그렇게 하려면 그 물은 깊고 험한 것이어야 할 것이다. 죽음[死]와 구를 이루며 쓰인 한자 '淵'을 번역할 때는 '소'가 적절한 우리말임을 알 수 있다. 반면에 '淵'이 '못'으로 언해된 앞부분 5개의 원문을 살펴보면 이 한자가 포함된 구에 '死'가 없음을 확인할 수 있다. 이를 통하여 우리는 '淵'의 文脈之釋이 질서정연하게 나타남을 확인할 수 있다.

'소'와 '못'을 동시에 보여주는 예문이 있어 우리의 관심을 끈다. 마지막에 제시한 예문이 그것인데 "池魚思故淵"이라는 구를 보면 자석에서 '못'만을 보여주는 '池'와 '소' 또는 '못'으로도 나오는 '淵'이 함께 나온다. 그런데 그 언해문을 살펴보면 '池'에 대응하는 文釋은 '못'이고 '淵'에 대응하는 그것은 '소'이다. 이는 '못'과 '소'의 뜻을 분명하게 구분할 수 있는 단초가 되는 예인데 '소'는 인공적으로 만들어진 폐쇄적인 공간이 아니고 강이나 내 또는 바다에 자연적으로 형성된 것임을 알 수 있다.

4.2. 중국의 한자 자전에서의 '淵'

『說文解字注』 十一編 上二 10에 보면 '淵'에 대하여 "回水也。从水,象形。左右, 岸也。中象水皃。"라 하였다. '回水' 즉 '빙빙도는 물'이 이 한자의 本意라 하겠으며, 이를 존중하여 우리나라에서 최근에 완간된 『漢韓大辭典』에서도 첫 번째 풀이항에 '빙빙도는 물'을 제시하였음을 확인할 수 있다. '淵'의 의미는 本意之釋 '回水'만으로 쓰이지 않고 상황에 따라 여러 가지의 文脈之釋으로 발전하였는데 『康熙字典』의 해석을 보면 다음과 같다.

(9) 淵

【巳集上】【水字部】淵; 康熙笔画:12; 页码:页632第08(点击查看原图)

〔古文〕𣶒困𣶒【唐韻】烏圓切【集韻】【正韻】縈圓切【韻會】幺圓切,𠀤音弸。【說文】回水也。从水,象形。左右岸也,中象水貌。【管子·度地篇】水出地而不流者,命曰淵。又深

也。【詩·衞風】秉心塞淵。又潭名。【水經注】伊水東爲淵潭。又淵淵,鼓聲。【詩·小雅】伐
鼓淵淵。又姓。世本有齊大夫淵敏。又【集韻】一均切,音蝹,亦深也。
◎ 英文翻译 gulf, abyss, deep

한자 '淵'은 『古文』에 '囦'로도 나옴을 알 수 있는데 이 한자의 모양은 口안에 물이 갇혀있는 모양이다. 흐르지 않고 갇혀있는 듯이 보이므로 그 물의 특성은 제자리에 서 빙빙 돌아 깊은 소를 형성하는 것임을 추정할 수 있다. 上海辭書出版社에서 간행한 1989년판 『辭海』1084쪽에서는 '淵'에 대하여 ①深潭, ②深, ③集聚之處 ④姓 등으로 풀이하였다. '回水' 라는 本意之釋은 풀이항에서 사라지고 '深潭'이 常用之釋의 자리를 차지하고 있음을 알 수 있다. 이러한 현상은 우리나라의 한자학습서나 자전을 통하여 ⑺에서도 확인할 수 있는 사항이다.

5. 결론

'소'는 중세국어 시기에 ㅎ종성체언이며 성조는 거성이었다. 반면에 '沼'는 [죠] 또는 [쇼]를 음으로 하며 성조가 상성이었다. 그러므로 '소'는 한자 '沼'에서 기원한 것이 아닌 순우리말로 의미상 '여울'과 대립되는 단어이다. 역대 한자학습서와 한자자전 그리고 언해문헌을 통하여 '소'와 대응되는 한자로 '潭·湫·淵'이 있음을 알 수 있다. 유개념어 '소'의 의미영역은 '潭·湫·淵'을 포괄하는 것이며 종개념어들은 유의관계에 있지만 각각 독특하고 구체적인 의미영역을 지니고 있다.

'소'에 대응되는 한자 중 우리나라에서 고래로 상용성이 가장 낮은 글자는 '湫'이다. '淵'은 현용 한문교육용 기초한자 1,800자에 속하지 않은 글자이나 비교적 다수의 한자입문서에 들어있다. 그리고 '潭'은 한문교육용 기초한자 중 고등학교용으로 선정된 글자이나 『訓蒙字會』에만 나온다. 결과적으로 '淵'은 중·근세국어 시기에 '潭'은 현대국어 시기에 상대적으로 상용성이 높은 글자로 추정할 수 있다.

우리나라에서 간행된 한자학습서나 자전류에서는 개별 한자를 표제어로 제시하고 전후 문맥의 고려 없이 객관적으로 풀이하였다. 이 때 나타나는 새김을 자석이라 하는데 '潭'에 대하여 비교적 이른 시기의 문헌에서는 '소'를 새김으로 삼았다. 그러나 후대의 자전에서는 '(깊은)못'으로 바뀌었다. 이를 통하여 '소'와 '못'은 유의관계에 있는 어휘로 볼 수 있다.

'내'나 '강'이 개방적인 공간에 흐르는 물로 형성된 것이라면 '못'은 [괸 물]을 특징으로 한다. '潭'이 '소' 중에서 '못'의 속성을 지니고 있음은 '白鹿潭'과 '上八潭'을 통하여 확인할 수 있다. '白鹿潭'은 한라산 정상의 火口壁에 둘러싸인 폐쇄적인 공간에 괸 물로 형성된 것이다. 그리고 금강산의 '上八潭'은 비록 개방적인 공간이라 할 수 있는 계곡에 위치하기는 하지만 상황에 따라 폐쇄성이 확보될 수 있는 경우에 해당된다. 문석을 보여주는 언해문에서 원문의 한자 '潭'과 대응되는 우리말은 자석에서와 같이 '소'와 '못'이 보이는데 '소'가 우세하다.

『說文解字注』를 통하여 '潭'의 本意之釋은 특정한 지역의 '물이름'이었음을 확인할 수 있다. 이른 시기에 단순한 의미를 지녔던 이 한자가 후대에 오면서 다양한 의미를 획득하게 되고 한자음도 분화되었음을 알 수 있다. 오늘날 이 한자의 음이 [tán]일 경우 물이름[水名] 또는 깊다[深也]라는 뜻이며, [xún]이라 할 경우 '물가[水邊]' 그리고 [yín]은 '물이 출렁이는 모양[水動搖貌]'을 뜻하게 되었다.

'湫'의 자석은 '소'나 '룡쇼' 또는 '룡추'로 나오며 자전류의 한자어 주석에서 龍所居, 龍湫, 懸爆龍下, 龍湫瀑也 등으로 풀이하였다. '湫'는 대부분 '龍'과 함께 나타나며 그 위치가 '폭포 아래'라는 점이다. "폭포수가 떨어지는 바로 밑에 있는 깊은 웅덩이"를 '湫'라 하며 이곳에서 용이 솟아올랐다 하여 '용추' 또는 '용소'라는 지명이 생겨난 것이다. 그러므로 '소'의 일종인 '湫'는 '潭' 또는 '淵'과는 달리 계곡 같은 데서 흘러 내려오던 물이 낙차로 인하여 위에서 아래로 떨어지며 패어 고여 있게 된 물웅덩이이다. 언해문에서 '湫'의 용례는 많지 않으며 文釋은 '못'으로 나온다.

중국의 역대 자전을 통하여 '湫'의 意符는 '水'이고 音符는 '秋'이며 '隘也' 또는 '下也'가 本意之釋이었음을 알 수 있다. 후대로 오면서 땅이름, 물이름, 水池, 瀑水 그리고 '龍湫'로 그 의미가 확장 내지는 전이되었음을 알 수 있다. 더불어 형용사로도 쓰이게 되면서 한자음도 分化되고 근심하다, 슬퍼하다 등의 뜻도 가지게 되었다.

'淵'의 자석이 대부분의 『千字文』 이본에서는 '못'으로 제시되었으나 『新增類合』을 비롯한 다른 문헌에서 '소/쏘'도 보인다. 언해문에서는 '淵'이 '못'과 대응되는 예에 비하여 '소'와 대응되는 것이 월등하게 많다. 특히 "池魚思故淵"이라는 구에 '池'와 '淵'이 함께 나오는데 諺解文을 통하여 '池'의 文釋은 '못'이고 '淵'의 그것은 '소'임을 확인할 수 있다. 이러한 점을 고려하면 '淵'의 상용지석이 '소'임을 알 수 있다. 『龍歌』에 나오는 '淵遷·쇠벼르'를 비롯하여 '淵'이 자리하는 곳은 비교적 큰 내나 강이다. 개방적 공간인 강 등의 일정한 지점에서 멈추어 있는 듯 빙빙 돌아 물이 깊게 된 곳을 '淵'이라 한다.

중국의 역대 자전에서 '淵'의 本意之釋은 '回水' 즉 '빙빙도는 물'임을 알 수 있다. 이 한자의 이체자가 『古文』에 '囦'로 나오는데 口 안에 물이 갇혀있는 모양이다. 이를 통하여도 제자리에서 빙빙 돌아 깊은 소를 형성하는 것임을 추정할 수 있다. 후대로 오면서 이 한자도 深, 集聚之處, 姓 등으로 그 의미가 확장되었다.

제19장

용소·가마소의 '소'와 한자 '沼'

1. 서론

내나 강 또는 바다에서 물살이 세게 흐르는 곳을 '여울'이라 하고 이와 대립되는 곳을 '소'라 한다, 물살이 빠르게 지나가는 여울은 깊이가 얕고 소는 물이 천천히 흐르거나 고여 있어 깊이가 깊다. 전통 사회에서 사람들은 물이 얕게 흐르는 여울 같은 곳에 돌다리를 놓기도 하여 내나 강을 건너는 통로로 활용하였다. 그러나 물이 깊은 소에는 다리를 설치할 수 없었다. 이런 까닭에 여울을 중심으로 길목이 형성되었다.

'여울'은 순우리말로 인식되고 있으며 이에 대응되는 한자는 '灘'이다.[1] 그러나 '소'는 고유어가 아닌 한자 '沼'에서 기원한 것으로 대부분의 현용 국어사전에서 풀이하고 있다. 이 뿐만이 아니라 조선시대전자문화지도(http://www.atlaskorea.org) 지명 검색편에 보면 대분류인 자연지명과 그 중분류인 하천의 하위분류 항목으로 '-沼'를 제시하고 있다. '-沼'류에 속하는 것으로 분류한 지명이 한국지명총람에만 2,035개나 나옴을 확인할 수 있는데 이들 대부분은 湫, 潭 또는 淵으로 볼 수 있는 것들이지 '沼'는 아닌 것으로 보인다.

용소를 비롯한 가마소, 각시소, 요강소, 구시소, 진소, 올리소, 고냉이소, 배소, 독대기소, 돗소, 고냉이소, 덤백이소, 할이비소…… 등의 '소'는 '沼'와는 그 의미가 다르며

---

1 여울에 대응되는 한자가 '灘'이므로 고유어 지명을 배경으로 漢譯化가 이루어지면서 자래여울→鼈灘, 가래여울→楸灘, 꽃여울→花灘, 살여울→箭灘, 돌여울→石灘, 쇠여울→金灘, 가리여울→岐灘 등의 漢字語地名이 생성되었다.

한자어가 아닌 순우리말임을 분명히 하고자 하는 것이 본 논의의 주된 목표이다.[2] 이를 위하여 국어사전류를 비롯한 고어사전, 한자어사전 등에서 '소'를 어떻게 풀이하였는지 살피게 될 것이다. 또한 한자 '沼'가 지닌 의미를 중국의 자전과 우리나라에서 간행된 문헌을 통하여 확인하게 될 것이다. 또한 역대 문헌에서 고유어 '소'의 쓰임을 살핌은 물론 이에 대응하는 한자를 통하여 그 의미를 분명하게 파악하고자 한다.

하나의 단어에 대한 이러한 연구는 국어사전 편찬과 관련하여 표제항 설정에 이론적 기초를 제공하게 될 것이다. 더불어 고유어를 한자어로 기술한 하나의 사례를 제시함에 그치지 않고 국어사전 표제 항목 전반에 걸친 검토와 반성의 계기를 마련하고자 한다. 또한 국어의 단어사 나아가 어휘사 기술에 이론적 기초를 마련하고 올바른 단어·어휘 사용의 방향을 모색하고자 한다. 지명학적 관점에서는 후부요소에 의한 지명의 유형 분류에서 범했던 오류를 지적하고 이를 바로 잡는 방안도 부분적으로 제시하고자 한다.

2. 국어사전에서의 '소'에 대한 풀이

용소, 가마소에 쓰인 '소'와 한자 '沼'에 대한 개념을 분명히 하기 위하여 우선 사전에서 어떻게 풀이하고 있는지 알아보고자 한다. 일반사전이라 할 수 있는 국어사전 그리고 특수사전으로 볼 수 있는 古語辭典에서 '소'를 어떻게 풀이하였는지 살피고자 한다.

문세영(1940)의 『조선어사전』과 한글학회(1950)에서 펴낸 『큰사전』 이후 최근에 간행된 고려대학교 민족문화연구원(2009)의 『한국어대사전』에 이르기까지 국어사전에

---

2 '-소'를 후부요소로 삼고 있는 지명 중 일부는 그 표기를 한자 '沼'로 하고 있으나 이는 고유어 '소'와 한자 '沼'의 同音性에서 起因한 것이다. 한국지명총람에 제시된 2,035개의 지명 중 역사 문헌에 漢譯되어 기록된 지명을 확인하면 '-소'는 '-湫, -潭' 또는 '-淵'으로 對譯되었을 것으로 추정한다. 이에 대한 자세한 논의는 제18장에서 다루었다.

서는 표제 항목 '소'에 대하여 (1)과 같이 풀이하였다.

(1)
소(沼)【명】물이 깊은 못.〈문세영, 조선어사전 902〉

소(沼)【이】①땅 바닥이 둘러 빠지고 물이 깊게 된 곳. ②《지》호수(湖水)에
　　　비하여 물이 옅고, 진흙이 많고 침수 식물((沈水植物)이 무성한 곳.
　　　　　　　　　　　　　　　　　　　　　〈한글학회, 큰사전 3:1754〉

소⁴(沼)【명】①땅 바닥이 두려 빠지고 물이 깊게 된 곳. ②《지》호수(湖水)보
　　　다 물이 얕고 진흙이 많고 침수(沈水) 식물이 무성한 곳.
　　　　　　　　　　　　　　　　　　　　　　〈이희승, 국어대사전 1641〉

소⁶(沼)【명】①땅 바닥이 둘러빠지고 물이 깊게 괸 곳. ⇒늪 ②《지》호수보
　　　다 물이 얕고 진흙이 많고 침수(沈水) 식물이 무성한 곳.
　　　　　　　　　　　　　　　　　　〈신기철·신용철, 새우리말큰사전 1986〉

소¹⁰(沼)【명】①=늪³ ②「지1」호수보다 물이 얕고 진흙이 많으며 침수(沈水)
　　　식물이 무성한 곳.〈국립국어원, 표준국어대사전 3505〉

소⁴(沼)【명】①계곡같은 데서 흘러 내려오던 물이 낙차로 인하여 위에서 아
　　　래로 떨어지며 패어 고여 있게 된 물웅덩이. ¶ 이 소에는 천년 묵
　　　은 이무기가 용이 되어 하늘로 날아올라갔다는 전설이 있다. / 그
　　　폭포 아래는 커다란 소가 하나 있는데 물이 너무 차고 깊어서 들
　　　어갈 수가 없다. ②진흙으로 된 바닥에 얕은 물이 늘 고여 있어 수
　　　생 식물이 많이 자라는 질퍽한 지대. 보통 호수보다는 작고 못보
　　　다는 크다. 〈유의〉 늪①. ③「지리」호수보다 물이 얕고 진흙이 많으
　　　며 침수 식물(沈水植物)이 무성한 곳.〈고려대 한국어대사전 3506〉

　(1)에서 보듯 '소'는 모두 '沼'에서 기원한 것으로 보아 표제어에 한자를 병기하였

3　『표준국어대사전』 p. 1322에서 표제어 '늪'을 다음과 같이 풀이하였다.
　늪[늡][늪이[느피], 늪만[늠-]]【명】①땅바닥이 우묵하게 뭉떵 빠지고 늘 물이 괴어 있는 곳. 진흙 바닥
　이고 침수 식물이 많이 자란다. =소¹ ¶ 늪에서 자라는 식물/늪에 빠지다. ② 빠져나오기 힘든 상태나
　상황을 비유적으로 이르는 말. ¶ 고통의 늪에 빠지다./경기 침체의 늪에서 헤어나야 한다./나는 지난
　일 년을 망각의 늪에 묻어버릴 작정이오.〈이원규 훈장과 굴레〉 [참]웅덩이. 〔어원〕〈늪〈유합〉.

다. 표제어 소(沼)를 가장 일찍 간행된 문세영의 『조선어사전』에서는 하나의 항목으로, 한글학회 『큰사전』에서부터 국립국어원의 『표준국어대사전』까지는 2개의 항목으로 풀이하였다. "물이 깊은 못"으로 간략하게 풀이한 문세영의 『조선어사전』에서는 '소'를 '못'의 일종으로 보았음을 알 수 있다. 그리고 2개의 풀이 항목을 보인 사전들에서는 ①항에서 문세영의 『조선어사전』 풀이 내용을 보다 발전시켜 제시하였음을 알 수 있다. 다만 '못'의 일종으로 본 문세영의 『조선어사전』에서와는 달리 신기철·신용철의 『새우리말큰사전』 이후 유의어로 '늪'을 제시하고 있다. 그리고 추가된 ②항에서는 지리학에서 사용하는 '소'의 개념을 제시하였다. 지리학에서 사용하는 '소(沼)'의 개념이 추가된 것은 한글학회의 『큰사전』에서 비롯되었으며 그 후에 간행된 국어사전들에서는 이를 그대로 답습하고 있음을 알 수 있다.

그런데 최근에 간행된 고려대학교 민족문화연구원의 『한국어대사전』에서는 풀이한 항목이 3개로 늘어났음을 알 수 있다. 특히 ①항의 풀이가 주목되는데 기존의 사전에서 볼 수 없었던 내용이다. ②항의 풀이는 '늪'을 유의어로 제시한 것으로 보아 앞서 간행된 사전들이 ①항에서 풀이한 내용임을 알 수 있다. 그리고 ③항은 지리학에서 말하는 것으로 기존의 사전들이 ②항에서 풀이한 내용이다.

이 사전의 ①항에서 제시된 것은 기존의 사전에서 직접적으로 제시하지 않았던 내용을 별도 항목으로 삼았다는 데서 의미 있는 것으로 보인다. 또한 다른 풀이 항목에 우선하여 앞쪽에 배열하였다는 점에서도 의미가 있다. 이는 지명에 보이는 용소, 가마소, 각시소…… 등이 이에 해당하는 것인데 '소'관련 어휘 중 가장 활발하게 쓰이는 개념을 끌어들였다는 데서 높이 평가할 만하다. 다만 '소'가 "계곡 같은 데서 흘러내려오던 물이 낙차로 인하여 위에서 아래로 떨어지며 패어" 생기는 것만 기술하였을 뿐, 강이나 내 또는 바다에서 '여울'과 대립되는 '소'를 설명하지 않은 점은 아쉬움으로 남는다.[4]

이 사전에서 아쉬움으로 남는 또 하나는 표제어 '소'를 단독으로 제시하지 않고

---

4 여울은 물살이 빠르고 물의 깊이가 깊지 않은 곳을 말한다. 반면에 소는 물이 깊고 천천히 휘돌아 흐르는 곳을 말한다.

한자 '沼'를 병기했다는 것이다. 이는 '소'가 한자어라는 것인데 앞서 간행된 사전들을 답습한 것으로 보인다. 앞으로의 논의에서 밝히겠지만 용소, 가마소 자라소…… 등에 쓰인 '소'는 고유어임이 틀림없다. 사정이 이러함에도 그동안 편찬된 국어사전에서 '소'를 한자어로 처리한 것은 문제라 할 수 있다.

고유어 '소'를 한자어로 처리한 것은 북한에서 刊行된 사전에서도 볼 수 있다. 북한의 사회과학원 언어학연구소에서 1981년에 펴낸 『현대조선말사전』과 1991년에 간행한 『한자말사전』에도 다음과 같이 '소'를 풀이하였다.

⑵
소【명】땅바닥이 움푹 패이고 물이 깊게 괸 곳. │ 수정천은 솔밭사이를
　　흘러내리면서 곳곳에 소와 시내를 이루었다.[5]〈현대조선말사전
　　　　　　　　　　　　　　　　　　　　　　　　1455〉
소【명】땅바닥이 움푹 패이고 물이 깊게 고인 곳. ‖―와 늪, 맑은―
　　　　　　　　　　　　　　　　　　　〈한자어사전 858〉

북한에서 간행된 한자어사전에 '소'가 올라있음은 물론 일반적인 국어사전에서 한글만을 표기하는 것을 원칙으로 삼았기 때문에 한자 '沼'를 병기하지 않았으나 한자어로 처리하였음을 알 수 있다. 이는 중국의 조선외국문도서출판사와 중국민족출판사에서 함께 간행한 『朝中辭典』에서도 '소'를 '沼'와 대응시키고 있는 점을 통해서도 알 수 있다. 결국 우리나라는 물론 북한, 중국에서 간행된 국어사전류에서 '소'는 예외 없이 한자어로 처리하였음을 알 수 있다.

특수사전이라 할 수 있는 이근술·최기호(2001)가 엮은 『토박이말쓰임사전』에는 여기서 논의하고 있는 '소'가 올라 있지 않다. "맛을 내기 위하여 떡 속에 넣는 팥 같은 재료"를 뜻하는 소[1]과 "소과에 따린 집짐승" 소[2]가 등재되어 있을 뿐이다. 그런데 특수

---

5 『현대조선말사전』과 편찬자가 동일한 사회과학원 언어학연구소에서 간행한 『조선문화어사전』에서도 이와 똑같은 내용으로 되어 있다. 이 사전들의 출판 방향이 한자어도 한글로만 표기하는 원칙이었기 때문에 표제어 '소'에도 한자를 倂記하지 않았다.

사전의 일종인 고어사전에서는 ‘소’를 한자어가 아닌 고유어로 처리하였다. 특히 南廣祐(1960, 1971, 1997)에서는 ““소’는 ‘沼’의 음기(音記)가 아니라 고유어임이 틀림없다고 봄”이라고 적시하였다.

(3)
소[潭] 혼 기·픈 소·해 다드·라(至一深潭)〈佛頂 下12〉·소담(潭) 소·츄(湫)〈字會
上5〉·쇠벼·로 ㄱ·ㅂ.〈고어재료사전 후집 86〉[6]
·소【명】물이 깊은 못. [‘소’는 ‘沼’의 음기(音記)가 아니라 고유어임이 틀림없
다고 봄〈敎學 古語辭典 854〉
·소ㅎ【명】소[潭]〈이조어사전 460〉
소【명】소[潭]. 물이 깊은 못 ☞ 소ㅎ〈17세기 국어사전 1601〉
소ㅎ【명】소[潭]. 물이 깊은 못 ☞ 소〈17세기 국어사전 1613〉

(3)에서 보듯 方鍾鉉(1947)을 비롯하여 南廣祐(1960), 劉昌惇(1964)에서 ‘소’는 한자어 ‘沼’에서 기원한 것이 아닌 고유어로 처리하였다. 또한 홍윤표 외 3인(1995)에서도 앞서 간행된 고어사전들과 같은 태도를 보이고 있다. 『古語材料辭典』에서 표제어 ‘소’의 성조를 평성으로 한 것은 잘못이나 대응하는 한자를 [潭]으로 하여 ‘沼’가 아님을 분명히 하였다. 특히 『龍飛御天歌』에 나오는 ‘·쇠벼·로[淵遷]’의 ‘소’도 용례로 들어주었다. 『李朝語辭典』에서는 표제어를 ‘·소ㅎ’라 하여 ‘소’가 ㅎ종성체언임을 나타내 주었다. 또한 『17세기 국어사전』에서는 ‘소’와 ‘소ㅎ’를 별도 항목으로 처리하였다.

(3)에서 특별히 주목을 끄는 것은 ‘소’가 한자어 ‘沼’가 아니고 고유어임을 분명하게 적시한 『古語辭典』의 덧붙인 말이다. 또한 『古語材料辭典』과 『李朝語辭典』에서는 ‘[潭]’ 또는 ‘소[潭]’로 간단하게 풀이항을 삼았지만 『古語辭典』에서는 ‘물이 깊은 곳’으로 진전된 풀이를 하였다. 계곡이나 내 또는 강과 바다에 물이 깊게 고여 있거나 천천히 흐르는 곳을 ‘소’라고 하는데 이는 간결하면서도 명쾌한 풀이라 할 수 있다.

---

6 聲調 표시에 오류가 발견되나 사전에 나오는 원문을 그대로 옮겨 적은 것이다. ‘·쇠벼·로’ 뒤에 표기한 ‘ㄱ·ㅂ’은 이 사전에서 ‘參照의 뜻의 略으로’ 넣은 것이다.

'소'를 일반적인 국어사전류에서 한자어로 보았지만 고어사전류에서는 처음부터 고유어로 처리하였음을 알 수 있다. 문세영의 『조선어사전』 초판이 1938년에 간행되었고 한글학회의 『큰사전』 편찬을 착수한 시점이 1927년임을 감안하면 『古語材料辭典』의 간행 시점이 이들 사전보다 후대임에도 불구하고 이를 답습하지 않았다. 앞서 간행된 일반적인 국어사전을 따르지 않고 고어사전에서 사실을 충실하게 반영하여 기술한 것은 매우 뜻깊은 것으로 평가하여야 할 것이다.

고어사전의 경우 일반적인 국어사전과는 달리 고문헌에 나오는 어휘 자료를 수집하여 그 용례와 함께 제시하는 특성으로 인하여 이런 긍정적인 결과를 초래한 것으로 보인다. 『古語辭典』과 『이조어사전』에서는 표제어에서만 성조를 반영하고 예문의 경우 편의상 이를 생략하고 제시하였다. 그러나 이 두 사전의 원조라 할 수 있는 『古語材料辭典』에서는 뒤에 간행된 두 사전에 비하여 예문은 많지 않으나 성조까지 반영하여 편찬하였다. 중세국어 문헌을 통하여 살펴보면 고유어 '·소'는 성조가 거성이고 '沼'는 그 한자음이 '쇼'일뿐만 아니라 성조도 상성이다. 고문헌을 통하여 이러한 사실을 알게 된 고어사전 편찬자들이 '·소(ㅎ)'는 :쇼(沼)와 다름을 분명하게 인식하고 이런 태도를 보인 것으로 보인다.

3. 한자학습서와 한자자전에서의 '沼'에 대한 풀이

'·소'를 현용 국어사전에서는 한자 '沼'에서 기원한 것으로 풀이하고 있으나 '沼'의 한자음은 '소'가 아니고 '쇼'였으며 성조 또한 거성이 아닌 상성이었다. 『訓蒙字會』 叡山文庫本 上3a와 東京大學本 上5a에 보면 '沼'에 대하여 "·못:쇼 圓曰池曲曰~"로 나온다. 그리고 '潭'에 대하여 "·소담 水深處爲~", '湫'에 대하여 "·소츄 龍所居"가 보인다. 지리편의 같은 쪽에 한자어 ':쇼(沼)'와 고유어 '·소'가 보이는데 '·소'는 '沼'가 아니고 '潭' 또는 '湫'임을 알 수 있다. 『訓蒙字會』 한 쪽만을 면밀히 검토해도 '·소'는 '沼'가 아님을 알 수 있다. '沼'의 자음과 자의를 보다 분명히 하기 위하여 우리나라의 역대 한자입문서 그리고 자전에 실려 있는 내용과 http://tool.httpcn.com에서 제공하고 있는 『康熙字典』의 해석과 영문번역을 보기로 하자.

(4)
:죠ᇢ〈東 4:24ㄱ〉[7]
:쇼〈선맹 1:3〉
못:쇼 圓曰池曲曰~〈訓蒙比叡 上3ㄱ〉, 〈訓蒙東大·尊經·東國 上5ㄱ〉
몯됴 諺쇼曲池〈字類 上17ㄱ〉
죠上〈三聲 下3〉
[죠]俗[쇼]曲池也(篠)〈全玉 上58ㄴ〉
[쇼]曲池굽은못소(篠)〈釋要 上77ㄱ〉
[죠]俗[쇼] 曲池못[詩] 于沼于沚(篠)〈新字 2:47ㄱ〉
못소〈初學要選 4〉
못 소〈韓國漢字語辭典 3:127〉
[소] 小 [上] 【廣韻】之少切 [昭] zhǎo. 【說文 水部】沼, 池水, 从水, 召聲. ①曲形(곡형)의 못. 〈說文, 水部〉 沼, 池也. 〈玉篇, 水部〉 沼, 池沼也. 〈古今韻會擧要, 篠韻〉 沼, 圓曰池曲曰沼 ②못물. ③맑다.〈漢韓大辭典 8:259〉

◎ 康熙字典解释
【巳集上】【水字部】 沼; 康熙笔画:9; 页码:页614第09(点击查看原图)
【唐韻】之少切【集韻】【正韻】止少切【韻會】止小切,𡘋昭。上聲。
【說文】池也。一說圓曰池,曲曰沼。【詩·召南】于沼于沚。又【集韻】之笑切,音照。義同。
◎ 英文翻译
lake, fishpond, swamps
[结果来源于: http://tool.httpcn.com/Html/KangXi/28/PWMEXVKOTBTBCBC.shtml]

(4)의 앞부분 用例는 『古今漢韓字典』에 실려 있는 것과 한국학중앙연구원의 장서

7 출전의 약호는 南廣祐 編(1995) 『古今漢韓字典』을 따르기로 한다.

각 디지털 아카이브 사전용례 그리고 단국대학교 동양학연구소에서 최근 완간된『漢韓大辭典』등에서 가져온 자료이다. 뒷부분 용례는 http://tool.httpcn.com에서 제공되고 있는 자료 중『康熙字典』해석과 영문번역이다.

(4)의 검토를 통하여 '沼'의 한자음이『唐韻』과『廣韻』에서 '之少切'이었으며『集韻』『正韻』에서는 止少切,『韻會』에서는 止小切이었고 성조는 상성이었음을 알 수 있다. 이 한자음을 계승하여『東國正韻』의 한자음을 ':죯'로 삼았으며『字類』,『三聲』,『全玉』그리고『新字』에 이르기까지 [죠]를 正音으로 삼고 있음을 알 수 있다. 선조판『小學諺解』와『訓蒙字會』에서는 俗音 [쇼]만이 나타나나 이는 두 책이 언해서나 한자초학서이기 때문이고 자전류에서 [쇼]만을 보여주는 것은『釋要』에 와서이다.

이상의 검토를 통하여 중국의 원음을 바탕으로 한 '沼'의 한자음은 [죠]였으며 조선의 현실한자음 즉 동음은 [쇼]였음을 알 수 있다. 1915년에 간행된『新字典』에까지 중모음이었던 운모가 단모음을 보이는 것은 1918년에 간행된『初學要選』이다. 불과 3년의 간격을 두고 간행된 서적에서 중모음이었던 운모를 단모음으로 표기한 것은 음운의 변화로 보는 것보다 두 문헌의 성격이 다름에서 그 원인을 파악하여야 할 것이다. 앞에서 논의하였듯이 일반적으로 자전류에서는 보수적인 한자음을 유지하고 한자학습서나 언해류에서는 진보적인 경향을 띠기 때문이다.

현실언어에서는 [쇼]였던 한자음이 단모음화하여 [소]로 되었을 것이나 표기에서 '沼'의 한자음을 [소]로 적기로 한 것은 1933년에 마련된 한글맞춤법통일안 제4장 제35항에 따른 것으로 보아야 할 것이다.[8] 단모음을 사용한 한자음 [소]는 1918년에 간행된『初學要選』을 비롯하여 맞춤법 제정 후 대부분의 문헌에서 쓰였으며 (4)에서 예로 든『漢韓大辭典』에서도 물론 '沼'의 한자음을 [소]로 적고 있다.

요컨대 중세국어와 근대국어 시기에 '沼'의 한자음은 [죠] 또는 [쇼]였으며 그 성조는 上聲이었다. 한자음만을 검토하여도 용소, 가마소의 '소'는 중세국어 시기에 'ㅎ'을 말음으로 삼고 있는 '소ㅎ'였으므로 '沼'와는 관련이 없음을 알 수 있다.

---

8 한글맞춤법통일안 제4장 제35항의 내용은 "ㅅ·ㅈ·ㅊ"을 첫소리로 삼은 "ㅑ·ㅕ·ㅛ·ㅠ"는 "ㅏ·ㅓ·ㅗ·ㅜ"로 적는다"이다.

이제 한자 '沼'가 지닌 의미에 대하여 논의하기로 하자. (4)를 통하여 우리나라에서 간행된 한자학습서와 한자자전에서 '沼'의 새김으로 제시된 낱말은 못, 몯, 굽은못, (곡형)의 못 등임을 알 수 있다. 대체로 '못'을 새김으로 삼고 있으며 비교적 후대에 간행된 『字典釋要』와 『漢韓大辭典』에서 각각 '굽은못'과 '(곡형)의 못'으로 풀이하였다. '굽은'과 '曲形'은 유의어이므로 유사한 개념을 달리 표현한 것이다. '굽은못' 또는 '(곡형)의 못'은 표제한자 '沼'에 대한 한문주석 '曲池' 또는 '曲池也'를 번역하여 풀이항으로 삼은 것이다.

중국의 한자자전 중 이른 시기에 간행된 『說文解字』에서 한자 '沼'에 대하여 그 의미를 '池也. 一說圓曰池, 曲曰沼.'라 하였음을 알 수 있다. 이는 '沼'는 '池'인데 일설에 의하면 둥근 형태를 지닌 것은 '池'이고 굽은 형태인 것은 '沼'라 한 것이다. 중국은 물론 우리나라 자전에서 이를 따라 '沼'의 의미를 규정하였음을 알 수 있다. 결국 '沼'와 가장 가까운 의미를 가지고 있는 한자는 '池'임을 알 수 있다. 단지 '沼'가 '池'와 다른 것은 曲形 즉 굽은 형태를 지닌다는 것이다. 풀이항에 나오는 '池'의 의미를 보다 분명하게 하기 위하여 고금 자전에서 '池'를 어떻게 풀이하고 있는지 살피기로 한다.

(5)
·못디即壤~又~塘〈訓蒙比叡 中5ㄱ〉〈訓蒙東大·尊經 中8ㄱ〉 못디〈訓蒙東國〉
못디〈類合 上5ㄴ〉〈靈長寺板類合 4〉
못디〈光千·石千 27ㄴ〉 못지 沼也又물타濠~水名〈註千〉
몯지〈倭解 上9ㄴ〉
[지] 窪地通水 黃帝樂名咸~ 飛貌差~(支) [타]幷州水名濠~(歌) 沱通
〈全玉 上57ㄴ〉
몯지穿地通水又沱仝濠~河名〈字類 上17ㄱ〉
못지〈兒學 上3ㄴ〉
[지] 穿地通水못지, 樂名咸~풍뉴일홈지, 飛貌差~석바귀날지(支) 沱見
〈釋要 上76ㄴ〉
[지] 窪地通水못[禮] 母漉陂~ ○差~飛不齊貌석박구어날 [詩] 燕燕于飛差~其
羽 ○黃帝樂名咸~(支) [타] 幷州水名濠~(歌) 沱通〈新字 2:45ㄱ〉

못 디〈百聯抄解東京大本 15〉

못지〈正蒙類語 17〉〈初學要選 4〉

[一] 지 支 [平]【廣韻】直離切 chí. ①못. 연못. ②해자. ③물길. 도랑. ④연못처럼 사방이 높고 가운데가 우묵하게 파인 것. 연지(硯池)따위. ⑤처마끝의 물받이. ⑥상여(喪輿)의 불받이 장식. ⑦이불이나 옷 따위의 가장자리에 두르는 선. ⑧무덤 구덩이. ⑨봉황지(鳳凰池). 위진(魏晋)·수당(隋唐)·원명(元明) 시대에 중서성(中書省)이 있었던 곳이다. ⑩물이름. ⑪주이름. ⑫성(姓) [二] 타 歌 [平]【廣韻】徒何切 [駝] tuó. 물이름에 쓰인 글자. 沱와 같다. [三] 철 屑 [入]【洪武正韻】直列切 [徹] chè. 걷어치우다. 撤과 통용.〈漢韓大辭典8:94-95〉

◎ 康熙字典解释

【巳集上】【水字部】池; 康熙笔画:7; 页码:页606第05(点击查看原图)

【廣韻】直離切【集韻】【正韻】陳知切【韻會】除知切 灶音馳。

【說文】治也。孔安國曰:停水曰池。【周禮·秋官】雍氏掌溝瀆澮池之禁。【註】謂陂障之水道也。【禮·月令】毋漉陂池。【註】畜水曰陂,穿地通水曰池。又城塹曰溝池。【禮·禮運】城郭溝池以爲固。【班固·西都賦】呀周池而成淵。【註】城有水曰池。又朝夕池海也。【枚乘諫吳王書】游曲臺臨上路,不如朝夕之池。【註】蘇林曰:以海水朝夕爲池。又咸池,天神也。【東方朔·七諫】屬天命而委之咸池。又咸池,黃帝樂名。又堯樂名,大咸亦曰咸池。【周禮·春官】大司樂舞咸池以祭地示。【註】咸池,大咸也。【禮·樂記】咸池備矣。【註】咸,皆也。池之爲言施也。言德之無不施也。又咸池,星名,主五穀,見【史記·天官書】。又亢池,星名。在亢北,主度送迎之事。見【甘氏星經】。又【爾雅·釋樂註】琴上曰池,言其平。下曰濱,言其服。又棺飾。【禮·檀弓】池視重霤。【疏】池者,柳車之池也。織竹爲之,形如籠,衣以靑布,以承鼈甲,名之爲池,象重霤方面之數。又【小爾雅】埋柩謂之殔,殔坎謂之池。又銅池,承霤也,以銅爲之。【前漢·宣帝紀】金芝九莖,產於函德殿銅池中。又道家名腎中偃月爐爲玉池。【黃庭經】玉池淸水灌靈根,審能行之可長存。又心之別名爲中池。【黃庭經】中池有士衣赤衣,田下三寸神所居。又裝潢家以卷縫罅處爲玉池。【楊愼·墐戸錄】古裝裱卷軸,引首後以綾黏者曰矑,唐人謂之玉池。又差池,飛貌。【詩·邶風】燕燕于飛,差池其羽。又黃池,地名。【春秋·哀十三年】公會晉侯及吳子于黃池。又天池,山名。在南陽。又州名。【廣輿記】池州府,漢屬丹陽,三國吳爲石城侯邑,隋曰秋浦,曰池陽,唐宋曰池州。又姓。漢中牟令池瑗。見【風俗通】。

又【唐韻】徒何切【集韻】【韻會】唐何切【正韻】湯何切, 迆音駝。與沱通。
【說文】江別流也。又虖池, 水名。在幷州界。【周禮·夏官·職方氏】幷州, 其川虖池。【註】
虖池, 出鹵城。池, 徒多切。◎按禮器作惡池, 山海經作滹沱, 戰國策作呼池, 詛楚文作
惡駝, 音義丛同。又陂池, 或作坡陁。【刊謬正俗】陂池讀如坡陁, 猶言靡迤耳。又【楚
辭·九歌】與汝沐兮咸池, 晞予髮兮陽之阿。【揚雄·羽獵賦】相與集於靖冥之館, 以臨珍
池。灌以岐梁, 溢以江河。【註】池丛讀沱。
又【正韻】直列切, 音徹。
【禮·檀弓】主人旣祖塡池。【註】塡池當讀爲奠徹。
考證: 【【枚乘諫吳王書】游曲臺臨上路, 不知朝夕之池。】謹照原文知改如。【【揚雄·羽
獵賦】相與集於靑冥之館, 以臨珍池。灌以岐梁, 隘以江河。】謹照原文靑改靖。隘改
溢。

◎ 英文翻译
pool, pond; moat; cistern
[结果来源于: http://tool.httpcn.com/Html/KangXi/28/
PWMEMEILILTBCTBAZ.shtml]

　　(5)를 통하여 '池'는 '沼'보다 그 쓰임이 적극적인 글자임을 알 수 있다. '沼'가 역대
한자학습서 중 비교적 많은 글자를 모아 놓은 『訓蒙字會』에만 나오는 반면 '池'는 『千字
文』과 『類合』에도 실려 있다. 또한 문교부에서 1972년 제정 공표한 한문교육용 기초한
자 중 '池'는 고등학교용에 포함되었으나 '沼'는 그렇지 않다. 그리고 중국의 자전은 물
론 우리나라에서 간행된 자전에서도 표제한자 '池'를 적극적으로 풀이하였다.

　　『說文解字』에서 '池'를 "治也. 孔安國曰:停水曰池."라 하였음을 알 수 있는데 '停水'
즉 머물러 있는 물을 '池'라 하였다. 그렇다면 '治也'의 '治'도 그 본래의 뜻이 '물'임을 추
정할 수 있는데 이를 『說文解字』에서 확인할 수 있다. 이 책에서 '治'에 대하여 "水. 出東
萊曲城陽丘山, 南入海. 从水台聲."으로 풀이하였다. 이는 '治'의 本義之釋이 '水'이며 보다
구체화하면 "東萊曲城陽丘山에서 나와 남에서 바다로 들어가는 물"임을 알 수 있다.
오늘날 '治'는 '물' 또는 '물이름'이라는 뜻보다는 이에서 파생된 '다스리다'라는 뜻을 비

롯하여 다양한 의미로 쓰이고 있다.[9]

'池'의 한자음은 直離切을 배경으로 한 [지], 徒何切을 따른 [타] 그리고 直列切을 기반으로 한 [철]이 있다. 이 중 [지]를 음으로 삼은 이 글자의 뜻풀이가 '못'이었음을 우리나라에서 간행된 모든 문헌에서 확인할 수 있다. 流水와 대립되는 停水는 못에 갇혀 있는 물이므로 '池'의 새김이 '못'으로 정착된 것이다.

위에 제시한 자전에서 '池'를 풀이한 한문주석을 살펴보면 "穿地通水" 또는 "窄地通水"가 보인다. 이를 통하여 '池'는 자연적으로 이루어진 못이 아니고 인간의 노동력을 동원하여 땅을 파고 물을 끌어들여 만든 人工物임을 알 수 있다. 이는 『訓蒙字會』에서 '沼'가 上卷 地理편에 배열되어 있고 '池'는 中卷 官衙편에 배열되어 있음을 통하여도 그 차이를 분명히 알 수 있다. '池'는 '屯堡壕池'라는 句에 나옴을 확인할 수 있는데 성 밖으로 둘러 판 못 즉, 垓字를 의미하는 한자 '壕'와 짝을 이루어 배열하였다.[10]

이상의 논의를 통하여 池와 沼가 모두 '못'을 새김으로 삼고 있으나 그 뜻은 분명히 차이가 있는 것임을 확인하였다. 고유어는 일반적으로 한자어에 비해 지시하는 의미영역이 넓고 구체적이지 못하기 때문에 池와 沼를 모두 '못'으로 풀이하였다. 이런 현상은 『訓蒙字會』에 '집'을 새김으로 삼고 있는 한자가 家, 宇, 宙, 宮, 闕, 殿, 屋, 宅, 房, 室, 閣, 廡, 廈······ 등을 비롯하여 25자나 됨을 통하여 널리 알려진 사실이다. 고유어와 한자어의 유의관계에서 一對多 대응의 일반적인 현상을 '못:池·沼'를 통하여도 알 수 있는 것이다. 요컨대 '池'는 못은 못이되 인공에 의하여 형성된 것이고 '沼'는 자연적으로 이루어진 것이다.

---

9 단국대학교 동양학연구소에서 간행한 『漢韓大辭典』에서 맨 마지막 풀이항인 28번째에서 '물이름'을 제시하였다. 그 앞에 제시한 풀이항은 ①손질하다. 정리하다. ②다스리다. 통치하다. ③수양하다. 꾸미다. ④질서가 있다. 정연하다. ⑤정서가 평온하다. 정황이 정상적이다. ⑥안정되다. 잘 다스려지다. ⑦치적 ⑧정치. 법제. ⑨만들다. ⑩준비하다. 마련하다. ⑪짓다. 건조하다. 수리하다. ⑫징벌하다. 처단하다. ⑬치료하다. ⑭대항하다. 겨루다. ⑮연구하다. 공부하다······ 등이다.

10 『訓蒙字會』叡山文庫本 中5a에 '壕'에 대하여 "히즈호 城底海子有水曰~"라 풀이하였다. '池'에 대하여 "못디卽壕~又~塘"이라 한 것을 통하여 壕池라는 한자어가 있음을 알 수 있다.

4. 언해문 등 역사 문헌자료에 에 보이는 '소'

한글로 표기된 최초의 문헌인 『龍飛御天歌』에 '소'가 보이는 바 한자표기 지명 '淵遷'에 대응하는 '·쇠벼·루'의 '·소'가 그것이다.[11] 이를 통하여 '소'는 이른 시기에서부터 국어에 존재했던 단어이며 특히 자연을 기반으로 형성된 농경사회에서는 기초어휘 중 하나에 속하는 것으로 추정할 수 있다. 이런 추정이 가능한 것은 앞에서 논의했듯이 우리나라 전국 각처의 지명에 '-소'를 후부요소로 삼고 있는 것이 『한국지명총람』에만 2,035개로 확인되기 때문이다. 현재 참고가 가능한 고어사전류에 등재되어 있는 '소' 또는 '소ㅎ'를 비롯하여 역대 문헌의 문장에서 검색한 자료를 제시하면 (6)과 같다.

(6)

<15세기>

ᄒᆞᆫ삐 ᄇᆡ타 ᄒᆞᆫ 기픈 소해 다ᄃᆞ라 (一時乘船得至一深潭) 〈觀音經 12ㄴ〉

<17세기>

기픈 소ᄭ의 안잣더니 (坐深潭邊) 〈東新烈 3:72ㄴ〉

촌촌이 버혀ᄂᆞᆯ 쳐지 ᄯᅩ 소히 ᄲᅡ뎌 주그니라 (寸斬之處子亦投淵而死)

〈東新烈 3:87ㄴ〉

져젠ᄌᆞ식을 업고 소해 ᄲᅡ디니 도적이 칼ᄒᆞ로 베히다 (乳子投淵賊劍斬之)

〈東新烈 4:22ㄴ〉

스스로 기픈 소히 ᄲᅡ디니 도적기 주기니라 (自投深淵賊殺之) 〈東新烈 4:62ㄴ〉

두 ᄌᆞ식을 안고 기픈 소히 ᄲᅡ뎌 주그니라 (抱兩兒投深潭而死) 〈東新烈 5:6ㄴ〉

---

11 〈龍歌 三23〉에 한강 중 남한강을 설명하는 과정에 '·소'가 포함되어 있는 '·쇠벼·루'가 나오는데 해당 부분은 다음과 같다.

漢江。古稱沙平渡。俗呼沙里津。其一源。出自江原道五臺山。至寧越郡西。合衆流爲加斤洞가·큰·동津。至忠淸道忠州。與達川·달:내合。爲淵遷·쇠벼·루。西流又與安昌水合。至驪興府爲驪江。川寧縣爲梨浦비·애。楊根郡爲大灘·한여·흘。爲蛇浦·ᄇᆞ얌·개。……後略……후략……(한강은 옛날에는 사평도라 하였는데 속칭 사리진이라 불렀다. 이 강의 한 근원은 강원도 오대산으로부터 나와 영월군 서쪽에 이르러 여러 물줄기와 합쳐 加斤洞(가큰동)나루가 되고 충청도 충주에 이르러 達川(달내)와 합쳐 淵遷(·쇠벼·루)가 되고 서쪽으로 흘러 안창수와 합하여 여흥부에 이르러 여강이 되고 천령현에서는 梨浦(비애)가 되고 양근군에 이르러 大灘(한여흘)이 되고 蛇浦(ᄇᆞ얌개)가 된다.)

도적기 자바 더러이고져 ᄒ거놀 소히 ᄲᅡ뎌 주그니 (賊執欲汚之投淵而死)

〈東新烈 6:22ㄴ〉

기픈 소히 다ᄃᆞ라 스스로 ᄲᅡ뎌 주그니라 (至深潭自投而死)〈東新烈 6:25ㄴ〉

과연 이젼 언약대로 소희 ᄲᅡ뎌 죽다 (果如前約投淵而死)〈東新烈 6:75ㄴ〉

주검을 도팟 소의 가 어드라 (求屍於道波之淵)〈東新烈 6:75ㄴ〉

계모 박시 아돌과 ᄯᆞᆯ을 ᄃᆞ리고 소해 드러 죽거늘 (朴氏率子女投淵而死)

〈東新孝 6:82ㄴ〉

스스노 깁픈 소의 ᄲᅡ뎌 죽다 (自投深淵而死)〈東新烈 6:86ㄴ〉

ᄃᆞ라가 깁픈 소희 드러 죽다 (走入深淵而死)〈東新烈 7:69ㄴ〉

박시 아돌 ᄯᆞᆯ 둘홀 ᄃᆞ리고 소해 ᄲᅡ뎌 주그니라 (朴氏率子女二人投淵而死)

〈東新烈 8:72ㄴ〉

왜적을 피ᄒᆞ다가 적의 자핀 배 되여 소해 ᄲᅡ뎌 죽다 (避倭賊爲的所擒投淵而死)

〈東新烈 7:76ㄴ〉

면티 몯홀가 ᄒᆞ여 홈ᄭᅴ 소히 ᄲᅡ뎌 주그니라 (不得免俱沈淵而死)〈東新烈

8:25ㄴ〉

도적이 과연 믄득 니ᄅᆞ매 뎡시 소히 ᄲᅡ뎌 주그니라 (賊果猝至丁氏投淵而死)

〈東新烈 8:70ㄴ〉

百穀이 時雨를 만나ᄂᆞᆫ 닷 涸轍枯魚ㅣ 깁푼 소애 잠겨ᄂᆞᆫ 닷〈嶺南歌 蘆溪先生

文集 36〉

<18세기>

범의 깃과 농의 소 ᄀᆞᆺ흔 디 괴로이 여러 관원들이 니로되〈三譯 9:15ㄱ〉

두 사ᄅᆞᆷ이 눈을 ᄶᅧ 혼 번 보니 깁흔 소히 업고 (二人開眼 沒有深潭)〈孫龐演義

3:115〉

압 닉희 깁흔 소히 다 ᄆᆞᆰ앗다 ᄒᆞᄂᆞᆫ다〈樂學拾零 30ㄱ〉

그 알픠 너러 바회 火龍쇠 되엿셰라〈관동별곡〉

環碧堂 龍의 소히 비 앒픠 다하셰라〈성산별곡〉

潭은 소히라〈無寃錄 3:3ㄱ〉

<19세기>

이째 셩밧 삼십니 조운을 통ᄒᆞᄂᆞᆫ 곳의 혼 낫 소히 이셔 (彼時離城三十里通漕運

處 地名碧油潭)〈包公演義 金鯉 6:2〉

이날 밤의 또 변ᄒᆞ야 녀지 되여 소흐로 나와 (那夕正脫形出潭)〈包公演義 金鯉
6:3〉

<연대불명 및 기타>
여흘란 어듸 두고 소해 자라 온다 소콧 얼며 여흘도 됴ᄒᆞ니
이 ᄂᆡ 시름을 등재게 시러 酒泉 깁픈 소희 풍덩 드리쳐 드리과쟈

(6)에서 보듯 이 단어는 주로 처격조사 '-애'나 '-이' 또는 '-의' 앞에 놓인 경우가 대부분이다. 그리고 주격과 서술격 '-이' 또는 '-이다'와 향격 '-으로' 앞에 놓인 경우와 단독의 보조사 '-곳' 앞에 놓인 예가 부분적으로 보인다. 검색 자료를 통하여 15세기에서부터 18세기의 문헌에서 '소'는 원초적으로 곡용시 ㅎ을 동반하는 형태였음을 알 수 있다. 위에 제시된 例文 중 17세기 자료인『東國新續三綱行實圖』에 2개의 예와『蘆溪先生文集』의『嶺南歌』에서 ㅎ첨입이 이루어지지 않은 처격형 '소애'가 보인다. 그리고 18세기 문헌에서『三譯』의 '늉의 소'와『關東別曲』'火龍쇠'[12]에서 ㅎ첨입이 되지 않은 예를 볼 수 있을 뿐이다. 이를 통하여 이 단어는 ㅎ종성체언 또는 ㅎ곡용어로 볼 수 있다. 용소, 가마소의 '소'가 '쇼'를 한자음로 했던 '沼'와는 달리 ㅎ종성체언 '소ㅎ'임을 (6)을 통하여도 분명히 알 수 있는 것이다.

국어 어휘 중 고유어로 인식되는 것 중 이른 시기에 중국어에서 차용된 어휘로 쇼(←俗), 뎌(←笛), 쇼(←褥) 등이 있다. 이들 어휘는 입성운미 'k'가 'h'로 弱化된 후 소멸되어 형성된 것으로 보고 있다. 즉 '쇼'와 '뎌'의 형성은 각각 '쇽 〉 쇼ㅎ 〉 쇼'와 '뎍 〉 뎌ㅎ 〉 뎌'의 과정을 거쳐 이루어졌다는 것이다. 그렇다면 '소ㅎ 〉 소'도 한자음을 '쇽'으로 하는 중국어에서 발전된 것이고 나아가 '沼'와 연관이 있지 않을까 하는 생각을 할 수 있다. 그런데 '沼'는 중국의 上古音이 [tji?]였으며 당음은 [jiɐu]로 입성운미를 가지고 있지 않았다.[13]

---

12 『관동별곡』은 그 표기에 있어서 한자어는 한자로, 고유어는 한글로 표기하는 것을 원칙으로 삼았던 것으로 보인다. '火龍쇠'를 火龍과 더불어 한자 '-沼ㅣ'로 표기하지 않고 한글로 표기하였다는 것은 이 단어를 고유어로 인식했다는 증거로 볼 수 있다.

13 http://tool.httpcn.com에서 '沼'를 검색하면 다음과 같은 古代音韻과 現代拼音 對照 정보를 얻을 수 있

중국의 상고음에서 운미에 입성 'k'를 지니고 있지 않았을 뿐만 아니라 중세국어와 근대국어 문헌에서 '沼'의 한자음은 '쇼'였다. 俗, 笛, 褥 등의 한자음이 중세국어와 근대국어에서 각각 쇽, 뎍, 욕으로 종성에서 'ㄱ'을 지니고 있다는 점과도 차이가 있다. '쇽 〉쇼ㅎ 〉쇼 〉소'로의 발전과정으로 보아 ㅎ말음의 소멸이 먼저이고 단모음화가 후에 일어난다는 점을 통하여도 '쇽 〉쇼ㅎ 〉소ㅎ 〉소'의 과정은 설명하기 어렵다. 그러므로 '소ㅎ'는 순우리말로 보아야 하며 '沼'를 배경으로 생겨난 것이 아님을 알 수 있다.

(6)에 제시된 예문 중 한문을 원문으로 한 것은 『觀音經』의 한 예와 『東國新續三綱行實圖』의 16개 예, 『孫龐演義』의 한 예 그리고 『包公演義』 두 예 도합 20개이다. 이 중 '소ㅎ' 또는 '소'와 대응하는 원문의 한자가 '潭'인 것은 6개로 『觀音經』의 한 예와 『東國新續三綱行實圖』의 3 예, 그리고 『孫龐演義』의 한 예 그리고 『包公演義』 2 예가 그것이다. 그리고 14개의 예문에서는 '소ㅎ'가 '淵'과 대응됨을 알 수 있다. 이들 예문을 통하여 諺解文에 나타나는 '소ㅎ'는 주로 '淵'을 대역한 것이고 일부는 '潭'을 대역한 것임을 알 수 있다. '소ㅎ'로 대역된 '淵'과 '潭'이 각각 어떤 의미영역을 지니고 있었는지에 대하여는 제18장에서 다룬 바 있다.

5. 결론

순우리말 '여울'과 대립되는 단어 '소'를 현용 국어사전에서는 한자 '沼'에서 기원한 것으로 처리하고 있다. 문세영의 『조선어사전』은 물론 한글학회 『큰사전』을 비롯하여

다.

[上古音]: 宵部照三母, tji?

[广　韵]: 之少切, 上30小, zhǎo, 效開三上宵A章

[平水韵]: 上声十七筱

[唐　音]: jiěu

[国　语]: zhǎo

[粤　语]: ziu2

[閩南语]: chiau2

최근 간행된 고려대학교 민족문화연구원의 『한국어대사전』에 이르기까지 예외 없이 표제항목이 '소'가 아닌 '소(沼)'로 제시되어 있다. 이런 태도는 북한에서 간행된 사전에서도 확인할 수 있다.

'소'를 순우리말로 인식하고 고유어로 처리한 것은 고어사전류에서만 볼 수 있다. 우리나라 최초의 고어사전으로 볼 수 있는 方鍾鉉의 『古語材料辭典』과 南廣祐의 『古語辭典』 그리고 劉昌惇의 『李朝語辭典』에서 이를 확인할 수 있다. 『李朝語辭典』에서는 표제어를 '·소ㅎ'라 하여 '소'가 ㅎ종성체언임을 나타냈으며, 『古語辭典』에서는 '소'는 한자어 沼가 아니고 고유어임을 분명하게 적시하였다. '소'를 고어사전류에서 고유어로 처리하게 된 것은 일반적인 국어사전과는 달리 고문헌에 나오는 어휘 자료를 수집하여 그 용례와 함께 제시하는 특성을 지녔기 때문으로 보인다.

일반사전 편찬자들이 표제항 설정 과정에서 특수사전이라 할 수 있는 고어사전류를 참고하였다면 '소'를 한자어로 처리하지 않았을 것이다. 이러한 오류가 '소'의 경우에만 그치지 않고 다른 항목에서도 발견될 가능성이 있다. 앞으로 국어사전과 같은 일반사전 편찬 과정에서는 반드시 관련 분야의 특수사전을 참고해야 할 것이다.

'소'가 한자 沼에서 기원한 것이 아님을 우리나라의 전통적인 한자입문서와 한자자전에 실려 있는 관련 내용의 검토를 통해서도 확인할 수 있다. 중세국어와 근대국어 시기에 '못' 또는 '굽은못'을 새김으로 삼고 있는 沼의 한자음은 [죠] 또는 [쇼]였으며 그 성조는 상성이었다. 반면에 '潭' 또는 '湫'의 새김으로 등장하는 '소'는 그 성조가 거성이고 곡용시에는 ㅎ이 첨입되는 명사였다. 그러므로 고유어 '·소ㅎ'를 한자 '沼(:죠/:쇼)'에서 기원했다고 보는 것은 잘못이다.

언해문 등 역사 문헌자료를 통하여도 '소'가 이른 시기부터 존재했던 순우리말임을 확인할 수 있다. 한글로 표기된 최초의 문헌인 『龍飛御天歌』의 한자표기 지명 '淵遷'에 대응하는 '·쇠벼·루'에서 '·소'를 찾을 수 있다. 이는 '소'가 이른 시기에서부터 국어에 존재했던 단어이며 특히 자연을 기반으로 형성된 농경사회에서는 기초어휘 중 하나에 속하는 것으로 추정할 수 있다. 이런 추정이 가능한 것은 우리나라 전국 각처의 지명에 '-소'를 후부요소로 삼고 있는 것이 『한국지명총람』에만 2,035개나 나오기 때문이다.

　　『觀音經』과『東國新續三綱行實圖』의 언해문에서 '소ㅎ'를 확인할 수 있는데 이는 주로 原文의 '淵'을 대역한 것이고 일부는 '潭'을 대역한 것임을 알 수 있다. 한자학습서에서 볼 수 있었던 '湫'와 대응하는 예는 찾을 수 없었는데 이는 淵, 潭, 湫가 각각 다른 의미영역을 지니고 있기 때문이다. 즉 이 두 문헌의 각 장면에 나타나는 '소'는 淵과 潭으로 볼 수 있는 것이다. 결국 순우리말 '소'는 淵, 潭, 湫를 아우르는 의미영역을 지니고 있는 것으로 볼 수 있다. 그러므로 지명학에서 지명어의 후부요소를 분류할 때 고유어 '-소'를 유개념으로 '-淵, -潭, -湫'를 종개념으로 삼아야 하는 이유가 여기에 있다.

제20장

지명어의 후부요소 '遷'

1. 서론

일반적으로 지명어의 구조는 성격요소인 전부요소와 분류요소인 후부요소로 되어있다. 예컨대 고유어지명 '톳재이비루'는 토끼를 뜻하는 '톳재이'와 물에 임한 벼랑 같은 곳에 놓인 길을 의미하는 '비루'로 분석되며 이 때 전자를 전부요소라 하고 후자를 후부요소라 한다. 이러한 구조는 고유어지명을 배경으로 한자화한 지명어 '兎遷'에서도 나타난다. 1차적인 지명어라 할 수 있는 고유어지명을 한자화하는 과정에서 가장 일반적으로 채택하는 것이 의역이다. 음역의 예가 없는 것은 아니지만 다른 부류의 어휘에 비해 지명어가 지닌 속성[1]으로 인하여 그 뜻을 보존하려는 노력이 강하게 작용한 결과이다.

우리나라의 지명에서 자연지명을 바탕으로 형성된 행정지명을 보면 고유어지명이 한자지명어로 전환될 때 원초형의 의미보존에 노력을 기울였음을 알 수 있다. 고유어지명이 지닌 음성형태의 보존보다 의역을 통하여 당초의 의미를 손상시키지 않으려 했음을 알 수 있다. 예컨대 감나무골→柿洞, 새터→新基, 밤재→栗峴 등에서 보듯 고유어지명이 지닌 의미와 유사한 뜻을 지닌 한자로 전환하여 한자지명어를 만들었다. 이들 한자지명어가 柿洞里, 新基里, 栗峴里 등과 같이 행정지명으로 쓰이고 있다.

1 　지명어는 지형이 지닌 특성을 배경으로 명명되는 경우가 많다. 지형의 위치는 물론 형상, 관련 설화 등 그 성격을 반영하여 명명하는 경우가 많으므로 지시대상과 언어기호 사이에 유연성이 존재한다.

그런데 이들 한자지명어도 후부요소는 원초형인 고유어지명의 의미를 존중하는 것이 일반적이나 전부요소의 경우 소위 假借의 원리를 따르는 경우가 상당수 나타남을 알 수 있다. 한자의 본뜻과는 상관없이 훈과 음성형태가 유사한 것을 가져다 쓴 것인데 고ㅁ느ㄹ→熊津, 벌들내→柳等川 등이 그것이다. 고유어지명의 전부요소 '고ㅁ'와 '벌들'은 각각 [北]과 [坪]을 뜻함에도 '北津'과 '坪川'으로 한자지명어를 만들지 않았다. 본뜻에 충실하여 한자지명어를 만들지 않고 '고ㅁ'와 '벌들'을 새김으로 하는 다른 한자 '熊'과 '柳等'을 활용한 것이다.

위의 예를 통하여 전부요소는 假借의 원리를 따랐지만 후부요소는 義借 원리에 충실하였음을 알 수 있다. 속성지명 또는 분류요소라고 하는 후부요소는 지형의 특성에 따라 단순명료하게 분류가 가능한 것으로 전부요소와는 달리 한정된 어휘로 표현이 가능하다. 그러므로 고유어지명 후부부요소 '골'을 '谷', '내'를 '川', '고개'를 '峴', '소'를 '潭'…… 등과 같이 대응시켜 한자화할 수 있다. 이런 점을 고려하면 후부요소의 경우 假借의 원리보다 義借의 원리가 생산적으로 적용됨을 이해할 수 있을 것이다. 또한 후부요소의 경우 지형의 속성을 표현하는 부분이기 때문에 기계적으로 전환이 가능한 것이기에 나타난 현상으로도 볼 수 있다.

한자지명어 후부요소 '遷'도 고유어지명을 한자화하는 과정에서 채택된 글자이다. 훈민정음 창제 이전은 물론 그 이후 근대국어 시기까지의 문헌에 등장하는 지명어는 대부분 한자표기 지명이다.[2] 지명어를 포함하고 있는 당시의 문헌들이 모두 漢籍이었으므로 구어에서는 순우리말로 일컬어졌던 지명어가 모두 한자로 표기되었다. 문헌에 보이는 한자지명어 후부요소 '遷' 또한 구어에서는 순우리말 *벼ㄹ'였음을 『龍飛御天歌』에 나오는 '淵遷·쇠벼ㄹ'를 통하여 추정할 수 있다. 그러므로 '遷'은 순우리

---

2 지명어가 집단적으로 등재된 『三國史記』「地理志」를 비롯하여 『高麗史』「地理志」, 『世宗實錄』「地理志」, 『新增東國輿地勝覽』, 『輿地圖書』, 조선시대 각 군의 『邑誌』, 『戶口總數』 등 근대국어 시기까지의 문헌에 모든 지명은 한자로 표기되었다. 그것도 군현단위 이상의 행정지명과 산천을 비롯한 몇몇의 자연지명에 국한되었다. 소지명이라 할 수 있는 洞里名 또한 한자 표기 지명어만을 볼 수 있었으나 현대국어 시기에 오면서 1910년대에 작성된 것으로 보이는 『朝鮮地誌資料』에서 한글로 표기된 고유지명어를 집단적으로 볼 수 있게 되었다.

말 '*벼루'를 뜻하는 한자임을 짐작할 수 있다.

그런데 한자 '遷'은 원천적으로 '*벼루'의 의미를 지니지 않았다. 우리나라에서 지명어로 쓰인 경우에만 독특하게 '*벼루'의 뜻으로도 쓰였다. 본 연구는 한자 '遷'이 근본적으로 지녔던 의미를 중국과 우리나라의 역대 자전과 한자학습서 등을 통하여 파악하게 될 것이다. 또한 후부요소를 '遷'으로 삼은 우리나라의 역사 지명어들을 살펴봄으로써 그 확장된 의미를 분명하게 파악하고자 한다. 이런 과정을 통하여 한자 '遷'이 지닌 기본적인 뜻과 지명어에서의 의미를 밝힘으로써 우리나라에서의 한자 활용 양상도 파악하게 될 것이다.

한자 '遷'이 지니고 있는 근본적인 개념과는 달리 우리나라에서 이 한자가 지명어의 후부요소로 쓰일 때 독특한 의미를 지닌다는 것은 매우 흥미로운 일이다. 원초적으로 一字一義였던 한자가 一字數義로 발전한 과정의 한 예를 지명어의 후부요소로 쓰인 '遷'을 통하여 파악할 수 있을 것이다. 이는 곧 '*벼루'를 왜 한자 '遷'으로 표현하였는가를 밝히는 작업이 될 것이며 동시에 특정 한자가 새로운 의미를 획득하는 과정을 탐구하게 될 것이다.

2. 한자 '遷'의 개념

하나의 한자는 원초적으로 一字一義 즉 하나의 의미를 지니고 출발했지만 시간이 지나면서 一字數義의 일반적인 특징을 갖게 된다. 이는 한자의 수는 유한한데 표현해야 할 대상 즉 개념은 무한하기 때문에 나타나는 현상이다. '遷' 또한 원초적인 의미즉 하나의 本意之釋에서 출발하였으나 다양한 문맥에서 활용되면서 제2, 제3의 의미를 획득하게 되었을 것이다. 이러한 현상은 한자에서만 진행된 것이 아니고 모든 언어에서 일반적으로 나타나는 현상이다. 중국과 우리나라의 한자 자전을 비롯하여 역대 문헌에서 한자 '遷'이 어떤 의미로 풀이되었는지 살피기로 한다.

康熙帝의 勅命에 따라 당시의 大學士 陳廷敬·張玉書 등 30명의 학자가 1716년에 완성한『康熙字典』에서 '遷'을 어떻게 풀이하였는지 보기로 한다. 이 자전은 명대의『字彙』,『正字通』등 역대 자전을 두루 참고하여 정확한 자해를 제시하였을 뿐만 아니라 적절한 고전의 용례를 들어 주었다. 오늘날 한자자전의 체재가 정립되었다고 평가받는 문헌이자 오랫동안 가장 좋은 자전으로서 널리 이용되어 왔다. 그러므로 이 자전의 내용만으로도 특정 한자의 기본이 되는 음과 뜻의 역사를 살피는 데 부족함이 없다.

(1) 遷

【酉集下】【辵字部】遷; 康熙笔画:19; 页码:页1265第04(点击查看原图)

〔古文〕迁邊拪搙抁【唐韻】七然切【集韻】親然切,丛音韆。【說文】登也。【廣韻】去下之高也。【詩·小雅】遷于喬木。又遷徙也。【易·益卦】君子以見善則遷,有過則改。【書·益稷】懋遷有無化居。【註】懋,勉其民,徙有於無,交易變化,其所居積之貨也。又移物曰遷。【禮·曲禮】先生書策琴瑟在前,坐而遷之。【註】諸物當前,跪而遷移之。又變易也。【左傳·昭五年】吾子爲國政,未改禮,而又遷之。又徙國曰遷。【周禮·秋官·小司】二曰詢國遷。【註】謂徙都改邑。又徙官曰遷。【前漢·賈誼傳】誼超遷,歲中至大中大夫。又貶秩曰左遷。【史記·韓王信傳】項王王諸將近地,而王獨遠居,是左遷也。又【張蒼傳】吾極知其左遷。【註】是時尊右甲左,故謂 貶秩爲左遷。又【正韻】謫也,放逐也。【皐陶謨】何遷乎有苗。又君遷,木名。【左思·吳都賦】平仲君遷。又姓。又西烟切,音仙。【前漢·王莽傳】立安爲新遷王。【註】服虔曰:遷,音仙。師古曰:遷,猶仙耳。不勞假借。又叶七情切,音清。【陳琳·大暑賦】樂以忘憂,氣變志遷,爰速嘉賓,式燕且殷。【李翶·祭韓愈文】疏奏輒斥,去而復遷,升黜不改,正言時聞。

◎ 音韵參考

[上古音]: 元部清母, tsian

[广　韵]: 七然切, 下平2仙, qiān, 山開三平仙A清

[平水韵]: 下平一先

[粤　语]: cin1

[闽南语]: chhian1,chhian5

(1)은 http://tool.httpcn.com에서 '遷'을 검색하여 가져온『康熙字典』의 풀이이다. 이를 통하여『說文解字』에서 '登也' 즉 '오르다'를 이 한자의 뜻으로 제시하였음을 알

수 있다. 그러므로 한자 '遷'의 일차적인 의미 즉 本意之釋은 '登也[오르다]'였음을 확인할 수 있다. 이미 지적하였듯이 하나의 한자는 하나의 의미만으로 쓰이는 것이 아니고 一字數義의 특성을 지니는 바 『說文解字』 이후 한자 '遷'의 의미가 확장되어 가는 과정을 후대의 문헌에서 확인할 수 있다. 『廣韻』의 '去下之高也'를 비롯하여 徙也, 移物, 變易也, 徙國, 徙官, 左遷, 謫也, 放逐也, 姓 등에 이르기까지 그 의미가 확대되었음을 알 수 있다.

한자의 음은 중국의 원음을 바탕으로 각 나라의 음운체계에 맞게 변형되어 확립되기 마련이다. 그러나 각 한자의 기본적인 의미는 중국의 그것과 달라질 수 없는 것이 일반적이다. 그러므로 우리나라에서 한자 '遷'의 의미 또한 기본적으로 중국에서의 그것과 큰 차이가 나지 않을 것이다. 우리나라에서 간행된 한자학습서와 자전 등에서 한자 '遷'을 어떻게 풀이하였는지 살피기로 한다.

(2) 遷
올물 쳔〈新增類合 下63ㄱ〉〈靈長寺板 類合 32〉
올물 쳔〈正蒙類語 27〉
[쳔] 徙也 移也 去下之高 謫也 徙官 曰~〈全玉 下52ㄱ〉
올물쳔 徙也 移也 漢司馬~〈字類 上59ㄴ〉
[쳔] 徙也옴길쳔, 登也오롤쳔, 謫也귀양갈쳔〈字典釋要 下85ㄱ〉
[쳔] 徙也移也옴길[書]戀~有無化居○變易박귈[左傳]吾子爲國政未改禮而又~之○去下之高옯을[詩]~于喬木○謫也귀향보낼[書]何~乎有苗○徙官벼슬거칠
[漢書]買誼超~至太中大夫(先)〈新字 4:20ㄴ〉
[쳔] ①오르다, 올라가다. ②옮기다, 옮겨 가다. ③사는 곳을 옮기다, 이사하다. ④운송 판매하다, 교역하다. ⑤따르다, 쏠리다, 붙좇다. ⑥바꾸다, 변경하다, 변화하다. ⑦떠나가다, 피하여 가다. ⑧헤어져 흩어지다. ⑨물러나다, 물러가다. ⑩승진하거나 벼슬자리를 옮기다. ⑪내쫓다, 추방하다, 귀양 보내다. ⑫직위를 낮추다. 좌천 시키다. ⑬옛 주(州) 이름. ⑭성(姓)
〈漢韓大辭典 13:1219~1220〉

하나의 한자에 대하여 하나의 새김만을 제시한 『千字文』에는 한자 '遷'이 포함되

지 않았다. 『訓蒙字會』의 경우도 이 한자가 들어 있지 않은데 『新增類合』과 『正蒙類語』
에서 '올믈/올물'을 새김으로 삼았음을 알 수 있다. 이를 통하여 우리나라에서 '遷'의 常
用之釋은 '오를'이 아니고 '옮길'이었음을 확인할 수 있다. 이는 자전류에서도 확인되는
사항으로 『全韻玉編』을 비롯하여 『字類註釋』, 『字典釋要』, 『新字典』에 한결같이 '徙也' 즉
'올믈/옴길'을 첫 번째 풀이항에 배열하였기 때문이다.

　　『說文解字』를 통하여 '遷'의 本意之釋이 '登也'임을 확인하였는데 우리나라의 한자
학습서와 역대 자전에서 '오르다'를 첫 번째 풀이항에 제시하지 않았다는 점은 흥미로
운 것이다. 이는 우리나라에서 이 한자의 쓰임이 '오르다'라는 뜻보다는 '옮기다'라는
의미로 더 많이 활용되었음을 짐작하게 하는 것이다. 그런데 '遷'의 本意之釋 '登也'를
존중하여 편찬된 자전이 최근에 간행된 단국대학교 동양학연구소의 『漢韓大辭典』이
다. 이 자전에서는 '遷'에 대하여 14개의 풀이항을 설정하였는데 첫 번째 항에 '오르다,
올라가다.'를 제시하였다. 그리고 역대 문헌에서 우선적으로 제시했던 '徙也'에 대응되
는 우리말 새김 '옮기다, 옮겨 가다.'를 두 번째 항목으로 배치하였다. 이는 이 사전이
『康熙字典』을 비롯한 전통적인 중국 자전의 기술 방식을 존중하여 편찬되었음을 알게
하는 것이다.

3. 지명어의 후부요소에 쓰인 '遷'의 의미

　　앞 장의 논의를 통하여 한자 '遷'의 일차적인 의미 즉 本意之釋이 '登也[오르다]'임
을 알 수 있었다. 반면에 우리나라에서 이 한자의 常用之釋은 '徙也[옮기다]'였음을 확
인하였다. 또한 한자가 지니는 一字數義의 일반적인 특성으로 인하여 『漢韓大辭典』에
서는 '遷'의 풀이항이 14개나 있음도 확인하였다. 그런데 이들 풀이항을 통하여 '遷'은
'州名'과 '姓'을 제외하고는 동사류로만 쓰임을 알 수 있다. 사정이 이러함에도 '遷'은 지
명의 분류요소인 후부요소의 하나로 쓰였다. 동사류가 아닌 명사류로 지명을 표현하
는 데 쓰인 이 한자가 어떤 의미를 지니는지 알아보기로 한다.

'遷'이 지명어의 후부요소에 쓰인 실제 지명의 예를 검토하기에 앞서 우리나라 역사 문헌에서 한자 '遷'에 대하여 그 뜻을 풀이한 것이 있어 주목을 끈다. 이 한자에 대한 우리나라에서의 전통적인 주석이라 할 수 있는데 그 내용은 다음과 같다.

(3)

가. ~其北岸號渡迷遷東指奉安驛石路縈紆七八里新羅方言多以水崖石路稱遷後倣此(그 북쪽 언덕을 '渡迷遷'이라 하며 봉안역을 향하여 돌길이 7~8리나 빙빙 둘렀는데, 신라 방언에 흔히 물 언덕 돌길을 '遷'이라 불렀다 뒤에 나오는 것도 이와 같다.)

〈新增東國輿地勝覽 제6권 京畿 廣州牧 山川〉

나. ~(津)方言呼水邊往來出入濟涉處曰[那等里] 翻作遷字 有出入語義 若以那等里三聲急呼 則津字之方言也 然遷小而津大 或互呼~津(方言에서 물가의 왕래출입하여 건너는 곳을 가리키는 것으로 [那等里]이다. 翻字로는 [遷]字로 쓴다. 出入하는 말뜻이 있다. 만약 那等里를 三聲으로 急하게 일컬으면 곧 津字의 방언이 된다. 그러나 遷은 작고 津은 크다. 혹 상호 바꾸어 부른다.)〈頤齋亂藁 권20, 擬弘文館增修東國輿地勝覽例 三府門目第二, 六(山川記)〉

다. 朴下水 北流合巨門嶺之水 至茂山府之西 入于滿水 勝覽云 虛修羅川 源出長白山 至檢天朴加遷 入豆滿江 方言水崖石路曰遷 朴加者 朴下也(朴下水 북쪽으로 巨門嶺의 물과 합하여 茂山府의 서쪽에 이르러 滿水로 들어간다. 『勝覽』에 이르기를 "虛修羅川은 장백산에서 나와 檢天 朴加遷에서 두만강으로 들어간다."고 하였다. 방언에서 물 언덕 돌길을 일컬어 '遷'이라 한다.〈大東水經 滿水一〉[3]

라. 遷, 水出兩峽中 其兩崖迫水之路 東俗名之曰遷 瓮遷[在通川] 兔遷[在聞慶] 斗尾遷 月磎遷[在洌水] 無攷據也 此等土語 未嘗不雅~[遷方言別吾](遷, 물이 양쪽 산골에서 나와 그 양쪽 언덕이 물에 임박한 길을 우리나라의 풍속에서는 遷이라고 한다. 瓮遷(通川에 있다) 兔遷(聞慶에 있다) 斗尾遷, 月磎遷(洌水에 있다) 등은 근거할 데가 없는 것이다. 이들 토어들은 아닌 게 아니라 우아한 말이

---

3 『大東水經』은 『與猶堂全書 第六集 地理集』에도 실려 있는 것이다. 이 책에는 '遷'과 관련하여 다음의 두 예가 더 나온다.

○ 淥水。又迳兔遷北古者。方言謂水崖石路曰遷。今稱別路也。〈大東水經 淥水一〉

○大寧水。又南爲花赤水。迳烏知遷下。遷者。古方言水崖石路也。〈大東水經 淀水〉

긴 하지만~[遷은 方言으로 別吾라 한다.]〈雅言覺非 卷二〉

마. 遷 別路 路出石壁臨水危險(遷, 別路, 길이 석벽에 돌출하여 물에 임해 있

으므로 危險하다.〈大東地志 門目 二十二 方言解〉

(3)가는 『新增東國輿地勝覽』 제6권 京畿 廣州牧 산천조에 나오는 것으로 '遷'에 대한 註釋을 최초로 보여준 예이다. '水崖石路' 즉 '물 언덕 돌길'을 신라 방언에서 '遷'이라 한다는 것인데 이와 동일한 표현을 (3)다에서도 볼 수 있다. (3)다는 1814년 丁若鏞이 편찬한 『大東水經』에 나오는 것으로 각주 3)에서 밝혔듯이 유사한 표현이 『淥水一』과 『淀水』편에 2번 더 나온다. 北界를 중심으로 한 우리나라 山水의 고증서인 이 책을 저술하면서 다산이 『新增東國輿地勝覽』을 참고한 결과 동일한 표현을 가져다 쓴 것으로 보인다.

(3)라 또한 다산이 1819년에 간행한 책 『雅言覺非』에 실린 것이다. 우리나라의 俗語 중 訛傳되거나 語源과 用處가 모호한 것을 고증하고 바로잡기 위하여 만든 이 책에는 약 200항목에 달하는 명칭이 기술되었다. 지리명의 하나인 '遷'에 대하여 "兩厓迫水之路 東俗名之曰遷"이라 기술하였는데 이는 『新增東國輿地勝覽』을 그대로 답습한 (3)다와는 다르게 표현하였다. 내용상으로는 '물 언덕 돌길'이나 '물에 임박한 언덕에 난 길'이나 유사한 내용인데 표현을 달리했다는 점에서 다산의 생각이 담긴 표현이라고 할 수 있을 것이다.

(3)마는 『大東地志』의 권두에 나오는 門目 二十二 중 마지막에 붙여놓은 '方言解'에 나오는 것이다. 이 책의 '方言解'에는 지명의 후부요소라 할 수 있는 村, 串, 德, 川, 峽, 溪, 海…… 등에 대응되는 우리말도 풀이하였다. '遷'에 대하여는 音寫하면 '別路'라 하였으므로 '*벼루〉벼로〉벼루'의 변천 과정 중 '벼로'를 표현한 것으로 볼 수 있다. 그리고 '벼로'란 '石壁에 돌출하여 물에 임해 있는 危險한 길' 정도로 이해할 수 있다. 결국 '遷'에 대한 (3)가, 다, 라, 마의 주석은 표현이 같거나 약간 달라졌으되 '물에 접한 벼랑 같은 언덕에 놓인 위태롭고 옹색한 길'을 뜻하는 것이라 할 수 있을 것이다. 다만 (3)나의 경우 '遷'에 대하여 '那等里(*나드리)' 즉 '나루'로 보아 '津'과 유사한 개념으로 풀이하였으나 다른 문헌에 나오는 내용으로 미루어 믿기 어렵다.

역대 문헌의 주석을 통하여 '遷'의 개념을 알아보았다. 이제 실제의 지명에 쓰인 예를 통하여 '遷'과 그 지시대상인 지형이 어떤 특성을 지니고 있는지 알아봄으로서 '遷'의 개념을 더욱 구체화하고자 한다. 이를 위하여 역대 지리지에서 지명어로 쓰인 '遷'관련 자료를 수집하여야 할 것이다. 우리나라의 대표적인 역대 지리지는 고려시대에 작성된 『三國史記』「地理志」를 필두로 하여 조선시대에 만들어진 『慶尙道 地理志』, 『高麗史』「地理志」, 『世宗實錄』「地理志」, 『新增東國輿地勝覽』, 『輿地圖書』 등이 대표적인 것이다. 이 중에서 1530년(중종 25)에 완성된 『新增東國輿地勝覽』은 조선 시대의 대표적인 官撰地理誌로 『東國輿地勝覽』(1481(성종 12))의 증보판이다. 『東國輿地勝覽』이 편찬된 후 270여 년이 지나 다시 고치고 그동안 달라진 내용을 싣기 위해서 1757년(영조 33)부터 1765년(영조 41)까지 편찬된 것이 『輿地圖書』이다. 그러므로 『輿地圖書』에서는 각 항목을 기술함에 있어서 『新增東國輿地勝覽』의 내용이 존중되었고 변화된 부분이 수정되었다.

『新增東國輿地勝覽』에 '遷'을 지명어로 삼은 것은 이건식(2009)에 의하면 17 곳에 나타난다고 하였으나 필자의 조사에 의하면 '遷'이 쓰인 개별어휘는 30개이다. 이들 어휘를 유형별로 분류하면 후부요소로 쓰인 경우와 전부요소 또는 전부요소의 구성요소로 쓰인 경우로 나눌 수 있다. '遷'이 후부요소로 쓰인 지명어는 犬遷, 屈遷, 金遷, 串岬遷, 兎遷, 觀音遷, 廣生遷, 仇莊遷, 渡迷遷, 朴加遷, 磻石遷, 山羊遷, 銅遷, 嚴城遷, 甕遷, 月溪遷, 波限遷 등 17개이다.[4] 그리고 전부요소 또는 전부요소의 구성요소로 쓰인 것은 高遷社倉, 多乎遷堡, 水精遷院, 櫻遷村, 烏知遷川, 瓦遷洞, 紫遷臺, 竹遷川, 遷院, 鋪遷峴, 居叱遷堡, 花遷江 西遷島 등 13개이다.

'遷'으로 표현된 지명어가 지시하는 지형의 특징을 파악하기 위하여 『新增東國輿地勝覽』에 '遷'을 후부요소로 하는 지명어 중 표제어로 제시된 것을 주로 검토하기로 한다. 표제어로 등장하는 지명어는 풀이항에서 해당 지명의 지형이 지닌 특징을 비롯한 유용한 정보를 담고 있기 때문에 본 연구의 목적을 달성하기에 매우 값진 자료이

---

4 廣生遷-廣生遷烽燧, 山羊遷-山羊遷烽燧, 波限遷-波限遷烽燧, 銅遷-銅遷山 등과 같이 나타나는 것은 '遷'이 후부요소로 쓰인 지명어로 처리하기로 한다.

다. 반면에 표제어가 아니고 풀이하는 부분의 한 단어로 단순하게 등장하는 경우 대부분 해당 지명의 정보를 제시하지 않았기 때문에 자료적인 가치가 크지 않다. 물론 풀이항에 등장하는 지명어 중 자료적 가치가 인정되는 경우에는 당연히 포함하여 논의하게 될 것이다.

『新增東國輿地勝覽』에 '遷'을 후부요소로 삼은 지명어는 대부분 山川 조에 실려 있다. 행정지명이 아니고 소위 자연지명의 하나로 볼 수 있는데 17개 항목 중 표제어로 등장한 경우를 ⑷에서 보이면 다음과 같다. 『新增東國輿地勝覽』의 내용을 바탕으로 하되 변했거나 부족한 부분을 보완한 『輿地圖書』의 내용도 함께 검토하기로 한다.[5]

⑷

가. 月溪遷 : 군 서쪽 30리 지점에 있다. 산 중턱에 꾸불꾸불 둘려 있어 아래로 강물을 굽어보고 있다.)〈新增東國輿地勝覽 제8권 京畿 楊根郡 山川〉

在郡西四十里縈紆山腹下臨江水〈輿地圖書 京畿 楊根郡 山川〉

나. 嚴城遷 : 군 서쪽 20리에 있다. ○ 최숙생의 시에, "산허리에 돌길이 열렸으니, 말 발이 밟는다. 돌을 포개어 천 길을 임하였고, 구름을 뚫고 만 층을 오른다. 응당 오정의 파는 것을 번거롭게 하였으리라. 정히 九天에 오르는 것 같다. 눈에 가득한 것이 모두 맑은 경치이니, 시를 써서 나의 지난 것을 기록한다." 하였다.〈新增東國輿地勝覽 제14권 忠淸道 淸風郡 山川〉

在江之南岸臨江有景致距府治十五里重通人行馬牛不得由焉
〈輿地圖書 忠淸道 淸風 山川〉

다. 串岬遷 : 龍淵의 동쪽 언덕이고, 兔遷이라고도 한다. 돌을 파서 사다릿길을 만들었는데, 구불구불 거의 6·7리나 된다. 세상에서 전하기를, "고려 태조가 남하하여 이곳에 이르렀을 때 길이 없었는데, 토끼가 벼랑을 따라 달아나면서 길을 열어주어 갈 수가 있었으므로 토천(兔遷)이라 불렀다." 한다. 그 북쪽의 깎아

---

5 『新增東國輿地勝覽』의 내용과 『輿地圖書』의 내용이 비슷하므로 前者는 민족문화추진회(1967) 국역 『新增東國輿地勝覽』의 번역문을, 後者는 원문을 제시하여 검토하기로 한다.

지른 봉우리에 옛날에 지키던 돌 성터가 있다.〈新增東國輿地
勝覽 제29권 慶尙道 聞慶縣 山川〉

在縣南。〈高麗史 卷五十七 志 卷第十一 地理 二 慶尙道 尙州牧 聞慶
郡〉

卽龍淵之東崖一名兎遷鑿石爲棧道縈紆屈曲幾六七里俗傳高麗太祖南
征至此不得路有兎緣崖而走遂聞路以行仍稱兎遷其北斷峯有石城遺址
古之防城處〈與地圖書 慶尙道 聞慶 山川〉

라. 犬遷 : (견천)개벽루) 군 동쪽 13리에 있다. 벼랑을 따라 잔도(棧道)를 내
었는데, 위에는 절벽이고 아래에는 깊은 못이며 꼬불꼬불한 것
이 2·3리쯤 된다. 항간에 전해 오는 말에, "이 고을 개가 초계군
개와 서로 통해 다녀서 길이 되었다." 한다.〈新增東國輿地勝覽
제30권 慶尙道 陜川郡 山川〉

在郡東十三里緣崖開棧道上負絶璧下臨深淵緊紆屈曲二三里許俗傳郡
之犬與草溪郡〈與地圖書 慶尙道 陜川 山川〉

마. 甕遷 : 고을 남쪽 65리에 있다. 돌산이 바다로 들어갔는데 오솔길이
산 중턱을 둘렀으며, 말이 쌍으로 서서 다니지 못한다. 아래에
는 바다의 파도가 솟구쳐서 물을 뿜으니 그곳에 서 있으면 몸이
어찔하고 떨리며 발바닥이 시고 움직이지 않는다. 민간에서들
전하여 오는 말이, "옛날 倭寇가 여기까지 들어왔는데 官軍이 쳐
서 모두 바다로 빠뜨려 넣으니 그래서 왜륜천(倭淪遷)이라 하였
다." 한다〈新增東國輿地勝覽 제45권 江原道 通川郡 山川〉

自官門南距七十里石山枕于海綿路繞山腹馬不得幷行下有海濤噴激●
湧臨之悖慓足心酸澁諺傳倭●到此官軍擊之盡淪入于海因名倭淪遷〈與地圖
書 江原道 通川 關阨〉

바. 觀音遷 : 觀音寺, 飛鳳山 절벽 위에 있다. 신라의 중 義相이 살던 곳이
다. 절 앞에는 강을 따라 내려가면서 돌길이 개 어금니처럼
엇갈려서 사람이 통행할 수 없었는데, 고을 사람들이 돌을 쌓
아 길을 만드니 겨우 사람과 말이 통행할 수 있다. 비록 급한
일이 있더라도 고삐를 놓고 가지 못한다. 이름하여 觀音遷이
라고 한다.〈新增東國輿地勝覽 제46권 江原道 旌善郡 佛字〉

17개 항목을 검토한 결과 지명어의 속성을 표시하는 후부요소로 쓰였으면서 표제항과 같이 처리된 것은 ⑷에서 보듯 6(7)개에 불과하다. 月溪遷, 嚴城遷, 串岬遷(兔遷), 犬遷, 甕遷, 觀音遷 등이 그것인데 이들 지명어가 지시하는 사물 즉 지형은 "내나 강 또는 바다 등의 물에 임한 벼랑 같은 곳에 놓인 옹색하고 좁은 길"임을 알 수 있다. ⑷의 내용을 다음과 같이 정리할 수 있다.

⑸

산 중턱에 꾸불꾸불 둘려 있다.

아래로 강물을 굽어보고 있다.

소[淵]의 언덕에 위치한다.

돌을 파서 만든 사다리 모양의 길이다.

강에 임해있는 언덕에 위치한다.

벼랑을 따라 낸 사다리 모양의 길이다.

위에는 절벽이고 아래에는 깊은 못이 있는 곳에 놓인 꼬불꼬불한 길이다.

바다로 돌출한 돌산 중턱을 둘려 낸 길이다.

말이 쌍으로 서서 다니지 못할 정도로 좁은 길이다.

강을 따라 돌을 쌓아 만든 길로 겨우 사람과 말이 통행할 수 있다.

⑸를 포괄하는 간략한 표현은 『新增東國輿地勝覽』에 '遷'이 가장 먼저 등장하는 제 6권 京畿 廣州牧 산천조의 표제항 '渡迷津'을 풀이하면서 나오는 '渡迷遷'의 설명에 있다. "渡迷津의 북쪽 언덕을 '渡迷遷'이라 하며 봉안역을 향하여 돌길이 7~8리나 빙빙 둘렀는데, 신라 방언에 흔히 물 언덕 돌길을 '遷'이라 불렀다"는 것이 그것이다[6] 지명어의 후부요소 '遷'이 지니고 있는 의미를 ⑸와 같이 정리할 수 있으며 이를 간단명료하게 표현하면 '水崖石路' 즉 '물 언덕 돌길'이다. 『新增東國輿地勝覽』에 나오는 '遷'의 정의

---

6 渡迷津 在州東十里陽根郡大灘龍津下流其北岸號渡迷遷東指奉安驛石路縈紆七八里新羅方言多以水崖石路稱遷後倣此.

가 정곡을 찌르는 표현이라 할 수 있다.

4. '遷'과 그 근원형 '*벼르'

　지명어의 후부요소 '遷'은 한자지명어가 그러하듯이 1차적인 것이 아니다. 근원적으로 고유어였던 것을 漢字化하는 과정에서 2차적으로 생겨난 것이다. 후부요소의 경우 앞에서 논의하였듯이 일반적으로 음성형태의 보존보다는 뜻을 존중하여 한자화가 이루어진다. 그렇다면 '遷'은 이와 대응하는 고유어의 의미를 뜻하는 한자일 것이다.

　지명어에서 한자 '遷'과 대응되는 고유어를 처음 보여주는 문헌은 『龍飛御天歌』이다. 이 책 제14장 후절의 '漢陽'과 관련된 한문 주해 "太祖遷都漢陽"의 夾註에 보인다. "~至忠淸道忠州·與達川·달:내合·爲淵遷·쇠벼·르·西流又與安昌水合·至驪興府爲驪江~(충청도 충주에 이르러 達川(달내)와 합쳐 淵遷(·쇠벼·르)가 되고 서쪽으로 흘러 안창수와 합하여 여흥부에 이르러 여강이 되고)"에 보면 '淵遷·쇠벼·르'라 하여 한자지명어 淵遷과 고유어 지명 '쇠벼·르'를 병기하였다. 여기서 우리는 '淵'과 '쇠', '遷'과 '벼·르'의 대응을 볼 수 있다. '벼·르'는 '*벼르'에 소급되는 것으로 볼 수 있으므로 한자 '遷'과 대응되는 순우리말은 '*벼르'임을 알 수 있다.

　'遷'을 뜻하는 고유어가 '*벼르'였음은 한자표기지명 朴加遷과 朴加別羅를 통하여도 확인이 가능하다. 『新增東國輿地勝覽』제50권 咸鏡道 鏡城都護府 산천조에 '虛修羅川'이 나오는데 이 내를 설명하는 과정에 '朴加遷'이 나온다. '朴加遷'은 『조선왕조실록』에도 연산군(1), 중종(4), 선조(1) 등에 6번 등장하는 지명어이다. 그런데 이 지명어를 보다 이른 시기에는 '朴加別羅'라 표기하였음을 단종(1), 세조(10) 그리고 성종(1)의 12개나 되는 『조선왕조실록』의 기사에서 확인할 수 있다. 연산군 이후 후부요소가 '別羅'에서 '遷'으로 바뀌었음을 알 수 있는데 이는 고유어 '*벼르'의 음성형태를 존중하여 한자화했던 것을 버리고 의미를 배경으로 하였음을 알 수 있다.

　後部要素의 漢字化에서 고유어의 음상을 고려한 경우는 朴加別羅→朴加遷의 예를 통하여 보더라도 그 생명력이 길지 않다는 것을 알 수 있다. 이는 근본적으로 지형의 특징을 배경으로 형성되는 것이 지명이므로 다른 어휘에 비해 지형과 지명어 사이에 유연성이 강하기 때문에 나타나는 현상으로 볼 수 있다. 또한 고유지명어였던 '박가벼루'가 한자어로 인식되면서 '別羅'로 표기하던 것을 '遷'으로 표기하게 된 것이 아닌가 한다. 또한 언어 경제의 원리에 따라 2음절어 '別羅'보다 '遷'이 음절수의 측면에서는 물론 의미상으로도 경제적이므로 그리 된 것으로 보인다.

이상의 논의를 통하여 한자 '遷'은 순우리말 '*벼르'를 표기한 것으로 그 뜻은 '물 언덕 돌길'임을 알 수 있다. 물에 임박하여 절벽과 같이 옹색한 곳에 놓인 길이 '*벼르'이며 이를 한자로 표기할 때 동원된 글자가 '遷'이다. 그런데 근본적으로 한자 '遷'은 이러한 의미를 지니고 있지 않으며 중국의 역대 문헌에서도 이와 유사한 의미로 표현된 예를 찾을 수 없음을 앞에서 확인하였다. '遷'이 '물 언덕 돌길'을 뜻하는 개념으로 사용된 것은 우리나라의 역대 지명어에서만 찾을 수 있다. 이러한 까닭으로 『韓國漢字語辭典』에서도 '遷'을 [國義字]로 규정하고 우리나라에서만 이 한자가 '벼랑'의 뜻을 지니고 있는 것으로 설명하였다.

그러나 이 사전에서 '遷'의 의미를 단순히 '벼랑'으로 규정한 것은 잘못이며 '물위의 벼랑에 놓인 길'로 바로 잡아야 할 것이다. 이렇게 바로잡아야 하는 이유는 이 사전에서 표제한자 바로 아래에 제시한 전거에도 있다. 이 사전에서는 『與猶堂全書』와 『雅言覺非』에 '遷'과 관련하여 "水出兩峽中, 其兩崖迫水之路, 東俗名之曰遷, 瓮遷, 兎遷, 斗尾遷, 月谿遷, 無攸據也(遷, 方言 別五[7])"와 같은 내용이 있다는 것을 근거로 들었다. "其兩崖迫水之路(그 양쪽 벼랑에 접한 물 (위의) 길)"이라는 구에서 보듯 '遷'은 분명 [+길] 중의 하나임을 분명히 하고 있다. 또한 앞선 논의를 통하여 보더라도 '遷'의 의미는 [+崖]보다도 [+路]에 그 강세가 놓여야 하기 때문이다.

'물 언덕 돌길'을 뜻하는 단어 '*벼르'를 한자로 옮길 때 왜 '遷'을 가져다 썼는지는

---

7 후부요소 '*벼르'를 한자로 표기할 때 그 음상을 존중하여 別羅, 別五, 別路 등으로 표기하였음을 알 수 있다. 이 중 別羅가 가장 이른 시기의 형태이며 別路가 늦은 시기의 표기로 보인다. 이는 벼르>벼로>벼루의 변천과정이 반영된 표기로 보이며 '벼르'는 '別羅', '벼로'는 '別五' 또는 '別路'를 표기한 것으로 보이기 때문이다. '別路'는 해동지도, 청구도 등에서 踰別路, 兎別路, 甫俠別路, 南峽別路…… 등으로 사용하였다.

분명하게 알 길이 없다. 姜憲圭(1995: 96~97)에서는 "'崖/厓', '遷·遷延', '記恨'을 뜻하는 同音異議語 또는 유의어로서의 신라어 "벼로/벼루/벼래/벼르"가 '崖·厓'의 표기에 '遷'으로 나타났음을 알 수 있다."고 하면서 "중세어의 동사 '벼로다/벼르다'(記恨)와 '옮기다'·'바꾸다'·'벼로다/벼르다'와 '벼랑' 낭떠러지를 뜻하던 중세어 '벼로'의 셋이 연계 유추되어 '遷'이 崖(벼루)를 나타내게 되었다"고 보았다. 그러나 '벼로다/벼르다'가 '記恨' 즉 "어떤 일을 이루려고 마음속으로 준비를 단단히 하고 기회를 엿봄"이라는 뜻으로만 쓰였을 뿐 "일이나 날짜 따위를 미루고 지체함"을 뜻하는 '遷延'으로 쓰인 예가 없기 때문에 수긍하기는 어렵다.

'遷'이라는 글자가 우리나라에서 새롭게 만든 글자가 아니라는 전제하에 '*벼르'를 '遷'으로 한자화한 것은 이 한자가 지니고 있는 의미와 관련이 있다고 본다. '*벼르'도 일종의 길이므로 길을 표현할 수 있는 글자이어야 하므로 한자의 부수 중 가다, 달리다의 뜻을 지닌 辵(辶)部에 관심을 두게 되었을 것이다. 길을 뜻하는 道, 途 逶, 迊, 逕…… 등이 辵(辶)部에 속한 한자이기 때문이다. 辵(辶)部의 한자 중 '遷'의 1차적인 의미가 '登也' 즉 '오르다'이므로 벼랑 위에 놓인 길의 의미와 상관이 있는 것으로 파악될 수 있다. 벼랑길은 평지에 놓인 길이 아니고 상대적으로 높은 곳에 있어 올라야만 통과할 수 있는 것이기 때문이다. 이 한자가 가진 徙也, 移也, 變易, 去下之高, 謫也 등의 의미 또한 벼랑을 중심으로 지형의 형태가 완연히 다른 형태로 바뀌는 것과 맥을 같이 하는 것으로 볼 수 있다. 산이었던 지형이 절벽을 경계로 강이나 바다가 된다는 데서 徙也, 移也, 變易, 去下之高 등의 의미와 유사성을 찾을 수 있기 때문이다.

5. 결론

지형이 지닌 성격을 표현하는 전부요소와 속성을 나타내는 후부요소로 구성되는 것이 지명어이다. 모든 지명어가 두 개의 요소로 구성되어 있는 것은 아니지만 대체로 이러한 구조를 지니고 있는 것이 일반적이다. 이러한 구성은 감골, 밤고개, 톳재이

비루 등과 같은 고유어지명에서는 물론 柿洞' 栗峴, 兎遷 등의 한자지명어에서도 적용
된다. 일반적으로 한자지명어는 고유어지명을 배경으로 형성된 2차적인 명칭인데 후
부요소의 경우 고유어지명이 지닌 의미를 존중하여 한자화하였다. '골'과 '고개'는 한
자 '洞'과 '峴'으로 표현되는데 순 우리말과 의미가 유사한 한자로 표현된 것이다.

그런데 고유어지명 후부요소 '벼루'를 '遷'으로 옮겼는데 이 한자는 근원적으로 '물
언덕 돌길'을 뜻하는 한자가 아니다. 한자 '遷'이 지닌 근원적인 의미는 '登也' 즉 '오르
다'임을 『說文解字』를 통하여 알 수 있다. '遷'의 本意之釋은 '登也'이나 점차 '去下之高也'
를 비롯하여 徙也, 移物, 變易也, 徙國, 徙官, 左遷, 謫也, 放逐也, 姓 등으로 그 의미가 확
대되었다. 이는 一字數義의 특성을 지니는 것이 한자의 특징이자 언어와 개념 사이에
존재하는 양상이므로 자연스러운 것이다.

우리나라에서 간행된 한자자전과 한자학습서 등에 보이는 '遷'의 의미도 중국의
역대 자전에 올라 있는 내용과 유사하다. 다만 최근에 완간된 단국대학교 동양학연구
소의 『漢韓大辭典』을 제외하고는 '옮기다'를 常用之釋으로 삼고 있음을 확인할 수 있었
다. '遷'의 本意之釋은 '登也'이나 우리나라에서는 이 한자가 '徙也'의 뜻으로 더 활발하
게 쓰였음을 알게 하는 것이다.

고유어지명 후부요소로 쓰인 ''벼루'와 그 변화형 벼로, 벼루, 비루, 비리 등을 한
자화할 때 '遷'으로 옮겼는데 이 때 이 한자는 '물 언덕 돌길'의 뜻을 지닌다. 오직 우리
나라의 지명어 후부요소에 쓰일 때만 한자 '遷'이 본래의 의미를 벗어나 전혀 새로운
뜻으로 쓰인다. 이러한 사실은 『新增東國輿地勝覽』을 비롯하여 지명 관련 역대 문헌에
나오는 지명어 '遷'에 대한 주석을 통하여 확인할 수 있다. 또한 '遷'을 후부요소 삼은
지명어 중 표제어로 등장한 경우 그 풀이항의 내용 검토를 통해서도 알 수 있다.

한자지명어 후부요소 '遷'과 대응되는 고유어지명의 근원형이 ''벼루'임을 『龍飛御
天歌』에 나오는 '淵遷·쇠벼·ᄅ'와 『朝鮮王朝實錄』의 기사에 나오는 '朴加別羅'를 통하여
알 수 있다. '淵遷·쇠벼·ᄅ'의 경우 ''벼루'에 소급되는 '벼·ᄅ'가 '遷'과 함께 제시되어 있
어 설명이 필요하지 않다. 단독으로 나오는 '朴加別羅' 또한 후대의 기사에서 '朴加遷'으
로 표현되었음을 고려하면 音譯語 '別羅'가 의역어 '遷'으로 교체되었음을 알 수 있다.
이를 통하여 고유어지명 후부요소 ''벼루'는 '遷'으로 한자화하였음을 알 수 있다.

한자 '遷'이 '물 언덕 돌길'을 뜻하는 "벼루'를 표현하게 된 것은 이 한자가 지니고 있는 의미와 관련이 있는 것으로 보인다. 길 중의 하나인 "벼루'를 표현하기 위하여 새로운 글자를 만들지 않고 기존의 한자를 가져다 쓰려고 할 때 길을 표현하고 있는 한자가 어떤 것인가 찾았을 것이다. 그 결과 길을 뜻하는 道, 途 遆, 迠, 迣…… 등을 발견하였으나 이들 한자로는 "벼루'를 표현하기에 적절하지 않다는 결론에 도달하였을 것이다. 辵(辶)部의 한자 중 '登也' 즉 '오르다'의 뜻을 지닌 한자 '遷'이 벼랑과 같이 높은 곳에 있어 올라가야만 통과할 수 있는 길 '벼루'와 의미상 연관이 있다고 보았을 것이다. 또한 이 한자가 가진 徙也, 移也, 變易, 去下之高, 謫也 등의 의미 또한 벼랑을 중심으로 지형의 형태가 완연히 다른 형태로 바뀌는 것과 의미상 유사성이 있으므로 '遷'을 가져다 쓴 것으로 보인다.

제21장

『新增東國輿地勝覽』에 나오는 '遷'계 지명어의 쇠퇴

1. 서론

언어의 한 단위인 단어란 대체로 事實世界 속에 존재하는 지시물에 대한 개념을 표현한 것이다. 그러므로 사실세계에 존재하는 구체물은 대부분 그 명칭을 갖고 있다. 개별 언어에 따라 명칭을 갖고 있지 않은 사물이 일부 존재하기도 하지만 어떠한 형태로든 지시물을 표현하는 방식은 존재하기 마련이다. 그런데 단어가 가리키는 지시물은 시대를 뛰어 넘어 언제나 동일한 모습으로 존재하는 것이 아니고 변화를 입기 마련이다. 지시물의 변화는 언어의 변화를 초래하기도 하는데 이런 현상은 지명어에도 나타난다.

指示對象 즉 지형의 변화가 지명어의 변화를 초래할 수도 있다는 가설을 증명하기 위한 논의는 거의 이루어지지 않았다. 그동안 지명어의 변화에 대한 어휘론적 연구는 고유지명어가 한자지명어로 대체된 현상에 대하여 많은 논의가 있었다. 이는 한자가 유입된 후 동일한 지시대상에 대하여 기존의 고유지명어와 새로운 한자지명어가 대립하고 경쟁하면서 안정화되는 과정을 탐구한 것이다. 지시물과 언어 사이의 문제가 아니고 어종이 다른 고유어와 한자어 사이 즉 언어 자체 내에서 일어나는 현상을 다룬 것이다. 본 연구는 기존의 논의를 뛰어넘어 지시물인 지형이 변화를 입음으로 인하여 이를 가리키는 단어가 쇠퇴하게 된 현상을 살피게 될 것이다.

『新增東國輿地勝覽』(이하 『新增』)을 비롯한 우리나라의 역대 지리지에서는 '물 언덕 돌길'을 한자 '遷'으로 표현하였다. 물론 구어에서는 벼루, 벼로, 벼루, 비리…… 등으로 불렸던 것으로 추정된다. 원초형이라 할 수 있는 고유지명어 '벼루'와 이를 한자화한 '遷'이 지형의 변화와 더불어 어떤 방향으로 발전하였는지 탐구하고자 하는 것이 본 연구의 핵심이다.[1]

　　농경사회에서 산업사회로 발전하면서 필수적으로 수반되는 것이 교통수단의 변화이다. 교통수단의 변화와 함께 도로의 신설과 확충이 이루어지는데 토목기술의 발달과 더불어 새로운 개념의 도로, 터널, 교량 등이 설치되면서 우리나라의 옛길은 그 모습을 많이 잃어 버렸다. 강변에 놓였던 오솔길이 국가의 간선도로로 바뀌면서 노폭이 넓어졌음은 물론 직선화가 이루어 진 예를 허다하게 볼 수 있다. 산업화와 더불어 중장비를 활용한 국토의 개발과 정비 과정에서 많은 변화를 입게 된 것 중의 하나가 '길'이다.

　　지명어의 후부요소 '遷'이 지시하는 대상은 물과 벼랑을 배경으로 형성된 옹색하고 험난한 길이다. 그런데 예나 지금이나 강변을 따라 통행로를 구축하는 것이 일반적이므로 이 구간은 평야나 산속에 놓였던 구간보다 더 많은 변화를 입었다. 건설 중장비의 선진화와 토목기술의 발전으로 변형이 불가능했던 지형을 바꾸어 놓았기 때문이다. 그 결과 지명어 '遷'이 가리키는 지시대상인 지형의 변화가 극심하여 언어와 지시물 사이에 괴리가 생겨나게 되었다. 자연적인 상태에서는 도처에서 볼 수 있던 지형이 인공에 의해 변형되면서 본래의 모습을 잃게 되고 그 속성 또한 쇠퇴하게 된 것이다. 신작로, 고속도로 그리고 철로, 고속철도 등의 어휘가 말해주듯 새로운 개념의 길은 '遷'으로 표현해야 할 대상을 점점 소멸하게 하였고 더불어 '遷'의 쓰임도 쇠퇴한 것으로 보인다.

　　단어가 지시하는 사물의 변화는 단어의 의미를 변화시키기도 하고 단어가 소멸되는 계기를 제공한다. '물 언덕 돌길'이었던 지형의 변화, 나아가 소멸이 이를 가리키

1　현대국어 이전까지의 역사문헌 자료에서 대부분의 지명어는 한자로 표기되었다. 한글 표기 지명어가 집단적으로 출현하는 문헌은 1910년대에 필사된 것으로 보이는 『朝鮮地誌資料』이다. 그러므로 지시대상인 '물 언덕 돌길'은 역사문헌 자료에서 한자 '遷'으로 표기되었다. 우리나라에서 한자 '遷'이 어떤 까닭으로 물 언덕 돌길 즉 '벼루'를 표현하였는지에 대하여는 앞 장(제20장)을 참조하기 바란다.

는 단어 '遷'에 어떤 영향을 미쳤는지 탐구함으로써 지시물의 변화가 언어에 미치는 영향의 일단을 파악하게 될 것이다. 이러한 연구를 통해 지시물과 언어 사이의 관계를 파악함은 물론 지명어의 후부요소 목록이 시대에 따라 달라질 수 있음을 논의하게 될 것이다. 또한 지명언어정책의 수립은 물론 국어 어휘사 기술에 이론적 기초를 제공할 것으로 기대한다.

『新增』에 '遷'을 후부요소로 삼은 한자지명어는 모두 17개 16곳이다. 이들 지명어의 지시대상인 지형을 현실적으로 확인할 수 있는 것은 남한에 위치한 것들이다. 북한 지역에 있는 8곳은 현지답사가 가능하지 않은 지역이기 때문이다. 본고에서는 우선 현지 확인이 가능한 곳을 대상으로 각 지명어가 지시하는 지리적 위치를 파악하고 해당 지형이 어떤 모습을 하고 있는지 조사하고자 한다.[2] 이렇게 파악된 현재의 모습을 『新增』을 비롯한 역대 지리지에 소개된 각 지형의 원초적인 모습과 비교, 분석함으로써 변화의 정도를 파악하게 될 것이다. 이를 바탕으로 지형의 변화가 그것을 표현하던 언어에 어떤 영향을 미쳤는지 각 항목별로 살피게 될 것이다.

『新增』에 '遷'을 후부요소로 삼은 지명어 중 본고의 논의 대상은 渡迷遷(京畿道 廣州牧), 月溪遷(京畿道 楊根郡), 嚴城遷(忠淸道 淸風郡), 金遷(忠淸道 忠州牧), 磻石遷(忠淸道 淸州牧), 犬遷(慶尙道 陜川郡), 串岬遷·兎遷(慶尙道 聞慶縣), 觀音遷(江原道 旌善郡) 등이다. 串岬遷과 兎遷은 명칭은 다르나 동일지역을 가리키는 것이므로 9개의 명칭 8개의 지형이 본 연구의 논의 대상이다. 북쪽에 위치하여 대상에서 제외한 8개의 지명어는 屈遷(黃海道 豊川都護府), 廣生遷(咸鏡道 甲山都護府), 仇莊遷(江原道 高城郡), 朴加遷(咸鏡道 會寧都護府), 山羊遷(平安道 昌城都護府), 甕遷(江原道 通川郡), 波限遷(平安道 碧潼郡), 銅遷(平安道 渭原郡) 등이다. 이들 지명에 대한 논의는 다음 기회로 미루기로 한다.

---

2 지형의 변화를 파악하기 위하여 실시한 현지답사 때 여러 가지 정보와 자료를 제공해준 분들께 감사 드린다. 특히 다음 분들은 이글 작성에 많은 도움을 주었다.

민경은(남양주역사박물관 학예팀장), 김영희(양평문화원 학예사), 법혜(부용사 주지), 장석찬(제천시청 인재육성팀장), 윤학식(합천군 율곡면 부면장), 이민정(합천군 실용성조사관리부서 기획담당), 백선숙(충주시 가금면 금천주유소 경영인), 안태현(문경시 옛길박물관 학예사), 배선기(정선군 노인연합회 회장, 전 정선문화원장), 송정호(청원군 청천면 부면장), 박운섭(청원군 향토사연구회 부회장)

2. '遷'계 지명어가 지시하는 지형의 변화가 심한 곳

산업화 시대의 도래와 함께 산업시설용지를 비롯한 주거용지, 상업용지 등의 조성으로 지역에 따라서는 극심한 지형의 변화가 초래되었다. 인구가 밀집되어 있는 도시지역의 경우가 이에 해당하는데 자연 상태에서 존재했던 산이 없어지는가 하면 새로운 인공호수가 조성되기도 하여 옛 모습을 찾기 힘들 정도로 변해버린 곳이 많다. 이러한 변화의 중심에 길이 있는데 오늘날 대부분 포장되지 않은 도로를 찾아볼 수 없다는 점, 차량 통행이 가능하도록 확장되었다는 점 등이 이를 증명한다.

'遷'이 지시했던 대상인 '물 언덕 돌길'이 변화를 입지 않은 곳은 하나도 없지만 그 정도는 차이가 있기 마련인데 조사 대상 8곳 중 지형의 변화가 심한 곳은 渡迷遷(京畿道 廣州牧), 月溪遷(京畿道 楊根郡), 嚴城遷(忠淸道 淸風郡), 金遷(忠淸道 忠州牧) 등이다. 嚴城遷은 충주댐 건설로 인하여 수몰되었으며 다른 길들은 차량 통행이 수월하도록 확장하고 포장하는 과정에서 옛 모습을 거의 상실하였다. 이 길들의 옛 모습은 『新增』을 비롯한 역대 지리志에 실려 있는 내용을 바탕으로 추정한 것이다. 또한 오늘날의 모습은 현지답사를 비롯한 다양한 방법을 통하여 확인한 것이다.

2.1. 渡迷遷(京畿道 廣州牧)

『新增』 제6권 京畿 廣州牧 山川條에서 "~其北岸號渡迷遷東指奉安驛石路縈紆七八里~"(~그 북쪽 언덕을 '渡迷遷'이라 하며 봉안역을 향하여 돌길이 7~8리나 빙빙 둘렀는데~)라는 구절에 渡迷遷이 나온다. 이 구절은 '渡迷津'을 설명하는 가운데 등장하는 것으로 『輿地圖書』에도 유사한 내용이 나온다. 후대의 지명 관련 자료와 『大東輿地圖』를 비롯한 고지도에도 이 두 지명어는 대부분 반영되어 있으며 후대의 문헌에서는 한자표기가 '斗迷'로 된 경우도 있다.[3]

---

3 각 시기의 문헌과 오늘날 현지에서 부르는 관련 지명어의 변천, 설화 등에 대하여는 추후 별도의 논의가 필요하다. 이 글에서는 각 지명이 지시하는 지리적 위치와 지시대상인 지형의 변화에 주목하기로 한다.

'渡迷遷'은 경기도 남양주시 와부읍 팔당리에서 능내리로 이어지는 한강변의 북쪽에 놓였던 길이다. 오늘날 한강변을 따라 건설된 6번 국도 중 팔당터널이 놓여있는 구간이 핵심 지역으로 추정된다. 인근에는 중앙선 철로가 통과하며 남양주에서 양평으로 이어지는 길목이다. 이 지역은 남한강과 북한강이 合流하는 지점으로 팔당호가 자리 잡은 바로 아래 지역이다. 댐의 건설, 철로의 설치, 도로의 확·포장과 터널의 설치 등으로 이 지역의 지형은 길을 중심으로 많은 변화를 입었다.

팔당대교가 설치된 지점에서 상류 쪽으로 약간 올라간 지점에서 강 건너 편인 남쪽의 하남시 배알미 사이에 놓인 나루가 渡迷津이었던 것으로 본다. 흔히 남양주의 예봉산과 하남의 검단산을 사이에 두고 흐르는 한강의 한 구간을 '두미강'이라 한 것으로 보아 渡迷津·斗迷津도 이 지점에 있었던 것으로 본다. 광주와 하남 쪽에서 한강을 건너온 사람들이 북동 쪽으로 이동하려 할 때 통과해야 했던 길이 '渡迷遷'이었다. '물 언덕 돌길'이었던 이 길이 오늘날 옛 모습을 거의 잃게 되면서 '渡迷遷'이라는 낱말을 비롯하여 이와 관련된 어휘 또한 흔적도 남기지 않고 사라져 버렸다. 문헌 속에서만 확인할 수 있는 단어일 뿐 급격한 도시화와 함께 실생활 속에서는 이미 사어가 되었다.

2.2. 月溪遷(京畿道 楊根郡)

『新增』제8권 京畿 楊根郡 山川條에 '月溪遷'은 "군 서쪽 30리 지점에 있으며 산 중턱에 꾸불꾸불 둘려 있어 아래로 강물을 굽어보고 있다."고 하였다. 『輿地圖書』에서도 이 지명은 확인되며 『練藜室記述』別集 제16권 地理典故 摠地理에 "~섬강은 바로 오대산 서쪽 횡성·원주의 여러 물인데 서쪽에서는 여주의 驪江이 되고 楊根의 大灘과 月溪遷이 된다. 군 서쪽 45리 幷灘에 이르러 북강과 합하기 때문에 세속에서는 二水頭라고도 한다."라는 설명이 나온다. 이를 통하여 '月溪遷'은 남한강이 북한강과 합류하기 이전의 지점으로 현재의 양평군 양서면 신원리 남한강변을 통과하는 6번 국도의 한 구간이다. 중앙선 철로가 인근을 경유하는데 신원역을 중심으로 부용터널, 신원터널, 묘곡터널 등이 연이어 있다.

  '月溪遷'은 남한강의 북쪽 부용산 자락을 중심으로 꾸불꾸불 놓여있던 좁고 험한
길이었다. 구체적으로는 양평군 양서면 용담리에서 신원1리(월계마을)의 부용터널이
끝나는 지점까지 놓였던 길로 보인다. 오늘날 도로의 확·포장과 부용터널을 포함한
철로의 설치로 옛 모습을 알아보기 힘들 정도로 지형의 변화를 초래하였다. 부용터널
아래 강변을 따라 개설한 왕복 2차선 도로가 일부 옛 모습을 간직하고 있으나 교통량
을 소화하기 위하여 별도의 왕복 4차선 道路橋highway bridge를 남한강 위에 설치
하였다. 6번 국도의 일부인 이 도로교의 명칭은 龍潭大橋이며, 절벽으로 이루어진 부
용산의 끝자락과 남한강이 만나는 지점에 여유 공간을 확보하기 어려워 강위에 설치
한 것이다. 〈사진 1〉은 '月溪遷'으로 추정되는 곳에 놓인 2차선도로와 남한강 위에 설
치된 4차선 도로교이다.

〈사진 1〉 '月溪遷'으로 추정되는 곳에 놓인 6번 국도와 도로교인 용담대교

  이 지점은 서울에서 양평으로 통하는 중요한 지점임은 물론 남으로는 여주, 북동
방향으로는 홍천으로 가는 길목이다. 자동차 도로는 물론 철도가 함께 통과한다는 점

에서 예나 지금이나 통행에 있어 중요한 지점이다. '물 언덕 돌길'을 뜻하는 한자 '遷'이 들어간 자연지명 '月溪遷'은 지형의 변화와 함께 소멸되었으나 전부요소 '月溪'는 지금도 마을 명칭으로 사용되고 있다. 행정지명으로 쓰이는 '신원1리'가 '月溪'임을 알리는 표지판이 마을 입구에 설치되어 있고 남한강으로 들어가는 조그마한 내에 놓인 다리의 명칭도 月溪橋이다. 또한 부용산에 위치한 사찰의 명칭이 현재는 '芙蓉寺'이나 10여 년 전까지는 '月溪寺'였음도 확인할 수 있다.

2.3. 嚴城遷(忠淸道 淸風郡)

『新增』제14권 忠淸道 淸風郡 山川條에 "군 서쪽 20리에 있다."고 하였으며 『輿地圖書』에서는 15리에 있다고 하였고, 『朝鮮寰輿勝覽』에서는 2리에 있다고 하였다. '嚴城遷'과 관련하여 『新增』에 소개된 최숙생의 시[4]와 『輿地圖書』의 내용[5]을 통하여 남한강의 남쪽 언덕 산허리에 난 돌길로 한 사람이 겨우 지날 수 있는 옹색한 길이었음을 알 수 있다.

문헌에 따라 그 위치가 차이가 있을 뿐 아니라 『한국지명총람』을 비롯한 지명 관련 자료에 올라 있지 않다. 다만 『東輿圖』에 올라 있는 자료를 바탕으로 살피건대 청풍군 근서면 지역의 남한강변에 위치한 것으로 보인다. 근세 이후 현재까지 작성된 지형도 등을 통하여도 정확한 위치를 찾을 수 없었으나 현지답사와 현지인의 자문을 통하여 성과를 거둘 수 있었다. '嚴城遷'은 일반적으로 '엄성벼루'라 불리었으며 현재의 제천시 청풍면 양평리와 용곡리 사이에 놓여있던 남한강변의 길이었음을 확인하였다. 지금은 수몰되어 그 자취를 전혀 찾을 수 없으나 고명리, 단리를 통과하여 양평리에 이르러 남한강에 합류하는 시내가 있었고 이 지점을 중심으로 강변을 따라 놓여있

---

4 "산허리에 돌길이 열렸으니, 말 발이 밟는다. 돌을 포개어 천 길을 임하였고, 구름을 뚫고 만 층을 오른다. 응당 오정(五丁)의 파는 것을 번거롭게 하였으리라. 정히 구천(九天)에 오르는 것 같다. 눈에 가득한 것이 모두 맑은 경치이니, 시를 써서 나의 지난 것을 기록한다.

5 嚴城遷 在江之南岸臨江有景致距府治十五里葷通人行馬牛不得由焉〈輿地圖書 忠淸道 淸風 山川〉

던 길로 추정된다. 현재는 수몰과 함께 육안으로 볼 수 있는 지형이 전혀 없으며 그 명칭은 물론 관련 명칭도 전무하다.

2.4. 金遷(忠淸道 忠州牧)

『新增』제14권 忠淸道 忠州牧에 "金遷은 주 서쪽 10리에 있는데, 바로 北津의 하류이다."를 비롯하여 6회나 나온다. 『高麗史』제79권 志제33 食貨2 漕運 條에 나오는 기사를 통하여 麗水浦의 옛 이름이 金遷浦임을 확인할 수 있고 『朝鮮王朝實錄』에서도 '金遷'은 10회나 나온다. 또한 『東輿備攷』, 『大東輿地圖』등을 비롯한 고지도에서도 '金迁'을 확인할 수 있다. 그런데 『龍飛御天歌』에서는 '淵遷'을 확인할 수 있으며 이와 대응되는 고유지명어가 '·쇠벼·르'임을 알 수 있다. 이 '淵遷'은 선초의 한정된 문헌에서만 확인할 수 있으며 '金遷'은 그 확장형 金遷江, 金遷倉, 金遷站, 金遷津 등과 더불어 광범위하게 분포한다.

'金遷·淵遷'과 이와 대응되는 고유지명어 '쇠벼·르'에 대한 자세한 논의는 제17장을 참조하기 바라며 그 위치는 충주시 가금면 누암리의 다락바위를 중심으로 남한강을 따라 놓여있던 물 언덕 돌길이다. 달천과 남한강이 합류한 지점으로 이 길은 확장되고 포장되어 옛 모습을 거의 상실한 채 오늘날 520번 지방도의 한 구간이 되었다. 특히 金遷의 중심이었던 다락바위[樓巖]는 도로를 왕복 2차로로 확장하면서 남한강쪽으로 돌출되어 있던 부분이 제거되었다. 또한 아래의 〈사진 3〉에서 확인할 수 있듯이 통행의 안전과 미관상의 이유로 도로에 면한 다락바위의 돌출 부분을 시멘트로 옹벽을 만들어 놓았다.

도로가 확장되면서 벼랑 아래 물에 임한 위태로운 길의 모습이 사라지게 되고 이를 뜻하던 '遷'의 쓰임도 점점 쇠퇴하였던 것으로 보인다. 오늘날 이 도로를 '금천' 또는 '쇠벼루'라 부르는 경우는 전혀 없으나 행정지명 可金面에 金遷의 잔영이 남아 있었다. 可金面은 1914년 행정구역 개편으로 加興面과 金遷面을 합병하면서 생겨난 명칭이다. 하지만 2014. 2. 1. 충주시 행정구역 명칭변경에 따라 '가금면'을 '중앙탑면'으로 개칭함에 따라 '金遷'의 잔영 '金'마저도 사라져버렸다.

〈사진 2〉 도로확장 전 다락바위[樓巖](1960년대 추정)

〈사진 3〉 도로확장 후 다락바위[樓巖](2018년 현재)

3. '遷'계 地名語가 지시하는 지형의 변화가 심하지 않은 곳

최영준(1975:53)에서는 "歷史的인 大事件은 대개 空間上의 변화를 同伴한다. 특히 현대에는 수년 또는 수개월에 景觀이 本質까지 변화해 버려 그 이전의 狀態를 알기 어려운 경우가 많다"라는 Clark, G의 말을 인용하고 있다. 이 말은 다른 공간보다 길에 잘 적용되는 표현이며, 특히 물에 임한 벼랑 같은 곳에 놓인 돌길의 변화된 모습을 설명한 것 같기도 하다. 대체로 물가에 놓인 길은 홍수와 같은 자연의 힘에 의하여 변화를 입을 수도 있고 人工이 가해져 변화를 입을 수도 있다. 본 장에서는 '遷'계 지명이 지시하는 지형이 부분적으로 변화를 입기는 하였지만 상당 부분 본래의 모습을 유지하고 있다고 판단되는 부류에 대하여 논의하기로 한다.

3.1. 犬遷(慶尙道 陜川郡)

『新增』제30권 慶尙道 陜川郡 山川條에 '犬遷'에 대하여 "犬遷: 在郡東十三里 緣崖開棧道 上負絶壁下臨深淵 縈紆屈曲二三里許 俗傳郡之犬與草溪郡犬相通而行 因此成路"[6]와 같이 풀이하였으며 뒷부분에 "主脈來自草溪臺巖山"이 첨가되었을 뿐 동일한 내용이 『輿地圖書』에도 실려 있다. 『海東地圖』, 『大東輿地圖』, 『舊韓末地圖』 등의 古地圖에도 황강이 북쪽으로 흐르다가 ∩자형으로 꺾여 나가는 지점에 '犬迁'을 표시해 놓았다.

犬遷은 거창에서 합천을 지나 창령으로 이어지는 24번 국도의 한 구간으로 합천에서 초계 방향으로 4km쯤 지점인 황강변에 놓인 길이다. 정확한 위치는 현재의 합천군 율곡면 문림리의 문림교에서 영전교 삼거리로 이어지는 24번 국도 중 황강에 붙어 있는 구간이다. 이 구간을 확장하였음을 ≪東亞日報≫ 1931(소화6년) 2월 3일 자 5

---

6 이를 〈國譯 新增東國輿地勝覽 IV 218〉에서 번역자 이익성(교열 성락훈)은 "견천(犬遷 개벽루) 군 동쪽 13리에 있다. 벼랑을 따라 잔도(棧道)를 내었는데, 위에는 절벽이고 아래에는 깊은 못이며 꼬불꼬불한 것이 2~3리쯤 된다. 항간에 전해 오는 말에, "이 고을 개가 초계군 개와 서로 통해 다녀서 길이 되었다."로 번역하였다.

〈사진 4〉 견천의 난간에 철망을 친 모습과 황강에 설치한 개벼리교

면 11단의 기사를 통하여 확인할 수 있다.[7] '개비리'라고도 하는 이 길은 당시 2등 도로였지만 자동차가 교행하기 어려울 정도로 매우 狹窄하였음을 알 수 있다. 좁은 형태의 2차로로 확장된 후 상당 기간 사용되었으나 현재는 안전사고 등의 이유로 폐쇄되어 있는 상태이다. 폐쇄된 구간이 犬遷의 중심부라 할 수 있는데 〈사진 4〉에서 보듯 현재는 이 구간 40m 정도를 황강으로 이동하여 교량을 설치하고 24번 국도의 일부로 삼아 '개벼리교'라 부르고 있다. 犬遷은 길을 중심으로 지형의 변화가 있기는 하였지만 전반적으로 주변 지형은 크게 변화를 입지 않았다. 또한 오늘날도 고유지명어 '개비리·개벼리'가 일반적으로 활용되고 있다.[8]

7　犬遷道路擴張 [합천] 경남합천군(陜川)당국자의말에의하면 거창창령선(居昌昌寧線), 2등도로중간에잇는 률곡면문림리견천도로(栗谷面文林里犬遷(개비리)道路)가 넘우협착(狹窄)하야 자동차가서로피하기에위험이만흠으로 일반은그확장공사에 갈망하고잇든바 마츰내도당국으로부터 창녕토목관구(昌寧土木管區)에 질정이통첩이잇슴으로공사에착수키로한다고한다.

8　'개비리'라는 동일명칭의 지시물이 인근 지자체인 창녕군 남지읍에도 있음을 확인할 수 있다. 『新增』에는 올라 있지 않으나 배경설화가 유사한 명칭이 공존한다는 것은 흥미로운 일이다. 최근 창녕군에서는 용산리에서 신전리 영아지마을까지 6.4km에 이르는 '남지개비리둘레길'을 조성하였다. 2015년 11월 둘레길 준공과 더불어 낙동강유채축제와 하나로 묶어 창녕9경으로 선정하여 관광자원화하였다.

3.2. 串岬遷·兎遷(慶尙道 聞慶縣)

『高麗史』卷五十七 志 卷第十一 地理二 慶尙道 尙州牧 聞慶郡에는 '串岬遷'으로만 나오는데 『新增』이후의 문헌에서는 串岬遷을 兎遷이라고도 한다는 설명이 나오며 오히려 兎遷의 쓰임이 더 활발하게 나타난다. 兎遷이라는 명칭의 유래는 『新增』, 『輿地圖書』 등에 실려 있다.[9] 『東輿圖』와 『大東輿地圖』 등 古地圖에도 '兎迁'[10]으로 표기되어 있다. 전부요소로 '串岬'을 삼은 것은 이 길 주변의 지형이 곶(串)과 같은 모양을 띠고 있어 붙여진 명칭이다. 이곳의 지형을 보면 영강의 한 구간인 경강의 모양이 U자와 같은 형상이다. 남쪽을 향해 흐르던 물줄기가 어룡산 줄기의 절벽에 가로막혀 북쪽으로 되감아 돌아가는 모양을 하고 있다.

이 길은 조령 부근에서 발원하여 영강과 합류하는 속칭 경강천변을 중심으로 놓였던 것으로 고모성과 진남의 남동쪽에서 오정산 중턱으로 연결되는 꼬불꼬불한 통로이다. 이 구간은 嶺南大路[11]에서 가장 험한 병목 구간으로 경상도에서 새재를 넘어 충청도로 넘어가기 전에 통과해야 하는 중요 구간이었다. 예나 지금이나 이곳이 교통의 요충지임을 실감케 하는 것은 U자 모양의 경강 상단부에 진남1교와 불정3교를 설치하여 개설된 4차선 3번 국도, 경강변을 따라 놓인 2차선의 구 3번 국도와 문경선 탄광철로, 동쪽 방향으로 남북을 가로질러 오정산을 관통하여 놓인 중부내륙고속도로 등이 그것이다.

신속한 행정 및 군사, 통신을 위하여 지방 행정의 중심지 및 군사 지역을 연결하

---

9 串岬遷 卽龍淵之東崖一名兎遷鑿石爲棧道縈紆屈曲幾六七里俗傳高麗太祖南征至此不得路有兎緣崖而走遂開路以行仍稱兎遷其北斷峯有石城遺址古之防城處〈輿地圖書 慶尙道 聞慶 山川〉

10 '迁'은 '遷'의 약체자이며 고지도에서는 주로 이 글자를 사용하였다.

11 지난날 서울과 부산을 잇는 最短距離 노선이었다. 서울에서 용인·충주를 거쳐 문경새재(643m)를 통과한 후 상주에서 칠곡·대구를 경유하여 밀양·동래·부산진에 이르렀다. 이러한 직선 노선은 지방 행정 중심지 및 군사 지역을 통과하고 있어 嶺南大路가 주로 신속한 행정 및 군사 통신을 위한 것이었음을 말해준다. 영남대로의 연장선은 서울에서 義州에 이르는 西路이다. '의주-서울-부산'을 잇는 직선은 조선의 5대 도시 한양·평양·개성·충주·상주 이외에, 의주·안주·황주·광주·선산·대구·밀양·동래 등의 도시가 위치하는 우리나라 최대의 간선도로를 형성하였다. 또한 영남대로와 서로의 연장은 일본 및 중국에 이르므로 국제적인 중요성을 가지고 있었다.

〈사진 5〉 경강에 임한 오성산의 중턱에 놓인 토끼비리[串岬遷·兎遷]

여 설치되었던 것이 영남대로이다. 서울과 부산을 잇는 최단거리 노선이었던 이 길 중 가장 험한 구간이었기에 串岬遷·兎遷은 지리적 좌표와 같은 역할을 하였을 것으로 보이며 설화를 비롯한 문학의 소재로도 활용되었다.[12]

串岬遷·兎遷은 최근 옛길에 대한 관심과 그 복원이 이루어지면서 문경시청 산하에 옛길박물관(http://www.oldroad.go.kr)에 '토끼비리'라는 항목으로 소개되고 있다. 2㎞가 넘는 이 길의 노폭은 두 사람이 지나갈 정도의 2~3m로 추정되나 지금은 1m도 되지 않은 구간이 많다. 20~30m의 낭떠러지 위에 놓인 아슬아슬한 구간도 있으며 붕괴 위험이 있어 나무데크로 교체한 곳도 있다. 뜻있는 사람들의 연구와 관심을 배경으로 잊혀졌던 串岬遷·兎遷의 發掘과 복원으로 '토끼비리'라는 단어의 복원이 이루어졌다는 점도 의미 있는 일이다.[13]

옛길박물관 홈페이지에 올라있는 자료를 통하여 현재 발굴 복원된 串岬遷·兎遷의 당초 모습을 추정할 수 있다.[14] 이 지역 일대는 새로운 개념의 도로를 개설하고 교량을

---

12 '兎遷'과 관련된 설화에 대하여는 지명설화 또는 문학적인 측면에서 별도의 논의가 필요하다.

13 2007년에 토끼비리[兎遷]를 포함한 문경새재 옛길은 죽령 옛길과 더불어 국가지정 문화재인 명승으로 지정되었다. 문경새재 옛길은 명승 제32호이다.

14 관련자료 중 串岬遷·兎遷 개설을 추정한 설명은 다음과 같다.
　이 길은 영강 수면으로부터 10~20m 위의 석회암 절벽을 깎아서 만들었다. 총연장 2㎞를 조금 넘는 이

설치한 것을 제외하고는 지형의 변형이 이루어지지 않았다. 〈사진 5〉는 문경시의 옛길 박물관에 전시되어 있는 것으로 오성산 중턱의 串岬遷·兎遷을 항공 촬영한 것이다.

3.3. 觀音遷(江原道 旌善郡)

觀音遷은 『新增』 제46권 江原道 旌善郡 佛宇조에만 나온다. 이 책에서 비봉산 절벽 위에 있는 觀音寺를 설명하면서 觀音遷을 거론하였다. 觀音遷에 대하여 돌길이 개 어금니처럼 엇걸려서 사람이 통행할 수 없었는데 돌을 쌓아 만든 길로 사람과 말이 겨우 통행할 수 있었고 급한 일이 있더라도 고삐를 놓고 가지 못했다고 설명하였다. 관음사의 통로였던 관음천은 사찰이 없어지면서 후대의 문헌에서 사용된 예를 찾을 수 없다.

觀音遷은 정선의 진산인 飛鳳山에 있었던 觀音寺로 통하는 길목인 조양강변에 놓였던 좁고 옹색한 길이다. 오늘날 관음벼루로 일컬어지는 구간이 관음천의 중심부에 해당하며 이 일대는 오늘날도 경관이 수려하다. 남한강의 지류인 조양강도 1605년 대홍수를 비롯한 천재지변으로 크고 작은 유수의 변경이 있었을 것으로 추측된다. 이에 따라 강변에 놓인 길도 다소간의 변화가 있었을 것으로 보인다. 그런데 차량이 통행할 수 있도록 도로를 확장하고 정비할 때에 석축을 쌓으면서 예전의 모습을 많이 잃게 되었다. 龍灘 쪽으로 가는 길 암벽에 새겨져 있던 '化主一春'[15]이란 글자가 도로를 정비하

잔도는 세 가지 공법을 이용해 건설했다. 1구간은 급한 암벽을 깎아내어 그 토석을 다져 평탄하게 만들었으며, 토석의 유실을 방지하기 위해 약 3m 높이의 축대를 쌓았다. 2구간은 벼랑이 가장 가파른 곳으로, 석회암과 역암을 절단한 흔적이 뚜렷하게 보인다. 잔도의 폭이 급히 좁아지는 지점에는 축대를 쌓아 길 폭을 넓히거나 길 가장자리에 말뚝을 박고 그 위에 나무로 만든 난간을 설치해 길을 넓혔음을 입증하는 흔적들이 많이 발견된다. 3구간은 산줄기가 뻗어 내려와 고갯마루를 이루는 부분으로 석회 암맥이 돌출한 부분으로 인공으로 암석 안부를 만들었다. 이 안부는 영남대로상에서 가장 규모가 크고 보존상태도 양호하다고 권근의 기문에 기록돼 있다.

15 '化主一春'이란 글이 龍灘 쪽으로 가는 길 암벽에 새겨져 있는데 옛날 觀音寺에 一春大師라는 승려가 있었다고 한다. 이 중이 관음벼루에 홍수가 들면 며칠씩 통행하지 못해 불편을 느끼던 차에 이 지점에 다리를 놓으려 시주를 받았다고 한다. 그런데 그 금품을 사사로이 사용한 죄를 입어 절벽 앞 깊은 물에 큰 구렁이가 되어 통행하는 사람에게 지장을 주었다. 삼척군의 선비 넷이 과거를 보러 가는 도중 주막거리에서 숙박하는데 이 중 한 선비의 꿈에 백발노인이 나타나 말하기를 "나는 이 소에 있는 뱀인데 지난

면서 땅속에 묻히게 된 것도 하나의 사례가 될 것이다.[16]

　이 일대는 觀音寺가 있었던 곳[17]이므로 오늘날 觀音洞이라 일컬으며 觀音遷과 대응되는 관음벼루라는 지명이 남아있다. 관음천은 길을 뜻하는 것이었으나 이에 대응되는 관음벼루는 오늘날 [+벼랑]의 개념으로 인식하고 있다. 현지에서 '遷'이 물에 임하여 벼랑 같은 곳에 난 길이라는 개념으로 쓰였다는 사실을 알고 있는 사람은 찾을 수 없다. 후부요소가 순우리말인 관음벼루는 벼랑 또는 절벽의 개념으로 쓰이나 觀音遷은 전혀 쓰이지 않고 있다.

4. 지리적 위치를 확인할 수 없는 곳

4.1. 磻石遷(忠淸道 淸州牧)

　『新增』 제15권 忠淸道 淸州牧 土産條에 "靑川縣의 磻石遷에서 綠礬이 나온다."고 하였으며 『世宗實錄地理志』에도 동일한 내용이 나온다. 그런데 『輿地圖書』 忠淸道 淸州 物産條에 "綠礬 古出 靑川磻石遷今無"라는 내용으로 보아 조선후기에는 반석천에서 綠礬이 나지 않았음을 알 수 있다. 綠礬은 '碌礬'으로도 표기하며 黃酸鐵이라고도 하는 것으로 화학식은 $FeSO_4$이며 『표준국어대사전』에서는 "⑴황산의 수소 원자가 철 원자로 치환된 화합물을 통틀어 이르는 말. ⑵철의 황산염의 하나. 철을 묽은 황산에 녹여서 만든 녹색 결정 물질로, 잉크·안료·의약·매염제 따위로 쓰인다."와 같이 설명하였다.

　'磻石遷'이라는 지명은 위에서 예를 든 3개의 文獻에만 나오며 후대의 문헌에서 그

　날 금품을 사사로이 허비하였다"며 잘못을 털어놓았다고 한다. 또한 돌에다 '化主一春'이란 4글자를 써주면 선비들이 과거에 급제할 것이라는 신기한 꿈을 꾼 후 한 사람이 한 글자씩 글을 써놓고 과거 길을 떠났다고 한다. 그 후 선비들은 모두 과거에 급제하였고 다시 이곳에 돌아와 刻字 했다는 이야기가 있다.

16 오늘날 이 지점의 도로 위 절벽 하단부에 '化主一春'을 새긴 대리석 표지석이 시멘트 基壇위에 세워져 있다.

17 현재 이 절터에는 가건물이 들어서 있다.

예를 찾을 수 없다. 또한 그 위치를 추정할 수 있는 정보가 없어 정확하게 어디인지를 알 수가 없다. 1914년 행정구역 개편이 있기 전까지 '靑川'은 淸州郡에 속하였으나 현재는 괴산군에 속해 있다. 槐山郡 鄕土史硏究會 회장인 송정호씨와 청천면 출신인 박운섭 부회장 모두 그 위치를 전혀 알 수 없다고 한다. 필자의 추정으로는 선유구곡에서 흘러내린 물과 삼송리 의상저수지에서 내려온 물이 송서교 부근에서 合流하여 화양천을 형성하는데 이 지역 어디엔가 磻石遷이 있었던 것으로 보인다.

5. 결론

지명어의 후부요소 중 하나인 '遷'은 고유어 '벼르'를 표기한 한자이다. 대부분의 역사문헌 자료에서 내나 강 또는 바다 등의 물에 임한 벼랑 같은 곳에 놓인 옹색하고 좁은 길을 '遷'으로 표현하였다. 옹색하고 좁은 곳이지만 이 구간을 통과하지 않고는 목적지로 갈 수 없기에 길이 놓인 것이며 고래로 군사와 교통의 요충지이다. 또한 수려한 경관을 갖추고 있는 곳이 많아 관광명소로 활용이 가능한 지점이다.

'遷'을 후부요소로 삼은 지명어는 『新增』에 17개가 있는데 본 연구에서 논의 대상으로 삼은 것은 남한지역에 위치하여 현지답사가 가능한 9개의 명칭 8개의 지형이었다. 연구 대상으로 삼은 것 중 비교적 이른 시기의 역사문헌에는 나오나 현대에 간행된 지명지를 비롯한 지명 관련 자료에 올라 있지 않아 그 位置를 確認할 수 없는 곳이 1개이다.

忠淸道 淸州牧의 磻石遷을 제외하고 현지답사가 가능한 8개의 명칭 7개의 지형에 대하여 살펴본 결과 지형의 변화가 심한 곳은 渡迷遷(京畿道 廣州牧), 月溪遷(京畿道 楊根郡), 嚴城遷(忠淸道 淸風郡), 金遷(忠淸道 忠州牧) 등이다. 반면에 지형의 변화가 심하지 않은 곳은 犬遷(慶尙道 陜川郡), 串岬遷·兎遷(慶尙道 聞慶縣), 觀音遷(江原道 旌善郡) 등이다. '遷'이 지시하는 길만을 놓고 보았을 때 그 모습이 심하게 바뀌었거나 약간의 변형이 이루어졌지만 주변 지형은 변화가 거의 없이 옛 모습을 보존하고 있다. 이들 길들은 모두 토지 활

용도가 용이하지 않은 강이나 내에 임한 산자락에 위치하고 있기 때문이다.

渡迷遷, 月溪遷, 金遷 등이 지시하던 곳에는 지형을 심하게 변형하여 새로운 도로가 개설되었다. 그리고 嚴城遷이 지시하던 곳은 충주댐 건설로 인하여 물속에 잠기게 되었다. 옛 모습이 거의 사라져버린 지형을 가리키는 이들 명칭 중 전부요소 渡迷, 月溪, 嚴城, 金 등은 오늘날 지명에 흔적을 남기고 있으나 후부요소 '遷'은 찾아볼 수가 없다. 하지만 '遷'의 근원형이라 할 수 있는 고유어 후부요소 '벼루'가 '엄성벼루'에 남아있다.

옛 모습을 대체로 보존하고 있는 지형을 지시하는 犬遷, 串岬遷·兔遷, 觀音遷 등의 경우 전부요소와 후부요소에 사용된 어휘가 생명을 유지하고 있다. 특히 전부요소에서 '犬'과 대응되는 고유어 '개', '兔'와 대응되는 고유어 '토끼·토재이' 등이 지명에 남아 있다. 후부요소의 경우도 '遷'은 물론 이에 대응되는 '벼루·벼리·비리'가 모두 쓰이고 있다. 즉 犬遷과 개비리·개벼리, 串岬遷·兔遷과 토끼비리·토재이비리, 觀音遷과 관음벼루 등이 공존하고 있다.

지형이 심하게 변화를 입은 경우에 비해 비교적 옛 모습을 보존하고 있는 경우 이를 지시하는 지명어가 보존되고 있음을 알 수 있다. 그리고 지명어에서 일반적으로 후부요소에 사용된 어휘가 전부요소에 쓰인 어휘에 비해 보수적인 특성이 있는데 이러한 원리는 이들 지명에서도 확인할 수 있었다. 후부요소 '遷'의 원초형이자 보수적인 형태인 '벼루·벼리·비리'가 활발하게 사용되고 있는 반면 개신형으로 볼 수 있는 '遷'의 쓰임이 쇠퇴하였다는 점에서 이를 확인할 수 있다. 전부요소에서는 渡迷, 月溪, 金, 觀音 등의 한자어는 남아 있으나 이에 대응되는 고유어는 남아있지 않다.

'遷'과 이에 대응되는 고유어 '벼루·벼리·비리'는 근대국어 시기까지 [+길]의 의미를 지닌 지명어의 후부요소로 그 위치를 확보하였다. 그러나 현대로 오면서 지시물인 지형의 변화와 함께 불안한 모습을 보이고 있다. 지형의 변화가 심하지 않은 곳에서는 그 명맥을 유지하고 있으나 언중은 '遷'의 개념을 분명하게 인지하고 있지 못하다. 또한 벼루·벼리·비리도 [+길]이 아닌 [+벼랑]으로 인식하는 경우가 허다하다. 이를 통하여 우리는 지시물 즉 지형의 변화가 이를 지시하는 언어의 변화 내지는 쇠퇴를 촉발함을 확인할 수 있었다.

본 연구에서는 『新增』에 나오는 '遷'계 지명어 중 현지답사가 가능한 것만을 논의 대상으로 삼았다. 현용 지명어 중 『新增』에는 올라 있지 않으나 후부요소를 '遷'이나 그 근원형인 고유어의 변화형 비리, 베리, 벼로, 벼루 등으로 삼고 있는 경우가 있다. 앞으로 이들 지명어를 대상으로 지시물인 지형과의 관련성을 검토하면 본 연구의 논의를 더욱 구체화할 수 있을 것으로 기대한다. 더불어 『新增』에 올라있지 않은 '遷'계 지명어에 대한 논의도 필요하다.

제22장

'谷'계와 '村'계 지명의 어휘적 단면

1. 서론

지명을 대상으로 하는 탐구는 연구자의 접근방식에 따라 다양한 방식으로 진행될 수 있다. 그런데, 특정 지역을 대상으로 한 그동안의 지명연구들이 음운, 형태, 어휘 등 전반에 걸쳐 산만하게 이루어진 느낌을 준다. 한 지역의 지명어라도 특정분야를 구체적이고 심도있게 연구해야 할 것이라는 생각에서 이 글은 출발한다.

본 연구에서는 단양지역 '谷系와 '村'系 지명만을 후부요소와 전부요소로 나눈 다음 이들을 어휘론적 측면에서 탐구하고자 한다. 우선 후부요소를 유형별로 고찰한 다음 이들 후부요소에 선행하는 전부요소의 어휘적 특징을 구명하고자 한다. 전부요소로 사용된 어휘들을 그 낱말들이 지닌 특성에 따라 분류함으로서 우리는 '谷系와 '村'系 지명에 사용된 어휘는 어떤 부류가 주를 이루는지 파악하게 될 것이다. 즉, 전부요소를 중심으로 각 낱말들이 모여 형성하는 '谷系와 '村'계 지명의 語彙場이 어떤 것인가를 탐구하게 될 것이다.

본 연구에서 대상으로 삼은 단양지역 '谷系와 '村'系 지명 어휘는 1987년 忠淸北道에서 펴낸 『地名誌』의 丹陽郡 편에서 수집하였고 여러 차례에 걸친 현지조사로 보완한 것이다.

2. 지명어의 구조와 유형

2.1. 지명어의 구조와 그 명칭

지명어는 대체로 '전부요소' + '후부요소'로 그 직접구성성분을 분석할 수 있다. 性格要素인 전부요소는 지명어 명명의 유연성과 관계가 깊은 요소이며 후부요소는 분류요소로 볼 수 있는 것이다.

姜秉倫(1990: 148~149)에 의하면 후부요소를 포함한 지명의 형태 구조는 한 개의 형태소로 구성된 [M]형부터 여덟 개의 형태로 구성된 [M1+M2+M3+……+M8]까지 일곱개의 유형([M1+M2+……+M7]형은 나타나지 않음)으로 나타난다고 한다. 그리고 이들 유형을 하위 분류하면 177개의 語構造로 되어 있다고 했다. 이를 통해서 보면 지명어의 구조가 상당히 다양하고 복잡하게 보인다. 그러나 대부분의 전부요소는 후부요소의 직전에 선행하는 실질형태소를 중심으로 구성되어 있다. 예컨대 '벌통바우골'과 '작은다릿골'에서 후부요소 '골'의 직전에서 실현되는 실질형태소 '바우'와 '다리'가 전부요소 중 중심요소로 보인다. 반면에 '벌통'과 '작은'은 각각 '바우'와 '다리'를 한정하는 요소로 보이며, 'ㅅ'은 후부요소와의 연결 관계에서 선택된 것으로 보인다.

이런 점을 고려하여 저자는 전부요소의 구성소를 세 부분으로 나누고자 한다. 전부요소 중 중심적인 역할을 담당하고 있는 것을 전접요소로 부르고자 하며, 전접요소에 선행하는 것을 분할요소로, 후행하는 것을 매개요소로 칭하고자 한다. 전접요소와 분할요소라는 용어는 이미 이철수(1982: 50~51)에서 필자가 본 논의에서 사용하고 있는 전부요소와 같은 개념으로 사용한 바 있다. 매개요소라는 용어는 전접요소와 후부요소의 결합시 음운 또는 형태상의 안정화를 위해 그 사이에 개입된 어미나 접사 또는 ㅅ 등의 형식형태소를 지칭하는 용어로 사용하고자 한다.

이상에서 살펴 본 지명어의 구조에 대한 명칭 중 '후부요소'를 지칭하는 말로는 '지명접미사, 후부, 근간요소, 후부어소, 후부사, 접미어, 땅이름 형태소, 후부요소' 등 다양하게 나타나고 있다. 이렇듯 동일한 개념을 다양한 용어로 지칭하게 된 것은 姜秉倫(1990: 57)에서 지적했듯이 머리, 고개, 거리…… 등과 같은 형태소를 자립형태로 보느냐 아니면, 이들이 일반어사에서는 자립형태소임이 분명하지만 지명어에서는 주된 의미범주를 벗어나 쓰인다는 점에서 의존형태로 보느냐 하는 입장의 차이에서 기인한다.

실, 둠, 기, 미…… 등의 의존 형태는 접미사라는 용어가 타당해 보이나 이 용어를 사용하기 어려운 이유는 골, 마을, 거리, 터, 산…… 등 자립형태를 지명어라고 해서 일반언어에서의 쓰임을 외면할 수 없기 때문이다. 그렇다고 이들 두 부류를 각기 다른 용어로 부른다는 것도 합리적이지 못한 듯하다. 비록 자립성의 유무에 따라 다른 부류로 나누어진다 해도 지명어에서의 기능은 큰 차이가 없기 때문이다. 이런 점들을 고려하여 본 연구에서는 후부요소라는 용어를 사용하고자 한다. 또한 후부요소와 대립적인 개념으로 '전부요소'라는 용어를 상정하고 실, 둠, 기, 골, 마을, 거리…… 등에 선행하는 것을 지칭하는 용어로 사용하고자 한다.

2.2. 후부요소의 類型

丹陽 地名을 비롯하여 일반적으로 흔히 쓰이는 후부요소를 유형별로 보이면 다음과 같다.

(1)
谷系 지명: 골, 곡, 실, 굴, 울, 골짜기……
村系 지명: 말, 골, 터, 거리, 기, 둠, 이, 洞, 里, 村……
山系 지명: 미, 등, 山……
嶺系 지명: 고개, 재, 티……
水系 지명: 내, 여울, 개, 沼, 나루, 못, 샘, 물, 우물, 洑, 潭……
野系 지명: 들, 벌, 밭, 논, 배미, 田, 坪……
巖石系 지명: 바위, 돌, 巖……
기타 지명: 목, 머리, 窟……

(1)에서 보듯 '谷系 지명으로 볼 수 있는 후부요소에는 '-골, -실, -곡, -굴, -울, -골

짜기' 등이 있다. 이들 후부요소 중 '-골'은 그 일부를 '村'系 지명으로도 볼 수 있을 것이다. 왜냐하면 '-골'의 발달을 중세문헌에 보이는 'ㄱ볼'에서 찾을 수 있기 때문이다. 하지만 여기서는 '-골'의 발달을 '忽 〉골'로 보아 모두 '谷'계 지명으로 처리하기로 한다. 山峽을 背景으로 한 村落에 결합하던 '忽 〉골'이 후대로 오면서 그 본래의 의미가 퇴색하고 단순히 지명의 후부요소로 광범위하게 쓰이면서 '平原의 村落'에까지 결합하게 된 것으로 보기 때문이다.

'村'계 지명에 속하는 후부요소는 '-말', '-터', '-기', '-거리', '-둠', '-골', '-이', '-里', '-洞', '-村', '-垈', '-基', '-坪' 등이다. 여기서는 이들 중 비중이 큰 후부요소들의 연원과 단양지명에서의 분포를 각각 검토하기로 한다. 단양지명에 보이는 '村'계 지명어는 300여 항에 이른다. 각 유형별로 각론하기로 한다.

순우리말 후부요소인 '-골, -실, -굴, -울, -골짜기' 등은 한자어 후부요소인 '-谷, -洞, -村' 등과 공존하는 경우가 있다. 이는 동일 지시대상에 대하여 어종을 달리하여 고유어와 한자어로 동시에 지칭하는 것이다. 이런 同一對象 複數地名의 경우 자료처리에 있어서 각각 한 항목으로 간주하기로 한다.

2.3. 전접요소의 유형

'谷'系 지명으로 볼 수 있는 후부요소에 선행하는 전부요소의 항목은 모두 500여 개에 달한다. 그리고 함께 논의하게 될 '村'계 지명어는 300여 항에 이른다. 이들 각 항목이 지니고 있는 성격에 따라 天文, 地理, 金石, 遺物·遺蹟, 施設物, 人物·官職, 身體, 動物, 植物, 器具, 方位, 數量, 社會·文化, 動作, 狀態, 副詞, 感歎詞, 其他 등으로 유형화할 수 있을 것이다. 일반어휘를 대상으로 분류한다면 이와는 달리 분류될 수 있을 것이나 지명어는 특수한 어휘의 집합이기에 자연현상과 인간생활을 표현하는 어휘가 주종을 이루고 있음을 알 수 있다.

위에서 기준으로 삼은 것은 전접요소로 사용된 어휘 자체의 특성이며, 또 다른 기준은 명명의 기반이 전접요소의 분류에 적용될 수 있을 것이다. 예컨대, '단지'와 유사하게 생긴 곳이라 하여 '단지골'이라든가 '절'이 있던 곳이라 하여 '절골'이라 명명된 지명이 있다. 이때 우리는 전자의 경우와 같은 것을 형태의 유사에 의한 명명으로 보며, 후자와 같은 경우는 지형 자체에 포함된 특징적인 사물이 명명의 기반이 된 것으로 본다. 이와 같은 명명의 기반에 의한 전부요소의 분류도 있을 수 있으나 이는 지명의 어휘론적 연구이기보다는 의미론적 유연성의 문제이기에 본 논의에서는 다루지 않기로 한다.

3. '谷'系 지명의 후부요소에 관한 고찰

3.1. -골 형.

'-골'은 고구려 지명의 대표적인 지명형태소 '-忽'이 발달된 형태이다. 고구려 지명에 보이는 '-忽'의 예로는 仍忽(陰城), 乃兮忽(白城), 沙伏忽(赤城), 買忽(水城), 買召忽(邵城), 冬比忽(開城), 斯忽(岐城), 也尸忽(野城), 達忽(高城)…… 등이 있다. 이 '-홀'은 중세국어 '-골'(谷, 洞)로 이어지는데 『龍飛御天歌』(이하 『龍歌』)에도 '가막골'(加莫洞), 'ᄆᆞ롬ㅅ골'(舍音洞), '다대골'(㺚단洞), '비얌골'(蛇洞) 등이 보인다.

여기서 우리는 '忽 〉 골'의 변천을 볼 수 있는데 '忽'은 중국의 中古音으로 /xuət/이고, 東音으로는 /홀/이니, 어두음으로 /X/ 또는 /h/를 재구할 수 있으며 이는 /xuər/ 또는 /huər/로 음독했을 것이다. 그리고 '忽'의 근원형은 /holo/로 보는데 만주어의 /holo/(山, 谷)와 일본 북해도를 중심으로 한 지명과 渡島半島 이남에서 /holo/형 지명이 河, 谷, 洞의 뜻으로 널리 분포함이 이를 뒷받침한다. 이상과 같은 여러 가지 사실로 미루어 볼 때 중세국어에 보이는 '골'의 발달은 'holo 〉 xolo 〉 kol'(후음의 후설음화, 그리고 어말모음의 탈락)로 볼 수 있다. 그리고 후부요소 '-골'은 협곡 내지는 산협에 발달된 촌락을 의미하던 지명어로 보인다.

단양은 내륙산악지대에 자리 잡은 고을이므로 후부요소 '-골'이 400여개로 가장 많이 나타난다. '-골'의 변이형으로는 '-굴, -울, -올' 등이 있으나 단양지명에는 '-굴'이 몇 개 보일 뿐이다. 고유어 후부요소인 '-골'이 한자어 후부요소인 '-谷, -洞, -里' 등과 함께 나타나는 경우가 있다. '-골' 대 '-谷'의 대응을 보이는 예는 '거리골:街谷'의 예를 비롯 36개의 지명에서 발견된다. 그리고 '-골' 대 '-洞'의 대응을 보이는 경우는 텃골:基洞을 비롯 50항목에서, '-골' 대 '-里'의 대응은 샛골:김也里 등을 비롯 18개의 지명에서 발견된다.

    '-골' 대 '-里'나 '-골' 대 '-洞'의 대응을 보이는 지명을 비롯하여 '-골'형의 지명 중에는 '谷'계 지명이라기보다는 '村'계 지명으로 보이는 것이 상당수 발견된다. 여기서 우리는 '村'계 지명으로 볼 수 있는 '-골'의 형성을 두 측면에서 생각해볼 수 있다. 하나는 산협을 배경으로한 촌락인 '忽 〉 골'이 후대로 내려오면서 그 본래의 의미가 퇴색되고 단순히 지명의 후부요소로 자리매김 되면서 평원의 촌락에까지 결합하게 된 것으로 볼 수 있다. 그리고 또 하나는 중세국어에 보이는 'ㄱ불'의 발달 (ㄱ불 〉 ㄱ올 〉 골)에서 찾을 수 있을 것이다. 이러한 두 측면에서의 발달로 인하여 '골'을 후부요소로 하고 있는 지명의 판별에 있어서 '谷'계인지 '村'계인지 용이치 않은 경우가 있다. 때문에 여기서는 논의의 편의상 '里', 洞과 대응되는 '-골'형의 지명도 포함시키기로 하며 '村'계에서는 다루지 않기로 한다.

3.2. -실 형

    '-실'은 '-谷'에 대응되는 지명어의 후부요소로 대부분 산을 끼고 있는 지역에 분포되어 있다. '谷'의 훈이 'sil' 이었으리라는 것은 "絲浦今蔚州谷浦也"〈三國遺事 卷三〉, "國音谷亦爲之室"〈澤堂集 卷九, 斗室記〉 등에서는 물론 鄕歌, 慕竹旨郎歌의 作者에 관한 기록인 "得烏一云谷烏"〈三國遺事 卷二〉에서도 알 수 있다.

    '-골'형 지명이 단양 지명에 가장 많은 400여 개가 발견되는데 비해 '-실'형은 50여 개로 '-골'형에 비해 상대적으로 열세에 놓여 있다. 오늘날 전남지방에서 '谷'의 대응어가 대부분 '-실'로 나타나며(李敦柱, 1966b: 249), 충남지방의 경우도 마찬가지이다(이근규, 1976: 148). 단양지역 지명의 경우 '-谷'이 '-실'에 대응되는 부류는 32개가 발견되며, '-골'에 대응되는 것은 36개가 발견된다. 이로 볼 때 후부요소 '-골'이 '-谷'과 공존하는 경우는 400여 개의 지명 중 10%에도 못 미치는 비율이나, '-실'이 '-谷'과 공존하는 비율은 70%가 넘는 것으로 나타난다. '-실'과 '-谷'의 대응이 광범위하게 나타나는 것은 '谷'의 전통적인 훈이 '골'이 아니고 '실'이었음을 말해주는 것이다.

'-실'과 대응되는 한자어 후부요소로 '-坪', '-里', '-村'등도 발견되는데 '연무실:上詩坪', '솔가실:松柯里', '누루실:黃村' 등이 그 대표적인 예이다.

3.3. -谷 형

지명의 후부요소가 '谷:골' 또는 '谷:실'로 한자어와 순우리말이 공존하는 지명은 70항목에 가깝다. 그리고 순우리말 '-골'형과 '-실'형의 地名도 광범위하게 分布되어 있다. 그러나 한자어인 후부요소 '-谷'이 단독으로 출현하는 예는 매우 적다. 丹陽地名에 보이는 것으로 '白氷谷', '金谷', '薪谷', '陣置谷' 등만이 발견될 뿐이다. 이는 '谷'계 지명의 경우 한자어보다는 순우리말이 후부요소로 널리 쓰이고 있음을 알 수 있다.

순우리말 후부요소가 한자어의 그것보다 월등히 많다는 것은 지명어의 원형이 고유어였음을 알게 해주는 것이다. 즉, 이른 시기에는 '-골' 또는 '-실'만이 '谷系 지명의 후부요소로 쓰이다가 뒤늦게 '-谷'이 합류하게 된 것으로 볼 수 있다. 일반적으로 고유어의 한자어에 의한 대체가 국어 어휘에서 광범위하게 이루어져 왔으나 지명어의 후부요소는 상당히 보수적임을 알 수 있다. 현재까지도 '谷'보다는 '골'이나 '실'이 절대적으로 우세함에서 우리는 이런 결론에 도달할 수 있는 것이다.

4. '谷'系 지명의 전부요소에 관한 고찰

우리는 앞에서 전부요소 중 핵심적인 부분을 前接要素, 그리고 전접요소에 선행하는 부분을 分割要素, 후행하는 부분을 媒介要素라는 용어로 칭하기로 했었다. 이 장에서는 전부요소 전체를 한 덩어리로 놓고 논의를 진행할 수도 있다. 그러나 어휘 자체의 특성에 따라 유형을 분류함에 있어서 야기될 수 있는 혼란 때문에 전접요소만을 대상으로 삼기로 한다.

의미상 밀접하게 연관된 낱말들의 집단을 우리는 의미장(semantic field)라 한다. 즉, 친족어라는 상위어 아래에는 할아버지, 할머니, 아버지, 어머니, 나, 형, 누나, 동생…… 등이 모여 친족라는 하나의 의미장을 이룬다. 같은 방식으로 하양, 노랑, 빨강, 파랑, 검정, 보라…… 등이 모여 色彩語場을 형성한다. 이렇게 하여 이루어진 의미장들의 집합체가 마침내 국어 어휘체계를 형성하게 되는 것이다. 마찬가지로 지명어에 있어서도 관련 있는 낱말들의 집단들이 모여 어휘체계가 형성되었을 것이라는 추측을 해 볼 수 있다. 그런데 지명어에 쓰인 낱말들의 집단과 일반 언어에서 볼 수 있는 의미장과는 다소의 차이가 발견될 수 있을 것이다. 또한 이 논의에서 다루고자 하는 단양 지역 '谷'系 지명에 쓰인 낱말들의 집단은 또 다른 특성을 지니고 있을 것이라는 가정을 해볼 수 있을 것이다.

어휘를 동류의 의미특성을 지닌 낱말끼리 분류한 예는 서양에서는 물론 우리나라에서도 꾸준히 있어 왔다. 서양의 경우 P.M. Roget의 Thesaurus가 대표적인 것인데 영어 어휘 25만여 개를 8개의 주된 분야로 나누고 다시 1,000여 개의 하위범주로 세분한 것이 있다. 우리나라의 경우 분류어휘집으로 볼 수 있는 것들이 이에 속하는 것으로 볼 수 있다. 예컨대, 『訓蒙字會』를 비롯한 字會類, 『譯語類解』를 비롯한 類解類, 物名類 등 옛날 서적과 方言辭典을 비롯하여 우리말 分類辭典, 우리말 갈래 사전 등 表現辭典類 등이 이에 속하는 것이다.

전통적인 분류어휘집에서 주로 사용된 부류[1]는 天文, 時候, 地理, 人倫, 衣服, 家屋, 器具, 樹木, 住居, 農業, 漁業, 賣買, 動物, 植物 등이었다. 본고에서 다룬 어휘들에서 귀납되는 부류는 地理, 金石, 遺物・遺蹟, 器具, 人物, 動物, 植物, 位置, 動作, 狀態 등이다. 이들 부류에 대하여 각론하기로 하자.

---

1 분류 어휘집의 체제와 상호 관련성에 관한 논의로 鄭光(1978), 임지룡(1989) 등이 있다.

4.1. 地理類

지리와 관련된 어휘 중 후부요소가 '-골'로 끝나는 항목을 앞에 배열하고 '-실'로 끝나는 항목은 뒤에 놓기로 한다. 그리고 단수지명을 복수지명보다 선행시키며 출처의 순〈1-1〉부터 〈7-12〉)에 따라 제시하기로 한다. 이런 원칙은 뒤에 제시할 다른 부류에서도 마찬가지이다.

(2)
못골〈1-13〉[2]　　　　　　　　큰치골〈1-13〉

---

2 〈1-13〉은 못골의 출처인 단양읍 외중방리를 나타내는 것이다. 각 숫자에 해당되는 행정구역명을 밝히면 다음과 같다.

〈1-1〉	丹陽邑	별곡리,	〈1-2〉	도전리,	〈1-3〉	상진리,
〈1-4〉		도담리,	〈1-5〉	심곡리,	〈1-6〉	덕상리,
〈1-7〉		현천리,	〈1-8〉	북상리,	〈1-9〉	북하리,
〈1-10〉		상방리,	〈1-11〉	중방리,	〈1-12〉	하방리,
〈1-13〉		외중방리,	〈1-14〉	장회리,	〈1-15〉	두항리,
〈1-16〉		고평리,	〈1-17〉	양당리,	〈1-18〉	벌천리,
〈1-19〉		회산리,	〈1-20〉	가산리,	〈1-21〉	대잠리,
〈1-22〉		증도리,				
〈2-1〉	梅浦邑	매포리,	〈2-2〉	우덕리,	〈2-3〉	어의곡리,
〈2-4〉		하괴리,	〈2-5〉	상괴리,	〈2-6〉	안동리,
〈2-7〉		평동리,	〈2-8〉	도곡리,	〈2-9〉	하시리,
〈2-10〉		상시리,	〈2-11〉	영천리,	〈2-12〉	가평리,
〈2-13〉		삼곡리,	〈2-14〉	고양리,		
〈3-1〉	大崗面	장림리,	〈3-2〉	후곡리,	〈3-3〉	당동리,
〈3-4〉		용부원리,	〈3-5〉	장현리,	〈3-6〉	노동리,
〈3-7〉		마조리,	〈3-8〉	수촌리,	〈3-9〉	천동리,
〈3-10〉		금곡리,	〈3-11〉	기촌리,	〈3-12〉	고수리,
〈3-13〉		두음리,	〈3-14〉	괴평리,	〈3-15〉	사인암리
〈3-16〉		직티리,	〈3-17〉	황정리,	〈3-18〉	성금리,
〈3-19〉		미로리,	〈3-20〉	덕촌리,	〈3-21〉	장형리,
〈3-22〉		사동리,	〈3-23〉	남천리,	〈3-24〉	남조리,
〈3-25〉		수천리,	〈3-26〉	신구리,	〈3-27〉	올산리,
〈3-28〉		방곡리,				

도둑의터골〈1-14〉	진밭골〈1-14, 1-19〉[3]
구렁골〈1-16〉	절터골〈1-16, 2-3〉
산터골〈1-20〉	새재골〈1-20〉
텃골〈1-20, 2-3〉	노구렁골〈3-3〉
생골[4]〈2-3〉	수골〈2-3〉
쌀미골〈3-3〉	진개골〈2-12〉
굴골〈3-8〉	뱀재골〈3-23〉
삼밧골〈3-28〉	샘터골〈4-1〉
항개골〈4-3〉	당개골〈4-4〉
아랫재골〈4-6〉	웃재골〈4-6〉
면위실논골〈4-8〉	향산논골〈4-8〉
대산골〈5-3〉	고터골〈5-5〉
이터골[5]〈5-14, 6-6〉	샘골〈6-4〉

(4-1)	佳谷面	사평리,	(4-2)		가대리,	(4-3)	여천리,
(4-4)		덕천리,	(4-5)		대대리,	(4-6)	어의곡리,
(4-7)		보발리,	(4-8)		향산리,		
(5-1)	永春面	상 리,	(5-2)		하 리,	(5-3)	남천리,
(5-4)		백자리,	(5-5)		의풍리,	(5-6)	동대리,
(5-7)		용진리,	(5-8)		오사리,	(5-9)	유암리,
(5-10)		사이곡리,	(5-11)		별방리,	(5-12)	만종리,
(5-13)		장발리,	(5-14)		사기원리,		
(6-1)	魚上川面	임현리,	(6-2)		연곡리,	(6-3)	금산리,
(6-4)		자작리,	(6-5)		석교리,	(6-6)	대전리
(6-7)		덕문곡리,	(6-8)		방북리,	(6-9)	심곡리,
(6-10)		율곡리,					
(7-1)	赤城面	하진리,	(7-2)		현곡리,	(7-3)	하 리
(7-4)		상 리,	(7-5)		애곡리,	(7-6)	기동리
(7-7)		각기리,	(7-8)		소야리,	(7-9)	대가리
(7-10)		파랑리,	(7-11)		하원곡리,	(7-12)	상원곡리

3 '진밭골'이라는 지명이 단양읍 외중방리〈1-14〉와 단양읍 회산리〈1-19〉에 있음을 뜻함.

4 '샘골'이 변한 말임.

5 '옛터골'이 변한 말임

매미터골〈6-4〉   논골〈7-2, 7-7〉

눈재골〈7-8〉   샘치골〈7-8〉

아랫샘치골〈7-8〉   웃샘치골〈7-8〉

음터골〈7-8〉   종수골〈7-8〉

궁텃골:弓基洞〈1-18〉

안궁터골:內宮基洞/內弓基洞〈1-18〉

들골:坪洞/坪洞里〈2-7〉   못골:池洞〈2-10〉

곡골:谷洞〈2-11〉   텃골:基洞〈3-4〉

샘골:泉洞/泉洞里〈3-9〉   황정골:黃庭/庭洞〈3-17〉

샘골:南泉里/泉洞/泉洞里〈3-23〉

용산골:龍山洞〈4-1〉   삼밭골:麻田洞〈4-3〉

갈밭골:葛田〈5-5〉   샘골:泉谷洞〈5-8〉

용동골:龍洞谷〈5-10〉   터골:基洞〈5-13〉

딱밭골:楮田洞〈6-1〉   터골:基谷〈6-2〉

땅골:堂谷〈7-4〉   터골:基洞/基洞里〈7-6〉

거리골:街谷〈7-12〉

별실/벼리실/벼실[6]:別谷〈1-1〉   모실:淵谷/蓮谷里〈6-2〉

    (2)에 제시한 지리류 어휘 항목은 단수지명이 41개, 복수지명이 39개로 모두 80 항목에 이른다. 각 낱말의 출현 횟수를 구체적으로 살펴보면 고유어로는 터(17), 밭 (5), 재(5), 샘(5), 논(5), 치(4), 개(3), 못(2), 구렁(2) 이며, 미, 굴, 들, 거리, 땅, 벼랑, 못 등은 각각 한 항목씩 출현한다. 한자어인 경우 基(6), 泉(3), 水(2), 山(2), 田(2)이며, 坪, 池, 谷, 庭, 街, 淵 등이 한 항목씩 나타난다.

4.2. 金石類

    31개 항목의 출현을 보이는 금석류는 바위가 '바우〜박〜바'의 형태로 21개 항목

---

6   전부요소 '별/벼리/벼'는 근원형 '별(崖)'에서 발전된 형태로 현대어에서는 '벼랑'이라 하는 것이다.

에서 출현하는데 이는 '谷'系 지명의 특성에서 기인한 것으로 보인다. '村'系나 '野'系 지명의 경우라면 相對的으로 바위가 적게 존재할 것이다. 구체적으로 항목을 제시하면 (3)과 같다.

(3)
팟박골〈1-6, 3-2〉	삼바골〈1-15〉
새바우골〈1-15〉	범박골〈1-18〉
벌통바우골〈1-20〉	곰박골〈3-4〉
악석골〈3-4〉	선바우골〈3-8〉
견박골〈3-17〉	신답박골〈3-17〉
장견박골〈3-17〉	큰견박골〈3-17〉
설통바우골〈3-23〉	무침박골〈3-24〉
피박골〈3-24〉	붉은바우골〈4-7〉
피바골〈4-8〉	독굴〈5-6〉
용바우골〈6-1〉	김인골(기명골)[7]〈7-1〉
선바골〈7-3〉	너루석골〈7-4〉
범바우골〈7-8〉	큰독골:篤洞〈4-7〉
은골:銀谷〈6-2〉	묵서골:墨石洞〈7-4〉
무암골:霧巖洞〈7-11〉	쇠실:金谷:金谷里〈3-10〉
金谷〈3-9〉	

'바위'를 제외한 전접요소를 이루는 어휘는 한자어 石(3), 金(3), 銀(1), 巖(1)과 고유어 쇠, 돌이 한 항목씩 출현한다.

4.3. 遺物·遺蹟類

지형에 포함되어 있는 특징적인 사물이 명명의 기반이 되어 생겨난 지명이 있다.

---

[7] 쇠(金)가 났었다 하여 붙여진 이름.

여기서 거론하게 될 유물·유적류 어휘는 주로 이에 속하는 것인데 예를 보이면 (4)와 같다.

(4)
작은다릿골⟨1-14⟩   성골⟨1-20⟩
절골⟨2-7, 3-8, 3-13, 4-8, 5-8, 5-9, 5-13, 6-8, 7-8, ⟩
풀미당골⟨2-7⟩   다리골⟨2-10⟩
사기막골⟨2-10, 6-2⟩   논당골⟨3-4⟩
지당골⟨3-23, 4-7⟩   지소골⟨3-23⟩
용소둑골⟨3-24⟩   정골⟨4-2⟩
열두담골⟨4-6⟩   산지당골⟨4-7⟩
새절이골⟨5-3⟩   불당골⟨5-5⟩
사기점골⟨5-5⟩   서당골⟨6-1⟩
점골⟨6-1⟩   염절골⟨7-1⟩
곳직골⟨7-8⟩   절골:寺谷⟨2-12, 5-3, 5-6⟩
당골/땅골:堂洞/堂洞里⟨3-3⟩   대흥사골:大興寺谷⟨3-17⟩
절골:寺洞/寺洞里⟨3-22⟩   성골:城洞⟨5-3, 7-3⟩
고치골:高寺洞⟨5-5⟩   탑골:塔洞⟨5-5⟩
절골:寺洞⟨6-1⟩   젓다락골:傍谷⟨7-8⟩
무덤실⟨1-11⟩

48개로 파악되는 유물·유적류 어휘중 절(16), 寺(7), 堂(7) 등이 활발하게 분포함을 알 수 있다. 이는 절[寺刹]이나 당집 등은 골짜기[谷]를 배경으로 세워지는 것이 일반적이기에 나타난 결과로 보인다. 아마도 '谷'系 지명이 아닌 다른 계통의 지명, 예컨대 '村'계나 '野'계라면 절이나 당의 분포가 소극적일 것이다. 그리고 고유어 어휘로 다리(3)를 비롯 둑, 담, 곳집, 다락, 무덤 등이 각각 한 항목씩 보인다. 한자어 낱말로는 城(3), 店(2)을 비롯 幕, 所, 亭, 塔 등이 보인다.

4.4. 器具類

9개의 분포를 보이는 器具類 語彙는 고유어로 가마(4), 풀무(3), 구수(2)를 비롯 베개, 단지, 시루, 방아 등이 한 항목씩 보인다. 그리고 한자어는 桶(3)을 비롯 弓, 瓦, 釜가 보인다.

(5)

숯가마골〈1-13〉	베개골〈2-7〉
시루토골〈2-10〉	풀미골〈3-2〉
풀무골〈4-4〉	지통골〈3-6〉
단지골〈3-13〉	물방아골〈3-17〉
보통골(벌통골)〈4-1〉	치통골〈5-14〉
구수골〈7-5, 7-7〉	가마골〈7-8〉
궁골:弓洞〈4-2〉	왜골:瓦洞〈5-5〉
사기장골:斜只院里/斜只院/斜院〈5-15〉	
가마골:駕馬洞〈7-3〉	가마실:釜谷〈6-4〉

4.5. 人物類

비교적 적은 分布를 보이는 인물류 어휘로는 다음의 여섯 예가 보인다.

(6)

용두골〈1-20〉	문동골〈4-1〉	구람골:九男골〈4-3〉
선녀골〈5-5〉	박대실〈7-9〉	박배실:朴大谷〈6-7〉

4.6. 動物類

14개의 분포를 보이는 動物類 語彙로는 파충류인 뱀(2), 구렁이(1), 포유류인 여우(3), 곰, 노루, 호랑이, 고양이, 조류인 새, 학, 황새, 곤충류인 벌 등이 보인다. '뱀'이 '배얌', '곰'이 '고무'로 나타나 어말모음을 유지하고 있는 것이 특이하다. 또한 '여우'의 방언형인 '역개'가 나타나고 있다.

(7)

뱀골〈1-17〉	고무골〈5-14〉	구렁니골〈6-5〉
여우골〈7-8〉	황새골〈7-10〉	노루골〈3-6〉
호랑골〈3-17〉	여우지골〈3-25〉	벌골〈3-22〉
역개골〈5-8〉	배암골〈5-15〉	고내골:고양이골〈4-2〉
소새골:巢鶴洞〈5-14〉		

4.7. 植物類

58개의 항목에 이르러 비교적 활발한 分布를 보이는 植物類 語彙 중 가래(6)가 가장 많이 보이며 밤나무(3), 배나무(3), 밤(3), 배(3), 복숭아(2), 갈(2), 느릅(2), 피나무, 느티나무, 전장나무, 새나무, 감나무, 대추나무, 옻나무, 물푸레, 잣, 복숭아, 감, 새 솔, 등 다양한 식물명이 보인다. 한자어 낱말로는 槐(3), 梨(2), 栗(2), 楡(2), 靑木, 栢, 楸, 桃花, 芝, 梨, 梧梨, 蘆, 松, 艾, 檜, 薪 등이 보인다.

(8)
가래골〈1-1, 1-6, 5-12, 6-10, 7-8,〉

피나무골〈1-14〉	밤나무골〈1-15, 3-17, 4-8〉
느티나무골〈1-17〉	배나무골〈1-17, 2-4, 3-6〉
전장나무골〈1-17〉	새나무골〈2-1〉
매차골〈2-14〉	긴나무골〈3-13〉
대추골〈4-4〉	옻나무골〈4-6〉
감골〈5-3〉	아랫배골〈5-14〉
갈골〈5-5〉	薪谷〈5-3〉

배골:梨洞〈2-12, 4-7〉

오리내골:梧梨洞〈2-12〉

샛골⁸:召也里〈3-4〉

갈골:蘆洞里〈3-6〉

물푸레골:靑木洞〈5-3〉

잣골:栢子谷〈5-4〉

배골:梨谷〈5-14, 6-10, 7-10〉

가래골:楸洞〈6-7〉

복상골:桃花洞〈6-8, 6-10〉

소주골:西芝洞〈7-11〉

밤실〈1-13〉

열무실(연무실)〈2-10〉

솔가실:松柯里〈6-7〉

괴실:槐谷〈2-4〉

위괴실:上槐谷/上槐里〈2-5〉

아래괴실:下槐谷/下槐里〈2-4〉

애실:艾谷/艾谷里〈7-5〉

밤실:栗谷/栗谷里〈6-10〉

회실:檜谷/灰谷/會谷〈5-6〉

밤실:栗谷〈5-4〉

느릅실:楡谷〈5-2〉

늪실:楡谷〈4-8〉

4.8. 位置類

31개 낱말의 分布를 보이며 뒤/되(10), 안(6), 앞(3), 갓(3), 위(2), 새/사이(2), 양달, 內(2), 中, 後 등이 보인다.

(9)

뒤골〈1-8, 3-24〉

앞골〈1-8, 5-10〉

뒷골〈1-13, 3-1, 3-3, 4-3, 〉

안골〈1-16, 2-3, 3-22〉

가장골〈2-3, 2-7, 〉

아랫뒷골〈3-1〉

윗뒷골〈3-1〉

문안골〈3-28〉

되골〈4-7〉

가재골〈4-8〉

위골〈5-10〉

물안골〈5-10〉

앞새골〈6-10〉

웃골〈7-10〉

양달골:陽堂洞〈1-17〉

문안골:門內谷〈3-13〉

갈내골:葛內谷〈3-22〉

사이골:沙而谷/沙而谷里〈5-10〉

---

8 전부요소 '새'는 山野에 나는 다년생 풀로 띠, 억새 따위를 두루 일컫는 말로 쓰인다.

중골:中谷〈6-2〉   앞실〈6-2〉
뒤실:後谷〈3-2〉

4.9. 動作類

13개의 낱말이 분포되어 있는데 어울-(4), 사태나-, 넘- 등의 고유어와 避(3), 鳴, 鍊, 置, 免 등의 한자어가 보인다.

(10)
산태골〈4-6〉   피아골〈4-6, 4-7〉   피란골〈5-15〉
연병골〈6-1〉   넘는골〈6-6〉   陣置谷〈7-12〉
맹골:鳴鶴골〈4-5〉   면위실:免危谷〈4-8〉
엉이실/응실[9]:於仁義谷/於의谷里〈2-3〉
엉어실:於衣谷/於衣谷里〈4-6〉   웃엉어실:上衣谷〈4-6〉
아래엉어실:下衣谷〈4-6〉

4.10. 狀態類

狀態類 語彙는 52개 項目으로 다양한 낱말의 分布를 보인다. 고유어 낱말로 크-(11), 멀-(5), 작-(4), 검-(4), 깊-(2), 길-, 가늘-, 맑-, 누렇-, 어둡-, 질-, 숨-, 흐리-, 꽂-, 하- 등이 있으며 한자어로 遠(4), 玄(4), 大(2), 黃(2), 深(2), 淸, 洪 등이 있다.

(11)
흐리골〈1-6〉   꼬치골〈1-15〉   대골〈1-16〉
한골〈1-19〉   작은골〈1-20, 4-2, 4-4, 6-1〉

---

9   엉이/응은 '어울-(乂)'이 변한 말로 두 골짜기가 어울러 있으므로 붙여진 이름이라 함.

큰골〈1-20, 2-3, 2-14, 4-1, 4-2, 4-4, 6-1, 6-1, 7-7〉

진골〈2-7〉　　　　　　　　어둔골〈3-13〉

멀골〈3-19〉

질골〈4-2, 4-3〉　　　　　수무지골〈4-6〉　　　　큰골〈5-5〉

깊은골〈6-1〉　　　　　　　황골〈6-1〉　　　　　　가는골〈6-4〉

맑은골:淸洞〈3-6〉　　　　홍골:洪洞〈3-19〉

깊은골:深谷〈3-26〉　　　멀곡:遠谷〈5-3〉

큰골:大谷〈5-10〉　　　　황골:黃谷〈6-2〉

가마실:玄谷〈7-2〉　　　　머느실:遠谷〈7-12〉

위머느실:上遠谷/上元谷里〈7-12〉

아래머느실:下遠谷/下元谷里〈7-11〉

심실:深谷/深谷里〈1-5, 6-9〉

누루실:黃村〈7-11〉　　　거무실:玄谷〈5-6〉

안거무실/내거무실:內玄谷〈5-6〉

바깥거무실/외거무실:外玄谷〈5-6〉

4.11. 기타

4.1.에서 4.10.까지 우리는 5개 이상의 낱말이 한 부류를 이루는 것을 하나의 유형으로 묶어 논의했다. 여기서는 분포가 많지 않은 부류의 낱말들과 분류가 용이하지 않은 것들 중 일부만을 소개하는데 그치기로 한다.

(12)

낭골〈1-14〉　　　　잉경골〈1-21〉　　　　열무시골〈2-7〉

도시골〈2-7〉　　　　게리걸〈3-2〉　　　　오자골〈3-13〉

쐐시골〈4-3〉　　　　호탕골〈4-5〉　　　　알골〈5-4〉

뒤수골〈5-12〉　　　구니골〈6-10〉　　　　고등골〈7-1〉

버니골〈7-7〉　　　　새양굴〈5-14〉　　　　고두실〈2-4〉

나르실〈5-6〉　　　　사오실:沙五谷〈3-13〉　도실:道谷〈2-8〉

각골:覺洞〈5-12〉

5. '村'系 지명의 후부요소에 관한 고찰

'村'계 지명에 속하는 후부요소는 '-말', '-터', '-기', '-거리', '-둠', '-골', '-이', '-里', '-洞', '-村', '-垈', '-基', '-坪' 등이다. 여기서는 이들 중 비중이 큰 후부요소들을 중심으로 그 연원과 단양 지명에서의 분포를 각각 검토하기로 한다. 단양지명에 보이는 '村'계 지명어는 300여 항에 이른다. 각 유형별로 각론하기로 한다.

5.1. -말 형

梁書 新羅傳에 "其俗呼城曰健牟羅"가 있는데 '健牟羅'는 "*큰모르' 또는 '*큰몰'로 '*모르/몰'은 촌락을 의미하는 현대어 '마을'과 대응하는 어사가 아닌가 한다. 중세국어에서 'ᄆᆞᅀᆞᆯ'로 나타나는 이 낱말은 오늘날 마슬, 마실 등으로도 쓰이며 지명의 후부요소로 쓰일 때는 '-말'로 나타난다.

일반어사에서 2음절어인 '마을'이 지명어에서 1음절어인 '말'로 나타나는 것은 음절구조의 안정과 언어경제의 원리에서 기인한 것으로 보인다. 즉, 지명어의 음절구조를 살펴보면 전접요소가 1~3음절인 경우가 대부분인데 여기에 2음절인 후부요소 '마을'이 결합하게 되면 3~5음절의 지명이 생겨나게 된다. 이때 4~5음절의 어사는 비교적 장형의 지명으로 형태상 안정된 것으로 보기 어려우며 언어경제의 측면에서도 바람직하지 못한 것이다. 물론 지명어 중에도 4~5음절로 된 것이 없는 것은 아니나 대체로 전접요소에 의해 그리 된 것이 대부분이며 후부요소에 의해 장형화한 것은 비교적 적은 편이다. 이로 볼 때 후부요소의 가장 일반적인 형태는 1음절어가 아닌가 한다.

단양 지명에 보이는 '-말'형 지명은 단수 지명이 69개인데 전부요소가 '위, 아래' 등을 비롯한 고유어인 것이 47개이고 '陽地, 陰地, 中, 中間' 등 한자어인 것이 22개이다. '-말'형 지명 중 -村, -洞, -里 등의 한자어 후부요소와 공존하는 복수지명은 모두 18 항이다. -말이 -村과 대응되는 것이 8항, -洞, -里와 대응되는 것이 각각 6항, 1항이며 −洞, −里와 동시에 대응되는 것이 3개인데 몇 개의 예를 보이면 (13)과 같다.

(13)

음지말:陰地村〈3-4〉   텃말:基村〈3-11〉   곰말:熊村〈5-5〉

굿말:三山洞〈2-9〉   곰말:古音洞〈3-6〉   귓말:九味洞〈5-2〉

윗말:上洞/上里〈5-1〉   아랫말:下洞/下里〈5-2〉

이상에서 보듯 단양지명에 보이는 '−말'형 지명은 도합 87개로 '村'계 지명 중 가장 많은 분포를 보이고 있다. 이 가운데에는 '−말'의 변이형으로 '−물'로 나타나는 '여시물 〈5-6〉, 승지물〈6-2〉 등도 포함시킨 것이다.

5.2. −터 형

'−터'형은 한자어 후부요소인 '基'나 '垈'에 대응되는 것으로 전국 지명에 분포되어 있다. 『三國史記』「地理志」에서도 '터'에 상응될 만한 지명의 예가 보이는데 "長提郡本高 句麗主夫吐郡"〈卷35/地理 2〉, "柒堤縣本柒吐郡"〈卷34/地理1〉 등에 보이는 '吐'가 그것이 다. 이를 통하여 볼 때 후부요소 '−터'는 오래 전부터 지명어에 쓰였음을 알 수 있다.

단양지명에 보이는 '−터'형은 단수지명이 37항목, 복수지명이 11항목 도합 48항 목의 분포를 보이고 있다. 단수지명의 경우 전부요소가 한자어인 것이 26항목으로 고 유어 11 항목보다 많은 분포를 보이고 있어 특이하다. 복수지명의 경우 −터와 대응하 는 한자어 후부요소로 −垈가 6항목, −基가 3항목, −村이 1항목 그리고 −洞이 1항목의 분포를 보이는데 예를 보이면 (14)와 같다.

(14)

절터:寺垈〈5-1〉   구름터:雲垈〈6-1〉   화랑터:花郎垈〈6-4〉

새터:新基〈3-7〉   점터:店村〈5-6〉   장자터:藏財洞〈6-4〉

'터'의 이형태로 '테/태'의 예를 흔히 볼 수 있는데 '새터/새테:新基〈3-7〉가 그 대표적인 예이다.

5.3. -기 형

(15)에서 보듯『三國史記』「地理志」에 백제지명의 후부요소로 '己, 支, 只' 등이 쓰였음을 알 수 있다.

(15)
闕城郡本闕支郡 〈卷34/地理1〉
潔城郡本百濟結己郡 〈卷36/地理3〉
儒城縣本百濟奴斯只縣 〈卷36/地理3〉

이들 지명에 나오는 *ki에 대하여 梁柱東(1942: 570)은 '城'의 訓으로 '잣, 재'외에 '디'(轉音 '기')가 있다고 했으며, 辛兌鉉(1958: 4)도 '己'는 城의 古訓 '기'를 음사한 것으로 보고 있다. 朴炳采(1968: 103)도 '己, 支, 只' 등은 城의 뜻으로 사용된 것인데 이중 '지(ci)'는 '기(ki)'의 구개음화형이며 이들은 중세국어 '재(峴, 嶺)'와 대응된다고 했다. 이상의 견해 외에도 李基文(1972: 38~39), 都守熙(1977: 42), 金芳漢(1982: 20) 등의 견해가 있는데 *ki가 백제어 단어라는 데는 정연한 의견의 일치를 보이고 있다.

그러나 김주원(1982)에서는 *ki가 백제의 지명뿐 아니라 신라의 지명에도 거의 동등한 숫자로 나타나고 있다하여 *ki를 韓系語 *ki라고 이름하고 있다. 또한 '支, 只'는 '己'가 구개음화한 것이 아니고 모두 *ki라 했다. 그리고 특별히 주목을 끄는 그의 견해는 *ki가 '城'의 의미를 지닌다는 것은 지명 전체를 종합적으로 고찰해 볼 때 합당치 않다는 것이다. 그리고 *ki의 의미는 지명 자체의 고찰을 통해서도, 비교언어학적 관점에서도 찾아내기 어렵다는 것이다.

이상에서 우리는 *ki에 대한 제가의 견해를 살펴보았다. 이제 단양 지명에 보이는 '-기'형 지명을 살피면서 '기'가 의미하는 것이 무엇인가에 관심을 기울여 보기로 하

자. 단양 지명에서 '기'형의 지명은 대체로 단수 지명으로 나타난다. 한자어와 복수지
명을 형성하는 것으로는 '-기'와 대응되는 후부요소를 가진 경우가 7개, '-기'와 대응되
는 후부요소는 없고 전부요소만이 한자어로 공존하는 예가 4개항이다.

(16)
이로기/이루기:儀錄里⟨5-4⟩   버더기/버두기:友德里⟨2-2⟩
자재기:自作里⟨6-4⟩   한가래기:大可里/大可洞⟨7-9⟩
누르메기:黃鶴洞⟨6-6⟩   갈매기:葛項村⟨5-2⟩
갈번지:楸坪⟨2-11⟩
매남기:梅南⟨4-5⟩   귀이기/규기:九益⟨4-6⟩
장건지:獐項⟨5-5⟩   담물배기:甘泉⟨5-15⟩

'-기'와 대응되는 한자어 후부요소를 갖고 있지 않은 4항목을 제외한 7개의 항목
중 '-里'와 대응되는 것이 4항목, '-洞'과 대응되는 것이 2항목 그리고 '-村', '-坪'과 대응
되는 것이 각각 1항목씩 발견된다. 여기서 우리는 '-기'와 대응되는 한자어 후부요소
들이 한결같이 '村'계 지명으로 볼 수 있는 것들임을 발견하게 된다.

'-기'형의 단수지명 중 '谷, 山, 嶺' 계 지명으로 보이는 것[10]도 일부 있으나 대체로
'村'계 지명임을 알게 해주는 예 중 몇 개를 들면 (17)과 같다.

(17)
가매기⟨3-23⟩   버디기:벗덕지⟨4-2⟩
노루메기⟨5-5⟩   그물매기⟨5-15⟩
속새매기⟨5-15⟩   웃자재기⟨6-4⟩
보티매기⟨6-8⟩

---

10 이에 해당하는 것으로 다음과 같은 지명이 있다.
　　시무기「嶺」⟨1-1⟩   글치기「嶺」⟨1-16⟩   몬디기「山」⟨2-78⟩
　　지실기「谷」⟨5-12⟩   민드기「山」⟨6-9⟩

이상의 논의를 통하여 볼 때 '-기'는 '마을(村)'을 의미하는 지명의 후부요소로 주로 쓰이고 있음을 알 수 있다. 고대 지명에서부터 사용된 후부요소 *ki는 현지명의 고찰을 통해서 그 의미를 추정하기는 어려우나 오랜 세월이 지나면서 오늘날에는 '村'계 지명의 접사로 화석화 되어 쓰이는 것이 아닌가 한다.

'-기'의 변이형으로 볼 수 있는 '-지, -치' 가 몇 개 보이는데 '갈번지〈2-10〉, 갈번지〈2-11〉, 장건지〈5-5〉, 질구지〈6-9〉, 석지〈7-1〉, 모얏치〈1-1〉, 무시치〈3-4〉, 무덤치〈5-9〉' 등이 그 예이다.

5.4. -거리 형

서양 소지명에는 '거리'를 의미하는 말이 '村'계 지명의 후부요소로 되어 있는 경우가 매우 흔하다. 하지만 우리나라 '村'계 지명의 경우는 '-말,' '-터', 등의 후부요소가 더 우세하며 '-거리' 가 가장 적극적인 분포를 보이지는 않는다.

단양지명에서는 31항의 '-거리'형 지명을 찾을 수 있는데 한자어 후부요소 '-街'나 '-路'와 대응되는 복수 지명은 단 한 예도 발견되지 않는다. 다만 '밤수거리:栗藪洞'〈5-2〉만이 보일 뿐이다.

'-거리'의 이형태로 '-걸'이 나타나는데 이는 '거리'의 어말모음이 줄어든 것이다. '이터걸'(←옛터거리)〈7-4〉에서 이런 예를 발견할 수 있는데 이와 같이 어말모음이 탈락하여 형성된 예로 '수발'(←숲아래)〈5-6〉도 있다.

5.5. -둠 형

'村'계 지명 중 '-둠'형은 전남지방에서는 여러 곳에서 發見되는 것이나(李敦柱, 1965: 407) 충북지명에서는 그 분포를 찾기 힘들다. 다만 변이형으로 볼 수 있는 '-뜸'이 청원군 일원에 보인다는 보고가 있다(申敬淳, 1978: 162). 단양지명에는 '안두움(內斗音)'〈3-13〉이 있어 '-둠'의 전차형 '-두음'을 발견할 수 있다. 그런데 이 '둠'은 '圓, 四圍'의 뜻으로

『三國史記』「地理志」에 '冬音'으로 나타난다.[11]

　　'-둠'형 지명의 특징이 '산이 둥그렇게 둘러 있는 지역'인 것으로 보아 중세국어 '두렵다'(圓), '둘에'(圍周), '두렷ᄒ다'(圓) 등과 현대어에서도 쓰이는 '두르다'(揮, 圍, 幹, 旋)와 동계어로 보인다.

5.6. -골 형

　　'谷'계 지명의 대표적인 유형의 하나로 '-골'형을 들 수 있다. '谷'계 지명의 '-골'형에 대해서는 3.1.에서 논의한 바 있으므로 여기서는 자세한 논의는 피하기로 하며 다만 '村'계 지명과 관련된 사항을 지적하는 데 그치기로 한다.

　　'-골'형의 지명중에는 협곡 내지는 山峽의 村落으로 볼 수 없는 것들이 다소 눈에 띄는데 '-골'과 '-洞' 또는 '-里'와 대응되는 지명에서 흔히 발견된다. 예컨대, '들골: 坪洞'(2-7)과 같은 것은 '谷'계 地名이라기보다는 '村'계 지명으로 보는 것이 바른 태도로 보인다. 이런 類의 '村'계 지명 '-골'의 형성은 두 가지 측면에서 생각해 볼 수 있을 것이다. 하나는 山峽을 배경으로 한 촌락인 '忽 〉 골'이 후대로 내려오면서 그 본래의 의미가 퇴색되고 단순히 地名의 후부요소로 자리매김 되면서 平原의 村落에까지 결합하게 된 것으로 볼 수 있다.

　　그리고 또 하나는 중세국어에 보이는 'ᄀᆞᄫᆞᆯ'의 발달 (ᄀᆞᄫᆞᆯ 〉 ᄀᆞ올 〉 골)에서 찾을 수 있다. 『龍歌』에 '조ᄏᆞᄫᆞᆯ'(栗村)이 보임과 더불어 '뒷싴골'(北泉洞)이 보인다. 이는 벌써 『龍歌』편찬 이전에 '村'계 내지는 '洞'계로 볼 수 있는 地名의 후부요소 '-골'이 존재했음을 암시하는 것이다. 地名 이외의 경우는 『龍歌』35장의 "스ᄀᆞᄫᆞᆯ 軍馬ᄅᆞᆯ 이길씨~~"에 'ᄀᆞᄫᆞᆯ'이 보이며 'ᄀᆞᄫᆞᆯ'의 변화형 'ᄀᆞ올'은 『月釋』, 『法華』, 『金三』, 『杜初解』, 『重杜解』 등에 광범위하게 분포되어 있다. 그리고 現在 사용하고 있는 '고을/골'은 지명어의 후부요소로 자주 쓰이는 어사다.

11　冬音忽 一云 鼓監城〈卷 37, 地理4〉

이상의 논의를 통하여 볼 때 '-골'형 중에는 '村'계 지명에 속하는 것이 상당수 있으리라 여겨진다. 하지만 우리는 논의의 편의를 위해서 '-골'형은 '谷'계 지명에서 논의했기에 여기서는 대상으로 삼지 않기로 한다.

5.7. -이 형

용언의 어기에 결합하여 명사를 만드는 접사 '-이'가 지명의 후부요소로 쓰이는 경우가 종종 있다. 崔範勳(1976: 130)에서는 오늘날 행정단위명으로 쓰이는 '-里'의 연원이 '-이'에 있다고 하였다. 단양지명에서도 어원적으로는 '이'가 결합하여 형성되었던 지명이 후대에 오면서 '里'로 변화한 예를 발견할 수 있다.

> (18)
> 안도리⟨4-2⟩; 안말 남쪽에 있는 마을로 벼랑을 '안고 돌아간' 곳에 위치한
>   마을.
> 명기리⟨4-6⟩; 이 마을 사람들은 소백산 산삼 썩은 물을 먹고 살아 '명이
>   길다' 하여 붙여진 이름.
> 덧뚜리(德坪)⟨4-5⟩; 河日 북쪽에 있는 마을로 '덧뚜리'의 '덧'은 '德'과 대응되
>   며 '뚜리'는 '坪'과 대응되는 '들'에 '이'가 결합된 것으로 보인다.
> 무두리(水入村)⟨6-1⟩; 고시골 북쪽에 있는 마을로 지형이 접시처럼 생겨서
>   '물이 들기'만 하지 빠져 나갈 곳이 없다 하여 붙여진 이름.

이상에서 든 몇 개의 예에서 볼 수 있듯이 접사 '-이' 앞에 선행하는 '-ㄹ'이 연철되면서 '-리'를 형성하고 있다. 이렇게 해서 형성된 '-리'는 지명의 경우 후부요소로 굳어지면서 '머서리⟨3-13⟩, 피알리⟨4-7⟩, 징커리⟨5-1⟩, 갈기리⟨6-10⟩, 지진리⟨7-2⟩' 등으로 나타난 것으로 보여진다. 또한 한자 '里'로 표기되기 시작하여 마침내 邑面의 하위단위 행정지명에 일반화된 것으로 보인다.

본 연구의 대상이 된 '-이'형 지명은 50 항목인데 대이/댕이('堂+이'의 변화형), 쟁이/

재이('亭+이'의 변화형), 목이/매기/메기('목(項)+이'의 변화형) 등이 포함된 것이다.

5.8. -里 형

'村'계 지명의 후부요소 '-里'의 연원에 대해서는 앞에서 살펴보았는데 '-里'는 현재 행정단위명으로 쓰이는 것이기에 활발한 분포를 보인다. 그런데 '-里'를 의도적으로 행정단위명에 사용한 관계로 후부요소의 중복이 보이는 경우가 흔히 나타난다. 이는 기존의 지명에 기계적으로 '-里'를 첨가함에서 생겨난 현상인데 전통적인 지명의 명명 으로는 보기 어려운 것이다. 후부요소의 중복이 나타나는 예를 몇 개만 보이면 다음 과 같다.

(19)
- 谷里; 深谷里(심실:深谷)〈1-5〉
  於儀谷里 (엉이실/응실:於儀谷) 〈2-3〉
  三谷里(三谷:삼실)〈2-13〉
  後谷里(뒤실:後谷)〈3-2〉
  金谷里(쇠실:金谷)〈3-10〉
- 洞里; 坪洞里(들골:坪洞)〈2-7〉   堂洞里(당골:堂洞)〈3-3〉
  蘆洞里(갈골:蘆洞)〈3-6〉   泉洞里(샘골:泉洞)〈3-9〉
  寺洞里(절골:寺洞)〈3-22〉   泉洞里(샘골:泉洞)〈3-23〉
- 村里; 基村里(터말:基村)〈3-11〉   德村里(덕고개:德村)〈3-20〉
- 坪里; 高坪里(높은벌:高坪)〈1-16〉
  佳坪里(가두둑/갈두둑:佳坪)〈2-12〉
  槐坪里(고릿들/고룻들:槐坪)〈3-14〉
  沙坪里(새벌:沙坪)〈4-1〉
- 山里; 檜山里(회니미:檜山)〈1-19〉
  佳山里(가칠미:佳山)〈1-20〉
  兀山里(올미:兀山)〈3-27〉
  香山里(香山)〈4-8〉

- 峴里; 獐峴里(노루고개:獐峴)〈3-5〉
- 峙里; 稷峙里(빗재/핏재/피티:稷峙)〈3-16〉
- 川里; 玄川里(텃내:玄川)〈1-7〉
  伐川里(벌내:伐川)〈1-18〉
  愁川里(무시내/무수내:無愁川)〈3-25〉
  麗川里(여우내:乾川/麗川)〈4-3〉

(19)는 단양군 7개 읍면 중 4개 읍면(단양읍, 매포읍, 대강면, 가곡면)의 행정단위명 중에서 후부요소의 중복이 나타나는 예이다. 기존의 지명에 '-里'가 결합되어 생성된 지명이 상당히 많음을 확인할 수 있으며 오늘날에는 이러한 지명이 어색하지 않게 느껴짐도 알 수 있다.

여기서 대상으로 삼은 '-里'형 지명은 단수지명이 대부분으로 40 항목이며 복수지명은 '무두리:水入村〈6-1〉, 소나무리:松蘿洞〈6-2〉, 새원리:新院里〈7-2〉' 등 3항에 불과하다. 복수지명의 경우 '深谷里(심실:深谷)〈1-5〉' 류는 '谷'계 지명에서 다루고, '基村里(터말:基村)〈3-11〉' 류는 '-말'형에서 다루었기 때문에 이 항목의 대상이 줄어든 것이다.

5.9. -洞 형

후부요소 '-洞'은 현재 행정단위명으로 쓰는 것이나 시 단위의 하위 행정단위에 주로 쓰이며 邑·面 단위의 하위명칭으로는 '-里'가 쓰이고 있다. 하지만, 단양 지명에도 '-里'와 더불어 '-洞'을 후부요소로 삼고 있는 지명은 활발한 분포를 보이나 본고의 대상이 되는 것은 주로 단수지명으로 38개에 이른다.[12]

---

12 본 연구의 대상이 되는 '-洞'형의 항목이 많지 않은 것은 '-골'과 대응되는 '-洞'은 '谷'계 지명에서 다루고, '-말'과 대응되는 것은 5.1.'-말'형 항에서 다루었기 때문이다.

5.10 -村 형

후부요소 '-村'은 그 분포가 미미하여 단수지명은 '驛村〈2-10〉'을 비롯하여 5개 항목에 불과하다. 5.1.에서 다룬 '-말'과 대응되는 것도 9항목에 불과하며 '谷'계 지명의 후부요소 '-실'과 대응되는 것도 그다지 많지 않아 보인다. '都市'에 대립되는 개념으로 흔히 쓰이는 것이 '村'이기에 그 사용을 기피한데서 온 결과로 보인다. 또한 한자어 후부요소 '洞'과 '里'가 보편화되면서 '村'의 소멸을 불러 온 것으로 볼 수 있다.

6. '村'系 지명의 전부요소에 관한 고찰

동류의 의미 특성을 지닌 낱말들의 집단을 우리는 의미장이라 한다. 본 장에서는 단양지역 '村'계 지명에 나타나는 전부요소의 낱말들이 의미상 어떤 특징을 지닌 어휘로 구성되어 있는가를 탐구하고자 한다. 즉, 단양지역 '村'계 지명의 어휘장 형성에 관여하는 낱말의 실상을 파악하고자 하는 것이다. 그리하여, 단양지역 '村'계 지명을 형성하는 어휘군이 파악되면 우리는 다른 지역의 '村'계 지명 어휘를 유추해 낼 수 있을 것이다. 그리고 '谷'계를 비롯한 다른 유형의 지명어에 나타나는 어휘군과의 비교를 통해 그 특징을 찾아낼 수 있을 것이다. 지명어에 나타나는 각 유형의 의미장이 모두 파악되면 우리는 지명어와 日常語 또는 다른 특수어와의 비교·검토를 시도할 수 있을 것이다. 그리하여 지명어 형성에 관여하는 어휘가 지닌 특성을 파악하게 될 것이다.

여기서는 전접요소를 논의 대상으로 삼기로 한다. 그 이유는 전부요소 중 가장 핵심적인 부분이 전접요소이기 때문이다. 또한 전접요소에 선행하는 분할요소와 후행하는 매개요소까지 논의에 포함시킬 경우 때때로 혼란을 야기할 수 있기 때문이다. 전접요소를 대상으로 분석하여 얻어진 어휘군은 天文, 地理, 金石, 遺物·遺蹟, 施設物, 器具, 人物·官職, 動物, 植物, 位置, 數量, 動作, 狀態 등이다.[13] 이들 부류에 대하여 각론하기로 하자.

---

13 5개 이상의 項目을 발견할 수 있는 경우 하나의 語彙群으로 묶었으며 그 미만인 경우는 기타에서 처리하기로 함.

6.1. 天文類

天文類 어휘는 고유어로 '구름', 한자어로 '空, 陽, 霞, 雲' 등 5항목이 보이는데 다음과 같다.

(20)

半空이(반고이)〈5-1〉[14]　　　　　高陽里〈2-14〉

烟霞洞〈3-9〉　　　　　　　　　구름터:雲垈〈6-1〉

6.2. 地理類

地理類 語彙는 비교적 활발한 분포를 보이고 있다. 49개 항목을 형성하고 있는 어휘 중 고유어는 '터'를 비롯한 11종이며 한자어는 '山'을 비롯한 19종으로 (21)과 같이 나타난다.

(21)

중터말〈2-7〉	벌말〈2-7〉	구렁말〈3-4〉
새터말〈4-5〉	거리말〈5-12〉	골말〈6-9〉
큰말터〈3-23〉	글치기〈1-16〉	옥터거리〈1-12〉
장터거리〈3-1, 5-5〉	배터거리〈5-2〉	이터거리〈7-4〉
龍湫거리〈1-13〉	場거리〈3-28〉	合水거리〈5-15〉
된도랭이〈5-10〉	새재목이〈5-13〉	송장등갱이〈5-13〉
상장막대등갱이〈5-13〉	우무등이〈5-15〉	꽃밭둥이〈6-6〉
嶋潭里〈1-4〉	大岑里〈1-21〉	甑島里〈1-22〉
梅浦里〈2-1〉	冷泉里〈2-11〉	佳坪里〈2-12〉
水村里〈3-8〉	中兀山里〈3-27〉	傍谷里〈3-28〉

---

14 항목의 배열은 '谷'계에서와 같이 다음의 원칙대로 한다.
　ㄱ) 단수지명을 먼저 배열한다.
　ㄴ) 후부요소 -말, -터, -기, -거리, -둠, -이, -里, -洞, -村의 順序로 配列한다.
　ㄷ) 동일한 후부요소 내에서는 고유어를 앞세워 출처순(〈1-1〉부터 〈7-12〉)으로 한다.

德川里〈4-4〉	香山里〈4-8〉	南川里〈5-3〉
金山里〈6-3〉	元垈里〈7-5〉	角基里〈7-7〉
梧川洞〈2-12〉	基洞〈3-4〉	城洞〈5-3〉
龍沼洞〈5-6〉	谷洞〈5-6〉	굿말:三山洞〈2-9〉
용수말:龍沼洞〈5-6〉	승지물:聖地洞〈6-2〉	
여울매기:灘項洞〈4-1〉	텃말:基村〈3-11〉	
담물배기:甘泉〈5-15〉		

각 낱말의 출현 횟수를 고유어와 한자어로 나누어 빈도순으로 정리하면 ⑵와 같다.

(22)
고유어 ; 터(7), 등(4), 골(1), 말(1), 거리(1), 벌(1), 구렁(1), 여울(1), 도랑(1), 재(1), 물(1).
한자어 ; 山(4), 基(3), 川(3), 泉(2), 谷(2), 沼(2), 地(1), 灘(1), 城(1), 垈(1), 村(1), 坪(1), 浦(1), 島(1), 岑(1), 場(1), 湫(1), 水(1), 潭(1)

'터, 등, 山, 基, 川' 등만이 3회 이상의 분포를 보일 뿐 대부분의 어사가 1회의 분포를 보이고 있다. 즉, 빈도 높은 낱말은 많지 않고 다양한 분포를 보이고 있다는 특징을 찾을 수 있다.

6.3. 金石類

9개 항목의 분포를 보이는 금석류 어휘는 '金(5), 巖(3), 돌(1)' 등의 분포를 보인다.

(23)
돈돌말〈1-10〉	白巖이〈4-2〉	城金里〈3-18〉

立巖洞⟨3-9⟩　　　　雲巖洞⟨3-14⟩　　　　말금이:斗金⟨4-7⟩
섬금이:成金⟨4-7⟩

6.4. 遺物·遺蹟類

39개 항의 분포를 보이는 유물·유적류 어휘는 '절'을 제외하고는 모두 한자어라는 특징을 지닌다. 지명어의 경우 대체로 고유어가 한자어에 비해 빈번히 나타나는 것이 일반적인데 이 경우는 특이하다. 이는 유물·유적이란 자연 그대로의 것이 아니고 인공이 가해진 것이므로 이런 결과를 초래한 것으로 볼 수 있다.

(24)

절터⟨3-22, 5-8⟩	陣터⟨3-8⟩
任縣倉터⟨6-1⟩	六門터⟨1-12⟩
鳳栖亭터⟨1-12⟩	翔輝樓터⟨1-12⟩
二樂樓터⟨1-12⟩	香山寺터⟨4-8⟩
鄕校터(생교터)⟨5-10⟩	松坡書院터⟨5-1⟩
紙所거리⟨1-7, 4-2⟩	南堂거리⟨5-2⟩
孝子門거리⟨5-13⟩	느티쟁이⟨1-5⟩
서낭대이⟨1-19⟩	배쟁이⟨1-20⟩
보댕이⟨2-9⟩	작은보댕이⟨2-9⟩
큰보댕이⟨2-9⟩	신댕이⟨5-8⟩
태쟁이⟨5-15⟩	댕댕이⟨6-6⟩
참나무재이⟨6-6⟩	검당이(錦堂)⟨6-9⟩
사근절이⟨7-1⟩	장승백이⟨7-4⟩
산지대이⟨7-10⟩	龍夫院里⟨3-4⟩
長亭里⟨3-21⟩	熊寺洞⟨4-7⟩
高寺洞⟨5-5⟩	寺洞⟨6-1⟩
절터:寺垈⟨5-1⟩	창말:倉村⟨2-1⟩
점터:店村⟨5-6⟩	새원리:新院里⟨7-2⟩

(24)에서 발견되는 낱말들의 빈도를 살펴보면 '절(4), 堂(9), 亭(7), 寺(5), 院(4) 倉(3), 店(2), 樓(2), 陣(1), 校(1), 所(1)' 등으로 나타난다.

6.5. 施設物

21개 항의 어휘로 구성되어 있으며 고유어는 나타나지 않고 한자어만 보이는데, '舍(6), 場(4), 房(3), 幕(3), 驛(2), 廛(1), 市(1), 桶(1)' 등이 분포한다.

(25)

驛말〈5-8〉	客舍터〈1-2, 5-1〉	官舍터〈1-12, 6-1〉
衙舍터〈1-12〉	場터〈2-1, 5-1, 6-1〉	아래房터 〈5-2〉
웃房터〈5-2〉	牛場터〈5-8〉	소전거리〈1-12〉
酒幕거리〈3-14, 7-6〉	市거리〈3-28〉	水桶거리〈5-4〉
東幕洞〈2-12〉	鐵道官舍村〈1-9〉	驛村〈2-10〉
房터:房垈〈5-2〉		

6.6 器具類

9개 항의 분포를 보이는 기구류에는 '그물, 방아, 풀무, 칼, 베틀' 등의 고유어와 '盤, 弓, 瓦, 機' 등의 한자어가 하나씩 보인다.

(26)

그물매기〈5-15〉	물방아거리〈2-4〉	풀미거리〈7-1〉
칼갱이〈3-13〉	典盤이〈7-3〉	弓洞〈4-2〉
瓦洞〈5-5〉	베틀말:機村〈5-6〉	

6.7. 人物·官職類

인물과 관련있는 어휘가 8항목, 관직과 관련있는 어휘가 6항목으로 모두 14항목
의 분포를 보인다. 15항목 모두 한 번씩 출현함을 알 수 있다.

(27)
장춘말(張村말)⟨1-8⟩   배터⟨4-2⟩

朴山義터⟨3-24⟩   元滿터⟨5-3⟩

미덕이⟨3-8⟩   八判洞⟨3-9⟩

雲仙洞⟨3-14⟩   司倉洞⟨6-9⟩

品達村⟨7-3/4⟩   귓말:九味洞⟨5-12⟩

花郎터:花郎垈⟨6-4⟩   이로기(이루기):儀祿里⟨5-4⟩

6.8. 動物類

11개의 항목으로 '곰⑵, 말⑴, 여우⑴, 노루⑴, 장닭⑴, 羊⑴, 馬⑴, 鶴⑴, 獐
⑴, 熊⑴' 등의 분포를 보인다.

(28)
羊터⟨3-4⟩   말미동⟨4-3⟩   雪馬洞⟨1-14⟩

巢鶴洞⟨5-14⟩   여생이⟨5-4⟩   장발리[15]⟨5-13⟩

곰말:熊村⟨5-5⟩   곰말:古音洞⟨3-6⟩   노루메기:獐項⟨5-5⟩

6.9. 植物類

18개항의 분포를 보이며 '숲⑵, 솔/소나무⑵, 꽃⑴, 함박⑴, 삼⑴, 松⑷, 藪⑵, 梅

---

15 지형의 생김새가 '장닭의 발'같다 하여 붙여진 이름.

(1), 林(1), 梨(1), 花(1), 樹(1)' 등의 어휘들이 나타난다.

(29)
꽃거리⟨1-5⟩	숲거리⟨3-3⟩
함박거리⟨6-1⟩	삼뱅이⟨5-6⟩
長松里⟨5-15⟩	新梅里⟨2-1⟩
長林里⟨3-1⟩	古藪里⟨3-12⟩
梨洞⟨2-12, 4-7⟩	仙花洞⟨3-14⟩
大樹洞⟨3-27⟩	밤수거리:栗藪洞 ⟨5-2⟩
솔한이:松寒里/松寒坪⟨2-2⟩	소나무리:松蘿里⟨6-2⟩

6.10. 位置

71개 항의 분포를 보이는 위치류 어휘는 '村'계 지명 중 가장 많은 분포를 보인다. 특히 위/웃, 아래, 안, 陽地, 中, 陰地 등은 5개 이상의 빈도를 보인다.

(30)
웃말⟨1-22, 2-7, 3-3, 3-8, 3-25, 6-2, 6-5, 6-6, 7-5, 7-8, 7-12, 7-8⟩, 아랫말⟨1-7,1-14, 1-22, 3-8, 3-16, 4-3, 6-5, 6-6, 7-5, 7-8, 7-12⟩, 안말⟨3-3, 4-1, 4-2⟩, 안터⟨4-2⟩, 뒷말⟨2-2, 5-14⟩, 끄테말⟨3-25⟩, 가삿말⟨2-7⟩, 안터⟨4-2⟩, 중거리⟨6-2⟩, 안중거리⟨6-2⟩, 바깥중거리⟨6-2⟩, 안두음⟨3-13⟩, 陽地말⟨1-6, 2-9, 2-10, 3-4, 3-10, 3-23, 6-1, 6-3, 6-10⟩, 명앗陽地말⟨6-1⟩, 陰地말⟨1-6, 2-9, 3-10, 6-10⟩, 中말⟨3-6, 3-11, 3-25, 4-4, 5-4⟩, 中間말⟨6-5⟩, 本말⟨3-1, 3-11⟩, 中말:中村⟨6-7⟩, 陰地말:陰地村⟨3-4⟩, 아린말(아랫말):下洞⟨3-1⟩, 윗말:上洞/上里⟨5-1, 7-4⟩, 아랫말:下洞/下里⟨5-2, 7-3⟩, 매남기:梅南⟨4-5⟩

각 낱말의 빈도는 '위/웃(13), 아래(13), 안(6), 뒤(2), 끝(1), 갓(1), 陽地(10), 中(10), 陰地(6), 下(3), 上(2), 本(2), 南(1), 中間(1)' 등으로 나타난다.

6.11. 數量類

九萬⑷, 三⑵, 九⑴ 등 7개 항의 분포를 보인다.

(31)
삼거리〈7-7, 3-17〉   귀이기(규기):九益〈4-6〉

九萬里〈2-7〉   구만이:九萬里/九萬洞〈4-5〉

6.12. 動作

11개 항목의 분포를 보이며 고유어로 '돌–⑴, 들–⑴' 그리고 한자어로 '作⑵, 隱⑵, 脫⑴, 入⑴, 遊⑴, 樂⑴, 越⑴' 등이 보인다.

(32)
웃자재기〈6-4〉   안도리〈4-2〉   新脫里〈3-28〉

仙遊洞〈1-20〉   可樂洞〈3-6〉   無越洞〈3-19〉

魚隱洞〈5-5, 5-15〉   자재기/자작리〈6-4〉 무두리:水入村〈6-1〉

6.13. 狀態

35개 항목 중 고유어인 것이 20개, 한자어인 것이 15개로 다음과 같이 나타난다.

(33)
새말〈2-1, 6-9〉   웃새말〈2-1〉   아랫새말〈2-1〉

큰말〈1-16, 3-17, 3-27, 7-5〉   작은말〈1-16〉

새터〈3-10〉   큰터〈5-8〉   웃누르메기〈6-6〉

아랫누르메기〈6-6〉   진거리〈5-7〉   명기리〈6-1〉

未老里〈3-19〉   佳大里〈4-2〉   大大里〈4-5〉

東大里〈5-6〉	玄明洞〈3-9〉	洪洞〈3-19〉
可在洞〈4-8〉	直洞〈5-6〉	평말:平村〈5-13〉
새터:新垈〈2-4, 5-2〉	새터:新基〈3-7, 3-27, 7-4〉	
누르메기:黃鶴洞〈6-6〉		

위에 보인 각 낱말의 빈도는 '새(10), 큰(5), 누르(2), 긴/길(2), 작은(1), 新(5), 大(3), 平(2), 老(1), 明(1), 洪(1), 在(1), 直(1)' 등이다.

6.14. 其他

6.1.에서 6.13까지 우리는 同類의 의미 특성을 지닌 낱말이 5개 항목 이상의 분포를 보이는 경우 하나의 부류로 묶어 살펴보았다. 이제 여기서는 전접요소의 어원을 분명히 알 수 없어 분류가 용이하지 않은 경우나 분류가 가능한 경우라도 그 분포가 적어 하나의 어휘군으로 묶기 곤란한 경우에 해당하는 것 중 일부의 예를 보이고자 한다.

(34)

여시물〈5-6〉	普天敎터(보충계터)〈1-14〉	
地境터〈2-14〉	車衣谷面터〈5-13〉	시무기〈1-1〉
몬디기〈2-7〉	가매기〈3-23〉	지실기〈5-12〉
속새매기〈5-15〉	보티매기〈6-8〉	민드기〈6-9〉
질구지〈6-9〉	갈번지〈2-10〉	석지〈7-12〉
덕거리〈5-5, 6-1〉	샛족거리〈7-2〉	광과이〈1-5〉
막갱이〈1-8〉	꼭까락이〈1-13〉	까배이〈2-7〉
홍전이〈4-1〉	가랑뱅이〈4-5〉	소만이〈4-6〉
가랑뱅이〈4-7〉	서라니〈5-14〉	과게이〈7-4〉
벼오심이〈7-7〉	먹둔이〈4-7〉	머서리〈3-13〉
덧뚜리〈4-5〉	피알리〈4-7〉	징커리〈5-1〉

갈기리〈6-10〉　　　지진리〈7-2〉　　　석리〈7-3〉

구월동〈2-7〉　　　猫歌洞〈4-2〉　　　篤洞〈4-7〉

道昌洞〈5-3〉　　　道傍洞〈5-14〉　　　古時洞〈6-1〉

장자터:藏財洞〈6-4〉 갈매기:葛項村〈5-2〉

한가래기:大加里/大加里〈7-9〉

버더기(버두기):友德里〈2-2〉

갈번지:楸坪〈2-11〉　　　　　　　　　장건지:獐項〈5-5〉

떡가루목이/떡갈목이:德加洞〈7-3〉

쌀면이:米面〈7-6〉 소코라니:俗好洞〈7-10〉

7. 요약 및 결론

　　이상에서 우리는 단양지역 지명 중 '谷系와 '村系 지명의 전부요소와 후부요소가 지닌 어휘상의 특징을 찾아내기 위해 노력하였다. 지금까지 논의한 바를 요약하여 결론으로 삼고자 한다.

　　지명어를 전부요소와 후부요소로 나눈 다음 논의를 진행하였다. 후부요소는 지명접미사, 후부사 등으로 일컬어 왔던 것이며, 전부요소는 후부요소에 선행하는 앞 부분을 칭하는 용어이다. 그런데 전부요소는 후부요소의 직전에 선행하는 실질형태소를 중심으로 구성되어 있다. 때문에 우리는 전부요소 중 중심적인 역할을 담당하고 있는 이 부분을 전접요소로 보며, 전접요소에 선행하는 것을 분할요소로, 후행하는 것을 매개요소로 칭하였다.

　　'谷系 지명의 후부요소 목록으로는 -골, -谷, -실, -굴, -울, -골짜기 등이 있을 수 있으나 이들 중 적극적인 출현을 보이는 것으로는 -골, -실, -谷 등이다. '-골'을 후부요소로 삼고 있는 단양 지명은 400여 개로 가장 많이 나타나는데 이는 이 지역이 내륙산악지대이기에 나타나는 결과로 볼 수 있다. 고유어 후부요소인 '-골'이 한자어 후부요소인 '-谷'과 함께 나타나는 경우가 있는데 '거리골:街谷'의 예를 비롯 36개의 지명에서 발견된다.

'-실'형의 지명은 50여 개로 '-골'형에 비해 상대적으로 적은 분포를 보인다. 그러나 한자어 후부요소 '-谷'과 '-실'이 대응되는 항목은 32개가 발견된다. 이는 '-골'이 '-谷'과 공존하는 경우는 10%에도 못 미치는 비율이나, '-실'이 '-谷'과 공존하는 비율은 70%가 넘는 것을 보여주는 것이다. 이렇듯 '-실'과 '-谷'의 대응이 광범위하게 나타나는 것은 '谷'의 전통적인 訓이 '골'이 아니고 '실'이었음을 말해주는 것이다.

고유어 후부요소 '골' 또는 '-실'과 공존하는 '-谷'이 70개의 항목에 이르나 한자어 후부요소인 '-谷'이 단독으로 출현하는 예는 매우 적어 4개의 예에 지나지 않는다. '谷'계 지명의 경우 한자어보다는 순우리말이 후부요소로 널리 쓰이고 있음을 알 수 있다. 순우리말 후부요소가 한자어의 그것보다 월등히 많다는 것은 지명어의 원형이 고유어였음을 알게 해주는 것이다. 즉, 이른 시기에는 '-골' 또는 '-실'만이 '谷'系 지명의 후부요소로 쓰이다가 뒤늦게 '-谷'이 합류하게 된 것으로 볼 수 있다.

전접요소로 등장하는 어휘의 분포를 살펴보면 地理類 語彙가 80항으로 가장 많으며, 植物(58), 狀態(52), 遺物·遺蹟(48), 金石(31), 位置(31), 器具(19), 動物(14), 動作(13), 人物(6) 등의 순으로 분포되어 있다.

적극적인 출현을 보이는 낱말로는 바위(21), 터(17), 절(16)이 있는데 이는 '谷'系 지명이기에 필연적으로 나타나는 현상으로 보인다. '谷'을 배경으로 형성된 곳에는 바위가 많을 수밖에 없을 것이며 또한 우리나라의 寺利[절]은 '山'이나 '谷'을 배경으로 세워지는 것이 일반적이다.

뒤(10), 안(6), 가래(6), 밭(5), 재(5), 샘(5), 논(5), 여울(4), 가마(4), 치(4), 寺(7), 堂(7), 基(6) 등의 낱말들도 비교적 활발한 분포를 보이는 것들로 볼 수 있다. 그리고 출현빈도 3회를 보이는 낱말로 밤나무, 배나무, 밤, 배, 앞, 갓, 풀무, 개, 다리, 여우, 泉, 金, 桶, 石, 城, 避, 槐 등이 있다.

출현빈도 2회를 보이는 낱말로는 못, 구수, 구렁, 뱀, 복숭아, 위, 갈, 사이, 느릅, 水, 店, 山, 田, 內, 梨, 栗, 楡 등이 있다. 그리고 1회의 출현을 보이는 낱말들로는 고유어인 것으로 미, 굴, 들, 거리, 땅, 벼랑, 못, 쇠, 돌, 둑, 담, 곳집, 다락, 무덤, 베개, 단지, 시루, 방아, 구렁이, 곰, 노루, 호랑이, 고양이, 새, 학, 황새, 벌, 피나무, 느티나무, 전장나무, 새나무, 감나무, 대추나무, 옻나무, 물푸레, 잣, 복숭아, 감, 새, 솔, 양달, 길-, 가늘-, 맑-, 누렇-, 어둡-, 질-, 숨, 흐리-, 꽃-, 하 등이 있으며 한자어 낱말로는 坪, 池, 谷, 庭, 街, 淵 銀, 巖 幕, 所, 亭, 塔, 弓, 瓦, 釜, 靑木, 栢, 楸, 桃花, 芝, 梨, 梧梨, 蘆, 松, 艾, 檜, 薪, 中, 後, 淸, 洪 등이 있다.

이상에서 볼 수 있는 전부요소의 어휘항목들은 '谷'系 지명이기에 흔히 나타날 수 있는 것들로 보이는 것이 있는 반면 부분적으로는 다른 系列의 지명에서도 자주 쓰이는 것들이 보인다.

'村'계 지명과 관련하여 그 후부요소로는 '-말, -터, -기, -거리, -둠, -골, -이, -里, -洞, -村, -垈, -基, -坪' 등이 있다. 단양 지명에는 이들 중 '-둠'을 제외한 후부요소들이 모두 출현한다. '-말' 형의 후부요소가 87항목으로 가장 많은 분포를 보이며 고유어 후부요소는 '-이(50), -터(48), -거리(31), -기(27)' 등의 순으로 나타난다. 그리고 한자어 후부요소는 '-里(52), -洞(52), -村(16)' 등을 비롯 '-垈, -基, -坪' 등이 약간의 분포를 이루고 있다.

전접요소로 등장하는 어휘군은 13개로 분류할 수 있는데 위치류 어휘가 71항목으로 가장 많은 분포를 보인다. 그리고 地理(49), 遺物·遺蹟(39), 狀態(35), 施設物(21), 植物(18), 人物·官職(15), 動物(11), 動作(11), 器具(9), 金石(9), 數量(7), 天文(5) 등의 순으로 분포되어 있다. '谷'계 지명에 비해 상대적으로 位置類, 施設物類, 數量類, 天文類 어휘가 많은 분포를 보이며, 植物類, 金石類는 적은 분포를 보인다.

어종별 분포를 보면 고유어인 항목이 105개, 한자어인 항목이 194개로 나타나는데 地理類, 位置類, 器具類, 狀態類에서 고유어가 약간의 우세를 보일 뿐이다. 반면에 여타 부류에서는 한자어의 분포가 우세하며 특히 시설물류, 수량류의 경우는 한자어만이 출현한다. 각 낱말들의 분포를 고유어와 한자어로 나누어 빈도순으로 제시하면 다음과 같다.

(35)
고유어 ; 위/웃(13), 아래(13), 새(10), 터(7), 안(6), 큰(5), 등(4), 절(4), 곰(2),
  숲(2), 솔/소나무(2), 뒤(2), 누르(2), 긴/길(2), 구름(1), 골(1), 말(1),

거리(1), 벌(1), 구렁(1), 여울(1), 도랑(1), 재(1), 물(1), 돌(1), 그물(1), 방아(1), 풀무(1), 칼(1), 베틀(1), 미덕(1), 귓(구이)(1), 이록(1) 말(1), 여우(1), 노루(1), 장닭(1), 꽃(1), 함박(1), 삼(1), 끝(1), 갓(1), 돌-(1), 들-(1) 작은(1).

한자어 ; 陽地(10), 中(10), 堂(9), 亭(7), 舍(6), 陰地(6), 金(5), 寺(5), 新(5), 山(4), 院(4), 場(4), 松(4), 九萬(4), 基(3), 川(3), 巖(3), 倉(3), 房(3), 幕(3), 下(3), 大(3), 泉(2), 谷(2), 沼(2), 店(2), 樓(2), 驛(2), 藪(2), 上(2), 本(2), 三(2), 作(2), 隱(2), 平(2), 空(1), 陽(1), 霞(1), 雲(1) 地(1), 灘(1), 城(1), 垈(1), 村(1), 坪(1), 浦(1), 島(1), 岑(1), 場(1), 湫(1), 水(1), 潭(1), 陣(1), 校(1), 所(1), 廛(1), 市(1), 통(1) 盤(1), 弓(1), 瓦(1), 機(1), 張(1), 裵(1), 朴山義(1), 元滿(1), 八判(1), 雲仙(1), 司倉(1), 品達(1), 九味(1), 花郞(1), 儀祿(1), 羊(1), 馬(1), 鶴(1), 獐(1), 熊(1), 梅(1), 林(1), 梨(1), 花(1), 樹(1), 南(1), 中間(1), 九(1), 脫(1), 入(1), 遊(1), 樂(1), 越(1), 老(1), 明(1), 洪(1), 在(1), 直(1).

위에서 보듯 10회 이상의 출현을 보이는 어사는 '위/웃, 아래, 새, 陽地, 中' 등으로 狀態類인 '새'를 제외하고는 모두 위치류이다. 그리고 5회 이상의 출현을 보이는 어사는 '터, 안, 큰, 堂, 亭, 舍, 陰地, 金, 寺, 新' 등임을 알 수 있다. 비교적 잦은 출현을 보이는 이들 어휘들은 '村'계 지명이기에 나타나는 것이 대부분이며 일부는 다른 계통의 지명에도 자주 보인다.

이상의 논의를 통하여 '谷'계와 '村'계 지명어에 나타나는 어휘를 후부요소와 전부요소로 나누어 살펴보았다. '-골'을 제외하고 전혀 다른 어휘가 각각의 후부요소로 쓰였음을 알 수 있으며 전부요소의 경우도 '谷'계와 '村'계에 쓰인 어휘군이 같지 않음을 확인하였다. 앞으로 각 계열의 지명에 대한 연구가 보다 정밀하게 이루어지면 각각의 어휘적 특징을 찾아낼 수 있을 것이다.

제23장

한국지명 표기에 쓰인 '串'에 대한 문자론적 접근

1. 서론

'串'은 특정한 사물을 꼬챙이에 꿰어놓은 모습이 표현된 문자이다. 싸리나무와 같은 가느다란 나뭇가지에 껍질을 벗긴 감을 꿰어 말린 것을 곶감이라 하는데 그 모습과 흡사하다. 산업사회 이전에 특정한 사물을 한 덩어리로 묶으려 할 때 손쉽게 사용하는 방법 중의 하나가 꼬챙이에 꿰는 것이다. 꼬챙이의 재료는 이른 시기로 올라갈수록 자연에서 쉽게 구할 수 있는 나뭇가지였을 것이다. 아니면 나무에서 벗긴 껍질이 특정 사물을 꿰는데 사용되었을 것이나 후대로 오면서 쇠가 새로운 재료로 등장하였다.

선사시기이건 역사시기이건 사회·경제적인 행위가 수반되면 특정한 사물의 단위를 설정하는 일은 매우 필요한 것이다. 꼬챙이에 꿴 한 묶음이 경제 행위의 단위가 될 수도 있을 터인데 이를 표현하는 언어와 문자가 필요하게 된다. 문자를 만들 때 활용되는 가장 원초적인 방법이 指示物을 그림으로 표현하는 것이다. 그리고 이보다 발전된 방식이 象形 즉 물체의 형상을 본떠서 글자를 만드는 방법이다. 산과 내를 본떠서 山과 川이라는 글자를 만들었듯이 꼬챙이에 꿴 사물을 본떠 '串'을 만들었을 것이다. 그런데 山과 川은 중국에서만 만든 한자이지만 '串'은 중국과 우리나라에서 각각 독자적으로 만들어 활용해 온 것으로 보인다.

'串'은 중국의 한자이기도 하고 우리나라의 俗用文字[1]이기도 하다. 꼬챙이에 사물이 꿰어있는 형상을 본떠서 만들었기 때문에 글자의 모양과 그 의미는 유사하나 이 글자의 음이 다르다는 점에서 이런 주장이 가능하다. 중국의 한자음을 배경으로 성립된 한자 '串'의 東音은 [관], [천] 그리고 [환]이다. 그러나 한국고유한자 '串'의 음은 [곶]이다. 유사한 字形과 字義를 가지고 있지만 字音이 분명히 다르다.

본 연구에서는 중국과 우리나라에서 각각 형성되고 활용되어 온 '串'에 대하여 논의하고자 한다. 歷代 字典을 비롯한 역사문헌을 통하여 양국에서 '串'이 어떤 음과 의미로 쓰였는지 검토하게 될 것이다. 또한 '串'이 다른 어사와 결합하여 형성된 語彙群의 검토를 통하여 이 글자의 활용도를 확인하고자 한다. 이를 통하여 한자만을 문자생활의 도구로 사용하는 중국과 오늘날 한글 활용이 절대적으로 우세한 한국에서의 '串'에 대한 인식의 변화에 대하여 논의하고자 한다.

이러한 연구를 통해 한자만을 활용하여 漢文이나 漢字借用表記로 문자생활을 하던 시기의 韓國固有漢字에 대한 인식과 한글표기가 일반화 되어버린 오늘날의 그것이 어떻게 다른가를 확인하게 될 것이다. 또한 이를 바탕으로 한국고유한자 표기를 배경으로 형성된 어휘에 대한 처리 문제를 발전적으로 검토하는 계기를 제공하게 될 것이다.[2]

---

1 '俗用文字'라는 표현을 權在善(1983)에서 이미 사용한 바 있다.

2 이러한 문제는 지명어의 경우 한국고유한자 '串'은 물론 '卜'에서도 문제를 일으키는 경우가 있다. 예컨대 한국고유한자 '卜'은 사람이 등에 짐을 지고 있는 형상으로 그 음이 [짐]이다. 오늘날 충청북도 청주시 복대동의 俗地名은 '짐대마루'였다. 이는 짐대를 세웠던 마루라 하여 '짐대마루'라는 지명이 생성되었고 한자로 '짐대'를 '卜大'로 표기하였다. 물론 '卜大'는 [복대]로 읽지 않고 [짐대]로 읽었다. 그러나 한국고유한자에 대한 인식이 약해지면서 중국한자에 기반을 둔 '卜'을 배경으로 [복]으로 읽게 되었다. 한 걸음 더 나아가 보다 긍정적인 의미를 지닌 同音의 한자 '福'으로 바꾸어 현재는 '福臺'가 되었다. 근원형인 고유어 지명 '짐대'가 완전하게 소멸되었음을 알 수 있으며 한자어지명 '福臺'가 도출된 과정도 매우 특이하고 흥미롭다. 고유지명어의 漢字語化는 그 뜻이나 음을 배경으로 이루어지고 그 전통성이 2차지명어인 한자어지명에 담기는 것이 일반적이다. 그러나 '福臺'는 그 음이나 뜻의 측면에서 原初形 '짐대'에 대한 정보를 전혀 담지 못하였다. 여기서 우리는 한자 활용의 쇠퇴와 함께 한국고유한자에 대한 발전적인 처리가 합리적으로 이루어지지 못하였음을 지적하지 않을 수 없다.

2. 중국에서의 '串'

한자는 각 글자마다 形, 音, 義라는 세 가지 요소를 지니고 있다. 이 세 요소가 유기적으로 긴밀하게 결합되어야만 문자로서의 위치를 확보하게 된다. 한자의 字形에 대한 지식을 우선하여 그 정보가 제공되는 字典을 字書라하며 字音에 대한 정보를 중요시한 것을 韻書라 한다. 그리고 字義에 대하여 탐구하는 것을 訓詁學이라 하며 그결과를 중시하여 편찬된 문헌이 類書이다.

字義 즉 뜻이 유사한 부류의 한자들을 모아 편찬한 類書 중 최초의 것은『爾雅』이다. 그리고 字音에 따라 한자를 분류하여 편찬한 韻書로 魏나라의 李登이 편찬한『聲類』, 晉나라 呂靜의『韻集』그리고『四聲切韻』,『四聲譜』,『韻略』등이 있었으나 오늘날 전하는 것은 隋代의 陸法言이 편찬한『切韻』(601)이 가장 오래된 것이라 한다. 漢代의 許愼이 편찬한『說文解字』는 한자를 字形에 따라 분류한 字書의 효시이다. 이들 字典들은 모두 편찬 의도에 따라 形, 音, 義 중 하나를 중시하였지만 다른 요소에 대한 정보도 제공하고 있다.

본장에서는 중국역대 자전을 두루 참고, 반영하여 그 음과 뜻은 물론 '串'이 활용된 예문을 제시한『康熙字典』의 내용을 검토하고자 한다. 굳이 역대 자전을 일일이 검토할 필요가 없는 것은 이 자전을 편찬하면서 이전 시기에 간행된 중요한 사항을 모두 참고하여 담아 놓았기 때문이다. 그리고 오늘날 '串'이 다른 한자와 결합하여 형성된 어휘와 成語를 살펴봄으로써 이 한자의 의미 범주 확대와 그 활용 양상을 살피고자한다.

2.1.『康熙字典』에서의 '串'

'串'은 비교적 이른 시기에 편찬된 자전에는 실려 있지 않다.『說文解字』에도 이 글자가 실려 있지 않아 小篆의 字體를 확인할 수 없다. 물론 小篆보다 앞선 시기의 자체인 金文이나 甲骨文에서도 확인되지 않고 있다.³ 민간에서 자주 쓰였을 법도 한 글자이나 이른 시기의 문헌에는 올라 있지 않다. 그렇지만 이 글자는 꼬챙이로 무언가를 꿴 모습이므로 象形字임에 틀림이 없다.

『康熙字典』의 풀이를 통하여 이 한자의 음과 뜻을 확인할 수 있다. 최초로 현대적 자전의 체제를 두루 갖춘 『康熙字典』은 앞선 시기의 자전에 나오는 사항을 종합하여 제시한 후 각 한자의 의미와 예문을 제시하였다. 굳이 이른 시기의 자전을 모두 살피지 않더라도 이 책만을 통하여 해당 한자의 歷史的 解釋을 접할 수 있다.

(1) 康熙字典解釋

【子集上】【丨字部】串 ; 康熙笔画:7 ; 頁碼:頁80第02(點擊查看原圖)

【廣韻】【集韻】【正韻】丛古患切,與慣通。狎習也。【詩·大雅】串夷載路。【毛傳】串習,夷,常也。【箋】串夷卽混夷。西戎國名。【荀子·大略篇】國法禁拾遺,惡民之串,以無分得也。【梁簡文帝詩】長轝串翠眉。【謝惠連·秋懷詩】聊用布親串。【註】言賦詩布與親狎之人也。又【正韻】樞絹切,音釧。物相連貫也。與穿讀去聲通。穿,亦作串。【前漢·司馬遷傳】貫穿經傳,卽貫串,言博通經傳大義也。又與丳通,別作肣。【文字指歸】支取貨物之契曰肣,今官司倉庫收帖曰串子。又【正韻】五換切,音玩。義同。

(1)을 통하여 【廣韻】과 【集韻】에 이 한자의 음을 '古患切'이라 한 것으로 보아 '串'의 원음이 [guàn]이었음을 알 수 있다. '丨'字部에 속하는 글자이고 총획수는 7획이며 聲調는 去聲에 해당하는 것임도 알 수 있다. 그 의미는 '與慣通'으로 '狎習'이라 하였으므로 이 한자의 원초적인 의미는 '익다' 또는 '습관'임을 알 수 있다. 그런데 『洪武正韻』에 와서 이 한자의 음이 '樞絹切'과 '五換切'로 분화되었음을 알 수 있다. '樞絹切'은 [chuàn]으로 '五換切'[huàn]과 더불어 '物相連貫'의 의미를 표현할 때 활용하는 것임을 알 수 있다.

3　한자 자체의 규범을 보여주기 위하여 작성된 漢字字體規範 데이터베이스 HNG(Hanzi Normative Glyphs, http://www.joao-roiz.jp/HNG/)에서도 '串'은 『瑜伽師地論』 권13에 나오는 해서체의 글자 하나만을 제시하고 있다. 또한 『大書源』을 비롯한 書體辭典類에서도 小篆 이전의 자체를 수록하지 않았다.

[guàn], [chuàn] 그리고 [huàn] 등 3가지 한자음은 현대까지도 이어지고 있으나 '五換切'[huàn]은 극히 제한적으로 쓰이고 있다. 한국한자음 [관], [천], [환] 등도 각각 古患切, 樞絹切, 五換切 등을 배경으로 형성된 것이다. 그 의미 또한 [guàn]은 '익다' 또는 '습관', [chuàn]은 '꿰다' 그리고 [huàn]은 '종족명' 등이 기본의미이다. 한자음별로 달라진 기본의미를 바탕으로 후대로 오면서 의미영역이 확대되어 활용되는 양상을 오늘날 흔히 활용되는 字典을 통하여 확인할 수 있다.

2.2. 『新華字典』에서의 '串'

1953년 첫 출간 이후 4억5천만 부가 발행돼 중국인들의 언어 교육 지침서 역할을 해온 『新華字典』을 통하여 '串'의 활용 양상을 살피기로 한다. 최근에 간행된 것으로 한자자전의 집대성이라 할 수 있는 『漢語大字典』과 동양 삼국에서 이와 유사한 형태로 간행된 大字典類[4]도 참고하면서 논의를 진행하기로 한다.

『新華字典』에 이 한자의 음은 [chuàn]과 [guàn]이 있음을 제시하였고 『康熙字典』과 같이 部首는 필획이 1인 ' | '이며 總筆畫은 7로 제시하였다. 民俗 參考 사항으로 이 한자의 오행은 '金'이며 吉兇寓意는 吉이고 성명학에서 姓氏로는 쓰이지는 않으나 '多用男性'이라 하여 남성의 이름에서는 자주 쓰인다 하였다. 더불어 일반적인 측면에서 이 글자는 常用字가 아니라고 하였다. '串'의 기본해석에는 한자음 [chuàn]만이 보이며 다음과 같은 내용이 제시되어 있다.

(2) 串의 基本解釋
chuàn
多個同類東西連貫在壹起:串講。貫串。

---

4 한자자전의 집대성으로 볼 수 있는 것으로 일본에서 나온 諸橋轍次의 『大漢和辭典』, 단국대학교 동양학연구소에서 편찬한 『漢韓大辭典』, 대만에서 나온 『中文大辭典』 그리고 1986년부터 1990년에 걸쳐 간행된 중국의 『漢語大字典』이 있다. 『大漢和辭典』에는 48,902자, 『漢韓大辭典』에는 41,386자, 『中文大辭典』에는 49,905자, 그리고 『漢語大字典』은 전8권으로 가장 많은 54,665자의 한자가 수록되었다.

連貫起來的東西:串珠。串鈴。

錯誤地連接:串行。串味。串換。

互相勾通、勾結:串氣。串供。串通壹氣。

由這裏到那裏走動:串鄉。串門兒。

扮演戲劇角色:串演。客串。

量詞, 用於連貫起來的東西:壹串兒葡萄。

(2)를 통하여 현대 중국어에서는 '串'의 음이 기본적으로 [chuàn]이며 이는 한국 한자음 [천]의 母胎音임을 알 수 있다. 詳細解釋을 통해서야 한국한자음 [관]의 모태음인 [guàn]을 볼 수 있다. '串'의 근원적인 1차음이 【廣韻】과 【集韻】을 통하여 '古患切' 즉 [guàn]이었음을 고려할 때 이는 매우 현저한 변화가 일어났음을 알 수 있다. 이는 자음 [chuàn]과의 결합어인 字義 '꿰다'가 생산적으로 확장되었음을 뜻하는 것이다. 반면에 '익다' 또는 '습관'의 뜻을 표현함에 있어서는 이 한자의 활용이 쇠퇴하였음을 의미하는 것이다.

'串'의 基本解釋을 통하여 [guàn]이 쇠퇴하고 [chuàn]이 생산적으로 쓰이면서 '꿰다'라는 기본의미를 바탕으로 그 適用이 擴大되었음을 알 수 있다. 串講, 貫串, 串珠, 串鈴 등에 쓰인 '串'은 1차적인 의미 '꿰다'와 관련이 있는 것이다. 근원적인 의미 '꿰다'를 바탕으로 의미 적용의 확대가 일어나면서 생성된 어휘로 串味, 串換, 串氣, 串供, 串通壹氣, 串鄉, 串門兒, 串演, 客串 등과 수량사 '꼬치'를 표현한 예를 '壹串兒葡萄'에서 볼 수 있다. 의미적용의 확대가 일어난 이들 단어 중 '串味'를 "茶葉切勿與化壯品放在壹起, 以免串味(딴 냄새가 옮지 않도록 차를 화장품과 같이 놓아두지 마시오)"라는 예문의 맨 끝에서 볼 수 있다. 이 부류에 속하는 어휘를 우리말 풀이와 함께 제시하면 다음과 같다.

(3)
串味[동사] (식료품·음료 따위에) 다른 냄새가 스미다.
串換[명사][동사] 교환(하다). 거래(하다). 串換优良品种; 우량 품종을 서로
　　　　 바꾸다.
串氣[동사] 결탁하다. 내통하다.

串供[동사] (범인이) 공모해서 허위 진술을 하다.

串通壹氣【성어】몰래 결탁하여 서로 협력하다. (악당들이) 서로 작당하여 한

    패가 되다.

    【성어】몰래 결탁하여 서로 협력

串鄕[동사] (판매하고 수매하거나 의사 노릇을 하거나 기예를 팔기 위해) 시골 마을로

    돌아다니다.

串門兒 행상인·품팔이꾼 따위가 집집마다 돌아다니다.

串演[동사] 역을 연출[담당]하다. 출연하다.

(3)은 모두 '串'의 자음이 [chuàn]인 경우이며 그 의미 또한 [꿰다]를 바탕으로 발전된 것이다. 『新華字典』의 상세해석을 통하여도 [chuàn]을 字音으로 하며 동사와 수량사로 쓰이는 예를 만날 수 있다. 또한 [guàn]을 字音으로 하는 '串'이 명사와 동사로 쓰이는 예를 찾을 수 있다. (4)는 상세해석으로 제시된 것인데 〖 〗안에 영문해석을 붙여 놓아 이를 통하여 '串'의 확장된 의미를 확인할 수 있다. 관련 어휘 항목 또한 그 자음과 영문해석을 붙여놓았다. 오늘날 중국어에서 쓰이는 '串'의 字音·字義와 더불어 관련 어휘를 볼 수 있도록 되어있기 때문에 비교적 길지만 예문으로 제시하기로 한다.

(4) 串의 詳細解釋:

chuàn

【動】

將物品連貫在壹起。亦指連貫而成的物品〖string together〗。如: 串珠子; 錢

串; 串鼓兒(貨郎鼓); 串月(蘇州石湖橋下月影成串的奇觀)

勾結〖做壞事〗〖gang up on; conspire〗。如: 串詐(合謀詐騙); 串哄(結夥兒胡鬧;

起哄); 串拐(拐騙)

交錯連接〖cross〗。如: 電話串線; 看書串行; 串票(舊時征收錢糧後由官方發給的收

據)

走;到別人家走動〖walk; pay a visit to〗。如: 串店(出入旅店); 走村串寨; 串花

家(逛妓院)

擔任戲曲角色〖play〗。如: 客串; 串座(挨著座位賣唱)

chuàn

【量】

穿在繩上的壹組東西, 尤指穿滿的壹串〖string〗。如: 壹串洋蔥; 壹串魚

串並聯 chuàn-bìnglián〖series-parallel connection; series multiple〗管路或電路元件的壹種排列, 其中兩個或多個元件的並聯組又串聯地連接起來

串供 chuàngòng〖act in collusion to make each other's confession stally〗同案犯人互相串通, 編造口供

串戶 chuànhù〖visit one house after another〗即挨家串門 走村串戶

串話 chuànhuà〖cross talk〗在電話受話器中聽到的由附近的電話線路感應產生的說話聲

串換 chuànhuàn〖exchange〗互換 串換座次

串講 chuànjiǎng〖construe〗逐字逐句地講解課文或把整篇著作內容連貫起來概括講述

串聯 chuànlián〖series connection〗: 電路中的元件或部件排列得使電流全部通過每壹部件或元件而不分流 〖establishties; contact〗: 逐個地聯系

串門子 chuànménzi〖call on one's neighbors〗到別人家裏去走動, 聊天 不做飯, 不做針線, 光串門子, 到老算個什麼也說"串門兒"

串騙 chuànpiàn〖gang up〗串通起來詐騙

串氣 chuànqì〖collude with〗: 相通串連, 合成壹氣; 暗中勾結, 互相配合

串親戚 chuànqīnqi〖go visiting one's relatives〗去親戚家看望

串通 chuàntōng〖collude with; gang up〗: 互相配合, 彼此勾結

串通壹氣〖contact〗: 串聯; 聯系

串戲 chuànxì〖play a part in〗演戲, 特指非職業演員扮演戲曲角色

串演 chuànyǎn〖play (act) the role of〗飾演, 在劇中擔任壹個或多個角色

串子 chuànzi〖a string of〗連貫起來的東西 錢串子

guàn

【名】

習慣〖habit〗

宗軍人串敢粗食。——〈南史·宗愨傳〉

又如: 串用(慣用); 串習(習慣)

親近的人〖people on intimate terms〗

團歌逐成賦, 聊用布親串。——晉·謝惠連〈秋懷〉

又如: 親串; 戚串

guàn

【動】

親近, 巴結。也作串昵

文靜數履軍陷陣, 以才自進, 而寂專用串昵顯。——〈新唐書〉

相謔, 戲謔〖joke〗。如: 串狎(戲謔)

　　(4)에서는 [chuàn]을 자음으로 하면서 동사인 '串'의 뜻을 5항목으로 기술하였다. 그 의미는 ㉠ string together(꿰다, 연결시키다), ㉡ gang up on; conspire(공모하다, 작당하다), ㉢ cross(혼선되다), ㉣ walk; pay a visit to(돌아다니다), ㉤ play(출연하다, 배역을 맡다) 등이다. [chuàn]을 자음으로 하면서 수량사로 쓰인 경우는 1항목으로 그 의미는 string(꼬치 또는 꿰미)임을 제시하였다. 그리고 이와 관련된 17개의 어휘를 제시하였다.

　　기본해석에서는 보이지 않았던 [guàn]을 자음으로 하면서 명사와 동사로 쓰이는 경우가 제시되었다. 명사로 쓰이는 경우는 ㉠ habit(습관)과 ㉡ people on intimate terms(친근한 사람)을 제시하였다. 그리고 동사로 쓰이는 경우는 '친근하다'와 '희롱하다'라는 뜻이 있음을 제시하였다. 그리고 『南史·宗愨傳』『秋懷』『新唐書』등의 역사문헌에 나오는 용례를 주로 제시하였다. [chuàn]의 경우 관련 어휘를 자음과 함께 字義를 여러 항목 제시하였으나 [guàn]은 한 항목도 제시하지 않았다.

　　【正韻】에서 五換切로 제시되었던 [huàn]은 상세해석에서도 찾을 수 없는 것으로 보아 종족명을 일컬을 때 활용했던 이 자음은 소멸된 것으로 볼 수 있다. '串'의 자음으로 쓰였던 [huàn]과 함께 1차적인 근원음이었던 [guàn]도 현대 중국어에서는 소멸의 단계에 들어간 것으로 보인다. [guàn]보다 늦게 2차적으로 형성된 [chuàn]만이 활발하게 쓰이고 있는 것이다. 이는 '串'이 '습관' 또는 '익다'라는 뜻보다 '꿰다'라는 뜻으로

활발하게 쓰이면서 나타난 현상으로 해석하여야 할 것이다.

'串'이 字音을 [chuàn]으로 하면서 기본의미 '꿰다'에서 확장된 것으로 속어, 전용어, 전문어, 구어, 욕설 등으로도 쓰이는 경우도 허다하다. 예컨대 '串氣'는 동사로 原義는 '결탁하다·내통하다'이나 中國醫學用語로 산증(疝症) 또는 산기(疝氣)라는 의미로 쓰이며 '串遊'는 '串悠' 대신 口語에서만 '한가로이 거닐다. 산보하다'라는 뜻으로 쓰인다. 그리고 '串秧兒'는 명사로 "(동식물의) 잡종·교잡하여 변화된 잡종"이 本義이나 '혼혈아, 잡종, 튀기'라는 욕설로 쓰인다. 특히 '串'은 전기·전자와 관련된 용어 형성의 요소로 흔히 쓰이는데 串激[5] 串聯[6], 串列輸出入[7], 串話[8], 串行口[9]…… 등이 그것이다.

3. 한국에서의 '串'

앞장에서 논의하였듯이 중국 한자음을 바탕으로 형성된 한자 '串'의 東音은 [관], [천] 그리고 [환]이다. 그러나 한국의 俗用文字 '串'의 음은 [곶]이며 강이나 바다를 향하여 쑥 들어간 육지를 표현하는데 주로 쓰여 왔다. 이른 시기에서부터 오늘날까지 長山串, 箭串, 壺串…… 등에서와 같이 지명어의 후부요소로 '串'이 활발하게 쓰여 왔지만 이 문자가 原初的으로 지시했던 것은 꼬챙이[10]를 뜻하는 '곶'이었을 것이다. 왜냐하면 이 글자의 形狀이 어떤 사물을 꼬챙이에 꿰어놓은 모습이기 때문이다.

경제행위를 포함한 사회생활의 일환으로 어떤 사물을 일정한 단위로 묶는 것은

---

5 串激; [명사]〈전기〉 직렬 여자(直列勵磁). 「串激電動机; 직렬 전동기」「串激發電机; 직렬 발전기」

6 串聯; (1) [동사]〈전기〉 직렬연결(하다). ↔ 幷聯

(2) [명사]〈전자〉 시리즈(series). = 序列

7 串列輸出入; [명사]〈전자〉 직렬식 입출력(serial input output).

8 串話; (3)[명사]〈통신〉 혼선(混綫). 누화(漏話).

9 串行口;〈전자〉 포트

10 꼬챙이는 '곶'에 접사 '-이'가 결합하여 '고지'를 형성한 후 경음화되어 '꼬치'가 되고 여기에 '-앵이'가 결합하여 형성된 단어로 보인다.

매우 필요한 것이다. 옷감을 비롯하여 종이, 비닐 등의 생산이 있기 전에 특정한 사물을 단위화하기에 가장 손쉬운 방법은 정해진 양을 나뭇가지에 꿰는 방식이었을 것이다. 이는 오늘날에도 곶감, 북어, 노가리 등을 計量할 때 이런 방법이 적용되고 있다. '串'이 지닌 문자의 형상과 이러한 사항을 고려할 때 이 글자는 원초적으로 꼬챙이 또는 그것에 꿴 사물을 표현하기 위하여 만들어졌을 것이다.[11]

사람이 등에 짐을 진 형상을 표현한 'ㅏ[짐]'과 더불어 꽤 이른 시기에 만들어진 글자로 보이는 俗用文字가 '串'이다. 후대에 오면서 '串'이 다른 한자와 어울려 한문 문장 속에서 자연스럽게 쓰이는 것으로 보아 그 생성의 역사가 오래인 것으로 보인다. 이는 곶감[串甘], 곡괭이[串光伊], 꽂이[串之], 꽃게[串蟹]……등을 표현할 때 이 한자가 활용된 것을 보더라도 이런 추정은 가능하다. 그러나 이른 시기의 역사 자료에서 '串'을 확인하기는 쉽지가 않다. 지금까지 발견된 木簡이나 金石文에서도 이 글자는 확인되지 않는다.[12] 우리나라의 역대 한자자전에 올라 있는 '串'을 검토한 후 『高麗史』를 비롯한 역대 문헌 속에서 이 글자의 쓰임을 확인하기로 한다.

---

11 南豊鉉(1989)에서는 한국고유한자를 "한자가 가진 특성에다 한국적 특성이 가미되어 만들어진 것이 한국고유한자이다"라 하면서 "우리의 고유한자라고 하더라도 넓은 의미의 한자이지 그와 동떨어진 별개의 문자는 아니다"라고 하였다. 이러한 관점에서 한국고유한자의 생성배경을 '畓'과 같이 기존의 한자를 合字하여 만든 것, 正字의 앞이나 뒤, 또는 중간 부분을 생략하여 만든 省劃에 의한 고유한자 그리고 借字表記와 관련하여 생겨난 고유한자 등으로 나누어 설명하였다. 기존의 한자를 배경으로 형성된 한국고유한자가 대부분이지만 '串[곶]'과 'ㅏ[짐]' 같은 한국고유한자는 우리나라에서 독자적으로 만들어진 것으로 보인다. 기존의 한자를 합성하거나 획을 생략하여 만든 것이 아니고 지시물을 상형하여 만들었다는 점, 동일한 자형이 중국의 한자에도 있지만 그 字音과 字義가 별개라는 점 등이 이러한 추정을 가능하게 한다.

12 국사편찬위원회 한국사데이터베이스 한국고대금석문자료집에서 平壤市 船橋洞에서 출토된 낙랑의 『永光 三年銘 銅鐘』 명문을 鄭寅普는 孝文廟銅鍾容十卅/重串十斤/永光三年六月造와 같이 판독한 것으로 제시하였다. 이 명문 둘째 행의 2번째 글자가 '串'으로 되어 있어 필자의 눈을 크게 자극하였는데 鄭寅普(1946: 221)을 확인해 보면 '卌'으로 되어 있다. '卌'으로 판독한 것을 '串'으로 잘못 제시한 것이다. 林起煥(1992: 211-212)에서는 "孝文廟銅鍾容十卅/重卌十斤/永光三年六月造"와 같이 판독하여 '卌'을 '卅'으로 보았다. http://db.history.go.kr에서 이미지를 제공하고 있어 확인한 결과 '串'을 90도 회전시킨 모양과 흡사하다. 글자의 모양도 그렇고 문맥으로 보아 무게가 40근이라는 해석이 자연스러우므로 '卌'으로 판독함이 타당한 것으로 보인다. 결국 정인보가 '串'으로 읽었다는 고대금석문 자료는 원문을 옮기는 과정에서 잘못을 범한 것이다.

3.1. 한국의 한자자전에서의 '串'

'串'이 『訓蒙字會』를 비롯한 漢字學習書에 실려 있지 않은 것으로 미루어 常用漢字에 속한다고는 할 수 없다. 한자학습서보다 많은 수의 한자를 모아 풀이한 우리나라 초기의 字典에서 이 글자를 확인할 수 있다. 『全韻玉編』과 『字類註釋』에서는 중국의 자전을 답습하여 이 한자의 음을 [관]과 [천]으로 하고 그 의미 또한 '익다(《닉다》'와 '꿰다'로 풀이하였다. 『字典釋要』에 와서 우리나라의 고유한자임을 나타내는 【鮮】이라는 표지와 함께 '싸일홈곳'과 '꼿창이꼿'이라는 새김과 음을 달아 놓았다. 한걸음 더 나아가 『新字典』에서는 중국에 기원을 둔 '串'과 한국고유한자 '串'을 표제항을 달리하여 풀이하였다. 우선 '串'에 대한 漢字字典類의 설명을 옮기면 ⑸와 같다.

⑸
【관】狎習[諫] 慣同【천】穿也物相連貫[霰]〈全玉상1ㄴ〉

닉을관 소慣又꿸천穿也物相連貫串〈字類상74ㄴ〉

천 物相連貫꾀미천[霰]慣見【鮮】地名長山~싸일홈곳 貫物竹釘 꼿창이꼿

〈釋要상1ㄴ〉

【관】狎習익을[梁簡文詩]長釁~翠眉[詩]~夷載路[諫]貫通【천】物相連穿꿸이

如言錢一貫亦爲一~錢糧收帖曰~票엄쭉[霰]〈新字1:1ㄴ〉

【곳】地名 岬也 쏘지 有長山~月~箭~〈新字4:56a(朝鮮俗字部)〉

【國義】【1】곳. 바다 쪽으로 좁고 길게 들어간 육지를 이른다. 갑(岬)〈新增東

國輿地勝覽 43, 黃海道 長淵〉長山串 在縣四十四里 【2】꼬치. 산적 따

위와 같이 꼬챙이에 꿴 음식을 세는 단위.〈進宴儀軌(高宗壬寅)〉, 饌品,

寧殿正日內進宴 各色花陽炙五百五十串.〈韓國漢字語辭典1:145-146〉

⑸에서 보듯 중국에서 유래된 한자 '串'과 한국고유한자 '串'을 구분하여 각각의 표제항을 만들어 제시한 자전은 『新字典』이다. 전자는 1권에 나오며 후자, 즉 한국고유한자는 4권에 나온다. 그리고 단국대학교 동양학연구소(1992)에서 편찬한 『韓國漢字語辭典』에서는 중국 한자에 바탕을 둔 '串'은 표제항에 포함하지 않았고 한국고유한자만을 표제항으로 삼았다. 여기서는 이 한자를 【國義】로 규정하고 【1】곳, 【2】꼬치. 산적

따위와 같이 꼬챙이에 꿴 음식을 세는 단위. 등과 같이 2개의 풀이항을 두어 설명하였다. 실제로는 【國義】만이 아니고 그 자음이 [관]이나 [천]이 아닌 [곶]이므로 【國音】이라는 표현도 들어가는 것이 더 정확한 풀이라 할 것이다.

우리나라의 자전이 보다 발전된 형태로 진보하면서 한국고유한자 '串'에 대한 항목 채택과 그 풀이가 『韓國漢字語辭典』에서 발전적으로 처리되었다. 이 사전에서는 '串'과 관련된 어휘 목록과 그 출처까지 제시하였다. 제시된 어휘는 串甘(곶감), 串岬遷(곶갑천), 串鍋伊(곶과이=곡괭이), 串光伊(곶광이=곡괭이), 串光屎(곶광히=곡괭이), 串丁(곶정=꼬치), 串釘(곶정=꼬치), 串之(곶지=꽂이), 串叱丁(곶질정=꼬치) 串蟹(곶게=꽂게) 등이다. 이들 어휘를 통하여 '串'은 하나의 한자로만 머물지 않고 이를 배경으로 형성된 한자어를 표기함에도 적극 활용되었음을 알 수 있다.

그런데 이들 어휘의 출처를 살펴보면 『古今釋林』에 들어있는 『東韓譯語』를 비롯하여 의궤류 문헌에서 물명을 제시한 경우가 대부분이다. 『嘉禮都監儀軌』, 『正宗殯殿魂殿都監儀軌』, 『昌慶宮營建都監儀軌』, 『華城城役儀軌』, 『樂器造成廳儀軌』…… 등의 문헌에서 물명을 제시하는 과정에 이들 어휘가 등장한다. 문장을 기술한 문법자료 속에서 활용된 예가 아니고 독립적으로 제시된 사물을 표현한 어휘 자료에 나타나는 경우가 대부분이다. 비록 어휘자료에 주로 나타난다고 할지라도 하나의 한자로 머물지 않고 한자어 형성의 한 요소로 활용되었다는 것은 '串'이 한국고유한자 중 매우 특이한 존재임을 뜻한다.

(5)에서는 한국고유한자 '串'을 역대 자전류에서 어떻게 풀이하였는지 살펴보았다. 이들 자전류 외에도 이건식(2009b: 229-234)에 따르면 『世宗實錄』, 『頤齋遺藁』, 『頤齋亂藁』, 『大東地志』, 『吏讀便覽』 등에서 '串'의 字義를 풀이한 예를 볼 수 있다고 하였다. 이 중 『世宗實錄』의 주석이 가장 이른 시기의 것인데 世宗 10年(1428) 1月 4日 9번째 기사 중에 '串'을 "斗入水內之地, 俗謂之串"이라 하였다. "물속으로 쑥 들어간 땅을 세속에서 곶이라 한다"는 것인데 물굽이 즉 바다가 육지 속으로 파고들어 와 있는 지형을 표현하는 灣과 대립되는 개념으로 볼 수 있을 것이다.

다른 문헌에서도 주로 지형과 관련하여 '串'을 주석하였다. 그런데 『頤齋遺藁』 卷之二十五 雜著 華音方言字義解에서 지형 '串'을 설명하면서 그 생김새가 '肉串' 즉 '고기

꼬치'와 유사한 까닭이라고 한 점이 우리의 관심을 끈다. "國俗以海邊山麓斗入海中 尖而長者 有類肉串 故呼其地名曰串"[13]이라는 부분이 그것인데 지형 '곶'의 근원은 고기를 비롯한 어떤 사물을 꿰어놓은 꼬치(〈고지←곶+이)를 배경으로 형성되었음을 추정하게 하는 것이다. 즉 꼬치(〈고지←곶+이)와 형상이 유사한 지형을 '串'으로 표현하였음을 알게 하는 것이다.

한자 자전류가 아닌 역사문헌에서 볼 수 있는 '串'의 주석은 주로 지형과 관련된 것이고 부수적으로 꼬치와 관련된 풀이가 등장한다. 이는 원초적으로 '串'이 꼬챙이나 그것에 꿴 사물을 나타내는 문자였으나 후대에 오면서 지형을 표현하는데 轉用되었기 때문이다. 비록 다른 문헌에서 '串'을 "물속으로 쑥 들어간 땅"을 표현하는 문자로 풀이하고 있지만 字典類 문헌에서는 꼬치, 그리고 꼬챙이에 꿴 음식을 세는 단위라는 자의도 함께 제시하였다. 특히 『韓國漢字語辭典』은 '串'에 대하여 그 자음과 자의 그리고 확장된 용례까지 제시했다는 점에서 자전으로서 완성도 높은 면모를 보여주었다.

3.2. '串'과 관련 어휘의 활용

'串'은 『三國史記』卷第三十七 雜誌第六 地理四의 고구려 지명에 2개[14], 백제지명에 1개[15]가 보인다. 於乙買串, 板麻串, 豆串城 등이 그 예이다. 이 예들은 일찍부터 지명어

---

13 이 부분을 포함하여 이건식(2009b: 229-230)에서 제시한 原文과 飜譯文을 제시하면 다음과 같다.
申景濬輿地考云 國俗以海邊山麓斗入海中 尖而長者 有類肉串 故呼其地名曰串 然三國時旣分列邑 而邑境內有與邑相距稍遠 民吏不便往來者 別立一部曲 亦立一處一所 因置吏員 小事自決 大事聞于官 以方言攷之 處與曲皆近串字方音 而處所二字又同義 非必專爲山足入海而呼串耳(申景濬의 『輿地考』에서 말하기를 "國俗에서 바닷가 산기슭이 바다 가운데에 깊숙이 들어가 뾰족하고 긴 것이 고기꼬지(肉串)와 유사한 까닭에 그 지명을 串이라 부른다." 하였다. 그러나 삼국시대에 이미 제 邑이 나뉘어져 邑 안에 邑과 더불어 서로 멀리 떨어진 백성과 관리가 往來함에 불편함이 있었다. 별도로 部曲을 세웠고 또한 處와 所를 세웠다. 아전을 두어 작은 일은 스스로 결정했으나 큰 일은 官의 지시를 받았다. 방언을 살피건대 處와 曲은 모두 串字의 方音과 비슷했다. 그리고 處와 所의 두 글자는 뜻이 같다. 오로지 산의 다리가 바다에 들어가서 串이라 부른 것은 아니다.)

14 泉井口縣 一云 於乙買串〈37卷-志6-地理4-03(漢山州)〉, 板麻串 今嘉禾縣〈37卷-志6-地理4-03(漢山州)〉

15 悅巳縣[悅己縣] 一云 豆陵尹城 一云 豆串城 一云 尹城〈37卷-志6-地理4-06(熊川州)〉

의 후부요소에 '串'이 쓰였음을 알게 하는 것이다. 穴口郡 一云 甲比古次〈37卷-志6-地理4-03(漢山州)〉를 통하여 '古次'가 '串'과 같은 의미로 쓰였음을 알 수 있다. 또한 '古次'의 이형태로 '忽次'가 있었음을 獐項口縣 一云 古斯也忽次〈37卷-志6-地理4-03〉와 楊口郡 一云 要隱忽次〈37卷-志6-地理4-03〉를 통하여 알 수 있다.[16] 『三國史記』 地理志는 '串'을 대신할 수 있는 표기로 '古次' 또는 '忽次'가 있었음을 보여주는 예라 할 수 있다. 그런데 후대의 지명어 표기에서는 '串'의 쓰임이 절대적으로 우세하다.

앞에서도 언급하였듯이 고대국어 시기의 木簡이나 金石文에서 '串'을 확인할 수 없다. 『三國史記』를 통해서도 확인한 사항이지만 주로 지명어 표기에 사용된 이 글자는 『世宗實錄』 地理志, 『新增東國輿地勝覽』, 『輿地圖書』 등을 비롯한 地理志類 문헌과 고지도에서 연면히 쓰여 왔다. 어휘자료의 성격을 지닌 문헌에 이 글자가 주로 사용되었지만 한문 문장 즉 문법자료에서 활용된 예를 검토하는 것은 매우 중요한 사항이라고 생각한다. 중국에 기원을 둔 한자들과 한국고유한자인 '串'이 융화되어 한문 문장을 형성했다는 것은 이 글자의 位相과 관련하여 중요한 의미를 갖기 때문이다.

한문 문장 속에 활용된 '串'를 살피기 위하여 『高麗史』와 『朝鮮王朝實錄』을 활용하기로 한다. 『朝鮮王朝實錄』은 홈페이지 http://sillok.history.go.kr의 자료와 검색 기능을 활용하기로 하며, 『高麗史』는 국사편찬위원회의 홈페이지에 연계되어 있는 한국사데이터베이스의 고려사 자료와 검색시스템(http://db.history.go.kr/KOREA/)을 활용하기로 한다. 『高麗史』에서 '串'은 72개의 기사에 80개의 연어휘가 사용되었음을 확인할 수 있다. 이들 어휘를 빈도순으로 나열하면 다음과 같다.

(6)
壺串(31), 甲串(11), 火串(5), 中正聲串(4), 猫串(3), 松串(3), 都屯串(2), 退串(2), 壺串(1), 黔山串(1), 桃串(1), 木串(1), 朴達串(1), 烽串(1), 沙也串(1), 城串(1), 省

---

16 '古次'와 '忽次'가 '串'과 동일한 대상을 표기한 것임은 고구려 지명 '穴口=甲比古次'의 경덕왕 개칭지명이 '海口'이며 고려이후 지명이 '江華'인 바 여기서 古次, 口, 華가 대응됨을 통하여 알 수 있다. '古次'는 音讀名이고 '口'와 '華'는 釋讀名인 것이다. 즉 '華'의 새김이 '곶'이고 '口' 또한 그 새김이 獐項(口): 古斯也(忽次), 楊(口): 要隱(忽次) 그리고 穴(口): 甲比(古次) 등을 통하여 忽次 또는 古次임을 알 수 있다.

草串(1), 於乙買串(1), 狪串(1), 引月串(1), 雜良串(1), 長山串(1), 板麻串(1), 皮串
(1), 串岬遷(1), (一十)串(1), (二)串(1)

(6)에서 보듯 『高麗史』에 나오는 80개의 연어휘를 정리하여 26개의 개별어휘를
얻을 수 있다. 이들 개별어휘는 대부분 지명어임을 알 수 있다. 악기인 編磬과 編鐘
의 부속품인 中正聲串[17]과 (수량을 나타내는 말 뒤에 쓰여) 꼬챙이에 꿴 물건을 세는 단위인
(一十/二)串을 제외한 24개가 지명어임을 알 수 있다. 24개의 지명어 중 串岬遷만 '串'이
지명어의 전부요소로 쓰였고 壺串을 비롯한 23개의 지명에서는 지명어의 후부요소로
쓰였음을 알 수 있다. 압도적으로 '串'은 지명어의 후부요소 표기에 활용된 글자임을
확인할 수 있다.

『朝鮮王朝實錄』에서 '串'을 검색하면 무려 1,160건이나 나온다. 특히 세종대의 234
건을 비롯하여 중종(90건), 영조(74건), 정조(72건), 세조(64건), 숙종(62건), 순조(61건), 선
조(50건) 등에서 50건 이상 검색된다. 『世宗實錄』에서 다른 시기보다 현저히 많이 검색
되는 것은 『地理志』가 실려 있기 때문이 아닌가 한다.[18] 이는 곧 『高麗史』에 이어 『朝鮮
王朝實錄』에서도 '串'은 고유명사인 지명어 표기에 주로 활용되었을 것이라는 추측을
가능하게 한다. 그런데 앞에서도 예를 들었듯이 世宗 10年 1月 4日의 9번째 기사 중

---

17 '中正聲串'은 編鍾과 編磬을 설명하는 과정에 나오는 용어이다. '中正'이란 "어느 한쪽으로 지나치거나 모
자람이 없이 곧고 올바르다"는 뜻이므로 中正한 소리를 낼 수 있도록 編鐘이나 編磬에 들어가는 꼬챙이
모양의 부속품으로 보인다. 이 용어는 다른 문헌에서 찾을 수 없으며 오늘날 국립국악원 산하 악기연
구소 연구자도 구체적으로 어떤 부속품인지 알지 못하고 있다. '串'이 악기의 부속품 명칭으로 쓰였다
는 것은 특기할 만한 일이다. '中正聲串'이 들어있는 기사 중 하나인 『高麗史』 卷七十 志 卷第二十四 樂一 雅
樂 조를 제시하면 다음과 같다.
編鍾, 正聲一十六顆, 中聲一十二顆, 各紅線條結全, 擔床全. 樂架事件, 搭腦一條, 頰柱二條, 中正聲串各二條(밑줄 인
용자), 脚桄二條, 脚跌二隻, 耀葉板五段, 五珠流蘇二件, 五色線結造, 各鈒花鍍金. 鑰石華月一副, 流珠三十顆, 盤子七
筒, 紅線條全. 牌一面, 角槌一對.

18 『朝鮮王朝實錄』에 나오는 '串'에 대하여는 보다 정밀한 검토가 요구된다. '串'이 중국에 기원을 둔 중국한
자로 한문 구성에 사용되었는지 아니면 한국고유한자가 지닌 의미와 기능을 지니며 사용되었는지 살
펴볼 필요가 있기 때문이다. 이 글자가 한국고유한자의 자격으로 한문 구성에 활용되었다면 이 글자
의 위상은 물론 『朝鮮王朝實錄』의 문체 연구에도 示唆하는 바가 클 것이다. 『朝鮮王朝實錄』에 쓰인 '串'에
대하여는 다음 장(제24장)에서 심도있게 논의하기로 한다.

"斗入水內之地, 俗謂之串"에서는 '串'이 물속 즉, 강이나 바다를 향하여 쑥 들어간 육지를 표현하는 보통명사로 쓰였다는 점이다. 弘原串, 長山串, 加乙串, 龍頭串, 梨津串……등에서와 같이 고유명사인 지명어의 후부요소로 주로 쓰였지만 지형을 표현하는 보통명사로도 쓰였다는 것은 『高麗史』에서 확인할 수 없었던 사항이다. 또한 浦, 島, 內 등과 결합하여 浦串과 島串 그리고 串內 등의 한자어를 형성하면서 『朝鮮王朝實錄』의 한문 속에 자연스럽게 쓰였다는 것은 한국고유한자인 이 글자가 자연스럽게 중국에 기원을 둔 한자와 融合되었음을 알게 하는 것이다.

　『朝鮮王朝實錄』에서 '串'은 주로 지명어 표기에 쓰였지만 꼬치 또는 꼬챙이를 표현하는 경우에도 활용되었다. 현대국어에서 '꼬치'는 ① 꼬챙이에 꿴 음식물이나 ② (수량을 나타내는 말 뒤에 쓰여) 꼬챙이에 꿴 물건을 세는 단위를 지시하는 낱말이다. 그리고 '꼬챙이'는 가늘고 길면서 끝이 뾰족한 쇠나 나무 따위의 물건을 가리키는 단어이다. 아래 (7)가.에서는 '串'이 꼬챙이라는 뜻으로 쓰인 경우이고 (7)나.는 꼬치 중 ②의 개념으로 쓰인 것이다.

(7)

가. ……自誣案而轉成教文, 自教文而轉成凶檄, 前倡後應, 如貫一串(밑줄 인용자)……(무안(誣案)으로부터 변전(變轉)하여 교문(教文)이 되고 교문으로부터 변전하여 흉격(凶檄)이 되었으니 앞에서 창도하고 뒤에서 호응하는 것이 마치 한 꼬챙이로 꿰뚫는 것 같았습니다.)〈英祖 27年(1751) 6月 23日 1번째 기사〉

나. ……故臣通簡于兄曰: 一升栗一串柿(밑줄 인용자), 足以回不許之心也 洪男以此非徒常懷積怒……(그래서 신이 형에게 편지하기를 '한 됫박의 밤과 한 꼬치의 감이 족히 형의 허락하지 않는 마음을 돌렸구려.'라고 하였더니, 형은 이 때문에 신에게 항상 감정을 품고 있었습니다.)〈明宗 4年(1549) 4月 21日 4번째 기사〉

　『高麗史』에 비해 『朝鮮王朝實錄』에서 검토할 수 있는 예문이 많으므로 '串'의 쓰임을 충분히 검토할 수 있을 것으로 판단된다. 구체적인 검토는 후고로 미루기로 하고 개략적인 검토를 통하여 '串'은 ①지명어의 후부요소, ②지형을 지시하는 보통명사, ③(수량을 나타내는 말 뒤에 쓰여) 꼬챙이에 꿴 물건을 세는 단위 등으로 쓰였음을 확인할 수 있다. 이러한 개념은 중국에 기원을 둔 '串'의 字義가 아니고 한국고유한자로서의 뜻임을 고려할 때 매우 큰 의미를 지니는 것이다. 왜냐하면 한국고유한자가 한문 문장 속에서 중국계 한자와 더불어 자연스럽게 융합되었음을 보여주는 것이기 때문이다.

　　훈민정음이 창제되기 이전은 물론 그 후에도 순우리말 어휘를 한자로 표기한 경우가 허다하였다. '곶' 관련 어휘도 예외가 아니어서 곶감을 串甘/串柿, 곡괭이(≪곶괭이≫) 를 串鍒伊/串光伊/串光屎, 꽃게(≪곶게≫)를 串蟹, 꽂이(≪곶이≫)를 串之, 꼬치(≪고지←곶+이≫)를 串丁/串釘/串叱丁 등으로 표기하였다. 그러나 오늘날 한글 전용이 대세를 이루면서 한자 표기는 점점 쇠퇴하고 있다. 그 결과 '串'을 활용하여 위에서 제시한 단어를 표기하는 경우는 없다. [곶]을 자음으로 하는 '串'을 표기에 활용하지 않는 것은 한글전용 탓만은 아니다. 곶괭이>곡괭이, 곶게>꽃게, 곶이>꽂이, 고지>꼬치 등과 같이 대부분의 어휘가 音韻變化를 입어 표기 대상의 음운과 문자 사이에 乖離가 생긴 것도 하나의 요인이다.

　　꼬챙이나 꼬챙이 꿴 물건을 가리키던 순우리말 '곶'을 표현하기 위하여 우리나라 에서 독자적으로 만들어 썼던 '串'은 오늘날 지명어의 후부요소 표기에서만 명맥을 유 지하고 있다. '곶'이 고지, 꼬지, 꼬치, 코지, 꽂이 등으로 형태의 안정이나 强音化를 꾀 하면서 그 원형이 변화를 입게 되었고 더불어 '곶' 관련 어휘도 語源意識이 점진적으로 쇠퇴되어 왔다. 그 결과 원형인 '곶'을 활용하여 생산적인 단어의 파생이나 합성이 이 루어지지 못하였다. 이러한 까닭으로 이를 표기했던 문자 '串'은 우리나라에서 지명어 표기에만 제한적으로 쓰이고 있다.

　　지명어 표기에 쓰인 '串'은 한국고유한자이므로 자음이 [곶]이다. 그런데 이 의식 마저도 희박하여 중국한자음에 기반을 둔 [관]으로 읽는 것이 일반화되어 가고 있다. 대표적인 것이 서울시 성북구의 동명칭인 석관동[石串洞]이 그것이다. 이곳의 고유지 명은 '돌곶이'인데 마을 동쪽에 있는 天藏山의 지맥이 검정돌을 꼬지에 꿰어놓은 것 같 기 때문에 생겨난 명칭이다. '돌곶이'를 '石串'으로 표기는 하였지만 여전히 口語에서는 '돌곶이'라 하였다. 그런데 이를 [석관]이라 한 것은 法定洞里名을 부여하면서 [석관리] 그리고 [석관동]이라 하였기 때문이다.

　　중국한자음에 바탕을 둔 '串'의 자음은 '익다' 또는 '습관'의 뜻일 때는 [관]을 음으 로 삼았고, '꿰다'의 의미일 때는 [천]임을 앞에서 자세히 논의하였다. 그러므로 굳이

'石串'을 중국한자음에 기반을 두고 표현한다면 '꿰다'의 뜻이 반영된 [석천]으로 하여야 할 것이다. 여기서 보건대 '串'은 중국에서 유래된 한자이기도 하면서 한국고유한자임에도 불구하고 행정지명 표기에서는 한국고유한자의 위치를 확보하지 못하고 있다는 사실을 확인할 수 있다. 지하철 6호선이 개통되면서 '석관역'이라 하지 않고 '돌곶이역'으로 명명한 것은 다행스런 일이라 할 것이다.

4. 결론

중국 문자학에서 '文字' 중 '文'은 依類象形의 글자로 象形字와 指事字인 獨體를 의미하며 이를 바탕으로 만들어진 形聲字나 會意字와 같은 合體를 '字'라 한다. 그러므로 한자의 기본이자 근간이 되는 것은 사물의 모양을 그려 만든 상형자이다. '串'은 꼬챙이에 꿴 사물을 본떠 만든 상형자로 중국과 우리나라에서 각각 독자적으로 만들어 사용해 온 글자이다. 이 글자는 꼬챙이에 꿴 사물이 경제행위의 한 단위가 될 수 있다는 점에서 이른 시기에 만들어졌을 것으로 보인다. 그러나 『說文解字』를 비롯하여 비교적 이른 시기에 편찬된 字典에 이 글자가 실려 있지 않아 小篆의 字體를 확인할 수 없다. 또한 小篆보다 앞선 시기의 字體인 金文이나 甲骨文에서도 확인되지 않고 있다. 우리나라의 경우도 마찬가지여서 고대국어 시기의 木簡이나 金石文에서 이 글자를 확인할 수 없다.

중국의 한자 '串'은 【廣韻】, 【集韻】에 반절이 '古患切'이므로 원음이 [guàn]이고 'ㅣ' 字部에 속하며 총획수는 7획이고 성조는 거성이라는 것을 알 수 있다. 『洪武正韻』에 와서 이 한자의 음이 '樞絹切'과 '五換切'로 분화되었음을 알 수 있다. 本義는 '慣'자와 더불어 通하는 '狎習'이었으나 한자음의 분화와 함께 '古患切[guàn]'은 '익다' 또는 '습관', '樞絹切[chuàn]'은 '꿰다' 그리고 '五換切[huàn]'은 '종족명' 등으로 각각 기본의미를 갖게 되었다. 중국의 한자음을 母胎로 형성된 한국한자음 [관], [천], [환] 등은 각각 '古患切', '樞絹切', '五換切'에 바탕을 둔 것이다.

『新華字典』을 통하여 현대 중국어에서는 '串'이 '꿰다'라는 기본의미를 바탕으로 그 적용이 확대되었음을 알 수 있다. 한자음 또한 이 단어와 연합되는 [chuàn]이며 '익다' 또는 '습관'을 뜻하는 [guàn]은 그 쓰임이 쇠퇴되었음을 보여 준다. 특히 [huàn]은 詳細解釋에서도 제시되지 않은 것으로 미루어 소멸된 것으로 볼 수 있다. [chuàn]의 부상은 '串'의 근원적인 1차음이 [guàn]이었음을 고려할 때 매우 특이한 변화이다.

자음 [chuàn]과 연합되는 字義 '꿰다'가 의미 적용의 범위를 생산적으로 확대하면서 다양한 어휘를 형성하였다. 串講, 貫串, 串珠, 串鈴…… 등에 쓰인 '串'은 1차적인 의미 '꿰다'와 직접적으로 관련이 있는 어휘이다. 그러나 串味, 串換, 串氣, 串供, 串通壹氣, 串鄕, 串門兒, 串演, 客串…… 등은 '꿰다'를 바탕으로 의미 적용의 확대가 일어나면서 생성된 어휘이다. 특히 '串'이 字音을 [chuàn]으로 하면서 기본의미 '꿰다'를 배경으로 속어, 전용어, 전문어, 구어, 욕설 등으로까지 의미 적용의 확대가 일어났다. 이러한 사실은 『新華字典』 상세해석에서 표제항 '串'을 5항목으로 풀이한 것에서 확인할 수 있다.

사람이 등에 짐을 진 형상을 표현한 俗用文字 '卜[짐]'과 더불어 '串'은 우리나라에서도 독자적으로 만들어 사용했던 글자이다. 중국한자음을 母胎로 형성된 '串'의 東音은 [관], [천], [환]이지만 한국고유한자 '串'은 그 음이 [곶]이다. 꼬챙이 또는 그것에 꿴 사물의 형상을 표현하여 만든 것으로 추정되므로 문자 생성의 동기는 중국의 그것과 유사한 것으로 보인다.

『全韻玉編』과 『字類註釋』에서는 중국의 자전을 답습하여 이 한자를 풀이하였으나 『字典釋要』에서 한국고유한자임을 뜻하는 표지 【鮮】과 함께 '꽈일홈곶'과 '꽂창이곶'이라는 새김을 달아놓았다. 『新字典』에서는 한국고유한자 '串'을 별도의 표제항으로 독립시켜 풀이하였으며 1992년에 편찬된 『韓國漢字語辭典』에서는 이 한자를 【國義】로 규정하고 【1】곶, 【2】꼬치. 산적 따위와 같이 꼬챙이에 꿴 음식을 세는 단위. 등과 같이 풀이하였다. 특히 이 사전에서는 '串'과 관련된 어휘 목록으로 串甘(곶감), 串岬遷(곶갑천), 串錁伊(곶과이=곶괭이), 串光伊(곶광이=곶괭이), 串光屎(곶광히=곶괭이), 串丁(곶정=꼬치), 串釘(곶정=꼬치), 串之(곶지=꽂이), 串叱丁(곶질정=꼬치) 串蟹(곶게=꽂게) 등이 있음을 제시하였다. 이는 '串'이 단순히 '곶'만을 표현하는 글자에 머물지 않고 '곶' 관련 어휘 표기에까지 활용된 적극적인 존재였음을 보여주는 것이다.

『三國史記』地理志에 나오는 於乙買串, 板麻串, 豆串城 등을 통하여 '串'이 오래전부터 지명어의 후부요소로 쓰였음을 알 수 있다. 이런 현상은『高麗史』와『朝鮮王朝實錄』은 물론 오늘날의 지명어 표기에서도 확인되는 사항이다. 그런데 '串'은 ㉠물속을 향하여 쑥 들어간 육지와 같은 지형을 표현하는 보통명사, ㉡꼬챙이, ㉢(수량을 나타내는 말 뒤에 쓰여) 꼬챙이에 꿴 물건을 세는 단위 등으로 쓰였음을 역사문헌에서 확인할 수 있다. 특히 한문 문장 속에 융화되어 중국계 한자와 더불어 자연스럽게 쓰이기도 하였다. 이는 '串'이 한국고유한자라는 지위에 있으면서도 그 생성연대가 오래되어 이질감 없이 융합되었음을 의미하는 것이다.

훈민정음이 창제 후 현대에 이르러 한글만 쓰기가 대세를 형성하면서 '串'의 쓰임이 쇠퇴하였다. 또한 '곶'이 꼬지, 꼬치 코지 등으로 음운변화를 입으면서 [곶]을 음으로 하는 문자 '串'과 괴리가 생겨나게 되었다. 그 결과 오늘날 '串' 표기는 자연지명어의 후부요소 표기에서만 명맥을 유지하고 있다. '石串洞'을 비롯한 행정지명에서는 '串'을 [관]으로 읽고 있으나 이는 근거가 희박한 것이다. '串'을 비롯하여 한국고유한자로 표기되었던 지명어의 합리적인 처리 방안 등에 대한 논의가 있어야 할 것이다.

제24장

『朝鮮王朝實錄』에서 지명 표기에 주로 쓰인 한국고유한자 '串'

1. 서론

　한국고유한자 '串'은 箭串, 月串, 甲串, 長山串, 壺串, 都豆音串…… 등과 같이 지명어의 후부요소에 적극적으로 활용되어 왔다. 또한 '곶'과 관련된 순우리말 곶감[串甘], 곡괭이[串鑼伊/串光伊/串光屎], 꼬치[串丁/串釘/串叱丁], 꽂이[串之], 꽃게[串蟹]…… 등을 표현하는 데 활용되어 온 글자이다. 이들 어휘는 고지도의 지명표기나 物名을 제시한 문헌에서 독립적으로 표현된 것이 주류를 이룬다. 그러나 일부는 한문 문장 속에서 한 요소로 활용되었다. 한국고유한자가 문장 속에서 자연스럽게 활용된 부분을 살펴보면 중국의 한문과 한국의 한문이 지닌 문체의 특징을 파악할 수 있을 것이다. 본 연구는 이러한 점을 고려하면서 『朝鮮王朝實錄』의 한문 문장 속에 활용된 문자 '串'에 대하여 논의하고자 한다.[1]

　『朝鮮王朝實錄』은 한자, 한문으로 기록된 문헌 자료이다. 그런데 여기에 등장하는 한문은 중국에서 작성된 중국식 한문과는 차이가 있을 것으로 짐작된다. 한글 표기 문장은 물론 특정한 문자를 활용하여 작성된 각각의 문장은 나름대로 그 특성을 갖게

---

[1]　어휘 자료가 아닌 문법 자료에 활용된 '串'이 가장 많이 출현하는 문헌이 『朝鮮王朝實錄』으로 보인다. 이 문헌에 사용된 '串'에 대하여 정밀한 검토가 필요함을 앞장에서 제기하였다. 이 연구는 그 후속 작업의 하나로 진행되는 것이다.

되는데 이를 文體라 한다. 작가가 효과적으로 어떤 내용을 독자에게 전달하기 위하여 문장을 구사할 때 동원되는 언어적 제반 요소들이 문체를 결정하게 된다. 아마도『朝鮮王朝實錄』의 한문 문체는 조선을 대표하는 가장 일반적이고 정형화된 형태의 문체로 보아야 할 것이다. 이 문장을 구성하는 각각의 한자에 대한 검토는『朝鮮王朝實錄』의 문체를 파악하는 데 기초적인 작업이 될 것이다.

『朝鮮王朝實錄』의 문체에 대한 연구에 앞서 韓國固有漢字라 할 수 있는 글자들이 어떤 의미와 기능으로 이 문헌에 사용되었는가를 살펴보는 것도 매우 중요한 문제이다. 한국고유한자는 우리나라에서 작성된 한문에만 쓰일 뿐 중국이나 다른 나라에서 만들어진 한문에는 등장하지 않기 때문이다. 중국의 한자는 물론 한국고유한자까지 포괄하여 작성된 한문 문체는 중국의 그것과는 다른 모습을 보일 것이다. 그러므로 『朝鮮王朝實錄』의 한문 문체에 대한 탐구에 앞서 이들 문자의 쓰임에 대한 검토는 매우 필요한 것이다.

본 연구에서는 '串'이라는 문자가 어떤 의미와 기능으로『朝鮮王朝實錄』의 문장 속에 쓰였는지 살피고자 한다. '串'은 중국의 한자이기도 하지만 한국고유한자로 볼 수 있는 글자이다. 중국한자로서의 '串'은 그 음이 [관] 또는 [천]이나 한국고유한자에서는 그 음이 [곶]임은 주지의 사실이다. 그 의미 또한 중국한자로서의 '串'은 狎習 즉 '익다'일 경우 [관]을 음으로 하며, 物相連穿 즉 '꿰다'일 경우는 [천]을 음으로 한다. 그런데 한국고유한자로서의 '串'은 [곶]만을 음으로 하며 地名 즉 '땅이름'과 貫物竹釘 즉 '꼬챙이' 또는 '꼬치'라는 의미를 지닌다. [2]

'串'이 '땅이름'과 '꼬챙이' 또는 '꼬치'라는 기본적인 의미를 지닌다는 것은 기존의 한자자전에 기술된 내용이다. 이를 바탕으로 형성된 '곶' 관련 국어 어휘로 지명어의 후부요소 '곶'과 그 변이형 고지/꼬지/코지를 비롯하여 꼬챙이, 꼬치, 꽂이, 곶감, 고깔, 곡괭이, 꽃게, 송곳, 소루쟁이, 동곳, 꼬치꼬치 등이 있다. [3] 이들 어휘를 표현하기 위하

---

2 '串'에 대한 문자론적 탐구는 앞장(제23장)을 참조하기 바란다.

3 조항범(2012)에서는 '곶' 계열 어휘 '곶감, 고깔, 곡괭이, 꽃게, 꼬치, 꼬챙이, 송곳, 소루쟁이' 등에 대하여 논의한 바 있다. 이 논문에서 검토한 것 외에 책꽂이, 편지꽂이 등에 쓰이는 '꽂이'와 '꼬치꼬지 캐묻다'에 쓰이는 부사 '꼬치꼬지' 그리고 '상투를 튼 뒤에 그것이 다시 풀어지지 아니하도록 꽂는 물건'인

여 한국고유한자 '串'이 활용되었는지 아니면 다른 방법으로 문장의 기술이 이루어졌는지 살핌으로써 『朝鮮王朝實錄』의 문체적 특성을 파악하는 데 기초자료가 될 것이다. 또한 '串'이 활용된 범위가 어디까지인가를 추적함으로써 문자 '串'의 위상을 분명하게 파악할 수 있을 것이다.

'곶' 관련 어휘가 어떤 방식으로 표현 되었는가를 파악하기 위하여 『朝鮮王朝實錄』 홈페이지(http://sillok.history.go.kr)의 검색 기능을 활용하고자 한다. '곶'을 비롯한 우리 말은 國譯文에서, 문자 '串'은 원문에서 검색어로 활용하기로 한다. 그리하여 도출된 국 역문과 원문을 상호 비교함으로써 '곶' 관련 어휘가 한문 문장 속에서 한자화한 구체적인 사례를 파악하고자 한다. 또한 원문검색을 통하여 도출된 문자 '串'과 대응되는 우리말이 무엇인가를 파악함으로써 '串'의 쓰임을 규명하고자 한다.

串'이 중국식 한자로 쓰인 경우도 있겠지만 한국고유한자로 활용된 예에 주목하면서 논의를 전개하게 될 것이다. '串'이 한국적 의미를 지니면서 정형화된 『朝鮮王朝實錄』의 한문에 자연스럽게 쓰였다는 것은 그 형성 시기가 아주 오래되었다는 것을 스스로 입증하는 것이다. 부분적으로 본 연구는 '串'이 한국고유한자이며 그 造字가 이른 시기에 이루어졌다는 점도 밝히게 될 것이다.

2. 지형을 표현한 보통명사 '곶'과 지명어의 후부요소로 쓰인 경우

『朝鮮王朝實錄』에서 '串'은 1,160 건이 사용되었음을 홈페이지의 검색을 통하여 확인할 수 있다. 각 시기별 검색 건수는 태조(2), 정종(2), 태종(40), 세종(234), 문종(10), 단종(19), 세조(64), 예종(2), 성종(86), 연산군(32), 중종(90), 인종(0),명종(38), 선조(50), 선조수정(1), 광해군일기(중초본)(42), 광해군일기(정초본)(33), 인조(40), 효종(7), 현종(14), 현종개수(21), 숙종(62), 숙종보궐정오(2), 경종(8), 경종수정(0), 영조(74), 정조(72), 순조(61), 헌

'동곶'을 추가한다. 추가된 어휘가 '곶' 관련 어휘임에 대하여는 별고로 논의할 필요가 있다.

종(2), 철종(0), 고종(48), 순종(0), 순종부록(4) 등이다. 가장 많은 검색 건수를 보이는 것은 세종대의 234건인데 이는 50건 이상의 검색 빈도를 보이는 중종(90), 영조(74), 정조(72), 세조(64), 숙종(62), 순조(61), 선조(50) 등의 시기에 비하여도 현저히 많은 것이다.

세종이 다른 임금에 비해 재위기간이 비교적 길었다는 점을 감안하더라도 100건을 넘지 않는 다른 시기에 비해 『世宗實錄』에 월등하게 많은 예를 보인다. 이러한 현상이 나타나게 된 것은 『世宗實錄』의 경우 다른 임금의 실록과는 달리 地理志가 포함되어 있기 때문이다. 지리지에 보이는 다양한 지명어 중 문자 '串'을 그 구성요소로 삼은 것이 상당수 있다. 이런 연유로 『世宗實錄』의 경우 다른 시기에 비해 월등하게 많은 예를 보이고 있다. 이를 통하여도 문자 '串'은 지명어의 표기에 주로 활용된 글자임을 알수 있다.

지형을 표현한 '串'은 두 가지 유형으로 나누어 볼 수 있는데 지명어 특히 그 후부 요소로 쓰인 '串'과 "물속으로 쑥 들어간 땅"을 가리키는 보통명사 '곶'을 표현한 '串'이 그것이다. 지명어의 전부요소나 후부요소로 쓰인 '串'과 보통명사로 쓰인 '串'으로 나누어 논의를 진행하기로 한다.

2.1. 지형을 표현한 보통명사

오래전부터 우리나라에서는 강이나 바다를 향하여 쑥 들어간 육지를 '串'으로 표현하였다. 아래 예문 (1)에서 보듯 문자 '串'으로 표현되는 '곶'이란 '물속으로 쑥 들어간 땅'을 지시하는 단어임을 世宗 39卷, 10年(1428) 1月 4日 9번째 기사의 주석에서 찾을 수 있다. 중국에서는 이런 지형을 표현하는 한자로 岬, 角, 端, 嘴, 末 등이 활용되었으며 오늘날 가장 많이 활용되는 글자는 角으로 보인다.[4] 우리나라에서는 '岬'과 '串'의 쓰임에 분명한 구분이 있었던 것으로 보인다. 계룡산 갑사가 위치한 鷄龍岬에서 볼 수

---

4 중국의 國家測繪地理信息局에서 제공하는 天地圖(홈페이지;www.tianditu .cn)를 통하여 山東省의 해안선에 표시된 지명을 살펴보면 山東半島 동쪽 끝에 위치한 成山角(榮成市 成山鎭 소재)을 비롯하여 我島角, 靖解角, 西北角, 虎頭角, 馬馬角…… 등이 있음을 확인할 수 있다. '岬'은 宋家岬 만이 발견된다.

있듯이 주로 산이 육지를 향하여 돌출한 것을 '岬'이라 하였다. 이는 부분적으로 산도 포함되겠지만 땅이 바다나 강과 같은 물속으로 쑥 들어간 땅을 '串'이라 표현한 것과 대비되는 것이다.

(1) ○忠淸道監司啓: "今審安眠, 廣地串入居人民, 刷出陸地及設候望, 禁煮鹽便 否.【斗入水內之地, 俗謂之串.(밑줄 인용자)】串內之民, 旣已安居, 皆願勿徙. 宜於串內設木柵, 又設候望, 增定蓴城鎭軍, 令鎭撫一人率領守護, 晝則業農, 夜則入柵. 又令水營兵船, 於冬乙飛島, 巨兒島, 往來守護爲便." 命政府諸曹 同議, 僉曰: "串內墾田唯十七結, 今欲於陸兵救護遙隔之處, 設柵屯戌, 使民入 居, 非長久之策. 請盡刷居民, 從願移置, 其農作煮鹽人, 竢秋移置." 從之.(충 청도 감사가 계하기를, "지금 안면(安眠) 광지곶(廣地串)에 들어와 살고 있는 인민을 육지로 돌려보낼 것과, 망루(望樓)를 설치하고 소금 굽는 것의 편부(便否)를 살펴보건 대,【물속으로 쑥 들어간 땅을 세속에서 곶(串)이라 한다.(밑줄 인용자)】곶(串) 안에 백성들은 이미 편안히 살고 있어 모두 옮기지 않기를 원하고 있사오니, 마땅히 곶 안 에 목책(木柵)을 설치하고, 또 망루(望樓)를 설치하고 박성(蓴城)의 진군(鎭軍)을 증원 하여 진무(鎭撫) 1명으로 하여금 거느리고 수호하게 하여, 낮이면 농사를 짓고 밤이 면 목책(木柵)에 들어가도록 할 것이며, 또 수영(水營)의 병선(兵船)으로 하여금 동을 비도(冬乙飛島)와 거아도(巨兒島)를 왕래하면서 수호하게 함이 편리할 것입니다." 하 니, 정부와 육조에서 함께 의논하도록 명하니, 모두 말하기를, "곶 안의 개간(開墾)된 전지(田地)는 다만 17결뿐인데, 지금 멀리 떨어진 곳을 구호(救護)하기 위하여 육지 의 군사들이 목책(木柵)을 설치하여 주둔하고 지키면서 백성들을 들어가 살게 하는 것은 장구한 계책이 아니오니, 청컨대, 그곳에 거주하는 백성들을 모두 돌려보내어 원하는 곳에 따라 옮겨 두되, 농사짓는 사람과 소금 굽는 사람은 가을을 기다려 옮겨 두소서." 하니, 그대로 따랐다.)〈世宗 10年(1428) 1月 4日 9번째 기사〉

(1)은 世宗 10年 1月 4日 9번째 기사의 전문이다. 기사의 앞부분에 "斗入水內之地, 俗謂之串"이라 하여 "물속으로 쑥 들어간 땅을 세속에서 '串'이라 한다."고 하였다. 단 어 '串'이란 그 지시대상이 지형 중 "물속으로 쑥 들어간 땅"임을 분명히 한 것이다. 이 는 곶의 보통명사적 의미라 할 수 있는데 위의 예문에서 串內之民, 宜於串內設木柵, 串 內墾田唯十七結 등 3개의 구에 사용되었다. 고유명사인 지명어의 후부요소로 '廣地串'

에 '串'이 쓰인 예도 볼 수 있지만 이들 구에 활용된 '串'은 보통명사로 쓰인 예이다. 여기서 串이 '內'라는 한자에 선행하여 '串內'를 형성하였는데 이는 문자 '串'이 다른 한자와 결합하여 문장의 한 구성요소가 되었음을 알게 하는 것이다.

'串內'는 위 기사를 비롯하여 태종(5), 세종(5), 중종(1), 명종(1) 등의 기사에 12번 등장한다.[5] 또한 섬이나 물가를 뜻하는 한자 浦, 島와 병렬하여 串이 쓰인 예를 비롯하여 보통명사로 쓰인 예가 상당수 발견된다. 이는 '串'이 고유명사 표기인 지명어의 후부요소에만 한정적으로 쓰인 것이 아니라 한문 문장 속에서도 자연스럽게 쓰였음을 알게 해주는 것이다. 예문 (2)는 『朝鮮王朝實錄』에 각각 9번씩 출현하는 浦串과 島串을 비롯하여 '串'이 보통명사로 쓰인 예 중의 일부이다.

(2) 가. ……備知我州之戶口多少, 道路浦串(밑줄 인용자), 構黨入寇, 則後患難測, 願皆殺之, 以副人望……(우리 고을 호구의 많고 적음과 도로와 포구와 곶(串) 같은 것을 갖추 아는지라, 떼를 모아 가지고 침범해 올 것 같으면 후환이 말할 수 없을 것이니, 그 놈들을 다 죽여 없애어 백성들의 바라는 바에 맞게 하여 주기를 원합니다.)〈世宗 15年 閏8月 27日 1번째 기사〉

나. ……道內各官島串(밑줄 인용자), 如有見海馬龍馬見形者, 其見形日月及形狀, 訪問以啓……(도내(道內) 각 고을의 섬과 곶[串]에서 만일 해마(海馬)나 용마(龍馬)가 있어 모습을 나타내면, 그 모습이 나타난 월일과 형상(形狀)을 잘 알아보아 아뢰라.)〈世宗 14年(1432) 10月 22日 2번째 기사〉

다. ……予觀講武場, 無如此串(밑줄 인용자)之最好者……(내가 보기에 강무장(講武場)으로는 이 곳만큼 더 좋은 곳이 없으니)〈世宗 2年(1420) 2月 15日 3번째 기사〉

(2다)의 경우는 '串'이 단독으로 쓰인 경우이며 (2가, 나)는 바닷가에 위치한 지형을 표현하는 '浦' 또는 '島'와 결합하여 '浦串' 또는 '島串'으로 쓰인 예들이다. 모두 지명어의 전부요소나 후부요소가 아닌 보통명사로 쓰인 예들이다. 이를 통하여 '串'은 지명어의 후부요로만 쓰인 것이 아니고 보통명사의 자격으로 『朝鮮王朝實錄』의 한문 속

---

5 오늘날 서해안 지역의 지명에 '고잔'이 있는데 이를 곶(串)+안(內)이 변화된 형태로 보기도 한다.

에 자연스럽게 쓰였음을 알 수 있다.

한국고유한자 '串'이 고유명사는 물론 일반명사로 쓰이면서 內, 島, 浦 등과 어울려 자연스럽게 한자어를 형성한다는 점으로 보아 관련이 있는 다른 한자와도 결합될 수 있을 것이라는 추정이 가능하다. 外, 中, 上, 下, 左, 右, 角, 尖, 端…… 등이 '串'과 결합하여 한자어 串外, 串中, 串下, 串上, 串左, 串右, 串角, 串尖, 串端…… 등을 형성할 수도 있을 것이다. 그런데 『朝鮮王朝實錄』에서 串左, 串右, 串角, 串尖, 串端 등은 검색되지 않는다.

아래 (3)에서 보듯 串外가 2회 그리고 串中, 串上, 串下 등이 각각 1회씩 검색되는데 (3가)는 "壼串에 外廐를 짓는 일"이므로 '外'가 '串' 뒤에 결합하여 '곳 밖'을 뜻하는 복합어를 구성하였다고 볼 수 없다. (3나) 또한 '城頭串'과 '外'가 결합하여 단어를 형성하였다고 보기 어렵다. (3다)도 所串과 中火가 별개의 단어이므로 '곳 가운데'라는 뜻을 지닌 '串中'이라는 단어가 형성되지 않는다. (3라)의 경우도 甲串과 上流가 별개의 단어이므로 '곳 위'를 뜻하는 '串上'으로 볼 수 없다. 다만 (3마)의 '羊腸串下'에서 '곳 아래'를 뜻하는 '串下'라는 복합어의 가능성이 엿보인다. 또한 '羊腸串下端'에서 '端'이 관심을 끄는데 '곳의 끝'을 의미하는 '串端'이라는 복합의 가능성도 전혀 없지는 않아 보인다. 요컨대 『朝鮮王朝實錄』에서 확인할 수 있는 串內, 浦串 그리고 島串과 더불어 '串'이 다른 한자와 어울려 복합어를 형성할 가능성이 있는 예로 串下와 串端을 들 수 있다.

(3) 가. ……豈可興土木之役, 以困民生哉! 殿下一從國初令典, 其壼串外廐事(밑줄 인용자), 卽令罷去, 以安畿甸, 以示敬天恤民之意.……(어찌 토목(土木)의 역사를 일으켜서 민생을 곤(困)하게 할 수 있습니까? 전하께서는 한결같이 국초(國初)의 좋은 법을 따라서 호관(壼串)에 외구(外廐)를 짓는 일을 곧 파하여 버리시어, 기전(畿甸)을 편안하게 하고, 하늘을 공경하고 백성을 불쌍히 여기는 뜻을 보이소서.)〈太宗 3年(1403) 9月 22日 3번째 기사〉

나. ……上命城頭串外(밑줄 인용자), 竝屬宮家, 亦不治差人.……(임금은 성두관(城頭串) 외에는 모두 궁가(宮家)에 예속시키라 명하고, 또한 차인(差人)을 다스리지도 않았다.)〈肅宗 27年(1701) 3月 9日 2번째 기사〉

다. ……宋駿回啓曰: "招問禮官問之則 '自義州起程日, 副使先發, 所串中火

後(밑줄 인용자), 正使先行, 其後則正使例爲先發". ……(송준(宋駿)이 회계하기를, "문례관을 불러 물어 보았더니 '의주(義州)에서 출발하던 날에는 부사가 먼저 따났고 소곳(所串)에서 중화(中火)를 마친 뒤에는 정사(正使)가 먼저 떠났는데, 그 뒤로는 정사가 으레 먼저 출발하였다'.)〈宣祖 39年(1606) 4月 1日 4번째 기사〉

라. ……"公淸虞候邊以惕, 領戰船在甲串上流(밑줄 인용자), 聞砲聲奔潰, 事極痛駭, 請命拿鞫定罪." ……("공청 우후(公淸虞候) 변이척(邊以惕)이 전선(戰船)을 영솔하고 갑곶(甲串)의 상류에 있다가 포성을 듣고 무너져 달아났으니 매우 통탄스럽습니다. 잡아다가 국문하여 정죄하소서.")〈仁祖 15年(1637) 3月 6日 7번째 기사〉

마. ……加德島四面周廻, 水路六十里, 北邊羊腸串下端至未串枝(밑줄 인용자), 陸路二十五里, 廣或五里, 或十里, 或一里. 山勢周遭, 澗谷峻險, 草木茂盛. ……(가덕도의 사면 둘레는 수로(水路)로 60리이고 북쪽 가의 양장곶(羊腸串) 아래 끝부터 미곳(未串) 끝까지 육로로 25리이며 너비는 5리 또는 10리 또는 1리도 되는데, 산이 둘러섰고 골짜기가 높고 험하며 초목이 무성합니다.)

〈中宗 39年(1544) 9月 26日 2번째 기사〉

2.2. 지명어의 후부요소

지명어는 일반적으로 전부요소와 후부요소로 분석된다. 후부요소는 지시대상인 지형의 유형적 속성을 표현하는 부분이고 전부요소는 차별적 성격을 나타내는 부분이다. '串'이 전부요소로 쓰인 예는 『世宗實錄』 地理志 廣州牧 驪興都護府 편의 '고지미'를 표현한 '串山'과 같은 예에서 확인할 수 있다. 산은 산이되 그 생김새가 꼬치와 같아 '고지미'라 명명하였고 그 漢譯地名이 '串山'인 것이다. '串'이 '串山'에서와 같은 전부요소보다 지형의 유형적을 속성을 나타내는 후부요소로 활발하게 쓰였기 때문에 이를 중심으로 논의하기로 한다.

『朝鮮王朝實錄』에서 지명어의 후부요소 '串'이 가장 많이 보이는 기사는 世宗 30年(1448) 8月 27日의 첫 번째 기사이다. 이 기사에는 소나무가 잘되는 땅을 방문하여 장부에 기록하였다는 내용이 포함되어 있는데 巨才串, 甫只串, 西憑將串, 藂三串, 弘原串, 古里串, 大明串, 貴林串, 蛇串, 加乙串, 長山串, 槌赤串, 黃州茅串, 沙匠串, 登山串, 龍媒葛串, 無知串, 今勿餘串, 白巖串, 西粧串, 藏宅串, 安眼串, 廣知串, 明海串, 連陸串, 喧吉串, 陵城串, 都苫串, 押戎串, 海邊串, 加津串, 好音也串, 雙浦串, 德安串, 金老串, 撿山屈串, 西所串, 大串, 石串, 倉浦串, 兵串, 大船串, 加乙串, 沙島串, 槍頭串, 海際串, 石浦串, 金浦串, 海際串, 月伊串, 佐谷串, 珍山串, 牛頭串, 帳內串, 長省浦串, 三日浦串, 龍頭串, 梨津串, 松串, 舟浦串, 牛頭串, 望智串, 荒山串, 場巖串, 朴吉串, 蛇浦串, 所訖羅串, 城頭串, 茅頭串, 烏項串, 長生浦串, 加里串, 林浦串, 叱法吉串, 古反溪串, 行廊巖串, 彌乙加助音串, 沙火串, 巨大串, 松茸串, 吾時項串, 松串, 崛梁串, 非刀里串, 今音末串, 島串, 등 무려 85개나 나온다. 한 개의 기사에 등장하는 이들 지명어가 지시하는 지형의 위치는 대부분 바다와 접하고 있다는 특징을 가진다. 해안선이 단조로운 동해보다 서해와 남해에 접한 지역에 집중되어 있으며 형상은 육지가 바다를 향하여 쑥 들어간 모양임은 물론이다.

　'고지' 즉 '箭串'으로 213건이나 검색된다. 그 다음으로 月串(71건), 甲串(64건), 彌串(61건), 長山串(56건), 草串(28건), 壺串(27건), 鐵串(23건), 大串(20건) 등이 20건 이상 검색되며 石串(19건), 登山串(17건), 松串(11건), 都豆音串/都苫串(13건), 洪原串(10건) 등은 10건 이상 검색되는 지명어이다.[6] 10번 이상 검색되는 지명어의 누적빈도가 633건이므로 총 검색 건수 1,160건의 55%에 이른다. 이는 무엇보다 문자 '串'이 지명어의 후부요소에 적극적으로 활용되었음을 알게 하는 것이다.

　검색 빈도가 높은 '串'계 지명어의 전부요소를 보면 그 구성이 1음절로 되어 있다는 점을 알 수 있다. 20건 이상 검색되는 항목의 경우 '長山'을 제외하고 모두 1음절이나 19건 이하가 검색되는 항목에서는 3음절 또는 4음절어도 있다. 특히 '彌乙加助音串'의 경우 전부요소가 5음절로 되어 있다. 자주 그리고 많이 쓰이는 어휘일수록 음절의 길이가 짧아야만 경제적이라는 발음경제의 원리가 여기서도 작용하고 있음을 알 수 있다.

6　참고로 3건 이상 검색되는 항목은 無知串(9건), 長串(8건), 洪原串(8건), 城串(7건), 槐台吉串(건), 沙串(5건), 貴林串(5건), 兵串(4건), 聲串(4건) 弘原串(4건), 古里串(4건), 大明串(3건), 加乙串(3건), 海際串(3건) 등이다.

　　검색빈도가 가장 높은 '箭串'은 현재의 서울시 성동구 사근동 104번지 일원에 조성된 살곶이체육공원을 중심으로 하는 지역이다. 한강으로 흘러들어가는 청계천의 한 구간으로 한양대학교에서 내려다보면 성수동 방향으로 쑥 들어간 강의 모습이 보인다. 결국 사근동 방향에서 땅이 청계천의 물을 향하여 쑥 들어간 지형임을 알 수 있다. 땅이 바다를 향하여 쑥 들어간 경우뿐만이 아니라 강이나 내를 향하여 돌출된 지형도 '串'이라 하였음을 알게 해주는 자료이다.

　　'箭串'의 근원형인 고유어지명 '살곶이'가 살곶이다리[箭串橋]와 서울시 성동구에서 조성한 살곶이체육공원 그리고 살곶이길에 활용되어 그 명맥을 잇게 된 것은 매우 다행스런 일이다. 살곶이다리는 1920년대 서울지역에 내린 집중호우로 일부가 물에 떠내려간 채 방치되었다. 더구나 1938년 5월 인근에 성동교가 가설되면서 사람들의 관심 밖으로 밀려났던 이 다리가 1972년에 복원되었지만 그 명칭을 '전곶교(箭串橋)'라 하였다.[7] 다행히 2011. 7. 28. 문화재청 고시 2011-116호로 '서울 살곶이다리'로 명칭을 변경하였으며 2011.12.23.에는 보물 제1738호로 지정되었다. 한양대학교와 살곶이체육공원 사이에 놓인 길의 명칭은 1984년 서울시에서 사근동길로 명명하였으나 2010.6.3. 살곶이길로 명칭을 변경하였다. 지번 중심의 주소체계를 도로명 중심으로 전환하는 국가적인 사업과 관련하여 이곳을 지칭하던 역사적인 고유지명어가 부활한 것이다. 이는 '串'의 생명력을 확인할 수 있는 좋은 예이며 예나 지금이나 '串'은 우리에게 거부감이 없는 친숙한 지명어의 후부요소임을 알 수 있다.

3. 꼬치와 꼬챙이를 표현한 경우

　　두루 아는 바와 같이 문자발달사의 측면에서 가장 원초적인 것은 그림문자이며

7　'살곶이다리'의 한자표기는 '箭串橋'이다. 우리나라에서 釋讀의 전통이 사라지고 音讀으로만 한자를 읽게 되면서 '전곶교' 심지어 '전관교'라 하기도 하였으며 살곶이 인근의 마을명칭을 '전관동'이라 하기도 하였다.

이보다 발전된 단계에서 나타나는 것이 상형문자이다. 지시물의 구체적인 형상을 본떠 만든 글자가 한자 중에서도 象形字이며 獨體인 이들 상형자가 기반이 되어 合體인 形聲字와 會意字를 순차적으로 생성하는 방식에 의해 많은 수의 한자가 만들어진 것이다. 문자 '串'은 山이나 川과 더불어 지시물의 형상을 본뜬 상형자이며 중국과 우리나라에서 각각 독자적으로 만들어 사용했던 것이다.

문자 '串'이 실제적으로 활용된 예는 지형을 표현한 경우가 매우 생산적임을 2장에서 살펴보았다. 그러나 이 글자가 원초적으로 지시했던 것은 지형이라기보다 꼬챙이에 꿴 사물 즉 꼬치였을 것이다. 왜냐하면 '串'이라는 글자의 형상이 그러하기 때문이다. 다만 바다나 강을 향하여 돌출한 지형의 모양이 '串'과 유사하기 때문에 고유명사인 지명의 후부요소에 활용되게 되었고 나아가 보통명사로까지 발전된 것이다.[8] 이제 본 장에서는 이 글자가 원초적으로 지시했던 꼬치 또는 꼬챙이를 표현한 경우에 대하여 살피기로 한다.

3.1. 꼬치

'꼬치'는 어기 '곶'에 형태를 안정화하기 위한 접사 '-이'가 결합한 후 초성과 종성에서 각각 경음화와 격음화 과정을 거쳐 형성된 단어이다. 즉 곶+이 → 고지 〉 꼬치의 과정을 거쳐 형성된 단어이다. 고지와 꼬치는 모두 現用되는 단어인데 국립국어원(1999)의 『표준국어대사전』에서 '꼬치'에 대하여 ①꼬챙이에 꿴 음식물. ②=꼬챙이. ③(수량을 나타내는 말 뒤에 쓰여) 꼬챙이에 꿴 물건을 세는 단위. 등으로 풀이하였다. 그리고 '고지'는 ①호박, 박, 가지, 고구마 따위를 납작납작하거나 잘고 길게 썰어 말린 것. 이라고 풀이하였다.

---

8 이는 필자의 추정이기도 하거니와 이미 黃胤錫의 頤齋遺藁卷之二十五 雜著 華音方言字義解에서 지형 '串'을 설명하면서 "申景濬輿地考云 國俗以海邊山麓斗入海中 尖而長者 有類肉串 故呼其地名曰串"이라 하였다. 1,770년에 편찬된 『東國文獻備考』 중 『輿地考』에서 申景濬이 바닷가 산기슭이 바다 가운데에 깊숙이 들어가 뾰족하고 긴 것이 고기꼬지[肉串]와 유사한 까닭에 그 지명을 串이라 하였다는 것이다.

오늘날에는 호박고지나 박고지 등을 납작납작하거나 잘고 길게 썰어서 비닐을 깔고 그 위에 널어 말리는 것이 일반적이다. 그러나 농경사회에서는 호박이나 박 등을 적당한 크기로 썰어 싸리나무나 대나무 꼬챙이에 꿰어 처마 밑에 달아서 말리는 것이 가장 손쉬운 방법이었다. 짐승들로부터 안전할 뿐 아니라 해가 들면 널고 날이 궂으면 거둬들이는 수고를 덜 수 있는 경제적인 방법이기 때문이다. 그러므로 호박고지 박고지 등의 '고지'도 '곶'에서 발전된 형태임을 알 수 있다.

『표준국어대사전』의 '꼬치'에 대한 풀이 중 ②와 관련하여 꼬챙이와 꼬치가 쓰이지만 꼬챙이가 훨씬 우세하게 쓰이는 것으로 판단된다. 즉 가늘고 길면서 끝이 뾰족한 쇠나 나무 따위의 물건을 '꼬챙이'라고 하는 경우가 '꼬치'라 칭하는 경우보다 일반적이다. 꼬챙이를 뜻하는 꼬치의 경우는 3.2.에서 논의하기로 하고 여기서는 ①꼬챙이에 꿴 음식물. ③(수량을 나타내는 말 뒤에 쓰여) 꼬챙이에 꿴 물건을 세는 단위. 등의 뜻으로 쓰인 꼬치의 경우에 해당하는 예를 보기로 한다.

(4) 가. ……故臣通簡于兄曰: '一升栗一串柿,(밑줄 인용자) 足以回不許之心也' 洪男以此非徒常懷積怨……(그래서 신이 형에게 편지하기를 '한 됫박의 밤과 한 꼬치의 감이 족히 형의 허락하지 않는 마음을 돌렸구려.'라고 하였더니, 형은 이 때문에 신에게 항상 감정을 품고 있었습니다.)〈明宗 4年(1549) 4月 21日 4번째 기사〉

나. ……軍心者, 易離而難合者. 故甘酸若樂, 宜無異同, 至於朝夕炊飯, 一匙飯, 一串餠,(밑줄 인용자) 軍心之向背係焉.……(군인들의 심리는 흩어지기는 쉬우나 단합시키기는 어렵습니다. 때문에 괴로움과 즐거움을 다 같이 함께 해야 하며 심지어 아침저녁 끼니때에 한 숟가락의 밥과 한 꼬치의 떡에 군사들의 마음의 향배가 달려 있습니다.)〈高宗 37年(1900) 4月 17日 5번째 기사〉

다. ……"臣於待罪楊州也, 適値淸城府院君遷葬時, 中使看護分定祭物於各官, 祭炙以百串爲限,(밑줄 인용자) 臣怪而問於中使, 則元無分付之事, 中間下輩所爲也.……(신이 양주(楊州)에서 대죄(待罪)하고 있을 적에 마침 청성부원군(淸城府院君)의 이장(移葬) 때를 만났었는데, 중사(中使)가 보살피며 재물을 각 고을에 나누어 배정하면서 제수의 적(炙)을 1백 꽂이로 한정하기에 신(臣)이 이상하게 여겨 중사(中使)에게 물었더니, '원래 분부한 일은 없고, 중간에서 하배(下輩)들이 한 바이다.')〈肅宗 13年(1687) 6月 3日 1번째 기사〉

(4)는 『朝鮮王朝實錄』에서 꼬치를 표현한 '串'의 예들인데 一升栗一串柿, 一串餠, 祭 炙以百串爲限 등 3개의 구에 쓰였다. '串' 앞에는 수관형사로 번역되는 一과 百이 쓰여 '한 꼬치'와 '일백 꽂이[9]'로 번역되었다.[10] 여기서 '串'은 물건을 세는 단위에 해당하는 것이다. 一串柿[한 꼬치의 감]의 경우 곶감 한 꼬치가 쉽게 연상되지만 一串餠[한 꼬치의 떡]과 炙以百串[적 일백 꽂이]에서 떡과 적 꼬치는 그렇지 못하다. 특히 원문 '炙以 百串'의 국역문이 '적을 일백 꽂이로'라 나오는데 '串'을 '꼬치'로 번역하지 않고 '꽂이'로 번역하였다. 꼬치나 꽂이가 모두 '곶'에서 발전된 형태이기는 하지만 편지를 꽂아두는 기구는 '편지꼬지'가 아니고 '편지꽂이'이다. 꼬챙이에 꿴 것은 '꼬치'라 하고 오목한 통 같은 것에 넣어 꽂아두는 것은 '꽂이'라 하여 구분함을 알 수 있다. 적은 꿰는 것이 아 니고 움푹 팬 그릇에 담아내는 것이 연상되므로 '꽂이'라 번역한 것으로 보인다. 여기 서 꼬지와 꽂이는 모두 음식물의 수량을 헤아리는 단위로 쓰였음을 알 수 있다.

3.2. 꼬챙이

국립국어원(1999) 발행 『표준국어대사전』에서 '꼬챙이'를 "가늘고 길면서 끝이 뾰 족한 쇠나 나무 따위의 물건"이라 풀이하였다. 대부분의 국어사전에서는 3.1.에서 살 핀 꼬치가 꼬챙이의 개념도 포괄하고 있는 것으로 설명하고 있으나 [+꼬챙이]의 영역 은 매우 제한적이다. 문화체육관광부·국립국어원(2007) 말뭉치를 통하여 '꼬치' 관련 어휘를 검색해보면 꼴두기꼬치, 어묵꼬치, 꼬치가게, 꼬치사업, 꼬치우동, 꼬치장사 등의 어휘가 검색되는데 모두 "꼬챙이에 꿴 음식물"의 개념으로 쓰임을 알 수 있다. 꼬

---

9 흔히 쓰는 '책꽂이'의 경우도 '편지꽂이'와 동일한 造語方式에에 의해 생성된 단어이다. 책을 꼬챙이에 꿰어서 보관하는 것이 아니라는 점, 또는 동사 꽂다[揷]의 어원의식이 강하게 남아있어 '꽂이'와 같은 형태적 표기를 한 것으로 보아야 할 것이다.

10 一串柿은 '한 곶감'이 아니고 '한 꼬치의 감'으로 풀이하였다. 이는 앞에 놓인 '一升栗'을 '한 되밤'이 아니 고 '한 되의 밤'으로 풀이하는 것과 같이 '한 꼬치의 감'이다. '一'이 串柿[곶감]를 한정하는 것이 아니므로 '串柿'은 곶감을 표현한 것이 아니다. 『朝鮮王朝實錄』에서 곶감을 '串柿'으로 표현한 경우는 없으며 모두 '乾柿'라 표현하였다.

치가 [+꼬챙이]의 개념으로 쓰이는 경우는 음식물을 꿴 경우에만 한정되어 쓰이고 있다.[11]

'꼬챙이'라는 단어가 형성되기 이전에는 '꼬치'가 꼬챙이에 꿴 음식물은 물론 [+꼬챙이]의 개념도 함께 지니고 있었다. 그러나 '꼬치'에 접사 '-앵이'가 결합되어 '꼬챙이'라는 단어가 형성된 후 꼬치가 가지고 있었던 의미영역 중 한 부분을 꼬챙이가 담당한 것으로 보인다. 꼬챙이의 형성과정에 대한 논의는 김민수 편(1997: 165)의 곶[串]+챵이[접사] → 곳챵이 〉곶챵이 〉꼬챙이 또는 곶[串]+앙이/앵이 → 고장이/고쟁이 〉꼬챙이 등이 있으나 '곶[串]'에 접사 '-이'가 결합된 형태 '고지'가 발전하여 '꼬치'가 되고 여기에 '-앵이'가 결합하여 '꼬챙이'가 형성된 것으로 보기로 한다.

『朝鮮王朝實錄』홈페이지의 국역문에서 '꼬챙이'로 표현된 예를 수집한 후 대응하는 원문의 한자를 추적하기로 한다. 국역문에서 검색어 '꼬챙이'는 모두 34번 나타나나 본문에 보이는 것은 11번이다. 다른 23번의 예는 본문이 아닌 註에 魑魅, 軟泡會, 蹲柹 등을 설명하면서 나오는 것들이다. 본문의 11번 예 중 원문의 한자가 '串'에 대응되는 것은 英祖 27年(1751) 6月 23日 1번째 기사와 純祖 1年(1801) 11月 12日 1번째 기사이다.

> (5) 가. ……自誣案而轉成敎文, 自敎文而轉成凶檄, 前倡後應, 如貫一串(밑줄 인용자)……(무안(誣案)으로부터 변전(變轉)하여 교문(敎文)이 되고 교문으로부터 변전하여 흉격(凶檄)이 되었으니 앞에서 창도하고 뒤에서 호응하는 것이 마치 한 꼬챙이로 꿰뚫는 것 같았습니다.)〈英祖 27年(1751) 6月 23日 1번째 기사〉
>
> 나. ……渠之罪惡, 已悉於向者洞諭, 而右袒群凶, 打成一片, 陰陽闔捭, 壞亂義理, 其所包藏, 自是一串貫來,(밑줄 인용자) 昭不可掩, 至使擧世, 駭駭然至莫可收拾之境, 末流之害, 至基, 發而極矣.……(그의 죄악은 이미 지난번의 통유(洞諭)에서 자세히 나타내었는데, 뭇 흉적들의 편을 들어 한 덩어리로 합

---

11 '꼬치'가 [+꼬챙이]의 개념으로 쓰인 예가 전혀 없는 것은 아니다. 말뭉치 검색을 통하여 '꼬치'가 음식물을 꿴 경우에 한하여 [+꼬챙이]의 개념이 있음을 다음 예문에서 확인할 수 있다.
날개깃이 다 벗겨진 참새들이 한 줄로 대나무 꼬치에 꽂혀 있었습니다. 어떤 참새들은 꼬치에 꽂힌 채로 연탄불 위에서 구워지고 있었습니다. [곽재구, 국민서관, 1992]

쳐져 숨겼다 드러냈다 하면서 변화무쌍하게 의리를 무너뜨려 어지럽게 하였으므로 그의 마음속에 깊이 간직했던 바가 이로부터 한 꼬챙이에 뀐 듯이 소명(昭明)하여 가릴 수가 없게 되어서 심지어 온 세상으로 하여금 급속하게 수습할 수 없는 지경에까지 이르렀으며, 말류(末流)의 폐해가 윤가기(尹可基)·임시발(任時發)에 이르러서 극도에 달하였다.)〈純祖 1年(1801) 11月 12日 1번째 기사〉

꼬챙이로 번역된 다른 예들의 원문 한자는 尖, 錐, 籤, 槍 등이다. 그러므로 대꼬챙이 또는 쇠꼬챙이는 竹尖, 鐵錐, 竹籤, 鐵尖, 鐵槍 등으로 나온다. 이를 통하여 쇠꼬챙이와 대꼬챙이를 표현하는 일반적인 방식은 鐵·竹+錐·籤·尖·槍이었음을 알 수 있다. 결국 꼬챙이와 대응되는 한자는 串보다 錐·籤·尖·槍 등이 일반적이라 하겠다. 다만 (5)의 두 예문에서만 꼬챙이에 대응되는 '串'을 확인할 수 있는데 비유적인 표현에 쓰였음을 알 수 있다. 꼬챙이에 뀐 것과 같이 어떤 일이나 부류가 한결같음 즉 일맥상통함을 비유적으로 표현할 때 '串'을 활용하였다. 특히 串이 포함된 (5나)의 '一串貫來'라는 구는 그 빈도[12]로 보아 조선 후기의 실록에서 하나의 상용구로 쓰였다고 볼 수 있는데 '한 꼬챙이 또는 한 꿰미에 꿰어 온 듯이'와 유사한 개념으로 쓰였다. 몇 개만 그 예를 제시하면 (6)과 같다.

(6) 가. ……與成德等, 一串貫來(밑줄 인용자). 凶辭悖說, 無所不至. 至以今日臣子不敢道之言, 筆之於書……(이성덕 등과 같이 한 꿰미에 꿰어 온 듯이, 흉악하고 도리에 어긋난 말을 하지 않는 바가 없어, 오늘날 신자(臣子)로서 감히 말할 수 없는 말까지 글로 쓰는 데 이르렀습니다.)〈肅宗 19年(1693) 8月 5日 2번째 기사〉

나. ……尙儉倡之, 虎龍繼之, 一鏡主之, 謀議之綢繆, 一串貫來(밑줄 인용자)……(박상검(朴尙儉)이 창도(倡導)하자 목호룡(睦虎龍)이 그 뒤를 잇고 김일경(金一鏡)이 주관하였으니, 모의(謀議)의 치밀함은 한 꿰미에 꿰어낸 듯하였습니다.)〈英祖 卽位年(1724) 12月 18日 3번째 기사〉

---

12 '一串貫來'라는 句는 숙종실록 이후 기사에 107번이나 등장한다. 특히 영조(33), 정조(28), 순조(27) 대의 기사에 많이 등장한다.

다. ……稱煥之以君子, 詡書九以名疏, 則裕賊之亂逆情節, 書九爲之前茅, 宜學爲之後殿, <u>一串貫來</u>(밑줄 인용자), 首尾和應之眞贓斷案, 於此爲畢露矣.……(심환지(沈煥之)를 군자(君子)로 칭하고, 이서구의 상소를 유명한 상소처럼 추켜올렸으니, 역적 권유가 저지른 난역(亂逆)의 정절(情節)은, 이서구가 그 앞잡이가 되었으며, 신의학이 그 후전(後殿)이 되어 한 꽂이에 꿰어 오고 머리와 꼬리가 화응(和應)한 진장(眞贓)이 여기에서 다 폭로되었습니다.〈純祖 29年 (1829) 12月 1日 1번째 기사〉

오늘날 꼬치는 꼬챙이에 꿴 음식물. 또는 (수량을 나타내는 말 뒤에 쓰여) 꼬챙이에 꿴 물건을 세는 단위라는 개념으로 흔히 쓰인다. 꼬치가 꼬챙이의 개념으로 쓰이는 경우는 음식물을 꿴 경우에만 한정되어 쓰인다. 『朝鮮王朝實錄』에서 꼬챙이에 꿴 음식물이나 이를 세는 단위로 串이 쓰였음을 확인할 수 있었다. 또한 꼬챙이를 직접적으로 표현한 경우는 아니지만 '한 꼬챙이에 꿴 듯이'라는 비유적인 표현에 串을 사용하였음을 알 수 있다. 특히 조선후기의 실록에 '一串貫來'라는 관용구가 여러 번 등장하는데 이 또한 串이 꼬챙이를 표현한 것이다.

순우리말 '곶'은 '꼬챙이' 또는 '꼬치'의 근원형으로 한글창제 이전부터 문자 '串'으로 표현하였다. 바다나 강으로 돌출한 땅을 표현함은 물론 곶감, 곡괭이, 꽃게 등 소위 '곶' 관련 어휘를 표현하는 데도 활용되었다. 串甘/串柿, 串鏵伊/串光伊/串光屎, 串蟹 등이 그 표기이다. 『古今釋林』이나 『東韓譯語』 그리고 『華城城役儀軌』 등 물명어휘를 기록한 문헌에서 발견되는데 『朝鮮王朝實錄』의 한문 가운데에서는 이러한 예를 찾을 수 없다.[13] 『朝鮮王朝實錄』에서 곶감은 한자어 乾柿 또는 乾柿子로 표현하였고 꼬챙이에 꿰지 않고 납작하게 말린 감은 '蹲柿'라 표현하였다. 이는 語基 '곶'과 결합하여 형성된 복합어인 '곶'관련 어휘는 '串'을 활용하지 않고 각 낱말에 대응되는 한자어를 활용했음을 알 수 있다.

요컨대 『朝鮮王朝實錄』의 한문에서 꼬치나 꼬챙이를 표현하는 단일형태 '곶'은 '串'

---

13 明宗實錄 明宗 4年(1549年) 4月 21日 기사 중 "一升栗一串柿, 足以回不許之心也"라는 구절에 '一串柿'이 보이나 이는 '한 꼬치의 감'을 표현한 것이지 '하나의 곶감'이라는 의미가 아니므로 곶감을 표현한 것은 아니다.

으로 반영되었으나 곶감, 곡괭이 등의 복합형태는 반영되지 않았음을 알 수 있다.

4. 결론

문자 '串'은 중국의 한자이면서 한국고유한자이다. 중국한자로서 '串'은 그 음이 [관] 또는 [천]이며, 각각 狎習 즉 '익다'라는 의미와 物相連穿 즉 '꿰다'라는 뜻을 지닌다. 반면에 한국고유한자로서 '串'은 그 음이 [곶]이며 地名 즉 '땅이름'과 貫物竹釘 즉 '꼬챙이' 또는 '꼬치'라는 의미를 지닌다.

『朝鮮王朝實錄』은 조선시대 정형화된 한문 문체를 보여주는 문헌이다. 이 문헌의 문체가 지닌 특징을 파악하기 위해서 한국고유한자가 각각의 문장에서 어떤 의미와 기능을 지니면서 쓰였는지를 파악하는 것은 매우 의미 있는 일이다. 한국고유한자 '串'이 『朝鮮王朝實錄』에서 사용된 예를 그 의미상 크게 두 부류로 나누어 볼 수 있다. 꼬치와 꼬챙이를 표현한 경우와 지형을 표현한 경우가 그것이다.

'串'이 지형을 표현한 것은 보통명사 '곶'과 지명어의 후부요소로 쓰인 경우로 나누어 볼 수 있다. '串'이 보통명사의 기능으로 쓰인 경우보다 더 활발하게 사용된 경우는 지명어의 후부요소로 쓰인 것이다. '고지미'를 표현한 '串山'에서 '串'은 지명어의 전부요소를 표현한 것이지만 이런 경우는 많지 않고 후부요소를 표현 한 것이 대다수이다. 世宗 30年(1448) 8月 27日의 첫 번째 기사에만 巨才串, 甫只串, 西憑將串, 蘽三串, 弘原串, 古里串, 大明串…… 등을 비롯하여 '串'이 후부요소로 쓰인 것이 85개나 나온다.

'살고지'를 표현한 '箭串'은 『朝鮮王朝實錄』에 213건이나 쓰였으며 月串(71건), 甲串(64건), 彌串(61건), 長山串(56건), 草串(28건), 壺串(27건), 鐵串(23건), 大串(20건) 순으로 자주 쓰였다. 10번 이상 검색되는 지명어의 누적빈도가 633건이나 되며 이는 총 검색 건수 1160건의 55%에 이른다. 이를 통하여 '串'은 지명어의 후부요소에 가장 활발하게 사용되었음을 알 수 있다. 또한 現用地名에서도 후부요소의 한 항목으로 굳건한 위치를 지키고 있다.

'串'은 지명어의 후부요소로만 쓰인 것이 아니고 보통명사의 자격으로 자연스럽게 쓰이기도 하였다. 世宗 10年 1月 4日 9번째 기사의 앞부분에 "斗入水內之地, 俗謂之串"이라 한 것을 통하여 물속 즉, 강이나 바다를 향하여 쑥 들어간 육지를 '곶'이라 함을 알 수 있다. 이러한 지형을 문자 '串'으로 표현하였는데 여기서 '곶'은 보통명사이다. 보통명사 '串'이 단독으로 쓰이기도 하지만 浦, 島, 內 등과 결합하여 浦串과 島串 그리고 串內 등으로도 쓰였다. 이를 통하여 '串'은 지명어의 후부요로만 쓰인 것이 아니고 보통명사의 자격으로 『朝鮮王朝實錄』의 한문 속에 자연스럽게 쓰였음을 알 수 있다.

'串'은 특정한 사물을 꼬챙이에 꿰어놓은 모습을 표현한 문자이다. 이 글자의 형상으로 볼 때 원초적으로 지시했던 것은 지형이라기보다 꼬챙이에 펜 사물 즉 꼬치였을 것으로 보인다. '꼬치'는 어기 '곶'에 형태를 안정화하기 위한 접사 '-이'가 결합한 후 강음화 과정을 거쳐 형성된 단어이다. '꼬챙이'는 여기에 '-앵이'가 결합하여 형성된 것이다. '꼬치' 즉 꼬챙이에 펜 음식물이나 꼬챙이에 펜 물건을 세는 단위 등을 표현한 예를 一升栗一串柿, 一串餠, 祭炙以百串爲限 등의 구에서 확인할 수 있다.

'꼬챙이'라는 단어의 등장과 함께 꼬치가 가지고 있었던 의미영역 중 한 부분을 꼬챙이가 담당하였다. 국역문 검색을 통하여 꼬챙이에 대응되는 한자를 추적한 결과 串보다 錐·籤·尖·槍 등으로 표현되었음을 알 수 있었다. 다만 비유적인 표현에서 꼬챙이에 대응되는 '串'을 확인할 수 있었다. 즉, 꼬챙이에 펜 것과 같이 어떤 일이나 부류가 한결같음 즉 일맥상통함을 비유적으로 표현할 때 '串'을 활용하였다.

'串'이 지명어를 표현하는 데는 적극적으로 활용되었지만 꼬치 또는 꼬챙이를 표현하는 경우에는 소극적이었음을 알 수 있었다. 이는 지명어의 경우 다른 요소와 결합하여 串內, 浦串, 島串 등과 같이 확장된 형태를 보이는 것과 맥을 같이 하는 것이다. 반면에 꼬치 또는 꼬챙이를 뜻하는 '곶'과 결합하여 확장된 형태를 표현한 예를 『朝鮮王朝實錄』에서 찾을 수 없었다. 즉, 물명어휘를 단독으로 표현한 문헌에서 발견되는 串甘/串柿, 串鍤伊/串光伊/串光屎, 串蟹 등 확장된 표현은 확인할 수 없었다.

한국고유한자 '串'이 『朝鮮王朝實錄』의 한문에서 지명어의 경우 적극적으로 자연스럽게 그 확장형까지 쓰였다는 점에서 중국한자와 같은 지위를 누리며 활용되었다고 볼 수 있다. 부분적이기는 하지만 꼬치와 꼬챙이라는 개념을 표현함에 있어서도

'串'이 활용되었다는 것은 이 글자가 한국고유한자이기는 하지만 『朝鮮王朝實錄』의 문장 구성에서 한자의 지위를 굳건히 확보하였음을 뜻한다. 이는 이 문자의 연원이 오래되어 이질감 없이 우리나라의 한문 문체 구성에 활용되었다고 할 수 있는 것이다.

한국 한문의 문체가 중국의 그것과 어떻게 다르며 그 특징이 무엇인가를 파악하기 위하여 한국고유한자의 쓰임에 대한 연구는 앞으로도 활발하게 진행되어야 할 것이다. 이러한 연구가 충분히 이루어지면 개별 한자에 대한 의미와 기능은 물론 문체론 연구에 크게 기여할 것이기 때문이다.

제25장

지명 속에 남아 있는 옛말

1. 서론

국어 어휘 중에서 비교적 보수적인 속성을 지니고 있는 것이 한자의 새김과 지명어이다. 그러므로 이들 어휘는 국어의 역사적 연구에 자주 활용된다. 지명어 중 국어 어휘사 기술에 주로 활용되었던 것은 전부요소에 사용된 어휘보다는 후부요소에 쓰인 것이었다. 왜냐하면 후부요소에 등장하는 어휘가 더 보수적인 속성을 지니기 때문이다.

예컨대, 다리실 솔미, 쇠미 등에 보이는 전부요소 '다리, 솔, 쇠' 등은 각각 '[橋], [松], [鐵]' 등의 뜻을 지닌 어휘형태소로 현용된다. 그러나 후부요소에 쓰인 '실, 미, 미' 등은 각각 '[谷], [山], [水]' 등의 의미를 지니지만 현실언어에서는 어휘형태소의 기능을 상실하였다. 다만 지명어의 후부요소나 파생어 또는 합성어의 구성요소로만 쓰일 뿐이다. 그러므로 후부요소에 쓰인 어휘 중에는 이른 시기까지 소급되는 형태가 잔존하고 있어 옛말을 탐구하는 데 소중한 자료로 활용되었다.

이러한 연유로 그동안 지명어에 대한 역사적 연구는 주로 후부요소에 초점이 맞추어져 온 것이 사실이다. 그러나 지명의 전부요소로 쓰인 어휘 중에도 보수성을 지닌 것이 상당수 남아 있다. 또한 이들 전부요소에 사용된 어휘도 이른 시기의 국어를 논의하는데 참고가 될 수 있다. 여기서는 이런 점에 착안하여 청주 지역 소지명어 중 전부요소를 논의의 대상으로 끌어들였다. 그리하여 이들 어휘 중 이른 시기의 국어 어휘가 후부요소에서는 물론 전부요소에 연면히 쓰이고 있음을 확인하게 될 것이다.

더불어 여기서 발굴된 어휘는 국어 어휘사를 비롯한 국어의 역사적 연구에 활용할 수 있을 것이다.

본 연구에서는 청주 지역 소지명어 중 국어 어휘사의 측면에서 가치 있다고 판단되는 것을 대상으로 삼았다. '진고지/질구지, 쇠내/쇠미, 구루물, 짐대마루/진때마루, 수름재/수리재/모래재, 미루봉/고물개봉[丁峰/丁峰洞], 못뒤[池北/池北洞] 등에 관하여 논의하기로 한다. 대상으로 삼은 이들 자료는 1987년 충청북도에서 발행한 『地名誌』의 청주시·청원군편과 1996년 청주시와 서원향토사연구회에서 펴낸 『청주지명조사보고서』에서 주로 수집하였고 여러 번에 걸친 현지 조사로 보완된 것이다.

2. 지명 속에 남아 있는 옛말

2.1. 斜川洞 : 진고지, 질구지[斜川, 斜川洞, 斜川里]

斜川洞 일대를 일컫던 순우리말 지명은 '진고지/질구지'였다. 오늘날에도 '질구지들, 질구지제'로 일컫는 지명이 남아 있다. 기왕에 발간된 지명지 등에는 '진고지/질구지'와 사천동에 대한 설명을 (1)과 같이 하고 있다.

(1)
진고지, 질구지[斜川, 斜川洞, 斜川里]; 질구지 뒷산 매봉산이 길게 내밀고
　　　있어 긴곶[長山]이라 하여 긴고지가 진고지가 되고 또 다시 질구지
　　　가 되었다. 그리고 상당산성에서 발원한 栗陽川이 이곳에서 무심
　　　천에 비스듬히 합류한다 하여 사천이라 하였다.
질구지들; 사천동에서 가장 큰 들. 무심천가에 있는 기름진 평야. 일명 논
　　　침들이라고도 함.
질구지제; 질구지 마을 앞 제방으로 율량천 제방임.

'질구지들'과 '질구지제'에서 전부요소는 공히 '질구지'이다. 전부요소 '질구지'는

분할요소 '질'과 전접요소 '구지'로 구성되어 있다. 여기서 분할요소 '질'은 [長]을 의미하는 형용사 '길'에서 왔음을 쉽게 짐작할 수 있다. 근세국어 이후 나타난 음운현상의 하나인 구개음화에 의해 'i' 모음 앞에서 연구개음 'ㄱ'이 경구개음 'ㅈ'으로 변했기 때문이다. 그러면 전접요소 '구지'는 무엇인가? '구지'는 이곳 지형의 생김새가 기반이 되어 붙여진 이름으로 보인다. '구지'는 '곶/곳/고지/꼬지/꼬치/꼬챙이/꾸지' 등과 동일한 어원을 지니고 있는 말로 그 근원형은 '곧'이었을 것이다. '곧'은 물체의 끝 부분이나 어느 한 부분이 불쑥 튀어나온 것을 일컫는 낱말이다. 인체의 얼굴에서 돌출되어 나온 부분이 코와 입이다. 특히 날짐승의 코와 입 즉 부리는 머리 부분 중에서 심하게 돌출되어 있다. 코를 의미하는 낱말의 근원형이 '곧'이었고 '곧〉고〉코'로 발달되어 왔음을 현대어 '고뿔'과 '골다'를 통하여 추정할 수 있다. '고뿔'은 '곧(鼻) + 불(火)'이 그 語源이며, '골다'는 '곧(鼻)'에 파생접사 '(ㅎ)다'가 결합하여 형성된 동사이다. [1]

특정한 부분이 불쑥 튀어나온 것을 일컫는 '곧/곳'은 지명어로도 쓰이게 되는데 해안의 경우 육지가 바다로 돌출된 곳의 이름으로 쓰이고 있다. 그리고 내륙에서는 산기슭이 평야로 돌출된 지역이나 강이 단조롭게 일직선으로 흐르다가 갑자기 예각을 형성하면서 꺾이는 부분을 가리키는 지명어로 쓰이고 있다.

'곧/곳'이 지니고 있는 의미 특성상 우리나라의 서해안과 남해안에 '곶'이 들어가는 지명이 많이 확인되고 있다. 김정호의 대동여지도를 비롯한 고지도에서는 '곶'을 '串' 또는 '花'나 '華'로 표기하고 있다[2]. 해안으로 돌출된 육지의 끝부분에만 '곧/곳'이 쓰이는 것이 아니라 '질구지들'과 '질구지제'에서 보듯 내륙에서도 이런 지명은 발견된다. 매봉산이 평야를 향해 길고 뾰쪽하게 내리뻗은 곳이기에 질구지들이라 한 것이다.

요컨대, 해안에서는 육지가 바다를 향하여 돌출한 부분, 내륙에서는 산이 평야를 향해 돌출되어 있는 부분을 '곧/곳'이라 한다. '진고지, 질구지, 질구지제, 질구지들'에 보이는 '고지/구지'는 '곳/굧'에 접사 '-이'가 결합된 것이다. 물론 '곳/굧'은 산이 평야를

---

1 인체를 지칭하는 체언에 '-(ㅎ)다'가 결합되어 용언을 파생하는 경우는 한국어에서 매우 생산적이다. 예컨대, '배다(←배), 품다(←품), 밟다(←발), 읊다(←입), 젖다(←젖), 메다(←메)⋯⋯' 등에서 그 구체적인 예를 확인할 수 있다.

2 '곶'을 '花'나 '華'로 표기한 것은 이들 한자의 훈이 곳(〉꽃)이었기 때문이다.

향해 돌출된 부분이기에 붙여진 이름이다.

2.2. 金川洞 : 쇠내, 쇠내개울, 쇠미[金川里, 金川洞]

『청주지명조사보고서』(1996: 83~84)에는 '金川洞'의 연혁과 '쇠내개울'에 관하여 (2) 와 같이 기술하였다.

> (2)
> 金川洞; 금천동은 본래 청주군 동주내면 지역으로 쇠내개울 옆이 되므로
> 쇠내개울, 쇠내, 쇠미, 또는 금천이라 하였는데, 1914년 행정구역
> 폐합에 따라 탑동리와 문외리, 九下里의 각 일부를 병합하여 금천
> 리라 해서 사주면에 편입되었다가, 1920년에 청주읍에 편입되면
> 서 탑동과 금천동으로 분리됨. 현재 금천동은 1개 법정동 48개통,
> 244개 반 6,781세대로 인구는 24,380명이다.
> 쇠내개울(시내개울, 금천); 금천동에 있는 내로 옛날에 이곳에서 砂金을 캤다
> 하며, 또한 장마가 진 후 개울에 쇳가루(철분)가 많았다고 하여 쇠
> 내개울이라고 했었다 한다.

오늘날 金川洞은 1980년대 후반에 들어오면서 집단주거지로 변모하여 급속히 도시화되었다. 그러나 불과 10여년전까지만 해도 시골의 정취를 물씬 느낄 수 있는 곳이었다. 그것은 이곳에 쇠내개울이 있었기 때문이다. 순우리말 지명 '쇠내개울'은 '쇠내/새내/시내/쇠미/새미'로 불려지던 것이 한자어 '金川'으로 표기되기 시작하면서 그 본래의 의미도 변질된 것이 아닌가 한다.

후부요소 '내/개울/미'는 '川, 溝, 梁, 水'등의 뜻을 지닌 어휘이다. '내/개울'은 오늘날에도 쓰이고 있는 어휘이므로 설명의 필요를 느끼지 않는다. 다만 '미'는 자립형식으로 쓰이지 못하고 미나리, 미싯가루, 미꾸라지, 미늘 등의 명사와 '미끄럽다'라는 동사에 남아 있는 '물[水]/천[川]'을 의미하는 고대어이다. 고구려어에서 '水/川'을 의미하는 '買'가 〈三國史記 地理志 권37〉에서 확인된다. "水城郡本高句麗買忽郡, 水入縣一云買

伊縣, 南川縣一云南買" 등이 그것인데 "水城郡本高句麗買忽郡"에서 석독명 '水城'은 음독명 '買忽'에 대응되며 또한, 水:買, 城:忽 의 대응을 찾아낼 수 있다. 여기서 우리는 '水/川'을 뜻하는 고구려어에 '買'가 있음을 확신할 수 있으며 이는 알타이어와의 비교에서도 확인된다. '買'와 비교될 수 있는 알타이어의 예로는 'mu[水]⟨에베키어⟩, moren[江, 海]⟨중세몽고어⟩, midu[水]⟨고대일어⟩, miz[水]⟨현대일어⟩' 등이 있다. 이런 사항을 고려할 때 '쇠미/새미'의 '미'는 고구려에서 '水/川'의 뜻으로 쓰이던 '買'가 현대어에까지 그 흔적을 남기고 있는 것으로 보아야 할 것이다.

이제 전부요소에 쓰인 '쇠/새/시'에 대하여 논의할 차례가 되었다. '쇠내'를 '金川'이라 표기하기 시작한지가 언제부터인지 자세히 알 수 없으나 그 역사는 그리 오래지 않은 것으로 보인다. 왜냐하면 오래된 지명이나 인명의 경우 '金'이 [금]으로 읽히지 않고 [김]이라 읽히기 때문이다. 이는 경상도의 김천(金泉), 전라도의 김제(金堤), 인명의 김삿갓(金笠)에서 확인할 수 있다. 요컨대, 한자 '金'의 고음은 '금'이 아니고 '김'이기 때문에 지명이나 인명에서 그 연원이 오랜 것은 '김'이라 읽히며, 역사가 짧은 것은 '금'이라 읽힌다. 그러므로 '쇠내/새내/시내/쇠미/새미'라는 순우리말 지명은 오랜 역사를 지닌 땅이름이지만 '금천(金川)'은 국어 어휘사적으로 늦은 시기에 붙여진 이름이다.

지명의 유래를 찾아내는데 있어서 우리가 놓치지 말아야 할 사항 중의 하나는 최초 지명과 차후의 지명을 구분해 내는 일이다. 늦은 시기에 붙여진 땅이름을 표기한 문자에 집착하여 그 유래를 확대 해석하는 일이 종종 있다. 문자의 환영에 사로잡힌 언어의 역사적 연구가 얼마나 위험한 것인가를 현존 지명어의 연구에서도 느낄 수 있는 대목이다. '金川'의 원형은 '쇠내/새내/시내/쇠미/새미'일 것이기 때문에 우리가 '金川'에 집착할 필요가 전혀 없음을 알 수 있는 것이다.

이제 '쇠내/새내/시내/쇠미/새미'에서 '쇠/새/시'가 뜻하는 바가 무엇인지 탐구할 단계가 되었다. 우선 논의의 편의를 위하여 '쇠/새/시' 등으로 발음되는 음절들의 근원형을 *SV로 잡기로 하자. 물론 여기서 'S'는 어두의 'ㅅ'을 뜻하며 'V'는 'i, ai, ε, o'에 가까운 모음을 뜻한다. 그러면 중세국어 이후 현대국어에 이르기까지 *SV형을 지니고 있는 어휘를 살펴보기로 하자.

(3)

시 〈명〉 東.

시- 〈접두〉 새-.　　　　　　시노란 윗곳 ㄱ툰 피똥 누논 아둘 ㅎ나 두고

　　　　　　　　　　　　　　　　　　　　　　〈靑丘 120〉

시·다 〈동〉 새다.　　　　　　실 셔(曙)〈訓蒙 上1〉

시·다 〈형〉 시다(酸).　　　　밧바다에 시요미 니ᄂ니(足心酸起)

　　　　　　　　　　　　　　　　　　　　　　〈능해 10:79〉

·시·다 〈동〉 새다(漏).　　　　바룴믈 시ᄂ 굼긔 드러〈釋譜 13:10〉

:새 〈명〉 풀.　　　　　　　　ᄒᆞᆫ 새 지비로소니(一草堂)〈杜初解 7:2〉

·새 〈명사〉 새 것.　　　　　　헌 옷도 새 곧ㅎ리니〈圓覺 8:100〉

·새 〈관형사〉 새.　　　　　　새 구슬이 나며〈月釋 1:27〉

:새 〈명〉 새(鳥).　　　　　　블근 새 그를 므러〈龍歌 7장〉

:새·다 〈동〉 새다(曙).　　　ᄯᅩ 바미 ᄲᆞᆯ리 새ᄂ니 明日還別이 슬프도다

　　　　　　　　　　　　　　　　　　　　　　〈杜初解 15:46〉

:세·다 〈형〉 강하다.　　　　히미 常例ㅅ一百象두고 더 세며〈月釋 1:28〉

쇠 〈부〉 몹시.　　　　　　　쇠 치운 저기며 덥고 비오논 져긔도

　　　　　　　　　　　　　　　　　　　　　　〈飜小學 9:2〉

·쇠 〈명〉 쇠(鍵).　　　　　　쇠 줌고미 업거늘〈南明 下1〉

·쇠 〈명〉 쇠(鐵).　　　　　　쇠 돌히 흐르며〈法華 2:28 쇠 금(金), 쇠 철(鐵)

　　　　　　　　　　　　　　　　　　　　　　〈訓蒙 中31〉

·쇼 〈명〉 소(牛).　　　　　　싸호논 한 쇼롤 두 소내 자부시며〈龍歌 87장〉

　　(3)은 중세국어나 근대국어 문헌에 나타나는 ‘*SV’형과 관련된 어휘이다. 이를 통하여 볼 때 ‘*SV’형 어휘군이 갖고 있는 의미를 다음과 같이 정리할 수 있다.

　　명사류에 해당하는 것을 정리하면 ‘싀[東], 시[新], 새[草,茅], 새[鳥], 쇠[鍵], 쇠[鐵, 金], 소[牛]’ 등과 같다. 그리고 動詞類에 속하는 것을 보면 ‘싀-[曙], 시-[酸], 시-[漏], 새-[曙], 세-[强]’ 등이 있다. 그러면 이들 어휘 중 청주의 상당산성에서 발원하여 무심천으로 흘러들어 가는 ‘쇠내/새내/시내/쇠미/새미’의 ‘쇠/새/시’는 어떤 의미일까? 아마도 그 대상에 오를 수 있는 것은 동사류에서는 찾기 어렵고 명사류에서 ‘싀[東], 시[新], 쇠[鐵, 金]’ 정도가 아닌가 한다. 근래에 발간된 지명지나 지명조사보고서 등에는 한결

같이 이 내가 [金]이나 [鐵]과 관련되어 있는 것으로 기술하고 있다. 그러나 『新增東國輿地勝覽』, 『輿地圖書』, 『湖西邑誌』 등의 청주편에는 이 지역의 토산물로 鐵이 있었다는 기록이 없다. 다만 이들 문헌보다 늦게 간행된 『大東地誌』(1865년, 고종원년에 편찬된 것으로 추정됨)에만 청주의 토산물로 鐵이 있다는 기록이 남아 있다.

'쇠내/새내/시내/쇠미/새미'에 대한 필자의 견해는 당초에 [東]과 관련하여 命名된 것으로 보인다. 왜냐하면 이 내는 오래전부터 사람들이 집단적으로 거주하던 청주의 시가지에서 볼 때 동쪽에 위치하고 있기 때문이다. 1914년 행정구역 개편이 있기 이전까지 이 지역은 청주군 東州內面에 속해 있었다. 지명의 명명에 있어서 방위는 언제나 무시할 수 없는 기반이었기 때문이다.

요컨대 '쇠내/새내/시내/쇠미/새미' 등으로 다양하게 불리는 이 내는 청주의 동쪽에 위치하고 있기 때문에 붙여진 이름으로 보인다. 그후 언중들은 그 명명의 기반인 [東]을 망각하게 되면서 '東川'이 아닌 '金川'으로 한자어 지명을 만들게 된 것이다. 더구나 '金川'으로 굳어진 한자어 지명에 근거하여 이제는 이 내를 '쇠[鐵]'나 '金'과 관련된 것으로 인식하기에 이르렀다.

2.3. 雲泉洞; 구루물[雲泉, 雲泉洞]

雲泉洞의 연혁에 대하여 지명지나 지명조사보고서 등에는 다음과 같이 기록되어 있다.

(4)
구루물[雲泉, 雲泉洞]; 본래 청주군 서주내면 지역으로 큰 우물이 있으므로 구루물 또는 운천이라 하였는데 1914년 행정구역 폐합에 따라 山直里, 下鳳里, 司倉里의 각 일부와 北州內面의 外德里 일부를 병합하여 운천리라 해서 四州面에 편입되었다가 1935년에 다시 청주읍에 편입되어 운천동이 됨.

雲泉洞의 옛 이름은 '구루물'이었다. '구루물'은 '굴+우물' 또는 '구룸+물'로 분석할 수 있을 것이다. 우물은 [井] 또는 [泉]을 의미하는 것[3]으로 볼 수 있기에 오늘날 순우리말 지명 '구루물'을 한자어로 '雲泉'이라 하고 있다. '우물/물'을 '泉'으로 표현한 것은 필자의 경험을 통하여 충분히 납득할 수 있는 부분이다. 필자가 다년간 雲泉洞에 살면서 확인할 수 있었던 것 중의 하나가 이 지역은 물이 흔하다는 것이다. 어느 집이건 우물을 파면 물이 나온다는 것이다. 물이 나오지 않아 실패했다는 말을 들어보지 못했다. 또한 각 우물의 물의 양도 많음을 확인할 수 있다. 흥덕사지에 건립된 고인쇄박물관의 우물은 인근 마을 사람들에게 충분할 정도의 식수를 공급하고 있다. 또한 청주 공설운동장의 야구장과 국민생활체육관 사이에 있는 속칭 체육관 약수는 그 수량이 엄청남을 청주 시민이면 대개 알고 있는 사실이다. 24시간 내내 개방되는 이 수도는 수많은 사람들이 줄을 지어 약수를 받아가도 마르는 법이 없다. 이런 점을 감안할 때 구루물[雲泉]이라는 지명은 물이 흔한 이 지역의 특성이 잘 반영되어 만들어진 것으로 볼 수 있다.

그런데 '구루물'에서 전부요소 '굴' 또는 '구룸'을 '雲'으로 볼 수 있을지는 의문이다. 필자의 의견을 결론적으로 말하면 '굴/구룸'은 [雲]의 뜻을 가진 것이 아니고 '많다[多]' 또는 '크다[大]'의 뜻을 지닌 것으로 보인다. 그래서 '구루물'이란 큰 우물 내지는 많은 우물이라는 의미를 지닌 것으로 보인다.

위의 결론이 설득력을 지니게 하려면 '굴/구룸'이 [大] 또는 [多]라는 의미를 지녔음을 논증할 차례가 되었다. 크고 많은 것과 관련지을 수 있는 숫자는 십 단위나 백 단위의 것이 아니고 千이나 萬 단위를 나타내는 말일 것이다. 千을 의미하는 옛말에 '즈믄'이 있음을 우리는 익히 알고 있다. 그러나 '즈믄'은 '구루물'의 '구룸'과는 전혀 비교될 수 없는 어형식을 지니고 있다. 이제 남은 것은 萬인데 이에 해당하는 고유어는 언중들에게서 잊혀진지 오래이다. 대부분의 문헌에 萬의 새김과 음은 한자어 '일만 만

---

3 井과 泉을 엄격히 구분하면 '井'은 '우물'이고 '泉'은 '샘'이다. 우물[井]은 움[穴]과 물(《믈[水])의 결합에 의하여 형성된 낱말인데 인공으로 땅을 파서 만든 곳에서 물이 나오는 곳을 이른다. 그러나 샘[泉]은 천연적으로 물이 나오는 곳을 일컫는 단어이다.

으로 달려있다. 그런데 유독 『千字文』大東急本에 '萬'의 훈과 음이 '구룸 만'으로 나온다. 保守的인 語彙를 간직하고 있는 훈에서 우리는 유일하게 '萬'의 고유어가 '구룸'이었음을 찾아 낼 수 있다. 하지만 오직 하나의 문헌에만 나오는 이 낱말이 '萬'을 의미하는 순우리말이라고 단정할 수 없는 것이 국어학계의 현실이다. 아울러 '구룸'이 '만'을 의미하는 옛말이었다는 것을 논리적으로 구체화시켜야 하는 것이 국어 어휘를 연구하는 사람들에게 주어진 과제였다. 대체로 소멸된 어사의 화석형은 방언형이나 합성어 또는 곡용형에서 가끔 발견되곤 한다. 현대어에서 찾아 낼 수 있는 '구룸'의 잔재는 '골백번'의 '골-'이 아닌가 한다. 백번은 정해진 횟수지만 골백번은 정해지지지 않은 아주 많은 횟수를 의미하기 때문이다. 즉 백번……만번 헤아릴 수 없이 아무리 노력해도 안 될 때 우리는 '골백번을 해도 안 된다'는 말을 쓰기 때문이다. 골백번의 '골'은 萬을 의미하는 '구룸'에서 온 것이 아닌가 한다.

골백번의 '골-'과 함께 구루물의 '굴' 내지는 '구룸'도 萬을 의미하는 어사가 보수성이 강한 지명에 오늘날까지 남아 있는 것으로 보인다[4]. 국어를 역사적으로 연구할 수 있는 자료가 빈약한 우리의 현실에서 비교적 보수적인 어휘를 간직하고 있는 지명의 연구가 이렇듯 중요함을 새삼 느낀다. 앞으로도 구룸[萬]을 구체화 할 수 있는 논의가 地名, 方言, 漢字의 釋訓 등을 탐구하는 과정에서 활발히 제기되기를 바란다.

2.4. 福臺洞; 짐대마루, 진때마루[福臺, 卜大里]

짐대마루[福臺]에 대하여 지명지 등에서는 대체로 ⑸와 같이 기술하고 있다.

---

4 중세국어 문헌에 자주 등장하는 '굴근'도 '구룸[萬]'과 관련 있는 낱말이 아닌가 한다. '굵-'은 현대어에서 '가늘-'과 대립어로 1) 몸피가 크다. 둘레가 크고 길다. 2) 살찌고 잘지 않다. 3) 말이나 행동의 폭이 크다의 뜻을 지닌다. 그런데 중세 국어에서는 그 쓰임이 더욱 광범위했던 것으로 보인다.
또한 '걸다'도 '구룸'과 같은 단어족으로 추가할 수 있는 낱말이 아닌가 하며, 이들 어휘에 대하여는 보다 신중한 검토가 요망된다.

(5)

　　짐대마루[福臺]; 이 곳의 지형이 배 모양이라 배가 떠내려 가지 않게 하기
　　위하여 쇠때배기(솟대박이)에 쇠로 만든 짐대(솟대)를 세웠다. 그리
　　고 배가 뜨지 않게 하기 위하여 우뚝바위(선돌)를 세워 사람들이 치
　　성의 대상으로 삼았다. 배가 가라앉는다 하여 우물도 함부로 팔
　　수 없었으나 이후 우물이 많이 생기고 우뚝바위와 화재둑이 파헤
　　쳐지면서 공단이 들어서고 주민들이 타처로 터났다. 임진왜란 당
　　시 박춘무, 박종명 부자 의병장이 짐대(진대)를 세우고 의병들을 훈
　　련시킨 곳이라 하여 짐대마루라 부르기도 한다.

　　　福臺洞의 福臺는 '짐대'에서 그 기원을 찾을 수 있다. 그러면 '짐대'란 무엇인가? 짐대는 돛대 또는 사찰에서 幢을 달아 세우는 대를 의미하였다고 우리말 사전에서 밝히고 있다. 이를 통하여 볼 때 '짐대'란 불교에서건 무속에서건 어떤 상징물을 달기 위해 세운 대를 의미하는 것으로 볼 수 있다. '짐대'는 '솟대, 오릿대, 솔대, 소줏대, 수살이, 거릿대'라고도 하며 그 기능은 신앙의 대상물이었다. 아마도 지금의 복대동 일대는 이른 시기부터 신앙의 대상을 옹호하던 기관이나 사람들이 많이 살았던 것으로 추측된다. 20세기초의 청주 시가지는 무심천 동쪽을 중심으로 형성되었지만 이른 시기에는 복대동, 신봉동, 운천동 등을 비롯한 서쪽이었을 것으로 추측한다. 그 이유는 이곳에서 고인돌을 비롯한 선사유적, 사찰터, 토성 등이 빈번히 발굴, 발견되고 있고 농사를 지을 수 있는 광활한 토지가 있기 때문이다. 이런 緣由로 이곳에는 일찍이 민간신앙의 측면에서 짐대 또는 솟대가 설치되었을 것이다. 또한, 불교가 유입되면서 사찰이 생겨나고 幢을 달기 위한 짐대가 설치되었을 것임은 당연한 일이다.

　　　이곳은 풍수지리의 측면에서도 짐대를 세워야 할 당위성이 제기된 곳이다. 오늘날 복대동으로 불리는 이곳 지형이 行舟形局을 띠고 있다고 한다. 풍수의 형국론에서 일컫는 行舟形局의 지형에는 마을의 안정과 평화를 위하여 배가 순조롭게 항해할 수 있도록 돛을 상징하는 대를 세웠다. 그리하여 이곳의 지명인 짐대마루가 유래하였다는 것이다. 뿐만 아니라 배가 가라앉지 않도록 하기 위하여 이런 형국 내에서는 우물도 파지 않았다는 것이다.

　　이상의 논의를 통하여 짐대마루라는 지명은 이곳에 짐대가 있었기 때문에 붙여진 이름임을 확신할 수 있게 되었다. 이제 '짐대마루'라는 순우리말 지명이 어찌하여 福臺로 되었는지 알아 볼 차례가 되었다. '짐대'가 갑자기 '福臺'로 변한 것이 아니고 그 중간에 'ㅏ大'가 있었음을 확인할 수 있다. 즉, 'ㅏ大'로 표기하던 것이 '福臺'로 고쳐진 것은 그 역사가 그리 길지 않다. 1961년에 간행된 『淸州誌』부터 '福臺'를 볼 수 있고 그 이전에 간행된 『輿地圖書』, 『湖西邑誌』 등에서는 'ㅏ大'라 되어 있다.

　　훈민정음 창제 이전 또는 그 이후에도 우리말을 표기하는 방식중의 하나는 한자의 음과 훈을 이용하는 것이었다. 'ㅏ大'가 바로 이런 방식에 의하여 '짐대'를 표현한 것이다. 여기서 'ㅏ'은 '짐'으로 읽고 '大'는 '대'로 읽었음을 상기할 필요가 있다. 그런데 '大'를 '대'로 읽는 것은 의심의 여지가 없다. 다만 'ㅏ'을 '짐'으로 읽은 것에 대해서는 쉽게 이해하지 못하는 사람들이 많을 것이다. 문자 'ㅏ'은 중국의 한자에도 있지만 우리나라에서도 독자적으로 만들어 사용한 글자로 보인다. 우리나라 사람들이 'ㅏ'을 언제부터 만들어 썼는지 정확히 알 수는 없지만 그 역사는 상당히 오랜 것으로 보인다. 문자 'ㅏ'은 그 형상이 사람(ㅣ)이 등에 짐(ㆍ)을 진 모양이다. 그래서 우리나라에서는 'ㅏ'을 '짐'이라 읽었던 것이다. 중국한자음에 기반을 두고 형성된 한국한자음은 '복'이지만 우리나라의 俗用文字에서는 '짐'이었음을 이두문을 비롯한 여러 문헌에서 확인할 수 있다. 『字典釋要』와 『新字典』에도 'ㅏ'의 속음이 '짐'임을 밝히고 있는데 역대 한자학습서와 자전류에서 'ㅏ'을 어떻게 풀이하고 있는지 보기로 하자.

(6)
ㅏ
졈·복·복　俗乎課命的筭卦的筭命的〈訓蒙比叡下2ㄱ〉〈訓蒙東大·尊經·東國中3
　　　　　　　　　　　　　　　　　　　　　　　　　　　　　ㄴ〉

졈복복〈類合下40ㄴ〉
[복]　龜~賜與(屋)〈全玉上12ㄴ〉
졈칠복　龜曰卜筴爲筮又賜與〈字類上60ㄴ〉
졈복〈兒學下6ㄴ〉
[복]　問龜졈복, 賜與줄복(屋)　[鮮]　擔也짐복〈釋要上13ㄴ〉

[복] 問龜점복[禮]龜爲~, 占之점칠, 賜與줄 [詩]君曰~爾(屋)〈新字1:18ㄴ〉
[짐] 馬駄之稱짐바리見公私文簿〈新字4:56ㄱ〉

『字典釋要』上권 13ㄴ과 『新字典』4권 56ㄱ에 보면 '卜'의 우리나라 俗音 내지는 俗訓이 '짐'임을 알게 해준다. 그러므로 '卜大'는 당초에 '복대'로 읽었던 것이 아니고 '짐대'였음을 알 수 있다.

'짐대'로 읽던 '卜大'가 언제부터 '복대'로 읽었는지는 정확히 알 수가 없다. 아마도 문자생활이 한글 위주로 변하면서 언중들이 '卜'의 특이한 漢字音(俗音) '짐'을 잃어버리게 되고 일반적인 한자음 '복'만을 의식한 데서 기인한 것으로 볼 수 있다.

이상에서 논의한 일련의 과정 속에서 당초에 '짐대'를 표기했던 '卜大'가 '복대'로 읽히면서 '짐대'와 '卜大'는 아무런 관련성이 없는 말로 전락하여 버렸다. 그리하여 결국에는 '卜' 대신에 의미상 좋은 뜻을 지닌 복복자(福)을 쓰게 되었고 '大'는 '臺'로 쓰게 되었다. '大'를 '臺'로 바꾸어 쓴 것은 이곳의 지형이 다른 곳에 비해 높기 때문이 아닌가 한다.

2.5. 수름재/수리재/모래재

청주시 상당구 酒城洞과 酒中洞 일원에 위치한 큰 고개를 오늘날 수름재라 부른다. 이 고개는 청주에서 증평, 음성, 충주로 이어지는 길목에 위치하고 있으며 음성의 백마령을 지나기 전까지는 가장 높은 고개이다. 수름재라는 이름이 언제부터 사용되었는지는 정확하게 알 수 없으나 이 고개를 예전에는 '수리재' 또는 '모래재'라 불렀다.

청주의 북쪽으로 나가는 관문에 위치하고 있는 이 고개의 이름 수름재는 현재의 동명인 酒城洞, 酒中洞이 있기 이전에는 이 일대 12마을을 지칭하는 촌락명으로도 쓰였다. 이 고개가 위치하고 있는 지역은 청주군 山外一面 지역이었는데 1914년 행정구역 폐합에 따라 북일면에 편성되었고 1990년 청주시에 편입되었다.

우선 이미 발간된 지명지 등에서 수름재와 그 유래에 관하여 기술한 사항을 정리하면 (7)과 같다.

(7)
수름재; 옛날에 지금의 주성리 강당말 뒷산에 나무가 하나도 없고 모래만
　　　　쌓여 있어 모래재라고 불러 왔으나, 그후 모래재에 독수리가 많이
　　　　모여 들어 서식하게 되었으므로 이 산을 수리재라 불렀는데 후에
　　　　음이 변하여 수름재라 불렀다. 그 때 수름재하면 주성리의 어느
　　　　한 부락을 지칭하는 것이 아니라 근방 12부락을 통틀어 부르는 이
　　　　름이었다.〈청원군 교육청(1975 : 51)〉

(7)의 기술에서는 수름재의 옛 이름이 모래재 또는 수리재였음을 밝히고 있으며
모래와 수리는 각각 [沙]와 [禿鷲]에서 유래하였음을 지적하고 있다. 한편, 현재의 동
명 酒城洞과 酒中洞에 쓰인 '酒'와 관련된 기술이 건설부 국립지리원(1987: 360-361)에 보
이는데 이를 요약 정리하면 (8)과 같다.

(8)
주막거리 ; 1. 위치 : 충청북도 청원군 북일면 주중리와 경기도 여주군 점
　　　　　　　　　　　동면의 청안리, 덕평리, 당진리 등을 비롯한 10여개
　　　　　　　　　　　洞里
　　　　　　　2. 유래 : 근세에 이르기까지 여행하는 사람에게 떡과 술 또는
　　　　　　　　　　　밥을 팔고, 숙소를 제공하는 주막이 있는 거리의 지
　　　　　　　　　　　명이다. 주막은 도로에 면해 있는 것이 많으므로 '주
　　　　　　　　　　　막거리'라는 지명이 나오게 되는데 위에 든 지명 외
　　　　　　　　　　　에도 전국에 '주막리' '주막거리'라는 지명이 무수히
　　　　　　　　　　　분포한다.

고개를 넘나드는 나그네들에게 목을 축이고 휴식을 취할 수 있도록 하기 위하여
대체로 큰 재의 노변에는 주막이 발달하기 마련이다. 수름재의 주변도 예외가 아니었
음을 '큰 주막거리, 작은 주막거리' 등의 지명이 실재함에서 확인할 수 있다. '수리재'

라 일컫던 이 고개의 이름이 언제부터인가 '수름재'로 바뀐 것은 주막거리의 '술' 그리고 마신다는 의미를 지닌 한자 '飮'과 밀접한 관련이 있는 듯하다. 또한 '수리'와 '모래'가 지닌 본래의 의미를 언중들이 망각하면서 나그네들이 술을 마시며 쉬었다 가는 고개라는 뜻으로 '수름재'를 인식하게 된 것이 아닌가 한다. 민간어원으로 볼 수 있는 이런 추론은 드디어 행정구역 명칭을 부여하는 데까지 작용하여 酒城洞, 酒中洞이라는 이름을 낳게 된 것이 아닌가 한다.

이제 '수름재'보다 앞선 시기의 지명어인 '수리재'와 '모래재'의 '수리'와 '모래'에 대하여 탐구할 차례가 되었다. 결론부터 말하자면 필자는 '수리'와 '모래'가 [山ㆍ峯]을 의미하는 것으로 보고자 한다. 그러므로 '수리재/모래재'란 산 또는 봉우리를 넘어가는 높은 고개라는 뜻이다.

'수리'가 [峯]을 의미했음을 알게 해주는 최초의 문헌은 『三國史記』 「地理志」이다. '峯城縣本高句麗述爾忽縣 景德王改名 今因之' 〈三國史記 권 35 交河郡〉에서 석독명 '峯'과 음독명 '述爾'가 대응됨을 알 수 있다. 또한 '수리'와 관련되는 것으로 보이는 '수늘'이 아래에서 보듯 중ㆍ근세국어 문헌에서 심심찮게 나타나고 있음을 확인할 수 있다.

(9)
東녁 수늘게 구르미 나니 西ㅅ녁 수늘기 하야ᄒᆞ고 (東嶺雲生西嶺白) 〈南明 下
19〉
안즌 앏픠 첫 주레 보비로 ᄭᅮ민 수늙 노픈 곳 곳고 (席面上寶粧高頂插花) 〈飜朴
上 5〉

'수리'는 현대국어에서도 그 잔영이 '정수리' '봉우리'에 남아 있다. '정수리'는 방언에서 '정수박이/정수백이'라고도 하는 것으로 머리위에 숫구멍이 있는 자리를 일컫는 말이다. 이 단어는 혼종어로 한자말 '頂'과 순우리말 '수리'가 결합되어 이루어진 것이다. 이 낱말은 한자어로 頂門, 腦天, 囟文이라고도 한다.

'봉우리'는 산봉우리를 뜻하는 말로 산꼭대기의 뾰쪽한 머리를 지칭하는 것이다. 원래는 '수리'만으로도 이러한 의미의 표현이 가능하였음을 위에서 제시한 "안즌 앏픠 첫 주례 보비로 쑤민 수늙 노픈 곳 곳고(席面上寶粧高頂揷花)〈飜朴 上5〉"에서 알 수 있다. 그러나 현대로 오면서 '수리'라는 단어가 소멸되면서 同意重複語 '봉수리'가 되고 이어서 유성음 사이에 놓인 'ㅅ'이 약화 탈락하여 '봉우리'를 형성하게 된 것이다. 현대국어에서 단독체로는 쓰이지 않고, 합성어의 한 구성성분으로 남아 있는 '수리'와 어두의 'ㅅ'이 제거된 '우리'는 꼭대기를 의미하는 [頂]의 의미를 지니고 있다고 하겠다. 이상의 논의를 통하여 볼 때 원초적으로 '수리'가 뜻하는 바는 [峯]이었으나 [嶺], [頂], [山], [高] 등으로 의미 확장이 이루어진 것이 아닌가 한다.

수리재의 또 다른 이름이었던 '모래재'의 '모래'는 무슨 뜻일까? 최근에 간행된 지명지 등에는 '모래'를 [沙]의 뜻으로 풀고 있다. '수리재/수름재'의 다른 이름으로 '모래재'가 있다고 하면서 그 까닭을 "……옛날에 지금의 주성리 강당말 뒷산에 나무가 하나도 없고 모래만 쌓여 있어 모래재라고 불러 왔으나……"와 같이 설명하고 있다. 과연 '모래재'의 '모래'는 [沙]를 의미하는 것일까? 필자가 현지를 찾아가 이 고개 주변에서 확인할 수 있었던 흙은 입자가 굵은 모래보다는 그것이 가는 황토였다. 물론 오랜 세월을 지나며 모래가 황토로 변했을 수도 있으나 이 고개 부근에 모래가 많아 모래재라 하였다는 설명을 수긍할 수 없는 것이 필자의 입장이다. 결론부터 말하자면 여기서의 '모래'는 [沙]를 의미하는 것이 아니고 [山] 또는 [高]를 의미하는 것으로 보인다. '모래재'를 이렇게 보아야만 산 또는 봉우리를 넘어가는 높은 고개라는 뜻의 '수리재'와도 의미상 서로 관련되기 때문이다.

이제 '모래'가 [山] 또는 [高]의 뜻을 지니고 있는 우리말임을 밝힐 차례가 되었다. 현대국어에서 '山'을 의미하는 고유어는 주지하듯이 '뫼'이다. 오늘날 '뫼'는 단모음 [mø]로 발음하는 것이 일반적이다. 그러나 노년층이나 일부 방언에서는 이중모음 [moy]로 발음된다. '뫼'는 중세국어에까지 소급되는 어휘로 한글로 표기된 최초의 문헌인 『용비어천가』에서 당뫼[堂山], 몰뫼[馬山], 솥뫼[鼎山], 거츨뫼[荒山] 등의 예를 찾을 수 있다. 그런데 이 책에서 '山'과 대응되는 더 흥미 있고 값진 낱말인 '모로'를 찾을 수 있다는 것이다.[5] 이 '모로'는 고구려 광개토대왕릉비(414년 추정)에 보이는 고유

---

5 『龍歌』(4: 21)에 "別號洪原其山鎭曰椵山피모로"라 나오는데 '椵 : 피, 山 : 모로'의 대응을 확인할 수 있다.

명사 臼模盧城, 若模盧城, 牟婁城, 古牟盧城 등의 模盧, 模盧, 牟婁, 牟盧와 관련있는 어휘로 보인다. 또한 오늘날 高敞을 가리키던 백제지명 毛良夫里에서 高와 毛良의 대응을 확인할 수 있다. '毛良' 그리고 '模盧/模盧/牟婁/牟盧'가 모두 음을 빌어 '山' 또는 '高'를 표현한 것이라고 한다면 고대어에서 [山] 또는 [高]를 의미하는 말로 *[tall][6]과 함께 *[moraŋ][7] 또는 *[moro/moru]가 있었음을 확신할 수 있다.

이상의 논의를 통하여 우리는 [山] 또는 [高]를 의미하는 이른 시기의 낱말로 *mVrVŋ[8]이 있었음을 추정할 수 있다. 여기서 어말의 [ŋ]이 보존된 것이 보수적인 형태인지 소거된 것이 원형인지는 이론이 있을 수 있으나 필자는 보존된 형태를 이른 시기의 것으로 보고자 한다. 아마도 [ŋ]은 *k 〉 g 〉 γ/ŋ 〉 h 〉 zero의 과정에서 나타난 것으로 보인다. 어말의 [k]이 소거되는 이런 현상은 중국 북방방언에서 후내입성운미가 *k 〉 g 〉 γ와 같은 변화를 입는 것과 동일한 과정이기 때문이다. 중세국어에 흔히 나타나는 '뫼'는 ㅎ을 종성으로 가지고 있는데 이는 근원형 *mVrVŋ에 있던 'ŋ'이 약화된 형태로 보인다. 이제 잠정적으로 옛 문헌에서 확인할 수 있는 '뫼, 모로, 毛良, 模盧/模盧/牟婁/牟盧' 등의 근원형을 *mVrVŋ으로 설정하기로 한다.

근원형 *mVrVŋ에서 발달된 어휘로 현대어에서 '모로, 모루, 뫼, 메, 미, 모래, 마루, 머리, 말, 맏' 등이 쓰이고 있다. 우선 이들 어휘 중 '모래'와 '모로/모루'가 현대의 지명어에서 쓰이고 있는 양상의 일단을 살펴보기로 하자. 먼저 모래를 전부요소로 삼고

---

6 고대국어에 [山],[高]를 의미하는 말로 '達[tall]'이 있었음을 『三國史記』 「地理志」에 나오는 "高峰縣本高句麗達省縣, 松山縣本高句麗夫斯達縣" 등의 예를 통하여 확인할 수 있다.

7 '毛良'에서 '毛'의 고대한자음은 '모(mu)', '良'의 고대 한자음을 '랑(raŋ)'으로 추정한다.
'毛'의 고대한자음을 '모(mu)로 추정할 수 있는 것은 Karlgren이 재구한 중고음 /mậu/, 周法高가 재구한 중고음과 상고음 /maw : mαu/, 郭錫良이 재구한 중고음과 상고음/mau : mαu/와 『石峰千字文』,『訓蒙字會』『新增類合』 등에 나오는 한자음이 모두 '모'이기 때문이다.
'良'의 고대 한자음을 '랑(raŋ)'으로 추정하는 근거는 董同龢가 재구한 상고음, B. Karlgren이 재구한 상고음과 중고음, 周法高가 재구한 중고음과 상고음, 郭錫良이 재구한 중고음과 상고음 그리고 『廣韻』 등에서 '良'의 운미가 [ŋ]으로 확인되기 때문이다. 또한 東音을 표현한 『新增類合』과 『全韻玉篇』 등에서도 '량' 또는 '냥'으로 懸音되어 있기 때문이다.

8 *mVrVŋ'은 [山] 또는 [高]의 의미를 지닌 이른 시기 음성모형으로 어두에 'm'과 어중에 'r', 그리고 어말에 'ŋ'자음을 지닌 이음절어의 형태를 잠정적으로 표현한 것이다.

있는 지명어는 한글학회가 펴낸 『한국땅이름 큰사전』에 8페이지에 걸쳐 실려 있다(중권 pp.1913~1920). 이중 후부요소가 '고개'와 '재'로 되어 있는 항목은 각각 19개와 26개이다.

> (10)
> 모래-고개; 충북-음성-소이-비산-, 충북-음성-음성-석인-, 충북-제원-청풍-학현-, 충북-청원-가덕-인차-, 충북-청원-가덕-청룡, 경기-이천-마장-관-, 경기-시흥-방산- 등 19개 항목.
> 모래재; 충북-괴산-사리-사담, 충북-단양-단양-구단양-회산, 충북-보은-수한-교암-, 전북-남원-아영-아곡, 강원-원주-소초-교향, 강원-평창-평창-약수- 등 26개 항목.

전부요소 '모래'는 이상의 예 말고도 [논], [마을], [개], [들], [골], [못] [보], [사], [다리], [내], [소] 등의 분류요소인 후부요소와 결합된 형태가 광범위하게 나타난다. 이들 지명어에서 '모래'는 대부분 [沙]의 뜻으로 풀이하고 있다. 그러나 이런 입장에 쉽게 동의할 수 없다. 특히 '고개'나 '재'를 후부요소로 삼고 있는 항목의 경우 더욱 그렇다. '모래'와 더불어 [山] 또는 [高]의 의미를 지니고 있는 것으로 보이는 '모로/모루'의 예는 (11)과 같다.

> (11)
> 모로-치[고개] 강원-평창-대화-신-
> 모로-치[모로현][고개] 강원-평창-진부-수항-마평,
> 모로-티[모로현][고개] 경북-고령-덕곡-옥계-,
> 모루-고개[고개] 전북-정읍-북-승부-,
> 모루-끝[부리] 경기-포천-내촌-진목, 작은 넙고개 남쪽에 있는 산 부리
> 모루-끝[부리] 경기-김포-통진-동을산, 웃말 서쪽 모롱이 끝에 있는 산부리
> 모루-봉[산] 경기- 광주- 광주- 목, 목리에 있는 산
> 모루잿-고개[고개], 경기-김포-김포-풍무-, 양두리에서 모루재로 넘어가는 고개.

'모래'와 '모로/모루' 외에 근원형 *mVrVŋ에서 발달된 다른 어휘인 '뫼, 메, 미, 마루, 머리, 말, 맏' 등은 지명의 후부요소를 고찰한 선행연구에서 이미 다루어진 것이기에 사족을 달지 않기로 한다. 요컨대, 이 낱말들은 [山], [高], [宗], [旨] 등의 의미를 지니고 있는 말로 근원형 *mVrVŋ에서 발달된 것으로 보인다. 이 어휘군의 발달과정을 (12)와 같이 圖示할 수 있을 것이다.

(12)

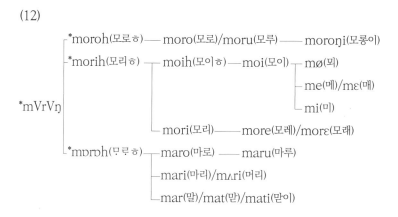

근원형 *mVrVŋ에서 일차적으로 변화를 입은 형태는 어말의 [ŋ]이 [h]으로 약화된 형태이다. 이렇게 해서 얻을 수 있는 3개의 낱말이 *moroh(모로ㅎ), *morih(모리ㅎ) 그리고 *mɒrɒh(ᄆᆞ로ㅎ)이다. 그 다음 과정으로 *moroh(모로ㅎ)에서는 어말의 'h'이 소거되면서 moro(모로)/moru(모루)가 나타나게 되고 다시 여기에 접사 '-ŋi'가 결합하면서 moroŋi(모롱이)라는 형태가 생겨났다.

*morih(모리ㅎ)는 어중의 'r'이 탈락한 형태인 moih(모이ㅎ)[9]와 어말의 'h'이 소거된 형태인 mori(모리)로 발전한다. 이 중 전자인 moih(모이ㅎ/뫼ㅎ)는 중세문헌에 소위 ㅎ종성체언으로 흔히 등장하는 낱말이었다. 현대로 오면서 어말의 'h'이 소거되고 moi(모이)를 거쳐 '뇌'가 단모음화하면서 mø(뫼), me(메)/mɛ(매) 또는 mi(미)라는 형태

---

9 古代國語 음운변화의 두 방향 중 'mori(山) 〉 moyi 〉 moi 〉 møy 〉 mø'를 비롯한 r탈락규칙(r〉y〉ø/V - V)이 있었음에 대하여는 도수희(1987b)에서 소상하게 논의된 바 있다.

를 낳았다. 그리고, 어말의 ㅎ이 소거된 형태인 mori(모리)에서는 어말모음 교체형인 more(모레)/ morɛ(모래)의 형태로 발전하였다.

오늘날 [山]의 뜻보다는 [宗], [旨]의 뜻으로 흔히 쓰이는 maru(마루), mari(마리), mar(말) 등은 *mɔrɔh(ᄆᆞᆯᄋᆞ호)에서 발달된 어휘로 보인다. 즉, *mɔrɔh(ᄆᆞᆯᄋᆞ호)에서 어말의 'h'이 소거되고, ㆍ가 소멸되면서 maro(마로)를 형성하고 이 낱말이 다시 음성모음화하면서 maru(마루)가 출현하였다. 그리고 mar(말)/mat(맏)은 어말모음의 탈락으로 형성된 형태인데 여기에 다시 접사 '-이'가 결합하여 mati(맏이)라는 낱말을 형성하였다.

지금까지 우리는 '모래재'의 '모래'라는 낱말이 [山, [高]를 의미하는 것임을 밝혀내기 위하여 *mVrVŋ을 근원형으로 하는 어휘군에 대하여 논의하였다. 이상의 논의를 통하여 보듯 '모래재'의 '모래'는 어두에 ㅁ과 어중에 ㄹ을 가지고 있다는 점에서는 물론, 의미상으로도 그 근원형은 *mVrVŋ이었을 것이다. 그러므로 모래재란 산과 같이 높은 곳에 형성된 고개라는 의미를 지니고 있는 말로 보아야 할 것이다. 또한 이곳에 대한 지명 풀이도 (13)과 같은 내용을 담아야 할 것이다.

(13)
    수름재; 예전에 이 고개를 모래재 또는 수리재라 불렀다. '모래'는 산을 뜻
        하는 옛말 '모리'와 관련이 있는 듯하며, '수리'는 '산봉우리'를 뜻하
        는 말이다. 그러므로 모래재, 수리재란 산봉우리를 넘어가는 높은
        고개라는 뜻이다. 이 재는 청주의 북쪽 관문에 위치한 가장 큰 고
        개이며 예로부터 주변에 주막거리가 발달하였다.

2.6. 미루봉/고물개봉[丁峯/丁峯洞]

1789년에 간행된 『戶口總數』에서 丁峰里라는 지명은 찾을 수 없다. 당시에는 鶴泉里에 속했던 것으로 보인다. 그후 淸州郡 西江內二下面의 鶴東里에 속해 있다가 1914년 행정구역 폐합에 따라 강내면 丁峰里로 독립하였다. 또한 1987년 청주시에 편입되면서 里를 洞으로 바꾸어 丁峰洞이라 부르고 있다.

한자어 지명 '丁峰里/丁峰洞'에 대응되는 고유어 지명은 '미루봉/고물개봉'이다. 이 지역에는 고무래 형상을 지닌 산이 있어 이런 이름이 유래되었다. 때문에 '미루봉/고물개봉'이라는 정감있는 이름이 먼 옛날부터 쓰여왔을 것임은 재론을 요구하지 않는다. 그러나 이곳도 급속하게 도시화가 이루어지기 시작하면서 '미루봉/고물개봉'이라는 이름보다는 '丁峰'이라는 한자어 지명이 힘을 얻은 것으로 추측된다. 이런 현상은 이미 이 지역의 소지명을 풀이한 『地名誌』 등에서 발견된다. 예컨대, 정봉동 관내에 있는 지명어를 충청북도에서 간행한 『地名誌』에서는 '미루봉/고물개봉'이라는 표현을 사용하지 않고 모두 '丁峰'을 사용하여 (14)와 같이 설명하고 있다.

(14)
갓방: 미호천제방과 정봉 사이에 있는 들
강당고개: 정봉에서 강서면 서촌리 내지로 가는 고개
갱치고개: 정봉에서 강서면 서촌리 내지로 가는 고개
구래: 정봉들에서 제일 깊은 들
담심이: 정봉 서쪽에 있는 들
안산: 정봉 옆에 있는 산
정봉들: 정봉 앞에 있는 들

위의 예에서 볼 수 있듯이 丁峰洞 관내의 지명을 설명함에 있어 순우리말 '미루/고물개'는 쓰지 않았음을 볼 수 있다. 이런 예는 청주시와 서원향토사연구회가 펴낸 『청주지명조사보고서』에서도 그대로 답습되고 있음을 확인할 수 있다. 이는 이미 '미루/고물개'가 언중에게서 멀어져 가고 '丁峰'이 가까이 자리하고 있다는 증거로 볼 수 있다.

'미루/고물개'는 농경사회에서 흔히 쓰던 도구였다. 그러나 산업화와 도시화가 이루어지면서 그 사용이 점차 퇴색되어 가고 있는 것이 현실이다. 물론 '미루/고물개' 뿐만이 아니라 전통적인 방식의 농기구는 농업의 기계화와 함께 그 사용이 점점 소멸의 길에 접어든지 오래이다. 이런 현상과 함께 농기구를 표현하는 순우리말의 어원도 잊어가고 있다. 이제 '미루/고물개'의 어원이 어디에 있는지 살펴보기로 하자.

오늘날 '미루/고물개'의 표준어는 '고무래'이다. 고무래란 장방형의 나무조각에 자루를 박아 T자형으로 만든 도구이다. 이 도구는 곡식을 그러모으거나 펴거나 밭의 흙을 고르거나, 아궁이의 재를 긁어내는 데 쓰는 물건이다. 이는 농경 사회에서 단 하루도 없어서는 안 될 가정의 필수품이다.

한국 정신문화연구원에서 발행한 『한국방언자료집』Ⅱ～Ⅶ에서 찾을 수 있는 '고무래'의 방언형은 고물개, 거물개, 고물게, 곰배, 밀개(이상 Ⅱ). 고물개, 곰배, 괴밀개, 고밀개(이상 Ⅲ). 고무래, 고물개, 당그래(이상 Ⅳ). 고모레, 당그래, 괴밀개, 밀기, 구부렁구, 구렁구, 밀그래(이상 Ⅴ). 당그래, 당글개(이상 Ⅵ). 곰배, 고밀개, 밀개, 밀애, 밀기, 밀고, 미리, 당거리(이상 Ⅷ) 등으로 나타난다.

이들 방언형은 몇 가지 유형으로 분류할 수 있다. 첫째, 고물개, 거물개, 고물게, 괴밀개, 고밀개, 고무래, 고모레 등의 'ko/ʌ/ø-mi/u/o-l/r/-g/zeroe/ɛ' 형. 둘째, 밀개, 밀기, 밀애, 밀고, 미리 등의 'mil/r/-g/zero-ɛ/i/o' 형. 셋째, 당그래, 당글개, 당거리 등의 'tang-gi/ʌl/r-g/zero-ɛ/i' 형이 그것이다. 그리고 이상에 포함되지 않은 것으로 구부렁구/구렁구와 밀그레가 있다.

'밀그레'는 동사 어간 '밀-(推)'과 '글-(刮)'에 기구를 나타내는 접미사 '-개/게'가 결합하여 생성된 낱말로 보인다. 즉, 밀+글+게 → 밀글게 〉밀글에 〉밀그레 의 과정을 거쳐 형성된 낱말로 보인다. 그리고 구부렁구/구렁구는 전북 완주 방언에만 나타나는 것으로 어말의 '-구' 또한 기구접미사임이 분명하다.[10] 구부렁/구렁은 형용사 '굽-(曲)'에서 파생된 형태로 보이며 고무래의 모양에서 그 명명의 유연성을 찾을 수 있다.

세번째 유형으로 제시했던 'tang-gi/ʌl/r-g/zero-ɛ/i' 형은 동사 '당기-(引)'에 기구접미사가 결합하여 형성된 것으로 보인다. 반면에 두번째 유형으로 제시한 'mil/r/-g/zero-ɛ/i/o' 형은 동사 '밀-(推)'에 기구접미사가 결합하여 형성된 것이다. 밀고 당기면서 흙이나 곡식을 고르거나 모으기도 하며 펴는 데도 사용하는 이 도구의 특성을 반

---

10 현대 국어의 기구접미사 형태는 '-개'로 나타나는 것이 일반적이다. 그러나 몽고어에서는 '-ge/ya', 터어키어에서는 '-ga/ke/ka/ki', 만주어에서는 '-ku/kü'가 쓰인다. ku나 kü로 나타나는 만주어의 예는 chiruku(베개), file-ku(화로) 등이 있다.

영한 명명이라 할 수 있겠다.

이제 고무래와 관련된 방언형 중 첫 번째 유형에 대하여 논의할 차례가 되었다. 현대국어 표준어형 '고무래'로 대표되는 이 'ko/ʌ/ø-mi/u/ol/r/-g/zeroe/ɛ' 형은 다른 방언형보다 가장 먼저 형성된 낱말로 보인다. 또한 오늘날에도 그 분포가 다른 방언형에 비해 가장 넓게 퍼져 있음을 한국정신문화연구원에서 발행한『韓國方言資料集』을 통하여 확인할 수 있다. 상대적으로 당그래, 밀개의 발달은 고무래보다 늦은 시기에 있었던 것으로 추정되며 오늘날 그 분포도 좁은 편이다.

역사문헌자료를 통해 확인할 수 있는 'ko/ʌ/ø-mi/u/ol/r/ -g/zeroe/ɛ' 〉 'ko/ʌ/ø-mi/u/ol/r/-g/zeroe/ɛ' 형의 예는 다음과 같다.

(15)
古尾乃: 고미리 使之準平穀物者也〈行用吏文〉
고미레: 推仈〈漢淸 11 : 40〉
고미레: 仈〈物譜 耕農〉

(15)을 통하여 고무래에 대응하는 한자가 '仈'임을 알 수 있다. 한자 '丁'은 그 자형이 고무래와 같은 형상을 하고 있기에 결부된 것이다. 전통적으로 한자 '丁'이 지닌 의미를 살펴보면 장정, 넷째천간, 당할, 백정…… 등이기 때문이다.

이제 다시 'ko/ʌ/ø-mi/u/ol/r/-g/zeroe/ɛ'가 지니고 있는 의미와 그 형성 과정에 대하여 알아보기로 하자. 'ko/ʌ/ø-mi/u/ol/r/-g/zeroe/ɛ'는 세 개의 형태소가 결합하여 이루어진 낱말로 보인다. 아마도 세 형태소의 원초적인 형태는 'kVm + mVr + kV'가 아닌가 한다. 여기서 어말의 kV는 기구접미사 '-개'임이 분명하다. 그리고 '-개'에 선행하는 'mVr'은 推를 의미하는 동사 '밀-'임도 쉽게 추정할 수 있다. 결국 첫음절 'kVm'을 제외한 'mVr + kV'는 '밀개'로 추정할 수 있다.

'밀개' 앞에 결합된 'kVm'이 문제다. *곰/굼으로 추정할 수 있는 이 형태소가 지닌 의미는 과연 무엇일까? '밀개' 만으로도 대상물을 지시할 수 있는 완전한 구조를 갖추었는데 *곰/굼은 왜 결합된 것일까? *곰/굼은 '밀-(推)'의 대립어로 '끌-(引)'의 뜻을 지닌 말은 아닐까? 등등 이런 저런 의문 끝에 필자가 내린 결론은 *곰/굼은 밀개의 행위가 미치는 대상물을 의미하는 것이 아닌가 한다. 즉, 땅이나 모래 또는 재나 곡식 등을 밀고 당겨서 고르게 하는 도구가 고무래임으로 *곰/굼은 흙/땅/모래, 재, 곡식 중 어느 하나를 의미하는 말인 것으로 보인다.

    *곰/굼이 흙/땅/모래, 재, 곡식 중 흙, 땅 또는 모래의 의미를 지니고 있음에 대하여는 이미 Anselmo Valerio(1972)에서 논의된 바 있다. 안셀모 교수는 비교언어학적인 연구를 통하여 'kom'을 터어키어 qum(모래), 몽고어 qumak/qumag(모래, 땅 또는 먼지의 일부분)과 동원어로 보았다. 또한 그 근원형은 *qum일 것으로 보고 있다. 여기서 한국어 'kom'에 나타나는 모음 'o'와 터어키어와 몽고어를 비롯한 근원형 'u'의 불일치는 전혀 문제가 없음도 지적하고 있다. 이미 Ramstedt에 의해서 원시알타이어(proto-Altaic)의 모음 'u'는 15세기의 한국어에서 'o'로 되었다는 논의가 있었기 때문이다.

    요컨대, 'ko/ʌ/ø-mi/u/ol/r/-g/zeroe/ɛ' 형의 근원형은 kVm + mVr + kV 정도의 구조를 지닌 것으로 보고자 한다. 여기서 'kVm'은 흙/땅, 모래의 뜻을 지닌 것으로 보이며 'mVr-kV'는 현용 방언형 '당그래'가 [pull]의 관점에서 생성된 말인 반면 [push]의 관점에서 조어된 낱말이다. 그러므로 'kVm-mVr-kV'는 흙, 땅 또는 모래와 같은 것을 밀고 당겨 고르는 도구라는 뜻을 지닌 말이다. 근원형 'kVm + mVr + kV'에서 발달한 방언형을 요약하여 정리하면 (16)과 같다.

(16)

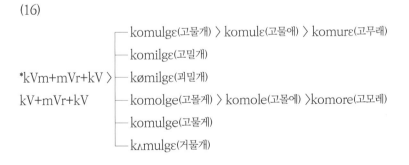

2.7. 못뒤[池北/池北洞]

1789년에 간행된 『戶口總數』에 池內北里라는 지명이 보인다. 이는 '못안/못앞'과 '못뒤'라는 순우리말 지명에 근거하여 생성된 것으로 보인다. 후대에 오면서 池內北里 는 남일하면의 池南里와 池北里로 분할되었다가 1914년에 이르러 南一下面과 南一上 面을 南一面으로 통합되면서 池北里라는 지명으로 정착되었다. 참고로 1996년 淸州市 와 서원향토사연구회에서 간행한 『청주지명조사보고서』(p.104)에는 池北里를 (17)과 같 이 설명하고 있다.

> (17)
> 池北洞(못뒤, 집구, 북촌); 청주군 남일하면 지역으로서 방죽 북쪽이 되므로
> 못뒤 또는 池北 또는 北村이라 하였는데, 1914년 행정구역 폐합에
> 따라 池南里와 方東里, 大平里의 각 일부를 병합하여 池北里라 해서
> 남일면에 편입되었다가 1990년 청주시에 편입됨.

池北洞과 관련된 일련의 어휘 '池:못', '北:뒤'에서 관심을 끄는 것은 '北:뒤'이다. 오늘날 한자 '北'의 새김과 음은 '북녘 북'이라 함이 일반적이다. '北'을 '뒤'와 관련지어 생각하는 사람은 극히 일부에 지나지 않는다. 그러나 池北洞이라는 지명에서 알 수 있듯이 예전에는 '뒤'를 한자로 옮길 때 '後'와 더불어 '北'도 사용하였음을 알 수 있다.

현용 지명어에서 방위를 나타내는 어휘 중 '뒤'가 지명어의 전부요소로 쓰인 예는 한글학회(1991)에서 펴낸 『한국땅이름큰사전』에 보면 1,586쪽부터 1,620쪽까지 35면에 걸쳐 소개되어 있다. 한 쪽에 등재된 지명어의 수가 대략 125개[11]라고 할 때 약 4,300여개의 지명이 있음을 확인할 수 있다. 이는 지명어에서 '뒤-'가 전부요소로 매우 활발하게 쓰이고 있음을 알게 해 주는 자료이다. '뒤-'를 전부요소로 삼은 4,300여개의 지명어 중 한자어 지명과 공존하는 경우가 상당수 발견된다. 이 때 '뒤'가 '後'에 대응되

---

11 한글학회(1991: 1,587)에 등재된 지명어의 수가 125개이다.

는 경우와 '北'에 대응되는 경우를 살펴보면 전자의 경우가 절대적으로 우세하다.[12] 이
는 고유지명어 '뒤'의 한자 전환 시기가 근대 이후에 오면서 이루어진 것이 아닌가 하
는 추측을 하게 한다. 만약 이른 시기에 '뒤'를 한자로 전환하였다면 '北'을 대응시킨 예
도 많았을 것으로 추측한다.

  '못뒤:池北'의 '北' 대 '뒤'의 대응에서와 같이 '뒤'를 '北'으로 전환하여 만들어진 예를
보이면 다음과 같다. 한글학회(1991)에서 표제 항목이 '뒤'인 경우를 먼저 보이고 표제
항목이 '북'인 것을 뒤에 제시하기로 한다.

(18)
뒤-광덕리[광북]; 【마을】전북-부안-백산-신평-, 광덕 북쪽 뒤에 있는 마을.
뒤꾸지[북일곶]; 【곶】경기-강화-화도-장화, 여치골 서북쪽에 있는 곶.
뒷개[북포]; 【개】제주-북제주-조천-함덕-북촌, 북촌 뒤에 있는 개.
뒷개[북포, 북포리]; 【마을】전남-신안- 하의-옹곡, 뒷개 가에 있는 마을.
뒷개[북포]; 【개】전남-신안- 하의-옹곡, 노둣머리 동북쪽에 있는 개. 옹곡
        뒤가 됨.
뒷골[북동]; 【마을】경남-합천-대양-덕곡-포두-, 북재동 동북쪽에 있는 마
        을.
뒷드루[북평]; 【마을】강원-정선-북평-북평-, 북평리 중심지에 있는 마을.
        정선면을 중심으로 북쪽에 있는 마을.
뒷드리장[북평장]; 【장】강원-동해-북평-, 원래 구장터였는데 지금은 시가
        지로 옮겨졌음.
뒷들[정북평]; 【들】전북-정읍-영원-앵성-, 흔랑 뒤에 있는 들. 정북쪽이 됨.
뒷들[북평, 후평, 북평리]; 【마을】경북-안동-도산-의일-, 방앗골 동쪽에 있
        는 마을 영지산(경북-안동)의 뒤가 됨.
뒷들[북평]; 【들】경북-군위-부계-가호-, 가실 서쪽에 있는 들.

---

12 '뒤'와 '後'가 대응되는 경우는 그 예를 열거하기 힘들 정도로 많이 발견된다. 그 중에서도 흔히 보이는
   예를 보이면 다음과 같다.
   뒤말/뒷말:후동/후촌, 뒤산/뒷산:후산, 뒤실:후곡, 뒤재:후치, 뒷개:후포, 뒤골/뒷골:후곡/후동/후촌, 뒷
   구렁:후포, 뒷내:후천, 뒷들:후평/후야, 뒷매/뒷메:후산, 뒷벌:후평/후포, 뒷봉:후봉.

뒷뱅이[북뱅이, 북방리]; 【마을】경기-화성-반월-대야미-, 갈티 북쪽에 있는
　　　마을. 금성산 밑이 됨.

뒷보[북보]; 【보】경북-군위-부계-가호-, 뒷들에 있는 보.

(18)은 표제 항목이 '뒤'인 것들이며 아래 제시한 (19)는 표제 항목이 '북'인 것으로
'뒤'와 대응되는 예들이다.

(19)

북곡리[뒤실, 북곡]; 【리】경북-봉화-명호-, 본래 안동부에 딸린 재산현의
　　　지역으로서 청량산의 뒤라하여 뒤실, 또는 북곡이라 하였는데, 고
　　　종 32년(1895)에 봉화군 하남면에 편입되었다가, 1914년 군면 폐
　　　합에 따라 상남면의 운산리를 병합하여 북곡리라 해서 명호면에
　　　편입됨.

북분리[뒷벌]; 【리】강원-양양-현남-, 양양군 현남면의 지역으로서, 동산현
　　　북쪽 벌판에 있으므로, 뒷벌이라 하였는데, 1916년 행정구역 폐
　　　합에 따라 거릿마을, 골말, 구렁말, 성촌, 영남동, 용숫골, 현촌을
　　　병합하여 북분리라 함.

북좌리[뒤재울, 두재울, 북좌동]; 【리】경기-안성-보개-, 본래 안성군 북좌면
　　　의 지역으로서 북쪽에 보개산(경기-안성)이 있으므로 뒤재울, 두재
　　　울 또는 북좌동이라 하였는데, 1914년 행정구역 폐합에 따라 북
　　　좌리라 해서 보개면에 편입됨. 조선 때 북좌면 사무소가 있었음.

북지리[두시결, 후포, 북지]; 【리】경북-봉화-물야-, 본래 순흥군 물야면의
　　　지역으로서 뒷결 또는 후포, 북지리라 하였는데, 1914년 군면 폐
　　　합에 따라 방평리, 동막리 일부를 병합하여 북지리라 해서 봉화군
　　　에 편입됨.

북촌리[뒷개, 북포, 북촌]; 【리】제주-북제주-조천-함덕-, 본래 제주군 신좌
　　　(조천)면의 지역으로서, 마을 북쪽에 개가 있으므로 뒷개 또는 북
　　　포, 북촌이라 하였는데, 1914년 행정구역 폐합에 따라 북촌리라
　　　하며, 1946년 북제주군에 편입됨.

북평리[북천동, 뒷드루, 북평]; 【리】강원-동해-, 본래 삼척군 견박면의 지역

으로서, 큰 들 북쪽이 되므로 뒷드루, 북평이라 하며, 또는 전천이
북쪽에 있으므로, 북천동이라 하였는데, 1914년 행정구역 폐합에
따라 구장터, 샛말, 선돌을 병합하여 북평리라 하여 북삼면에 편입
되고, 1963년에 북평읍이 됨.

위에 제시한 예에서 보듯 한글학회(1991)에서 찾을 수 있는 '뒤'와 '北' 또는 '北'과
'뒤'로 대응되는 항목은 19개이다. 이는 물론 문헌을 통하여 그것도 지명어의 전부요
소에 한하여 찾아낸 것이지만 '뒤'가 '北'의 새김이었을 것임을 알게 해주는 소중한 자
료이다. 더불어 '北'이 들어있는 지명어를 탐구함에 있어 해당 지역이 기준점에서 단
순히 북쪽에 위치하기에 붙여진 것이 아니고 때로는 뒤에 있기 때문에 명명된 것으로
도 보아야 할 근거를 제시해 주는 것이다.
이제 한자 '北'에 대한 새김이 한자학습서와 자전류 등에서 어떻게 나타나는지 알
아보기로 하자.

(20)
뒤븍 ～有韃靼東北女眞西北韋元〈訓蒙比叡 中2ㄴ〉,〈訓蒙東大・訓蒙尊經・訓蒙
東國 中4ㄱ〉

븍녁븍 뒤븍〈類合 上2ㄱ〉

북녁 북〈倭解 上11ㄱ〉

[북] 太陰水方朔方 [패]正[배] 敗走分異〈全玉 上11ㄴ〉

븍녁븍 太陰水方朔方又패正배敗走又分異〈字類 上22ㄴ〉

북역북〈兒學 下11ㄴ〉

[북] 朔方 북녁북, 敗走 패할배, 分異배 반할배〈釋要 上12ㄴ〉

[븍] 朔方 노・뒤・븍녁 [패]正[배] 敗走 패하야달아날, 分異 각각들〈新字
1:17ㄴ〉

(20)에서 字釋을 보여주는 가장 오래된 자료인 『訓蒙字會』 叡山文庫本을 비롯한
다른 판본에서 '北'과 대응되는 釋이 '뒤'임을 알 수 있다. 『類合』에서는 '븍녁' 다음에 '뒤'
를 제시하여 釋으로 삼고 있다. 『類合』을 비롯하여 『千字文』이나 『訓蒙字會』와 같은 한

자 초학서들이 대체로 하나의 한자에 하나의 자석을 부여하는 것으로 원칙을 삼았다. 그런데 하나의 한자에 두 개의 자석을 부여하는 경우도 종종 있다. 이 때 앞에 제시하는 자석이 더 상용성이 강한 것인가. 아니면 뒤에 제시하는 것이 더 그런 것인가는 좀 더 구체적인 탐구가 있어야 할 것으로 보인다. 다만, '븍녁븍 뒤븍〈類合 上2ㄱ〉'을 통하여 볼 때 앞에 제시한 '븍녁'보다 뒤에 나오는 '뒤'가 전통성을 지닌 것으로 보여진다. 아마도 '븍녁'은 진보적인 형태의 자석이고 '뒤'는 보수적인 형태로 보인다.

『倭解』,『字類』,『兒學』『釋要』 등에서는 '北'을 '뒤'로 풀이한 것을 찾을 수 없다. 이는 이미 오래전부터 '뒤'가 '北'의 석에서 이탈하였음을 보여주는 것이다. 그런데 비교적 후대에 간행된 『新字』에서 '朔方 노·뒤·븍녁'이 보이는데 여기서 '뒤'를 찾을 수 있다. 이는 한자의 석이 지닌 보수성과 함께 『新字』라는 책의 특징을 짐작하게 해 준다.

이상의 논의를 통하여 알 수 있는 사실은 '北'의 새김 중 가장 보수적인 형태가 '뒤'라는 것이다. 이런 점을 감안하면 '뒤실'이라는 고유지명어는 오늘날 대부분 '後谷'이라는 한자어 지명으로 전환되었지만 '北谷'으로 될 가능성도 아주 크다는 사실이다. 이렇게 볼 때 '北谷'은 분명 북쪽에 있는 골짜기가 아니고 기준점에서 뒤에 있는 골임이 분명한 것이다. 그러므로 池北의 '北'이 지니고 있는 의미도 '못뒤'라는 고유어 지명이 그 뜻을 보여주고 있듯이 '뒤'로 보아야 할 것이다.

3. 결론

청주 지역 소지명어 중 국어 어휘사의 측면에서 가치 있다고 판단되는 진고지/질구지, 쇠내/쇠미, 구루물, 짐대마루/진때마루, 수름재/수리재/모래재, 미루봉/고물개봉[丁峰/丁峰洞], 못뒤[池北/池北洞] 등에 관하여 논의하였다. 이상의 논의를 요약하면 다음과 같다.

1) 오늘날 '斜川, 斜川洞' 지역의 옛 이름은 '진고지/질구지'였다. 지금도 '질구지들, 진고지제'가 있는데 '진/질'은 [長]을 뜻한다. 그리고 '고지/구지'는 '곶/굿'에 접

사 '-이'가 결합된 것인데 그 원형은 '곧'이었을 것으로 보인다. 지명에 사용된 '곶/궂'은 '花'나 '串'으로 흔히 표기되었으며 해안에서 육지가 바다를 향하여 돌출한 부분을 표현한다. 내륙에서 산이 평야를 향해 돌출되어 있는 부분을 표현할 때는 '岬'이 일반적이나 종종 '串'과 '花·華'가 쓰이기도 한다. '진고지, 질구지, 질구지제, 질구지들'에 '고지/구지'가 쓰인 것은 이 지역의 생김새가 산이 平野를 향해 突出되어 있기 때문이다.

2) 金川洞을 가로질러 흐르는 '金川'은 '쇠내/쇠내개울/새내/시내/쇠미/새미'라 불리었다. 후부요소에 쓰인 '내/개울'은 '川, 溝, 梁, 水'등의 뜻으로 현대어에서도 쓰이고 있는 말이다. 그러나 '미'는 自立形式으로 쓰이지 못하고 '미나리, 미싯가루, 미꾸라지, 미늘' 등의 명사와 '미끄럽다'라는 동사에 化石化되어 남아 있는 '물[水]/천[川]'을 의미하는 고대어이다. 前部要素에 쓰인 '쇠/시/새'는 [金] 또는 [鐵]을 의미하는 것이 아니고 [東]을 의미하는 것으로 보인다. 왜냐하면 '쇠내[金川]'가 청주의 동쪽에 위치하고 있기 때문이다.

3) '雲泉洞'의 옛 이름은 '구루물'이었다. '구루물'은 '굴+우물' 또는 '구룸+물'로 분석할 수 있다. 여기서 後部要素 '물/우물'은 '井' 또는 '泉'을 의미하는 것으로 볼 수 있다. 그러나 前部要素 '굴/구룸'은 '雲'으로 보아서는 안 될 것 같다. 아마도 '굴/구룸'은 [雲]의 뜻을 가진 것이 아니고 '많다[多]' 또는 '크다[大]'의 뜻을 지닌 것으로 보인다. 그래서 '구루물'이란 큰 우물 내지는 많은 우물이라는 의미를 지닌 것으로 보인다.

4) 福臺洞의 '福臺'는 '짐대'에서 그 기원을 찾을 수 있다. '짐대'는 돛대 또는 사찰에서 幢을 달아 세우는 대를 의미한다. 지금의 복대동 일대는 이른 시기부터 신앙의 대상을 옹호하던 기관이나 사람들이 많아 '짐대'를 흔히 볼 수 있었던 곳으로 보인다. 漢字 表記에서 '짐대'는 '卜大'로 썼다. 여기서 '卜'은 한국 한자음 '짐'으로 읽힌다. '卜大'로 표기하던 것이 '福臺'로 고쳐진 것은 그 역사가 그리 길지 않다. 1961년에 간행된 淸州誌부터 '福臺'를 볼 수 있고 그 이전에 간행된 輿地圖書, 湖西邑誌 등에서는 '卜大'라 되어 있다. '卜大'가 '福臺'로 표기된 것은 '卜'의 한국식 한자음 '짐'을 잊어버리고 중국식 한자음 '복'으로만 읽게 되면서부

터이다. 나아가 'ㅏ'은 같은 음이면서 좋은 뜻을 지닌 한자 '福'으로 '大'는 마루의 뜻을 지닌 '臺'로 바뀌어 쓰이게 된 것이다.

5) '수리재'에서 '수리'는 '정수리' '봉우리'에 그 잔영이 남아 있다. '수리'의 원초적인 의미는 [峯]이었으나 [嶺], [頂], [山], [高] 등으로 의미 확장이 이루어진 것으로 보인다. 수리재와 함께 쓰였던 모래재의 '모래'는 근원형 '*mVrVŋ'에서 발달된 것으로 보인다. 근원형 '*mVrVŋ'에서 발달한 語彙群 'moro/moru, moroŋi, moih, moi, mø, me/mɛ, mi, mori more/morɛ, maro, maru, mari/mʌri, mar/mat/mati' 등을 통하여 볼 때 '*mVrVɦ'은 [山], [高], [宗], [旨] 등의 의미를 지니고 있는 말로 보여진다. 이런 사실을 종합할 때 '수름재/수리재/모래재'란 산과 같이 높은 곳에 형성된 고개라는 의미를 지니고 있는 말로 보아야 할 것이다.

6) '丁峯/丁峯洞'에 대응되는 고유어 지명 '미루봉/고물개봉'에서 필자가 관심을 갖고 논의한 것은 '고물개'의 '곰'이었다. 현대국어에서 찾을 수 있는 '고물개'의 방언형은 대체로 세가지 부류가 있다. '고무래'로 대표되는 'ko/ʌ/ø-mi/u/o-l/r/-g/zeroe/ɛ' 형, 밀개로 대표되는 'mil/r/-g/zero-ɛ/i/o' 형, 당그래로 대표되는 'tang-gi/ʌl/r-g/zero-ɛ/i' 형 등이 그것이다.

세번째 유형의 'tang-gi/ʌl/r-g/zero-ɛ/i' 형은 동사 '당기-(引)'에 기구접미사가 결합하여 형성된 것이다. 그리고 두번째 유형의 'mil/r/-g/zero-ɛ/i/o' 형은 동사 '밀-(推)'에 기구접미사가 결합하여 형성된 것임을 쉽게 알 수 있다. 그러나 첫 번째 유형의 'ko/ʌ/ø-mi/u/ol/r/-g/zeroe/ɛ' 형에서는 쉽게 그 뜻을 알아차리기가 어렵다.

아마도 'ko/ʌ/ø-mi/u/ol/r/-g/zeroe/ɛ'는 세 개의 형태소가 결합하여 이루어진 낱말로 보인다. 필자가 보기에 세 형태소의 원초적인 형태는 'kVm + mVr + kV'가 아닌가 한다. 여기서 어말의 'kV'는 기구접미사 '-개'임이 분명하며 선행하는 'mVr'은 '推'를 의미하는 동사 '밀-'임도 쉽게 추정할 수 있다. 결국 첫음절 'kVm'을 제외한 'mVr + kV'는 '밀개'로 추정할 수 있다. 밀개 앞에 있는 'kVm'은 밀개의 행위가 미치는 대상물을 의미하는 것으로 보인다. 고무래는 땅이나 모래 또는 재나 곡식 등을 밀고 당겨서 고르게 하는 도구이므로 고무래의 *'곰/굼'은 흙/땅, 모래의 뜻을 지닌 말로 보인다.

7) '池北/池北洞'에 대응되는 고유어 지명 '못뒤'에서 필자가 관심을 갖고 논의한 것은 '北'과 '뒤'의 문제였다. 오늘날 한자 '北'의 새김과 음은 '북녘 북'이라 함이 일반적이다. '北'을 '뒤'와 관련지어 생각하는 사람은 극히 일부에 지나지 않는다. 그러나 '뒤'와 '北' 또는 '北'과 '뒤'로 대응되는 예를 현용 지명어에서도 찾을 수 있다. 뿐만 아니라 한자학습서나 자전류에서 한자 '北'의 전통적인 새김이 '북녁/북녘'임을 확인할 수 있다. 그러므로 池北의 '北'이 지니고 있는 뜻은 '뒤'로 보아야 하며, 오늘날 池北洞이란 못의 '뒤'에 위치했던 곳이어서 붙여진 이름이라 하겠다.

제26장

[고개] 관련 후부요소의 발달과 지역적 분포

1. 서론

지명어는 일반적으로 지시대상의 유형적 속성을 표현하는 부분과 차별적 성격을 나타내는 부분으로 구성되어 있다. 예컨대 '밤고개'라는 지명어는 전부요소 '밤-'과 후부요소 '-고개'로 분석되는데 이 때 '고개'는 지형이 지닌 속성을 표현한 것으로 계열적 분류가 가능한 부분이다. 그리고 '밤'은 다른 지역과 차별이 되는 고유한 성격요소이다. 그러므로 고유명사적 성격을 띠는 전부요소를 성격요소 또는 표식부라 하며 보통명사와 같은 역할을 하는 후부요소를 분류요소 또는 단위부라 한다.

다른 지역과 분명하게 구별이 가능하도록 명명된 전부요소의 어휘에는 지시물에 대한 명명자의 의식이 반영되어 있다. 지시물을 보고 직접적으로 느낀 의식이 반영된 경우도 있고 정치, 경제, 사회, 문화적 세계관이 반영된 경우도 있다. 예컨대 밤나무가 많아 '밤고개'로 명명한 경우는 전자의 예이며, 성인이 세 명 태어날 것이라는 예언을 배경으로 명명된 '성삼재'는 후자의 예라 할 수 있다.

지시 대상에 대한 각각의 의식이 반영되어 명명된 전부요소의 어휘는 후부요소의 그것에 비해 다양하게 나타나며 혁신적인 성격을 지닌다. 반면에 후부요소로 쓰이는 어휘는 비교적 단순하면서도 보수적인 성향을 지니고 있어 일상어에서 단독으로 사용되지 않는 단어도 있다. 오늘날 한국 지명어의 전부요소에 사용된 어휘 중에는 서구어가 극소수 존재하나 후부요소에는 보수적인 형태인 고유어와 한자어만이 존재한다는 사실이 이를 증명한다.

보수적인 성향을 지닌 지명의 후부요소에 쓰인 어휘를 통하여 한국어 어휘의 역사를 연구할 수 있다. 또한 지시물의 속성을 표현한 것이 후부요소이므로 이를 유형화하여 고찰함으로써 단어 사이에 나타나는 대립, 경쟁, 소멸은 물론 각 지역 간 분포의 차이도 파악할 수 있다.

한국의 모든 지역을 망라한 지명을 확인할 수 있는 최초의 문헌자료는『三國史記』「地理志」(이하『三地』)이다. 이 문헌에 실려 있는 지명어의 검토를 통하여 [고개] 관련 후부요소의 근원적 형태를 파악함은 물론 그 지역적 분포를 살핌으로써 고대국어 시기의 삼국 지명이 지닌 특징을 찾아내고자 한다.

『三地』이후『慶尙道地理志』(1425),『八道地理志』(1432),『高麗史』「地理志」(1451),『世宗實錄』「地理志」(1454)(이하『世地』) 등이 있으나 이를 종합하여 집대성한 것은 1481년에 간행된『東國輿地勝覽』이다. 본 연구에서는 이들 자료를 참고하면서『東國輿地勝覽』을 증보하여 1531년에 간행한『新增東國輿地勝覽』(이하『新增』)에 나오는 지명어를 대상으로 연구하게 될 것이다.

조선 중기 이후『東國地理誌』(1640),『擇里志』(1751),『東國文獻備考』(1770),『我邦疆域考』(1811)『大東地志』(1866전후) 등을 비롯하여 다양한 형식의 지명 관련 자료들이 편찬되었다. 무엇보다도 우리의 관심을 끄는 자료는『輿地圖書』인데 이 책은 270여 년 전에 간행된『東國輿地勝覽』을 고치고 그동안 달라진 내용을 싣기 위해서 편찬된 것이다. 295개의 邑誌와 17개의 營誌, 1개의 鎭誌가 포함되어 있는 이 문헌은 1757년(영조 33)부터 1765년(영조 41)까지 각 고을에서 작성한 것을 합친 것이다.

조선시대에 간행된 문헌에 실려 있는 지명어는 대부분 한자로 표기되었다. 한글 표기 지명어가 집단적으로 출현하는 것은 1910년대에 필사된 것으로 보이는『朝鮮地誌資料』이다. 실제의 언어인 口語를 반영하지 못했던 한자표기가 한글표기로 바뀌면서 한자어지명의 원형인 고유어지명이 그 실체를 드러내게 되었다. 그 후 남한과 북한에서 모든 지역을 대상으로 지명을 조사하여 자료화한 것이 한글학회의『한국지명총람』과 과학백과사전출판사의『고장이름사전』이다. 또한『고장이름사전』을 토대로 평화문제연구소가 주관하여 2004년에 남과 북이 교류 사업의 일환으로『조선향토대백과』를 편찬하였다.

　본 연구는 우리나라 모든 지역의 지명을 확인할 수 있는 각 시기별 문헌 자료를 중심으로 진행되는 것이다. 고대국어 자료인『三地』에 나오는 [고개] 관련 후부요소가 현대국어까지 어떻게 발전하여왔는지 탐구하게 될 것이다. 또한 이들 후부요소에 쓰인 어휘의 지역별 분포를 살피고자 하는 것이 이 연구의 목표이다. 본 연구에서 논의하게 될 [고개] 관련 후부요소를 비롯하여 이 분야에 대한 전반적인 연구가 이루어지면 한국지명의 후부요소가 지니는 시대별, 지역적 특징을 찾아낼 수 있을 것이다. 나아가 한국의 언어 및 지리 나아가 문화적 현상을 파악하는데 크게 기여하게 될 것이다.

2.『三國史記』「地理志」에 보이는 고개 관련 후부요소

　현대 한국지명에 보이는 [고개] 관련 후부요소 중 고개/오개와 재는 고유어이며 嶺, 峴, 岾, 峙 그리고 岾은 한자어이다.[1][2] 이들 후부요소 중『三地』에서 분명히 확인할 수 있는 것은 한자어 후부요소 嶺, 峴, 岾 등이다. 또한 이들 한자어 후부요소와 대응되는 음독명 波兮/波衣[3]와 知衣를 통하여 고유어 후부요소 바위와 고개 또는 재가 있었음을 추정할 수 있다.

　한자어 후부요소 嶺, 峴, 岾 등을 권34 즉 신라의 지명에서는 확인할 수 없고 권35, 36, 37에 실려 있는 고구려와 백제의 지명에서 찾을 수 있다. 이들 후부요소 중 嶺은 권

1　岾은 한국고유한자로 고대국어 이후 '재'를 표기한 것으로 보기도 하나 한자 표기가 가능하여 언중이 한자어로 인식하므로 한자어 후부요소로 다루기로 한다. 그리고 [고개] 관련 후부요소로 嶝과 '너미'를 고려할 수 있으나 이 두 단어는 [고개]보다 [산], [골], [들], [마을], [바위], [논]…… 등을 지시대상으로 하는 경우가 더 많음으로 제외하기로 한다.

2　()안은 산천조에 나오는 빈도수임.

3　'波兮/波衣'는 '巖'과도 대응되며 "孔巖縣 本 高句麗 濟次巴衣縣"에서는 '巖'이 '巴衣'와 대응됨을 알 수 있다. '峴' 또는 '嶺'과의 대응에서는 '巴衣'를 찾을 수 없다.

37의 고구려와 백제의 지명에서만 확인할 수 있다. 고구려 지명의 예는 〈牛岑郡〉[一云 〈牛嶺〉, 一云〈首知衣〉)에 나오는 牛嶺 뿐이며 백제의 지명으로 長嶺鎭, 鵠嶺, 馬嶺, 鶴盤 嶺, 王骨嶺, 裴嶺, 長嶺城, 葛嶺 등 8개가 있다.

岵을 후부요소로 삼은 것 또한 신라의 지명에서는 확인할 수 없고 고구려와 백제 의 지명에서 확인할 수 있다. 고구려 지명의 경우 권35에서 볼 수 있는 7개의 지명(砥 岵縣, 三岵縣, 文岵縣, 猪守岵縣[4], 竹岵縣, 翼岵縣, 平珍岵縣) 모두를 권37에서도 볼 수 있다. 권37 에만 등장하는 9개의 지명 중 권35에 실려 있지 않은 것은 仇乙岵과 仇史岵이다. 백제 지명에서 확인할 수 있는 것은 권36과 권37에 모두 나오는 眞岵縣을 비롯하여 권37에 만 나오는 沙岵, 斧岵, 大斧岵, 烽岵, 錦岵城, 赤岵城, 石岵城, 雙岵城, 金岵城, 沈岵 등 11 개이다.

岑을 후부요소로 삼은 것도 신라의 지명에서는 찾을 수 없고 고구려의 지명에서 는 권35와 권37에 모두 나오는 牛岑郡 뿐이다. 백제의 지명에서는 권37에 椵岑城, 桐 岑城, 雍岑城, 櫻岑城, 岐岑城 등 5개가 보이는데 모두 城앞에 岑이 놓여 있다. 결국『三 地』에서 볼 수 있는 삼국지명 중 [고개] 관련 한자어 후부요소는 모두 35개이며 이 중 岵이 20개로 가장 많이 나타나고 嶺, 岑 순으로 분포함을 알 수 있다. 또한 백제 지명 에 [고개] 관련 한자어 후부요소가 가장 많이 분포함을 알 수 있다.

통일신라의 지명이라 할 수 있는 경덕왕 개칭 지명에 嶺이 7개로 가장 많이 나오 며 岵과 岑은 각각 1개씩 나온다. 이 중 (1다)에서 보듯 岑을 후부요소로 삼은 陰岑은 陰峯 뒤 '一云'에 나오는 지명이다. 결국 경덕왕 개칭 지명에 보이는 [고개] 관련 후부 요소는 모두 9개이며 嶺으로 통합되는 경향을 보이고 있다. (1가)에서 보듯 삼국지명 에서 岵을 후부요소로 삼았던 지명 모두가 개칭 지명에서는 嶺으로 교체되었음을 알 수 있다. 嶺을 후부요소로 삼으면서 가급적 岵과 岑을 사용하지 않으려 했던 예는 권 35의 고구려지명에서 牛岑을 牛峯으로 文岵을 文登으로 平珍岵이 偏嶮으로 바뀐 것을 통하여도 알 수 있다.

---

4 '猪守岵縣'과 관련하여 卷35에는 "猻嶺縣 本 高句麗 猪守岵縣 景德王改名, 今未詳."으로 나오며 卷37에는 "猪 蘭岵縣[一云 烏生波衣 一云 猪守]"로 나온다.

(1가)

天嶺郡 本 速含郡 景德王改名 今咸陽郡〈卷34-志3-地理1-34〉

三嶺縣 本 高句麗 三峴縣〈卷35-志4-地理2-36〉

狶嶺縣 本 高句麗 猪守峴縣, 景德王改名 今未詳〈卷35-志4-地理2-42〉

竹嶺縣 本 高句麗 竹峴縣 景德王改名 今未詳〈卷35-志4-地理2-51〉

翼嶺縣 本 高句麗 翼峴縣 景德王改名 今因之〈卷35-志4-地理2-52〉

鎭嶺縣 本 百濟 眞峴縣[眞一作貞] 景德王改名 今鎭岑縣〈卷36-志5-地理3-10〉

分嶺郡 本 百濟 分嵯郡 景德王改名 今樂安郡〈卷36-志5-地理3-29〉

(1나)

松峴縣 本 高句麗 夫斯波衣縣 憲德王改名 今屬 中和縣〈卷35-志4-地理2-30〉

(1다)

陰峯[一云 陰岑]縣 本 百濟 牙述縣 景德王改名 今牙州〈卷36-志5-地理3-15〉

　　한자어 후부요소와 대응되는 音讀名을 통하여 고유어 후부요소를 추정할 수 있는 자료는 권35와 권37에 나오는 고구려 지명 자료뿐이다. (2가)를 통하여 峴이 波兮 또는 波衣와 대응됨을 알 수 있으며, 하나의 예이기는 하나 岑이 知衣와 대응됨을 알 수 있다.

(2가).

松峴縣 本 高句麗 夫斯波衣縣 憲德王改名 今屬 中和縣〈卷35-志4-地理2-30〉

夫斯波衣縣 [一云 仇史峴]〈卷37-志6-地理4-03〉

三峴縣[一云 密波兮]〈卷37-志6-地理4-03〉

文峴縣[一云 斤尸波兮]〈卷37-志6-地理4-03〉

猪闌峴縣[一云 烏生波衣 一云 猪守]〈卷37-志6-地理4-03〉

平珍峴縣[一云 平珍波衣]〈卷37-志6-地理4-03〉

(2나).

牛岑郡[一云 牛嶺 一云 首知衣]〈卷37-志6-地理4-03〉

　　音讀名 波衣와 대응되는 釋讀名으로 巖이 있음을 鵂鶹城[一云 租波衣, 一云 鵂巖郡]

을 통하여 알 수 있다. 또한 孔巖縣 本 高句麗 濟次巴衣縣 景德王改名 今因之를 통하여 巴衣도 巖과 대응됨을 알 수 있다.[5] 이를 통하여 波衣는 峴과 巖 모두에 대응되는 음독명이며 波兮는 峴, 巴衣는 巖과만 대응됨을 알 수 있다. 波衣를 중심으로 波兮와 巴衣가 모두 15세기 형태 바회를 표현한 것으로 본다면 한자 巖과 峴에 대응되는 고유어 형태가 같았을 것으로 추정된다. 중세국어 이후 바회는 巖만을 뜻하며 그 형태도 19세기에 들어서서 모음간 'ㅎ'이 약화된 형태 바우, 바위 등으로 변하였으며 오늘날 지역에 따라 다양한 방언형을 지닌다.[6] 『三地』에서 巖과 대응되는 波衣/波兮/巴衣보다 峴과 대응되는 것이 많기는 하지만 현대국어의 지식으로는 峴이 고대국어에서 15세기 형태 바회였다는 것은 쉽게 납득이 가지 않는다. 그러나 고구려 지명에서만 확인되는 것이지만 여러 예에서 대응관계가 성립하므로 15세기 형태 바회는 고대국어에서 다의어 또는 동음이의어로 [峴] 그리고 [巖]의 뜻을 지녔던 것으로 보고자 한다.

『三地』에서 확인할 수 있는 [고개] 관련 후부요소 중 고유어로 波衣, 波兮와 더불어 知衣가 있다. (2나)에서 보듯 牛岑郡[一云 牛嶺 一云 首知衣]에서 知衣가 岑 또는 嶺과 대응됨을 알 수 있다. 知衣에 대하여 박병채(1990: 177), 천소영(1990: 52)은 현대국어 재의 기원형이라 하였고, 兪昌均(1980: 309)에서는 들[野]로 보아야 한다고 하였다. 그리고 최남희(2005: 141-144))에서는 首知衣를 소-달(su-tarV)로 읽을 수 있다고 하여 산을 뜻하는 달(達)로 볼 수 있다고 하였다. 최중호(2008: 267-274)는 知衣의 음가를 ki-ęi로 추정하여 개정도로 보고 중세국어 고개에 대응하는 것으로 보았다. 단정하기는 어려우나 본고에서는 知衣의 한자음에 대한 고려 없이 牛岑=牛嶺=首知衣에서 岑 또는 嶺을 뜻하는 우리말 재로 보기로 한다.[7] 『三地』에 나오는 [고개]관련 후부요소를 정리하면 〈표 1〉과 같다.

---

5 '巖'을 후부요소로 삼은 지명어로 '靈巖郡'과 '尉耶巖城(尉那巖城)'도 있으나 '靈巖'의 음독명은 '月奈'이며 '尉耶巖城(尉那巖城)'에는 음독명이 병기되지 않았다.

6 〈21세기 세종계획 한민족언어정보화 방언검색프로그램〉에 바위의 방언형으로 "바우, 바구, 바오, 바이, 바오, 바우이, 바웨, 바이, 박, 방구, 방우, 방이, 방구, 방오, 방쿠, 방쿠이, 방퀴, 파구, 파우, 파위, 팡구, 팡우……" 등이 제시되어 있다.

7 知衣에 대한 논의의 대강을 보이면 다음과 같다.
   (가) 박병채(1990: 177)에서는 '知衣'에 대하여 '支'는 支韻 知母(陟離)로 중고 한음 ʝię, '衣'는 ęi로 국어한자음으로는 '知衣〉tiï'로 추정된다고 하였다. 이는 한역인 '岑·嶺'으로 보아 중기국어의 '재(峴·嶺)'와 대응된다

〈표1〉『三國史記』「地理志」의 [고개]관련 후부요소의 지역별 분포

	嶺	峴	岑	波兮/波衣	知衣	계
신라	0	0	0	0	0	0
고구려	1	9	1	3/2	1	17
백제	8	11	5	0	0	24
개칭지명	7	1	1	0	0	9
계	16	21	7	5	1	50

3.『新增東國輿地勝覽』과『輿地圖書』에 보이는 고개 관련 후부요소

　『三地』에서 확인할 수 있는 [고개] 관련 후부요소로 한자어 嶺, 峴, 岑 등과 고유어 波兮/波衣와 知衣를 확인할 수 있었다. 아래 (3가)에서 보듯『龍飛御天歌』(이하『龍歌』)에 서는 [고개] 관련 고유어 후부요소로 재와 고개/오개를 확인할 수 있다. 波兮/波衣를 근원형으로 하는 바회는 (3나)에서 보듯 嶺, 峴, 岑 등과 대응되는 예를 찾을 수 없고 巖 과의 대응 예만 보이므로 [고개] 관련 후부요소로 보기 어렵다. 재와 고개/오개는 한

고 하였다. '知衣'를 오늘날 '재'의 기원형으로 본 것인데 천소영(1990: 52)에서도 '知衣'의 국어한자음 을 구개음화 이전의 어형 'tʃi로 재구하면서 '嶺·城'을 뜻하는 '자ㅅ/자/재'의 기원형으로 보았다.

(나) 兪昌均(1980: 309)에서는 '知衣'가 '岑'이나 '嶺'의 訓에 해당하므로 中期語는 '재'에 對應하는 것으로 해석 할 수도 있으나 그 音形의 差異가 심하므로 '珍伊·冬於' 등과 같은 것으로 보고 '들[野]'에 해당하는 'tə rr' 또는 'təri'와 같이 해석하였다.

(다) 최남희(2005:141-144)에서는 상고음 기층의 고구려한자음으로 '知'는 '디(ti)'이며 '衣'는 '을(ɘl)'로 보아 '知衣'의 소리값을 '디을(ti-ɘl)'로 볼 수 있다고 하였다. 또한 '岑'과 '嶺'의 훈이 곧 '달'이니, '知衣'는 곧 '디 을(ti-ɘl)' 또는 '달(達)'로 읽을 수 있다고 하여 '首知衣'를 '소-달(su-tarV)'로 읽을 수 있다는 결론을 도출 하였다.

(라) 최중호(2008: 267-274)는 '知衣'에 대하여 상고음에서 見母와 章系 그리고 端系의 글자들의 성모가 서로 혼용되고 있다는 李方桂의 학설을 수용하여 '知'의 음가, 즉 성모를 'k'로 재구할 수 있다고 하였다. 이를 바탕으로 '知衣'의 음가를 'ki-ɘi'로 추정하여 '개' 정도로 볼 수 있다고 하면서 이는 중세국어 '고 개'에 대응하는 어형으로 재구하였다.

자표기가 병기된 지명을 통하여 한자어 후부요소 峴과 대응되는 예만이 있음을 (3가)를 통하여 알 수 있다.

(3가)
牛峴·쇼·재〈龍歌 1:31ㄴ〉

泥峴 홍고·개〈龍歌 1:44ㄴ〉

鐵峴 쇠:재〈龍歌 1:50ㄱ〉

炭峴 숫고·개〈龍歌 5:29ㄴ〉

沙峴 몰·애오·개〈龍歌 9:49ㄴ〉

(3나)
巖房 바·횟방〈龍歌 1:47ㄴ〉

孔巖 구무바·회〈龍歌 3:13ㄴ〉

鳳凰巖·부헝바·회〈龍歌 5:27ㄴ〉

白巖·흰바·회〈龍歌 7:7ㄴ〉

(3가)에는 고유어 후부요소 재나 고개/오개에 대응되는 한자어 후부요소가 峴인 것만이 보인다. 그러나 『龍歌』권1, 2에 鐵嶺, 五嶺, 馬嶺, 慈悲嶺, 岊嶺, 車踰嶺, 咸關嶺, 草黃嶺, 薛列罕嶺 등이 있음을 통하여 嶺이 활발하게 쓰였음을 알 수 있다. 반면에 岾은 長岾만이 보일 뿐이며 이 또한 낙랑군에 속하는 지명[8]이라는 점을 고려할 때 岾은 후부요소로 명맥을 유지하고 있는 것으로 보여진다. 이런 현상은 같은 시기에 편찬된 『世地』에서도 확인할 수 있는데 嶺과 峴이 각각 11회와 29회 출현함에 비해서 岾은 鎭岾만이 3회 출현한다.

『世地』에서 발견되는 특징적인 후부요로 岾을 들 수 있는데, 岾은 물론 11회 출현하는 嶺보다 많은 18회나 출현한다. 이 중 12회는 烽火와 관련 있는 것이고 險阻處에 속하는 것이 2개, 磁器所와 陶器所 그리고 城郭이 있었던 곳이 각각 1개씩이다. 봉화를 올렸던 언덕의 명칭을 표현하는 후부요소로 普賢岾, 龍山岾, 麻骨岾, 余道岾, 沙火郎

---

8   鑠方 長岾 皆屬樂浪郡〈龍歌 3: 36b〉

岾…… 등에서와 같이 岾이 사용되었음을 알 수 있다. 그러나 이 문헌에서 아직 峙는
보이지 않는다.

　『新增』에 보이는 [고개]관련 후부요소는 峴(357회)과 嶺(256회)이 주를 이루고 있다.
『世地』에서 나타나기 시작했던 岾이 급격히 증가하여 83회나 나오나 峉은 6회밖에 나
타나지 않아 후부요소로서의 기능을 잃어가고 있음을 알 수 있다. 峴(357회), 嶺(256회),
岾(83회), 峉(6회) 등의 출현 횟수는 자연지명은 물론 역원, 성곽, 고적, 봉수 등을 비롯
한 인문지명까지 모두 포함한 빈도수이다. 조선시대전자문화지도에서 산천으로 분
류된 각 후부요소의 출현 횟수는 峴(259회), 嶺(170회), 岾(47회) 등이며 峉은 보이지 않는
다. 이를 통하여 岾이 후부요소의 지위를 분명히 하였음에 반하여 峉은 그 지위를 상
실하였음을 알 수 있다. 峙라는 글자가 『新增』에 보이기는 하나 후부요소로 쓰인 예는
없고 '우뚝 솟다'라는 정도의 의미로 쓰였다.

　[고개] 관련 후부요소가 『輿地圖書』에서는 嶺(433회/177회), 峴(360회/206회), 峙(150
회/52회), 岾(45회/29회), 峉(12회/0회) 등의 순으로 나타난다. 괄호 안의 뒤쪽에 제시한 것
이 산천에서만 보이는 출현 빈도인데 전체 빈도에서는 嶺(433회)이 峴(360회)보다 많으
나 산천의 경우 峴(206회)이 嶺(177회)보다 많음을 알 수 있다. 이 문헌에서 특이한 것은
앞선 시기의 문헌에 보이지 않던 峙가 150회/52회나 출현한다는 점이다. 이 빈도는
峉(12회/0회)은 물론 岾(45회/29회)보다도 훨씬 높은 것이다. 峉이 산천을 지시하는 명칭
으로 한 번도 쓰인 예가 없으므로 후부요소의 기능을 상실했음을 다시 확인할 수 있
다. 더불어 岾의 쓰임이 쇠퇴하였음을 알 수 있다. 반면에 새롭게 등장한 峙가 산천은
물론 關隘, 堤堰, 倉庫, 鎭堡…… 등을 표현하는 명칭으로 활발하게 쓰였다.

　한자 嶺과 峴이 『訓蒙字會』 지리조에 나란히 올라 있으나 峙는 실려 있지 않다. 또
한 『新增類合』에는 상권의 지리조가 아닌 하권의 사물조에 실려 있다. 『譯語類解』 『倭
語類解』 등의 地理條에도 峴과 嶺은 보이나 峙는 보이지 않는다. 이러한 사실과 더불어
『三地』나 『新增』에 보이지 않던 것이 『輿地圖書』에 활발하게 나타나는 것을 보면 峙가
地名의 후부요소로 사용된 것은 근세의 일이다.

　峙의 기원에 대하여 이돈주(1971: 14-15)에서는 『三地』에 나오는 백제지명어 [ɗi]가
격음화되어 형성된 형태일 가능성을 제시하고 있다. 한자어가 아니고 백제 지명에서

城과 대응되었던 순우리말 只·己·支가 발전된 형태라는 것이다.[9] 다만 한자 峙가 뜻은 물론 그 음도 유사하여 가져다 쓴 것으로 보고 있다. 峙의 한자음 [티] 또는 [치]가 只·己·支의 격음화형인지는 보다 진전된 논의가 있어야 할 것으로 보인다.

峙의 漢字音은 『廣韻』에 直里切, 『集韻』에 丈里切, 『正韻』에 丈几切로 나온다. 그리고 『東國正韻』에 제시된 한자음은 상성의 [:띵]이고 『新增類合』에 제시된 한자음은 [티]이다. 『三韻聲彙』 이후 『字典釋要』, 『新字典』을 비롯 現用 字典類에는 [치]로 나온다.[10] 우리나라에서 이 한자음은 [디〉티〉치]로 발달해 온 것으로 볼 수 있다. 오늘날 이 한자의 음은 구개음화가 반영된 형태인 [치]이나 여러 지역의 지명에서는 [티]로도 실현되고 있다. 『한국지명총람』을 통하여 충청북도, 전라남도, 경상북도 지명에 [티]가 다수 존재함을 확인할 수 있다. 반면에 『조선향토대백과』에는 음절말음이 티인 것이 방구모티, 큰산느티, 싸리아티, 솔아티 등 4개가 보이나 방구모티는 바위모퉁이이며 싸리아티는 싸리밭이고 큰산느티와 솔아티는 옛 지명으로 峙로 볼 수 있는 것이 없다. 구개음화가 근대국어 시기에 남쪽에서 시작하여 북쪽으로 확산된 음운현상이라는 점을 고려할 때 북부가 아닌 남부 지방의 지명에 [티]가 보이는 것은 특이한 것이라 할 수 있다.

아래의 〈표 2〉는 각 문헌에 나오는 [고개] 관련 지명을 종합적으로 정리한 것이고 〈표 3〉과 〈표 4〉는 각각 『新增』과 『輿地圖書』의 산천조에 나오는 후부요소를 지역별로 정리한 것이다.

---

9 城과 대응되는 只·己·支의 예로 다음과 같은 것이 있다.

儒城縣 本百濟 奴斯只縣 景德王 改名 今因之〈권제 36〉

潔城郡 本百濟 結己郡 景德王 改名 今因之〈권제 36〉

闕城郡 本 闕支郡 景德王 改名 今江城縣〈권제 34〉

10 다만 최근에 간행된 단국대학교 동양학연구소의 『漢韓大辭典』(4: 800)에 땅이름에 쓰이는 글자로 山西省 繁峙縣의 경우만 그 음이 [시]임을 제시하였다.

〈표 2〉 [고개]관련 후부요소의 문헌별 분포

	嶺	峴	岑	峙	岾	계
세종실록지리지	11(0)[11][12]	29 (1)	3(0)	0	18(0)	61(1)
신증동국여지승람	256(170)	357(259)	6(0)	0	83(47)	702(476)
여지도서	433(177)	360(206)	12(0)	150(52)	45(29)	1,000(464)
계	700(347)	746(466)	21(0)	150(52)	146(76)	1,763(941)

〈표 3〉『新增東國輿地勝覽』에 나오는 [고개]관련 후부요소의 지역별 분포

	嶺	峴	峙	岑	岾	계
강원도	25	29	0	0	3	57
개성부	2	7	0	0	0	9
경기도	19	9	0	0	2	30
경상도	25	85	0	0	15	125
전라도	9	26	0	0	9	44
충청도	11	70	0	0	7	88
평안도	21	15	0	0	4	40
한성부	0	3	0	0	0	3
함경도	52	13	0	0	0	65
황해도	6	2	0	0	7	15
계	170	259	0	0	47	476

11 '岾'은 한국고유한자로 고대국어 이후 '재'를 표기한 것으로 보기도 하나 한자 표기가 가능하여 언중이 한자어로 인식하므로 한자어 후부요소로 다루기로 한다. 그리고 [고개] 관련 후부요소로 '嶝'과 '너미'를 고려할 수 있으나 이 두 단어는 [고개]보다 [산], [골], [들], [마을], [바위], [논]…… 등을 지시대상으로 하는 경우가 더 많음으로 제외하기로 한다.

12 ( )안은 산천조에 나오는 빈도수임.

〈표 4〉『輿地圖書』에 나오는 [고개]관련 후부요소의 지역별 분포

	嶺	峴	峙	岾	岾	계
강원도	16	15	15	0	4	50
경기도	11	13	0	0	2	26
경상도	37	89	2	0	15	143
전라도	8	7	13	0	4	32
충청도	10	33	17	0	1	61
평안도	41	12	0	0	0	53
함경도	44	4	3	0	0	51
황해도	10	33	2	0	3	48
계	177	206	52	0	29	464

4. 『한국지명총람』과 『조선향토대백과』에 보이는 고개 관련 후부요소

1443년 세종 25년에 훈민정음이 창제된 후에도 조선시대의 공용문자는 한자였다. 그 결과 지명이 실려 있는 대부분의 역대 문헌은 漢籍이며 지명표기 역시 한자를 활용하였다. 洞里名을 포함한 한글표기 지명을 집단적으로 볼 수 있는 문헌은 1911년에 필사된 『朝鮮地誌資料』이다. 그 후 전국 각처의 지명을 조사하여 자료화한 것이 『한국지명총람』과 『조선향토대백과』이다. 『한국지명총람』을 통하여 남한의 지명을, 『조선향토대백과』를 통하여 북한의 지명을 살필 수 있는데 이 두 자료를 바탕으로 [고개] 관련 후부요소의 분포와 그 특징을 파악하고자 한다.

『한국지명총람』과 『조선향토대백과』에서 확인할 수 있는 고개 관련 후부요소로 嶺, 峴, 峙, 岾, 岾 등의 한자어와 고개, 재 등의 고유어가 있다. 앞에서 검토했던 문헌의 지명 표기가 모두 한자로 이루어졌기 때문에 구체적으로 고유어 후부요소를 확인할 수 없었다. 그러나 〈표 5〉에서 보듯 고유어 후부요소가 절대적으로 많은 분포를 보이

고 있다.

〈표 5〉 『한국지명총람』과 『조선향토대백과』에 나오는 [고개]관련 후부요소의 분포

	嶺	峴	峙	岾	岾	재	고개	계
한국지명총람	867	2,737	2,964	41	5	21,963	16,049	44,626
조선향토대백과	2,333	226	29	1	101	4,782	17,090	24,562
계	3,200	2,963	2,993	42	106	26,745	33,139	69,188

〈표 5〉 통하여 두 자료에 실려 있는 지명어의 수는 모두 69,188개이며 이 중 고유어인 재와 고개가 59,884개로 86.6%임을 알 수 있다. 9,304개에 불과한 한자어 후부요소에 비해 절대적으로 많은 고개와 재를 통하여 [고개]관련 후부요소의 원초형이 고유어임을 추정하게 한다. 고유어 후부요소 중에서 전체적으로는 고개가 재에 비해 그 수가 많음을 알 수 있다. 그러나 지역에 따라서는 재가 고개에 비해 널리 분포하는 경우도 있다. 남한 지역의 경우 재:고개의 비율이 58:42이나 북한 지역의 경우 22:78로 나타난다. 이를 통하여 남한지역의 경우 재가 상대적으로 우세한 분포를 보이나 북한 지역의 경우는 고개가 절대적으로 우세한 분포를 보인다는 것을 확인할 수 있다.

남한 지역 지명에서 [고개] 관련 후부요소 중 재가 차지하는 비율이 49.2%임에 비하여 북한의 경우 19.5%에 불과하다. 반면에 고개가 북한 지역 지명에서 차지하는 비율은 무려 69.6%이며 남한 지역에서는 36.0%이다. 이를 통하여 고개는 비교적 전국적으로 고른 분포를 보인다고 할 수 있으나 재의 경우 남쪽의 지명에서 적극적인 분포를 보임을 알 수 있다. 이러한 사실은 〈표 6〉를 통하여 전남(6,735개), 경북(4,492개), 경남(3,208개), 전북(2,891개) 등의 호남과 영남지역에 집중적으로 나타남을 통하여 확인할 수 있다.[13] 남한 지역의 경우이지만 강원, 경기, 충청 지역의 경우 고개의 분포가 재에 비해 상대적으로 우세함을 알 수 있다.

---

13 호남과 영남지역에 분포하는 '재'는 17,326개로 남한의 64.8%에 해당한다.

〈표 6〉 『한국지명총람』에 나오는 [고개]관련 후부요소의 각 도별 분포

	嶺	峴	峙	嵿	岾	재	고개	계
강원	143	326	366	2	0	1,069	1,267	3,173
경기	38	505	52	1	2	1,015	4,281	5,894
경남	97	179	188	9	1	3,208	1,825	5,507
경북	327	814	215	20	1	4,492	2,590	8,459
부산	2	0	0	0	0	10	50	62
서울	6	101	2	0	0	99	329	537
인천	0	28	0	0	0	30	91	149
전남	63	141	831	0	0	6,735	1,068	8,838
전북	60	102	553	1	1	2,891	1,173	4,781
제주	3	2	0	0	0	15	2	22
충남	66	316	519	6	0	1,419	1,784	4,110
충북	62	223	238	2	0	980	1,589	3,094
계	867	2,737	2,964	41	5	21,963	16,049	44,626

嶺, 峴, 峙, 嵿, 岾 등 한자어를 후부요소 삼은 [고개] 관련 지명어는 9,304개로 13.4%이다. 원초형인 고유어 후부요소 고개나 재를 배경으로 생성된 것이 한자어 후부요소이므로 그 수가 적은 것은 당연한 이치이다. 고유어지명의 한자화는 표기의 과정에서 이루어 진 것이 대부분이므로 행정지명이 아닌 자연지명에서는 고유성이 보존된다. 그러므로 고유어지명과 한자어지명이 대립, 공존하는 경우도 있지만 자연지명의 경우 고유어지명만이 홀로 존재하는 경우가 허다하다. 이러한 이유로 인하여 고유어지명이 한자어지명보다 많음은 당연한 귀결이다.

한자어 후부요소는 嶺이 3,200개로 가장 많고 峙(2,993개), 峴(2,963개), 岾(106개), 嵿(42개) 순으로 그 분포를 보인다. 嶺, 峴, 峙 등에 비하여 岾과 嵿은 [고개] 관련 후부요

소로 그 명맥을 유지하고 있음을 알 수 있다.[14] 남한 지역의 경우 嶺, 峴, 峙 등이 적극적인 분포를 보임에 반하여 岾과 岾은 그 수가 많지 않다. 북한 지역의 경우는 嶺만이 적극적인 분포를 보일 뿐이며 峴과 岾은 중립적이고 峙와 岾은 소극적으로 분포한다.

남한 지역에서 峙가 2,964개로 가장 많이 나타남에 비하여 북한 지역에서는 29개로 매우 적게 나타나 특이한 현상으로 파악된다. 〈표 7〉을 통하여 북한 지역에서 峙가 분포하는 지역은 강원, 개성, 양강, 함남, 황북 지역에 많게는 9개 적게는 2개 정도가 있음을 알 수 있다. 남한 지역의 경우 〈표 6〉을 통하여 전남, 전북, 충남 등의 지역에서 峴보다 월등하게 많이 나타남을 알 수 있고, 강원, 경남, 충북 등의 지역에서는 약간 많은 분포를 보인다. 그러나 경기, 경북, 서울, 인천 등의 경우 峙가 峴보다 적게 나타난다. 결국 백제 지역이라고 할 수 있는 호남과 충남 지역에 '峙'가 적극적으로 분포함을 알 수 있다.[15]

〈표 7〉『조선향토대백과』에 나오는 [고개]관련 후부요소의 각 도별 분포

	嶺	峴	峙	岾	岾	재	고개	계
강원	188	26	9	1	0	165	1,989	2,378
개성	7	23	3	0	0	79	637	749
남포	17	0	0	0	0	447	154	618
라선	14	9	0	0	0	25	123	171
양강	283	0	7	0	0	52	269	611
자강	331	6	0	0	0	49	946	1,332
평남	157	16	0	0	0	725	3,115	4,013
평북	302	49	0	0	0	433	3,667	4,451

---

14 특히 岾은 남한 지역에서 5개, 岾은 북한 지역에서 1개만이 분포함을 알 수 있어 사실상 [고개]관련 후부요소 목록에서 제외될 운명에 처해 있다.

15 '峙'가 백제에 속했던 지역에 적극적으로 분포함을 통하여 이돈주(1971: 14)에서 제기했던 백제어 己, 只와의 관련성에 주목할 필요가 있다고 생각한다.

평양	13	16	0	0	2	382	837	1,250
함남	696	10	2	0	97	1,677	1,927	4,409
함북	278	8	0	0	0	164	864	1,314
황남	13	34	0	0	1	351	1,057	1,456
황북	34	29	7	0	1	233	1,505	1,809
계	2,333	226	29	1	101	4,782	17,090	24,562

　　북한 지역의 경우 [고개] 관련 한자어 후부요소 2,690개 중 嶺이 2,333개로 86.7%
나 된다. 嶺과 더불어 峴과 峙가 비교적 고르게 분포하는 남한 지역에 비해 편중된 현
상을 보인다. 남한 지역의 경우 일반적으로 고유어 후부요소 고개는 嶺 또는 峴으로
재는 峙로 한자화하였으나 북한 지역의 경우는 嶺만을 가져다 쓴 결과 이러한 현상이
나타나게 된 것으로 보인다.

　　북한 지역 지명에서 주목되는 것 중의 하나로 岾의 분포가 특정 지역에 적극적으
로 나타난다는 점이다. 다른 지역에서는 나타나지 않으나 함경남도에서만 97개나 보
이는 것이 특이하다. 이 지역의 지명에서 고개는 嶺으로 한자화하였고 재는 岾으로 한
자화하였음을 알 수 있다.[16]

5. 결론

　　지명어는 유형적 속성을 표현하는 후부요소와 차별적 성격을 나타내는 전부요소
로 구성되어 있다. 본 연구는 한국지명의 후부요소 중 [고개] 관련 지명어의 발달과 지

---

16 『조선향토대백과』 함경남도편에서 고유어지명과 한자어지명이 공존하는 예들을 살펴보면 고개:嶺,
　　재:岾의 대응이 이루어짐을 알 수 있다. 삼포고개:草坪嶺〈화성군〉, 큰문고개:大門嶺〈홍원군〉, 매내미고
　　개:馬越嶺〈함주군〉, 창고개:倉嶺〈단천시〉, 술기고개:車嶮嶺〈단천시〉 등은 고개:嶺의 예이며 재안재:王樂
　　岾〈함주군〉, 작은재:小岾〈신흥군〉, 사과나무재:朴家墓岾〈영광군〉 등은 재:岾의 예이다.

역적 분포를 논의한 것이다. 『三地』에 실려 있는 지명어의 검토를 통하여 고대국어 시기의 [고개] 관련 후부요소의 근원적 형태를 파악한 후 중세, 근세를 거쳐 현대에 이르기까지 그 변화를 추적하였다. 또한 [고개] 관련 후부요소로 쓰인 어휘가 지역별로 어떠한 분포를 보이는지 논의하였다.

고대국어의 지명 자료인 『三地』을 통하여 한자어 후부요소 嶺, 峴, 岾 등과 波兮/波衣와 知衣를 통하여 고유어 후부요소 바위와 고개 또는 재가 있었음을 확인하였다. [고개] 관련 후부요소는 경덕왕의 개칭지명을 포함하여 모두 50개이다. 이 중 백제 지명이 24개로 가장 많고 고구려(17개), 개칭지명(9개) 순이다. 가장 많은 분포를 보이는 후부요소는 峴(21개)이며 모든 지역에서 嶺 또는 岾보다 상대적으로 많이 나타난다. 그런데 개칭지명의 경우 嶺이 가장 많음을 알 수 있는데 삼국의 지명에서 峴을 후부요소로 삼았던 것이 모두 嶺으로 교체되었기 때문이다. 이는 [고개] 관련 한자어 후부요소가 嶺으로 통합되는 경향을 보인 것이라 할 수 있다.

『三地』을 통하여 확인할 수 있는 고유어 후부요소로 波兮/波衣와 知衣가 있다. 석독명 峴과 대응되는 음독명으로 비록 고구려 지명에서만 확인되는 것이기는 하나 매우 소중한 자료이다. 波衣는 巖과도 대응되므로 波兮/波衣가 15세기 형태 바회를 표현한 것으로 본다면 한자 巖과 峴에 대응되는 고유어 형태가 같았을 것으로 추정된다. 岾 또는 嶺과 대응되는 知衣는 논자에 따라 재, 들, 달 그리고 고개의 일부인 개로 보기도 하였다. 여기서는 재로 보기로 하며 결국 고대국어에서 [고개] 관련 고유어 후부요소로 바회와 재가 있었던 것으로 보기로 한다.

중세국어의 지명을 논의하는데 주로 활용한 자료는 『新增』이다. 그런데 이 자료는 漢籍이므로 지명어 또한 한자로 표기되어 있다. 『新增』을 통하여 [고개]관련 후부요소로 峴(357회)과 嶺(256회)에 이어 岾이 83회나 나오는 것을 알 수 있다. 岾의 적극적인 출현은 『世地』에서도 확인되는 사항이나 岾은 6회밖에 나타나지 않아 후부요소로서의 기능을 잃어가고 있음을 알 수 있었다. 이 문헌에서 峙라는 글자가 보이기는 하나 후부요소로 쓰인 예는 없었다. 한글로 표기된 최초의 문헌인 『龍歌』를 통하여 [고개] 관련 고유어 후부요소로 재와 고개/오개가 있음을 확인할 수 있다. 波兮/波衣를 근원형으로 하는 바회는 巖과만 대응관계에 있으므로 이 시기의 [고개] 관련 후부요소로 보기는 어렵다.

근대국어 지명 자료인 『輿地圖書』에서는 嶺(433회), 峴(360회), 峙(150회), 岾(45회), 岾(45회), 쏙(12회) 등의 순으로 나타난다. 앞선 시기의 문헌에 보이지 않던 峙가 150회나 출현하여 쏙은 물론 岾보다도 훨씬 많이 나타나는 것이다. 쏙과 岾이 [고개] 관련 후부요소에서 쇠퇴하고 峙가 확고한 자리를 차지하였음을 특징으로 한다. 전라도와 충청도 지역에 상대적으로 峙의 분포가 적극적인 점을 고려할 때 『三地』에 나오는 백제지명어 只·己·支가 발전된 형태일 가능성이 높다.

현대국어 지명 자료인 『한국지명총람』과 『조선향토대백과』에 나오는 69,188개의 지명어 중 고유어인 재와 고개가 87%로 한자어 후부요소에 비하여 절대적으로 우세한 분포를 보임을 알 수 있었다. 고유어 후부요소 중 전체적으로는 고개가 재에 비해 그 수가 많음을 알 수 있다. 그런데 남한지역의 경우 재가 상대적으로 우세한 분포를 보이고 북한 지역의 경우는 고개가 절대적으로 우세한 분포를 보인다. 고개는 전국적으로 고른 분포를 보이나 재는 호남과 영남 지역에 집중적인 분포를 보인다.

원초형인 고유어 후부요소 고개나 재를 배경으로 생성된 한자어 후부요소 嶺, 峴, 峙, 쏙, 岾 등이 [고개] 관련 후부요소에서 차지하는 비율은 13%이다. 고유어지명의 한자화가 자연지명보다는 행정지명에서 흔히 일어나는 현상이므로 행정지명에서는 고유어지명과 한자어지명이 대립, 공존하는 경우가 일반적이다. 전체적으로 한자어 후부요소는 嶺, 峙, 峴, 岾, 쏙 순으로 분포하나 岾과 쏙은 그 명맥만을 유지하고 있다. 남한 지역의 경우 嶺, 峴, 峙 등이 적극적인 분포를 보임에 반하여 북한 지역의 경우는 嶺만이 적극적인 분포를 보인다. 특히 남한 지역에서 峙가 2,964개로 가장 많이 나타남에 비하여 북한 지역에서는 29개로 매우 적게 나타나 특이한 현상으로 파악된다. 또한 북한 지역 지명에서 주목되는 것 중의 하나로 岾의 분포가 특정 지역에 적극적으로 나타난다는 점이다.

제3부
한국지명의 전망

제27장

지명어의 특징과 가치

서론

땅이름 즉 지명이란 지표상에 실재하는 자연 지리적 실체인 산, 고개, 하천, 평야, 해안…… 등과 인문 지리적 실체인 마을, 도로, 건물…… 등에 부여된 명칭이다. 지명은 다른 지점과의 구분은 물론 지시물의 특성을 표현하여 구성원들의 정치·경제·사회·문화 등 모든 영역에서 편리성을 도모하고자 약정한 고유명사이다. 자연 지리적 실체에 부여된 명칭을 자연지명이라 하며 인문 지리적 실체에 부여된 명칭을 인문지명이라 한다. 일반적으로 인문지명 중 촌락명, 도로명, 건물명 등은 행정과 밀접한 관련이 있기 때문에 행정지명이라 부르기도 한다. 이들 지명은 관리 주체가 다르다는 점에서도 구분된다.[1]

정치·사회·경제·문화적인 요인 등에 의해 생겨난 인문지명은 상황 변화에 따라 달라지는 경우가 종종 있다. 행정구역 개편에 따라 광역 또는 기초자치단체의 명칭을 바꾸거나 폐지하기도 하고, 도로를 둘러싼 구성원들의 이해관계에 따라 도로명을 변경하기도 하는 데에서 이러한 사실을 확인할 수 있다. 그러나 산과 강을 비롯한 자연 지리적 실체는 쉽게 소멸되거나 이동시킬 수 없는 속성을 지니고 있어 일단 부여된 지명은 영속성을 지닌다. 어휘 중에서 가장 보수적인 속성을 지닌 것 중의 하나

---

1 자연지명은 국토교통부 산하 기관인 국토지리정보원에서, 행정지명은 안전행정부에서 각각 관리하고 있다. 자연지명으로 볼 수 있는 해양지명은 그 특수성을 고려하여 해양수산부에서 관할하고 있다.

가 자연지명인데 이는 지시물이 변화하지 않기 때문에 나타나는 현상이다.

자연지명이 인문지명에 비해 보수적인 속성을 지니고 있음은 그 명칭에 쓰인 어휘의 어종을 통해서도 쉽게 확인할 수 있다. 우리나라의 광역자치단체명 중 '서울'을 제외하고는 모두 한자어이다. 기초자치단체의 명칭 즉 시·군명의 경우도 대부분 한자어이다.[2] 우리말 어휘를 구성하고 있는 고유어와 한자어 그리고 서구외래어 중에서 역사성을 지닌 가장 보수적인 것이 고유어인데 행정지명에서는 고유어가 겨우 명맥만을 유지하고 있음을 알 수 있다. 심지어 가장 혁신적인 어휘라고 할 수 있는 서구어가 건물명에서는 판을 치고 있고 동리명에까지 침투하려 했던 사례가 있다.[3] 그러나 행정지명과는 달리 불무골, 밤실, 버드내, 질마재, 살미, 새여울, 토재이배리…… 등과 같은 자연지명에서는 고유어가 건재하다.

겉으로 보기에 대부분의 행정지명이 한자어이지만 그 생성 배경을 살펴보면 고유어를 바탕으로 하였음을 알 수 있다. 한자어 행정지명인 '大田'과 '栗谷'은 각각 고유어 '한밭'과 '밤실'을 바탕으로 생겨난 것이다. 지명에 쓰인 우리말의 특징과 가치를 살펴보기 위해서는 행정지명보다는 자연지명에 주목해야 하는 이유가 바로 여기에 있다. 한밭의 전부요소 '한'과 밤실의 후부요소 '실'은 현대국어에서 지명에만 남아 명맥을 유지하고 있지만 비교적 이른 시기의 국어에서는 각각 [多·大·元] 그리고 [谷]이

---

2 윤홍기(2006)는 뉴질랜드의 행정구역 명칭 중 광역자치단체에 해당하는 명칭에서는 유럽식 지명이 절대적으로 우세하나 기초자치단체라 할 수 있는 county(군) 명칭에서는 마오리식 지명이 상대적으로 우세하다는 논의를 전개한 바 있다. 우리나라의 도에 해당하는 10개의 행정구역 명칭 중 타라나키와 오타고가 마오리어 지명이며, 군에 해당하는 121개 county의 명칭 중 마오리어 지명이 68개로 56.2%, 유럽식 지명은 53개로 43.8%라 하였다. 우리나라의 자치단체명이 서울, 임실 등을 제외하고는 대부분 한자어라는 사실과 대조적인 것이어서 이에 대하여 보다 심도 있는 논의가 필요하다.

3 타워펠리스, 하이페리온, 롯데케슬 등을 비롯하여 대기업 건설사에서 건축한 공동주택의 이름은 대부분 서구어에 바탕을 둔 명칭들이다. 그리고 대전시 유성구 구즉동에 첨단산업복합단지를 조성하면서 그 단지의 명칭을 '대덕테크노밸리'로 하였다. 이 단지가 분동되면서 2010년 4월 21일 주민들의 요구에 따라 행정동 명칭을 '관평테크노동'으로 명명하였다. 그 후 행정동 명칭에 외국어를 혼용하는 것은 적절하지 않다는 논란이 일자 유성구 의회는 2010년 7월 22일 제167회 3차 본회의에서 관평테크노동을 관평동으로 변경하는 "대전시 유성구 행정기구설치 조례 일부개정 조례안"을 거수투표를 통해 재적의원 10명 중 6명의 찬성으로 통과시켰다. 이를 통하여 비록 3개월이지만 행정동 명칭에 외국어를 사용한 사례를 확인할 수 있다.

라는 개념으로 활발하게 쓰였던 어휘이기 때문이다. 자연지명에 쓰인 고유지명어는 우리나라 지명의 원초적인 형태로 국어의 역사적 연구에 기여할 수 있는 어휘라는 점에서 매우 소중한 것들이다. 또한 그 중 일부는 현대국어의 일상어에서 찾아볼 수 없는 아름다움을 지닌 것들이다. 본 연구에서 필자는 자연지명 중 '소' 계 지명을 대상으로 그 특징과 가치를 탐구하고자 한다.

'소'는 '여울'[4]과 대립관계에 있는 순우리말로 "바닥이 깊게 패어 물이 많이 고여 있는 웅덩이"를 뜻하는 단어이다. '소'는 지명의 후부요소 즉 속성지명으로도 쓰이는데 한글학회(1960~1980)의 『한국지명총람』에는 '소'계 지명 2,035개가 등재되어 있다.[5] 지명어의 구조와 관련하여 '소'를 비롯한 후부요소가 지닌 특징 등을 2장에서 논의하고, 3장에서는 '소'계 지명의 전부요소로 쓰인 어휘에 대하여 논의하고자 한다.

2. 지명의 후부요소와 '소'

지명은 일반적으로 지시대상의 유형적 속성을 표현하는 부분과 차별적 성격을 나타내는 부분으로 구성되어 있다. 예컨대 '가마소'라는 지명은 전부요소 '가마'와 후부요소 '소'로 분석되는데 이 때 '소'는 지형이 지닌 속성을 표현한 것으로 계열적 분류가 가능한 부분이다. 그리고 '가마'는 다른 지점과 차별 되는 고유한 성격요소이다. 그러므로 고유명사적 성격을 띠는 전부요소를 성격요소 또는 표식부라 하며 보통명사와 같은 역할을 하는 후부요소를 분류요소 또는 단위부라 한다.

다른 지역과 분명하게 구별이 가능하도록 명명된 전부요소의 어휘에는 지시물에 대한 의식이 반영되어 있다. 지시물을 보고 직접적으로 느끼는 의식이 반영된 경우도 있고 정치·경제·사회·문화적 세계관이 반영된 경우도 있다. 예컨대 조개가 많아

---

4 국립국어원(1999: 4318)에서 여울은 "강이나 바다의 바닥이 얕거나 폭이 좁아 물살이 세게 흐르는 곳 늑 물여울·천탄(淺灘)"으로 풀이하였다.

5 후부요소를 '소'로 삼은 지명어 검색은 고려대학교 민족문화연구원의 조선시대전자문화지도 시스템 (http://www.atlaskorea.org)를 활용하였다.

'조개소'로 명명한 경우는 전자의 예이며, 각시가 빠져 죽었기 때문에 명명된 '각시소'
는 후자의 예라 할 수 있다. 지시 대상에 대한 여러 가지 의식이 반영되어 명명된 전부
요소의 어휘는 후부요소의 그것에 비해 다양하게 나타난다.

　　대상물을 차별화하여 다양한 어휘로 표현하는 전부요소와 달리 후부요소는 지
형의 일반적인 속성이 반영된 것이므로 그 수가 많지 않다. 명명의 대상이 되는 지점
이 "바닥이 깊게 패어 물이 많이 고여 있는 웅덩이"라는 속성을 지녔다면 '湫, 潭, 淵 또
는 '소'를 후부요소로 삼는다. 반면에 후부요소 앞에 놓이는 전부요소는 그 특징에 따
라 용, 가마, 구유, 할미, 이무기, 각시…… 등 다양한 어휘를 동원하여 표현한다. 앞으
로 논의하겠지만『한국지명총람』에서 후부요소 '소' 앞에 놓인 전부요소의 개별어휘
가 1,165개나 된다.[6] 다양한 어휘가 전부요소에 활용된 것과는 달리 후부요소에 쓰인
어휘는 비교적 단순하다. 또한 보수적인 성향을 지니고 있어 일상어에서 단독으로 사
용되지 않는 것들도 있다. 오늘날 우리나라 지명의 전부요소에 사용되는 어휘 중에는
서구어가 극소수 존재하나 후부요소에는 보수적인 형태인 고유어와 한자어만이 존재
한다는 사실이 이를 증명하는 것이다.[7]

　　속성지명인 후부요소를 이돈주(1971: 353~387)에서는 山, 골(谷), 재(城·峴·峙·
嶺·岑), 岩石, 樹林, 草木, 물(海·江·川·溪·泉·井), 들, 벌판, 터, 地形, 地勢, 環境, 位置, 動
物名, 自然資源, 生産物, 遺物, 遺跡, 人名, 信仰, 慣習 등으로 유형화하였다. 또한 최범훈
(1976: 288~299)에서는 옛 지명을 고려하면서 자연지명을 대상으로 -忽型, -火型, -夫里
型, -말型, -골型, -모루型, -밭型, -고래型, -실型, -뫼型, -둔지型, -앵이型, -이型, -자리型,
-터型, -베기型, -재型, -데기型, -다리型, -개型, -내型, -막型, -구지型, -구미型, -목型, -단
(둔/돈)型 등으로 유형화하였다. 두 분의 논의는 후부요소를 유형화한 초기의 연구이기

6　우리나라 지형의 특성상 '소'보다 '골'이 훨씬 많은데 제주도의 아흔아홉골, 내팟골, 한질골, 샛물골, 부
　　엉골, 막은골…… 등을 비롯하여『한국지명총람에』올라 있는 연어휘가 85,168 개나 된다.

7　예컨대 골짜기에 자리 잡은 마을을 밤실, 새암실, 먹실, 소리실…… 등으로 부르는데 현대국어 일상어
　　에서 후부요소 '실'이 단독으로 쓰이지 않는다. 또한 오늘날 사용되고 있는 도로명 로데오거리, 테헤란
　　로 오렌지길 등에서 보듯 전부요소에 서구어가 활용되었다. 그러나 후부요소에는 고유어 '거리'와 '길',
　　한자어 '로'만이 쓰일 뿐 street, road와 같은 영어식 어휘는 사용되지 않는다. 이러한 예들을 통하여
　　후부요소가 전부요소에 비해 보수적임을 알 수 있다.

때문에 본고에서 논의하고자 하는 '소'에 대하여는 주목하지 않았다. 후부요소에 대한 본격적인 유형 분류가 시도된 것은 고려대학교 민족문화연구원에서 조선시대전자문화지도 시스템(http://www.atlaskorea.org)을 제작하면서이다.[8] 현재까지 이 시스템을 능가할 정도의 유형 분류는 없는 것으로 보아 본고의 논의 대상인 '소'를 중심으로 그 위치와 분류상의 문제점을 지적하기로 한다.[9]

조선시대전자문화지도 시스템에서는 대분류를 A행정지명, B자연지명, C인문지명 등과 같이 세 가지로 하였다. 본고의 논의 대상인 B자연지명을 B01산지, B02고개, B03하천, B04평야, B05해안, B06천정, B99기타 등 6개로 분류하였으며 중분류 B03하천을 B0301강(江), B0302천(川), B0303호(湖), B0304소(沼), B0305지(池), B0306택(澤), B0307탄(灘), B0308담(潭), B0309담(淡), B0310하중도(河中島), B0311계(溪), B0312폭포(瀑布), B0313습지(濕地), B0314반석(盤石, 岩), B0315당(塘), B0316연(淵), B0317추(湫), B0318수구(水口)/구(江口), B0319탕, B0399기타(其他) 등 사실상 19개로 소분류하였다.

이 분류에서 지명을 자연지명과 인문지명으로 대분류하지 않고 행정지명을 독립시켜 셋으로 분류한 것은 시스템 제공의 편의에 바탕을 둔 것으로 보인다. 일반적으로 人間住居地名을 place-name이라 하고 自然地形名을 toponym이라고 하는 것을 고려한다면 행정지명은 인문지명에 포함시키는 것이 합리적인 것으로 보인다. 이 시스템에서 세 부류의 지명 중 행정지명의 양적 비중이 크지 않다는 점[10]에서도 행정지명이 포함된 인문지명과 자연지명으로 양분하여 대분류하는 것이 바람직한 것으로 보인다.

자연지명의 중분류는 기타를 제외하고 산지, 고개, 하천, 평야, 해안, 천정 등과

---

8 이 시스템은 2002년 8월부터 2007년 8월까지 총 5년간 한국학술진흥재단에서 시행한 기초학문과제 연구비 지원 프로그램에 선정되어 구축된 것이다.

9 우선 '소'를 중심으로 논의하기로 하며 전체적인 측면에서 이 시스템의 후부요소 유형 분류가 완성도 높은 것인지의 여부와 수정 방안에 대하여는 다음 기회에 논의하고자 한다.

10 김종혁(2008: 280)에서 행정지명의 전체 비율이 17.7%임을 제시하였다. 자연지명 38.0%와 인문지명 44.2%에 비해 현저히 낮은 비율이다. 이들 지명은 고지도류, 지형도, 지명사전 등에 등재된 것이므로 조사과정에서 행정지명이 자연지명에 비해 누락이 적었을 것이라는 점을 감안하면 그 비율이 더 낮을 수 있다.

같이 사실상 6개로 분류한 것은 매우 타당한 것으로 보인다. 우리나라에서 해안을 비롯한 해양지명을 해양수산부가 관할하고 있으나 이를 독립시키지 않은 점은 지명학의 관점을 중시한 것으로 평가되어야 할 것이다. 대분류에서 지명학 자체의 기준이 아닌 외적인 근거를 우선하여 행정지명을 별도로 독립시킨 것과는 대조적이라 할 수 있다. 어디까지나 지명의 분류를 비롯한 지명 관련 사항은 관할 부처를 고려한 외적인 사항보다 지명학 자체의 기준에 의해 처리되어야 할 것이다.

중분류 하천의 소분류는 기타를 제외한 19개 항목으로 되어 있다. 이 중 B0304 소(沼), B0308담(潭), B0316연(淵), B0317추(湫)가 "바닥이 깊게 패어 물이 많이 고여 있는 웅덩이"와 관련이 있는 것이다. '소'는 '沼'가 아님에도 ( )안에 沼를 병기하여 동일시하였으나 이는 아주 잘못된 것이다. 한자어 '沼'[11]와 고유어 '소'는 의미상 관련이 없는 동음이의어로 별개의 단어이다. 여울과 대립관계에 있는 고유어 '소'는 한자어 '潭·淵·湫'를 포괄하는 개념이이다.[12] 그러므로 B0304소(沼), B0308담(潭), B0316연(淵), B0317추(湫)를 별개의 항목으로 설정하지 말고 '소[潭·淵·湫]'로 하는 것이 바람직한 것으로 보인다.

3. '소'계 지명의 전부요소

한글학회(1960~1980)의 한국지명총람에 등재된 지명어를 고려대학교 민족문화연

---

11 '沼'는 "⑴ 늪, ⑵『지리』호수보다 물이 얕고 진흙이 많으며 침수(沈水) 식물이 무성한 곳."과 관련이 있는 것이다.

12 '소'가 한자 '沼'에서 기원한 것이 아니라 역사 문헌자료에 나타나는 예를 통하여 이른 시기부터 존재했던 순우리말임을 제19장에서 자세히 논의하였다. 중세어와 근대국어 시기 문헌을 통하여 '沼'의 한자음은 [죠] 또는 [쇼]이며 그 성조는 상성임을 확인하였다. 반면에 潭·湫·淵 등의 새김으로 등장하는 '소'는 그 성조가 거성이고 곡용시에는 ㅎ이 첨입되는 명사였다. 그러므로 고유어 'ㆍ소ㅎ'를 한자 '沼(ː죠/ː쇼)'에서 기원했다고 보는 것은 잘못임을 밝힌 바 있다. 또한 제18장에서는 에서는 "바닥이 깊게 패어 물이 많이 고여 있는 웅덩이"를 뜻하는 '소'의 종개념어 潭·湫·淵의 의미영역에 대하여 자세히 논의하였다. '潭'은 폐쇄적인 공간, '湫' 폭포 아래 그리고 '淵'은 개방적인 공간 등을 특징으로 형성된 '소'임을 밝혔다.

구원의 조선시대전자문화지도 시스템(http://www.atlaskorea.org) 중 『조선시대전자문화지도 2007 지명편』에서 검색할 수 있다. 이를 통하여 검색된 '소'계 지명어는 2,035개이다.[13] 본고에서 논의할 어휘항목 즉 연어휘는 이들 2,035개이다. 그런데 '용소'라는 항목은 전국 각처에 분포하는 지명으로 204회나 나온다. 또한 가마소를 비롯하여 가맛소/가매소/가맷소/가메소/가멧소 등은 128회로 '용소' 다음으로 많이 나타난다. 자료에 나타나는 모든 조사 단위 어휘의 수인 연어휘에서 중복되는 것을 헤아리지 않고 셈한 것을 개별어휘라고 하는데 '소'계 지명어의 개별어휘는 1,165개이다. 이들 개별어휘 중 빈도가 2회 이상인 항목을 두 부류로 나누어 논의하고자 한다.

3.1. 빈도가 5회 이상인 부류

우선 '-소'를 후부요소로 삼은 전부요소 중 빈도가 5회 이상인 것의 어휘표를 제시하면 다음과 같다.

[표 1] '소'계 지명어의 어휘표(빈도가 5회 이상인 어휘)

빈도순위	명칭	빈도	누적 빈도수	사용률	누적 사용률
1	용소	204	204	10.02	10.02

---

13 2차 자료라 할 수 있는 검색된 '소'계 지명 2,035개와 『한국지명총람』의 그것이 정확하게 일치되는가를 확인하기는 쉽지 않다. 또한 1차 자료라 할 수 있는 『한국지명총람』에 등재된 '소'계 지명어가 각 지역별로 그 숫자에 있어 많은 차이를 보인다. 이는 조사자들의 자료 반영 태도가 균질적이지 않았을 수 있기 때문에 나타난 현상으로 보인다. 완전하게 신뢰할 수 있는 자료로 보기는 어려우나 필자의 역량으로는 전국의 '소'계 지명어를 모두 조사할 수 없는 형편이고, 현재로서는 이보다 더 나은 자료를 확보하기 어려운 실정이다. 검색된 자료의 양이 적지 않기 때문에 그 대강을 파악하는데 문제가 없을 것으로 판단하여 이 자료를 활용하기로 한다. 또한 '소'의 경음화형 '쏘'는 대부분 '소'가 포괄하고 있어 중복자료이므로 제외하였다.

2	가마소/가맛소/가매소/가맷소/가메소/가멧소[14]	128	332	6.29	16.31
3	각시소/각싯소	30	362	1.47	17.79
4	무당소	23	385	1.13	18.92
5	진소	22	407	1.08	20.00
6	구시소/구싯소	20	427	0.98	20.98
7	중소	15	442	0.74	21.72
8	구룡소/구용소	14	456	0.69	22.41
9	궝소	14	470	0.69	23.10
10	요강소	13	483	0.64	23.73
11	까막소	12	495	0.59	24.32
12	두멍소	11	506	0.55	24.86
13	오가릿소/오가리소	11	517	0.55	25.41
14	부소	10	527	0.49	25.90
15	여기소/여깃소	10	537	0.49	26.39
16	할미소	9	546	0.44	26.83
17	합소	9	555	0.44	27.27
18	고냉이소	8	563	0.39	27.67
19	배소/뱃소	8	571	0.39	28.06
20	양합소	8	579	0.39	28.45
21	호박소	8	587	0.39	28.85
22	담방소	7	594	0.34	29.19
23	모래소	7	601	0.34	29.53

14 '가마소'와 '가맛소'는 동일어이나 표기 방식의 차이로 달리 표현된 것이다. 이와 같이 동일어가 표기상의 차이로 달리 나타난 것은 동일 항목으로 처리하기로 한다.

24	직소	7	608	0.34	29.88
25	강정소	6	614	0.29	30.17
26	개소	6	620	0.29	30.47
27	구영소	6	626	0.29	30.76
28	돌소	6	632	0.29	31.06
29	올리소	6	638	0.29	31.35
30	용바우소/용바웃소	6	644	0.29	31.65
31	자래소	6	650	0.29	31.94
32	조개소/조갯소	6	656	0.29	32.24
33	청소	6	662	0.29	32.53
34	귀영소	5	667	0.25	32.78
35	대래비소	5	672	0.25	33.02
36	도리소	5	677	0.25	33.27
37	사발소	5	682	0.25	33.51
38	애기소/애깃소	5	687	0.25	33.76

[표 1]서 보듯 빈도순위 1위인 '용소'는 204회가 사용되어 그 사용률이 10.02%로 소의 명칭 10개 중 하나 꼴로 '용소'가 분포함을 알 수 있다. 전부요소가 단순하게 '용'으로만 되어 있는 경우 외에도 분할요소가 결합된 큰용소, 바깥용소, 소용소, 구룡소, 작은용소, 숫용소, 아래용소, 웃용소, 혈용소, 개용소, 용구소, 용남소, 용두소, 용등소, 용입쏘, 용마소, 용문소, 용물소, 용바우소, 용사소, 용왕소…… 등이 있음을 감안하면 소의 명칭과 '용'은 매우 긴밀한 관계에 있다 할 것이다. [15]

'용'의 순우리말이 '미르/미리'이고 미르개〈경기-안성-대덕-진현〉, 미리머리[龍頭]

---

15 조선시대전자문화지도 시스템(http://www.atlaskorea.org)에서 검색어 '용'을 부분일치로 검색하면 685 개가 있음을 확인할 수 있다. 이는 '소'계 지명의 전부요소와 후부요소에 '용'이 33.67%나 쓰였음을 알 게 하는 것이다.

〈대전-유성-용계〉, 미리못〈충남-아산-염티-송곡〉, 미리미[龍山]〈경북-안동-서우-금계〉, 미리샘〈전북-익산-황등-용산〉 등에 '미르/미리'가 쓰인 것으로 미루어 '미르소' 또는 '미리소'가 있을 것으로 추산된다. 그러나 소의 명칭으로 미리쏘〈전북-임실-운암-입석〉와 미릿소〈전남-승주-승주-죽학/강원-삼척-신기-신기[16]〉가 보이나 용과의 관련을 확신할 수 없다. 한자어 '용'이 소의 명칭으로 매우 활발하게 쓰였으나 순우리말 '미르/미리'는 지명어의 전부요소로 쓰인 예가 많지 않고 소의 명칭에서도 그 예를 확정하기 어렵다.

용은 상상의 동물로 머리에 발이 있으며 비늘로 덮혀 있는 몸통은 뱀처럼 길며 날카로운 발톱이 달린 네 다리를 가졌다고 믿어 왔다. 용은 춘분 때에 하늘로 올라가고 추분 때에 지상으로 내려온다고 생각하였다. 하늘에 있을 때는 미리내 즉 은하수에서 자유로이 날아다니며 구름과 비를 일으킨다고 여겼다. 용이 지상에 있을 때는 물속에 있다고 생각하였는데 소가 최적의 장소인 것으로 판단하였다. 바닥이 깊게 패이고 물이 많이 고여 있어 그 깊이를 헤아리기 어려운 소가 상상의 동물 용과 어울리는 장소인 것이다. 전국 각처에 분포되어 있는 용소는 전설[17]을 수반한 경우가 많아 지명을 바탕으로 한 전설 연구 자료로 활용될 수 있다.[18]

빈도 순위 2위인 가마소/가맛소/가매소/가맷소/가메소/가멧소는 128번이나 쓰여 사용률이 6.29%이다. 소의 모양이 가마솥과 같기 때문에 생겨난 명칭인데 생활양식의 변화와 더불어 가마솥은 보기 힘든 가재기물이 되었지만 소의 명칭으로는 매우 활발하게 쓰이고 있음을 알 수 있다. 용소와 더불어 100회 이상의 빈도를 보이는 이

---

16 『한국지명총람』에서 '메기가 있는 소'로 풀이하였다.

17 강원도 인제군 기린면 상남리 상남천에 위치한 용소에는 다음과 같은 전설이 얽혀 있다.
약 100년전 상남리의 자연부락인 엄수동에 살던 할머니의 꿈에 백발노인이 나타나 "내일 일찍 용소로 나오면 나를 볼 수 있다"고 해서 이상히 여겨 손녀를 앞세우고 갔는데, 손녀가 가리키는 곳을 보니 누런 구렁이가 상남폭포를 칭칭 감고 있었다. 할머니는 너무 무서워 손녀를 끌다시피 하여 아랫마을까지 뛰어내려 오니, 갑자기 천둥과 벼락이 치고 안개가 자욱했는데 , 그 사이 찬란한 무지개가 서더니 용이 하늘로 올라갔다.〈건설부 국토지리원(1987: 433)〉

18 지명과 전설의 관계에서 지명을 배경으로 전설이 생겨난 것은 지명전설이며 전설을 바탕으로 지명이 생겨난 것은 전설지명이다. 이러한 사항을 고려하면서 지명 용소와 관련된 전설을 논의하여야 할 것이다.

두 명칭의 누적사용률이 16.31%이며 이는 빈도순위 3위에서 38위까지 36개 개별어휘가 차지하는 사용률 17.45%와 비슷한 수치이다. 결국 [표 1]에 제시된 38개 상위빈도어가 차지하는 누적사용률은 33.76%로 소의 명칭 중 1/3이 이들 어휘로 구성되어 있음을 알 수 있다.

[표 1]의 명칭 중 구시소/구싯소(20), 궁소(14), 구영소(6), 귀영소(5) 등에 보이는 전부요소는 구유의 방언형이다. 소의 모양이 구유처럼 생겼기 때문에 생겨난 명칭인데 표준어 구유[19]를 전부요소로 삼은 것은 없고 모두 각 지역의 언어가 반영되어 지명어를 형성하였다. 이들 45개 외에도 궁잇소(4), 구융소(2), 구잇소(2), 귀웅소(2) 구수소(1) 궝이소(1) 등 12개가 더 있는 것을 감안하면 구유와 관련된 소의 명칭은 모두 57개나 된다. 이들 명칭에서 표준어는 볼 수 없고 방언형만이 보이는데 이는 지역어를 보존하고 있는 보물창고가 지명임을 알게 해주는 좋은 자료이다.

표준어형보다는 방언형이 지명에 반영되어 있음을 빈도순으로 진소(=긴소[長潭]), 까막소(=가마소[釜淵]), 오가리소/오가릿소(=항아리소), 고냉이소(=고양이소), 자래소(=자라소), 대래비소(=다리미소) 등에서도 확인할 수 있다. 이렇듯 다양한 형태의 방언형이 지명에 반영되었음을 알 수 있다. 학교에서의 표준어 교육 그리고 각종 인쇄와 방송 매체 등의 영향으로 지역어가 점점 위축되어 가고 있는 현실에서 지명 속에 남아 있는 방언은 매우 소중한 언어재인 것이다. 더구나 상대적으로 보수적인 속성을 지닌 것이 지명이므로 그 안에 지역의 현상을 반영한 언어가 화석처럼 보존될 수 있다는 점에서 그 가치는 매우 크다고 할 수 있다. 일상어에서 방언형이 사라진다하더라도 지명이 보존해 줄 것이기 때문이다.

지명의 명명은 그 대상인 지형이 지닌 속성을 바탕으로 이루어지는 것이 일반적이다. 소는 바닥이 깊게 패어 물이 많이 고여 있는 웅덩이인데 그 형상이 가마솥이나 구유와 같은 형상을 하고 있으므로 가마 또는 구유의 방언형들을 전부요소로 삼았다.

---

19 한민족언어정보화 통합검색프로그램을 통하여 "마소의 먹이를 담아 주는 큰 그릇"을 뜻하는 '구유'의 방언 122개를 확인할 수 있다. 구유의 방언형이 다양하게 발달하였음을 알 수 있는데 게웅, 괭이, 공, 구시, 구이, 구녕, 구성, 구세, 구세이, 구셍이, 구송, 구수, 구수통, 구숭, 구숭이, 구승, 구시, 구영, 구위, 구유, 귀잉, 궝, 소구시, 여물통, 죽통…… 등 남한방언으로 제시된 것만도 94개나 된다.

이런 예는 요강소, 두멍소[20], 오가리소/오가릿소[21], 부소[22], 배소/뱃소, 호박소[23], 사발소 등에서도 확인할 수 있다. 이와 같이 소의 모양을 비유적으로 표현하여 명칭을 삼은 경우와 더불어 돌소와 도리소[24]는 소의 물이 빙빙 돌아가는 속성을 바탕으로 명명된 지명이다. 또한 합소와 양합소는 두 개의 물줄기가 만나는 지점에 형성된 소이기 때문에 생겨난 명칭이다.

자연지리적 배경을 바탕으로 지명의 명명이 이루어지기도 하지만 사회문화적인 배경이 바탕이 되기도 한다. 각시소/각싯소, 무당소, 중소, 여기소/여깃소, 할미소, 애기소/애깃소 등은 사람과 관련된 어휘가 전부요소로 쓰인 경우이다. 이는 각시, 무당, 중, 기생, 할미, 애기 등이 빠져 죽었다거나 무당이 굿을 하기도 하였고 관리들이 기생들을 데리고 놀던 곳이라는 사연을 바탕으로 생겨난 명칭들이다. 이를 통하여 인간사와 관련된 정치, 경제, 사회, 문화적인 요인도 명명의 바탕이 되었음을 알 수 있다.

이상에서 다루지 않은 지명 중 직소는 절벽에서 폭포수가 곧 바로 떨어진 곳에 위치한 소를 일컫는 말이며, 모래소와 조개소/조갯소는 각각 모래와 조개가 많기 때문에 생겨난 명칭으로 본다. 그리고 청소는 소의 물이 맑기 때문에 생성된 명칭이라 한다. 담방소, 개소, 올리소 등의 전부요소는 각각 웅덩이의 방언인 '둠벙', '개[狗]' 그리고 '오리'를 뜻하는 것으로 설명한 경우도 있지만 단정할 수 없다. 이들 예와 더불어 강

---

20 '두멍'은 ⑴ 물을 많이 담아 두고 쓰는 큰 가마나 독이라는 뜻을 가진 명사이다. 나아가 이 단어는 ⑵ 깊고 먼 바다를 비유적으로 이르는 말로 의미가 확장되기도 하였으나 오늘날 그 쓰임이 매우 소극적이다.

21 '오가리'는 항아리의 방언(전남)이다.

22 고유지명어 '가마소' 중 전부요소를 한역[가마→釜]하여 만든 지명이다.

23 '호박'의 표준어는 '확'이며 절구의 아가리로부터 밑바닥까지의 부분을 일컫는 단어이다. '확'은 "방핫고와 호왁과 굳도다〈杜詩諺解 6:2a〉, 臼 호왁 구〈訓蒙字會 中6b〉〈新增類合 上28a〉 등의 예를 통하여 그 전차형이 '호왁'임을 알 수 있다. 또한 'ㅂ〉ㅸ〉오[p〉β〉w]'의 음운변화 과정을 감안할 때 호박〉호왁〉확으로 변화된 것으로 보인다. '호박'은 '확'의 방언형이자 고어형인 것이다. '호박소'가 8회 검색되는 반면 '확소'는 강원-고성-현내-화곡에서 1회 검색될 뿐이다. 이를 통하여 지명어는 고형과 방언형을 반영하고 있음을 알 수 있다.

24 '돌소'는 '돌다'라는 동사의 어간 '돌-'이 전부요소로 쓰인 예이고 '도리소'는 어간 '돌-'에 접사 '-이'가 결합되어 '도리'를 형성한 후 전부요소로 쓰인 예이다.

정소의 전부요소 강정은 '江亭'으로 본 경우도 있으나 확신할 수 없다. [표 1]에 제시된 38개의 어휘 중 전부요소가 한자어인 것은 용(龍), 무당(巫堂), 구룡(九龍), 부(釜), 여기(女妓), 합(合), 직(直), 양합(兩合), 청(靑), 사발(沙鉢) 등 9개에 불과하며 용바우는 혼종어이고 그 외 28개는 고유어로 보인다.[25] 고유어가 한자어에 비해 높은 비중을 차지하고 있다는 점이 눈에 띈다. 또한 이들 고유어는 표준어보다 방언이나 고어의 형태로 나타난다는 점이다. 그리고 물이 빙빙 돌아간다는 점에서 지시대상은 유사하지만 '돌소'에서는 어간만을, '도리소'에서는 파생형을 전부요소로 삼아 조어 방식을 달리하는 경우도 있다는 것이 흥미롭다.

3.2. 빈도가 4회~2회인 부류

빈도가 4회인 지명어는 11개로 각 항목의 사용률은 0.20%이며 누적 사용률은 35.92%이다. 그리고 빈도 3회인 어휘는 34개이며 각 항목의 사용률이 0.15%이므로 누적사용률은 40.93%이다. 또한 빈도 2회인 어휘는 120개이고 누적사용률은 52.73%이다. 결국 2회 이상의 빈도를 보이는 개별어휘는 203개이며 한 번만 나타나는 것이 962개이다. 빈도 1회인 962개 어휘의 사용률이 47.27%나 되는데 이는 다양한 어휘가 '소'계 지명의 전부요소로 쓰였음을 시사하는 것이다. 3.1.에서 살펴본 용소, 가마소를 비롯한 몇 개의 상위 빈도어들이 각 지역에 광범위하게 분포되어 있기는 하지만 다양한 어휘가 동원되었는데 그 예를 빈도순으로 살피기로 한다. 편의상 [표 1]과 같은 어휘표는 생략하기로 하고 빈도 4에서 2까지의 해당 지명어를 모두 제시하면 (1)과 같다.

(1)
궁잇소, 귀용소, 마당소, 범소, 벼락소, 삿갓소, 서방소, 용문소, 인경소 칭이소, 행기소〈이상 11개, 빈도 4〉

---

25 '강정'은 의심스러우나 이를 제외한 26개는 분명히 고유어로 보인다.

가래소, 가막소, 갈밋소, 거무소, 검은소, 곰소, 광대소, 구렁소, 구릿소, 구무소, 구용소, 귀신소, 납닥소, 노루소, 다래소, 덤밑소, 도롱소, 두무소, 뒷소, 말구리소, 미기소, 베락소, 불탄소, 예계소, 웃용소, 점소, 주벅소, 찍소, 청룡소, 큰용소, 파소, 하방소, 할애비소, 화랑소〈이상 34개, 빈도 3〉

갈마소, 강대소, 개목소, 개바웃소, 갯소, 거문소, 건들소, 고래소, 고부소, 곽소, 구리소, 구용소, 구잇소, 귀웅소, 귀소/귓소, 금강소, 꺼먹소, 꾸릿소, 낙안소, 남생이소, 납닥소, 너벅소, 노고소, 노적소, 단지소, 당마루소, 당병소, 당소, 대추소, 댓소, 도가지소, 도랑소, 도적소, 족갑소, 둠벙소, 드렁귓소, 등잔소, 머소, 모듬소, 목모실소, 몰똥소, 무장소, 물랫소, 미릿소, 방림소, 배나무소, 배암소, 백소, 범바우소, 볏가리소, 병풍소, 복도소, 부챗소, 북소, 불무소, 비개소, 비네소, 비단소, 비룡소, 비암소, 새소, 샛소, 선박소, 선유소/선윳소, 소룡소, 송대소, 수달피소, 숭금소, 승소, 시릿소, 쌍감머릿소, 아랫올리소, 아랫용소, 안챗소, 어룡소, 언전소, 여개소, 여계소, 연당소, 예기소, 오동나뭇소, 오리소, 오방소, 옥소, 왕바우소, 용두소, 용등소, 용물소, 용왕소, 웃올리소, 월대소, 응암소, 이득소, 이미깃소, 이시밋소, 이심소, 잉어소, 작은용소, 장구소, 장소, 종남소, 지릿소, 지소, 질소, 참나뭇소, 챙잇소, 천지소, 청석소, 칠성소 , 큰소, 토기소, 퉁퉁소, 평풍소, 폭포소, 피나무소, 피릿소, 한밭소, 형짓소, 호롱소, 호암소
〈이상 120개, 빈도 2〉

(1)에 제시된 지명 전부요소가 한자어인지 고유어인지 구분하기가 쉽지 않다. 금강(金剛), 용문(龍門), 청룡(靑龍) 등과 같은 전부요소는 한자어임을 분명하게 알 수 있다. 그러나 귀용[←九龍], 형지[←兄弟], 예기[←女妓] 등은 원초적으로 한자어였으나 판별하기가 쉽지 않다. 이들 전부요소는 원초적인 형태가 음운 변화를 입어 한자로 원형 복귀가 가능하지 않기 때문에 찬찬히 살펴보지 않고는 구분하기 어렵다. 필자의 판단으로 한자어 그리고 한자어가 포함된 혼종어를 전부요소로 삼은 것은 (2)와 같다.

(2)
용문(龍門), 용두(龍頭), 용등(龍騰), 용왕(龍王), 비룡(飛龍), 어룡(魚龍), 용물(龍-), 작은용(-龍), 웃용(-龍), 아랫용(-龍), 귀용[←九龍], 귀신(鬼神)〈이상 龍鬼〉

서방(書房), 화랑(花郎), 고부(姑婦)²⁶, 노고(老姑), 도적(盜賊), 승(僧), 형짓[←兄弟], 선유/선웃(仙遊)〈이상 人物〉

천지(天地), 청옥(玉), 금강(金剛), 청석(靑石), 호암(湖巖), 응암(鷹巖), 왕바우(王-), 칠성(七星)〈이상 自然物〉

점(店), 당(堂), 연당(蓮塘), 노적(露積)〈이상 人工物〉

등잔(燈盞), 병풍(屛風), 평풍[←屛風], 비단(緋緞)〈이상 事物〉

장(長), 댓(大), 백(白), 광대(廣大)〈이상 形容詞〉

오동나무(梧桐-)〈식물〉

(2)에 제시된 165개의 명칭 중 전부요소가 한자어인 것은 35개이고 혼종어인 것은 6개로 모두 41개이다. 결국 25%에 해당하는 이들 어휘를 제외한 124개(75%)의 어휘는 고유어인 것으로 보인다. (1)에 제시된 명칭들을 보면 '龍'을 한 요소로 삼은 것이 가장 많다. 용문(龍門), 용두(龍頭), 용등(龍騰), 용왕(龍王), 비룡(飛龍), 어룡(魚龍), 용물(龍-), 작은용(-龍), 웃용(-龍), 아랫용(-龍), 귀용[←九龍] 등이 그것이다. 여기서도 우리는 소의 명칭과 용은 매우 밀접한 관련이 있음을 확인할 수 있다. 인물과 관련된 어휘도 다수 보이는데 서방(書房), 화랑(花郎), 고부(姑婦), 노고(老姑), 도적(盜賊), 승(僧), 형짓[←兄弟] 등이 그것이다. 다음으로 자연물인 옥(玉), 천지(天地), 청석(靑石), 호암(湖巖), 응암(鷹巖), 왕바우(王-) 등과 더불어 점(店), 당(堂), 연당(蓮塘), 노적(露積) 등 인공물 명칭도 보인다. 그리고 사물, 형용사, 식물을 표현하는 어휘가 동원되었음을 알 수 있다.

(2)의 예를 제외한 75%의 어휘가 대부분 고유어이므로 한자어에 비해 그 쓰임이 절대적으로 우세함을 알 수 있다. 이런 현상은 빈도의 多寡와 관계없이 공통적으로 나타나는 현상이므로 소계 지명을 비롯한 자연지명은 고유어의 寶庫라 할 수 있을 것이다. 전부요소 중 고유어로 보이기는 하나 어원을 분명하게 알 수 없는 것들²⁷은 제외

---

26 한자어 '姑婦'로 보지 않고 '고부라진 소'로 보기도 한다.

27 『한국지명총람』에서 제주 해안에 위치한 '드렁귓소'를 지대가 높아 들어 얹어 놓은 것 같아 붙여진 명칭으로 설명하였으나 '드렁귓'의 조어 과정 중 어두에 '들-'이 있다는 것 외에는 명확한 증거를 찾기 어렵다. 이를 비롯하여 찍소, 건들소, 파소, 퉁퉁소, 독갑소…… 등에 쓰인 전부요소가 소의 어떤 특징을 배경으로 붙여진 명칭인지 알기 어렵다.

하고, 의미상의 유사성을 기준으로 분류하면 자연물, 인물, 동물, 식물, 사물, 자연현상, 색채, 형상, 방향 등과 관련된 어휘가 전부요소로 사용되었음을 알 수 있다.

전부요소 중 가장 많이 등장하는 것이 동물 관련 어휘인데 범, 까마귀, 곰, 노루, 메기, 개, 구렁이, 남생이, 뱀, 수달, 오리, 이무기, 잉어, 피리 등이다. 동물 관련 어휘가 방언형으로도 다수 나타나는데 가막(까마귀), 미기/미리(메기), 꾸리(구렁이), 비암/배암(뱀), 수달피(수달), 이미기/이시미/이심(이무기) 등이 그것이다. 이들 동물명이 전부요소로 쓰인 배경에 대하여 해당 동물들이 각각 소에 살았다거나 빠져 죽었다는 것을 예로 들고 있다. 동물명 다음으로 사물명이 전부요소의 어휘로 많이 쓰였는데 이는 소의 생김새가 해당 사물의 모양과 흡사하기 때문에 명명의 배경이 된 것이다. 사물 관련 어휘로 구유, 삿갓, 키, 놋그릇, 주걱, 곽, 단지, 독, 물래, 북, 풀무, 비녀, 시루, 장구 등이 쓰였다. 구유는 표준어형이 아닌 구용, 궁이, 구융, 구이, 귀웅 등의 방언형으로 나타나며, 키는 칭이/챙이, 놋그릇은 행기, 주걱은 주벅, 독은 도가지, 풀무는 불무, 비녀는 비네로 각각 나타난다. 사물명과 동물명에서 방언형이 다수 존재함을 통하여 지명어는 방언 연구의 중요한 자료로 활용될 수 있음을 알 수 있다.

마당, 구무(구멍), 개바우(개바위), 선박(선바위), 범바우(범바위), 둠벙, 덤밑(더미밑), 고래/구렁(골짜기) 등과 같은 자연물 관련 명칭은 소 주변에 해당 지형지물이 존재하기 때문에 명명된 것이다. 구무는 방언형 중 고어의 형태가 보존된 것으로 지명어의 보수적인 속성상 이러한 고어형은 배암/비암, 빙애[28] 등에서도 볼 수 있다. 특정 식물이 소 주변에 서식하기 때문에 식물관련 어휘가 전부요소로 쓰인 경우도 있는데 가래, 다래, 대추, 배나무, 참나무, 피나무 등이 그것이다. 그리고 소는 깊고 물이 많이 고여 있기 때문에 일반적으로 그 물빛은 검정색을 띤다. 이를 바탕으로 색채 관련 어휘는

---

28 벼랑의 옛말로 ⁕벼르'가 있었음을 淵遷·쇠벼르·루〈龍歌 3: 13〉를 통하여 알 수 있다. ⁕벼르'는 17세기부터 19세기까지는 제2음절의 모음이 'ㅗ'로 바뀐 '벼로'로 나타나며 여기에 접미사 '-앙'이 결합되어 현대국어 '벼랑'이 되었다. '벼랑'의 뜻을 가지고 있는 또 다른 말로는 15세기부터 17세기까지 나타나는 '비레'와 16세기부터 18세기까지 나타나는 '빙애'가 있다. '빙애소〈충북-괴산-칠성-비도〉라는 지명의 전부요소에 '빙애'가 쓰이나 오늘날 주민들은 '빙애'가 벼랑의 유의어임을 알지 못한다. 여기서 우리는 현용 지명어에 옛말이 화석처럼 박혀 있음을 알 수 있다.

거무, 검은, 거문, 꺼먹 등만이 쓰였는데 검정을 다양하게 표현한 우리말의 묘미를 접할 수 있다.

자연현상과 관련된 어휘 벼락/베락과 곰이 전부요소로 쓰였는데 벼락/베락은 '벼락을 맞음' 또는 '벼락 치듯 요란하게 물이 흘러 감'이 명명의 배경이라 한다. 그리고 곰은 동물 곰으로 보기도 하지만 이 소의 물이 곰돌아[맴돌아] 흐르기 때문에 붙여진 명칭으로 볼 수 있다. 제자리에서 뱅뱅 도는 것을 '맴돌다'라고 하는데 소의 물이 일정 지점에서 뱅뱅 돌아가는 것은 '곰돌다'라고 한 것으로 보인다. 그러므로 곰소는 물이 유난히 뱅뱅 돌아가는 현상에 주목하여 명명된 것으로 보인다.

인물 관련 어휘로 각시와 할미가 각각 30회와 9회의 빈도를 보임을 앞에서 살핀 바 있다. 모두 여자인 각시와 할미가 소에 빠져 죽었다는 것이 명명의 배경이 되었다. 그런데 각시의 대립어 서방은 4회, 할미의 대립어 할애비는 3회 빈도를 보인다. 남자를 가리키는 서방과 할애비는 각시와 할미에 비해 현저히 그 빈도가 낮음을 알 수 있다. 또한 그 명명의 배경이 물에 빠져 죽었다[29]는 할미소와 각시소와는 달리 각각 할미소와 각시소 부근에 있어서 할애비소, 서방소라는 것이다. 여기서 우리는 가부장적 봉건사회에서 여성의 지위와 수난을 엿볼 수 있다. 인물 관련 지명을 통하여 제도와 관습은 물론 사회 · 문화 · 경제상 등을 살필 수 있다는 점에서도 지명어는 매우 귀중한 언어재인 것이다.

---

29 『동국신속삼강행실도』 열녀편에 보면 도적에게 몸을 더럽히지 않으려고 소에 빠져 죽었다는 기사가 여러 번 나온다. 소에 빠져 죽은 사람은 남자가 아닌 여자이며 사회제도와 관습상 '貞烈'을 중시했던 가치관을 엿볼 수 있다. 다음은 『동국삼강행실도』 열녀편의 관련 내용 중 일부이다.

두 ᄌᆞ식을 안고 기픈 소희 빠뎌 주그니라 (抱兩兒投深潭而死)〈東新烈5:6b〉
도적기 자바 더러이고져 ᄒᆞ거놀 소희 빠뎌 주그니 (賊執欲汚之投淵而死)〈東新烈6:22b〉
기픈 소희 다ᄃᆞ라 스스로 빠뎌 주그니라 (至深潭自投而死)〈東新烈6:25b〉
계모 박시 아ᄃᆞᆯ과 ᄯᆞᆯ을 드리고 소해 드러 죽거늘 (朴氏率子女投淵而死)〈東新孝6:82b〉
도적이 과연 믄득 니ᄅᆞ매 뎡시 소희 빠뎌 주그니라 (賊果猝至丁氏投淵而死)〈東新烈8:70b〉

4. 결론

지명은 지표상에 실재하는 자연 지리적 실체와 인문 지리적 실체에 부여된 명칭이다. 자연 지리적 실체인 자연물은 쉽게 소멸되거나 이동시킬 수 없는 속성을 지니고 있어 이에 부여된 명칭도 영속성을 지닌다. 그러므로 인문지명에 비해 자연지명에 사용된 어휘는 원초형이라 할 수 있는 고유어가 주를 이룬다. 인문지명의 한 부류인 행정지명이 대부분 한자어이지만 1차지명어라 할 수 있는 고유어지명을 바탕으로 한역하여 만들어낸 것들이 많다.

지명은 일반적으로 지시물의 유형적 속성을 표현하는 후부요소와 차별적 성격을 나타내는 전부요소로 분석된다. 후부요소는 지형의 속성을 표현하는 일반명사를 가져다 쓴 것이므로 그 수가 많지 않다. 반면에 전부요소는 지시물의 특징을 드러내어 다른 지역이나 지점과 분명하게 구별이 가능하도록 하여야 하기 때문에 다양한 어휘가 동원된다. 본 연구에서 다룬 '소'계 지명어의 후부요소는 '소'를 비롯하여 潭, 湫, 淵 등 4개에 불과하지만 전부요소에 사용된 개별어휘는 1,165개나 된다.

후부요소로 쓰인 '소'는 한자어 '沼'와는 전혀 다른 순우리말이다. '소'와 의미상 관련이 있는 한자어는 潭, 湫, 淵 등이지 '늪' 또는 '호수보다 물이 얕고 진흙이 많으며 침수(沈水) 식물이 무성한 곳'을 뜻하는 '沼'와는 유의관계에 있지 않다. 사실이 이러함에도 동음성으로 말미암아 고유어 '소'를 '沼'로 혼동하고 있어 시급히 바로잡아야 할 것이다.[30] 水運이 중요한 교통의 역할을 하던 시절에 강이나 내와 같이 흐르는 물에서 '소'와 '여울'은 매우 중요한 지점이다. '여울'이 고유어이듯 그 대립어 '소' 또한 오래전부터 우리말에 존재했던 단어로 보인다.

'소'계 지명의 전부요소에 사용된 개별어휘 중 본 연구에서는 빈도가 2회 이상인 203개 어휘에 대하여 집중적으로 검토하였다. 빈도순위 1위로 204번이나 쓰인 '용'은 우리나라 모든 지역에 분포하며 전설을 수반하는 경우가 허다하다. 용 관련 전설을

---

30 고유어를 한자어로 오인하여 순우리말을 위축시키는 사례는 未安, 苦生, 甚酌, 辭緣, 甲折, 磨勘, 曖昧…… 등에서도 지적된 바 있다. 이에 대한 정책, 교육적 대책이 필요하다.

비롯하여 우리나라의 역사, 제도, 민속, 민담 등 문화사 전반과 사회·경제상을 살펴볼 수 있는 연구 자료로 지명이 활용될 수 있다. 예컨대 각시소/각싯소와 서방소, 할미소와 할애비소 등에 나타나는 명명의 배경을 통하여 가부장적 봉건사회에서의 여성의 지위와 수난을 엿볼 수 있기 때문이다.

　전부요소 중에는 소의 형상과 유사성을 지닌 사물의 명칭이 많이 쓰였다. 가마와 구유를 비롯한 다양한 사물명이 동원되었는데 대부분 방언형으로 나타난다. 구유의 방언형으로 구시, 궁, 구영, 귀영, 궁이, 구융, 구이, 귀웅, 구수, 궝이, 구용…… 등이 나타나며 오가리(항아리), 대래비(다리미소), 칭이/챙이(키), 주벅(주걱)…… 등도 보인다. 이런 현상은 미기/미리(메기), 꾸리(구렁이), 비암/배암(뱀), 이미기/이시미/이심(이무기)…… 등과 같은 동물명에서도 확인할 수 있다. 학교에서의 표준어 교육과 언론 매체의 영향으로 방언이 점점 소멸되어 가는 현실에서 지명은 지역어를 보존해 줄 보배로운 존재이다. 또한 지명은 방언 연구에 활용될 수 있는 지역어의 보물창고라 할 수 있다.

　保守的인 屬性을 지닌 지명은 고어를 보존하고 있다. 골짜기를 나타내는 '실'이 지명의 후부요소로 쓰이지만 일상어에서는 소멸된 지 오래이다. 전부요소에 비해 후부요소가 보다 보수적인 속성을 지니고 있음을 여기서 알 수 있는데 호박소, 배암소/비암소, 빙애소, 구무소…… 등에서는 전부요소에도 고어의 형태가 남아있다. 이러한 지명 자료는 국어의 계통, 고대국어의 재구, 국어의 어원, 국어 변천사 등을 연구하는 데 귀중한 자료로 활용할 수 있다.

　소는 바닥이 깊게 패어 물이 많이 고여 있으므로 그 물빛이 검정색이며 일정 지점에서는 세차게 빙빙 돌아가는 속성을 지닌다. 이를 근거로 '거무, 검은, 거문, 꺼먹' 등과 '돌, 도리'를 전부요소로 삼았다. 여기서 우리는 검정이라는 색채를 다양하게 표현한 우리말의 묘미를 느낄 수 있다. 또한 '돌다'라는 동사의 어간만이 전부요소로 쓰인 예와 접사가 결합된 '도리'가 활용된 예를 통하여 국어의 조어방식에 관한 논의 자료를 확보할 수 있다. 더불어 소의 물이 곰돌아[맴돌아] 흐르기 때문에 붙여진 명칭 '곰소'를 통하여 '곰'의 의미소 하나를 더 확보할 수 있다. 결국 지명은 우리말의 조어와 의미 연구에도 활용될 수 있는 자료임을 알 수 있다.

　결국 지명은 우리의 언어를 비롯한 사회·문화적인 현상을 연구할 수 있는 좋은 자료이다. 이 땅에서 살아왔던 우리 선조들의 애환이 담겨있는 것이기에 복합적인 자료의 성격을 지닌다. 또한 이를 미래지향적으로 해석하면 지명 속에 남아 있는 옛말을 발굴, 현대화함으로서 국어의 어휘량을 증대시키고 궁극적으로 언어문화 창달에 기여할 수 있을 것이다. 또한 발굴된 전설을 비롯한 구비문학 자료를 스토리텔링 등으로 현대화하여 관광자원으로도 활용할 수 있을 것이다.

　'소'계 지명의 전부요소를 비롯한 자연지명에서는 한자어보다 순우리말의 쓰임이 절대적으로 우세하다. 고유어지명은 지명이 지닌 의미를 쉽게 파악할 수 있어 우리에게 친숙한 느낌을 준다. 또한 우리말의 음운체계에 순응하여 만들어진 것이기 때문에 발음하기도 쉽다. 자연스럽게 발음할 수 있고, 뜻 또한 쉽게 파악할 수 있으니 오래 전부터 우리의 것이다. 지명의 원초형인 고유어지명은 국어 어휘의 보물창고와 같은 것으로 그 자체가 아름다운 존재이다.

제28장

새주소 체계 도입을 위한
도로명 부여 사업과 국어 문제

1. 서론

2006년 9월 27일 "도로명 주소 등 표기에 관한 법률" 공포안이 국무회의에서 의결되어 2007년 4월 5일부터 시행하도록 되었다.[1] 이에 따라 우리나라에서 100년 가까이 사용해 온 토지 지번에 의한 주소체계가 도로명과 건물번호에 의해 새로 만들어진 주소로 전면 개편되게 된다. 이는 문민정부 시절 세계화, 정보화의 시대 조류 속에 국가경쟁력을 제고한다는 목적에서 기획된 도로명 및 건물번호를 바탕으로 한 새주소 사업이 법적, 제도적으로 정착할 수 있는 계기가 마련된 것이다.

토지 지번에 의한 주소체계는 1910년대 일제가 토지수탈과 조세징수를 목적으로 만든 지적제도에 의한 것으로 이 방식을 따르는 나라는 우리나라가 유일하다.[2] 토

---

1 도로명 주소란 도로에 이름을 붙이고 주택·건물에는 도로를 따라 순차적으로 번호를 붙여 도로명과 건물번호에 의해 표기하는 새로운 주소를 말한다. 이 제도는 당초 계획에 차질이 생기면서 2011년 7월 29일 도로명 주소 고시 이후, 기존 지번 주소와 병행사용하다 2014년부터 본격적으로 시행되었다. 이 글은 2007년 3월에 작성한 것으로 당시까지의 사업 추진 경과가 기술되어 있다. 여기서는 주로 도로명 부여와 관련된 국어문제를 다룬 것이므로 시의성에서는 다소 자유롭다. 사업 추진 과정에 대하여는 대체로 2006년까지 상황이 기술되어 있음을 참고하기 바라며 작성 당시의 글을 그대로 싣기로 한다.

2 OECD 국가들은 물론 중국, 북한도 도로명에 의한 주소 제도를 사용하고 있으며, 토지 지번에 의한 주소 제도를 시행했던 일본도 1962년 "주거표시에 관한 법률"을 제정하여 블록방식 또는 도로명에 의

지 지번에 의한 주소 제도가 불합리하게 된 것은 도시의 팽창, 도시구조의 변화에 따라 토지의 분할, 합병 등이 빈번하게 이루어지면서 지번 배열이 무질서하고 복잡하게 되었기 때문이다.

국민생활의 불편을 해소하고 나아가 국가경쟁력을 강화함은 물론 국제적으로 보편화된 도로명 주소체계를 도입하려는 국가의 정책은 매우 의미 있는 것으로 보인다. 여기서는 이렇듯 의미 있는 국가의 정책을 시행하는 과정에서 언어 즉 국어와 관련된 문제가 어느 정도의 비중을 차지하고 있었으며 또한 어떻게 취급되어 왔는지 살피고자 한다. 이를 바탕으로 중앙정부 또는 지방정부에서 어떤 정책을 시행할 때 국어와 관련된 문제를 소홀히 함으로서 잃게 되는 사항을 지적하고 이에 대한 적절한 대책을 제시하고자 한다.

2. 새주소 확립을 위한 도로명 및 건물번호 부여 사업의 경과

우리나라에서 토지 지번을 주소로 써온 것은 일제시대 때부터이며 1962년에 제정한 주민등록법에서 주소를 지번으로 신고하도록 규정하면서 법적 지위를 갖게 되었다. 당시로서는 도시의 구조가 복잡하지 않고 토지의 분할 등이 빈번하지 않았기 때문에 지번에 의한 주소 제도가 그다지 불편하지 않았다. 그러나 60년대 이후 급격한 산업화와 개발시대를 거치면서 도시 지역을 중심으로 토지에 대한 잦은 분할과 합병 등으로 현용 주소 제도는 경우에 따라 매우 불편한 것으로 전락하였다. 이에 따라 새주소 제도를 도입하려는 노력이 있어 왔고 도로명에 의한 주소 제도를 도입하기 위하여 이 사업이 상당 부분 진행되고 있다. 본장에서는 이 사업의 추진 배경에서부터 지금까지의 경과를 살펴보면서 주로 국어와 관련된 부분에서 소홀히 하였던 것을 지적하고자 한다.

한 주소체계를 도입하였다.

2.1. 새주소 사업 추진 배경

토지 지번이 급격한 개발 시대를 거치면서 분할과 합병 등으로 무질서하게 되고 일관성이 없어지면서 새로운 주소 체계 도입에 대한 논의가 시작된다. 주소 체계는 국가 기본축의 하나로 교통, 물류, 우편, 소방, 의료, 범죄…… 등에 신속하고 효과적으로 대응하기 위하여 효율적인 체계를 지니고 있어야 한다.

세계 각국의 주소 표기 실태를 살펴보면 보다 효율적인 방식이 도로명에 의한 것임을 알 수 있다. 이 방식은 구미 제국은 물론 중국을 비롯한 아시아 대부분의 국가들도 사용하고 있다. 참고로 각국의 주소 표기 방식을 표로 정리하여 보이면 다음과 같다(행정자치부, 2000 : 7 참조).

〈표 1〉 각국의 주소 표기 방식 비교

구분	지번 방식	도로 방식	구역 방식	Geocoding 방식
내용	• 지번을 주소로 사용	• 지번과 주소를 분리 • 도로명과 건물번호를 주소로 사용	• 일정한 구역을 설정, 블록번호와 주거 번호를 주소로 사용	• 필지 중심지의 지적 좌표값을 주소로 표시
주소표시	○○시 ○○동 ○○ (○통 ○반)	○○시 ○○로 ○○	○○시 ○○정(町) ○○번 ○○호	○○시 ○○동 ①②③④-⑤⑥⑦⑧
장·단점	• 토지의 지번으로 주소 사용 • 주소 찾기가 매우 불편하고 도시정보 관리가 곤란 • 토지 분·합병 시 주소변경 수반	• 주소 찾기 및 지리정보 체계 연계가 쉽고 토지 분·합병과 주소 표시가 서로 관계없음. • 도로구간 변경 시 주소도 변경	• 도로망이 정비되지 않은 지역에 적합 • 골목을 사이에 둔 건물 주소 번호가 연속되지 않음.	• 지리정보 체계와 연계가 용이 • 주소 찾기가 불편

시행국가	한국	유럽, 미주, 아시아의 거의 모든 국가	일본	없음

〈표 1〉에서 보듯 세계 여러 나라의 주소 표기 방식 중 가장 일반적인 것이 도로명과 건물번호를 주소로 사용하는 것이다. 이는 이러한 방식이 다른 것에 비해 보다 효율적인 것이기에 여러 나라가 채택하고 있는 것으로 보인다. 일제시대에 남한과 같이 토지 지번에 의한 주소를 사용했던 북한의 경우도 러시아나 중국의 영향으로 이미 60년대에 도로명에 의한 주소 제도를 도입, 定着시킨 것으로 파악되고 있다.

토지 지번에 의한 주소 제도의 문제점을 해결하기 위하여 우리 정부가 채택할 수 있는 방식은 도로명에 의한 주소 제도를 도입하는 것이었다. 이를 위하여 정부는 1967년 6월 선진국의 주소 표기 실태를 파악하고 계획을 수립한 후 1970년 11월 표본지역을 선정하여 대통령 연두순시 때 사업추진을 보고하였다. 이를 바탕으로 1, 2차에 걸친 시범사업을 수행하였으며 1980년 8월 5일 "신주소 표시제도 실시에 관한 규정"(내무부·건설부 훈령)을 제정하였다. 그러나 지번을 중시하는 국민적 정서와 행정적인 환경에 의하여 이 규정은 1995년 6월 17일 폐지되었다.

하지만 지번에 의한 주소 제도의 문제점과 비효율성이 끊임없이 제기되면서 1993년 9월 국토개발연구원에서 도로방식에 의한 새주소 제도 도입을 위해 "지번체계의 정비 방안"이 검토되기에 이른다. 또한 1995년 12월 31일에는 서울시정개발연구원에서 "서울시 지번 및 주소표시제도 개선방안"이라는 연구가 수행되었다.

문민정부 출범 후 주소 제도 개선 사항을 청와대 국가경쟁력강화기획단의 추진 과제로 선정하여 "도로명 및 건물번호 부여 방안"을 마련하기 위하여 1996년 5월 29일부터 6월 26일까지 4회에 걸쳐 전문가 회의를 개최하기에 이른다. 이와 관련하여 운수, 관광, 통신업체 등의 의견 수렴을 위한 회의를 거친 후 1996년 6월 28일 "도로명 및 건물번호 부여 추진 방안"이 대통령에게 보고된다. 7월 5일 청와대 국가경쟁력강화 기획단에서는 이 사업의 추진 계획을 발표하고 행정자치부(당시 내무부)에 추진을 지시한다. 이를 바탕으로 국무총리 훈령 제335호가 제정, 발령되면서 도로명 및 건물번호 부여 실무기획단이 생기게 되고 이 사업이 본격적으로 시행되기에 이른다.

2.2. 새주소 사업 추진 경과

　도로명 및 건물 번호를 바탕으로 한 새주소 사업은 행정자치부(당시 내무부)에 도로명 및 건물번호 부여 실무기획단이 운영되면서 본격적으로 시작되었다. 1997년에 들어서면서 계획도시인 서울특별시 강남구와 신·구 복합도시인 경기도 안양시가 시범사업 지역으로 선정된다. 1998년에는 도시 유형별로 4개의 지방자차단체가 제2차 시범사업 추진지역으로 선정된다.[3]

　1998년 7월 20일에는 제1차 시범사업 지역인 서울특별시 강남구와 경기도 안양시의 시범사업 완료 보고가 이루어진다. 제2차 시범사업 지역은 1998년과 1999년 2년에 걸쳐 전지역의 사업이 완료된 경우(청주시)도 있으나 이 기간 중 도시 지역을 대상으로 한 1단계 사업만이 완료된 경우도 있다. 안산시, 경주시, 공주시의 경우 도시 지역을 대상으로 1998년부터 1999년까지 1단계 사업을 수행하였고 2단계 또는 3단계 사업으로 나누어 외곽지역, 농촌지역, 섬지역 등의 사업을 2002년 또는 2003년까지 完了하였다.

　제1차 시범사업이 완료되고 제2차 시범사업이 수행되는 과정에 정부는 1998년 12월 17일 '99 도로명 및 건물번호 부여 기본계획'을 수립하게 된다. 그 요지는 제1차와 제2차에 걸친 시범사업(1단계)을 바탕으로 1999년부터 2003년까지 135개 도시 지역으로 이 사업을 확대(2단계)하며 2004년 이후는 마지막 단계(3단계)로 91개 군지역까지 확대, 시행한다는 것이다. 3단계 사업의 완료 시점은 2009년 말이며 이때가 되면 전국의 232개 지방자치단체가 모두 이 사업을 끝내게 된다는 것이다.

　이러한 기본계획을 바탕으로 추진해 온 이 사업은 전문 조직 및 인력의 취약, 현주소 제도에 익숙한 국민들의 인식 부족, 국가사업에 대한 중앙정부의 지원 부족 등

3　제2차 시범사업 추진지역으로 선정된 지역은 공업도시형인 경기도 안산시, 일반도시형인 충북 청주시, 도·농 복합도시형인 충남 공주시, 관광도시형인 경남 경주시 등 4개 지역이다.

으로 인하여 만족스러울 정도의 진척을 보이고 있지는 않다. 2006년 9월 27일 도로명 및 건물번호 부여 지원단의 보도자료에 따르면 2006년 6월 30일 현재 추진 실적은 인구 기준으로 67.9%가 완료되었다고 한다. 시·군·구 기준으로는 234개 지자체 중 102개(43.6%)가 완료 되었으며 93개(39.7%) 지자체가 추진 중에 있고 39개(16.7%) 지자체는 아직 이 사업을 착수하지 않은 것으로 파악되고 있다.

2.3. 새주소 사업 시행 중 언어 즉 국어에 대한 고려

새주소 사업의 단계별 내용[4] 중 비교적 초기 단계에서 시행해야할 '도로명 부여'는 이 사업의 핵심적인 부분이다. 도로명 부여 이전에 이루어져야 할 '도로망 체계 구축'(도로 구간 설정, 도로 구획 설정, 도로 기종점 설정 등)과 이후에 이루어져야 할 '도로명판 설치'나 안내지도 제작 등도 중요하지만 각 도로에 대한 명칭 부여는 이 사업에서 가장 중요하고 신중하게 다루어야 할 부문이다. 도로명판이나 건물번호판 등의 경우 그 제작, 설치에서 잘못이 드러나면 즉시 정정이 가능한 단순한 문제이지만 도로의 이름은 그 수정이 쉽게 이루어질 수 없는 성질의 것이기 때문이다.

지명어의 일종인 도로의 이름도 지명어가 지닌 특성을 갖게 된다. 사람의 이름은

---

4 참고로 행자부(2001:49)에 제시된 새주소 사업 내용의 단계별 개념도를 보면 다음과 같다.

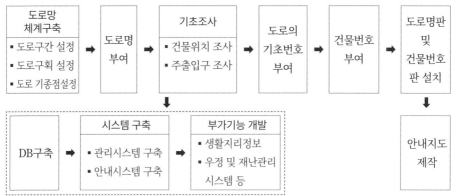

그 사람의 죽음과 함께 소멸될 수도 있지만 한번 부여된 지명은 소멸되지 않고 오래도록 생명력을 지니게 된다. 지명이 일반 어휘에 비해 변화를 싫어하는 보수적인 속성을 지니고 있다는 것은 두루 아는 사실이다. 그러므로 도로명의 경우도 한 번 부여하면 특별한 일이 없는 한 계속해서 사용해야 할 국어 어휘 중의 한 부류가 되는 것이다. 특별히 문제가 되지 않는 한 기존의 도로명을 다른 명칭으로 교체하지도 않겠지만 교체하려 할 경우 이에 수반되는 여러 가지 문제가 발생할 수 있다. 새주소 제도는 도로명을 바탕으로 한 것이기 때문에 그 명칭을 교체 할 경우 주민등록상의 주소 교체를 비롯하여 여러 가지 문제가 수반된다. 그러므로 도로명 부여는 이에 대한 국어학자나 지명언어학자의 충분한 연구를 바탕으로 신중하게 어휘를 선택하여 이루어져야 할 것이다.

새주소 사업 중 매우 중요한 부문이 도로명 부여임에도 불구하고 이 사업의 기획 단계에서부터 국어학자나 지명학자의 참여는 제한되어 있었다. 이는 시범사업을 추진할 당시의 업무 분장을 보면 더욱 뚜렷이 나타난다. 국가경쟁력강화기획단을 비롯하여 행정자치부(당시 내무부), 정통부, 건교부(지리원), 지방자치단체(시범지역), 국토개발연구원, 한국토지공사 등이 관련 업무를 분장하도록 하였으나 도로명 부여 업무는 실무기획단에서 관장하도록 되어있다. 언어와 관련된 도로명 부여를 문화부 산하의 국립국어연구원(현 국립국어원)이라는 엄연한 국가 기관이 있음에도 여기에 맡기지 않고 소홀히 취급하였음을 알 수 있는 대목이다. 물론 국가경쟁력강화기획단과 그 산하에 있었던 실무기획단에도 단 1명의 언어학자 내지는 지명학 전문가가 포함되어 있지 않았다.

결국 이 사업의 기획 단계에서 매우 중요한 도로명 및 건물번호 부여 원칙(안)이 실무기확단의 도로반(토목사무관을 반장으로 한 반원 2명)을 중심으로 마련되기에 이른다. 이 안은 자문위원회 및 관련 전문가의 의견을 반영하여 1997년 7월 15일에 확정된다. 그런데 자문위원으로 참여한 사람들을 보면 건교부, 정통부, 강남구, 안양시, 국토개발연구원, 서울시정개발연구원, 도로교통안전협회, 교통개발연구원, 한국물류협회, 건설안전연합회 등에 소속되어 있는 사람들로 되어있다. 이 중에도 단 1명의 지명학 또는 언어학 전문가가 포함되지 않았다.

국가경쟁력강화 기획단은 물론 실무기획단 그리고 자문위원회에 단 1명의 지명학자나 언어학자도 포함되지 않았기에 1997년 2월 27일에 열린 제1차 자문위원 회의에서는 도로명 부여와 관련하여 위원 간에 이견이 많았음을 알 수 있다(행자부, 2003: 36~37). 이에 따라 "도로명 부여를 위하여 국토연구원과 공동으로 관련전문가 개별자문 및 자문회의, 공청회 등을 통하여 충분히 검토하여 부여 원칙(안) 보완"(행자부, 2000: 37)이라는 결론을 맺었음을 알 수 있다. 이를 통하여 보더라도 도로명 부여와 관련하여 전문가들의 충분한 연구와 검토가 선행되어야 하는 것임을 알 수 있다.

이 사업의 기획 단계에서 전문적인 지식을 제공할 수 있는 언어학자나 지명학자의 참여가 제한되었다는 것은 매우 아쉬운 일로 남는다. 무형의 자산인 명칭에 대한 고려를 소홀히 하고 눈에 보이는 것만을 우선하여 이 사업을 기획한 결과 이러한 결과를 초래하였다고 보며 앞으로 유사한 정책을 수립할 경우 중앙정부나 지방정부 모두 타산지석으로 삼아야 할 것이다. 전문성을 요구하는 사안이 비전문가에 의해 좌우되는 일은 폐쇄적이고 권위적인 국가에서나 가능했던 일이다. 개방적이고 대중이 참여하는 민주·복지국가에서는 전문가의 방향제시와 국민의 검증 그리고 대중의 호응을 바탕으로 정책이 결정되어야 한다.

도로명 부여의 기준은 지명어의 한 부류인 도로명의 특성에 대한 연구가 충분히 이루어진 후 마련되어야 한다. 도로명도 지명의 한 부류이므로 촌락명을 비롯한 지명어가 지닌 특성에 주목할 필요가 있다. 촌락명이나 도로명의 일반적인 구조는 분류요소로 볼 수 있는 후부요소와 성격요소인 전부요소로 되어 있다. "영동대로, 가로수길, 다람쥐골목" 등의 도로명은 "대로, 길, 골목" 등의 후부요소와 "영동, 가로수, 다람쥐" 등의 전부요소로 구성되어 있다. 이 때 "대로, 길, 골목" 등은 도로의 위계가 담겨있는 분류요소이고 '가로수'를 비롯한 전부요소는 해당 도로의 특성이 담겨있는 성격요소이다.

도로명의 두 요소 즉 분류요소인 후부요소와 성격요소인 전부요소에 어떤 어휘를 활용하는 것이 바람직한 것인가를 심도 있게 탐구한 후 그 부여 방안을 마련했어야 했다. 그러나 정부 차원에서 이에 대한 고려는 거의 없었던 것으로 보인다. 이는 그동안 발주한 연구 용역을 통해서도 살펴볼 수 있는데 도로명 부여 방안 마련을 위한 요구가 전무하였다. 전국, 전국민을 대상으로 하는 중앙정부의 사업은 그 파급효과가 대단히 큰 것이므로 정책 결정 단계에서 충분하고 심도 있는 연구가 이루어진 후 결정되어야 한다.

국가 정책과 관련한 학계의 무관심도 문제이지만 사업 주체인 정부와 한국학술진흥재단을 비롯한 연구지원기관의 적극적인 전문가 활용 노력이 요구된다. 이 사업의 초기 단계에서 관련 연구를 적극적으로 유도했다면 상당한 성과를 거두었을 것이고 그 결과는 다양하게 실무에 적용될 수 있었을 것이다. 그러나 도로명 부여가 마무리 단계에 와 있는 현재까지도 이에 대한 연구 성과는 지극히 미미한 실정이다.

국가적인 정책을 마련함에 있어 정책 수립 주체인 정부는 관련 기관과 관계 전문인력을 적극적으로 참여시키는 자세를 가져야 한다. 권위주의 시절의 국가에서는 전문가 아닌 사람들이 자신의 직관과 힘만을 믿고 밀어붙이기식으로 어떤 정책을 決定하는 경우가 허다했다. 이런 방식으로 결정된 정책은 그 시행 단계에서 많은 문제에 봉착하게 되고 급기야는 원점에서 다시 검토하는 사례가 빈번하였다. 이제 민주와 복지를 지향하는 국가답게 민간 전문가를 적극 활용하는 자세를 가져야 한다. 또한 국가는 연구지원기관 등을 통하여 이들을 지원, 최상의 정책안을 마련한 후 시행하여야 할 것이다.

3. 도로명 부여 원칙과 후부요소 명명의 실태

각 지방자치단체의 실무자들이 도로명 관련 과업을 수행할 때 지침으로 삼도록 만들어진 것이 도로명 및 건물번호 부여 실무편람이다. 이 편람의 제5장에서는 도로명 부여 원칙을 제시하고 있다. 여기서는 우선 이 원칙에 대하여 검토하게 될 것이다. 또한 실제로 명명된 도로명 자료를 대상으로 후부요소에 사용된 어휘의 실태를 도로의 위계에 따라 파악하고자 한다. 이러한 과정 속에서 도로명 부여의 원칙과 실제로 명명된 도로명이 지니고 있는 문제점이 파악될 수 있을 것이며, 그 문제의 원인이 어디에 있는지 자연스럽게 알게 될 것으로 기대된다.

3.1. 도로명 부여 원칙에 대한 검토

서울특별시 강남구를 비롯하여 시범사업으로 새주소 사업을 시행한 각 자치단체에서 도로명을 부여할 때에는 행정자치부 도로명 및 건물번호 부여 실무기획단(1998)에서 펴낸 실무편람 제5장에 근거하였다. 이 실무편람은 시범사업 등을 거치면서 보완되어 2003년 6월에 개정되었고 현재 이 사업을 시행하는 지방자치단체의 도로명 부여 지침서로 활용되고 있다.

"도로명 및 건물번호 부여사업 실무편람" 제5장 도로명 부여는 1. 부여주체, 2. 일반원칙, 3. 세부원칙, 4. 국도 등의 노선번호를 도로명과 병기, 5. 도로명 부여 대장 비치·보관 등의 내용을 담고 있다. 이 중 도로명 부여의 원칙과 관련되는 것은 2. 일반원칙과 3. 세부원칙이다. 2003년의 개정된 원칙은 문화체육부 소속 국어심의회의 심의 등을 반영하여 당초의 원칙(1998년의 원칙)을 약간 보완한 것에 불과하다.

일반원칙[5]에 제시된 내용을 살펴보면 두 부분으로 나누어지는데 앞부분에서는 1) 모든 도로구간에 명칭 부여 2) 주진입로의 도로명을 활용한 일련번호식 부여 허용 3) 최소행정단위인 '리' 등의 도로명을 마을명으로 하여 일련번호 부여 등을 제시하고 있다. 그리고 뒷부분에서는 도로명의 구조를 전부요소와 후부요소로 인식한 후 주로 후부요소의 명칭 부여에 관하여 규정하고 있다.

앞부분에 제시된 일반원칙 3개 항을 보면 ①항에서는 모든 도로구간에 명칭을 부

---

5 6개 항으로 되어 있는 〈일반원칙〉은 다음과 같다.
① 모든 도로구간에는 고유한 도로명을 부여하는 것을 원칙으로 한다.
② 소로 및 골목길에서 하나의 도로에 여러 개의 짧은 구간 도로가 분기 또는 병행하게 나열되어 있어 도로명 부여가 곤란한 경우에는 주진입로의 도로명에 일련번호를 붙이거나 지역특성을 반영하여 도로명을 부여할 수 있다.
③ 최소 행정단위인 "리" 또는 건물이 10동 이상인 마을의 도로명은 마을명 등으로 부여하고 분기된 도로는 일련번호나 지역특성을 반영하여 부여할 수 있다.
④ 도로명은 다른 도로명과 구별되는 고유명사와 도로를 나타내는 보통명사로 구성함을 원칙으로 한다.
⑤ 주간선도로, 보조간선도로, 소로의 도로명은 고유명사의 음률에 따라 "로" 또는 "길" 등으로 부여한다. 다만, 주간선도로 중 도로폭이 40m이상의 도로는 "대로" 또는 "큰길"로 부여할 수 있다.
⑥ 골목길은 "길, 골목, 고개, 굽이, 마당, 고샅" 등 지역적 특성에 맞게 다양한 도로명을 사용할 수 있다.

여한다는 선언적 의미를 담고 있다. 그리고 그 뒤에 제시된 두 개 항 ②와 ③에서는 도로 또는 지역적 특성을 감안하여 전부요소를 동일어로 하고 후부요소만을 분할할 수 있다는 내용을 담고 있다. 이는 ①항의 내용을 원칙으로 하되 지역적 특성에 따라 일련번호를 사용하여 후부요소를 분할하는 방식을 허용한 것이다. 즉 ②와 ③항은 일반 원칙을 제시한 ①항의 예외 규정이라 할 수 있는데 동일한 비중을 두어 원칙으로 제시하고 있다. 이러한 규정은 실제의 도로명 부여에서 1길, 2길 3길…… 또는 1로, 2로, 3로…… 등 과도하게 많은 일련번호형 도로명 생성의 원인이 되었다.

일반원칙의 뒷부분에서는 도로명의 구조를 전부요소와 후부요소로 인식한 후 주로 후부요소의 명칭 부여에 관하여 규정하고 있다. 사실상 뒤쪽에 제시된 3개 항이 실제적인 도로명 부여의 원칙과 직접적으로 관련이 있는 규정이다. ④항은 도로명의 구조를 전부요소와 후부요소로 인식하고 전부요소를 다른 도로명과 구별되는 고유명사로 표현하고 있다. 그리고 후부요소에 쓰이는 '-길, -로' 등을 보통명사로 인식하여 표현하고 있다. ⑤, ⑥항의 규정은 ④항의 원칙을 바탕으로 도로의 위계에 따른 명칭 부여의 원칙을 제시한 것이다. 즉, ⑤항의 규정은 골목길을 제외한 주간선도로, 보조간선도로, 소로 등의 후부요소를 부여하는 방안에 대한 지침이며 ⑥항은 골목길에 관한 사항이다. 이 원칙은 1997년 6월 26일 문화체육부소속 국어심의회의 심의[6]를 거쳐

---

6 당시 상정 안건과 심의 의결 사항을 보면 다음과 같다.

① 상정안건
  - 주간선도로, 보조간선도로, 소로의 도로명은 "로" 또는 "길"로 부여한다.
    - 다만, 주간선도로 중 도로 폭 40m(광로) 이상은 "대로" 또는 "큰길"로 부여
  - 골목길은 "골목" 또는 "솔길"로 부여한다.

② 심의의결 사항
  - 주간선도로, 보조간선도로, 소로의 도로명을 "로"와 "길"로 정한다.
  - 골목길은 "길, 골목, 고개, 굽이, 마당, 고샅" 등 지역적 특성에 맞게 다양한 도로명을 사용한다. 단, 상정안인 "솔길"은 사용하지 않는다.

③ 붙임의결 사항
  - 기존의 "대로" 및 "큰길"의 도로명은 행정적으로 강제하여 고치지는 않되, "로"와 "길"로 고쳐 쓰는 것을 권장하고, 새로 짓는 도로명은 앞말에 따라 적절하게 선택하여 "로"와 "길"로 부여한다
  - 골목길의 도로명 중 "골목"은 좌·우에 집들이 있는 경우에 사용하고, 시골길은 "길", "굽이", "고개"처럼 전통적인 명칭을 자유롭게 사용한다.

도출된 것이다.

이상에서 살펴본 일반원칙 6개 항 중 2개 항의 내용은 모든 도로에 명칭을 부여하며 그 명칭은 전부요소와 후부요소로 구분하여 부여한다는 것이다. 그리고 6개 항 중 4개항에서는 후부요소의 명칭 부여에 관한 사항을 규정하였다. 후부요소의 명칭 부여 방식이 비교적 구체적으로 제시되었음에도 불구하고 전부요소의 명칭 부여에 관한 사항은 전혀 언급이 없다. 도로명의 구조가 전부요소와 후부요소로 되어 있다는 사실을 인식했으면서도 두 요소를 동일한 비중으로 취급하지 않았음을 알 수 있는 것이다.

전부요소 부여 원칙에 대하여는 일반원칙에서 제시하지 않고 세부원칙[7]에서 규

※ 4m 미만의 좁은 길을 차량통행 가능여부에 따라 분류하는 것은 현실적으로 필요성이 크지 않고, 오히려 명칭의 혼란을 초래한다.
④ 의결사유
  • 지역에 따라 별로 넓지 않는 길을 "대로"나 "큰길"로 이름 짓는 경향이 있어 억제할 필요가 있다.
    - "세종로"처럼 실제로 가장 넓은 길에도 "대로"를 쓰지 않아도 어색함이 전혀 없고 오히려 자연스럽다.
    - "대로"나 "큰길"을 도로명에 쓴 것은 오래되지 않은 것으로 전통적으로 "로"나 "길"로 쓰는 것이 일반적이고, 도로표지판의 표기를 고려할 때 간결한 명칭인 "로"와 "길"이 낫다.
  • "솔길"은 오솔길의 변형이거나 형용사 "솔다"의 어근과 "길"이 결합한 경우로서 "오솔길"을 "솔길"로 줄일 수는 없고, "솔길"은 현대 국어의 조어법에 어긋나고 바른 어형은 "손길"이다.
    - 골목길은 지역적 특성에 따라 다양한 명칭이 있으므로 사전에도 없는 말을 억지로 만들어 쓸 필요가 없는 바, "솔길"은 사용하지 않는다.
7 세부원칙은 다음과 같다.
가. 제1원칙 : 시·군·구지역 내에서 같은 도로명 중복사용 금지
  • 도로명 부여시 시·군·구 지역 내에서 같은 도로명을 중복하여 부여할 수 없다. 그러나 도·농 복합시의 읍·면 및 군 지역에 있어서는 동일 읍·면내에서만 중복하여 부여할 수 없다.
나. 제2원칙 : 기존 도로명 유지
  • 이미 도로명이 부여된 구간은 도로구간이 변경되더라도 가급적 기존 도로명을 그대로 부여토록 한다.
  • 기존의 도로명이 부여된 지상의 도로구간 내에 위치하고 있는 지하상가의 도로구간은 지상의 도로명을 그대로 부여토록 한다.
  • 기존 도로명이 부여된 도로의 노선길이가 너무 길어 2개로 분할하여야 할 필요가 있는 경우에는 도로의 고유명사와 도로를 나타내는 보통명사 사이에 방향(동·서 또는 남·북)을 삽입하여 부여할 수 있다.

정하고 있는데 제1원칙과 제2원칙은 선언적인 의미를 담고 있고 제3원칙에서부터 제
10원칙까지는 전부요소와 후부요소의 구체적인 명명 방식을 제시하고 있다. 특히 전
부요소 부여 원칙을 제3원칙에서 제8원칙까지 6개 항목에 걸쳐 제시하고 있다. 또한
일반원칙에서 제시하지 않았던 후부요소의 명칭 부여 원칙에 대하여도 제9원칙(방향
성 부여)과 제10원칙(다중이용거리 특성부여) 등 2개 항목에서 제시하고 있다. 결국 세부원
칙에서는 일반원칙에서 제시하지 않았던 전부요소의 명칭 부여와 관련된 사항이 주
를 이루고 있음을 알 수 있다.

다. 제3원칙 : 역사성 반영
- 새로이 도로명을 부여하는 경우에는 유적이나 역사적 인물, 지방 연혁, 문화재, 마을명 등과 같
  은 역사적 사실을 반영하여 도로명을 부여할 수 있다.

라. 제4원칙 : 중앙 도로명 표시
- 도시의 중앙을 통과하는 간선도로는 '중앙로' 또는 '중앙길' 등의 도로명을 부여하여 해당 도시의
  중심지를 통과하는 도로임을 표시할 수 있다.

마. 제5원칙 : 지형적 특성 반영
- 도로명의 고유명사 또는 보통명사에 도로의 지형적 특성과 상태를 나타낼 수 있도록 도로명을
  부여할 수 있다.

바. 제6원칙 : 권역별 특성화
- 당해 도시의 도로망 체계를 몇 개의 권역으로 나누어 각 권역별로 꽃, 식물, 동물, 산, 강, 하천,
  국가, 각국의 수도 또는 주요도시ㆍ주요인물 등의 이름을 인용하여 도로명을 부여할 수 있다.

사. 제7원칙 : 연결 도시명 적용
- 국도와 주간선도로 및 보조간선도로 등이 인접도시와 연결되는 경우에는 인접도시의 이름을 도
  로명으로 부여할 수 있다.

아. 제8원칙 : 공공시설명 적용
- 해당 도로구간에 있는 공공시설 또는 주요시설의 이름을 도로명으로 부여할 수 있다.

자. 제9원칙 : 방향성 부여
- 도로명의 보통명사에 도로의 진행방향을 반영하여 길이름만으로도 해당 도로구간의 방향 및 방
  위를 알 수 있도록 도로명을 부여할 수 있다.
- 도로구간이 정북향 또는 정동향이 아닌 경우에는 동서축을 기준으로 해당 도로구간 기ㆍ종점의
  직선 경사각이 45°이상인 도로는 남북방향, 45°미만인 도로는 동서방향의 도로로 간주하여 도로
  명의 보통명사를 부여할 수 있다.

차. 제10원칙 : 다중이용거리 특성부여
- 많은 사람이 모여 공연, 쇼핑, 행사 등을 할 수 있는 도로는 예외적으로 고유명사 뒤에 보통명사
  로서 "광장" 또는 "거리" 등을 붙여 도로명을 부여할 수 있다.

　　도로명 부여의 원칙을 일반원칙과 세부원칙으로 나누어 제시하려 한 의도는 일선 현장 실무자들의 편의를 도모하고자 하는 측면에서 고안된 것으로 보인다. 그러나 위에서 살펴본 두 가지의 원칙을 살펴보면 그 의도와는 달리 일반원칙과 세부원칙이 지향하는 바가 분명하게 제시되어 있지 않고 뒤섞여 있어 현장 실무자들을 혼란스럽게 한 부분도 있었을 것으로 보인다.

　　필자의 생각으로는 일반원칙에서는 도로명 부여와 관련된 선언적이고 포괄적인 의미를 담고 그 구체적인 부여 방안을 세부원칙에 규정했어야 한다고 본다. 전부요소와 후부요소의 부여 원칙을 같은 비중으로 취급하여 그 구체적인 方式을 제시하는 것을 세부원칙으로 삼았으면 좋았을 것이다. 즉 세부원칙으로 규정된 제1원칙(중복사용 금지)과 제2원칙(기존도로명 유지)은 선언적인 의미를 담고 있는 부분이므로 일반원칙으로 돌리는 것이 좋다고 본다. 그리고 일반원칙 규정 중 후부요소 부여 방안과 관련된 규정은 세부원칙으로 삼았어야 한다고 본다. 그렇게 하면 도로명 부여의 두 원칙이 보다 분명하게 규정되어 실무자들의 혼란이 줄어들었을 것이다.

　　요컨대, 도로명 부여의 원칙을 정함에 있어 일반원칙과 세부원칙으로 나누어 규정하는 것은 현장 실무자들의 업무 편의를 위하여 필요하다고 본다. 그 지향하는 바를 보다 분명히 한다는 점에서 일반원칙에서는 도로명 부여의 선언적 의미를 담고 세부원칙에서는 구체적인 부여 방안을 제시하는 것이 필요하다고 본다. 행정자치부 도로명 및 건물번호부여 실무기획단에서 펴낸 실무편람 제5장에서는 도로명 부여와 관련된 지침을 대체로 포괄하고 있으나, 보다 명확하게 일반원칙과 세부원칙을 제시하면 좋았을 것이라는 아쉬움이 남는다. 일반원칙과 세부원칙을 필자 나름대로 재구성하면 다음과 같다.

　　　　일반원칙: 도로명 부여의 선언적, 포괄적 의미 제시(모든 도로에 도로명 부여, 도로명의 구조는 전부요소와 후부요소로 함, 중복사용 금지, 기존도로명 유지 등)

　　　　세부원칙: 도로명 부여와 관련된 구체적인 지침 제시(후부요소 부여 지침, 전부요소 부여 지침 등)

3.2. 도로명 후부요소 명명의 실태와 문제점

도로는 그 위계에 따라 일반적으로 네 가지로 분류할 수 있다.[8] 후부요소의 명칭을 부여함에 있어 도로의 위계에 따라 차별화된 어사를 사용하면 그 어휘들이 각각 특정한 정보를 함유하게 될 것이다. 후부요소로 사용된 어휘가 도로의 위계, 나아가 방위와 관련된 정보를 갖게 되면 방문자들에게 많은 도움을 주게 될 것이다. 그러므로 위계에 따른 차별화된 명칭의 사용은 후부요소 부여 방식 중 매우 바람직한 것일 수 있다. 그러나 실제적으로 후부요소에 쓰인 어휘는 그리 많지 않으며 대부분 고유어 '길'과 한자어 '로'로 되어 있다.

도로의 위계에 따라 차별화가 이루어지지 않고 대부분 도로의 후부요소가 '로' 아니면 '길'로 부여된 것은 도로명 및 건물번호부여사업 실무편람(2003. 6. 행정자치부 도로명 및 건물번호부여 지원단 개정)에서 밝힌 도로명 부여 원칙 때문이다. 이 실무편람에서는 도로명 부여의 일반 원칙에서 골목길을 제외한 도로의 명칭을 '로'와 '길' 만으로 하도록 하였기 때문이다. 골목길의 경우 "길, 골목, 고개, 굽이, 마당, 고샅" 등 지역적 특성에 맞게 다양한 도로명을 사용할 수 있도록 하여 비교적 다양한 어휘를 제시하였으나 간선도로 그리고 소로의 경우 '로'와 '길' 만으로 후부요소를 삼도록 하였다. 이런 이유 때문에 도로명 사업을 완료한 모든 지역의 도로명을 파악할 필요도 없이 그 후부요소는 대부분 '로' 아니면 '길'로 되어 있을 것임을 짐작할 수 있다.

이 대목에서 우리는 후부요소로 사용할 어휘 속에 위계 정보를 담도록 하려는 노력이 부족하였음을 지적하지 않을 수 없다. 후부요소로 사용할 수 있는 어휘를 발굴하려는 노력이 매우 부족하였고 '로'와 '길'을 분할하여 주간선도로명을 삼으려는 의지

---

8 참고로 행정자치부 도로명 및 건물번호 부여 실무기획단(1998 : 9)에서 제시, 규정하고 있는 각 도로의 개념을 보면 다음과 같다.
- 주간선도로: 도시내 주요 지역간, 도시간 또는 주요 지방간을 연결하는 도로로 대량 통과 교통기능을 수행하는 도로.
- 보조간선도로: 도시내 주간선도로와 소로의 중간에서 도시 교통의 집산 기능을 수행하는 도로.
- 소로: 주간선, 보조간선 이외의 도로로서 접근 기능을 수행하는 도로.
- 골목길: 차량 통행이 곤란한 좁은 길 또는 보행자 통행 위주의 기능을 수행하는 길.

도 강하지 못하였다. 이는 분할요소 '대'와 '큰'이 결합된 '대로'와 '큰길'을 주간선도로에 일괄하여 부여하면 방문자들이 상당한 정보를 갖게 될 것임에도 불구하고 소극적인 태도로 원칙을 제시하였기 때문에 오히려 혼란을 초래할 수도 있게 되었다.

위계에 따른 명칭의 차별화를 위하여 새로운 어휘를 발굴하지도 아니 하였을 뿐 아니라 분할요소를 활용한 위계 정보의 확보도 못 하였음을 실제 부여된 도로명을 검토하여 확인해 보기로 하겠다. 이를 위하여 이미 사업을 완료한 지방자치단체의 모든 도로명을 대상으로 파악하는 것이 가장 좋은 방법일 것이다. 그러나 앞에서 논의한 대로 실무편람에 나오는 도로명 부여의 원칙에 따라 각 사업 주체가 업무를 수행하였기 때문에 그 내용이 유사하므로 박병철(2004)에서 논의했던 사항을 토대로 검토하기로 한다. 박병철(2004: 34~40)에서 검토하였던 것을 종합하여 도로명 후부요소 부여 실태를 표로 만들어 제시하면 다음과 같다.

〈표 2〉 도로명 후부요소 명칭 분포 실태

후부요소	길												
분할요소	Ø	1길	2길	3길	4길	5길	6길	7길	8길	9길	1옛길	1샛길	구길
출현횟수	478	120	112	59	35	20	14	7	3	2	1	1	1
후부요소	길												
분할요소	남길	동길	뒷길	로길	북길	사잇/샛길	서길	소길	안길	안1길	안2길	앞길	골목길
출현횟수	6	5	13	1	1	16	4	2	31	3	4	7	2
후부요소	길												골목
분할요소	옆길	옛길	오름길	오름1길	오름2길	위/윗길	중길	중앙길	너미길	북셋길	우길	좌길	Ø
출현횟수	1	2	4	1	1	3	1	1	1	1	1	1	28
후부요소	골목							로					

분할요소	1골목	2골목	3골목	4골목	5골목	6골목	윗골목	중앙골목	Ø	1로	2로	3로	4로
출현횟수	7	6	5	5	2	2	1	1	274	133	125	70	48

후부요소	로												
분할요소	5로	6로	7로	8로	9로	10로	11로	12로	13로	14로	15로	16로	17로
출현횟수	33	19	16	11	8	7	4	2	2	2	1	1	1

후부요소	로												
분할요소	18로	19로	20로	남로	남서로	동로	동남로	북로	서로	서1로	서2로	서3로	서4로
출현횟수	1	1	1	8	1	10	1	7	13	2	1	1	1

후부요소	로												
분할요소	서5로	소로	순환로	우1로	우2로	우3로	우4로	우5로	우6로	우7로	제1로	제2로	제3로
출현횟수	1	6	3	1	1	1	1	1	1	1	2	1	1

후부요소	로									고샅			
분할요소	제4로	재5로	좌1로	좌2로	좌3로	좌4로	좌5로	중로	도로	Ø			
출현횟수	1	1	2	2	1	1	1	2	2	2			

〈표 2〉에서 보듯 후부요소로 쓰인 어휘는 길, 골목, 로, 고샅 등 4개 단어이다. '골목'과 '고샅'은 대부분 골목길의 후부요소에 사용된 어휘이며 '길'과 '로'는 대량 교통 소통의 기능을 하는 주간선도로에서부터 소극적인 기능에 머물고 있는 골목길까지 사용된 어휘이다. '길'과 '로'의 쓰임을 보면 골목길에서만 '길'의 사용이 절대적으로 우세하며 다른 위계의 도로에서는 '로'의 쓰임이 적극적이다. 이는 나름대로 '로'와 '길'을 차별화하여 도로의 위계 정보를 표현하고자 하였으나 이 정도로는 부족하다는 느낌이 든다. 가능하다면 후부요소에 쓰인 어휘만 보고도 도로의 위계를 알 수 있는 방식으로 명명이 이루어지면 좋을 것이다.

　　도로의 위계에 따라 차별화된 어휘를 사용하기 위하여 후부요소로 사용 가능한 어휘 목록을 수집한 후 각 단어의 의미를 파악하는 연구가 선행되어야 한다. 그리고 그 구체적인 적용 방법을 도출하여야 한다. 그러나 도로명 부여 원칙을 마련하는 과정에 이에 대한 고려는 전혀 이루어지지 않았다. 이는 언어에 대한 고려가 도외시되었던 당시의 상황에서 당연한 결과였다. 도로의 위계 정보를 담기 위하여 논의된 학술적인 연구는 박병철(1999)가 유일한 것으로 보이는데 학술과 행정 그리고 현장 사이에 가로 놓인 벽으로 말미암아 공론화의 과정도 거치지 못하고 사장되었다.

　　분할요소에 쓰인 어휘를 보면 방향성이나 도로의 특징에 근거하기보다는 일련번호 형식을 띤 경우가 지나치게 많다. 소로와 골목길에서 분할요소가 쓰인 도로명은 1,079개이다. 그런데 이들 도로명 중에서 일련번호식 분할요소에 의해 명명된 것은 926개로 85.82%에 해당한다. 이는 분할요소를 지니고 있는 도로명이 지나치게 일련번호에 의해 명명되었음을 알게 해주는 것이다. 한 구역을 쉽게 기억하기 위하여 어쩔 수 없는 방법이라고 할지 모르나 이러한 방식은 여러 가지 문제점을 내포하고 있다. 계획도시의 경우는 문제 발생의 소지가 없을 수도 있으나 전통적인 시가지나 촌락인 경우 토지 지번에 의한 주소체계에서 경험했던 비합리적이고 비효율적인 현상이 나타날 수 있다. [9]

　　이상에서 논의한 문제점을 통하여 볼 때 계획도시의 도로명은 예외로 하더라도 일련번호 방식의 분할요소는 가급적 지양하고 전부요소의 어휘를 다양화하는 방식이 요구된다. 분할요소의 사용은 전부요소의 어휘를 다양화하지 않은 편의적인 방식이다. 일련번호식으로 명명한 926개의 명칭을 전부요소의 다양화 방식으로 하였다면 훨씬 많은 어휘를 보유한 언어 창고 역할을 도로명이 하였을 것이다. 도로명으로 사용된 어휘는 단순히 그것만으로 그치는 것이 아니고 언중이 이를 사용하는 과정에서 국어 생활을 풍부하게 하고 나아가 언어 문화 창달에도 기여할 수 있기 때문이다.

9 　토지의 분할과 합병으로 지번이 불규칙하게 되었듯이 도로명의 경우도 1로와 2로 사이에 새로운 도로가 생겨나게 되면 일련번호에 의존할 경우 그 사이에 '23로' 또는 '24로'라는 명칭이 부여될 수 있다.

4. 결론 및 제언

우리나라에서 100년 가까이 사용해 온 토지 지번에 의한 주소 제도가 급격한 산업화와 개발시대를 거치면서 현실에 맞지 않는 것으로 전락하였다. 국민 생활의 불편을 해소함은 물론 국가경쟁력을 강화하기 위하여 기획된 도로명에 의한 주소 제도는 국가의 기본축을 새롭게 한다는 점에서 매우 의미 있는 것이라 할 수 있다. 이 사업을 위하여 중앙정부가 기본적인 정책을 수립하고 이를 바탕으로 지방자치단체가 실제적인 과업을 수행하는 과정에서 언어 즉 국어 문제를 어떻게 고려하고 취급하였는지를 알아보는 것이 이 연구의 목적이었다.

새주소 확립을 위한 도로명 및 건물번호 부여 사업 중 가장 중요하게 다루어야 할 대목 중의 하나가 도로명 부여이다. 도로명의 실체가 언어임에도 불구하고 이 사업의 기획 단계에서부터 국어학자나 지명학자의 참여가 제한되어 있었다는 점을 문제점으로 지적할 수 있다. 기본 원칙을 수립하는 초기 단계에서 국가경쟁력강화기획단은 물론 실무기획단 그리고 자문위원회에 단 1명의 지명학자나 언어학자가 포함되지 않았기에 업무 수행에 있어 비효율적인 사례가 있었음을 알 수 있었다.

일반적으로 어떤 정책을 결정하려면 해당 분야 전문가로 하여금 충분한 연구를 진행하게 한 후 그 결과를 선택적으로 수용하여야 할 것이다. 도로명 부여의 경우 국가의 연구지원기관 등을 활용하여 정책 개발을 위한 연구 지원이 전혀 이루어지지 않았다. 무형의 자산인 명칭에 대한 고려를 소홀히 하고 눈에 보이는 것만을 우선하여 이 사업을 기획한 결과 이러한 결과를 초래하였다고 본다. 전문성을 요구하는 사안이 비전문가에 의해 좌우되는 일은 폐쇄적이고 권위적인 국가에서나 가능했던 일이다. 개방적이고 대중이 참여하는 민주·복지국가에서는 전문가의 방향 제시와 국민의 검증 그리고 대중적 호응으로 정책이 결정되어야 한다.

도로명 및 건물번호 부여 실무편람에서 도로명 부여의 원칙을 정함에 있어 일반원칙과 세부원칙으로 나누어 규정한 것은 현장 실무자들의 업무 편의를 위하여 필요한 조치였다고 본다. 그러나 그 지향하는 바를 보다 분명히 하지 않았다는 점이 아쉬움으로 남는다. 필자가 나름대로 재구성한 일반원칙과 세부원칙에 담은 내용은 아래와 같다.

> 일반원칙: 도로명 부여의 선언적, 포괄적 의미 제시(모든 도로에 도로명 부여,
> 도로명의 구조는 전부요소와 후부요소로 함, 중복사용 금지, 기존도로명 유
> 지 등)
> 세부원칙: 도로명 부여와 관련된 구체적인 지침 제시(후부요소 부여 지침, 전
> 부요소 부여 지침 등)

도로명에서 후부요소로 쓰인 어휘는 길, 골목, 로, 고샅 등 4개 단어이지만 '길'과 '로'가 대량 교통 소통의 기능을 하는 주간선도로에서부터 소극적인 기능에 머물고 있는 골목길까지 주로 사용된 어휘이다. 도로의 위계에 따라 차별화된 어휘를 사용하지 않고 음률에 따라 '길' 아니면 '로'만을 후부요소로 삼았다는 것은 도로의 위계 정보를 담지 못한 어휘 사용이었다. 그리고 일련번호식 분할요소에 의한 도로명의 부여가 광범위하게 이루어졌는데 이는 토지 지번에 의한 주소체계에서 경험했던 비효율적인 현상을 답습한 경우라 할 수 있다.

도로명 부여에서 언어 전문가 즉 국어학자나 지명언어학자의 적극적인 참여와 연구가 있었다면 보다 나은 방안이 마련되었을 것이다. 앞으로 중앙정부나 지방정부에서는 어떤 정책을 결정함에 있어 언어와 관련된 문제가 개입되어 있을 경우 반드시 언어학자를 참여시켜야 할 것이다. 또한 연구실에만 머물러 있던 인문학자들도 '학문을 위한 학문'에만 머물지 말고 '인간과 사회를 위한 학문'의 중요성을 인식해야 할 것이다.

제29장

도로명 전부요소 명칭 부여

1. 서론

1.1. 연구의 의의

국책사업으로 시행 중인 새주소 사업의 핵심은 도로명 부여라 할 수 있다. 地番을 바탕으로 한 주소체계가 도로명으로 바뀌는 것이기 때문에 도로명이야말로 새주소 사업 내용 중 가장 중심적인 위치에 있다. 그러나 중앙정부를 비롯한 지방자치단체에서는 이 사업의 다른 분야(도로망 체계 구축, 도로명판 설치, 안내지도제작, DB구축 등)에는 막대한 인력과 비용을 투입하고 있지만 도로명 부여를 위한 이론 수립에는 크게 관심을 두지 않은 채 이 사업을 추진하고 있다. 또한 언어 즉 국어를 바탕으로 이루어지는 도로명 부여에 대하여 국어학자나 지명학자들도 적극적으로 그 이론 개발에 몰두하지 않고 있다.

중앙정부의 인식 부족과 관련학자들의 방관 속에 도로명 부여 원칙이 마련되었다. 더불어 이를 바탕으로 각 지방자치단체들에 의하여 실제적인 사업이 시행되면서 많은 문제점이 노출되고 있다.[1] 어법에도 맞지 않는 어휘를 도로명으로 삼거나, 과도

---

[1] 2008년 11월 13일자 동아일보에 보도된 기사 "엉터리 '도로명 주소' 사업으로 984억 혈세낭비"를 보면 그 단면을 알 수 있다. 기사의 내용은 다음과 같다.

정부가 도로 이름을 주소로 사용하기 위한 주소체계 전환사업을 추진하면서 도로명을 주먹구구식으로 부여해 980여억원의 예산을 낭비했다는 지적이 나왔다. 국회 행정안전위 김유정(민주당) 의원

한 합침이나 줄임의 방식을 동원하여 비약이 심한 방식으로 명명이 이루어진 경우가 허다하게 발견된다. 이는 중앙정부가 초기 단계에서 시간과 공간적으로 파급효과가 큰 역사적인 사업을 시행하면서 충분한 연구와 검토를 하지 않았기 때문에 나타나는 결과라 할 수 있다. 물론 이 사업에 적극적으로 개입하지 않은 국어학자, 지명학자들에게도 전혀 문제가 없는 것은 아니며, 사업주체인 각 지방자치단체의 안이한 태도도 문제라 할 수 있을 것이다.

　　보다 바람직한 도로명 부여를 위해서는 일차적으로 지명학, 언어학적 측면에서 명칭 부여 방안에 대한 충분한 연구가 있어야 한다. 또한 전부요소와 후부요소에 실제적으로 활용할 수 있는 구체적인 어휘목록이 제시되어야 한다. 본 연구는 본격적인 새주소 제도 시행에 앞서 이 사업이 완료된 지역의 경우 문제가 있는 명칭을 바로잡는 데 보탬이 되게 하고자 한다. 그리고 아직 이 사업을 완료하지 않은 지방자치단체에 대하여는 실질적인 지침이 될 수 있도록 하고자 한다.

1.2. 연구의 방법 및 범위

　　그동안 새주소 제도 도입을 위한 도로명 부여 사업과 관련하여 후부요소 명칭 부여 방안, 전부요소에 사용된 어휘 분석, 도로명의 의미 분석 등 간헐적인 연구가 진행

은 13일 열린 행안위 전체회의에서 행안부의 도로명 실태조사 결과, 잘못된 도로명판이나 건물번호판 재정비에 984억원의 예산이 필요한 것으로 나타났다고 밝혔다. 도로명 주소사업이 완료된 164개 시.군.구에서 재정비해야 할 물량은 도로명판 14만2천382개, 건물번호판 268만6천697개이다. 지역별 재정비 소요예산은 서울 230억1천만원, 경기 196억5천만원, 부산 69억9천만원, 인천 60억3천만원, 충남 54억1천만원으로 집계됐다. 이들 지역에서 도로명판이나 건물번호판을 다시 설치해야 할 대상은 '1번국도길'이나 '시청길'처럼 안정성이 훼손될 우려가 있는 도로명, '힘찬길' '소망길' 등 추상명사를 사용한 도로명, '00아파트길' 등 사유시설물 이름이 들어간 도로명이 주류를 이룬다. 또 '00교회길' '00절길' 등 문화재로 지정되지 않은 특정 종교시설 이름이 포함된 도로명과 '황천길' '야동길' '사정길' 등 주민의 반감을 유발할 수 있는 도로 이름도 재정비 대상에 포함됐다. 이 의원은 "행안부가 내년 예산안에 반영한 도로명 주소 재정비 예산 492억원이 전액 삭감돼 2012년을 목표로 한 도로명 주소 완전 시행 계획에 차질이 빚어지게 됐다"며 "1천억원의 혈세를 낭비한 책임소재를 밝혀야 할 것"이라고 지적했다. (서울=연합뉴스)

되었다. 그러나 아직까지 도로명 전부요소 부여 방안과 이에 사용할 수 있는 적절한 어휘목록을 작성하는 연구는 이루어지지 않았다. 후부요소에 사용할 수 있는 어휘는 비교적 제한적이어서 그 접근이 용이하다. 반면에 전부요소의 경우 해당 도로의 특성에 따라 다양한 어휘가 동원되었기에 이에 대한 연구가 수월하지 않기 때문에 나타난 현상으로 보아야 할 것이다.

후부요소에 사용할 수 있는 어휘는 "길, 로, 골목, 고샅" 등 비교적 그 어휘 항목이 한정적인 반면 전부요소에는 다양한 어휘를 사용해야 한다. 이는 도로명 후부요소의 경우 지명어의 종별 중 도로라는 부류에 부여되는 것이므로 그 어휘가 제한적일 수밖에 없다. 그러므로 우리는 지명어 중 분류요소 또는 단위부를 지칭하는 몇 개의 어휘를 마련하면 도로명의 후부요소로 사용할 수 있다. 반면에 전부요소는 각 도로가 지닌 특성을 담고 있는 부분으로 그 성격에 부합되는 낱말로 명명하여야 한다. 도로의 속성에 따라 직·간접적으로 연관성을 지닌 어휘가 선택되므로 실로 다양한 어휘 항목을 지니는 것이 전부요소이다.

본 연구의 궁극적인 목적은 개별 도로가 지닌 속성 즉 특성을 담아 명명이 이루어지는 전부요소에 사용할 수 있는 어휘 목록을 마련하는 것이다. 전부요소에 사용할 어휘 목록 작성을 위해서는 도로명과 관련된 몇 가지 사항에 대하여 살펴볼 필요가 있다. 도로명 후부요소의 구조와 관련된 전부요소의 제약, 전부요소에 사용된 어휘에 대한 실태 분석, 행정자치부(현 행정안전부) 도로명지원반의 도로명 부여 원칙에 대한 검토 등이 그것이다. 이러한 검토를 바탕으로 전부요소에 사용할 수 있는 어휘 목록을 제시함으로써 실제의 도로명 부여에 참고가 되게 하여야 할 것이다.

여기에서는 도로명 부여 원칙에 대한 검토와 이미 이루어진 도로명 전부요소의 어휘 실태를 분석한 후 전부요소에 활용할 수 있는 개략적인 어휘 목록만을 각 범주별로 제시하는 데 만족하고자 한다. 앞선 연구가 거의 없는 상황에서 전부요소에 활용할 수 있는 어휘 목록을 완벽에 가깝게 제시하는 것은 결코 쉬운 일이 아니기 때문이다. 앞으로 도로명 전부요소 명칭 부여 방안과 활용 가능한 어휘 목록 작성에 대한 구체적이고 심도 있는 연구가 촉발되기를 바라며 그 기초적인 연구가 되고자 한다.

2. 도로명 후부요소의 구조와 전부요소의 어휘

2.1. 도로명 후부요소의 구조

일반적으로 지명을 행정지명과 자연지명으로 나눈다. 도로명은 행정지명의 일종으로 볼 수 있는데 그 구조 또한 예외 없이 전부요소와 후부요소로 되어있다. 행정지명인 "서울특별시, 대전광역시, 청주시, 흥덕구, 모충동, 감나무길" 등은 예외 없이 "서울+특별시, 대전+광역시, 청주+시, 흥덕+구, 모충+동, 감나무+길" 등과 같이 전부요소와 후부요소로 되어있다.

자연지명의 경우도 행정지명과 같이 대부분 전부요소와 후부요소를 지닌 분석형 구조로 되어 있다. 그러나 간혹 분석이 어려운 통합형 구조로 되어 있는 경우도 있다. 이른 시기의 시초지명의 경우 통합형 지명이 많았으나 삼국시대 이후 지명은 일반적으로 분석형 지명으로 발전하였다. 그러므로 오늘날 우리가 사용하는 지명어는 대부분 앞뒤의 두 요소로 분석이 가능하며 지명어의 일종인 도로명 또한 이러한 구조를 지니고 있다.

도로명에서 전부요소에는 명명의 대상이 되는 도로의 특성을 반영한 어휘가 다양하게 사용된다. 그러나 후부요소에는 도로를 뜻하는 어휘 "길, 로, 골목, 고샅" 등 한정된 어휘가 사용된다. 지명어의 후부요소를 분류사라고 할 수 있는 이유가 여기에 있다. 촌락을 명명할 때는 '마을', 산을 명명할 때는 '-산' 또는 '-뫼/미'가 사용되듯이 도로를 명명할 때 사용할 수 있는 어휘는 '-길'을 비롯한 몇 개의 단어만이 전부요소 뒤에 놓이기 때문이다. 그러므로 도로명 후부요소에 사용되는 어휘는 매우 제한되어 있으며 그 구조 또한 복잡하지 않다.

도로명의 전부요소에는 다양한 어휘가 사용될 수 있다. 대상이 되는 도로가 지닌 자연지리적 배경을 바탕으로 한 어휘와 역사·사회적 배경을 바탕으로 한 어휘가 상황에 따라 사용될 수 있기 때문이다. 자연지리적 배경을 기반으로 한 어휘는 도로의 위치나 모양을 비롯하여 자연물, 동물, 식물, 성질 등과 관련이 있는 것이다. 그리고 해당 도로와 관련된 전설, 인물, 시설물 등과 관련된 어휘는 역사·사회적 배경을 바탕으로 한 것이다. 분류요소인 후부요소가 제한적인 몇 개의 어휘에 의존하여 이루어지고 성격요소인 전부요소가 다양한 어휘에 의해 형성되지만 그 구조는 모두 복잡하지 않다.

특정 부류의 명칭에 일괄적으로 붙어 어떤 단위나 종별을 나타내는 것이 후부요소인데 도로명 후부요소에서 기본적으로 쓰이는 어휘는 "길, 골목, 고샅, 로" 등이다. 이들 어휘는 어떤 도로명에서나 빠지지 않는 것으로 후부요소 중 기본형이라 할 수 있다. 도로명 중에는 기본형 후부요소 앞에 일련번호와 방위 관련 어휘들이 첨가되어 확장된 형식으로 발전된 것이 있다. "1길, 2길, 3로, 4로, 동로, 서길, 앞고샅, 뒷골목……" 등으로 나타나는 것이 그것이다. 결국 도로명 후부요소는 크게 두 가지 유형으로 나눌 수 있는데 기본형과 확장형이 그것이다.

"감나무+길, 남들+길, 단재+로, 향군+로" 등은 기본형 후부요소가 쓰인 예이고 "감나무+1길, 남들+8길, 무심+서로, 다람쥐+3골목" 등은 확장형 후부요소가 쓰인 경우이다. 기본형 후부요소를 확장하기 위하여 활용된 분할요소는 매우 단순하다. 확장을 위하여 기본형 후부요소 뒤에 분할요소가 놓이는 경우는 전혀 없으며 반드시 앞에 놓여 기본형을 확장한다. 또한 분할요소로 사용된 어휘도 두 종류인데 "1, 2, 3, 4……" 등 일련번호와 "동, 서, 남, 북, 좌, 우, 윗, 아래, 앞, 뒷, 사이(샛), 안, 북샛, 중앙" 등 방위를 나타내는 어휘가 그것이다.

자연지명의 경우 후부요소가 기본형으로 되어 있는 것이 대부분이다. 확장형은 방위 관련 분할요소가 결합하여 부분적으로 나타나지만 일련번호를 결합하여 이루어진 경우는 거의 없다. 기본형 후부요소 "골, 고개, 들, 뫼, 미, 실, 강, 산" 등에 일련번호형 분할요소가 결합된 확장형 후부요소 "1골, 2골, 3고개, 4들, 5뫼, 6실, 7강, 8산" 등이 사용되지 않기 때문이다. 이러한 후부요소는 행정지명의 일종인 부락명 "1구, 2구, 3리, 4리" 등에서 볼 수 있는데 뒤에서 논의하겠지만 도로명에서는 확장형 중 일련번호형 후부요소가 지나칠 정도로 많다.

후부요소의 음절구조는 기본형의 경우 단음절이나 2음절로 되어있다. '길'과 '로'는 1음절 후부요소이며 '골목'과 '고샅'은 2음절 후부요소이다. 확장형의 경우 "1, 2, 3, 4……" 등 일련번호와 "동, 서, 남, 북, 좌, 우, 윗, 아래, 앞, 뒷, 사이(샛), 안, 북샛, 중앙"

등의 분할요소가 결합하여 이루어지므로 2음절에서 4음절까지의 음절구조를 지닐 수 있다. 그러나 기본형 후부요소로 쓰이는 '골목'과 '고샅'은 도로의 위계상 가장 작은 골목길에만 쓰이는 어휘이고 그 쓰임도 생산적이지 못하므로 확장형 후부요소라 하더라도 2음절 구조를 지니는 것이 대부분이다.

저자의 검토에 의하면 청주시 도로명 소로와 골목길 1,842개 중 후부요소의 음절구조는 기본형의 경우 1음절어가 752개, 2음절어가 30개이다. 그리고 확장형의 경우 2음절어가 984개, 3음절어가 73개, 4음절어가 3개이다. 결국 1음절어(40.8%)와 2음절어(55.0%)를 합하면 95.8%로 절대 다수를 점하고 있다. 반면에 3음절어나 4음절어는 그 분포가 매우 제한적임을 알 수 있다. 이를 통하여 후부요소의 음절구조는 1음절 내지는 2음절이 자연스러운 것임을 알 수 있다.

2.2. 전부요소의 어휘

2.2.1. 전부요소의 특징과 후부요소에 의한 어휘 축소

도로명의 전부요소는 각 도로의 특성이 반영되어 명명된다. 후부요소에는 [道路]를 뜻하는 "길, 골목, 고샅, 로" 등 몇 개의 어휘가 쓰일 뿐이지만 전부요소에는 다양한 의미를 지닌 어휘가 동원된다. 명명의 대상이 되는 도로의 자연지리적 특성이나 역사·사회적 특징이 배경이 되어 다른 도로와 구별될 수 있는 각종 어휘가 사용된다. 그러므로 도로명이 고유명사로서의 자격을 획득하는 것은 전부요소에 의한 것으로 볼 수 있다.

도로명을 비롯한 지명이 고유명사이지만 후부요소는 해당 지명의 부류를 표현하는 보통명사적 성격을 지닌다. 반면에 전부요소가 고유명사의 기능을 갖게 하는 것은 다른 지시물과 구별되게 하는 역할을 하기 때문이다. 우리는 흔히 '청주'에 간다고 하지 '청주시'에 간다고 하지 않는다. '청주시'는 전부요소 '청주'와 후부요소 '시'로 분석되는데 '시'에 간다고 하면 분명한 의미 전달이 되지 않는다. 행정구역의 법적 지위를 표현하는 '시'는 우리나라 도처에 산재해 있기 때문이다. 결국 다른 도시와 구별하게 해주는 '청주'가 고유명사로의 자격을 갖게 하는 결정적인 요소인 것이다.

　일반적으로 어떤 지명이 다른 지명과 구별되도록 하기 위해서는 동일 생활권내에서 서로 다른 이름을 가져야 한다. 특히 위계가 다른 경우는 부분적으로 동일한 명칭의 중복 사용이 가능하지만 같은 위계를 지닌 지명이 동일어일 때에는 사용자들에게 혼란을 줄 우려가 있다. 예컨대 '신사동'이라는 동명은 서울에 두 곳이 존재한다. 은평구와 강남구의 '신사동'이 그것인데 은평구와 강남구 내에서는 혼란이 없을 수도 있지만 서울특별시 생활권에서는 혼란을 일으킬 소지가 크다.

　도로명의 경우도 하나의 생활권 즉 기초자치단체인 시, 군, 구 내에서는 동일한 명칭을 부여하지 말아야 한다. 결국 후부요소는 선택의 여지가 제한적이므로 전부요소의 어휘를 다양화하는 방법으로 동일명칭을 피하고 도로마다 제각각 다른 명칭을 부여하여야 한다. 도로의 수만큼 전부요소에 사용할 어휘가 필요하며 그렇게 해야만 각 도로가 특색에 맞는 명칭을 갖게 될 것이다. 그런데 각 지방자치단체서 부여한 도로명을 살펴보면 확장형 후부요소를 적극 활용한 결과 도로의 수에 훨씬 못 미치는 어휘가 전부요소에 쓰이고 있다.

　청주시 도로명 중 골목길에 사용된 전부요소의 실태를 보면 375개의 도로명 전부요소에 사용된 개별어휘는 260개이다. 기본형 후부요소는 각각 하나씩의 전부요소를 취하고 있으나 확장형 후부요소의 경우 하나의 낱말을 적게는 몇 개 많게는 수십 개까지 전부요소로 활용하였기 때문이다. 청주시 도로명 골목길 375개 항목 중 기본형 후부요소는 130개이며 확장형 후부요소는 245개 항목이다. 기본형 후부요소 앞에 놓인 전부요소 130개는 모두 다른 어휘로 구성되어 있다. 그러나 확장형 후부요소 앞에 놓인 연어휘는 도로명 수와 같은 245개나 개별어휘는 130개이다.

　130개의 개별어휘로 245개의 도로명 전부요소를 삼을 수 있었던 것은 후부요소를 분할하는 방법을 활용하였기 때문이다. 전부요소 '남들'의 경우 20개의 도로명에 쓰였다. 남들1로, 남들2로, 남들3로………남들19로, 남들20로 등으로 하나의 전부요소 '남들'에 일련번호 형식의 확장형 후부요소를 결합하는 방식을 취하였기 때문이다.

　일련번호식 확장형 후부요소는 도시계획에 의해 가로축과 세로축이 정연하게 구분된 신시가지 도로에는 사용해도 별 무리가 없다. 그러나 개발의 여지가 있거나 자연적으로 형성된 시가지의 도로에는 매우 부적합한 형식이다. 왜냐하면 '남들1로'와 '남들2로' 사이에 새로운 도로가 개설될 경우 그 사이에 놓일 새 도로의 명칭을 '남들 1.5로'로 할 수 없고 이미 부여된 다음 숫자 '21'을 사용하여 '남들21로'라 하여야 하기 때문이다. 그렇게 되면 결국 '1로'와 '2로' 사이에 '21로'가 존재하게 되어 토지 지번을 바탕으로 하는 현재의 주소 방식에서 야기되었던 혼란이 나타나기 때문이다.

토지의 地番을 바탕으로 하는 현용 주소 제도는 산업화와 도시화가 이루어지기 이전에는 크게 불편한 제도가 아니었다. 그러나 급격한 도시화와 도시의 팽창으로 인하여 빈번하게 토지가 분할 또는 합병되면서 지번순서가 무질서하고 연계성이 부족하게 되어 혼란을 초래하게 되었다. 예컨대 1910년대 토지조사사업 당시 서울 용산구 한강로 3가 40번지의 경우 하나의 지번이었으나 60년대 이후 급격하게 도시화가 진행되면서 분할 순서에 따라 현재 약 3000개의 부번이 부여되었다. 실제로 행정자치부 도로명 및 건물번호부여실무기획단(2005: 5)에 제시된 지적도를 통하여 살펴보면 40-563번지와 경계를 이루고 있는 토지는 40-886, 40-53, 40-384, 40-565, 40-237 등 5개 인데 어느 하나도 40-563과 연계되어 있지 않다.

토지의 지번을 주소로 삼은 경우와 같이 극심한 혼란을 초래하지 않을지 몰라도 일련번호형 후부요소를 사용하여 부여된 도로명의 경우 이러한 혼란을 야기하지 않을 것이라는 확신은 없다. 그러므로 도시계획에 의해 완성도 높게 형성된 신시가지의 도로명을 제외하고는 일련번호식 후부요소를 사용하는 것은 삼가야 할 것이다. 그런데 도로명 부여의 편의성에 따라 각 지방자치단체에서 부여한 내용을 보면 일련번호형 후부요소가 지나치게 많다. 이는 전부요소로 삼을 어휘 발굴에 힘을 쓰지 않은 결과로 볼 수 있는데 마땅히 개선해야 할 사항이다. 청주시 도로명 후부요소를 통하여 보더라도 일련번호 形式을 지닌 것이 차지하는 비율이 높은 편이다. 청주시 도로명을 대상으로 한 저자의 검토에 의하면 주간선도로와 보조간선도로 25개를 제외하고 소로와 골목길 1,842개 중 기본형 후부요소를 취한 도로명은 782개로 42.5%이다. 반면에 확장형 후부요소를 취한 것은 1,079개이며 이중 일련번호형 후부요소를 지니고 있는 도로명은 926개이다. 이는 확장형 후부요소 중 일련번호형이 차지하는 비율은 85.8%이며 후부요소 전체 속에서도 50.3%이다. 결국 청주시 도로명 두 개 중 한 개는 일련번호형으로 되어 있다는 것을 알 수 있다.

일련번호를 사용한 후부요소의 확장은 도로명 부여 과정에서는 편의적인 방법일 수 있으나 실제 사용 과정에서 혼란을 일으킬 수 있는 약점을 내포하고 있다. 또한 전부요소의 어휘를 제한하고 있다는 것은 실생활에서 언중들이 다양한 어휘를 접할 기회를 박탈하고 있어 언어문화 창달에 역행하는 것이라 할 수 있다. 일반적으로 모국어의 음운과 문법은 일정한 시기가 되면 완벽에 가깝게 습득되지만 어휘는 모든 사람이 평생을 두고 사고와 학습 등을 통하여 확장하는 언어의 한 부문이다. 도로명에 쓰인 어휘가 다양하면 다양할수록 이를 사용하는 사람들의 어휘력을 풍부하게 해줄 수 있다는 점에서 전부요소에 사용할 어휘를 발굴, 활용하게 하는 것은 매우 의미 있는 일이라 할 것이다.

2.2.2. 전부요소 명명의 실태 분석

도로명 부여에서 일련번호형을 비롯한 확장형 후부요소를 과도하게 활용함으로써 전부요소의 어휘를 제한하는 결과를 낳았다. 기본형 후부요소를 적극적으로 활용하였다면 보다 많은 어휘가 전부요소에 사용되었을 것이다. 비록 제한을 받아 나타난 것이기는 하지만 전부요소에 활용될 수 있는 어휘가 어떤 부류인가를 알기 위하여 그 실태를 분석하는 일은 의미 있는 일이다. 여기서는 박병철(2007b)에서 논의되었던 것을 바탕으로 전부요소에 사용된 어휘의 실상을 파악하기로 한다.[2]

청주시 도로명 중 골목길은 375개이므로 전부요소에 사용된 연어휘도 375개이다. 그러나 확장형을 후부요소로 삼고 있는 도로명 245개에는 동일한 단어가 반복 사용되었기 때문에 전부요소에 사용된 어휘는 260개로 파악된다. 이들 어휘를 음절과

---

2 朴秉喆(2007b)는 청주시 도로명 중 골목길에 사용된 연어휘 260개를 검토한 것이다. 검토 대상으로 삼은 어휘의 수가 많지 않아 전부요소에 사용된 어휘의 실태를 정확히 파악하는데 한계가 있을 수 있다. 그러나 청주시 도로명 부여사업이 시범사업 중의 하나로 초기 단계에서 이루어졌고 이를 참고하여 전국화하였다는 점에서 다른 지역의 도로명 부여도 비슷한 양상으로 전개되었기 때문에 그 대강을 파악할 수 있을 것으로 판단한다.

구조, 어종, 명명의 배경 등의 측면에서 살피면 다음과 같다.

　　전부요소로 사용된 어휘를 음절수에 따라 살펴보면 1음절어에서 5음절어까지 나타난다. 1음절어는 1개가 보이며, 2음절어 182개(70%), 3음절어 55개(21%), 4음절어 20개(8%) 그리고 5음절어 1개이다. 5음절어는 '질구지웃뜸(길)'에서 보이며 [[질+[[굿]+[이]]]+[[웃]+[뜸]]]의 구조를 지닌다. '질구지'라는 마을의 위쪽에 위치한 동네에 난 길이라는 의미를 지니고 있는데 그 구조는 5개의 형태소, 2개의 단어로 되어 있다. '웃말'은 현행 맞춤법에도 어긋나는 표기이며 이런 경우는 다른 예에서도 찾을 수 있다.

　　4음절어 전부요소는 "가경발산(안길), 당산공원(2길), 대성여중(1길), 뒷말느티(길), 모충경로(1길), 바우배기(안길), 사직시장(길), 사천새터(안길), 송정방죽(길), 신촌고개(길), 율량밤골(2길), 지동새터(길)" 등을 비롯하여 20개가 보인다. 이들 4음절어의 구조를 보면 대부분 2개의 단어로 구성되어 있는데 앞의 단어는 넓은 지역을, 뒤에 놓은 단어는 앞 단어에 포함되는 좁은 지역이나 관내에 있는 시설물을 의미하는 배열구조를 지니고 있다. 즉, 앞에 놓인 "가경, 모충, 사직, 사천, 송정, 신촌, 율량, 지동" 등은 청주시 산하의 동명이며 뒤에 놓인 "발산, 경로, 시장, 새터, 방죽, 고개, 밤골, 새터" 등은 각 동의 일부 지역이거나 해당 지역의 시설물이다.

　　3음절어는 "감나무(2길), 강당말(안길), 구서원(길), 꽃다리(오름길), 다람쥐(1골목), 밤고개(길), 범바위(길), 보라매(샛길), 서원대(북샛길)" 등을 비롯하여 21%에 이르는 55개의 어휘가 있다. 이들 어휘의 대부분은 [[구]+[서원]]과 같은 파생어나 [[감]+[나무]]와 같은 합성어이며 단일어는 보이지 않는다. 3음절어와 더불어 전부요소에 나타나는 가장 일반적인 형태의 음절은 2음절어이다. 3분의 2이상을 점유하고 있는 2음절어는 "건강(길), 겉대(길), 고덕(길), 금천(1골목), 당산(아랫길), 벚꽃(남로), 산들(길), 서낭(길), 소라(길), 왕대(12로), 움막(길), 잉어(2로), 정든(길), 탑골(길), 한옥(2길)" 등을 비롯하여 182개나 나타나는데 그 구조 또한 단일어보다는 복합어가 많다.

　　이상의 검토를 통하여 볼 때 도로명 전부요소로 쓰인 어휘는 2음절어가 가장 일반적인 형태로 파악된다. 3음절어도 무시할 수 없는 정도로 나타나나 3음절어가 기본형 후부요소와 결합되면 도로명 전체 음절수가 4음절 이상이 되고 확장형과 결합하면 5음절 이상이 되므로 경제적인 형태로 보기가 어렵다. 더구나 전부요소의 어휘가 4음절

이상이 되면 후부요소가 결합되어 완성된 형태의 도로명은 짧게는 5음절 길게는 10음절이 넘어갈 수도 있으므로 경제성을 잃게 된다. 이런 이유 때문에 2음절어가 절대적으로 많이 나타나는 것으로 볼 수 있으며 가장 안정된 형태의 전부요소는 2음절어인 것으로 파악할 수 있다.

전부요소의 어휘를 어종에 따라 분류하면 고유어, 한자어 그리고 혼종어로 나눌 수 있다. 혼종어는 고유어와 한자어가 결합된 것만이 보이며 서구어가 나타나는 경우는 없다. 다른 도로명에서 후부요소의 경우 그 보수성으로 인하여 서구어가 쓰인 경우는 없으나 전부요소에서는 '테헤란(로), 로데오(거리)' 등에서 보듯 아주 미미하게 쓰이는 경우가 있다. 검토 대상 도로명 중 전부요소를 고유어로 삼은 것은 64개(25%), 한자어인 것은 159개(61%) 그리고 고유어와 한자어가 결합하여 이루어진 혼종어인 것은 37개(14%)이다. 고유어에 비해 한자어의 비중이 높다는 것을 알 수 있으며 이는 바람직한 것으로 보이지는 않는다. 왜냐하면 순우리말을 존중해야 한다는 측면에서는 물론 골목길에 쓰이는 후부요소는 고유어 '길'과 '골목'인데 한자어 전부요소와 결합하면 음률의 조화를 이루지 못하는 경우도 있기 때문이다.

혼종어로 쓰인 전부요소는 그 형태소 배열 방식에 따라 두 유형으로 나누어 볼 수 있다. 하나는 '고유어+한자어'인 것이고 다른 하나는 '한자어+고유어' 형식으로 되어 있는 것이다. 두 유형 중 '고유어+한자어' 형식을 취한 것보다 '한자어+고유어'형식으로 되어 있는 것이 절대적으로 많이 나타난다. "움막, 내터동, 진동산, 참인정" 등은 전자의 형식이나 "구터, 탑골, 청남골, 국개산골, 신촌고개, 지동새터, 양지말, 율량밤골, 강당말" 등 후자의 형식을 지닌 형태이다. 고유어가 뒤쪽에 결합된 혼종어가 많은 이유는 바로 뒤에 연결되는 후부요소가 '길'을 비롯한 고유어가 대부분이기 때문으로 보인다. 고유어는 고유어와 직접 연결되는 것이 자연스럽기 때문에 이런 현상이 나타난 것으로 보인다.

도로명만 단독으로 놓고 보면 도로명 부여의 배경을 알기 어려운 경우가 허다하다. 도로명을 부여한 주체의 설명을 통하여 그 배경을 분명히 알 수 있는데 현용 지명과 옛 지명을 바탕으로 한 것이 94개로 가장 많이 나타난다. 그리고 해당 지역에 존재하는 시설명(55개), 도로의 특성(26개), 순우리말을 활용한 창의적인 명명(19개), 동물이나 식물의 명칭(14개), 역사적 사실(10개), 기존 도로명 활용(5개) 등의 순으로 나타난다.

현재 사용하는 지명을 도로명으로 삼음으로써 자연지명이 행정지명으로 공식화되는 결과를 낳았으며 옛 지명의 활용과 더불어 사라져 가던 어휘를 회생시키는 긍정적인 결과를 낳았다. 또한 도로명이 위치한 지역의 특징을 구체적으로 표현하는 적절한 어휘를 활용한 경우도 성공적인 명명이라 할 수 있을 것이다. 그러나 부여 배경을 보고도 명명의 의도를 쉽게 파악할 수 없는 비약이 심한 경우도 있었다. 또한 과도한 합침이나 줄임의 방법을 활용하는 과정에서 조어법에 어긋나거나 정서법을 무시한 명칭 부여도 있었음을 알 수 있다.

3. 전부요소 명칭 부여 방안 검토와 어휘 발굴

실제적으로 새주소 사업을 시행하는 지방자치단체의 실무자들이 도로명을 부여할 때 지침으로 삼고 있는 것은 "도로명 및 건물번호 부여 실무편람"이다. 이 실무편람이 만들어진 배경을 간략하게 알아보고 도로명 부여와 관련된 내용, 특히 전부요소 부여와 관련된 사항을 비판적으로 검토하는 것이 본 장의 앞부분에서 다룰 내용이다. 이를 바탕으로 2장에서 살펴본 명명의 실태도 참고하여 바람직한 전부요소 명칭 부여 방안을 제시하고자하는 것이 궁극적인 목표이다. 또한 전부요소에 사용할 수 있는 어휘를 발굴하여 그 대강을 제시함으로써 실무자들에게 실제적인 도움이 되게 하고자 한다.

3.1. 도로명기획단의 부여 방안 검토

문민정부 시절인 1996년 7월 5일 청와대 국가경쟁력강화기획단에서는 "도로명 및 건물번호 부여 추진 방안"을 발표하고 행정안전부(당시 행정자치부)에 업무 추진을 지시하였다. 이를 바탕으로 국무총리 훈령 제335호가 제정, 발령되면서 도로명 및 건물번호 부여 실무기획단이 생기게 되고 이 사업이 본격적으로 시행되기에 이른다. 이 실무기획단에서는 이 사업을 효율적으로 추진하기 위하여 1996년 8월 국가경쟁력강화기획단 간접자본반에서 마련한 "도로명 및 건물번호의 부여 체계와 원칙"을 바탕으로 1998년 11월 "도로명및건물번호의 부여원칙"을 제정하였다. 그 후 제1, 2차 시범사업 추진 지역으로 선정된 도시[3]에서 실제 사업을 추진하면서 얻게 된 사실을 바탕으로 2000년에 일부 내용을 보완하였다. 그 후 새주소 사업이 전국으로 확산되면서 행정자치부 도로명및건물번호부여지원단에서는 2003년 6월 제·개정된 법령에 맞도록 내용을 고쳐 총 5부 14장 및 부록으로 구성하여 실무편람(발간등록번호 11-1310000-000365-14)을 발간하였다.

　　지방자치단체에서는 이 실무편람을 지침으로 삼아 새주소 사업을 추진하고 있는데 도로명 부여와 관련된 사항은 제2부 제5장에 실려 있다. 제5장 도로명 부여에서는 1. 부여주체, 2. 일반원칙, 3. 세부원칙, 4. 국도 등의 노선번호를 도로명과 병기, 5. 도로명 부여 대장 비치·보관 등의 내용을 담고 있다. 이 중 도로명 부여의 원칙과 관련되는 것은 2. 일반원칙과 3. 세부원칙이다.[4]

3　1997년에 선정된 제1차 시범사업 추진 지역은 계획도시인 서울특별시 강남구와 신·구 복합도시인 경기도 안양시이다. 그리고 1998년 도시 유형에 따라 제2차 시범사업 추진 지역으로 선정된 곳은 4개의 지방자치단체로 공업도시형인 경기도 안산시, 일반도시형인 충북 청주시, 도·농 복합도시형인 충남 공주시, 관광도시형인 경남 경주시 등이다.

4　일반원칙 6개 항과 세부원칙 10개 항은 다음과 같다.

　〈일반원칙〉

　① 모든 도로구간에는 고유한 도로명을 부여하는 것을 원칙으로 한다.

　② 소로 및 골목길에서 하나의 도로에 여러 개의 짧은 구간 도로가 분기 또는 병행하게 나열되어 있어 도로명 부여가 곤란한 경우에는 주진입로의 도로명에 일련번호를 붙이거나 지역특성을 반영하여 도로명을 부여할 수 있다.

　③ 최소 행정단위인 "리" 또는 건물이 10동 이상인 마을의 도로명은 마을명 등으로 부여하고 분기된 도로는 일련번호나 지역특성을 반영하여 부여할 수 있다.

　④ 도로명은 다른 도로명과 구별되는 고유명사와 도로를 나타내는 보통명사로 구성함을 원칙으로 한다.

　⑤ 주간선도로, 보조간선도로, 소로의 도로명은 고유명사의 음률에 따라 "로" 또는 "길" 등으로 부여한다. 다만, 주간선도로 중 도로폭이 40m이상의 도로는 "대로" 또는 "큰길"로 부여할 수 있다.

　⑥ 골목길은 "길, 골목, 고개, 굽이, 마당, 고샅" 등 지역적 특성에 맞게 다양한 도로명을 사용할 수 있다.

朴秉喆(2007a: 80-81)에서 지적하였듯이 도로명 부여의 원칙을 정함에 있어 일반원
칙과 세부원칙으로 나누어 규정하는 것은 현장 실무자들의 업무 편의를 위하여 필요

─────────────

〈세부원칙〉
가. 제1원칙 : 시·군·구지역 내에서 같은 도로명 중복사용 금지
  • 도로명 부여시 시·군·구 지역 내에서 같은 도로명을 중복하여 부여할 수 없다. 그러나 도·농 복
    합시의 읍·면 및 군 지역에 있어서는 동일 읍·면내에서만 중복하여 부여할 수 없다.
나. 제2원칙 : 기존 도로명 유지
  • 이미 도로명이 부여된 구간은 도로구간이 변경되더라도 가급적 기존 도로명을 그대로 부여토록
    한다.
  • 기존의 도로명이 부여된 지상의 도로구간 내에 위치하고 있는 지하상가의 도로구간은 지상의
    도로명을 그대로 부여토록 한다.
  • 기존 도로명이 부여된 도로의 노선길이가 너무 길어 2개로 분할하여야 할 필요가 있는 경우에는
    도로의 고유명사와 도로를 나타내는 보통명사 사이에 방향(동·서 또는 남·북)을 삽입하여 부여할
    수 있다.
다. 제3원칙 : 역사성 반영
  • 새로이 도로명을 부여하는 경우에는 유적이나 역사적 인물, 지방 연혁, 문화재, 마을명 등과 같
    은 역사적 사실을 반영하여 도로명을 부여할 수 있다.
라. 제4원칙 : 중앙 도로명 표시
  • 도시의 중앙을 통과하는 간선도로는 '중앙로' 또는 '중앙길' 등의 도로명을 부여하여 해당 도시의
    중심지를 통과하는 도로임을 표시할 수 있다.
마. 제5원칙 : 지형적 특성 반영
  • 도로명의 고유명사 또는 보통명사에 도로의 지형적 특성과 상태를 나타낼 수 있도록 도로명을
    부여할 수 있다.
바. 제6원칙 : 권역별 특성화
  • 당해 도시의 도로망 체계를 몇 개의 권역으로 나누어 각 권역별로 꽃, 식물, 동물, 산, 강, 하천,
    국가, 각국의 수도 또는 주요도시·주요인물 등의 이름을 인용하여 도로명을 부여할 수 있다.
사. 제7원칙 : 연결 도시명 적용
  • 국도와 주간선도로 및 보조간선도로 등이 인접도시와 연결되는 경우에는 인접도시의 이름을 도
    로명으로 부여할 수 있다.
아. 제8원칙 : 공공시설명 적용
  • 해당 도로구간에 있는 공공시설 또는 주요시설의 이름을 도로명으로 부여할 수 있다.
자. 제9원칙 : 방향성 부여
  • 도로명의 보통명사에 도로의 진행방향을 반영하여 길이름만으로도 해당 도로구간의 방향 및 방
    위를 알 수 있도록 도로명을 부여할 수 있다.
  • 도로구간이 정북향 또는 정동향이 아닌 경우에는 동서축을 기준으로 해당 도로구간 기·종점의
    직선 경사각이 45°이상인 도로는 남북방향, 45°미만인 도로는 동서방향의 도로로 간주하여 도로
    명의 보통명사를 부여할 수 있다.
차. 제10원칙 : 다중이용거리 특성부여

하다고 본다. 그러나 일반 지명어를 비롯한 도로명의 구조를 정확하게 인식하지 못한 결과 일반원칙의 내용과 세부원칙의 내용이 혼선을 빚고 있다. 일반원칙으로 삼아야 할 내용을 세부원칙으로 제시한 것도 있고 반면에 세부원칙에 두어야 할 것을 일반원칙에 포함시킨 경우도 있다.

지명어의 일종인 도로명의 구조가 전부요소와 후부요소로 이루어져 있으므로 두 요소 즉 도로명 전체와 관련되는 내용은 일반원칙으로 제시하는 것이 바람직하다. 그리고 전후 각 요소의 명칭을 부여하는 것을 세부원칙으로 삼는 것이 보다 명확한 원칙 제시로 보인다. 그러므로 일반원칙에서는 도로명 부여의 선언적, 포괄적 의미를 제시하고 세부원칙에서는 전부요소와 후부요소 부여와 관련된 구체적인 내용을 담는 것이 좋다고 본다. 이에 따르면 일반원칙에는 모든 도로에 도로명 부여, 도로명의 구조는 전부요소와 후부요소로 함, 동일한 명칭 중복사용 금지 등을 포함하여야 할 것이다. 그리고 보다 구체적인 후부요소 부여 지침과 전부요소 부여 지침을 세부원칙으로 삼아야 할 것이다.

이러한 기준에 의하면 도로명및건물번호부여지원단(2003)에서 제정한 일반원칙 중 후부요소 명칭 부여와 관련된 사항인 ②③⑤⑥ 4개 항은 세부원칙으로 조정하여야 한다. 또한 세부원칙에 들어 있는 제1원칙과 제2원칙은 전부요소나 후부요소와 관련된 내용이 아니고 도로명 전체와 관련되는 것이므로 일반원칙으로 삼아야 할 것이다. 결과적으로 도로명및건물번호부여지원단(2003)에 제시된 일반원칙 2개항 ①④와 세부원칙 제1원칙, 제2원칙 등의 내용은 일반원칙으로 나머지는 세부원칙으로 삼는 것이 보다 바람직한 지침 제시라 할 수 있다. 세부원칙은 전부요소 부여 원칙과 후부요소 부여 원칙으로 구분하여 제시되어야 할 것이다. 도로명및건물번호부여지원단(2003)의 일반원칙 중 ②③⑤⑥과 세부원칙 제4원칙, 제9원칙, 제10원칙 등은 후부요소 부여 원칙으로 삼을 수 있는 내용이고 세부원칙 중 제3원칙, 제5원칙, 제6원칙, 제7원칙, 제8원칙 등은 전부요소 부여 원칙으로 삼을 수 있는 내용이다.

이상의 검토를 통하여 전부요소 부여와 관련된 사항은 도로명및건물번호부여지원단(2003)에서 세부원칙에만 포함시켰음을 알 수 있다. 후부요소 부여와 관련된 사항을 주로 일반원칙에서 제시하였고 부분적으로 세부원칙에도 포함시킨 것과는 대조적인 현상으로 보인다. 세부원칙에만 제시된 전부요소 부여 원칙과 관련된 항목을 나열하면 다음과 같다.

　　다. 제3원칙 : 역사성 반영
　　　• 새로이 도로명을 부여하는 경우에는 유적이나 역사적 인물, 지방 연혁, 문화재, 마을명 등과 같은 역사적 사실을 반영하여 도로명을 부여할 수 있다.
　　마. 제5원칙 : 지형적 특성 반영
　　　• 도로명의 고유명사 또는 보통명사에 도로의 지형적 특성과 상태를 나타낼 수 있도록 도로명을 부여할 수 있다.
　　바. 제6원칙 : 권역별 특성화
　　　• 당해 도시의 도로망 체계를 몇 개의 권역으로 나누어 각 권역별로 꽃, 식물, 동물, 산, 강, 하천, 국가, 각국의 수도 또는 주요도시·주요 인물 등의 이름을 인용하여 도로명을 부여할 수 있다.
　　사. 제7원칙 : 연결 도시명 적용
　　　• 국도와 주간선도로 및 보조간선도로 등이 인접도시와 연결되는 경우에는 인접도시의 이름을 도로명으로 부여할 수 있다.
　　아. 제8원칙 : 공공시설명 적용
　　　• 해당 도로구간에 있는 공공시설 또는 주요시설의 이름을 도로명으로 부여할 수 있다.

　　이상의 5개 원칙을 보면 전부요소 명칭 부여의 지침을 비교적 충실하게 제시한 것으로 보인다. 앞에서 논의하였듯이 도로명의 구조를 감안한 체계적인 원칙 제시는 미흡했지만 전부요소 명칭 부여와 관련된 항목을 검토해보면 대체로 그 방향 제시가 원만하게 이루어진 것으로 볼 수 있다. 이러한 원칙을 바탕으로 구체적인 어휘 목록을 제공하여 실무자들의 편의를 도모하고자 하는 후속 작업이 없었다는 점이 아쉬움으로 남아 있다.

3.2. 전부요소로 사용할 수 있는 어휘 발굴

도로명 부여의 원칙은 이 업무를 수행하는 사람들에게 절대적인 업무 지침의 성격을 지닌다. 전반적이고 개략적인 업무 지침에서 한 걸음 더 나아가 실무자들이 업무를 수행하는 과정에서 실제로 적용할 수 있는 어휘 자료를 발굴하여 제시하는 것은 또 다른 의미를 지닌다. 도로명 부여 원칙을 바탕으로 전부요소에 활용할 수 있는 어휘를 발굴하여 그 목록을 제시하면 현장 업무에 많은 편의와 도움을 주게 될 것이다. 여기서는 편의상 전부요소로 활용할 수 있는 어휘 목록 전체를 제시하지는 않고 그 대체적인 윤곽을 파악할 수 있도록 하고자 한다.[5]

일반적인 지명의 명명에서와 같이 도로명의 명명에서 동원될 수 있는 어휘는 크게 두 유형으로 나눌 수 있다. 자연지리적 배경을 바탕으로 한 어휘와 역사·사회적 배경을 바탕으로 한 어휘가 그것이다. 앞에서 살펴 본 도로명 부여 원칙에서 자연지리적 특성을 반영한 어휘를 전부요소로 사용할 수 있음을 제5원칙 지형적 특성 반영과 제6원칙 권역별 특성화에서 제시하였다고 볼 수 있다. 그리고 역사·사회적 배경과 관련된 어휘를 도로명에 사용할 수 있음이 제3원칙 역사성 반영, 제7원칙 연결 도시명 적용, 제8원칙 공공시설명 적용 등에 제시되어 있다.

도로명에 사용된 어휘는 그 대상이 되는 도로의 특성을 직접적으로 표현하는 경우와 상징적으로 표현하는 경우로 나누어 볼 수 있다. 전자의 방식을 따르는 것을 직접명명이라 할 수 있으며 후자는 간접명명이라 할 수 있는데 자연지리적 특성을 반영하는 어휘에서나 역사·사회적 배경을 반영하는 어휘에서 이러한 두 방식은 모두 나타난다. 예컨대 '꽃(길)'에 쓰인 도로명 전부요소 '꽃'은 해당도로가 지닌 직접적인 특성과 관련됐을 수도 있고 그 도로가 상징하는 다른 요소가 명명의 실마리로 작용했을 수도 있다. 노변에 꽃이 많아 '꽃(길)'이라 하였다면 직접적인 특성을 반영한 명명일 것이다. 그러나 해당 도로가 여학교로 진입하는 위치에 있어 꽃과 같이 예쁜 여학생들

---

5 본 논의는 도로명 전부요소 명칭 부여 방안에 대한 구체적이고 심도 있는 연구를 촉발하기 위하여 기초적이고 개략적인 범위 내에서 시도되는 연구이다. 특히 전부요소에 사용할 수 있는 각 분야의 어휘 목록 작성 등을 위하여 보다 구체적인 연구가 있어야 할 것이다.

이 늘 지나다니는 길이 명명의 기반이 되었다면 이는 간접명명에 의하여 생겨난 명칭이라 할 수 있을 것이다.

역사·사회적 배경을 반영한 어휘에서도 직접명명과 간접명명은 나타나는데 역사적 유적을 비롯한 시설물을 도로의 명칭으로 활용하는 경우는 대체로 직접명명에 속한다. '향교(길)'과 '산성(로)'에서 '향교'와 '산성'이 해당 도로와 접해 있어서 도로명의 전부요소가 된 것은 직접명명이라 할 수 있다. 그런데 인물과 관련된 명칭은 간접명명의 방법에 의한 것으로 볼 수 있다. '단재(로)'와 '을지(로)'에서 해당 도로와 인물은 직접적인 관련이 없다. 이는 위대하거나 존경할 만한 인물을 도로명에 활용함으로써 궁극적으로 국민 교육에 활용하겠다는 의지가 반영된 것으로 간접명명이라 할 수 있을 것이다.

이상의 논의를 바탕으로 한다면 도로명 전부요소에 활용할 수 있는 어휘를 몇 가지로 유형화할 수 있다. 자연지리적 배경을 바탕으로 한 직접명명과 간접명명, 역사·사회적 배경을 바탕으로 한 직접명명과 간접명명 등이 그것이다. 하지만 동일어가 간접명명이나 직접명명의 방식에 활용될 수 있으므로 유형화하여 그 목록을 제시하는 것은 크게 의미가 없다. 간접명명으로 사용할 수 있는 어휘와 직접명명으로 사용할 수 있는 어휘를 구분하지 않고 도로명 전부요소로 사용할 수 있는 어휘를 몇 가지 부류로 나누어 제시하기로 한다.

3.2.1. 지형적 특성 관련 어휘

해당 도로의 지형이나 지세의 특징을 반영하여 그 명칭을 부여할 수 있다. 이는 명명의 대상이 되는 도로가 지니고 있는 특징을 자연지리적 관점에서 파악하여 직접적으로 관련이 있는 어휘를 명칭으로 삼는 것이다. 도로의 형상과 위치를 고려하여 명명하는 것이 이 부류의 핵심에 속하는 것으로 볼 수 있다. 도로의 형상에 따라서는 長短, 廣狹, 高低, 分岐와 合流, 曲直, 凹凸 등이 명명의 기반이 될 수 있을 것이다. 그리고 위치에 따라서는 內外, 上下, 前後, 左右, 方位(東西南北), 始終 등이 명칭 부여에 고려될 수 있는 요소이다. 이와 관련하여 다음과 같은 어휘를 활용할 수 있을 것이다.

길다, 짧다, 넓다, 좁다, 굽다, 구부렁하다, 꼬부랑하다, 오목하다, 볼록하
다, 휘다, 곧다, 바르다, 똑바르다, 안, 속, 밖, 높다, 낮다, 막다, 사이, 가운
데, 변두리, 둘, 셋, 넷, 다섯, 여섯, 위, 아래, 앞, 뒤, 왼, 오른, 大, 小, 雙, 二,
三, 四, 五, 六, 十, 內, 外, 上, 下, 前, 後, 左, 右, 東, 西, 南, 北, 中央, 中心, 外
廓……

3.2.2. 자연물 관련 어휘

자연물과 자연 현상을 가리키는 어휘는 적극적으로 도로명을 비롯한 지명의 전
부요소로 활용될 수 있다. 직접명명의 방식으로 도로가 개설되기 전에 그곳에 존재했
던 자연물의 명칭을 전부요소로 삼는 경우도 있고 도로의 인근에 있는 특징적인 자연
물의 명칭을 활용하는 경우도 있다. 해당 도로를 상징하는 자연현상을 명명의 기반으
로 삼는 경우는 간접명명의 방식이라 할 수 있을 것이다. 보통명사로 볼 수 있는 강,
산, 골, 돌 등이 도로명의 전부요소로 쓰일 때는 이들 어휘를 바탕으로 고유명사로 확
장된 형태가 쓰이는 것이 일반적이다. 한강(로), 우암산(길), 절골(길), 검은돌(길) 등이
그 예라 할 수 있는데 도로명의 전부요소로 활용할 수 있는 자연물 관련 어휘의 대강
을 보이면 다음과 같다.

하늘, 해, 달, 별, 봄, 여름, 가을, 겨울, 아침, 저녁, 밤, 낮, 서리, 이슬, 눈,
안개, 노을, 무지개, 산, 골, 고개, 언덕, 흙, 들, 모래, 돌, 바위, 쇠, 바다, 못,
시내, 강, 나루, 우물, 샘, 못, 鐵, 金, 銀, 銅……

3.2.3. 동식물 관련 어휘

지명어의 전부요소로 동물과 식물 명칭이 흔히 사용되므로 도로명의 전부요소에
도 이러한 어휘를 적극 활용할 수 있다. 특정한 동물과 식물이 대상이 되는 도로 주변
에 棲息하는 경우 해당 명칭을 활용하여 전부요소로 삼을 수 있다. 또한 도로의 형상
이 어떤 식물이나 동물과 유사하게 생겼을 때에도 적용할 수 있다.
동물과 식물 명칭은 예전에 산이나 들이었던 곳이 개발되어 시가지가 된 경우에

도 활용할 수 있다. 들판이었던 곳이 신시가지 즉 계획도시로 된 곳에 개설된 도로들은 특색이 없이 정형화되어 있다. 그 결과 도로명 부여에서 하나의 전부요소에 일련번호를 넣어 분할한 후부요소를 활용하는 경우가 허다하다. 남들1로, 남들2로, 남들3로………남들19로 등의 예가 그것인데 특색 없는 일련번호를 넣어 명명하는 것보다는 개발 이전의 들판에 존재했던 식물명을 전부요소로 활용하는 것이 좋을 것이다.

　　도로명의 전부요소에 활용할 수 있는 식물명은 인간 생활과 밀접하게 관련이 있는 種子植物의 명칭이 주가 된다. 지구상에 존재하는 종자식물은 약 1만 2000속 20만 종이 있다고 하는데 이들 중 花品, 草卉, 樹木, 果實, 禾穀, 菜蔬 등을 비롯하여 해당 지역과 관련이 있는 식물의 명칭을 활용하는 것이 좋을 것이다. 전부요소로 삼을 수 있는 식물명 중 그 대강을 보이면 다음과 같다.

> 작약, 장미, 매화, 철쭉, 연꽃, 무궁화, 국화, 난초, 대나무, 창포, 달래, 갈대, 파초, 조롱박, 이끼, 모시, 삼, 칡, 담쟁이, 쑥, 띠, 머귀, 버들, 싯나무, 뽕나무, 탱자, 옻나무, 느릅나무, 피나무, 닥나무, 떡갈나무, 솔/소나무, 등나무, 가래, 복숭아, 모과, 배, 사과, 석류, 밤, 개암, 대투, 살구, 도토리, 상수리, 감, 유자, 귤, 다래, 포도, 머루, 오디, 매실, 딸기, 보리, 메밀, 밀, 기장, 피, 쌀, 벼, 조, 율무, 들깨, 참깨, 콩, 팥, 가지, 오이, 수박, 파, 마늘, 부추, 죽순, 더덕, 비름, 버섯, 도라지, 박, 호박, 미나리, 무, 배추, 토란, 마, 우엉, 부루, 고사리, 근대, 시금치, 박하, 아욱, 피마자……

　　사람들의 주거지로 바뀐 것은 들판만이 아니고 산지도 있다. 산에는 각종 식물은 물론 여러 종류의 동물들이 서식하고 있다. 예전에 산지였던 곳에 형성된 도로의 이름으로 식물명은 물론 동물명을 활용하여 전부요소의 명칭을 부여할 수 있다. 금조와 수축의 명칭이 주가 되고 경우에 따라 곤충의 명칭도 활용할 수 있을 것이다. 구체적인 어휘의 대강을 제시하면 다음과 같다.

> 봉황, 학, 기러기, 매, 부엉이, 독수리, 황새, 따오기, 도요새, 할미새, 비둘기, 두루미, 꿩, 닭, 거위, 오리, 뱁새, 까마귀, 올빼미, 제비, 꾀꼬리, 뻐꾸

기, 까치, 접동새, 앵무새, 원앙, 새, 갈매기,

사자, 기린, 표범, 코끼리, 노루, 고라니, 사슴, 승냥이, 이리, 너구리, 원숭

이, 소, 송아지, 돼지, 고양이, 말, 망아지, 개, 강아지, 염소, 양, 여우, 곰,

나귀, 노새, 오소리, 담비, 토끼, 고슴도치, 쥐, 두더지,

잠자리, 거미, 나비, 반디부리, 개구리, 메뚜기, 귀뚜라미, 개미, 벌.

3.2.4. 역사적 인물 관련 어휘

항공정보포털시스템 홈페이지(http://www.airportal.co.kr)에 보면 사람의 이름을
딴 공항명 122개가 나온다. 역사적 위인이나 정치가, 스포츠 선수 등의 이름을 따서
공항이름을 짓는 경우가 많음을 알 수 있다. 유럽의 여러 나라를 비롯한 외국의 경우
공항과 같은 시설물의 명칭은 물론 도로명 명명에도 사람의 이름을 활용하는 것은 매
우 일반적인 현상이다.[6] 우리나라에서는 외국의 경우와는 달리 인천국제공항의 명칭
을 세종공항으로 명명하려다 실패한 예가 있다. 또한 도로명의 명명에 있어서도 '김진
사길'이 후보에 올랐으나 같은 지역에 사는 다른 성씨를 가진 사람들의 반대로 성공하
지 못했다는 사례가 수집된 바 있다. 그 결과 우리나라에서는 사람의 이름을 명칭으
로 삼은 예가 흔하지 않다.

위인을 비롯하여 각 분야에서 성공한 인물의 이름이나 아호를 도로명으로 삼는
것은 국민 교육의 차원에서도 필요한 일이다. 또한 平凡하고 성실하게 살면서 주변 사
람들에게 모범이 되었던 인물의 이름도 소로나 골목길의 명칭에 활용하면 좋을 것이

---

6 사람의 이름을 공항명으로 삼은 예는 파리의 샤를 드골 공항, 로마의 레오나르도 다빈치 공항을 비롯
하여 유럽의 주요 공항이 있음은 두루 아는 바이다. 특히 남미와 북미의 공항명에서 인명을 소재로 한
명칭이 많이 쓰이고 있음을 확인할 수 있는데 멕시코, 미국, 브라질, 캐나다 등의 공항명에서 현저함
을 알 수 있다. 멕시코의 경우 멕시코의 대통령 Benito Juarez의 이름을 딴 베니토 후아레즈 국제
공항(Mexico City International Airport)를 비롯하여 혁명가, 장군, 소설가, 주지사, 시장, 전쟁영웅, 축구
선수 등의 이름을 활용하여 공항명을 삼은 것이 25개이다. 미국의 경우도 35대 대통령 존 에프 케네
디의 이름을 딴 뉴욕공항을 비롯하여 항공엔지니어링 주임교수, 최초 흑인 대법관, 최초의 전투기 조
종사, 항공개척자, 영화배우, 가수, 장군, 주지사, 하원의원, 상원의원, 공항관리자 등의 이름을 활용한
것이 20개이다.

다. 지명도가 높은 인물의 아호를 도로의 위계상 상위 부류에 속하는 주간선도로와 보조간선도로에 활용한 예가 보인다. 세종로, 을지로, 충무로, 다산로, 단재로, 사임당로⋯⋯ 등이 그것이다. 이와 같이 상위 부류에 속하는 도로의 명칭에 역사적 인물의 아호가 사용된 경우는 있으나 소로와 골목길 같은 하위 부류의 도로명을 평범한 인물의 이름이나 아호, 또는 벼슬명칭을 사용한 경우는 흔하지 않다. 도로명 부여에서 모든 위계의 도로에 적절하게 아호, 벼슬명, 가문명 등을 활용하여야 할 것이다. 가문명은 최덕교, 이승우 편(1971)을 비롯한 성씨 또는 보학 관련 서적을 참고하면 관련 어휘를 쉽게 수집할 수 있다. 벼슬명과 인물명은 한국학중앙연구원 홈페이지(http://www.aks.ac.kr)의 한국학 정보마당, 한국역대인물종합정보시스템을 비롯한 각종 자료를 활용할 수 있다.

이제 도로명에 활용할 수 있는 역사적 인물과 관련된 어휘 중 관직명과 관련된 어휘에 대하여만 예를 들기로 한다. 한국학중앙연구원 홈페이지 → 한국학정보마당 → 한국역대인물종합정보시스템 → 관직명사전에 보면 가나다 순으로 관직명 238개가 배열되어 있다. 이 중 ㄱ과 ㅎ으로 사작하는 관직명을 제시하면 다음과 같다. 아래에 제시할 어휘를 비롯하여 역사적 인물과 관련 있는 어휘를 명명의 대상이 되는 도로와 연관하여 선택, "가덕대부길, 희공랑길" 등과 같이 활용하면 될 것이다

> 嘉德大夫, 嘉善大夫, 嘉義大夫, 嘉靖大夫, 建功將軍, 健信隊尉, 建忠隊尉, 啓功郎, 啓仕郎, 供務郎, 恭人, 公主, 供職郎, 果毅校尉, 光德大夫, 光成大夫, 廣徽大夫, 郡夫人, 郡主, 貴人, 勤力副尉, 謹任郎, 謹節郎, 顯功校尉, 顯祿大夫, 縣夫人, 顯信校尉, 縣主, 惠人, 効力副尉, 効勇徒尉, 効任郎, 興祿大夫, 熙功郎

3.2.5. 인공물 관련 어휘

도로명으로 사용할 수 있는 어휘 중 문화재를 비롯한 유적이나 시설물의 명칭이 있다. 도로변에 존재하는 시설물 중 특이하거나 사람들의 관심이 집중되는 인공물을 도로의 명칭으로 사용할 수 있다. 인간의 생활이 다양한 만큼 시설물의 명칭도 여러 가지이기 마련인데 도로명의 전부요소에 활용할 수 있는 시설물의 명칭 중 일부를 보

이면 다음과 같다. 이들 시설물 중 긴 기간 동안 보존되기 어려운 것은 가급적 명칭으로 채택하지 않는 것이 좋다.

> 유치원, 초등학교, 중학교, 고등학교, 대학교, 여학교, 동사무소, 면사무소, 구청, 시청, 도청, 경찰서, 검찰청, 법원, 전화국, 우체국, 버스터미널, 기차역, 공항, 항만, 시민회관, 예술관, 극장, 영화관, 예식장, 병원, 노인정, 양로원, 방송국, 교회, 절, 성, 교도소, 탑, 상점, 식당, 여관, 호텔……

시설명을 그대로 도로명으로 사용해도 좋으나 경우에 따라서는 간접명명의 방식 즉 시설물이 상징하는 어휘를 사용하는 방법도 고려할 만하다. 예컨대 예식장이 있는 길을 '원앙길', 노인정이나 양로원이 있는 길을 '은빛길', 초등학교가 있는 길을 '새싹길' 등으로 명명하는 것이다. 이렇게 하면 명명의 단조로움도 피하고 다양한 어휘를 활용한다는 측면에서 국어문화 창달에도 부합되는 것이다.

3.2.6. 국가명, 도시명, 마을명 관련 어휘

도시명을 비롯한 행정지명이나 마을명 같은 자연지명을 도로명 전부요소로 사용할 수 있다. 특히 인접 도시로 연결되는 도로명에 해당 도시명을 쓰는 예는 흔한 경우이다. 새로 개발된 구역의 경우 마땅한 명칭을 찾기 어려울 때 권역별로 우리나라의 도시명이나 세계 여러 나라의 이름을 활용하여 명명하는 것도 하나의 방법이 될 수 있다. 국가명, 도시명, 마을명 등 전부요소로 활용할 수 있는 어휘 일부를 제시하기로 한다.

> 중국, 일본, 인도, 베트남, 사우디아라비아, 이탈리아, 영국, 독일, 프랑스, 스위스, 네덜란드, 폴란드, 체코, 그리스, 헝가리, 미국, 캐나다, 브라질, 칠레, 아르헨티나, 이집트, 가봉, 남아공……
>
> 서울, 부산, 대구, 인천, 대전, 광주, 울산, 청주, 전주, 공주, 경주, 안산, 제주, 강릉, 춘천, 목포, 북경, 동경, 뉴욕, 런던, 로마, 파리, 프라하, 비엔나, 프랑크푸르트, 동경, 베네치아, 모스크바……

가재골, 갈골, 절골, 감골, 밤골, 숯골, 곰골, 뒷골, 도장골, 불무골, 느티울, 지새울, 모래울, 가래올, 곰말, 벌말, 골말, 양달말, 아래담, 고라실, 가래실, 솝실, 바느실, 느릅실, 갈미, 말미, 살미, 시르미, 잣미, 토끼미, 베틀고개, 잣고개, 돌고개, 새터, 남들, 말티……,

4. 결론

도로명과 건물번호에 의해 만들어진 새주소 제도가 "도로명표기에 관한 법률"이 공포되어 2007년 4월 5일부터 시행되고 있다. 새주소 제도 확립과 관련하여 수행하여야 할 일들이 많지만 이 사업의 핵심은 도로명 부여이다. 그러나 중앙정부의 인식 부족과 관련학자들의 방관 속에 도로명 부여 원칙이 마련되었다. 그 결과 지방자치단체들에 의하여 실제적인 사업이 시행되면서 이런저런 문제점이 노출되고 있다.

도로명의 구조는 다른 지명어와 같이 분석형 구조로 전부요소와 후부요소로 되어 있다. 전부요소에는 명명의 대상이 되는 도로의 특성을 반영한 어휘가 다양하게 사용되며 후부요소에는 도로를 뜻하는 몇 개의 어휘가 사용된다. 후부요소의 유형은 기본형과 확장형으로 나눌 수 있으며 "길, 골목, 고샅, 로" 만을 쓰는 것이 기본형이다. 그리고 확장형 후부요소는 일련번호나 방위 관련 어휘들이 기본형 후부요소 앞에 결합된 형태로 "1길, 2길, 3로, 4로, 동로, 서길, 앞고샅, 뒷골목……" 등과 같은 것이다. 도로명 후부요소에는 자연지명어에서 거의 쓰이지 않은 확장형 후부요소가 지나치게 많이 쓰였다. 그 결과 전부요소에 사용될 어휘를 제약하는 결과를 낳았다.

도로명의 전부요소는 명명의 대상이 되는 도로의 자연지리적 특성이나 역사·사회적 특징을 바탕으로 다른 도로와 구별될 수 있는 각종 어휘를 활용하여 부여하여야 한다. 전부요소에 쓰인 어휘는 도로명 자체로서만 의미를 갖는 것이 아니라 주민들의 정신 교육 나아가 국어 어휘 교육 자료로도 활용될 수 있다. 이러한 중요성이 있음에도 후부요소를 분할하는 편의적인 방식에 의존하여 전부요소를 제약하는 도로명 부여가 이루어 졌다. 이는 청주시의 소로와 골목길 명칭 1,842개 중 확장형 후부요소를 취한 것이 1,079개(57.5%)나 됨을 통하여 확인할 수 있다. 일련번호형을 비롯한 확장형 후부요소를 남용하여 전부요소를 제한하지 말아야 할 것이다.

전부요소에 사용된 어휘의 실상을 살핀 결과 음절의 측면에서 2~3음절어가 절대 다수를 점하고 있으나 1음절어나 4~5음절어도 부분적으로 사용되었다. 경제성이 없는 4음절 이상의 어휘는 피하는 것이 좋겠다. 어종의 측면에서 고유어 25%, 한자어 61% 그리고 혼종어 14%로 고유어에 비해 한자어의 비중이 높았다. 이는 바람직한 것으로 보이지 않으며 가급적 순우리말을 활용하여야 할 것이다. 도로명 부여의 배경으로 현용 지명과 옛 지명을 바탕으로 한 것, 해당 지역에 존재하는 시설명, 도로의 특성, 순우리말을 활용한 창의적인 명명 등을 제시하고 있다. 그러나 독립된 형태의 도로명만 놓고 보면 일반인은 물론 국어학자의 상식으로도 그 배경을 알기 어려운 어휘들이 허다하다. 이는 지나친 비약과 합침, 줄임의 방식이 동원되었기 때문이며 맞춤법에 어긋난 경우도 있었다.

전부요소에 사용된 어휘는 "도로명 및 건물번호의 부여원칙"을 비롯한 행정자치부 도로명 및 건물번호부여지원단의 실무편람에 제시된 원칙을 바탕으로 이루어진 것이다. 부여된 도로명에 문제가 있음은 원칙 제시의 부족함이 그 원인일 수도 있다. 실무편람 제2부 제5장에 제시된 도로명 부여의 원칙은 일반 지명어를 비롯한 도로명의 구조를 정확하게 인식하지 못하고 마련된 것으로 보인다. 지명어의 일종인 도로명의 구조가 전부요소와 후부요소로 이루어져 있으므로 도로명 전체와 관련되는 내용은 일반원칙으로 제시하고 전후 각 요소의 명칭을 부여하는 것은 세부원칙으로 삼는 것이 보다 명확한 원칙 제시로 보인다.

도로명 부여 원칙을 명확하게 제시한 후 전부요소에 활용할 수 있는 어휘를 발굴하여 그 목록을 제시하면 현장 업무에 많은 편의와 도움을 주게 될 것이다. 자연지리적 배경을 바탕으로 한 어휘와 역사·사회적 배경을 바탕으로 한 어휘를 그 범주에 따라 지형적 특성 관련 어휘, 자연물 관련 어휘, 동식물 관련 어휘, 역사적 인물 관련 어휘, 인공물 관련 어휘, 국가명, 도시명, 마을명 관련 어휘 등으로 분류할 수 있다. 본 연구에서는 각 범주별로 개략적인 어휘 목록만을 제시하였으나 이를 바탕으로 활용 가능한 어휘 목록 작성이 완벽에 가깝게 이루어지기를 기대한다.

제30장

도로명 후부요소 명칭 부여

1. 서론

‘斗山里’라는 마을의 본래 이름은 ‘말미’이다. 오늘날 행정 지명은 斗山里이지만 아직도 이 마을에 사는 노인들에게는 ‘말미’라는 이름이 더 친숙한 듯하다. 이는 이 마을 입구에 세워져 있는 표석을 통하여 알 수 있다. 표석에는 ‘두산리’라고만 쓰여 있지 않고 ‘말미’를 병기하고 있기 때문이다. 아주 오래 전부터 불려오던 ‘말미’라는 순우리말 이름을 문자화하면서 ‘斗山’이 나왔고 당초에 한자의 새김으로 읽던 것을 후대에 오면서 음으로만 읽게 되면서 ‘두산’이 나오게 된 것이다. 그러나 ‘두산’ 못지 않게 오늘날까지도 ‘말미’가 쓰이고 있는 것은 지명의 보수성 때문이다. 이렇듯 한번 부여된 지명은 좀처럼 소멸되지 아니하고 끈질긴 생명력을 지니고 있다.

우리는 인명, 지명, 관명 등 어휘 자료를 『三國史記』를 비롯한 옛 문헌에서 수집할 수 있다. 그 중에서 관직명은 모두 죽어버린 어휘로 오늘날 거의 쓰이지 않는다. 이는 제도가 바뀌면서 그 이름도 소멸해 버린 것이다. 또한 居柒夫, 異次頓 등의 인명 역시 그 사람의 죽음과 함께 사라져 버렸다. 그러나, 땅은 예나 지금이나 그 자리에 그대로 있다. 때문에 땅이름 중에는 상당수가 오늘날까지 보존되고 있음을 확인할 수 있다. 요컨대, 관명과 인명은 제도의 변천이나 대상자의 죽음과 함께 사라지기도 하지만 변함없는 땅과 그 이름은 오래도록 보존되는 것이 그 특징이다.

이런 점을 감안할 때 지명의 명명은 아주 중요한 일이다. 일단 부여된 지명은 오늘을 살고 있는 우리는 물론 우리의 후손에까지 대대손손 사용하여야 할 이름이기 때문에 부르기 좋고 기억하기 좋은 것으로 명명하여야 한다. 그러므로 국가 경쟁력 제고 차원에서 국책사업으로 시행하고 있는 도로명 부여 사업은 그 중요성이 아주 크다 할 것이다. 본고는 늦은 감이 있지만 앞으로 이 사업을 시행하여야 할 지방자치단체의 실무자들에게 지명학의 측면에서 조금이나마 이론적 기초를 제공하고자 기획된 것이다. 또한 행정자치부의 실무기획단에서 도로명 부여의 지침을 마련하는 데 다소의 참고가 되었으면 한다.

　　여기에서는 앞장에서 논의한 전부요소에 이어 도로명 후부요소의 명칭 부여에 관하여 다루기로 한다. 이 사업을 시행하면서 이미 제시한 행정자치부의 도로명 부여 기준을 검토하면서 보다 바람직하다고 여겨지는 필자의 소견을 제시하는 것으로 범위를 삼고자 한다.

2. 본론

2.1. 도로의 위계에 따라 후부요소의 명칭을 부여하여야 할 필요성

　　도로는 그 위계에 따라 주간선도로, 보조간선도로, 소로, 골목길 등으로 분류할 수 있다. 우선 행정자치부 도로명 및 건물번호부여 실무기획단(1998: 9)에서 제시, 규정하고 있는 각 도로의 개념을 보기로 하자.

　　(1)
　　주간선도로: 도시 내 주요 지역 간, 도시 간 또는 주요 지방 간을 연결하는
　　　　　　　도로로 대량 통과 교통기능을 수행하는 도로.
　　보조간선도로: 도시 내 주간선도로와 소로의 중간에서 도시 교통의 집산
　　　　　　　기능을 수행하는 도로.
　　소로: 주간선, 보조간선 이외의 도로로서 접근 기능을 수행하는 도로.
　　골목길: 차량 통행이 곤란한 좁은 길 또는 보행자 통행 위주의 기능을 수
　　　　　행하는 길.

각 도로는 도로의 폭, 교통량 등 그 기능에 따라 네 단계로 나누어 道路의 位階를 위와 같이 정할 수 있다. 그러나 실제의 적용에 있어서는 그 위계를 단정하기가 어려운 경우도 있다. 예컨대, 계획도시형인 서울의 강남구에 있는 5개 도로(개원길, 탄천길, 양재천길, 무동도길, 한가람길)는 도로의 위계상 소로에 해당하나, 기능상 도로 구획을 통과하여 연결되는 도로로 보조간선급 도로로 간주하고 있다. 소로의 경우도 보조간선도로급에 해당하는 소로가 있고 골목길급에 해당하는 소로가 있다. 이렇듯 도로를 위계에 따라 4가지 등급으로 무 자르듯 구분한다는 것은 현실적으로 어려움이 있다. 그러나 구분에 힘이 드는 몇 가지의 경우가 있다고는 하지만 대체로 특정 도로가 지니고 있는 성격과 기능에 따라 3~5 등급으로 구분하는 것은 필요해 보인다[1]. 일단 도로를 그 위계에 따라 네 가지로 구분하였으면 그 격에 맞는 명칭이 부여되어야 할 것이다. 이는 해당 지역 주민의 생활 편의는 물론이고 관광객을 비롯한 방문자에게도 상당한 도움이 될 수 있기 때문이다. 주간선도로의 명칭과 보조간선도로의 명칭 그리고 소로의 명칭을 단번에 구분할 수 있도록 하는 것은 여행자에게 상당한 정보를 제공하는 것이다. 그러므로 가능하다면 도로의 위계에 따라 후부요소에 사용할 적절한 명칭을 마련하는 것이 필요하다고 생각한다.

2.2. 기획단에서 제시한 도로명 부여의 원칙 및 문제점

행정자치부 도로명 및 건물번호부여 실무기획단에서 펴낸 실무편람(1998)과 행정자치부의 도로명 및 건물번호부여 원칙(1998)에 제시된 도로명 부여의 원칙을 먼저 살펴보기로 한다. 원칙은 일반원칙과 세부원칙으로 나누어져 있는데 일반원칙은 4개의 항으로 나누어 다음 같이 규정하고 있다.

---

1 프랑스의 경우 도로의 폭 및 기능에 따라 큰 도로는 블르바희(BOULEVARD), 보조간선급 도로는 아뷰뉘(AVENUE), 소로 이하의 작은 도로는 희이(RUE)로 도로의 위계에 따라 도로명을 부여하고 있다.

(2)

① 모든 도로 구간에는 고유한 도로명을 부여하는 것을 원칙으로 한다. 다만, 소로 이하의 도로에서 하나의 도로에 여러 개의 단 구간 도로가 분기 또는 병행하게 나열되어 있어 도로명 부여가 곤란한 경우에는 주 진입로의 도로명에 일련번호를 붙여 도로명을 부여할 수 있다.

② 도로명은 다른 도로와 구별하기 위하여 부여되는 고유명사와 도로를 나타내는 보통명사로 구성함을 원칙으로 한다.

③ 주간선도로, 보조간선도로, 소로의 도로명은 고유명사의 음률에 따라 '로' 또는 '길'로 부여한다.

④ 골목길은 '길, 골목, 고개, 굽이, 마당, 고샅' 등 지역적 특성에 맞게 다양한 도로명을 사용할 수 있다.

이상의 일반원칙 ②항에 보면 도로명을 성격요소와 분류요소로 나누어 부여하도록 하고 있다. 이는 도로명 뿐 아니라 다른 지명의 경우도 일반적으로 적용되는 것으로 지명어는 대체로 전부요소 + 후부요소로 그 직접구성성분을 분석할 수 있다. 성격요소인 전부요소는 지명어 명명의 유연성과 관계가 깊은 요소이며 후부요소는 분류요소에 해당하는 것이다. 도로명도 지명 중 하나이기 때문에 지명어가 지니는 이러한 구조를 가지는 것은 당연한 귀결이라 하겠다.

'중앙로'라는 도로명은 전부요소인 '중앙'과 후부요소인 '로'로 구성되어 있다. 여기서 '중앙'은 이 도로가 도시의 한가운데를 통과한다는 특성을 고려하여 부여된 것으로 소위 성격요소인 것이다. 그리고 분류요소인 '로'는 사람, 차, 자전거 등이 다닐 수 있는 공간임을 표현하는 것으로 다른 후부요소인 골, 곡, 실, 말, 터, 洞, 里, 村…… 등과 그 속성이 다름을 나타낸다.

지명을 분류할 때 후부요소에 따라 山系 지명, 嶺系 지명, 水系 지명, 野系 지명, 巖石系 지명 등으로 그 유형을 나누는 것이 일반적이다. 이 중 山系 지명의 후부요소로 쓰이는 어휘로는 -골, -곡, -실, -굴, -울, -골짜기…… 등이 있다. 이는 山系 지명의 경우라도 그 위계나 속성에 따라 몇 가지의 다른 어휘로 특정 지명이 명명되고 있음을 보여주는 것이다.

이상의 논의를 통하여 지명은 그 구조상 성격요소인 전부요소와 분류요소인 후부요소로 구성되어 있다는 점, 그리고 전부요소는 물론 후부요소의 경우도 대상물의 속성이나 位階에 따라 의미상 구별이 가능한 어휘로 명명되는 것이 일반적인 현상이라는 것을 확인하였다. 그러므로 ②항의 원칙을 마련하여 도로명을 부여하게 한 것은 당연한 조치이다. 다만, 일반 원칙 중 가장 우선되어야 할 것임에도 불구하고 ②항으로 처리한 것은 바람직한 배열이 아닌 것으로 보여진다.

일반원칙 4개 항 중 ①, ③, ④의 3개 항은 후부요소 부여에 대한 것으로 필자가 본고에서 주로 논의하기로 한 주제와 관련되는 부분이다. 먼저 ①항에서 모든 도로 구간에 고유한 도로명을 부여한다는 원칙에는 이의가 있을 수 없다. 그러나 소로 이하의 도로의 경우 "도로명 부여가 곤란한 경우에는 주진입로의 도로명에 일련번호를 붙여 도로명을 부여할 수 있다"고 하였는데 실제의 적용에서 과도하게 이 허용 조항을 남용할 소지가 있다. 이러한 우려는 청주시 도로명 부여에서 현실로 나타났으며 다른 자치단체의 경우도 답습할 소지가 충분히 있는 것으로 여겨진다. 다른 나라의 경우 계획도시에서는 도로명에 일련번호를 부여하는 경우가 있으나 오랜 세월에 걸쳐 형성된 이탈리아의 로마와 같은 도시의 경우 일련번호를 붙인 도로명은 하나도 찾을 수 없다.

계획도시의 경우 도로의 속성 즉 폭이나 길이 등이 유사하고 주진입로가 같아 그 기능이 비슷할 경우 일련번호를 활용하여 도로명을 부여하면 편의성을 도모할 수 있을 것이다. 그러나 이런 경우라고 하더라도 일련번호는 4~5개 정도로 그쳐야지 청주시 도로명의 경우 '남들19로'를 비롯하여 10로(10길) 이상이 되는 경우[2]가 있다는 것은 바람직하지 못한 것이다. 현재의 토지 지번에 의한 주소 체계로는 신속한 접근에 문

---

2 참고로 청주시와 강남구의 도로명 중 6로(6길) 이상인 경우를 보면 다음과 같다.

청주시: 남들19로, 왕대14로, 복대11로, 대신11로, 청향10로, 수영10로, 가경시장9로, 용암시장9로, 새동네9길, 수안9로, 새터8로, 원마루8로, 지장8로, 점촌8로, 향내사7길, 삼각7길, 쌍샘7로, 충대우7로, 분평7로, 인동7로, 서운7로, 연당7로, 장대들7로, 금천6골목, 삼육6로, 대성소6로, 가로수6로, 희망6로, 살구나무6로, 복대시장6로, 오동6로, 덕벌6길, 성공6로, 상좌6로(34개)

강남구 : 청담11로, 마루턱10로, 방죽마을10로, 운곡중앙9로, 약진중앙9로, 육사간8로, 산등성7로, 한영7로, 백로6로(9개)

제가 있다는 것인데, 일련번호를 부여하여 도로명을 만들다 보면 또 이러한 우를 범하게 될 것이다. 개발이 완료된 계획도시의 경우는 큰 문제가 발생하지 않을 수도 있다. 그러나 미개발 지역의 도로에 일련번호를 부여한 후 개발이 이루어져 다시 새 번호를 부여하게 되면 1로(길)와 2로(길) 사이에 11로(길)가 부여되는 경우가 생길 수 있다. 그렇게 되면 현재의 주소에서 1번지 다음에 11번지가 나오는 경우와 다를 바가 없는 것이다.

도로명에 따른 새로운 주소 체계의 도입은 현재 토지 지번에 의해 불규칙적으로 메겨진 것보다 훨씬 경쟁력을 가진 것이어야 한다. 또한 여기서 한 걸음 더 나아가 도로명 부여의 과정과 그 활발한 사용 과정에서 언어 문화의 창달이 이루어질 수 있다는 점을 간과해서는 안 될 것이다. 가능하면 일련번호를 부여하는 식으로 도로명을 만들지 말고 보다 선진적인 사고에 기초하여 인물명, 가문명, 관직명, 다른 도시명 등의 명칭을 비롯한 바람직한 어휘를 발굴하여 적극적으로 활용하여야 할 것이다.

도로명 부여의 일반 원칙 4개 항 중 ③항은 주간선도로, 보조간선도로, 소로의 후부요소를 음률에 따라 '로' 또는 '길'로 부여한다는 원칙을 제시하고 있다. 그리고 ④항에서는 골목길의 경우 부여할 수 있는 후부요소로 '길, 골목, 고개, 굽이, 마당, 고샅' 등을 제시하면서 지역적 특성에 맞게 적절히 사용할 수 있도록 하고 있다. 이 규정은 무원칙이 원칙인 듯한 느낌을 강하게 주고 있으나 현실을 수용한 것으로 보인다.

③항의 경우 전부요소가 지니고 있는 음률에 따라 후부요소를 '로'나 '길'로 부여한다는 것에 대하여는 부분적으로 동의할 수 있다. 그러나 주간선도로, 보조간선도로, 소로를 구분하지 않고 동일한 명칭으로 부여한다는 것에 대하여는 기능에 따라 분류한 도로의 위계를 전혀 활용할 수 없다는 점에서 동의하기 어렵다. 가능하다면 위계에 따라 도로명의 후부요소로 사용할 명칭을 마련하는 것이 바람직한 것이 아닌가 한다.

④항 골목길의 경우도 주간선도로, 보조간선도로, 소로와 더불어 종합적인 검토를 거쳐 후부요소의 명칭을 부여하는 것이 바람직한 것으로 보인다. 위계에 따라 각 후부요소에 사용할 수 있는 어휘에 관하여는 해당 어휘의 의미 분석과 그 활용 정도 등을 통하여 선정할 수 있을 것이다. 물론 선정에 있어서 여러 가지 어려운 점이 있을

수 있으며 그 적용 과정에서도 문제가 생겨날 수 있을 것이다. 그러나 어휘의 의미는 시대에 따라 변한다는 역사성을 지니고 있고, 다양한 어휘를 사용하여 국어를 풍부하게 하여야 한다는 발전적인 측면이 있다. 이런 점을 고려한다면 문제점으로 지적될 수 있는 다소의 어려움은 극복될 수 있을 것으로 여겨진다. 이상의 논의에 기초하여 위계에 따라 후부요소에 사용할 어휘에 관한 문제는 다음 장에서 다루기로 하고, 행정자치부의 도로명 부여 원칙 중 아직 살피지 못한 세부원칙에 대하여 알아보기로 하자. 세부원칙은 (3)과 같이 10개로 되어 있다.

> (3)
> 제1원칙: 기초자치단체 내에서 중복사용 금지
> 제2원칙: 기존 도로명 유지
> 제3원칙: 역사성 반영
> 제4원칙: 중앙도로명 표시
> 제5원칙: 지형적 특성 반영
> 제6원칙: 권역별 특성화
> 제7원칙: 연결도시명 적용
> 제8원칙: 공공시설명 적용
> 제9원칙: 방향성 부여
> 제10원칙: 다중집회 특성부여

이상의 세부원칙은 국가경쟁력강화기획단 간접자본반(1996)에서 펴낸 도로명 및 건물번호의 부여 체계와 원칙 중 05.02 도로명 부여의 일반 원칙과 05.03 도로 방향별 도로명 부여 원칙에서 밝힌 내용을 대체로 답습하고 있다. 그리고 청주시가 주최하고 청주대학교 사회과학연구소가 주관한 청주시 도로명 및 건물번호부여에 관한 공청회(1999. 1. 12.) 자료 제3장 3절 4항의 도로명 부여 원칙과도 유사한 것이다.[3]

---

3 청주시 도로명 및 건물번호부여에 관한 공청회 자료 p.12에 제시된 도로명 부여의 원칙을 참고로 보이면 다음과 같다.

A 기존 도로명 유지.

이 세부원칙은 도로명 중 후부요소 부여와는 관련이 없고 대부분 전부요소와 관련이 있는 것이다. 다만 제9원칙과 제10원칙의 경우가 후부요소와 관련된 부분이다. 제9원칙은 후부요소에 도로의 진행 방향을 반영하여 길 이름만으로도 해당 도로 구간의 방향 및 방위를 알 수 있도록 하기 위한 것이다. 즉 ○○로(길)을 ○○동로(길), ○○서로(길), ○○남로(길), ○○북로(길)로 하여 '로(길)' 앞에 방위를 나타내는 말(동, 서, 남, 북)을 넣으라는 것이다. '로(길)'이라는 후부요소의 의미를 구체화하기 위하여 분할요소인 동, 서, 남, 북이 개입되는 것인데 이는 지명학에서 지명어의 구조를 논할 때 나오는 것이다.

지명어는 말미(←말[斗] + 미[山]), 절골(←절[寺] + 골[谷]) 등과 같이 전부요소와 후부요소가 각각 하나의 형태소로 구성된 단순한 구조를 지닌 것도 있지만, 전부요소와 후부요소가 각각 두 개 이상의 형태소로 형성된 것도 있다. '큰절골, 작은절골'이라는 지명어는 전부요소가 2개의 형태소로 되어 있다. 이 때 '큰'과 '작은'은 전부요소 중 분할요소이다. 이와 마찬가지로 '무심동로, 무심서로'의 '동로, 서로'는 후부요소인데 이 중 '동'과 '서'는 '로'의 의미를 구체화시키는 분할요소인 것이다. 이러한 지명의 발달은 유사한 기능이나 특성을 지닌 대상물을 분할하여 구체적인 의미영역을 확보하여 주기 위해 부여된 명칭이라 할 수 있는 것이다. 그러므로 도로명의 경우에만 나타나는 현상이 아니고 지명에 일반적으로 나타나는 현상이므로 자연스럽게 도로명 부여에도 수용되어야 할 것이다.

후부요소와 관련된 원칙으로 제10원칙이 있는데 많은 사람들이 모여 행사를 치를 수 있는 도로는 예외적으로 후부요소를 '광장' 또는 '거리'를 붙여 도로명으로 삼을

B 고유지명이나 유적, 역사적 사실을 도로명에 반영.
C 유적이나 역사적 인물을 도로명에 반영.
D 언덕길 등 도로의 지형적 특성 반영.
E 도로망 체계를 권역별로 나누어 꽃, 동물, 산 등의 이름을 사용.
F 국도, 주간선 및 보조간선 도로 등이 인접도시와 연결되면 인접도시 명칭을 도로명에 사용.
G 도로의 이름만으로 구간을 알 수 있도록 부여.
H 해당 도로 구간에 공공 시설이나 중요 시설물이 있는 경우 그 이름을 도로명으로 사용.
I 사람이 많이 모여 행사를 치룰 수 있는 도로는 광장, 거리로 도로명을 부여.

수 있다는 것이다. 일반적으로 광장은 도로가 분기되는 요충지에 형성되어 있다. 그러므로 사람들의 통행은 물론 집회를 열 수 있는 공간이므로 도로와는 구분되는 것이다. 그러나 넓은 의미의 도로에 포함시킬 수 있으므로 도로명을 부여할 때 광장의 명칭도 부여하여야 할 것이다. 이 원칙은 도로에만 집착하여 사업을 진행하다보니 광장과 이와 유사한 기능을 수행하는 도로에 대하여 소홀했던 부분을 보완하기 위해 마련된 원칙으로 보인다.

이상에서 도로명 부여의 세부원칙 중 후부요소와 관련되는 제9원칙과 10원칙에 대하여 검토하였다. 제1원칙에서 제8원칙까지는 모두 전부요소 명칭 부여와 관련된 사항이므로 깊게 검토하지 않았다.

2.3. 후부요소로 사용할 수 있는 어휘

앞에서 필자는 도로명 부여에 있어서 후부요소를 도로의 위계에 따라 달리 설정하는 것이 바람직하다는 의견을 제시하였다. 그러나 행정자치부의 도로명 부여 일반원칙에서는 이를 고려하지 아니하고 주간선도로에서 소로에 이르기까지 음률에 따라 '로'나 '길'을 사용하도록 규정하였다. 이에 필자는 후부요소로 사용할 수 있는 어휘에 대한 전반적인 검토를 통하여 도로의 위계에 따라 어떤 어휘를 사용하는 것이 가장 바람직한 것인지 알아보고자 한다.

도로명이나 광장의 명칭으로 사용할 수 있는 후부요소의 어휘는 크게 고유어와 한자어로 나누어 볼 수 있다. 전부요소의 경우에는 '테헤란로, 로데오거리' 또는 '오렌지길' 등의 '테헤란, 로데오' 그리고 '오렌지'에서 볼 수 있듯이 서구외래어와 같은 어휘도 가능하다. 그러나 후부요소는 전부요소에 비해 보수성이 매우 강하기 때문에 아직도 우리의 지명어에서 서구외래어를 발견할 수 없다.

광장을 포함한 도로명의 후부요소로 사용할 수 있는 고유어로는 길, 거리, 골목, 고개, 굽이, 고샅, 솔길, 마당 등이 있다. 그리고 한자·한자어로는 道, 路, 街, 途, 衕, 術, 徑, 蹊, 衢, 達, 岔, 巷, 陌, 道路, 廣場 등이 있다.

2.3.1. 후부요소로 사용할 수 있는 고유어에 대한 검토

도로명의 후부요소로 사용할 수 있는 순우리말 어휘의 의미를 파악하기 위하여 고래로 어떤 환경에서 사용되었는지 살피기로 한다. 옛 문헌에 출현하는 예는 南廣祐 (1997)에서 주로 수집하기로 하며 현대의 경우는 국어사전류에 풀이된 것을 참고하기로 한다.

> (4) 길
> 길헤 브라슥 브니: 于路迎候〈龍歌 10장〉
> 길 버서 쏘샤 세사래 다 디니: 避道而射三箭皆踣〈龍歌 36장〉
> 六道논 여슷 길히라〈月釋 序4〉
> 길흘 조차 돈니다가〈月釋 9:33〉
> 街논 바른 길히오〈楞解 9:62〉
> 어딘 스로미 길홀 막논디니: 塞賢路〈宣賜內訓 2上36〉
> ᄀ룺 길헨 미힛 梅花ㅣ 곳답도다: 江路野梅香〈初杜解 7:6〉
> 큰 길흐로 ᄒᆞ고 즐어 아니ᄒᆞ며: 道而不徑〈宣小 4:18〉
> 責罰이 몸애 더으면 뉘온출 길히 업스리라: 責罰加身悔之無路
> 〈女四解 2:19〉

대부분이 언해문인 (4)의 예문에서 '길'과 대응되는 한자는 "街논 바른 길히오〈楞解 9:62〉"를 제외하고는 모두 '路' 아니면 '道'이다. 이를 통하여 볼 때 한자의 '路' 또는 '道'와 가장 잘 어울릴 수 있는 순우리말은 '길'임을 알 수 있다. '街'의 경우는 뒤에서 자세히 다루겠지만〈楞解 9:62〉의 협주에서 볼 수 있듯이 한정하는 요소 '바른'이 첨가된 '길'임을 알 수 있다.

『千字文』을 비롯한 한자학습서에 새김이 '길'로 나오는 한자는 아래의 예에서 보듯 '路'와 '道' 외에 '途, 行, 徑, 蹊' 등이 있다.

> (5)
> 길 도 : 道〈石千 5ㄴ〉, 길 로 : 路〈石千 21ㄴ〉, 길 도: 途〈石千 25ㄱ〉

길ᄒᆡᆼ 道也本돈닐ᄒᆡᆼ~出又ᄒᆡᆼ실ᄒᆡᆼ德~又줄항列也又무리항等輩: 行〈註千 9ㄴ〉

길 로: 路, 길 도: 途, 길 경: 徑, 길 계: 蹊〈訓蒙東大 上6ㄱ〉

도숫도 指~土又도릿도又길도: 道〈訓蒙比叡 中2ㄱ〉

길 로: 路, 길 도: 道〈類合 下58〉

길 로: 路〈倭解 上8〉

오늘날의 국어사전류에서는 '길'을 '다른 곳으로 다닐 수 있게 나있는 곳(공간)' 정도로 풀이하고 있다. 이상의 검토를 통하여 볼 때 '길'은 상당히 많은 예가 15세기를 비롯한 후대의 여러 문헌에서 발견되며 오늘날도 활발하게 사용되는 기초어휘 중의 하나이다. 박용수(1994)의 새우리말갈래사전 Ⅲ.4.나. 길과 다리 편에 보면 352개의 어휘가 제시되어 있는데 '가시덤불길'에서 시작하여 '흙탕길'까지 무려 180 개의 어휘가 나타난다. 이는 거리, 골목, 고샅…… 등 도로명의 후부요소로 사용될 수 있는 다른 어휘는 어형성에서 지극히 소극적임을 알게 해주는 반면 '길'은 활발하게 조어원으로 활용되고 있음을 알 수 있다.

'길'과 대응되는 한자도 다양하여 '路, 道, 途, 行, 徑, 蹊' 등이 있다. 이는 '길'이 보통 명사로서 고래로 국어에서 활발하게 쓰여왔음은 물론 상당히 넓은 의미영역을 차지하고 있다 하겠다.

(6) 거리

陌ᄋᆞᆫ 져잿 가온딧 거리라〈釋譜 19:2〉

거리론 동녀긔셔 사노라: 街東住〈飜老 上48〉

거리예 박픵이 틸 아히돌희: 街上放空中的小廝們〈飜朴 上17〉

각각 제 비츠로 모혀 들과 거리에 두로 ᄒᆞ지라〈敬信 47〉

거리구: 衢, 거리규: 逵, 거리차: 岔, 거리믹: 陌〈訓蒙東大 上6ㄱ〉

거리개: 街〈訓蒙東大 中8ㄱ〉

뷜동空也又공경동~~又골동~聖俗거리동通街全衢: 洞〈註千 27ㄴ〉

편안강安也又거리강五逵道又겨강全糠: 康〈註千 37ㄱ〉

싁싁ᄒᆞᆯ장嚴也又거리장六達道又면장장田舍: 莊〈註千 41ㄴ〉

(6)에서 보듯 문법 자료에서 '거리'와 대응되는 한자는 '街'만 발견된다. 다만 '져잿가온뒷'이라는 한정요소와 함께 '거리'가 나타나는 것으로 '陌'이 있다. 그러나 어휘 자료에서는 '街'를 비롯하여 衢, 逵, 岔, 陌, 洞, 康, 莊 등도 '거리'와 대응되고 있음을 확인할 수 있다. 하지만 『註千』에 나오는 洞, 康, 莊이 거리의 뜻으로 쓰이는 경우 五逵道나 六達道 또는 속용되는 경우임을 알 수 있다.

오늘날 국어사전류에서는 '거리 = 길거리 : 사람이나 자동차들이 많이 다니는 길'로 풀이하고 있으며 유의어로 街衢, 街道, 街頭, 街路, 街巷, 衢街, 路頭 등을 제시하고 있다. '거리' 역시 '길'과 함께 고래로 흔히 쓰여온 단어이다. 그러나 박용수(1994)의 새 우리말갈래사전 Ⅲ.4.나. 길과 다리 편에 실려 있는 '거리'의 예는 22개에 불과하여 '길'에 비해 다른 요소들과 결합하여 말을 만드는 경우가 현저히 적음을 알 수 있다.

넓은 의미에서 '길' 또는 '거리'의 뜻으로 쓰이고 있는 어휘로 '골목, 고개, 굽이, 고샅, 솔길, 마당' 등이 있는데 이들 어휘에 대한 현대 국어사전에서 풀이와 옛 문헌에 쓰인 예를 보이면 (7)과 같다.

(7)
골목: 큰 길에서 들어가 마을 안을 이리저리 통하는 좁은 길
골목어귀: 衕口〈譯解補 14〉

고개: 산이나 언덕을 넘어 다니게 된 비탈진 곳
泥峴 흙고개〈龍歌 1: 44〉, 沙峴 산몰애오개〈龍歌 9:49〉, 고개현:峴〈訓蒙 上3〉

굽이: 구부러진 곳
구븨: 圖經 열두구븨〈송강 1:5〉
千年老龍이 구븨구븨 서려 이셔〈송강 1:4〉

고샅: 시골 마을의 좁은 골목 길 = 고샅길
솔길: ①→오솔길 ②→나뭇길 (황해)
오솔길: 좁고 호젓한 길.
나뭇길: 나무꾼들이 나무하러 다니느라 난, 좁은 산길.

마당: 집 안팎에 평평하게 닦아 놓은 땅
마당: 打麥場〈譯解補 42〉, 마당: 打糧場〈同文 下1〉〈漢 292ㄴ〉

이상의 어휘들은 '길'이나 '거리'에 비해 도로명의 후부요소로 쓰이는 정도가 예나 지금이나 비교할 수 없을 정도로 낮은 것이 아닌가 한다. '고샅'과 '솔길'은 고어사전류에서 찾을 수 없으며 다른 낱말들도 그 예가 많지 않다. 또한 박용수(1994)에서도 각각 몇 개의 단어만 보인다. 그러나 이들 어휘가 순우리말로서 연면히 쓰여왔다는 점과 국어를 풍요롭게 가꾸어 나간다는 측면에서 앞으로도 살려 쓰는 것이 바람직한 것으로 판단된다.

2.3.2. 후부요소로 사용할 수 있는 한자·한자어에 대한 검토

道, 路, 途, 街, 巷, 衚, 衕, 徑, 蹊, 衢, 逵, 岔, 陌, 道路, 廣場 등이 도로명의 후부요소에 사용할 수 있는 것으로 보인다. 이들 한자·한자어들이 어떤 의미를 지니고 있는지 파악하기 위하여 『訓蒙字會』를 비롯한 한자 초학서와 역대 자전류에서의 풀이를 살펴보기로 한다. 그리고 이를 바탕으로 각 한자의 빈도수와 조어력 등을 남광우(1987, 1995)와 국어연구소(1985) 자료를 참고하여 도로명 후부요소로 사용 가능한지를 탐색하기로 한다.

(8) 道[도] 길 도
도숫도 指~土又도릿도又길도〈訓蒙比叡 中2ㄱ〉〈訓蒙東大·尊經·東國 中2ㄴ〉
길도〈類合 上18ㄴ〉
도릿도〈光千 5ㄴ〉, 길도〈石千 5ㄴ〉 도리도~理本길道路也又닐을도言也踏也順也由也〈註千 5ㄴ〉
路也 踏也 理也 順也 言也 由也〈全玉 下51ㄴ〉
길도 路也 踏也 理也 順也 言也 由也〈字類 上27ㄴ〉
큰길도〈兒學 上44ㄴ〉
路也길도 理也도리도 言也말할도〈釋要 下84ㄴ〉
路也길 理也리치 順也슌할 言也말할 由也말매암을〈新字典 四19ㄴ〉

'道'는 '72 한문교육용 기초한자로 중학교용이며 '51 상용한자 1000자, '57 상용한자 1300자에도 포함되었던 것이다. 남광우(1995)에 의하면 169개의 낱말을 형성하는 것으로 조사되어 있어 조어력이 강한 낱말이다.[4] 또한 남광우(1987: 113)에 의하여 정리된 자료에 의하면 사용 빈도수가 ①-28, ②-104, ③-305, ④-41, ⑤-13[5]으로 나타난다.

국어연구소(1985) 조사 자료[6]에 의하면 '道'는 어두에서 道家, 道界, 道敎, 道具…… 등 39개, 둘째 음절에서 街道, 公道, 敎道, 求道…… 등 101개, 셋째 음절에서 高速道, 國仙道, 騎士道…… 등에서 30개, 넷째 음절에서 無爲行道, 先王之道…… 등 4개가 나타나 모두 174개의 어휘를 보여주고 있다.

道家, 道界, 道敎, 道具, 敎道, 求道, 國仙道, 騎士道…… 등에서 보듯 길 이외에도 도리, 이치, 말할…… 등의 뜻도 지니고 있는 '道'는 도로의 이름으로 쓰이는 경우는 街道, 國道, 郡道, 人道, 地方道, 地下道, 車道. 등에 쓰이는 것이 고작이다. 이는 '道'의 쓰임이 도로의 이름보다는 다른 뜻 즉, 도리, 이치, 말할 등으로 더 활발하게 쓰이고 있음을 알 수 있다. '道'가 도로의 이름으로 쓰이는 경우도 각각의 개별 도로를 나타내는 고유명사로 쓰이기보다는 보통명사로 쓰이고 있음을 알 수 있다. 그러므로 '道'는 도로명 후부요소로 쓰기에는 적절하지 않음을 알 수 있다.

---

4 남광우(1995: 904~927)에는 상용한자 2,000자(한문교육용 기초한자 1,800자 + 200자)에 대하여 각 한자의 조어수를 제시하고 있다. 본고에서는 우리말에서 각 한자의 사용 정도와 조어수를 알아보기 위하여 이 자료를 활용하기로 한다.

5 여기서 ①②③④⑤는 각각 다음의 조사 자료를 의미한다. ①은 남기항이 조사한 '73, '74 국민학교 국어 교과서에 쓰인 한자 빈도이며, ②는 신현근이 조사한 '73 중학교 국어교과서에 쓰인 한자 빈도이고, ③은 이응백이 조사한 '78 한자병용기의 중고 교과서에 쓰인 한자 빈도이며, ④는 '83 '84 신문 6개 1개월 분(동아 83년 9월, 경향 83년 11월, 중앙 84년 1월, 한국 84년 3월, 서울 84년 5월, 조선 84년 7월)에 나오는 한자의 빈도이고, ⑤는 '84 잡지 16종(신동아, 현대시학, 고시계, 기독교 사상, 문학사상, 정경문화, 객석, 바둑, 새소년, 여성중앙, 여원, 불광, 여고시대, 컴퓨터, 사이언스, 스포츠레저) 1개월 분에 나오는 한자 빈도이다. 그리고 ①-128, ②-104 등에서 128, 104 등 숫자는 빈도수를 뜻하는 것이다. 앞으로 논의할 다른 한자의 경우도 이런 방식으로 그 빈도수를 제시하기로 한다.

6 이 조사 자료는 신문 6종 1개월 분과 잡지 16종(공히 1984년 6월 분)을 대상으로 하여 조사한 자료이다. 주4)의 ④, ⑤가 이 자료이다.

(9) 路[로] 길로

    길로 俗呼~子官~〈訓蒙比叡 上3ㄴ〉〈訓蒙東大·尊經· 東國 上6ㄱ〉

    길로〈類合 上18ㄴ〉

    길로〈光千·石千 21ㄴ〉

    길로道~又수뮈로仝絡又클로大也〈註千 21ㄴ〉

    길로〈倭解 上8ㄱ〉

    道也 大也 車也 鼓名 絡通〈全玉 下47ㄴ〉

    길로 道也大~鼓車也名絡仝〈字類 上27ㄴ〉

    길로〈兒學 上4ㄴ〉

    道也길로〈釋要 下78ㄱ〉

    道也길 大也클〈新字典 四13ㄱ〉

    (9)에서 보듯 모든 문헌에서 '路'의 새김은 예외 없이 '길'로 나온다. 그리고 이 한자는 한문교육용 기초한자로 중학교용이며 '道'와 마찬가지로 '51 상용한자 1000자, '57 상용한자 1300자에도 포함되었던 것이다. 남광우(1995)에 의하면 73개의 낱말을 형성하는 것으로 나타난다. '道'에 비하면 조어력은 떨어지는 것으로 되어 있으나 '길' 외의 다른 의미로 '道'가 활발하게 쓰이고 있다는 점을 고려한다면 '길'의 의미로 쓰인 '路'의 조어력은 결코 '道'에 뒤지지 않을 것으로 보인다.

    남광우(1987: 122)에 의하여 정리된 자료에 의하면 사용빈도수가 ①-32, ②-28, ③ -134, ④-12, ⑤-1로 나타나 역시 그 빈도수가 '道'에 미치지 못한다. 그러나 고유명사 도로명으로 나오는 ○○로 등을 하나의 낱말로 처리하였고, 街路, 客路, 經路, 管路, 歸路, 農路, 大路, 道路, 迷路, 船路, 小路, 水路, 旅路, 遠路, 鐵路, 通路, 船路, 行路, 幹線路, 江邊路, 傾斜路, 交叉路, 大水路, 飛行路, 十字路, 進入路, 脫出路, 通行路, 海上路, 滑走路…… 등에서 보듯 '路'는 거의 '길'과 관련된 의미로 쓰이고 있다. 이를 통하여 볼 때 '路'는 현용 도로명 후부요소로 가장 광범위하게 사용되는 한자이다.

    (10) 途[도] 길 도
        길도〈訓蒙比叡 上3ㄴ〉〈訓蒙東大·尊經· 東國 上6ㄱ〉

塗 길도〈類合 下58ㄱ〉

길도〈光千 石千25ㄱ〉 길도 路也〈註千 25ㄱ〉

路也 道也 塗同〈全玉 下51ㄴ〉

길도 塗同 路也道也〈字類 上27ㄴ〉

路也길도 塗通〈釋要 下84ㄱ〉

路也 道也길 塗同〈新字 四19ㄱ〉

'途'는 '路也, 道也'로 풀이되어 있고 새김은 한결같이 '길'이다. 이 한자 역시 한문 교육용 기초한자로 중학교용이며 道, 路와 마찬가지로 '51 상용한자 1000자, '57 상용 한자 1300자에도 포함되었던 것이다. 13개의 낱말을 형성하는 것으로 남광우(1995) 에 나타난다. '道'가 169개 '路'가 73개의 낱말을 형성하는 것에 비해 현저하게 적은 수 치이다. 또한 남광우(1987)에 의하여 정리된 자료 p.114에 의하면 사용 빈도수가 ①-4, ②-11, ③-16, ④-1, ⑤-1로 나타나 道, 路에 비해 현저히 적음을 알 수 있다.

路, 道와 같은 개념을 '途'가 지니고 있으므로 도로명 후부요소로 사용할 글자를 선정함에 있어 각 글자의 조어력과 사용빈도는 중요한 기준이 될 수 있다. 그런데 '途' 는 路나 道에 비해 조어력 면에서나 사용빈도의 측면에서 현저히 떨어지므로 적극적 으로 사용하기에는 문제가 있는 것으로 보인다. 또한 국어연구소(1985: 56)에 올라 있 는 '途'의 용례로는 途上國, 途中, 途風, 開途國, 窮途, 同途, 方途, 別途, 用途, 用途別, 壯 途, 前途, 中途가 전부이다. 여기서 '途'는 이미 '길'의 의미를 지닌 道나 路와는 그 쓰임 에 있어서 차별화 되었음을 알 수 있다. 그러므로 '途'는 도로명의 후부요소로 사용하 기에는 적절하지 않은 것으로 판단된다.

(11) 街[개] 거리 가

거리개 俗呼角頭九市在~故稱市必曰~上〈訓蒙比叡 中5ㄱ〉〈訓蒙東

大·尊經· 東國 中8ㄱ〉

거리가〈倭解 上8ㄱ〉

四通道星名天~〈全玉 下38ㄱ〉

네거리가 四通道星名天~〈字類 上27ㄴ〉

거리가〈兒學 上4ㄴ〉

四通道 거리가〈釋要 下61ㄱ〉

四通道 네거리〈新字典 三64ㄴ〉

'道'와 '路'의 새김은 '길'로 나타나나 '街'의 새김은 '거리' 또는 '네거리'로 되어 있다. 대부분의 문헌에서 '四通道'로 풀이하고 우리말로 '거리/네거리'로 새김을 달고 있는 것으로 볼 때 '街'는 '道'의 하위어이다. 그러므로 '거리'는 '길' 중에서 이곳 저곳으로 갈라져 난 길을 뜻하는 것이다. 즉, 사람이나 자동차들이 밀집하고 분산되는 길을 가리켜 '街'라 할 수 있을 것이다. 그러므로 현용 국어사전류에서는 '街'의 새김으로 쓰이는 '거리'를 '사람이나 자동차들이 많이 다니는 길'로 풀이하고 있다.

官街, 商街, 市街, 政街, 劇場街, 茶房街, 放送街, 外交街, 遊興街, 住宅街, 證券街, 下宿街, 畵廊街, 歡樂街 또는 紅燈街, 私娼街…… 등을 가리켜 표현할 때 官路, 商路, 市路, 政路는 물론 劇場路, 茶房路, 放送路, 外交路…… 등으로 하지 않는다. 이는 農路, 大路, 船路, 遠路, 鐵路, 船路, 幹線路, 傾斜路, 飛行路, 脫出路, 海上路, 滑走路…… 등을 農街, 大街, 船街, 遠街, 鐵街, 船街, 幹線街, 傾斜街, 飛行街, 脫出街, 海上街, 滑走街…… 등으로 할 수 없는 것과 대비된다.

이들 어휘의 비교를 통하여 볼 때 '街'는 사람들이 밀집하여 생활하는 공간에 놓인 크지 않은 길을 의미하고 '路'는 사람들의 생활 공간과는 거리가 있는 크고 긴 길에 결합됨을 알 수 있다.

'街' 역시 한문교육용 기초한자로 중학교용이며 '51 상용한자 1000자, '57 상용한자 1300자에도 포함되었던 것이다. 남광우(1995)에 의하면 25개의 낱말을 형성하는 것으로 나타난다. 그리고 南廣祐(1987)에 의하여 정리된 자료 p.83에 의하면 사용 빈도수가 ①-5, ②-11, ③-19, ④-10, ⑤-2로 나타나 있다.

앞에서 살펴보았듯이 '거리'가 '길'에 비하여 조어력이 낮듯이 '街'역시 '路'에 비해 어휘를 형성하는 예가 적다. 그러나 '街'는 '路'와는 달리 분명한 의미영역을 가지고 있고 현용 도로명 후부요소로 종로1가, 청계로2가…… 등에서 사용, 정착된 것이므로 그 의미에 맞게 살려 써야 할 것이다.

(12) 巷[항] 거리 항

굴헝항 街上交道又宮中別道亦作衖〈訓蒙比叡 上3ㄴ〉〈訓蒙東大・尊經
上6ㄴ〉

굴헝항〈訓蒙東國 上6ㄴ〉

里中道街~宮廡永~奄宮~伯 衖通〈全玉 上28ㄴ〉

골목항〈兒學 上4ㄴ〉

골목항 衖仝邑中道街宮廡~永~〈字類 上28ㄱ〉

里中道 골목항, 宮廡永~대내원랑항 衖仝〈釋要 上35ㄴ〉

街~里中道거리ㅇ골목ㅇ구렁, 永~宮中長廡 복도 衖通〈新字 一45ㄱ〉

(12)에서 보듯 역대 자전류와 한자 입문서에서 '巷'의 자석을 굴헝 또는 골목으로 달고 있다. 그리고 里中道街 또는 邑中道街로 풀이하고 있다. 이를 통하여 '巷'의 뜻이 마을/고을의 가운데 있는 골목/거리임을 알 수 있다.

'巷'은 한문교육용 기초한자이나 고등학교용이며, '51 상용한자 1000자, '57 상용한자 1300자에는 들지 못하였던 것이다. 남광우(1995)에 의하면 12개의 낱말을 형성하는 것으로 나타나나, 12개의 낱말 모두 '巷'이 앞쪽에 놓이는 경우이며 뒤쪽에 놓이는 경우는 예로 들지 않았다. 그리고 남광우(1987: 240)에 의하여 정리된 자료에 의하면 사용 빈도수가 ②와 ③에만 각각 2회와 3회 출현하는 것으로 되어 있다. 국어연구소(1985)에서도 巷說만 보일 뿐 현용 도로명에서 전혀 쓰이지 않는 '巷'을 도로명 후부요소로 사용하는 것은 적절치 않아 보인다.

(13) 徑[경] 지름길 경

길경 俗呼抄路즈름낄〈訓蒙比叡 上3ㄴ〉〈訓蒙東大・尊經・東國 上6ㄱ〉

즈름길경〈類合 下62ㄱ〉

道不 容車步路俓~疾也捷~又行過直也〈全玉 上32ㄴ〉

즈레길경〈兒學 上4ㄴ〉

小道 즈럼길경〈釋要 上41ㄱ〉

俓~小路지름길 捷~疾也쌔를 直也 고들 行過지날〈新字 一51ㄴ〉

상위어 '길'의 하위어로 '지름길'이 있다. 이 '지름길'을 의미하는 한자가 '徑'이다. '徑'은 한문교육용 기초한자로 고등학교용이며, '51 상용한자 1000자, '57 상용한자 1300자에는 들지 못했던 글자이다. 남광우(1995)에는 12개의 낱말을 형성하는 것으로 나타난다. 그런데 이 12개의 낱말 형성에 있어서 '徑'이 앞쪽에 결합하는 경우가 전부이고 뒤에 배열되는 경우는 없는 것으로 조사되어 있다. 그리고 ③, ④의 경우에만 각각 20회와 1회 출현한다. 국어연구소(1985)에는 半徑, 一徑, 田徑, 直徑, 捷徑 등 5개의 낱말이 조사되어 있다. 이렇듯 국어에서 쓰임이 미미한 '徑'은 도로명 후부요소로도 전혀 사용되지 않으므로 새삼스럽게 이 글자를 도입, 사용하는 것은 무리가 있다 하겠다.

다음에 논의하게 될 衚, 衖, 蹊, 衢, 逵, 岔, 陌 등은 한자 입문서의 경우 『訓蒙字會』에만 출현하는 글자이다. 이 문헌과 역대 자전류에서 골목, 지름길, 거리 등으로 자석이 달려있어 본고의 논의 대상으로 하였으나 현재는 국어에서 전혀 쓰이지 않고 있다. 한문 교육용 기초 한자 1,800자에 포함되지 않음은 물론 국어연구소(1985)의 조사에서도 전혀 나타나지 않은 것으로 보고되어 있다. 즉, 이들 한자들은 현대 국어에서 조어력을 완전히 상실한 것으로 보이며 사용된 예도 전혀 찾을 수가 없다. 도로명의 후부요소로 사용할 수 없는 이들 한자는 길과 관련된 것이므로 역대 문헌에 나오는 설명을 통하여 그 의미 정도를 파악하고자 한다.

(14) 衚 [호] 골목호
　　골호〈訓蒙比叡 上3ㄴ〉〈訓蒙東大·尊經· 東國 上6ㄴ〉
　　골목호 京師街道曰~衚〈字類 上28ㄱ〉
　　街也~衚 골목호〈釋要 下61ㄱ〉
　　~衚街也 서울거리 京師街道曰~衚〈新字典 三64ㄴ〉

(14)를 통하여 '衚'는 『訓蒙字會』를 비롯한 古今 字典類에서 衚衕이라 하여 서울거리 즉 京師街道로 풀이하고 있다.

(15) 衕[동] 거리동

　　골동 俗稱衕~〈訓蒙比叡 上3ㄴ〉〈訓蒙東大·尊經· 東國 上6ㄴ〉

　　下也通街〈全玉 下38ㄱ〉

　　골목동 下也通街〈字類 上28ㄱ〉

　　通街 통한골목동〈釋要 下61ㄱ〉

　　通街 거리 京師街道曰~衕〈新字典 三64ㄴ〉

　　'衕'도 衕와 함께『訓蒙字會』에 보이는 글자이다. 〈釋要 下61ㄱ〉에서 '衕'을 '通街'라 풀이하고 '통한골목'으로 자석을 달았는데, 여기서 우리는 '街'의 풀이로 '골목'이 사용되고 있음을 볼 수 있다. 이는 '街'의 개념을 사람들이 밀집하여 살아가는 공간에 형성된 길로 보게 하는 실마리가 된다.

(16) 蹊[혜] 지름길 혜

　　길계〈訓蒙比叡 上3ㄴ〉〈訓蒙東大·尊經· 東國 上6〉

　　徑路穿徑〈全玉 下48ㄱ〉

　　간은길계〈兒學 上4ㄴ〉

　　徑路즈럼ㅅ길혜〈釋要 下79ㄱ〉

　　徑路穿徑지럼길〈新字 四13ㄴ〉

　　『訓蒙字會』에만 자석이 '길'로 되어 있고 자전류에는 徑路 즉 즈럼ㅅ길/지럼길로 나온다.

(17) 衢[구] 네거리 구

　　거리구〈訓蒙比叡 上3ㄴ〉〈訓蒙東大·尊經· 東國 上6ㄴ〉

　　四達街通~九~星名天~〈全玉 下 38ㄱ〉

　　큰거리구四達街~九~星名天~〈字類 上27ㄴ〉

　　四達之道네거리구 星名별일홈구〈釋要 下61ㄱ〉

　　通四達街네거리〈新字 三64ㄴ〉

四達之道 또는 通四達街라 하여 길이 갈라지는 '네거리'를 의미한다.

    (18) 逵[규] 한길 규
        거리규〈訓蒙比叡 上3ㄴ〉〈訓蒙東大·尊經·東國 上6ㄱ〉
        九達道〈全玉 下51ㄴ〉
        큰거리규 九達道〈字類 上27ㄴ〉
        九達道 구거리규 道通〈釋要 下84ㄱ〉
        九達道 길거리〈新字 四19ㄱ〉

九達道로 풀이되어 있다. 이곳 저곳으로 통하는 거리를 의미한다.

    (19) 岔[차] 갈림길 차
        거리차 俗呼路~〈訓蒙比叡 上3ㄴ〉〈訓蒙東大·尊經· 東國 上6ㄱ〉
        세거리차 三分路也〈字類 上27ㄴ〉
        路岐~路 난월차〈釋要 上32ㄴ〉

三分路也로 갈림길이라는 뜻을 지니고 있다.

    (20) 陌[맥] 밭두둑길 맥
        거리믹 市中街又阡~卽田間道〈訓蒙比叡 上3ㄴ〉 거리믹〈訓蒙東大·尊
                                               經·東國 上6ㄴ〉

        田間道阡~市中街〈全玉 下59ㄱ〉
        본길믹 洫開百夫涇涂爲~〈字類 上28ㄴ〉
        밧길믹〈兒學 上4ㄴ〉
        田間道阡~밧사이ㅅ길맥, 市街 저자ㅅ거리〈釋要 下59ㄱ〉
        阡~田間道밧둔덕길, 市中街저자거리〈新字典 四31ㄴ〉

市中街 또는 田間道로 저자거리나 밭두둑길을 뜻한다.

3. 결론 및 제안

도로명 후부요소로 사용할 수 있는 어휘는 길, 거리, 골목, 고개, 굽이, 고샅, 솔길, 안길, 마당 등의 고유어와 漢字・漢字語로는 路, 街, 道路, 廣場 등이 있다. 이 중에서도 가장 적극적으로 활용할 수 있는 어휘는 路, 街 그리고 길이다.

路와 街가 쓰이는 환경을 대비하면서 그 의미를 분석해 본 결과 '거리'라는 순우리 말과 대응되는 '街'는 사람들이 밀집하여 생활하는 공간에 놓인 크지 않은 길을 의미하고, '路'는 대체로 사람들의 생활 공간과는 거리가 있는 크고 긴 길임을 알 수 있었다. 그리고 '길'은 대응되는 한자가 다양하여 路, 道, 途, 行, 逵, 徑, 蹊 등이 있어 그 의미영역이 매우 넓다. 이는 고유어의 경우 한자어에 비해 그 의미영역이 넓고 막연하며, 한자어는 정밀하고 구체적이라는 일반적인 원리가 여기에서도 적용됨을 알게 해준다.

이상의 논의를 바탕으로 필자는 한자어 후부요소 '路'는 주간선도로와 보조간선 도로에 사용하여야 한다고 본다. 그리고 '街'는 小路에 사용하는 것이 합당한 것으로 여겨진다. 그리고 길은 그 의미가 광범위하고 포괄적이어서 위계를 불문하고 사용할 수밖에 없다고 본다.

주간선도로와 보조간선도로의 구분을 명확하게 하기 위해서 '路'에 분할요소 표지를 덧붙인 '大路'를 주간선도로의 후부요소로 삼을 수 있다. 그렇게 하면 ○○大路, ○○路, ○○街 등이 각각 주간선도로, 보조간선도로, 소로의 후부요소가 되어 명확히 구분된다. 그리고 골목길의 경우 각 지역의 실정에 맞게 기존 도로명을 적극적으로 수용하여 ○○골목, ○○고샅, ○○굽이— 등으로 하면 문제가 없을 것이다. 다만, 고유어 후부요소 '길'은 전부요소가 고유어인 경우 음률의 조화를 위해 어떤 위계의 도로에 든지 부여할 수밖에 없다고 본다. 더불어 넓은 의미의 도로로 볼 수 있는 지표면의 공간은 그 특성에 따라 거리, 마당, 廣場…… 등의 후부요소를 부여하면 될 것이다.

요컨대, 필자는 도로명 후부요소를 위계에 따라 ⑵과 같이 부여할 것을 제안한다.

(21)

〈원칙〉

大路: 주간선도로에 사용

路: 보조간선도로에 주로 사용하며 보조간선도로급 소로에도 사용

街: 소로에 사용하며 특히 1, 2, 3 등 숫자와 결합된 경우는 반드시 '-가'를
　　　사용. 부분적으로 골목길에도 사용.

골목, 고샅, 굽이, 안길…… 등: 골목길에 사용

〈허용〉

길: 주간선도로, 보조간선도로, 소로, 골목길에 모두 사용. 전부요소가 고
　　　유어인 경우를 비롯, 어감을 고려하여 사용하되 소로의 경우 1길,
　　　2길, 3길……의 사용은 철저히 지양하여야 함.

이상의 제안을 청주시 도로명에 적용하면 (22)와 같다.

(22)

주간선도로[大路(길)]: 상당대로, 공항대로, 의암대로, 단재대로, 청주가로
　　　수길…….

보조간선도로[路(길)]: 대성로, 향군로, 무심동로, 사운로, 봉명로, 명암
　　　로…….

소로[街(로, 길)]: 남들1가, 남들2가, 연당1가, 연당2가, 유정로, 진다리
　　　길…….

골목길[골목(街, 길)]: 다람쥐골목, 참나무골목, 쌍샘1가, 쌍샘2가, 서낭
　　　길…….

제31장

도로명 명명의 현황과 과제

1. 서론

　도로명 및 건물번호 부여 사업은 문민정부 시절 세계화, 정보화의 시대 조류 속에 국가경쟁력을 제고한다는 목적에서 기획된 것이다. 토지 地番에 의한 기존의 주소 체계는 급속한 경제발전과 도시의 확산으로 빈번히 분할되고 복잡하게 되어 위치 탐색이 어려운 비효율적인 것으로 전락하였다. 이를 극복하기 위하여 1996년 8월 국가경쟁력강화기획단의 '도로명 부여에 관한 기준(안)'을 시작으로 같은 해 9월 국무총리 훈령 제335호에 의거 행정자치부 안에 '도로명 및 건물번호 부여 실무기획단'이 발족되면서 새주소 체계 마련을 위한 사업이 본격적으로 시행되었다.

　이 사업을 시범적으로 시행하도록 선정된 지방자치단체는 서울의 강남구와 경기도의 안양시였다. 강남구의 경우 서울의 다른 지역에 비해 신시가지라는 지역의 특수성으로 인해 비교적 도로명 부여가 용이할 것이라는 판단과, 안양시는 新・舊市街地가 섞여 있어 앞으로 이 사업을 시행해야 할 다양한 자치단체에 많은 참고가 될 수 있으리라는 점에서 선정되었다. 1997년 이들 지방자치단체 사업에 이어 1998년에는 淸州市, 安山市, 公州市, 慶州市에서도 시범사업으로 도로명 부여 사업을 추진하였다. 그 후 1999년에는 20개 지방자치단체가 국비보조로, 65개 지방자치단체는 자율추진으로 도합 85개 지방자치단체가 이 사업을 추진하면서 전국화되었다. 또한 2003년 10월 8일 행자부 도로명 지원단의 보도자료에 의하면 147개 시・군・구가 사업을 착수였고 그중 66개 지방자치단체가 사업을 완료한 것으로 나타나고 있다. 더불어 도로명에 의한 주소 제도를 실용화하기 위하여 행자부와 각 지방자치단체에서는 여러 가지 노력을 기울이고 있는 것으로 파악되고 있다.[1]

국가적인 사업으로 시행하고 있는 이 사업 중 가장 중요하고 신중하게 다루어야 할 부분이 道路名 附與에 관한 사항이다. 도로구간의 설정이라든가 명판의 제작 및 설치 같은 것은 잘못되면 즉시 시정이 가능한 부분이다. 그러나 지명의 하나인 도로명은 한 번 부여하여 정착되면 쉽게 소멸되지 않는 특성을 지니고 있다. 때문에 도로명 부여를 위해서는 충분한 연구와 검토가 선행되어야 할 것이다. 도로명 부여의 중요성이 이러함에도 각 자치단체의 사업 수행 과정에서 도로명 부여에 관한 부분은 그 비중이 아주 낮음을 알 수 있다. 구간설정이나 명판제작 등에 대부분의 예산을 소모하면서 도로명 부여를 위해서는 기초적인 연구나 진지한 고민도 없이 시행되고 있는 경우도 종종 나타나는 것이 현실이다.

본 연구는 도로명 부여의 현황을 살펴보고 보다 바람직한 부여 방안을 모색하고자 하는 데 그 목적이 있다. 도로명도 지명의 한 부류이기 때문에 그 기본적인 구조 역시 전부요소와 후부요소로 나누어 볼 수 있다. 즉 다솜길, 새싹길 등은 전부요소 '다솜', '새싹'과 후부요소 '길'로 구성되어 있다. 일반 지명에서와 같이 전부요소는 성격요소이고 후부요소는 분류요소라 할 수 있다. 도로의 성격을 반영하여 명명되는 것이 전부요소이고 도로의 위계에 따라 부여되는 것이 후부요소라 할 수 있을 것이다. 이런 이유 때문에 전부요소를 명명하는 기준과 후부요소를 명명하는 그것이 따로 마련되어야 할 것으로 보인다.

본 연구에서는 우선 청주시 도로명을 대상으로 후부요소에 사용된 어휘를 종합,

---

1 실용화를 위한 노력으로 다음과 같은 예를 지적할 수 있다.

① 도로명 주소와 종전의 토지 지번 주소를 연계한 전산프로그램을 공공기관과 민간단체에 제공하여 활용하게 하고 있다.

② 택배 및 음식점 등 배달업소에 안내 지도를 비치, 적극 활용하도록 하고 있다.

③ 인터넷 검색 서비스를 이용하여 도로명 주소에 대한 정보를 알 수 있도록 하고 있다. 특히 행자부 지적정보센타(http://lic.mogaha.go.kr)에서는 전국 통합 도로명 주소 및 검색 시스템을 무료로 제공하고 있다.

분석하여 그 현황을 파악하게 될 것이다. 도로의 위계에 따라 후부요소에 사용된 어휘를 검토한 후 보다 바람직한 부여 방안을 찾아 볼 것이다. 후부요소와 관련하여 전부요소에 사용된 어휘에 대하여도 부분적으로 논의하겠지만 전부요소에 대한 보다 구체적인 논의는 별도로 논의할 예정이다. 본 연구를 진행하는 과정에서 도로명 후부요소에 사용된 어휘의 특징을 파악할 수 있을 것이고 나아가 보다 바람직한 도로명 만들기의 방안을 찾아 낼 수 있을 것으로 기대한다.

2. 청주시 도로명 후부요소에 대한 검토

도로는 그 위계에 따라 네 가지로 분류할 수 있다. 도시 내에서 핵심적인 역할을 하는 도로인 '주간선도로'와 이에 버금가는 역할을 하는 '보조간선도로', 그리고 가장 일반적인 형태를 지닌 도로인 '소로'와 이에 연한 도로인 '골목길'이 그것이다. 어느 도시이건 도로는 기능 면에서는 주간선도로나 보조간선도로가 큰 비중을 차지하고 있으며 또한 적극적인 역할을 한다. 그러나 본 연구의 대상이 되는 명칭 즉 도로명의 수는 일반적으로 소로가 가장 많으며 골목길이 그 다음을 차지하고 있다.

청주시의 도로명은 1,867개이다. 이 중에서 주간선도로에 해당하는 것이 13개 (0.69%), 보조간선도로가 12개(0.64%), 소로가 1,467개(78.57%) 그리고 골목길에 해당하는 것이 375개(20.08%)이다.[2] 도로를 위계별로 나누어 청주시 도로명에 부여된 후부요소의 명칭을 살피도록 하겠다.

---

2 청주시(1999) 〈부록 2〉 청주시 도로명 및 건물번호 부여내역에 의하면 주간선도로 13개, 보조간선도로 12개, 소로 1468개, 골목길 378개로 되어 있다. 이 자료는 청주대학교 사회과학연구소가 연구용역을 마치고 제출한 최종보고서인데 그 후 수정, 보완을 거쳐 확정된 것을 청주시 도로명 및 건물번호 부여 실무기획단에서 엑셀 파일로 작성, 보관하고 있다. 본고는 당시 총괄반장이었던 이동주씨와 도시계획담당 이수복씨가 제공한 완성 자료를 바탕으로 연구되었기 때문에 도로명의 수에 있어서 소로 1개, 골목길 3개의 차이가 있음을 밝혀둔다.

2.1. 主·補助幹線道路의 후부요소

주간선도로와 보조간선도로는 그 수가 많지 않고 기능면에서도 유사하므로 함께 다루도록 한다. 우선 이에 속하는 도로명을 제시하면 다음과 같다.

(1)
主幹線道路: 공항로 단재로 동부우회도로 모충로 사직로 상당로 서부도로 의암로 제1순환로 제2순환로 청남로 청주가로수길 흥덕로
補助幹線道路: 구룡로 대성로 명암로 목련공원로 무심동로 무심서로 봉명로 사운로 성봉로 예체로 율봉로 향군로

(1)에 보인 25개의 도로명 중 '청주가로수길'만이 후부요소를 '길'로 삼았고 다른 24개의 도로명은 '로'를 후부요소로 하고 있다. 다만 '동부우회도로'와 '서부도로'는 후부요소를 '도로'로 하였고 '무심동로'와 '무심서로'에는 '동'과 '서'라는 分割要素가 첨가되었다. 이를 통하여 보면 최상급 도로에 해당하는 주·보조간선도로의 후부요소로는 '로'가 일반적으로 사용됨을 알 수 있다.

'청주가로수길'에 후부요소 '길'이 쓰인 것은 전부요소 중 '가로수'에 이미 '로'가 쓰여 '가로수로'라는 말이 자연스럽지 못하기 때문에 그리 된 것으로 여겨진다. 시내를 관통하는 모든 도로는 '로'를 후부요소로 삼았으나 '도로'를 후부요소로 삼은 것은 도시의 외곽을 싸고돌거나 우회하는 경우에 붙여진 것이다. '동부우회도로'와 '서부도로'가 그 예이다. 청주 도심 동서를 관통하여 흐르는 무심천의 제방에 설치된 도로를 구분하기 쉽게 '무심동로'와 '무심서로'로 명명하였다. 이는 보조간선도로에서 분할요소가 쓰였음을 알게 해주는 것이다. 즉, '로'를 분할하는 요소 '동'과 '서'를 보조간선도로에서 발견할 수 있게 해 주는 것이다. 이상에서 논의된 것을 요약하면 〈표 1〉과 같다.

〈표 1〉主·補助幹線道路에 쓰인 후부요소

후부요소	主幹線道路				補助幹線道路		
	로			길	로		
분할요소	Ø	도로	순환로	Ø	Ø	동로	서로
출현횟수	8	2	2	1	10	1	1

2.2. 小路의 후부요소

청주시의 도로명 1,867개 중 가장 많은 수를 차지하는 소로명은 1,467개로 78.57%에 이른다. 이들 소로명의 후부요소에 사용된 어휘를 정리하면 〈표 2〉와 같다.

〈표 2〉小路에 쓰인 후부요소

후부요소	길											
분할요소	Ø	1길	2길	3길	4길	5길	6길	7길	8길	9길	1옛길	구길
출현횟수	370	83	62	36	21	10	9	3	2	1	1	1
후부요소	길											
분할요소	남길	동길	뒷길	로길	북길	사잇/샛길	서길	소길	안길	안1길	안2길	앞길
출현횟수	4	3	11	1	1	6	2	2	17	3	3	7
후부요소	길								골목			
분할요소	옆길	옛길	오름길	오름1길	오름2길	위/윗길	중길	중앙길	Ø	1골목	2골목	3골목
출현횟수	1	1	2	1	1	2	1	1	7	1	2	1
후부요소	로											
분할요소	Ø	1로	2로	3로	4로	5로	6로	7로	8로	9로	10로	11로

출현횟수	254	128	114	68	46	33	18	16	11	8	7	3
후부요소	로											
분할요소	12로	13로	14로	15로	16로	17로	18로	19로	20로	남로	남서로	동로
출현횟수	1	2	2	1	1	1	1	1	1	7	1	9
후부요소	로											
분할요소	동남로	북로	서로	서1로	서2로	서3로	서4로	서5로	소로	순환로	우1로	우2로
출현횟수	1	7	12	2	1	1	1	1	3	1	1	1
후부요소	로											
분할요소	우3로	우4로	우5로	우6로	우7로	제1로	제2로	제3로	제4로	제5로	좌1로	좌2로
출현횟수	1	1	1	1	1	2	1	1	1	1	1	2

후부요소	로				고샅
분할요소	좌3로	좌4로	좌5로	중로	Ø
출현횟수	1	1	1	2	1

청주시 도로명 중 소로에 쓰인 후부요소는 고유어 형태인 "길, 골목, 고샅" 등과 한자어 형태인 '로'가 사용되었음을 알 수 있다. '고샅'은 단 한 개의 소로명으로 사용되었고 '골목'은 11개가 나타난다.[3] 이는 소로의 명칭 대부분이 '길'이나 '로'를 후부요소로 취하고 있다고 하겠다. 소로명 1,467개 중 '길'을 후부요소로 삼고 있는 것은 670개로 45.7%에 이르며 '로'를 후부요소로 하고 있는 것은 785개로 53.5%에 이른다. 그리고 '골목'과 '고샅'은 0.8%에 불과하다.

---

3 '고샅'은 '상리고샅' 한 예가 있을 뿐이며 '골목'은 '무지개골목' 등 7개와 분할요소 1, 2, 3 등이 결합된 금풍1골목 등 4개, 모두 11개가 보인다.

'길'과 '로'를 후부요소로 삼고 있는 것이 99.2%에 이르는 것으로 볼 때 소로의 후부요소는 특별한 경우가 아니고는 이 두 어사에 기초한다고 할 수 있겠다. 그런데 '길'의 쓰임보다 '로'의 쓰임이 115개(7.8%)나 더 많이 나타난다. 이는 전부요소와의 음률관계에 따라 '로' 또는 '길'이 선택되어지는 것이 일반적이므로 '로'와 더 잘 어울릴 수 있는 어휘가 전부요소에 많이 쓰였을 것이라는 점을 추측하게 한다.

'길'을 후부요소로 삼고 있는 670개의 소로명 중 分割要素 없이 '길'만이 전부요소에 결합된 것이 370개이다. 이는 절반을 넘는 55.2%에 해당하는 비율이며 나머지 44.8%는 분할요소를 가지고 있는 경우이다. 이를 통하여 보면 분할요소를 지닌 경우가 그렇지 않은 경우보다 다소 적게 나타남을 알 수 있다. 분할요소로 선택된 어휘는 1, 2, 3, 4……9 등의 일련번호, 동, 서, 남, 북…… 등의 방향성을 나타내는 어휘 그리고 지형적 특성이 반영된 오름, 사이, 중앙…… 등이 있다.

일련번호식 분할요소는 1에서 9까지 나타나는데 당연히 '1길'이 83개로 가장 많고 '9길'은 단 한 예에 불과하며 순차적으로 그 수가 급격하게 83, 62, 36, 21, 10, 9, 3, 2, 1과 같이 줄어듦을 알 수 있다. 이에 속하는 후부요소는 모두 227개로 비율로는 33.9%에 달한다. 단순하게 일련번호만 붙인 것 말고도 그 수는 많지 않지만 "안1길, 안2길, 오름1길, 오름2길" 등에서 재분할에 의한 소로명 부여가 이루어졌음을 알 수 있다.

방향성 어휘가 분할요소에 사용된 경우는 46개가 보이는데 "동서남북"은 도합 10개에 불과하며 '안'이 17개로 가장 많고 '뒤/뒷'이 11개, '앞'이 7개 '옆'이 1개이다. 지형적 특성을 나타내는 어휘로는 '오름'이 대표적인데 재분할요소 오름1길과 오름2길을 합하더라도 4개의 예에 불과하다. '사잇/새'와 '중앙/중'을 방향성 어휘로 볼 것인지 지역적 특성을 나타내는 것으로 볼 것인지는 논란의 여지가 있겠으나 여기서는 지역적 특성을 나타내는 것으로 보기로 한다.[4] '사잇/샛'은 6개, '중앙/중'은 2개가 보인다.

---

4 동쪽, 서쪽은 물론 안쪽, 옆쪽, 뒤쪽은 자연스러우나 사이쪽 중앙/중쪽은 자연스럽지 못하다. 이런 점을 판단 근거로 하여 안, 옆 등은 방향성 어휘로 분류하였으나 사이, 중앙/중은 지형의 특성에 의해 부여된 것으로 보고 방향성 어휘에서 제외한다.

이를 통하여 볼 때 지역적 특성과 방향성을 고려한 후부요소는 아주 미미하게 나타남을 알 수 있다.

이상의 논의를 통하여 '길'을 후부요소로 삼고 있는 소로명을 보면 분할요소 없이 '길'만이 후부요소로 쓰인 경우가 가장 많으며 길 앞에 一連番號를 分割要素로 사용하여 소로명을 부여한 경우가 그 뒤를 잇고 있다. 이러한 두 가지 방식에 의해 형성된 소로명은 597개(89.1%)로 길을 후부요소로 삼고 있는 경우의 대부분을 차지하고 있다. 분할요소가 방향성 어휘로 된 경우는 46개(6.9%)이며 지형적 특성을 나타내는 것은 10개(1.5%)이다. 그리고 재분할에 의한 경우를 비롯하여 기타로 처리할 수 있는 항목은 17개(2.5%)이다.

'로'를 후부요소로 삼고 있는 소로명은 785개이며 이 중에서 분할요소 없이 '로'만이 전부요소에 결합한 것이 254개(32.4%)이다. 분할요소가 첨가된 경우가 531개(67.6%)로 훨씬 많음을 알 수 있다. 그런데 분할요소로 사용된 어휘를 보면 일련번호형과 방향성을 나타내는 어휘만이 보인다. 이는 앞에서 살펴본 '길'의 경우에 비해 분할요소로 사용된 어휘가 단순하다는 것을 알 수 있다.

일련번호를 분할요소로 사용한 경우를 보면 1에서부터 20까지 나타난다. '길'에서 보았던 것과 유사하게 순차적으로 '1로'는 128개, '2로'는 114개, '3로'는 68개……'15로'에서 '20로'까지는 1개로 점점 줄어든다. 이에 해당하는 소로명은 도합 433개로 무려 55.2%에 이른다. 이는 '로'를 후부요소로 삼고 있는 소로명은 반 이상이 일련번호에 의해 명명되었음을 알게 해주는 것이며, 동일한 전부요소에 일련번호를 넣어 도로명을 부여한 것이다. 일련번호 앞에 순차를 나타내는 한자 '第'를 첨가하여 명명한 소로명도 제1로에서 제5로까지 6개가 보인다. 이들 항목까지 포함하면 439개의 소로명에 일련번호가 분할요소로 쓰인 것이다.

'로'를 후부요소로 삼고 있는 소로명 중 분할요소로 쓰인 한 어휘군은 방향성을 나타내는 것들이다. 동, 서, 남, 북을 비롯하여 좌, 우가 그것인데 이들 방향성 어휘는 일련번호와 결합하여 재분할되기도 한다. 동(9), 서(12), 남(7), 북(7) 등 25개 소로명은 분할요소만을 지닌 것이고 남서, 동남 등은 방향성 어휘가 모여 재분할된 것이며 서1, 서2, 서3, 서4, 서5, 우1, 우2, 우3, 우4, 우5, 우6, 우7, 좌1, 좌2, 좌3, 좌4, 좌5 등은 방향성 어휘에 일련번호를 결합, 재분할된 것이다. 재분할에 의해 형성된 소로명은 21개로 그 수가 그리 많지는 않다.

요컨대, '로'를 후부요소로 삼고 있는 소로명 785개 중 '로'만이 전부요소에 결합한 것과 일련번호에 의해 분할된 것이 693개로 88.3%에 이른다. 방향성을 나타내는 어휘가 분할요소로 쓰인 경우도 있으나 그리 많지 않으며 재분할 시에는 다시 일련번호를 넣어 命名하고 있음을 알 수 있다. 앞에서 살펴 본 '길'의 경우와 다른 점이 있다면 '로'는 '길'에 비해 더 많은 분할요소 항목을 갖고 있으나 그 분할요소의 형태가 비교적 다양하지 않고 일련번호 형에 의존하는 경향이 두드러지게 나타난다는 것이다.

2.3. 골목길의 후부요소

도로의 위계상 최하급에 해당하는 골목길 명칭 375개에 사용된 후부요소는 "길, 골목, 로, 고샅" 등 4가지이다. 특히 4가지의 어휘 중 '길'이 차지하는 비율이 298개(79.5 %)로 절대다수를 점하고 있다. '골목'은 46개(12.3%)이며 '로' 30개(8%), '고샅' 1개(0.3%)이다.

골목길 명칭 후부요소로 '길'이 흔히 쓰인 것은 이 낱말이 골목길 이름을 표현하는 데 가장 적합한 것이기에 그리 된 것으로 보인다. 더불어 기획단의 도로명 부여 원칙에 골목길을 제외한 다른 도로명에는 한자어 '로'를 쓸 수 있게 하였으나 골목길의 경우 '로'가 除外되었기 때문에 선택의 여지가 '길'밖에 없어 나타난 현상으로 보인다. 우선 골목길 명칭에 사용된 후부요소의 유형별 분포를 종합하면 〈표 3〉과 같다.

〈표 3〉 골목길에 쓰인 후부요소

후부요소	길											
분할요소	Ø	1길	2길	3길	4길	5길	6길	7길	8길	9길	1샛길	골목길
출현횟수	107	37	50	23	14	10	5	4	1	1	1	2

후부요소	길											
분할요소	남길	너미길	동길	뒷길	사잇/샛길	북샛길	서길	아랫길	안길	안2길	옛길	오름길
출현횟수	2	1	2	2	10	1	2	2	14	1	1	2
후부요소	길			골목								
분할요소	우길	윗길	좌길	Ø	1골목	2골목	3골목	4골목	5골목	6골목	윗골목	중앙골목
출현횟수	1	1	1	21	6	4	4	5	2	2	1	1
후부요소	로											고샅
분할요소	Ø	1로	2로/제2로	3로	4로	6로	11로	12로	남로	소로	좌1로	Ø
출현횟수	2	5	11	2	2	1	1	1	1	3	1	1

위의 〈표 3〉에서 보듯 후부요소 '길'만으로 되어 있는 것이 107개로 35.9%에 이르며 일련번호식 분할요소 '1길'에서 '9길'까지에 해당하는 것이 145개로 48.7%에 해당한다. 결국 이 두 유형에 속하는 것이 252개로 '길'을 후부요소로 삼고 있는 골목길 명칭의 84.6%를 점하고 있다. 다른 분할요소의 경우도 소로와 유사하게 방향성을 나타내는 어휘와 지형의 특징을 표현하는 어휘로 대별된다. 방향성을 나타내는 것으로 남, 동, 뒷, 서, 아랫, 윗, 우, 좌 등이 보이며 지형의 특징이 반영된 것으로는 너미, 사이/샛, 오름 등이 보이나 그 수는 많지 않다.

상대적으로 생산적이지 못한 후부요소 핵심어 '골목', '로', '고샅' 등은 분할요소의 쓰임에 있어서도 윗-, 중앙-, 남-, 소- 등을 제외하면 모두 일련번호 형식만이 보인다.

3. 도로명 후부요소 명명의 방안

3.1. 청주시 도로명 후부요소에 나타나는 문제점 검토

저자는 앞에서 청주시 도로명 후부요소에 사용된 어휘를 도로의 위계에 따라 나누어 살펴보았다. 이제 여기에서 발견되는 문제점을 제시하고 그 극복 방안을 찾아내 보다 바람직한 도로명 후부요소 명명을 위한 방법을 모색할 차례가 되었다.

기능면에서 가장 적극적인 역할을 하는 주·보조간선도로와 그렇지 못한 도로에 결합된 후부요소를 보면 거의 유사한 어휘를 활용, 명명하였다. 주간선도로에서 골목길까지 한자어 후부요소인 '로'와 고유어 후부요소인 '길'이 주로 사용되었다. '길'은 주·보조간선도로에서는 단 1개만이 나타나나 골목길에서는 298개가 나타나 골목길 명칭의 79.47%에 이른다. 이는 대량 통과 교통기능을 수행하는 도로일수록 한자어 후부요소 '로'를 결합하여 명명하고 소극적인 기능을 담당하는 것일수록 고유어 후부요소 '길'을 결합하여 명명하였음을 알 수 있다.

기능면에서 중간적인 위치에 있으면서 그 수에 있어서는 1,467개(78.57%)나 되는 소로의 경우 '길'보다는 '로'가 125개나 더 쓰였음을 알 수 있다. 이는 후부요소 앞에 결합되는 어휘가 한자어인지 고유어인지에 따라서도 달라지겠지만 골목길을 제외한 도로명에서는 '로'가 우세하게 쓰였음을 알게 해준다. 골목길의 경우 한자어 후부요소 '로'는 30개만이 쓰여 298개나 나타나는 '길'은 물론 46개가 출현하는 '골목'보다도 더 적게 쓰였음을 확인할 수 있다.

적극적인 기능을 하는 주간선도로에서부터 소극적인 기능에 머물고 있는 골목길까지 나름대로 '로'와 '길'을 부여하여 그 차별성을 나타내고자 하였으나 이 정도로는 부족하다는 느낌이 든다. 도로명만 보거나 듣고도 그 위계를 짐작할 수 있게 해주는 방식으로 이름 짓기가 이루어진다면 활용하는 사람들에게는 보다 향상된 정보력을 제공할 수 있을 것으로 여겨진다. 즉, 후부요소만 보고도 도로의 위계를 알 수 있는 방식으로 명명이 이루어졌으면 한다.

분할요소로 사용된 어휘를 보면 방향성이나 도로의 특징에 근거하기보다는 일

런번호 형식을 띤 경우가 지나치게 많다. 이러한 일련번호 형식의 분할요소는 그다지 바람직한 것으로 보기 어렵다. 한 구역을 쉽게 기억하기 위하여 어쩔 수 없는 방법이라고 할지 모르나, 도시에 따라 수천 개에 이르는 도로명을 기억할 수도 없으며 완벽하게 기억할 필요도 없는 것이다. 주간선도로의 명칭을 비롯하여 개인에 따라 특별히 관심 가져야할 도로명은 기억해 둘 필요가 있다고 하더라도 나머지 대부분의 도로명은 시가지 도로지도를 활용하면 되기 때문이다.[5]

소로와 골목길에서 분할요소를 지닌 도로명은 1,079개가 있다. 그런데 이들 도로명 중에서 일련번호식 분할요소에 의해 명명된 것은 926개로 85.82%에 해당한다. 이는 분할요소를 지니고 있는 도로명이 지나치게 일련번호에 의해 명명되었음을 알게 해주는 것이다. 대체로 1부터 5 정도까지의 숫자가 쓰이는 것이 일반적이나 '남들'이라는 하나의 전부요소에 결합된 후부요소는 1로에서 20로까지 20개나 된다. 청주시 도로명에서 숫자 10 이상의 분할요소를 지니고 있는 것은 앞에서 지적한 '남들20로'를 비롯하여 7개가 있다.[6]

기존의 지번에 의한 주소체계는 토지의 분할 순서에 따라 번호가 매겨지기 때문에 1-1번지 다음에 1-2번지가 오는 것이 아니고 혼란스럽게 분포하는 특징을 지니고 있다. 물론 계획도시의 경우는 순차적으로 지번이 부여되어 있으나 국토의 대부분은 1-2번지가 반드시 1-1번지와 1-3번지 사이에 존재하지 않는 경우가 허다하다. 도로명의 경우도 1로와 2로 사이에 새로운 도로가 생겨나게 되면 일련번호에 의존할 경우 '21로'라는 이름을 부여하게 될 것이다. 그렇게 되면 20로 다음에 있어야 할 21로가 찾

---

5 시가지 도로지도는 우리나라의 각 지방자치단체에서 이 사업이 종료된 후 작성, 배포하고 있으나 부족한 면이 있다. 필자가 1991-1992년도에 로마에서 생활했을 때 市 當局에서 매년 전화번호부와 함께 로마의 도로지도를 배포했던 것을 기억한다. 우리나라의 경우도 1년에 한 번 정도는 새로운 도로지도를 변화된 상황에 맞게 수정, 보완하여 배포해야 한다고 본다. 이러한 형식의 바람직한 도로지도가 만들어지면 이를 활용하여 원하는 목적지를 쉽게 확인할 수 있을 것이다.

6 참고로 숫자 10 이상을 분할요소로 삼고 있는 청주시 도로명은 "남들20로, 왕대14로, 복대11로, 대신11로, 청향10로, 수영10로, 수안10로" 등이 있다. 이는 남들, 왕대…… 등 7개의 어휘를 바탕으로 무려 86개의 도로명이 부여된 것으로 볼 수 있다. 이는 국어 어휘의 효과적 활용이라는 측면에서도 바람직한 것으로 보기 어렵다.

기 힘든 엉뚱한 곳에 존재하는 웃지 못 할 사태를 초래하게 될 것이다. 이는 토지 지번에 의한 주소체계에서 경험했던 비합리적이고 비효율적인 현상이 나타나게 되어 또다시 혼란을 불러오게 될 것이다. 그러므로 일련번호 방식의 분할요소는 가급적 지양하고 전부요소의 어휘를 다양화하는 방식이 요구된다.

도로명에 따른 새로운 주소 체계의 도입은 현재 토지 지번에 의해 불규칙적으로 매겨진 것보다 훨씬 경쟁력을 가진 것이어야 한다. 또한 여기서 한 걸음 더 나아가 도로명 부여의 과정과 그 활발한 사용 과정에서 풍요로운 어휘의 활용이 이루어질 수 있도록 해야 한다는 점을 간과해서는 안 될 것이다. 가능하면 일련번호를 부여하는 식으로 도로명을 만들지 말고 보다 선진적인 사고에 기초하여 인물명, 가문명, 관직명, 도시명…… 등의 명칭을 비롯한 바람직한 어휘를 발굴하여 적극적으로 활용하여야 할 것이다. 그렇게 함으로써 실제 생활에서 국어 어휘를 생산적으로 활용하게 하여 언어 문화를 창달하는 효과도 거둘 수 있게 될 것이다.[7]

3.2. 후부요소에 사용할 수 있는 어휘에 대한 검토[8]

후부요소의 경우 일반적인 지명어에서도 그렇지만 도로명에 쓰이는 어휘도 매우 보수적이어서 서구외래어는 찾아 볼 수 없다. 전부요소의 경우에는 테헤란-로, 로

---

[7] 다양한 어휘를 활용하여 부여된 도로명이 활발하고 자연스럽게 사용되도록 하려면 전부요소에 쓰인 낱말과 후부요소에 사용된 낱말이 의미상 긍정적임은 물론 음률상 조화를 이루어야 한다. 청주시를 비롯한 다른 지방자치단체의 도로명 중에는 음률상 조화롭지 못한 예들이 종종 발견된다.
일반적으로 고유어 전부요소는 후부요소 '-길'과, 전부요소가 한자어인 경우는 '-로'와 호응하는 것이 자연스러우나 꼭 그런 것만은 아니다. 이러한 전부요소와 후부요소의 조화 문제에 대하여도 연구가 진행되어야 할 것이다.

[8] 본 절에서 다룰 내용은 앞장(제30장)에서 자세히 논의한 바 있다. 집필 당시 저자가 선행연구를 보완하여 요약, 정리한 것은 본 연구의 목적을 효과적으로 달성하고자 함이었다. 즉 본 연구와 관련된 사항은 그동안 우리 학계에서 관심 밖의 사항이었으나 국책사업의 시행과 함께 저자를 비롯한 불과 몇 사람에 의해 시도되기 시작하는 연구이기에 때문에 선행연구에 대한 개략적인 안내가 필요하다고 보았다. 본 저서에서도 일부 중복된 부분이 있지만 그대로 두기로 한다.

데오-거리, 오렌지-길 등에서 볼 수 있듯이 "테헤란, 로데오, 오렌지" 등의 예를 발견할
수 있다. 그러나 후부요소에서는 고유어나 한자어만이 사용되고 있을 뿐이다.

　　고유어로 도로명 후부요소에 사용할 수 있는 어휘는 길, 거리, 골목, 고개, 굽이,
고삳, 솔길 등이 있다. 그리고 한자어로는 道, 路, 街, 途, 衚, 衕, 徑, 蹊, 衢, 逵, 岔, 巷,
陌, 道路 등이 있다.

3.2.1. 후부요소로 사용할 수 있는 고유어에 대한 검토

　　도로명 후부요소로 쓰이고 있는 어휘군 중 가장 보수적인 것은 고유어군이다.
'길'과 '거리'가 대표적인 것이면서 일반적인 것인데 "골목, 고개, 굽이, 고삳, 솔길" 등도
이 부류에 속하는 것이다. 이들 순우리말 어휘의 의미를 파악하기 위하여 옛 문헌은
물론 현대어에서의 쓰임을 살펴 얻은 결과는 다음과 같다.

　　① 길: 옛 문헌을 통하여 살펴보면 '길'과 대응되는 한자는 '路' 아니면 '道'
　　　　이다. 이는 한자 '路' 또는 '道'와 가장 잘 어울릴 수 있는 고유어가
　　　　'길'임을 알게 해준다. '길'이 '街'와 대응되는 예가 하나 발견되는데
　　　　한정하는 요소 '바른'이 첨가된 '길'이었다.
　　　　　『千字文』을 비롯한 역대 한자초학서에 새김이 '길'로 나오는 한
　　　　자는 '路'와 '道' 외에 "途, 行, 徑, 蹊" 등이 있다. '길'과 대응되는 한자
　　　　가 다양하게 나타남은 그 의미영역이 매우 넓은 것임을 짐작하게
　　　　한다. 또한 '길'은 상당히 많은 예가 15세기를 비롯한 후대의 여러
　　　　문헌에서 발견되며 현대국어에서도 활발하게 사용되는 기초어휘
　　　　중의 하나이다. 그러므로 '길'은 당연히 도로명 후부요소로 사용해
　　　　야 한다고 본다.

　　② 거리: '거리'에 대응되는 한자는 字釋類 문헌에서 '街'를 비롯하여 "衢, 逵,
　　　　岔, 陌, 洞, 康, 莊" 등으로 다양하게 나타난다. 하지만 문법자료인
　　　　諺解文에는 '街'만 발견된다. 이는 '거리'에 대응되는 가장 적절한
　　　　한자가 '街'임을 알게 해주는 것이다.

오늘날 국어사전류에서는 "거리 = 길거리 : 사람이나 자동차들이 많이 다니는 길"로 풀이하고 있으며 유의어로 街衢, 街道, 街頭, 街路, 街巷……등을 제시하고 있다. '거리' 역시 '길'과 함께 古來로 흔히 쓰여 온 단어이므로 부분적으로 도로명 후부요소에 사용할 수 있을 것으로 본다.

③ 골목·고개·굽이·고샅·솔길: 넓은 의미에서 '길' 또는 '거리'의 뜻으로 쓰이고 있는 어휘로 '골목, 고개, 굽이, 고샅, 솔길' 등이 있는데 이들 어휘에 대해 현대 국어사전에서 풀이와 옛 문헌에 쓰인 예를 통하여 얻은 결과는 다음과 같다.

'골목'을 비롯한 이 부류의 어휘들은 '길'이나 '거리'에 비해 도로명의 후부요소로 쓰이는 정도가 예나 지금이나 비교할 수 없을 정도로 낮은 것이다. '고샅'과 '솔길'은 古語辭典類에서 찾을 수 없으며 다른 낱말들도 그 예가 많지 않다. 또한 박용수(1994)에서도 각각 몇 개의 단 어만 보인다. 그러나 이들 어휘가 순우리말로서 연면히 쓰여 왔다는 점과 국어를 풍요롭게 가꾸어 나간다는 측면에서 앞으로도 살려 쓰는 것이 바람직한 것으로 판단된다.

3.2.2. 후부요소로 사용할 수 있는 한자·한자어에 대한 검토

도로명 후부요소로 사용 가능한 한자나 한자어 즉 '길' 또는 '거리'와 관련된 문자를 漢字初學書와 諺解文을 통하여 찾아내었다. 道, 路, 途, 街, 巷, 衢, 術, 徑, 蹊, 衢, 逵, 岔, 陌, 道路 등이 그것인데 字典類를 통하여 발굴했다면 약간의 한자를 더 추가할 수 있을 것이다. 그러나 실제의 적용에 있어서 여의치 않은 것으로 판단되어 확대하지 않았음을 밝혀둔다.

'길'과 관련된 이들 한자나 한자어들이 어떤 의미를 지니며 쓰여 왔는지 알아보기 위하여 역대 한자입문서와 자전류에서의 풀이를 살펴보기로 한다. 그리고 이를 바탕으로 각 한자의 빈도수와 조어력 등을 南廣祐(1987, 1995)와 국어연구소(1985) 자료를 참고하여 도로명 후부요소로 사용하는 것이 가능할 것인지 탐색한 결과는 다음과 같다.

④ 道: 字釋類 資料를 통하여 살펴보면 '道'는 '길' 또는 '도리'라는 의미로 풀
이하고 있다. 일차적인 의미 '길'보다 이를 바탕으로 형성된 '도리'
또는 '이치'라는 뜻으로 더 많이 활용되는 것으로 보인다.

　'道'는 한문교육용 기초한자 중 중학교용으로 채택된 글자이며
造語力은 물론 사용빈도 또한 강한 글자이다. 이 문자와 결합하여
쓰이는 어휘를 살펴보면 道家, 道界, 道教, 道具, 教道, 求道, 國仙道,
騎士道…… 등에서 보듯 도리, 이치, 말할…… 등의 뜻으로 활용되
는 경우가 많다. '길'과 관련하여 쓰이는 경우는 街道, 國道, 郡道, 人
道, 地方道, 地下道, 車道 등이 고작이다. 이는 '道'의 쓰임이 도로의
이름보다는 다른 뜻 즉, 도리, 이치, 말할 등으로 더 활발하게 쓰이
고 있음을 알 수 있다. '道'가 도로의 이름으로 쓰이는 경우도 개별
도로를 나타내는 고유명사로 쓰이기보다는 보통명사로 쓰이고 있
음을 알 수 있다. 그러므로 '道'는 도로명 후부요소로 쓰기에 적절
하지 않음을 알 수 있다.

⑤ 路: 字釋類 文獻을 비롯하여 歷代 字典類에서 '路'의 常用之釋[訓]은 예외
없이 '길'로 나온다. 그리고 이 한자는 한문교육용 기초한자로 '道'
와 마찬가지로 중학교용이며 조어력 조사에서 남광우(1995)에 의
하면 73개의 낱말을 형성하는 것으로 나타난다. '道'에 비하면 조
어력은 떨어지는 것으로 되어 있으나 '길' 외의 다른 의미로 '道'가
활발하게 쓰이고 있다는 점을 고려한다면 '길'의 의미로 쓰인 '路'의
조어력은 결코 '道'에 뒤지지 않을 것으로 보인다.

　街路, 歸路, 農路, 大路, 道路, 迷路, 船路, 行路, 江邊路, 傾斜路, 交
叉路, 進入路, 脱出路, 通行路, 海上路, 滑走路…… 등을 비롯하여 '路'
와 결합된 어휘들을 살펴보면 대부분 '길'과 관련된 의미로 쓰이고
있다. 이를 통하여 볼 때 '路'는 현용 도로명 후부요소로 가장 광범
위하게 활용될 수 있는 한자이다.

⑥ 途: 歷代 文獻에서 '途'의 字釋은 '길'이며 '路也, 道也'로 풀이되어 있다. 이
한자 역시 한문교육용 기초한자로 중학교용이지만 조어력의 측면
에서나 사용빈도에서 道와 路에 비해 현저하게 떨어진다.

路, 道와 같은 개념을 '途'가 지니고 있으므로 도로명 후부요소
로 사용할 글자를 선정함에 있어 각 글자의 조어력과 사용빈도는
중요한 기준이 될 수 있다. 그런데 '途'는 路나 道에 비해 조어력 면
에서나 사용빈도의 측면에서 현저히 떨어지므로 적극적으로 사용
하기에는 문제가 있는 것으로 보인다. 또한 국어연구소(1985) p.56
에 올라 있는 '途'의 용례로는 途上國, 途中, 途風, 開途國, 窮途, 同途,
方途, 別途, 用途, 用途別, 壯途, 前途, 中途가 전부이다. 여기서 '途'는
이미 '길'의 의미를 지닌 道나 路와는 그 쓰임에 있어서 차별화되었
음을 알 수 있다. 그러므로 '途'는 도로명의 후부요소로 사용하기에
는 적절하지 않은 것으로 판단된다.

⑦ 街: '街'를 歷代 文獻에서 '四通道'로 풀이하고 우리말로 '거리·네거리'로
새김을 달고 있다. 이를 통하여 볼 때 '街'는 '道'의 下位語로 '길' 중
에서 이곳 저곳으로 갈라져 난 길을 뜻하는 것이다. 즉, 사람이나
자동차들이 밀집하고 분산되는 길을 가리켜 '街'라 할 수 있을 것이
다. 그러므로 현용 국어사전류에서 '街'의 새김으로 쓰이는 '거리'를
'사람이나 자동차들이 많이 다니는 길'로 풀이하고 있다. 이는 '街'
관련 어휘군과 '路'관련 어휘군을 비교해 보면 분명하게 파악된다.

官街, 商街, 市街, 政街, 劇場街, 茶房街, 放送街, 外交街, 遊興街, 住
宅街, 證券街, 下宿街, 畵廊街, 歡樂街, 紅燈街, 私娼街…… 등 '街'관련
어휘를 통하여 '街'는 사람들이 밀집하여 생활하는 공간에 놓인 크
지 않은 길을 의미함을 알 수 있다. 반면에 農路, 大路, 船路, 遠路,
鐵路, 船路, 幹線路, 傾斜路, 飛行路, 脫出路, 海上路, 滑走路…… 등을
통하여 '路'는 사람들의 직접적인 생활공간과는 거리가 먼 크고 긴
길에 결합됨을 알 수 있다.

'街'는 한문교육용 기초한자로 중학교용이나 '路'에 비해 어휘를
형성하는 예가 적다.[9] 그러나 '街'는 '路'와는 달리 분명한 意味領域
을 가지고 있고 現用 도로명 후부요소로 종로1가, 청계로2가……

---

9 이런 현상은 앞에서 살펴보았던 '거리'가 '길'에 비하여 조어력이 낮은 것과도 관련이 있을 것으로 보인
다.

등에서 使用, 定着된 것이므로 그 의미에 맞게 살려 써야 할 것이다.

⑧ 巷: 역대 字典類와 漢字初學書에 '巷'의 새김을 '굴형' 또는 '골목'으로 달려 있다. 그리고 里中道街 또는 邑中道街로 풀이하고 있다. 이를 통하여 '巷'의 뜻이 마을·고을의 가운데 있는 골목·거리임을 알 수 있다.

'巷'은 한문교육용 기초한자이나 고등학교용이며 조어력과 사용 빈도에서도 활발하지 않다. 국어연구소(1985) 조사에서도 '巷說'만 보일 뿐 도로명과 관련된 사용 예를 발견할 수 없다. 그러므로 '巷'을 도로명 후부요소로 사용하는 것은 적절치 않은 것으로 판단한다.

⑨ 徑: '徑'은 '지름길'을 의미하는 한자로 한문교육용 기초한자로 고등학교용이며 造語力과 사용빈도 조사에서 그 쓰임이 활발하지 않은 것으로 보고되어 있다. 국어연구소(1985)의 조사 자료에 다르면 半徑, 一徑, 田徑, 直徑, 捷徑 등 5개의 낱말이 사용된 것으로 보고되어 있다. 이렇듯 국어에서 쓰임이 미미한 '徑'은 도로명 후부요소로도 전혀 사용되지 않았던 것이므로 새삼스럽게 이 글자를 도입, 사용하는 것은 무리가 있다 하겠다.

이상에서 논의한 것 외에도 歷代 字典類에서 골목, 지름길, 거리 등을 새김으로 삼은 한자로 衕, 衚, 蹊, 衢, 逵, 岔, 陌 등이 있다. 이들 한자는 한문 교육용 기초 한자 1,800자에 포함되지 않음은 물론 국어연구소(1985)의 조사에서도 전혀 나타나지 않은 것으로 보고되어 있다. 이들 한자들은 현대 국어에서 조어력을 완전히 상실한 것으로 보이며 사용된 예도 전혀 찾을 수가 없다.[10]

---

10 이들 한자는 도로명의 후부요소로 사용할 수 없는 것이기는 하지만 길과 관련된 것이므로 제30장에서 역대 문헌에 나오는 설명을 통하여 그 의미 정도를 소개하였다.

3.3. 도로의 위계에 따른 후부요소 부여 방안

지금까지의 검토를 통하여 도로명 후부요소로 사용할 수 있는 어휘는 길, 거리, 골목, 고개, 굽이, 고샅, 솔길, 안길 등의 고유어와 漢字·漢字語로는 路, 街, 道路, 등이 있다. 이 중에서도 가장 적극적으로 활용할 수 있는 어휘는 路, 街 그리고 길이다.

路와 街가 쓰이는 환경을 대비하면서 그 의미를 분석해 본 결과 '거리'라는 순우리말과 대응되는 '街'는 사람들이 밀집하여 생활하는 공간에 놓인 크지 않은 길을 의미하고, '路'는 대체로 사람들의 직접적 생활공간과는 거리가 있는 크고 긴 길임을 알 수 있었다. 그리고 '길'은 대응되는 한자가 다양하여 路, 道, 途, 行, 途, 徑, 蹊 등이 있어 그 의미영역이 매우 넓다. 이는 고유어의 경우 한자어에 비해 그 의미영역이 넓고 막연하며, 한자어는 정밀하고 구체적이라는 일반적인 원리가 여기에서도 적용됨을 알게 해준다.

이상의 논의를 바탕으로 필자는 한자어 후부요소 '路'는 主幹線道路와 補助幹線道路에 사용하여야 한다고 본다. 그리고 '街'는 小路에 사용하는 것이 합당하다고 본다. 그리고 길은 그 의미가 광범위하고 포괄적이어서 위계를 불문하고 사용할 수밖에 없다고 본다.

주간선도로와 보조간선도로의 구분을 명확하게 하기 위해서 '路'에 分割要素 표지를 덧붙인 '大路'를 주간선도로의 후부요소로 삼을 수 있다. 그렇게 하면 ○○大路, ○○路, ○○街 등이 각각 주간선도로, 보조간선도로, 소로의 후부요소가 되어 명확히 구분된다. 그리고 골목길의 경우 각 지역의 실정에 맞게 기존 도로명을 적극적으로 수용하여 ○○골목, ○○거리, ○○고샅, ○○굽이…… 등으로 하면 문제가 없을 것이다. 다만, 고유어 후부요소 '길'은 전부요소가 고유어인 경우 음률의 조화를 위해 어떤 위계의 도로에든지 부여할 수밖에 없다고 본다.

요컨대, 도로명 후부요소에 사용할 어휘로 고유어 "길, 거리, 골목, 고샅, 굽이" 등을 채택한다. 그리고 한자어로는 "大路, 路, 街" 등을 사용하기로 한다. 각 낱말별로 사용 범위를 제시하면 (2)와 같다.

(2)

길: 주간선도로, 보조간선도로, 소로, 골목길에 모두 사용. 전부요소가 고유어인 경우를 비롯, 어감을 고려하여 사용하되 소로의 경우 1길, 2길, 3길…… 등의 사용은 지양하여야 함.

거리: 소로와 골목길에 사용.

골목, 고샅, 굽이: 골목길에 사용.

大路: 주간선도로에 사용.

路: 보조간선도로에 주로 사용하며 보조간선도로급 소로에도 사용.

街: 소로에 사용하며 특히 1, 2, 3 등 숫자와 결합된 경우는 가급적 '街'를 사용. 부분적으로 골목길에도 사용.

4. 결론

본 연구는 지명어 중 도로명 후부요소의 바람직한 부여 방안을 모색하고자 시도된 연구이다. 이를 위하여 우선 청주시 도로명에 사용된 어휘를 종합, 분석하여 그 현황을 파악하였다.

탐구 과정에서 도출된 가장 큰 문제점으로는 도로의 위계를 고려하지 않고 주간선도로에서부터 골목길까지 주로 '로'와 '길'을 후부요소로 삼았다는 점이다. 그 결과 후부요소가 지녀야 할 정보력이 현저히 떨어지게 되었다. 그리고 분할요소로 사용된 어휘를 보면 도로의 특징에 근거하여 부여하지 않고 일련번호 형식을 주로 사용하였다. 이는 토지 지번에 의한 주소체계가 갖고 있는 단점을 답습할 우려가 있다. 이러한 문제점을 극복하기 위하여 필자는 원칙적으로 도로명 후부요소를 위계에 따라 차별화하여 부여할 것을 제안하였다.

제32장

청주시 골목길 후부요소

1. 서론

본장에서는 청주시 도로명 중 375개에 달하는 골목길 명칭의 후부요소를 분석, 고찰하고자 한다. 골목길 자료는 청주시(1999: 231~297(부록1, 2))에 실려 있는 청주시 가로명 현황과 청주시 도로명 및 건물번호 부여내역을 엑셀 프로그램으로 전산화한 자료를 활용하기로 한다. 전체 도로명 자료 중 골목길에 해당하는 것만을 가려내어 1차적인 자료를 구축하는 데서부터 본 연구에서의 분석과 통계를 필요로 하는 모든 과정은 엑셀 프로그램으로 진행하였다.[1]

골목길 명칭의 구조도 지명의 기본적인 구조인 전부요소와 후부요소로 나누어 볼 수 있다. 예컨대 '감나무길'이라는 골목길 이름은 일차적으로 전부요소 '감나무'와 후부요소 '길'로 분석할 수 있다. 골목길 명칭에 대하여 전부요소와 후부요소로 사용된 어휘의 특징을 고찰해 봄으로써 청주시 도로명의 성격을 찾아낼 수 있을 것이다. 또한 도로명 부여에 있어 참고해야 할 사항이 어떤 것이고, 보다 바람직한 방향이 무엇인지도 발견할 수 있을 것이다. 요컨대 이 연구는 이미 부여된 도로명의 실상을 파악한다는 측면에서는 물론 앞으로 행해질 도로명 부여와 관련하여 이론적 기초를 제공할 수 있다는 측면에서 연구의 의의를 지닌다.

---

[1] 본 연구에 필요한 자료를 제공해준 청주시 도로명 및 건물번호 부여 실무기획단 총괄반장이었던 이동주 도시계획담당과 이수복 씨에게 감사의 뜻을 표한다.

청주시의 도로명은 1,867개이다. 이 중에서 주간선도로에 해당하는 것이 13개, 보조간선도로가 12개, 소로가 1,467개 그리고 골목길에 해당하는 것이 375개이다. 본고에서는 도로의 위계상 최하급에 해당하는 골목길 자료 375개에 대하여 검토하고자 한다. 골목길은 차량 통행이 곤란한 좁은 길 또는 보행자 통행 위주의 기능을 수행하는 길이다. 청주시 도로명 1,867개 중 375개가 골목길이므로 20%에 해당한다.

골목길은 그 위계상 다른 도로에 비해 그 구간이 가장 짧을 수밖에 없어 전체적인 측면에서 중요성이 낮다고 할 수 있다. 하지만 해당 골목길에 연하여 거주하고 있는 사람들에게는 다른 어떤 도로보다도 중요하고 애정이 깃든 공간이다. 그러므로 골목길의 명칭 부여에 있어서는 해당 공간에 거주하는 사람들의 정서가 그대로 반영되었을 가능성이 많은 것이다. 이는 도로의 위계상 최상급에 해당하는 주간선도로의 명칭을 부여함에 있어서는 자치단체의 특성을 살리기 위한 정치·사회적인 고려가 크게 작용한다는 점을 감안하면 쉽게 이해가 갈 것이다.

이러한 특징을 지니고 있는 것이 골목길의 이름이기 때문에 본 연구에서는 골목길 자료를 대상으로 검토하기로 한다. 하지만 골목길 명칭과 소로 또는 주·보조간선도로 명칭과의 비교를 통하여 위계가 다른 도로명 사이에 발견되는 특징에 관하여는 별도의 연구가 있어야 할 것이다. 이러한 종합적인 연구가 이루어지면 도로의 위계에 따른 합리적인 명칭 부여의 방안도 도출해 낼 수 있을 것이다.

청주시 도로명 중 골목길 자료 375개에 대하여 1차로 음절별로 분류한 후 후부요소로 쓰인 어휘가 어떤 것인지 알아보기로 한다. 행정자치부 내에 설치된 도로명 및 건물번호부여 실무기획단에서 펴낸 실무편람(1998)과 행정자치부의 도로명 및 건물번호부여 원칙(1998)에 제시된 도로명 부여의 원칙에는 골목길 후부요소의 경우 '길, 골목, 고개, 굽이, 마당, 고샅……' 등 지역적 특성에 맞게 다양한 도로명을 사용할 수 있도록 하고 있다. 청주시의 골목길 후부요소에는 어떤 어휘가 주로 사용되었는지 검토해 봄으로써 그 특징과 문제점을 지적할 수 있을 것이다.

2. 6음절 도로명 자료와 후부요소

2.1. 도로명 자료

375개의 골목길 자료 중 6음절에 해당하는 것은 26개로 6.9%에 해당한다. 우선 이에 속하는 골목길 명칭을 제시하면 ⑴과 같다.

⑴
가경발산안길, 꽃다리오름길, 다람쥐1골목, 다람쥐2골목, 다람쥐3골목, 다람쥐4골목, 당산공원2길, 대성여중1길, 모충경노1길, 모충경노2길, 모충언덕샛길, 바우배기안길, 방아다리1길, 방아다리2길, 사천새터안길, 삼부중앙골목, 샛독쟁이1길, 서원대북샛길, 서촌신기2길, 아랫궁뜰안길, 율량밤골2길, 질구지웃뜸길, 참나무1골목, 참나무2골목, 참나무3골목, 참나무4골목.

2.2. 후부요소

도로명도 일종의 지명이기 때문에 그 구성에 있어서는 지명어와 다를 바가 없다. 지명어는 대체로 '전부요소 + 후부요소'로 그 직접구성성분을 분석할 수 있다. 성격요소인 전부요소는 지명어 명명의 유연성과 관계가 깊은 요소이며 후부요소는 분류요소로 해당 지명의 속성을 표현한 것이다. 예컨대 '대성골목'은 전부요소 '대성'과 후부요소 '골목'으로 단순하게 분석될 수 있는데 '대성'은 명명의 유연성과 관련이 있는 요소이며 '골목'은 도로의 일종임을 뜻하는 분류요소인 것이다.

도로명 중에는 앞에서 예를 든 대성골목을 비롯하여 건강길, 경노길, 경운길, 경희로, 고덕길, 구터길, 국민길, 국화길, 굽이길, 금슬길…… 등과 같이 단순하게 분석될 수 있는 것만이 존재하는 것이 아니다. 비교적 여러 음절로 구성된 도로명일 경우 전부요소는 물론 후부요소도 각각 둘 이상의 형태가 결합된 경우가 있다. 여기서 논의하고 있는 6음절 골목길 명칭의 경우 '질구지웃뜸'을 제외하고는 모두 이에 해당하는 것이다.

그런데 '안길, 오름길, 1길, 2골목' 등으로 나타나는 후부요소의 구조에 관하여는 깊은 논의가 없었다. 하지만 '안-, 오름-, 1-. 2-' 등은 '-길과 -골목'에 선행하여 이를 한정 또는 분할하는 기능을 가지고 있으므로 잠정적으로 분할요소라는 용어를 사용하기로 한다. 이는 전부요소 중 선행하는 요소를 분할요소라 했던 것과 같은 맥락에서 부여하는 것으로 보아도 좋을 것이다.

"골목길은 '길, 골목, 고개, 굽이, 마당, 고샅' 등 지역적 특성에 맞게 다양한 도로명을 사용할 수 있다." 라는 것이 행정자치부 도로명 및 건물번호부여 실무기획단에서 펴낸 실무편람(1998)과 행정자치부의 도로명 및 건물번호부여 원칙(1998)에 제시된 道路名 附與의 原則[2] 중 골목길 명칭 부여에 관한 사항이다. 즉 골목길 명칭을 부여함에 있어서는 "주간선도로, 보조간선도로, 소로의 도로명은 고유명사의 음률에 따라 '로' 또는 '길'로 부여한다."라고 하여 '길' 또는 '로'만으로 한정한 여타 도로명의 명칭 부여 원칙에 비해 개방적이어도 된다는 입장을 밝힌 것이다. 그러므로 골목길의 경우 다양한 형태의 후부요소가 나타날 수 있을 것이다.

청주시 골목길 이름 중 6음절에 해당하는 것들의 후부요소는 고유어형인 '-길' 형과 '-골목' 형의 두 유형이 있다. '-길' 형에 속하는 것이 17개이며 '-골목' 형에 속하는 것이 9개이다. 그런데 단순히 후부요소가 '-길' 또는 '-골목' 만으로 되어 있는 것은 '질구지웃뜸길'의 경우이고 다른 것들은 한결같이 '길'과 '골목' 앞에 분할요소라고 칭하기로 했던 형태가 개입되어 있다. '-길' 앞에 개입된 분할요소의 형태로는 '안-, 오름-, 1-, 2-,

---

2 여기서 제시된 원칙은 일반원칙과 세부원칙으로 나누어져 있는데 4개의 항으로 되어 있는 일반원칙을 참고로 보이면 다음과 같다.

① 모든 도로 구간에는 고유한 도로명을 부여하는 것을 원칙으로 한다. 다만, 소로 이하의 도로에서 하나의 도로에 여러 개의 단구간 도로가 분기 또는 병행하게 나열되어 있어 도로명 부여가 곤란한 경우에는 주진입로의 도로명에 일련번호를 붙여 도로명을 부여할 수 있다.

② 도로명은 다른 도로와 구별하기 위하여 부여되는 고유명사와 도로를 나타내는 보통명사로 구성함을 원칙으로 한다.

③ 주간선도로, 보조간선도로, 소로의 도로명은 고유명사의 음률에 따라 "로" 또는 "길"로 부여한다

④ 골목길은 "길, 골목, 고개, 굽이, 마당, 고샅" 등 지역적 특성에 맞게 다양한 도로명을 사용할 수 있다.

샛-, 북샛-' 등이 보인다. 그리고 '골목' 앞에 개입된 분할요소의 형태로는 '1-, 2-, 3-, 4-, 중앙-' 등이 있음을 알 수 있다.[3] 이를 표로 정리하면 〈표 1〉과 같다.

〈표 1〉 후부요소 유형별 분포(6음절)

후부요소	길						
분할요소	Ø	1길	2길	안길	오름길	샛길	북샛길
출현횟수	1	4	5	4	1	1	1

후부요소	골목				
분할요소	1골목	2골목	3골목	4골목	중앙골목
출현횟수	2	2	2	2	1

3. 5음절 도로명 자료와 후부요소

3.1. 도로명 자료

청주시 골목길 명칭 중 5음절로 되어 있는 것은 86개이다. 이는 375개의 골목길 자료 중 22.9%에 해당하는 것으로 6음절 26개(6.9%)에 비해 현저히 많은 것으로 앞으

---

3 '당산공원2길'의 직접구성성분을 분석하면 '당산공원'과 '2길'로 분석해야 할 것이다. 이 때 당산공원이 전부요소이며 2길이 후부요소라 할 수 있다. 이러한 기준에 따르면 '대성여중1길 모충경노1길 모충경노2길 방아다리1길 방아다리2길 샛독쟁이1길 서촌신기2길 율량밤골2길 다람쥐1골목 다람쥐2골목 다람쥐3골목 다람쥐4골목 참나무1골목 참나무2골목 참나무3골목 참나무4골목' 등의 분석은 물론 '가경발산안길 꽃다리오름길 모충언덕샛길 바우배기안길 사천새터안길 서원대북샛길 아랫궁뜰안길 삼부중앙골목' 등의 분석도 손쉽게 할 수 있다. 다만, 논자에 따라서는 '당산공원1'과 '길'로 분석하여 후부요소를 단순화하려는 경향이 있을 수 있으나 이는 도로명이 아닌 다른 지명어를 분석, 연구할 때 생겨난 관행의 간섭에 따른 것으로 보인다.

로 논의할 4음절형 그리고 3음절형과 더불어 골목길 명칭의 주류를 이루는 것이라 하겠다. 이에 속하는 골목길 명칭을 제시하면 (2)와 같다.

(2)

감나무2길, 감나무3길, 강당말안길, 광명사잇길, 교동1골목, 국개산골길, 금천1골목, 금천2골목, 금천3골목, 금천4골목, 금천5골목, 금천6골목, 금천너미길, 기마대골목, 다리골3길, 다리골4길, 당산아랫길, 당산오름길, 대성소1길, 대성소2길, 대성소3길, 대성소4길, 대성소5길, 대성소6길, 동양촌3길, 뒷말느티길, 모롱이골목, 모충사2로, 배나무2길, 변전소뒷길, 보라매샛길, 사직상가길, 사직시장길, 산성안1길, 산성안2길, 상대로1길, 상좌1골목, 상좌2골목, 상좌3골목, 상좌4골목, 상좌5골목, 상좌6골목, 새동네2길, 새동네5길, 새동네7길, 새동네8길, 새동네9길, 생이소골목, 생이제2로, 서남들샛길, 송절방죽길, 수원지골목, 시영주택길, 신세동1길, 신세동3길, 신촌고개길, 아향산2길, 안덕벌1길, 안덕벌2길, 안덕벌3길, 안덕벌4길, 양지말2길, 양지말3길, 영산아래길, 영산윗골목, 예덕1골목, 예덕4골목, 원흥이안길, 윗궁뜰1길, 정상골1길, 지동새터길, 진달래1길, 진달래2길, 질구지안길, 청여중소로, 초석1샛길, 초석좌1로, 풀초롱안길, 하니말1길, 하니말2길, 하니말3길, 향교골목길, 현암안2길, 홍와촌1길, 홍와촌2길, 후생골목길.

3.2. 후부요소

5음절의 형태를 지니고 있는 골목길 후부요소의 핵심어는 순우리말 '-길'과 '-골목'만이 나타나는 6음절의 경우와는 달리 한자어형인 '-로'가 보인다. 그러나 '-로'의 분포가 아주 미미하여 4회 나타나는 것에 그치고 있다. '-로'앞에 나타나는 분할요소로는 '소-, 제2-, 2-, 좌1-' 등이 보인다. 골목길 명칭에 '-로'가 흔히 보이지 않는 이유는 행정자치부 도로명 및 건물번호부여 실무기획단에서 펴낸 실무편람(1998)과 행정자치부의 도로명 및 건물번호부여 원칙(1998)에 제시된 도로명 부여의 원칙에서 "골목길은 '길, 골목, 고개, 굽이, 마당, 고샅' 등 지역적 특성에 맞게 다양한 도로명을 사용할 수 있다."라고 하면서 골목길 후부요소에 '-로'를 예시하지 않았기 때문으로 보인다. 하지만 소로의 명칭을 부여하면서 인접해 있는 골목길의 명칭도 일련번호를 사용하여 부여하다 보니 '-로'의 사용이 생겨난 것으로 보인다.[4]

순우리말 후부요소인 '-길'과 '-골목'은 생산적으로 출현하는 어휘인데 두 개의 후부요소 중에서도 '-길'이 61개, '-골목'이 20개가 출현하여 전자가 3배 정도 많이 나타남을 알 수 있다. 이는 전부요소를 형성하고 있는 어휘가 '골목'이라는 낱말보다는 '길'과 더 잘 어울리는 것들로 되어 있기 때문일 것이라는 추측을 가능하게 한다.

'-길'과 더불어 '골목' 만이 후부요소로 쓰였을 뿐 分割要素를 가지고 있지 않은 것은 전자가 8개, 후자가 4개로 도합 12개에 불과하다. 이는 5음절 골목길 명칭의 경우 대부분 분할요소를 가지고 있음을 시사하는 것인데 그 실상을 파악하면 다음과 같다.

'-길'을 후부요소의 핵심어로 삼고 있는 61개 골목길 명칭의 분할요소을 살펴보면 17가지의 형태가 있음을 알 수 있다. '-길' 앞에 '1-, 2-, 3……9-'까지 일련번호를 사용하여 분할요소로 삼은 경우가 상당수를 차지하며, '-1샛, 골목-, 너미-, 뒷- 사잇/샛-, 아랫-, 안-, 안2-, 오름' 등의 예가 발견된다. 이상에서 논의한 내용을 정리하여 보이면 〈표 2〉와 같다.

〈표 2〉 후부요소 유형별 분포(5음절)

후부요소	길								
분할요소	Ø	1길	2길	3길	4길	5길	6길	7길	8길	9길
출현횟수	8	10	12	7	3	2	1	1	1	1
후부요소	길								골목

---

4 '-로'가 골목길 후부요소로는 소극적으로 쓰이나 소로를 비롯한 주·보조간선도로에서는 활발하게 쓰인다. 소로와 골목길을 구분하지 않고 후부요소 '-로'를 일련하여 사용하다보니 모충사2로, 생이제2로, 초석좌1로 등에 후부요소 '-로'가 쓰였음을 알 수 있다. 물론 모충사1로, 모충사3로, 생이제1로, 초석좌2로 등이 소로명에 나타남을 확인할 수 있다.

분할요소	1샛길	골목길	너미길	뒷길	사잇/ 샛길	아랫길	안길	안2길	오름길	Ø
출현횟수	1	2	1	1	3	2	4	1	1	4
후부요소	골목							로		
분할요소	1골목	2골목	3골목	4골목	5골목	6골목	윗골목	소로	제2로 /2로	좌1로
출현횟수	4	2	2	3	2	2	1	1	2	1

4. 4음절 도로명 자료와 후부요소

4.1. 도로명 자료

청주시 골목길 명칭 중 5음절 이상으로 되어 있는 것은 112개였다. 그런데 4음절 형태를 지니고 있는 것은 185개로 375개의 골목길 자료 중 49.3%를 차지하고 있다. 이는 골목길 명칭의 가장 일반적인 형태가 4음절형임을 알게 해주는 것이라 하겠다. 우선 이 부류에 속하는 골목길 명칭을 제시하면 (3)과 같다.

(3)
강용1길, 강용2길, 개여울길, 겉대1길, 겉대2길, 고전1길, 고전2길, 고전4길, 광천골목, 교동골목, 구서원길, 금고윗길, 금솔1길, 금솔2길, 내새3길, 내초골목, 내터동길, 내터서길, 능양말길, 다정한길, 대동골목, 대성골목, 대월소로, 대현1길, 대현2길, 덕벌2길, 덕벌5길, 덕벌6길, 덕암사길, 덕양골목, 덕우골목, 도래샘길, 동각1길, 동각2길, 동서골목, 동심샛길, 되터울길, 두지동길, 모드니길, 모산1길, 모산4길, 문암안길, 미분3길, 바랑우길, 바랑좌길, 바른맘길, 반송안길, 반야1로, 밤고개길, 방서1길, 방서2길, 방서3길, 방서4길, 방서5길, 방서6길, 범바위길, 벚꽃남로, 보현1길, 보현2길, 보훈2길, 복대11로, 복대샛길, 부흥2길, 북새2로, 북초안길, 사뜸2

길, 사뜸3길, 사뜸4길, 사뜸5길, 삼각3길, 삼각4길, 삼각5길, 삼각6길, 삼각7길, 삼보2길, 삼보3길, 삼보4길, 삼육4로, 삼일골목, 상록수길, 상업소로, 상우2길, 새방1길, 새방2길, 샘골2길, 샛별동길, 서낭1길, 서운6길, 서운7길, 석교안길, 석화2길, 석화3길, 성가뒷길, 성공1길, 성공2길, 성공3길, 성공4길, 성공5길, 성황남길, 성황서길, 성황안길, 송절3길, 쇳때2로, 수성1길, 수성2길, 수암골목, 신기남길, 신영4길, 신원골목, 쌍샘2길, 쌍샘3길, 쌍샘4길, 쌍샘5길, 쌍샘6길, 쌍샘7길, 쌍샘샛길, 아름골목, 안뜸1길, 안뜸2길, 안뜸3길, 안뜸4길, 안뜸5길, 안벌터길, 안성1길, 어당1로, 어당2로, 오남2로, 오동6로, 와우골목, 왕대12로, 용담샛길, 용담안길, 용담옛길, 용성1길, 용성2길, 용성3길, 용성4길, 용초샛길, 우수2길, 윗공예길, 율주1길, 율주2길, 은초롱길, 은하수길, 잉어2로, 자립골목, 장전동길, 정가1로, 정가2로, 조형1길, 조형2길, 조형3길, 주오1길, 주오2길, 주중3로, 주중4로, 중역골길, 진동산길, 진성샛길, 참인정길, 청남골목, 청석2로, 청초3로, 초석1길, 초석2길, 초석3길, 초원1길, 초원2길, 충렬1로, 충렬2로, 탑골2길, 탑골3길, 평안골목, 표충골목, 하봉1길, 하봉2길, 한마음길, 한옥2길, 한옥3길, 해맑은길, 화계1로, 화계2로, 화소골목, 화재1길, 화재2길.

4.2. 후부요소

　4음절 형태를 지니고 있는 골목길 명칭의 후부요소도 3.2.에서 살펴 본 5음절 형태를 지니고 있는 골목길의 후부요소와 같이 핵심어는 순우리말 '-길'과 '골목' 그리고 한자어 '-로' 등 세 가지 어사가 나타난다. '-길'형이 가장 많아 78%인 144개나 보이며 '-골목'형은 17개(9%), '-로'형은 24개(13%)로 나타난다. 이는 5음절형에 비해 한자어 후부요소 '-로'의 출현 비율이 비교적 높은 것이며 상대적으로 '-골목'형의 출현 비율이 낮음을 알 수 있게 해 준다.

　후부요소의 핵심어 '-길, -골목, -로' 등에 선행하는 소위 분할요소의 발달이 한자어 '-로'의 경우만이 5음절형에 비해 활발할 뿐 '-길, -골목'의 경우는 소극적임을 알 수 있다. 특히 '-골목'형의 경우 분할요소가 전혀 나타나지 않음을 알 수 있다. '-길'형의 경우도 분할요소 없이 '-길'만으로 쓰이는 것이 24개나 된다.

　　'-길'형의 분할요소는 '1-, 2-, 3-, 4-, 5-, 6-, 7-'등 일련번호식 형태로 나타나는 것이 97개로 대부분을 차지하고 있다. 그리고 '남-, 동-, 뒷-, 샛-, 서-, 안-, 옛-, 우-, 윗-, 좌-' 등의 형태가 23개임을 알 수 있다. 5음절 '-길'형의 경우 상대적으로 출현 횟수가 61회로 4음절형 144회에 비해 절반에도 미치지 않음에도 불구하고 분할요소의 종류는 18가지다. 이에 반해 4음절형의 분할요소 종류는 17가지로 비슷하게 나타나 5음절형에 비해 생산적이지 못함을 알게 해준다.

　　'-골목'형은 분할요소가 전혀 나타나지 않는다. 이는 일반적으로 전부요소를 형성하는 어사의 음절형이 2음절인 경우가 많고 후부요소로 사용된 낱말 '골목' 자체가 이미 2음절을 차지하고 있기 때문에 4음절 '-골목'형의 경우 분할요소가 사용될 공간이 없기 때문이다. '-로'형의 분할요소는 일련번호형 분할요소인 '1-. 2-. 3-. 4-. 6-, 11-, 12-' 등과 '남-, 소-' 등이 보인다. 이상에서 논의한 바를 표로 보이면 〈표 3〉과 같다.

〈표 3〉 후부요소 유형별 분포(4음절)

후부요소	길													
분할요소	Ø	1길	2길	3길	4길	5길	6길	7길	남길	동길	뒷길	샛길	서길	안길
출현횟수	24	23	32	16	11	8	4	3	2	2	1	6	2	6

후부요소	길				골목	로								
분할요소	옛길	우길	윗길	좌길	골목	1로	2로	3로	4로	6로	11로	12로	남로	소로
출현횟수	1	1	1	1	17	5	9	2	2	1	1	1	1	2

5. 3음절 이하 도로명 자료와 후부요소

5.1. 도로명 자료

　　지명의 일반적인 음절형은 2음절 형태의 전부요소와 1음절 형태의 후부요소로 구성된 3음절형이다. 청주시, 서울시, 괴산군, 구례군, 화계리, 금내리, 운천동, 용암동…… 등의 행정구역 명칭이 그렇고 백두산, 한라산, 압록강, 섬진강…… 등의 산천명이 그러함을 통하여 쉽게 알 수 있다. 그러나 골목길 명칭의 경우 통계적으로 볼 때 4음절 형태가 가장 일반적인 것임을 알 수 있었다.

통계상 일반적인 형태라고 해서 반드시 자연스러운 것이라고 할 수 있을지에 대하여는 논의의 여지가 남아 있다. '강용1길, 강용2길, 겉대1길, 겉대2길, 고전1길, 고전2길, 내터동길, 내터서길, 삼육4로, 주중3로, 주중4로, 벚꽃남로' 등의 4음절형이 말하고 기억하기에 자연스럽고 쉬운 것인지 '건강길, 국화길, 굽이길, 금슬길, 다복길, 다정길, 동심길, 뒷말길, 뚝안길, 버든길, 보람길, 보성길, 사모길, 산들길, 산책길, 서낭길, 세말길, 소담길, 소라길, 양달길, 인정길, 절골길, 정든길, 해방길, 햇님길' 등 3음절형이 자연스러운 것인지? 필자의 경우는 3음절형이 4음절형에 비해 훨씬 자연스럽다는 느낌을 가진다. 이는 필자만의 느낌은 아닐 것이라고 생각한다. 이미 우리는 지명어가 지니고 있는 일반적인 형태에 익숙해져 있기 때문에 누구나 3음절형을 자연스럽게 느끼는 것이 아닌가 한다.

3음절형이 자연스런 형태임에도 불구하고 청주시 골목길 이름 중 21%에 해당하는 77개만이 이 형태를 지니고 있다. 반면에 안정된 형태로 보기 어려우며 경제적이지도 않은 4음절 이상의 형식을 지닌 골목길 명칭이 297개(79%)나 된다. '감길' 하나만 나타나는 2음절형과 더불어 3음절 형식을 지니고 있는 골목길 명칭의 예를 보이면 (4)와 같다.

(4)
건강길, 경노길, 경운길, 경희로, 고덕길, 구터길, 국민길, 국화길, 굽이길,
금슬길, 낙가길, 다복길, 다정길, 대경길, 덕정길, 동심길, 뒷말길, 뚝안길,
명성길, 버든길, 법정길, 보람길, 보성길, 봉화길, 사모길, 산들길, 산책길,
삼미길, 삼인길, 상월길, 서낭길, 선행길, 성당길, 성장길, 성지길, 성황길,
세말길, 소담길, 소라길, 수로길, 수성길, 순말길, 안고샅, 암자길, 양달길,
양심길, 영덕길, 움막길, 원광길, 은광길, 음달길, 의자길, 이삼로, 인정길,
장미길, 절골길, 정든길, 정화길, 제방길, 종반길, 중문길, 중상길, 청죽길,

출판길, 탑골길, 탑현길, 태광길, 푸른길, 해방길, 햇님길, 행복길, 향학길,
혜성길, 화합길, 활터길, 회골길.
감길.

5.2. 후부요소

3음절형의 후부요소는 핵심어만이 사용되는 특징을 지니고 있다. 그것도 일음절
형태를 지닌 고유어 '-길'이 77개 중 74개를 차지하고 있어 압도적인 수치이다. 4음절
이상의 형태에서는 '-골목'형이 상당수 보였으나 3음절형의 경우 하나도 나타나지 않
는다. 이런 까닭에 대해서는 4.2.에서 논의한 바 있다.

3음절로 되어 있는 골목길 명칭의 후부요소에 유독 고유어 '-길'만이 적극적으로
사용되는 원인은 전부요소로 사용된 어휘가 고유어이어서 음률상 조화를 이루기 때
문은 아닌 것으로 보인다. 전접요소로 쓰인 74개의 어휘 중 고유어로 보이는 것이 18
개 그리고 혼종어로 보이는 것이 3개[5]에 불과하기 때문이다. 이는 전적으로 도로명
후부요소로는 '-길'이 가장 일반적인 형태임에서 기인하는 것으로 볼 수 있다. 또한 행
정자치부의 도로명 및 건물번호부여 원칙(1998)에 제시된 도로명 부여의 원칙 중 "주
간선도로, 보조간선도로, 소로의 도로명은 고유명사의 음률에 따라 '로' 또는 '길'로 부
여한다"고 하여 후부요소로 흔히 쓰이는 '-길'과 '-로'를 제시하고 있으나, 골목길의 경

---

5 '-길'을 후부요소로 삼고 있는 74개 골목길 명칭의 전부요소를 어종에 따라 분류하면 고유어 18개
(24%), 혼종어 3개 그리고 한자어가 72%에 해당하는 53개로 나타난다. 참고로 그 예를 보이면 다음과
같다.
　　㉠ 전부요소가 고유어인 경우: 굽이길 뒷말길 뚝안길 버든길 보람길 산들길 서낭길 세말길 소담길 소
　　　라길 순말길 양달길 음달길 절골길 정든길 푸른길 햇님길 활터길.
　　㉡ 전부요소가 혼종어인 경우: 구터길 움막길 탑골길.
　　㉢ 전부요소가 한자어인 경우: 건강길 경노길 경운길 고덕길 국민길 국화길 금슬길 낙가길 다복길 다
　　　정길 대경길 덕정길 동심길 명성길 법정길 보성길 봉화길 사모길 산책길 삼미길 삼인길 상월길 선
　　　행길 성당길 성장길 성지길 성황길 수로길 수성길 암자길 양심길 영덕길 원광길 은광길 의자길 인
　　　정길 장미길 정화길 제방길 종반길 중문길 중상길 청죽길 출판길 탑현길 태광길 해방길 행복길 향
　　　학길 혜성길 화합길 회골길 회관길.

우 '-로'가 제외되었기 때문에 선택의 여지가 '-길'밖에 없기 때문에 생겨난 현상으로 볼 수 있다.[6]

　'-길'형이 대부분이지만 3음절 골목길 이름의 후부요소의 유형별 분포를 보이면 〈표 4〉와 같다.

〈표 4〉 후부요소 유형별 분포(3음절)

후부요소	고샅	길	로
출현횟수	1	74	2

6. 결론

　국가경쟁력을 제고한다는 차원에서 토지 지번에 의한 기존의 주소 체계를 도로 명에 따라 개편하는 국가적인 사업이 진행되고 있다. 1996년 시작한 이 사업은 1999 년에 85개 지방자치단체에 의해 시행되면서 전국화되고 있다.

　본고에서는 1998년 작업에 착수하여 1999년에 확정한 청주시 도로명 1,867개 중 375개에 달하는 골목길 명칭의 후부요소를 우선 분석, 고찰한 것이다. 이들 자료 375개에 대하여 1차로 음절별로 분류한 후 후부요소로 쓰인 어휘가 어떤 것인지 그 실상을 파악하였다. 이를 기초로 골목길 명칭 부여의 문제점을 지적, 앞으로 진행될 이 사업에 다소의 이론적 기초를 제공하고자 시도된 것이다.

　청주시 골목길 이름의 후부요소에 대하여 검토한 결과 핵심어로 사용된 것은 '- 길, -골목, -로, -고샅' 등 4가지이다. 지역적 특성에 따라 다양하게 사용할 수 있도록 한 행정자치부 도로명 및 건물번호 부여사업 기획단의 도로명 부여 원칙에 충실했다

6　골목길 명칭 부여 원칙으로 다음과 같이 제시되었음을 주2)에서 밝힌 바 있다.
　④ 골목길은 "길, 골목, 고개, 굽이, 마당, 고샅" 등 지역적 특성에 맞게 다양한 도로명을 사용할 수 있다.

고 보기는 어렵다. 특히 4가지의 어휘 중 '-길'이 차지하는 비율이 375개 중 298개(79.5%)로 絶對多數를 점하고 있다는 점에서 더욱 그렇다.

골목길 명칭 후부요소로 '-길'이 흔히 쓰인 것은 '길'이라는 낱말이 도로의 이름을 표현하는 데 가장 적합한 것이기에 그리 된 것으로 보인다. 더불어 기획단의 도로명 부여 원칙에 골목길을 제외한 다른 도로명에는 한자어 '-로'를 쓸 수 있게 하였으나 골목길의 경우 '-로'가 제외되었기 때문에 선택의 여지가 '-길'밖에 없어 나타난 현상으로 보인다. 우선 골목길 명칭에 사용된 후부요소의 유형별 분포를 종합하여 보이면 〈표 5〉와 같다.

〈표 5〉 골목길 후부요소의 유형별 분포(종합)

후부요소	길											
분할요소	Ø	1길	2길	3길	4길	5길	6길	7길	8길	9길	1샛길	골목길
출현횟수	107	37	50	23	14	10	5	4	1	1	1	2

후부요소	길											
분할요소	남길	너미길	동길	뒷길	사잇/샛길	북샛길	서길	아랫길	안길	안2길	옛길	오름길
출현횟수	2	1	2	2	10	1	2	2	14	1	1	2

후부요소	길			골목								
분할요소	우길	윗길	좌길	Ø	1골목	2골목	3골목	4골목	5골목	6골목	윗골목	중앙골목
출현횟수	1	1	1	21	6	4	4	5	2	2	1	1

후부요소	로											고샅
분할요소	Ø	1로	2로/제2로	3로	4로	6로	11로	12로	남로	소로	좌1로	Ø
출현횟수	2	5	11	2	2	1	1	1	1	3	1	1

　〈표 5〉에서 보듯 후부요소 핵심어 '-길'의 분할요소는 26종으로 나타난다. 이 중에서 일련번호식 분할요소 11종을 제외하고도 15종이나 된다. 이는 후부요소 핵심어로 '-길'이 절대다수를 점하면서 다양한 분할요소가 등장한 것으로 보인다. 이들 분할요소가 해당 골목길의 방향, 위치, 성격 등의 정보를 지니고 있다는 점에서 바람직한 명명의 한 방법으로 보인다.

　상대적으로 생산적이지 못한 후부요소 핵심어 '골목', '-로', '-고샅' 등은 분할요소의 쓰임에 있어서도 윗-, 중앙-, 남-, 소- 등을 제외하면 모두 일련번호 형식만이 보인다. 이러한 일련번호식 분할요소는 '-길'의 경우도 포함하여 바람직한 것으로 보기 어렵다. 한 구역을 쉽게 기억하기 위하여 어쩔 수 없는 방법이라고 할지 모르나, 도시에 따라 수천 또는 수백 개에 이르는 도로명을 기억할 수도 없으며 완벽하게 기억할 필요도 없는 것이다. 개인의 사정에 따라 특별히 관심 가져야 할 도로명을 제외하고는 시가지 도로 지도를 생활에 활용하면 되기 때문이다.

　일련번호 형식의 분할요소가 개입된 도로명의 경우 음률상 전부요소와 자연스럽게 조화를 이루지 못하는 경우가 상당수 있다. 음률상의 부조화 문제는 전부요소가 한자어인 경우 고유어 후부요소인 '-길' 사이에서도 자주 발생하는 문제이다. 일반적으로 고유어 전부요소는 후부요소 '-길'과, 전부요소가 한자어인 경우는 '-로'와 자연스럽게 호응하기 때문이다.

　이상에서 논의된 사항은 앞으로 이 사업을 새롭게 계획하고 있는 자치단체나 문제점을 수정, 보완하려고 하는 기관에서는 다소의 참고가 되리라 기대한다. 본장에서는 골목길 도로명의 후부요소만을 탐구하였다. 앞으로 위계상 상위 도로명인 소로 또는 주·보조간선도로의 후부요소와 비교를 통한 연구, 전부요소에 관한 연구가 면밀하게 진행되어야 할 것이다.

제33장

청주시 골목길 전부요소

1. 서론

도로명을 바탕으로 한 새주소 사업의 핵심 과제 중 하나가 도로명 부여이다. 그러나 이 문제에 대하여 사업주체인 정부는 물론 관련 학계에서조차 활발한 논의를 전개하지 못하였다. 제29장과 제30장에서는 이 사업의 초기 단계에서 도로명 명칭 부여 방안에 대하여 논의한 바 있다. 또한 제32장에서는 시범실시 지역 중의 하나인 청주시 도로명 중 골목길 후부요소의 부여 실태를 분석하고 그 개선 방안을 제시한 바 있다. 본장은 그 후속 작업으로 청주시 도로명 중 골목길 전부요소에 대한 논의이다.

제32장에서는 청주시 도로명 어휘 중 골목길 후부요소에 국한하여 고찰하였다. 본장에서는 전부요소 어휘에 대하여 탐구하고자 한다. 도로의 위계상 최하급에 속하는 골목길에 대하여 논의를 집중하는 것은 필자 나름대로 이유가 있다. 앞에서도 거론하였듯이 골목길은 대량 소통 기능을 지닌 주·보조간선도로에 비해 도로 자체로서는 그 중요도가 낮다고 할 수도 있다. 그러나 골목길은 주민들의 거주 공간과 밀착해 있는 곳이므로 어떤 도로보다도 사람들의 애정이 깃든 공간이다.

그러므로 골목길의 명칭 속에는 지역 사람들의 정서가 그대로 반영되어 있기 마련이다. 도로명 부여에 있어서도 구간이 긴 주·보조간선도로의 경우 지방자치단체가 개입하여 명명하지만 골목길은 해당 지역 주민이 직접 결정하는 경우가 대부분이다. 이런 이유 때문에 골목길에 쓰인 어휘에 대한 연구는 다른 위계의 도로명에 대한 탐구에 앞서 검토되어야 할 중요한 대상이다.

청주시 도로 1,867개 중 골목길에 해당하는 것은 375개이다.[1] 이들 도로에는 예외 없이 명칭이 부여되어 있는데 도로명의 구조는 전부요소와 후부요소로 되어 있다. '개여울(길), 도래샘(길) 쌍샘(2길, 3길, 4길, 5길, 6길, 7길, 샛길), 성황(길, 남길, 서길, 안길)' 등의 예에서 보듯 '개여울, 도래샘, 쌍샘, 성황' 등은 전부요소이고 괄호 안에 적은 '(길), (2길, 3길, 4길, 5길, 6길, 7길, 샛길), (길, 남길, 서길, 안길)' 등은 후부요소이다. 전부요소 '개여울'과 '도래샘'은 각각 하나의 후부요소 앞에 놓인 전부요소이고 '쌍샘'은 7개, '성황'은 4개의 후부요소 앞에 놓인 전부요소이다.

단순계산하면 골목길이 375개이므로 전부요소에 사용된 어휘 즉 연어휘는 375개이다. 그러나 전부요소에 쓰인 어휘가 여러 개의 후부요소 앞에 놓이는 경우도 있으므로 연구 대상이 되는 개별어휘는 260개이다. 이들 어휘를 대상으로 음절, 어종, 명명의 배경 등을 탐구하고자 한다. 본 연구는 앞서 행해진 후부요소에 대한 연구와 더불어 청주시 도로명에 쓰인 어휘의 성격을 찾아내고자 하는 것이다. 이미 부여된 도로명의 실상을 파악하여 그 문제점을 찾아내고 나아가 앞으로 행해질 도로명 부여와 관련하여 보다 바람직한 방안을 마련하고자 하는 것이 이 연구의 궁극적인 목적이다.

2. 도로명의 구조와 전부요소에 쓰인 어휘

2.1. 도로명의 구조

도로는 지표상에 존재하고 있다. 지표상에 위치한 일정한 지역이나 지점을 비롯하여 지형, 지물을 비롯한 모든 대상에 붙여진 이름이 지명이므로 도로명도 지명의 일

---

1 본 연구 대상 자료는 청주시(1999 ㄱ:231-297(부록1,2))에 실려 있는 청주시 가로명 현황과 청주시 도로명 및 건물번호 부여내역을 엑셀 프로그램으로 전산화한 자료를 활용하였다. 제32장에서와 같이 전체 도로명 중 골목길 명칭을 가려내어 기본적인 자료를 구축한 후 필요한 자료의 입력, 정렬, 분석, 종합 등 대부분의 과정에 엑셀 프로그램을 활용하였다.

종이다. 그러므로 도로명의 구조와 특징을 알기 위해서는 지명어에서 발견되는 일반적인 원리에 관심을 가질 필요가 있다. 하나의 지명어는 일반적으로 두 개의 부분으로 나누어 볼 수 있는데 앞부분을 전부요소라 하고 뒷부분을 후부요소라 한다.[2]

전부요소는 대상물의 특성을 반영하여 이름붙인 것이며 다른 곳과 구분하기 위하여 명명된 부분이다. 즉 명명의 배경이 반영되어 성립된 요소로 같은 부류를 대상으로 하더라도 다양한 어휘가 동원되는 부분이다. 후부요소는 같은 부류일 경우 사용되는 어휘가 한정되어 있다. 골목길을 대상으로 명칭을 부여할 때 후부요소로 쓰일 수 있는 것은 기본적으로 '로, 길, 골목, 고샅' 등이 고작이다. 그러나 그 앞에 결합되는 전부요소는 해당 도로의 특성에 따라 감나무, 개여울, 겉대, 고덕, 광명, 금솔, 꽃다리, 내터, 다람쥐…… 등과 같이 다양한 어휘를 활용할 수 있다.

일반적으로 동일 생활권 내에서 특정 마을의 명칭은 다른 마을과 구별되도록 서로 다른 이름을 가져야 한다. 이는 도로명도 마찬가지이므로 어떤 부류의 지명에서나 전부요소의 어휘는 다양하게 나타날 수밖에 없다. 그러므로 다양하게 나타나는 전부요소의 어휘 속에는 도로가 지닌 특성을 담아 직접적으로 명명한 이름은 물론 지역민의 소망을 담은 간접적인 명칭 등이 존재한다. 이들 명칭을 다양한 각도에서 탐구하면 비교적 단순한 어휘로 구성되어 있는 후부요소에서 발견되는 특성보다 흥미로운 사실이 발견될 것이다.

도로명 중 성격요소라고 할 수 있는 전부요소와 대립되는 개념이 분류요소인 후부요소이다. '길, 로, 골목, 고샅' 등이 이에 속하는 것인데 후부요소는 도로명을 비롯한 지명에만 나타나는 것이 아니고 다른 부류의 고유명사에서도 흔히 볼 수 있는 것이다. 학교를 예로 들자면 '충북고등학교, 운호고등학교, 세광고등학교'의 경우 '고등학교'는 후부요소이다. 이들 학교가 분명하게 구분되는 것은 후부요소에 의해서가 아니라 '충북, 운호, 세광' 등 성격요소인 전부요소에 의해서이다.[3] 후부요소는 단순히 선

---

2 지명어에서 전부요소와 후부요소로 분석이 가능하지 않은 통합형 지명어도 부분적으로 발견된다. 그러나 대부분의 지명어는 두 요소로 분석이 가능한 것들이다.

3 성격요소인 '충북'은 해당 학교가 충북에 있음을 나타내는 것이고 '운호'는 이 학교의 설립자의 호가 '운호'임을 표현한 것이다. 그리고 '세광'은 간접적인 명명으로 기독교 학교인 이 학교의 설립의지가 세

생이 학생을 교육하는 곳이라는 보통명사적 의미를 지닌 학교이며 이 부류의 모든 명칭에 공통적으로 쓰이는 것이다.

특정 부류의 명칭에 일괄적으로 붙어 어떤 단위나 종별을 나타내는 것이 후부요소이므로 이는 분류요소라고도 하는 속성 지명이다. 그런데 후부요소는 기본형만으로 쓰이지 않고 때로는 분할성분이 첨가되어 확장된 형태로 쓰이는 경우도 있다. 앞에서 보인 일반적인 고유명사에서도 이런 사실을 발견할 수 있는데 '학교'를 기본형 후부요소라고 한다면 그 앞에 '초등, 중, 고등, 대' 등의 분할요소가 결합되어 '초등학교, 중학교, 고등학교, 대학교'라는 확장된 형태의 후부요소를 형성하게 된다.

도로명 중 골목길 후부요소의 경우 기본형으로 볼 수 있는 것이 '길, 골목, 고샅, 로' 등이다. 그리고 확장형의 형태는 분할요소 '1, 2, 3, 4……' 등 일련번호와 '동, 서, 남, 북, 좌, 우, 윗, 아래, 앞, 뒷, 사이(샛), 안, 북샛, 중앙' 등 방위 관련 어휘들이 첨가되어 형성된다. 그러므로 도로명의 후부요소는 기본형과 확장형이 있으며 확장형 후부요소에는 일련번호형과 방위형 두 종류가 주종을 이루고 있다. [4]

청주시 도로명 중 골목길 후부요소의 유형에 대하여는 제32장에서 자세히 논의한 바 있다. 이제 이를 바탕으로 여기서는 기본형 후부요소 앞에 놓이는 전부요소와 확장형 후부요소 앞에 놓이는 전부요소로 나누어 그 특징을 살펴보고자 한다.

2.2. 청주시 골목길 전부요소의 어휘

다른 도로와의 구별을 위해 도로 자체의 특성이나 주민의 소망을 담아 부여되는 부분이 전부요소이다. 전부요소로 쓰인 어휘 중 '평안, 한마음, 행복, 해맑은, 다복……' 등은 주민들의 소망을 담아 부여된 명칭이다. 이러한 명명의 방법은 도로가 지닌 직

상의 빛이 되게 하고자 하는 데 있음을 표현한 것이다.

4 방위 관련 어휘 말고도 "너미, 옛, 오름, 小" 등이 분할요소로 쓰인 경우가 있기는 하나 그 쓰임이 10개 항목도 안 될 정도로 미미하다. 확장형을 일련번호형과 비일련번호형으로 분류할 수 있으나 후자의 경우 대부분이 방위 관련 어휘이므로 방위형에 포함시켜 논의하기로 한다.

접적인 특징과는 거리가 먼 것이므로 간접명명이라 할 수 있다. 반면에 '홍와촌, 감나무, 꽃다리, 도래샘, 범바위, 모롱이, 모충언덕, 삼각……' 등은 해당 도로의 특성이나 도로가 위치한 곳의 특징을 바탕으로 명명한 것이므로 직접명명이라 할 수 있을 것이다.

　　일반적으로 우리는 어떤 지명어를 접하면 직관적으로 그 명명의 배경을 파악할 수 있다. 본장에서 다루고자 하는 골목길 명칭들도 그 범주에서 크게 벗어나지는 않으나 일부 명칭의 경우 명명의 배경을 쉽게 파악하기 어려운 것도 있다. 논의의 편의를 위하여 본장의 대상이 된 개별어휘 260개를 필요한 경우 그 명명의 배경과 함께 제시하고자 한다.

　　전부요소로 쓰인 모든 어휘를 제시하기로 하며 (　)안에는 해당 후부요소도 제시하기로 한다. 전부요소 어휘 목록을 가나다…… 순으로 제시하되 명명의 배경을 직관적으로 파악할 수 있는 항목은 그 사유를 들지 않기로 한다. 필자의 직관[5]으로 파악이 어려운 전부요소의 어휘에 대하여는 청주시 자료에 나오는 대로 그 배경을 각주로 제시하기로 한다.

　　(1)
　　가경발산(안길) 감(길) 감나무(2길, 3길[6]) 강당말(안길) 강용[7](1길, 2길) 개여울(길) 건강[8](길) 겉대[9](1길, 2길) 경노(길) 경운[10](길) 경희[11](로) 고덕[12](길) 고전

5　여기에서 각주로 제시하는 도로명 부여의 배경은 전적으로 청주시(1999a,b) 자료에 의한 것이다. 다만 오자나 표현이 어색한 것만 부분적으로 바로잡아 제시한다. 청주에 거주하고 있는 필자의 직관에 의한 것이므로 독자의 입장에서는 부여 배경을 파악할 수 없는 항목이 선택되지 않은 경우도 있을 것이다. 그런 항목들은 자연마을 이름이나 현용 지명 등인 경우가 대부분이다.

6　후부요소가 '1길'이 없이 '2길, 3길……' 등으로 나오는 것은 본 연구의 대상을 골목길만으로 삼았기 때문이다. '감나무1길'은 소로에 속한다. 소로를 비롯한 모든 도로를 대상으로 한 연구도 있어야 할 것이다.

7　　강서동과 용정동 사이의 골목길.

8　기점과 종점에 한의원과 병원이 있어 항상 건강하기를 기원하며 명명.

9　자연마을 지명 '겉대' 반영.

10　논밭을 갈고 김을 맨다는 뜻을 따온 길.

11　언덕 위의 '경희아파트' 명칭 반영.

12　옛것을 잊지 말고 현재에 되살려 전통을 계승, 발전시키자는 의미 반영.

[13](1길, 2길, 4길) 광명(사잇길) 광천(골목) 교동[14](골목, 1골목) 구서원(길) 구터[15](길) 국개산골(길) 국민[16](길) 국화(길) 굽이(길) 금고(윗길) 금솔[17](1길, 2길) 금슬[18](길) 금천(1골목, 2골목, 3골목, 4골목, 5골목, 6골목, 너미길) 기마대[19](골목) 꽃다리(오름길) 낙가[20](길) 내새[21](3길) 내초[22](골목) 내터(동길, 서길) 능양말(길) 다람쥐(1골목, 2골목, 3골목, 4골목) 다리골(3길, 4길) 다복(길) 다정(길) 다정한(길) 당산공원(2길) 당산(아랫길, 오름길) 대경(길) 대동(골목) 대성(골목) 대성소(1길, 2길, 3길, 4길, 5길, 6길) 대성여중(1길) 대월(소로) 대현[23](1길, 2길) 덕벌(2길, 5길, 6길) 덕암사(길) 덕양[24](골목) 덕우[25](골목) 덕정[26](길) 도래샘[27](길) 동각(1길, 2길) 동서(골목) 동심(길, 샛길) 동양촌(3길) 되터울[28](길) 두지동(길) 뒷말(길) 뒷말느티[29](길) 뚝(안길) 명성[30](길) 모드니[31](길) 모롱이(골목) 모산(1길, 4길) 모충경노(1길, 2길) 모충사(2로) 모충언덕(샛길) 문암(안길) 미분[32](3길) 바

---

13 도로 양편의 주택이 기와집으로 형성되어 있어 고전적인 분위기를 나타내고 있음을 반영.

14 '교동초등학교' 명칭 반영.

15 옛 지명 '구터골' 명칭 반영.

16 '국민주택' 명칭 반영.

17 금호아파트와 두산 한솔아파트 사이를 가로지르는 길로 소나무의 늘 푸른 기상을 반영.

18 주민들이 금슬 좋게 살자는 소망 반영.

19 옛날에 '기마대'가 있던 곳임을 반영.

20 '낙가산' 명칭 반영.

21 '내덕동'과 '새동네'의 어두음절 반영.

22 '내덕초등학교' 명칭 반영.

23 대성동 '현대아파트'의 어두음절 반영.

24 '덕성아파트'와 '양지아파트'를 연결하는 도로.

25 내덕동과 우암산을 연결하는 골목길로 내덕동에서는 둘째 음절 우암산에서는 어두 음절을 활용하여 명명.

26 지역주민들이 덕을 쌓고 정답게 살자는 소망을 담아 명명.

27 물이 돌아서 흐른다는 지역적 특성 반영.

28 마을 명칭 '되터울' 반영.

29 자연마을 지명 '뒷말'과 이 지역에 있는 특징적인 나무 '느티'를 반영.

30 옛날 유명하던 사람들이 모여 살았던 곳이었다는 사회역사적 특징을 반영.

31 아파트 이름 '모드니'를 배경으로 명명.

32 '미평'과 '분평'을 연결하는 도로.

랑(우길, 좌길) 바른맘(길) 바우배기[33](안길) 반송(안길) 반야(1로) 밤고개(길) 방서(1길, 2길, 3길, 4길, 5길, 6길) 방아다리(1길, 2길) 배나무(2길) 버든[34](길) 범바위(길) 법정[35](길) 벚꽃(남로) 변전소(뒷길) 보라매(샛길) 보람(길) 보성(길) 보현[36](1길, 2길) 보훈(2길) 복대(11로, 샛길) 봉화(길) 부흥 (2길) 북새[37](2로) 북초[38](안길) 사뜸(2길, 3길, 4길, 5길) 사모(길) 사직상가(길) 사직시장(길) 사천새터(안길) 산들(길) 산성(안1길, 안2길) 산책(길) 삼각[39](3길, 4길, 5길, 6길, 7길) 삼미[40](길) 삼보[41](2길, 3길, 4길) 삼부(중앙골목) 삼육[42](4로) 삼인(길) 삼일(골목) 상대로(1길) 상록수(길) 상업(소로) 상우[43](2길) 상월(길) 상좌[44](1골목, 2골목, 3골목, 4골목, 5골목, 6골목) 새동네(2길, 5길, 7길, 8길, 9길) 새방[45](1길, 2길) 샘골(2길) 샛독쟁이(1길) 샛별(동길) 생이(소골목, 제2로) 서남들(샛길) 서낭(길, 1길) 서운(6길, 7길) 서원대(북샛길) 서촌신기(2길) 석교(안길) 석화(2길, 3길) 선행(길) 성가(뒷길) 성공(1길, 2길, 3길, 4길, 5길) 성당(길) 성장(길) 성지(길) 성황(길, 남길, 서길, 안길) 세말(길) 소담(길) 소라(길) 송절(3길) 송절방죽(길) 쉿때(2로) 수로(길) 수성[46](길, 1길, 2길) 수암(골목) 수원지(골목) 순말[47](길) 시영주택(길) 신기(남길) 신세동[48](1길, 3길) 신영(4길) 신원(골목) 신촌고개(길) 쌍샘(2길, 3길, 4길,

---

33 옛 지명 '바우배기'반영.

34 옛 친구와 우정을 나누며 걷던 길.

35 '법인정사'로 진입하는 도로.

36 '보현사'로 가는 도로.

37 '내덕로' 북쪽의 도로.

38 '북일초등학교' 명칭 반영.

39 토지 형상이 삼각형으로 되어 있어 부여.

40 길의 모양이 삼각형이어서 붙여진 이름.

41 '삼일아파트'에서 '보성트윈힐스'로 이어지는 도로라는 의미.

42 30통과 26통을 가로지름.

43 '상당로'와 '우암동'의 각 명칭 반영.

44 옛날 상좌스님이 많이 살던 곳임을 반영.

45 옛 지명 '새방죽(새로 만든 방죽)'의 뜻을 살림.

46 수동 성공회가 있는 도로.

47 주민들이 맑고 순수한 마음씨를 가졌다고 하여 붙여짐.

48 옛날에 '신촌동'이라 불렀다 함.

5길, 6길, 7길, 샛길) 아랫궁뜰(안길) 아름(골목) 아향산(2길) 안(고샅) 안덕벌(1길, 2길, 3길, 4길) 안뜸(1길, 2길, 3길, 4길, 5길) 안벌터(길) 안성[49](1길) 암자(길) 양달(길) 양심(길) 양지말(2길, 3길) 어당(1로, 2로) 영덕(길) 영산(아래길, 윗골목) 예덕(1골목, 4골목) 오남(2로) 오동(6로) 와우(골목) 왕대(12로) 용담(샛길, 안길, 옛길) 용성(1길, 2길 3길 4길) 용초[50](샛길) 우수[51](2길) 움막(길) 원광(길) 원흥이(안길) 윗공예(길) 윗궁뜰(1길) 율량밤골(2길) 율주[52](1길, 2길) 은광(길) 은초롱(길) 은하수(길) 음달(길) 의자(길) 이삼[53](로) 인정(길) 잉어(2로) 자립(골목) 장미(길) 장전(동길) 절골(길) 정가[54](1로, 2로) 정든(길) 정상골(1길) 정화(길) 제방(길) 조형[55](1길, 2길, 3길) 종반(길) 주오[56](1길, 2길) 주중(3로, 4로) 중문(길) 중상[57](길) 중역골(길) 지동새터(길) 진달래(1길, 2길) 진동산(길) 진성(샛길) 질구지(안길) 질구지웃뜸(길) 참나무(1골목, 2골목, 3골목, 4골목) 참인정(길) 청남골(길) 청석(2로) 청여중(소로) 청죽(길) 청초[58](3로) 초석[59](1길, 1샛길, 2길, 3길, 좌1로) 초원(1길, 2길) 출판(길) 충렬(1로, 2로) 탑골(길, 2길, 3길) 탑현[60](길) 태광(길) 평안(골목) 표충(골목) 푸른(길) 풀초롱(안길) 하니말(1길, 2길, 3길) 하봉(1길, 2길) 한마음(길) 한옥(2길, 3길) 해맑은(길) 해방(길) 햇님(길) 행복(길) 향교(골목길) 향학(길) 현암(안2길) 혜성(길) 홍와촌(1길, 2길) 화계(1로, 2로) 화소[61](골목) 화재(1길, 2길) 화합(길) 활터(길) 회골(길) 회관(길) 후생(골목길)

---

49 '안골'과 '성화동'의 명칭을 반영.

50 '용암초등학교' 명칭 반영.

51 '우암'동과 '수동'을 연결하는 도로.

52 예전 밤나무가 많아 밤꽃향기가 짙었다 함.

53 옛날 이씨 성을 가진 삼형제가 다정하게 살았다는 뜻.

54 예전에 이 마을에서 세력이 컸던 집안의 성씨에서 따옴.

55 길의 형태가 새가 날개를 편 것 같은 모양.

56 '주성동'과 '오동동'의 명칭 반영.

57 '상신'의 중앙을 가로지르는 길.

58 '청남초등학교' 명칭 반영.

59 '모충초등학교' 정문으로 향하는 길로 나라의 초석이 될 인재를 기른다는 의미.

60 탑동 '현대아파트'로 진입하는 길.

61 화교 학교 명칭 반영.

(1)에 제시한 자료 중 전부요소로 쓰인 어휘를 의미 파악의 측면에서 살펴보면 그 뜻을 알아차릴 수 있는 것과 그렇지 못한 것으로 나누어 볼 수 있다. 각주에 부여 배경을 제시하지 않은 항목은 대체로 전자에 속하는 것이다. 그리고 부여 배경을 제시한 항목의 경우 의미 파악이 쉽지 않거나 추정을 하더라도 명명의 의도와 달리 해석될 소지가 많은 것들이다. 부여 배경을 제시한 항목을 중심으로 여기에 사용된 어휘의 실태를 분석하고 문제점이 무엇인지 살펴보기로 하자.

도로명만을 접하고는 명명의 의도를 추정하기 어려웠으나 부여 배경을 보고나면 그 의미를 파악할 수 있는 것으로 두 지역이나 시설물 명칭의 어두음을 활용하여 만들어진 부류가 있다. 이에 속하는 것으로 '강용, 미분, 삼보, 상우, 우수, 주오, 탑현……' 등을 들 수 있다. 그리고 시설물 명칭을 줄여 표현한 것으로 '교동, 내초, 북초, 대성여중, 용초, 청초……' 등이 있다. 이러한 방식의 명명은 지명어에서 일반적으로 나타나는 현상이므로 자연스러운 현상이라 하겠다.

부여 배경을 보고도 명명의 의도를 쉽게 파악할 수 없는 경우도 있다. 이 부류에 속하는 항목들은 조어법에 어긋난 경우가 대부분인데 그 대표적인 것이 '버든'이다. '옛 친구와 우정을 나누며 걷던 길'을 '버든'의 부여 배경으로 제시하였는데 명사 '벋'(현용 표기로는 '벗') 에 관형사형 어미로 보이는 '(으)ㄴ'을 결합하여 만든 특이한 명칭이다. '금솔, 중상, 안성, 새방' 등을 비롯하여 과도한 합침이나 줄임의 방법으로 만들어진 명칭들도 명명의 의도를 쉽게 파악할 수 없는 경우이다. 또한 '삼미, 삼육, 순말, 신세동, 율주' 등을 비롯한 어휘는 부여 배경과 합치되는 적절한 단어를 선택하지 못한 것들이다.

'모충초등학교' 정문으로 향하는 길로 나라의 초석이 될 인재를 기른다는 의미로 부여된 '초석'의 경우 '모초'라고 명명한 것보다 훨씬 나아 보인다. 또한 도로 양편의 주택이 기와집으로 형성되어 있어 고전적인 분위기를 나타내고 있음을 반영하여 명명된 '고전'도 성공적인 명명으로 보인다. 그러나 도로명 부여의 배경을 보고도 명명의 의도를 쉽게 파악할 수 없는 부류는 상당한 문제가 있어 보인다. 조어법의 질서를 파괴하지 않는 범위 내에서 도로명 명명이 이루어져야 할 것이다. 특히 극심한 비약으로 인하여 부여 배경과 명칭으로 사용된 단어가 일치하지 않는 경우가 발생해서는 안 될 것이다.

3. 기본형 후부요소를 취한 전부요소의 어휘

청주시 도로명 골목길의 후부요소는 크게 두 유형으로 나눌 수 있다. '길, 골목, 고 샅, 로' 등과 같이 단일어로 되어 있는 경우와 이들 각 낱말에 분할요소가 결합된 것이 있다. 후자를 확장형 후부요소라 하기로 하고 전자를 기본형 후부요소라 하였다. 기본 형 후부요소와 결합된 전부요소와 확장형 후부요소와 결합된 전부요소가 각각 어떤 특징을 지니고 있는지 알아보기로 한다.

청주시 도로 중 그 위계상 골목길에 속하는 것은 모두 375 항목이다. 이 중 기본 형 후부요소를 취하고 있는 것은 130개이다. 후부요소로 쓰인 어휘는 '길(107개), 골목 (20개), 로(2개) 고샅(1개)' 등 4개 단어이다. '로'와 '고샅'은 각각 2개와 1개의 도로명에만 쓰였을 뿐이며 '길'이 가장 적극적으로 쓰였고 부분적으로 '골목'이 쓰였음을 확인할 수 있다. 소로를 비롯하여 간선도로에 적극적으로 사용되는 '로'가 2회밖에 쓰이지 않은 것은 도로명 부여 원칙에서 골목길에는 '로'를 쓰도록 하지 않았기 때문이다. '길'을 비 롯한 기본형 후부요소에 결합된 130개의 개별어휘를 음절, 어종, 어구성, 명명의 배경 에 따라 살펴보기로 한다.

3.1. 음절

'고샅'을 후부요소로 삼고 있는 것은 1개인데 전부요소는 '안'으로 1음절어이다. 그리고 후부요소가 '로'인 것은 2개인데 전부요소로 사용된 어휘는 모두 2음절어이다. '골목'을 후부요소로 삼고 있는 것은 20개인데 그 중 전부요소가 2음절인 것은 17개, 3 음절인 것은 3개이다. '길'이 후부요소인 것 중 전부요소가 1음절어인 것은 1개, 2음절 어 74개, 3음절어 23개, 4음절어 8개 그리고 5음절어 1개로 되어 있다. 종합하면 기본 형 후부요소와 결합된 전부요소는 1음절어로 되어 있는 것이 2개(1.5%), 2음절어 93개 (71.5%), 3음절어 26개(20.0%), 4음절어 8개(6.2%) 그리고 5음절어 1개(0.8%) 등으로 되어 있다.

전부요소의 음절 형태는 2음절 내지는 3음절어가 가장 일반적인 형태임을 알 수 있다. 2 내지 3음절 전부요소에 기본형 후부요소 단음절 형태가 결합하면 한 음절이 늘어난 3 내지 4음절어로 명칭이 구성되는데 이러한 형태가 안정적이면서 경제적인 것으로 보인다. 반면에 전부요소만 4음절 이상인 경우 후부요소까지 결합하면 음절 수가 많아지므로 경제적이지 못한 형태가 된다.

전부요소가 4음절어인 것으로 '뒷말느티, 사직상가, 사직시장, 시영주택, 국개산 골, 송절방죽, 신촌고개, 지동새터' 등이 있으며 5음절어인 것은 '질구지웃뜸'이 있다. 이들 전부요소에 사용된 어휘는 모두 합성어이며 '시영주택'의 '시영'을 제외하고는 선 행하는 형태가 모두 해당지역의 지명어를 가져다 쓴 경우이다. 해당 지역의 지명어에 특색 있는 시설물이나 자연지리적 특성 등을 나타내는 어휘가 결합하여 도로명을 형 성하였음을 알 수 있다.

전부요소가 1음절어인 것은 '안'과 '감' 두 개인데 '안'은 '고샅'을 '감'은 '길'을 후부 요소로 삼아 각각 3음절과 2음절로 완성된 형태의 명칭을 이룬다. 경제성 면에서 '감 길'이 '안고샅'보다는 낮지만 안정성 면에서는 3음절어가 좋아 보인다. 이런 이유 때문 에 기본형 후부요소가 1음절어인 '길'이나 '로' 앞에 1음절 형태의 전부요소가 잘 쓰이 지 않은 것이 아닌가 한다.

3.2. 어종

전부요소로 쓰인 어휘를 어종에 따라 분류하면 고유어, 한자어 그리고 고유어와 한자어가 결합된 형식의 혼종어 등 3가지 유형으로 나누어 볼 수 있다. 후부요소 '골 목'에 결합된 고유어 전부요소는 2개이며 한자어는 18개이다. '길'에 결합된 고유어 전 부요소는 28개이며 한자어는 59개 그리고 혼종어는 20개이다. 후부요소가 '고샅'인 것과 '로'인 것까지 포함하여 종합하면 전부요소가 고유어인 것은 31개, 한자어인 것 은 79개 그리고 혼종어인 것은 20개이다. 후부요소 유형별로 해당 전부요소 어휘를 보이면 다음과 같다.

(2)

〈고유어〉

-고샅; 안.

-골목; 아름, 모롱이.

-길; 굽이, 뒷말, 뚝안, 버든, 보람, 산들, 서낭, 세말, 소담, 소라, 순말, 절
    골, 푸른, 햇님, 활터, 감, 안벌터, 개여울, 도래샘, 되터울, 모드니(←모
    든이), 바른맘, 밤고개, 범바위, 한마음, 해맑은, 뒷말느티, 질구지웃뜸.

〈한자어〉

-골목; 광천, 교동, 내초, 대동, 대성, 덕양, 덕우, 동서, 삼일, 수암, 신원, 와
    우, 자립, 평안, 표충, 화소, 기마대, 수원지.

-길; 건강, 경노, 경운, 고덕, 국민, 국화, 금슬, 낙가, 다복, 다정, 대경, 덕
    정, 동심, 명성, 법정, 보성, 봉화, 사모, 산책, 삼미, 삼인, 상월, 선행,
    성당, 성장, 성지, 성황, 수로, 수성, 암자, 양심, 영덕, 원광, 은광, 의
    자, 인정, 장미, 정화, 제방, 종반, 중문, 중상, 청죽, 출판, 탑현, 태광,
    해방, 행복, 향학, 혜성, 화합, 회관, 구서원, 덕암사, 상록수, 은하수,
    사직상가, 사직시장, 시영주택.

-로; 경희, 이삼.

〈혼종어〉

-길; 회골, 구터, 움막, 양달, 음달, 탑골, 능양말, 다정한, 두지동, 윗공예,
    은초롱, 정든, 중역골, 진동산, 참인정, 청남골, 국개산골, 송절방죽,
    신촌고개, 지동새터.

골목길의 경우 후부요소로 쓰인 어휘 중 한자어는 '로' 뿐이며 가장 적극적으로
쓰인 '길'을 비롯하여 '골목, 고샅'은 고유어이다. 그런데 전부요소로 쓰인 어휘는 고유
어보다 한자어가 배 이상 많다. 또한 혼종어가 쓰인 경우도 무시할 수 없을 정도이다.
이는 고유어는 고유어끼리 한자어는 한자어끼리 어울려 쓰이는 것이 자연스러운 현
상인데 한자어 전부요소에 고유어 후부요소가 배열됨으로써 음률이 맞지 않아 발음
이 상대적으로 자연스럽지 못한 경우가 있다.

고유어 후부요소 앞에 혼종어 전부요소가 놓이는 경우는 형태소 배열 유형에 따

라 자연스러운 조화를 이루는 경우도 있고 그렇지 못한 경우도 있다. 일반적으로 전부요소의 형태소 배열 방식은 '고유어 + 한자어' 형식으로 되어 있는 경우와 '한자어 + 고유어' 형식으로 되어 있는 경우로 나누어지는데 후자의 경우는 '길'을 비롯한 고유어 후부요소와 결합될 경우 자연스럽게 조화된다. 이는 비록 혼종어일지라도 고유어 후부요소와 직접 결합되는 위치에 고유어가 놓이면 자연스러운 구조가 됨을 알 수 있다. 청주시 골목길 명칭에는 [[한자어+고유어]전부요소] + [[고유어]후부요소]와 같은 형식을 지닌 경우가 많아 음률상 비교적 자연스럽게 조화되고 있다.

3.3. 명명의 배경

'길, 로, 고샅, 골목' 등 후부요소는 도로의 위계를 반영한 어휘로 분류요소 즉 속성 지명에 해당한다. 한편, 명명의 배경 즉 도로명 부여의 동기는 전부요소에 반영되어 해당 도로의 고유성을 확보한다. 그러므로 후부요소에 사용되는 어휘는 [+길]이라는 속성을 표현하는 네 가지로 단순하지만 전부요소는 각각의 도로가 지닌 차별적인 특징이 반영되어 있기에 다양한 어휘로 구성되어 있다. 성격요소로 다른 도로명과 변별되는 요소를 지니고 있는 전부요소 명명의 배경은 해당 도로의 특성에 근거한다. 지명어의 명명에서 가장 중요시되는 지리적 특성을 비롯하여 사회역사적 특성 등이 반영된다.

청주시(1999a)에서는 도로명 부여의 배경을 지명(옛), 지명(현), 역사, 시설물, 동식물, 순수, 기존, 기타 등으로 분류하여 제시하였다. '지명(옛)'은 해당 도로가 위치한 곳의 옛 지명을 살려 도로명을 부여했다는 것이고 '지명(현)'은 현재의 행정지명이나 자연마을 명칭을 반영하여 명명했다는 것이다. '시설물'은 도로가 통과하는 구간에 존재하는 대표적인 시설물이 배경이 된 경우라는 의미이며 '기존'은 기존의 도로명을 바탕으로 했다는 것이다. '순수'라고 한 것은 주민들이 자신들의 소망을 담아 순우리말로 부여한 도로명을 뜻하는 개념으로 사용하였다. 그리고 분류가 쉽지 않은 것은 '기타'로 처리하였다.

청주시 골목길 명칭 중 기본형 후부요소와 결합된 130개 전부요소 명명의 배경을 살펴보면 기타(30항목), 시설(28항목), 지명(현)(16항목), 특성(16항목), 순수(16항목), 지명(옛)(10항목), 동식물(6항목), 역사(4항목), 기존(4항목) 등으로 분류하였다.[62] 도로의 위계상 최하위 단위인 골목길의 특성상 도로의 통과 지점에 설치된 특색 있는 시설명이나 옛 지명을 비롯한 마을 이름 등이 명명의 배경이 되었다는 것은 쉽게 수긍이 간다. 이는 해당 지역의 지리적 배경과 사회·문화적 배경이 도로명 부여에 바탕이 되었다는 증거이기 때문이다. 그러나 '기타'와 '순수'로 처리한 것은 그 명명의 배경을 분명하게 파악할 수 없는 것으로 해당 지역의 특징을 반영하지 않고 자의적으로 부여된 이름이 아닌가 한다. 지금까지 논의한 결과를 표로 정리하면 〈표 1〉과 같다.

〈표 1〉 기본형 후부요소를 취한 전부요소의 어휘적 특징

전부요소 분류	후부요소	길	골목	고샅	로	계
음절	1음절어	1		1		2
	2음절어	74	17		2	93
	3음절어	23	3			26
	4음절어	8				8
	5음절어	1				1
어종	고유어	30	2	1		33
	한자어	58	18		2	78
	혼종어	19				19
명명의 배경	시설	20	7		1	28
	지명(현)	15	1			17
	특성	13	2	1		16
	순수	15	1			16

---

62 이러한 분류 기준은 논자에 따라 이론이 있을 수 있으며 특히 '특성' 항목은 적절하지 않아 보인다. 그러나 본고에서는 이 분류자료를 거의 그대로 활용하여 부여 배경을 살피고자 한다.

명명의 배경	지명(옛)	9	1			11
	동식물	6				6
	역사	3	1			4
	기존	1	3			4
	기타,	30	9		1	30

4. 확장형 후부요소를 취한 전부요소

전부요소가 확장형 후부요소와 결합하여 골목길 명칭을 형성한 경우는 245개 항목으로 기본형 후부요소를 취한 130개보다 항목 수에서는 월등하게 많다. 확장형 후부요소는 두 유형으로 나누어 볼 수 있는 데 '1, 2, 3, 4……' 등과 같이 일련번호를 분할요소로 삼은 것과 '동, 서, 남, 북, 사이, 좌, 우, 위, 아래……' 등과 같이 방위 관련 어휘에 의해 확장된 것이 있다. 후자를 방위형 분할요소라 하며 전자는 일련번호형 분할요소라 한다.[63]

본장의 논의 대상인 확장형 후부요소 245개 항목 중 일련번호형은 189개 항목이며 방위형이 51개 항목이다. 일련번호형의 분포가 방위형에 비해 4배 가까이 될 정도로 많음을 알 수 있다. 이는 도로명 후부요소에서 분할요소로 '1, 2, 3, 4……' 등 일련번호가 매우 활발하게 쓰이고 있음을 알게 하는 것이다. 일련번호와 방위 관련 분할요소를 동시에 취한 경우도 3개 항목이 있는데 '초석1샛길, 초석좌1로, 현암안2길' 등이 그것이다.

청주시 도로명은 예외 없이 전부요소와 후부요소로 구성되어 있다. 골목길 명칭 중 후부요소가 확장형인 것은 245개 항목인데 모두 전부요소를 지니고 있으므로 같

---

63 일련번호형과 방위형 외에 "1샛길, 좌1로, 안1길 등과 같이 일련번호와 방위를 나타내는 형태가 결합하여 분할요소를 형성한 경우가 몇 개 보이는데 이를 혼합형 후부요소라 할 수 있을 것이다. 또한 하나의 전부요소에 일련번호형 후부요소와 방위형 후부요소가 모두 결합한 경우가 있는데 이들 몇 개의 항목은 기타로 처리하여 본 논의를 전개하기로 한다.

은 수의 어휘가 쓰였을 것으로 생각하기 쉽다. 그러나 '금천1골목, 금천2골목, 금천3골목, 금천4골목, 금천5골목, 금천6골목, 금천너미길' 등의 경우 후부요소는 다르지만 전부요소는 모두 동일어 '금천'이다. 그러므로 확장형 후부요소와 결합된 전부요소를 단순계산하지 않고 동일어를 한 항목으로 처리하면 130개의 개별어휘를 얻을 수 있다. 즉 확장형 후부요소 앞에 놓인 전부요소의 연어휘는 245개이지만 개별어휘는 130개이다. 이들 어휘 중 일련번호형 후부요소를 취한 개별어휘가 83개이며 방위형과 결합된 것이 40개이다. 일련번호형이 두 배 이상 많음을 알 수 있는데 이는 앞에서도 살펴본 단순항목 비교의 경우 77 : 21로 일련번호형이 압도적으로 많았던 것에 비하면 그 비율이 63 : 31로 축소되었음을 알 수 있다. 이러한 결과는 확장형 후부요소를 만드는 방식 중 가장 일반적인 것은 기본형 후부요소 앞에 '1, 2, 3, 4……' 등 일련번호를 첨가하는 방법임을 알게 해준다. 또한 분할요소가 방위관련 어휘인 경우 그 확장이 많아야 5개 내외로 제한적[64]인 반면 일련번호인 경우 20개 이상도 가능하기 때문이다.[65] 이런 이유 때문에 단순 대비의 경우 일련번호형이 압도적으로 많을 수밖에 없는 것이다. 일련번호와 방위관련 분할요소를 동시에 취한 경우는 복대, 초석, 금천, 쌍샘 등 4개 단어이며 '산성, 현암' 그리고 '생이'는 후부요소를 각각 '안1·2길, 안2길과 소골목·제2로'로 삼고 있어 특이한 경우이다.

결과적으로 확장형 후부요소로 되어 있는 골목길 명칭은 245개 항목이지만 그 앞에 놓인 전부요소에 실제적으로 쓰인 어휘 즉 개별어휘는 130개이다. 이는 기본형 후부요소에서 논의한 전부요소 어휘 130개와 특이하게도 같은 수이다. 이런 결과는 기본형의 경우 도로명 항목수와 전부요소에 쓰인 어휘의 수가 일치하지만 확장형의 경우 도로명 항목수보다 전부요소에 쓰인 어휘의 수가 적기 때문이다. 즉 후부요소가 기본형인 것은 도로명마다 각기 다른 단어를 전부요소에 사용했기 때문이고, 확장형

---

64 방위형 분할요소는 동(좌), 서(우), 남(전, 앞), 북(후, 뒤), 중(안) 등 5개의 어휘가 분할요소로 참여하므로 그 확장이 제한적이라 할 수 있다.

65 청주시 도로명 중 전부요소 '남들' 다음에는 '1로'에서 '20로'까지의 후부요소가 결합되어 있다. 이밖에도 '10로'가 넘어가는 청주시 도로명이 있는데 '왕대14로, 복대11로, 대신11로, 청향10로, 수영10로, 수안10로' 등이 그것이다.

인 것은 하나의 전부요소에 2개 이상의 확장형 후부요소를 결합시켜 도로명을 부여
했기 때문이다. 이제 이들 130개 개별어휘의 특징을 3장에서와 같이 음절, 어종, 명명
의 배경 등의 측면에서 탐구하기로 하며 그 과정에서 기본형 후부요소에 사용된 전부
요소의 어휘와 어떻게 다른지도 더불어 파악하기로 한다.

4.1. 음절

확장형 후부요소와 결합하여 도로명을 형성한 전부요소는 2음절어가 90개
(69.2%)로 가장 많다. 3음절어와 4음절어는 각각 29개(22.3%)와 12개(9.2%)로 나타나며
1음절어와 5음절 이상인 것은 보이지 않는다. 기본형 후부요소의 경우와 마찬가지로
2음절어가 가장 많으며 3음절어 4음절어 순으로 분포를 보이고 있다. 다만 기본형 후
부요소에 비해 2음절어의 수가 조금 적고 3,4음절어의 수가 약간 많다는 점, 기본형
후부요소에 보이는 1음절어와 5음절어가 없다는 점 등이 다른 점이라 할 수 있다.

2음절어는 일련번호형 후부요소와 결합된 것이 57개이며 방위형과 결합된 것이
25개이다. 그리고 혼합형 및 기타로 처리할 수 있는 후부요소에 결합된 것이 7개이
다. '방서'(1길, 2길, 3길, 4길, 5길, 6길)를 비롯하여 2음절어가 3개 이상의 일련번호형 후부
요소에 결합된 어휘는 '고전, 덕벌, 방서, 사뜸, 삼각, 상좌, 성공, 안뜸, 용성, 조형' 등이
다. 그리고 방위형으로는 '성황'(서길, 남길, 안길)과 '용담'만이 3개 이상의 방위형 후부요
소와 결합된 전부요소의 어휘이다. 이를 통하여 볼 때도 일련번호형 후부요소가 방위
형에 비해 매우 생산적임을 알 수 있다. 일련번호형과 방위형이 혼합된 확장형 후부
요소로 '1샛길, 안1·2길' 등이 있으며 전부요소 '쌍샘'을 비롯한 몇 개의 전부요소는 '1
길(1골목), 2길(2골목), 3길(3골목)……' 등 일련번호형 후부요소와 '샛길 너미길' 등 방위형
후부요소를 함께 취하고 있다. 이들 부류에 속하는 것은 '금천, 복대, 산성, 생이, 쌍샘,
초석, 현암' 등 7개 어휘인데 모두 2음절어이다.

전부요소가 3음절어인 것은 일련번호형 19개, 방위형 10개 등 모두 29개이다. 이
중 전부요소 '다람쥐, 대성소, 새동네, 안덕벌, 참나무, 하니말' 등 6개의 어휘는 3개 이

상의 일련번호형 후부요소를 취하고 있다. 그러나 '안길'과 '샛길'이 주로 쓰인 방위형의 경우 10개 모두 하나의 후부요소만을 취하고 있다. 이에 해당하는 전부요소 어휘는 '강당말, 꽃다리, 변전소, 보라매, 서남들, 서원대, 원흥이, 질구지, 청여중, 풀초롱' 등이다.

전부요소가 4음절어로 되어 있는 것은 모두 12개였다. 일련번호형을 취한 전부요소로 '당산공원(2길), 대성여중(1길), 모충경노(1길), 방아다리(1길), 샛독쟁이(1길), 서촌신기(2길), 율량밤골(2길)' 등이다. 이들 항목은 모두 하나의 전부요소에 1길 아니면 2길로 하나의 후부요소만을 취하고 있다. 그 이유는 본 연구가 청주시 도로명 중 골목길만을 대상으로 한 것이므로 '당산공원1길'이 없이 '당산공원2길'과 같이 나타나는 것은 '1길'의 경우 소로급 도로에 해당하기 때문이다. 그리고 뒤에 보이는 항목들에서 '1길'로만 끝나고 '2길, 3길' 등이 없는 것은 '1길'은 골목길이고 '2길, 3길' 등은 소로이기 때문에 나타나는 현상이다.

방위형 후부요소 앞에 놓이는 4음절 전부요소로 쓰인 어휘는 '가경발산(안길), 모충언덕(샛길), 바우배기(안길), 사천새터(안길), 아랫궁뜰(안길)' 등 5개이다. 괄호 안의 후부요소를 보면 '안길'이 4개, '샛길'이 1개로 '안'과 '새(←사이)'가 분할요소로 쓰였음을 알수 있다. 이는 골목길의 특성이 반영된 것으로 보이며 모든 항목이 일련번호형에서와 마찬가지로 하나의 전부요소에 하나의 후부요소만을 취하고 있다. 소로급 도로를 포함하여 연구하면 더욱 분명하게 파악이 되겠지만 전부요소가 4음절인 경우 확장형 후부요소와의 결합이 제한적일 것으로 보인다. 왜냐하면 4음절 전부요소에 대체로 2음절 이상인 후부요소가 결합되면 음절수가 길어져 경제적이지 못하기 때문이다.

4.2. 어종

확장형 후부요소 앞에 놓인 전부요소도 어종에 따라 분류하면 고유어, 한자어 그리고 혼종어로 나누어 볼 수 있다. 일련번호형과 방위형 후부요소로 나누어 그 앞에 놓이는 고유어 전부요소를 보이면 다음과 같다.

(3)

일련번호형 앞에 놓인 고유어 전부요소(20개); 감나무, 겉대, 다람쥐, 다리
골, 덕벌, 모산[66], 방아다리, 배나무, 새동네, 샘골, 샛독쟁이, 서낭,
쇳때, 안덕벌, 안뜸, 윗궁뜰, 잉어[67], 진달래, 참나무, 하니말.

방위형 앞에 놓인 고유어 전부요소(9개); 꽃다리, 바랑, 바우배기, 벚꽃, 보
라매, 샛별, 아랫궁뜰, 질구지, 풀초롱.

전부요소로 쓰인 어휘가 한자어인 것을 일련번호형 앞에 놓이는 것과 방위형 후
부요소 앞에 놓이는 것을 구분하여 제시하면 다음과 같다.

(4)

일련번호형 앞에 놓인 한자어 전부요소(51개); 강용, 고전, 교동, 당산공원,
대성소, 대성여중, 대현, 동각, 동양촌, 모충경노, 모충사, 미분, 반
야, 방서, 보현, 보훈, 부흥, 삼각, 삼보, 삼육, 상대로, 상우, 상좌,
서운, 서촌신기, 석화, 성공, 송절, 수성, 신세동, 신영, 아향산, 어
당, 예덕, 오남, 오동, 왕대, 용성, 우수, 율주, 정가, 조형, 주오, 주
중, 청석, 청초, 초원, 충렬, 하봉, 한옥, 홍와촌, 화계, 화재.

방위형 앞에 놓인 한자어 전부요소(24개); 광명, 금고, 당산, 대월, 동심, 문
암, 반송, 변전소, 북초, 삼부, 상업, 서원대, 석교, 성가, 성황, 신기,
영산, 용담, 용초, 장전, 진성, 청여중, 향교, 후생.

고유어와 한자어가 결합하여 이루어진 혼종어 전부요소는 18개인데 위에서와
같은 방식으로 분류하면 다음과 같다.

---

66 '모산'은 대상물이 못(池) 안(內)에 위치하고 있다는 데에서 유래한 것이다.

67 '잉어'는 한자어 '鯉魚'를 바탕으로 발전된 형태로 보기도 하나, 오늘날 사용되는 형태가 한자 표기로 복
원될 수 없을 정도로 고유어화한 것이므로 고유어로 처리하기로 한다. 귀화어로 볼 수 있는 이러한 예
는 몽고어 차용어로 '보라매길'의 '보라'도 있다.

(5)

일련번호형 앞에 놓인 혼종어 전부요소(11개); 금솔, 내새, 북새, 사뜸, 새
방, 안성, 양지말, 율량밤골, 정상골, 탑골.

방위형 앞에 놓인 혼종어 전부요소(7개); 가경발산, 강당말, 내터동, 모충
언덕, 사천새터, 서남들, 원흥이,

혼합형 후부요소와 기타로 처리할 수 있는 7개 항목의 전부요소는 한자어인 것
이 5개이고 고유어인 것과 혼종어인 것이 각각 1개이다. '금천, 복대, 산성, 초석, 현암'
등은 한자어 전부요소이며 '생이'는 고유어, '쌍샘'은 혼종어 전부요소이다.

4.3. 명명의 배경

앞에서도 논의하였듯이 도로명을 비롯한 지명어 명명의 배경은 전부요소에 반영
되어 있다. 해당 지역 내지는 도로의 특성을 전부요소에 담아 표현하기 때문이다. 도
로명의 후부요소로 쓰이는 어휘 즉 '길, 골목, 로' 등은 도로의 특성이 담겨 있기보다는
명명의 대상이 도로임을 나타내고 있을 뿐이다. 이들 기본형 후부요소 앞에 분할요소
가 첨부되어 '앞길, 뒷길, 동길, 서길, 남길, 좌길, 우길……' 등의 확장형 후부요소를 형
성하기도 하지만 역시 그 대상이 길이며 단순히 앞, 뒤, 동, 서 등 위치정보만이 첨가
된 것에 불과하다. 특히 '1, 2, 3, 4……' 등 일련번호가 분할요소로 첨부된 확장형 후부
요소의 경우는 위치 정보도 제공하지 못하고 단순 나열에 머물고 있다.

청주시 용암동 등의 지명어에서 후부요소 '시'나 '동'을 생략하고 '청주'나 '용암'만
으로도 해당 지역을 지칭할 수 있듯이 사실상 지명어에서 생략할 수 없는 부분이 전
부요소이다. 기본형이나 확장형 모두 후부요소가 '도로'라는 부류를 표현하는 것에 불
과하여 형식적으로 결합되는 반면 전부요소는 도로의 특징이 실질적으로 반영되어
있는 부분이다. 청주시 도로명 자료에 의하면 전부요소 부여의 배경으로 기존도로명
반영, 현지명이나 옛 지명 반영, 시설물 명칭 반영, 역사성 반영…… 등을 들고 있다.

3.3에서와 같은 방식으로 청주시의 자료를 거의 그대로 살려 전부요소 부여의 배
경을 살펴보기로 한다. 골목길 명칭 중 확장형 후부요소와 결합된 130개 전부요소 명

명의 배경을 살펴보면 현용 지명을 반영한 것이 47개 항목으로 가장 많으며 옛 지명을 반영한 것도 22개나 된다. 결국 절반이 넘는 69개 항목이 현용 지명이나 옛 지명을 반영하여 골목길 명칭을 부여하였음을 알 수 있다. 그 다음으로 많은 수가 시설명을 반영한 것인데 27개 항목이 이에 속하며 특성(10항목), 동식물(8항목), 역사(6항목), 기타(6항목), 순수(3항목), 기존(1항목) 등의 순으로 나타난다.

기본형 후부요소와 결합된 전부요소의 경우보다 골목길이 위치한 자연마을 이름이나 법정동의 명칭이 활발하게 도로의 이름으로 쓰였음을 알 수 있다. 이는 도로명 부여에서 시설물 명칭을 가져다 쓰는 것과 더불어 매우 편의적인 방법이라 할 수 있을 것이다. 또한 마을의 이름과 도로명이 일치하므로 손쉬운 정보 전이의 방법이라 할 수 있을 것이다. 이를 통하여 보면 전부요소가 결합되는 방식은 확장형이나 기본형이나 별 차이가 없음을 알 수 있다. 지금까지 논의한 사항을 표로 정리하면 〈표 2〉와 같다.

〈표 2〉 확장형 후부요소를 취한 전부요소의 어휘적 특징

전부요소 분류	후부요소 유형	일련번호형	방위형	혼합형 및 기타	계
음절	2음절어	57	25	7	89
	3음절어	19	10		29
	3음절어	7	5		12
어종	고유어	20	9	2	31
	한자어	51	24	5	81
	혼종어	11	7		18
명명의 배경	지명(현)	29	13	5	47
	지명(옛)	17	4	1	22
	시설	13	13	1	27
	특성	8	2		10
	동식물	5	3		8
	역사	3	3		6
	순수	1	2		3
	기존	1			1
	기타	6			6

5. 결론

도로명의 구조는 지명어의 일반적인 구조와 같이 전부요소와 후부요소로 이루어져 있다. 도로명 중 골목길에 사용된 후부요소는 기본형으로 '길, 골목, 고샅, 로' 등이 있으며 여기에 분할요소가 첨가되어 '1길, 2길, 3길……, 앞길, 뒷길, 동길, 남길……' 등의 확장형 후부요소를 형성한다. 본고의 논의 대상인 청주시 골목길 375개 항목 중 기본형 후부요소를 취한 것은 130개 항목이며 확장형 후부요소를 취한 것은 245개 항목이다. 기본형과 확장형 후부요소 앞에 놓인 전부요소의 개별어휘는 260개인데 이를 대상으로 탐구한 결과 다음과 같은 사항을 파악할 수 있었다.

음절의 측면에서 1음절어와 5음절어는 기본형 후부요소와 결합된 전부요소에만 각각 1개씩 나타난다. 4음절어는 모두 20개가 나타나나 5음절어와 더불어 경제적이지 못한 형태이다. 가장 많이 나타나는 것은 2음절어로 182개 어휘이며 비율로는 70%에 해당하는 것이다. 3음절어는 55개(21%)가 나타나는데 기본형 후부요소와 결합된 것이 26개, 확장형을 취한 것이 29개이다. 3음절 형태의 전부요소가 기본형 후부요소와 결합되면 도로명 전체 음절수가 4음절 이상이 되고 확장형과 결합하면 5음절이상이 된다. 결과적으로 가장 안정된 형태이면서 경제적인 것은 전부요소가 2음절어인 것으로 보인다. 이런 이유 때문에 2음절어가 절대적으로 많이 나타나는 것으로 볼 수 있다.

어종의 측면에서 전부요소의 어휘가 고유어인 것은 64개(25%), 한자어인 것은 159개(61%) 그리고 고유어와 한자어가 결합하여 이루어진 혼종어인 것은 37개(14%)이다. 서구외래어가 도로명에 사용되지 않은 것은 다행스러운 일이나 고유어에 비해 한자어의 비중이 월등하게 많다는 점은 개선해야 할 문제로 보인다. 특히 골목길에 쓰이는 후부요소는 고유어 '길'과 '골목'인데 한자어 전부요소와 결합하면 음률상 조화를 이루지 못하는 경우도 있기 때문이다.

도로명 부여의 배경으로 현용 지명과 옛 지명을 바탕으로 한 것이 94개로 가장 많이 나타난다. 그 뒤를 잇는 것이 시설명(55개)을 바탕으로 한 것이며 특성(26개), 순수(19개), 동식물(14개), 역사(10개), 기존 도로명(5개) 등으로 나타난다.

옛 지명을 바탕으로 도로명을 삼음으로써 사라져 가던 어휘를 회생시키는 긍정적인 결과를 낳았다. 또한 초등학교 정문으로 향하는 길을 '초석', 기와집을 비롯한 전통가옥이 늘어선 골목을 '고전'이라 하는 등 바람직한 도로명 부여가 있었다. 반면에 부여 배경을 보고도 명명의 의도를 쉽게 파악할 수 없는 경우와 조어법에 어긋난 것도 있었다. 또한 과도한 합침이나 줄임의 방법에 의한 비약적 명명으로 도로명 부여의 배경에 합당하지 않은 단어를 선택한 경우도 있었다.

이상의 논의를 통하여 얻어진 결과가 새주소 사업의 이론적 기초를 수립하는 데 조금이라도 보탬이 되기를 기대한다. 더불어 언어, 지명 등과 관련된 국가적인 사업을 수립할 때 인문학자의 적극적인 이론 개발이 그 사업을 성공시킬 수 있다는 인식을 가져야 함을 강조하고자 한다.

제34장

행정중심복합도시 명칭 제정의
경과와 전망

1. 서론

모든 사람이 자신의 고유한 이름을 갖고 있듯이 사람이 사는 곳에도 이름이 있다. 아이가 태어나면 부모를 비롯한 가족들은 그들의 소망을 담아 이름을 지어 준다. 이러한 이름 즉 명칭은 사람에게만 부여되는 것이 아니고 새로운 도로가 개설되고 도시가 생겨나면 그에 알맞은 명칭이 부여된다. 行政中心複合都市(이하 행복도시) 건설 사업이 본격적으로 추진됨에 따라 가능하면 일찍 도시명칭을 제정해야 할 필요성이 커졌다. 행정중심복합도시, 행정중심도시, 행정도시, 행복도시 등 통일되지 않은 다양한 명칭의 사용에서 오는 혼란을 방지하기 위해서도 도시의 명칭 확립은 필요하다. 또한 명칭을 조기에 확정함으로써 도시건설 업무 추진 과정에서 일관된 이름을 사용하고 나아가 도시의 정체성을 확보한다는 측면에서도 의미 있는 일이다.

아이의 이름을 지을 때 부모의 소망을 그 속에 담듯 행복도시의 명칭도 이 도시가 지닌 특성을 담아 그 명칭을 부여하여야 할 것이다. 일반 도시의 명칭을 제정할 때 고려해야 할 요소인 지리적 특성이나 역사성도 중요하지만 행복도시의 특성을 최우선적으로 고려해야 할 것이다. 이 도시의 특성은 행정중심복합도시 건설특별법 제6조에 "國家均衡發展을 先導할 수 있는 行政機能 중심의 複合形 自足都市"라고 명시되어 있다. 또한 이 도시가 지향하는 바가 "자연과 인간이 어우러지는 쾌적한 親環境都市",

"便利性과 安全性을 함께 갖춘 人間中心都市", "文化와 尖端技術이 조화된 文化 · 情報都市" 등으로 집약되고 있다. 우리는 이러한 특성을 반영한 이름을 이 도시에 붙여주어야 한다.

행복도시건설청에서는 이런 사항을 고려하여 도시의 명칭을 제정하고자 심의위원회를 구성하였다. 여기에서는 행정중심복합도시 명칭제정위원회 구성에서부터 명칭 제정을 위한 경과와 그 결과에 대하여 기술하고자 한다. 가급적 필자의 주관적인 입장을 피하고 객관적으로 기술하고자 하며 이러한 논의는 추후 신도시나 국가 시설물 명칭의 명명에도 참고가 될 수 있을 것으로 기대한다. 더불어 최근 확정된 명칭 '세종(世宗, Sejong)'이 국민적인 호응을 받으면서 성공적으로 정착하고 국제적으로도 인지도를 높일 수 있는 노력이 있어야 함을 강조하고자 한다.

2. 행정중심복합도시 명칭 제정의 경과

2.1. 도시명칭제정심의위원회 설치의 배경

도시의 명칭을 조기에 확정함으로써 도시건설 업무추진 과정에서 일관된 이름을 사용할 수 있고 도시의 정체성을 확보한다는 측면에서 명칭 제정은 가능하면 조속히 이루어지는 것이 바람직하다. 이를 위하여 행복도시건설청에서는 2006년 3월 14일 도시명칭제정 추진계획을 수립하고 3월 31일 행복도시 건설추진위원회 기획운영조정소위원회에 보고하였다. 이 소위원회에서는 이를 검토한 후 제정의 필요성을 인식하고 도시명칭제정심의위원회 및 소위원회 구성 · 운영계획을 수립하도록 하여 전체회의에 보고하였다. 이에 따라 5월 3일 행복도시 건설추진위원회 전체회의에서는 명칭을 제정하여야 한다는 결정이 이루어지게 된다.

5월 3일의 결정에 따라 도시 명칭을 합리적이고 객관적으로 제정하기 위하여 전문성과 대표성을 갖춘 인사들로 심의위원회를 구성하게 된다. 이에 따라 도시명칭제정심의위원회에서는 도시명칭 제정에 따른 추진일정, 국민공모 방법 및 심사기준 등을 논의하게 되었다. 또한 행복도시 건설추진위원회에서는 심의를 통하여 제시된 우수명칭 중 하나를 이 도시의 명칭으로 확정하는 절차를 갖게 된다.

2.2. 도시명칭제정심의위원회 구성

행복도시의 도시 명칭 제정을 위한 도시명칭제정심의위원회가 각계 전문가 23명으로 구성되었다. 행복도시건설청에서는 2006년 4월 전국 지방자치단체와 지명 관련 단체의 추천을 받아 이 위원회를 구성하게 되었다. 23명의 위원 중에는 지명전문가 5명, 지리전문가 4명, 역사전문가 3명, 도시계획전문가 3명 등을 비롯하여 작가, 시인, 국어학자, 국문학자, 향토사학자, 경제학자, 관련 공무원 등이 포함되어 있다. 도시명칭과 관련하여 그 직접적인 전문가라 할 수 있는 지명학자를 비롯하여 관련 있는 분야의 전문가가 망라된 위원회의 구성이었다. 위원들의 출신 지역도 적절한 안배가 이루어졌으나 이 도시가 건설되는 지역인 연기, 공주, 그리고 대전·충청 지역에는 다른 지역보다 조금 더 인원을 할당한 것으로 보인다.

위원회의 효율적이고 원활한 운영을 위하여 첫 번째 회의에서는 김안제 한국자치발전연구원장을 위원장으로 선임한 후 소위원회를 구성하기로 하였다. 이 소위원회는 도시명칭 제정에 있어 세부적이고 구체적인 사안에 대한 심의를 효율적으로 하기 위하여 10명으로 구성하였으며 권용우 성신여대 교수(도시지리 전공)를 위원장으로 선임하였다.[1]

위원회에서는 도시명칭 제정을 위한 기본 계획을 확정하는 등 명칭 제정에 관한 대부분의 사항을 담당하도록 되어 있다. 그러므로 이 위원회의 주요 임무는 도시명칭 제정 추진일정 확정, 도시명칭 국민공모안 마련, 심사기준 및 심사방법 확정, 심사를 통한 우수명칭 확정 등이다. 이상의 업무 전반에 대하여 소위원회에서는 구체적이고 세부적인 사항을 심도 있게 논의한 후 그 결과를 본회의에 상정하도록 하였다. 그렇

---

1 이 위원회의 위원 명단은 〈부록 1〉로 제시한다.

게 함으로써 보다 효율적인 논의가 본위원회에서 이루어짐은 물론 사안마다 분명한 결론을 도출하여 이 업무를 보다 객관적이고 투명하게 추진할 수 있기 때문이다.

2.3. 도시명칭제정심의위원회 운영 경과

2.3.1. 제1차 본위원회[2006년 5월 30일(화)]

도시명칭제정심의위원회의 구성이 완료되고 제1차 회의가 2006년 5월 30일(화) 행복도시건설청 대회의실에서 개최되었다. 이날 회의에는 23명의 위원 중 18명이 참석하였으며 이춘희 행복도시건설청장의 인사말(도시명칭 제정 추진계획 및 위원회 운영 당부 등 설명)이 있은 후 다음과 같은 사항들이 논의되었다.

대부분의 위원회 첫 번째 회의가 그렇듯이 위원장과 부위원장 선임이 가장 먼저 이루어졌으며 위원회의 효율적인 운영을 위하여 소위원회가 구성되었다. 본위원회의 위원장은 한국자치발전연구원장인 김안제가 선임되었으며 부위원장에는 행복도시건설청 주민지원본부장인 이병훈이 선임되었다. 그리고 소위원회는 10명으로 구성되었으며 위원장으로 성신여대 교수인 권용우가 선임되었다. 소위원회는 당초에 7명으로 구성할 계획이었으나 여성, 공주·연기 지역 위원 배려 차원에서 10명으로 확대 구성되었다.

위원회의 조직 구성이 완료되고 이날 논의된 사항은 다음과 같다.

① 도시명칭 제정 추진일정 논의

• 대체로 행복도시건설청에서 제시한 계획대로 추진하기로 하였다.

• 개략적인 일정은 국민공모('06.7~9), 도시명칭 심사('06. 10), 국민선호도조사('06. 11), 명칭 확정('06. 12) 순으로 일정이 진행될 것이다.

② 도시명칭 선정 심사기준 및 방법 논의

• 심사기준은 역사성, 지리적 특성, 상징성, 도시특성, 대중성, 국제성 등 6개 항목으로 설정하기로 하였다.

• 각 항목 별 배점과 구체적인 심사방법 등은 소위원회에서 검토하여 차기 위원

회에 보고하도록 하였다.

③ 도시명칭 국민공모 방법 논의

• 법인 및 단체에도 응모할 수 있는 자격을 부여하며 공모 사실을 국민들에게 널리 알려 전국적인 관심을 불러일으킬 수 있도록 신문광고도 추진한다.

④ 위원회 또는 위원 개인의 '도시명칭' 제안 허용 여부 논의

• 위원 개인명의 제안은 불허하기로 한다. 다만, 국민공모 심사결과 제안된 명칭들이 수준에 미달한다고 판단될 경우 심사과정에서 위원회의 제안을 허용한다. 이 경우 포상에서는 제외된다.

⑤ 우수제안자 포상 논의

• 최우수상 1명(상금 5백만원과 대통령 상장), 우수상 3명(상금 각 1백만원과 국무총리 상장), 장려상 3명(상금 각 50만원과 행복도시건설청장 상장), 가작 3명(상금 각 20만원과 행복도시건설청장 상장) 등으로 포상한다.

• 최우수 명칭 수상자에게는 시청사내 기념 표석 설치 방안 등을 검토하며 우수 명칭을 여러 사람이 동시에 제안시 가장 먼저 응모한 자를 선정하는 것은 문제가 있으므로, 결정방법은 소위원회에서 검토하여 차기 본회의에 보고하도록 한다.

⑥ 도시명칭 공모서 양식 논의

• 공모서 양식의 '응모사유'를 '제안배경'으로 하고 심사기준별로 제안배경을 약술할 수 있도록 한다.

• 공모서는 명칭 선정 심의 작업의 능률화를 위해 1장 이내로 작성토록 하되, 제안 배경의 근거가 될 수 있는 자료는 별도로 제출할 수 있게 한다.

• 이상의 사항을 바탕으로 소위원회에서 구체적인 안을 마련한 후 다음 회의에서 확정하기로 한다.

⑦ 국민선호도조사와 관련된 논의

다음 사항을 참고하여 소위원회에서 논의한 후 본위원회에 상정하기로 한다.

• 도시명칭제정심의위원회에서 선정한 우수 도시명칭(10개)에 대하여 전문 여론 기관을 통한 국민선호도 조사를 실시한다.

- 그 결과는 제정 과정의 투명성 확보를 위해 대외에 발표하며 선호도 조사 결과를 원칙적으로 수용하되, 특별한 사유가 있는 경우 도시명칭제정심의위원회 및 추진위원회에서 수정이 가능하다.

⑧ 기타 사항 논의

- 도시명칭 이외의 하위명칭 즉 동명 도로명 등의 제정 문제가 거론되었으나 이는 본위원회에서 논의할 사항이 아닌 것으로 정리하였다.
- 위원회 운영방식에 대한 논의도 있었는데 위원회는 재적위원 과반수 출석과 출석위원 과반수 찬성으로 의결하는 것이 일반적이다. 그러나 위원회 위원이 23명으로 12인 이상 참석 시 성원이 되고, 6인 이상이 찬성하면 의결되므로 전체인원 23명에 대해 6명(26%)은 너무 적은 인원으로 문제가 있음이 제기되었다. 논의 결과 과반수 출석으로 성원하고 출석인원 2/3가 찬성하는 경우 의결하는 것으로 조정하였다.

2.3.2 제1차 소위원회[2006년 6월 13일(화)]

제1차 본위원회에서 위임된 사항을 구체적이고 심도있게 논의하기 위하여 제1차 소위원회가 2006년 6월 13일(화) 15시부터 행복도시건설청 주민지원본부 2층 회의실에서 개최되었다. 10명의 위원 중 8명이 참석한 이날 소위위원회에서는 도시명칭 심사기준과 우수명칭 선정 방법 등이 다음과 같이 논의되었다.

① 심사항목 별 배점 기준안을 아래와 같이 두 개의 안으로 마련하여 본 위원회에서 결정하도록 하였다.

〈표 1〉 심사항목별 배점 기준안

구분	합계	역사성	지리적 특성	상징성	도시특성	대중성	국제성
제1안	100	30	30	10	10	10	10
제2안	100	25	25	15	15	10	10

② 국민공모를 통하여 접수된 도시명칭 심사방법으로 소위원회 각 위원은 전문
　가적 식견에 따라 위원별 50위까지 우수명칭을 선정하고, 소위원회는 이를 종
　합하여 20위까지 선정하기로 한다.

③ 본 위원회는 소위원회가 선정한 우수명칭 20개를 대상으로 심사항목별 배점
　기준에 따라 10개 이내의 우수명칭을 선정하기로 한다.

④ 본 위원회가 선정한 우수명칭을 대상으로 여론조사 전문기관을 통하여 국민
　선호도조사를 실시한다. 국민선호도 조사 결과는 투명성 확보를 위해 대외에
　발표하기로 하며 그 결과(순위)는 존중하되, 본위원회 및 행복도시 건설추진위
　원회가 주도적으로 명칭을 제정한다.

⑤ 동일 우수 명칭에 2인 이상 응모한 경우에는 제안배경 우수자를 포상하되, 제
　안배경이 유사한 경우는 먼저 접수된 응모자로 결정한다. 우수명칭 제안자가
　다수일 경우 건설청 형편에 따라 별도 시상방안을 강구한다.

　이상의 논의 외에도 공정하고 객관적인 심사를 위하여 심사위원들이 응모자를
알 수 없도록 '도시명칭 응모서' 양식을 마련하기로 하였다. 또한 본위원회를 조기 개
최하여 도시명칭 제정 세부추진 계획을 마련하여 행복도시 건설추진위원회에 보고하
기로 하였다.

2.3.3. 제2차 본위원회[2006년 6월 27일(화)]

　제1차 소위원회에서 논의된 내용을 검토하여 명칭 제정의 기본 방향과 일정을
확정하기 위하여 6월 27일(화) 14시부터 행복도시건설청 회의실에서 제2차 본위원회
가 열렸다. 이날 회의에는 23명의 위원 중 13인이 참석하였으며 국민공모에 응모한
도시명칭의 심사방법, 국민선호도조사 방법, 우수명칭 제안자 포상방법 등 다음과 같
은 사항이 논의되었다.

① 국민공모에 응모한 도시명칭 심사 방법 논의

　소위원회의 각 위원은 전문가적 식견에 따라 위원별로 우수명칭 50개를 선정

하고, 소위원회(10인)는 이 결과를 종합하여 20개를 선정하기로 하였다. 본 위원회는 소위원회가 선정한 우수명칭 20개와 제안을 제한한 '행복'등의 명칭 중에서 심사항목별 배점기준에 따라 10개 이내의 명칭을 선정하기로 한다. 심사항목과 각 항목별 배점은 소위원회에서 제시한 안 중 제1안으로 확정하였다.

② 국민선호도 조사 방법 논의

본위원회가 선정한 우수명칭을 대상으로 여론조사 전문기관을 통하여 국민선호도조사를 실시하기로 하며 제3차 위원회에서 구체적인 방안을 더 논의하기로 하였다. 또한 국민선호도 조사결과는 투명성 확보를 위해 발표하되, 순위는 공개하지 않기로 하였다. 본위원회에서는 국민선호도조사 결과를 참고하여 행복도시건설추진위원회에 상정할 우수명칭의 개수 등을 추후 논의하기로 하였다.

③ 우수 도시명칭 제안자에 대한 포상 방법 논의

도시명칭 제정의 경우는 일반 문예작품 공모와는 달리 당선작을 제외한 후순위 명칭은 의미가 크지 않다는 점에서 당선작만을 포상하기로 하였다. 이에 따라 당초 최우수상, 우수상, 장려상, 가작 등 등급을 나누어 포상하기로 하였으나 그 명칭도 당선작과 우수작으로 하기로 하였다. 이를 정리하면 다음과 같다.

〈표 2〉 우수명칭 제안자에 대한 포상 방법

당초	변경
최우수상(1인) 대통령상장, 5백만원	※당선작 1인(대통령상장)
우수상(3인) 국무총리상장, 각 1백만원	• 상금 1천만원
장려상(3인) 건설청장상장, 각 5십만원	※ 우수작 (n)
가작(3인) 건설청장상장, 각 20만원	• 1,000만원/n(청장상장)

당선작과 동일한 명칭을 2인 이상이 제안한 경우 제안배경이 우수한 것, 제안배경이 유사한 경우는 먼저 접수된 것을 당선작으로 하기로 하였으며 상장은 행자부와 협의하여 준비하기로 하였다.

④ 기타 논의
- '도시명칭 응모서'의 양식을 조정하여 제안 배경을 충실하게 기재할 수 있도록 하며, 심사의 공정성 확보를 위해 제안자의 인적 사항이 노출되지 않도록 하기로 하였다.
- 국민선호도 조사를 2회 실시할 경우 상이한 조사 결과를 종합하는 데 어려움이 있을 수 있으므로 그 횟수를 1회만 실시하는 방안도 고려하기로 하였다.
- 위원회 의사결정 방법에 대하여 제1차 본위원회에서 의결정족수를 강화하기로 하였으나 찬반양론이 첨예하게 대립될 경우 의사 결정이 지연되는 문제가 있으므로 재적위원 과반수 출석으로 개회하고 출석위원 과반수 찬성으로 의결하는 위원회 규정대로 하기로 하였다.
- 국민공모를 위한 광고 방법으로 일간신문 및 인터넷 포털 사이트, 옥외 전광판 등 여러 가지 매체를 활용하는 방안을 강구하기로 하였다.

한 번의 소위원회와 2번의 심의위원회를 거치면서 도시명칭 제정의 기본방향과 대체적인 일정이 마련되었다. 더불어 일정에 따라 소위원회와 본위원회가 해야 할 일들도 아래 일정표와 같이 계획되었으며 도시명칭 응모서 양식도 〈부록 2〉와 같이 확정되었다.

〈 표 3 〉 도시명칭 제정 세부 일정 계획표

추진과제	추진일정
① 도시명칭제정 추진계획 수립	'06.3.14
② 도시명칭제정심의위원회 구성(23명) - 소위원회 구성(10명)	'06.4.28 ('06.5.30)
③ 제1차 도시명칭제정심의위원회 개최 ※ 추진일정, 공모방법, 심사기준 등 논의	'06.5.30

④ 제1차 도시명칭제정심의 소위원회 개최 ※ 도시명칭 심사방법 등 위원회 위임사항 논의	'06.6.13
⑤ 제2차 도시명칭제정심의위원회 개최 ※ 소위원회 논의사항 확정	'06.6예정
⑥ 도시명칭제정 추진계획 행복도시건설추진위원회 보고 ※ 추진일정, 공모방법, 선호도조사 방법 등 확정	'06.6예정
⑦ 도시명칭 국민공모 실시(건설청) - 지자체 통보	'06.7~9
⑧ 국민공모 결과 우수명칭(20개) 선정 (제2차 도시명칭제정심의소위원회 개최)	'06.10
⑨ 우수명칭(10개) 선정 (제3차 도시명칭제정심의위원회 개최)	'06.10
⑩ 우수명칭(10개이내) 국민선호도 조사(건설청, 2회) - 관련 지자체 및 지방의회 의견수렴 (지방자치법 제4조) ※ 전문조사기관 활용, 조사결과 대외발표	'06.11
⑪ 국민선호도 조사결과 심사 (제4차 도시명칭제정심의위원회 개최) ※ 국민선호도조사(2회) 결과를 종합하여 순위 결정 ※ 포상대상자 선정	'06.11
⑫ 도시명칭 확정(행정중심복합도시건설추진위원회) ※ 포상대상자 결정	'06.12
⑬ 우수제안자 시상	'07.1
⑭ 입법 추진(행자부)	미정

2.3.4. 도시명칭 국민공모와 접수 결과

도시명칭제정심의위원회의 논의 결과에 따라 국민공모를 실시하게 되었다. 도시
명칭 국민공모 광고 문안은 〈부록3〉과 같으며 9월말까지 제안서를 접수한 결과 2,160
건이 응모하였다. 이는 우리나라에서 지금까지의 명칭 공모사상 가장 많은 수가 응모

한 것이며[2] 전국 16개 시도는 물론 미국, 태국, 피지 등 해외동포도 참여하였다. 지역별 응모 현황을 보면 경기도가 445건으로 가장 많았으며 대전(443건), 서울(393건) 충남(159건) 등의 순이었다.

응모자 중 최연소자는 대전 화정초등학교 5학년에 재학 중인 만 11세 김영은 양(1995. 2. 16일생)이 '장남시(長南市)'와 '연미시(燕尾市)'를 제안하였다. 또한 최고령자는 경기도 고양시 일산에 사는 만 79세 이원규(1927.11.29일생)로 중경시(中京市)와 새도읍(都邑)시를 제안하였다. 제안된 명칭 중에는 동일 명칭에 대하여 여러 사람이 응모한 경우도 많았는데 장남(長南)시(36명), 행복시(34명), 한울시(33명), 세종시(28명), 금강(錦江)시(27명), 가온시(24명) 등이 그것이다. 비교적 여러 사람에 의해 제안된 명칭을 제시하면 다음과 같다.

(1)
장남, 행복, 한울, 세종, 금강, 가온, 연주, 누리, 우리, 평화, 중경, 중원, 새서울, 미래, 청명, 아사달, 한빛, 홍익, 대한, 하나, 가온누리, 미소, 희망, 한마루, 아름, 중앙, 대평, 미르, 중도, 신시, 무지개, 백제, 태극, 새누리, 온누리, 세중, 마루, 한경, 한우리, 도원, 대동, 한누리, 금원, 무궁화, 한백, 웅비, 늘푸른, 산수, 해피시티, 새희망, 아리랑, 배달, 아람, 해오름, 연공, 웅진, 고려, 금성, 선도, 대청, 두레, 문화, 보금, 삼기, 나래, 신경, 어울, 연기, 한맥, 한성, 태평, 미리내, 김구, 다산, 새한, 청정, 가우리, 고구려, 광개토, 다원, 대경, 대명, 두리, 비나리, 산천, 새나래, 신성, 신주, 은하수, 자연, 전원, 중정, 한아름, 한주, 호강, 곰나루, 금경, 으뜸, 천지인, 충정, 한가온, 한겨레,

제안된 명칭들을 살펴보면 장남, 연기, 연주, 삼기, 연공, 대평, 웅진 등 행복도시의 위치와 관련된 명칭이 눈길을 끈다. 또한 인물을 비롯하여 우리나라 역사에 등장

---

2 이는 행정도시 건설에 대한 국민들의 높은 열기가 반영된 것으로 보인다. 참고로 최근 명칭 공모 응모 실적을 보면 한강 노들섬예술센타 1,832건, 진천·음성혁신도시 433건, 영암·해남기업도시 210건, 대구혁신도시 154건, 무주태권도공원 178건 등이다.

하는 명칭으로 세종, 김구, 다산, 광개토, 아사달, 고구려, 백제, 고려, 신시, 배달, 금성, 한성, 한주 등도 있다. 가장 많은 어휘는 제안자가 나름대로 상상한 이 도시의 상징성과 관련된 것들로 한울, 가온, 누리, 평화, 미래, 청명, 한빛, 새희망, 청정, 아람…… 등이다.

　　위에 제시한 명칭 중 '해피시티'를 제외하고는 모두 고유어나 한자어 어휘였다. 그러나 한 사람 또는 몇몇 사람에 의해 제시된 명칭 중에는 서구어 또는 이에 바탕을 두고 형성한 명칭을 비롯하여 서구어와 고유어, 또는 서구어와 한자어를 결합하여 만든 혼종어도 다수 보였다. 특히 표기까지도 로마자(영문자)로 한 경우도 있었는데 그 대강을 보이면 아래와 같다.

　　　　(2)
　　　해피타운, 해피아, 해피스미트, 하르모니아, 하모니, 하우드, 파라다이스, 파라곤, 코리아허브시티, 코아, 코레스, 유토피아시티, 유니시티, 유니온, 에시타운, 엠퍼스, 스타, 매트로피아, 라온폴리스, 랜드피아, 러브원, 뉴센트럴시티, 뉴밀레니엄, 뉴드림시, 뉴코리아, 굿모닝시티,

　　　행정허브, 행정드림, 행정델타, 한국허브시티, 하나로카운티, 충청환타스틱벨리, 충청멀티메트로폴리스, 원수토피아, 원수테크노벨리, 새서울행정뉴시티, 금강퍼브릭가든시티, 가온메트로, 가온누리센텀시티, 코레울,

　　　Aprosia, Asolutely Ideal, Center Ring, BS, CL, Color City, Felicity, Grand-Open, Harmony, H-city, Heart-city, K-Calm, WARM, Mega도시, N-멀티시티, NS이룸도시, 호람GC

　　　(2)에서 보인 어휘를 통하여 명칭과 관련된 국민들의 의식을 일단을 엿볼 수 있다. 최근 몇 년 사이 각 건설사가 분양하는 공동주택의 이름이나 공공시설물의 서구식 명칭에서 영향을 받은 결과가 아닌가 한다. 센트럴시티, 메트로시티, 파크타운, 플럼빌리지, 북한산시티, 홈타운, 골든캐슬, 드림월드, 그린빌, 가람타운, 브라운스톤, 스카이뷰, 하이페리온 지웰시티, 아이파크 등 서구어에 기반을 둔 명칭 어휘들이 헤아릴

수 없이 많은 것이 현실이다. 고유어의 보존과 국어 문화 창달이라는 측면에서 국가적인 사업과 관련 있는 명칭 공모에서는 이러한 의식 없는 명칭 제안은 금지하는 방안이 마련되었으면 한다.

2.3.5. 제2차 소위원회[2006년 10월 10일(화)]

모든 국민을 대상으로 한 도시명칭 공모가 9월말로 끝남에 따라 그 접수결과를 파악하고 심사일정 등을 협의하기 위하여 제2차 소위원회가 2006년 10월 10일 14시부터 건설청 세미나실에서 개최되었다. 이날 회의에는 권용우 위원장을 비롯 7명의 위원이 참석하였으며 다음과 같은 사항이 논의되었다.

① 각 위원별 우수명칭 선정 및 소위원회 심사일정 확정

각 위원은 전문가적 식견에 따라 접수된 명칭 중에서 각각 50개를 순위를 정하여 선정하여 10월 16일까지 건설청 실무진에 통보한다. 각 위원이 선정하여 제출한 명칭을 대상으로 10월 17일 제3차 소위원회를 열어 20개의 우수명칭을 선정한다.

② 행복도시 건설추진위원회의 최우수작 포상기준 변경 설명

제2차 본위원회에서 논의하였던 포상방법이 건설추진위원회에 보고되어 논의되었는데 당선작을 최우수작으로 변경하도록 하였다. 또한 동일명칭 제안자에 대하여는 상금을 배분하는 것으로 결정되었다는 보고가 있었다.

③ 기타 안건으로 건설청 도시발전정책팀에서 추진한 대외홍보용 명칭제정에 대한 취지와 도시명칭제정심사위원회에서 명칭을 확정해 달라는 취지 설명이 있었다. 대상 명칭으로 'O'city, Circle city, Ring city, Donut city 등이 제시되었다.

2.3.6. 제3차 소위원회[2006년 10월 17일(화)]

전문가적 식견에 따라 소위원회의 각 위원이 50개씩 선정한 어휘에 포함된 명칭

은 203개였다. 이들 어휘 중 남서울, 공연, 새틀, 신경, 두물머리, 정족, 구르래, 서경, 울림, 연남, 중주, 코레울 등을 비롯한 113개는 1명의 위원만이 비교적 후순위로 선정한 것이었다. 결국 2명 이상의 위원이 선정한 어휘는 90개인 셈이다. 10명의 위원이 선정한 명칭을 순위에 따라 가중치를 부여하여 전체 순위를 도출한 결과 30위 정도까지는 2명 이상의 위원이 선정한 어휘로 구성되어 있었다. 그러나 그 후순위에 속하는 명칭은 대부분 1인만이 선정한 어휘로 구성되어 있음을 확인할 수 있었다. 또한 5명 이상이 선정한 명칭은 10위까지였다. 그리고 11위에서 20위까지의 명칭은 2명 내지 4명의 위원이 선정한 것이었다. 40위 이내에 들어간 명칭을 순서에 따라 열거하면 다음과 같다.

(3)
금강, 연주, 세종, 한울, 가온, 삼기, 중경, 중도, 장남, 대동, 새서울, 한마루, 중원, 대평, 대원, 평화, 아사달, 연공, 금경, 중앙, 여울, 한벌, 배달, 금남, 한빛, 비단강, 대한, 새별, 도원, 연기, 우리, 백제, 남서울, 새누리, 공연, 코레울, 행복, 새틀, 한누리, 고려

이상의 명칭을 대상으로 20개를 선정하기 위한 회의가 2006년 10월 17일(화) 15시부터 행복도시건설청 국제회의장에서 열렸다. 이날 회의에는 6명의 위원이 참석하여 논의한 결과 1위부터 14위까지는 순서의 변동 없이 선정하기로 하였다. 15위와 16위는 순번을 바꾸고 20위 밖에 있던 한벌, 금남, 새별, 한누리 등을 포함시키기로 하였다. 그 결과 선정된 명칭을 순서대로 보이면 다음과 같다.

(4)
①금강 ②연주 ③세종 ④한울 ⑤가온 ⑥삼기 ⑦중경 ⑧중도 ⑨장남
⑩대동 ⑪새서울 ⑫한마루 ⑬중원 ⑭대평 ⑮평화 ⑯대원 ⑰한벌 ⑱금남 ⑲새별 ⑳한누리

소위원회에서는 이상의 20개 명칭을 본위원회에 상정하기로 하였으며 50위까

지의 명칭도 참고할 수 있도록 보고하기로 하였다. 또한 임영수 위원이 행복도시 예정지역 대부분이 연기군 지역이므로 '연기'를 우수명칭에 포함시켜야 한다고 주장하여 그 의견도 보고하기로 하였다. 이상의 논의를 바탕으로 조만간 열릴 제3차 본위원회에서는 행정중심복합, 행정중심, 행정, 행복 등을 포함하여 우수명칭 10개를 선정하게 된다.

2.3.7. 제3차 본위원회[2006년 10월 25일(수)]

본위원회 제3차 회의가 2006년 10월 25일(수) 10시부터 행복도시건설청 대회의실에서 13명의 위원이 참석하여 개최되었다. 이날 회의에서는 소위원회가 선정한 20개의 명칭과 직권 상정된 행복 등의 명칭 중에서 10개의 우수 명칭을 선정하기 위하여 소집된 회의였다. 그러나 10개의 명칭 선정에 앞서 각 위원들이 좀더 심사숙고할 수 있는 시간을 갖도록 하기 위하여 다음 회의에 선정하기로 하였다. 이날 회의에서는 심사대상 명칭을 재확인하였는데 소위원회에서 심사한 명칭 20개와 '행복' 등 직권 심사하기로 한 명칭 4개 그리고 연기 출신 임영수 위원이 요청한 명칭 1개 등 모두 25개이다. 이들 명칭을 제시하면 다음과 같다.

> (5)
> • 소 위원회에서 심사한 명칭(20개);
> ① 금강 ② 연주 ③ 세종 ④ 한울 ⑤ 가온 ⑥ 삼기 ⑦ 중경 ⑧ 중도 ⑨ 장남 ⑩ 대동 ⑪ 새서울 ⑫ 한마루 ⑬ 중원 ⑭ 대평 ⑮ 평화 ⑯ 대원 ⑰ 한벌 ⑱ 금남 ⑲ 새벌 ⑳ 한누리
> • 제2차 본위원회에서 직권심사하기로 한 명칭(4개);
> ㉑ 행정중심복합 ㉒ 행정중심 ㉓ 행복 ㉔ 행정
> • 임영수 위원이 특별히 요청한 명칭(1개);
> ㉕ 연기

이상의 명칭을 대상으로 모든 위원은 개인별 심사서를 10월 30일까지 건설청에

제출하고 이를 종합하여 다음 회의(11월 1일)에서 10개의 명칭을 선정하기로 하였다. 이날 특기할 사항으로 회의 직전 연기군 의회 및 사회단체 대표 6명이 '연기' 지명을 포함한 연기군의 역사성과 상징성이 인정되는 명칭을 선정해 달라는 연기군민의 의견을 전달하기 위하여 위원회를 방문하였다.

2.3.8. 제4차 본위원회[2006년 11월 1일(수)]

25개의 명칭 중에서 우수명칭 10개를 선정하기 위하여 제5차 본위원회가 2006년 11월 1일(수) 10:00시부터 행복도시건설청 대회의실에서 개최되었다. 이미 제출된 각 위원들의 심사 결과를 종합적으로 검토하여 격론 끝에 선정된 10개의 명칭을 가나다…… 순으로 제시하면 다음과 같다.

(6)
①가온 ②금강 ③대원 ④세종 ⑤새서울 ⑥새벌 ⑦연기 ⑧연주 ⑨한울
⑩행복

이상 10개의 명칭을 대상으로 국민선호도 조사 등을 실시한 후 그 결과를 참고하여 다음 회의에서 3개의 우수명칭을 정하기로 하였다. 국민선호도 조사는 여론조사 전문기관에 맡겨 전국의 만 20세 이상 성인남녀 1,000명을 대상으로 전화 설문을 하기로 하였다. 설문 항목은 두 개로 행정중심복합도시 인지도를 묻는 질문과 명칭 선호도를 파악하는 것으로 구성되었다. 명칭 선호도를 묻는 질문은 후보 도시명칭으로 선정된 10개의 명칭 중 선호하는 3개의 명칭을 복수로 선택하도록 하였다.

국민선호도 조사와 병행하여 행복도시건설청 등의 홈페이지를 통한 미니투표, 인근 자치단체(충북, 충남, 청원, 공주, 연기)의 의견조회, 행복도시 건설자문위원회 위원을 대상으로 한 의견 조사 등을 하기로 하였다. 이들 조사에서 얻어진 결과는 본위원회의 우수 명칭 3개 선정 시 참고하기로 하였다.

2.3.9. 제5차 본위원회[2006년 11월 23일(목)]

국민선호도 조사 등을 바탕으로 10개 중 3개의 우수명칭을 선정하기 위하여 2006년 11월 23일(목) 10시 30분부터 건설청 대회의실에서 제5차 본위원회가 개최되었다.

국민선호도 조사는 여론조사 전문기관인 코리아리서치에 의뢰하여 전국의 20세 이상 성인 남녀 1,000명을 대상으로 실시하였다. 이 조사에서 행복도시 인지 여부를 묻는 질문에는 응답자의 72.4%가 '알고 있다'고 답변하여 행복도시에 대한 인지도는 상당히 높은 것으로 나타났다. 특히 40대(81.8%), 화이트칼라(83.3%), 자영업(84.9%), 대전·충청지역 거주자(85.3%)에서 높게 나타났다.

행복도시 후보 도시명칭으로 선정된 10개 중 선호하는 3개 명칭을 복수선택하는 방식으로 선호도를 조사한 결과 한울(52.2%)이 가장 높게 나타났다. 특히 이 응답은 30대(68.8%), 화이트칼라(62.4%)에서 높게 나타났다. 제시된 10개의 명칭을 선호순으로 제시하면 다음과 같다.

(7)
① 한울(52.5%) ② 금강(41.7%) ③ 세종(39.6%) ④ 새서울(33.2%) ⑤ 행복(28.3%) ⑥ 연기(25.9%) ⑦ 가온(25.5%) ⑧ 새벌(19.3%) ⑨ 연주(19.1%) ⑩ 대원(14.9%)

국민선호도 조사와 병행하여 실시한 행자부, 건교부, 건설청 홈페이지에서의 미니투표에는 3,126명이 참여하였다. 이 투표에서도 10개의 후보 명칭 중 3개를 복수선택하여 투표하도록 하였는데 ①한울 ②가온 ③행복 ④금강 ⑤세종 ⑥세벌 ⑦연기 ⑧새서울 ⑨연주 ⑩대원 순으로 나왔다.

행복도시건설 자문위원 100명에게 같은 방식으로 의견을 물은 결과 32명이 답변하였고 ①행복 ②한울 ③가온 ④세종 ⑤금강 ⑥새벌 ⑦대원 ⑧연주 ⑨새서울 순으로 선호하는 경향이 파악되었다.

행복도시 주변 지방자치단체와 의회에 의견을 물은 결과 충북도는 ①한울 ②금강 ③세종, 충청북도의회는 ①한울 ②세종 ③금강, 청원군은 ①행복, 청원군의회는 ①세종, 충청남도는 ①금강 ②행복 ③한울, 공주시는 ①행복, 공주시의회는 ①새서울, 연기군과 연기군의회는 모두 ①연기로 각각 의견을 제시하였다.

본위원회에서는 이상의 조사 결과를 참고하여 3개의 우수명칭을 선정하였는데 대부분의 조사에서 앞 순위에 들어있는 한울, 금강(錦江), 세종(世宗)을 선정하였다. 선정된 우수명칭 3개는 2차 국민선호도 조사를 거친 후 다음 본위원회에서 최우수 명칭과 우수 명칭을 결정하며 이 결과는 행복도시 건설추진위원회에 보고하게 된다.

여론조사 전문기관에 맡겨 실시될 2차 국민선호도 조사는 1차 때보다 인원을 배로 늘려 인구 비례에 따라 전국의 20세 이상 성인 남녀 2,000명을 표본으로 하여 실시하기로 하였다. 10개의 명칭을 대상으로 한 1차 조사 때에는 명칭의 의미를 응답자가 물어오는 경우에만 제시하고 그렇지 않은 경우는 '듣는 느낌' 또는 '어감'만을 우선한 조사였다. 그러나 3개의 명칭으로 압축되어 하나를 고르는 2차 조사에서는 명칭과 더불어 그 의미를 분명히 제시한 후 1개만을 선택하도록 하기로 하였다. 이에 따라 각 명칭이 의미하는 바를 다음과 같이 제시하기로 하였다.

(8)

금강(錦江)
- 한반도 중남단 젖줄인 금강(錦江)이 흐르는 도시
- 금수강산(錦繡江山)의 줄임말 등

세종(世宗)
- 한글을 만드신 조선시대 성군 세종대왕을 기리는 도시 이름
- 세상 세(世)와 마루, 으뜸, 근간을 뜻하는 종(宗)자이며, 나라 중심에 위치하면서 나라의 행정 근간 도시

한울
- 큰 울타리가 되는 국가 중심 도시
- '큰'을 의미하는 '한'과 울타리 우리라는 말의 '울'자

2.3.10. 제6차 본위원회[2006년 12월 18일(월)]

이날 회의의 중요한 안건은 2차 국민선호도조사 등을 참고하여 12월 21일에 예정되어 있는 행정중심복합도시 건설위원회(위원장:국무총리)에 상정할 명칭을 결정하는 것이었다. 상정할 명칭을 결정하기 전에 검토된 2차 국민선호도조사 결과는 다음과 같았다.

2차 선호도 조사도 여론조사 전문기관인 코리아리서치에 의뢰하여 전화설문 방식으로 실시하였다. 금강, 세종, 한울 세 개의 명칭만을 대상으로 인구, 연령 등의 비례에 따라 전국의 성인 남녀 2,000명을 대상으로 이루어졌다. 그 결과는 1차 때와 같이 한울(47.6%), 금강(29.4%), 세종(23.0%)의 순이었다.

국민선호도조사 등을 참고하여 종합적으로 논의한 결과 행정중심복합도시 건설추진위원회에 3개의 명칭을 모두 상정하기로 하였다. 또한 순위를 매기지 않고 상정하되 국민 선호도조사 결과와 명칭별 장·단점 등 분석 자료를 첨부하기로 하였다.[3]

---

3 각 명칭의 장단점으로 제시된 내용은 다음과 같다.

명칭	의미	장점	단점
금 강 (錦江)	• 금강이 흐르는 도시 • 금수강산의 줄임말	• 금강인근 지역민들이 선호하는 명칭	• 강 이름과 도시 명칭의 혼용에 따른 혼란 • 지역적 의미로 인해 국가중심도시로서의 위상 반영 미흡 • 종교적인 색채
세 종 (世宗)	• 조선시대 세종대왕을 기리는 도시이름 • 세상 세(世)와 으뜸 종(宗)으로 나라중심에 위치한 행정중심 도시를 상징	• 역사적으로 위대한 왕의 시호(諡號)를 도시명칭으로 사용하여 민족적 자존감 형성 • 외국의 특별한 도시는 인명을 도시이름으로 사용하는 것이 일반적 -워싱톤,푸트라자야 등	• 국내 도시가운데 인명을 도시명칭(都市名稱)으로 사용한 사례가 없음

세 개의 명칭 상정 결정과 더불어 논의된 사항은 도시명칭 확정 후 포상에 관한 사항이었다. 세 개의 명칭 중 며칠 후 열릴 건설추진위원회에서 이 도시의 명칭으로 확정되는 것을 최우수작으로 하고 나머지 두 개 명칭은 우수작으로 하기로 하였다. 도시명칭으로 확정될 이름을 다수가 제안하였기 때문에 제안배경을 탁월하게 제시한 1명에게는 정부포상과 더불어 상금 100만원을 지급하기로 하였다. 그리고 최우수작과 동일한 명칭을 제안한 응모자와 우수작 명칭에 응모한 모든 사람에게 제안배경을 심사하여 등급별로 일정한 시상금을 적정 배분하기로 하였다.

3. 요약 및 제언

행정중심복합도시 건설 사업이 본격적으로 추진됨에 따라 도시명칭을 제정해야 할 필요성이 대두되었다. 명칭제정을 위하여 행정중심복합도시 건설청에서는 도시명칭제정 추진계획을 수립한 후 합리적이고 객관적으로 도시명을 제정하기 위하여 각계 인사 23명으로 심의위원회를 구성하게 된다.

이 위원회에서는 도시명칭 제정을 위한 기본 계획을 확정한 후 그에 따라 위원회를 운영하였다. 국민공모를 통한 도시명칭 제안서 접수, 소위원회의 논의를 통한 명칭 선정, 본위원회의 우수명칭 선정, 국민선호도조사, 건설추진위원회에 후보 명칭 상정 등의 업무가 수행되었다. 이 과정 속에서 진행되었던 사항을 요약 정리하면 다음

한울	• 큰 울타리의 중심도시를 의미 • 큰 의미의 '한'과 울타리, 우리란 의미의 '울'자	• 순수한 우리 말 • '서울'의 지명인지도로 인해, '한울'도 쉽게 인식 가능 - '서울'과 비슷한 발음 구조	• 종교적인 색채 우려 (천도교에서 하늘, 우주의 본체를의미) • 발음상 '하눌'로 연음되기 때문에 본 모습이 변형되는 약점 • 한자표기 곤란

과 같다.

도시명칭은 국민공모를 통하여 제안된 명칭을 대상으로 전문가적 식견과 심사기준에 따라 우수명칭을 선정하기로 하였다. 국민공모 결과 2,160건이 응모하였는데 국내는 물론 미국, 태국, 피지 등 해외동포도 참여하였다. 비교적 다수가 제안한 명칭은 장남(長南)(36명), 행복(34명), 한울(33명), 세종(28명), 금강(27명), 가온(24명) 등이었다. 제안된 명칭들 중에는 행복도시의 위치와 관련된 명칭, 인물 등 역사와 관련된 것, 이 도시를 상징적으로 표현한 이름 등이 주류를 이루었다.

전문가적 식견에 따라 소위원회의 각 위원이 50개씩 선정한 어휘에 포함된 명칭은 203개였다. 이들 명칭을 대상으로 소위원회에서는 본위원회에 상정할 20개의 어휘를 선정하였는데 그 목록을 순서대로 제시하면 다음과 같다.

①금강 ②연주 ③세종 ④한울 ⑤가온 ⑥삼기 ⑦중경 ⑧중도 ⑨장남 ⑩대동 ⑪새서울 ⑫한마루 ⑬중원 ⑭대평 ⑮평화 ⑯대원 ⑰한벌 ⑱금남 ⑲새벌 ⑳한누리

본위원회에서는 소위원회가 선정한 20개의 명칭과 직권 상정된 명칭 4개 등 모두 25개의 명칭을 대상으로 10개의 명칭을 선정하였다. 그 결과 선정된 명칭은 다음과 같다.

①가온 ②금강 ③대원 ④세종 ⑤새서울 ⑥새벌 ⑦연기 ⑧연주 ⑨한울 ⑩행복

본위원회가 선정한 10개의 명칭을 대상으로 1차 국민선호도 조사를 실시하였는데 한울, 금강, 세종, 새서울, 행복, 연기, 가온, 새벌, 연주, 대원 순으로 그 결과가 나왔다. 2차 조사는 상위 3개의 명칭인 한울, 금강, 세종을 대상으로 실시하였는데 한울(47.6%), 금강(29.4%), 세종(23.0%)의 순이었다.

행정중심복합도시 건설추진위원회에 상정할 후보 명칭에 대하여 종합적으로 논

의한 결과 3개의 명칭을 무순으로 올리기로 하였다. 그 후 2006년 12월 21일 후보 명칭 금강, 세종, 한울 중 건설추진위원회에서는 '세종(世宗, Sejong)'을 행복도시의 명칭으로 확정하였다. '세종'을 높이 평가한 배경으로 다른 후보 명칭 '한울'과 '금강'보다 발음이 뚜렷하고 영문 표기가 쉬워 국제성을 갖췄으며 작명 의도가 변질되지 않고 듣기에 편안한 이름이라는 점을 들었다. 또한 이 이름은 조선시대 명군 세종대왕을 기리는 동시에 한자를 풀이하면 세상(世)의 으뜸(宗)이라는 뜻이 되며 나라의 중심에 위치한 행정 중심 도시의 상징성도 감안된 것으로 보인다.

이상은 행정중심복합도시의 명칭이 '세종(世宗, Sejong)'으로 확정되기까지의 과정을 객관적으로 기술한 것이다. '세종(世宗, Sejong)'은 우리 국민은 물론 외국인들에게도 상당히 알려져 있는 이름이다. 그러므로 이 명칭을 바탕으로 행정중심복합도시의 정체성을 담아내는 데에도 다른 이름에 비해 유리한 조건을 갖춘 것으로 여겨진다.

인명을 비롯한 시호 등이 우리나라에서는 적극적으로 지명어에 채택되지 못하였다. 북한을 비롯한 외국에서는 광역행정구역이나 중요시설물의 명칭으로 인명이 자주 쓰이고 있음을 확인할 수 있다. 우리나라에서도 이제 조선 국왕의 시호 중의 하나인 '세종(世宗, Sejong)'의 정착을 계기로 현재 국가적인 사업으로 진행 중인 도로명을 비롯한 이런저런 명칭에 인명의 사용이 포용되었으면 한다. 이렇게 함으로써 지명의 명명에 있어서 자연지리적인 계기만을 중시해왔던 기존의 관점에서 벗어나 사회역사적인 측면에 대한 배려가 이루어지리라고 본다. 이는 결국 지명어를 통한 수월한 국민교육과 다양한 국어어휘의 활용을 통한 국어 창달이라는 측면에서 바람직한 것이기 때문이다.

지명의 구조는 전부요소와 후부요소로 되어 있다. 전부요소는 해당지명의 특징을 나타내는 성격요소로서 표식부에 해당하는 것이며 후부요소는 해당 지명의 속성을 나타내는 분류요소로 단위부에 해당하는 것이다. 행정지명의 경우 후부요소는 특별시, 직할시, 광역시, 시 등이 결합된다. 행정중심복합도시의 명칭 중 전부요소는 '세종(世宗, Sejong)'으로 결정되었으나 후부요소는 아직 정해지지 않았다. 이 도시의 법적 지위 결정과 함께 후부요소 명칭이 부여될 것이다. 부디 이 도시의 특성에 어울리는 법적 지위가 부여되기를 바라며 '세종(世宗, Sejong)'과 어울려 세계적인 모범도시를 상징하는 명칭이 조속히 완성되기를 기대한다.

전부요소 '세종(世宗, Sejong)'이 확정되기까지 도시명칭심의위원회가 한 일은 국민공모를 받아 단계적으로 우수명칭을 선정하는 것이 전부였다고 할 수 있다. 국민공모 과정에서 나타났던 유감스러운 것으로 서구어 또는 국적불명의 언어에 기반을 둔 명칭의 제안이었다. 또한 제안 배경을 적절히 제시하지 못한 경우도 많았는데 제안된 모든 것을 동일한 가치를 지닌 것으로 접근하다보니 위원회의 운영이 효율적이지 못하였다. 또한 전문가의 활용이 적극적이지 못했다는 사실도 지적될 수 있다.

도시의 이름은 국민대중 모두가 사용해야 할 것이므로 국민들에게 의존하여 그 명칭을 제정하여야 한다는 것은 일면 타당하다. 그러나 어떤 분야든지 전문가가 있기 마련이므로 초기 단계에서 이 분야의 전문가를 적극적으로 활용하여 충분한 연구와 검토를 하게 할 필요가 있다. 이러한 연구를 바탕으로 명칭이 제안된다면 보다 바람직한 결과가 도출될 수 있을 것으로 보인다. 또한 이런 과정을 통하여 전문가에 의해 제안된 명칭은 반드시 국민선호도 조사 등을 통한 국민대중의 검증이 이루어져야 한다. 국민 검증의 과정은 단순히 그것으로 그치는 것이 아니라 사회구성원의 공감대 형성이라는 의미와 나아가 성공적인 활용이라는 미래가치를 담보하고 있기 때문이다.

요컨대 국가기관에서 어떤 사업을 시행함에 있어 보다 효율적이고 타당하며 성공적인 결과를 도출하기 위하여 전문가를 활용한 이론 정립, 국민대중을 통한 검증 과정이 있어야 할 것이다.

끝으로 개인이나 단체 또는 정부기관의 자료 인멸이 심한 우리의 실정에서 이러한 정리가 역사적 관점에서 의미 있는 것일 수도 있을 것이라는 생각으로 이 논의를 전개하였음을 밝힌다.

〈부록 1〉도시명칭제정심의위원회 위원명단

구분	성명	성별	소속	전문분야	소위원회	비고
위원장	김안제	남	한국자치발전연구원장 서울대학교 명예교수	도시계획		
위원	권용우	남	추진위원회 위원 성신여대 교수	도시지리	위원장	
부위원장	이병훈	남	건설청 주민지원본부장	-	부위원장	
위원	강만길	남	친일반민족행위진상 규명위원회 위원장	한국사		
위원	김기빈	남	자문위원회 위원 토지공사 지명연구위원	지명	위원	
위원	김영미	여	공주대학교 교수	국문학	위원	
위원	도수희	남	충남대학교 명예교수	지명학	위원	
위원	도종환	남	민예총 부회장	시인		
위원	박병철	남	서원대학교 교수 (지명학회 회장대행)	지명학	위원	
위원	박화진	여	부경대학교 교수	한일근대사		
위원	배진환	남	행자부 자치제도팀장	-	위원	
위원	성태현	남	경남대학교 교수	경제학		
위원	손주일	남	강원대학교 교수	국어학		
위원	심보경	여	한림대학교 교수	지명학	위원	
위원	양영희	여	전남대학교 인문대 연구위원	어학		
위원	양보경	여	성신여자대학교 교수	역사지리		
위원	유영선	여	동양일보 기획실장	아동문학		
위원	이선하	남	공주대학교 교수	도시계획		
위원	이재운	여	전주대학교 교수	한국사		
위원	이형석	남	한국땅이름학회 회장	지명	위원	
위원	이호철	남	예술원 문화분과위원장	문학작가		
위원	임영수	남	연기향토박물관장	향토사연구	위원	
위원	정하욱	남	광주전남발전연구원 도시지역 연구실장	도시계획		

〈부록 2〉 행정중심복합도시 도시명칭 응모서(양식)

성명(한자)	홍길동(洪吉童)	생년월일		접수번호	
주　소	(우) 000- 000,				
연 락 처	전화 :　　　　핸드폰 :　　　　E-mail :				
도시명칭	도시				

※ 제안 하시고자 하는 도시명칭과 제안하게 된 배경을 뒷면에 게재하여 주시기
　바랍니다.

도시명칭	도시	접수번호	
제안배경			
◆ 지리적 특성			
◆ 역사성			
◆ 상징성			
◆ 대중성			
◆ 국제성			
◆ 도시특성			

※ 작성요령

1) 도시명칭은 ○○도시, 제안배경은 심사항목별로 기재 요망

2) 작성분량은 10절지(A4) 기준(가로 210mm, 세로 297 mm) 한 장 이내로 하고, 근거
　자료 · 서류 등 첨부 가능

<부록 3> 공모 문안

행정중심복합도시 '도시명칭' 국민공모

정부는 국토균형발전과 국가 경쟁력강화를 위하여 충남 연기·공주에 행정중심복합도시(이하 '행복도시')를 건설하고 있습니다.

행복도시는 2030년까지 행정기능 중심의 복합형 자족도시, 친환경도시, 인간중심도시, 문화·정보도시로서 기능을 갖춘 인구 50만 명 규모의 세계적인 모범도시로 건설할 계획입니다.

<행복도시 건설 개요>

• 예정지역 : 충남 연기군·공주시 5개면 33개리(2,212만평)
• 주변지역 : 충남 연기군·공주시 및 충북 청원군 9개면 74개리(6,769만평)
• 수용인구 : 50만명, 건설기간 : '07하반기~ 2030년
• 이전기관 : 중앙행정기관 중 12부 4처 2청 등 총 49개기관

정부는 행복도시에 대한 도시의 명칭, 지위 및 행정구역을 법률로 정할 계획이며, 우선 도시명칭을 금년 말까지 확정하여 도시건설 업무 및 홍보 등에 사용할 계획입니다.

행복도시의 도시명칭은 국민적 합의 도출을 위해 국민공모를 실시한 후, 지역별 전문가들로 구성된 '도시명칭제정심의위원회' 에서 10개 이내의 우수명칭을 선정하고, 국민선호도 조사를 거쳐 '행정중심복합도시건설추진위원회'에서 최종 확정할 계획입니다.

이와 관련, 행복도시의 도시명칭 국민공모를 아래와 같이 실시하오니, 국민 여러분의 많은 관심과 참여를 부탁드립니다.

- 아 래-

1. 응모기한: 2006. 9. 30.까지

2. 응모자격: 누구나(단체나 법인명의로 제출 가능)

3. 응모방법: 붙임 양식의 '행복도시 도시명칭 응모서'에 의하여 인터넷·우편·Fax
또는 방문 제출

4. 응모처

• 인터넷: 행정중심복합도시건설청 홈페이지(www.macc. go.kr)내 도시명칭공모
배너

• 우 편: (우) 339-703, 충남 연기군 금남면 대평리 142-1 행정중심복합도시건설
청 도시명칭제정담당자

• Fax: 041)860-9299

• 방 문: 행정중심복합도시건설청 지역지원팀

5. 문의전화 : 041)860-9243〜4

6. 응모양식 : 별첨

7. 우수명칭 심사

• 심사는 지역별 전문가들로 구성된 '도시명칭제정심의위원회' 에서 도시명칭과
제안배경을 심사하여 10개 이내의 우수명칭을 1차로 선정

• 도시명칭 심사항목(제안배경)

가. 지리적 특성: 국토 중심에 있으며 주산(主山)이 되는 원수산과 함께 전월산
과 괴화산이 있어 삼산(三山)을 이루고, 금강과 미호천의 이수(二水)가 합해
지면서 뛰어난 풍치를 보여주고 있는 삼산이수(三山二水)의 지역 의미

나. 역사성: 지역의 신화나 전설 등 역사적 의미

다. 상징성: 상생과 협력의 국가균형발전의 의미

라. 대중성: 친근감이 있으며 누구나 기억하고 부르기 쉬운 것을 의미

마. 국제성: 영어, 중국어 등 외국어로 표기 및 발음하기 쉬운 것을 의미

바. 도시특성: 21세기 세계적 모범도시, 행정중심의 복합형자족도시 등을 의미

8. 우수명칭 응모자 시상

- 최우수작 : 정부포상(1인), 상금 1천만원

※ 최우수 명칭의 제안자가 다수인 경우 '행정중심복합도시건설추진위원회'에 서 포상자 및 상금 결정

- 우수작 : 상금 총액 1천만원 이내
- 시상작 발표는 행정중심복합도시건설추진위원회('06.12)에서 결정할 계획이 며, 최우수작이 없는 경우 우수작만 시상할 계획임

9. 기타 사항

- 도시명칭은 1인당 2개까지 응모할 수 있으며, 제출된 자료는 반환하지 않음
- 접수된 자료 및 내용에 관한 모든 권리는 행정중심복합도시건설청에 귀속됨.
- 행정중심복합도시, 행정중심도시, 행복도시 또는 행정도시는 도시명칭 응모 대상에서 제외함(기존에 사용 중인 명칭은 심사과정에서 도시명칭제정심의위원회 직권 심사)

2006. 7. 27
행정중심복합도시건설청장

제35장

고속철도 역명 제정의 경과와 전망

1. 서론

철도건설법 제1장 총칙 제2조 2호에 의하면 '고속철도'[1]란 열차가 주요 구간을 시속 200km 이상으로 주행하는 철도로서 국토해양부장관이 그 노선을 지정·고시하는 철도를 말한다. 우리나라에서는 기존 철도와 고속도로가 포화상태가 이름에 따라 물류난과 여객 수송의 문제점을 해소하여 사회·경제적 비용을 절감할 목적으로 1989. 5. 경부고속철도 건설방침을 결정하고, 1990. 6. 기본계획 및 노선을 확정하였다.

1992년 6. 경부고속철도 기공식을 시작으로 1단계 건설사업을 추진하여 2004년 초에 서울~대구 구간을 신설하였고, 대구~부산과 대전·대구 시내 통과 구간은 기존의 경부선을 전철화하여 2004. 4. 1. 서울~부산 구간을 개통하였다. 대구~경주~부산 구간과 대전·대구 시내 통과 구간을 신설하는 2단계 사업은 2002년에 착공하였으며 2010년 말에 완공할 예정이었으나 11월11일 'G20 정상회의'에 앞서 11월 1일 개통되었다.

2010. 9. 1. 국가경쟁력강화위원회와 녹색성장위원회, 미래기획위원회, 지역발전위원회 등 4개 위원회는 미래 녹색 국토 구현을 위한 KTX 고속철도망 구축전략을 확정, 발표하였다. 그 내용을 보면 경부고속철도 2단계 사업에 이어 호남고속철도 오

---

1   선로위의 비행기(Air on the Rail)로 불리는 고속철도는 1964년 개통한 일본의 도카이도 신칸센(東海道 新 幹線)이 최초이며 프랑스의 TGV, 이탈리아의 ETR450, 독일의 ICE, 스페인의 AVE 등이 있다.

송~광주 구간이 2014년, 광주~목포 구간이 2017년까지 완공된다. 수도권 노선인 강남 수서~평택 구간은 2014년까지 끝마칠 계획이다. 또한 포항·마산·전주·순천 등에는 경부·호남고속철도와 연계한 KTX를 운행하고, 2012년부터 인천공항철도를 이용해 인천공항까지 KTX를 타고 갈 수 있도록 할 예정이다. 더불어 경춘·전라·중앙·장항·동해·경전선 등 현재 건설 또는 운영 중인 일반 철도 노선은 직선화 등을 통해 최고 시속을 230km까지 단계적으로 높일 계획이다. 동서축 원주~강릉 노선과 내륙축 원주~신경주 노선도 시속 250km까지 고속화된다. 이러한 고속철도망 구축 사업이 완료되면 전국을 X축으로 연결하는 고속철도로 1시간30분대에 다닐 수 있는 지역이 인구 기준으로 60%에서 84%, 국토 기준으로 30%에서 82%로 확대되고 전 국토의 95%가 2시간대 생활권에 들게 된다.

경부고속철도 노선은 현재 운행되고 있는 서울~광명~천안아산(온양온천)~대전~동대구~밀양~구포~부산을 연결하는 1단계 노선과 서울~광명~천안아산(온양온천)~오송~대전~김천(구미)~동대구~신경주~울산(통도사)~부산을 연결하는 신노선으로 나눠 운행하게 된다.

각 노선의 개통을 앞두고 진통을 겪는 것 중의 하나가 역의 명칭을 결정하는 것이었다. 1단계 노선의 정차 역명 결정 과정에서 특히 '천안아산(온양온천)'으로 결정되기까지의 과정은 매우 험난하였으며 결정된 후에도 행정소송을 비롯한 헌법소원 등 각종 소송이 난무하였다. 이러한 현상은 2단계 역명 결정과정에서도 재연되어 관련 지방자치단체를 비롯, 국가 기관의 행정력 낭비 등 여러 가지 문제가 나타나고 있다.

그동안 역의 명칭을 결정하는 과정에서 논란이 되었던 사항을 정리하고 평가하여 그 개선방안을 마련하고자 하는 것이 본 논의의 목적이다. 이를 위하여 우선 경부고속철도 1단계와 2단계 역 명칭 선정 자문회의와 심의회의 과정에서 논의되었던 사항을 정리할 것이다. 또한 세계 최초로 고속철도를 도입한 일본의 신칸센[新幹線] 역명과 역사 소재지의 관련성을 검토하게 될 것이다. 이를 바탕으로 확정된 명칭에 대한 평가와 반성이 이루어질 것이며 앞으로 있을 호남고속철도와 수도권 고속철도 역 명칭 등의 제정에 참고가 될 수 있게 하고자 한다.

2. 경부고속철도 1단계 역명 결정 경과[2]

2.1. 고속철도역 명칭 선정 자문위원회 구성

1990. 6. 경부고속철도 기본계획 확정 후 역사가 신설될 역을 중심으로 그 명칭에 대한 갈등이 이어져왔다. 1단계 개통 예정 노선의 정차역이면서 역사를 신설하게 되는 가칭 '남서울(현재 광명)', '천안(현재 천안아산(온양온천))', '대구(동대구)' 등이 그것이다. 특히 지방자치단체와 지역 주민의 이해관계가 첨예하게 대립되어 극심한 갈등을 겪었던 것은 가칭 '천안(4-1공구역)'이었다.

고속철도 역명 제정에 대해서는 법률적 규정이 없으며, 고속철도건설촉진법시행령 제5조에 기본계획을 수립한 후에는 주요경유지 및 역을 고시하도록 되어 있다. 이에 따라 경부고속철도 건설 초기 과정에서 역 명칭은 기본계획상의 경유 지역 명칭을 그대로 사용하였다. 그러나 '천안'의 경우 천안시와 아산시의 대립으로 당초의 명칭을 사용하지 못하고 1996. 4. 이후 공사구간 명칭인 '4-1공구역'으로 표기하게 되었다.

고속철도역의 명칭이 갖는 대내외적 상징성과 홍보효과에 집착한 지방자치단체와 해당 지역민의 대립과 갈등을 광역자치단체의 노력으로도 조정할 수 없는 상황에 이르게 되었다. 이러한 여러 가지 사항을 고려하여 2003. 2. 건설교통부 장관은 공신력 있는 절차를 거쳐 고속철도역 명칭을 결정하기로 방침을 정하고 '고속철도역 명칭 선정 자문위원회'를 구성하여 운영하기로 하였다. 지명관련 전문가를 비롯하여 고속철도 건설 및 운영주체의 관련자, 각 지역의 추천인사 등 15명으로 위원회를 구성하였는데 그 명단은 다음과 같다.

---

2 이 장의 기술을 위하여 관련 자료를 가능한 한 많이 수집하려 하였으나 여의치 않았다. 2003. 4. 28.에 게시된 건설교통부 보도자료 "고속철도역 명칭 건의안 결정"을 비롯하여 국토해양부 관련부서의 협조로 수집한 자료인 "천안아산역 역명칭 결정 추진 경위", "고속철도역 명칭선정 자문위원회 구성·운영 계획" 등을 참고하여 기술한 것이다. 자료를 제공해 준 국토해양부 담당자와 유선종 아산시 공보담당관을 비롯하여 자문에 응해준 분들께 감사드린다.

• 지명관련 전문학회 추천 등

  - 배우리(교수: 땅이름학회)

  - 도수희(충남대 명예교수: 지명학회)

  - 송명호(작가: 문인협회)

  - 양보경(성신여대 교수: 중앙지명위원)

• 관계기관(중앙지명위원회 위원)

  - 박재영(행정자치부 자치제도과장)

  - 이상태(국사편찬위원회 교육연구관)

• 건설 및 운영주체

  - 신동춘(고속철도건설기획단장)

  - 윤인균(철도청 고속철도본부장)

  - 정용완(고속철도공단 기획본부장)

• 해당 지자체 추천

  - 구춘회(광명시 총무국장: 광명시)

  - 송백헌(충남대 명예교수: 충남도)

  - 이정우(천안문화원 사무국장: 천안시)

  - 김용래(한국외대 초빙교수: 아산시)

  - 이종술(대구시 교통국장: 대구시)

  - 정의협(경주시 건설도시국장: 경주시)

위원들의 호선으로 한국지명학회 초대회장이자 충남대학교 교수인 도수희 위원이 위원장을 맡아 회의를 주재하게 되었으며 위원회의 간사는 고속철도과장이 맡았다.

2.2. 고속철도역 명칭 결정 추진 경과

2003년 2월 구성된 '고속철도역 명칭선정 자문위원회'는 호선에 의해 위원장을 선출하고 수송정책실 산하 고속철도과장을 간사로 하여 운영방식과 역 명칭 결정을 위한 심의 기준을 논의하였다. 심의 대상으로 제시된 역에 대하여 대외적인 대표성과 인지도, 이용객의 편의, 지역의견 등을 종합적으로 고려하여 4월 23일 제3차 위원회에서 역명을 의결하였다.

경부고속철도 1단계 개통 구간의 8개 역 중 서울, 대전, 밀양, 구포, 부산 등 5개 역은 기존의 역사를 활용하게 되었으므로 심의 대상에 오르지 않았다. 위원회에서 심의하고 확정해야할 대상은 그동안 각 지방자치단체와 지역주민들이 문제를 제기한 남서울, 천안, 대구, 경주 등 4개였다.

가칭 '남서울'의 경우 경기도에서 역사 소재지의 지명인 '광명'으로 명칭을 변경해줄 것을 요구하였다. '4-1공구역' 가칭 '천안'의 경우 아산시에서는 '아산'으로 그 명칭이 확정되도록 하기 위하여 공청회는 물론 결의대회 등 각종 방법을 동원하였다. 천안시의 경우도 이에 못지않게 '신천안'을 관철하기 위한 논리개발과 관련 기관 설득에 많은 노력을 기울였다. 가칭 '대구'의 경우 고속철도 역이 기존의 철도역인 '대구역'에 위치하지 않고 '동대구역'에 위치하므로 혼란을 방지하기 위하여 '동대구'로 단일화하는 방안이 제시되었다. 2단계 경부고속철도 신노선 개통예정인 '경주'의 경우 기존의 철도역인 '경주역'과 다른 위치에 역사를 신축하게 되므로 기존의 철도역 '경주역'과 구분이 필요하다는 의견이 제시되어 심의 대상에 포함되었다.

심의 대상에 오른 4개의 역 중 3개역 즉, 가칭 남서울, 대구, 경주는 역사가 위치한 지역의 이해관계가 충돌하지 않은 곳이었다. 그러므로 광역 또는 지방자치단체와 지역 주민의 요청과 이용객의 편의를 도모하기 위하여 특별한 논란이 없이 각각 광명, 동대구, 신경주로 결정되었다. 그러나 4-1공구역의 경우 인접 지자체와 주민들의 첨예한 의견 대립으로 그 명칭을 결정하는데 많은 진통을 겪어야 했으며 결정, 고시 후에도 행정소송을 비롯한 3건의 소송이 줄을 이었다. '천안아산(온양온천)역'이라는 명칭이 결정되기까지의 과정에 대하여 정리하기로 한다.

이 역의 역사는 충청남도 아산시 배방면(읍) 장재리에 소재하지만 역사부지의 약 5% 정도가 천안시 서북구 불당동에 걸쳐 있다. 역명 분쟁이 생기게 된 원인이 여기에 있으며 천안시에서는 역의 이용객 상당수가 천안 시민이며, 역이 소재한 지역이 천안시 생활권이라는 이유로 '신천안역'이라는 명칭을 주장하였다. 반면에 아산시에서는 역사가 아산시에 위치하므로 '아산역' 명칭을 주장하였다. 온양시와 아산군이 통합된 1995. 1. 이후 아산시 그리고 천안시에서 각각 해당 지역명을 역명으로 해줄 것을 집 요하게 요구하였다.

역명 결정의 객관성과 타당성을 확보한다는 측면에서 1996. 4.부터 가칭 '천안역' 명칭을 '4-1공구역'으로 변경하여 사용하였다. 그 후 2000. 8. 21. 건설교통부에서는 고속철도공단이 제시한 철도역명 제정 관례에 따라 충청남도가 지역의 의견을 수렴 하도록 요청하기로 하였다. 고속철도공단이 제시한 철도역명 제정 관례는 관련 지자 체가 지역의 의견을 수렴한 후 명칭을 정하여 제시하면 그 의견을 존중하여 역명으로 확정하는 것이 바람직하다는 것이었다.

2000. 10. 7. 건설교통부는 충청남도에 의견대립이 있는 아산시와 천안시의 의 견을 수렴하여 명칭을 제시하면, 역명 중복 등의 사유가 없는 한 충청남도에서 제시 하는 의견대로 역명을 확정할 계획임을 밝히며 지역의견 수렴을 촉구하였다. 이에 2000. 10. 24. 충청남도에서는 시·군의회 의장단 회의 등을 통해 지역의견을 수렴하 고 지명위원회를 개최하여 논의한 결과 역사소재지의 동리명인 '장재역'으로 건의하 였다. 그러나 2001. 3. 19. 건설교통부에서는 제시된 명칭 '장재역'은 인지도가 낮고 관련 지자체인 아산시와 천안시 모두 반대하므로 관련 전문가의 의견 조회와 지역 여 론조사 등을 통하여 종합적으로 재검토할 것을 요청하였다.

2001. 6. 29. 땅이름학회 자문을 받아 고속철도공단의 의견으로 '충의역'을 건설 교통부에 제시하였으나 좀 더 폭넓은 의견수렴을 위해 재검토를 요청하였다. 그 후 2003. 2. 6. 역명을 결정해야할 시점이 다가오자 고속철도공단에서는 건설교통부에 "역명칭 조사결과 보고서"를 제출하였는 바 그 핵심적인 내용은 다음과 같다. 전문기 관에서 제시한 명칭으로 '충의역, 천산역, 천아산역, 장자울역' 그리고 지방자치단체가 제시한 것으로 '장재역(충남도), 아산역(아산시), 신천안역(천안시) 등이며 폭넓은 의견수 렴을 위해 관련전문가, 지자체 등이 참여하는 임시 자문기구를 설치하여 역명을 선정 하는 것이 좋겠다는 것이었다.

고속철도공단의 의견을 수용하여 건설교통부에서는 고속철도역 명칭선정 자문위원회를 구성하기로 하고 충청남도, 아산시, 천안시 등 관련 지방자치단체와 한국지명학회를 비롯한 전문기관에 위원추천을 의뢰하였다. 이에 따라 관련 지방자치단체와 기관의 추천을 받은 15명으로 위원회가 구성되었으며 2003. 3. 25. 1차 회의를 개최하였다. 이날 회의에서는 호선으로 도수희(한국지명학회 회장)을 위원장으로 선출하였으며 위원회의 운영규칙을 의결하였다. 이어 관련 지역에서 추천받은 위원들의 역명 제안 설명이 있었는데 천안시 추천위원인 이정우(천안문화원 사무국장)은 '신천안역'을 제안하며 제2안으로 '천안아산역'을 제시하였다.[3] 반면에 아산시 추천위원 김용래(한국외대 초빙교수)는 '아산역'을 제안하였다. 각 지방자치단체가 제시한 안에 대하여 원론적인 논의가 전문가 위원들에 의하여 이루어졌으나 천안과 아산의 입장 차가 너무 크다는 것을 확인하고 이날 회의는 종료되었다.

2003. 4. 3. 개최된 제2차 회의에서는 전문가 위원으로 관련 학계나 학회의 추천을 받아 참여한 위원들이 '신천안역, 아산역, 장재역, 천산역, 천안아산역, 충의역, 온양역' 등을 대상 명칭으로 하여 진지하게 논의하였다. 이날 역시 결론에 이르지 못하고 2003. 4. 23. 제3차 회의에서 논의하기로 하였다. 제3차 회의에서는 가칭 '남서울', '대구', '경주'를 관련 지역의 의견을 수용하여 각각 단일지명을 배경으로 한 '광명', '동대구', '신경주'로 결정하였다. 그러나 의견이 첨예하게 대립된 가칭 '4-1공구역'의 경우 단일 지명으로 결정하지 못하고 '천안아산역'으로 결정하여 건의하기로 하였다.

2003. 7. 25. 국무총리 주재 국정현안정책조정회의에서는 고속철도 역명 결정과 그 대책을 논의하였는데 자문위원회에서 건의한 안대로 역명을 확정하였다. 이에 대하여 아산시는 2003. 7. 31. '역명선정 행정협의조정신청'을 행정협의조정위원회에 제출하였다. 8월 26일 행정협의조정위원회에서는 이 신청을 '각하'하였으며, 건설교통부에서는 8월 28일 '천안아산역( )'으로 역명을 보완하기로 하고 괄호 안의 명칭은 아산시에서 건의토록 결정하였다. 10월 22일 아산시에서는 괄호 안 명칭을 묻는 주민투표를 실시하여 '온양온천'으로 건의하였으며 그 결과 '천안아산역(온양온천)'으로 최종

---

3 제2안으로 제시된 '천안아산역'은 이미 2003. 2. 10. 천안시에서 '신천안역' 대란으로 제시한 바 있었다.

확정되었다.

오랜 진통 끝에 탄생한 명칭 '천안아산역(온양온천)'에 대하여 2003. 11. 25. 전영준외 16인은 '천안아산역(온양온천)' 결정처분취소 행정소송을 제기하였으나 2004. 4. 6. 1심 선고에서 기각되었다. 이에 항소소송이 서울고법에서 진행되었으며 2005. 9. 7. 2심 선고 또한 각하되었다. 대법원에 상고한 3심 소송 역시 2006. 2. 23. 기각되었다. 행정소송뿐 아니라 아산시민의 헌법소원과 아산시의 권한쟁의심판 청구가 제기되었으나, 헌법재판소는 "고속철도 역명칭 결정이 주민 기본권, 법률상 지위변동 및 불이익의 영향이 없음", "행정청의 처분이나 부작위가 청구인의 권리나 아산시의 영토고권을 침해하였다고 볼 수 없음"을 이유로 모두 각하하였다.

3. 경부고속철도 2단계 역명 결정 경과

경부고속철도 2단계 구간 공사가 당초 계획보다 2개월가량 앞당겨져 대전과 대구의 시내 통과구간을 제외하고 2010년 11월초 고속선 전구간(서울에서 부산까지 423.7㎞)이 완공된다. 한국형 고속철도를 선진국 지도자들에게 알리겠다는 취지로 11월11일 열리는 'G20 정상회의' 이전에 경부고속철 신노선이 개통될 전망이다. 이에 따라 한국철도공사에서는 고속철도 홍보 및 운영 준비에 공식적으로 사용하기 위하여 4개의 정차역 역명을 제정하기 위하여 역명심의위원회를 구성하게 되었다. 위원회의 구성에서부터 역명을 심의, 결정하기까지의 경과를 정리하기로 한다.

3.1. 위원회 구성 및 역명 제정 기준

역명심의위원회는 위원장을 포함하여 10인 이내로 구성하기로 되어 있으며 위원장은 위원 중에서 호선으로 선출하도록 하고 있다. 위원의 자격 기준과 추천기관은 ①지명에 대한 학식과 경험이 풍부한 자로 지명관련 전문학회에서 추천한 사람 3인,

②국가지명위원회의 위촉위원 중 국토지리정보원장이 추천한 자 2인 ③해당지방자치단체의 장이 추천한 자 1인 ④한국철도시설공단 이사장이 추천한 자 1인 등으로 되어 있다.

한국철도공사 업무 부서에서는 지명관련 전문학회인 한국지명학회와 한국땅이름학회 그리고 한글학회에 복수 추천을 의뢰하여 김정태(한국지명학회, 충남대 교수), 배우리(한국땅이름학회), 정재도(한글학회) 3인을 위원으로 선임하였다. 또한 국토지리정보원장이 추천한 국가지명위원 중 전영권(대구가톨릭대 교수)와 박병철(서원대 교수)를, 한국철도시설공단 이사장이 추천한 이동춘(고속철도사업단 고속철도 건설처장)을 선임하였다. 그리고 한국철도공사에서 관련 업무에 종사하는 박복규(광역철도사업본부 광역계획팀장)을 위원에 포함시켰다. 이들 7명의 위원은 4개 역명을 심의할 때 모두 참여하는 전문가 위원의 자격이다. 해당지방자치단체의 장이 추천한 위원은 지역 주민의 여론을 비롯한 지자체의 입장을 대변하는 위원으로 해당 역명 심의에만 참여하기로 되어 있다. 그리고 이 위원회의 간사는 주무부서의 팀장인 김태형(한국철도공사 여객본부 영업설비팀장)이 맡았다.

한국철도공사의 철도역명 및 노선명 관리·운영 규정[4]에 따르면 역명 제정 기준은 ①이해하기 쉽고 부르기 쉬우며 변경될 여지가 없는 명칭, ②가장 많이 불리는 지

---

4 이 규정 제4조를 보이면 다음과 같다.

제4조 (역명 제정·개정 기준) ①역명을 제정·개정하는 경우에는 국민이 이해하기 쉽고 부르기 쉬우며 변경될 여지가 없는 명칭을 사용한다.

②역명의 제정은 1역 1명칭을 원칙으로 하며, 일반적으로 가장 많이 불리는 지명 및 해당 지역과 연관성이 뚜렷하고 지역 실정에 부합되는 명칭을 사용하되 다음 각 호의 사항을 기준으로 하여 정한다.

1. 행정동명, 법정동명, 옛 지명 및 자연마을 명칭.
2. 문화재명, 역사적 중요한 사건이나 시설의 자취명, 주요공공기관명, 주요 공공시설명.
3. 학교명은 역명으로 정하지 않는 것을 원칙으로 한다. 다만 역사가 학교부지내에 위치하거나 학교와 접하면서 지역주민이 동의하는 경우에는 예외로 인정할 수 있다.
4. 한글과 한자가 서로 다른 경우 한글을 우선 고려한다.

③역명 제정·개정시 공사 소관의 다른 역명 또는 지방자치단체 도시철도기관 소관의 다른 역명과 동일(역명 발음상 동일한 것을 포함한다)하거나 혼동될 우려가 있는 경우에는 그 역명을 사용하지 않는다.

④지역대표성보다 특정 단체 및 업체의 홍보수단으로 이용될 수 있는 명칭은 사용하지 아니한다.

명 및 해당 지역과 연관성이 뚜렷하고 지역실정에 부합하는 명칭, ③다른 역명과 동
일하거나 혼동이 발생하지 않을 명칭, ④특정 단체나 업체의 홍보 수단으로 이용되지
않을 명칭 등으로 규정하고 있다.

역명의 표기와 관련된 제한 사항도 역명 제정 시 고려되어야 하므로 이와 관련된
사항을 보면 한글 표기 역명은 최대 6음절 이내를 원칙으로 하고 있다. 또한 5음절 이
상일 때는 4자 이내의 축약명을 동시에 제정하도록 하였다. 이는 경제성을 고려하여
가능하면 4음절 이내로 제정할 것을 유도하는 규정이라 할 수 있을 것이다. 표기는 국
어 어문 규정에 따라 한글맞춤법과 로마자표기법을 따르도록 하였다.

3.2. 제1차 역명심의 위원회

경부고속철도 2단계 신설 4개 역사의 명칭을 제정하기 위한 제1차 회의가 2010.
7. 22.(목) 10:30부터 18:00까지 한국철도공사 704호 회의실에서 열렸다. 위원 모두가
참석한 가운데 2003년 4월 경부고속철도 1단계 역명선정자문위원회에서 이미 다룬
신경주를 비롯하여 지방자치단체 간에 이견이 적은 순으로 진행하기로 하였다.

의안 제1호로 상정된 가칭 신경주역 역명 제정 심의를 위하여 박병철 위원이 위
원장으로 호선되어 회의를 진행하였다. 가칭 신경주 역사는 경상북도 경주시 건천읍
화천리 1010번지 일대에 지하 1층 지상 2층, 연면적 35,698㎡ 규모로 건축되고 있다.
이 역의 명칭에 대해서는 이미 2003. 4. 23. 당시 건설교통부의 고속철도 명칭선정 자
문위원회 3차 회의에서 '신경주(新慶州)'로 결정한 바 있다. 다만 1단계 운행 구간이 아
니고 2006. 4.부터 역사 건축 공사가 시작되었으므로 실제 사용은 2단계 개통과 함께
이루어진다. 그러므로 재확인 차원에서 상정된 안건이므로 위원 모두가 이견 없이 '신
경주(新慶州)'로 확정함에 동의하였다.

이 역의 명칭과 관련하여 신경주를 비롯하여 서라벌, 경주, 신라, 천마, 화랑, 화
천, 경주KTX, 금성, 새천년, 에밀레, 신라경주건천, 서경주 등 다양한 명칭이 제안되
었다. 이 중 신경주로 하게 된 배경은 경주의 역사성과 대외적 대표성, 인지도 등이 고

려되었으며 역세권 신도시 조성에 어울리는 명칭이라는 점이다. 또한 새롭게 발전하는 경주를 지칭하면서 기존의 경주역과의 구분해야 한다는 점도 고려되었다.

의안 제2호로 상정된 것은 가칭 오송역 역명 제정(안)이었다. 호선에 의하여 배우리 위원이 위원장을 맡아 회의를 진행하였다. 이 역은 충북 청원군 강외면 오송리 149-3번지 일대에 지하 1층 지상 3층 연면적 19,984㎡로 건축되고 있다. 4홈 10선의 정거장을 갖추게 되며 경부고속철도와 호남고속철도의 분기역이다.

2010. 6. 23. 한국철도공사에서는 충청북도에 철도역명 가칭 '오송역' 제정과 관련하여 시군의 의견을 수렴하고 도의 의견을 결정하여 의견을 제출해 달라는 공문을 발송하였다. 이에 충청북도에서는 청원군과 청주시에 의견을 수렴하여 제출할 것을 요구한 바 청원군은 '오송(五松, O Song)', 청주시는 '청주오송(淸州五松, Cheongju- Osong)'을 제출하였다. 이를 바탕으로 충청북도에서는 청원군의 의견을 수용하여 '오송(五松, O Song)'으로 결정하여 제출하였다. 충청북도가 오송으로 결정한 것은 "역명 제정 시 옛 지명, 자연 마을 명칭을 역명으로 사용하고 향후 오송이 대내외적으로 인지도가 부각되고 있는 점을 감안하였다"고 하였다. 청원군에서 충청북도에 보낸 의견 수렴 제출 문건에는 '오송'으로 결정한 배경에 대하여 그 사유를 명기하지 않았다. 그런데 청주시의 문건에는 '청주오송역'으로 결정한 배경에 대하여 사유를 첨가하였다.[5]

이날 회의에서 관련 지방자치단체의 엇갈린 의견과 같이 청주시와 청원군에서 추천받아 참석한 위원의 의견도 합의점을 찾을 수 없었다. 청원군 추천위원인 하재성(청주시의회 의원)은 이미 '오송'이 오송첨복단지, 오송메디칼시티, 오송과학산업단지 등

---

5 청주시의 공문에 첨부된 사유는 다음과 같다.
- '가칭오송역'으로 제정할 경우 전국적인 인지도가 낮아 청주를 찾아오는 이용객들의 불편이 예상되며, 이에 상대적으로 인지도가 높은 '청주'를 '오송역' 앞에 삽입하여 인지도를 높이고
- 대다수의 이용자가 청주시민일 것으로 이용자의 편리성을 도모하기 위하여 역사명칭에 '청주'가 표기되어야 하며
- 차후 청주시와 청원군이 통합되면 '가칭오송역' 지역이 청주로 편입되어 당연히 '청주'가 역사명에 표기되어야 할 것입니다.
- 특히 2010. 6. 2. 실시하는 전국 제5회 동시 지방선거에 청주시 및 청원군으로 출마하는 자치단체장의 경우 전원 통합에 찬성하고 또한 청주-청원 지역민 대부분이 통합에 찬성하고 있어 어느 때보다 통합의 가능성이 높아 통합 청주시를 대비하여야 할 것임.

으로 널리 알려진 명칭이므로 '오송'이 타당하다고 주장하였다. 이에 반하여 청주시 추천위원인 이욱(청주국제공항활성화대책위원회 사무국장)은 분기역 유치시 청주시 유지들이 중심이 되었을 뿐만 아니라 충북도민이 단합된 힘을 결집하여 성취한 것인데 지역 주민의 여론을 무시한 결정은 받아들일 수 없다고 하였다.

지역추천 위원을 제외한 전문가 위원들은 대체로 충청북도의 의견을 존중하고 이정을 표시하는 것이 역명칭 제정에서 우선하여야 하므로 '오송'이 타당하다는 의견을 제시하였다. 그러나 충청북도에서 역명칭과 관련하여 선호도 조사를 비롯한 여론 조사를 하지 않았으므로 우선 지역 주민의 뜻이 어떤 것인지 파악하기로 하였다. 그 결과를 고려하여 다음 회의에서 논의하기로 하고 가칭 '오송역' 명칭 심의는 종결하였다.

의안 제3호로 상정된 안건은 가칭 '김천구미역' 역명제정(안)이었다. 호선에 의해 김정태 위원이 위원장을 맡아 회의를 진행하였다. 이 역의 역사는 경상북도 김천시 남면 옥산리 790번지 일대에 지하1층, 지상2층, 연면적 7,101㎡ 규모로 건설되고 있다. 역사가 위치한 지점이 김천시의 중심부이며 구미시 경계로부터 11.9㎞나 떨어져 있다는 점을 들어 김천시에서는 당연히 '김천'으로 명칭을 삼아야 한다고 주장하고 있다. 반면에 구미에서는 이용객의 편의를 도모하기 위하여 수요가 많은 구미 시민을 고려하고 세계적인 구미국가산업단지, 역사건립 지방비 분담금 중 16억원(58%)를 구미시가 분담, 두 도시의 상생발전 등을 이유로 '김천·구미역'으로 해야 한다고 주장하였다.

두 지역은 각각 여론조사, 간담회 등을 통하여 의견을 결집, 관련 기관에 건의서, 탄원서, 성명서 등을 제출하며 첨예하게 대립되어 있는 상태였다. 김천상공회의소(회장 윤용희) 명의로 2010. 7. 16. 작성된 탄원서의 표지에는 '무자비한 구미지역 정치세력', '천인공노할 온갖 만행' 등의 구절이 등장하는데 이를 통하여 두 지역의 갈등이 얼마나 심각한가를 알 수 있다. 두 지역의 국회의원을 비롯한 정치인, 신문발행인, 시민단체 관계자, 출향인사 등이 각종 언론매체를 통하여 출신 지역의 입장을 강력하게 표명함은 물론 이를 기사화한 보도들이 줄을 이었다.

이러한 심각성으로 인하여 상급 지방자치단체인 경상북도의 중재도 가능하지 않은 상태였다. 지역추천 위원으로 참석한 이호영(김천상공회의소 사무국장)과 신광도(구미시 장학기금조성추진위원장)의 의견 또한 조금도 좁혀지지 않았으며 경상북도 추천위원인 손명원(대구대 교수)은 "경북도의 의견은 없다"고 하였다. 이에 전문가 위원들은 대안으로 김천(金泉)과 구미(龜尾)를 합성한 '김구(金龜)'와 두 지역의 경계에 있는 금오산에서 가져온 명칭 '금오(金烏)'를 제시하기도 하였다. 그러나 두 지역의 의견이 첨예하게 대립되어 있어 결론을 내기가 쉽지 않아 경상북도의 중재와 이를 바탕으로 한 갈등의 해소를 기대하며 다음 회의에서 더 논의하기로 하였다.

의안 제4호로 상정된 안건은 가칭 '신울산역' 역명제정(안)으로 전영권 위원이 위원장을 맡아 회의를 진행하였다. 이 역의 건물은 울산광역시 울주군 삼남면 신화리 471번지 일대에 지하1층, 지상4층, 연면적 8,490㎡ 규모로 건설되고 있다. 한국철도공사에서 울산광역시에 의견을 조회한 결과 '울산역(통도사)'로 해 줄 것을 요구하였으며 기존의 동해남부선 '울산역'은 '태화강역'으로 명칭을 변경해 줄 것을 요구하였다.

울산역 다음에 통도사를 괄호 안에 넣는 것에 대해서는 인접 자치단체인 양산시에서도 원하고 있는 것이며 통도사 이용객들의 편의도 도모할 수 있다는 것이다. 특히 "주변 문화·관광 자원과의 연계를 통한 고속철도 이용 수요 증가를 기대한다"는 점을 들었다. 또한 통도사를 부기함으로써 제조업·산업 중심의 도시 이미지에 문화·관광 도시로서의 브랜드 창출 효과를 낼 수 있어 최적의 명칭이라는 것이다.

울산광역시에서는 '울산(통도사)'로 확정하기까지 2009. 4. 28.부터 5. 17.까지 시민을 대상으로 역명 공모를 실시하였다. 이 때 제안된 역명은 울산, 울산(통도사), 서울산, 신울산 순으로 선호도가 높았으나 관련기관인 경상남도와 양산시, 울주군의 의견을 수렴하고 2010. 6. 21. 역명선정자문위원회를 개최하여 '울산역(통도사)'으로 확정하였다. 이런 일련의 과정이 있었기에 지역에서 추천받은 울산시, 양산시, 울주군의 3인 위원 모두 이 명칭에 이의가 없었다.

전문가 위원들의 의견은 간결성과 경제성만을 고려한다면 '울산'으로 하는 것이 마땅하나 부기한 명칭이 지역명이 아닌 관광명소의 명칭으로 크게 문제될 것이 없다는 것이었다. 지역의 의견을 수용하여 이 역의 명칭을 '울산역(통도사)'로 결정하려 하였으나 울산역(통도사) 폐기울산기독교비상대책위원회(회장 심광민), 한국교회언론회(대표 김승동) 등의 진정, 성명 그리고 당일 시위 등이 문제가 되었다. 이들 기독교 단체의 주장은 종교적 색체를 띠고 있는 특정 사찰명을 부기하는 것은 온당치 못하며 시민공

모에서 가장 많이 제안된 '울산역'이 타당하다는 것이다. 종교적 갈등의 강도와 지역
주민의 여론 등을 좀더 파악할 필요가 있다는 의견에 따라 이 역의 명칭 또한 다음 회
의에서 논의하기로 하였다.

3.3. 제2차 역명심의 위원회

제1차 심의회의에서 여러 가지 문제로 결론을 내지 못했던 가칭 '오송', '신울산',
'김천구미' 등에 대하여 논의하기 위한 제2차 역명 심의위원회가 2010. 7. 30. 한국철
도공사 704호 회의실에서 열렸다. 먼저 논의된 역은 가칭 '오송역'이며 전문가 위원 중
에는 박복규(광역철도사업본부 광역계획팀장) 대신 박형태(광역철도사업본부 광역영업팀장)이 참
석하였고 충청북도 추천위원으로 1차에 불참했던 안남영(HCN 대표이사)도 참석하였다.

청원군 추천위원인 하재성(청원군의회 의원)은 청원군 12개 읍면 이장협의회장들의
서명부와 청원군의회(의장 변종윤) 의원 11명의 서명부를 제출하였다. 이 서명부에 제
시된 내용은 역사가 건립될 지점의 지명인 오송을 역명으로 삼아야 한다는 것이었다.
또한 '오송'이 이미 널리 알려진 지명으로 인지도가 높아 가장 적절한 명칭이며 신조어
'청주오송'은 합당하지 않다고 주장하였다.

청주시 추천위원인 이욱(청주국제공항활성화대책위원회 사무국장)은 국가의 기간 교통
망인 고속철도역은 각 지역의 거점이 되는 몇 곳에만 설치되는 것이므로 지방철도의
역명을 정하는 것과는 그 기준이 달라야 한다고 주장하였다. 더불어 호남고속철도 오
송분기역 유치위원회의 주축이 되었던 충북발전 범도민연대 회원 일동의 성명서와 모
노리서치에서 실시한 여론조사결과보고서[6]를 제시하였다.

충북발전 범도민연대 회원 일동의 성명서 내용은 '청주오송'으로 명칭이 결정될

---

6 모노리서치(1577-7223)의 조사모형은 다음과 같다.
조사대상; 청원/청주지역 20대 이상 남/여, 표본크기; 유효표본수: 568명(응답율: 6.7%), 표본추출방법;
층화무작위 할당 표본추출, 표본오차; 95% 신뢰수준에서 ±4.11%p, 가중치보정; 미적용, 조사방법;
ARS 전화설문조사, 조사일자; 2010. 7. 22~23.

수 있도록 청주시장, 청원군수 그리고 충북지사가 의견의 일치를 보여줄 것을 촉구하며 여론조사를 실시하여 지역민의 의견이 반영될 수 있도록 하라는 것이었다. 또한 모노리서치에서 실시한 여론조사결과보고서에 의하면 오송역 20.6%, 청주오송역 51.2%, 세종역 13.9%, 잘모름 14.3% 등이라는 것이다.

충청북도 추천위원인 안남영(HCN 대표이사)는 충북도의 의견은 '오송'이지만 청주시와 청원군의 통합을 비롯한 여러 가지 사항을 고려할 때 자신의 소신은 '청주오송'이라고 주장하였다. 더불어 개인적으로 문자메시지를 통하여 충북언론인협회 회원 등을 비롯한 여론 주도 계층을 대상으로 조사한 자료를 제시하였다. 이 자료에 의하면 '청주오송'이 71.4%로 '오송' 18.7%보다 절대적으로 많다는 것이다.[7]

지역추천위원들의 주장을 충분히 청취한 전문가 위원들은 여론조사의 신뢰도 문제, 충북발전범도민연대의 대표성 문제, 관련 지방자치단체에서 공문으로 제시한 의견, 청주를 부기하여 '오송(청주)'로 하는 문제 등에 대하여 진지하게 논의하였다. 또한 원론적인 측면에서 역명 제정의 기본 원칙에 대한 논의 등이 이어졌으나 위원 모두의 의견이 하나로 결집되지 않아 비밀투표에 의해 역명을 결정하기로 하였다. 1안 '오송', 2안 '청주오송'을 놓고 표결한 결과 '오송'으로 결정되었다.

가칭 '신울산역' 역명 심의에는 해당지방자치단체에서 추천한 위원 3명이 참석하여 각 지자체에서 합의된 내용을 설명하였다. 울산시, 울주군, 양산시 추천위원 3명 모두 '울산역(통도사)'로 역명을 결정하는 것이 그동안의 절차와 사회적 합의를 따르는 것이라는 입장이었다. 특히 양산시의 의견을 보면 2004년 주민들의 의견에 따라 양산시의회에서 '울산양산역'으로 결정했던 것을 '울산양산(통도사)'로 변경하였다가 울산시와의 협의로 '울산역(통도사)'라는 최종안을 도출하였으므로 선정 과정에서 지역민의 의견이 광범위하게 수용되었다는 것이다.

'울산역(통도사)' 도출과정에서 인접 지자체 간의 합의와 통도사가 단순한 특정 종교의 시설물로 보는 것은 옳지 않고, 우리 문화유산의 보고이므로 '울산'에 '통도사'를

---

7 이 조사 자료에 의하면 '청주오송역' 또는 '오송역' 외에도 '직지역', '청주역', '새청주역', '직지오송역', '청주권역', '세종역' 등의 명칭도 제안되었다.

부기하는 것은 문제가 없다는 의견이 지역에서 추천받은 위원들의 주장이었다. 이에 대하여 지명이 아닌 문화재명의 부기 문제, 지역간의 화합, 이의를 제기한 기독교단체 주장의 타당성 여부 등에 대하여 논의한 후 1안 '울산역(통도사)', 2안 '울산역'을 놓고 비밀투표를 통하여 결정하기로 하였다. 표결 결과 '울산역(통도사)'로 결정하였으며 '통도사'는 부기명으로 하였다.

당초 심의 대상에 올랐던 4개의 역명 중 3개가 결정되고 가칭 '김천구미'역만 남게 되었다. 이 역의 명칭에 대하여는 김천시가 주장하는 '신김천역'과 구미시가 주장하는 '김천·구미역'을 놓고 두 지역간의 의견이 여전히 대립되었다. 경상북도에서는 7월 28일 도청회의실에서 두 지역의 시장, 도의원, 상의관계자 등을 모아 간담회를 개최하였다. 이날 모임에서도 두 지역은 기존의 주장을 놓고 대립하여 합의점을 찾기 어려웠고 경상북도가 '김천역(구미)'를 제안하였다.

경상북도의 중재 이후 김천시와 구미시에서는 '역명조정소위원회'를 구성하여 협의하게 된다. 7월29일 김천시청에서 개최한 두 지역 관계자의 협의회에서 김천시의 입장은 '신김천역'이 마땅하나 경상북도의 중재안이라 할 수 있는 '김천역(구미)'에 대하여 수용이 가능함을 밝힌다. 이를 경상북도지사와 한국철도공사에 추가의견으로도 제시하였으나 구미시의 경우 여전히 '김천·구미역'을 고수하여 합의에 이르지 못했다. 이런 과정에서 조정을 통한 두 지역의 합의가 중요하다는 판단으로 경상북도에서는 이 역에 대한 심의를 8월 초순으로 연기해 줄 것을 요청하였다. 이날 김천시와 구미시 추천으로 참석한 위원 또한 최종적으로 협의할 수 있는 시간을 갖도록 결정을 유보하여 줄 것을 요청하였다. 이에 대하여 전문가 위원들도 인접지역간의 갈등해소와 화합을 위해 그 타당성을 인정하고 다음 회의에서 결론을 내기로 하였다.

3.4. 제3차 역명심의 위원회

경부고속철도 2단계 사업 신설역사 철도역명 제정 과정에서 가장 논란이 많은 가칭 '김천구미역'에 대한 역명 심의를 위한 회의가 2010. 8. 6. 14시부터 한국철도공사 705호 회의실에서 열렸다. 이날 회의에는 김천시와 구미시의 역명조정소위원회에서 경상북도지사에게 보낸 합의서 문건이 제시되었다. 합의에 이른 명칭은 '김천(구미)'이며 상호간에 더 이상 이의를 제기하지 않기로 하고 이 명칭이 제정될 수 있도록 공동으로 노력한다는 것이다. 이러한 합의는 2010. 8. 3. 김천시의 건설교통국장(김종신)과 구미시의 건설도시국장(석태룡)이 배석한 가운데 김천상공회의소(소장 윤용희), 구미상공회의소(소장 김용창), 김천YMCA(사무총장 김영민), 구미사랑시민회(사무국장 김상섭) 등에 의해서 이루어진 것이다.

합의에 도달한 명칭 '김천(구미)'는 건의서, 탄원서 그리고 성명서를 통한 김천과 구미 지역의 대립과 반목, 이에 따른 행정기관의 행정력 낭비를 비롯한 비효율적인 일련의 과정을 치러내고 만들어진 명칭이다. 인접지역의 화합과 갈등해소를 위해 역사가 위치한 지역의 명칭을 노출하여 앞에 배열하고 인접지역의 지명을 괄호에 넣어 병기하는 방법으로 합의에 도달한 명칭인 것이다. 울산(통도사)의 경우 앞쪽에 노출시킨 명칭은 지명이고 괄호 안의 명칭은 지명이 아닌 문화재 명칭이므로 성격이 다른 경우이다. 역사가 위치한 지역의 명칭만을 역명으로 삼는 것이 합리적이라는 의견도 있었으나 합의에 이른 두 지역의 노력, 화합과 갈등해소도 중요하다는 의견이 압도적으로 많아 이 역의 명칭은 단일안에 대한 찬반투표 결과 '김천(구미)'로 결정되었다.

4. 일본 고속철도 역명과 驛舍 소재지

일본은 1950년대 중반 이후 급속한 경제성장으로 국민소득이 증대되었다. 이에 따라 자유시간의 선용, 가치관의 변화 및 다양화, 시간가치의 증대, 인구 및 산업의 지방분산 추진 등으로 인하여 빠른 교통수단의 필요성이 대두되었다. 그러나 기존철도는 속도 및 용량증대에 한계가 있어 새로운 고속철도의 건설이 필요하게 되었고, 거점개발 계획에 의한 산업 기반시설로서 고속철도를 구상하여 세계 최초로 고속철도 신칸센을 설치하였다.

최초의 신칸센은 1959. 4.에 착공하여 1964. 10.에 개통한 도카이도 신칸센[東海道新幹線:도쿄~신오사카]이며 운행을 시작한 지 3년도 안 되어 연 수송인원이 1억 명을 돌파하는 성공을 거둠으로써 전국적으로 노선을 확장하였다. 그 후 산요 신칸센[山陽新幹線 : 신오사카~하카타], 도호쿠 신칸센[東北新幹線 : 도쿄~하치노헤], 조에쓰 신칸센[上越新幹線:오미야~니가타], 야마가타 신칸센[山形新幹線:후쿠시마~신조], 나가노 신칸센[長野新幹線:도쿄~나가노], 아키타 신칸센[秋田新幹線:모리오카~아키타], 규슈 신칸센[九州新幹線] 등이 개통되었다.[8]

다른 고속철도에 비하여 안정성이 높은 신칸센은 시속 240~275㎞로 운행하며 일본 전역을 일일생활권에 들게 한 물류혁명의 주역으로서 일본의 산업발전에 지대한 공헌을 하였다. 사양화되어 가던 철도를 재생시키고 철도사업에 새로운 사명을 개척한 신칸센의 선견성은 유럽 각국으로 파급되었으며 현시점에서는 세계가 주목하는 교통 수단으로 성장하고 있다. 본 장에서는 정차역의 명칭과 역사 소재지의 관계를 살핌으로써 신칸센 역명 부여의 특징을 파악하고자 한다.

4.1. 도카이도 신칸센[東海道新幹線]

도카이도 신칸센(東海道新幹線)은 도쿄역을 기점으로 종점인 신오사카역까지 운행되는 것으로 1964. 10. 1. 개통되었으며 역의 수는 17개이고 거리는 552.6Km이다. 정차역은 도쿄(東京)~시나가와(品川)~신요코하마(新横浜)~오다와라(小田原)~아타미(熱海)~미시마(三島)~신후지(新富士)~시즈오카(静岡)~가케가와(掛川)~하마마쓰(浜松)~도요하시(豊橋)~미카와안조(三河安城)~나고야(名古屋)~기후하시마(岐阜羽島)~마이바라(米原)~교토(京都)~신오사카(新大阪) 등이다.

이 노선의 역명 중 도명, 부명, 현명, 시명 등 현재의 단일행정지명과 완전하게 일

---

8 이상의 일본고속철도와 관련된 내용은 두산백과사전 엔사이버에 게재된 내용을 요약 정리한 것이다. 또한 일본어와 일본의 역명 부여 등에 관하여 윤행순(한밭대 일어과 교수), 김정빈(한밭대 일어과 강사) 두 분의 자문에 힘입은 바 크다. 깊이 감사드린다.

치하는 역명은 도쿄(東京), 오다와라(小田原), 아타미(熱海), 미시마(三島), 시즈오카(静岡), 가케가와(掛川), 하마마쓰(浜松), 도요하시(豊橋), 나고야(名古屋), 마이바라(米原), 교토(京都) 등 11개이다.

행정지명과 완전하게 일치하지 않은 6개 명칭 중에서 5개도 역사가 위치한 행정지명을 기초로 하여 명명되었음을 알 수 있다. 신요코하마(新横浜), 신후지(新富士), 신오사카(新大阪) 등 3개는 행정지명 앞에 '신(新)'을 부여하여 명명한 것이다. 이는 기존의 幹線인 JR 즉 日本國鐵 역과 구분하기 위하여 분할요소 '신(新)'을 첨가한 것이다. '기후하시마(岐阜羽島)'역은 기후현(岐阜県) 하시마시(羽島市)에 위치하는 역으로 현명을 앞에 놓고 시명을 뒤에 배열하여 명명한 것이다. 이는 복수의 행정지명을 활용한 것이나 동급자치단체의 명칭이 아니고 소위 광역자치단체의 명칭과 그 산하에 있는 기초자치단체의 명칭이 활용된 것이다.

미카와안조(三河安城)역은 아이치현(愛知県) 안조시(安城市)에 있는 역으로 행정지명인 시명 앞에 미카와(三河)를 첨가하였다. 이는 아이치현(愛知県)을 상징하는 '三河湖' 또는 기후현(岐阜県) 南東部에서 아이치현(愛知県)에 걸쳐 있는 '三河高原'에서 미카와(三河)를 가져온 것이다. JR東海道本線과 名鐵 名古屋本線의 안조역(安城驛)과 중복을 피하기 위하여 지역을 대표하는 자연지명을 명명의 한 요소로 활용한 것이다.

현용 행정지명과 관련이 없는 역명은 도쿄도 미나토구에 위치한 '시나가와역(品川驛)'이 있으나 역사가 위치한 이곳은 미나토구가 분구되기 이전에 시나가와구였다. 시나가와(品川)는 메구로가와(目黒川)의 고지명으로 도카이도 신칸센[東海道新幹線] 역명을 명명할 당시 메구로역(目黒驛)이 있어 중복을 피하기 위하여 시나가와(品川)라 한 것이다.

요컨대 도카이도 신칸센[東海道新幹線]의 역명 17개 중 11개는 현용 행정지명과 완전하게 일치한다. 현용 단일행정지명과 완벽하게 일치하는 역명이 주류를 이룸을 알 수 있으며 다른 5개 역명도 기존의 일본국철역과의 중복을 피하기 위하여 '신(新)-'이나 해당 지역을 상징하는 자연지명을 분할요소로 활용하였다. 현용행정지명과 일치하지 않은 1개의 역명도 해당 지역의 옛 이름을 활용한 것이므로 역명을 명명함에 있어 역사가 위치한 행정구역의 명칭이 우선적으로 고려되었음을 알 수 있다.

4.2. 산요신칸센(山陽新幹線)

이 노선은 1967년 착공되어 1972년 신오사카(新大阪)~오카야마(岡山)의 160km 구간, 1975년 오카야마(岡山)~하카타(博多)의 393km 구간이 개통되었다. 노선의 실제 거리는 553.7km이며 역의 수는 19개로 신오사카(新大阪)~신코베(新神戸)~니시아카시(西明石)~히메지(姬路)~아이오이(相生)~오카야마(岡山)~신쿠라시키(新倉敷)~후쿠야마(福山)~신오노미치(新尾道)~미하라(三原)~히가시히로시마(東広島)~히로시마(広島)~신이와쿠니(新岩国)~도쿠야마(德山)~신야마구치(新山口)~아사(厚狭)~신시모노세키(新下関)~고쿠라(小倉)~하카타(博多) 등이다.

행정지명 중 단일시명을 역명으로 삼은 것은 히메지(姬路), 아이오이(相生), 오카야마(岡山), 후쿠야마(福山), 미하라(三原), 히가시히로시마(東広島), 히로시마(広島)[9] 등 7개이며 하카타(博多)는 후쿠오카현 후쿠오카시의 구명이다. 시명 또는 구명과 완전하게 일치하는 것이 8개인 셈이다. 고쿠라(小倉)는 후쿠오카현 기타큐슈시 고쿠라키타구에 위치하는 역으로 구명의 일부를 활용하여 명칭으로 삼은 것이다.

신오사카(新大阪)를 비롯하여 기존의 일본국철역과의 중복을 피하기 위하여 시명 앞에 분할요소 '신(新)-'을 결합한 것으로 신코베(新神戸), 신쿠라시키(新倉敷), 신오노미치(新尾道), 신이와쿠니(新岩国), 신야마구치(新山口), 신시모노세키(新下関) 등 6개가 있다. 니시아카시(西明石)는 효고현 아카시시에 위치한 역으로 시명 아카시 앞에 방향을 뜻하는 니시(西)를 결합하였다. 결국 자치단체의 명칭 중 시명을 그대로 활용하거나 이를 바탕으로 분할요소를 첨가하여 명명하는 방식이 가장 일반적임을 거듭 확인할 수 있다.

행정지명 중 자치단체의 명칭을 사용하지 않고 자연지명을 역명으로 삼은 것으로 도쿠야마(德山)와 아사(厚狭)가 있다. 도쿠야마(德山)는 야마구치현 슈난시(周南市)에 있는 역으로 바로 옆에 있는 유명한 德山湾 때문에 붙여진 명칭이다. 야마구치현 산요오노다시에 있는 아사역(厚狭驛) 또한 역 옆을 흐르는 아사카와(厚狭川)가 배경이 되어 명명된 것이다.

---

9 오카야마(岡山)와 더불어 히로시마(広島)는 현명이면서 시명이기도 하다.

4.3. 도호구 신칸센[東北新幹線]

도쿄역을 기점으로 아오모리현 하치노헤시의 하치노헤역까지 운행되는 노선으로 1982년 6월 23일에 개통되었으며 역수는 21개이고 영업거리는 631.9K이다. 일본의 신칸센 노선 중 역의 수가 가장 많으며 정차역은 도쿄(東京)~우에노(上野)~오미야(大宮)~오야마(小山)~우쓰노미야(宇都宮)~나스시오바라(那須塩原)~신시라카와(新白河)~고리야마(郡山)~후쿠시마(福島)~시라이시자오(白石蔵王)~센다이(仙台)~후루카와(古川)~구리코마고원(くりこま高原)~이치노세키(一ノ関)~미즈사와에사시(水沢江刺)~기타카미(北上)~신하나마키(新花巻)~모리오카(盛岡)~이와테누마쿠나이(いわて沼宮内)~니노헤(二戸)~하치노헤(八戸) 등이다.

단일행정지명과 일치하는 역명 중 시명과 일치하는 것은 오야마(小山), 우쓰노미야(宇都宮), 나스시오바라(那須塩原), 고리야마(郡山), 센다이(仙台), 이치노세키(一ノ関), 기타카미(北上), 모리오카(盛岡), 니노헤(二戸), 하치노헤(八戸) 등 10개이다. 기초자치단체인 시명과 일치하는 경우가 가장 많음을 알 수 있으며 도쿄(東京)는 도명과 후쿠시마(福島)는 현(시)명과 오미야(大宮)는 구명과 일치하는 역명으로 단일행정지명과 일치하는 역명은 모두 13개임을 알 수 있다.

단일행정지명을 기초로 하여 분할요소 '신(新)-'을 결합하여 명명한 것은 신시라카와(新白河)와 신하나마키(新花巻)가 있다. 복수행정지명을 활용한 것으로 시명과 그 산하의 정명을 결합하여 명명한 것과 인접한 구명을 배합한 예가 각각 한 개씩 있다. 시라이시자오(白石蔵王)는 미야기현 시라이시시에 있는 역이나 '시라이시'라 하지 않았다. 이는 구마모토현(熊本県)의 '시라이시(白石)' 역과의 중복성 때문이다. 또한 이 시의 町名 중 하나인 '자오(蔵王)'를 활용하여 '자오역(蔵王驛)'이라 할 수 없는 것은 야마가타현(山形県)에 '자오역(蔵王驛)'이 있기 때문이다. 결국 시명과 정명을 모두 활용하여 '시라이시자오(白石蔵王)' 역이라 하였다. '미즈사와에사시역(水沢江刺驛)'은 이와테현 오슈시에 있는 역인데 구명 미즈사와(水沢)와 에사시(江刺)를 배합한 이름이다.

인접한 곳에 있는 지형지물을 가리키는 자연지명이 역명으로 활용된 예로 후루카와(古川)와 구리코마고원(くりこま高原)이 있다. 후루카와(古川)는 미야기현 오사키시

(大崎市)에 위치한 역이다. 오사키(大崎)는 1590년 豊臣秀吉에게 몰락한 大崎氏에서 유래한 지명이며 그 중앙부를 흐르는 강이 후루카와(古川)이다. 구리코마 고원(くりこま高原)은 미야기현 구리하라시(栗原市)에 위치하는 역이다. 시명 구리하라(栗原)를 역명으로 삼지 않고 구리코마(栗駒) 고원을 역명으로 활용하였다. 이 산은 이와테현(岩手県), 미야기현(宮城県) 그리고 아키타(秋田県)에 걸쳐 있는 유명한 국립공원이다.

이와테누마쿠나이(いわて沼宮内)는 이와테현 이와테군 이와테정에 있는 누마쿠나이(沼宮内)를 역명으로 삼았다. 누마쿠나이(沼宮内)는 岩手町의 中心地区이다. 우에노(上野)는 도쿄도 다이토구(台東区)에 위치한 역이다. 행정지명인 구명을 역명으로 삼지 않고 이 역이 위치한 지역의 지명을 활용하였다. 우에노(上野)는 옛날 그 일대에 집을 짓고 살았던 토우도우 타가도라(藤堂高虎)가 영지인 미에현(三重県)의 이가우에노(伊賀上野)에서 이름을 따왔다는 설이 가장 유력하다.

4.4. 기타 노선

앞에서 다룬 노선 외에 야마가타 신칸센[山形新幹線], 나가노 신칸센[長野新幹線], 아키타 신칸센[秋田新幹線] 그리고 영업 중인 규슈 신칸센[九州新幹線]의 역명에 대하여 살피고자 한다. 야마가타 신칸센[山形新幹線]의 정차역은 11개로 후쿠시마(福島)~요네자와(米沢)~다카바타(高畠)~아카유(赤湯)~가미노야마온센(かみのやま温泉)~야마가타(山形)~덴도(天童)~사쿠람보히가시네 (さくらんぼ東根)~무라야마(村山)~오이시다(大石田)~신조(新庄) 등이다. 나가노 신칸센[長野新幹線]의 정차역은 6개로 다카사키(高崎)~안나카하루나(安中榛名)~가루이자와(軽井沢)~사쿠다이라(佐久平)~우에다(上田)~나가노(長野) 등이다. 아키타 신칸센[秋田新幹線]의 정차역은 6개이며 모리오카(盛岡)~시즈쿠이시(雫石)~다자와코(田沢湖)~가쿠노다테(角館)~오마가리(大曲)~아키타(秋田) 등이다. 그리고 영업 중인 규슈 신칸센[九州新幹線]의 5개역은 신야쓰시로(新八代)~신미나마타(新水俣)~이즈미(出水)~센다이(川内)~가고시마 중앙(鹿児島中央) 등이다.

검토대상으로 삼은 26개의 역명 중 시명과 일치되는 것은 8개로 야마가타 신칸센[山形新幹線]의 요네자와(米沢), 덴도(天童), 무라야마(村山), 신조(新庄) 등을 비롯하여 다카사키(高崎), 우에다(上田), 모리오카(盛岡), 이즈미(出水) 등이 이에 해당한다. 현명과 동일한 시명을 역명으로 삼은 경우도 후쿠시마(福島), 야마가타(山形), 나가노(長野), 아키타(秋田) 등 4개가 있다. 정명을 역명으로 한 것도 7개나 있는데 다카바타(高畠), 아카유(赤湯), 오이시다(大石田), 가루이자와(軽井沢), 시즈쿠이시(雫石), 가쿠노다테(角館), 오마가리(大曲) 등이 그것이다. 결국 26개 역 중 19개 역의 명칭이 행정지명과 동일함을 확인할 수 있다.

정명과 일치하는 역명이 7개로 눈길을 끄는데 시명을 사용하지 않고 굳이 정명을 활용한 것은 일본국철명으로 시명을 이미 사용하고 있는 경우가 많기 때문이다. 또한 정명이 시명보다 역사성을 지니고 있어 해당 지역을 상징하거나 대표하는 명칭이기 때문에 가져다 쓴 경우도 있다. 예컨대 야마가타현(山形県) 난요시(南陽市)에 위치한 아카유역(赤湯驛)은 赤湯温泉으로 유명할 뿐만 아니라 난요시(南陽市)가 원래 아카유정(赤湯町)을 중심으로 인근 지역을 합병하여 이루어진 것이기 때문에 이를 살려 쓴 것이다. 아키타현 센보쿠시의 가쿠노다테역(角館驛)도 에도시대부터 유명한 지명 가쿠노다테(角館)를 가져다 쓴 것이다. 아키타현 다이센시의 오마가리역(大曲驛)의 명칭 또한 중세 이래 사용되었던 고지명이자 다이센시를 대표하는 정명을 가져다 쓴 것이다.

시명 앞에 '신(新)-'을 결합하여 역명을 삼은 것으로 신야쓰시로(新八代)와 신미나마타(新水俣)가 있다. 또한 '시명+중앙'으로 명칭을 삼은 것으로 가고시마중앙(鹿児島中央)이 있으며 '시명+온천'으로 명칭을 삼은 것으로 가미노야마온센(かみのやま温泉)이 있다. 또한 시명 앞에 특산물 명칭을 배열하여 역명을 삼은 것으로 사쿠란보히가시네(さくらんぼ東根)가 있다. 이역은 야마가타현 히가시네시에 있는데 明治후기에 들어온 사쿠란보(체리, 버찌)로 유명한 지역이다. 일본 최고 품질을 자랑하는 특산물 사쿠란보를 홍보하기 위하여 시명 앞에 놓았다.

군마현 안나카시의 안나카하루나역(安中榛名驛)은 시명 뒤에 근처의 유명산 이름 하루나(榛名)를 첨가하였다. 안나카역(安中驛)과 중복을 피하면서 지역의 특징적인 지형지물을 끌어들여 명칭을 삼은 것이다. 나가노현 사쿠시의 사쿠다이라(佐久平) 또한 北海道에 있는 사쿠역(佐久驛)과 중복을 피함은 물론 佐久市의 분지 모양을 표현한 역명으로 볼 수 있다.

이상의 검토를 통하여 대부분의 역명칭이 행정지명을 그대로 활용하거나, 행정지명 중 특히 시의 명칭을 기반으로 해당 지역의 특징적인 사항을 결합하여 명명하였음을 알 수 있다. 행정지명을 활용하지 않고 명명한 것은 1개가 발견되는데 아키타현 센보쿠시 다자와코역(田沢湖驛)이 그것이다. 이 역은 센보쿠시를 상징하는 유명한 호수 다자와코(田沢湖)를 가져다 역명으로 삼은 것이다.

5. 결론 및 제안

우리나라 고속철도 역명과 일본의 신칸센 역명에서 공통적으로 나타나는 현상은 역사 소재지의 지명을 명명의 기반으로 삼은 것이다. 특히 역사가 위치한 지점의 기초자치단체 지명인 시명을 활용한 경우가 가장 많았다. 부분적으로 광역자치단체의 명칭인 광역시명·현명을 쓰기도 하였으며 경우에 따라 동리명·정명을 사용하기도 하였다. 이런 현상은 서양의 경우도 대체로 일치하는 현상일 것으로 추정한다.

신칸센 역명의 경우 기초자치단체 명칭인 시명을 명명의 기반으로 삼지 않은 경우를 보면 기존의 일본국철(JR)에서 사용하고 있는 역명과의 중복을 피하기 위함이 대다수이다. 이런 경우 '신(新)-'을 접두하기도 하고 현명이나 정명을 함께 배열하기도 하였다. 일부는 해당 지역을 상징하는 지형지물을 가리키는 자연지명이 역명으로 활용되거나 특산물 또는 명소를 함께 배열하여 명명하였다. 분석 대상으로 삼은 역의 명칭이 상대적으로 많기 때문에 우리나라의 고속철도 역명에서 볼 수 없는 현상도 찾을 수 있었다.

우리나라의 고속철도 역명 중 특징적인 것은 인접지역의 기초단체명을 병렬하여 명명한 것이다. 일본의 신칸센 역명에서는 찾아볼 수 없는 것으로 특이한 것이며 이 경우 역명 제정 시 양측 지역 주민들 사이에 극심한 반목과 갈등이 있었음을 알 수 있다. 경부고속철도 1단계 역명인 '천안아산(온양온천)'과 2단계 역명인 '김천(구미)'가 그것이다. '천안아산(온양온천)'의 경우 역명을 확정하여 고시한 후에도 몇 건의 소송이 제기되었으며 상당수의 명칭관련 전문가들이 언어의 경제성, 역명부여의 타당성, 활용성 등의 측면에서 부적절함을 지적하고 있다. '김천(구미)'의 경우 본격적으로 활용하는 단계에서 이용객을 중심으로 어떤 반응이 나올지 지켜볼 일이다.

'천안아산(온양온천)'과 '김천(구미)'라는 역명이 제정되게 된 배경의 첫 번째 요인은 역사 소재지의 지방자치단체보다 인접 지방자치단체의 지역세가 강하기 때문이다. 아산보다는 천안이 김천보다는 구미가 인구, 경제규모, 산업활동 등의 측면에서 우위에 있으므로 이를 활용하여 자기 지역의 명칭을 역명에 반영하고자 한 것이다. 인접 지역에 들어서는 역명에 굳이 자신의 명칭을 넣고자 하는 이유는 역의 명칭을 통하여 지역의 브랜드를 알리는 저비용고효율의 이미지 광고 효과는 물론 지역민의 유대감을 높일 수 있기 때문이다.

'천안아산(온양온천)'의 경우 역사가 아산에 있음에도 불구하고 '천안'이 앞쪽에 배열되었다. 이는 역사 부지의 일부가 천안 관할이라는 점, 역사가 들어선 지역이 천안 생활권으로 천안시민이 가장 많이 활용할 것이라는 점 등의 이유도 있지만 천안의 지역세가 아산을 압도한 결과로 보인다. '김천(구미)'의 경우 구미를 괄호 안에 넣어 병기하기로 하였는데 역사가 위치한 곳에서 구미시의 경계까지 11.9㎞라는 점을 감안하면 객관적인 측면에서 납득하기 어려운 사실이다. 이 또한 강한 지역세가 배경이 되었고 두 지역의 화합과 갈등해소 나아가 공생을 고려하여 탄생한 명칭이다.

우리나라 고속철도 역명 중 특이한 것 중의 하나로 괄호 안에 다른 명칭을 병기 또는 부기했다는 점이다. 한국철도공사에 따르면 병기명은 관보에 게재됨은 물론 역사의 각종표지에도 사용하는 공식적인 명칭이나, 부기명은 이용객의 편의를 도모하기 위하여 해당 역사의 표지에만 활용하고 관보에는 게재되지 않는 명칭으로 정의하고 있다. '천안아산(온양온천)', 김천(구미), 울산(통도사)가 이에 해당하는 경우인데 활용의 측면에서 1단계 병기역명인 '(온양온천)'은 거의 쓰이지 않는 것으로 보인다. 2단계 역명 중 병기 또는 부기 역명인 '(구미)'와 '(통도사)'가 어느 정도로 활용될 지는 앞으로 지켜볼 일이다. 만약 '(온양온천)'과 같이 활용도가 거의 없다면 이러한 명칭은 해당 지역민의 욕구 충족에만 기여했을 뿐 바람직한 명칭은 아니기 때문이다.

이상에서 분석하고 논의한 여러 가지 사항을 고려하여 고속철도 역명을 명명함에 있어 참고해야할 몇 가지 사항을 제시하면 다음과 같다.

(1) 고속철도 역명을 비롯한 모든 역의 명칭은 이용자들이 쉽게 인식할 수 있는 언어로 정확한 위치정보를 제공하여야 한다. 이용자들이 쉽게 인식할 수 있는 언어는 지명이며 고속철도 역명의 경우 기초자치단체의 명칭인 시·군명이 적절하다.

(2) 기존의 국철역 명칭과의 중복을 피하기 위하여 광역자치단체의 명칭이나 동리명을 활용할 수도 있으며, 고속철도의 역사가 신도시에 위치할 경우 분할 요소 '신-'을 활용할 수도 있다.

(3) 지명을 활용하는 명명보다 긍정적인 효과를 기대할 수 있다면 해당 지역의 특징적인 지형지물을 비롯한 상징물 명칭을 활용할 수도 있다.

(4) 언어의 경제성을 도모할 수 있는 형태 즉, 발음이 용이하고 음절수가 길지 않게 명명하여야 하며 축약명을 고려한 명칭 부여는 원천적으로 배제하여야 한다.

(5) ( ) 안에 인접지역 지명을 병기 또는 부기하는 것은 원칙적으로 배제하여야 한다. 다만 관광객의 편의를 위하여 필요한 경우 문화재 명칭을 부기할 수 있다.

제36장

지명표석 설치와 고유어 지명의 보존

1. 서론

개화기 이후 지명학을 비롯한 인문학은 양적인 면에서는 물론 질적인 면에서도 발전에 발전을 거듭하여 왔다. 그러나 이를 응용하고 활용하는 측면에서는 다른 학문 분야에 비해 그 성장의 속도가 매우 느린 편이다. 신자유주의 물결과 함께 경쟁을 통한 비교 우위의 확보 없이는 학문도 침체의 늪에서 벗어나기 힘들 것이라는 논의가 활발하다.

이러한 시기에 청주시가 옛 지명 표석 설치 사업을 시행한 것은 지명학 연구 결과를 실제의 생활에 보급·활용한다는 측면에서 매우 의미 있는 일로 보아야 할 것이다. 또한 무형의 문화재인 지명을 통하여 그 속에 살아 숨 쉬는 선인들의 숨결을 느끼게 함으로써 지역 주민에게 자긍심을 일깨우는 계기를 마련한다는 점에서도 매우 뜻 깊은 사업인 것이다.

본 연구는 이렇듯 의미 있는 사업이 일과성으로 끝나지 않고 지속적으로 이루어지기를 바라며, 나아가 다른 지방자치단체에도 파급되기를 바라는 뜻에서 기획된 것이다. 이러한 사업을 새로이 기획할 기관이나 단체를 위하여 이 사업의 경과에 관하여 간략히 소개하게 될 것이다. 그리고 이 사업의 핵심 분야라 할 수 있는 표석에 새겨 넣을 문안의 작성 과정에서 마주치게 되는 사항들을 논의하게 될 것이다. 또한 작성된 문안을 모두 소개함으로써 앞으로의 연구자나 실무자들에게 다소의 참고가 되게 하고자 한다.

2. 옛 지명 표석 설치 사업의 경과

청주시에서는 지방자치 시대를 맞이하여 사라져 가는 옛 지명을 발굴, 보존하기 위하여 "옛 지명 표석 설치 사업"을 시행하였다. 이는 매우 의미 있는 사업으로 평가되며 다른 지방자치단체에도 큰 영향을 주리라 기대한다. 여기서는 이 사업이 시행된 경과에 대하여 간략히 살피기로 한다.

2.1. 사업 추진 경과

청주시에서는 1996년 6월 12일 옛 지명 표석 설치 사업을 추진하기 위하여 이 사업 추진 보조단체로 '청주민예총'을 선정하여 1996년 7월 1일 본격적으로 사업을 개시하였다. 7월 10일 기획위원회, 문안심의위원회, 조형물심의위원회 등 3개 전문 위원회를 구성하였으며 7월 31일에는 청주시장(김현수)을 위원장으로 하는 추진위원회를 구성하였다.

3개의 전문 위원회에서 검토한 자료를 바탕으로 청주시 옛지명표석설치추진위원회 1차 회의가 9월 2일 청주시청 회의실에서 개최되었다. 이날 회의에서는 표석 설치에 관한 기본 방향 즉, 옛 지명 표석 설치 사업의 의의 및 사업 시행 방법 등이 논의되었으며, 우선하여 표석을 설치할 대상 지역 네 곳을 선정하였다. 그 네 지점은 남석교(석교동), 짐대마루(복대2동), 수름재(오근장동), 구루물(운천·신봉동) 등이며 이에 따라 각 동별 준비위원회를 구성하기로 하였다.

9월 11일 석교동(남석교 南石橋), 복대2동(짐대마루 福臺), 오근장동(수름재), 운천·신봉동(구루물 雲泉) 등 우선 설치 지역 네 곳과 금천동(쇠내개울 金川), 산·미·분·장동(원마루 院坪) 등 6개 지역에 동별 준비위원회를 구성하였다. 그 후 각 동에서는 주민의 의견을 수렴하는 등 각종 논의를 거쳐 문안에 반영하여야 할 사항, 조형물의 형태, 구체적인 설치 지점 등을 위원회에 보고하였다.

1996년 10월 23일에는 2차 추진위원회를 열어 시범적으로 설치할 '구루물'(운천·신봉동)의 표석 조형물을 심의, 확정하였으며 잉어배미, 약전골목, 당고개, 밤고개, 사창골, 가경골, 쑥골, 원봉골, 정사간, 사직 등 열 곳을 설치 대상 후보 지역으로 선정하였다.

2차 추진위원회의 결과에 따라 문화동(잉어배미), 남주동(약전골목), 탑·대성동(당고개 堂峙), 내덕2동(밤고개), 사창동(사창골 司倉洞), 가경동(가경골 佳景洞), 수곡동(쑥골 秀谷), 용암·용정·방서동(원봉골), 봉명·송정동(정사간 鄭司諫), 사직2동(사직 社稷) 등 10개 지역에 동별 준비위원회를 구성하였다.

11월 29일(금) 오후 2시에는 '구루물[雲泉]'의 지명 표석이 운천·신봉동 운천공원 내 인공폭포 우측 전면에 설치되었다. '구루물[雲泉]' 표석은 다른 지역에 앞서 최초로 설치된 것으로 이 사업이 성공적으로 마무리 될 수 있을 것임을 알게 해주는 징표와 같은 것이었다.

첫 번째 표석이 설치된 이후 1997년에 들어와 3개의 전문 위원회는 수차의 논의를 거듭하며 활발하게 운영되었다. 동별 준비위원회 또한 표석 설치에 따른 기초 자료를 제공하기 위하여 맹렬하게 활동하였다. 이러한 각 분야의 논의 결과는 5월 16일 3차 추진위원회에 보고되었으며 이 날 각 표석에 넣을 문안, 조형물의 디자인, 소재 등이 대부분 확정되었다. 특히 이 날의 회의에서는 한 번 설치되면 대대손손 보존할 수 있도록 예산 형편에 따라 설치 개수를 줄이더라도 작품성과 안정성이 돋보이도록 제작하자는 데 의견을 모았다. 그리고 한 번의 사업으로 그치지 말고 연차적으로 여러 지역에 설치할 수 있도록 하자는 논의가 이루어 졌다.

1997년 6월 18일에 쇠내개울(금천동)의 표석 설치 및 제막식이 이루어짐으로서 두 번째 작품이 빛을 보게 되었고, 9월 19일에 사직(사직2동), 9월 27일 정사간(운천·신봉동)에 표석이 설치되었다.

10월 23일에는 3차 추진위원회의 결의에 따라 표석설치 지역을 최종 확정하여 이미 설치한 네 곳을 포함하여 열 곳에 설치하는 것으로 이번 사업을 종료하기로 하였다. 앞으로 설치할 여섯 곳은 원봉골, 가경골, 수름재, 사창골, 원마루, 짐대마루 등으로 확정된 것이다.

1997년 12월 15일에는 '원봉골'에 표석이 설치되었으며, 1998년 1월 10일에는

'가경골', 2월 24일에는 '수름재'에 표석이 설치되어 모두 일곱 곳에 표석설치가 완료되었다. 그런데 원마루, 사창골, 짐대마루 등 세 곳은 현지 사정으로 설치가 지연되고 있으나 1998년 2월 10일 이전에 이미 표석의 제작은 완료되었다.

2.2. 사업 추진 기구 구성 및 활동

청주시 옛지명표석설치추진위원회는 청주시장을 위원장으로 하여 13인으로 구성되었다. 위원 13명은 청주시 공무원 4인, 청주시 시의원 3인, 문화예술계 인사 4인, 학계 2인으로 구성되었다. 그 명단을 보면 청주시 공무원으로 김현수 청주시장, 총무국장 김숙영(방효무), 건설국장 박창동, 문화예술과장 손천균(윤관훈) 등 4명이며, 청주시의회 의원 3인은 전건하, 정성택, 최창수 등이며, 문화예술계 4인은 청주문화원 원장 이종명, 민예총 청주지회장 김승환, 청주예총 부회장 이돈희, 문화사랑모임 대표 윤석위 등이며, 향토사 연구가인 김예식(서원향토사연구회 회장)과 지명학 연구에 관심이 있는 필자(당시 한국지명학회 총무이사)가 포함되었다.

이 위원회는 표석 설치 사업의 정책 방향을 결정하는 최고 의결기구로 표석에 넣을 문안을 최종 심의, 결정함은 물론 조형물의 형태, 설치 장소 등을 비롯하여 표석 설치와 관련된 제반 중요 사항을 결정하는 기구이다.

최고 의결 기구인 청주시 옛지명표석설치추진위원회 산하에는 이 사업을 원활하게 추진하도록 하기 위하여 실무를 담당하는 3개의 전문위원회와 동별 준비위원회를 두었다. 3개의 전문위원회는 기획위원회, 문안심의위원회, 조형물심의위원회가 그것이며 동별 준비위원회는 구루물[雲泉] 표석이 세워질 운천·신봉동을 비롯한 표석 설치 대상 지역 16개 동에 구성되었다.

企劃委員會는 표석 설치 사업과 관련된 제반 업무를 기획, 조정하여 추진하는 위원회로 박종관 청주민예총 사무국장을 위원장으로 하여 5명으로 구성되었다. 위원으로는 이철희(청주시 문화재계장), 김홍영(청주시 학예연구사), 박명구(청주민예총 기획실장), 유순웅(연극인, 전문기획자) 등이 참여하였다.

文案審議委員會는 표석 설치 대상 지역에 대하여 역사적 사실을 고려함은 물론 인류, 문화, 사회, 지명학 등의 이론을 바탕으로 바람직한 문안을 작성, 심의하는 임무를 띠고 있다. 이 위원회는 필자를 위원장으로 하여 김승환(민예총 청주지회장/충북대 국어교육과 교수), 윤석위(문화사랑모임 대표), 도종환(시인), 황정하(고인쇄박물관 학예연구실장) 등 5명으로 구성되었다.

造形物審議委員會의 임무는 표석 설치 대상 지역의 역사성, 상징성 등을 고려하여 조형물의 시안을 구상, 제작하는 것이다. 즉, 표석을 설치할 지역의 분위기와 문안이 담고 있는 내용을 분명히 보여줄 수 있도록 조형물의 작품 시안을 구상하여 옛지명표석설치추진위원회에 제출하는 것이 이 전문 위원회의 임무인 것이다. 이 위원회는 도예가인 김만수를 위원장으로 하여 이돈희(조각가, 청주예총 부회장), 양현조(조각가), 최희석(조각가), 김기현(서양화가), 손순옥(동양화가) 등 5명으로 구성되었다.

표석 설치가 주민의 관심과 애향심에 기초하여 축제적인 분위기 속에서 이루어질 수 있도록 동별 준비위원회가 설치되었다. 동별 준비위원회에서는 표석 설치와 관련된 주민의 의견을 수렴하여 각 전문위원회에 건의안을 제출하고 각 지역의 특성과 일정에 따라 표석 설치 실무를 점검, 추진하는 업무를 수행하였다. 동별 추진위원회가 설치된 곳은 16개 동이며 이 중 표석이 설치되었거나 표석 제작이 완료된 곳은 10개 지점이다. 참고로 이 위원회가 설치된 동명과 괄호 속에 표석 설치 지점을 밝히면 (1)과 같다.

(1)
■ 운천·신봉동(구루물 雲泉)   ■ 금천동(쇠내개울 金川)
■ 사직2동(사직 社稷)   ■ 봉명·송정동(정사간 鄭司諫)
■ 오근장동(수름재)   ■ 가경동(가경골 佳景洞)
■ 용암·용정·방서동(원봉골)   ■ 사창동(사창골 司倉洞)
■ 산·미·분·장동(원마루 院坪)   ■ 복대1동(집대마루 福臺)
□ 석교동(남석교 南石橋)   □ 문화동(잉어배미)
□ 남주동(약전골목)   □ 탑·대성동(당고개 堂峙)
□ 내덕2동(밤고개)   □ 수곡동(쑥골 秀谷)
(참고: ■=표석설치지역, □=후보지역)

2.3. 평가와 전망

청주시 옛지명표석설치 추진위원회의 사업보고서에는 이 사업의 평가와 전망이
매우 적절하게 표현되어 있다. 그 전문을 이곳에 전재하면 (2)와 같다.

(2)

'옛 지명 표석 설치 사업'은 地方自治時代를 맞이하여 사라져 가는 옛 지명
을 찾아 그를 후손에게 물려주는 의미 있는 작업으로 청주시와 청주민예
총이 全國 最初로 企劃한 事業이었다.

學術과 藝術이 行政과 함께 만나 이뤄지는 이 사업은 진정한 지방자치
가 보다 나은 市民社會를 활짝 열어 가는데 그 基本 理念과 趣旨가 있음을
확인케 하는 사업이다. 청주를 비롯한 중소 도시가 가지고 있는 시민의
일상생활은, 사람들의 삶의 基礎單位인 自然部落이나 마을 단위의 서로 돕
고 의지하는 아기자기한 삶을 보장받고 있지 못하다. 共同體가 解體된 도
시는 삶의 기초단위인 마을의 의미라 할 수 있는 洞을 근간으로 하는 공
동체 생활이 전무하다시피 하다.

청주시의 '옛 지명 표석설치 추진사업'은 市가 중심이 되어 洞을 근간
으로 하는 사업으로 都市文化生活에 다음과 같은 의미를 지니고 있다. 첫
째, 자라나는 새 세대에게 우리 동네의 地名과 由來에 대해 알 수 있는 기
회를 제공함으로 사는 고장의 自負心을 불러일으키는 사업이며, 旣成世代
에게는 급격한 都市化로 인한 자연부락의 해체가 빚어낸 共同體 生活의 追
憶을 되살리는 사업이다. 또한 이렇게 제작된 옛 지명 표석은 자칫 사라
질 운명에 놓여있는 傳來地名을 길이 後孫에게 남기는 學術的 意味를 함께
지니고 있다. 특히 예술을 통하여 地名을 造形物로 形象化하여 개방된 장
소에 건립함으로 예술이 地域大衆에게 기여하는 바를 한 폭 넓힐 수 있는
기회가 된 것으로 평가 할 수 있다.

도시 속의 行政單位인 洞이 근간이 되는 文化藝術 事業은 96년 시점으
로 그 이전까지는 전무하다시피 하였다. 그러던 것이 지방자치 시대가 발

전하면서 洞別 祝祭 또는 잔치 등의 사업이 전개되고 있는 것이 현재의 양상이다. 그리 오래되지 않았을 시절, 공동체 사회를 이루었던 마을 단위 주민들의 自發的인 參與와 질 높은 관심을 이 사업을 통해 이끌어 내게 된 것도 성과라 아니할 수 없다.

이 사업을 진행하면서 지역 언론에 커다란 반향을 일으키면서 단일 보도 약 40회(TV, 라디오, 일간지, 주간지, 월간지 등) 이상 보도 된 것도 이 사업의 취지와 목적을 잘 설명해 주는 것이라 판단해 볼 수 있다.

다만 아쉬운 점은 부락단위 共同體의 祝祭인 마을 대동굿의 의미를 되찾기 위한 洞別 除幕式 행사가 여러 가지 이유로 간소화 될 수밖에 없었던 것이 아쉽고, 또한 당초의 예상보다 조형물 제작 사업이 高級化되면서 설치 예정 지역을 10곳으로 한정한 것도 아쉬운 점이라 하겠다.

表石設置 諸般 事業을 모두 마치고도 (확정시안, 확정문안, 동별준비위원회 구성 등) 표석을 설치하지 못한 중요한 지명이 여럿 남아 있다. 사정이 허락되어 이곳에도 옛 지명의 표석이 설치되기를 기대해 본다.

製作費에 관계없이 좋은 작품을 만들기 위해 애쓴 참여 조각가의 노고에 감사드리며, 사업을 시행하도록 최선을 다해주신 청주시와 담당 공무원들의 노력에 깊이 감사드린다. 특히 좋은 글씨 작품을 주셔서 표석의 품위를 높여준 人間文化財 東林 吳國鎭 선생과 판화가 이철수님께도 깊이 감사드리며 이 작업의 실질적인 주체가 되었던 동별 준비위원회의 위원 여러분께 다시 한 번 감사드린다.

3. 문안 작성의 실제와 문제점

옛 지명 표석 설치사업 중 가장 중요하게 다루어야 할 분야가 문안 작성이다. 해당 지명을 적절한 분량의 문장을 통하여 효율적으로 설명하여야 하며, 이 설명이 사실과도 정확하게 부합하여야 되기 때문이다. 적절한 분량의 문장을 가지고 효율적으로 설명하여야 한다는 것은 표석을 설치한 후 읽는 사람에게 효과적으로 전달되어야 하기 때문이다. 그리고 사실과 부합하여야 한다는 것은 해당 지명이 붙여지게 된 배경 즉, 정확한 명명의 기반을 밝힌 글이어야 한다는 것이다.

상당수의 지명은 여러 가지의 유래담을 가지고 있어 그 배경을 정확하게 추정하는 것이 쉬운 일은 아니다. 이 때 지명 언어학자는 그 지역의 특징과 지명과의 관계, 역사적인 사실, 지명어를 이루고 있는 형태소에 대한 언어학적 접근 또는 민속학적인 탐구 등을 통하여 명명의 배경을 찾게 된다.

지명 언어학자가 지명 명명의 근원을 이런 저런 관점에서 접근하여 파악하였다 하더라도 실제로 문안을 작성함에 있어서는 또 다시 곤경에 처하곤 한다. 적절한 분량의 문장으로 가장 효과적으로 읽는 사람에게 전달될 수 있도록 작성하여야 한다는 점이 첫 번째 문제이다. 그리고 학술적인 이론과 현실과의 충돌, 해당 지역 주민과의 정서적 충돌, 문장구성 방식에 관한 이견 등이 그것이다. 이제 이미 표석 제작이 완료된 청주시의 지명 표석 문안을 예로 들면서 그 문제점과 애로를 설명하기로 한다. 그리고 문안 작성의 과정에서 크게 어려움을 겪지 않았던 것에 대하여는 해당 표석의 문안을 제시하여 관련자들에게 참고가 되게 하고자 한다.

3.1. 구루물[雲泉]

현전하는 세계 최고의 금속활자본인 직지심체요절을 간행하였다는 흥덕사터에는 청주고인쇄박물관이 들어서 있다. 그 뒤쪽에 인공폭포가 있으며 '구루물[雲泉]' 표석은 이 인공폭포 앞에 설치되었다. 우선 '구루물[雲泉]' 표석에 담은 문안을 보면 (3)과 같다.

(3)
예로부터 좋은 물이 나는 우물이나 샘이 있는 곳은 하늘의 덕을 입은 곳이라 하여 복된 땅으로 여겼다. 큰 우물이 있다하여 붙여진 구름우물, 구루물이라는 지명은 하늘에 있는 구름이 물의 근원이라는 뜻에서 생겨난

것으로 보인다. 오늘날 운천동(雲泉洞)의 운천(雲泉)은 '구름'과 '우물'에 해당
하는 한자 '雲(운)'과 '泉(천)'을 빌어 만들어진 것이다.

운천동(구루물)에 대하여는 충청북도에서 간행한 지명지를 비롯한 각종 지명관련
보고서 등에는 (4)에서 보듯이 "큰 우물이 있으므로 '구루물'이라 하였다"는 설명이 보
인다.

(4)
구루물[雲泉, 雲泉洞]: 본래 청주군 서주내면 지역으로 큰 우물이 있으므로
구루물 또는 운천이라 하였는데 1914년 행정구역 폐합에 따라 山
直里, 下鳳里, 司倉里의 각 일부와 北州內面의 外德里 일부를 병합하
여 운천리라 해서 四州面에 편입되었다가 1935년에 다시 청주읍
에 편입되어 운천동이 됨.

이러한 설명은 충분히 사실에 기초하여 기술된 것으로 보인다. 그 이유 중의 하
나로 지금은 폐쇄되어 볼 수 없지만 운천동과 사직동의 경계 지역인 사직1동 247-1번
지(현 부강아파트 주차장)에 큰 우물이 존재했다는 점이다. 또한 속칭 체육관 약수로 불리
는 공설운동장의 야구장과 국민생활체육관 사이에 있는 생수는 그 수량이 엄청나다.
24시간 내내 개방되는 이 수도는 수많은 사람들이 줄을 지어 약수를 받아가도 마르는
법이 없다. 이런 점을 감안할 때 구루물[雲泉]이라는 지명은 물이 흔한 이 지역의 특성
이 잘 반영되어 만들어진 것으로 볼 수 있다.

앞에서 제시한 사실을 기초로 하여 필자(1997)에서는 雲泉洞의 옛 이름 '구루물'을
"굴+우물" 또는 "구룸+물"로 분석하고 '굴/구룸'이 뜻하는 바를 [萬], [多], [大]로 추정한
바 있다. 그러나 이 사실을 '구루물[雲泉]' 표석의 문안을 작성함에 있어 적극적으로 반
영하지 못하였던 것은 대부분의 문헌에 '萬'의 새김이 한자어 '일만'으로 달려있고 유독
『千字文』大東急本에만 '萬'의 훈이 '구룸'으로 나오기 때문이다. 그리고 [萬]에서 [多] 또
는 [大]로의 의미 전이 문제를 충분히 설명하지 않았기 때문이다.

결과적으로 '구루물' 표석의 문안을 작성함에 있어 함께 새겨 넣은 '雲泉'의 간섭

을 받지 않을 수 없어 위에 제시한 것과 같이 작성하기에 이르렀다. 즉, 구름[雲]이 피어오르듯 물이 샘솟는다는 일반 언중의 생각과 '구름 = 비 = 물'의 연상에서 올 수 있는 '구름'과 '雲'의 밀접한 관계 등이 크게 작용하였다. 이는 대중과 함께 해야 할 표석의 문안은 때때로 특정 학자의 학술적 연구 결과보다 언중의 인식이 우선함을 알 수 있는 예라 할 수 있겠다.

3.2. 쇠내개울[金川]

상당구 금천동 동사무소 진입로 화단에 설치한 '쇠내개울[金川]' 표석의 문안은 (5)와 같다.

> (5)
> 쇠내 또는 쇠미로도 불리는 이 개울은 청주의 동쪽에 자리잡은 내이기에 붙여진 이름으로 이곳에서 사금을 캤다고 한다. 상당산성에서 발원하여 무심천에 이르는 쇠내를 따라 형성된 마을이 금천동이다. 金川(금천)은 쇠내를 한자로 표현한 것이다. 옛 정취를 간직하고 있던 쇠내개울 주변이 1980년대에 들어 집단주거지로 변모되면서 개울 위에 도로가 놓였다.

청주지명조사보고서(1996:84)에는 '쇠내개울/시내개울/金川'에 대하여 (6)과 같이 밝히고 있다.

> (6)
> 금천동에 있는 내로 옛날에 이곳에서 사금을 캤다 하며, 또한 장마가 진 후 개울에 쇳가루(철분)가 많았다고 하여 '쇠내개울'이라고 했었다 한다.

이 보고서에서는 전부요소 '쇠'를 '金'에 이끌려 처리하고 있다. 그러나 지명을 해석함에 있어 최초 지명의 형태를 무시하고 차후 지명형에 집착하는 것은 매우 위험한 일이다. 때문에 필자는 근원형으로 보이는 '쇠'와 그 이형태를 중심으로 천착하여 '쇠 내'가 지니고 있는 의미를 밝힌 바 있다.

박병철(1997)에서는 "쇠내/새내/시내/쇠미/새미" 등으로 다양하게 불리는 이 내 는 청주의 동쪽에 위치하고 있기 때문에 붙여진 이름으로 보았다. 즉, '쇠'와 그 이형태 '새/시'를 '東'의 의미로 추정하였다. 그런데 오랜 세월 속에서 '東'의 의미를 지닌 '쇠'가 소멸되면서 언중들은 그 명명의 기반을 망각하게 된다. 그 결과 '쇠내'는 '東川'이 아닌 '金川'이라는 한자어 지명으로 전환되기에 이른다. 더구나 '金川'으로 굳어진 한자어 지 명에 근거하여 이제는 이 내를 '쇠[鐵]'나 '金'과 관련된 것으로 인식하기에 이른 것이다.

이런 점을 감안하여 '쇠내개울[金川]'의 표석 문안에는 "이 개울이 청주의 동쪽에 자리잡은 내이기에 붙여진 이름"임을 맨 앞에서 강조하여 표현하였다. 또한 이 내에서 사금을 캤다는 사실이 있으므로 이도 부차적으로 삽입 기술하였다.

쇠내개울의 古形으로 보이는 '쇠미'를 '쇠내'와 함께 제시한 것은 충청북도에서 간 행한 지명지에 이 명칭이 실려 있으며 청원군 낭성면 궁정리의 자연부락명이자 우물 의 명칭인 '머구미[墨井]'등에 '미'의 형태가 남아 있기 때문이다. 현대국어에서 '미'는 자 립형식은 아니지만 '미나리, 미숫가루, 미꾸라지, 미늘' 등의 명사와 '미끄럽다'라는 형 용사에 남아 있는 '물[水]/천[川]'을 의미하는 고대어이다.

3.3. 사직(社稷)

사직동 4거리 교보빌딩 앞 교통섬에 설치한 '사직(社稷)'의 표석 문안은 (7)과 같다.

(7)
조선시대 각 고을에는 세 개의 단(壇)과 하나의 묘(廟)가 있었다. 국태민안 (國泰民安)을 기원하는 동쪽의 성황단(城隍壇)·한해 농사의 풍년을 기원하기 위해 세운 서쪽의 사직단(社稷壇)·떠돌아다니다 죽은 사람들의 원혼(怨魂)을 제사지내는 북쪽의 여단(厲壇) 그리고 문묘(文廟 ; 향교)를 이르는 것이다. 그 중 사직단(社稷壇)은 토신(土神)과 곡신(穀神)에게 풍년을 기원하는 제사를 올

리던 곳이다. 관아(官衙, 지금의 중앙공원)의 서문 밖, 지금의 충혼탑 자리에
사직단이 있었으므로 이 일대의 지명이 사직동(社稷洞)이 되었다.

3.4. 정사간(鄭司諫)

청주시에서 보호수로 지정한 송정동의 팽나무 앞에 설치한 '정사간(鄭司諫)'의 표
석 문안은 (8)과 같다.

(8)
조선시대 어느 때인가 사간원(司諫院)의 사간(司諫) 벼슬을 지냈다는 정씨가
살았던 곳이다. 강직(剛直)한 그의 성품을 본받아 대대로 이 고을은 충효의
마을로 불려왔다. 청주공단이 들어서면서 옛 모습은 모두 사라지고 마을
어귀의 정자나무만이 지난 세월의 무게를 끌어안고 표표히 서있다.

송정동 일원은 청주 공업단지가 조성되면서 옛 정취를 모두 잃어버린 곳이다. 鄭
司諫, 坐貴 등의 지명이 남아 있는 것으로 보아 언젠가 귀인이 살았을 것이라는 추측
이 가능하다. 현시점에서는 사간원의 사간 벼슬 지냈던 정씨가 누구인지 확인할 길
이 없다. 이 지역의 자연 마을이 모두 사라지고 그 후손으로 보이는 사람도 찾을 수 없
기 때문이다. 산업화와 더불어 급속히 소멸된 자연 마을의 경우 지명 유래담이 담고
있는 사실을 확인하지 못하고 문헌에 의존하여 지명을 해석할 수밖에 없는 경우이다.
또한 이를 바탕으로 문안을 작성할 수밖에 없기에 위와 같이 기술되었다.

3.5. 수름재

오근장동 수름재 삼거리에 설치한 표석의 문안은 (9)와 같다.

(9)

예전에 이 고개를 모래재 또는 수리재라 불렀다. '모래'는 산을 뜻하는 옛
말 '모리'와 관련이 있는 듯하며, '수리'는 '봉우리'를 뜻하는 말이다. 그러므
로 모래재, 수리재란 산봉우리를 넘어가는 높은 고개라는 뜻이다. 이 재
는 청주의 북쪽 관문에 위치한 가장 큰 고개이며 주막이 있었다고 한다.

수름재와 그 유래에 관하여 지명지를 비롯한 지명 관련 보고서에는 대체로 (10)
과 같이 기술하고 있다.

(10)

옛날에 지금의 주성리 강당말 뒷산에 나무가 하나도 없고 모래만 쌓여 있
어 모래재라고 불러 왔으나, 그후 모래재에 독수리가 많이 모여들어 서식
하게 되었으므로 이 산을 수리재라 불렀는데 후에 음이 변하여 수름재라
불렀다. 그 때 수름재 하면 주성리의 어느 한 부락을 지칭하는 것이 아니
라 근방 12부락을 통틀어 부르는 이름이었다.

위의 기술에서는 수름재의 옛 이름이 모래재 또는 수리재였음을 밝히고 있으며
모래와 수리는 각각 [沙]와 [禿鷲]에서 유래하였음을 지적하고 있다. 한편, 현재의 동
명 酒城洞과 酒中洞에 쓰인 '酒'와 관련하여 수름재의 '수름'을 '술[酒] + 음(飲)'으로 보려
는 견해도 있다.

고개를 넘나드는 나그네들에게 목을 축이고 휴식을 취할 수 있도록 하기 위하
여 대체로 큰 재의 날망 노변에는 주막이 발달하기 마련이다. 수름재의 주변도 예외
가 아니었음을 "큰 주막거리, 작은 주막거리" 등의 지명이 실재함에서 확인할 수 있
다. '수리재'라 일컫던 이 고개의 이름이 언제부터인가 '수름재'로 바뀐 것은 주막거리
의 '술' 그리고 마신다는 의미를 지닌 한자 '飲'과 밀접한 관련이 있는 듯하다. 또한 '수
리'와 '모래'가 지닌 본래의 의미를 언중이 망각하면서 나그네들이 술을 마시며 쉬었다
가는 고개라는 뜻으로 '수름재'로 인식하게 된 것이 아닌가 한다.

이상의 논의에만 몰두한다면 수름재의 '수름'은 [禿鷲] 또는 [酒飮]으로만 보아야 할 것이다. 그러나 박병철(1998)에서 '수름'의 근원형 내지는 전차형을 '수리' 또는 '모래'로 보고 '수리'와 '모래'가 [山, 峯]을 의미하는 것으로 보았다. 그리하여 '수리재/모래재'란 산 또는 봉우리를 넘어가는 높은 고개라는 뜻으로 보았다. 위의 문안은 이러한 필자의 연구 결과를 바탕으로 작성된 것이며 고개 주변에 주막이 있었다는 사실도 포함하였으나 '수름'의 '술'과 '주막'에서 파는 '술'과는 전혀 관련이 없는 것이다.

3.6. 가경골[佳景洞]

가경동 가경 제 1 근린공원 내에 설치한 표석의 문안은 (11)과 같다.

(11)
팔봉산 자락 아래 구릉과 평야가 조화를 이룬 곳. 아름다운 고을 가경골[佳景洞은 해마다 풍년이 드는 풍년골, 감나무골, 홍골, 발산과 함께 전원의 정취를 간직했던 곳이다. 1990년대에 들어 신시가지가 조성되면서 옛 모습을 찾을 길이 없다.

3.7. 원봉골

용암동 원봉공원 내에 설치한 표석의 문안은 (12)와 같다.

(12)
무심천의 물을 마시며 한가로이 누워 있는 소의 모습을 지닌 원봉산(元峰山). 끈기와 근면의 상징인 농우(農牛)의 품에 평화롭게 안겨 있던 마을 원봉골. 1990년대 들어 집단주거지로 변한 이 곳에 잃어버린 옛 정취를 아쉬워하며 이 비를 세운다.

3.8. 사창골

신축하여 이전하게 될 사창동 동사무소 주변에 설치할 표석의 문안은 (13)과 같다.

(13)
조선시대에는 봄에 백성들에게 곡식을 꾸어주고 가을에 받아들이는 환곡
(還穀)제도가 있었다. 이때 곡식을 보관하던 창고를 사창(社倉)이라 하였다.
사창이 있었기에 사창골, 사창동(司倉洞)이라는 이름이 유래되었다.

3.9. 원마루[院坪]

분평동 택지개발 7지구내의 어린이 놀이터에 설치하게 될 표석의 문안은 (14)와
같다.

(14)
고려와 조선시대에는 교통의 요충지에 역(驛)을 설치하고 역과 근접한 거리
에 원(院)을 설치하여 숙식을 제공하는 역원제도(驛院制度)가 있었다. 원마루
라는 지명은 이곳이 원(院)이 있던 높은 자리라는 뜻에서 유래된 이름이다.
1996년에 이르러 택지개발로 옛 정취가 모두 사라지고 집단주거지가 되었
다.

3.10. 짐대마루[福臺]

복대동 택지개발 지구내 근린공원 지역에 설치하게 될 표석의 문안은 (15)와 같다.

(15)
이 곳의 지형이 배 모양이라 배가 떠내려가지 않게 하기 위하여 쇠때배기
(솟대박이)에 쇠로 만든 짐대(솟대)를 세웠다. '짐대'란 기의 일종인 '당(幢)'을

달아 세우는 '대'를 뜻한다. 짐대마루라는 지명은 옛날에 이곳에 짐대가 있
었기 때문이다. 당초에 짐대를 한자로 쓸 때는 '卜大'라 썼는데 '卜'을 한국
식으로 새겨 읽으면 '복'이 아니라 '짐'이었기 때문이다. 오늘날 짐대마루
주변을 복대동(福臺洞)이라 하는 것은 '卜'을 중국식 한자음 '복'으로만 읽게
되면서부터이다. 더불어 '卜'은 같은 음이면서 좋은 뜻을 지닌 '福'으로 '大'
는 마루의 뜻을 지닌 '臺'로 바뀌어 쓰이고 있다. 이곳은 임진왜란 당시 의
병장이었던 박춘무, 아우 박춘번, 아들 박동명이 의병을 모아 훈련시켰던
곳이기도 하다.

현용 복대동의 옛지명은 짐대마루이다. '짐대'란 솟대, 오릿대, 솔대, 소줏대, 수살
이, 거릿대 등으로도 불리는 것으로 '幢' 등을 달아 세우는데 쓰는 대를 의미한다. 짐대
마루라는 지명이 유래된 것은 이 지역에 이러한 짐대가 있었기 때문이다. 그런데 '짐
대'가 '福臺'로 변화한 과정에 대하여는 전문가가 아니면 쉽게 알기 어려운 것이다. 이
점을 감안하여 '짐대→ 卜大 → 福臺'로 변화해온 과정을 문안에 담았다. 그러나 이 과
정에 대하여 짧은 문안을 통하여 읽는 사람이 쉽게 이해할 수 있도록 처리한다는 것이
매우 부담스러웠다. '짐대'가 卜大를 거쳐 福臺로 정착하게 되는 자연스런 과정에 대하
여는 박병철(1997)에서 자세히 추적한 바 있는데 그 대강을 소개하면 다음과 같다.

'짐대마루'라는 순우리말 지명이 福臺로 되는 것은 '짐대'가 갑자기 '福臺'로 변한 것
이 아니고 그 중간에 '卜大'가 있었음을 확인할 수 있다. 즉, '卜大'로 표기하던 것이 '福
臺'로 고쳐진 것은 그 역사가 그리 길지 않다. 1961년에 간행된 청주지에서부터 '福臺'
를 볼 수 있고 그 이전에 간행된 『여지도서』, 『호서읍지』 등에서는 '卜大'라 되어 있다.

훈민정음 창제 이전 또는 그 이후에 우리말을 표기하는 방식은 漢字의 音과 訓을
이용하는 것이었다. '卜大'가 바로 이런 방식에 의하여 '짐대'를 표현한 것이다. 여기서
'卜'은 '짐'으로 읽고 '大'는 '대'로 읽었음을 상기할 필요가 있다. 그런데 '大'를 '대'로 읽는
것은 의심의 여지가 없다. 다만 '卜'을 '짐'으로 읽은 것에 대해서는 쉽게 이해하지 못하
는 사람들이 많을 것이다. 문자 '卜'은 중국의 한자에도 있지만 우리 나라에서도 독자
적으로 만들어 사용한 글자로 보인다. 우리 나라 사람들이 '卜'을 언제부터 만들어 썼
는지 정확히 알 수는 없지만 그 역사는 상당히 오래된 것으로 보인다. 문자 '卜'은 그 형

상이 사람(亻)이 등에 짐(乀)을 진 모양이다. 그래서 우리 나라에서는 '卜'을 '짐'이라 읽었던 것이다. 중국한자음에 기반을 두고 형성된 한국한자음은 '복'이지만 우리 나라의 俗用文字에서는 '짐'이었음을 이두문을 비롯한 여러 문헌에서 확인할 수 있다. 『字典釋要』와 『新字典』에도 '卜'의 俗音이 '짐'임을 밝히고 있다.

'짐대'로 읽던 '卜大'가 언제부터 '복대'로 읽히기 시작했는지는 정확히 알 수가 없다. 아마도 문자생활이 한글 위주로 변하면서 언중들은 '卜'의 특이한 漢字音(俗音) '짐'을 잊어버리고 일반적인 한자음 '복'만을 의식한 데서 기인한 것으로 볼 수 있다.

이상에서 논의한 일련의 과정 속에서 당초에 '짐대'를 표기했던 '卜大'가 '복대'로 읽히면서 '짐대'와 '卜大'는 아무런 관련성이 없는 말로 전락되고 말았다. 그리하여 결국에는 '卜' 대신에 의미상 좋은 뜻을 지닌 복복자(福)을 쓰게 되었고 '大'는 '臺'로 쓰게 되었다.

짐대마루[福臺] 표석 문안의 확정 단계에서 부딪히게 된 또 하나의 애로는 마지막 문장이었다. 확정된 문장은 "이곳은 임진왜란 당시 의병장이었던 박춘무, 아우 박춘번, 아들 박동명이 의병을 모아 훈련시켰던 곳이기도 하다."로 되어 있으나 당초에는 의병장 박춘무와 그의 아들만이 들어가고 박춘번이 제외되었다. 이는 그동안 간행된 지명지 등을 참조하여 기술한 것인데 제외된 박춘번의 후손들이 이의를 제기하며 포함시켜 줄 것을 요청하였다. 박춘번의 후손 측에서 주장하는 내용이 설득력이 있어 받아들이기로 하고 위와 같이 문안을 확정하기에 이르렀다.

3.11. 후보지역 문안

이상에서 필자는 표석을 제작하여 이미 설치하였거나 표석 제작이 완료되어 보관 중인 10곳의 표석 문안에 대하여 검토하였다. 이제 다음 시기에 있게 될 제2차 사업에서 수행하기를 바라는 지점의 문안을 제시하면 다음과 같다.

• 남석교(南石橋)

돌다리 또는 석교(石橋)라 불리는 이 다리는 교각(橋脚), 교대(橋臺) 모두 석재로 되어 있으며 특히 상판은 대청마루와 같은 널 모양의 돌을 맞추어 축조되었다. 오봉연간에 세웠다는 설이 있으나 정확한 축조 연대는 추정하기 어렵다. 정월 열나흘 날 저녁에 자기 나이 수대로 이 다리를 밟으면 일 년 내내 건강하게 지낼 수 있다하여 답교(踏橋)하는 사람들로 성시(盛市)를 이루었다. 이 다리가 패이면 나라에 궂은 일이 생기고, 묻히면 나라가 망한다는 전설이 있다. 1932년 일제에 의해 이곳에 묻히게 되었다.

• 잉어배미

충청북도 도청이 자리한 이곳은 예전에 넓은 논배미가 있었다. 배미란 벼를 재배할 수 있는 논의 한 구역을 일컫는 말인데 이 논배미는 유독 넓고 깊어서 물고기들이 살기에 적합하였다. 한때는 이곳에서 잉어가 살았다하여 '잉어배미'라는 이름이 유래되었다.

• 약전골목

약전골목이란 약재(藥材)를 늘어놓고 팔던 가게[廛(전)]가 줄을 지어 있었기에 붙여진 이름이다. 이 골목에서는 닷새마다 열리는 청주장날은 물론 평일에도 한약재의 거래가 성행했다. 오늘날 양약(洋藥)의 보급으로 한약재의 거래가 위축되면서 약전(藥廛)은 하나 둘 사라지고 그 자리에 가구점이 들어서게 되었다.

• 당고개[당치(堂峙)]

대성동과 용담동의 경계에 위치한 이 고개를 당고개 또는 당치(堂峙)라 부른다. 오래전부터 이 고개 마루에 서낭당[城隍堂]이 있어 붙여진 이름이다. 조선시대 각 고을에는 세 개의 단(壇)과 하나의 묘(廟)가 있었다. 국태민안(國泰民安)을 기원하는 동쪽의 성황단(城隍壇)·한해 농사의 풍년을 기원하기 위해 세운 서쪽의 사직단(社稷壇)·떠돌아다니다 죽은 사람들의 원혼(怨魂)을 제사지내는 북쪽의 여단(厲壇)과 문묘(文廟 ; 향교)를 이르는 말이다. 지금은 서낭당은 없어졌지만 최근까지도 정월 대보름을 비롯한 삭망일(朔望日, 초하루와 보름날)에 떡시루를 올리고 소원을 비는 사람이 있었다.

• 밤고개

방고개 또는 율현(栗峴)으로도 불리는 이곳 일원에서는 맛좋은 밤이 생산
됐었다. 귀양을 가던 영조 때의 선비 조원의(趙元宜)가 이곳의 뛰어난 밤 맛
때문에 목숨을 건진 일화가 있을 정도이다. 이곳 주변에 위치한 웃밤고
개, 율봉(栗峰), 율상(栗上), 율중(栗中), 율량(栗陽) 등도 모두 밤과 관련하여 붙
여진 땅이름이다.

• 쑥골[수곡(秀谷)]

누에의 머리와 같은 모양을 한 잠두봉(蠶頭峰)이 미평동의 쌀애들을 향해
쑥 내민 골짜기에 자리잡은 마을이어서 숙골, 수골, 쑥골이라는 이름이
유래되었다. '숙골'을 한자로 '秀谷(수곡)'이라 표기하는데 '秀(수)'는 그 뜻과
는 관련 없이 '숙'과 소리가 같기 때문에 가져다 쓴 것이다. 그리고 '谷(곡)'
은 '골'을 뜻하는 한자이므로 채택된 것이다.

4. 결론

급격한 산업화, 도시화와 더불어 소멸되어 가고 있는 옛 지명을 보존하기 위하여
청주시가 시행한 옛 지명 표석 설치 사업은 여러 가지로 매우 뜻깊은 일이다. 이런 의
미 있는 사업이 다른 지방자치단체에도 파급되기를 바라며 문안 작성 시의 문제점 또
는 유의해야 할 사항을 지적하는 것으로 결론을 삼기로 한다.

여러 번 지적되었듯이 옛 지명 표석 설치사업 중 다른 분야보다도 가장 중요하게
다루어야 할 부분이 문안 작성이다. 본 연구에서는 청주시의 1차 사업 시행 지점과 차
후 시행이 예상되는 16개의 소지명어 중 구루물[雲泉洞]을 비롯하여 설치가 완료되었
거나 표석 제작이 완료된 10개에 대하여 주로 논의하였다.

지명 표석 문안은 해당 지명을 적절한 분량의 문장을 통하여 효율적으로 설명하
여야 하며, 이 설명이 사실과도 정확하게 부합하여야 한다. 이러한 이상적인 문안을
작성하기 위해서는 지명학을 비롯한 관련 학문 분야의 충분한 연구가 선행되어야 한

다. 충분한 연구를 바탕으로 하지 않은 문안 작성은 많은 문제점을 내포하게 된다. 즉, 가설 정도를 문안으로 작성하여 표석에 새겨 넣으면 후대의 사람들이 이를 사실로 알고 정설로 잘못 굳어지게 될 수도 있다. 한 번 잘못해 놓은 것을 후대에 바로잡는다는 것은 무척 어렵기 때문에 작성자는 신중을 기해야 할 것이다.

문안을 작성할 때 후생적인 지명에 집착하지 말고 최초 지명 즉 근원형을 기준으로 해야 할 것이다. 근원형 즉, 최초의 지명형을 중심으로 해당 지명을 해석하는 것이 그 명명의 기반을 정확히 추정할 수 있는 것이다. 후대에 생겨난 지명이 단순히 선행 지명에 근거한 결과 당초의 의미와 전혀 다른 뜻이 되는 경우가 자주 발견되기 때문이다.

충분한 연구가 바탕이 되지 않은 지명은 표석 설치를 유보하는 것이 바람직하나 시급한 경우는 다수 언중의 합의가 전제된다면 설치하여도 무방할 것이다. 사안에 따라서는 모든 것이 완벽하게 이루어지지 못하는 경우가 종종 있다. 지명 연구에 있어서도 예외는 아니기에 지명지 등을 비롯한 문헌과 구전 자료에 상당수의 언중이 동의하고 있다면 이를 근거로 문안을 작성, 설치하여도 무방하다는 것이다.

문안은 때때로 특정 학자의 학술적 연구 결과보다 언중의 인식을 우선하여 작성하는 경우도 있을 수 있다. 이는 어느 학자의 주장이 완벽하게 옳은 것이라는 학계의 동의가 없는 경우에 가능한 것이다. 또한 표석이 지니는 교육적 의미 등이 강조될 때 가능한 것이다.

참고문헌[1]

인터넷 사이트

21세기 세종계획 http://www.sejong.or.kr

康熙字典 http://tool.httpcn.com/KangXi

건설교통부 http://www.moct.go.kr

괴산군청 http://www.goesan.go.kr

구미시청 http://www.gumi.go.kr

國家測繪地理信息局(中國) http://www.tianditu.cn

國史編纂委員會 http://www.history.go.kr

국정홍보처 http://www.allim.go.kr

국토지리정보원 http://www.ngii.go.kr

국토해양부 http://www.mltm.go.kr

김천시청 http://www.gimcheon.go.kr

김천YMCA http://www.gcymca.or.kr

남양주시청 http://www.nyj.go.kr

두산백과사전 엔사이버 http://www.encyber.com

문경시청 http://www.gbmg.go.kr

新華字典 http://xh.5156edu.com

아산시청 http://www.asan.go.kr

양평군청 http://www.yp21.net

옛길박물관 http://www.oldroad.go.kr

왕실도서관 장서각 디지털 아카이브 http://yoksa.aks.ac.kr

---

1 참고문헌 제시 순서는 인터넷 사이트, 자료, 논저 순으로 제시한다. 인터넷 사이트와 논저는 가나다……순으로, 자료는 발행연대 순으로 제시한다.

정선군청 http://www.jeongseon.go.kr

제천시청 http://www.okjc.net

조선시대전자문화지도 http://www.atlaskorea.org

朝鮮王朝實錄 http://sillok.history.go.kr

천안시청 http://www.cheonan.go.kr

충주시청 http://www.cj100.net

평화문제연구소 http://www.ipa.re.kr

하남시청 http://www.ihanam.net

韓國古典飜譯院 http://www.itkc.or.kr

한국사 데이터베이스 http://db.history.go.kr

한국철도공사 http://www.korail.com

한국학중앙연구원 한국민족문화백과사전 http://encykorea.aks.ac.kr

한국향토문화전자대전 http://www.grandculture.net

한글학회 https://www.hangeul.or.kr

漢字字體規範漢字字体規範データベースHNG http://www.joao-roiz.jp/HNG/

漢程工具 http://tool.httpcn.com

합천군청 http://www.hc.go.kr

항공정보포털시스템 http://www.airportal.co.k

행정안전부 www.mois.go.kr

행정중심복합도시건설청 http://www.macc.go.kr

資料

金富軾(1145), 『三國史記』 「地理志」.

權堤 등(1447), 『龍飛御天歌』, 아세아문화사 영인본(1973).

『高麗史』(1451~1454).

『朝鮮王朝實錄』(1413~1865).

『世宗實錄』 「地理志」(1454).

成俔 外(1493), 『樂學軌範』, 民族文化推進會 國譯 『樂學軌範』 I , II (1979).

崔世珍(1527), 『訓蒙字會』 比叡山文庫本, 檀國大學校 東洋學研究所 영인본(1971).

崔世珍(1592년 이전), 『訓蒙字會』 東京大學 中央圖書館本, 檀國大學校 東洋學研究所 영인본(1971).

崔世珍(1613), 『訓蒙字會』 東國書林本, 東國書林 영인본(1948).

『千字文』光州本(1575), 단국대학교 東洋學研究所 영인본(1973).

『千字文』大東急本(16세기 중엽?), 조선학보 93 영인본(1979).

『千字文』朴贄成本(1583), 書誌學 7 영인본(1982).

『千字文』內閣文庫本(1583), 단국대학교 東洋學研究所 영인본(1973).

註解『千字文』(1804), 京城 廣通坊, 檀國大學校 東洋學研究所 영인본(1973).

『(新增)東國輿地勝覽』(1530).

『東國輿地志』(1656~1673).

柳希春(1576),『新增類合』羅孫本, 檀國大學校 東洋學研究所 영인본(1971).

『東輿備攷』(1682).

『海東地圖』(18세기 중반).

『輿地圖書』(1757~1765).

『戶口總數』(1789).

李義鳳(1789),『古今釋林』, 亞細亞文化社 영인본(1977).

徐有隣(1792),『增修無冤錄諺解』弘文閣 영인본(1983).

徐命膺(1796),『全韻玉篇』.

『我邦疆域考』(1811).

『大東水經』(1814).

鄭允容(1856),『字類註釋』, 건국대학교 출판부 영인본(1974).

『靑丘圖』(19세기 초반).

『東輿圖』(19세기 중반).

『大東地志』(1861~1866).

金正浩(1864),『大東輿地圖』(原圖), 경희대학교 전통문화연구소 영인본(1980).

『湖西邑誌』(1871).

『朝鮮後期地方地圖』(1872).

『淸州郡 邑誌』(1898년 전후).

『忠州郡 邑誌』(1898).

丁若鏞(19세기말~20세기초),『兒學篇』.

池錫永(1906),『字典釋要』, 亞細亞文化社, 영인본(1976).

『朝鮮地誌資料』(1910년대).

朝鮮總督部(1912),『舊韓國地方行政區域名稱一覽』, 朝鮮總督部, 太學社 영인본.

崔南善(1915),『新字典』, 朝鮮光文會.

越智唯七(1917),『新舊對照朝鮮全道府郡面里洞名稱一覽』, 中央市場, 太學社 영인본.

盧明鎬(1918),『初學要選』, 修文書舘.

李秉延(1922),『朝鮮寰輿勝覽』.

Karlgren(1923),『漢字古音辭典』, 亞細亞文化社 영인본(1973).

朝鮮史學會(1930),『東國輿地勝覽 索引』, 朝鮮史學會.

朝鮮總督部 中樞院 調査課(1937),『世宗實錄 地理志 索引』, 朝鮮總督部 中樞院.

朝鮮總督府 中樞院 調査課(1937, 1940),『(新增)東國輿地勝覽 索引』, 朝鮮總督府 中樞院.

朝鮮總督府中樞院 編(1938),『朝鮮舊慣制度調査事業槪要』, 朝鮮總督府中樞院.

문세영(1940), 수정증보『조선어사전』, 조선어사전간행회.

方種鉉(1947),『古語材料辭典』前・後集, 東省社.

한글학회(1950),『큰사전』, 을유문화사.

문교부(1956),『우리말 말수 사용의 잦기 조사』, 문교부.

南廣祐(1960),『古語辭典』, 東亞出版社.

淸州市(1961),『淸州誌』.

이희승(1961),『국어대사전』, 민중서림.

劉昌惇(1964),『李朝語辭典』, 延世大學校 出版部.

張三植 編(1964),『大漢韓辭典』, 省文社.

諸橋轍次(1966),『大漢和辭典』, 大修館書店.

한글학회(1966~1986),『한국 지명 총람』제1권~제20권, 한글학회.

민족문화추진회(1967),『(국역) 신증동국여지승람』I~VII, ㈜ 민문고.

段玉裁(1970),『說文解字注』, 臺北 藝文印書館, 영인본.

南廣祐(1971), 補正『古語辭典』, 一朝閣.

崔德敎・李勝羽 編(1971),『韓國姓氏大觀』, 創造社.

景仁文化社 編輯部(1972),『書體字典』, 景仁文化社.

周法高 외 3인(1974),『漢字古今音彙』, 香港中文大學出版部.

세종대왕기념사업회(1975),『세종장헌대왕실록』30: 지리지 색인, 세종대왕기념사업회.

청원군 교육청(1975), 상당의 얼.

陵紹雯 等(1978),『新修 康熙字典』, 啓業書館.

최학근 편(1978),『한국방언사전』, 현문사.

내무부 지방행정국 지방기획과(1979),『地方行政區域發展史』, 내무부 지방행정국.

中文大辭典編纂委員會(1979),『中文大辭典』, 華岡出版有限公司.

商務印書館 編輯局(1979), 『辭解』, 北京 商務印書館.

사회과학원 언어학연구소(1981), 『현대조선말사전』, 과학, 백과사전출판사.

商務印書館 編輯部編(1982), (修訂本)『辭源』, 商務印書館.

국어연구소(1985), 조사 자료집 1: 漢字, 外來語 使用 實態 調査(80년대).

유재원(1985), 『순우리말 역순사전』, 정음사.

충주문화원(1985), 『忠州中原誌』.

신기철·신용철(1986), 『새우리말큰사전』, 삼성이데아.

金泰均 編(1986), 『咸北方言辭典』, 京畿大學校 出版局.

漢語大字典編輯委員會(1986~1990), 『漢語大字典』, 四川辭書出版社.

金光海(1987), 『類義語·反意語 辭典』, 한샘.

建設部 國立地理院 지명유래집 편찬위원회(1987), 『地名由來集』, 建設部 國立地理院.

忠淸北道(1987), 『地名誌』, 문화공보담당관실.

제천문화원(1987), 『堤川·提原史』, 제천·제원사 편찬위원회.

한국정신문화연구원 인문연구실(1987~1991), 『한국방언자료집』Ⅰ~Ⅶ, 한국정신문화연구원.

辭海 編輯委員會編(1989), 『辭海』, 上海辭書出版社.

사회과학원 언어학연구소(1991), 『한자말사전』, 조선 교육도서출판사.

한글학회(1991), 『한국땅이름큰사전』상·중·하, 한글학회.

조선외국문도사출판사·중국민족출판사(1992), 『조중사전』, 조선외국문도사출판사·중국민족출판사.

국립국어연구원(1992), 『漢字 使用 實態 調査』(1990년도).

韓國古代社會研究所(1992), 譯註 『韓國古代金石文』Ⅰ, 駕洛國史蹟開發研究院.

국립국어연구원(1993), 『漢字 外來語 使用 實態 調査』(1991년도).

田溶新(1993), 『韓國古地名辭典』, 고려대학교 민족문화연구소.

忠北大學校 湖西文化研究所 編(1993), 『淸州市 文獻資料集』.

李珍華, 周長楫(1993), 『漢字古今音表』, 中華書局.

박용수(1994), 『새우리말갈래사전』, 서울대학교 출판부.

宋基中 등(1994), 『古代國語語彙集成』, 韓國精神文化研究院.

林承豹 編(1994), 『世宗實錄 地理志 索引』, 보고사.

南廣祐 편(1995), 『古今漢韓字典』, 仁荷大學校 出版部.

홍윤표외 3인(1995), 『17세기 국어사전』상·하, 태학사.

內務部(1996), 『地方行政區域要覽』.

檀國大學校 東洋學研究所(1996), 『韓國漢字語辭典』, 檀國大學校 出版部.

청주시 · 서원향토사연구회(1996), 『淸州地名調査報告書』.

국가경쟁력강화기획단 간접자본반(1996), 『도로명 및 건물번호의 부여 체계와 원칙』 국가경쟁력강화기획단.

청원군문화원(1997), 『淸原郡 地名誌』.

南廣祐(1997), 敎學『古語辭典』 敎學社.

淸州市(1997), 『淸州市誌』(上)(下).

충주시(1997), 『忠州의 地名』.

김민수(1997), 『우리말 語源辭典』 태학사.

충북향토문화연구협의회(1997), 『忠淸北道各郡邑誌』

청주시 옛지명표석설치 추진위원회(1998), 『사업보고서』 사단법인 한국민족예술인 총연합 청주지부.

강남구(1998), 『길이름 현황』.

행정자치부(1998), 『도로명 및 건물번호 부여 원칙』 행정자치부.

행정자치부 도로명 및 건물번호부여 실무기획단(1998), 『도로명 및 건물번호 부여사업 실무편람』 행정자치부.

제천문화원(1999), 『義林文化』 제6집(제천 지명편).

제천문화원(1999), 『제천 마을지』

행정자치부 도로명 및 건물번호 부여 실무기획단(2000), 『도로명 및 건물번호 부여 사업 종합보고서: 시범사업을 중심으로』 행정자치부.

행정자치부 도로명 및 건물번호부여 실무기획단(2001), 『도로명 및 건물번호 부여 사업의 효과분석 및 발전방향 연구』 행정자치부.

행정자치부 도로명 및 건물번호 부여 실무기획단(2005), 『세계의 주소 제도』 행정자치부.

행정자치부 도로명 및 건물번호 부여 지원단(2003), 『도로명 및 건물번호 부여 사업 실무편람』(2003. 6. 개정), 행정자치부.

국립국어원(1999), 『표준 국어대사전』 (주)두산동아.

청주시 · 충북대학교 인문학연구소(1999), 『청주 지명 유래』 태학사.

청주시(1999a), 『청주시 도로명 부여 사유 조서』 청주시.

청주시(1999b), 『청주시 도로명 부여 조서』 청주시.

청주시(1999c), 『청주시 새주소 사업: 도로명 및 건물번호 부여체계 연구보고서』 청주시.

檀國大學校 東洋學硏究所(1999-2008), 『漢韓大辭典』 檀國大學校 出版部.

남영신(2000), 『우리말 분류사전』 성안당.

이근술 · 최기호(2001), 『토박이말쓰임사전』 동광출판사.

충북향토문화연구소(2001), 『忠淸北道輿地集成』(上·下).

충주시지편찬위원회(2001), 『忠州市誌』.

국립국어연구원(2002), 『현대 국어 사용 빈도 조사』, 국립국어연구원.

朴在淵(2002), 『中朝大辭典』, 鮮文大學校 中韓飜譯文獻硏究所.

權仁瀚(2005), 『中世韓國漢字音訓集成』, 제이엔씨.

朴性鳳編(2005), 『大東輿地圖』國漢文索引, 백산자료원.

과학백과사전출판사·평화문제연구소(2005), 『조선향토대백과』 1-20, 평화문제연구소.

국토지리정보원(2006a), 『지명 표준화 편람』, 국토지리정보원.

국토지리정보원(2006b), 『영문지명록』, 국토지리정보원.

韓國學文獻硏究所(2006), 『全國地理志』 1-3, 亞細亞文化社.

행정중심복합도시건설청(2006. 2), 『2005년도 행정중심복합도시 백서』.

행정중심복합도시건설청(2006. 3), 『행정중심복합도시 도시개념 국제공모 작품집』.

행정중심복합도시건설청(2006. 5), 『누구나 살고싶은 도시를 만들겠습니다』.

행정중심복합도시건설청(2006. 10), 『도시명칭 국민공모 신청서』 1, 2, 3.

행정중심복합도시건설청(2006. 10), 『행정중심복합도시 도시명칭 국민공모결과 응모목록』.

행정중심복합도시건설청(2006. 12), 『행정중심복합도시 우수도시명칭 제안서 목록』.

신종원 편(2007), 강원도 땅이름의 참모습: 『조선지지자료』 강원도편, 경인문화사.

문화체육관광부·국립국어원(2007), 『21세기 세종계획 최종 성과물』(수정판 2010).

국토지리정보원(2008), 『한국지명유래집: 중부편』, 국토지리정보원.

임용기 편(2008), 『조선지지자료』 황해도편, 태학사.

정우영외 2인(2008), 『역주 속삼강행실도』, 한국문화사.

奈良文化財硏究所(2008), 『日本古代木簡字典』, 八木書店.

고려대학교 민족문화연구원(2009), 『한국어대사전』, 고려대학교 민족문화연구원.

서울특별시사편찬위원회(2009), 『서울지명사전』, 서울특별시사편찬위원회.

中原文化財硏究所(2009), 『忠州塔坪里遺蹟(中原京추정지) 시굴조사보고서』.

넥서스 辭典編纂委員會(2009), 『實用 中韓·韓中辭典』(二次修訂本), 黑龍江省 朝鮮民族出版社.

국토지리정보원(2010), 『한국지명유래집: 충청편』, 국토지리정보원.

청주시·충북대학교 중원문화연구소(2010), 『淸州의 古地圖』.

선문대학교 중한번역연구소(2010), 필사본 『고어대사전』, 學古房.

국토지리정보원(2011a), 『한국지명유래집: 경상편』, 국토지리정보원.

국토지리정보원(2011b), 『한국지명유래집: 전라·제주편』, 국토지리정보원.

국토지리정보원(2011c),『한국지명유래집: 북한편』, 국토지리정보원.

동아시아연구소 편(2011),『京畿道歷史地名事典』, 한국학중앙연구원출판부.

국립가야문화재연구소(2011),『韓國木簡字典』, 국립가야문화재연구소.

中國社會科學院語言硏究所(2011),『新華字典』제11판, 商務印書館.

충청북도 문화재연구원 편(2012),『조선지지자료』충청북도편, 돋움A&C.

柳今烈 編(2014~2015),『淸風府邑誌史料集成』1~4, 奈堤文化硏究會.

김무림(2015),『한국어 어원사전』, 지식과 교양.

《論著》

姜吉云(1975), "三韓語·新羅語는 土耳其語族에 屬한다: 數詞·季節語·方位語의 體系的 比較", 국어국문학
　　　　68·69, 국어국문학회, 1-34.

姜秉倫(1989), "地名語 硏究史 槪觀[I]", 語文硏究 17-4, 韓國語文敎育硏究會.

姜秉倫(1990a), "忠淸北道의 地名語 硏究", 仁荷大學校 大學院(博論: 국어).

姜秉倫(1990b), "地名語에 殘存해 있는 古語에 대한 考察", 南松 具本爀 博士 停年退任 紀念論叢, 紀念論叢刊
　　　　行委員會.

姜秉倫(1990c), "地名語 硏究史 槪觀[II]", 語文硏究 18-1·2, 韓國語文敎育硏究會.

姜秉倫(1990d), "淸原郡 洞里 地名", 淸原郡誌, 忠淸北道 淸原郡.

姜秉倫(1991a), "忠淸北道 地名語 硏究: 音韻論的 考察을 中心으로", 해대 한상각교수 회갑기념논문집, 동간
　　　　행위원회.

姜秉倫(1991b), "地名語 硏究史 槪觀[III]", 鷄龍語文學 第7輯, 公州敎育大學校 國語敎育硏究會.

姜秉倫(1991c), "地名語의 後部要素에 관한 硏究: 忠淸北道의 固有地名을 中心으로", 公州敎育大學論叢, 第
　　　　27輯, 公州敎育大學.

姜秉倫(1992), "固有地名의 漢字表記에 관한 硏究: 忠淸北道의 地名語를 中心으로", 公州敎育大學 論叢, 第28
　　　　輯, 公州敎育大學校.

姜秉倫(1994a), "地名語의 語構成에 관한 연구: 忠淸北道의 固有地名을 중심으로", 웅진어문학 제2호, 웅진
　　　　어문학회.

姜秉倫(1994b), "'車嶺'의 語源", 公州敎育大學校論叢, 第31輯 1號, 公州敎育大學校.

姜秉倫(1997), 固有地名語 硏究, 박이정.

姜秉倫(1998a), "忠淸南道 公州市 地名 硏究: 整備 對象 自然地名을 中心으로", 한어문교육 6, 한국언어문학
　　　　교육학회, 79-110.

姜秉倫(1998b), "淸州地域 近代地名語 硏究", 湖西文化論叢 12, 西原大學校 湖西文化硏究所.

姜秉倫(1998c), "地名語 研究史", 地名學 1, 한국지명학회, 219-276.

姜秉倫(1999), "都農複合地域의 道路名 附與에 관한 研究" 地名學 2, 한국지명학회, 5-38.

강 영(1995), 『龍飛御天歌』에 나타난 고유명사 표기 연구", 어문논집 34, 민족어문학회, 687-708.

강태호(1995), "경부고속철도 경주 통과 노선 및 역사 입지 선정에 관한 조사 분석", 지역발전연구 제1권, 동국대학교, 53-76.

姜憲圭(1988), 韓國語 語源研究史, 集文堂.

姜憲圭(1991), "鷄龍山 甲寺의 地名 語源", 해대 한상각교수 회갑기념논문집, 동간행위원회.

姜憲圭(1992), "'공주' 지명에 나타난 '고마·熊·懷·公·錦'의 어원", 웅진문화 5, 공주향토문화연구회.

姜憲圭(1995), "'벼旱'(崖·厓)와 그 향찰식 표기 '遷'의 관계 고찰", 語文研究 26, 어문연구회, 1-12.

姜憲圭(2001), "춘향전에 나타난 어사또 이몽룡의 남원행 經由地名의 고찰(1)", 地名學 6, 한국지명학회, 5-82.

姜憲圭(2002), "춘향전에 나타난 어사또 이몽룡의 남원행 經由地名의 고찰(2)", 地名學 7, 한국지명학회, 5-47.

姜憲圭(2005), "춘향전에 나온 '충청도 고마수영 보련암'에 대하여", 地名學 11, 한국지명학회, 5-20.

姜憲圭(2014), "백제 지명 '加知奈縣 一云 加乙乃縣'의 어원적 연구", 한글 305, 한글학회, 5-62.

兼若逸之(1984), "新羅 均田成冊의 分析을 통해 본 村落支配의 實態", 연세대학교 대학원(博論: 국사).

경기개발연구원(2011), 새주소사업 추진 문제점과 개선과제, 경기개발연구원.

경기문화재단·경기문화재연구원 전통문화실 편(2008), 경기 땅이름의 참모습: 『朝鮮地誌資料』 京畿道篇, 경기문화재단.

고영근(1997), (개정판) 표준 중세국어문법론, 집문당.

고영근(2008), "희방사 창건설화와 '池叱方(寺)'의 해독에 대하여", 地名學 14, 한국지명학회, 5-18.

공문택(1993), "전남 여천군 돌산도의 땅이름 연구", 한국교원대학교 대학원(碩論: 국어).

곽재용(2010), "통합도시명 '창원시'의 제정 경위와 타당성 검토", 地名學 16, 한국지명학회, 5-48.

곽재용(2015), "하동군 법정리의 전부지명소 고찰", 地名學 22, 한국지명학회, 5-42.

곽재용(2018a), "경상남도 산청군의 법정리 이름 분석", 地名學 28, 한국지명학회, 5-40.

곽재용(2018b), "경상남도 함양군의 법정리 이름 분석", 地名學 29, 한국지명학회, 5-40.

구경자(1990), 『龍飛御天歌』 註解의 正音表記 語彙 研究", 曉星女子大學校 大學院(碩論: 국어).

국토지리정보원(2005a), 영남권 일본식 지명의 조사 및 정비 방안 연구, 국토지리정보원.

국토지리정보원(2005b), 地名 標準化 方案 研究, 국토지리정보원.

국토지리정보원(2006), 강원권 일본식 지명의 조사 및 정비 방안 연구, 국토지리정보원.

국토지리정보원(2007), 수도권 일본식 지명의 조사 및 정비 방안 연구, 국토지리정보원.

국토지리정보원(2008), 해외 지명 오류 조사 연구, 국토지리정보원.

국토지리정보원(2010), 지명업무 체계분석 및 개선방안 연구, 국토지리정보원.

국토지리정보원(2011a), 地名關聯 制度改善方案에 관한 硏究, 국토지리정보원.

국토지리정보원(2011b), 2011 해외 지명 실태 조사 연구, 국토지리정보원.

국토지리정보원(2012), 국가지명표준화를 위한 매뉴얼(한국어판), 국토지리정보원.

국토지리정보원(2013a), 지명법제정에 따른 하위규정 제정(안) 마련 연구, 국토지리정보원.

국토지리정보원(2013b), 지명의 표기실태 조사 및 대응 방안 연구, 국토지리정보원.

국토지리정보원(2013c), 국제적 관심지명 조사 및 대응방안 연구, 국토지리정보원.

국토지리정보원(2014a), 지명의 종류별 정비 지침 마련 연구: 산지 및 하천의 지명 정비기준 제정, 국토지리
　　　정보원.

국토지리정보원(2014b), 수요자 중심의 지명데이터베이스 고도화 사업 용역결과보고서, 국토지리정보원.

국토지리정보원(2014c), 유엔지명회의 대응방안 마련 연구, 국토지리정보원.

국토지리정보원(2015a), 대한민국 지명 올바른 표기와 이해(동해연구회 최종보고회 자료), 국토지리정보원.

국토지리정보원(2015b), 지명업무 활성화를 위한 지명 정비체계 기반마련 결과보고서(연구부문), 국토지리정
　　　보원.

국토지리정보원(2015c), 지명업무 활성화를 위한 지명 정비체계 기반마련결과보고서(용역부문), 국토지리정
　　　보원.

국토지리정보원(2016a), 대한민국 지명 올바른 표기와 이해 연구보고서, 국토지리정보원.

국토지리정보원(2016b), 2016지명 제정 확대 등을 위한 2016년 지명정비 연구보고서, 국토지리정보원.

국토지리정보원(2016c), 2016년 국제지명활동 강화를 위한 전략연구, 국토지리정보원.

權相老(1961), 韓國地名沿革考: 地名變遷辭典, 東國文化社.

權仁瀚(2011), 『三國志』「魏書 東夷傳」의 固有名詞 表記字 分析", 구결연구 27, 구결학회, 217-242.

權在善(1983), "한글의 起源", 韓國語 系統論 訓民正音 硏究, 集文堂, 197-226

權在善(2002), "대구, 경산, 청도의 옛지명 연구", 地名學 7, 한국지명학회, 47-88.

권재일(2001), "새로 짓는 길 이름의 사이시옷 표기", 도로명 사이시옷 표기 공청회 자료집, 국립국어연구원.

권재일(2012), 북한의 『조선어학전서』 연구, 서울대학교 출판문화원.

권태진(2006), "영풍군 지명의 의미론적 연구", 충북대학교 교육대학원(碩論: 국어).

吉敏子(1976), "江原道 地方의 산이름 硏究", 세종대학 대학원(碩論: 국어).

김광해(2004), 국어 어휘론 개설, 집문당.

김기혁(2013), "북한의 지명관리 정책과 연구 동향 분석", 한국지역지리학회지 19-1, 한국지역지리학회.

김기혁 · 윤용출(2006), "조선-일제강점기 울릉도 지명의 생성과 변화", 문화역사지리 18-1, 韓國文化歷史地

理學會, 38-62.

김덕묵(2013), "『향토문화전자대전』 디지털마을지의 새로운 방향모색", 韓國民俗學 58, 한국민속학회, 99-126.

김동소(2007), 한국어의 역사, 정림사.

김동소(1977), "『龍飛御天歌』의 女眞語彙 硏究", 국어교육연구 9, 국어교육학회, 91-105.

김무림(1999a), "『三國史記』 복수 음독 지명 자료의 음운사적 과제", 地名學 2, 한국지명학회, 39-60.

김무림(1999b), 洪武正韻譯訓 硏究, 月印.

김무림(2004), 국어의 역사, 한국문화사.

김무림(2007), "高句麗 地名 表記의 馬, 買에 대한 解釋", 國語學 50, 국어학회, 357-376.

김문식(2006), "16~17세기 寒岡鄭逑의 地理志 편찬", 민족문화 29, 한국고전번역원, 173-218.

김병순(1998), "『東國輿地勝覽』에 나타난 지명의 음절말 차자표기 연구: 섬 이름 變遷過程을 중심으로", 한국교원대학교 대학원(碩論: 국어).

金秉旭(1995), "地名語의 音韻現象 硏究", 인문학연구 2, 인천대학교 인문학연구소, 1-21.

金秉旭(2012), "신화, 제의와 관련된 지명 연구", 인문학연구 17, 인천대학교 인문학연구소, 3-22.

김봉모(1996a), "기장 지명 구성의 특성", 국어학 연구의 오솔길, 우전 김형주 선생 화갑 기념논총 간행위원회.

김봉모(1996b), "지명의 구성과 명명 유형", 인문논총 48, 부산대학교, 1-13.

김선일·허용훈(2015), "우리나라 도로명주소체제의 문제점과 개선방안", 한국행정학회 하계학술발표논문집, 한국행정학회, 539-555.

김성득(1995), "울산시 공간과 경부고속전철 노선 및 역사 위치", 공학연구논문집 제26권 2호, 울산대학교, 165-179.

김성득(1997) "경부고속철도와 일본 도카이도 신간선의 비교 연구", 공학연구논문집 제28권 1호, 울산대학교, 61-80.

김성득(2010) "경부고속철도 대구~경주~울산~부산 구간 노선 및 역사 선정의 합리성에 관한 연구", 대한토목학회논문집 제30권 제2D호, 대한토목학회, 181-190.

김성환(2003), "세르비아의 지명과 인명(이름과 성)의 유래 연구", 동유럽발칸학 5, 한국동유럽발칸학회, 355-382.

김성희(2008), "양평지역 지명의 후부요소 연구", 경원대학교 교육대학원(碩論: 국어).

김순배(2004), "地名 變遷의 地域的 要因: 16세기 이후 大田 지방의 漢字 地名을 사례로", 문화역사지리 16-3, 韓國文化歷史地理學會, 65-85.

김순배(2010), "충청 지역의 지명 연구 동향과 과제", 地名學 16, 한국지명학회, 49-86.

김순배(2011), "명명 유연성에 따른 지명 유형과 문화정치적 의의", 한국지역지리학회지 17-3, 한국지역지리학회, 270-296.

김순배(2013a), "한국 지명의 표준화 역사와 경향", 地名學 19, 한국지명학회, 5-70.

김순배(2013b), "필사본 『朝鮮地誌資料』 충청북도 편 지명 자료의 시론적 분석", 한국지역지리학회지 19-1, 한국지역지리학회, 31-44.

김순배(2014), "설악산권 자연지명의 의미와 지명 영역의 변화: '설악'과 '한계'를 중심으로", 地名學 21, 한국지명학회, 37-78.

김순배(2016), "한국 도로명의 명명 유연성 연구: 구심적 도로명과 인명 도로명을 중심으로", 地名學 25, 한국지명학회, 33-94.

김승호(1992), "단어 형성에서의 형태 변화: 방언과 지명자료를 중심으로", 언어와 언어교육 7, 동아대학교 어학연구소, 77-129.

김양진(2006), "용비어천가의 훈민정음 주음 어휘 연구", 역학서와 국어사 연구, 태학사.

김양진(2008), "『高麗史』 속의 '고려어' 연구", 國語學 52, 국어학회, 189-219.

김양진(2010), "『高麗史』 「食貨志」 漕運條 所載의 몇몇 地名에 대하여", 地名學 16, 한국지명학회, 193-226.

김양진(2013), "『고려사』 지명의 종합적 연구를 위한 예비적 고찰", 우리어문연구 46, 우리어문학회, 49-83.

김양진(2014), "지명 연구의 국어 어휘사적 의의", 地名學 21, 한국지명학회, 79-122.

金永萬(1998), "地名 散考", 地名學 1, 한국지명학회, 129-162.

金永萬(2004), "地名 二題", 地名學 10, 한국지명학회, 5-26.

김영순·오세경(2010), "지역문화교육을 위한 지명유래 전설의 스토리텔링 사례 연구: 인천 검단 여래마을을 중심으로", 문화예술교육연구 5-1, 한국문화교육학회, 149-169.

김영일(2001), "고대지명에 나타나는 알타이어 요소", 地名學 6, 한국지명학회, 83-92.

김영일(2002a), "『三國史記』 「地理志」에 관련된 국어학적 문제", 語文學 78, 韓國語文學會, 1-20.

김영일(2002b), "『三國史記』 「地理志」의 지명 고찰", 한글 257, 한글학회, 103-128.

김영진(1976), "고대국어의 모음체계 연구", 서울대학교 대학원(碩論: 국어).

김영진(1985a), "龍飛御天歌 漢字의 正音表記", 논문집 4, 대전대학교.

김영진(1985b), "한국 고대어 '買'에 대하여", 國語學 14, 국어학회.

김영진(2002), 국어사 연구, 이회.

金永泰(1983), "地名研究에 대하여", 韓國語 系統論 訓民正音 硏究, 秋江 黃希榮 博士 頌壽紀念論叢刊行委員會, 集文堂.

김옥남·박희주(2007), "도로명에 의한 주소체계의 문제점 및 개선방안에 대한 연구", 한국지적정보학회 학술발표논문집, 한국지적정보학회, 27-37.

김옥자(1992), "江原道 地名의 類型別分布에 관한 地理學的 研究: 洪川郡과 襄陽郡·束草市를 中心으로", 江原大學校 敎育大學院(碩論: 지리).

金完鎭(1968), "高句麗語에 있어서의 t 口蓋音化 現象에 대하여", 李崇寧博士 頌壽紀念論叢, 乙酉文化社.

金完鎭(1981), "古代語 硏究資料로서의 地名: 『三國史記』「地理志」을 中心으로", 신라문화제학술논문집, 新羅文化宣揚會, 71-85.

김용경(1999), "서울시 강남구 도로명의 의미연구", 한국어의미학 5, 한국어의미학회, 155-178.

金允經(1962), "『龍飛御天歌』에 나타난 地名", 한글 130, 한글학회.

김윤학(1980), "강화도 화도면의 땅이름 연구", 畿甸文化研究 11, 仁川敎育大學.

김윤학(1983a), "생성 과정에서 본 땅이름 연구: 경기도 평택군 현덕면 기산리, 대안리, 덕목리, 신왕리", 문호8집, 건국대학교, 35-71.

김윤학(1983b), "경기도 평택군 현덕면 동남부 지역의 땅이름 연구: 땅이름의 짜임새를 중심으로", 조문제 선생 회갑기념논문집.

김윤학(1984), "충북 중원군 엄정면의 땅이름 연구: 통일의 대상이 되었던 땅이름을 중심으로", 學術誌 28, 건국대학교.

김윤학(1985), "경기도 평택군 현덕면 중북부 땅이름 연구: 땅이름 생성을 중심으로", 건국어문학 제9·10 합집, 건국대학교.

김윤학(1986), "한자말로 맞옮긴 토박이말 땅이름과 토박이말 땅이름의 짜임새", 인문과학논총 제18집, 건국대학교 인문과학연구소, 45-69.

김윤학(1996), 땅이름 연구: 음운·형태, 박이정.

김의규(1999), "『高麗史』의 編纂과 體裁", 人文科學研究 6, 同德女子大學校, 1-13.

김인재(2008), "한국고속철도, 세계를 향한 도전", 자연과 문명의 조화 제56권 제10호, 대한토목학회, 15-21.

김정태(1996a), "傳來地名語와 方言의 相關性 考察(1)", 한국언어문학 제37집, 한국언어문학회.

김정태(1996b), "傳來地名語의 音韻現象", 목원국어국문학 제4집, 목원대학교 국어국문학과, 5-23.

김정태(1997), "傳來地名語와 方言과의 相關性 考察(2)", 語文研究 25-2, 韓國語文教育研究會.

김정태(2006), "'마을'(동(洞), 촌(村)을 지시하는 전래지명어의 한자어화에 대하여: 천안 지역의 지명을 중심으로", 인문학연구 33-3, 충남대학교 인문과학연구소, 29-46.

김정태(2007), "'바위[岩]' 소재 지명어의 명명 근거와 전부지명소(2)", 地名學 13, 한국지명학회, 85-112.

김정태(2008), "지명어의 탈락과 축약 현상에 대하여", 語文研究 58, 어문연구학회.

김정태(2013), "『朝鮮地誌資料』의 대전 지명에 대하여", 한국언어문학 85, 한국언어문학회, 145-170.

김정태(2014), "문화유산으로서의 지명에 대한 국어 정책적 접근", 地名學 20, 한국지명학회, 39-66.

김정태(2016a), 『戶口總數』(1789)의 마을지명에 대하여: 대전 유성 지역을 중심으로", 語文硏究 87, 어문연구학회, 5-33.

김정태(2016b), "세종시 마을, 도로 등 명칭 제정의 성과와 의미", 地名學 24, 한국지명학회, 5-40.

김정태(2017), "지명 형성의 한 유형에 대하여", 地名學 27, 한국지명학회, 33-62.

김정호(1994), "古地名의 kVr-系 語型에 對한 硏究", 충남대학교 대학원(博論: 국어).

김종택(1992), 국어어휘론, 탑출판사.

김종택(1998), " '居昌郡本居烈郡 或云 居陁' 연구", 地名學 1, 한국지명학회, 187-200.

김종택(2000), " '押梁/押督·奴斯火/其火' 연구: 경산지역의 옛 지명을 중심으로", 地名學 3, 한국지명학회, 5-26.

김종택(2001a), "고대 지명소'甲, 押, 岬, 坤'의 형태와 의미", 국어교육연구, 33-1,

김종택(2001b), "고대 국어 지명접미사 'pəl'의 분포 양상", 地名學 5, 한국지명학회, 29-46.

김종택(2002), "於乙買(串)를 다시 해독함", 地名學 7, 한국지명학회, 89-110.

김종택(2003), "지명소 '-등-'의 형태와 의미", 地名學 9, 한국지명학회, 17-34.

김종택(2004), "일본 왕가의 본향'高天原'은 어디인가", 地名學 10, 한국지명학회, 27-60.

金鍾學(2004), "古代 地名語素 '巴衣·波衣·波兮'의 지명해석의 한 방법에 대하여", 地名學 10, 한국지명학회, 61-76.

金鍾學(2009), "訓借 地名語素의 새김 變遷攷", 地名學 15, 한국지명학회, 63-88.

김종학(2006), "해외 고속철도 건설배경과 추진현황", 건설경제 47, 국토연구원, 66-77.

김종혁(2006), "한국 지명 데이터베이스의 구조 분석과 발전 방향", 한국지도학회지 6-1, 한국지도학회, 47-59.

김종혁(2008a), "디지털시대 인문학의 새 방법론으로서의 전자문화지도", 국학연구 제12집, 한국국학진흥원, 263-290.

김종혁(2008b), "고지명 데이터베이스를 통한 19세기 지명의 지역별·유형별 분포 특징", 문화역사지리 20-3, 韓國文化歷史地理學會.

김종혁(2009), 『구한말 한반도 지형도』에 수록된 지명의 유형 분포, 문화역사지리 21-2, 韓國文化歷史地理學會.

金鍾塤(1963), "龍歌에 나타난 國語地名에 關한 硏究", 文耕 14, 中央大學校.

金鍾塤(1983), "지명표기에 나타난 고유한자고", 硏究論集 2-1, 중앙대학교, 9-34.

金鍾塤(2014), (개정증보판) 韓國固有漢字硏究, 보고사.

김주원(1981), 『三國史記』「地理志」의 지명연구: 국어계통 연구를 위하여", 서울大學校 大學院(碩論: 언어).

김주원(1982), "百濟地名語 '己·只'에 대하여", 民族文化論叢 2·3, 영남대학교 민족문화연구소, 93-115.

金俊榮(1973a), "韓國小地名 後部에 대한 語義上 考察", 韓國言語文學 10, 韓國言語文學會.

金俊榮(1973b), "韓國 小地名의 變遷 樣相", 韓國言語文學 11, 韓國言語文學會.

金俊榮(1977), "韓國小地名의 語義에 關한 考察", 也泉金敎善先生 停年退任紀念論叢, 螢雪出版社.

金俊榮(1986), "全北 小地名의 語源", 全羅文化論叢 第1輯, 全北大學校 全羅文化硏究所.

金俊榮(1990), "전북 소지명의 어원고(2)", 語文研究 20, 어문연구학회, 173-184.

金俊榮(1998), "韓國 小地名의 語源", 地名學 1, 한국지명학회, 13-34.

金俊榮(2000a), "지명 건지산·공수골·마전·금산·봉산의 말밑", 地名學 3, 한국지명학회, 45-52.

金俊榮(2000b), "소지명의 말밑", 地名學 4, 한국지명학회, 59-68.

김지현(2001), "광주 지명 전설의 문화적 활용 방안 연구", 남도민속연구 7, 남도민속학회, 29-51.

金鎭奎(1993), 『訓蒙字會』의 語彙 研究, 형설출판사.

金眞植(1990), "淸原地名의 音韻論", 開新語文研究 제7집, 忠北大學校 開新語文研究會, 114-147.

金眞植(1997), "'까치내'의 語源 考察", 語文研究 제29집, 語文研究會, 141-159.

金眞植(2003), "自然部落名의 後部要素 研究", 地名學 9, 한국지명학회, 35-60.

金眞植(2005), "외부 준거에 따른 자연마을 명명", 地名學 11, 한국지명학회, 21-66.

金眞植(2006), "지명 '鳴梁'과 '露梁'의 어원 고찰", 인문언어 8, 국제언어인문학회, 241-263.

金眞植(2008), 지명연구방법론, 박이정.

金眞植(2009), "청원군 읍면 변천과 이름 유래", 새국어교육 81, 357-380.

金眞植(2010), "법정리 한역 지명 연구 Ⅰ", 새국어교육 84, 한국국어교육학회.

金眞植(2011), "법정리 한역 지명 연구 Ⅱ", 언어학연구 19, 한국중원언어학회, 39-51.

金眞植(2014), "법정리 한역 지명 연구 Ⅳ", 언어학연구 33, 한국중원언어학회, 99-113.

김철홍(2000), "중앙아시아 튜르크어계 지명 및 지리 용어에 대한 어원적 고찰", 어원연구 3, 한국어원학회, 97-114.

김평자(2004), "고유어 지명 후부요소 연구: 익산 지방 지명을 중심으로", 원광대학교 교육대학원(碩論: 국어).

金亨奎(1949), "『三國史記』의 地名考", 震檀學報 16, 震檀學會, 171-181.

金亨柱(1981), "地名形成에 나타난 形態素의 類型攷: 南海地方을 中心으로", 韓國語文學 4, 東亞大學校.

金洪植(1985), "濟州島地方의 地名語彙攷(I)", 濟州大論文集 20, 濟州大學校, 33-46.

金洪植(1986), "濟州島地方의 地名語彙攷(II)", 濟州大論文集 22, 濟州大學校, 29-45.

金希英(2009), "무라야마 지준(村山智順)의 조선인식: 조선총독부 조사 자료를 중심으로", 日本文化學報 43, 한국일본문화학회, 323-341.

김희지(2004), "『三國史記』「地理志」에 나타난 고대 한국의 지명어 연구", 暻園大學校 大學院(博論: 국어).

나까지마 히로미(中嶋弘美)(2012), "古代國語 地名語의 國語學的 硏究: 韓·日 地名語 比較를 中心으로", 鮮文大
學校 大學院(博論: 국어).

나까지마 히로미(中嶋弘美)(2014), "韓·日地名에 나타나는 '串·岬'에 관한 一考察", 語文硏究 42-1, 韓國語文敎
育硏究會.

南廣祐(1987), 韓國에 있어서의 漢字 問題에 대한 연구, 국어연구소 연구보고서 제1집.

南基卓(1983), "한자학습서에 나타난 漢字訓 '집' 攷", 語文硏究 39 · 40, 韓國語文敎育硏究會, 574-590.

남영신(1989), 우리말 분류사전, 한강문화사.

南豊鉉(1975), "漢字借用表記의 發達", 국문학논집 7 · 8, 단국대학교.

南豊鉉(1981), 借字表記法硏究, 檀大出版部.

南豊鉉(1989), "韓國의 固有漢字", 국어생활 17, 국어연구소, 102-106.

南豊鉉(2009), 古代韓國語硏究, 시간의 물레.

都守熙(1975a), "'金馬渚'에 대하여", 百濟硏究 5, 忠南大學校 百濟硏究所, 57-85.

都守熙(1975b), "'所夫里'攷", 語文硏究 9호, 한국어문교육연구회, 382-405.

都守熙(1979), "百濟語 硏究", 百濟硏究 10, 忠南大學校 百濟硏究所.

都守熙(1980), "百濟地名 硏究(II)", 百濟硏究 11, 忠南大學校 百濟硏究所.

都守熙(1982), "百濟前期의 言語에 關한 硏究 (I)", 百濟硏究 特輯號, 忠南大學校 百濟硏究所.

都守熙(1985a), "百濟前期의 言語에 대한 硏究 (II)", 百濟論叢 제1집, 百濟文化開發硏究院.

都守熙(1985b), "百濟 前期 言語에 대한 諸問題", 震檀學報 제60호, 震檀學會.

都守熙(1985c), "百濟 前期語와 加羅語의 關係", 한글 제187호, 한글학회.

都守熙(1987a), 百濟語 硏究(I), 백제문화연구개발원.

都守熙(1987b), "馬韓語에 관한 硏究(I)", 언어 8, 충남대학교 어학연구소, 123-140.

都守熙(1988), "馬韓語 硏究(II)", 논문집 15-1, 충남대학교 인문과학연구소, 5-24.

都守熙(1989), 百濟語 硏究(II), 백제문화개발연구원.

都守熙(1990a), "弁辰 · 馬韓語에 관한 硏究", 東洋學 20, 단국대학교 동양학연구소, 31-69.

都守熙(1990b), "龍飛御天歌의 地名註釋에 대하여", 基谷姜信沆先生華甲紀念論文集, 太學社.

都守熙(1991), "韓國 古地名의 改定史에 대하여", 金完鎭 先生 回甲紀念論叢, 서울大學敎 大學院 國語國文學
會編.

都守熙(1993), "馬韓語 硏究(續)", 동방학지 80, 연세대학교 국학연구원, 131-177.

都守熙(1994), 百濟語 硏究(III), 백제문화개발연구원.

都守熙(1996), "지명 속에 숨어 있는 옛 새김들", 震檀學報 82, 震檀學會.

都守熙(1998a), "地名硏究의 諸問題", 湖西文化論叢 12, 西原大學校 湖西文化硏究所.

都守熙(1998b), "지명 차자 표기 해독법", 地名學 1, 한국지명학회, 95-128.

都守熙(1999), "지명 해석의 새로운 인식과 방법", 새국어생활 9-3, 국립국어연구원.

都守熙(2000), 百濟語 研究(IV), 백제문화개발연구원.

都守熙(2002a), "지명·인명의 차자표기에 관한 해독문제", 地名學 7, 한국지명학회, 111-136.

都守熙(2002b), "嶺東지역의 옛 지명에 대하여", 地名學 8, 한국지명학회, 57-68.

都守熙(2003), 한국의 지명, 아카넷.

都守熙(2004), "지명해석의 한 방법에 대하여", 地名學 10, 한국지명학회, 77-96.

都守熙(2005), "榮山江의 어원에 대하여", 地名學 11, 한국지명학회, 67-88.

都守熙(2006), "행정중심복합도시 지명 제정에 관한 제 문제", 地名學 12, 한국지명학회, 69-90.

都守熙(2007a), "지명어 음운론", 地名學 13, 한국지명학회, 113-146.

都守熙(2007b), "고구려어로 착각한 전기 백제어에 대하여", 한글 276, 한글학회, 5-32.

都守熙(2008), 三韓語 研究, 제이앤씨.

都守熙(2009a), "'신도안'[新都內]과 '팟거리'[豆磨]에 대하여", 地名學 15, 한국지명학회, 89-108.

都守熙(2009b), "古代 地名의 改定과 그 功過", 語文研究 37-1, 어문연구학회.

都守熙(2010), 한국 지명 신 연구: 지명연구의 원리와 응용, 제이앤씨.

都守熙(2012), "지명 연구 방법론에 대한 반성", 地名學 18, 한국지명학회, 5-26.

都守熙(2014a), "『三國史記』「地理志」에 관한 제 문제", 地名學 20, 한국지명학회, 67-104.

都守熙(2014b), "한국 地理誌에 대한 새로운 이해", 地名學 21, 한국지명학회, 5-36.

都守熙(2018), "한국지명학회 20년의 회고와 전망", 地名學 28, 한국지명학회, 73-96.

婁建英(2014), "한·중 지명의 후부 지명소 비교 연구: 서울과 북경의 자연지명을 중심으로", 선문대학교 대학원(博論: 국어).

루치에 몰레르(2008), "해양 지명에 관한 국제 연합의 결의안", 한국지도학회지 8-2, 한국지도학회, 9-29.

류관렬(2001), "제천 지역 지명 연구: 고유어로 된 후부요소를 중심으로", 한국교원대학교 교육대학원(碩論: 국어).

문덕찬(2005), "제주 지명어의 형태·음운론적 연구", 제주대학교 대학원(博論: 국어).

미즈노 슌페이(水野俊平)(2012), "구한말 한반도 지형도 지명에 나타난 ㄱ구개음화 현상에 대하여", 地名學 18, 한국지명학회, 75-96.

미즈노 슌페이(水野俊平)(2013), "구한말 지형도 지명에 나타나는 '뫼(山)' 등의 분포 양상에 대하여", 地名學 19, 한국지명학회, 71-90.

민긍기(2000), 昌原都護府圈域 地名研究, 경인문화사.

민현식(2001), "언어규범의 해석과 집행에 대하여", 국어 연구의 이론과 실제, 태학사, 927-940.

朴德裕(2002), "仁川의 行政區域 地名語 硏究⑴", 地名學 8, 한국지명학회, 69-92.

朴德裕(2007), "仁川地域 지하철 驛名 연구", 地名學 13, 한국지명학회, 147-178.

朴德裕(2008), "부천지명 변천에 대하여: 원미구 행정명을 중심으로", 地名學 14, 한국지명학회, 19-42.

朴德裕(2010), "仁川市行政區域名稱과 學校名稱에 관한 연구", 地名學 16, 한국지명학회, 87-118.

朴炳采(1968), "古代三國의 地名語彙攷: 『三國史記』「地理志」의 複數地名을 中心으로", 白山學報 5, 白山學會, 51-134.

朴秉喆(1999), "中世訓의 消滅과 變遷에 대한 硏究", 인하대학교 대학원(博論: 국어).

朴秉喆(1991), "丹陽地域의 地名硏究: 小地名의 後部要素를 中心으로", 호서문화논총 6, 서원대학교 호서문화연구소, 23-50.

朴秉喆(1994), "'谷'계 地名에 대한 일 考察: 丹陽 地域 地名을 中心으로", 우리말 연구의 샘터, 연산도수희선생화갑기념논총, 간행위원회, 790-808.

朴秉喆(1995), "'村'계 지명의 어휘론적 고찰: 단양 지역 지명을 중심으로", 즈믄이철수교수화갑기념논문집, 태학사, 201-222.

朴秉喆(1996), "複數地名語의 對應 樣相 硏究: 堤川地域 地名을 中心으로", 湖西文化論叢 第9·10輯, 西原大學校 湖西文化硏究所, 1-35.

朴秉喆(1997), "淸州 地域 地名 속에 남아 있는 古語彙에 대하여(Ⅰ)", 오당조항근선생화갑기념논총, 간행위원회, 223-244.

朴秉喆(1998), "淸州 地域 地名 속에 남아 있는 古語彙에 대하여(Ⅱ)", 湖西文化論叢 12, 西原大學校 湖西文化硏究所, 77-93.

朴秉喆(1999), "道路名 後部要素 名稱 附與에 관한 硏究", 地名學 2, 한국지명학회, 109-134.

朴秉喆(2000), "淸州市 옛 지명 表石設置事業의 經過와 文案 作成에 관하여", 湖西文化論叢 14, 서원대학교 호서문화연구소, 59-72.

朴秉喆(2001), "淸州市 道路名 硏究⑴: 골목길 後部要素를 중심으로", 湖西文化論叢 15, 西原大學校湖西文化硏究所, 13-32.

朴秉喆(2003a), "音譯에 의한 地名語의 漢字語化에 관한 硏究", 地名學 9, 한국지명학회, 83-106.

朴秉喆(2003b), "堤川 地域 固有地名語에 대응하는 漢字地名語 연구", 語文硏究 31-2, 韓國語文敎育硏究會, 5-28.

朴秉喆(2004a), "漢譯 地名語 '浦前'과 '活山'에 관하여", 개신어문연구 22, 개신어문학회, 49-71.

朴秉喆(2004b), "漢譯 地名語 '硯朴'과 '黃石'에 관한 硏究", 국어사연구 4, 국어사학회, 71-94.

朴秉喆(2004c), "地名語 命名의 現況과 課題", 한국어 의미학 14, 한국어의미학회, 31-53.

朴秉喆(2004d), "지명어의 한역화 유형에 관한 연구", 구결연구 13, 구결학회, 5-37.

朴秉喆(2006), "行政中心複合都市 名稱 制定의 經過와 展望", 地名學 12, 한국지명학회, 91-128.

朴秉喆(2007a), "새주소 體系 導入을 위한 道路名 附與 事業과 國語 問題", 語文研究 35-1, 한국어문교육연구회, 67-88.

朴秉喆(2007b), "도로명 전부요소의 어휘연구; 청주시 골목길 명칭을 중심으로", 한국어의미학 22, 한국어의미학회, 47-72.

朴秉喆(2008), "道路名 前部要素 名稱附與에 관한 基礎的 研究", 地名學 14, 한국지명학회, 43-80.

朴秉喆(2009), "固有語 地名의 漢字語化 過程과 그 對立 樣相에 관한 研究", 새국어교육 82, 한국국어교육학회, 483-510..

朴秉喆(2010a), "高速鐵道驛名制定의 經過와 課題", 地名學 16, 한국지명학회, 119-156.

朴秉喆(2010b), "고유어 '소'와 對應되는 漢字 '潭·湫·淵'에 관한 研究", 국어사연구 11, 국어사학회, 169-193.

朴秉喆(2010c), "용소, 가마소의 '소'와 漢字 '沼'에 관한 研究", 語文研究 38-2, 한국어문교육연구회, 37-59.

朴秉喆(2011a), "『龍飛御天歌』 正音 表記 地名과 漢字語 地名의 對立, 變遷에 관한 研究: 쇠벼루: 淵遷·金遷을 중심으로", 國語學 60, 국어학회, 3-32.

朴秉喆(2011b), "지명어의 후부요소 '遷'에 관한 연구", 語文研究 68, 語文研究學會, 57-77.

朴秉喆(2012a), "『新增東國輿地勝覽』에 나오는 '遷'계 地名語의 衰退에 관한 研究", 語文研究 40-1, 韓國語文教育研究會, 35-56.

朴秉喆(2012b), "文字 '串'에 관한 研究", 國語學 64, 국어학회, 65-92.

朴秉喆(2012c), "朝鮮王朝實錄에 쓰인 韓國固有漢字 '串'에 관한 研究", 국어사연구 15, 국어사학회 149-175.

朴秉喆(2012d), "The Development and Regional Distribution of Korean Toponymic Back Morphemes: With a Focus on Gogae-Related Toponyms", KOREA JOURNAL 52-1, KOREAN NATL COMMISSION UNESCO, 47-73.

朴秉喆(2014), "'소'계 地名을 통하여 본 地名語의 特徵과 價値", 地名學 20, 한국지명학회, 105-136.

朴秉喆(2015), "淸州의 행정구역 명칭에 관한 歷史的 考察", 地名學 23, 한국지명학회, 75-102.

朴秉喆(2016a), "淸風府 洞里名에 관한 歷史的 考察", 國語學 79, 국어학회, 3-30.

朴秉喆(2016b), "洞里名의 形成과 變遷에 관한 歷史的 考察: 堤川市内지역을 중심으로", 地名學 25, 한국지명학회, 95-128.

朴秉喆(2016c), 한자의 새김과 천자문, 태학사.

朴秉喆(2017a), "洞里名의 形成과 變遷에 관한 研究: 제천의 농촌지역을 중심으로", 地名學 26, 한국지명학회, 103-146.

朴秉喆(2017b), "淸風府 洞里名의 形成과 變遷에 관한 研究: 北面, 東面, 遠南面, 近南面, 遠西面 지역을 中心

으로", 語文研究 45-3, 한국어문교육연구회, 7-32 .

朴秉喆(2017c), "조선 전기 이전의 지리지와 지명", 어문론총 제74호, 한국문학언어학회, 9-43.

朴秉喆(2017d), "歷史文獻資料를 대상으로 한 地名 研究의 成果와 課題", 국어국문학 181, 국어국문학회, 5-38.

朴秉喆(2017e), "調査資料 地名을 대상으로 한 言語學的 研究 成果와 課題", 地名學 27, 한국지명학회, 35-86.

朴秉喆(2018), "朝鮮後期의 地理志와 地名: 『輿地圖書』의의 청주지역을 중심으로", 地名學 28, 한국지명학회, 97-132.

朴秉喆(2019), "일제강점기 이후의 지명 관련 자료집 편찬과 지명", 地名學 30, 한국지명학회, 111-156.

박상란(2006), "지명전설에 나타난 궁예상의 의미", 口碑文學研究 22, 한국구비문학회, 335-370.

朴盛鍾(2001), "지명 조사 방법론의 한 모색", 地名學 6, 한국지명학회, 93-121.

朴盛鍾(2005), "韓國漢字의 一考察", 口訣研究 14, 口訣學會, 51- 96.

박수진 · 안상우 · 안상영 · 이선아(2008), "한의학적 어원이 남아 있는 지명", 한국한의학연구원논문집 14-1, 한국한의학연구원, 19-31.

박용수(1995), 우리말 갈래사전, 서울대학교 출판부.

박용식(2014), "『晉陽誌』에 나타나는 진주의 고지명 고찰(1): 東面을 중심으로", 地名學 20, 한국지명학회, 137-160.

박용식(2018), "『조선지지자료』 마을 이름: 경상남도 지역을 중심으로", 地名學 29, 한국지명학회, 41-64.

박인호(2016), "선산 읍지 『일선지』의 편찬과 편찬정신", 歷史學研究 64, 호남사학회, 69-106.

박종기(2016), 『高麗史』「地理志」譯註, 한국학중앙연구원출판부.

박찬식(1994), "夫餘地域의 地名接辭 研究", 경원대학교 대학원(碩論: 국어).

박채은(2007), "필사본 『朝鮮地誌資料』 속 울산의 옛 땅이름", 울산 남구문화원 부설 향토사연구소.

박혜진(2017), "20세기 초 한국의 면(面) 경계 복원", 성신여자대학교 대학원(博論: 지리).

朴淏淳(1986), "安城郡 地域의 固有地名에 對한 考察", 檀國大學校 教育大學院(碩論: 국어).

박홍국(2007), "제천 장락동 모전석탑의 창건시기", 한국기와학회 학술대회 발표자료집, 15-20.

裵大溫(1979), "自然部落名의 命名有緣性에 關한 研究: 尙州郡을 中心으로", 논문집 9, 상주실업전문대학.

裵祐晟(1996), "18世紀 官撰地圖 製作과 地理 認識", 서울大學校 大學院(博論: 국사).

裵祐晟(1996), "18세기 全國地理志 편찬과 지리지 인식의 변화", 韓國學報 22-4, 일지사, 142-174.

白永美(2011), "韓國 古代의 戶口 編制와 戶等制", 高麗大學校 大學院(博論: 국사).

변승구(2015), "시조에 나타난 '지명'의 수용양상과 의미", 地名學 23, 한국지명학회, 103-140.

변주승(2006), "輿地圖書의 성격과 道別 특성", 한국사학보 25, 고려사학회, 435-464.

변혜원(2004), "『龍飛御天歌』의 연구: 고사에 나타나는 정음 표기 어휘를 중심으로", 상명대학교 대학원(博論: 국어).

빈첸조 프라테리고(2007), "'Italia' 지명 유래연구", 이탈리아어문학 20, 한국이탈리아어문학회, 215-233.

빈첸조 프라테리고(2009), "로마지명 유래 연구", 이탈리아어문학 26, 한국이탈리아어문학회, 301-322.

샷세(1982), "百濟地名에서 '良'字에 관하여", 百濟研究 第13輯, 忠南大學校 百濟研究所.

서동일(1995), "우리나라 지방행정구역의 개편에 관한 연구", 부산대학교 행정대학원(碩論: 행정)

서인원(1999), "『東國與地勝覽』研究" 동국대학교 대학원(博論: 사학).

成光秀(1980), "嶺東地方 地名에 對한 語源論的 研究", 구비문학 4, 韓國精神文化研究院.

성낙수(1998), "충청북도 지명의 후반부 한자어: 의미와 분포를 중심으로", 한국어문교육 7, 한국교원대학교 한국어문교육소, 1-42.

成煥甲(1983), "固有語의 漢字語 代替에 관한 研究", 중앙대학교 대학원(博論: 국어).

성희제(2006a), "지명어의 구성", 地名學 12, 한국지명학회, 129-156.

성희제(2006b), "대전 서남부 지명어의 음운과 형태 연구: 새 택지 개발 예정지를 중심으로", 語文研究 52, 어문연구학회, 5-28.

성희제(2008), "후부지명소의 분포를 통한 지명어의 지역적 특성 연구", 어문연구 58, 어문연구학회, 77-113.

성희제(2010) "전래지명어의 후부지명소 설정 문제에 대하여", 地名學 16, 한국지명학회, 245-265.

성희제(2012), "충청권 지명 연구의 성과와 과제", 地名學 18, 한국지명학회, 119-160.

성희제(2014), "한국 내륙지명어와 해안지명어의 대비 연구: 충북 영동과 충남 태안의 후부지명소를 중심으로", 地名學 21, 한국지명학회, 183-213.

성희제(2018), "한국 지명의 구조와 형성", 地名學 29, 한국지명학회, 65-94.

손희하(2013), "제주 지역 지명 연구 성과와 동향", 地名學 19, 한국지명학회, 91-124.

손희하(2014a), "현행 도로 명 주소의 제 문제점과 대안", 地名學 20, 한국지명학회, 161-188.

손희하(2014b), "호남 지역 지명 연구 성과와 동향: 1900년 이후를 대상으로", 地名學 21, 한국지명학회, 213-268.

宋基中(1989), "『龍飛御天歌』에 登場하는 北方民族語名", 震檀學報 67, 진단학회, 160-164.

宋基中(1997), "借字表記의 文字論的 性格", 새국어생활 제7권 제4호, 국립국어연구원.

宋基中(1999), "古代國語 研究의 새로운 方法", 한국문화 24, 서울대 한국문화연구소.

宋基中(2001), "近代 地名에 남은 訓讀 表記", 地名學 6, 한국지명학회, 177-216.

宋基中(2004), 古代國語 語彙 表記 漢字의 字別 用例 研究, 서울대학교출판부.

宋基中·남풍현·김영진(1994), 古代 國語 語彙 集成, 한국정신문화연구원 어문연구실.

송병수(1997), "순천 지역의 地名 淵源과 邑號의 변천", 南道文化研究 6, 순천대학교 남도문화연구소, 1-27.

송영대(2016), "『三國史記』 「地理志」의 구조 및 역사성 분석", 東아시아 古代學 제42집, 東아시아 古代學會, 91-125.

송하진(1993), "『三國史記』 「地理志」 지명의 국어학적 연구", 동국대학교 대학원(博論: 국어).

송하진(1999), "『三國史記』 「地理志」 용자의 기능과 지명 표기에 대한 고찰(1)", 호남문화연구 27, 전남대학교 호남문화연구소, 143-161.

송하진(2000), 고대 지명어 연구, 전남대학교 출판부.

申敬淳(1973), "小地名語의 類型分類와 固有地名 對 漢字地名의 對應關係 研究: 忠北一圓을 대상으로", 청주교대논문 9, 청주교육대학, 115-142.

申敬淳(1975), "小地名語의 命名 有緣性의 類型에 關한 研究: 堤川郡 地名을 대상으로", 清州教大論文集 12輯, 清州教育大學.

申敬淳(1977), "地名의 類型的 研究 : 忠北地名을 對象으로", 명지대학교 대학원(碩論: 국어).

申敬淳(1978), "忠南地名의 類型考察", 清州教大論文集 第15輯, 清州教育大學.

申敬淳(1980), "『三國史記』 「地理志」 地名의 素材類型攷 (1)", 論文集 17, 清州教育大學校, 179-196.

申景澈(2004), "원주지역 한자어 지명에 대하여", 地名學 10, 한국지명학회, 97-112.

신종원(2008), "필사본 『朝鮮地誌資料』 해제: 강원도를 중심으로, 강원민속학 22, 강원도민속학회, 741-803.

신종원 외 7인(2010), 필사본 『朝鮮地誌資料』 강원도편 연구, 경인문화사.

신종원 외 6인(2010), 필사본 『朝鮮地誌資料』 경기도편 연구, 경인문화사.

愼重珍(2006), "'고드름'의 方言 分化와 語源", 國語學 48, 국어학회, 313-336.

신태수(1989), "지명전설의 구조와 의미: 고령지방의 전설을 중심으로", 문학과 언어 10-1, 문학과 언어연구회, 60-105.

辛兌鉉(1958), "『三國史記』 「地理志」의 研究", 論文集 1, 慶熙大學校.

申采浩(1929), 朝鮮史研究抄, 朝鮮圖書株式會社.

申鉉雄(2005), "『三國志』 韓傳 記事의 判讀: 정치관계 기록을 중심으로", 新羅文化 第25輯, 동국대학교 신라문화연구소, 243-269.

沈保京(2000a), "日本 古代 武藏國 地名에 反映된 韓國系 地名 語源 研究", 翰林大學校 大學院(博論: 국어).

沈保京(2000b), "일본 고대 武藏國 지명에 반영된 한국의 동물 지명 어휘 '馬(uma)'에 대하여", 地名學 4, 한국지명학회, 69-84.

沈保京(2000c), "日本 地名語彙 '武藏(musasi)'에 대하여", 語文研究 28-1, 韓國語文敎育研究會.

沈保京(2001a), "日本 地名에 반영된 '牟禮(mure)'의 語源에 대하여", 語文研究 29-3, 韓國語文敎育研究會, 55-73.

沈保京(2001b), "한일 양국 지명에 반영된 '鶴(tsuru)'계 지명의 현황 및 그 어원", 語文論集 29, 중앙어문학회.

沈保京(2001c), "日本 地名에 반영된 '今城(imaki)'의 語源에 대하여", 어원연구 4, 한국어원학회.

沈保京(2003a), "강원도 지명 연구의 동향과 과제: 강원 영서지역을 중심으로", 강원문화사연구 8, 강원향토 문화연구회.

沈保京(2003b), "지리정보시스템(GIS)을 활용한 지명 어휘 데이터베이스의 한 모색", 한국언어문학 51, 한국 언어문학회.

沈保京(2004), "GIS를 활용한 소지명 지도 제작을 위한 연구", 地名學 10, 한국지명학회, 113-136.

沈保京(2007), "강원도 지명 연구의 현황과 과제", 語文論集 37, 중앙어문학회, 89-123.

沈保京(2010), "국어사 자료로서 '幡羅(hatara)'", 地名學 16, 한국지명학회, 227-244.

沈保京(2012), "국어사 자료 구축을 위한 한국지명 연구목록 데이터베이스", 語文論集 51, 중앙어문학회, 33-57.

심혜숙(1992), "연변 조선어지명의 변화법칙에 대한 연구", 北韓 243, 북한연구소.

안귀남(2005), "'성' 관련 지명 표기와 '성곡동'의 지명 변천", 嶺南學 7, 경북대학교 영남문화연구원, 303- 344.

안병섭(2015), "백제 지명 '豆仍只'의 어의와 어형", 한국학연구 54, 고려대학교 한국학연구소.

안병섭(2017), "신라 지명 '燕岐'의 명명 연원에 관한 고찰", 한국학연구 60, 고려대학교 한국학연구소, 141- 170.

양기석((1993), "신라 오소경의 설치와 서원경", 호서문화연구 제11집, 충북대학교 호서문화연구소, 5-36.

楊普景(1983), "16-17세기 읍지의 편찬배경과 그 성격", 대한지리학회지, 18-1, 대한지리학회, 51-71.

楊普景(1987), "朝鮮時代 邑誌의 性格과 地理的 認識에 關한 硏究", 서울大學校 大學院(博論).

楊普景(1996), "한국·중국·일본의 地理志의 편찬과 발달", 應用地理 19, 誠信女子大學校 韓國地理硏究所, 113-140.

楊普景(1997), "조선시대 읍지의 체재와 특징", 인문과학논집 4, 강남대학교, 203-225.

양보경·김경란(2001), "일제 식민지 강점기 邑誌의 편찬과 그 특징", 應用地理 22, 誠信女子大學校 韓國地理 硏究所, 89-115.

梁柱東(1942), 朝鮮古歌硏究, 博文書館.

엄경흠(2010), "지명 활용을 통해 살펴본 부산을 읊은 가사 두 편", 동남어문논집 30, 동남어문학회, 431- 450.

엄익상(1990), "중국 상고음과 백제 한자음", 中語中文學 12, 한국중어중문학회, 333-349.

엄홍석(2006), "파리지역의 지명연구", 프랑스문화연구 13, 한국프랑스문화학회, 373-398.

吳昌命(1993), "제주도 지명 연구사", 돌과 바람의 역사, 제주역사연구회.

吳昌命(1998), 제주도 오름과 마을 이름, 제주대학교 출판부.

吳昌命(2002), "『제주지명사전』의 서설적 논의", 영주어문 4, 영주어문학회, 3-17.

吳昌命(2004), "『신증동국여지승람』의 제주 지명 연구", 濟州島研究 25, 제주학회, 99-119.

吳昌命(2007), 제주도 마을 이름의 종합적 연구, 제주대학교출판부.

吳昌命(2009), "제주의 고유 '개[浦]' 이름: 김상헌 『南槎錄』의 대응 표기를 중심으로", 地名學 15, 한국지명학회, 109-138.

吳昌命(2011), "『朝鮮地誌資料』의 제주 지명(1): 제주군 신좌면(新左面: 조천읍) 지명을 중심으로", 地名學 17, 한국지명학회, 179-211.

吳昌命(2014), "제주의 자연지명, 무엇이 문제인가?: 기존 지명 제정 법·정책과 관련하여", 地名學 20, 한국지명학회, 189-214.

吳昌命(2016), "『世宗實錄』「地理志」의 지명", 제27회 한국지명학회 전국학술대회 발표논문집, 한국지명학회, 23-47.

위평량(2002), "해안과 내륙의 마을 이름 비교 연구", 地名學 8, 한국지명학회, 93-112.

柳在泳(1974), "地名表記의 한 考察: 龍飛御天歌 註解를 中心으로", 논문집 8, 圓光大學校, 185-206.

柳在泳(1976), 韓國漢字, 국어국문학 30, 원광대학교 국어국문학과.

柳在泳(1982), 傳來地名의 硏究, 원광대학교출판국.

柳在泳(1991), "地名 表記와 그 變遷의 한 考察", 圓光漢文學 4, 圓光漢文學會, 1-15.

柳在泳(1994), "『朝鮮地誌資料』에 대한 고찰", 우리말 연구의 샘터: 연산 도수희 선생 화갑기념논총, 박이정.

兪昌均(1960a), "日本語와 比較될 수 있는 古地名", 국어국문학연구 4집, 청구대학.

兪昌均(1960b), "古代地名 表記의 聲母體系: 主로 『三國史記』의 「地理志」을 中心으로", 論文集 3輯, 청구대학.

兪昌均(1960c), "古代 地名 表記의 母音 體系: 『三國史記』「地理志」을 中心으로", 語文學 6, 한국어문학회, 11-54.

兪昌均(1961), "古代 地名表記 用字의 韻尾에 대하여", 논문집 4호, 청구대학.

兪昌均(1976a), "高句麗 地名 表記 用字에 대한 檢討", 姜馥洙博士回甲紀念論叢, 刊行委員會.

兪昌均(1976b), "百濟 地名 表記 用字에 대한 檢討", 논문집 9, 영남대학교.

兪昌均(1980), 한국 고대한자음의 연구 I, 계명대학교 출판부.

兪昌均(1982), "馬韓의 古地名에 대하여", 語文研究 11, 충남대학교 문리과대학 어문연구회, 123-155.

兪昌均(1985a), "三韓國名表記가 보여주는 母音調和의 傾向", 于雲 朴炳采 博士 還曆紀念論叢, 간행위원회, 319-334.

兪昌均(1985b), "弁·辰韓 國名의 表記字音에 대한 考察", 文璇奎博士華甲紀念論文集.

兪昌均(1985c), "弁·辰韓 地名에 대한 考察", 羨烏堂金炯基先生八旬紀念國語國文學論叢.

兪昌均(1991), 삼국시대의 漢字音, 民音社.

兪昌均(1999), 文字에 숨겨진 民族의 淵源, 集文堂.

兪昌均(2000), "古代地名表記 字音의 上古音的 特徵", 地名學 4, 한국지명학회, 139-164.

윤경진(2012), 『高麗史』「地理志」의 分析과 補正, 여유당.

윤성원·이광호,(2015), "도시 및 지역디자인의 새로운 디자인 질료 연구: 충주시의 '용'관련 지명과 전설을 중심으로", 기초조형학연구 16-2, 한국기초조형학회, 337-349.

尹智賢(2005), "日帝의 韓國地名 改編의 類型에 관한 硏究: 京城府를 中心으로", 東國大學校 敎育大學院(碩論: 일어).

尹平遠(1983), "地名語의 形態·音韻 硏究: 巨濟郡 地名을 中心으로", 高麗大學校 敎育大學院(碩論: 국어).

윤홍기(2006), "뉴질랜드 마오리 지명을 통해서 본 한국 토박이 땅이름의 지위", 한국문화역사지리학회 2006 심포지움 발표논문집, 한국문화역사지리학회·한국지리연구소, 155-163.

이강국(2014), "스페인 지명의 어원 분석에 작용하는 민간어원과 역사: 문화적 요소 비교", 언어연구 29-4, 한국현대언어학회, 773-794.

이강로(1972), "인천의 옛이름 '買召忽'에 대한 어원적 고찰", 畿甸文化硏究 1, 仁川敎育大學, 10-25.

이강로(2001), "加知奈·加乙奈 → 市津의 해독에 대하여", 地名學 5, 한국지명학회, 47-66.

李建植(2009a), "『朝鮮地誌資料』京畿道 廣州郡 수록 地名 表記의 분석적 연구", 진단학보 107, 진단학회, 213-256.

이건식(2009b), "한국 고유한자의 발달: 지명 후부 요소 표기를 중심으로", 口訣硏究 2輯, 口訣學會, 219-259.

李健植(2012), "朝鮮 初期 洞里村名의 國語學的 硏究", 語文硏究 제40권4호, 한국어문교육연구회, 57-83.

李建植(2015), "고려 시대 차자 표기 '漕運浦口名 未音浦/鹵水浦' 해독", 地名學 23, 한국지명학회, 195-226.

李建植(2016), "중국식 한자 지명 표기의 음가적 표음성과 비상관적 표의성: 『高麗史』 소재 22역도 체제 역명의 시대별 이표기 자료를 중심으로", 地名學 25, 한국지명학회, 155-222.

李建植(2018), "조선시대 부평부 洞里村名 후부 요소의 특징에 대하여", 地名學 29, 한국지명학회, 95-148.

李建植(2019), "조선 시대 富平府의 삼국 시대 표기 계승 면명 표기에 대하여", 인천학연구 30, 인천대학교 인천학연구원, 131-177.

이경우(2015), "충북 지명전설의 유형과 의미 고찰", 湖西文化論叢 24, 서원대학교 호서문화연구소, 95-114.

이광석(2006a), "정책학의 관점에서 본 국어 정책의 의미와 방향", 한글271, 한글학회, 161-204.

이광석(2006b), "언어정책의 민간화에 관한 연구", 한국정책학회보 제15권 제1호, 한국정책학회, 121-146.

李根圭(1976), "忠南地方 地名의 接尾辭攷", 韓國言語文學 14, 韓國言語文學會.

이근열(1999), "지명의 변화 유형과 원인", 우리말연구 9, 우리말학회, 111-128.

이근열(2007), "부산 '其比峴' 말밑 연구", 地名學 13, 한국지명학회, 201-234.

이근열(2009), "부산 '龜浦'의 어원 연구", 한국민족문화 33, 부산대학교 한국민족문화연구소, 213-240.

이근열(2012), "영남 지역 지명 연구의 성과와 과제", 地名學 18, 한국지명학회, 245-302.

이근열(2015), "『朝鮮地誌資料』의 부산지명 연구", 우리말연구 41, 우리말학회, 125-178.

李基文(1958), "女眞語의 地名攷", 文理大學報 10, 서울대학교.

李基文(1964), "龍飛御天歌의 語學的 價値(人名·地名)", 東亞文化 2, 서울대학교 동아문화연구소, 226-231.

李基文(1967), "韓國語 形成史", 韓國文化史大系 5, 高麗大學校 民族文化研究所.

李基文(1968), "高句麗의 言語와 그 特徵", 白山學報 4, 白山學會, 101-142.

이대화(2011), "자료해제: 『朝鮮舊慣制度調査事業概要』", 『한국민족운동사연구』 66, 한국민족운동사연구학회, 391-400.

李敦柱(1965a), "地名語辭의 Morpheme alternants에 對하여: 全南地方의 地名을 中心으로", 韓國言語文學 3, 韓國言語文學會.

李敦柱(1965b), "全南地方의 地名에 關한 考察: 特히 地名 Suffix의 分布를 中心으로 한 試攷", 국어국문학 29, 국어국문학회.

李敦柱(1966a), "莞島地方 地名攷", 湖南文化研究 4輯, 全南大學校 湖南學研究院, 213-252.

李敦柱(1966b), "全南地方의 地名에 사용된 漢字語의 分析的 研究: 韓國地名研究의 序說로서", 論文集 12輯, 全南大學校.

李敦柱(1968), "韓國 地名 漢字語의 統計와 分析", 論文集 第14輯, 全南大學校.

李敦柱(1971), "地名語의 素材와 그 類型에 關한 比較 研究: 地名의 有緣性을 中心으로", 한글학회 50돌 기념 논문집, 한글학회.

李敦柱(1979), 漢字學 總論, 博英社.

李敦柱(1992), "지명 연구", 국어학 백년 연구사 III, 김민수 교수 정년 기념논총, 일조각, 664-671.

李敦柱(1994), "지명의 전래와 그 유형성", 새국어생활 4-1, 국립국어연구원, 28-49.

李敦柱(1998), "땅이름(지명)의 자료와 우리말 연구", 地名學 1, 한국지명학회, 163-186.

李敦柱(2003), 韓中漢字音研究, 태학사.

이범관·김봉준(2008), "지명분쟁의 예방과 해결에 관한 연구", 한국지적학회지 24-2, 한국지적학회, 267-279.

李丙燾(1955), "阿斯達과 朝鮮: 特히 그 名稱에 대하여", 논문집 2호, 서울대학교.

李丙燾(1956), "高句麗 國號考: 高句麗 國號의 名稱의 起源과 그 語義에 대하여", 논문집 3호 서울대학교.

李丙燾(1976), 韓國古代史研究, 博英社.

李炳銑(1976), "夫餘 國名考: -pVrV형 地名을 중심으로", 先淸語文 7-1, 서울대학교 국어교육과, 259-279.

李炳銑(1982a), 韓國古代地名國名研究, 螢雪出版社.

李炳銑(1982b), "'一云‧或云‧一作'의 表記에 대하여", 語文研究 11, 어문연구학회, 157-167.

李炳銑(1987), 任那國과 對馬島, 亞細亞文化社, 1987.(日本語版 初版:『任那は對馬にある』大阪:ソウル書林, 1989. 再版:『任那國と對馬』東京: 東洋書院, 1992.

李炳銑(1996), 日本古代地名研究: 韓國 옛 地名과의 比較, 亞細亞文化社.

李炳銑(1998), "韓日地名의 比較研究와 古代 韓日關係", 地名學 1, 한국지명학회, 35-50.

李炳銑(1999), "日本 奈良‧層富‧大和의 地名", 地名學 2, 한국지명학회, 155-170.

李炳銑(2000), "日王家 祖上의 故地와 日本 南九州의 '韓國'考", 地名學 3, 한국지명학회, 93-116.

李炳銑(2001), "tara(城)語와 多羅地名에 대하여", 地名學 5, 한국지명학회, 67-96.

李炳銑(2002), "阿羅, 安羅 지명의 語源과 그 比定問題", 地名學 7, 한국지명학회, 137-

李炳銑(2012), 韓國古代國名地名의 語源 研究, 이회.

이병운(1991), "龍飛御天歌 註解속에 한글표기 語彙에 대한 分析: 한글표기와 한자표기와의 대응관계를 중심으로", 國語國文學 28, 부산대학교 국어국문학과, 151-168.

이병운(1999), "일본 지명 표기의 특징", 地名學 2, 한국지명학회, 171-184.

이병운(2004), 한국 행정지명 변천사, 이회.

이병운(2007), "부산 행정구역 지명의 변천사", 한국민족문화 29, 부산대학교 한국민족문화연구소, 329-378.

이상식(2006), 『輿地圖書』를 통해 본 지방행정 체계의 구성 및 운영 원리: 충청도 지역을 중심으로", 韓國史學報 25, 고려사학회, 465-494.

이상신(2011), "馬韓의 지명 '牟水國'에 대한 두 가지 의문", 방언학 14, 한국방언학회.

李相寅(1939), "龍飛御天歌註解에 나타난 朝鮮語 地名", 한글 7-2, 한글학회.

이상혁(2011), "북한 조선어학의 특징에 대하여:『조선어학전서』(2005)와 『언어학연구론문색인사전』(2006)을 대상으로", 어문논집 64, 민족어문학회, 137-161.

이상희(2004), "괴산 지역 역사 유래 지명 전설 소고", 개신어문연구 22, 개신어문학회, 237-265.

이성규(1998), "瑞山市 地名의 後部要素 研究", 公州大學校 大學院(碩論: 국어).

李成茂 (1982), "韓國의 官撰地理志", 규장각 6, 서울대학교 규장각 한국학연구원, 141-149.

이솔데 하우스너(2008), "변화하는 세계의 역동적 요소로서의 지명", 한국지도학회지 8-2, 한국지도학회, 11-18.

이수건(1989), 朝鮮時代 地方行政史, 민음사.

李崇寧(1955), "新羅時代 表記法 體系에 關한 試論", 論文集 2, 서울대학교.

李崇寧(1971), "百濟語研究와 資料面의 問題點: 特히 地名의 考察을 中心으로 하여", 百濟研究 2, 忠南大學校

百濟研究所.

이승영(2009), "일본 地名 속에 나타난 韓國語적 어원: 韓(カラ), 吳(クレ), 新羅(シラギ) 등의 분포를 중심으로", 일본어문학 45, 일본어문학회, 163-182.

李丞宰(1984), "古代地名 '古尸'에 대하여", 兪昌均博士還甲紀念論文集, 계명대학교 출판부, 481-492.

李丞宰(2013), 漢字音으로 본 백제어 자음체계, 태학사.

李丞宰(2016), 漢字音으로 본 고구려어 음운체계, 일조각.

李娟子(1976), "新羅의 一部 軍制가 地名에 미친 影響에 대하여: 十停과 地名과의 關係", 國語國文學 5, 효성여자대학교.

이영식(2006), "횡성의 지명전설과 태종의 관련성 연구", 江原民俗學 20, 江原民俗學會, 463-481.

이영택(1995), "북한 행정지명의 변천과 현황", 北韓 280, 북한연구소, 66-77.

李庸周(1976), "韓國地名의 意味論的 有緣性에 관한 硏究: 忠淸北道 山名의 基盤을 中心으로", 師大論叢 14, 서울대학교 .

李庸周(1977), "忠淸北道 所在 河川名에 대하여", 국어교육 30, 한국국어교육연구회.

이우태(1993), "신라 서원경 연구의 현황과 과제: 촌락문서를 중심으로", 호서문화연구 11, 충북대학교 호서문화연구소, 55-72.

이은규(2002), "『三國史記』 「地理志」의 지명 표기 용자례", 한국말글학 19, 한국말글학회, 291-404.

이은규(2006), 고대 한국어 차자표기 용자 사전, 제이앤씨, 2006.

이응백((1978), "초등학교 입문기 학습용 기본어휘 조사연구", 국어교육 32, 한국국어교육연구회.

李寅泳(2000), "『三國史記』 「地理志」 고구려지명의 연구: 일본어와 비교를 위한 전제", 단국대학교 대학원(博論: 일어).

이인철(1996), 新羅村落社會史硏究, 一志社.

이장희(2001), "신라시대 漢字音 聲母體系의 통시적 연구", 慶北大學校 大學院(博論: 국어).

이재영(2001), "충청북도 행정구역 변천에 관한 연구", 청주대학교 대학원(碩論: 지리).

李正龍(1994), "赤계 자류의 지명표기 연구: 『삼국사기』의 지명표기를 중심으로", 어문교육논집 12, 부산대학교 국어교육과.

李正龍(2014), "吐含山지명에 대하여", 地名學 21, 한국지명학회, 293-326.

이존희(1990), 朝鮮時代 地方行政制度硏究, 一志社.

이종철(1993), "일본지명에 반영된 한국계 어원 'usu/sue'에 대하여", 日語日文學硏究 23-1, 한국일어일문학회, 105-124.

이종철(1994), "일본 지명에 반영된 삼국의 국호 표기와 그 어원에 대하여", 한림어문학1, 한림대 국어국문학과.

이종철(1995a), "일본의 지명 및 인명에 반영된 백제계 차용어 [sima]에 대하여", 국어사와 차자 표기, 태학사.

이종철(1995b), 日本 地名에 反映된 韓系 語源 再考, 國學資料院.

이종철(1995c), "일본의 지명 및 인명에 반영된 백제계 차용어 [sima]에 대하여", 국어사와 차자 표기(소곡 남풍현선생 회갑기념논총), 태학사, 25-40.

이준우(2006), "대구지역의 지명 변화에 관한 연구: 대구도호부 본부지역의 동·리명을 중심으로", 경북대학교 교육대학원(碩論: 地理), 2006.

李燦·金九鎭(1976), 『世宗實錄』「地理志」索引, 역사교육연구회.

李喆洙(1980), "名稱科學의 論理: 地名研究의 當面課題", 語文研究 28, 韓國語文敎育硏究會, 545-553.

李喆洙(1982), "地名言語學研究序說(I): 地名言語學 研究領域을 中心으로", 語文研究 10권 3호, 韓國語文敎育研究會, 46-65.

李喆洙(1983a), "地名言語學研究序說(II): 地名語源論을 中心으로", 論文集 9, 仁荷大學校 人文科學研究所.

李喆洙(1983b), "韓日 地名語의 比較研究(1): 漢語 語源型 地名形態素를 中心으로", 국어교육 44, 한국국어교육연구회, 389-399.

李喆洙(1994), "地名言語學研究序說", 名稱科學 創刊號(제1권 1호), 名稱科學研究所.

李喆洙(1996), "北韓의 行政區域 地名語에 대하여", 名稱科學 제2권 제1호, 名稱科學研究所.

李喆洙(1997), "韓國의 行政區域 地名語에 대하여", 名稱科學 제3권 제1호, 名稱科學研究所.

李喆洙(1998), "國語 俗談의 地名語 研究", 地名學 1, 한국지명학회, 51-94.

李喆洙(2000), 〈서평〉 "『日本古代地名の研究: 日韓古地名の源流と比較』", 地名學 4, 한국지명학회, 165-179.
(李炳銑. 日本 東京, 東洋書院, 2000. 5. 新菊版 750面)

李忠九(1983), 書永編」에 蒐集된 韓國漢字의 分析研究, 首善論集 8. 成均館大學校 大學院 學生會.

李泰鎭(1979), "東國與地勝覽 편찬의 歷史的 性格", 震檀學報 46·47, 진단학회, 252-258.

이학주(2008), "홍천 이괄 관련 지명과 설화 조사 연구", 江原民俗學 22, 江原民俗學會, 321-352.

이홍숙(2003), "경남 지명전설의 생성적 의미와 활용방안", 향토사연구 15, 한국향토사연구전국협의회, 89-115.

이홍숙(2007), "지명에서 생성된 전설들: 경남 김해지역 지명전설을 중심으로", 士林語文研究 17, 士林語文學會, 135-162.

이홍종외8인(2008), 호남고속철도건설 충청권(오송-논산간) 문화유산 지표조사, 한국고고환경연구소.

이희권(1999), 朝鮮後期 地方統治行政 研究, 集文堂.

李熙昇(1932), "地名研究의 必要", 한글 1-2호, 한글학회.

이희승(1949), (새로고친판) 한글 맞춤법 통일안 강의, 신구문화사.

林起煥(1992), "永光三年銘 銅鐘 判讀文 및 解釋文", 譯註 韓國古代金石文Ⅰ, 駕洛國史蹟開發硏究院, 211-212.

임선빈(2009), "錦江의 지명 변천과 國家祭儀", 역사와 경계 71, 부산경남사학회, 1-26.

임양순(무위)(2017), "固有地名과 道路名住所의 關係性 硏究", 중앙승가대학교 대학원(博論: 실천불교).

임영희(1977), "韓國自然地名의 意味論的 有緣性에 관한 硏究: 忠淸北道의 自然 地名을 中心으로", 서울大學校 大學院(碩論: 국어).

임용기(1996), 『朝鮮地誌資料』와 부평의 지명", 기전문화연구 24, 기전문화연구소, 141-210.

임용기(1998), "지지류의 국어사 연구 자료로서의 가치에 대하여: 조선 시대와 일제 강점기의 자료를 중심으로", 한글 242, 한글학회, 405-433

임재해(2015), "설화의 미디어 기능과 지명전설의 인문지리 정보", 韓民族語文學 69, 한민족어문학회.

임지룡(1989), "국어 분류 어휘집의 체계와 상관성", 國語學 19, 國語學會.

임지룡(1991), "국어의 기초어휘에 대한 연구", 국어교육연구 23, 경북대학교 사대 국어교육연구회, 35-79.

임지룡(1992), 국어의미론, 탑출판사.

임해규(2016), 도로명주소 정착을 위한 개선과제, 경기연구원.

林學成(2008), "18세기 후반 洞里의 증가와 '新'里 생성: 충청도 지역을 중심으로", 湖西史學 49, 호서사학회, 133-169.

任洪彬(2012), "高句麗 地名 '濟次巴衣'의 '濟次'와 알타이 語族 假說", 語文硏究 40-1, 韓國語文敎育硏究會, 7-33.

任洪彬(2008), "고구려 지명 '穴口郡'의 '穴'에 대하여", 人文論叢 59, 서울대학교 인문학연구원, 43-79.

장노현(2008), "소설 속 지명정보 활용 방안 기초 연구", 한민족문화연구 24, 한민족문화학회, 255-283.

장노현(2012), "신소설의 외국지명에 숨겨진 세계 인식의 지형도", 현대문학의 연구 47, 한국문학연구학회, 97-125.

장장식(2009), 『朝鮮地誌資料』 경기도편에 나타난 민속 관련 지명 분석", 민속학연구 24, 국립민속박물관, 197-219.

장훈덕(1986), "경기도 성남시 땅이름 연구", 건국대학교 교육대학원(碩論: 국어).

전신재(2008), "인제군의 지명전설", 江原民俗學 22, 江原民俗學會, 277-297.

전영진(1988), "지명연기 전설에 관한 일고찰: 安眠島를 중심으로", 새국어교육 43-1, 한국국어교육학회, 286-302.

전철웅(1991), "지명에 나타난 언어현상", 開新語文硏究 제8집, 충북대학교 개신어문학회.

정경일(2006), "지명과 도로명의 로마자표기에 관한 제언", 한국어학 33, 한국어학회, 309-335.

정광(2006), "吏文과 漢吏文", 口訣硏究 16, 口訣學會, 27-70.

鄭杜熙(1976a), "朝鮮初期 地理志의 編纂(Ⅰ)", 역사학보 69, 역사학회, 65-99.

鄭杜熙(1976b), "朝鮮初期 地理志의 編纂(Ⅱ·完)", 역사학보 70, 역사학회, 89-127.

정승희(2009), "중남미 지명과 국가명의 어원", 대한토목학회지 57-4, 대한토목학회, 66-72.

정영숙(2000), "地名語의 音韻變化 硏究", 충남대학교 대학교 대학원(博論: 국어).

정원수(1999), "경북방언 지명의 성조 변동", 地名學 2, 한국지명학회, 185-202.

鄭寅普(1946), 朝鮮史硏究 上, 서울신문사 출판국.

丁仲煥(1956), "辰國 三韓 及 加羅 名稱考", 부산대학교 10주년기념논문집, 부산대학교.

정진규(2011), "초평면 지명의 의미론적 연구", 충북대학교 교육대학원(碩論: 국어).

정 해(1986), "경기도 구리시와 남양주군의 산이름 연구: 한자로 표기된 산이름의 어원을 중심으로", 建國大學校 敎育大學院(碩論: 국어).

丁海廉(2005), 아언각비·이담속찬, 現代實學社.

정호완(1991), "개신작용과 땅이름의 상관", 들메서재극박사 환갑기념논문집, 계명대학교.

정호완(1992), "'곰'의 언어적 상징과 땅이름", 대구어문논총 10, 대구어문학회.

정호완(2008), "駕洛의 표기와 분포", 地名學 14, 한국지명학회, 187-210.

趙康奉(1976), "靈光地方의 地名에 關한 調査硏究", 全南大學校 敎育大學院(碩論: 국어).

趙康奉(1997), "'鶴橋-학다리' 지명 어원", 湖南文化硏究 제25집, 전남대 호남문화연구소.

趙康奉(1999), "두 江·川이 합해지는 곳의 지명 어원(Ⅰ)", 地名學 2, 한국지명학회, 234-262.

趙康奉(2002), "江·河川의 合流와 分岐處의 地名硏究", 전남대학교 대학원(博論: 국어).

趙康奉(2016), "武珍, 馬突·馬珍·馬等良, 難珍阿·月良, 難等良, 月奈에 대하여: 光州, 馬靈, 鎭安, 高山, 靈巖의 옛 지명", 地名學 24, 한국지명학회, 71-98.

趙健相·趙恒瑾·成耆徹(1971), "村落 및 溪谷을 중심으로 한 地名硏究", 연구보고서(어문학계3), 문교부.

조규태(1986a), "古代國語의 音韻 硏究:『三國史記』「地理志」를 中心으로", 曉星女子大學校 大學院(博論: 국어).

조규태(1986b), 고대국어 음운 연구, 형설출판사.

조규태(2006a), "『龍飛御天歌』주해 속의 우리말 어휘에 대하여", 語文學 92, 한국어문학회, 117-158.

조규태(2006b), "지명의 한자어화에 대하여", 국어사연구 6, 국어사학회, 145-165.

조남건(2006), "고속철도의 사회경제적 효과", 한국철도학회지 제9권 제2호, 한국철도학회, 10-14.

조성욱(2007), "사회적 영향에 의한 지명 변화의 원인과 과정", 한국지역지리학회지 13-5, 한국지역지리학회, 526-542.

조성을(2006), "『世宗實錄』「地理志」와『世宗實錄』「地理志」의 역사지리 인식, 朝鮮時代史學報 39, 조선시대사학회, 77-111.

조창선(2005), 조선지명연구, 사회과학출판사.

趙恒範(1994), "부여 지방의 지명", 새국어생활 제4권 제1호, 국립국어연구원.

趙恒範(2001), "地名 語源 辭典' 편찬을 위한 예비적 고찰", 地名學 6, 한국지명학회, 267-292.

趙恒範(2012a), "『龍飛御天歌』에 나오는 지명 '쇠벼른'에 대하여", 한국어학 54, 한국어학회, 249-289.

趙恒範(2012b), "곶[串]' 계열 어휘의 形成과 意味에 대하여", 國語學 63, 國語學會, 37-72.

趙恒範(2015), "세종특별자치시 芙江面소재 '마을' 이름의 어원과 유래에 대하여", 地名學 23, 한국지명학회, 259-294.

지종덕(2005), "한국 새주소 체계의 발전방향에 관한 연구", 韓國地籍學會誌 제21권 제2호, 한국지적학회, 37-52.

池憲英(1942), "韓國地名의 特性", 朝光 8-9號.

池憲英(1943), "鷄足山下 地名考: 白月山下 地名과 比較하여", 朝光 9-9號.

지헌영(2001), 韓國地名의 諸問題, 景仁文化社.

차용걸(1993), "서원의 위치와 구조", 호서문화연구 11, 충북대학교 호서문화연구소, 37-52.

채 완(2001), "도로 이름의 사이시옷 표기에 대하여", 도로명 사이시옷 표기 공청회 자료집, 국립국어연구원.

千素英(1987), "古代固有名詞 借用表記 硏究", 高麗大學校 大學院(博論: 국어).

千素英(1990). 古代國語의 語彙硏究, 고대민족문화연구소 출판부.

千素英(1994), "서울 地名의 變遷 攷", 畿甸語文學 8·9, 水原大學校 國語國文學會, 439-503.

千素英(1995), "固有地名의 漢語化 類型에 대하여", 語文硏究 제88호, 韓國語文敎育硏究會, 77-100.

千素英(1996), "地名 語原에 대한 一考察", 畿甸語文學 10·11, 水原大學校 國語國文學會, 663-678.

千素英(2001), "지명연구에 쓰이는 술어에 대하여", 地名學 5, 한국지명학회, 97-118.

千素英(2003), 한국 지명어 연구, 이회.

최남희(1999), 고대국어 표기 한자음 연구, 박이정.

최동언(2001), 조선식한문연구, 사회과학출판사.

崔範勳(1969), "韓國地名學 硏究序說", 국어국문학 42·43, 국어국문학회, 131-154.

崔範勳(1973), "固有語 地名硏究: 地名接尾辭의 類型別 考察", 노산 이은상박사 고희기념논문집.

崔範勳(1976), 韓國語學論攷, 通文館.

崔範勳(1977), 漢字音訓借用表記體系硏究, 東國大學校 韓國學硏究所.

崔範勳(1983a), "『龍飛御天歌』의 正音表記 固有地名 硏究(I)", 東岳語文論集 17, 東岳語文學會, 125-143.

崔範勳(1983b), "『龍飛御天歌』의 正音表記 固有地名 硏究(II)", 韓國言語文學 21, 韓國言語文學會, 419-441.

崔範勳(1983c), "『龍飛御天歌』의 正音表記 固有地名 硏究(III·完)", 우보 전병두박사 화갑기념논문집.

최상수(1946a), "조선 지명의 전설 (1)", 한글 11-2, 한글학회.

최상수(1946b), "조선 지명의 전설 ⑵", 한글 11-4, 한글학회.

최상수(1947), "조선 지명의 전설 ⑶", 한글 12-1, 한글학회.

최승영 · 정현민(2007) "새주소 체계의 조기 정착을 위한 방향 연구: 전라남도 나주시 동지역을 중심으로", 한국지적정보학회지, 한국지적정보학회, 1-12.

최영준(1975), "조선시대의 영남로 연구 서울~상주의 경우", 지리학 10-2, 대한지리학회, 53-82.

최영준(1983), "영남로의 경관변화", 지리학 18-2, 대한지리학회, 1-17.

최원석(2015), "咸州誌 편찬 및 구성의 역사지리적 특징", 문화역사지리 제27권 제3호, 문화역사지리학회, 18-38.

최중호(2008), "고구려 지명 '首知衣' 연구", 地名學 14, 한국지명학회, 253-277.

최중호(2011), "지명 표기에 나타나는 '上'의 음가 연구", 한말연구 28, 한말연구학회.

최중호(2016), "기장의 옛 지명과 그 문화사적 의미", 동양한문학연구 44, 동양한문학회, 111-130.

崔昌烈(1989), "'송곳'의 語源的 意味", 국어교육 59·60, 한국국어교육연구회, 217-247.

카파 올리비에라(2007), "하와이 지명에 관한 고찰", 한국지도학회지 7-2, 한국지도학회, 25-31.

평화문제연구소(2005), "『조선향토대백과』 완간에 부쳐", 통일한국 253, 평화문제연구소, 10-12.

한순미(2008), "지명과 문학적 상상력: 순천 지역의 지명을 중심으로 본 서정인의 소설 세계", 現代文學理論研究 33, 현대문학이론학회, 465-492

한순미(2013), "소설 속의 지명과 감성지도: 지명 연구와 문학 연구의 접점을 기대하며", 地名學 19, 한국지명학회, 151-188.

한형교(2014), "한국 도로명주소 정책의 집행에 관한 연구", 중앙대학교 대학원(博論: 행정).

허재영(1989), "국어학적 성과를 중심으로 한 땅이름(지명어) 연구사", 겨레어문학 13, 겨레어문학회, 73-105.

홍기문(1957), 리두연구, 과학원출판사.

홍선일, 김영훈(2015), "새주소 체계 도로명의 지리적 유형 분류에 관한 연구: 청주시를 사례로", 한국지역지리학회지 21-3, 한국지역지리학회, 553-568.

홍성규 · 정미영(2013), "서울지역 지명전설의 사례와 콘텐츠 활용 방안", 한국콘텐츠학회논문지 13-12, 한국콘텐츠학회, 507-518.

황금연(2015), "지명접미사의 설정과 변화: 전남 신안 지명어를 중심으로", 地名學 23, 한국지명학회, 295-320.

황인덕(2013), "'신틀(털)-'류 지명의 배경적 고찰", 地名學 19, 한국지명학회, 227-265.

Anselmo Valerio(1972). "A Proposito di *qum(sabbia, terra) nel Coreano antico", ANNALI Volume

32(N.S ⅩⅩⅡ), Istituto Orientale di Napoli, 535 - 539.

Dauzat, Albert(1971), La Toponymie Francaise, Payot, Paris.

Eilert, Ekwall(1960), The Concise Oxford Dictionary of English Place names, Fourth ed., Oxford at the Clarendon Press.

Taylor, Canon Isaac(1925), Words and Places, Thomas Nelson & Sons, Ltd., London and Edinburgh.

鏡味完二(1957), "日本および歐末の地名硏究の現狀", 地名學硏究 創刊號, 日本地名學硏究所.

鏡味完二(1958a), "地名分布の空洞ど傳播の諸型式", 地名學硏究 第7號, 日本 地名學硏究會.

鏡味完二(1958b), "地名の現地調査どその成果", 地名學硏究 第7號, 日本地名學硏究會.

桂井和雄(1959), "山村の地形方言", 地名學硏究 第8號, 日本地名學硏究會.

高橋亨(1956), "濟州道名考", 朝鮮學報 9호, 朝鮮學會.

今西春秋(1971), "高句麗の城: 溝婁と忽", 朝鮮學報 59, 朝鮮學會.

金澤庄三郎(1912), "日鮮古代地名の硏究", 朝鮮總督府月報 2-2, 東アジアの古代文化 創刊号에 再錄(1974).

金澤庄三朗(1952), "朝鮮古地名の硏究", 朝鮮學報 2, 朝鮮學會.

金思燁(1975), "高句麗・百・新羅の言語", 日本古代語と朝鮮語, 每日新聞社.

楠原佑介 外(1982), "古代地名語源辭典", 東京堂.

藤田亮策(1953), "新羅九州五京攷", 朝鮮學報 3, 朝鮮學會.

鈴木治(1968), "徐羅伐異考", 朝鮮學報 48, 朝鮮學會.

馬淵和夫(1971), 『三國史記』・『三國遺事』にあらわれた古代朝鮮の用字法について", 言語論叢 11.

馬淵和夫(1973), 『三國史記』・『三國遺事』の地名について", 原富男博士古稀記念論文集.

馬淵和夫(1975), "古代日本語と朝鮮語の音韻組織", 日本古代語と朝鮮語, 日新聞社.

馬淵和夫(1978), "『三國史記』記載の百濟地名より見だ古代百濟語の考察", 文藝言語硏究, 言語篇 3, 筑波大學.

馬淵和夫・洪思滿・李寅泳・大橋康子(1978), 『三國史記』「地理志」記載の百濟地名よりみた古代百濟語の考察", 文芸言語硏究(言語3), 筑波大學校學紀要.

馬淵和夫・李寅泳・大橋康子(1979), 『三國史記』記載の高句麗地名より見た高句麗語の考察", 文芸言語硏究(言語4), 筑波大學校學紀要.

馬淵和夫・李寅泳・辛容泰(1980), 『三國史記』記載の新羅の地名, 人名等より見た古代新羅語の考察", 文芸言語硏究(言語5) 筑波大學校學紀要.

楳垣實(1957), "地名硏究ど音韻變化", 地名學硏究 第3號, 日本地名學硏究會.

武田幸南(1976), "新羅の 村落 支配", 朝鮮學報 81. 朝鮮學會

武田幸南(1959), "地名硏究の比較の方法", 地名學硏究 第10·11合倂號, 日本地名學硏究會,

白鳥庫吉(1896~1897), "朝鮮古代地名考", 史學雜誌 6-11, 7-1.

白鳥庫吉(1905~1906), "朝鮮城邑の呼稱だる忽の原義に就いで", 史學雜誌 16-11, 17-1-3.

山中襄太(1968), 地名語源辭典, 校倉書房.

三品彰英(1935), "久麻那利考"(上·下), 靑丘學叢 19·20.

三品彰英(1951), "高句麗王都考", 朝鮮學報 1, 朝鮮學會.

三品彰英(1953), "濊貊族小考", 朝鮮學報3, 朝鮮學會.

三品彰英(1954), "高句麗の五族について", 朝鮮學報 6, 朝鮮學會.

松島惇(1926), "阿利水及阿利那禮河に就いで", 朝鮮 132·134, 考古學雜誌6-6.

申田薰(1906), "韓國古代村邑の稱呼に就いで", 史學雜誌 16-11.

新村出(1927), "國語及び朝鮮語の數詞について", 東方言語誌叢考.

安龍禎(1986), "試談延邊朝鮮語地名的特點", 地名知識(DIMING ZHISO), 43(李福姬譯, "中國 延邊 朝鮮地名의 特徵에
    대하여, 名稱科學 創刊號(제1권 1호), 名稱科學硏究所, 1994)

野村忠夫(1953), "正倉院より發見された新羅の民政文書について", 史學雜誌 62-4.

玉峯(1906), "韓國地名の變遷", 韓半島 2-3.

李珍華·周長楫(1993), 漢字古今音表, 中華書局.

前間恭作(1925), "三韓古地名考補正", 史學雜誌 36-7.

鮎貝房之進(1925), "三韓古地名攷補正を讀む", 史學雜誌36-11.

鮎貝房之進(1931), 雜攷, 東京 圖書刊行會.

鮎貝房之進(1937), "日本書紀朝鮮地名攷", 國書刊行會.

鮎具房之進(1955-56), "借字攷1·2·3" 朝鮮學報 7·8·9, 朝鮮學會.

井上秀雄(1961), "『三國史記』「地理志」の史的批判", 朝鮮學報 21·22,

井上秀雄(1963), "古代朝鮮の文化境域: 三國時代地名語尾よりみて", 朝鮮學報 24, 朝鮮學會.

中田薰(1905-1906), "韓國古代城邑の稱號に就いて", 史學雜誌 16-11,

正井泰夫(1966), "地名と地形·水", 言語生活 7月號.

周法高 외 3인(1974), 漢字古今音彙, 香港中文大學出版部.

酒井改藏1955, "好太王碑面の地名について", 朝鮮學報 8, 朝鮮學會.

酒井改藏(1970), "『三國史記』の地名考", 朝鮮學報 54, 朝鮮學會.

志田末則(1987), "地名 '十三塚'考", 李炳銑博士華甲紀念論叢.

川崎繁太郎(1935), "朝鮮地名の變遷に就いで", 朝鮮 247.

村上四男編(1955~58), "『三國史記』「地理志」索引", 朝鮮學報 8·10·11·12, 朝鮮學會.

村山智順(1931), 朝鮮の風水, 朝鮮總督府.

村山七郎(1962a), “日本語および高句麗語と數詞”, 國語學 48, 國語學會.

村山七郎(1962b), “高句麗語資料および若干の日本語, 高句麗語音韻對応”, 言語研究 42.

村山七郎(1963), “高句麗語と朝鮮語との關係に關する考察”, 朝鮮學報 26, 朝鮮學會.

坪井九馬三(1923~1924), “三韓古地名考(1・2・3)”, 史學雜誌 35-12, 36-1・3.

幣原坦(1924), “曾尸茂梨及び熊城に就いで”, 史學雜誌 35-7.

和田雄治(1914), “‘曾尸茂梨’に伽耶山たるの新說”, 考古學雜誌 4-10.

발문

　　1980년 6월 군에서 제대하자마자 홍성여자중학교 교사 1년 반, 서울 장훈고등학교 교사 4년, 그리고 30년이 넘는 대학 강사와 서원대학교 교수 생활……, 돌아보면 긴 시간인 것 같은데 쏜살같이 스쳐 지나가 버렸다. 이제 나도 여지없이 정년을 맞게 되었다. 정년에 맞추어 나의 교수·연구 생활을 정리하고자 어쭙잖은 글들을 모아 졸저를 출판하려 하니 이런저런 상념들이 스치고 지나간다. 책의 내용과 직접적으로 관련되는 것은 서문에 간략히 적었고, 내 학문의 토양이 된 삶의 이야기 두어 개로 발문을 삼고자 한다.

　　내 선대는 여말선초 개성에서 유성으로 내려와 정착, 500년 넘게 그곳에서 세거하였다. 그러다 풍수지리에 심취한 조고의 손에 이끌려 초등학교 2학년 때 우리 가족은 구례의 금내리로 이주하였다. 배산임수는 물론 교과서적인 명당 형국을 지닌 그곳에서 나는 왕시리봉에 올라 유유히 흐르는 섬진강과 피아골의 단풍, 화엄사의 풍경소리 그리고 안개, 노을, 바람……, 열거하기 어려울 정도로 아름다운 자연과 소탈하고 정이 넘치는 사람들 속에서 성장하였다.

　　고당 선생의 서당이 있던 용정마을(금내리 2구)에서 2년을 살았던 내 가족(이주 당시 증조모, 조부모, 부모, 막내고모, 나, 여동생 둘이었으나 이 집에서 남동생이 태어나 10식구가 되었다.)은 내가 4학년에 올라갈 무렵 원래마을(금내리 1구)로 이사하였다. 오죽과 해당화를 비롯하여 오동나무, 은행나무, 감나무, 자두나무 등 정원수와 유실수가 두루 있었고 넉넉한 텃밭과 여러 칸의 방이 있었던 이 집은 지금껏 나의 집이다.

　이주 당시 내 조고께서는 당신이 명당이라고 여기던 터에 이 집을 옮겨 세울 계획이었으나 실천에 이르지 못하였다. 이사 후 막내 남동생이 태어나 우리 가족은 11명이 되었고 한때는 농사일 도우미까지 있어 식구가 많은 전형적인 대가족이었다. 우리 가족이 26년을 살았던 이 집의 마루에 서면 담 너머로 오봉산 전경이 한눈에 들어오고 그 아래로 섬진강 자락이 아스라이 다가오곤 하였다. 몇 년 전까지만 해도 한 해에 몇 번씩 내 꿈속에 나타나 모든 일의 배경이 되었던 것을 보면 청소년기에 살았던 집이 영원한 나의 집인 모양이다.

　세상에 태어나 자기가 꿈꾸는 집을 손수 지어 살다 가는 것이 특별한 의미를 지니는 것으로 여겨져 20여 년 전에 마련한 터에 집을 지었다. 작년 여름, 유난히도 무더웠던 날씨와 이런저런 고난을 헤치고 내 뜻이 반영된 집을 지었다. 짓고 보니 정남향에 공간 배치를 직선으로 한 것을 비롯하여 내 어릴 적 살던 집과 유사한 점이 많다. 오죽도 심었는데 올봄에 새순까지 돋아 풍성한 모습을 자랑하고 있다. 대학의 내 연구실 크기로 지은 서재에 책을 옮기고 중학 시절 친구가 손수 만들어 보낸 널찍한 파삭나무 책상에 앉아 나의 활동공간을 바꾸려 노력 중이다.

　가끔씩 동창회에 가면 어릴 적 모습을 전혀 그려낼 수 없을 정도로 변해버린 친구가 더러 있다. 이들 벗의 얼굴에서 나의 변한 모습도 상상하며 세월의 무상함을 느끼곤 한다. 고등교육이 일반화되지 않았던 시절을 살아온 내 동창들은 대학을 나와 교수로 살아온 내가 무척 평탄하게 인생을 살아온 것으로 알고 있다. 교사가 되겠다고 사범대학에 들어갈 때 내 주변 분들의 생각도 그러했으므로 그들이 그렇게 생각하는 것은 당연한 일이다. 나보다 힘들게 살아가는 사람들이 많은 것도 사실이지만 누구에게나 삶은 치열한 것이기에 나의 교수 생활도 순탄한 것만은 아니었다.

　그 하나로 1998년 4월 1일 정년보장 정교수 승진 후 한 달도 못 되어 해직되었던 일을 들 수 있다. 당시 서원학원의 채권자가 서원대학교 학생들이 낸 등록금을 압류하여 가져간 사건이 벌어졌다. 지금은 법이 바뀌었지만 당시에는 법인의 채권자가 그 산하 교육기관의 등록금을 압류하여 가져가도 된다는 것이 대법원의 판단이었다. 이에 대하여 양심적인 교수와 학생들은 이사장에게 손실된 등록금을 내놓으라고 정중히 요구하였다.

　　부도난 학원을 정상화하겠다고 들어왔지만 돈을 낼 수 없는 이사장은 임시방편으로 거짓말을 하기 시작하였고 그 거짓말이 꼬리에 꼬리를 물고 점점 확대되자 구성원들은 퇴진을 요구하기에 이르렀다. 다툼이 격렬해지자 권력을 가진 이사장과 그를 옹위하는 사람들이 나를 비롯한 여러 명의 교수들을 파면, 해임시키고 재임용에서 탈락시키는 일을 자행하였다.

　　해직에만 그치지 않고 나를 포함하여 일부 동료교수('동료'라는 표현 보다는 이 대목에서는 '동지'라는 표현이 더 잘 어울릴 것 같다.)에 대하여는 법원의 출입금지명령까지 받아내어 원천적으로 대학 구내에 접근하지 못하도록 하였다. 학교에 들어갈 수 없게 된 우리는 대학 인근에 사무실을 얻어야 했고 정문 앞 무심천 변에 천막을 치고 수업을 강행하였다. 당시 우리 학생들은 학교 측에서 투입한 대체강사의 강의를 거부하고 내 강의 시간이면 모두 천막교실로 몰려와 학점 없는 강의를 수강하였다. 그것도 모자라 학교에서 비우라는 내 연구실을 밤낮으로 몇 명씩 돌아가며 지켜주었다. 나는 이 제자들을 생각하면 지금도 가슴이 뭉클해지곤 한다.

　　유신시절 정권에 비판적인 교수들을 제거할 목적으로 교수재임용 제도라는 것이 1976년부터 시행되었다. 당시 내 선생님 한 분이 이 제도에 희생되었다. 개강이 되어 학교에 나갔더니 내가 가장 존경하고 흠모하는 선생님께서 재임용에 탈락되어 모습이 보이지 않았다. 나는 아직도 찬 기운이 감도는 3월초의 바람을 헤치고 서울의 북동쪽 변두리 장위동에 있었던 선생님 댁을 물어물어 찾아갔다. 연락도 없이 불쑥 찾아간 나는 선생님 앞에 할 말을 잃고 앉아 있는데 선생님께서 먼저 말문을 여셨다.

　　"학생들은 내가 왜 재임용에서 탈락되었다고 알고 있는가?" "선생님! 저희는 그 이유를 알 수 없습니다. 제가 선생님을 찾아온 것도 그 이유를 알고 싶어서입니다." 선생님께서는 "나도 그 이유를 모르네……"라고 말씀하시며 당신께서 官界에 계셨다면 지금 집안 분위기는 초상집과 같겠지만, 학자이기 때문에 아무런 동요 없이, 재임용에 탈락되었다는 통보를 받은 날도 담담히 책을 보시고 글을 쓰셨다며 말씀을 이어 가셨다.

　　당시 나는 늘 연구에 몰입하시던 선생님의 모습만 보아 온 터라 교수직 유지 여부와 관계없이 글을 읽으시고 논문을 쓰시는 일이 당연한 것이라고 생각했었다. 그러나 내가 막상 해직을 당하고 보니 분노와 원망에 휩싸여 책이 손에 잡히지 않음은 물론 논문을 쓴다는 것은 엄두도 낼 수 없었다. 권위주의 독재 정권하에서 선생님께서 느끼셨던 장벽은 더 컸을 것임에도 "탈락 소식을 듣고 돌아온 날도 담담히 책을 읽고 글을 썼다"는 말씀은 내 가슴에 새롭게 다가와 꽂혔다.

선생님의 비범함을 본받아야겠다는 결심으로 그날 이후 나는 7시에 출근하여 9시까지 전공 관련 서적을 읽거나 자료를 정리하며 글을 쓸 준비를 하기로 하였다. 9시부터 시작되는 학원민주화 투쟁 이전에 내 학문을 위한 시간을 배정하기로 하였다. 어떤 경우든 가장 머리가 맑은 아침 시간을 확보하여 반드시 자신을 성찰하고 학문에 정진하는 자세를 갖자는 다짐은 지금까지 20년 넘게 실천하여 나의 습관이 되었다. 이러한 나의 좋은 습관은 선생의 가르침에서 비롯된 것이다.

선생의 이러한 가르침에 대하여 "나에게는 훌륭한 선생님이 계신다." "선생의 한마디 말과 행동은 학생들에게 은연중에 많은 영향을 끼친다." 라는 요지로 여러 자리에서 존경하는 선생님에 대하여 얘기한 적이 있다. 그러나 선생님께는 이런 말씀을 한 번도 드린 적이 없다. 아마 선생님께서는 이러한 사실이 있었다는 것을 잊어버리셨을 수도 있다. 자주 뵙지도 못 하고 연락드리는 일조차 쉽지 않지만 내 마음 속에 선생님은 영원한 스승으로 남아 있다.[1]

그동안 학교의 행정업무를 비롯하여 이런저런 일로 논문을 쓸 여유가 없는 경우도 있었지만 반드시 한 해에 1편 이상은 쓰겠다는 결심으로 이를 어기지 않으려 노력하였다. 한 번 펜을 놓으면 다시 잡기 어려운 것이 논문 작성하는 일이라는 것을 아는 까닭에 비록 학계를 놀라게 할 논문은 아니지만 꾸준히 이 일을 실천하였다. 그 결과 내 연구의 두 분야 중 하나인 한자의 새김과 관련된 논문을 모아 『한자의 새김과 천자문』(2016.10.9. 태학사, 791페이지, 2017년도 대한민국학술원 선정 우수학술도서)을 출판하였다.

이제 정년(2020.2.)을 맞아 내 연구의 한 축인 지명 관련 논문을 모아 이 책을 출판한다. 내 스스로 맺음과 시작을 기념하기 위하여 출판하는 이 책이 이 분야에 관심을 가진 후학들에게 조금이라도 도움이 된다면 더 바랄 것이 없겠다. 또한 이 책으로 정

---

1 정신적인 영향을 주신 선생님과 함께 직접적으로 학문적 영향을 준 지도교수 난정 선생에 대하여는 이미 다른 지면에서 거론한 바 있다.

년을 기념하게 해 준 한국연구재단에 고마움을 표한다. 더불어 제자이자 도서출판 역락의 편집이사 이태곤 군과 흔쾌히 출판을 허락해 준 이대현 대표께 감사의 말씀을 드린다.

책이 나오고 정년을 하면 봄이 올 것이다. 우리나라는 가을이 가장 아름다운 반면 황사가 없는 봄을 느끼기에 좋은 곳은 유럽의 한적한 고을이다. 한국학 강의를 위하여 각각 1년씩 머물렀던 로마와 프라하에 가고 싶다. 아내는 물론 아들, 며느리를 데리고 로마와 프라하에 가서 추억을 더듬는 여행을 하는 것으로 나의 정년퇴임을 기념하고 싶다. 더불어 아내를 비롯한 가족이 있기에 체감할 수 있는 행복함과 또 다른 세상을 향해 새롭게 출발하겠다는 다짐을 하며 발문을 마친다.

프로필

■ 출생과 성장

1954.11.12.(음) 대전시 유성구 복룡동 121번지에서 출생, 전남 구례에서 성장

■ 학력

1961.3. 유성초등학교 입학

1967.1. 토지초등학교 졸업

1970.1. 구례중학교 졸업

1973.2. 구례농업고등학교 졸업

1978.2. 충북대학교 사범대학 국어교육과 졸업(문학사)

1984.2. 인하대학교 대학원 국어국문학과 석사과정 졸업(문학석사)

1989.2. 인하대학교 대학원 국어국문학과 박사과정 졸업(문학박사)

■ 경력

1978.3.~1980.6. 보병 6사단 수색대대 2중대 3소대장(ROTC 16기 임관)

1980.8.~1982.3. 홍성여자중학교 교사

1982.3.~1986.2. 장훈고등학교 교사

1989.3.~2020.2. 서원대학교 국어국문학과 · 한국어문학과 조교수, 부교수, 교수

1991.9.~1992.8. 이탈리아 나포리동양학대학 한국학 강의 객원교수(I.U.O. 초빙)

2001.9.~2002.8. 체코 프라하 까렐대학교 한국학 강의 객원교수(한국학술진흥재단 파견)

■ 학내보직

국어국문학과 · 한국어문학과 학과장, 어문학부장, 호서문화연구소장, 미래창조연구원장, 학생처장, 기획
처장, 교무처장 등 역임.

■ 학회 임원

국어사학회 회장/고문(현), 한국지명학회 회장/고문(현), 국어학회 평의원(현).

구결학회 대표이사, 한국어문교육연구회, 한국어학회, 중앙어문학회, 이중언어학회, 국제한국어교육학
　　회, 한국어의미학회, 한국말글학회, 중원언어학회, 영주어문학회 등의 이사・감사・편집위원(장)
　　역임.

■ 기관단체 위원

충청북도지명위원회 위원(현), 청주시지명위원회 위원(현), 청주시새주소위원회 위원(현), 청주시박물관위
　　원회 위원(현).

국가지명위원회(국토부), 국어심의위원회(문화부), 중앙도로명지명위원회(행안부), 도시명칭제정위원회(행정
　　중심복합도시건설청), 새만금별칭 및 CI개발 자문위원회(국무총리실・전라북도), 혁신도시명칭 및 CI개발
　　평가위원회(충청북도), 고속철도역명제정심의위원회(한국철도공사), 교과교육공동연구특별위원회(한
　　국학술진흥재단) 등의 위원 역임.

■ 저서

한자의 새김과 千字文(태학사, 791쪽, 2016.); 2017년 대한민국학술원 선정 우수학술도서.

중세국어의 이론과 국어사 자료(도서출판 직지, 441쪽, 2013.)

경기도역사지명사전(한국학중앙연구원출판부, 731쪽, 2011.(공저))

中世國語의 理解(도서출판 직지, 361쪽, 2008.)

韓國 地名語 研究(도서출판 삼영, 296쪽, 2005.)

청주의 촌락명과 도로명 연구(도서출판 삼영, 269쪽, 2004.)

韓國語 訓釋 語彙 研究(도서출판 이회, 457쪽, 1997.)

■ 논문

1. 朴秉喆(2019), "『어문연구』의 국어학 50년", 한국어문교육연구회 50년사, 한국어문교육연구회, 25-69.

2. 朴秉喆(2019), "일제강점기 이후의 지명 관련 자료집 편찬과 지명", 地名學 30, 한국지명학회, 111-156.

3. 朴秉喆(2018), "朝鮮後期의 地理志와 地名: 『輿地圖書』의 청주지역을 중심으로", 地名學 28, 한국지명학
　　회, 97-132.

4. 朴秉喆(2017), "歷史文獻資料를 대상으로 한 地名 研究의 成果와 課題", 국어국문학 181, 국어국문학회,
　　5-38.

5. 朴秉喆(2017), "調査資料 地名을 대상으로 한 言語學的 研究 成果와 課題", 地名學 27, 한국지명학회, 35-86.

6. 朴秉喆(2017), "조선 전기 이전의 지리지와 지명", 어문론총 제74호, 한국문학언어학회, 9-43.

7. 朴秉喆(2017), "淸風府 洞里名의 形成과 變遷에 관한 研究: 北面, 東面, 遠南面, 近南面, 遠西面 지역을 中心으로", 語文研究 45-3, 한국어문교육연구회, 7-32.

8. 朴秉喆(2017), "洞里名의 形成과 變遷에 관한 研究: 제천의 농촌지역을 중심으로", 地名學 26, 한국지명학회, 103-146.

9. 朴秉喆(2016), "洞里名의 形成과 變遷에 관한 歷史的 考察: 堤川市內지역을 중심으로", 地名學 25, 한국지명학회, 95-128.

10. 朴秉喆(2016), "淸風府 洞里名에 관한 歷史的 考察", 國語學 79, 국어학회, 3-30.

11. 朴秉喆(2015), "淸州의 행정구역 명칭에 관한 歷史的 考察", 地名學 23, 한국지명학회, 75-102.

12. 朴秉喆(2015), "『千字文』에 나오는 漢字의 字形 比較 研究: 『千字文』光州本·大東急本과 『石峰 千字文』의 字形 比較를 中心으로", 國語學 74, 국어학회, 103-141.

13. 朴秉喆(2014), "'소'계 地名을 통하여 본 地名語의 特徵과 價値", 地名學 20, 한국지명학회, 105-136.

14. 朴秉喆(2013), "『千字文』編纂의 變貌 樣相에 대한 研究", 語文研究 41-3, 한국어문교육연구회, 7-35.

15. 朴秉喆(2013), "『(四體圖像註解) 世昌千字文』研究", 語文研究 77, 어문연구학회, 59-85.

16. 朴秉喆(2013), "한국의 『四體 千字文』과 일본의 『三體 千字文』 비교 연구", 국어국문학 163, 국어국문학회, 133-162.

17 朴秉喆(2013), "著作 兼 發行人(金松圭)이 同一한 『四體 千字文』의 漢字 音·訓 比較 研究", 口訣研究 30, 口訣學會, 185-218.

18. 朴秉喆(2012), "朝鮮王朝實錄에 쓰인 韓國固有漢字 '串'에 관한 研究", 국어사연구 15, 국어사학회 149-175.

19. 朴秉喆(2012), "文字 '串'에 관한 研究", 國語學 64, 국어학회, 65-92.

20. 朴秉喆(2012), "The Development and Regional Distribution of Korean Toponymic Back Morphemes: With a Focus on Gogae-Related Toponyms", KOREA JOURNAL 52-1, KOREAN NATL COMMISSION UNESCO, 47-73.

21 朴秉喆(2012), "『新增東國輿地勝覽』에 나오는 '遷'계 地名語의 衰退에 관한 研究", 語文研究 40-1, 韓國語文教育研究會, 35-56.

22 朴秉喆(2011), "지명어의 후부요소 '遷'에 관한 연구", 語文研究 68, 語文研究學會, 57-77.

23. 朴秉喆(2011), "『龍飛御天歌』正音 表記 地名과 漢字語 地名의 對立, 變遷에 관한 研究: 쇠벼루:淵遷·金遷을 중심으로", 國語學 60, 국어학회, 3-32.

24. 朴秉喆(2010), "高速鐵道驛名制定의 經過와 課題", 地名學 16, 한국지명학회, 119-156.

25. 朴秉喆(2010), "고유어 '소'와 對應되는 漢字 '潭·湫·淵'에 관한 研究", 국어사연구 11, 국어사학회, 169-193.

26. 朴秉喆(2010), "용소, 가마소의 '소'와 漢字 '沼'에 관한 研究", 語文研究 38-2, 한국어문교육연구회, 37-59.

27. 朴秉喆(2009), "『朝鮮王朝實錄』에 나오는 '釋'과 '訓' 관련 어휘의 對比的 研究: 한자의 '새김' 관련 用語 確立을 위하여", 어문론집 42, 중앙어문학회, 43-70.

28. 朴秉喆(2009), "漢字의 '새김' 관련 用語 確立을 위한 研究: 『朝鮮王朝實錄』에 나오는 '訓' 관련 語彙를 중심으로", 한국어학 45, 한국어학회, 227-254.

29. 朴秉喆(2009), "固有語 地名의 漢字語化 過程과 그 對立 樣相에 관한 研究", 새국어교육 82, 한국국어교육학회, 483-510.

30. 朴秉喆(2008), "『千字文』에 나오는 한자의 훈에 관한 연구", 국어국문학 150, 국어국문학회, 101-128.

31. 朴秉喆(2008), "道路名 前部要素 名稱附與에 관한 基礎的 研究", 地名學 14, 한국지명학회, 43-79

32. 朴秉喆(2008), "조선왕조실록에 나오는 '釋' 관련 어휘에 대한 연구", 국어사연구 8, 국어사학회 71-106.

33. 朴秉喆(2008), "漢字 새김 研究의 回顧와 展望", 구결연구 21, 구결학회, 231-276.

34. 朴秉喆(2007), "『四體 千字文』과 문맥지석의 반영에 관한 연구", 國語學 49, 국어학회, 253-276.

35. 朴秉喆(2007), "도로명 전부요소의 어휘연구: 청주시 골목길 명칭을 중심으로", 한국어의미학 22, 한국어의미학회, 47-72.

36. 朴秉喆(2007), "새주소 體系 導入을 위한 道路名 附與 事業과 國語 問題", 語文研究 35-1, 한국어문교육연구회, 67-88.

37. 朴秉喆(2006), "行政中心複合都市 名稱 制定의 經過와 展望", 地名學 12, 한국지명학회, 91-128.

38. 朴秉喆(2006), "『註解 千字文』의 단수자석과 문맥지석의 반영에 관하여", 구결연구 17, 구결학회, 239-270.

39. 朴秉喆(2005), "『註解 千字文』과 복수자석", 語文研究 33-4, 한국어문교육연구회, 7-31.

40. 朴秉喆(2005), "체코인을 위한 효과적인 한국어 발음교육 방안 연구", 이중언어학 28, 이중언어학회, 111-134.

41. 朴秉喆(2004), "漢譯 地名語 '浦前'과 '活山'에 관하여", 개신어문연구 22, 개신어문학회, 49-71.

42. 朴秉喆(2004), "지명어의 한역화 유형에 관한 연구", 구결연구 13, 구결학회, 5-37.

43. 朴秉喆(2004), "地名語 命名의 現況과 課題", 한국어 의미학 14, 한국어의미학회, 31-53.

44 朴秉喆(2004), "漢譯 地名語 '硯朴'과 '黃石'에 관한 研究", 국어사연구 4, 국어사학회, 71-94.

45. 朴秉喆(2003), "堤川 地域 固有地名語에 대응하는 漢字地名語 연구", 語文研究 31-2, 韓國語文教育研究會, 5-28.

46. 朴秉喆(2003), "音譯에 의한 地名語의 漢字語化에 관한 硏究", 地名學 9, 한국지명학회, 83-106.

47. 朴秉喆(2001), "『百聯抄解』東京大本과 漢字 學習書類에 출현하는 漢字에 관한 比較硏究", 語文硏究 29-3, 한국어문교육연구회, 284-302.

48. 朴秉喆(2001), "淸州市 道路名 硏究(1): 골목길 後部要素를 중심으로", 湖西文化論叢 15, 西原大學校湖西文化硏究所, 13-32.

49. 朴秉喆(2000), "淸州市 옛 지명 表石設置事業의 經過와 文案 作成에 관하여", 湖西文化論叢 14, 서원대학교 호서문화연구소, 59-72.

50. 朴秉喆(2000), "『百聯抄解』동경대본에 출현하는 한자 자료와 체언류 한자의 의미적 특징에 관한 연구", 운강송정헌선생 화갑기념논총, 간행위원회, 661-698.

51. 朴秉喆(1999), "道路名 後部要素 名稱 附與에 관한 硏究", 地名學 2, 한국지명학회, 109-134.

52. 朴秉喆(1998), "淸州 地域 地名 속에 남아 있는 古語彙에 대하여(Ⅱ)", 湖西文化論叢 12, 西原大學校 湖西文化硏究所, 77-93.

53. 朴秉喆(1997), "淸州 地域 地名 속에 남아 있는 古語彙에 대하여(Ⅰ)", 오당조항근선생화갑기념논총, 간행위원회, 223-244.

54. 朴秉喆(1997), "우리나라 어린이의 이탈리아어 습득에 관한 실증적 연구", 이중언어학회지, 이중언어학회, 283-311.

55. 朴秉喆(1997), "자석과 문석이 상이한 『百聯抄解』의 석에 관한 연구", 국어사연구, 태학사, 1125-1154.

56. 朴秉喆(1997), "자석과 문석이 일치하는 『百聯抄解』의 석에 관한 연구", 구결연구 2, 구결학회 291-325.

57. 朴秉喆(1997), "한자 차용 표기법의 단계적 발달", 한국어와 한국문학, 형설출판사.

58. 朴秉喆(1997), "동사류어 훈에 관한 통시적 고찰: 『千字文』의 한자 훈을 중심으로", 성재이돈주 선생화갑기념논총, 태학사, 71-104.

59. 朴秉喆(1996), "이탈리아에서의 한국어 교육", 한국어교육 7, 국제한국어교육학회, 391-404.

60. 朴秉喆(1996), "複數地名語의 對應 樣相 硏究: 堤川地域 地名을 中心으로", 湖西文化論叢 第9·10輯, 西原大學校 湖西文化硏究所, 1-35.

61. 朴秉喆(1995), "『百聯抄解』 자석과 문석의 대비적 연구(1): 자석과 문석이 부분적으로 일치하는 경우를 중심으로", 開新語文硏究 12, 開新語文硏究會, 109-130.

62. 朴秉喆(1995), "『百聯抄解』字釋語彙의 特徵에 관한 硏究: 『千字文』字釋과의 비교를 중심으로", 소곡남풍현선생회갑기념논총, 태학사, 731-750.

63. 朴秉喆(1995), "'村'계 지명의 어휘론적 고찰: 단양 지역 지명을 중심으로", 즈믄이철수교수화갑기념논문집, 태학사, 201-222.

64. 朴秉喆(1994), "이탈리아의 한국학 연구", 국어교육 83·84, 한국국어교육연구회, 177-200.

65. 朴秉喆(1994), " '谷'계 地名에 대한 일 考察: 丹陽 地域 地名을 中心으로", 우리말 연구의 샘터, 연산도수 희선생화갑기념논총, 간행위원회, 790-808.

66. 朴秉喆(1994), "한자 훈 어사 대체의 원인에 관한 연구", 국어교육 77 · 78, 한국국어교육연구회, 363-384.

67. 朴秉喆(1994), "漢字 문제의 本質", 語文研究 22-1 · 2, 한국어문교육연구회, 261-263.

68. 朴秉喆(1991), "丹陽地域의 地名研究: 小地名의 後部要素를 中心으로", 호서문화논총 6, 서원대학교 호서문화연구소, 23-50.

69. 朴秉喆(1990), "國語 同音語의 定義와 範疇에 관한 硏究", 서원대학 논문집 26, 서원대학, 1-27.

70. 朴秉喆(1989), "中世訓의 消滅과 變遷에 대한 硏究", 인하대학교 대학원(博論)

71. 朴秉喆(1987), "漢字學習書의 訓 · 音 同一字 硏究: 국어 어휘사의 측면에서", 국어교육 61, 한국국어교육연구회, 85-114.

72. 朴秉喆(1987) "초중고생의 어휘력 실태와 국어교육의 문제점", 語文硏究 55 · 56, 한국어문교육연구회, 496-502.

73. 朴秉喆(1987), "初 · 中 · 高生의 語彙力 調査硏究", 자유 164, 자유사.

74. 朴秉喆(1986), "『新增類合』의 한자어 자석 연구", 東泉趙健相先生古稀紀念論叢, 開新語文硏究會, 199-220.

75. 朴秉喆(1986), "『千字文』訓의 語彙變遷 硏究: 명사류어를 중심으로", 국어교육 55 · 56, 한국국어교육연구회, 135-152.

76. 朴秉喆(1984), "『訓蒙學會』字釋 硏究", 인하대학교 대학원(碩論).

박병철 朴秉喆 PARK ByeongCherl

유성에서 태어나 구례에서 성장하였다. 충북대학교 사범대학 국어교육과를 졸업하고 인하대학교 대학원(석사, 박사)에서 국어학을 전공하였다. 관동대학교, 서울시립대학교, 충북대학교, 인하대학교, 한국교원대학교 강사를 거쳐 1989. 3. 1. 부터 2020. 2. 29. 까지 서원대학교 국어국문학과·한국어문학과 교수로 일했다. 한자의 새김과 한국의 지명에 관심을 갖고 연구하였으며, 『한자의 새김과 千字文』을 비롯하여 80여 편의 논저가 있다. 한국지명학회 회장, 국어사학회 회장, 구결학회 대표이사를 역임하였고, 나포리 동양학대학과 프라하 찰스대학에 파견되어 한국학을 강의하기도 하였다.

한국지명의 단면과 전망

초판 1쇄 인쇄 2020년 2월 20일
초판 1쇄 발행 2020년 2월 28일

지 은 이   박병철
펴 낸 이   이대현

책임편집   이태곤
편 집   문선희 권분옥 임애정 백초혜
디 자 인   안혜진 최선주 김주화
기획/마케팅   박태훈 안현진

펴 낸 곳   도서출판 역락
주 소   서울시 서초구 동광로46길 6-6 문창빌딩 2층(우06589)
전 화   02-3409-2055(대표), 2058(영업), 2060(편집) FAX 02-3409-2059
이 메 일   youkrack@hanmail.net
홈페이지   www.youkrackbooks.com
등 록   1999년 4월 19일 제303-2002-000014호

ISBN 979-11-6244-491-7   93710

이 도서의 국립중앙도서관 출판예정도서목록(CIP)은 서지정보유통지원시스템 홈페이지(http://seoji.nl.go.kr)와 국가자료종합목록 구축시스템(http://kolis-net.nl.go.kr)에서 이용하실 수 있습니다. (CIP제어번호 : CIP2020006117)